…e der Schnee das bleiche
…selben Blöße rechts u. links
…den warmen Theilnehmern
…not nach der Reichsstadt
…dichter schwebten die
…as bleiche Morgenlicht aus=
…machen, Weg u. Steg ver=
…as sich darauf bewegte
…Waldboden der bedachten
…rm der Stadt über den
…pfe Hufschlag … Pferdes
…werk der finstern, den
…ng erschien ein einsamer
…war so warm in einen
…ickelt u. er hatte sich dessen

CONRAD FERDINAND MEYER

CONRAD FERDINAND MEYER

1825–1898

Herausgegeben von
Hans Wysling
und
Elisabeth Lott-Büttiker

Verlag
Neue Zürcher Zeitung

Gedenkband
zum 100. Todesjahr

Gestaltung: Heinz von Arx, Zürich

© 1998, Verlag Neue Zürcher Zeitung, Zürich
ISBN 3 85823 724 8

Conrad Ferdinand Meyer im Alter von 57 Jahren.
Photographie von Johannes Ganz (1821–1886), Zürich, aufgenommen im Mai 1883.
Mit folgender Widmung auf der Rückseite: «Adolf Frey freundlich grüßend cfm 1 Juni 1883.»
Meyer schätzte diese Photographie sehr;
gegenüber Johannes Ganz pries er sie als «ganz vorzügliche u: verjüngende Trois-quart»-Aufnahme.
Auch Schwester Betsy beurteilte das Bild als überaus gelungen (an Hermann Haessel, 10. Juni 1892; II, 87):
«Eine bessere Photographie [...] existirt meines Wissens nicht.»
Die Aufnahme diente schon als Vorlage für das Frontispiz zur 4. und 5. Auflage von Meyers «Gedichten».
Zentralbibliothek Zürich

Inhalt

Vorwort
Conrad Ferdinand Meyers Lebenslauf von 1885 11

I
Kindheit
Familie und Lebensraum 14
Die Stadt der Großväter 29
Die Stadt des Vaters 35
Erinnerung an den toten Vater – Berggedichte 39

II
Nöte einer Jugend
Leiden eines Sohnes 46
Der Mönch in Stadelhofen 54
In Préfargier und Neuenburg 62
In Lausanne 73
Die Gegenwart der toten Mutter – Seegedichte 83

III
Der Aufbruch
In Paris (März bis Juni 1857) 88
In München (Herbst 1857) 93
In Rom (1858) 96
Ricasoli und die Einigung Italiens 105

IV
Diffuse Pläne und Versuche
Auf dem Weg zur eigenen Kunst 112
Frühe Gedichtsammlungen 117
Zürcher Freunde 128
Die Schwester 139

V
Der Durchbruch
Im Seehof Küsnacht (1868–1872) 148
«Romanzen und Bilder» (1870) 150
«Huttens letzte Tage» (1872) 159
François und Eliza Wille in Mariafeld 173
Bismarck und die Gründung des Deutschen Reiches 182

VI
Im Zeichen des «Jürg Jenatsch»

Die Reise nach Venedig (1871/72) 188
Im Seehof Meilen (1872–1875) 194
«Engelberg» (1872) 197
«Das Amulett» (1873) 212
In Graubünden 220
«Jürg Jenatsch» (1876) 227

VII
Heirat

Louise Ziegler 260
«Der Schuß von der Kanzel» (1878) 268
In Kilchberg (1877–1898) 278
Nachbarn, Besucher und Verleger 287

VIII
Das wunderbare Jahrzehnt

«Der Heilige» (1880) 298
«Der Komtur», Plan (1877–1892) 313
«Plautus im Nonnenkloster» (1882) 319
«Der Dynast», Plan (1880–1892) 326
«Gedichte», 1.–3. Auflage (1882/83/87) 335
«Gustav Adolfs Page» (1883) 345
«Das Leiden eines Knaben» (1883) 353
«Die Hochzeit des Mönchs» (1884) 361
«Die Richterin» (1885) 372
«Petrus Vinea», Plan (1881–1892) 391
«Die Versuchung des Pescara» (1887) 400

IX
Erkrankung

Beginnende Verstörung – Schwanken zwischen Plänen 418
«Angela Borgia» (1891) 421
«Gedichte», 4./5. Auflage (1891/92) 438
Zeitgenossen 441

X
Der Rückzug aus dem Leben

In Königsfelden (1892/93) 454
Entfremdung 458
Der Tod 461

Über dieses Buch 465
Literaturverzeichnis 467
Register 471

Vorwort

Was erschreckt: Das Hochgefährdete von Meyers Natur, die Welt und Menschen mit tödlichem Mißtrauen begegnet und es auch gegenüber seiner eigenen Person aufrecht erhält. Unsicherheit ist seine glimpflichste Erscheinungsform; der immer wieder durchbrechende Hang zur Flucht, das Bedürfnis nach Abgeschiedenheit die symptomatische Folge. Darum gibt es Exzesse von Einsamkeit und beinahe wollüstig erfühlter Todesnähe. Klostermauern und Trutzburgen versinnbildlichen diese Isolierung; Torbogen eröffnen den Weg durch hallende Gewölbe zu solchen Inseln des Verlassenseins, wo Kerkerwände übermächtig lasten. Beinhaus und dunkle Krypten sind Örtlichkeiten, die Ende und Übergang miteinander verbinden. Nahe sind auch Berggrate und Felsschründe, Erhabenheit und drohenden Absturz zugleich verheißend; der kühle Glanz des Himmels, der sich über regloser Wassertiefe spiegelt, das grüne Dunkel abgelegener Waldseen, schwarzschattende Kastanien und das Spätboot, das in gespenstischer Weise der Wirklichkeit entgleitet.

Neben der Verzagtheit und Menschenscheu, dem Unglauben an sich selbst und jenseits aller Schwäche und Melancholie glänzt aber unübersehbar herrlich das Firnelicht; blitzartige Erleuchtung steht neben weittragender Klarsicht, die bis zum schmerzhaft deutlichen Durchblick gedeiht. Hoch- und Ohnmachtsgefühle erfüllen die Brust; die unheimliche Härte des Zuschlagens offenbart sich, wobei der Schlagende leicht selber zum Geschlagenen wird, was sich auslebt in ungehemmter Darstellung ruchlos geübter Gewalt und ergebener Duldung schmerzlichsten Schicksals. Dazwischen schieben sich dornenreiche Verstrüppungen, Dickichte ohne Ausweg, quälende Ungewißheit und Ausgesetztsein; das Gefühl der Schuld, die Erkenntnis des Scheiterns und hoffnungslosen Selbstverlusts.

Viel Dunkles und Krankes ist in diesem Dasein zusammengekommen. Mit Schädigung durch Umwelt und Familie kann es nicht hinreichend erklärt werden. Der Wahnsinn lauert im Hintergrund und holt schließlich sein Opfer ein. Am Anfang und Schluß von Meyers Existenz stehen Aufenthalte im Irrenhaus. Sind Préfargier und Königsfelden bloße Zufluchten, Heilanstalten oder selbstgewählte Gefängnisse? Sie umfassen seine Lebensfahrt wie die dunklen Schatten die Fahrt der Gondel auf dem Canal Grande: es kommt aus dem Dunkel, sein Leben, blitzt auf in den Gebärden der stellvertretenden Gestalten, die sich meist nur kurzfristig behaupten, in Licht und Farbe, frevlem Blick und grellem Gelächter; dann sinkt es ermattet zurück in die Nacht. Und wo steht Meyer selbst? Fährt er überhaupt mit im Kahn? Eher weilt er im Uferschatten und blickt von dort aus auf das Leben. Er sehnt sich nach ihm, aber vor allem sehnt er sich nach der kühlen Reglosigkeit des Todes.

Meyers maßgebliches Werk entsteht im Verlauf von etwa fünfzehn Jahren. Diese kurze Zeitspanne ist seine Lichtstrecke, die erfüllte Werkzeit. Solange er Kunst schaffen kann, ist er über Zweifel und Krankheit erhaben. In der Kunst findet er sich in seiner Überlegenheit; sie stimmt hochgemut, erstrebt das Unbedingte, eröffnet den Zugang zur Verklärung. Der Glaube an die Kunst ist es auch, was ihn hält und trägt. Wenn es gelingt, alles Ungesicherte, alles Ephemere und Zufällige fernzuhalten, wenn das Geschaffene zuletzt steht: unanfechtbar, frei von allem Überflüssigen, einzig ruhend in sich selbst, dann triumphiert die Kunst über die Hinfälligkeit des Lebens. Und dafür hat er gelitten und gelebt: für jene kostbaren Augenblicke, wo er in seiner Kunst über die Schwächen von Welt und Ich triumphieren durfte.

Mein Lebenslauf ist im Grunde unglaublich merkwürdig.
Wie werden sie einst daran herumrätseln!

C. F. Meyer zu seiner Schwester
(Betsy, S. 139)

CONRAD FERDINAND MEYERS
LEBENSLAUF VON 1885

Geboren bin ich in Zürich, den 12. [richtig 11.] October 1825. Mein Geschlecht ist seit mehr als zwei Jahrhunderten hier einheimisch. Im Jahre 1802, als Zürich von den Truppen der helvetischen Regierung bombardirt wurde, befehligte mein Großvater, Oberst Meyer, die Vertheidigung der Stadt, während mein anderer Großvater, Statthalter Ulrich, der Stellvertreter der helvetischen Regierung, sich hatte flüchten müssen. Dem Zusammenfließen des Blutes zweier sich schroff entgegenstehender politischer Gegner, eines Föderalisten und eines Unitariers schreibe ich meine Unparteilichkeit in politischen Dingen zu. Mein Vater, Regierungsrath Ferdinand Meyer, war ein Zwilling von sehr zartem Körper, ohne Leidenschaft, ein unglaublich gewissenhafter Arbeiter und ein bedeutendes organisatorisches Talent. Von durchaus makellosem Charakter war er ein überzeugter Verfechter der repräsentativen Republik und ein entschiedener Gegner der absoluten Demokratie, deren tumultuarisches Wesen ihn sozusagen körperlich verletzte. Meine Mutter, Betty Ulrich, war nach dem Urtheile Aller, die sie gekannt haben, eine Frau von großer Liebenswürdigkeit und originellem, aber feinem Wesen, nicht ohne einen Anflug von Melancholie, «heiterer Geist und trauriges Herz», wie sie sich selbst charakterisirte. Bluntschli hat in seinem Buche «Denkwürdigkeiten aus meinem Leben» (I. Th. p. 56) [eigentlich «Denkwürdiges aus meinem Leben», Bd. I, S. 155f.] die Bildnisse meines Vaters und besonders meiner Mutter mit Meisterhand entworfen; ich hätte kein Wort dazu und keines davon zu thun.

Meinen Vater verlor ich früh (1840), kurz nach dem durch die Berufung von David Strauß an die Züricher Hochschule verursachten kantonalen Aufruhr. Dieses öffentliche Ereigniß ist auch meine bedeutendste Jugenderinnerung. Ich besinne mich, wie den Knaben ein antistraußisches Pamphlet mit dem biblischen Motto: «Jagt den Strauß in die Wüste zurück!» zu der Frage veranlaßte: «In der Bibel ist doch der Vogel Strauß gemeint? Ist diese Anwendung der Bibel nicht ein Volksbetrug?» und ich sehe noch, wie der Vater dazu lächelte und seufzte.

Nachdem ich das Unter- und das Obergymnasium durchlaufen, wo ich mir nichts erwarb als eine gründliche Kenntniß der klassischen Sprachen, die mir geblieben ist, zog ich zu einem längeren Aufenthalte nach Lausanne und Genf. Meine Mutter war mit einer Genfer Familie eng befreundet, und mein Vater, der sich eingehend mit Geschichte beschäftigt und ein von Ranke rühmlich erwähntes Buch: «Die evangelische Gemeinde in Locarno» (1836) geschrieben, hatte mir in dem waadtländischen Historiker Ludwig Vulliemin einen intimen Freund hinterlassen. So war mir die französische Schweiz von jeher eine zweite Heimat, wohin ich mich mehr als einmal geflüchtet habe, wenn es mir zu Hause nicht nach Wunsch ging, und immer mit gutem Erfolge. Bei diesem ersten Aufenthalt gab ich mich widerstandslos den neuen Eindrücken der französischen Litteratur hin und ließ Klassiker und Zeitgenossen auf mich wirken, die klassische Komik Molière's nicht weniger als den lyrischen Taumelbecher Alfred de Musset's. So wurde mir von jung auf die französische Sprache vertraut und ich schreibe sie leidlich.

Ungern von Lausanne nach Zürich zurückgekehrt, machte ich das Maturitätsexamen und immatrikulirte mich bei der juridischen Facultät. Aber dieses Studium konnte mir nicht munden, obwohl Bluntschli mit viel Güte mich für dasselbe zu stimmen suchte. Ich zog mich bald aus den Collegien zurück und begann ein einsames Leben, kein unthätiges, aber ein zersplittertes und willkürliches. Ich habe damals unendlich viel gelesen, mich leidenschaftlich aber ohne Ziel und Methode in historische Studien vertieft, manche Chronik durchstöbert und mich mit dem Geiste der verschiedenen Jahrhunderte aus den Quellen bekannt gemacht. Auch davon ist mir etwas geblieben: der historische Boden und die mäßig angewendete Localfarbe, die ich später allen meinen Dichtungen habe geben können, ohne ein Buch nachzuschlagen.

Dieses zurückgezogene Leben habe ich Jahrzehnte lang weitergeführt, da meine gute Mutter mir volle Freiheit ließ und nach ihrem Tode eine liebe Schwester mit mir Haus hielt. Wir zeichneten Beide, und in jenen langen Jahren habe ich die bildenden Künste liebgewonnen. Immerhin war diese fortgesetzte, nur durch einige treue Freundschaften belebte Einsamkeit nicht geeignet, mir wohl zu thun, wenn ich ihr auch durch körperliche Übungen, Schwimmen, Fechten und Wanderungen im Hochgebirge das Gleichgewicht zu halten suchte. Einmal hat mich die Ziellosigkeit meines Daseins fast zur Verzweiflung gebracht, und nur eine schnelle Flucht in die französische Schweiz hat mich gerettet.

Was mich dann wieder neu belebt, waren wiederholte Reisen in das Ausland. Längere Zeit habe ich in Paris zugebracht und Italien mehrmals besucht (Paris 1857, Rom 1858). In Zürich fast ein Fremdling geworden, hatte ich inzwischen meinen Haushalt aus der Stadt an den See verlegt. Der Reihe nach bewohnte ich Landhäuser in Küsnach, Meilen und wieder Küsnach. Nach meiner Verehelichung mit einer Tochter des Obersten Eduard Ziegler (1875) erwarb ich schließlich den kleinen Landsitz in Kilchberg, wo ich jetzt mit Weib und Kind lebe.

Die Geschichte meiner litterarischen Laufbahn ist folgende: 1868 [eigentlich 1864] beklagte sich einer meiner Genfer Bekannten, Ernst Naville, der jetzt Mitglied des Institut de France ist und damals in Genf populär-wissenschaftliche Vorlesungen hielt, welche in viele Sprachen übersetzt wurden, über die Mangelhaftigkeit der deutschen Ausgabe der ersten dieser «Reden» und ersuchte meine Schwester, die nächste unter meiner Führung zu übersetzen. Das Büchlein erschien bei H. Haessel in Leipzig. Im folgenden Jahre besuchte mich dieser und wir wurden Freunde. Er verlangte von mir etwas Selbstständiges zum Druck. Schon 1864 waren bei Metzler in Stuttgart durch Verwendung Gustav Pfizers «Zwanzig Balladen» erschienen. Ich gab Haessel ein neues Bändchen, das er unter dem Titel «Romanzen und Bilder» 1870 gedruckt hat.

1870 war für mich das kritische Jahr. Der große Krieg, der bei uns in der Schweiz die Gemüther zwiespältig aufgeregt, entschied auch einen Krieg in meiner Seele. Von einem unmerklich gereiften Stammesgefühl jetzt mächtig ergriffen, that ich bei diesem weltgeschichtlichen Anlasse das französische Wesen ab, und innerlich genöthigt, dieser Sinnesänderung Ausdruck zu geben, dichtete ich «Huttens letzte Tage». Ein zweites Moment dieser Dichtung war meine Vereinsamung in der eigenen Heimat. Die Insel Ufenau lag mir sehr nahe und ebenso nahe lag es meinem Gemüthe, den dort einsam gestorbenen Hutten als meinen Helden zu wählen. «Huttens letzte Tage» erschienen 1871 (5. Aufl. 1884) und fanden ein Publikum.

1872 folgte «Engelberg», ein schon früher entstandenes und liegen gebliebenes Idyll.

Längst hatte mich eine historische Gestalt, die größte der Bündnergeschichte, gefesselt. Bünden war mir durch wiederholte und lange Sommerfrischen sozusagen Schritt um Schritt bekannt und in seinen Chroniken war ich so heimisch als möglich. Nachdem ich mich lange spielend mit dem Stoffe beschäftigt hatte, schrieb ich unter den Kastanienbäumen meiner Wohnung in Meilen den Roman «Jürg Jenatsch» (1. Aufl. 1876, 7. Aufl. 1885).

Mit dem französischen Historiker Augustin Thierry hatte ich mich schon in Lausanne viel beschäftigt und die «Récits des temps mérovingiens» ins Deutsche übersetzt (Elberfeld, Friedrichs [eigentlich Friderichs]). Aus der «Histoire de la conquête de l'Angleterre» war mir die räthselhafte Figur des Thomas Becket entgegengetreten, und ich habe so lange an ihr herumgebildet, bis sie mir fast quälend vor den Augen stand. Ich entledigte mich dieses Phantomes durch den «Heiligen». Die Novelle erschien 1880 (4. Aufl. 1884).

1882 brachte die «Gedichte», wo die meisten Balladen und Romanzen sich umgeschmolzen wiederfinden. Vier «Kleine Novellen» (Das Amulet, Der Schuß von der Kanzel, Plautus im Nonnenkloster, Gustav Adolf's Page) erschienen 1883. Meine neuesten Werke sind: «Das Leiden eines Knaben» (1883) und die «Hochzeit des Mönchs» (1884).

1880 hat mir die Universität meiner Vaterstadt den Doctor honoris causa gegeben.

C. F. Meyer in Anton Reitlers
«Conrad Ferdinand Meyer. Eine litterarische Skizze
zu des Dichters 60. Geburtstage»,
Leipzig 1885 (XV, 131–135)

Rechte Seite:
Conrad Ferdinand Meyer im Alter von 16 Jahren.
Bleistiftzeichnung von Melchior Paul von Deschwanden
(1811–1881), entstanden im Juni 1842. Auf dieses
Porträt beziehen sich die an Schwester Betsy gerichteten
Verse «Mit einem Jugendbildnis» von 1883 (I, 226):
«Hier – doch keinem darfst du's zeigen, / Solche Sanftmut
war mir eigen, / Durfte sie nicht lang behalten, /
Sie verschwand in harten Falten, / Sichtbar ist sie
nur geblieben / Dir und denen, die mich lieben.»
Zentralbibliothek Zürich

I Kindheit

Familie und Lebensraum

Die Stadt der Großväter

Die Stadt des Vaters

Erinnerung an den toten Vater – Berggedichte

Familie und Lebensraum

Conrad Ferdinand Meyer wurde 1825 in Zürich-Unterstraß geboren. Das junge Ehepaar Ferdinand und Elisabeth Meyer-Ulrich wohnte zunächst mit den Eltern Ulrich unter dem gleichen Dache, weil sich diese nicht von ihrer Tochter trennen wollten. 1826, bald nach Conrads Geburt, bezog die junge Familie eine eigene Wohnung im Haus zum Reuter an der Kuttelgasse über dem Fröschengraben, und 1830 mietete sie sich im eher herrschaftlichen Grünen Seidenhof ein, der zwischen dem Rennwegbollwerk und der alten Sihl gelegen war. Im unteren Stock hatte Regierungsrat Meyer seine Arbeitsräume; dort betrieb er seine Amtsgeschäfte oder oblag seinen historischen Forschungen. Er scheint unermüdlich tätig gewesen zu sein; zum Essen ließ er sich erst herbei, wenn ihm gemeldet wurde, die Suppe stehe auf dem Tisch.

Der kleine Conrad soll ein aufgewecktes, aber auch empfindliches Kind gewesen sein. Jedenfalls wurde er von Mutter und Großmutter vergöttert. Frau Ulrich schrieb ihrer Tochter am 28. Juli 1826 (Hohenstein, S. 13): «Wem ein solches Kind bescheert wurde, den müssen die Götter lieb haben! Dies sagt nicht nur eine verblendete Großmutter, sondern alle Welt, wer den Kleinen sieht.» Die Mutter nannte das reizende Kind «Herzensbobeli» (Nils, S. 22) und schrieb seine Aussprüche wie Prophetien auf. Es ist in diesen kindlichen Äußerungen viel von Himmel, Schuld und Erlösung die Rede, und die Mutter scheint in ihrem narzißtischen Wohlgefallen nicht gemerkt zu haben, daß der Kleine nur wiederholte, was er von ihr an pietistischen Weisheiten gehört hatte. Einmal verbot sie Conrad, weil er sich schlecht benommen hatte, das Abendgebet; das Kind brach in Tränen aus. Im Februar 1832 sagte er zu ihr (Ms. CFM 389): «Weißt du [...], was ich wünschen würde, wenn du eine Zaubererin wärest? Ich würde wünschen, daß *nur* ein Himmel und keine Erde mehr wäre, damit wir und alle Guten an einen Ort hinkämen, wo nicht mehr so viel Leid u. Geschrey ist.»

Conrad war zudem äußerst erregbar. Märchen konnten ihn so stark beschäftigen, «daß er wachend und schlafend davon träumte» (Betsy, S. 56). Der Vater sah sich schließlich gezwungen, ein eigentliches Märchenverbot auszusprechen. Statt des Märchens «von dem häßlichen Ogre» sollten dem Kind «wahre» Geschichten erzählt werden, von Griechen und Römern, von Kaiser und Reich, von Karl dem Großen etwa, der am Münsterturm oben sitzt und mit Schwert und Krone auf die Stadt herunterblickt (Hohenstein, S. 14).

Mit ungefähr sechs Jahren hat sich Conrad verwandelt: aus dem fröhlichen Kind wurde ein nachdenklicher, schüchterner Junge. Einige schreiben das einer Kinderkrankheit, den Röteln, zu, andere der Geburt der Schwester. Betsy kam 1831 zur Welt. Sie erinnert sich an die glückliche Kindheit im Garten des Grünen Seidenhofs. Der Sohn des Hausbesitzers hingegen, Albert Vögeli, berichtet, «Chueri» Meyer sei andern Kindern ausgewichen und habe in einer eigenartigen Menschenscheu Begegnungen auf den Rabattenwegen möglichst zu vermeiden gesucht.

Ob das alles mit der Erziehung durch die Mutter zusammenhängt, ist schwer auszumachen. Um ihre Kinder ganz und ausschließlich auf den Weg zu Gott zu führen, hat sie offensichtlich alle sonst üblichen Zärtlichkeiten ihnen gegenüber bewußt gemieden. «Wir durften sie nie küssen», erinnert sich Betsy (Nils, S. 26).

Familie Meyer führte, seit sie im Grünen Seidenhof wohnte, ein gastfreundliches Haus. Gewiß, weder Ferdinand Meyer noch seine Frau neigten zu überbordender Geselligkeit. Aber Meyers Freunde, seine Schüler und Kollegen waren jederzeit willkommen. Nach der Gründung der Universität bildete sich im Seidenhof ein Professorenkränzchen, an dem Dozenten wie der Naturphilosoph und Rektor Lorenz Oken (1779–1851), der Theologe Ferdinand Hitzig (1807–1875) oder der Mediziner Johann Lucas Schönlein (1793–1864) teilnahmen. Es öffnete dem jungen Paar auch den Zugang zu anderen Zürcher Häusern. Mit Ferdinand Meyers frühem Tod gingen Lebensfreude und unbeschwerte Kindheit allerdings jäh zu Ende.

Der Vater

Ferdinand Meyers Vater, Oberst Johann Jakob Meyer, hatte eine Cousine geheiratet – die Ehe bedurfte der Bewilligung durch das Ehegericht. Susanna Meyer-Meyer brachte am 7. März 1799 Zwillinge zur Welt. Das Schwesterchen starb bald nach der Geburt, und ein Jahr später verlor Ferdinand auch seine Mutter. Seine Widerstandskraft scheint nicht allzugroß gewesen zu sein. Am liebsten wäre er wohl ein stiller Gelehrter oder Beamter geworden. Bereits 1822, nach juristischen und historischen Studien in Berlin (Savigny) und Göttingen (Eichhorn), übernahm er die Stelle eines Sekretärs der Justizkommission, lehrte daneben am Politischen Institut und wurde 1826 zum Dritten Staatsschreiber ernannt.

Am 1. Juni 1824 verheiratete er sich mit Elisabeth Ulrich. Anfänglich wohnte das junge Paar zusammen mit den Eltern der Gattin im gleichen Haus am Stampfenbach. Der Schwiegervater Johann Conrad Ulrich neigte zur Hypochondrie, und Ferdinand Meyer dürfte in seinem Haus nicht den leichtesten Stand gehabt haben. Vielleicht hat er sich schon im ersten Ehejahr angewöhnt, hinter sein Studierpult auszuweichen. Er begann seinen Arbeitstag zwischen drei und vier Uhr und arbeitete oft bis in die Nacht hinein. Ist diese Flucht in die Arbeit nur mit puritanischem Fleiß zu erklären? Flieht er vor seiner leicht exaltierten Frau, ihrer leidenden Nervosität? Flüchtet er etwa vor der zudringlichen Gegenwart? Wir wissen es nicht. Ausgleichend dürfte die Schwiegermutter Anna Cleophea Ulrich geb. Zeller gewirkt haben. Bald nach ihres Gatten Tod (1828) zog sie zur Familie der Tochter ins Haus zum Reuter. Die ruhige, heitere Frau blieb den Enkelkindern in bester Erinnerung; sie stand ihnen nach dem Tod des Vaters noch bis 1843 zur Seite.

Ferdinand Meyers politische Karriere setzte Ende 1829 ein: Er wurde Mitglied des Großen Rats und, nach der Umwälzung von 1830, Regierungsrat. Als Mitglied der Exekutive hatte er am Entwurf der neuen Verfassung starken Anteil. Als aber die Radikalen zu entschlossen vorwärts stürmten, nahm Meyer 1832 zusammen mit den Bürgermeistern von Wyß und von Muralt als Regierungsrat den Rücktritt. Er behielt indessen die Mandate im Großen Rat und im Erziehungsrat bei und war am Aufbau der Universität und der Kantonsschule beteiligt. An diesem Institut übernahm er 1833 eine Lehrstelle für Geschichte und Geographie. In den folgenden Jahren widmete er sich vermehrt seinen historischen Interessen.

Sein Hauptwerk ist 1836 in Zürich erschienen: *Die evangelische Gemeinde in Locarno, ihre Auswanderung nach Zürich und ihre weitern Schicksale*. Es umfaßt zwei Bände mit über 900 Druckseiten und spielt im 16. Jahrhundert, einer Zeit also, die später den Sohn immer wieder beschäftigen wird. Die protestantische Erneuerung des Glaubens hatte ihre Fühler einst bis Rom und Neapel, aber

Ferdinand Meyer (7. März 1799–11. Mai 1840) im Alter von 41 Jahren. Bleistiftzeichnung von Melchior Paul von Deschwanden (1811–1881), datiert 1840, entstanden im Sommer nach Meyers Tod gemäß den Anweisungen der Witwe, «unter ihren Augen und ihre Korrekturen verwertend» (Frey, S. 40).
Zentralbibliothek Zürich

auch nach Spanien ausgestreckt. Die gegenreformatorische Bewegung erdrückte solche Versuche mit Gewalt. Die Gemeinden am Lago Maggiore, das Veltlin und die südlichen Täler Graubündens wurden oft zu Schauplätzen gewaltsamer Auseinandersetzungen. Die kleine evangelische Gemeinde von Locarno sah sich zur Auswanderung in reformierte Orte, insbesondere nach Basel, aber auch nach Zürich gezwungen. Meyers Darstellung besticht durch Objektivität. Er stellt Verstöße gegen die Rechtmäßigkeit in beiden Lagern fest, diskutiert Fragen des Asylrechts und der Einbürgerung. Seine Umsicht, die ausgeglichene Genauigkeit der Darstellung, die Gewichtung der beteiligten Persönlichkeiten: das alles weist ihn als Schüler Rankes aus. Er wurde für seine Arbeit, die heute noch maßgeblich ist, von der Universität Zürich mit dem Titel eines *Doctor philosophiae honoris causa* ausgezeichnet.

In kleineren Arbeiten wandte sich Ferdinand Meyer dem Brand von Bern, 1405, und den Auswirkungen der Pest auf Zürich und andere Orte, 1563–1565, zu. Sie erschienen als Neujahrsblätter der Zürcherischen Hülfsgesellschaft (1830 und 1839). Ferner verfaßte er Lebensbeschreibungen über Johann Gottfried Ebel und den Locarneser Reformator Giovanni Beccaria (Neujahrsblätter der Stadtbibliothek, 1833 und 1835) sowie die Abhandlung *Mißlungener Versuch, das Hochstift Chur zu säcularisiren, in den Jahren 1558–1561* (veröffentlicht im «Schweizerischen Museum für historische Wissenschaften», 1838 und 1839). Ungedruckt blieben seine *Osterbetrachtung eines Laien* (1836) und die *Weihnachtsbetrachtung eines Laien* (1838). Meyer hat also die Zeit, in der er als Gymnasiallehrer wirkte, auch zu wissenschaftlicher Arbeit reichlich genutzt. Zudem pflegte er eine anspruchsvolle Korrespondenz mit Bluntschli und einer Reihe von Historikern.

1839 zum zweitenmal in den Regierungsrat gewählt, setzte er sich weiter für das Erziehungswesen ein. Die am kantonalen Lehrerseminar in

Küsnacht heranwachsenden Lehrer sollten im Geiste christlicher Ethik erzogen werden. Das führte zum Konflikt zwischen Meyer und dem radikalliberalen Seminardirektor: Ignaz Thomas Scherr wurde als Schulleiter abgesetzt. Meyer suchte im übrigen den Ausgleich zwischen den «Gemäßigten» und den «Radikalen». Aber die politischen Auseinandersetzungen und Schroffheiten griffen ihn physisch und psychisch an.

Schon 1839 hatte er an Brustbeschwerden gelitten und eine Kur im bernischen Bad Blumenstein auf sich genommen. Welcher Art die Krankheit wirklich war, die ihn am 11. Mai 1840 dahinraffte, läßt sich nicht genau sagen. Zum Lungenleiden dürfte sich ein «Nervenfieber» *(typhus paralyticus)* gesellt haben. Meyer war 41 Jahre alt, als er starb. Der Verfasser des Nachrufs, Professor Heinrich Escher, spricht von seiner «Ordnungsliebe», seinem Pflichtgefühl und großer Beharrlichkeit, aber auch von Weichheit und «liebenswürdiger Herzlichkeit» des Verstorbenen. Er war ein rechtlicher und gläubiger Mann. Die politischen Atrozitäten überforderten ihn. Seine Zartheit war den Belastungen, die er sich durch seinen Willen zu Disziplin und Arbeit auferlegte, auf die Dauer nicht gewachsen.

Die aus dem politischen Zeitgeist erwachsenden neuen Spannungen erlebte Ferdinand Meyer nicht mehr: nicht die Freischarenzüge, nicht den Sonderbundskrieg, nicht die Gründung des Bundesstaates.

Ferdinand Meyer, Staatsschreiber, um 1830

Unter den jüngeren Gelehrten und Beamten zog mich am meisten der Statsschreiber [!] Ferdinand Meyer an durch den edlen Patriotismus, die Reinheit und Wahrheit seines Wesens und durch seine mir sympathischen Grundansichten. Auch seine liebenswürdige und geistreiche Frau gefiel mir ausnehmend. Die beiden Ehegatten hatten etwas fast jungfräulich Zartes und Feines. Meyer war ein echter Republikaner, schlicht und verständig, ein Kenner der vaterländischen Geschichte und ein kluger Beobachter der Menschen. Er hatte auch bereits seine statsmännische Begabung bewährt. Er hatte das Großrats-Reglement ausgearbeitet und durchgesetzt, welches den Großen Rat von den herkömmlichen Banden befreite. Aber er war mehr dazu gemacht, in Zeiten des ruhigen Fortschrittes zu führen; in den Zeiten der Revolution war seine Natur zu feinfühlig und sein Charakter zu wenig hart und energisch, um durchzugreifen.

Johann Caspar Bluntschli,
«Denkwürdiges aus meinem Leben»,
3 Bde., Nördlingen 1884 (Bd. I, S. 111)

Adolf Frey kommentiert die Stelle mit folgenden Worten:

Dieses scheue Zurückweichen, das, wie seine Leidenschaftslosigkeit, der körperlichen Schwäche entsprang, war das einzige, was man ihm vorzurücken wagte, denn vor seinem schlichten, makellosen Wesen verstummte jeder andere Vorwurf.

Das Christentum stützte ihn. Die Sünde der Welt starrte ihn an in der Gestalt von Aufruhr, Umsturz, Gewalttat und Gemeinheit; gegen diese Dämonen, die seine Zartheit äußerst anwiderten, suchte er Zuflucht und Trost bei der Religion, nicht in ihren Satzungen, sondern bei dem erlösenden Heiland.

(Frey, S. 13)

Der Vater in der Erinnerung seiner Tochter Betsy

Nur über unser sonniges Elternhaus denn ein paar Worte! Als ich sechs Jahre nach meinem einzigen Bruder zur Welt kam, kurz nach der Pariser Julirevolution, deren Wellenschlag auch die schweizerischen Verhältnisse beeinflußt hatte, stand unser Vater, der zur jungen liberalen Partei gehörte, mit seinen Freunden an der Spitze des zürcherischen Staatswesens. Die politischen Interessen herrschten damals bei uns in so hohem Grade vor und bedeuteten für ihn eine so schwere Arbeitslast, daß ihm für den Verkehr mit dabei unbeteiligten Freunden keine und für den väterlichen mit uns Kindern wenig Zeit blieb. Desto mehr schätzten wir es, wenn wir einmal mit ihm ausgehen durften. Er war für uns die größte Autorität. Ich erinnere mich nicht, daß er mich je gestraft hätte; aber es lag etwas in seiner edeln, schlanken Erscheinung, in der hohen Stirn und dem lautern Blicke seiner großen, blauen Augen, das uns in Zucht hielt. Dabei war er uns sehr lieb. Machte ich einen Streich, so war es für mich die fürchterlichste Strafe, wenn das Wort erging: «Das ist zu arg! Das müssen wir dem Papa sagen.» Ich wußte, er würde dann sehr traurig werden.

Das geschah aber nur im äußersten Falle. Man betrat den Vorraum seiner Arbeitszimmer mit schüchternen Sohlen, denn er durfte nicht unnötig gestört werden.

(Betsy, S. 80 f.)

C. F. Meyers Vater war fest gewillt, seinem Schweizerlande, dessen Konstitutionen er kannte, und dessen Entwicklung im Sinne der Freiheit auf historischer Grundlage ihm am Herzen lag, im Staatsdienste seine ganze Kraft zu widmen. Die Bahn lag offen vor ihm. Unseres Vaters einzige verzehrende Leidenschaft sei seine Arbeitsliebe gewesen, hat uns die gute Mutter später zuweilen gesagt. Er war ein Mann von strengster Gewissenhaftigkeit und von größter Pflichttreue. Vielleicht rieb dieser Eifer seine Kräfte auf. Er wurde mit kaum vierzig Jahren von einem schnellen, anscheinend leichten Typhus hingerafft. Sicher ist, daß er

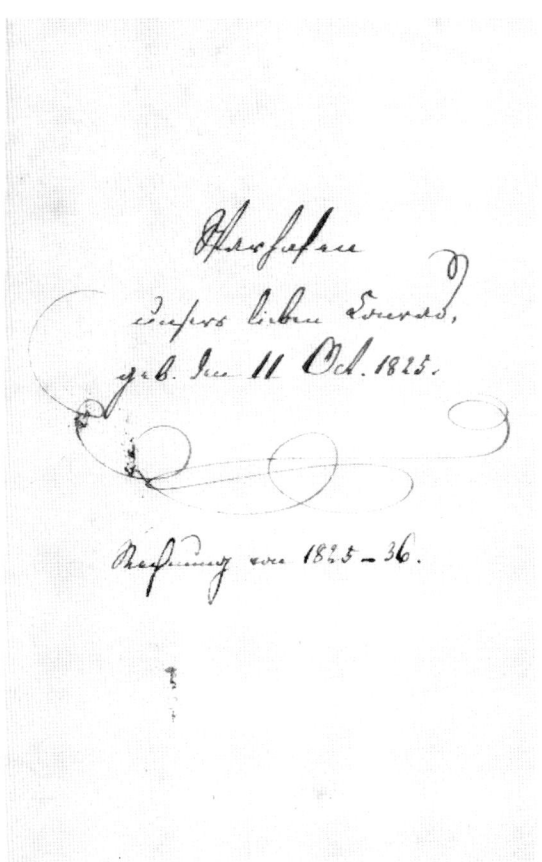
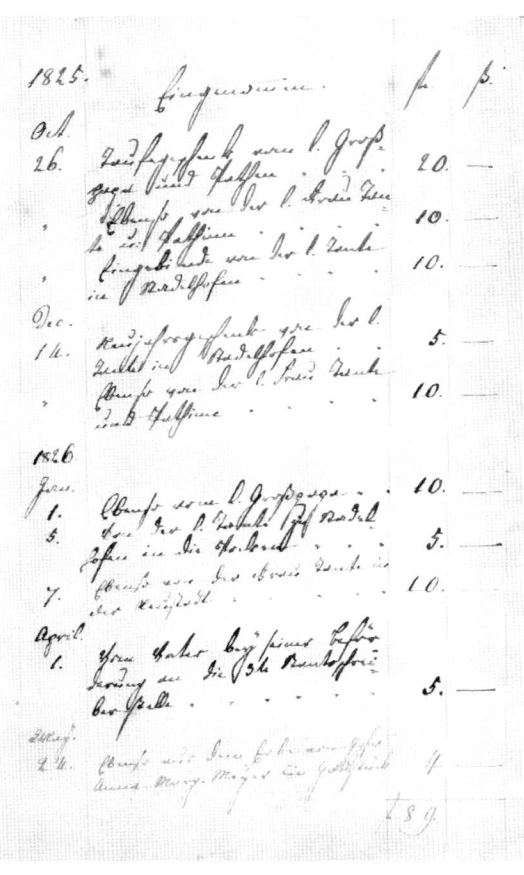

«Sparhafen unsers lieben Conrad, geb. den 11 Oct. 1825. Rechnung von 1825–36». Von Vater Ferdinand Meyer geführtes Sparbüchlein. Als erste Einnahmen sind die Taufgeschenke für Conrad und die Gaben zu Weihnachten 1825 verbucht. Ms. CFM 362. Zentralbibliothek Zürich

auf der Höhe seiner Leistungen als ein ernster, aber an Hoffnungen reicher, hochgeschätzter Mann dahinging nach einem reinen Leben, das ihn bis ans Ende befriedigte und von keinem politischen Pessimismus getrübt war.

Es war im Mai des Jahres 1840. Dies Datum ist ein Markstein unserer Kindheit.

Die frische, sorgenlose Knabenzeit meines Bruders, in der er sich niemals um die Zukunft stark gekümmert, nie an seinen künftigen Beruf gedacht hat, findet dort ihre Grenze.

(Betsy, S. 53 f.)

«GLAUBENSWÜRDIG, WEIL'S
DER VATER SCHRIEB»

C.F. Meyer hat das Locarneser-Buch seines Vaters öfters als Quelle benutzt und immer wieder gern darin geblättert. Am 18. April 1884 sandte er ein Exemplar an seinen Verleger Hermann Haessel und lobte das Werk als eine – nach seinem Urteil – «vorzügl. Leistg, auch Ranke anerkannte es als solche» (Briefe II, S. 118). Ebenfalls im Frühjahr 1884 veröffentlichte Meyer in der «Illustrirten Schweizer Zeitung» das Gedicht DIE LOCARNER zur Erinnerung an den 12. Mai 1555, den Ankunftstag der reformierten Glaubensgenossen in Zürich. In der einleitenden Strophe gedenkt er voller Ehrfurcht des väterlichen Buches:

*Es war ein wolkenloser Maientag,
Die blaue Fluth mir kühl zu Füßen lag,
Ein blüh'nder Lindenbaum beschattet mich,
In meinem Buch ein Wind die Blätter strich,
Ich legt' es sachte voller grünen Scheins
Auf das Gesims des morschen Mäuerleins.
Es ist mir über alle Drucke lieb
Und glaubenswürdig, weil's der Vater schrieb.
Es handelt von der Locarneser Wesen,
Sie ließen einen üppigen Garten liegen
Und haben sich den Wanderstab erlesen,
Mit dem sie Schnee und Alpen überstiegen.
[...]*

(VII, 27)

Elisabeth Meyer-Ulrich (10. Juni 1802–27. September 1856) im Alter von 39 Jahren. Bleistiftzeichnung von Melchior Paul von Deschwanden (1811–1881), datiert November 1841, entstanden ad vivum als Gegenstück zum postumen Porträt Ferdinand Meyers. Zentralbibliothek Zürich

Die Mutter

Elisabetha Franziska Charlotte Ulrich muß in jungen Jahren eine iphigenienhafte Erscheinung gewesen sein. Gemäß Adolf Freys Beschreibung war sie «mittelgroß, von feiner, schmaler Bildung, zartgliedrig, besaß schöne Hände und ein anmutiges Gesicht mit ausdrucksvollen dunklen Augen» (Frey, S. 21). Meyer selber bezeichnet seine Mutter in der Autobiographie von 1876 als eine «fast überzarte» Frau «von seltener Liebenswürdigkeit und Begabung» (XV, 128).

Die Melancholie, mit der ihr Vater im Alter seine Umgebung verdüsterte, scheint sie nachdenklich gemacht zu haben; ihre Heiterkeit erhielt dadurch einen leicht verkrampften Zug. Schwer erschütterte sie der frühe Tod ihres Bruders Heinrich (1798–1817). Die Eltern befürchteten eine Zeitlang, sie werde den Schicksalsschlag nicht überleben. Sie war damals 15 Jahre alt. Das Erlebnis vertiefte ihre anerzogene und wohl auch natürliche Frömmigkeit; sie war eine *anima naturaliter christiana*, eine «schöne Seele» in Goethes Sinn. Das gab ihrer Anmut und Heiterkeit eine Tiefe, die von den Menschen in ihrem Kreis als geheimnisvoll und wohltuend zugleich empfunden wurde.

Ihren Gatten – er war ein Freund des verstorbenen Heinrich gewesen – lernte sie in Lausanne näher kennen. Elisabeth verfeinerte dort ihre Französischkenntnisse; Ferdinand trieb historische und juristische Studien. Es kam – das mag Elisabeths Spontaneität zu danken sein – zur heimlichen Verlobung. Die Familien beider Seiten willigten gerne ein; es war eine ebenbürtige Partie.

Über der jungen Ehe, so glücklich sie war, liegen von Anfang an wahrnehmbare Schatten. Elisabeth Meyer dürfte darunter gelitten haben, daß die Beziehung ihres Mannes zu ihrem Vater nicht gut war. Johann Conrad Ulrich war schwermütig und gleichzeitig unduldsam; seine politischen Meinungen stimmten nicht mit jenen Ferdinand Meyers überein. Dessen Gattin Elisabeth ist die stumme Spannung nicht zuträglich. Die Geburt des Sohnes wirft die Überzarte vorübergehend aus der Bahn; nur langsam überwindet sie ein Nervenleiden. Am 7. Januar 1828 stirbt ihr Vater. Sein Tod löst in ihr eine dreimonatige Krankheit aus.

Am Todestag des Vaters beginnt sie, Tagebuch zu führen. Ein Eintrag aus den ersten Monaten des Jahres 1828 ist eine Reminiszenz an den eben Verstorbenen (Ms. CFM 389): «Aus einem Briefe von Papa. Warum immer *träumen*, liebe, liebe Betsy [...]. Es ist eine schöne Sache um Phantasie solange der Verstand die gehörige Oberhand über sie behält [...].» Ihre Träume konzentrieren sich von da an auf den kleinen Conrad, dessen kindliche Weisheiten sie im Tagebuch akribisch festhält. Später, als das Kind ein Opfer lebhafter Imaginationen wird, mag sie an ihre eigenen Träume gedacht haben. Eine Stütze ist ihr in den folgenden Jahren ihre Mutter, die nach dem Tode von Johann Conrad Ulrich zur jungen Familie zieht.

Der unerwartete Tod des Gatten am 11. Mai 1840 setzt Elisabeth begreiflicherweise erneut schwer zu. Und am 21. Juni 1843 verliert sie auch ihre stets heitere und hilfsbereite Mutter. Damit sieht sie sich allein mit ihren beiden Kindern und dem debilen Pflegling Antonin Mallet. In ihrer Schwäche hält sie sich krampfhaft an die rigiden religiösen Grundsätze, die ihr von ihrem Vater als puritanischpietistisches Erbe nahegelegt worden waren. Sie zerbricht schließlich, weil sie zu erkennen glaubt, sie sei am Versagen ihres Sohnes schuld und damit selbst eine Versagerin. Als dann im Juli 1856 Mallet stirbt, schiebt sie zudem die Verantwortung an seinem Tod sich selber zu. Sie ist seelisch und körperlich aufgerieben. Ihre wachsenden Depressionen – sie hat selbst in dieser Hinsicht das Erbe ihres Vaters übernommen – treiben sie in den Tod.

Elisabeth Meyer in der Erinnerung des Juristen Johann Caspar Bluntschli

Meine Frau und ich verkehrten damals oft mit meinem früheren Lehrer und damaligen Freunde Ferdinand Meyer und seiner Frau, einer geborenen Ulrich, für die ich eine verehrungsvolle Freundschaft empfand. Sie erschien mir wie das lebendig gewordene Ideal der Weiblichkeit. Geistreiche Frauen, die mit den Männern wetteiferten, waren mir unangenehm. In ihr aber fand ich die edelsten Eigenschaften des Geistes, schnellen und klaren Verstand, tiefen Durchblick, feines sittliches Gefühl mit lieblichster Anmut, Sanftheit und Milde gemischt. Sie war eine treue, sorgende Gattin, eine gute Mutter, eine aufopferungsfähige Freundin der Armen, eine anspruchslose Hausfrau und eine freundliche und heitere Wirtin. In ihrer Gegenwart fühlte ich mich wie gehoben und reiner als sonst. Sie war tief religiös, aber nicht unduldsam und nicht kopfhängerisch. Die Religion gab ihr einen Halt, dessen sie um so mehr bedurfte, als ihr beweglicher und entzündlicher Geist sie leicht hätte ins Maßlose und ins Weite fortreißen können. Es war etwas Ungewöhnliches und daher Unberechenbares in ihr. Dadurch war sie ihrem Manne, so hochgebildet er war, doch geistig überlegen. Seine Tugend war schulgerechter als die ihrige. Sie konnte wagen, wozu ihm der Mut schwankte. Für mich hatte sie das Gefühl einer ältern Freundin und inniges Wohlwollen. Aber auch ihr Geist wurde in meiner Gegenwart belebter und heller. Eine innere, niemals in Worten ausgesprochene Sympathie verband uns. Am Ende ihres schweren Lebens und am Schlusse eines langen Witwenstandes wurde sie noch ein Opfer ihrer kranken Stimmung und ihrer leidenden Nerven. Zur Heilung in eine Anstalt für Gemütskranke gebracht, fand sie Kühlung und Tod in den Fluten.

Johann Caspar Bluntschli,
«Denkwürdiges aus meinem Leben»,
3 Bde., Nördlingen 1884 (Bd. I, S. 155f.)

Zu dieser Charakterisierung durch Bluntschli äußert sich Meyer am 18. Mai 1887 gegenüber Anna von Doß wie folgt:

Alles, was Bluntschli von meiner Mutter sagte, ist wahr; sie war einschmeichelnd liebenswürdig; verstehen Sie dies «einschmeichelnd» aber richtig; es war unbewußt. Und doch hatte sie große Leidenschaften. Ich habe dieser Tage einen Kinderbrief von ihr an ihren Vater gelesen, in dem sie schreibt: «Du sagst, du würdest das nicht mehr erleben und ich müßte es dann so machen. Wenn du aber stirbst, Vater, vergifte ich mich; dann sind wir wieder beisammen.» Ist das nicht merkwürdig, und von einem Kinde erschreckend, eine solche Sprache? – Ich habe niemals eine Frau kennen gelernt, die meiner Mutter gleicht.

(von Doß, S. 387)

«Ein kleines Gespräch»

Am 6. Januar 1829 hat die Mutter im Tagebuch folgende Äußerungen des gut dreijährigen Sohnes festgehalten:

Ein kleines Gespräch mit Conrad, das ich des Aufzeichnens werth finde.
Conrad. Nicht wahr, liebe Mama, du und ich sterben nie? Wir wollen immer, immer leben!
Ich. Warum sollten wir nicht auch sterben, mein Kleiner. Alle Menschen sterben. Dein guter Großpapa starb auch. –
Conrad. Wo ist er jetzt?
Ich. Im Himmel.
Conrad. Im Himmel! aber du sagtest mir ja auch schon, er schlafe auf dem Kirchhofe, bey dem wir so oft vorbeygehn. Ist Großpapa auch dort?
Ich. Nur sein Körper, seine Seele wohnt nicht im Grabe, sie ist bey dem guten Vater im Himmel.
Conrad. Was ist die Seele? ... ein Engel? ...

(Ms. CFM 389)

«Ein kleines Gespräch mit Conrad, das ich des Aufzeichnens werth finde».
Aus dem Tagebuch der Mutter, 6. Januar 1829.
Ms. CFM 389. Zentralbibliothek Zürich

Aus Betsys Erinnerungen

Unsere Mutter erschien mir als das Zarteste, Lieblichste und Beste auf Erden. Die Liebe zu ihr hob meine Mittelschlagsnatur. Von früh an, schon seit dem Tode der sorgsamen Großmutter, der dem unseres Vaters in der Frist von zwei Jahren folgte [Anna Cleophea Ulrich, gestorben am 21. Juni 1843, überlebte Ferdinand Meyer um drei Jahre!], war ich weniger darauf bedacht, ihr zu gehorchen – das gab sich von selbst – als sie, die verwitwet und betrübt genug war, vor der Unbill des täglichen Verkehrs und vor dem Kummer zu schirmen, den unsere Unbändigkeiten und Mißgeschicke in der Schule oder auf dem Schulwege ihr machen konnten.

(Betsy, S. 83)

Als sie uns dann im Herbste 1856 entrissen wurde, schien es uns, als wäre mit ihr und ihrer Treue nun alles Liebliche für uns von der Erde verschwunden. Unser trautes Heim war doch immer gewesen, wo sie war.

(Betsy, S. 106)

In biographischen Aufzeichnungen aus Betsys Nachlaß hat die Tochter ein besonders einfühlsames Bild ihrer «liebsten Mutter» entworfen:

Was es für ein wohltuender Zauber war, der diese so heitere und dabei so sanfte Frau manchem unbeschreiblich lieb und unentbehrlich machte, ist schwer zu sagen. Ihre geistige Anmut übte einen unwiderstehlichen Einfluß aus. Auch auf uns Kinder. – Eine kleine Schulfreundin, die ich oft mit mir nach Hause nahm, meinte: «Deine Mama hat ganz merkwürdige braune Augen! Es wäre mir ganz unmöglich sie anzusehen und eine Lüge zu sagen.» – Das konnte ich freilich auch nicht. – Man fühlte: sie hatte für die Seele der Andern ein untrüglich scharfes, liebevolles Verständnis. Sentimentale Verschleierungen, höfliche Redensarten und andere fadenscheinige Gewebe bestanden nicht vor ihrem Blick. Doch war sie liebevoll und schonte. Ein feines Lächeln, ein humoristisches Wort bezeichnete ihren Standpunkt. Es war die reinste Herzensfreundlichkeit verbunden mit geistvoller Grazie; ein unbeschreiblich wohltuendes Gemisch von Heiterkeit und Scherz, Lebenserfahrung und feinem Takt. Sie hatte Verständnis für die tiefste Trauer und das kindlichste Glück. Sie weinte mit den Weinenden und wußte Tränen zu trocknen mit Wohltat, die niemanden drückte, sogar mit feinem Spott, der niemanden verwundete. Jede Arbeit, die sie in die Hand nahm, jeder Strauß, den sie band, jeder Korb, den sie mit Gartenfrüchten füllte, verriet ihren feinen Geschmack. Niemand wußte lieblicher und mit leichterer Hand die Kranken zu hegen und zu pflegen. Wenn ich als kleines Mädchen Kopfschmerzen bekam und mit einem Sommerfieber oder einer andern Kinderkrankheit aus dem Garten heraufgebracht und zu Bett geschickt wurde, legte ich mich mit der leisen Freude: Jetzt mußt du schlafen und Mama kommt zu dir und hütet dich. [...]

Im Grund war es wohl ihr fein ausgebildeter ästhetischer Geschmack und ihr zartes Nervensystem, was sie jeder Übertreibung, jeder als Karikatur auftretenden Leidenschaftlichkeit, jeder Rohheit, jedem übertriebenen Pathos auf allen Gebieten abhold machte. Ein lebhaftes Gefühl für das Lächerliche hob sie in ihren gesunden Tagen mit heiterer Grazie über diese Unebenheiten und Anstöße des täglichen Verkehrs hinweg. Sie schalt nie, wurde nie in ihren Äußerungen unschön oder wehtuend. Uns Kinder lachte sie zuweilen ein bißchen aus, wenn wir zu täppisch und tölpisch waren. Nie sprach sie zu viel, nie sah ich sie schüchtern oder verlegen. Alles an ihr war liebliches Ebenmaß.

Ihr Vater, ein genialer Pädagoge, hatte sie wohl sehr sorgfältig erzogen, doch mein' ich, es habe schon in ihrer Jugend ein Keim in ihr gelegen von asketischer Selbstzucht und Überwindung jeglicher zu Tage tretender Schwäche, – gleichsam der künstlerische Trieb zu harmonischer, den Andern wohltuender Selbstveredlung. Sie vermochte außerordentlich viel über sich selbst. Sie war voll tiefer Liebe. Auch darin übte sie sich Allen, auch uns Kindern gegenüber, in einer gewissen, gegen sich selbst gekehrten, strengen Askese.

(Nils, S. 24 ff.)

Conrad Ferdinand Meyer als Gymnasiast im Alter von ungefähr 15 Jahren.
Silhouette um 1840, entworfen von einem Mitschüler.
Privatbesitz. Reproduktion aus: «Der Lesezirkel» 12 (1925).
Zentralbibliothek Zürich

Conrad

Conrad kam am 11. Oktober 1825 als erstes Kind des Ehepaars Meyer-Ulrich im Haus zum oberen Stampfenbach zur Welt. Er wurde am 26. Oktober in der Predigerkirche getauft, wo sechs Jahre zuvor schon Gottfried Keller zur Taufe getragen worden war. Großvater Johann Conrad Ulrich und eine Großtante, Henriette Meyer geb. Escher (1777–1849), Gattin des Kaufmanns Paulus Meyer beim Regenbogen am Rennweg, übernahmen die Patenschaft.

Im Frühjahr 1831, wenige Tage vor der Geburt seiner Schwester, geht Conrad erstmals zur Schule. Er bewährt sich als folgsamer, fleißiger Schüler, so daß die Mutter am 4. November gleichen Jahres dem Vater stolz und beglückt berichten kann, der Conrad sei «denn doch ein wackeres Bürschchen»; er habe, «nach seinem eigenen Ausdrucke, die Mädchen in der Schule – hinabspediert, bis an ein Einziges [...], an dem er aber auch noch *arbeiten* wolle. – Und das Alles wie im Schlafe, ohne bedeutende Anstrengung von seiner und ohne Nachhülfe von unserer Seite.» (Ms. CFM 387.4, Nr. 35) – Mit der Zeit läßt der Eifer des Knaben jedoch nach; er zieht sich zurück, wird still und versonnen.

Ein Kinderbrief

Das früheste erhaltene Schriftstück des kaum sechsjährigen Conrad datiert vom 2. August 1831 und ist an seinen an der Eidgenössischen Tagsatzung in Luzern weilenden Vater gerichtet. Wie die Mutter ihrem Gatten in einem Begleitschreiben mitteilt, wurde das Briefchen «unter heißen Geburtsschmerzen beendigt»:

Lieber Vater, ich war in baden dort sah ich die prächtige kirche, alfred und Marie sind gute kinder aber wir konnten nicht miteinander reden, das war nicht lustig. das liebe schwesterlein lacht wie ein Engelein. Milch läpelt es wie ein büsi lieber Papa dich grüßt 1000-mahl dein Conrad Meier.

(Ms. CFM 316.1)

Aus dem Tagebuch der Mutter

Am 2. Januar 1829 notiert Elisabeth Meyer in ihrem Tagebuch:

Lieber Conrad, wenn du einmahl groß bist (deine Mutter lebt vielleicht dann nicht mehr) und bekommst diese Zeilen zu Gesichte, so wisse, daß du als ein Kind von drey Jahren ein ganz allerliebstes Bürschchen warest. Das ist nun freylich nicht die

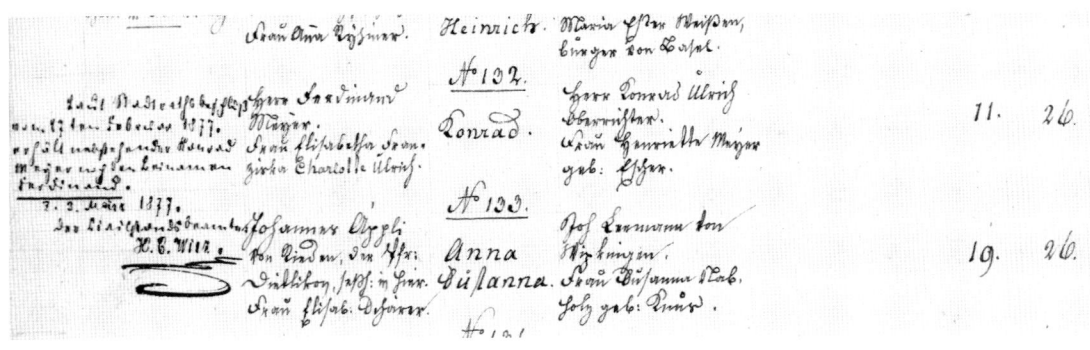

Aus dem Tauf- und Ehebuch zu Predigern 1804–1862: Taufeintrag C. F. Meyers (Nr. 132), geboren am 11., getauft am 26. Weinmonat (= Oktober) 1825. Links des Täuflings «Konrad» sind die Eltern Herr Ferdinand Meyer und Frau Elisabetha Franziska Charlotte Ulrich verzeichnet, rechts die Taufzeugen Herr Konrad Ulrich Oberrichter, der Großvater mütterlicherseits, sowie Frau Henriette Meyer geb. Escher, eine Großtante. Am linken Rand nachgetragen die 1877 bewilligte Namensänderung: «Laut Stadtrathsbeschluß vom 27ten [richtig 24.] Februar 1877 erhält nebstehender Konrad Meyer noch den Beinamen ‹Ferdinand›. Z.[ürich] 3. März 1877. Der Civilstandsbeamte: H. C. Wirz.»
Stadtarchiv Zürich

Links: Conrad Ferdinand Meyers Kinderbrief an den Vater vom 2. August 1831. Ms. CFM 316.1.
Zentralbibliothek Zürich

Rechts: «Meiner lieben Mama an ihrem Nahmenstage»: Conrads Glückwunschbriefchen zum 19. November 1833. Ms. CFM 316.2.
Zentralbibliothek Zürich

Hauptsache und es möchte dir auch in der Folge keinen großen Trost gewähren, wenn du nicht ebenfalls ein gutes und folgsames Kind[,] ein *fleißiger, sittlicher* Jüngling *und ein* thätiger, verdienstvoller Mann geworden bist. Daß du aber dieses Alles werden mögest, dafür bittet deine Mutter den Himmel, der dich fürderhin segne u. beschütze.

(Ms. CFM 389; vgl. Hohenstein, S. 13)

Der Mutter zum Namenstag

Das Schreiben des achtjährigen Conrad ist der Mutter zum Namenstag am 19. November 1833 gewidmet:

Ich freue mich deines Nahmenstags, und wünsche dir von Herzen Glück dazu, meine liebe gute Mama. Nimm dis kleine Geschenk von mir mit Freuden an, denn ich kann dir nicht wichtigers geben, weil ja alles was ich habe von dir kommt. Ich möchte dir so gerne durch mein Betragen Freude machen, und doch ohne daß ich es selber will, begegnen mir so viele dumme Streiche, verziehe [!] deinem Conrad, er meint es nicht böse und liebt dich, theure Mama unaussprechlich. – Am Elisabethatag den 19 Wintermonath 1833. –

(Ms. CFM 316.2)

Kindliche Weisheiten

Obgleich kein Wunderkind, verriet Conrad früh Züge eines feinen, geweckten Geistes und bereitete, noch nicht zweijährig, durch originelle Einfälle den Seinen hundert Freuden. Etliches aus dieser und späterer Zeit findet sich im Tagebuch der Mutter, anderes in ihren Briefen verzeichnet. Durch eine zufällige Begebenheit veranlaßt, wollte sie eines Tages dem Fünfjährigen den Begriff des Gewissens verdeutlichen und sagte, nachdem sie auf dem Wege der Abstraktion nicht zum Ziele gelangt war: «Nicht wahr, Lieber, wenn du etwas Unrechtes getan hast, so ist dir nicht recht wohl, du fühlst Unruhe und Schmerz in deinem Herzen?» – «Ja, ja,» fiel er schnell ein, «es ist gerade, als wenn mich jemand mit einem Spieße ins Herz stäche.» – «Ganz recht,» versetzte sie, «dieser Spieß ist es eben, den ich meine, man nennt ihn das Gewissen.» Es vergingen einige Wochen, bis er eines Morgens ganz ernsthaft mit den Worten vor sie hintrat: «Liebe Mama, du hast mir schon manchmal von Körper und Geist als von zwei ganz verschiedenen Dingen erzählt. Hat etwa der Geist jenen Spieß?»

Bald darauf äußerte er in der Frühe: «Diese Nacht hat mir viel geträumt. Ich sah Schlangen, wilde Tiere und schreckliche Menschen. Aber nicht wahr, der Traum lebt nicht? Ein gemaltes Tier ist ja auch kein wirkliches Tier.» – Sechsjährig sagte er:

Betsy Meyer, genannt «Ziggetli» (1831–1912), die Schwester des Dichters, im Alter von ungefähr 15 Jahren.
Anonyme Daguerreotypie aus den frühen 1840er Jahren. Zentralbibliothek Zürich

Wunsch der kleinen Betsy an die Mutter: «Der Bruder und das Schwesterlein / Sie möchten beide ‹Lichter› sein. / Ein Licht der Welt? So mein' ichs nicht, / Nur dir allein ein helles Licht!» Ms. CFM 399d.1. Zentralbibliothek Zürich

«Du, Mama, ich muß viel bei mir selber denken: wer bin ich auch eigentlich? Und was ist auch die Welt? Aber ich finde keine Antwort.» *Während dieser grüblerische Hang die Mutter nachdenklich stimmte, belustigte sie folgende bei Tisch gestellte Frage:* «Was meinst du, Mama,» *hub er an, nachdem er seine großen Augen geraume Zeit auf die vor ihm stehende Schüssel geheftet,* «hätten wir ein ganzes Jahr an einem Walfisch zu essen?»
[...]
Doch zeigte er im ganzen viel eher ein lebhaftes und munteres, als ein nachdenkliches Wesen. Mit lautem Jubel holte der Dreijährige [...] zum erstenmal am Berchtoldstag die Neujahrsblätter, wie sie heute der Züricher Jugend noch ausgeteilt werden, und die Geschenke unter dem Neujahrsbaum machten seine überquellende Wonne schließlich wortlos. Als ihm die Großmutter zu Ostern 1829 einen schönen Säbel stiftete, rief er begeistert: «Nie soll er mehr von meiner Seite kommen! Ich will ihn tragen, bis ich sterbe, und ehe ich sterbe, will ich ihn noch geschwind essen!»

(Frey, S. 27f.)

FRÜHE KRANKHEITEN

Während der ersten Lebensjahre war er von mutwilliger Unbändigkeit, dergestalt, daß er selber sich im Bette Püffe versetzte und, weil er beim Umhertollen allenthalben anstieß und hinpurzelte, alle Farben an der Stirne aufwies. Doch setzten ihm Krankheiten aller Art zu. Einmal befielen ihn starke Gichter, so daß der Arzt in Anbetracht der schwachen Nerven verbot, ihm fernerhin Geschichten zu erzählen. Flußfieber, Schleimfieber und die Masern blieben nicht aus, und kaum hatte man diese ein wenig abgewehrt, so bedrohte die Halsbräune das junge Leben.

Nach den Röteln, die ihn im Herbst 1831 heimsuchten, magerte er ab und büßte sein frisches Aussehen ein, und der Arzt, eine auffallend beschleunigte Entwicklung des Körpers und des Geistes vermutend, sprang ihm mit China, Salzbädern und Eichelkaffee bei: die Gesundheit kehrte wieder, allein die kräftige Munterkeit, vielleicht von Anfang eher den erregten Nerven als wirklicher Kraft entsprossen, verlor sich so ziemlich. Der Knabe wurde mitunter so lenksam, daß man ihn, wie die Mutter schrieb, um den Finger wickeln konnte. Zuweilen aber brauste er auf, in seltsamem Gegensatz zu seinem eher sanften und gutmütigen Wesen. Vor allem zeigte sich eine auffallende Weichheit und Reizbarkeit des Gemütes: das Lob, das ein Brief der Mutter den Kindern einer befreundeten Familie spendete, erpreßte dem Sechsjährigen Tränen, und 1835 brach er regelmäßig in Weinen aus, wenn er auf den damals abwesenden Vater zu sprechen kam.

(Frey, S. 28f.)

Betsy

Conrads Schwester Elisabetha Cleophea wurde am 19. März 1831 im Grünen Seidenhof geboren. Die kleine Betsy, die sich später einmal als «letzte[s], nachflatternde[s] Endchen des Kranzes» bezeichnet hat, der ohne des «Bruders merkwürdiges Schicksal den Augen der Welt nie sichtbar geworden wäre» (Betsy Meyer an Lina Frey, 6. März 1899; Betsy, Briefe, S. 440), war der Sonnenschein der Familie. Auch für Conrad, der sich rührend um sein Geschwisterchen kümmerte, soll es «das Liebste» auf Erden gewesen sein (Nils, S. 16).

Als man die Kleine sechs Wochen nach der Geburt zum erstenmal ins Freie trug, begleitete er sie, wobei sich seine Freude und Zärtlichkeit so weit erstreckte, daß er, der Wärterin folgend, den Zipfel des Tragkissens nicht aus der Hand ließ. Im Sommer, da man das Auftreten der Cholera befürchtete, sagte er: «Wenn du, Mama, tot bist und Papa auch und die Großmama, so will ich noch für das Schwesterchen sorgen, und wenn ich auch nur noch ein einziges Brötchen hätte, so würde ich es ihm gewiß geben und lieber selbst verhungern.»

(Frey, S. 29f.)

Antonin Mallet

Die junge Familie Meyer war nicht allein. Mit Großmutter Ulrich zog Antonin (eigentl. Antoine) Mallet (1789–1856), Sohn der wohlhabenden Genfer Familie Mallet-de Tournes, an die Kuttelgasse und später ins Haus zum grünen Seidenhof. Seine Mutter hatte ihn während der Genfer Wirren zur Welt gebracht, in hoher Angst, weil sie befürchten mußte, ihr Gatte werde hingerichtet. Das Kind war debil, und Großvater Ulrich, mit den Mallets bekannt, hatte sich anerboten, den neunjährigen Sohn als Pflegling in seinen 1797 gegründeten Zürcher Hausstand aufzunehmen.

Mallet war zu keiner größeren Arbeit fähig, half jedoch im Haushalt mit, spielte Damenbrett oder las und besorgte auch einfache Übersetzungen. In der Familie des Oberrichters Ulrich wurde er «der Herr» genannt. Er scheint die Familie kaum belastet zu haben, war aber trotzdem ein Mahnmal für Gottes manchmal schwer zu verstehende Unberechenbarkeit.

Betsy hat in einem unveröffentlichten biographischen Fragment über den «lieben alten Hausgenossen» berichtet, «einen Genfer, der unserm Großvater Johann Conrad Ulrich, einem der ersten in der Schweiz, die dem Unterricht Taubstummer sich gewidmet hatten, als 9jähriger, nicht sprechendes ungebändigtes Kind zur Erziehung übergeben worden war»:

Der Knabe hatte sich unter seinem Einflusse so günstig u. liebenswürdig entwickelt, daß er später mit Leichtigkeit französisch und deutsch redete und schrieb, sich mit Liebe für Alles interessierte u. seinen Tag, von früh bis spät, in vielfacher leichter Beschäftigung erfreulich ausfüllte. Als er 20 Jahre zählte, stellte man ihm die Frage, ob er auf immer nach Genf, wo er seine Verwandten gerne besuchte, in seine eigene Familie u. glänzendern Verhältnisse zurückkehren wolle, oder ob er es vorziehe, in Großpapas Familie in Zürich zu bleiben. Er wählte die ihm zusagenden einfachern Verhältnisse in Zürich wo er sich wohl geborgen fühlte. Nach Großvater Ulrichs Tode 1828 blieb er bei Großmama u. kam, als diese zu ihrem einzigen noch lebenden Kinde, unserer lieben Mutter zog, mit ihr in unseres Vaters Familienkreis, wo er, wie ein guter friedlicher und heiterer alter Onkel bis zu seinem Tode 1856 gehegt u. gepflegt wurde. Unsere Mutter – nachdem sie ihn mit übergroßer Aufopferung der eigenen Kraft in seiner schweren letzten Krankheit hatte pflegen helfen, folgte ihm [...] wenige Monate später im Tode nach u. ließ meinen Bruder u. mich allein zurück.

(Ms. CFM 399d.4)

In Aufzeichnungen für ihre Nichte Camilla weist Betsy darauf hin, wie Mallets Verwandte in Genf ihren Zürcher Freunden die dem Pflegling erwiesenen Wohltaten später vergolten haben:

Elisabeth Meyer-Ulrich (1802–1856), vermutlich zusammen mit Antonin Mallet (1789–1856).
Anonyme Daguerreotypie aus den frühen 1850er Jahren.
Zentralbibliothek Zürich

Schon vor unserer geliebten Mutter Tode hatten unsere Genfer Freunde, die Erben unseres lieben alten Hausgenossen, aufs liebreichste und taktvollste dafür gesorgt, daß weder unsere zarte, oft leidende Mutter, noch ich einst im Alter in eine bedrängte Lage kommen sollten. «L'oncle Antonin» war von unserm Großvater Ulrich zu einem lebenswerten, glücklichen, vielen anderen wohltuenden Dasein erzogen, von Großmutter, Mutter und auch ein bißchen von mir gehegt und gepflegt, geliebt und als altes Familienglied mit Respekt gehoben und auch für alles Menschenfreundliche und Gute, das uns interessierte, auch interessiert worden. Kurz, unser «alter Herr» gehörte zu uns. Als er dann nach viele Monate dauernden schweren Leiden starb, waren die letzten Lebenskräfte unserer Mutter durch die ängstliche Sorgfalt der langen Pflege und ihrer Herzensteilnahme, die das Leiden des schwachen Kranken mit ihm tragen mußte, derart aufgebraucht, daß er sie wenige Monate nach seinem Tode, so tief sie es fühlte, wie schwer wir sie missen mußten, wie notwendig wir beide Kinder sie hatten, in größter Müdigkeit und Nervenschwäche mit hinüberzog.

Damals holten mich die Mallet'schen Verwandten nach Genf. Mr. und Mme. Mallet d'Hauteville ließen es die im Innern ganz zerbrochene Waise erfahren, daß sie in Genf eine zweite Heimat unter ihrem schutzreichen Dache habe. Madame Mallet erwies sich mir als eine zartfühlende, trostreiche zweite Mutter. Mein Bruder verlebte jene erste schmerzliche Trauerzeit, nicht zu weit von mir entfernt, in Lausanne. Wie ich in Genf, so fühlte er sich in der Nähe seines väterlichen Freundes, des Geschichtsprofessors Louis Vulliemin, damals am meisten zu Hause.

(von Orelli, S. 9f.)

Haus zum oberen Stampfenbach. Conrad Ferdinand Meyers Geburtshaus. Wohnung der jungen Eheleute Meyer bei den Eltern Ulrich von 1824 bis 1826. Stampfenbachstraße 48, erbaut vor 1750, abgetragen 1928.

Haus zum Reuter. Wohnhaus von Familie Meyer von 1826 bis Mitte November 1830. Kuttelgasse 10, 1882 durch einen Neubau ersetzt.

Haus zum grünen Seidenhof. Wohnhaus von Familie Meyer von Mitte November 1830 bis Oktober 1841. Sihlstraße 4, abgetragen 1898, heute Areal Warenhaus Jelmoli.

Schmidtenhaus. Wohnhaus von Elisabeth Meyer-Ulrich und ihren Kindern von November 1841 bis Oktober 1845. Sihlstraße 5, abgetragen 1910.

Familie und Lebensraum 25

Langgestrecktes Gebäude unten: Haus zum langen Stadelhof. Wohnhaus von Elisabeth Meyer-Ulrich († September 1856) und der Geschwister Meyer von November 1845 bis April 1857. Stadelhoferstraße 19, seit 1880 St. Urbangasse 6, abgetragen 1892/1933.
Angrenzendes Gebäude oben: Haus zum St. Urban. Hier bewohnten die Geschwister Meyer von April 1857 bis September 1862 das erste Stockwerk. Stadelhoferstraße 23, erbaut 1790, abgetragen 1933.

Haus zum Felsenhof. Geburts- und Wohnhaus der mit Familie Meyer befreundeten Mathilde Escher (1808–1875). Pelikanstraße 6, abgetragen 1927.

Haus zum Pelikan. Elternhaus von Meyers späterer Gattin Louise Ziegler. Pelikanstraße 25, erbaut 1675.

Malerischer Plan der Stadt Zürich und ihrer Umgebungen, sog. «Leutholdplan». Vogelschauplan der Limmatstadt von Westen, gezeichnet von Franz Schmid (1796–1851), in Aquatinta radiert vom Pariser Künstler Appert, erschienen Ende 1846 im Kunstverlag von Hans Felix Leuthold in Zürich.
Zentralbibliothek Zürich

C. F. Meyers Vaterstadt Zürich gegen Ende des 19. Jahrhunderts: Besonders augenfällig sind die neuen Geschäftshäuser im Kratzquartier und die 1884 eröffnete Quaibrücke. Ausblick vom St. Peter nach Süden. Kolorierte Aquatinta von Heinrich Siegfried (1814–1889) nach Zeichnung von Rudolf Dikenmann (1793–1884). Aufgenommen in den frühen 1880er Jahren, überarbeitete Platte mit Darstellung des 1891/94 erbauten Theaters. Publiziert als Einzelblatt im Kunstverlag Dikenmann in Zürich um 1895. Zentralbibliothek Zürich

Die Stadt

Die Stadt, in der C. F. Meyer aufwuchs, ist auf dem sog. «Leutholdplan» von 1846 am besten wiedergegeben. Die mittelalterlichen Mauern sind schon weitgehend gefallen, die Tore und Bollwerke abgebrochen. Zwischen Kratzturm und Rennwegbollwerk verläuft noch der Fröschengraben – bald wird er durch die Bahnhofstraße ersetzt sein. Die Schleifung der Schanzen aus dem 17. Jahrhundert wurde am 30. Januar 1833 beschlossen und in den folgenden Jahrzehnten vollzogen. (Heute erinnert an diesen Schanzenring fast nur noch der Schanzengraben im Westen der damaligen Stadt.) Auf dem freigewordenen Landgürtel zwischen St. Leonhard und der Hohen Promenade sind bereits das Pfrundhaus und die Kantonsschule mit ihrem Innenhof zu erkennen. Vor das alte Kantonsspital werden zur gegebenen Zeit das Eidgenössische Polytechnikum und die Universität zu stehen kommen, auf die Hohe Promenade die Töchterschule. Im Grüngürtel rings um die Stadt planen Fabrikanten und höhere Beamte ihre Villen. Schon ist der Bahnhof eingezeichnet; die Spanischbrötli-Bahn von Zürich nach Baden wird 1847 eröffnet. Die Anlagen am Platzspitz dienen als «Große Promenade» und «Bürgergarten». Seewärts ist der Bürkliplatz aufgeschüttet; von ihm wird einst, am Bauschänzli vorbei, die Quaibrücke zum Bellevue hinüberführen. Am Untern Mühlesteg und am rechten Limmatufer sind erste Industriebauten zu erkennen: Escher Wyß, Neumühle und Walche. In der neuen Stadtmitte prangt, neben dem Posthof und der Tiefenhoflinde, das Hotel Baur. Seine Dépendance mit Seesicht steht am obern Ende des Schanzengrabens.

An Zürich

Meyer hat seiner Vaterstadt 1887 ein Gedicht gewidmet. Darin bedenkt er, wie Zürich während des 19. Jahrhunderts sein zum Teil noch mittelalterlich geprägtes Gesicht verloren und sich zu einer modernen Industrie- und Handelsstadt entwickelt hat. Trotz starker baulicher Veränderungen bewahrte die Stadt aber ihre «lieben Züge»; auch das Blau der Limmat und das Leuchten der verschneiten Alpenkette sind ihr erhalten geblieben:

Als ein Kind bin ich mit frischen Wangen
Durch die Thore Zürich's noch gegangen,
Sie zerbrach den Bann und wuchs und baute,
Sich verjüngend, während ich ergraute.

Sie zerschlug des Walles starre Hülle
Und entrollte sich in Lebensfülle,
Und auf immer ungestümer'm Flügel
Krönte sie mit Zinnen rings die Hügel.

Doch aus reicher'm Rahmen und Gefüge
Sprechen immer noch die lieben Züge –
Freundlich dämmert fort im Traum
  der Dichtung,
Was gesunken ist für Raum und Lichtung.

Limmat überbrückte sich auf's Neue,
Aber fluthet noch in tiefer Bläue,
Und mit ihren selig reinen Stirnen
Strahlen droben dort dieselben Firnen.

Menschenstunde gleicht dem Augenblicke,
Städte haben längere Geschicke,
Haben Genien, die mit ihnen leben
Und in immer weitern Kreisen schweben.

(VII, 31)

Die Häuser der Kindheit

C. F. Meyers Geburtshaus zum oberen Stampfenbach stand in Zürich-Unterstraß, nicht weit über der Limmat. Von dort hatte man damals noch freien Blick auf die Platzspitz-Promenade. Meyers Eltern, die sich 1824 verheiratet hatten, bewohnten das Haus gemeinsam mit den Großeltern Ulrich.

1826 bezogen Ferdinand und Elisabeth Meyer-Ulrich mit ihrem kleinen Sohn das Haus zum Reuter an der Kuttelgasse, gleich über dem Fröschengraben. Nach dem Tode Johann Conrad Ulrichs (7. Januar 1828) kam auch Anna Cleophea Ulrich-Zeller zur Familie der Tochter.

1830 mietete sich Familie Meyer im herrschaftlichen Grünen Seidenhof ein, dessen Garten bis an den Sihlkanal hinunterreichte. Hier wurde 1831 Betsy geboren. Der Grüne Seidenhof ist in ihrer Erinnerung das Paradies der Kindheit.

Nach dem Tod des Gatten (11. Mai 1840) übersiedelte Frau Meyer mit ihrer Mutter und den Kindern im Frühwinter 1841 ins bescheidenere Schmidtenhaus gleich gegenüber.

Meyers Geburtshaus zum oberen Stampfenbach (rechts) in Zürich-Unterstraß.

Das Haus zum Reuter an der Kuttelgasse (rechts), wo Meyer vor dem Umzug ins nahe Seidenhofquartier von 1826 bis 1830 seine frühen Kinderjahre verbrachte. Im Hintergrund ist das Rennwegbollwerk zu erkennen, vorne verläuft anstelle der Bahnhofstraße noch der Fröschengraben.

Das Haus zum grünen Seidenhof (mittleres Gebäude in der linken Häuserzeile), wo Familie Meyer von 1830 bis 1841 eingemietet war. Dann wurde das gegenüberliegende Schmidtenhaus bezogen (am rechten Bildrand knapp erkennbar). Im Hintergrund das Rennwegbollwerk.

Bleistift- und Pinselzeichnungen von Friedrich Meyer (1792–1870), Landschaftsmaler, einem Onkel des Dichters. Aus Antonin Mallets Stammbuch, datiert 21. Dezember 1830. Ms. CFM 384f. Zentralbibliothek Zürich

DAS GEBURTSHAUS

Geboren bin ich im Stampfenbach (der Zellerschen Walche) Unterstraß, weiß aber nicht, ob das Haus noch steht, u. zwar 11 (nicht 12) Oktober, wie fälschlich hin u. wieder zu lesen ist.

Meyer an Johann Jakob Hardmeyer-Jenny, 26. Mai 1891 (Schultheß, S. 15)

Betsy hat später berichtet:

Nicht *in der Zeller'schen Walche, wie er Ihnen schreibt,* hat er am 11ten Oct. 1825 das Licht der Welt erblickt, sondern im Hause zum Stampfenbach, *das dem aus der alten Stadt, von der «Niederdörflerporte», oder später von der «Neumühle» Kommenden zur rechten Hand, oberhalb der Straße, stund, oder steht [...]. Es war ein einzeln stehendes, nettes Haus, zu dem von der Straße durch ein Streifchen Vorgarten einige Steinstufen führten. Hinter dem Hause stieg in Terrassen ein Garten hügelan. Mit unserer anmutigen lebhaften Großmama Ulrich, der ich bei ihren Besuchen zuweilen zur Seite trippeln durfte, kam ich als Drei- oder Vierjährige nicht selten in den* «Stampfenbach» *zu einer mit ihr eng befreundeten alten Frau Zeller. [...]*

Großmütterchen, die damals verwitwet war, lebte in der Zeit, da ich mit ihr zur alten Frau Zeller ging, bei uns im grünen Seidenhof. Es war um die Mitte der Dreißigerjahre. Großpapa Ulrich, der Conrads Pathe gewesen, war im Jahr 1828 in eben diesem Hause zum Stampfenbach *gestorben.*

Betsy Meyer an Johann Jakob Hardmeyer-Jenny, 9. Januar 1902 (Schultheß, S. 20)

IM GRÜNEN SEIDENHOF

Wir bewohnten ein großes, altes Haus mit einem weiten Garten, den ein schattiges Wäldchen abschloß. Inmitten dieses Gehölzes, aus dem uralte Pappeln und weißstämmige Birken aufragten, stand ein einsamer gemauerter Pavillon, der meist verschlossen war, auf einem freien, von wohlriechenden Gebüschen umsäumten Platze. Die stille Bank, die sich dort an das Gemäuer lehnte, ist der einzige Ort im Garten, den unser Vater, selten genug, mit einem Buche in der Hand aufzusuchen pflegte. Er war dort ungestört, und die hinter der dichten Weißdornhecke vorüberrauschenden Wasser des Sihlkanals, der das Grundstück begrenzte, verbreiteten Kühlung. Überall nach rechts und links dehnte sich hinter der ruhigen Vorstadtstraße, in der wir lauter gute Nachbarn hatten, dieses blühende, duftende Gartenrevier und gewährte uns einen unbegrenzten Spielraum freier Bewegung.

(Betsy, S. 81)

*Das Schmidtenhaus (hinteres Erkerhaus), wo Frau Meyer mit ihren Kindern von 1841 bis 1845 wohnte.
Photographie von A. Moser, Zürich, 1910.
Baugeschichtliches Archiv Zürich*

«DER SCHEUE SPAZIERGÄNGER»

Albert Vögeli, der Sohn der Hauseigentümer, berichtet in seinen Jugenderinnerungen:

Weiter gelangen wir nun bei unserer Wanderung zum Grünen Seidenhof, dem Besitztum meiner Eltern und Vorfahren. Da in der Familie Voegeli schon von Urgroßvaters Zeiten her das Baugewerbe ausgeübt worden, so bestand dieser grüne Seidenhof aus mehreren Gebäulichkeiten, Wohnhaus, Magazinen, Maurerschuppen; daneben dehnte sich ein prächtiger großer Garten aus, wovon zirka ein Drittel des Areals längs des Sihlkanals als dichtes Wäldchen mit Pappeln, Tannen, Kastanienbäumen und allerlei Buschwerk angelegt war. Ich mache hier speziell auf dieses sog. Wäldchen des grünen Seidenhofes aufmerksam, weil es der Lieblingsaufenthalt des spätern Dichters Conrad Ferdinand Meyer war, der seine Jugendzeit [...] hier verlebte. In unserem Hause wohnte nämlich als Mieter Erziehungsrat Ferdinand Meyer, der Vater unseres Dichters, und ihm stand die Mitbenutzung des Gartens zu. Die persönlichen Erinnerungen an C. F. Meyer aus jener Zeit leben noch deutlich in mir, obgleich ja damals noch kein Mensch ahnte, wie sich dieser menschenscheue und verschlossene Jüngling zu einer literarischen Berühmtheit entwickeln würde. Heute gestehe ich offen, daß ich mir Vorwürfe darüber mache, wie ich als kleiner Knirps diesen Chueri Meyer, wie wir ihn nannten, oft unartig behandelt habe, obgleich ich sechs Jahre jünger war als er. C. F. Meyer hatte nämlich damals die

Gewohnheit, sich selten oder fast nie öffentlich zu zeigen; einzig in unserem geräumigen Garten spazierte er öfters mit seiner Schwester Betsy, oft aber auch allein, wobei er sich aber dann stets im sogenannten Wäldli ins Gebüsch zurückzog und sich dabei so menschenscheu zeigte, daß jedesmal, wenn er sich allein im Garten wähnte, er sofort «rechtsum kehrt» machte, wenn ihm unverhofft auf dem gleichen Gartenwege jemand entgegenkam, und scheu auswich, auch wenn der Begegnende bloß ein 7–8-jähriger Bengel war, wie ich. Diese Eigenheit machte mir aber gerade den größten Spaß und reizte mich zu der Bosheit, daß wenn ich in den Garten kam und den Chueri dort herumschwärmen sah, ich extra suchte, ihm auf dem gleichen Rabattenwege zu begegnen; selten gelang mir dies vollständig, denn der scheue Spaziergänger wandte sich meistens sofort um. Sah er aber, daß ein Entrinnen unmöglich war, so eilte er sporenstreichs in die Wohnung zurück. Wenn ich dann lachend meiner Mama erzählte, ich hätte den Chueri im Wäldli wieder in die Flucht gejagt, so erhielt ich einen strengen Verweis, denn es hieß dann immer, der Conrad sei halt doch ein guter, wenn auch etwas «gspäßiger» Mensch. Mit seiner Schwester Betsy, die Schulkamarädin und Freundin meiner Schwester war, stand ich hingegen auf dem besten Fuß, und ich durfte oft an ihrem jungfräulichen Ballspiel teilnehmen. Soviel über diesen illustren Mitbewohner unseres Hauses im grünen Seidenhof.

Albert Vögeli, «In den Seidenhöfen.»
Jugend-Erinnerungen aus den Jahren 1833–1853
(In: «Zürcher Wochen-Chronik»,
27. Februar 1904, S. 65)

DAS ENDE DER KINDERFREUDEN

[Als die Großmutter mütterlicherseits], während mein Bruder in Lausanne war, nach einer Winterkrankheit nicht mehr zu Kräften kommen konnte und im Hochsommer [1843] dahinstarb, fühlte sich unsere Mutter völlig verwaist und nahm dankbar das Anerbieten unseres väterlichen Oheims [Wilhelm Meyer-Ott] an, der ihr ein weites Gelaß in unserem urgroßväterlichen Hause in Stadelhofen als Wohnung zur Verfügung stellte. Es war nach dem Tode eines alten Anverwandten kurz vorher käuflich in seine Hände übergegangen.

Dieser Wohnungswechsel war ein guter Tausch. Dennoch erscheint mir heute, aus weiter Ferne gesehen, jener Wegzug aus dem Bereiche, wo die Großmutter uns aufzog und verzog, beschenkte und zur Arbeit anhielt, ergötzte und belehrte, als der Zeitpunkt, da die goldschimmernde, hoffnungsfrohe, zwanglose Kinderzeit sich abschloß.

(Betsy, S. 89)

Die Stadt der Großväter

In seinen autobiographischen Aufzeichnungen von 1880 und 1885 verbindet C. F. Meyer die Geschichte der Vaterstadt mit der Familiengeschichte (vgl. XV, 130 u. 131). Die Geschlechter der Meyer und der Ulrich hatten schon an den Auseinandersetzungen des politischen Zürich während der Helvetik regen Anteil und erlebten die daraus für das Land und die Stadt erwachsenden schicksalsschweren Folgen mit – wenn auch in verschiedenen Lagern. Unter den Ereignissen aus Zürichs Vergangenheit hebt Meyer im Hinblick auf die Lebenszeit seiner Großväter die Beschießung der Limmatstadt Anno 1802 durch helvetische Truppen hervor. Dieser die damalige Generation schockierende Vorfall steht als Stichwort für eine von Wirren erfüllte Epoche und erschließt die folgenden historischen Zusammenhänge:

1798 hatten französische Truppen unter Brune und Schauenburg die Schweiz besetzt und damit die für die erfolgreiche Führung des Koalitionskrieges wichtigen Alpenpässe in den Besitz des revolutionären Frankreichs gebracht. Die Revolutionierung der Eidgenossenschaft, ihre politische Erlösung im Zeichen von Freiheit, Gleichheit, Brüderlichkeit, wurde geschickt mit auferlegten Kontributionen verbunden. Die Staatskassen der reichen Orte gingen an die befreiende Besetzungsmacht.

Zwar trieb im Juni 1799 Erzherzog Karl im Gegenstoß die Franzosen unter Masséna vom Rhein an die Limmat zurück, aber in der Zweiten Schlacht bei Zürich (25./26. September 1799) siegte Masséna über die inzwischen statt der Oesterreicher die Limmatlinie haltenden Russen unter Korsakow, bevor sich der aus der Poebene über den Gotthard anrückende Suworow mit ihnen vereinigen konnte.

Schon vor der damit auf eidgenössischem Boden erfolgten Niederringung der Koalitionsgegner war die Helvetische Republik (1798–1803) ins Leben gerufen worden, ein zentralistischer Einheitsstaat nach französischem Vorbild. Er machte die bisher selbständigen Orte, die einstigen Zugewandten und Untertanengebiete zu bloßen Verwaltungsbezirken (Cantons). Über die neue helvetische Staatsverfassung, die vom Basler Peter Ochs entworfen worden war und welche Volkssouveränität und Freiheitsrechte anerkannte, konnte das Volk anfangs Juni 1802 befinden. Es lehnte das von Frankreich veränderte «Ochsenbüchlein» deutlich ab; aber weil zuvor festgelegt worden war, daß Nichtstimmende als Befürworter der neuen Staatsform gezählt werden müßten, ergab sich gleichwohl ein überwältigendes – wenn auch keineswegs dem Volkswillen entsprechendes Mehr für das Vertragswerk.

Vom Januar 1800 bis zum April 1802 hatten bereits vier Staatsstreiche und damit einhergehende Verfassungsänderungen die vom Ersten Konsul Napoleon abhängige neue Schweiz beim Volk in argen Mißkredit gebracht. Nach dem Rückzug der französischen Truppen im Sommer 1802 versank die Helvetische Republik im Chaos. Die Föderalisten als Anhänger des alten Staatenbundes erhoben sich in der Zentral- und der Ostschweiz gegen die eifernden Neuerer, die Unitarier. Zürich wechselte damals ins Lager der Aufständischen über und wurde deshalb am 10. und 12. September 1802 von helvetischen Truppen unter General Andermatt beschossen. Die helvetische Regierung, die sich nach Lausanne abgesetzt hatte, verfügte bald nur mehr über die Waadt. Jetzt griff Napoleon ein und gebot den zerstrittenen Schweizern Einhalt bei ihren innerstaatlichen Zänkereien. Französische Truppen besetzten erneut das Land. Am 19. Februar 1803 übergab Napoleon der Helvetischen Consulta, den nach Paris gerufenen Abgeordneten, die Mediationsakte.

Damit wurde die Schweiz wieder zu einem Staatenbund. Die patrizischen Oberschichten konnten einen wesentlichen Teil ihrer einstigen Macht zurückgewinnen. An die Seite der 13 Alten Orte traten jetzt immerhin sechs neue, aus Zugewandten und Untertanengebieten hervorgehende Kantone. Doch auch die mediatisierte Schweiz blieb Vasallenstaat Frankreichs, hatte Truppen zu stellen und sich zum Schaden ihrer Wirtschaft an der Kontinentalsperre zu beteiligen.

In den Befreiungskriegen durchzogen abermals fremde Heere das Land. Seit dem 21. Dezember 1813 marschierten Oesterreicher, Russen und deutsche Verbände zwischen Schaffhausen und Basel über die Grenze, um nach Frankreich zu gelangen. Die Schweiz hatte zwar Truppen aufgeboten, sich jedoch nicht offen von Napoleon losgesagt. Sie reagierte damit diplomatisch wie militärisch ausgesprochen hilflos, wich einer klaren Entscheidung aus und berief sich auf ihre Unabhängigkeit, die seit dem Westfälischen Frieden von 1648 *de jure* bestand, aber faktisch nicht durchsetzbar war. Das mangelhaft ausgebildete eidgenössische Aufgebot kapitulierte jedenfalls noch vor dem Einmarsch der Alliierten und wurde entlassen. Die gegen Frankreich angetretene Vierte Koalition warf den Schweizern nicht ohne Grund Kollaboration mit Napoleon vor und betrachtete ihr Land als französischen Vasallenstaat.

Den regierenden Kreisen in Basel, Bern und Zürich war der Einmarsch der Alliierten keineswegs unwillkommen. In Bern, wo sich wieder eine patrizische Regierung gebildet hatte, wurden die fremden Truppen mit einer Illumination begrüßt. In Zürich defilierte die Division Trauttenberg – unter dem Kommando des Erbprinzen von Hessen-Homburg – vor Bürgermeister und Landammann Reinhard. Im Januar 1814 zogen der Zar von Rußland, Kaiser Franz von Oesterreich und König Friedrich Wilhelm III. von Preußen mit militärischem und diplomatischem Gefolge in Basel ein und wurden von den dortigen Behörden mit Ehrbezeugungen festlich empfangen.

Fürst Metternich und Zar Alexander forderten jetzt mit aller Entschiedenheit die Wiederherstellung der vorrevolutionären Zustände auch in der Eidgenossenschaft. Nun ging alles sehr rasch. Die Mediationsakte war schon am 29. Dezember 1813 außer Kraft gesetzt worden. Am 6. April 1814 besammelte sich die wieder erstandene Eidgenössische Tagsatzung im Zürcher Großmünster, um den künftigen Eidgenössischen Bundesvertrag zu beraten. Schon am 11. Juni 1814 gab sich der Kanton Zürich eine neue Verfassung. Sie erneuerte zum Teil die Zustände des Ancien Régime: die Vormacht der Stadt und des Patriziats waren damit gesichert. Den konservativen Kräften gehörte die nächste Zukunft.

Auf dem Wiener Kongreß von 1814/15 wurde die Restauration zum gesamteuropäischen Ziel erklärt.

Johann Jakob Meyer (1763–1819)

Das Geschlecht der Meyer stammte aus dem alten Städtchen Eglisau. Der Schneider Hans Meyer wurde 1614 Bürger von Zürich und Mitglied der Zunft zum Schaf; er bewohnte das Haus zum Blumengeschirr an der Schoffelgasse. Nach ihm nannte man die Familie fortan Meyer von Eglisau oder – nach dem Familienwappen – Hirschen-Meyer. Der Urenkel des Schneiders, der Handelsmann und Strumpf-Fabrikant Melchior Meyer (1701–1787), besaß drei Häuser und ein blühendes Geschäft; er galt als der reichste Zürcher der Zeit und kaufte einem seiner Söhne, Hans Heinrich Meyer-Landolt (1732–1814), den Langen Stadelhof. Dessen Frau Regula (1732–1812) war übrigens eine entfernte Verwandte Salomon Landolts, des Landvogts von Greifensee und Eglisau. Nach dem neu erworbenen Familiensitz wurde das Geschlecht fortan auch als Meyer von Stadelhofen bezeichnet.

Unter den neun Kindern von Hans Heinrich Meyer stach vor allem der Sohn Johann Jakob Meyer hervor. Er machte sich in Genf, Genua, Florenz und in Spanien mit den Sprachen, der Lebensart und den dortigen Verhältnissen bekannt und zeichnete sich dann bei verschiedenen Gelegenheiten als Militär aus. So führte er 1792 Genf, das von den Franzosen bedroht wurde, als Major eine Abteilung Zürcher Milizen zu. 1798 verhandelte er an der Spitze einer Zürcher Delegation mit den eingefallenen Franzosen, 1799 mit den Oesterreichern, als sie Masséna hinter die Limmat zurücktrieben. Damals kommandierte er ein in englischem Solde stehendes Bataillon von Zürcher Freiwilligen. Bei Korsakows Flucht suchte er mit seiner Truppe die Stadt vergeblich vor Plünderungen durch die Franzosen zu schützen. Sein Bataillon wurde auseinandergetrieben; Meyer floh zusammen mit anderen Offizieren – Parteigängern der Oesterreicher – nach Lindau und dann nach Memmingen und Tübingen, wo seine Gattin Susanna Meyer geb. Meyer nur dreißigjährig im Februar 1800 starb – sie hinterließ ihm sieben Kinder. Im Oktober des gleichen Jahres kehrte er nach Zürich zurück. 1802 leitete er die Verteidigung der Stadt gegen die eidgenössischen Truppen unter General Andermatt. Er wurde Mitglied des Großen Rats und führte 1812 als eidgenössischer Oberst eine Brigade von drei zürcherischen Reservebataillonen an die Landesgrenze. 1816 wurde Meyer Oberamtmann in Grüningen, was etwa der Stellung des früheren Landvogts entsprach. In den Hungerjahren 1816 und 1817 galt er dem Volk wegen seiner Fürsorge als Landesvater.

Unter seinen vier überlebenden Söhnen spielen in der Biographie C. F. Meyers zwei eine besondere Rolle: Wilhelm (1797–1877) und Ferdinand (1799–1840), der Vater des Dichters. Wilhelm Meyer-Ott erbte von seinem Vater und einem Onkel die Liegenschaften in Stadelhofen. Er stellte seiner Schwägerin Elisabeth Meyer-Ulrich und ihren zwei Kindern 1845 den Langen Stadelhof, die sog. «Reisekiste», und den verwaisten Geschwistern dann

später eine Wohnung im Haus zum St. Urban zur Verfügung. Wilhelm hat als Stadtsäckelmeister, als Kassier der neugegründeten Meisenbank und schließlich als Stadtrat gewirkt. Bekannt geworden ist er hingegen durch seine militärhistorischen Aufsätze. Er veröffentlichte Arbeiten über die Ereignisse von 1799 und 1802 in und um Zürich; anhand von Zeitungsmeldungen und privaten Nachrichten berichtete er aber auch über die Kriege von 1848 und 1849 auf den oberitalienischen Kriegsschauplätzen, und zwar so genau, daß das österreichische Kriegsministerium den anonym gebliebenen Verfasser unter den österreichischen Generälen suchte.

Meyersches Familienbild: Es zeigt Johann Jakob Meyer (1763–1819), Conrad Ferdinand Meyers Großvater väterlicherseits, und dessen Kinder, die sich um die Aschenurne ihrer frühverstorbenen Mutter Susanna Meyer geb. Meyer (1770–1800) versammelt haben. Links außen als jüngstes Kind der vierjährige Ferdinand Meyer, der spätere Vater des Dichters, betreut von Regula Meyer (1758–1846), einer ledigen Schwester des Witwers. Rechts von ihr Wilhelm Meyer, dereinst Conrads Vormund, im Alter von sechs Jahren. Deckfarbenmalerei von Johannes Pfenninger (1765–1825), entstanden 1803.
Original Privatbesitz. Reproduktion nach einer alten Photographie von Camill Arthur Eugen Ruf (1872–1939). Zentralbibliothek Zürich

Johann Conrad Ulrich (1761–1828), Meyers Großvater mütterlicherseits, im Alter von 60 Jahren.
Förderer des zürcherischen Blindeninstituts und der Taubstummenanstalt, Statthalter der Helvetischen Republik, Oberrichter.
Kreidezeichnung von Hans Jakob Oeri (1782–1868), entstanden 1821/22.
Zentralbibliothek Zürich, C. F. Meyer-Zimmer im Ortsmuseum Kilchberg

Johann Conrad Ulrich (1761–1828)

C. F. Meyers Großvater mütterlicherseits konnte als Sohn eines verarmten Zweigs der alteingesessenen Zürcher Familie keine höheren Schulen besuchen. Pfarrer Heinrich Keller von Schlieren und auch Johann Caspar Lavater ermunterten ihn, zu Charles-Michel Abbé de l'Epée (1712–1789) nach Paris zu gehen, um sich dort zum Taubstummenlehrer auszubilden. Seine Hoffnung, in Zürich eine ähnliche Anstalt zu gründen, wurde nicht erfüllt. Ulrich fand 1786 ein entsprechendes Tätigkeitsfeld in Genf, wo er während neun Jahren unterrichtete und sich vor allem durch seine Bemühungen um ein hochbegabtes taubstummes Mädchen verdient machte. Nach seiner Rückkehr nach Zürich war auch die Vaterstadt bereit, eine Taubstummenanstalt zu errichten. Aber der Einmarsch der Franzosen, 1798, begrub diese zukunftsträchtigen Pläne für lange Jahre; erst kurz vor Ulrichs Tod wurden sie – zu dessen Freude – dann doch noch verwirklicht.

Ulrich war bald einmal auf die Errungenschaften der Französischen Revolution eingeschworen (Jackson, S. 7): «Hoch schlägt das Herz dem Manne, der in sich selbst die Würde seines Geschlechtes fühlt, bey den heiligen Namen *Freyheit und Gleichheit!* Es sind die Losungsworte unserer Zeit, eine Frucht der Aufklärung und *die Stimme der erwachenden Menschheit*», schrieb er in seinem *Wort über Freyheit und Gleichheit an meine Mitbürger zu Stadt und Land* (1798). Im gleichen Jahr ließ er eine Schrift *Über den Begriff Vaterland* folgen. Der Schützling Lavaters war zum eifrigen Propagandisten aufklärerischer Ideen geworden.

Während der Kriegswirren von 1799 stieg er zum Unterstatthalter, 1800 zum Statthalter der Helvetischen Republik in Zürich auf. Es gelang ihm, bei den Kämpfen der folgenden Jahre den Ruf der allseitig anerkannten Besonnenheit und Rechtlichkeit zu bewahren. 1802 unterstützte er im Namen des Helvetischen Direktoriums die Truppen des Generals Andermatt. Dieser hatte ihm zwar versprechen müssen, daß er Zürich nicht angreife. Als es dann trotzdem zur Beschießung kam, galt Ulrich in Zürich als Verräter seiner Vaterstadt. Er hat zu seiner Rechtfertigung *Einige aktenmäßige Beyträge zur Beleuchtung der Belagerungs-Geschichte von Zürich im Herbstmonat 1802* publiziert. Zürichs Verteidiger war Stadtkommandant Johann Jakob Meyer. Die Kinder ebendieser beiden Gegner sollten 1824 die Ehe eingehen, der C. F. Meyer entstammte.

Ulrich, der sich vorher gekränkt und zurückversetzt gefühlt haben dürfte, wirkte seit 1803 am Zürcher Stadtgericht. 1814 wurde er Oberrichter und Mitglied des Großen Rats. Er war aber zusehends nervösen Erschütterungen ausgesetzt und litt unter melancholischen Anwandlungen. Als 1817 sein Sohn Heinrich frühzeitig starb, sah sich der Vater des Lebenssinnes beraubt. Auch seine Frau, die liebenswürdige und aufgeschlossene Anna Cleophea Ulrich geb. Zeller (1773–1843), vermochte ihn nicht aufzuheitern. Als er am 7. Januar 1828 starb, war C. F. Meyer gut zwei Jahre alt.

Grossmutter Ulrich

Die Enkelin erinnert sich:

Unsere Großmama, eine feine, bewegliche Frau mit sprechenden, dunkelbraunen Augen, war von regsamem Geiste und hellem, freundlichem Gemüt. Ihre Heiterkeit und Anmut, ihre Freude an Kindern und Blumen ließ sie jung erscheinen bis in ihr hohes Alter. Sie war die nimmermüde Teilnehmerin an unseren Spielen und Interessen geblieben. Zu ihren Lebensbedürfnissen gehörte ein freistehendes Haus mit Hof und Garten, in dem unter ihrer sachverständigen und liebevollen Aufsicht feine Gemüse für den Hausbedarf gezogen und die mannigfaltigsten einheimischen und fremden Blumen gepflegt wurden. Sie war auch die unbeschränkte Herrin aller süßen und saftigen Baumfrüchte und Beeren, die im Garten reiften, und es war ihre Freude, lieben Bekannten oder Kranken von dem Überfluß ihrer Früchte und dem Reichtum ihrer Blumen mitzuteilen. Diese leichten, duftenden Gaben durfte ich als ihre kleine Botin den Freunden bringen. Auch für uns war sie die gute Spenderin vieler Freuden und Annehmlichkeiten und damit in gewissem Sinne ein Mittelpunkt des Hauses.

(Betsy, S. 88 f.)

Die Beschießung Zürichs 1802

Zu Anfange des Jahrhunderts standen sich meine Großväter bei dem Bombardement von Zürich gegenüber. Oberst Jakob Meyer leitete die Vertheidigung der Stadt gegen General Andermatt, bei welchem sich Konrad Ulrich, der geflüchtete Praefect der helvetischen Regierung, befand.

Autobiographische Aufzeichnung von 1880 (XV, 130)

Die Gegensätze zwischen Unitariern und Föderalisten hatten in der helvetischen Republik zu immensen Spannungen geführt. Die föderalistischen Gegner des zentralistischen Prinzips fanden sich vor allem in den Waldstätten und in Zürich; später regte sich auch in Glarus, Appenzell und Graubünden der Unmut. Die helvetische Regierung in Bern wollte die aufmüpfigen Kantone mit Garnisonen belegen. In Zürich war man 1802 nicht bereit, eine solche Besetzung zu dulden. Friedrich von Wyß hat dazu folgendes berichtet:

Die Ereignisse nahmen [...] schnellen Verlauf. Während der Vollziehungsrath, gegen die kleinen Kantone ohnmächtig, seine Kraft gegenüber der Stadt Zürich zu entfalten beschloß, am 8. September dem General Andermatt die Weisung ertheilte, 200 Mann in den Kanton Zürich zu verlegen, und zu Aufrechthaltung der Verfassung Friedrich May von Schadau als Regierungscommissär mit umfassender Vollmacht nach Zürich abordnete, hatte Andermatt, von dem Kriegsminister Schmid gemahnt, die Stadt Zürich im Auge zu haben, unmittelbar nach dem Abschluß des Waffenstillstandes vom 7. Sept. 5 Compagnien Linientruppen mit einer 6pfündigen Kanone unter dem Bataillonschef Müller nach Zürich abgeschickt, um den Garnisonsdienst daselbst zu übernehmen. Eine Anzeige hievon erfolgte nicht, obschon Andermatt noch am 2. September in Folge des Gesuches des Statthalters Ulrich, daß keine Truppen – wenigstens ohne vorherige Benachrichtigung – nach Zürich gesendet werden, durch den Chef des Generalstabs an Ulrich hatte schreiben lassen: «Le général en chef a reçu Votre lettre du 1 Sept. et d'après son contenu il me charge de Vous dire, qu'il n'enverra point de troupes à Zurich, à moins cependant que des vues militaires ne l'y obligent, ce dont il Vous préviendroit toujours.» Am 8. September Morgens früh erschien Müller mit seinen Truppen vor der Stadt ohne alle vorherige Meldung, offenbar um dieselbe zu überraschen. Die Kunde von dem Anmarsche war aber schon vorher doch nach Zürich gedrungen; die Wache zog die Fallbrücke auf, schloß das Thor und berichtete den Vorfall der Municipalität. Diese ließ Müller anbieten, die Truppe in die Caserne aufzunehmen, unter dem Vorbehalte aber, daß der Bürgerschaft der Garnisonsdienst verbleibe, bis auf die hierüber neuerdings an die Regierung zu erlassenden Vorstellungen bestimmte Antwort erfolgt sei. Müller zog vor außerhalb der Stadt zu verbleiben und Bericht an Andermatt zu schicken. In der Stadt loderte Mißtrauen, Unwille und Eifer nun hoch auf; man glaubte, Zürich solle der Regierung als Waffenplatz gegen die demokratischen Orte dienen, und die Bürgerschaft begann sich militärisch fester zu organisiren. Oberstl. Meyer, zum Stadtkommandanten ernannt, vollzog unter Beihülfe einer Militärcommission die Leitung mit sicherer und geschickter Hand. [...]

[In Zürich trat] der Kriegszustand ein. Sobald der Bericht des Oberst Müller nach Luzern gelangt war, brach Andermatt mit ca. 900 Mann Infanterie, 80 Husaren, 80 Artilleristen, 3 Haubitzen und 5 Kanonen nach Zürich auf, langte in der Nacht vom 9. auf den 10. September vor der Stadt an, besetzte die Höhen des Bürgli und der Brandschenke, und forderte gegen 3 Uhr in der Nacht den Stadtkommandanten Meyer auf, binnen einer halben Stunde

«Erste Beschießung von Zürich unter dem Befehl des General Andermatt, den 10. September 1802 bey Anbruch des Tags.»: Erfolglos bombardierten helvetische Truppen die Stadt von der Brandschenke aus. Auch eine zweite Beschießung am 12./13. September forderte unter den aufständischen Zürchern lediglich ein Todesopfer. Kolorierte Aquatinta von Daniel Beyel (1760–1823), publiziert 1802.
Zentralbibliothek Zürich

die Stadt zu öffnen, widrigenfalls er sie sogleich beschießen werde. Meyer stellte die Unmöglichkeit vor, innert so kurzer Frist zu antworten, erhielt aber keinen bestimmten Bescheid und begab sich auf das Municipalitätshaus, wo die Municipalität in Eile besammelt wurde. Kaum begann diese die Berathung, als Andermatt von 4 Uhr an ohne weitere Aufforderung aus 2 Kanonen und 3 Haubitzen mit Kugeln und Granaten die Stadt beschoß und 2 Stunden damit fortfuhr. Die Bürgerschaft ließ sich nicht erschrecken und erwiederte das Feuer von den Wällen. Ein in der Morgendämmerung mit der leichten Infanterie gegen die Posten beim Schiffschopf und beim Wollishofersteg unternommener Angriff wurde abgeschlagen. Etwa 200 Schüsse geschahen gegen die Stadt, und fast 100 Gebäude wurden getroffen, aber kein Feuerausbruch und keine Verwundung erfolgte. Um 6 Uhr Morgens bewilligte der General 2 Abgeordneten der Municipalität eine Unterredung, worauf die Feindseligkeiten einstweilen aufhörten.

[...]

[In Zürich] hatte Andermatt [...] am 11. September früh bessere Stellung gesucht, mit dem Hauptcorps über den See gesetzt, beim Küßnachterhorn gelandet und von da auf dem Berge auf mühsamen Wegen, während ein Freicorps, das sich unter Oberst [Jakob Christoph] Ziegler gebildet hatte, zur Recognoscirung ausmarschirt war, ohne auf die Truppen zu stoßen, in der Nacht vom 11. auf den 12. September die Höhe des Zürichbergs erreicht. Der Sonntag (12. September) wurde mit Errichtung von Batterien und Zurüstung zu neuem Angriff zugebracht. Zahlreicher Zuzug von Landleuten, ca. 2000 Mann, theils organisirte Elitencompagnien, theils aber auch seit der Revolution bei gegebenem Anlaß immer wieder sich zeigende Schaaren von mit Prügeln bewaffneten Leuten, denen Plünderungsabsicht wohl zuzutrauen war, verstärkte das Corps der Belagerer. Noch wurde von Seite des gewesenen Statthalters Ulrich und durch Abgeordnete der Verwaltungskammer versucht, Andermatt zu bewegen, mit weitern Schritten wenigstens bis zu Ankunft der Antwort der Regierung und des Regierungscommissärs May zu warten, aber vergeblich. Um Mitternacht vom 12. auf den 13. September begann plötzlich ohne weitere Anzeige das neue Bombardement zum Theil mit Granaten und glühenden Kugeln 6 Stunden lang aus drei Batterien. In den Spital wurden 28 Granaten und 4 glühende Kugeln geworfen. In der Stadt war Alles unerschrocken in regster Thätigkeit. Die Sturmglocken ertönten, von dem Lindenhof und den Wällen erwiederten 26 Kanonen das Feuer; an mehr als 30 Orten brach Feuer aus, wurde aber immer wieder gelöscht, und merkwürdiger Weise Niemand getödtet oder schwerer verwundet als der hochgeschätzte Diakon Joh. Georg Schultheß, der, von einer auf dem Peterplatz zersprungenen Haubitzgranate getroffen, wenige Tage hernach starb. Gegen 6 Uhr Morgens hörte die Beschießung mit Brandkugeln allmälig auf; nur in längern Zwischenräumen wurde hin und wieder noch geschossen. Gegen Abend schien Andermatt Anstalten zu einem Sturmangriff zu treffen, als endlich um 5 Uhr der Commissär May anlangte und sofort Einstellung des Feuers befahl. Von ihm hing nun der endliche Ausgang der Sache ab, und er vollzog seine schwierige und undankbare Aufgabe auf eine Weise, die Zürich zu bleibendem Danke verpflichtete.

Friedrich von Wyß, «Leben der beiden Zürcherischen Bürgermeister David von Wyß, Vater und Sohn», Bd. I, Zürich 1884 (S. 419ff.)

Die Stadt des Vaters

Zürich von Westen: Ausblick vom Bürgli in der Enge zum Zürichberg. Aquarell von Paul Julius Arter (1797–1839), drittes Blatt aus einem sechsteiligen Panorama von Zürich und Umgebung, gezeichnet um 1837. Zentralbibliothek Zürich

Trotz aller Bekenntnisse zur Restauration ließ sich das aufklärerisch-fortschrittliche Denken auf die Dauer nicht verdrängen. Der neugepriesene konservativ-ständische Geist wurde durch die immer noch im Bewußtsein virulenten Leitideen von *liberté* und *égalité* rasch unterlaufen. Die darauf aufbauende liberale Bewegung war von technischen und naturwissenschaftlichen Fortschritten beflügelt, die gebieterisch nach entsprechenden Veränderungen im Wirtschaftsleben verlangten. Eine daraus erwachsende materialistische Denkart, die alles in erster Linie nach seiner Nützlichkeit befragte, begann die christlich-humanistische Tradition aufzulösen.

Auf die mit dieser Entwicklung verbundene Regenerationszeit, welche im Gefolge der französischen Juli-Revolution von 1830 die Schweiz erfaßte, spielt Meyer in seiner autobiographischen Aufzeichnung von 1885 mehr oder weniger direkt überall dort an, wo er seines Vaters gedenkt.

Die Liberalisierung setzte sich auch im Stande Zürich durch, und zwar auf dem Lande schneller als in der Stadt. Im Oktober 1830 forderte Dr. Ludwig Snell, ein emigrierter Philosophieprofessor, dem Auftrag angesehener Bürger entsprechend, im «Küsnachter Memorial» einen maßvollen Ausbau der Volksrechte und eine saubere Gewaltentrennung. Im Großen Rat (Kantonsrat) sollten inskünftig zwei Drittel der Sitze der Landschaft zukommen, deren Bevölkerung jene der Stadt um mehr als das Zehnfache übertraf. Das «Memorial von Uster», das am sog. «Ustertag», einer Volksversammlung vom 22. November 1830, beschlossen wurde, an der rund 10 000 Männer aus dem Kanton teilnahmen, führte schon am 6. Dezember 1830 zu Neuwahlen und anschließend zur Regenerationsverfassung, die vom Volk am 20. März 1831 angenommen wurde. Damit waren die aufklärerischen Ideen weitgehend verwirklicht: der Stand Zürich war eine repräsentative Demokratie.

Parallel zu dieser Entwicklung lief eine machtvolle Industrialisierung an. Handels- und Gewerbefreiheit eröffneten hiezu die Möglichkeit. Der Bau von Fabriken zog wirtschaftliche und soziale Umwälzungen nach sich: Webereien und Spinnereien traten jetzt an die Stelle der bisher so einfachen häuslichen Werkstätten; die Heimarbeiter der Verlagsfirmen wurden zu Fabrikarbeitern. Das weckte neue Spannungen. Davon zeugt 1832 der Brand einer maschinellen Spinnerei in Oberuster, die angesteckt worden war. Die Industrialisierung ließ sich mit solcher Art von «Maschinensturm» aber nicht mehr aufhalten. Eine Reihe von Großfirmen, die damals entstanden, gaben dem Kanton ein neues Gepräge: in Zürich selbst war die bekannteste Gründung jene von Escher Wyß, im aufstrebenden Winterthur waren es Sulzer und Rieter.

Mit dem Abbruch der mittelalterlichen Stadtmauern hatte man in der Limmatstadt bereits vor 1831 begonnen. Gegen den Widerstand konservativer Kreise wurden nun auch die Schanzen aus dem 17. Jahrhundert geschleift. Die Stadtbefestigungen waren von der Landbevölkerung schon lange als Symbole der jetzt überholten Stadtherrschaft betrachtet worden. Die Industrialisierung rief ohnehin nach Öffnung und dem Ausbau der Verkehrswege. Die Straßen von Zürich nach Winterthur, Baden, Zug und Luzern wurden verbreitert. Der Rämidurchstich legte die spätere Aufschüttung des Seebeckens und den Bau der Quaibrücke nahe. Das Zeitalter der Eisenbahnen stand kurz bevor, jenes der Postkutschenkurse ging zu Ende.

«Straußenhandel» und «Züriputsch» beschließen diese erste liberale Entwicklungsepoche Zürichs und sind Zeichen dafür, daß extrem Liberale, d.h. radikal Gesinnte, den Bogen der Liberalisierung offensichtlich überspannten. Mit der Berufung von David Friedrich Strauß Anno 1839 als Theologieprofessor an die seit 1833 bestehende junge Universität Zürich verstießen die von unbändigem Reformwillen beseelten Behörden nämlich gegen die Mentalität des zürcherischen Landvolkes, das in religiöser Hinsicht noch an althergebrachter Gläubigkeit festhielt. Für diese einfachen Menschen waren die Evangelien keine frommen Sagen und Christus entschieden mehr als nur ein edler menschlicher Sittenlehrer. Der aufklärerische württembergische Theologe, der mit seiner 1835/36 erschienenen Schrift *Das Leben Jesu* solchen Ansichten dreist den Weg geöffnet hatte, entfesselte einen Sturm der Entrüstung, mußte scharf bekämpft werden, und die Opposition gegen diesen die echte Gläubigkeit Verhöhnenden machte sich in Zeitungsartikeln, Flugschriften, Resolutionen und Karikaturen Luft. Am 10. Mai 1839 fanden in allen Kirchen des Kantons Protestkundgebungen statt, an denen rund 30 000 Menschen teilnahmen. Daraufhin schickten die für die Berufung Verantwortlichen Strauß vor Amtsantritt in Pension.

Am 6. September doppelte die Landbevölkerung nach. Der Marsch des aufgebrachten und fanatisierten, z.T. bewaffneten Landvolks nach Zürich führte zum Rücktritt der Regierung. Neuwahlen ergaben eine konservative Mehrheit im Großen Rat. Der «Züriputsch» setzte dem allzu eigenwillig angetretenen Liberalismus, weil er sich gegen die Tradition versündigt und den Kontakt zum Volk erwiesenermaßen verloren hatte, vorläufig ein Ende.

«Der 6te Herbstmonat 1839 in Zürich»: Kampfgeschehen auf dem Münsterplatz beim «Züriputsch» am 6. September 1839. Lithographie von Caspar Belliger (1790–1845) in Aarau nach Zeichnung von Martin Disteli (1802–1844). Publiziert in: Martin Disteli, «Schweizerischer Bilderkalender für das Jahr 1840», Solothurn 1839, Falttafel zum Text S. 27–36. Zentralbibliothek Zürich

«Straußenhandel» und «Züriputsch»

«Straußenhandel» und «Züriputsch» sind zwei historische Ereignisse, welche auf ihre Art die Zielsetzung der extremen Liberalen, der Radikalen, negativ spiegeln und gleichzeitig beweisen, daß ein Reformwillen ohne Rücksichtnahme auf das Volksganze scheitern muß.

Das zürcherische Bildungswesen verdankte der reformfreundlichen Regenerationszeit zwar entscheidende und auch vom Volk dankbar anerkannte Fortschritte. So regelte das Schulgesetz vom 28. September 1832 das gesamte Unterrichtswesen neu und war selbst für den künftigen Ausbau maßgebend. Der Bildungsauftrag von Volksschule und Lehrerseminar war fortan klar umrissen; Kantonsschule und Universität wurden neu gegründet. Die ins Leben gerufene Hochschule zählte bald namhafte deutsche und österreichische Professoren zu ihrem Lehrkörper. Viele dieser Wissenschafter waren nach Zürich gekommen, weil Unduldsamkeit und politische Verfolgung sie in ihrer Heimat zur Emigration veranlaßt hatten. Die Universität wurde nicht zuletzt dank dieser Zugezogenen zu einer Stätte des fortschrittlichen Denkens, wie dies die Liberalen wünschten.

Als die Zürcher Behörden aber den kritischen Theologen David Friedrich Strauß (1808–1874) an die Hochschule beriefen – dies wiederum in der Hoffnung, mit seiner Hilfe eine weitere liberale Reform durchzuführen und die seit Jahrhunderten konservativ gebliebene Kirche dem neuen Zeitgeist anzupassen –, versagte das Volk die Gefolgschaft. Es begnügte sich jedoch nicht mit der schließlich verfügten vorzeitigen Pensionierung des Dozenten,

David Friedrich Strauß (1808–1874). Evangelischer Theologe, Verfasser des zweibändigen Werks «Das Leben Jesu» (Tübingen 1835/36). Strauß wurde am 26. Januar 1839 vom Erziehungsrat auf den Lehrstuhl für Dogmatik an der theologischen Fakultät der Universität Zürich berufen und am 19. März des gleichen Jahres pensioniert, ohne die Stelle überhaupt angetreten zu haben. Die Unstimmigkeiten rund um die Ernennung des unorthodoxen Theologen führten in der Folge zum «Züriputsch» vom 6. September 1839 und zum Sturz der liberalen Regierung.
Lithographie von Johann Caspar Scheuchzer (1808–1874), gedruckt von Leonhard Widmer (1808–1868) in Zürich 1839.
Zentralbibliothek Zürich

sondern holte, aufgeputscht wie es war, sein Mißbehagen gegenüber dem radikalen Geist gründlich auskostend, unter geschickt die Situation benützenden Führern zum Sturm auf Zürich aus. Auch politische Forderungen waren dabei mit im Spiele. Das Gefecht vom 6. September 1839 auf dem Münsterhof gegen die aufmarschierte Truppe forderte insgesamt 15 Tote. Unter ihnen befand sich der den Befehl zur Einstellung des Feuers überbringende Regierungsrat Dr. Johannes Hegetschweiler. Oberstleutnant Paul Karl Eduard Ziegler, der damalige Stadtpräsident und spätere Schwiegervater C. F. Meyers, hatte vergeblich die Lage zu entschärfen versucht. Er ging schließlich zu den Aufständischen über. Der Rücktritt der Regierung des Standes Zürich, die allzuviel gewollt hatte, war damit unvermeidlich.

Dem neuen Regierungsrat, den der Große Rat am 19. September 1839 wählte, gehörten konservativ denkende Politiker und gemäßigte Liberale an, so auch Ferdinand Meyer und sein Freund und einstiger Schüler Johann Caspar Bluntschli.

Frau Fröbel und der «Züriputsch»

Unter die nächsten Nachbarn [der Familie Meyer im Grünen Seidenhof] zählte die Familie Fröbel, aus der Schwägerin und drei Neffen des berühmten Kinderfreundes bestehend und damals in ziemlich knappen Verhältnissen lebend. Eine Erinnerung besonders prägte sich den Meyerschen Kindern ein: Die Frau, die zur Verwunderung der ehrsamen Züricherinnen politische Erörterungen und Disputationen jeglicher Handarbeit vorzog, stürzte am 6. September 1839, als die in die Stadt eingedrungenen Bauern den Regierungsrat Hegetschweiler, den Gönner der Fröbelschen Familie, erschossen hatten, unter verzweifeltem Geschrei in den Seidenhof herüber und zerraufte sich die schwarzen Haare; staunend sahen Conrad und Betsy das Weh des leidenschaftlichen Weibes.

(Frey, S. 32)

Die Ereignisse aus der Sicht Ferdinand Meyers

Was C. F. Meyer als seine «bedeutendste Jugenderinnerung» (XV, 132) bezeichnet hat, der «Straußenhandel», das belastete den Vater innerlich stark. Dieser Umstand blieb dem Sohn, der damals doch schon 14 Jahre alt war, nicht verborgen. Ferdinand Meyer dachte liberal, aber auch christlich. Mit dem Radikalismus vermochte er nichts anzufangen, und die Ansichten von Strauß konnte er niemals teilen. In seiner *Weihnachtsbetrachtung eines Laien* von 1838 schreibt er:

Ich habe so eben die Straußische Abhandlung über Wesentliches und Vergängliches im Christenthum gelesen. Auch ihm ist Christus der vollendetste Genius, der noch auf Erden gewandelt, aber doch seinem Wesen nach ein Mensch und weiter nichts. Ich gebe zu, daß es kaum möglich ist, auf dem Wege der Reflexion viel weiter zu kommen, aber eben darin liegt Straußens Einseitigkeit. Er reflektirt über Christus, aber er liebt ihn nicht. Daher die Eiseskälte, die über die ganze Abhandlung ausgegossen ist. [...] Jesu Persönlichkeit steht historisch fest. Ich habe sie kennen gelernt und sie hat mich mit unwiderstehlichem Zauber angezogen. Je mehr meine Menschenkenntniß zunimmt durch Studium und durch Erfahrung, je tiefer ich in die Falten meines eigenen Herzens schaue, je mehr mich das Bewußtsein der menschlichen Gebrechlichkeit demüthigt und bekümmert, desto inniger wird meine Verehrung und Liebe zu ihm, dem Einzigen. Sein Bild schwebt mir vor tröstend in jeder Noth. Wenn mich die eigene Fehlerhaftigkeit beschämt oder fremdes Unrecht erbittert, so finde ich in seinen Worten, in seinem Beispiel die verlorne Gemüthsruhe wieder. Der Umgang mit ihm hebt mich, beseligt mich und treibt mich freudig zu allem Guten. Wo ist der Mensch in Vergangenheit oder Gegenwart, dessen Persönlichkeit diesen Eindruck in gleicher Stärke und in immerfort gleicher Weise hervorbrächte? [...] Sind wir gleich alle göttlichen Ursprungs und tragen einen göttlichen Keim in uns, so ist doch in ihm die Göttlichkeit in ungleich höherem Grade und in ganz eigenthümlicher Weise ausgeprägt. Ja sein Geist erst gibt Zeugniß unserem Geiste, daß wir Kinder Gottes seien. Hätte Strauß diese Erfahrung an sich selbst gemacht, so hätte er nicht schreiben können wie er geschrieben. [...] Was ist Religion, wenn nicht Hingebung an Gott im innigsten Bewußtsein unserer Abhängigkeit von ihm und unsrer Verwandtschaft mit ihm? Hingebung, aus welcher zugleich die Liebe des Nächsten fließt, als unsers Mitverwandten und durch Christus Mitbeseligten.

(Hottinger, S. 17f.)

Zum «Züriputsch» äußert sich Ferdinand Meyer gegenüber seinem Freund Johann Caspar Heß in Genf ausführlich und selbst Einzelheiten des Verlaufs berücksichtigend, die er in die Zusammenhänge einordnet und das Geschehen aus dieser umfassenden Sichtung der Ereignisse beurteilt. Seine abschließende Einschätzung der Vorgänge lautet:

[...] Wie die Revolution von 1831 die städtische Aristokratie zerstörte, so hat die von 1839 die Landaristokratie gestürzt [...]. Das System der Mäßigung wird wieder die Oberhand gewinnen; dem Radicalismus ist, ob Gott will, ein Streich versetzt, von dem er sich nicht wieder erholen wird. Das haben auch die auswärtigen Regierungen erkannt und darum einstimmig ihre Freude über die vorgegangene Veränderung bezeugt, so unverhohlen als sie es irgend durften, ohne ihren Grundsätzen untreu zu werden.

Ferdinand Meyer an Johann Caspar Heß, 7. November 1839 (Largiadèr, S. 113)

Erinnerung an den toten Vater – Berggedichte

Die dritte Abteilung von Meyers Gedichtsammlung trägt die Überschrift «In den Bergen». Sie wird durch die Motive des Firnelichts, der Himmelsnähe und der damit verbundenen Entrückung bestimmt. Sie schildert die Landschaft eines über das Leben Hinausgehobenen, der «[d]er Märkte Dunst, der Städte Staub» (I, 112) unter sich gelassen hat und befreit ist von Last und Unrast seiner Zeit. Das Getöse der Gegenwart erreicht ihn nur noch aus weiter Ferne. Der lebendig Abgeschiedene fühlt sich in dieser Entrückung aber nicht nur dem gemeinen Alltag enthoben, sondern gleichzeitig mit dem längst verstorbenen Vater verbunden. Die Sphäre unbeschwerter erhabener Bergeinsamkeit ist damit wohl der Bereich des reinen, ungetrübten Lichtes, aber zugleich auch jener des Todes.

Die meisten Gedichte dieser Abteilung gehen auf Erinnerungen an Bergreisen zurück, die Meyer zu verschiedenen Zeiten seines Lebens unternommen hat. Grunderinnerung sind jedoch die beiden Wanderungen, die Conrad als Zehn- und Zwölfjähriger zusammen mit seinem Vater machen durfte, 1836 in die Innerschweiz, 1838 nach Graubünden – Karl Fehr hat eingehend darauf hingewiesen (Fehr, S. 15ff.).

Die Ferienreise von 1836 führte ins Bad Stachelberg im Glarnerland, zwischen Rüti und Linthal gelegen. Von hier aus bestiegen Vater und Sohn am 19. Juli 1836 die obere Sandalp – Ferdinand Meyer hat seiner Gattin tags darauf von der eindrucksvollen Wanderung berichtet: «Versprochener Maßen melde ich Dir, liebe Betsy, mit ein paar Worten, daß wir uns überaus wohl befinden, und unsere Reise bis dahin auf das glücklichste von Statten gegangen ist. Gestern waren wir auf der obern Sandalp, fast sechs Stunden von hier. Conrad hat sich ritterlich gehalten, und erklärt diesen Tag für den glücklichsten seines Lebens. Unter freiem Himmel, im Angesichte der Schneecolossen und unter dem Donner der Lauinen haben wir unser bescheiden Mittagsmahl gehalten. Ich habe noch wenig so schöne Tage in den Bergen verlebt. Darauf haben wir trefflich geschlafen, rasten heute u: gehen morgen über den Klausen nach Altorf [!], was wir nun nach dem [!] gestrigen Tour als einen ganz mäßigen Tagmarsch ansehen können. Seid also vollkommen ruhig, und freuet euch unserer glänzenden Erfolge. Es wird eine interessante Reisebeschreibung absetzen!» Den Abschluß der Sommerreise von 1836 bildete ein Ausflug auf die Rigi.

Die Wanderfahrt von 1838 – ins Land des Jenatsch – hat den Knaben noch stärker beeindruckt. Sie fuhren auf dem Dampfboot von Zürich nach Rapperswil, per Wagen weiter nach Weesen und von dort wiederum mit dem Schiff nach Walenstadt. Von dort ging's zu Fuß nach Sargans, wo sie den Burgturm bestiegen und übernachteten. Nächstes Ziel war Ragaz. Conrad blieb hier zurück, während der Vater die gefährliche Tamina-Schlucht und Pfäfers besichtigte, wo einst der todkranke Hutten zur Kur geweilt hatte. Dann reisten sie weiter nach Chur, auf einem Pferdewagen hinauf nach Thusis, und zogen zu Fuß durch die Viamala und die Rofla nach Splügen. Über den Splügenpaß stiegen sie nach Chiavenna hinunter, dann durchs Bergell hinauf ins Engadin. Wege und Stationen der Heimkehr sind nicht bekannt. Der Vater ahnte, daß er zum letzten Male reise (vgl. Frey, S. 36). Er fühlte, daß sein Körper geschwächt war und daß er nicht mehr zu anstrengenden Wanderungen taugte. Durch seinen frühen Tod nur zwei Jahre nach dieser beglückenden gemeinsamen Ferienreise ist die Bündenfahrt für den Sohn gewissermaßen zum Testament des Vaters geworden. Land und Geschichte hatten sich ihm in einem Alter eingeprägt, in dem ein Kind bereits sehr aufnahmefähig und tiefsten Eindrücken zugänglich ist.

Der Reisebecher

*Gestern fand ich, räumend eines
    langvergeßnen Schrankes Fächer,
Den vom Vater mir vererbten, meinen
    ersten Reisebecher.
Währenddes ich leise singend reinigt'
    ihn vom Staub der Jahre,
War's als höbe mir ein Bergwind aus
    der Stirn die grauen Haare,
War's als dufteten die Matten, drein ich
    schlummernd lag versunken,
War's als rauschten alle Quelle, draus ich
    wandernd einst getrunken.*

(I, 109)

Die mit dem Vater unternommenen Wanderungen sind am unmittelbarsten gegenwärtig im Gedicht auf den Reisebecher. Die älteste Handschrift stammt aus Meyers Vermählungsjahr 1875. Der Becher ist ein väterliches Erbstück. In einer frühen Fassung wird das Trinkgefäß zur Reminiszenz nicht nur an die Bergquellen, aus denen der Dichter in «entflohner Jugendzeit» seinen Durst gestillt hat, sondern auch an alle «[a]lte[n], liebe[n] Reis'gesellen, [w]elche längst gestorben sind» (III, 10). Im Zeichen des «Firnensilberscheins» (ebd.) sieht sich der ergraute Dichter in den Kreis der bereits geschiedenen Kameraden zurückversetzt und glaubt zu spüren, wie ihm der «Bergwind wunderkühl» um Stirn und Haar streicht (III, 11) – es ist die Kühle der Himmelsnähe. Der Geruch der Bergwiesen, das Fließen der Bäche lassen den, der sich da erinnert, wie in einen Traum versinken. Das Auffinden des alten Reiseutensils bewirkt also eine zwiefache Entrückung: Beim Reinigen des Bechers kehrt das Ich mit seinen Gedanken in frühere Zeiten zurück; die dabei erinnerten Sinneswahrnehmungen von Bergwind, Duft und Rauschen lassen es zugleich in Schlummer und ins Reich der Toten sinken.

Das weisse Spitzchen

*Ein blendendes Spitzchen blickt über
    den Wald,
Das ruft mich, das zieht mich, das tut
    mir Gewalt:*

*«Was schaffst du noch unten im Menschen-
    gewühl?
Hier oben ist's einsam! Hier oben ist's kühl!*

*Der See mir zu Füßen hat heut sich enteist,
Er kräuselt sich, flutet, er wandert, er reist,*

*Die Moosbank des Felsens ist dir schon
    bereit,
Von ihr ist's zum ewigen Schnee nicht mehr
    weit!»*

*Das Spitzchen, es ruft mich, sobald ich
    erwacht,
Am Mittag, am Abend, im Traum noch
    der Nacht.*

*So komm ich denn morgen! Nun laß mich
    in Ruh!
Erst schließ ich die Bücher, die Schreine
    noch zu.*

*Leis wandelt in Lüften ein Herdegeläut:
«Laß offen die Truhen! Komm lieber
    noch heut!»*

(I, 111)

Das Gedicht trägt in früheren Fassungen aus den Jahren 1865 bis 1871 ganz verschiedene Titel: «Auf der Wanderung», «Der Schneeberg», «Die Schneespitze» (III, 14 ff.). Welchen Berg Meyer mit seinen Versen als «weißes Spitzchen» verewigt hat, ist und bleibt ungewiß: In der zweiten Fassung erblickt der Dichter den lockenden Schneeberg über den Tannen des Albis. Das würde auf einen Gipfel der Zentralschweiz oder des Berner Oberlandes hindeuten; man könnte dabei im besonderen an den Titlis denken. Daß Meyer im Gedicht den Ausblick von der Wolfgang-Paßhöhe aufs Tinzenhorn besungen habe, läßt sich nicht nachweisen; allerdings ist er mit der Schwester am 2. Juli 1871 nach Davos-Wolfgang gereist, und eine Niederschrift Betsys stammt aus eben dieser Zeit. Doch die genaue Lokalisierung des Gedichts ist unwichtig; wesentlich ist allein seine Aussage: Die Sehnsucht des sprechenden Ichs nach der Reinheit des ewigen Schnees, nach der Moosbank hoch über dem Menschengewühl. Der Lockruf des Spitzchens: «Hier oben ist's einsam! Hier oben ist's kühl!» klingt gegen Schluß immer dringlicher: Nicht erst morgen, sondern gleich heute soll der Aufbruch geschehen. Und der ersehnte «Moosplatz am Felsen» (III, 15) wird den Gerufenen dem kühlen Licht des weiten Himmels aussetzen.

FIRNELICHT

Wie pocht' das Herz mir in der Brust
Trotz meiner jungen Wanderlust,
Wann, heimgewendet, ich erschaut'
Die Schneegebirge, süß umblaut,
    Das große stille Leuchten!

Ich atmet' eilig, wie auf Raub,
Der Märkte Dunst, der Städte Staub.
Ich sah den Kampf. Was sagest du,
Mein reines Firnelicht, dazu,
    Du großes stilles Leuchten?

Nie prahlt' ich mit der Heimat noch
Und liebe sie von Herzen doch,
In meinem Wesen und Gedicht
Allüberall ist Firnelicht,
    Das große stille Leuchten.

Was kann ich für die Heimat tun,
Bevor ich geh im Grabe ruhn?
Was geb ich, das dem Tod entflieht?
Vielleicht ein Wort, vielleicht ein Lied,
    Ein kleines stilles Leuchten!

(I, 112)

Titel und Refrain sind die Funde dieses Gedichts; von ihnen lebt es. Der letzte Vers der vier Strophen ist ein durchgehendes Motiv in Meyers Werk. Es erscheint schon im Gedicht IM ENGADIN der ROMANZEN UND BILDER von 1869:

Über hell besonnten Matten
Nur der Arven kurze Schatten
Und ein Leuchten groß und still.

(VI, 291)

Hans Zeller weist im Apparat der Meyer-Ausgabe auf weitere Stellen hin (III, 19): Aus Silvaplana hat der Dichter am 7. September 1867 an Friedrich von Wyß berichtet (Briefe I, S. 72): «Wer kann es beschreiben: das Lärchendunkel, das eifrige Strömen der Bergwasser, das große stille Leuchten der Schneeberge?» Und seiner Braut schildert er im August 1875 das Alpenglühen beim Sonnenaufgang, wie er es auf Rigi-Kulm erlebt (III, 19): Die Berge des Berner Oberlandes, «diese Kronen der Schönheit, leuchten im Morgenrot, keine Minute lang, da die Morgennebel über unsern Berg jagen. Jetzt plötzlich wieder das große, stille Leuchten!» Im Eingangsbild zum SCHUSS VON DER KANZEL nimmt er das Motiv erneut auf (XI, 77): «Eine warme Föhnluft hatte die Schneeberge [...] zu einem einzigen stillen, großen Leuchten verbunden.» Und seit der 5. Auflage des HUTTEN, 1884, sagt der Schweizer Soldat im XLVI. Gedicht zum todkranken Ritter auf der Ufenau (VIII, 97): «Hier haust Ihr ungekränkt im Firnelicht.»

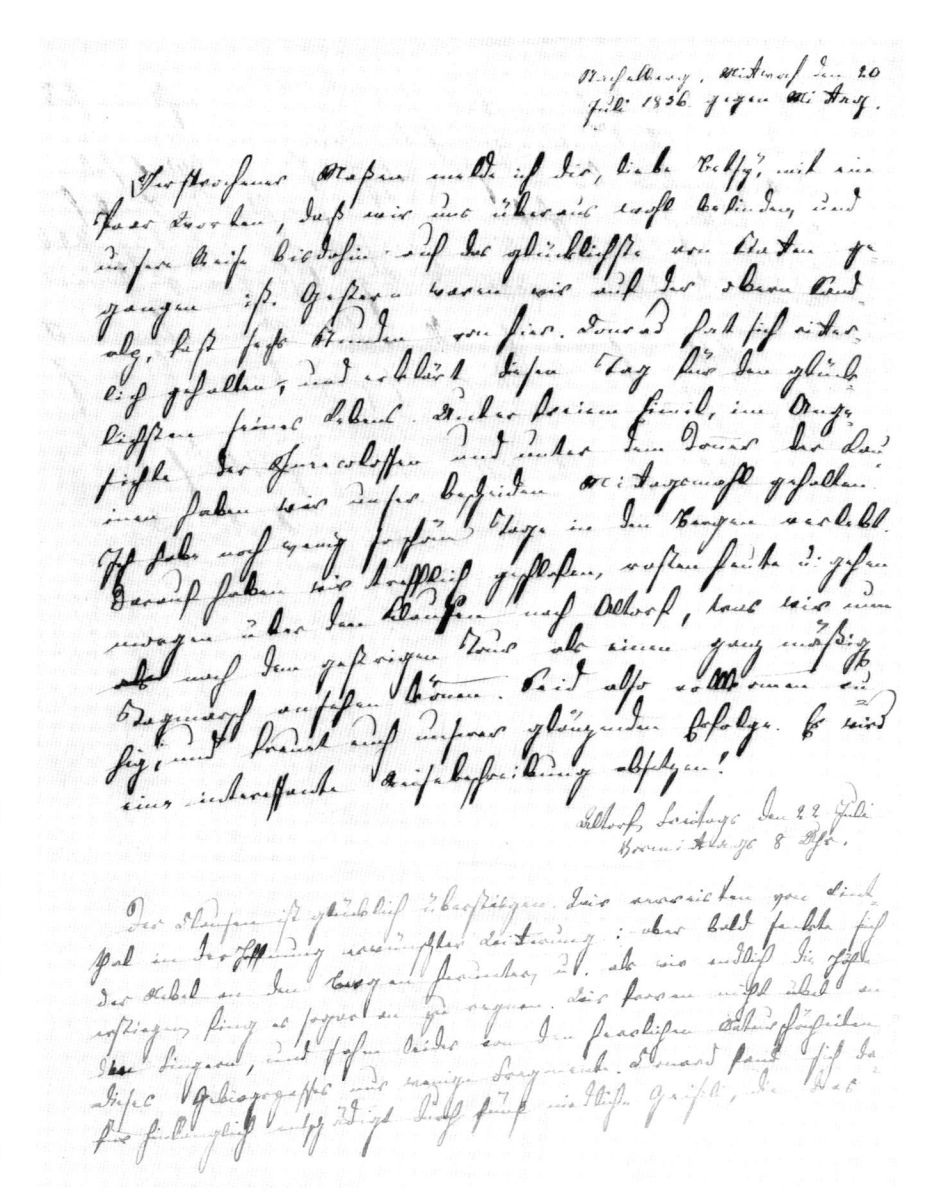

Der leuchtende Firn mit seinem Licht wird zum *locus sacer*. Er ist unantastbar. Durch seine bloße Gegenwart macht das Licht «[d]er Märkte Dunst» erträglich, rettet es eine Heimat, die zutiefst anfechtbar ist. Es gibt, wie das die Schlußstrophe sagt, dem Dichter auch die Aufgabe, mit seinem Werk dieses Licht zu verbreiten, seine Heimat aus Staub und Dunst zu befreien und aus dem Kampf zu lösen. Aus dieser Aufgabe leitet Meyer seine Existenzberechtigung als Dichter ab: Die Reinheit des Lichts soll über das Trübe, das Ephemere und Verkrampfte siegen.

Ferdinand Meyers Bericht an seine Gattin über den am 19. Juli 1836 mit Conrad unternommenen beglückenden Ausflug auf die obere Sandalp, verfaßt in «Stachelberg, Mittwoch den 20 Juli 1836. gegen Mittag». Ms. CFM 382.2. Zentralbibliothek Zürich

42 Kindheit

HIMMELSNÄHE

In meiner Firne feierlichem Kreis
Lagr' ich an schmalem Felsengrate hier,
Aus einem grünerstarrten Meer von Eis
Erhebt die Silberzacke sich vor mir.

Der Schnee, der am Geklüfte hing zerstreut,
In hundert Rinnen rieselt er davon
Und aus der schwarzen Feuchte
  schimmert heut
Der Soldanelle zarte Glocke schon.

Bald nahe tost, bald fern der Wasserfall,
Er stäubt und stürzt, nun rechts, nun links
  verweht,
Ein tiefes Schweigen und ein steter Schall,
Ein Wind, ein Strom, ein Atem, ein Gebet!

Nur neben mir des Murmeltieres Pfiff,
Nur über mir des Geiers heisrer Schrei,
Ich bin allein auf meinem Felsenriff
Und ich empfinde, daß Gott bei mir sei.

(I, 113)

Das Ausgesetztsein «an schmalem Felsengrate», auf einem «Felsenriff», verwandelt den *locus sacer* hier in einen Ort äußerster Bedrohung. Das «grünerstarrte Meer», die «Silberzacke», das «Geklüfte» sind Bilder des eisigen Todes. Allerdings ist schon im Anfangsvers auch von gehobener Vertrautheit die Rede: «In meiner Firne feierlichem Kreis [...].» Die starre Natur regt sich, das Eis bricht auf, Erde zeigt sich, es blühen erste zarte Blumen; Murmeltier und Geier beleben die einsame Hochwelt. Aber alle Zeichen des Lebens und der Geborgenheit machen dem Ich hinwiederum deutlich, daß es der Angst und dem Tod ausgeliefert ist. Gott, der von diesem schwachen Prometheus «empfunden» wird, scheint zwar zu schützen. Doch läßt das Metrum das Wort Gott unbetont; es muß synkopisch verstärkt werden. Die Natur mit ihrem Schweigen und Tönen, ihrem Glanz und ihrer Schwärze bleibt unversöhnlich; das einsame Ich fühlt sich nicht recht behaglich, es ist, der Himmelsnähe ausgesetzt, ihr zugleich preisgegeben.

Eine Frühfassung von 1864 setzt noch ganz andere Akzente:

Auf schmalem Grat bin ich gelagert hier
In der Gebirge weißgezacktem Kreis
Ein blendend Silberhorn blickt über mir
Hervor aus einem grünen Meer von Eis.

Von Abgrund ist mein Lagerplatz umgränzt,
In beiden Tiefen leuchten blaue Seen
Mit Alpenrosen ist mein Sitz bekränzt,
Mein Blut ist kühl u: meine Haare weh'n.

Der Schnee der gestern hing am Fels zer-
  streut
In hundert Bächlein rieselt er davon,
Und in der schwarzen Feuchte schimmert
  heut
Der Soldanelle zarte Glocke schon

Bald nahe tos't, bald fern der Wasserfall,
Jetzt stürzt er rechts verweht, jetzt stäubt er
  links,
Ein tiefes Schweigen u: ein steter Schall,
Der Stille murmelnde Geräusche rings

o Gottes Athemzug o Luft der Höh'n
dein Schauer rieselt mir bis in das Mark,
Wenn deine kühlen Ströme mich durch-
  weh'n,
So werden meine guten Geister stark.

Zusammenschrickt die trübe Leidenschaft,
Von reinern Hauchen schauerlich gekühlt
Und fröhlich steht gegürtet jede Kraft
Die sich in ihres Meisters Nähe fühlt.

Es flattert in der staubbefreiten Brust,
Und öffnet seine Schwingen ungestüm
Des Gottentstammten Geistes Gotteslust
Und strebt aus leichten Banden auf zu ihm.

O Glück, in deiner Gegenwart zu sein
Der reinen die den Reinen nur berührt,
Ich bebe vor dem Pfad am Felsgestein
Der steil mich bald in dumpfe Tiefe führt

O dürft' ich ihn behalten, meinen Raub,
Die Beute meiner kurzen Himmelfahrt
Und mit mir tragen in der Thale Staub
Die Alpenlüfte deiner Gegenwart.

(III, 25ff.)

Dieser Entwurf steht im Zeichen von Goethe-Reminiszenzen. Der *Gesang der Geister über den Wassern* klingt an, die Alpenlandschaft im *Faust*, ebenso der Iphigenie-Monolog (IV, 5): «Sie aber, sie bleiben / In ewigen Festen / An goldenen Tischen. / Sie schreiten vom Berge / Zu Bergen hinüber [...].» Im weiteren begegnet das Ganymed-Motiv! Da schlägt die «menschenleere Einsamkeit» (III, 22) in Euphorie und Getragenheit um und hebt den, der sich öffnet, mit «Adlerschwingen» (III, 23) aus seiner Angst empor. Neben unverkennbaren Anklängen fallen ebenso deutliche Unterschiede zur *Ganymed*-Hymne auf. Beide Gedichte leben zwar von der pietistischen Aufschwungs- und Himmelfahrtsthematik. Aber von der pantheistischen Wärme und Bewegtheit in Goethes Frühlingsgedicht ist bei Meyer nichts zu spüren; er dichtet vom Trieb des Ichs nach dem Licht der Reinheit und von der Angst vor dem Absturz in die Gottverlassenheit. Des «Gottentstammten Geistes Gotteslust» könnte der Reine als Beute seiner Himmelfahrt in des Tales Staub hinuntertragen – aber traut er sich die Kraft überhaupt zu? In der Schlußfassung verharrt er allein auf seinem Felsenriff und «empfindet» lediglich, daß Gott bei ihm sei. Nichts deutet mehr auf eine Erstarkung der Geister, beflügeltes Dasein und Erlöserwillen hin.

Aus den frühen Gedichtentwürfen lassen sich einige Aufschlüsse über die Topographie gewinnen. Gemäß einer Notiz von Adolf Frey, der sich seinerseits auf eine Aussage Betsys stützt, ist mit dem hohen respektive schmalen Grat der Jochpaß ob Engelberg gemeint, das «mächtige Gebirg» in der ersten Fassung bezieht sich demnach auf den Titlis. Die zwei blauen Alpseen «[i]n beiden Tiefen» wären dann der Engstlensee und der Trübsee. Die Geschwister haben sich im Juli 1859 auf der Engstlenalp aufgehalten; im folgenden Sommer weilte Conrad alleine dort. Im Zuge der Überarbeitung des Gedichts sind diese topographischen Anspielungen allerdings immer schwächer geworden. Die Bezeichnung «Silberzacke» in unseren Strophen trifft wohl kaum auf einen Gipfel jener Gegend zu.

Diese Strophen führen die Thematik des Gedichts HIMMELSNÄHE weiter aus: Ganymed ist an den Tisch der Götter geladen und genießt mit ihnen Nektar und Ambrosia. Das «Die mich nicht aus ihrem Himmel stürzen» ist Versuch der Selbstberuhigung und Eingeständnis von Angst und Unsicherheit zugleich. In einer Fassung von 1875 hat es selbstsicher gelautet:

Hoch im Himmel über wilden Klüften
Sitz' ich hier dem Fest der Götter nah,
Schlürfend aus den eisgekühlten Lüften
Nektar und Ambrosia.

(III, 39)

Die spürbare Beklemmung, wie sie in der definitiven Version von 1882 zum Ausdruck kommt, fehlt hier ganz. Und doch ist nicht zu übersehen, daß das Ich die Götterspeise «aus den eisgekühlten Lüften» schlürft. Der erhabene, bevorzugte Standort ist also gleichzeitig von Todeskühle umweht. Diese ungastliche Frische ist einzige Gewißheit und auch einziger Garant der Reinheit. Wer aus dem Zauberkreis der entrückten, klaren Bergwelt in die staubigen Niederungen hinabsteigt, befleckt sich. Meyers Scheu vor der Wirklichkeit, sein Rückzug ins Reich der Kunst und Geschichte, läßt sich nicht zuletzt mit seiner Angst vor profaner Befleckung begründen. Wer erklärtermaßen «[a]m liebsten [...] ganz in der Stille arbeiten» würde (an Adolf Frey, 24. Juni 1883; Briefe I, S. 354), «sträubt» sich begreiflicherweise «gegen die Betastungen der Menge» (an Eliza Wille, 12. November 1887; Briefe I, S. 193).

GÖTTERMAHL

Wo die Tannen finstre Schatten werfen
Über Hänge goldbesonnt,
Unverwundet von der Firne Schärfen
Blaut der reine Horizont,

Wo das Spiel den rastlos wehnden Winden
Kein Gebälk und keine Mauer wehrt,
Wo wie einer dunkeln Sorge Schwinden
Jede Wolke sich verzehrt,

Wo das braune Rind, wie Juno schauend,
Weidet und mit heller Glocke tönt,
Wo das Zicklein, lüstern wiederkauend,
Den bemoosten Felsen krönt,

Schlürf ich kühle Luft und wilde Würzen,
Mit den sel'gen Göttern kost ich da –
Die mich nicht aus ihrem Himmel stürzen –
Nektar und Ambrosia!

(I, 115)

Rechte Seite:
*Conrad Ferdinand Meyer im Alter von ungefähr
18 Jahren. Photographie von T. Richard, Männedorf,
nach einer Daguerreotypie um 1843. Adolf Frey
verweist im Zusammenhang mit diesem Porträt auf die
dritte Strophe des 1877 entstandenen Gedichts
«Begegnung» (Frey, S. 44); darin schildert Meyer,
wie er im winterlichen Tannenwald unvermittelt auf
einen geisterhaften Reiter trifft, in dem er dann
«mit Lust und Grauen» die eigene Jugendgestalt
erkennt (I, 100): «Der jungen Augen wilde
Kraft, / Des Mundes Trotz und herbes Schweigen, /
Ein Zug von Traum und Leidenschaft / Berührte
mich so tief und eigen.»
Zentralbibliothek Zürich*

II Nöte einer Jugend

Leiden eines Sohnes
Der Mönch in Stadelhofen
In Préfargier und Neuenburg
In Lausanne
Die Gegenwart der toten Mutter –
Seegedichte

Leiden eines Sohnes

«Todesstoß» hat Elisabeth Meyer-Ulrich beim Hinschied ihres Gatten am 11. Mai 1840 in ihr Haushaltungsbuch geschrieben (Frey, S. 36). Sie war damals 38 Jahre alt, der Sohn zählte bald fünfzehn. Die Mutter, ängstlich von Gemüt, fühlte sich dem Ungestüm des pubertierenden, mit seiner Selbstfindung ringenden Jünglings nicht gewachsen. Sie wurde ihm gegenüber zur moralischen Instanz, zur Richterin, die ihn in allem mit dem verstorbenen vorbildhaften Vater verglich, dessen Erbe er antreten sollte. Aber mit beständigen Ermahnungen und Zurechtweisungen provozierte sie geradezu Conrads rebellisches, widerspenstiges Verhalten. Betsy, die das Zerwürfnis zwischen den beiden geliebten Menschen miterleben mußte, hat später von des Bruders «Sturmwindsanlage» gesprochen (Betsy, S. 83).

Am Gymnasium wurde der in seiner Persönlichkeit noch nicht Gefestigte zudem mit radikal-liberalem Gedankengut vertraut, was sich mit dem konservativ-christlichen Geist in seinem Elternhaus schlecht vertrug. Der Schüler schwärmte für Herwegh, dessen *Gedichte eines Lebendigen* 1841 erschienen; er war sein «Jugendpoet» (an Alfred Meißner, 18. [!] April 1877; Briefe II, S. 270). Gustav Pfizer aus Stuttgart beschenkte den jungen Rebellen in weiser Berechnung mit einer Ausgabe der Werke Lessings; der klassische Kritiker sollte den jugendlichen Eifer in gemäßigtere Bahnen lenken.

Weniger überlegen reagierte die Mutter: ratlos und überfordert wandte sie sich an Verwandte und Bekannte, die ihr helfen sollten, den störrischen Sohn zu zähmen. David Heß, der berühmte Biedermeier-Schriftsteller vom «Beckenhof», ein Freund Johann Conrad Ulrichs, hat ihr 1841 einen wunderbar ermunternden Brief geschrieben – umsonst. Sie sah sich nicht in der Lage, den an sich harmlosen Eskapaden des Sohnes mit Gelassenheit zu begegnen. Wieder anders verhielt sich ihr Schwager: er hat den unfügsamen Conrad in einer Anwandlung von Zorn kurzerhand verprügelt. «Von da an», berichtet Betsy, «hatte er lange etwas Gebrochenes an sich» (Frey, S. 37).

Dieser Erziehungsnotstand hat noch einen religiösen Hintergrund: Die Mutter wollte den aufmuckenden Sohn zu christlicher Demut bekehren und seinen Hochmut brechen; Conrad, der sich weigerte, bei den Hausandachten laut zu beten, sollte mit allen Mitteln der pietistischen Frömmigkeit unterworfen werden. Ein Bild aus jener Zeit zeigt die Mutter mit nonnenartigem Kopfputz; sie hatte den mit ihr verwandten Künstler Conrad Zeller beauftragt, sie – unter Verwendung eines lieblichen Jugendporträts als Vorlage – in solch strenger Tracht zu malen. Die Tochter, der dieser religiöse Rigorismus nicht behagte, die sich aber stillschweigend fügte, hat sie als «heilige Elisabeth von der Wartburg» bezeichnet (Nils, S. 49). Die Mutter verwandelte ihr Heim buchstäblich in ein Kloster, versagte sich die Liebkosungen der Kinder und widmete sich der Wohltätigkeit. Ihre Frömmigkeit wurzelte im zwinglianischen Zürich: Askese, Selbstbezwingung und Unterjochung waren gefordert, dazu die Einhaltung moralischer Regeln, die von der Reformationskammer über Jahrhunderte hinweg verfeinert und zum System erhoben worden waren. Lavater, dessen Schützling Vater Ulrich einst gewesen war, hatte dieser unduldsamengstirnigen und selbstgerechten Glaubensrichtung viel philantropische Wärme eingehaucht und sie durch die Aufforderung zur Nachfolge Christi gemildert. Aber die pietistischen Traktate der Zeit steckten Lavaters Theologie in eine Zwangsjacke von Geboten und Verboten. Die zürcherische Frömmigkeit verhärtete sich zusätzlich durch Ingredienzien, die ihr von seiten calvinistischer Rigidität zuströmten; auch die *Réveil*-Bewegung in der Westschweiz trug zur Verschärfung bei. Der süddeutsche und schottische Protestantismus erklärte zudem die Wohltätigkeit als unabdingbar. Der damalige Pietismus wurde dadurch zusehends zu einem System der *corrections,* der Abrichtung, der Be- und Verurteilung – so etwa, wie es Gottfried Keller in der Geschichte von der kleinen Meret im *Grünen Heinrich* geschildert hat. Das pietistische Schrifttum der dreißiger und vierziger Jahre exzelliert in einem Sprachgebrauch, der solche Zähmung und abgenötigte Gefügigkeit verlangt – Conrad wird die Pietisten, die sich um seine Erziehung bemühten, später als *mômiers,* als «Mucker» bezeichnen. Und zu diesen Muckern gehörte auch seine Mutter, die ganze Scharen von Muckern gegen ihn aufbot, um mit deren Unterstützung ein richterliches Zwangsnetz zu spinnen. Dabei lief eben diese strenge Buchstabenfrömmigkeit den damaligen Demokratisierungs- und Liberalisierungstendenzen zuwider, die andere Werte als Unterwerfung und Askese schätzten. Solche Gläubigkeit war unzeitgemäß und damit äußerst fragwürdig.

C. F. Meyer hat wie kein zweiter erfahren, wie Menschen aus lauter Gottesfurcht und Frömmigkeit grausam werden können, indem sie andern ihre Überzeugung aufzwingen wollen. Und das reizte ihn ganz besonders zum Rebellieren. Er wollte zum Sonnenanbeter werden und das Heidentum gegen das Christentum ausspielen. Jahre später, 1860, gedachte er in einer Abhandlung Goethe gegen Lavater zu stellen, die natürliche Frömmigkeit gegen die pietistische. Jetzt war sein Sonnenglaube nicht zuletzt ein Ausdruck des Protests gegen die Mutter.

Der Konflikt zwischen Conrad und Elisabeth Meyer wurde schließlich so bedrückend, daß sich eine Trennung aufdrängte: Die Mutter schickt den Sohn 1843, kurz vor der Matur, für ein Jahr nach Lausanne, wo sie selbst als junges Mädchen eine glückliche Zeit verlebt hat. Natürlich erhofft sie sich von dieser Luftveränderung auch eine Bekehrung des aufmüpfigen Knaben. Doch der väterliche Freund Louis Vulliemin, der sich seiner annimmt, ist anderen pädagogischen Grundsätzen verpflichtet und gewährt dem durchwegs anständigen Schulbuben aus der Deutschschweiz jene Freiheiten, die er zur Entwicklung eines gesunden Selbstwertgefühls so dringend nötig hat. Umso schwerer fällt Conrad dann im Frühsommer 1844 die Heimkehr nach Zürich, die erneute Bevormundung und Kritik durch die Mutter. Er besteht zwar die Maturitätsprüfung, doch das Rechtsstudium, das er auf Anraten Johann Caspar Bluntschlis beginnt, reizt ihn nicht; schon bald bleibt er den Vorlesungen fern und zieht sich als Eigenbrötler auf sein Zimmer zurück.

Der Gymnasiast

Seit 1837 besuchte C. F. Meyer das Gymnasium im Haus zum Loch gleich neben dem Großmünster. Der aufgeweckte, quecksilberige Knabe kehrte jeweils nicht auf direktem Weg heim, wie es sich für einen Sohn aus anständigem Haus gehört hätte, sondern ging schräg im Zickzack von einer Häuserzeile zur andern über die Straße. Seine schulischen Leistungen ließen eigentlich nichts zu wünschen übrig; in den klassischen Sprachen Griechisch und Latein, unterrichtet von Johann Georg Baiter und Johann Caspar von Orelli, zählte er sogar zu den Klassenbesten. Bloß an Ausdauer soll es ihm gefehlt haben, und Fächer, die er nicht mochte, vernachlässigte er.

Friedrich Haupt und Ludwig Ettmüller waren seine Lehrer im Bereich der deutschen Literatur; mit ihnen blieb er über die Schulzeit hinaus befreundet. Ein in der dritten Klasse des Untergymnasiums verwendetes Lesebuch, das der «braunlockige» Schüler «mit allerlei Porträtfratzen verziert hat» (Betsy, S. 58), ist im Meyerschen Nachlaß erhalten (Ms. CFM 361). Es handelt sich dabei um den 2. Band von August Adolf Ludwig Follens *Bildersaal deutscher Dichtung* (Winterthur 1829).

Der frühe Tod des Vaters und die in der Folge auftretenden Spannungen gegenüber der Mutter belasteten den Pubertierenden andauernd. Man erwartete, daß er zur Freude der schwergeprüften Witwe seinem Vater nacheifern und eine erfolgreiche Laufbahn einschlagen würde. Betsy berichtet:

[...] C. F. Meyers Leben als Ganzes überschauend, sehe ich [...] nach dem Tode unseres Vaters die Spur sich abzweigen, die meinen Bruder auf einsame Pfade führen mußte und zu jahrelanger fruchtloser Anstrengung, sich eine unbeschrittene Bahn zu brechen. Damals mag es gewesen sein, daß seine Leistungen in der Schule zu Klagen veranlaßten. Er arbeite ungleich, hinterbrachte man der Mutter. In den einen Fächern mit Vorliebe, in den anderen so wenig als immer möglich. An Talent fehle es ihm nicht, aber er dauere nicht aus. Dem damals Fünfzehnjährigen wurden von wohlmeinenden Familienfreunden Vorhalte gemacht: Er sei nun die einzige Stütze der zartfühlenden, trauernden Mutter. Seine Pflicht sei, durch Fleiß und geordnetes Studium eine feste Stellung zu erringen um ihretwillen.

Das hätte er gerne, ohne dazu ermahnt zu werden, aus freiem Willen getan. Doch, davon bin ich heute überzeugt, er konnte es nicht. Er empfand den Zuspruch Fernstehender als Verletzung, empfand als tiefes Leid anderseits die Enttäuschung und die Sorge, die er seiner Mutter, die ihm das Teuerste war, verursachte. Er verschloß sich in sich selbst und vertrotzte sich in dumpfem Schmerz.

(Betsy, S. 82 f.)

«Schöne Erwartungen»

Der an David Heß (1770–1843), den Biographen Salomon Landolts und Verfasser der *Badenfahrt*, gerichtete Brief Elisabeth Meyers macht deutlich, wie die überforderte Mutter jeden Anflug von Selbstbewußtsein bei Conrad als Renommisterei und Zeichen von Auflehnung sah:

Hochzuverehrender Herr!
Gleich wie von Möwes erzählt wird, «jede Sünde seiner Gemeinde habe ihn zur Buße getrieben und er habe sich einen Teil derselben selbst zugeschrieben», so blicke ich mit Beschämung auf den gestrigen Abend zurück. Wie rücksichtslos, anmaßend, wie unbeschreiblich roh hat sich Conrad betragen! Seine Äußerungen schnitten mir durch die Seele und versetzten mich in einen so peinlichen Zustand, daß ich mir gleich vornahm, Sie recht von Herzen um Verzeihung zu bitten. Glauben Sie mir, es gehört zu den bittersten Prüfungen meines Lebens, in dem Sohne so ganz das Gegenteil des sanften, gemütvollen Vaters zu erblicken, und ich kann wohl sagen, daß ich mich namentlich wegen Conrad vor dem Leben fürchte.
Was nützen Talente, so glänzend sie sind?
Das Lob, das sie sammeln, zerstreuet der Wind.
Solange er innerlich nicht umgewandelt wird, kann ich mich seiner nicht freuen. Ich kann nur seufzen und für ihn beten.
[...] Empfangen Sie unseren wiederholten Dank für Ihren Besuch, für Ihre Nachsicht und die trefflichen Lehren, welche Sie Conrad in einem so anziehenden Gewande zu geben wußten, daß er nachher selbst gestand, er habe seit langer Zeit keinen so genußreichen Abend mehr verlebt.
Ihre traurige, aber von Herzen ergebene B. M. U.
Elisabeth Meyer-Ulrich an David Heß,
24. November 1841 (Frey, S. 38)

Die Antwort des siebzigjährigen Mannes vermochte die Witwe kaum zu beherzigen:

Liebe, gute Frau Meyer. Wie ist es möglich, daß Sie sich so ohne Not selbst quälen können, und zwar eines Sohnes wegen, der Sie zu schönen Erwartungen berechtigt! Wissen Sie denn nicht, daß junger Most gären muß, wenn er Wein werden soll? Frühe Gärung aber deutet auf innewohnenden Geist, und daß dessen viel vorhanden, konnte ich am Dienstag Abend recht gewahr werden, da Conrad einmal ein wenig auspackte und nicht, wie sonst, vor dem alten Zopf davonlief. Jede Zeit hat ihre besonderen Formen; die der jetzigen haben allerdings den Anstrich früher Emanzipation, sogar den Anschein der Anmaßung. Wenn aber in unseren Tagen die Jugend im sechzehnten Jahre mehr schon gelernt, in sich aufgenommen und verarbeitet hat, als ehemals im zwanzigsten, so ist sich nicht zu verwundern, wenn sie sich selbst fühlt und etwas keck auftritt. Im praktischen Leben stoßen sich in der Folge die Hörnlein von selbst ab. Bis es zum [fehlt ein Wort] kommt, gibt es freilich viel zu schaffen mit den jungen Herren, besonders für das weiche Herz einer ängstlichen Mutter. Eine solche führt aber den Wildfang weit sicherer am seidenen Fädelein der Liebe als ein strenger Vater am Subordinationsseil, wenn er keine Eigentümlichkeit aufkommen lassen will, hinwieder aber auch manches zurückdrängt, das in dem Jüngling, wenn er in der Fremde sein eigener Herr ist, wie zusammengepreßte Federkraft nur desto heftiger aufschnellt.

Wenn Sie fortfahren sollten, so ängstlich jedes Wort Ihres Sohnes abzuwägen, so werden Sie darüber hypochondrisch und halten am Ende jede Frühlingsmücke für einen langberüsselten Elefanten. Ich habe am Dienstag auch gar nichts gehört, das Tadel verdiente oder mir als unstatthaft aufgefallen wäre. Die junge kräftig zu werden versprechende Natur sprach sich frei und frank aus, und das halte ich für besser, als wenn ein Jüngling sich bewußt ist, daß viel in ihm steckt, dasselbe aber kalt in sich verschließt und im tiefsten Herzen aufschwellen läßt, woraus dann heimlicher Stolz wird, der tiefere und gefährlichere Wurzeln treibt, als was den Weg nach außen findet und wie eine Rakete zerplatzt. Sollte Conrad in einzelnen Momenten über die Schnur hauen, dann, glaube ich, werden Sie mit sanfter, aber sicherer Ironie weit mehr ausrichten, als mit einem langen ernsten Sermon.

Ich gewahre aber mit Schrecken, daß ich Ihnen selbst einen solchen halte, während ich Ihnen lieber heiteren Mut und Vertrauen in die Kraft Ihrer sanften Waffen einflößen möchte.

Von Herzen Ihr ergebenster David Heß.

David Heß an Elisabeth Meyer-Ulrich, 25. November 1841 (Frey, S. 39 f.)

Im Sommer 1842 suchte der Gymnasiast zur Heilung einer Fußverletzung das Landbad Hütten auf. Mutter und Schwester begleiteten ihn. Während dieser schulfreien Zeit wuchs Conrads Mißmut; er war aller Zwänge und Forderungen durch Mutter, Lehrer und Bekannte überdrüssig.

Als sich Louis Vulliemin bei Elisabeth Meyer nach dem Befinden der Familie erkundigt, klagt sie auch ihm das Schicksal ihres mißratenen Sohnes, des «armen Conrad»:

Vous demandez de mes nouvelles, mais permettez que je vous parle surtout de Conrad et de Betsy. Ces deux enfants sont pour moi une source de bonheur et de souci. Ma fille se développe très heureusement, me rappelant toujours plus son cher et regretté père. Mais le pauvre Conrad! qu'il est loin de lui ressembler, de comprendre même ce qu'il a perdu en perdant celui qui lui offrait le modèle de toutes les vertus! Mes amis ne me reprochent pas de le gâter, mais de tenir les rênes trop tendues, et de risquer de voir se casser le fil qui m'unit à cet esprit si indépendant.

Elisabeth Meyer-Ulrich an Louis Vulliemin, Herbst 1842 (Vulliemin, S. 227)

Der Umstand, daß in Conrads Gymnasialklasse schlechte, verrohte Sitten herrschen, bestärkt die Mutter in ihrem Vorsatz, sich vom Sohn zu trennen und ihn gleichzeitig diesem verderblichen Einfluß zu entziehen. Sie nimmt das Angebot des Freundes ihres verstorbenen Gatten an, der sich bereit erklärt, Conrad in Lausanne zu betreuen:

Je ne sais si je dois me faire des reproches de n'avoir pas confié depuis longtemps mon fils à des mains plus habiles que les miennes, ou si le sentiment qui m'a fait tenter d'abord tous les moyens réservés à l'amour maternel peut m'excuser aux yeux de ceux qui me conseillaient de me séparer de lui, malgré sa répugnance à quitter la maison paternelle. Cette répugnance n'existe plus! Conrad désire lui-même être placé ailleurs... J'ai perdu en grande partie sa confiance, parce que je mettais trop de zèle à vouloir lui faire accepter mes convictions religieuses... Comme beaucoup de jeunes gens de sa trempe, il affecte de dissimuler le plus possible les bons sentiments qu'il éprouve...

[...]

Ma bonne mère, à qui j'ai lu ce que je vous dis de Conrad, trouve que je n'ai relevé que ses défauts, sans faire mention de ses qualités, de sa facilité à apprendre, de son goût pour la poésie, de son humeur enjouée, etc. Elle craint qu'après ma franchise vous ne vouliez plus de lui. Je n'ai pas cette inquiétude et, dussé-je même la partager, je ne me permettrai jamais de couvrir des plaies qu'il faut connaître pour pouvoir les guérir.

Elisabeth Meyer-Ulrich an Louis Vulliemin, 23. März 1843 (Vulliemin, S. 228 f.)

Das Haus zum Loch an der Römergasse 13 in Zürich, wo seit 1833 ein Teil der Kantonsschule untergebracht war und Meyer bis zum Bezug des neuen Gebäudes 1842 das Gymnasium besuchte. Pinselzeichnung von Emil Schultheß (1805–1855), entstanden 1835. Kunsthaus Zürich, Reproduktion Zentralbibliothek Zürich

Der Hafen von Ouchy: Blick von Süden gegen Lausanne mit Kathedrale. Das Bild veranschaulicht folgende Strophe aus Meyers frühem Gedicht «Der Leman» (VII, 305): «Sieh, der kekke Dom Lausanne's / fliehet deine feige Näh' / daß nicht sein lebendig Streben / spiegle sich im todten See.» Farblithographie von Alfred Guesdon (1808–1876) nach Zeichnung von Frédérich. Erschienen als Einzelblatt in Genf um 1850. Zentralbibliothek Zürich

In Lausanne

Am 13. Mai 1843 reist Conrad in die Westschweiz. Vulliemin vermittelt eine Unterkunft im Pensionat «Petit-Château» bei Jean Gaudin. In der autobiographischen Aufzeichnung von 1876 wird Meyer des «glücklichen Jahres» gedenken, das er in Lausanne verbringen durfte, «froh, das ihm wenig zusagende Studium der Jurisprudenz, das als Lebensberuf für ihn vorgesehen war, so lang als möglich hinauszuschieben» (XV, 128).

Erleichtert atmet der geknechtete Jüngling auf. Im geistreichen Gespräch mit Vulliemin kann sich der Achtzehnjährige endlich aussprechen und seine «bunten und schwärmerischen Weltideen» frei äußern (Betsy, S. 64). Er nimmt Französisch- und Italienischunterricht, schließt Freundschaft mit Gleichaltrigen und gibt sich in Vulliemins Bibliothek einer eifrigen Lektüre hin. Meyer vertieft sich in die großen französischen Historiker, aus denen er bei seiner späteren schriftstellerischen Tätigkeit wieder schöpfen wird, verschlingt Molière, Alfred de Musset, Victor Hugo, ferner Werke von Maistre, Lamennais und Béranger sowie die Romane der George Sand. Er folgt auch einer Einladung des biederen Pietisten George Mallet d'Hauteville nach Genf, dem er seine Ideen von Freiheit und Unabhängigkeit kundtut und von Jean Paul vorschwärmt, so daß der Genfer Freund erstaunt nach Zürich meldet, aus dem stillen Knaben sei ein «deutscher Student» geworden (ebd.).

DER LEMAN

Die mannigfaltigen Anregungen, die Meyer im toleranten und befreiend wirkenden Lausanner Umfeld empfängt, schlagen sich in dichterischen Versuchen nieder. Diese frühe Lyrik klingt zuweilen an Lenau, Platen, Freiligrath oder Herwegh an, mit deren Werken er sich ebenfalls befaßt. Aus den oft noch schwerfälligen Versen wird aber deutlich, daß sein Selbstbewußtsein erstarkt ist; er fühlt sich als junges «Dichterblut».

In einer weitschweifigen Ode auf den Genfersee besingt er den Leman als Spiegel seiner eigenen Empfindungen:

Zog an deine Ufer Leman
voller Kampf- und Jugendlust
Wachtfeu'r meine brennenden Augen
Eine Wahlstatt meine Brust.

Zog an deine Ufer Leman
dachte dich so wild und stark
wollte meine Seele gießen
in dein schäumendes Wellenmark.

Fand dich fromm und wellenfächelnd
Scherzend mit dem Zephirwind
uferküssend, blumentränkend
als ein sanft blauäugig Kind.

Aus der wogendunkeln Brust dir
schimmerte die Sonne auf
Und das Mondlicht säumte nächtlich
goldblank deinen Wellenlauf.

Steigt wohl täglich ufernieder
Nach Ouchy ein Dichterblut
Volle Rosen auf den Wangen
Rosenknospen auf dem Hut

Sieht sich an, wie deine Welle
Lahmt und sich ins Land verkriecht
Wimmert dann so gleich zur Stelle
Jeden Abend ein Gedicht [...]

(VII, 304)

Wieder daheim

Anfangs Juni 1844 ist Conrad zurück in Zürich. Die gütige, verständnisvolle Großmutter ist inzwischen gestorben. Betsy erinnert sich:

Zunächst schien es nicht, daß jenes erste Jahr, das er in Lausanne zubrachte, statt noch die dritte Klasse des Zürcher Gymnasiums zu durchlaufen, zu seiner Ausbildung und Festigung viel gefruchtet habe. Nicht als ein gesellschaftlich schmeidig gewordener junger Mann, der das unserer Mutter liebe Französisch fließend und gern gesprochen hätte, kam er zurück, wie sie es vielleicht gehofft hatte, da diese Freude anderen Müttern widerfahren war, sondern als ein Kopf voll gärender Ideen, mit breiter, stark ausgeprägter, von üppigem Haar umkrauster Stirn auf einem, meinte sie, «unbeugsamen» Nacken, der, wie ihr schien, im täglichen Leben noch weniger Raum hatte, als da er fortging. Auch verlautete, in Lausanne habe er mehr Italienisch getrieben als Französisch, unter einem Lehrer, der ihn nicht nur für die Utopien der italienischen Carbonari eingenommen, sondern auch für schwärmerische Polenflüchtlinge begeistert habe. Der milde Freund unseres Vaters, Professor Louis Vulliemin, sah in allem dem nichts Arges. Er dachte wohl, man müsse den Wein gären lassen. Denn er hatte und behielt immer die Zuversicht, das Gewächs sei von guter Sorte.

(Betsy, S. 63 f.)

Die Mutter äußert sich über den Heimkehrer wie folgt:

Vous m'épargnez le récit de toutes les extravagantes idées qui se sont succédées dans sa tête, de ses bizarreries qui l'éloignent toujours plus de sa famille et de ses véritables amis. Il vous suffit d'apprendre que je ne puis plus que prier pour mon pauvre fils, espérant que le bon Dieu jettera tôt ou tard un regard de miséricorde sur lui.

Elisabeth Meyer-Ulrich an Louis Vulliemin, [nach dem 4. Juni 1844] (Vulliemin, S. 230 f.)

Sie schickt den Sohn zu Dekan Johann Ulrich Benker, einem Studienfreund ihres Gatten, nach Dießenhofen, wo Conrad schon 1839 in den Ferien geweilt hatte. Dort sollte er sich auf die Matur vorbereiten, entläuft aber nach drei Tagen und kehrt zu Fuß, völlig durchnäßt, ins Schmidtenhaus zurück. Trotzdem besteht er die Prüfung und immatrikuliert sich darauf notgedrungen an der juristischen Fakultät der Universität Zürich. Doch die Verlockung durch die Künste ist stärker. Er nimmt daneben Zeichenstunden beim Kunstmaler Hans Jakob Schweizer (1800–1869) und träumt von seinem Dichtertum. Der Mutter gefallen diese phantastischen Zukunftsvisionen gar nicht. Schon zu Lebzeiten des Vaters hatte Conrad humorvolle Verse über sich und seine Mitschüler gereimt; sicher sind solche lyrischen Versuche von Ferdinand Meyer wohlwollend aufgenommen worden. Elisabeth Meyer dagegen hat kein Verständnis für die dichterischen Ambitionen, erwartet sie doch, daß er sich für einen ehrbaren Broterwerb entscheide. Die alten Zwistigkeiten brechen wieder aus.

Schließlich sendet die Mutter – vermutlich 1845 – ein paar Poesien ihres Sohnes zur Beurteilung an Gustav Pfizer nach Stuttgart. Den Antwortbrief, in dem Conrad geraten wurde, das Reimen zu lassen, hängte sie unerbrochen an den Weihnachtsbaum. Dieser Tannenbaum stand 1845 im Haus zum langen Stadelhof.

Conrad Ferdinand Meyer im Alter von ungefähr 20 Jahren: «[...] ein Kopf voll gärender Ideen, mit breiter, stark ausgeprägter, von üppigem Haar umkrauster Stirn auf einem [...] ‹unbeugsamen› Nacken» (Betsy, S. 63).
Bleistiftzeichnung von Melchior Paul von Deschwanden (1811–1881), entstanden um 1845.
Zentralbibliothek Zürich

«Die heilige Elisabeth von der Wartburg» (Nils, S. 49): Elisabeth Meyer-Ulrich (1802–1856) in nonnenartiger Tracht.
Schwarze und weiße Kreide auf graugrünem Papier, gezeichnet von Johann Conrad Zeller (1807–1856) um 1852 nach dem im Februar 1818 gemalten Jugendporträt von Marie Ellenrieder (1791–1863).
Zentralbibliothek Zürich

Der Meyersche Familiensitz in Stadelhofen: Rechts das Haus zum St. Urban, wo sich Conrad und Betsy von 1857 bis 1862 im 1. Stock einmieteten. Links anschließend der Lange Stadelhof, Meyers Wohnhaus von 1845 bis 1857, «das schmale einstöckige Gebäude, das [...] inwendig an eine Klosterbaute erinnerte und im Volksmunde ‹die Reisekiste› hieß» (Betsy Meyer an Johann Jakob Hardmeyer-Jenny, 9. Januar 1902; Schultheß, S. 23). Als Quertrakt angebaut das Lochmannsche Haus mit dem Gesellschaftssaal. Aquarell von Willy Burger (1882–1964), gemalt nach alten Zeichnungen und Vorlagen. Original Privatbesitz, Reproduktion Baugeschichtliches Archiv Zürich

In Stadelhofen

Anderthalb Jahre nach dem Tode ihres Gatten war Elisabeth Meyer vom Grünen Seidenhof in das gegenüberliegende Schmidtenhaus gezogen. Ab November 1845 stellte ihr dann Wilhelm Meyer-Ott, ihr Schwager, den Langen Stadelhof als Wohnung zur Verfügung. Das Stadelhofer Quartier war im Laufe des 17. und 18. Jahrhunderts zwischen den mittelalterlichen Mauern der Stadt und der neuen Stadelhofer Schanze erbaut worden. Der Lange Stadelhof mit dem seewärts angebauten Gebäudeteil hatte, zusammen mit dem alten St. Urban, ursprünglich dem Obersten Heinrich Lochmann (1613–1667) gehört und war 1762 in den Besitz des reichen Seidenfabrikanten Melchior Meyer (1701–1787) übergegangen. Dessen Enkel, Stadtkommandant Johann Jakob Meyer (1763–1819), errichtete 1790 das neue Haus zum St. Urban. 1819 erbte der nachmalige Stadtrat und Historiker Wilhelm Meyer-Ott diese väterliche Liegenschaft; später übernahm er auch den Langen Stadelhof. Elisabeth Meyer bewohnte die sog. «Reisekiste» bis zu ihrem Tod, 1856. Conrad erhielt das Eckzimmer des Hauses zugewiesen; es sollte zum Ort seiner jugendlichen Qualen werden.

Der Meyersche Familiensitz

[Das Besitztum] liegt zwischen der Stadelhoferstraße, der St. Urbangasse und der tiefer mit ihr parallel laufenden Seefeldstraße und besteht aus drei Gebäuden: das eine, das Haus zum St. Urban, worin Wilhelm Meyer-Ott wohnte, ist das Eckhaus zwischen der Stadelhoferstraße und der von ihr rechtwinklig auf die Seefeldstraße hinunterführenden St. Urbangasse, die damals noch Kanonengäßchen hieß. In der St. Urbangasse folgte auf das Meyer-Ottsche Haus und von ihm durch das auf das Gäßchen sich öffnende Hofportal getrennt, die sogenannte Reisekiste, ein langes Doppelgebäude, dessen beide Teile sich nicht auf gleicher Höhe befanden; im einzigen, hohen Stockwerk des tieferliegenden und ausgedehnteren Teiles wohnte Frau Meyer; rechtwinklig auf dieses Haus und durch einen Flur mit ihm verbunden, stieß das von einem General Lochmann im siebzehnten Jahrhundert erbaute sogenannte Lochmannsche Haus, dessen Front auf die Seefeldstraße und den See hinausging. Diese drei Gebäude, das von Meyer-Ott bewohnte Haus, zum St. Urban, die Reisekiste und das Lochmannsche Haus umschlossen auf drei Seiten den Hof und Garten, in dessen Mitte ein Springbrunnen plätscherte.

Über dem Parterre des Lochmannschen Hauses befand sich ein geräumiger Prunksaal, dessen beinahe zur Decke reichendes Nußbaumgetäfer architektonisch gehaltene Ornamente zierten, die einzelnen Felder durch freistehende Säulchen mit Basis und Kapitälchen getrennt. Den schmalen Raum zwischen diesem Getäfer und der Decke füllte eine Reihe lebensgroßer Bildnisse von höchst zweifelhaftem Wert [...]. Die Decke selbst prangte mit mythologischen Figuren von noch bedenklicherem Aussehen; namentlich stach ein Argus hervor, der eine Unmenge kleiner und zwei große Augen besaß. Ein Mitglied der Familie, der Maler Zeller, scherzte, man müsse sich zur Betrachtung dieser Kunstwerke rücklings auf den Fußboden legen, einmal, um diese Herrlichkeiten recht zu genießen, sodann um vor Lachen nicht hintenüber zu stürzen. Von der Decke herunter hing ein großer Leuchter von Porzellanrosen; an den Wänden schimmerte eine Anzahl kleinerer.

(Frey, S. 48)

Betsy gedenkt des Umzugs aus dem Seidenhofquartier nach Stadelhofen:

[...] unser liebes altes Stadelhoferquartier. Dort waren wir, das ist mein heutiger Eindruck, viel enger eingethan, als auf der an baumreichen Gärten, an freien grünen, veilchenbedeckten Halden und Schanzen und an stillen Gewässern reichen Westseite Zürichs vor dem Rennwegtore. Was für durchsonnte, träumerische, ein bischen ungezogene Kindheitstage verlebten wir dort! In Stadelhofen war alles steinerner, steifer, hinter hohen Portalen wohl verschlossen. Unserer zarten, vereinsamten Mutter † war die gesicherte Stätte im Hause unserer väterlichen Verwandten, ihrem liebevollen und traurigen Herzen war der Anschluß an die Familie des geliebten Verstorbenen gewiß sehr notwendig und herzlich zu gönnen.

Mein Bruder aber, der damals in geistiger Gährung und sich selber noch unklar war, der nicht wußte, wohin seine große, aber einseitig künstlerisch-poetische Begabung ihn wies, der in jugendlich dunkelm Drange gern alle geistigen Fesseln gesprengt hätte und dem mit der klaren Erkenntnis, wohin er sich zu wenden habe, auch der festkonzentrierte Wille noch fehlte, mein damals ratloser Bruder hat sicherlich in jenem großen Eckzimmer an der Seestraße, dessen weite Fenster auf den Platz vor dem damaligen Kornhause und auf das belebte und farbige Bild der an der Bauschanze landenden Dampfboote hinaussahen, die dunkelsten und innerlich leidensvollsten Jahre seines Lebens zugebracht. – O wenn Wände reden könnten! ... Doch jene Wände sind für immer verstummt – jenes alte Haus an der Seestraße existiert ja nicht mehr. Es enthielt ein bescheidenes, besonders vermietetes Rez de chaussée mit dem Haupteingange von der Seestraße her, und in der Hauptetage nur den alten großen nußbaumgetäfelten Festsaal des Obersten Lochmann, der jetzt samt und sonders an das Landesmuseum übergegangen ist, und dessen im gleichen Stile gehaltenes weites Nebenzimmer, das eben die Stätte der jugendlichen Zweifel und Entsagungen meines Bruders war. Dieser Raum war schön. Er war mit großblumigen Wachstuchtapeten, die in Goldleisten gefaßt waren, überkleidet und mit einer reichgeschnitzten und vergoldeten Spiegelkonsole geschmückt. Er schloß sich an den Saal an, vielleicht in alter Zeit als Büffet oder Herrenzimmer. Innerlich waren beide Räume durch eine schwere hohe Nußbaumdoppeltüre verbunden. Nach außen mündeten beide auf einen mit Steinplatten belegten Vorplatz, in dessen Ecke sich ein steinerner Kamin erhob, dessen Dimensionen einst Baumstämme als Feuerung erfordert zu haben scheinen. Zu unserer Zeit war er ständig durch ein seltsames, dunkles, altes Ölgemälde verschlossen [...].

Das war unsere «hintere Laube», meines Bruders eigentliches Revier.

Betsy Meyer an Johann Jakob Hardmeyer-Jenny, 9. Januar 1902 (Schultheß, S. 21 ff.)

Unsere Wohnräume waren von dem Seezimmer meines Bruders durch einen langen Korridor getrennt, dessen Fenster links in die von hohen Mauern umschlossenen Höfe eines Nebengäßchens hintersahen, während auf der rechten Seite sich eine Reihe von Türen, deren eine in mein kleines Atelier führte, auf den Gang öffnete. Ganz am entgegengesetzten Ende schloß ein großes Wohnzimmer mit Nebenstuben, die durch Seitentüren verbunden waren, die weitläufige Wohnung ab.

In diesem anmutigen, altertümlichen Wohnzimmer mit seiner langen, hellen Fensterreihe, die nur in der Mitte durch eine steinerne, von Efeu umrankte Säule unterbrochen war, hielt sich unsere Mutter auf. Da tranken wir Tee, da empfing sie ihre vielen Besuche. Neben dem großen Sofa, das an der einen breiten Wand des fast quadratförmigen Raumes stand, führte eine Seitentür in ein Nebenzimmer, das keinen eigenen Ausgang auf den Korridor hatte. Sobald nun mein Bruder, der oft bei uns saß oder singend den langen Gang durchwanderte, mit feinem Ohr die Tritte eines nahenden Besuches auf dem Kiese des Hofes oder den Klang einer sich anmeldenden Stimme vernahm, verschwand er blitzschnell durch diese Seitentür und erreichte auf einem Umwege den Gang und sein ungestörtes Revier. Im großen, kühlen Nebenraume befand sich an der Wand, an die sich im Empfangszimmer die Polsterkissen des Sofas lehnten, ein kleiner, gewöhnlich mit Büchern beladener Tisch. Einzelne davon gehörten mir – ich hatte dort mein Lesewinkelchen – viele auch meinem Bruder. Wir trugen sie hin und her und benutzten sie gemeinsam.

(Betsy, S. 100 f.)

Saal des Obersten Heinrich Lochmann (1613–1667), erbaut um 1660.
Der frühbarocke Prunksaal ist mit kunstvollem Nußbaumgetäfer und zahlreichen Malereien geschmückt. Die Deckengemälde zeigen Szenen aus Ovids «Metamorphosen», während der Wandfries 54 Bildnisse von Mitgliedern der französischen Königsfamilie, von großen Staatsmännern und Heerführern zeigt; hier begegnete C. F. Meyer u.a. den Porträts des Hugenottenführers Gaspard II de Coligny und von Schwedenkönig Gustav Adolf. Als der seeseitige Haustrakt des Langen Stadelhofs 1892 abgebrochen wurde, kam der Lochmann-Saal ins Schweizerische Landesmuseum.
Photographie Schweizerisches Landesmuseum, Zürich

Der Mönch in Stadelhofen

Zwischen 1845 und 1852 führte Conrad ein einsames, zielloses Leben. Zwar besuchte er gelegentlich noch ehemalige Schulkameraden, doch mit der Zeit wurde sein Freundeskreis immer kleiner; er selbst getraute sich kaum mehr, unter die Leute zu gehen. Der Sozialist Johann Jakob Treichler (1822–1906) – nach Betsys Aussage «einer der wenigen Zeitgenossen, in denen mein Bruder Zukunftsideen witterte und mit dem er als dem Freund seiner frühern Studienfreunde vom Gymnasium, damals, bevor er sich gänzlich in seine Einsamkeit begrub, einigen Umgang pflog» (Nils, S. 53) – mußte nach dem Erlaß des sog. «Maulkrattengesetzes» 1846 Zürich verlassen. Und Meyers «liebster Jugendfreund» Conrad Nüscheler (an Haessel, 23. Februar 1867; Briefe II, S. 26) brach 1847 zur weiteren Ausbildung nach München auf.

Der rebellische Sonderling hockte indessen auf seinem Zimmer, erteilte einem Studenten Unterricht in Latein und träumte von Maria Margaretha Burckhardt (1831–1908), einer jungen Baslerin. Sie war eine Enkelin von David Heß, jenes gütigen, inzwischen aber verstorbenen Zürcher Dichters, der Conrad 1841 – aller mütterlichen Skrupel zum Trotz – so verständnisvoll begegnet war. Der eigenwillige Junge sah das Mädchen nur von ferne, wie es im Garten seiner Tante an der oberen Kirchgasse spazierte. Weil es ihm außergewöhnlich rein und gesittet erschien, verehrte er das Kind unter dem Namen «Schwänlein» (Frey, S. 50). – Fünf Jahre später wird er erneut in Liebe zur bildschönen Maria entflammen und nach erfolgloser Werbung nach Italien flüchten.

Draußen gingen die Freischarenzüge und der Sonderbundskrieg vorbei, der Bundesstaat wurde gegründet, doch Meyer hat sich zu diesen Vorgängen kaum geäußert. Immer entschiedener schloß er sich von der Umwelt ab, verdunkelte seine Räume, las maßlos und versank in Exzesse der Einsamkeit. Selbst seine Sportübungen wurden zur Selbstplage: War er früher ein leidenschaftlicher Schlittschuhläufer gewesen, so übte er sich jetzt im Fechten mit einem Fechtmeister, dem er später in der Gestalt des anrüchigen Böhmen im AMULETT ein Denkmal setzen wird. Er unternahm auch gewagte Bergtouren, von denen er – wie schon 1844, während eines Ferienaufenthalts bei Maler Deschwandens Schwester in Beckenried, – «immer mit beschädigten Schuhen und zerrissenen Kleidern, aber heil und gesund zurückkehrte» (Betsy, S. 85). Daneben war er ein ausdauernder Schwimmer, wobei er mit einem Boot auf den See hinauszurudern pflegte und sich dann bis außer Sichtweite von diesem entfernte; es bleibt ungewiß, ob er bloß seine Kraft zu fühlen versuchte oder unterzugehen wünschte. Einfacher zu deuten ist jene nächtliche Flucht auf das Wasser, zu der er seine Taschen mit Gewichtsteinen füllte. Mutter und Schwester, starr vor Angst, ließen ihn wortlos gewähren und harrten betend aus, bis sie ihn gegen Mitternacht über das geschlossene Gittertor klettern hörten und Betsy wie gewohnt seine Zigarre im Dunkeln glühen sah. Einmal las ihr der Bruder nachts im Lochmann-Saal Lenaus *Savonarola* vor (Frey, S. 52); ein Zug zum Melodramatischen kann seinem Gebaren nicht abgesprochen werden.

In seiner grenzenlosen Lektüre war C. F. Meyer, der sich beharrlich zum Poeten berufen glaubte, übrigens ganz den Romantikern verpflichtet und hoffte – in Analogie zum Subjektivismus seiner literarischen Vorbilder – fernab aller leidigen Wirklichkeit den Einstieg in eine eigene dichterische Produktion zu finden. Aber der erwartete zündende Funke blieb aus. Gerade die Verdichtung dessen, was er auszudrücken wünschte, befriedigte nicht, und seine Schöpfungen verschwebten im Unverbindlichen; es fehlte ihnen an überzeugender Gestalt. Mit etwas mehr Erfolg versuchte er sich auf dem Gebiet der historischen Nachdichtung.

Aus dem Verharren im Ergebnis- und Auswegslosen, das unablässig Selbstzweifel wachrufen mußte, rissen den Blockierten erst Friedrich Theodor Vischers *Kritische Gänge,* auf die er um 1850/51 gestoßen ist. Diese Lektüre war für den mittlerweile Fünfundzwanzigjährigen von unerhörter Tragweite. Was der unbestechliche Kritiker aus Schwaben in schlagender Beweisführung entwickelte, wirkte sich in doppelter Hinsicht auf den traumversunkenen Einsiedler aus: Der «arme Conrad» konnte bei Vischer lesen, was von der forcierten Religiosität der Mutter zu halten sei, und er wurde dadurch in eine noch schroffere Ablehnung ihrer salbungsvollen Frömmigkeit hineingetrieben. Gleichzeitig belehrte ihn der mit meisterlicher Taktik fechtende Ästhet, Kunst- und Literaturkenner, daß ein künftiger Dichter sich nur vom «Geist der Wirklichkeit» (Krit. Gänge I, S. XXXV) leiten lassen dürfe, weil echte Poesie nach dem Zeitalter der Romantik immer auf das Objektive ausgerichtet sein müsse. Die *Kritischen Gänge* lösten damit eine doppelte Krise aus: zum einen vertieften sie die Kluft zwischen Mutter und Sohn, so daß eine Übereinstimmung für alle Zeiten ausgeschlossen schien; zum andern zerstörten sie das bisher von ihm hochgehaltene Ideal der bildenden Kunst und vor allem der Dichtkunst. Der Verzweifelte fühlte sich bei aller Niedergeschlagenheit gegenüber den pausenlosen mütterlichen Forderungen und Vorhaltungen im Recht und wurde aufsässig. Zudem brachen erste Wogen von Selbsthaß und Lebensekel über ihn herein. Und was seine Zukunft als Dichter betraf, wußte er ebenfalls nicht, wie es jemals weitergehen sollte; er stand auch hierin völlig im Leeren. Dieser Sachverhalt macht klar, weshalb Conrad – entgegen seiner sonstigen Gepflogenheit – der Schwester die *Kritischen Gänge* nie vorgelesen hat (vgl. Betsy, S. 98).

Die Lage spitzte sich zu, als Conrad seine Mutter im anstoßenden Zimmer zu einer Besucherin sagen hörte, sie habe alle Hoffnungen auf ihren Sohn aufgegeben. Ferner verbreitete sich allmählich das Gerücht, er sei gestorben, denn der als Versager Gebrandmarkte sonderte sich immer stärker ab. Eine Änderung der hoffnungslosen Situation war unumgänglich. Die Mutter beschwor den «armen Conrad», ihrem Vorschlag zu folgen und eine Klinik aufzusuchen. Dies mußte wohl auch um ihrer selbst willen geschehen: Ihre Nerven waren der Verstocktheit des Sohnes nicht mehr gewachsen, und Quälerei wie Selbstqual sollten ein Ende nehmen. Am 12. Juni 1852 begleitete sie ihn in die Nervenheilanstalt von Préfargier, die ihr von den Genfer Freunden empfohlen worden war.

Maria Margaretha Burckhardt (1831–1908): Meyers «Schwänlein», das er Ende der vierziger Jahre und erneut 1857 angebetet hat. Die Enkelin von David Heß vermählte sich 1859 mit dem Basler Philosophieprofessor Karl Christian Friedrich Steffensen (1816–1888). Photographie von Johann Friedrich Hartmann (1822–1902), Basel, um 1860/65. Öffentliche Bibliothek der Universität Basel

Der Außenseiter

C. F. Meyer schildert seine einsam verbrachten Jugendjahre aus der Rückschau wie folgt:

[Nach bestandenem Maturitätsexamen] machte er sich auf der zürcherischen Universität an das Studium der Pandekten, entdeckte aber bald, daß er dazu keinen Beruf habe, und überließ sich, da sich ihm unter den damaligen Umständen und bei seiner einseitig künstlerischen Anlage keine andere lohnende Lebensaussicht darbot, und bei einem gewissen Mangel an selbstbestimmender Initiative, einer fast gänzlichen Muthlosigkeit. Lange Jahre brachte er in isolirten Privatstudien zu, bildete seine Kenntnisse in den alten Sprachen und der Geschichte aus, zeichnete und machte poetische Versuche, die aber aus Mangel an Berührung mit Vorbildern und Mitstrebenden bei vielleicht glücklichen Motiven in der Ausführung etwas Willkürliches und Unvollendetes behielten. Diese lange Abgeschlossenheit begann zuletzt trotz einer übrigens glücklichen und elastischen Konstitution ungünstig auf seine Nerven zu wirken. Der Rath eines Arztes entriß ihn dieser Lebensweise und den heimischen Verhältnissen. Hier ist der Wendepunkt seines Lebens.

Autobiographische Aufzeichnung von 1876 (XV, 129)

Betsy hat sich wiederholt über diese schwierige Zeit im Werdegang ihres Bruders geäußert und seine Krise zu erklären versucht:

Schon oft habe ich mich gefragt, zu welcher Zeit eigentlich und durch welche Veranlassung mein überlegener, lustiger und erfindungsreicher Spielkamerad mit dem dichten braunen Ringelhaar sich in einen träumerisch in sich verschlossenen, von der Außenwelt verzichtend sich abwendenden, mich haupteshoch überragenden, mageren jungen Mann verwandelt habe.

(Betsy, S. 83 f.)

Mit seinen hohen, unsicheren Maßstäben stand er den kleinen Zielen, Mitteln und Wegen des alltäglichen Treibens fremd und verständnislos gegenüber. Er zerstieß sich die Flügel an den engen Rahmen und kleinen Fensterscheiben des bürgerlichen Daseins, solange sein eigenes Wollen noch unklar, ziellos und unfrei war. Der Konflikte, in die ihn seine feinen, und bis zu tiefer Verletzlichkeit eindrucksfähigen seelischen Organe brachten, gar nicht zu gedenken! Um nur eines zu nennen, war ihm von jeher jedes Wettlaufen, jedes Rivalisieren auf allen Gebieten gleich zuwider. Es wäre ihm beides gleich drückend gewesen: einen anderen zu überholen und auf die Seite zu drängen oder selbst zurückzubleiben und hintangesetzt zu werden. Ich glaube nicht, daß man ihn dazu gebracht hätte, sich mit anderen um eine Stelle oder um einen Preis zu bewerben. Ein solcher Einzelsieg konnte sein Gefühl als rohe Ungerechtigkeit verletzen. Am liebsten hätte er einen unbestrittenen Platz an der Sonne erreicht, von wo sein Schatten keinem anderen verdunkelnd auf den Weg gefallen wäre.

In jungen Jahren also litt er und sonderte er sich ab. Er litt und machte dabei auf die rechtschaffenen Leute den Eindruck ungebändigten Hochmuts und unberechtigter Überhebung.

(Betsy, S. 77)

[Die] rastlose innere Schwungkraft seiner Jugend gab ihm die Zuversicht eines großen Könnens, der seine Leistungen damals in keiner Weise entsprachen. So verzehrte er sich in schweigender Ungeduld und Ohnmacht. Neben sich sah er Minderbegabte ruhig ihren Weg gehen, von Stufe zu Stufe steigen und ihr nahe gestecktes, von ihm allerdings unbeneidetes Ziel, den bürgerlichen Beruf und Broterwerb, sicher erreichen. Er aber geriet nach und nach außer Reih und Glied seiner Altersgenossen und sah sich in der ihn tief beschämenden, schmerzlichen Lage, wie alle, die in einem achtenswerten, regelrecht geordneten Gemeinwesen nicht klassifiziert und jedem einleuchtend untergebracht werden können, mißachtet, bemitleidet und verleumdet zu werden.

(Betsy, S. 91)

Rein äußerlich angesehen, hätte mein Bruder im damaligen Zürich nicht besser gestellt sein können. Aber seine gewaltige unbändige Phantasie neben der im Grund zarten und unbiegsamen spröden Charakteranlage! – Das alles ergreifen wollen und nichts bewältigen können! Auf dem Boden der Selbsterziehung lag für ihn der lange und schwere, zuletzt siegreiche Kampf.

Betsy Meyer an Lina Frey, 6. März 1899 (Betsy, Briefe, S. 440)

Die Mutter hatte den unfügsamen Sohn damals bereits aufgegeben:

Mon pauvre fils est toujours à peu près dans le même état, conservant une disposition hypocondriaque et une incapacité invincible à entreprendre un travail régulier. Il est triste, souvent préoccupé de sa santé, enclin à se croire l'objet de la malveillance des autres, et se forgeant parfois des chimères conformes à la tournure de ses pensées. Il souffre de n'avoir point de but, point de carrière, et ne sait prendre aucun parti. De rares promenades, la lecture et quelques études occupent son temps, sans donner à sa vie le moindre résultat; aussi puis-je dire que je n'espère plus rien de lui dans ce monde. Mais, malgré l'épreuve douloureuse qui m'a été départie, j'ai sujet de bénir le Seigneur de ce qu'il ne permet pas à ma confiance en sa sagesse et en sa bonté d'être ébranlée, et de ce qu'au plus fort de mon affliction il me conserve assez de calme pour que je puisse adorer ses dispensations.

Elisabeth Meyer-Ulrich an Louis Vulliemin, 1849 (Vulliemin, S. 231)

Während jener kritischen Zeit, die Meyer in «selbstgeschmiedeten und doch unfreiwillig getragenen Fesseln» (Betsy, S. 97) als Einsiedler in seiner verdunkelten Stadelhofener Klause verbrachte, hat er unheimlich viel gelesen, vor allem die Werke der Romantiker, namentlich die phantastischen Spätromantiker Lenau und Grabbe, ferner Dichtungen der Jungdeutschen, aber auch Shakespeare und Calderon, Guizot und Lamartine. Daneben vertiefte er seine Geschichtskenntnisse, studierte zahlreiche Chroniken und legte so einen soliden Grund für seine späteren Schöpfungen. Über seine damaligen dichterischen Versuche haben sich Schwester Betsy und Adolf Frey geäußert:

Ich erinnere mich einer Reihe epischer und dramatischer Fragmente, die er mir von 1845–1850 vorlas. Alle in knappem, an Platensche Schule erinnerndem Stil. Eine Tullia, ein Tarquin, ein Cäsar Borgia tauchen schattenhaft in meiner fernsten Erinnerung auf. «Cäsar Borgias Ohnmacht», zuerst in den «Romanzen und Bildern» abgedruckt, ist nichts anderes als ein Monolog aus einem jener ersten dramatischen Entwürfe, den Conrad Ferdinand Meyer hervorholte und, ihn entfaltend, ausarbeitete, wohl da er ihm besonders wert war, weil er ein auf seiner eigenen Erfahrung beruhendes künstlerisches Motiv festhielt: die in einen Augenblick zusammengedrängte Entscheidung mit unabsehbaren Folgen. Dies aus einem alten Fragment der ersten dichterischen Versuchsperiode mächtig aufgesproßte Gedicht berührt sich sonderbarerweise darin mit seiner reifsten Arbeit, der «Versuchung des Pescara», daß in beiden der Held keine freie Gewalt des Entschlusses hat. Weder Cäsar Borgia noch Pescara entscheiden. Es ist schon über sie entschieden.

Die Mehrzahl der größeren Pläne, die C. F. Meyer in seiner späteren Arbeitszeit ausgeführt hat, mögen ihn, sei es in einzelnen Charakteren, sei es durch einen geschichtlichen Zug oder auch nur durch eine landschaftliche Stimmung, als flüchtige Phantasiegebilde schon während seiner Jugendgärung zur Bearbeitung gereizt haben. Neben alten römischen Stoffen beschäftigten ihn schon damals die Gestalten der deutschen Kaiserzeit: Otto III., Kaiser Heinrich IV., Friedrich II., König Manfred und Konradin von Schwaben.

(Betsy, S. 93 f.)

Er begann den Jenatsch und die Beatrice Cenci zu dramatisieren, Ariadne auf Naxos und die französische Revolution episch zu behandeln und zwar in ottave rime. Nie zufrieden mit dem Entstandenen und oftmals Umgeformten, wovon übrigens außer der Schwester niemand etwas erfuhr, vernichtete er alles, so daß auch nicht eine Zeile übrig blieb.

(Frey, S. 52 f.)

Die versäumte Gegenwart

Die entscheidenden politischen Vorgänge jener Jahre, die z. B. den Zeitgenossen Gottfried Keller aus seiner Lethargie befreiten, vermochten den Träumer Meyer nicht wachzurütteln. Conrad war zu stark mit seinen eigenen Problemen beschäftigt; zudem fühlte er sich ja zu etwas Besonderem – zum Künstler – berufen und ging schon deshalb zu den radikalen Strömungen, die ganze Volksmassen ergriffen, auf Distanz. Auch in dieser Hinsicht wurde er also «ein Fremder unter seinem eigenen Volke» (Betsy, S. 63):

Es war keine verlorene, es war keine zerstörte Jugend, die mein Bruder später zu beklagen gehabt hätte, aber es war ein langes Traumleben. Mir wird heute noch wehmütig ums Herz, wenn ich mich zurückversetze. Die bewegten vierziger Jahre, der Sonderbundskrieg, den er nicht mitmachen mußte, weil er seiner großen Kurzsichtigkeit wegen vom Militärdienst befreit war, die stürmischen Ereignisse von 1848 und 1849, denen er mit ungeduldigem Interesse als leidenschaftlicher Zeitungsleser folgte – alles flutete an ihm vorüber, ohne ihn von seiner Sandbank zu lösen und ihn in eine freudige Arbeitsströmung hinauszutragen.

(Betsy, S. 95)

Friedrich Theodor Vischer (1807–1887), Professor für Ästhetik und deutsche Literatur an der Universität Tübingen, von 1855 bis 1866 in Zürich. Vischers «Kritische Gänge» (Tübingen 1844) wühlen Meyer zu Beginn der fünfziger Jahre auf und verschärfen seine aussichtslose Lage. Nach einer Daguerrotypie, entstanden Anfang der 1850er Jahre. Schiller-Nationalmuseum, Marbach am Neckar

Die Vischer-Krise

Als dem lesehungrigen Außenseiter anfangs der fünfziger Jahre Friedrich Theodor Vischers *Kritische Gänge* (Tübingen 1844) in die Hände fielen, bewirkte diese Lektüre einen eigentlichen «Wendepunkt im Leben des Dichters»:

[D]as Eingreifen Vischers, den mein Bruder natürlich damals persönlich noch nicht kannte, [war] für ihn ein entscheidendes. Vischers Vorträge räumten unter den Nebelgestalten der Romantik, von denen der Einsame träumte, energisch auf. Ihre kritische Schärfe wurde für Conrad Ferdinand [...] nichts anderes als ein heilendes Gift. Die Wirkung war eine zersetzende, aber die daraus resultierende Krise war eine heilende und notwendige.
(Frühlingsbriefe, Sp. 8)

In ihrem Erinnerungsbuch spricht Betsy, die nur kunstkritische Auswirkungen der Vischer-Lektüre kennt und nennt, von einer «schmerzlichen Krise» des Bruders, der «sein eigenes Dichten, seine Ideen von bildender Kunst und Dichtkunst wie ein morsches Brettergerüst zusammenstürzen» sah (Betsy, S. 97 f.), und stellt fest (ebd., S. 98): «Er ward irre an allem seinem Können und Verstehen.»

Auch der Dichterbiograph Adolf Frey wertet lediglich diese künstlerische Desillusionierung des gescheiterten Poeten und geht davon aus, daß Vischers Aufsätze «das Können und Vermögen wirklich schöpferischer Menschen ins hellste Licht rückten» und Meyers «schales und nichtiges Treiben ohne Erbarmen» entlarvt hätten. «Ihn übermannte das Gefühl, im Leeren zu stehen. [...] Er verzweifelte an sich selbst, und die Versuchung, ein verhängnisvolles Ende zu machen, trat eng an ihn heran.» (Frey, S. 55)

Doch Vischers kritische Schrift geht vor allem auch mit dem Pietismus hart ins Gericht und mußte bei Meyer zu einer ungeschminkten Beurteilung der mütterlichen Religiosität führen. Im Vorwort las der widerspenstige, auf sein Künstlertum eingeschworene Sohn über den Zusammenhang zwischen Religion und Kunst und daß, um dieser Abhängigkeit willen, die «wirkliche Welt erst eine andere geworden» sein müsse, «ehe wir wieder eine große Poesie haben können» (Krit. Gänge I, S. XX):

Ich stieg zu den höchsten Sphären auf, zur Religion und Wissenschaft, [...] und beklagte die Verbreitung des Pietismus in Schwaben. [...]

Ich habe den Pietismus eine Krätze, eine Eiterung der besten Säfte des Geistes genannt [...]. Ich bedaure, auch jetzt mit keinem besseren Namen dienen zu können. Der jetzige Pietismus unterscheidet sich zwar bekanntlich von dem ursprünglichen Spener'schen durch sein ganz verändertes Verhältniß zur Zeitbildung, insbesondere zur Wissenschaft. Dieser stand in Opposition gegen eine völlig verknöcherte Wissenschaft, gegen den Buchstabendienst der damaligen Theologie, und wollte die Religion zu neuem innerem Leben erheben, er war jugendlich und stemmte sich gegen das Greisenhafte der Zeit; der jetzige sträubt sich gegen eine jugendliche Wissenschaft, welche dem Buchstabendienste ernstlich ein Ende macht, [...] und wüthet für das Greisenhafte gegen die Jugend des Jahrhunderts. [...] Der unschädlichen alten Pietisten, der Stillen im Lande, die ich von den giftigen sehr wohl zu unterscheiden weiß, sind wenige mehr [...].
(Krit. Gänge I, S. XXf.)

Vischer erklärt, daß der, «in seinen Anfängen schöne, Versuch einer Belebung der Religion» sich schlimmer ausgewirkt habe:

Das Wahnsinnige im Pietismus ist die Besonderheit seines Interesses für die Religion und die Ausdrücklichkeit der Beziehung, die er zur Bedingung der Religiosität macht. Der Pietist ist Religiöser von métier, der Pietist ist der Professionist der Religion, Pietist ist, wer nach Religion riecht.
(Krit. Gänge I, S. XXIIf.)

Der Pietist wolle nichts anderes, als daß das Weltliche vom Göttlichen «ganz verzehrt werden müsse», halte aber gleichwohl am Weltlichen fest und bewahre sich «den heimlichen Stachel der Begierde danach» (Krit. Gänge I, S. XXIII). Gleichwohl gelte für ihn:

[...] die geistige Weihe jedes Thuns muß sich als Gebet neben dasselbe stellen. Mit einem Pietisten ist daher schlechterdings nicht fortzukommen, zu sprechen, zu leben, er nimmt nichts, wie es ist, [...] er ist absolut geschmacklos, aberwitzig, pervers, er ist wahnsinnig.

(Krit. Gänge I, S. XXIV)

Wer Alles und Jedes mit Salbung thun zu müssen meint, der muß ja ein Heuchler werden.
[...] Der rechte Pietist thut nichts, wo es nichts zu salben, zu bekehren, zu verdammen gibt. Was er aber thut, dem nimmt er jede Schönheit durch die Art, wie er es thut. Er ist z.B. wohlthätig, er schenkt, aber dabei müssen ihm die Beschenkten so viel beten, daß ihnen die Freude vergeht [...]. Es gibt auch nichts Unglaubigeres, als einen Pietisten. Wo er keine Heuchelei sieht, und besonders wo er selbst nicht seine Salbung dazu gibt, meint er, die Welt krache in ihren Axen.

(Krit. Gänge I, S. XXVI f.)

Vischer tadelt ausdrücklich auch «den geistlichen Hochmuth des Pietisten»:

Er verdammt das erlaubte Selbstgefühl jeder gesunden Natur und rühmt sich in häßlichstolzer Demuth als das auserlesene Rüstzeug der göttlichen Gnade, ohne dessen Eifer Gott selbst sterben müßte. Es arbeiten alle edlen Kräfte der menschlichen Natur im Pietismus, aber auf einen falschen Mittelpunkt bezogen, daher entstellt, gegen ihren Zweck verdreht, daher im Zustande giftiger Eiterung. Die schönsten und höchsten Gefühle des Gemüths liegen ihm zum Grunde und schlagen in ihr Gegentheil um, Religion wird Gottlosigkeit, Glaube Unglaube, Wahrheit wird Lüge, Eifer wird moralische Mordsucht. Dieser Eiter ist ansteckend, der Pietismus ist durch die schillernden Farben, die seinen gährenden Sumpf bedecken, für Menschen von mehr Einbildungskraft als Denkfähigkeit, mehr gutem Willen als Verstand, am meisten aber für Menschen, welche [...] sich den Willen als Gnade, die von außen kommt, vorzustellen ein Bedürfniß fühlen, durchaus contagiös.

(Krit. Gänge I, S. XXIX f.)

Und in Vischers Abhandlung über «Dr. Strauß und die Wirtemberger» stieß Conrad, der sich gesträubt hatte, an häuslichen Andachten teilzunehmen, auf folgende Stelle:

Das Widrigste [...] am Pietismus ist die Schamlosigkeit der Enthüllung des geheimsten Innern, das Reden von den zartesten inneren Erfahrungen in Gesellschaft, das Einmischen heiliger Namen in jedes Bagatell, das gemeinschaftliche Beten mit Geberden der Zerknirschung [...].

(Krit. Gänge I, S. 52 f.)

Selbst wenn ein Sohn seine Mutter von Herzen liebt und ihr mit seinem Verhalten jeden Kummer ersparen möchte, wird er sich nach der Entdeckung solch dezidierter Ansichten nicht enthalten können, die Vorwürfe, die ihm seine Mutter bei aller beteuerten Liebe aus ebendiesem Ungeiste heraus unaufhörlich macht, als ungerecht und in hohem Maße verwerflich zu empfinden. Gerade in jenen Tagen, da der «arme Conrad» die Tragweite von Vischers Äußerungen im Hinblick auf sein Verhältnis zur Mutter verarbeiten mußte, schrieb sie an ihren als Seidenfabrikant tätigen Vetter Henry im Balgrist:

Ich wollte, ich hätte einen wackern Sohn, der dir u. deinem Bruder in den Fabrikgeschäften tüchtig helfen könnte [...] aber ach...
Doch wir wollen unsere Sorgen auf den Herrn werfen.
Elisabeth Meyer-Ulrich an Heinrich Zeller-Horner,
31. März 1851 (Ms. CFM 387.9 Nr. 10;
vgl. Hohenstein, S. 366, Anm. 144)

Der Tochter stellt die in Baden weilende Mutter die ironische Frage:

Gott sei mit dir, liebstes Kind, was macht denn eigentlich Bruder Conrad? Schwelgt er im Gefühle süßer Unabhängigkeit – oder ist jetzt wieder etwas Anderes Störendes zum Vorschein gekommen?
Elisabeth Meyer-Ulrich an ihre Tochter,
4. September 1851 (Ms. CFM 387.6 Nr. 49;
vgl. Hohenstein, S. 366 f., Anm. 144)

Aus der Rückschau hat sich dann Haessel folgendermaßen über die verheerenden Auswirkungen von Frau Meyers pietistischer Hölle geäußert:

Ich sehe nun in manchen Dingen viel klarer als früher. Der arme C. F. hat durch die Schuld der Mutter eine traurige, gepeinigte Jugend gehabt. Die übertriebene Pietisterei der armen Frau hat den in sich gekehrten Knaben u. jungen Mann unsaglich gequält. Sie war gar nicht geeignet Knaben zu erziehen. [...] Der letzte Brief [d.h. ihr Abschiedsbrief] bleibt ein merkwürdiges Dokument, das sich gegen sie selbst richtet. Sie ringt die Hände, da sie einsieht, daß sie für ihre Manier nichts erreichte. Was mag sie Alles vor diesem Briefe mit C. F. vorgenommen haben! Es macht den Eindruck, als hätte C. ganz verloren gehen [können], wenn dieser mütterliche Einfluß fortgedauert hätte.
Hermann Haessel an Betsy Meyer,
12. Januar 1900 (Ms. CFM 395.6 Nr. 241;
vgl. Hohenstein, S. 367, Anm. 144)

Vischers Ansichten zur bildenden Kunst und zur Dichtung im besonderen wirken keineswegs weniger aggressiv auf Conrad Ferdinand Meyer. Sie zersetzen, was das einsame Ich bisher trotz aller Enttäuschungen für tragfähig wähnte, freilich ohne den dabei entstehenden Freiraum neu und verbindlich zu füllen. Die romantische Malerei Johann Friedrich Overbecks und seiner Gefährten bedenkt der Schwabe mit einem vernichtenden Urteil. Sie hat sich – und darin liegt seines Erachtens «das Kranke» – wieder an «die ganze bunte Phantasmenwelt des Mittelalters» verloren (Krit. Gänge I, S. 187), indem sie «ganz in's Mittelalter zurück wollte und kopfüber sich selbst in seine Kirche stürzte» (ebd., S. 191). Dabei müßten Maler und Dichter vom «Gemüthskern» der «geistigen Unendlichkeit» dieser Epoche ausgehen, dazu «die klare Form» vom klassischen Altertum aufnehmen und «beide Elemente zur innigen Durchdringung» führen (ebd.).

Konkretes erfährt der haltlos experimentierende junge Möchtegern-Dichter über die zu wählenden Themenkreise, wenn Vischer begeistert ausruft:

Aber welche Welt, welche ungehobenen Schätze liegen noch vor uns! Nur Ein Gebiet von hunderten: die deutsche Geschichte, die Hohenstaufen, die deutsche Heldensage! Wem müssen solche Stoffe nicht das Herz schwellen? Und da sollte keine Verherrlichung Gottes sein?

(Krit. Gänge I, S. 196)

Welche ungehobenen Schätze liegen in der Zeit der Völkerwanderung, im Mittelalter, in jenem Kampfe seiner mit sich entzweiten Seele, des Kaiserthums und Papstthums, in der Reformationszeit und noch im dreißigjährigen Kriege! Es ist in der Poesie, wie in der Malerei; uns fehlt noch das historische Drama. [...] Auf diesem Wege und keinem andern blühen neue Lorbeeren, wir warten noch auf unsern Shakespeare.

(Krit. Gänge I, S. 216 f.)

Und zum ersten Mal wird Meyer, der als Dichter vergeblich das Hereinbrechen des schöpferischen Geistes erwartet hat, auf Michelangelo und die Sistina verwiesen. Vischer hält bei der Deutung des Deckengemäldes, den überlegenen Künstler feiernd, fest:

Dort saust Gott, unter dem ausgebreitet schwebenden Mantel von Cherubim getragen, durch die Luft, verweilt einen Augenblick und hält seinen Zeigefinger an den des Adam, um den elektrischen Funken des Lebens in ihn überströmen zu lassen – ganz ein Mich. Angelesker Gedanke.

(Krit. Gänge I, S. 275)

Im Aufsatz über Mörikes Lyrik begegnet Meyer dem mit dem Wesen des Dichterischen vertrauten Kunstverstand Vischers, der ausdrücklich zur «objectiveren Form» mahnt, die auch den «Gehalt objectiver» werden läßt, der «nicht ein unbestimmtes Privatgefühl sein» kann, denn «der Dichter hat zu bewähren, daß er sich in jede menschliche Lage hineinzuempfinden vermag» (Krit. Gänge II, S. 262). War der in seiner Subjektivität Verlorene überhaupt dazu fähig, daß ihm sein Ich je zum Objekt werden, daß er «als ein sich selbst gegenüberstehendes und sich suchendes Wesen erscheinen» konnte (ebd., S. 254)?

In der Besprechung von Herweghs *Gedichten eines Lebendigen* warnt Vischer vor der «Zerrissenheit», die nichts tauge und «das Einzige» sei, «was die neuere Poesie nach dem Ableben der romantischen Schule hatte und haben konnte» (ebd., S. 283). Wer «Heinisirt», beschreitet den falschen Pfad (ebd., S. 285). Wo die Poesie in den Dienst einer politischen Idee gestellt wird, verkommt sie zur «bloßen Rhetorik» (ebd., S. 287), und rhetorisches Pathos verbürgt noch keine Poesie. Herweghs Bemühungen um Hutten *(Ufnau und St. Helena)* tadelt Vischer mit aller Entschiedenheit, denn:

[...] Hutten war ein ganz anderer Mann, er wußte nichts von einer allgemeinen abstracten Begeisterung, sondern er kämpfte in sehr bestimmten Verhältnissen mit sehr bestimmten Waffen und vor Allem mit dem scharfen, stets ein bestimmtes Object treffenden Schwerte der Satyre.

(Krit. Gänge II, S. 300)

Warum sollte ein kritischer Geist wie Vischer, der die pietistische Heuchelei so schonungslos geißelt, nicht auch dort, wo Kunst und Religion sich berühren, Entscheidendes sagen und den Bereich des Dichterischen auszuleuchten vermögen? Die Konsequenzen waren für den vereinsamten Gescheiterten und jetzt erst recht Geschockten vorläufig allzu verwirrend und damit unüberschaubar, wenn er las:

Unser Gott ist ein immanenter Gott; seine Wohnung ist überall und nirgends; sein Leib ist nur die ganze Welt, seine wahre Gegenwart der Menschengeist. Diesen Gott zu verherrlichen ist die höchste Aufgabe der neuen Kunst. [...] Unsere Kunst hat Alles verloren und dadurch Alles gewonnen; verloren die ganze Fata Morgana einer transcendenten Welt, gewonnen die ganze wirkliche Welt.

(Krit. Gänge I, S. 192 f.)

Meyer war aufgewühlt und orientierungslos. Doch hat er sein erschütterndes Leseerlebnis vor Mutter und Schwester geheimgehalten.

Der Totgesagte

Schon lange wagte sich der «arme Conrad» nicht mehr in Gesellschaft. War eine Begegnung unumgänglich, reichte er zum Gruß lediglich zwei Finger der rechten Hand. Auch redete er sich ein, er leide an üblem Mundgeruch und errege darum bei seinen Mitmenschen Anstoß. Sein Leiden wurde nach jener kühnen nächtlichen Schwimmpartie noch schlimmer; er war nicht nur seelisch angeschlagen, sondern auch körperlich geschwächt. Der herbeigerufene Arzt verordnete zur Linderung des Erkältungszahnwehs Blutegel, der starke Blutverlust führte zu einer Ohnmacht (Frey, S. 56). Folgende Erinnerungen Betsys gewähren Einblick in die damals immer unhaltbarer werdende Lage ihres Bruders:

[Es] störten ihn im Sommer, wenn die großen Fensterflügel seines Eckzimmers offen, die grünen Jalousien geschlossen waren, mehr als das Geräusch der Räder auf der Straße, die Gespräche der Leute, die auf dem Fußsteige unter seinen Fenstern vorübergingen. Anfangs belustigte ihn das. «Heute gab ich acht,» sagte er einmal; «von sechs Gesprächen, die fragmentarisch zu mir heraufklangen, handelten ihrer fünfe vom Geld.» Später hörte er von der Straße herauf wiederholt, wie das Gerücht sich verbreitete, er sei gestorben. Das verdarb ihm den Humor der Sache.

In seinem großen Zimmer hatte ihn früher oft ein junger Schweizer aus den Urkantonen besucht, mit dem er beim Zeichnenunterricht bekannt geworden war. Der kleine Landschaftsmaler, ein aufgeweckter, praktischer Bursche, war nachher von seinem Vater, der ihm eine künstlerische Ausbildung geben lassen wollte, die er selbst entbehrt hatte, nach München geschickt worden und zu dessen großem Schmerze dort am Typhus gestorben. Als nun der Vater einmal nach Zürich kam, zog es ihn zu meinem Bruder, dessen Interesse für die Malerei seines Sohnes er gekannt hatte, um mit einer befreundeten Seele von dem ihm frühzeitig Entrissenen zu reden.

So hörte C. F. Meyer eines Tages eine alte Stimme, die auf der Straße nach ihm fragte, und sah durch seine Jalousien ein ehrliches, graues Haupt in Tränen: «Ach, ist's möglich? Der gute Herr ist auch gestorben! Und ich wollte ihm gerade noch Grüße meines seligen Sohnes bringen!» Den Laden aufstoßen und hinunterrufen: «Nein, nein! Hier bin ich!» war für Conrad das Werk eines Augenblicks. Er holte dann den Vater seines Freundes zu uns herauf und suchte ihn zu trösten.

(Betsy, S. 99 f.)

Auch ein «Todesstoss»

Nun kam eines unseligen Tages, als ich in meiner Werkstätte zeichnete, ein wohlmeinendes altes Fräulein zu unserer Mutter, die immer für ihre Besucherinnen einen freundlichen Empfang und ein liebliches Wort hatte, auch wenn sie ungelegen kamen. Warum gerade diese teilnehmende Seele meinem Bruder trotz trefflicher Eigenschaften nicht sympathisch war, weiß ich nicht. Sie hatte Pockennarben, sprach etwas sentimental und machte Verse; das war es wohl.

Als sie nun neben der Mutter, die vielleicht leidend war, auf dem Sofa saß, fragte sie nach deren Befinden und dann nach dem Ergehen und der Beschäftigung meines Bruders, den sie gerne schön eingeordnet in menschliche Verhältnisse als den Stolz seiner Mutter gesehen hätte. Mit mehr Eifer zu trösten als barmherzigem Takt verstieg sie sich zu Fragen und hoffnungsvollen Erwähnungen, die der armen Mutter bitter wehtaten. Es überquoll in ihr die Wehmut. Sie, die sonst so Tapfere, brach in Worte aus, die ungefähr lauten mochten: «Schonen Sie meiner! Mein erstes, mein begabtes Kind ist für solche Zukunftshoffnungen einer Mutter verloren! Er begräbt sich selbst. Er ist für dieses Leben nicht mehr da...»

Und mein armer Bruder hörte das.

Er hatte ein Buch vermißt, war leichten Schrittes über den Gang gekommen und, da er eine fremde Stimme im Wohnzimmer hörte, durch die Hinterpforte ins Nebenzimmer zu meinem Büchertischchen gelangt, um das Gesuchte zu holen, und gerade war da der Schmerzenslaut unserer Mutter an sein Ohr gedrungen.

Still und unbemerkt war er wieder davongegangen. Aber die Wunde, die er empfangen hatte, war so tief, daß es mir nachher, als ich den Ausbruch seines Schmerzes sah, vorkommen wollte, sie sei unheilbar. Ich erschrak bis ins Herz hinein für beide, für ihn und für die arme Mutter. Auch sie konnte sich nicht trösten über das, was sie gesagt hatte, obschon ihrem Gefühl und ihren Gedanken fernlag, was sich wie ein Dolch in seine Seele gesenkt hatte:

«Sie sagte einer Fremden, ich sei für sie tot! – Was ist denn nur an mir, daß man mich nicht liebgewinnen kann...? Inwiefern bin ich denn nicht wie die anderen...? Warum beklagt denn jene Häßliche, daß meine Mutter mich zum Sohne habe...? Sage mir auf dein Gewissen, um deiner Wahrheitsliebe willen, sage mir, ob ich irgend einen körperlichen Fehler habe, der abschreckend ist!» So drang er auf mich ein, als wir auf diese Vorfälle zu reden kamen. Mit einer leidenschaftlichen Seelengewalt, die mir den Mut gab, der eigentlich der natürliche Rückschlag eines großen Erschreckens ist.

«Ach, keine Spur!» sagte ich. «Ich will dir's beschwören bei allem, was du willst. Du bist gesund und normal, wenn du es sein willst. Aber so, wie du jetzt sprichst, bist du auf dem Punkte, krank zu werden. Komm doch nur heraus aus deiner Folterkammer! Heute kannst du es. Konsultiere doch einen Arzt. Er wird dich aus dieser Luft wegschicken. Tue es der Mutter zulieb.»

(Betsy, S. 102 ff.)

Erst auf das Drängen der Mutter hin war Conrad einverstanden, etwas zur Änderung seines Zustandes zu unternehmen. Der Arzt in Zürich vermittelte die Einweisung nach Préfargier.

In Préfargier und Neuenburg

Von Juni 1852 bis Anfang 1853 weilt Conrad Ferdinand Meyer in der Maison de Santé von Préfargier am Neuenburgersee. Fünf Monate muß er zunächst als «Irrenhäusler» in der Klinik ausharren. Damit ist er tatsächlich zum verlorenen Sohn geworden, der aus der zuvor selbst praktizierten nun in die erzwungene Isolation hinübergewechselt hat. Im November wird er dann in den Familienkreis des seit kurzem tätigen Anstaltsleiters und Arztes Dr. James Borrel (1812–1872) aufgenommen, dem seine Schwester Cécile Borrel (1815-1894) zur Seite steht. Beide sind unverheiratet und widmen sich mit ihrer ganzen Kraft der Betreuung der Kranken. Als Kaplan wirkt Frédéric Borel (1815–1889), als Assistent ferner Charles François de Marval (1802–1880), Mitbegründer von Préfargier und damals Mitglied des Aufsichts- und Verwaltungsrates der Anstalt.

Alle diese Leute bemühen sich jetzt um den renitenten Patienten aus Zürich, der – wie es die unter Tränen klagende Mutter immer gewünscht hatte – endlich zum Christentum bekehrt werden soll. Das Haus wird in pietistisch-calvinistischem Geist geführt, und Dr. James Borrel setzt damit, ganz den mütterlichen Vorstellungen entsprechend, auf eine religiös aufgebaute Therapeutik, denn die Krankheit des «armen Conrad» wurzelt doch in erster Linie in dessen Unglauben. Dazu war der Neuankömmling als überaus selbstsüchtig geschildert worden, der aus diesem übertrieben-sündlichen Selbstgefühl heraus von seiner eigenen Person enorm viel erwartete, ohne daß es ihm bisher gelungen wäre, auch nur irgend etwas Erfolgversprechendes zu leisten. Die künstlerischen Flausen sollen ihm darum gründlich ausgetrieben werden. Die Mutter wird indessen für ihren Sohn beten in der Hoffnung, ihn dereinst als bescheidenen, bürgerlich-wohlanständigen Menschen wiederzusehen, der endlich bereit ist, einen vernünftigen Beruf zu ergreifen.

Borrel zieht seinen Patienten in erste Gespräche und erkennt bald, daß Conrad vertrauensvoll und verständig auf alles reagiert und keine Spur von Verstocktheit zeigt. Dies hängt wohl mit dem Wechsel der Bezugspersonen zusammen. Der nervös Überreizte scheint zu spüren, daß die Pietisten von Préfargier ihre Frömmigkeit nicht zu einem sektiererischen Netz von Zwängen ausgebaut haben, daß sie ihn nicht unterjochen, sondern befreien möchten. Unter dem Einfluß des wohlwollend-väterlichen Arztes löst sich der depressive Versager rasch aus seinem Autismus und gewinnt an Selbstvertrauen. Er hat nicht länger das Gefühl, in einem unerbittlichen Kontrollsystem zu leben, wie dies in Zürich der Fall gewesen war; er wird nicht mehr dauernd bloß be- und verurteilt, sondern endlich als Mensch ernstgenommen und akzeptiert. Die Verkrampfungen, die er der Mutter gegenüber empfand, beginnen sich zu lockern. Wesentlich zur schnellen Genesung trägt Cécile Borrel bei. Mit ihr verbindet den Deutschschweizer eine tiefe Freundschaft und wohl auch echte gegenseitige Zuneigung.

In den Briefen, die James Borrel und Charles de Marval mit Elisabeth Meyer wechseln, bleibt das verfängliche Gespinst pietistischer Vorwürfe und Erwartungen jedoch weiterhin erhalten. Vielleicht gehen Conrads Betreuer dabei einfach auf die Mutter ein, wenn sie ebenfalls von *orgueil* sprechen, der durch *humilité* ersetzt werden müsse. *Orgueil* stand für Meyers Rebellentum, seine Auflehnung gegen die pietistische Frömmigkeit im Namen der Natur, der Individualität, und somit für seinen ketzerischen Anspruch, Künstler werden und gar den eigenen Vater übertreffen zu wollen. *Humilité* war demgegenüber die anzustrebende Demut, die Unterwerfung unter den Glauben und bedeutete das Ersticken aller Träume von Genialität und Einzigartigkeit. Gleichzeitig sollen die *facultés affectives* des eigenwilligen, verhärteten, ganz auf sein Ich bezogenen Sohnes wiedererweckt werden (d'Harcourt, crise, S. 9).

Der «Verirrte» brauchte für diesen anzustrebenden Wandel in seiner Haltung nicht nur die Liebe und das Verständnis der Leute von Préfargier; er mußte auch eine andere Einschätzung

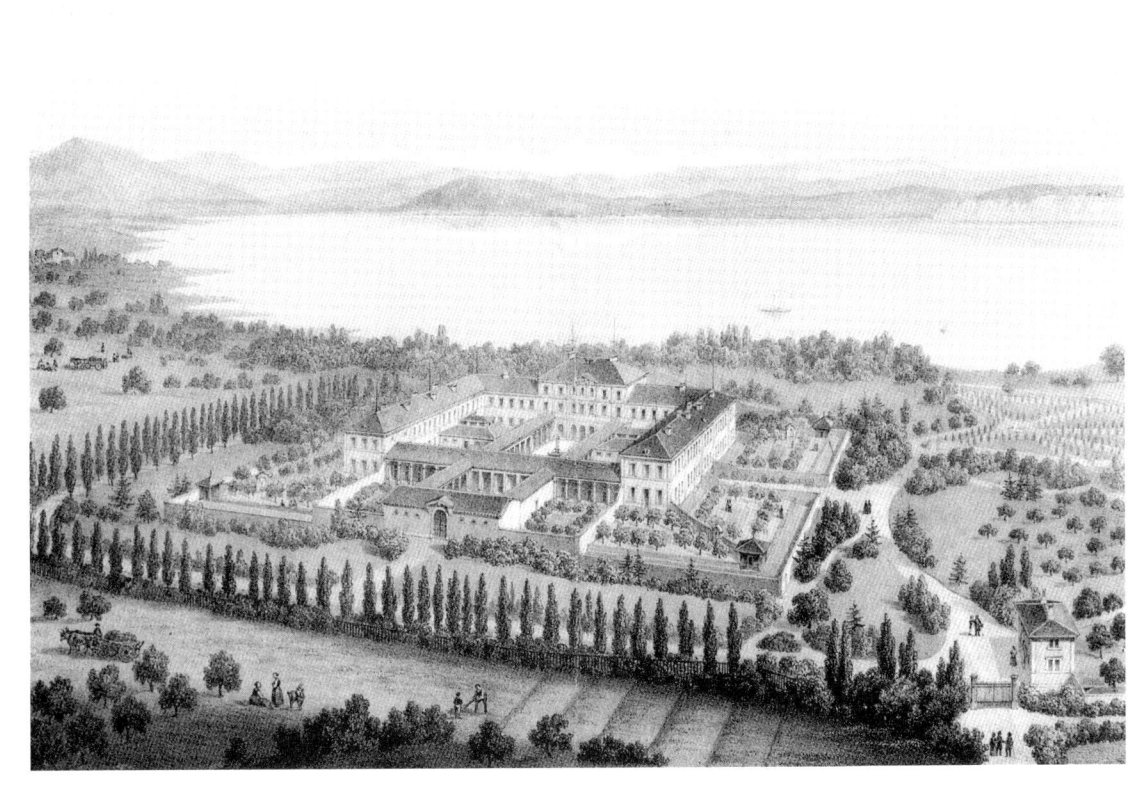

Die 1848 gegründete psychiatrische Klinik von Préfargier in Marin-Epagnier aus idealer Vogelschau: «Du wohnst in einer schönen Gegend, lieber Conrad. Die Gebäude der Anstalt sind prächtig, und die Anordnung des Ganzen macht einen großartigen und, ich möchte fast sagen, einen heitern Eindruck.» (Betsy Meyer an ihren Bruder, 6. September 1852; d'Harcourt, crise, S. 15) Lithographie von Charles-Claude Bachelier (erwähnt 1834–1852) nach Zeichnung von Pierre-François Philippon (1784–1866). Publiziert als Einzelblatt 1849. Zentralbibliothek Zürich

von sich selbst gewinnen – und zwar aus eigener Kraft. Das gelang ihm zum Teil mit Hilfe einer Schrift, die ihm Charles de Marval zum Lesen gab: Alexandre Vinets *Études sur Blaise Pascal*. Obwohl diese Lektüre Meyers Religiosität nicht wesentlich zu beeinflussen vermochte, identifizierte er sich doch in gewissem Grad mit Pascal, dessen *Pensées sur la religion* und *Lettres écrites à un provincial* ihm bereits vertraut waren. Pascal war wie er ein Leidender, auch er war krank; aber das Leiden kann zum Glauben befreien, der Heimgesuchte kann sogar zum Erwählten werden. Sollte er nicht, wie Pascal, der Gnade vertrauen: einer Gnade, die seine Künstlerträume nicht einfach als nichtige Einbildungen, als Selbstüberschätzung und Eitelkeit bewertete? Einer Gnade, die eines Tages vielleicht auch ihm zuteil werden und ihn erheben könnte?

Fürs erste wollte er zweierlei regeln: die Beziehung zu seiner Mutter und, als Voraussetzung für ein gutes Einvernehmen mit ihr, die Wahl eines Berufs. Er wußte, daß er mit seiner widerspenstigen Art Mutter und Schwester in Stadelhofen schwer belastet hatte. Meyers Brief nach Zürich vom 17. [!] September 1852 ist ein wahrer Aufschrei (Ms. CFM 361.6 Nr. 40; vgl. d'Harcourt, crise, S. 23f.): «Jedermann, der mich zu kennen bekommt, muß sich gestehn: Das ist der Ungerathne, der eine so liebenswürdige Frau zum Weinen gebracht hat u: quasi zu Tod quälte, so sieht man mich denn anfangs für ein Ungeheuer von Kälte u: Gefühllosigkeit an, obgleich ich die Leute allmälig zu überreden suche, daß ich freilich ein Teufel aber ein armer sei. Jeder Tropf kann mir übrigens ansehn, daß unter der Contenance, die ich mir zu geben suche, wenig Zuversicht verborgen ist, sondern viel Angst u: Zittern. / [...] / Freilich, solang ich klug bin, bleibe ich gerade denen fremd, die mich ansprechen, da es, wie bekannt, meine Eigenschaft ist, was ich liebe, zu quälen, und, da es hier Leute giebt, die behaupten, ich habe niemanden lieb, als mich selber, so müssen sie damit sagen wollen, daß ich mich selbst am meisten gequält habe, was die Wahrheit ist.»

Was seine zukünftige Stellung betrifft, faßt Conrad das Lehramt ins Auge. Zur Vorbereitung auf die berufliche Zukunft wandert er vom Frühwinter 1852 an wöchentlich zweimal nach Neuenburg hinüber, wo ihm Professor Charles Secrétan (1815–1895) – wie schon 1843/44 in Lausanne – Französischunterricht erteilt. Der mit neuem Selbstbewußtsein erfüllte Insasse von Préfargier zeigt sich so lenksam und willig, daß die Anstaltsleitung zum Austritt aus der Klinik rät und für ein Unterkommen in der Nähe besorgt ist, denn eine Rückkehr in die mütterliche Obhut lehnen alle Beteiligten ab.

Im Januar 1853 übersiedelt Meyer nach Neuenburg. Der Umzug in die Pension des mit den Anstaltsleitern von Préfargier befreundeten Professors Charles Henri Godet (1797–1879) sollte auch gegen außen deutlich machen, daß man ihn für gesund hielt. Doch die wenigen Wochen, die er bis Ende März in Godets Haus verbrachte, führten beinahe zu einem Rückfall: er war erneut in die Hände eines bigotten, starren Moralisten, eines sogenannten *mômier,* geraten (vgl. Meyer an seine Schwester, 25. Februar 1853; d'Harcourt, crise, S. 117). «Je ne le froisserai pas inutilement, mais je ne laisserai rien passer», hatte Godet gegenüber James Borrel verlauten lassen (d'Harcourt, crise, S. 93). In den Ohren der Mutter mochte das beruhigend tönen. Aber der muckerhaft-sadistische Beiklang ist nicht zu überhören, und er schlägt sich auch in einem Vokabular von *correction* und *espérance* nieder, das Conrad nur allzugut kannte. «Dans ma longue carrière d'instituteur et avec l'expérience que je puis avoir acquise,» schrieb Godet am 9. Februar 1853 an Frau Meyer, «je me suis souvent convaincu que la *patience* était l'âme de toute espérance de correction pour un jeune homme. [...] / M. Conrad a pour point de départ, des idées qui me paraissent complètement fausses, subjectivement et objectivement; j'ai voulu commencer à attaquer ces idées une à une, à mesure qu'elles se manifestaient; mais je me suis bien vite aperçu que je ferais une œuvre inutile; je cherche maintenant à attaquer les fondements mêmes du faux édifice sur lesquels il a élevé ses murs pour le ramener toujours aux idées fondamentales du Vrai éternel et du Juste, en lui faisant voir que d'une base fausse *mondaine, il ne peut sortir que l'erreur dans toutes les directions* et une fausse appréciation des rapports moraux, sociaux, politiques, etc.» (d'Harcourt, crise, S. 106 f.) – Godet meint genau zu wissen, was richtig und was falsch ist, und er will dem Richtigen mit drakonischen Mitteln zum Durchbruch verhelfen.

Nicht zu den lästigen Muckern gehörte der Stadtbibliothekar von Neuenburg, Félix Bovet (1824–1903), mit dem sich Meyer damals befreundete. Dessen Glaubenshaltung glich jener der Borrels: Er war religiös, aber nicht frömmelnd, sondern tolerant und vertrauenswürdig. Meyer schätzte den Umgang mit dem fast gleichaltrigen Literaturkenner und Gelehrten. Bovet schrieb später u.a. eine Biographie Zinzendorfs und publizierte einen Reisebericht über das Heilige Land. Der Zürcher hat ihm seine Anhänglichkeit über Jahrzehnte hinweg in Briefen bewahrt.

Das scheinheilige Gebaren im Hause Godets schlug sich übrigens auch in kleinlicher Sparsamkeit nieder. Das Essen war schlecht, die Unterkunft unsauber. Godets Pension war eines jener zahlreichen Beispiele der Ausnutzung von Deutschschweizern und Deutschen – vor allem Preußen -, die um der Sprache willen einige Monate in der Westschweiz verbrachten und dabei arg geschröpft wurden. Frau Meyer sah sich allerdings veranlaßt, ihrem Sohn die Klagen wegen schlechter Verpflegung als unchristlich zu verweisen. Hätte er nach Paris ausbrechen sollen? Sein Lehrer riet dazu; Conrad selbst war nicht abgeneigt und konnte sich doch nicht mit Überzeugung für das verlockende Wagnis entschließen. Die Misere hatte erst ein Ende, als Meyer wieder nach Lausanne ziehen konnte, zu Vulliemin.

In der Maison de Santé

Am 12. Juni des «Unglücksjahrs» 1852 (d'Harcourt, crise, S. 72) tritt der «arme Conrad» in Begleitung seiner Mutter die Reise in die Westschweiz an:

Sie [die Mutter] selbst allein begleitete ihn in die Heilanstalt Préfargier bei Neuenburg und stellte ihn den dortigen vortrefflichen Ärzten vor. Als er die Mauern des mit weiten Gärten und Parkanlagen umgebenen Gebäudes erblickte, sagte er: «Ich bin schon gesund, liebe Mama.»
Und ähnlich lautete auch der Spruch der Ärzte: «Er ist nicht krank, aber er ist kein harmonisch besaiteter, gleichmäßig ausgestatteter und entwickelter Normalmensch. Daß er diese lange Abgeschlossenheit ertragen hat, deutet auf die Widerstandskraft seiner reinen, unverdorbenen Natur. Jetzt gilt es neu anzufangen! Nicht mehr in die alten Verhältnisse zurück!»

(Betsy, S. 104)

Schon die ersten Berichte von Arzt und Patient nach Zürich sind hoffnungsvoll:

Depuis son entrée à Préfargier, Monsieur votre fils est animé des meilleures dispositions; son humeur est bonne, il parle et agit d'une manière sensée et convenable, et se soumet avec docilité et confiance à tout ce qui est exigé de lui; l'espoir du rétablissement de sa santé a relevé son moral. Si ces dispositions peuvent se soutenir, et ne pas être seulement l'effet passager du déplacement, elles contribueront puissamment à sa guérison.

James Borrel an Elisabeth Meyer-Ulrich, 20. Juni 1852 (d'Harcourt, crise, S. 1)

Die ersten Tage waren schwer, doch, sobald einmal der Anfang hinter mir lag, gieng die Heilung recht rasch von Statten; geregelte Lebensart, Ruhe, Bäder, mäßige Körperanstrengung – kurz heute, nach wenigen Wochen einer verständigen Diät, ist schon ein guter Schritt zur Befestigung meiner Gesundheit gethan.
Die Gegend von Préfargier ist brillant (See, Alpen und gegen Westen Berg u: Wald) aber etwas einförmig; das Klima, wie mir scheint, bedeutend kühler, als das unsrige, was man sich im Sommer gern gefallen läßt, und die Wohnung mit vieler Einsicht, einzelne Theile derselben fast prächtig eingerichtet.
Mein Tag ist sehr gut ausgefüllt, Morgens Bad, Gartenarbeit (das Begießen der manchmal etwas langen Beete ist mir zugefallen, eine tüchtige und muskelstärkende Bewegung), dann oft eine Partie Billard, Nachmittags bin ich von 2–7 ganz frei, meine Promenaden zu richten, wohin ich will, und da treffe ich manchmal auf gutes Glück sehr reizende Punkte, wie ich auch einmal erzählen will. Abends wird oft Schach gespielt.
Die Tafel ist gut, besonders die Früchte vortrefflich und oft von fabelhafter Ausdehnung z. B. die Erdbeeren.
Du siehst, alles abgewogen läßt sich hier gut leben, doch fängt der Ernst an in mir über den Leichtsinn herrschend zu werden u: das, scheint mir, ist in der Ordnung u: an der Zeit.

Meyer an seine Mutter, Préfargier, [24./25. Juli] 1852 (Ms. CFM 316.6 Nr. 39; vgl. d'Harcourt, crise, S. 2f.)

Meyers Krankheit

Daß die familiäre Konstellation im Hause Meyer belastet war, ist von verschiedenen Seiten bezeugt. Psychoanalytische Abklärungen und Begründungen wie jene von Heß (1901), Sadger (1908), Hellpach (1909), Lange (1909), Kielholz (1944) und Niederland (1968) stoßen über das analytisch Vermutbare immer zur Frage nach der erblichen Belastung vor. Die ärztlichen Berichte von Préfargier und später von Königsfelden sprechen von Neurasthenie und Alterspsychose. In Préfargier bahnt sich zwar ein Gesundungsprozeß an. Er könnte glaubhaft machen, daß Conrad tatsächlich nur den frühen Verlust des Vaters verarbeiten mußte und an den durch die Mutter praktizierten religiösen Zwängen gelitten habe. Wie jeder Pubertierende widersetzte er sich der elterlichen Instanz. Da diese bloß durch die Mutter verkörpert wurde, die ihre Unerbittlichkeit und Strenge in einer asketischen Lebensweise und mit dem Verbot von Liebkosungen zu unterstreichen suchte, lehnte er sich gegen *sie* auf und verweigerte ihren sektiererischen Anwandlungen die Gefolgschaft; auch wollte er sich ihrer Forderung nach dem Verzicht auf den Traumberuf eines Künstlers nicht fügen. Dabei gründet ihre ablehnende Haltung gegenüber den Zukunftsplänen des phantasiebegabten Kindes u.a. in eigenen Er-

James Borrel (1812–1872). Médecin-directeur der Maison de Santé de Préfargier in Marin-Epagnier seit 1852. Porträt von Albert Vouga (1829–1896). Reproduktion aus: Guy de Meuron / Otto Riggenbach / Robert de Coulon, «La Maison de Santé de Préfargier 1849–1949», Neuchâtel 1949, Tafel nach S. 50.

fahrungen, die sie als verträumtes Mädchen einst gemacht hatte. Sie will ihren Sohn, den «Phantasus», vor der verderblichen Imaginationskraft bewahren, der sie selbst verfallen war, und gleichzeitig das Phantasieverbot aufrechterhalten, das der verstorbene Vater über den empfindsamen Conrad verhängt hatte. All das führt zum mörderischen Kampf zwischen Mutter und Sohn, wie er so oft beschrieben worden ist.

Doch die erbliche Belastung, die Zone von Krankheit und Wahnsinn, läßt sich in der Familiengeschichte deutlich verfolgen. Schon Meyers Großeltern väterlicherseits hätten eigentlich gar nicht heiraten dürfen, da sie als Cousin und Cousine zweiten Grades zu nahe verwandt waren. Ihr jüngster Sohn, Ferdinand Meyer, wurde ein Pedant mit übertriebenem Arbeitseifer. Elisabeth Ulrichs Vater war gemütsleidend; er war auf seinen Schwiegersohn krankhaft eifersüchtig, so daß dieser sich «in die Studierstube flüchtete und hinter seinen Akten vergrub» (Kielholz, S. 260). Meyers Mutter selbst war sehr labil: Nach dem Tod des einzigen Bruders, 1817, litt sie unter schweren Depressionen. Depressionen stellten sich aber auch nach Conrads Geburt ein. Den Tod des Gatten hat sie als «Todesstoß» bezeichnet. Solange ihr die Mutter beistehen konnte, wurde sie durch deren Frohmut und Lebenskraft gestützt. Aber nach 1843 verliert sie diesen Halt zusehends. Zuletzt glaubt sie gar, Mallets Tod verschuldet zu haben, und nimmt sich 1856, verzweifelt ob all ihrer Selbstanklage, das Leben. Vater und Mutter haben demnach nicht nur «reichhaltige Begabungen», sondern gleichzeitig «morbide Gene» auf ihren Sohn Conrad übertragen (Kielholz, S. 259). Der unglaubliche Vorwurf an seine Eltern, wie ihn Meyer in seiner ersten Krankheitsphase einmal äußerte, sie hätten nie heiraten und einen so unglücklichen Sohn zeugen dürfen, wird unter Berücksichtigung all dieser belastenden Umstände erschreckend wahr (vgl. Kielholz, S. 268).

Auch in Meyers Dasein zeigen sich verschiedene Verdüsterungen: Zum erstenmal vielleicht 1831, bei der Geburt der Schwester, dann in den harten Auseinandersetzungen mit der Mutter, die mit der Zeit Suizidwünsche aufkommen lassen und bei den nächtlichen Abenteuern auf dem See wohl in Suizidversuche ausarten. Seine Abkapselung von der Umwelt, der Rückzug in die Zelle: alles das trägt pathologische Züge. Die Weltflucht des Sohnes, seine Selbsteinschließung und die nonnenartige Tracht, in der sich die Mutter malen läßt, gehören zusammen. Und eine Fortsetzung findet Conrads klösterliches Leben dann in der «Kaplanei» (Frey, S. 116), die er später mit der Schwester begründet. Erst die Heirat bringt den Ausbruch aus dieser von der Umgebung beargwöhnten geschwisterlichen Idylle und Abgeschiedenheit. Aber er führt statt in die erhoffte Befreiung in einen neuen Zwang. Meyer bleibt, trotz aller gesellschaftlichen Verpflichtungen und seiner Rehabilitation bei den Zürchern, ein Einsiedler. Er ist nach wie vor einsam, selbst wenn er auf Besuch geht – wie dies noch während seines Junggesellentums bei den Tafelrunden in Mariafeld der Fall war – oder wenn er Besucher empfängt. Sogar seiner Aufgeschlossenheit gegenüber Anna von Doß haftet ein kompensatorischer Zug an. In Briefen gibt er sich selten oder nie preis. Die Reiseberichte an Friedrich von Wyß oder Hermann Haessel handeln von äußerlichen Eindrücken und nicht von dem, der sie empfunden hat. Bekenntnisse über sich selbst muten bei Meyer wie erratische Blöcke an. Auch von Werkplänen spricht er am liebsten unter dem Siegel der Vertraulichkeit und meldet gleichzeitig Vorbehalte an, indem er ein oder mehrere «unberufen!» anfügt.

Das pathologische Erbgut, das bei Meyers Aufenthalten in Préfargier und Königsfelden offen zutage tritt, überträgt sich weiter auf die Tochter Camilla. Sie wählt 1936 wie ihre Großmutter den Freitod im Wasser.

CONRADS BEKEHRUNG ZUR DEMUT

Dr. Borrel geht bei seiner Therapie behutsam vor. Zunächst soll der nervös-überreizte Patient durch körperliche Arbeit und einen geregelten Tagesablauf physisch gestärkt werden. Dann will er Conrad von seiner übertriebenen Fixierung auf das eigene Ich abbringen und ihn zum Dienst am Nächsten in christlicher Demut anleiten. Nachdem der einfühlsame Arzt den ihm Anvertrauten von der Vorstellung, mit einem schlechten Atem behaftet zu sein, befreit hat, trifft er bei seiner Behandlung bald auf den wunden Punkt:

[...] Monsieur votre fils vint de lui-même au-devant des questions que je voulais lui adresser, en m'avouant spontanément que cette perturbation de l'odorat n'était pas l'essentiel de sa maladie, mais bien un orgueil démesuré, dont il était atteint depuis son enfance et que c'était à cette malheureuse disposition qu'il croyait devoir rapporter tout le délabrement de sa santé. «Dès ma jeunesse, me dit-il, je me crus capable de faire quelque chose qui fût de moi, quelque chose à part et accompli, soit dans la littérature, soit dans les arts, et pour atteindre ce but je me suis efforcé de développer chez moi l'intelligence et le sentiment du beau, les seuls biens que j'apprécie sur la terre; mais ma volonté était ardente et pas assez soutenue, de sorte que je ne suis pas arrivé au but que je me proposais; de là la fatigue de mes nerfs.»

James Borrel an Elisabeth Meyer-Ulrich, 25. Juli 1852 (d'Harcourt, crise, S. 5)

Charles de Marval, der Meyers Bekehrung mit Hilfe von Alexandre Vinets *Études sur Blaise Pascal* (Paris 1848) zu fördern sucht, meldet gut sieben Wochen später voller Hoffnung nach Zürich:

J'ai vu Conrad à trois reprises, et hier il dînait chez moi. Quelqu'inquiétants que soient son passé, la fausse direction de son esprit et l'impressionnabilité nerveuse de son imagination, j'ai l'espoir de le voir un jour transformé; je crois que vos prières ferventes ont été entendues et qu'elles seront exaucées; je crois que nous verrons Conrad rendre gloire à Dieu, s'humilier au pied de la croix, et regarder sa mère avec une tendresse filiale. Nos conversations familières et soutenues me le disent; il détache lui-même, sans qu'il s'en doute, une à une, les écailles qui couvrent sa vue; je suis frappé de sa franchise et de sa naïveté, comme de la finesse de ses appréciations; et si tout à coup son orgueil excessif l'emporte et le lance dans la voie de l'erreur, il s'en aperçoit et reprend docilement le chemin de la vérité; le pauvre jeune homme rêve encore l'honneur, la gloire et l'immortalité terrestre; il se passionne des esprits puissants et dévore avec fureur leurs écrits, mais il subit, à son insu, l'influence salutaire de ces lectures; ainsi Pascal est momentanément l'homme par excellence, il s'approprie ses pensées, mais il ne nie plus l'action du christianisme sur ce grand homme; et la puissance mystérieuse de l'Évangile sur le cœur humain, qu'il salue déjà comme une vérité, l'étonne sans l'irriter. Son incrédulité, j'en ai la conviction, est fortement ébranlée; mais son orgueil, parfois, lui fait encore fermer les yeux pour avoir le droit de soutenir qu'il fait nuit quoique le soleil luise. Sa confiance en moi lui ouvre le cœur; il me communique sans trop de détours ses peines, ses impressions et ses espérances, et je m'aperçois avec un vif plaisir du chemin qu'a parcouru son jugement depuis le jour de notre première entrevue. [...]

Continuons, Madame, à prier pour lui, et à espérer même contre toute espérance. J'aime à me persuader qu'un jour, non pas au ciel seulement, mais déjà sur cette terre, la mère et l'enfant agenouillés l'un près de l'autre, béniront avec des larmes de joie, le Dieu des compassions qui les aura réunis.

Charles de Marval an Elisabeth Meyer-Ulrich,
15. September 1852 (d'Harcourt, crise, S. 20 ff.)

Daß Vinets Schrift über Pascal nicht die erwartete Wirkung zeitigt, geht aus Conrads beinahe etwas übermütigem Brief an die Mutter hervor:

Eine große Beschäftigung boten mir Vinets Studien über Paskal dar. Obgleich in keinem Punkt seiner Schlüsse mit ihm einig, bin ich doch über die Schärfe u: Kühnheit seines (d.h. Paskals) Gedankengangs oft erstaunt, u: manche, ja die meisten seiner schneidenden Sätze schienen mir unvergleichlich wahr. [...] Ich konnte von dem Buch kaum loskommen, obgleich wie gesagt, wir aus denselben Gründen auf die ganz gegenüberstehenden Entschlüsse kommen.

Meyer an seine Mutter, Préfargier,
22. September 1852 (Ms. CFM 316.6 Nr. 3;
vgl. d'Harcourt, crise, S. 30 f.)

Und doch fügt sich der Abtrünnige – wenigstens in seinem äußeren Wesen – und beschreitet willig den Weg zur *humilité*:

M. Meyer a dîné avec nous, et nous avons tous remarqué combien son expression était meilleure. Pendant le repas il fut gai, causant, aimable. Le culte qui se célèbre dans notre chapelle lui a causé une véritable satisfaction, et c'est d'un cœur ouvert qu'il est venu me dire qu'il avait vivement goûté la prédication de notre chapelain. C'était la première fois qu'il s'exprimait avec chaleur sur un sujet religieux; ensuite il a parlé d'avenir, de son impatience d'entrer dans une vie active et de reprendre ses travaux avec courage.

«Il faut que je recommence tout à neuf», a-t-il ajouté. Dieu veuille que ce soit avec un cœur nouveau qu'il entre dans une vie nouvelle.

Cécile Borrel an Elisabeth Meyer-Ulrich,
[Herbst 1852] (d'Harcourt, crise, S. 54)

Ebenso erwachen seine «facultés affectives» wieder, wie dies ein anderes freudiges Schreiben Cécile Borrels bezeugt:

[...] nous avons parlé un peu de son passé, et beaucoup de vous; il l'a fait avec tant de respect et d'affection! – s'accusant hautement, franchement de vous avoir causé bien des peines, – qu'il vous en demande pardon. Il va vous écrire prochainement pour vous faire une soumission complète, vous laisser juger de la détermination qu'il prendra en sortant de Préfargier. «Seulement, m'a-t-il dit, je ne sais pas le faire en termes tendres. J'espère marcher droit, mais je ne puis le promettre. Dites, êtes-vous contente? Je veux que ma lettre vous satisfasse. J'aime ma mère. Je l'aime profondément, mais je ne sais pas le dire. Pourquoi veut-on plus que je ne puis donner? Qu'on me laisse du temps. Tout viendra.»

Cécile Borrel an Elisabeth Meyer-Ulrich,
[Frühwinter 1852] (d'Harcourt, crise, S. 48)

Der «arme Conrad» scheint gerettet zu sein, wenn er gemäß Cécile Borrels Bericht mit Überzeugung äußert (d'Harcourt, crise, S. 51): «Mon avenir sera de faire ma paix avec Dieu, avec ma mère; de vivre pour ma mère et pour ma sœur.» – Dieses Bekenntnis wird allerdings etwas relativiert, wenn der «Bekehrte» seine Schwester anfleht:

Liebe Betsy, behalte mich lieb mit allen meinen Sünden, ich bin leider noch ganz der Alte, aber gemacher und sehr gedehmütigt. Behalt mich lieb.

Meyer an seine Schwester, Préfargier,
24. Dezember 1852 (d'Harcourt, crise, S. 79)

Blaise Pascal (1623–1662). Während seines Aufenthalts in Préfargier setzt sich Meyer eingehend mit dem Werk des Mathematikers und Philosophen Pascal auseinander. Um den haltlosen Conrad zu einem festen Christusglauben zu bekehren, werden ihm Alexandre Rodolphe Vinets (1797–1847) «Études sur Blaise Pascal» (Paris 1848) zur Lektüre empfohlen. Die Schrift des führenden Mitglieds der Réveil-Bewegung fesselt ihn zwar ungemein, vermag ihn aber nicht von seiner rebellischen Haltung abzubringen. Kupferstich von Gérard Edelinck (1640–1707) nach einem 1662 von François II Quesnel (1637–1699) auf Grund der Totenmaske postum gemalten Porträt, entstanden um 1692. Zentralbibliothek Zürich

Erste Seite von Meyers Brief an seine Mutter, Préfargier, 24. September 1852. Ms. CFM 316.6 Nr. 4. Zentralbibliothek Zürich

BERUFSNÖTE

Bereits im September 1852 erteilt Conrad einem 23jährigen Mitpatienten in Préfargier mit viel Eifer Unterricht in Französisch. «Für die Sprachen, besonders für das Französische, bin ich entschieden», meldet er am 22. September nach Zürich (d'Harcourt, crise, S. 29). Dabei liebäugelt er offenbar mit einer Aufgabe im pädagogischen Bereich. Im ersten Brief, den die verständige 21jährige Schwester an den genesenden Bruder richtet, schreibt sie wohlüberlegt und ermutigend:

Es gilt jetzt ein muthiges Vorwärtsschreiten, ohne Umschauen. Wir wollen es nie vergessen. Hinter uns liegt der Tod und vor uns das Heil.
Auf welche Weise du deine neue Bahn beginnen werdest, das ist eine Frage, die uns fast beständig beschäftigt, und deren Entscheidung wir gespannt entgegensehen. Wirst du wohl Unterricht geben? Das gefiele mir sehr gut, du wärest ein anregender Lehrer, das sage ich aus Erfahrung; ich habe dir vieles zu danken und kenne dein Talent die Dinge einleuchtend zu erklären. Du hast auch eine gewisse Anziehungskraft für die Kinder; [...].
Betsy Meyer an ihren Bruder,
6. September 1852 (d'Harcourt, crise, S. 15)

Im Gegensatz zur Mutter kann Betsy viel besser auf Conrad eingehen; sie ist von Jugend auf seine Vertraute und bringt ihm mit ihrem treuherzig-plauderhaften Ton etwas Unbeschwertheit in den zuweilen doch recht düsteren Anstaltsalltag, zumal ihr Bruder immer wieder von trüben Stimmungen heimgesucht wird. Es verwundert nicht, daß er auf die Woche zwischen Weihnachten und Neujahr eine Zusammenkunft ausschließlich mit der Schwester in Solothurn arrangieren will. Doch die Mutter verbietet das Treffen.

Elisabeth Meyer, deren Augen vom vielen Weinen in den vergangenen Monaten angegriffen sind (d'Harcourt, crise, S. 25), freut sich zwar über Conrads Bereitschaft, sein Brot verdienen und – ganz nach dem Beispiel der selbstlos tätigen Geschwister Borrel – einen Beruf zum Nutzen der Mitmenschen ergreifen zu wollen. Ebenso sieht sie ein, daß ein Zusammenleben in Stadelhofen bis auf weiteres unmöglich ist. Doch stößt sie sich am gelegentlich leichtfertigen und groben Stil seiner Briefe, was aber nur seiner noch ungefestigten Verfassung zuzuschreiben ist. Auch verfolgt sie die Schritte ihres Sohnes in die Unabhängigkeit mit Unbehagen, da Conrad ihren Vorstellungen, wie ein frommer Christ sein soll, noch nicht entspricht. Gewohnheitsmäßig macht sie ihm Vorhaltungen:

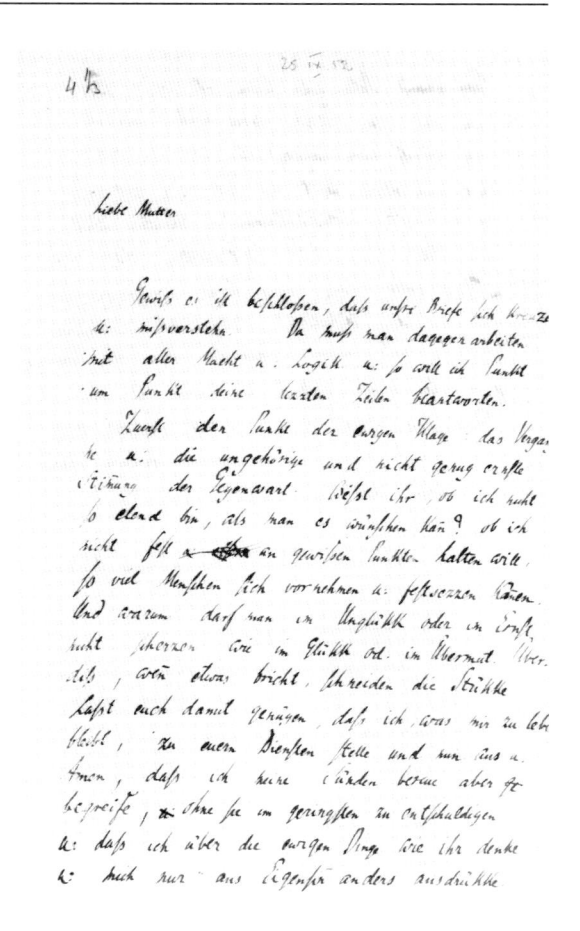

Wäre das Leben bloß ein heiteres Geistesspiel, so möchten deine scherzhaften u. oft sehr witzigen Bemerkungen am Platze sein; – aber es handelt sich nicht um die Poesie – sondern um die trockene Prosa, den tiefen, oft so bittern Ernst der wirklichen Dinge. Wir wollen die Vergangenheit ruhen lassen, aber wenn du aus den Stürmen derselben nicht die Überzeugung davon getragen daß du einen andern Leitstern suchen mußt als derjenige war, der dich an den Rand des Abgrunds führte, so läufst du Gefahr dich aufs Neue in tiefe Dunkelheit zu stürzen.
Beten, arbeiten, lieber Conrad, ist ein guter Wahlspruch. Wenn du noch nicht beten kannst, so arbeite u. du wirst sehen wie du durch dieses auch zu jenem geführt wirst.
Elisabeth Meyer-Ulrich an ihren Sohn,
20. September 1852 (d'Harcourt, crise, S. 28)

Verständlicherweise reagiert der noch labile Rekonvaleszent auf solche Ermahnungen recht unwirsch:

Zuerst den Punkt der ewigen Klage: das Vergangne u: die ungehörige und nicht genug ernste Stimmung der Gegenwart. Wißt ihr, ob ich nicht so elend bin, als man es wünschen kann? ob ich nicht fest an gewissen Punkten halten will, so viel Menschen sich vornehmen und festsetzen können. Und warum darf man im Unglück oder im Ernst nicht scherzen wie im Glück od. im Übermut? Überdies, wenn etwas bricht, schneiden die Stücke. Laßt euch damit genügen, daß ich, was mir zu leben bleibt, zu euern Diensten stelle und nun Aus und Amen; daß ich meine

Sünden bereue aber begreife, ohne sie im geringsten zu entschuldigen u: daß ich über die ewigen Dinge wie ihr denke u: mich nur aus Eigensinn anders ausdrücke.

[...] Und noch etwas, laßt mir Zeit. Ich will mich gewiß gehörig disciplinieren und ohnedem wird das Alter mich bald so ernüchtern, daß ich Schritt halte, dazu meine höchst unangenehme (halb traurige halb lächerliche) Stellung als Entlaßner von Préfargier mit meinem Zeugniß, dazu der Gedanke euch das Leben verderbt zu haben, der das Thema eurer Briefe ist, dazu die Beamtung eines Lehrers und der damit verbundne Verdruß, dazu ich selbst, der ich mein größtes Übel bin.

Meyer an seine Mutter, Préfargier,
24. September 1852 (Ms. CFM 316.6 Nr. 4;
vgl. d'Harcourt, crise, S. 31f.)

Nachdem Conrad der Mutter in einer Anwandlung von Melancholie seine Ängste vor der Zukunft gestanden hat, versucht sie ihn aufzumuntern und erhebt dabei doch wieder den Mahnfinger:

Und nun zur Beantwortung deines lieben Briefchens, das mir Freude und auch ein Bischen Kummer gebracht hat. Freude, weil du ebenso anerkennend von deinen Umgebungen als bescheiden von dir selbst sprichst. Kummer, weil es dir zur Stunde noch an der Freudigkeit zu gebrechen scheint, welche nothwendig ist um im Leben etwas auszurichten. Aber auch die wird kommen, lieber Conrad, sobald du auf dem Wege der Selbstbeherrschung rüstig vorwärts schreitest u. so wenig als möglich Notiz von deinen reizbaren Nerven nimmst. [...] Aber du mußt beim Kleinen anfangen, mein Freund, und dir auch nicht die mindeste Nachlässigkeit erlauben, nicht einmal im Zimmer oder in der Kleidung; denn es ist merkwürdig, wie viel die äußerliche Ordnung zum innerlichen Behagen beitragen kann. Bist du da sachfest geworden, so schreitest du weiter und gelangst zur gewissenhaften, nützlichen Anwendung der Zeit. In den Besitz dieses Geheimnisses gekommen, muß dir die ganze Welt, mithin auch deine Stellung in derselben, anders erscheinen u. du wirst sicherlich aufhören nur die glücklich zu preisen, welche, nach deinem Ausdrucke, «den Spieß aus dem Kriege gezogen», sondern auch noch gerne mit denen wetteifern, die im frischen guten Kampfe begriffen sind. Muth gefaßt, lieber Sohn. Du kannst nicht glauben, was für Übungen christlicher Tapferkeit ich mir selbst auferlege, seit dem ich gesehen habe, wohin Verweichlichung, – und wäre es auch die unschuldigste – am Ende führen kann. Was mag ich dir – aus lauter Liebe – in dieser Beziehung nicht geschadet haben! und wie nothwendig muß es gewesen sein mich wach zu rütteln, da wir Beide den einzigen Weg, der noch zu deiner Rettung übrig blieb, unter wahren Gewitterschlägen suchen mußten.

Elisabeth Meyer-Ulrich an ihren Sohn,
4. November 1852 (d'Harcourt, crise, S. 58f.)

Gegen den Winter hin stabilisiert sich der Gemütszustand des Patienten soweit, daß ein Verbleiben in der Anstalt nicht mehr nötig ist. Zudem muß Conrad jetzt seinen Interessen entsprechend beschäftigt werden. Er darf im November ein Zimmer in Dr. Borrels Privatwohnung beziehen. Weil die Französischkenntnisse des Deutschschweizers für eine Anstellung noch ungenügend sind, nimmt sich der Neuenburger Professor Secrétan seiner an. Der vortreffliche Lehrer schaut auch nach ersten Unterrichtsmöglichkeiten für seinen Schützling aus. Allerdings dürfte es nicht leicht fallen, einen Erwerb zu finden, da Conrad nun das Stigma des «Irrenhäuslers» trägt. Pfarrer Frédéric Borel teilt der Mutter seine Bedenken mit:

Malgré ce qu'a dit M. Secrétan, j'ai peine à voir une carrière d'enseignement possible pour votre fils, du moins avant longtemps. Ne nous faisons point d'illusion; comme vous paraissez le craindre, le séjour à Préfargier, connu de chacun comme il l'est, est un obstacle pour un certain nombre de carrières, et en particulier pour les carrières publiques. [...] Je persiste à croire que la possession sérieuse de la langue française doit pouvoir lui préparer dans l'avenir quelques ressources à Zurich, et il me semble que c'est comme homme de cabinet qu'il pourra le plus facilement faire une carrière. Des travaux qui le mettront plus en rapport avec les livres, les idées qu'avec les hommes me semblent les seuls auxquels, pour le moment, il puisse être destiné; [...].

Frédéric Borel an Elisabeth Meyer-Ulrich,
14. Dezember 1852 (d'Harcourt, crise, S. 70)

Auch die Mutter macht sich große Sorgen wegen der beruflichen Zukunft ihres Sohnes. Eine erneute Beschäftigung mit Büchern könnte ihn in ihren Augen abermals zum verwerflichen Künstlertum verleiten. Am liebsten wäre ihr, wenn er weiterhin in der heilsamen Obhut von Préfargier bleiben könnte:

Des livres, des idées! N'est-ce pas précisément ce qui a fait son malheur, et ne vaudrait-il pas mieux qu'il devînt menuisier que de s'adonner de nouveau à une vie purement contemplative! [...]

L'avenir de mon pauvre enfant me préoccupe plus que jamais, mais comme c'est un problème que j'essayerais vainement de résoudre je vais me réjouir pour le moment de l'immense bénéfice qu'il a retiré de son séjour à Préfargier.

Elisabeth Meyer-Ulrich an James Borrel,
20. Dezember 1852 (d'Harcourt, crise, S. 77f.)

Unter solchen Umständen bietet sich Conrads Übersiedlung nach dem nahen Neuenburg als beste Lösung an.

Charles Secrétan (1815–1895).
Professor der Philosophie in Lausanne seit 1838, von 1850 bis 1866 am Gymnasium in Neuenburg, dann bis zu seinem Tod wieder in Lausanne. Meyers Französischlehrer in Lausanne 1843/44 und in Neuenburg 1852/53.
Photographie um 1860. Reproduktion aus: Edouard Quartier-la-Tente, «Le canton de Neuchâtel», Série 1, Vol. 2: Le district de Neuchâtel, Neuchâtel 1898, S. 284.
Bibliothèque publique et universitaire Neuchâtel

*Charles Henri Godet
(1797–1879).
Professor der Naturwissenschaften, 1837–1848 Schulinspektor und 1859–1876 Stadtbibliothekar in Neuenburg. Meyers muckerischer Hausvater. Nach einer Kreidezeichnung von Jean Hunziker (1798–1868), um 1850. Reproduktion aus: Edouard Quartier-la-Tente, «Le canton de Neuchâtel», Série 1, Vol. 2: Le district de Neuchâtel, Neuchâtel 1898, S. 284. Bibliothèque publique et universitaire Neuchâtel*

In der Pension Godet

Ab Mitte Januar 1853 ist Conrad Ferdinand Meyer bei Professor Godet in Neuenburg untergebracht. Er nimmt weiterhin Französischunterricht bei Philosophieprofessor Charles Secrétan und verkehrt daneben häufig mit Félix Bovet. Sonntags wandert er regelmäßig nach Préfargier hinüber; es ist für ihn jedesmal ein Fest, wenn er der beengenden frömmlerischen Atmosphäre im unreinlich geführten Hause Godet entfliehen kann. Daß es ihm in dieser Pension nicht behagt, wird aus seinen Berichten nach Zürich bald deutlich. Die Mutter hat allerdings kein Verständnis für seine Klagen, beweisen sie doch nur, daß Conrad noch nicht über die nötige Demut und Genügsamkeit verfügt:

Hättest du nicht bei den Fleischtöpfen Egyptens gesessen, so käme dir die Küche in Neuchâtel nicht so ungeschmackt vor – ja ich gehe noch weiter u. behaupte, daß dir die meinige auch nicht erquicklich erscheinen so lange du dich nämlich nicht in die alte Lebensweise zu finden wüßtest. [...] jetzt bitte ich dich, vergiß die herrschaftliche Tafel [von Préfargier] u. schicke dich wieder in die gewöhnliche Hausmannskost. Wüßtest du wie einfach wir leben, du fändest deinen Tisch wahrscheinlich wohl bestellt ... und dann das Essen! ist es die Hauptsache? Können wir uns nicht an recht Wenigem genügen lassen wenn wir nur gesund sind u. den Frieden in u. außer uns haben! Sei tapfer in allen Theilen, lieber Conrad, u. du wirst sehen was der Geist über den Körper vermag!

Elisabeth Meyer-Ulrich an ihren Sohn,
31. Januar 1853 (d'Harcourt, crise, S. 98)

In der Folge vertraut Meyer die in seiner Unterkunft herrschenden Mißstände der Schwester an:

Abends Culte, wie Weiland in Lausanne (es ist oft ganz dornröschenartig zu mut) immer aus dem alten Testament, wo leider so viel Lärm ist von den Posaunen Jericho's, da giebt es immer etwas gegen die Feinde d.h. die Gemäßigten, die Doktrinäre zum Besten, wie der Herr ihnen den Kopf zwischen zwei Steinen zerbrechen werde.
[...]
Ohne Scherz, so liebenswürdig die Frömmigkeit der guten Gesellschaft hier ist, so verhaßt ist mir das Todtbeten eines politischen Gegners. Es mahnt mich an einen Dämon, der gezwungen ist, nach seiner Manier Gott zu loben. Im Mittelalter hätte der Mann seinen Scheiterhaufen angezündet, so gut, wie einer; Gott sei Dank, daß wir darüber weg sind.

Meyer an seine Schwester, Neuenburg,
ohne Datum (d'Harcourt, crise, S. 115)

Ist es denn mein Schicksal, immer mit Mômiers zu thun zu haben? welche Nothwendigkeit! [...]
Nun, das Übel ist gemacht und muß ertragen werden. Aber eins, für die Zukunft, will ich selbst wählen, wohin ich immer verschlagen werde, obgleich ich anerkenne, wie heftig von meinen guten Freunden für mich gesorgt wird.

Meyer an seine Schwester, Neuenburg,
25. Februar 1853 (d'Harcourt, crise, S. 117)

Auf die Frage, wie er sich seine berufliche Tätigkeit vorstelle, teilt Meyer der Mutter folgendes mit:

In Erwiderung des Briefchens meiner l. Schwester antworte ich, daß ich fest u: entschlossen bin die erste beste Anstellung in Deutschland, wo immer es sei u: sobald als immer möglich anzunehmen. Unteres Gymnasium, Realschule, oberes Gymn; sobald ich persönlich frei u: unabhängig bin u: meine Stellung mir einige freie Zeit läßt, auch ein gutes Institut wäre mir recht, sobald ich nicht darin wohnen muß. Wende deshalb alles mögliche an, mir eine Stellung zu verschaffen; ich will nun eilig diejenigen Kenntnisse, die in einem allfälligen Examen hoch angeschlagen werden, die Regeln, die unregelmäßigen Zeitwörter etc. gehörig memorieren, um parat zu sein.

Meyer an seine Mutter, Neuenburg,
3. März 1853 (Ms. CFM 316.6 Nr. 11;
vgl. d'Harcourt, crise, S. 120f.)

Professor Secrétan, mit dem Conrad seine Zukunftsperspektiven ebenfalls bespricht, empfiehlt ihm jedoch, seine Französischkenntnisse vorerst weiter zu vervollkommnen, am ehesten gleich in Paris; danach sei er befähigt, eine bessere Stellung anzutreten. Was Meyer an diesem Plan reizt, ist die Gewißheit, bald von den Muckern in Neuenburg loszukommen. Gegenüber der Mutter argumentiert er so:

Ich will und muß aus meiner unwürdigen und beschämenden Lage heraus: den Sommer also in Paris und wo sich dort nichts findet, im Winter eine Stelle an einem Gymnasium in Deutschland. Das ist mein Wunsch und wenn ich so reden dürfte mein Wille.

Meyer an seine Mutter, Neuenburg,
7. März 1853 (d'Harcourt, crise, S. 125)

James Borrel, der in dieser Sache auch konsultiert wird, anerkennt zwar Conrads Eifer, das ins Auge gefaßte Ziel – Selbständigkeit und Broterwerb – nun mit allen Mitteln zu erreichen. Trotzdem rät er, der Spätberufene solle sich zunächst mit seinem jetzigen Wissen in einer bescheidenen Stellung die Sporen verdienen und erst nach einer Bewährungszeit ein höheres Amt anstreben, wozu dann eben vertiefte Kenntnisse der französichen Sprache nötig wären. Meyer, mittlerweile 27jährig und noch immer von zu Hause abhängig, will sich ganz dem Willen der Mutter beugen, welche die nach Genf reisende Betsy bis Bern begleitet und auf den 16. März 1853 Conrad zu einem Wiedersehen in die Aarestadt bestellt. Bei diesem ersten Treffen nach drei Vierteljahren findet Elisabeth Meyer ihren Sohn unverändert verstockt und ist enttäuscht, daß Conrad nicht besser Französisch spricht. Es kommt zu einem neuen Zerwürfnis: «Das Wort, das ich in Bern gesagt haben soll [vermutlich handelt es sich dabei um die «schauerliche» Äußerung, er wolle nicht «récriminer» (vgl. Ms. CFM 387.5 Nr. 21)], weise ich ab, meine Seele sprach es nicht. Aber dein Wunsch, daß ich für längere Zeit nicht heimkehre, ist mir Befehl», schreibt der unverbesserliche Sohn Ende des Monats nach Zürich (d'Harcourt, crise, S. 137). Es versteht sich von selbst, daß die Mutter unter diesen Umständen ihre Einwilligung zu einem Sprachaufenthalt in Paris nicht gegeben hat.

Erkundung in Lausanne

Während Elisabeth Meyer alleine heimfährt, reist Conrad am 17. März zusammen mit der Schwester nach Lausanne weiter, von wo Betsy zwei Tage später nach Genf aufbricht. Er logiert vom 18. bis 22. März im Hôtel Gibbon und schaut sich mit Vulliemins Hilfe nach einer neuen Bleibe um, da ein weiteres Ausharren in Neuenburg nicht ersprießlich ist. Die gewünschte Unterkunft ist bald gefunden, was Vulliemin nicht nur der Mutter, sondern auch Betsy mitteilt:

[...] il me tardait de vous donner des nouvelles de notre Conrad, et de ce qu'il a fait à Lausanne. Si Mme Meyer l'agrée, il viendra habiter, entre la ville et le lac, et non loin du rivage, une maison de campagne bien située, chez une dame veuve des meilleures familles de Lausanne; veuve, avec un fils étudiant en théologie, et une fille encore enfant. Mme Cuénod de Bons est une femme cultivée, qui a vécu longtemps à Bâle, possède les deux langues et les deux littératures, est d'un aimable et sûr entretien, de fort bon conseil, unissant la douceur à la fermeté, mûrie par des épreuves. [...] Sa maison [...] est située à dix minutes de la ville, et le chemin qui y conduit passe sous la petite campagne que je viens d'acheter. Elle est entourée d'un terrain planté d'arbres, d'une assez grande étendue.
Louis Vulliemin an Betsy Meyer,
22. März 1853 (d'Harcourt, crise, S. 143)

Der väterliche Lausanner Freund der Familie Meyer äußert sich auch höchst erfreut über Conrads vorteilhafte Entwicklung und streicht dessen Vorzüge heraus:

Mais tout d'abord, que je vous dise combien je l'ai trouvé doux, aimable, animé sans tension, et résolu à remplir son devoir envers vous et envers la Société. [...]

Plus je le vois, plus je suis content de lui. [...] Sa conversation est pleine d'intérêt, et n'a plus le caractère absolu d'autrefois. Il est gentilhomme avec un naturel qui gagne. Je vous remercie de nous l'avoir confié. Espérons de la bonté de Dieu, qu'il achèvera ce qu'après tant d'années d'épreuves, Il a commencé en votre fils.
Louis Vulliemin an Elisabeth Meyer-Ulrich,
19. März 1853 (d'Harcourt, crise, S. 140f.)

Die Mutter hingegen kann das Tadeln und Klagen nicht lassen:

Vous me parlez de Conrad avec une si favorable prévention que j'en serais enchantée, si je ne le connaissais pas un peu mieux que vous. [...]

Joignez vos prières aux miennes pour que mon pauvre enfant ouvre enfin les yeux et trouve le secret du bonheur en employant ses facultés pour le bien de son prochain, les développant en vue d'un but pratique et utile, non plus en vue de sa satisfaction personnelle, remplaçant sa confiance en sa propre force par ce qui seul élève et ennoblit l'homme: l'humilité.
Elisabeth Meyer-Ulrich an Louis Vulliemin,
[ca. 22.] März 1853 (Vulliemin, S. 235)

«Ce pauvre Conrad qui a été depuis huit mois le sujet de notre correspondance» – so die Mutter am 3. April 1853 an Cécile Borrel (d'Harcourt, crise, S. 144) – kehrt für wenige Tage nach Neuenburg zurück, um dort seine Angelegenheiten zu regeln. Von der Aussicht auf die baldige befreiende Luftveränderung beflügelt, schreibt er an die bekümmerte Mutter:

Neuchâtel, Place du Marché mit Maison des Halles. Meyer wohnt hier nach seiner Entlassung aus Préfargier von Januar bis März 1853 in der Pension Godet, Faubourg, wo «gutes und widerwärtiges» gemischt ist (d'Harcourt, crise, S. 91). Stahlstich von Friedrich Theodor Müller (1797–nach 1866), gezeichnet von Ludwig Rohbock (1824–1893) nach einer Photographie. Publiziert in: Heinrich Runge, «Die Schweiz in Original-Ansichten», Bd. 3, Darmstadt 1866, Taf. nach S. 144.
Zentralbibliothek Zürich

Félix Bovet (1824–1903). Stadtbibliothekar von Neuenburg 1848–1873, Professor für französische Literatur 1860–1866, 1866–1873 Professor des Hebräischen, redigierte seit 1853 zusammen mit Charles Secrétan die «Revue suisse». Meyers Neuenburger Freund. Anonyme Photographie, aufgenommen 1859. Reproduktion aus: Félix Bovet, «Lettres de jeunesse», Paris 1906, Frontispiz. Zentralbibliothek Zürich

[...] wenn ich nicht durch so manche Erlebnisse verschüchtert wäre u: keiner Zukunft blindlings traute, so würde ich sagen, es steht mir der schönste Sommer bevor. [...] du weißt die Bedingungen meiner neuen Hauswirtin; sobald ich dort bin, darf ich dir gewiß fröhlich alles aus diesem Haus schreiben. Sofern es mir gelingt – u: dazu wird mir eine ruhige Umgebung im Gegensatz zu meiner jetzigen immer aufstachelnden behülflich sein – mein klägliches Temperament zu zügeln, u: sofern mir Gottes Hülfe nicht ausbleibt, so will ich mich schon allmälig vermännlichen u: dir noch etwas Freude machen.

Die Güte Hrn Vulliemins hat mir fast Thränen gekostet, so wie sie mir wörtlich und widerwillen hervor brachen, als du [in Bern] in dem Fond des Postwagens saßest. Wie im Blitz kamen mir alle die Verdrüsse u: Schmerzen in den Sinn, die ich dir schon gemacht habe u: ich bereute bitter, mich wegen meiner niedrigen Stellung, die mir freilich manchmal fast das Herz abdrückt, bis zu solchen trostlosen Worten in den Gentilshommes vergessen zu haben. Glaube mir, sie stehn nicht in meiner Seele, ganz das Gegentheil, die heiligen Dinge sind nicht das Spiel der Nerven, aber bedenke, daß der Großvater Ulrich im 60 Jahre in einer gekränkten Stimmung etwas ähnliches niederschrieb. Das sind schlechte Augenblicke, die sind das Spiel der Nerven, aber darunter lautet es ganz andres.

Meyer an seine Mutter, Neuenburg, [ca. 23.] März 1853 (Ms. CFM 316.6 Nr. 13; vgl. d'Harcourt, crise, S. 134f.)

Anfang April ist Conrad bereits in Lausanne. Sein Neuenburger Hausvater zieht in einem Brief an Frau Meyer recht selbstherrlich Bilanz über seine – fruchtlosen – Bemühungen zur Erziehung des ungeratenen Sohnes:

Il faut à votre fils les rudes leçons de l'expérience, et je crains bien que, tant que vous fournirez abondamment à ses besoins et à son existence, que vous ne lui en laisserez pas toute la responsabilité, cela ne continue encore longtemps de la même manière. Je suis persuadé qu'il est temps d'abandonner M. Conrad à lui-même, en le forçant à gagner lui-même sa vie et à se créer des ressources lui-même par son travail. Ce sera pour lui le point de départ des expériences, et alors seulement commencera pour lui la lutte qu'il aura à soutenir contre son formidable ennemi. [...]

J'ai eu avec votre fils, pendant son séjour dans ma maison, de bien longues conversations sur toutes sortes de sujets, politiques et religieux, littéraires et scientifiques. Je cherchais toujours à le ramener à l'idée vraie et à lui faire voir qu'il n'y avait que la foi chrétienne qui répondît aux véritables besoins de l'homme et à sa véritable destination; que, en dehors de cette foi, il n'y avait qu'excentricités de toute espèce, chaos, impossibilité de résoudre aucune des grandes questions qui se rattachent à notre existence dans ce monde, aucune sanction quelconque pour la morale, qui n'était plus alors qu'une question égoïste d'utilité... Si toutes ces discussions n'ont pas porté pour le moment la conviction dans son esprit, je ne doute pas cependant qu'avec l'aide de Dieu, il n'en reste quelque chose qui se développera dans le temps voulu... et si, à Lausanne, il peut rencontrer des gens, qui, dans un autre ordre d'idées, l'amènent forcément aux mêmes résultats où je cherchais à l'amener, j'espère encore davantage. Son grand ennemi, c'est le moi; c'est le centre auquel tout aboutit; aussi tout homme qui le domine devient nécessairement, dans son état spirituel, l'objet de son antipathie; il n'aime que ce qu'il domine.

Charles Godet an Elisabeth Meyer-Ulrich, [Ende März/Anfang April] 1853 (Vulliemin, S. 233)

Elisabeth Meyer wird durch dieses Schreiben stark aufgewühlt, nicht zuletzt darum, weil sie seit der Zusammenkunft in Bern wohl zu ahnen beginnt, daß sie durch ihr richterliches Verhalten die Entfremdung ihres Kindes mitverschuldet hat:

Malgré mon estime pour M. le professeur Godet, il me serait impossible de suivre le conseil qu'il me donne. Si Conrad était léger, insouciant, mais doué d'affection, je crois que la voie indiquée par M. Godet pourrait être bonne, mais, vis-à-vis d'une nature à la fois glaciale et violente comme celle de mon fils, je n'aurais jamais le courage de provoquer de telles alternatives. Ce n'est pas des mères qu'il faut attendre des mesures de rigueur; elles ne savent à l'ordinaire que prier et prendre patience, et je veux rester fidèle à cette mission jusqu'au moment, peu éloigné peut-être, où le Seigneur me dira lui-même: «C'en est assez.»

Elisabeth Meyer-Ulrich an Louis Vulliemin, [Anfang April] 1853 (Vulliemin, S. 232)

In Lausanne

Lausanne. Ausblick von Chauderon beim Asile des Aveugles, wo Meyer Geschichtsunterricht erteilte, nach Osten. Aquatinta von Sigismond Himely (1801–1866) nach Zeichnung von Jean Du Bois (1789–1849), Ausschnitt. Publiziert vom Kunstverlag Hans Felix Leuthold in Zürich, um 1845. Zentralbibliothek Zürich

«Die leichtere Atmosphäre in Lausanne [...] und die fast väterliche Aufnahme, die er in dem gastfreien Hause des Geschichtschreibers Ludwig Vulliemin fand, ließen ihn aufthauen. Der raschere Austausch der Gedanken und die neuen geselligen Beziehungen lehrten ihn Seiten seines Wesens kennen, die ihm bis jetzt verborgen geblieben waren.» (XV, 129) – So gedenkt Meyer in seinem Lebenslauf von 1876 jener neun Monate, die er von Anfang April bis Ende 1853 am Genfersee verbracht hatte. Er logierte bei der verwitweten Mme Cuénod de Bons in Cour, einem Lausanner Vorort, ganz in der Nähe jenes Landsitzes in Mornex gelegen, den Vulliemin eben im Frühsommer 1853 bezog. So war ein enger Kontakt mit dem gütigen Mentor leicht möglich, auf dessen Rat der noch unsichere einstige Irrenhäusler angewiesen war. Vulliemin gelang es, den früher weltflüchtigen jungen Mann in eine geregelte und nützliche Tätigkeit einzuspannen, ihm damit eine erste Selbstbestätigung zu verschaffen und ihn so vor erneuter Resignation zu bewahren. Er erwirkte Conrad die Rechte zur Übersetzung von Augustin Thierrys *Récits des temps Mérovingiens* und vermittelte ihm auf Mitte des Jahres ein Unterrichtspensum im Fach Geschichte am Blindeninstitut. Meyer schätzte den Umgang mit dem wohlwollenden Freund seines verstorbenen Vaters, in dessen gastfreiem Haus es abends sogar gestattet war, «de dire des sottises» (Frey, S. 61). Wie mußte Conrad ein solch heiteres und gelöstes Umfeld zusagen, nachdem er mit seinem Verhalten den Erwartungen der Mutter nie hatte genügen können und auch jetzt nicht genügte! Zudem besuchte der von allen Fesseln Befreite während der ersten Wochen einen Literaturkurs bei Professor Emile Souvestre (1806–1854) und Vorlesungen des Theologen Jean Samuel Chappuis (1807–1870).

Meyer war stolz auf seine «mühselig errungene Unabhängigkeit» (d'Harcourt, crise, S. 199) und bat die Mutter, sich nicht in seine persönlichen Angelegenheiten einzumischen und nicht an seine Gastgeberin zu schreiben. «[I]ch bin sehr ordentlich und mein Zimmer immer aufgeräumt», meldet der bald 28jährige nach Zürich (ebd., S. 184), und ein andermal bettelt er – aller Bevormundung und Ermahnungen überdrüssig – geradezu um ein wenig Anerkennung (ebd., S. 159): «Wenn du mich lieb hast l. Mutter, so sei etwas zufrieden mit mir.» Elisabeth Meyer übte in der Folge wohl Zurückhaltung und schüttete ihr Herz dafür vor der Tochter aus, der sie den «so vielen Stimmungen» unterworfenen «merkwürdigen Bruder» zur sanften Beeinflussung empfahl (Frey, S. 67). Zweifellos war sie dankbar, daß ihr Sohn endlich den Weg zu einem normalen Erwerbsleben eingeschlagen hatte, doch quittierte sie seine Anstrengungen mit so taktlosen Aussagen wie (Brief an Conrad vom 5. Juni 1853; Ms. CFM 387.5 Nr. 11): «So sehr ich mich deiner Arbeitsamkeit freue, so wichtig erscheint mir auch *der* Fortschritt daß du in deinen Rechnungen und in deinem Zimmer auf Ordnung hältst – Jede Wahrnehmung auf diesem Gebiete trägt zu meiner Beruhigung bei u. – ich muß es nun aufrichtig heraus sagen – freut mich besser, als wenn du die allerschönsten Gedichte machen würdest!!» – Und einen Monat später schreibt sie (Ms. CFM 387.5 Nr. 14): «Daß du den Musen den Abschied gegeben dient mir zur großen Beruhigung.»

Allerdings hatte Conrad der Mutter zuliebe seine Künstlerpläne – wenigstens vorläufig – begraben. Er gesteht Cécile Borrel (d'Harcourt, crise, S. 182): «La poésie me surprend souvent comme un brigand [...]. Tenez, pour poète, je le suis, mais c'est précisément à cela que je renonce, surtout par amour pour ma mère [...].» Die tägliche mehrstündige Schreibarbeit, der er als Übersetzer von Thierrys Werk nun unter Vulliemins Aufsicht mit Ausdauer oblag, verursachte zwar Rückenschmerzen und machte ihn «völlig lendenlahm» (ebd., S. 178), doch erfüllte ihn diese aufwendige Beschäftigung mit Zufriedenheit. Im Hinblick auf seine fernere Zukunft schwebte ihm eine bescheidene Lehrstelle für Französisch an einem Gymnasium in Deutschland oder der Schweiz vor. Hoch hinaus wollte er nicht, vermutlich in der stillen Hoffnung, daneben vielleicht doch «dem holden Wahnsinn der Poesie» frönen zu können (ebd., S. 192). Aber alle Bemühungen von Seiten Vulliemins und Pfizers, für Conrad ein entsprechendes Unterkommen zu finden, scheiterten.

Während Berichte von der erfreulich fortschreitenden Übersetzung der Mutter zur Beruhigung dienen mochten, mußten sie die Nachrichten ihres Sohnes über seinen Umgang mit Mädchen und bereits gehegte Heiratsabsichten in helle Aufregung versetzen. Wie konnte sich der noch Unbewährte großtuerisch solche Freiheiten anmaßen? Auch seinem leidenschaftlichen Gedankenaustausch mit Cécile Borrel kam Elisabeth Meyer übrigens auf die Spur.

Am 27. Dezember 1853 brach Conrad in Lausanne auf und kehrte über Préfargier, wo er seine verehrte Cécile besuchte, nach Zürich zurück. Eigentlich wollte er nur einen Monat bei den Seinen verbringen und sich nachher, falls seine Bewerbung um ein Lehramt in Winterthur zurückgewiesen würde, erneut nach Lausanne wenden. Mit seiner Anstellung klappte es nicht, doch blieb er in Stadelhofen.

Ein Ersatzvater:
Louis Vulliemin (1797–1879)

Der Waadtländer Vulliemin, der Conrad Meyer 1853 zum zweiten Mal aufnahm, war Historiker. Ursprünglich hatte er zwar Theologie studiert, aber die Ärzte rieten ihm «seiner schwachen Stimme wegen» (XV, 143) davon ab, die Kanzel zu besteigen. Die politischen Kämpfe, die sich um die Jahrhundertmitte in der Waadt abspielten, waren denen in Zürich nicht unähnlich. Auch in der Romandie standen Radikale den gemäßigten Liberalen gegenüber, die ihre politische Überzeugung mit religiösem Gedankengut untermauerten und oft Anhänger des *Réveil* waren. Unter dem Druck der Radikalen ging aus diesen Kreisen 1847 die «Freie Evangelische Kirche», die *Église libre* hervor, der Vulliemin angehörte. Die gemäßigte liberale Gesinnung hatte ihn schon mit Ferdinand Meyer verbunden, und Conrad muß gespürt haben, daß Vulliemin die Haltung seines verstorbenen Vaters vertrat. Das weckte sein Vertrauen. Betsy zählt den Waadtländer rückblickend zur «gelehrte[n] und feine[n] Elite der französisch redenden *Schweiz*»:

> *Louis Vulliemin war der eigentliche Repräsentant dieser von Vaterlandsliebe und bescheidenem Wahrheitssinn durchdrungenen Kreise. Seine Liebe zur vaterländischen Geschichtsforschung war das Einigungsband zwischen ihm und unserm Vater. Sein weiter, liebevoller, historischer Sinn fesselte meinen Bruder an ihn.*
>
> Betsy Meyer an Adolf Frey,
> 23. September 1899 (Betsy, Briefe, S. 441)

Vulliemin faßte schon früh den Plan, «Geschichtschreiber seines Volkes zu werden» (XV, 144), und nahm sich vor, Johannes von Müllers *Geschichten schweizerischer Eidgenossenschaft*, zu der Johann Jakob Hottinger eben eine Fortsetzung geschrieben hatte, zu vollenden und die bereits erschienenen Bände ins Französische zu übertragen. Zusammen mit Charles Monnard machte er sich an die Arbeit, wobei sein Kollege das 18., er aber das 16. und 17. Jahrhundert, «die lange Strecke von Calvin bis zum zweiten Villmergerkriege» (XV, 146), zu bewältigen hatte. Das Verhältnis der romanischen Kantone zum Bundesstaat und insbesondere die «Reformation der romanischen Schweiz» (XV, 145) waren sein Thema. Auch auf diesem Gebiet teilte er also die Interessen von Meyers Vater.

In seinem biographischen Essay über Vulliemin, der im März 1878 in der «Neuen Zürcher Zeitung» erschien, hat C. F. Meyer den Werdegang seines väterlichen Freundes zum «Nestor unserer heimischen Geschichtschreiber» (XV, 142) mit viel Anteilnahme geschildert. Er würdigt bloß ein Jahr vor dem Tod «des verehrten Mannes» nicht nur dessen «ganze[s] schriftstellerische[s] Wirken» (ebd.) – dabei werden nebst seinen Verdiensten um Müllers Schweizergeschichte v. a. Studien über Karl den Großen *(Chillon. Étude historique)* sowie seine eigene zweibändige *Geschichte der Schweizerischen Eidgenossenschaft* hervorgehoben –, sondern gedenkt immer auch des liebenswürdig aufgeschlossenen Menschen Vulliemin:

> **Der Geschichtschreiber seines Volkes zu werden, dieser Gedanke hatte schon früh in Vulliemin gedämmert und ich glaube, daß dabei, neben dem Rufe der Begabung und dem jugendlichen Enthusiasmus, auch das Selbstgefühl des emanzipirten Waadtländers mitgespielt hat, der es gerecht fand, daß auch ein französischer Schweizer mitschreibe an den Annalen des gemeinsamen Vaterlandes, und den es verdrießen mochte, eine wie stiefmütterliche Behandlung in unsern frühern Geschichtsbüchern die romanische Schweiz gefunden hatte.**
>
> «Ludwig Vulliemin» (XV, 144)

Louis Vulliemin, «wissenschaftlich und sonst ein herrlicher Mann» (d'Harcourt, crise, S. 201), hat seinerseits Conrads weitere Entwicklung stets mit großem Interesse verfolgt und bis hin zum JÜRG JENATSCH alle Veröffentlichungen seines einstigen Schützlings besprochen.

Der väterliche Freund

Bei Louis Vulliemin war Conrad in guten Händen. Der waadtländische Historiker verstand es, den ihm Anvertrauten sanft auf die rechte Bahn zu lenken und erkannte, daß mit ständiger Kritik und Belehrung, wie dies die Mutter praktizierte, nichts mehr zu erreichen war:

Louis Vulliemin (1797–1879). Meyer weist in seinem Aufsatz über Vulliemin auf «den markanten Kopf des Geschichtsschreibers mit dem ganz vergeistigten Ausdrucke und dem unbeschreiblich freundlichen Blicke» hin (XV, 142). Lithographie von Jules Hébert (1812–1897). Publiziert in: «Le Musée suisse», Bd. 2, Genève 1855, vor S. 19. Zentralbibliothek Zürich

Il est comme un fils avec moi, plein de déférence, d'abandon, de modestie. Tous les miens ont du plaisir à le voir. Sans doute l'orgueil, celui de l'esprit surtout, joue un grand rôle chez lui; son mal est là; mais je ne saurais me ranger à la pensée de M. Godet. Elle renferme du vrai; plus tôt Conrad pourra être abandonné à lui-même, mieux ce sera. Mais le moment n'est pas venu. Nous cherchons des leçons. Nous serons peut-être quelque temps avant de réussir, mais ici encore il faut savoir attendre.

Louis Vulliemin an Elisabeth Meyer-Ulrich,
28. April 1853 (d'Harcourt, crise, S. 165)

Folgende Antwort Frau Meyers spricht für sich:

Que de choses n'aurais-je pas à vous demander et avec quel empressement ne saisirais-je pas votre main pour vous remercier avec effusion de cœur de tout ce que vous faites en faveur de mon pauvre enfant! Les lettres de Conrad respirent un tel contentement que je n'ose presque pas me livrer à l'espoir de voir ce bon état de choses continuer. Il faut s'attendre à des arrêts, à des réculs même. Mais, en attendant, je suis heureuse de penser que mon fils sait apprécier l'immense bonheur de se trouver près de vous et d'être favorisé de vos excellentes directions. Je ne puis juger ni de son travail, ni de la suite qu'il commence à y mettre; mais dans ses lettres on voit décidément se détacher les écailles qui couvraient sa vue. Je suis frappée de sa franchise et de son ingénuité; si parfois son orgueil l'emporte et le lance dans la voie de l'erreur, il s'en aperçoit et reprend de lui-même le chemin de la vérité. Conrad reconnaît l'action du christianisme sur les hommes dont il est entouré; la puissance mystérieuse de l'Évangile sur le cœur humain, qu'il salue déjà comme une vérité, l'étonne sans l'irriter. Son incrédulité, j'en ai la conviction, est fortement ébranlée... Sa confiance en vous est grande, et je m'aperçois avec un vif plaisir du chemin qu'a parcouru son jugement depuis le jour de son arrivée à Lausanne. Pourvu qu'il ne vous fatigue pas trop par ses visites et que votre trop grande bonté ne vous empêche pas de le lui dire.

Elisabeth Meyer-Ulrich an Louis Vulliemin,
24. Mai 1853 (Vulliemin, S. 237)

Meyer als Übersetzer und Geschichtslehrer

Pendant la semaine, je suis tellement occupé, que, le soleil se couchant, mon dos me cuit d'une manière tellement triomphante, que je me hâte de sauter dans mon lit pour ne faire qu'un somme. Rien n'est tel pour chasser la mélancolie, que de confectionner une traduction et de rester huit heures durant, courbé sur un livre; je vous jure, quand on est éreinté et quasi abêti par ce travail de forçat, on se range au nombre de ces âmes simples qui, la journée finie, n'aspirent qu'à un calme absolu et un verre de bière. C'est incroyable, comme un travail manuel – et c'en est bien un que de tenir une plume entre les doigts-martyrs jusqu'à la crampe inclusivement, – comme, dis-je, un dos endolori vous gâche le monde idéal! Ce n'est pas à dire que je me plaigne du métier, qui vaut tout autant qu'un autre; cependant, je voudrais que vous vous apitoyassiez quelque peu sur votre ami, qui, à force de traduire un homme de génie, devient stupide au possible. De plus, je me gâte ma taille et je me salis les doigts, ce qui est loin de m'enchanter.

Meyer an Cécile Borrel,
22. Mai 1853 (d'Harcourt, crise, S. 176)

Ich bin meiner Übersetzung treu bis ins Grab, die übrigens eine angenehme Arbeit ist und geräth. Hr Vulliemin ist vollkommen damit zufrieden. Dazu will ich die französische Grammatik total mir aneignen morgens bis zum Dejeuner, damit ich wo möglich im Herbst, spätestens im Frühling eine Stelle an einem Gymn. versehn kann. Es wird sich wol etwas finden auf den 200-300 deutschen Gymn. wo ja doch kein Deutscher recht Französisch kann.

Meyer an seine Mutter,
3. Juni 1853 (Ms. CFM 316.6 Nr. 23;
vgl. d'Harcourt, crise, S. 182f.)

Nur vorübergehend erwog Meyer auch eine Anstellung als Lehrer für Geschichte; dieser Plan keimte im Zusammenhang mit seinem Kurs in Schweizergeschichte, den er am Lausanner Blindeninstitut erteilen konnte und der für ihn eine große Herausforderung war.

Il continue avec succès sa traduction, d'un côté; de l'autre, ses leçons à l'asile des aveugles. Sa traduction est fidèle, élégante, telle que je connais peu d'ouvrages français aussi bien traduits en allemand; et comme elle est celle d'un livre classique, qui n'a pas été traduit encore, j'espère qu'il pourra, en le publiant, se faire connaître avantageusement. Ses leçons ont été pour lui un moyen de développement, soit dans l'exercice du français, soit dans l'art d'enseigner. Elles me donnent bonne espérance.

Louis Vulliemin an Elisabeth Meyer-Ulrich,
29. August 1853 (d'Harcourt, crise, S. 206)

Vergieb mir, wenn ich oft wenig schreibe; wir armen Übersetzer sind wie die Zuckerbecker – wir schlecken nicht mehr.

Meyer an seine Mutter,
[Herbst 1853] (Ms. CFM 316.6 Nr. 42;
vgl. d'Harcourt, crise, S. 233)

Eine Ersatzmutter:
Cécile Borrel (1815–1894)

D'Harcourt beschreibt James Borrels Schwester als eine «jeune religieuse, que la nature avait pourvue de charmes physiques aussi précieux que les dons de son âme étaient rares» (d'Harcourt, vie, S. 58). Ein Bild von ihr konnte leider nicht gefunden werden. Durch ihre Offenheit und Natürlichkeit gewann Cécile Borel in Préfargier Conrads Vertrauen als erste, und sie hat in der Folge stets zwischen Mutter und Sohn zu vermitteln gesucht, indem sie ihrem Schutzbefohlenen seine christliche Sohnespflicht ans Herz legte und gleichzeitig Elisabeth Meyer über alle Fortschritte seiner Genesung auf dem laufenden hielt und sie auf Conrads gute Seiten hinwies. Céciles Mütterlichkeit und ihr einfühlsames Wesen nahmen ihn für die Oberschwester von Préfargier ein; soviel Zuneigung hätte er sich von seiner Mutter erhofft. Cécile war ihm eine Freundin, der er alles sagen konnte: über sein belastetes Verhältnis zur Mutter, daß er im Zorn nach ihr geschlagen; über den üblen Hausvater Godet in Neuenburg; über sein Vorhaben, nach Paris zu reisen; auch über das Scheitern der Begegnung mit Mutter und Schwester am 16. März 1853 in Bern. Frau Meyer scheint mit der Zeit neidisch erkannt zu haben, was Cécile ihrem Sohn bedeutete.

Nach seinem Wegzug von Neuenburg merkte Meyer, wie sehr ihm die um zehn Jahre ältere Frau fehlte, und daß sie ihm nicht nur «sœur grise» (d'Harcourt, crise, S. 147) und Mutter war, sondern daß er sich nach ihr sehnte – wie ein Liebender. Seine Briefe aus Lausanne sprechen von stürmischem Begehren, erhöhen es aber rasch ins Mystische. Er ist ein pietistischer St. Preux und schwelgt in Landschaften à la Rousseau. Meyer eröffnet die Korrespondenz mit Cécile wie folgt:

[J]e suis bien content d'avoir quitté Neuchâtel et sans mentir, je n'y ai nuls regrets, si ce n'est d'être plus éloigné de vous, mais je m'en console comme je puis, en me disant d'abord que j'aurai du moins l'avantage de causer avec vous seul à seul et quand le cœur m'en dira, sans nulle crainte des ennuyeux; puis en me promettant de m'en aller vous voir le plus tôt possible. [...]

Dire combien je m'ennuye après vous, ce serait inutile, du reste vous le savez; et de toutes les façons. Il me manque d'abord votre douce bonté, qui m'a tant charmé puis votre drôle d'esprit, et jusqu'à vos sermons... il me manque surtout vous-même qui, quelque peine que vous vous donniez, ne sauriez jamais détruire votre naturel vif et fier, quelquefois même un peu capricieux. [...]

Quand vous m'écrirez, n'allez pas au moins prendre vos airs de tante, ni ceux, pires encore, de directrice, ni de sœur grise, ni de rien du tout; écrivez-moi plutôt comme on fait à un ami, voire même un camarade, car camarades nous avons été, camarades nous resterons. Oui, écrivez-moi, comme à votre meilleur ami, et je le suis, quoique indigne. Je conçois bien tout ce qu'il y a d'inquiétant pour une demoiselle de Neuchâtel, de tracer quelques paroles à l'adresse d'un jeune homme qui a vécu sept mois près d'elle, qui lui a conté tous ses chagrins, qu'elle a consolé et bonifié au possible, qui s'est pris par aventure de l'aimer de tout son cœur comme un frère et mieux.

Tout cela, je l'apprécie, bien qu'il faille dire qu'il n'y ait rien d'inexplicable dans une affection forte, véritable, involontaire s'il en fut jamais, fondée sur le malheur et la compassion... chose presque divine, qui ne s'éteindra pas avec la vie. Me voilà au bout de mon papier. Vous est-il possible de déchiffrer ce griffonnage à force d'allonger vos cils noirs. Quoi qu'il en soit, soyez bonne, vous qui êtes meilleure que moi et répondez vite, amicalement, avec abandon et fort au long.

Meyer an Cécile Borrel,
9. April 1853 (d'Harcourt, crise, S. 147 f.)

Ceci posé, votre main, s'il vous plaît, et causons. Sachez donc que j'ai passé de méchants moments à vous regretter, et qu'au fond, quoique travaillant assez, et voyant assez de monde, malgré le cours Souvestre et le cours Chappuis, je m'ennuie profondément, faute d'attachement de cœur. Mon imagination est à sec, et je mène la vie la plus paisible et la plus bête. Pas de possibilité de se fâcher ni de faire le méchant, tant je suis bien accueilli partout [...].

Notre campagne est des plus agréables, cachée dans la verdure, non sur la descente d'Ouchy, mais plutôt vers Morges; c'est une maison très comme il faut, et ma chambre est bien située et confortablement meublée; elle a je ne sais quel attrait, je dirais presque de la grâce: cheminée, miroir, fenêtres tout y est à sa place; enfin je n'ai jamais été mieux.

Mme Cuénod est une excellente dame, qui prévient le moindre de mes désirs; nous sommes sur le meilleur pied ensemble, et j'ai véritablement du respect pour sa piété et la douceur de son caractère. [...]

Ma chère Cécile, je vous serre sur mon cœur, à une triste distance, comme vous dites si bien, de douze lieues. Vous êtes une douce et sainte femme, priez pour moi et que Dieu veille sur vous.

Meyer an Cécile Borrel,
18. April 1853 (d'Harcourt, crise, S. 152 ff.)

Die ganze aufgestaute, von der Mutter nie zugelassene Liebe gegenüber einer Frau kommt da verbal zum Ausbruch – auf französisch zwar, was ihn auf Distanz hält und den Briefen etwas Literarisches gibt. Deutsch geschriebene Briefe hätten vielleicht allzu ungestüm gewirkt. In der französischen Sprache tönt, was er zu sagen hat, gleichzeitig spontan und eigenartig klischiert. Er nennt sie bei ihrem Kosenamen «Cendrillon» («Aschenbrödel»; vgl. z. B. d'Harcourt, crise, S. 162 u. 170) – sie könne sich nicht vorstellen, «combien elle est adorée et aimée à jamais par son fidèle C[onrad]» (ebd., S. 170). «Fräulein Borrel ist ein Engel», hatte er schon im Januar 1853 der Mutter berichtet (ebd., S. 97), – und «j'aurais volontiers baisé le bout de vos ailes», gesteht er jetzt seiner Verehrten (ebd., S. 169).

Ihre Antworten an Meyer sind nicht erhalten. Zurückgewiesen hat sie ihn jedenfalls nicht. Aber daß gesellschaftliche Barrieren, seine Krankheit, sein sprunghafter Charakter und die unklare Zukunft sie hemmten, entsprechend auf seine Bekenntnisse einzugehen, versteht sich bei ihrer Stellung von selbst. Offenbar war Cécile jedoch unglücklich und darum für Conrads leidenschaftliche Botschaften nicht ganz unempfänglich. Ihre Lebensaufgabe voller Verzicht, die selbstlose Hingabe an die vielen Kranken, fiel ihr nicht so leicht, wie es ihr engelhaft-gütiges Walten glaubhaft machen mochte. Daß sie sich duldsam und sanftmütig in ihr Schicksal fügte, ließ sie in den Augen Conrads nur noch wertvoller erscheinen. Zudem war sie gewissermaßen sein «Unglücksgefährte» (d'Harcourt, crise, S. 172): denn so wie er der Kunst entsagte, hatte sie ihr Lebensglück dem Dienst am Nächsten geopfert. Er fühlte sich durch dieses Los der Entsagung mit Cécile verbunden, wobei er nun wenigstens in Freiheit lebte, während sie kaum je von Préfargier wegkam:

Ce qui me fâchait le plus, c'est que je ne saurais vous aider, il ne me restait donc que de m'aigrir contre votre bête de sort (humainement parlant) qui vous contraignit de vous mettre dans les sœurs grises, vous, qui étiez destinée à faire le bonheur d'un honnête homme. Je m'explique: Ce n'est pas que je vous admire, mais au nom de Dieu, laissez ces fariboles d'humilité outrée, et quand on vous appelle ange, souffrez-le patiemment. Il y a plus. Sans être le moins du monde heureux, je suis du moins libre, je suis passablement bien, maintenant voulez-vous que j'aille vous raconter mes histoires, mon bien-être, si ce n'est d'une heure, du moins d'une minute; à vous la malheureuse, à mon bon camarade.

Meyer an Cécile Borrel,
20. April 1853 (d'Harcourt, crise, S. 157)

Er wollte sie mit seinen Briefen unterhalten und wünschte sich nichts sehnlicher, als daß seine Mutter «das beste Wesen dieser Erde» (d'Harcourt, crise, S. 167) persönlich kennenlernen könnte:

Fr. Borrel [...] hat ein etwas kümmerliches Leben gehabt u: ich möchte ihr wol noch eine recht helle Minute gönnen.

Meyer an seine Mutter,
5. Mai 1853 (Ms. CFM 316.6 Nr. 20;
vgl. d'Harcourt, crise, S. 168)

Einer Begegnung mit Frau Meyer, Ende Mai 1853, weicht Cécile aus. Erst einen Monat später reist sie dann nach Zürich. Nachher stockt ihr Briefwechsel mit Conrad. Im September schreibt sie ihm zur Entschuldigung, sie sei krank gewesen. Ein von ihm geplanter Besuch bei Cécile wird durch einen Brief der Mutter unterbunden; diese wirft ihm völlig unbegründet vor, er habe Cécile und de Marval beleidigt. Statt nach Neuenburg zu gehen, irrt der Geprellte in der Freiburger Landschaft umher und sendet Cécile nach seiner Tour einen launisch-makabren Brief:

[...] marcher modérément, manger bien, boire autant, le soir fumer un manille couché sur le mur d'un cimetière ou dans le créneau d'un vieux château, surtout oublier les trois temps de la grammaire: le présent, le passé et le futur; voilà le seul but qu'il se proposait et qu'il a parfaitement atteint. Le vieux bouge de Gruyères est très romantique, et, si je n'avais attaché une pierre au cou du poète qui de temps en temps remue encore au fond de moi, et que je l'eusse jeté où le lac est le plus profond, je me serais peut-être laissé aller, non à faire des vers – pour cela j'étais trop sage et surtout trop paresseux – mais à rêvasser.

Meyer an Cécile Borrel,
1. September 1853 (d'Harcourt, crise, S. 209f.)

Ironie und Melancholie gehen Hand in Hand wie einst bei den Weltschmerz-Romantikern. Die Flucht in die Ironie bringt aber keine Rettung. Es war der Mutter gelungen, Cécile und ihn auseinanderzutreiben. Elisabeth Meyer kann jedoch nicht verhindern, daß Conrad, voller Besorgnis für die noch immer Kränkelnde, Cécile auf seinem Heimweg nach Zürich besucht. Das Wiedersehen scheint glücklich verlaufen zu sein.

Ein weiterer Besuch Céciles in Zürich im Sommer 1854 kommt nicht zustande. Wieder trägt ein Brief der Mutter die Schuld daran. Vielleicht hatte Meyer inzwischen auch erfahren, daß Cécile seine Briefe ohne seine Erlaubnis an die Mutter weitergegeben hatte. In einem letzten Schreiben vom November 1855 beklagt sich Conrad über die Zürcher Verhältnisse, ist er doch in der Stadt als Irrenhäusler diffamiert.

Die Beziehung zu Cécile Borrel war damit äußerlich an ihrem Ende angelangt.

Eigenartige Turbulenzen

Völlig überraschend fallen in den Lausanner Briefen vom Frühling und Sommer 1853 die Namen von zwei Mädchen, auf die Meyer offenbar ein Auge geworfen hat:

Seine kurze Schwärmerei für Alexandrine Marquis von Schloß Châtelard bei Clarens entspringt der St. Preux-Stimmung jener Tage. Conrad trifft sie in den Vorlesungen des Literaten Souvestre und vermutlich auch beim Theologieprofessor Chappuis sowie im Hause Vulliemins, wo sie vorübergehend logiert. Er nennt sie «eine Schülerin Vinets» (d'Harcourt, crise, S. 167) und hebt ihre ernsthafte Erscheinung hervor. Schön ist Alexandrine nicht, aber ihre blauen Augen sind ihm aufgefallen. Daß sie sich ihm zuwendet, nimmt ihn für sie ein. Er hat seit seiner Ankunft in Lausanne das Gefühl, daß jedermann von seinem Aufenthalt in Préfargier Kenntnis habe. «Übrigens haben sie hier», schreibt er der Mutter am 19. Juni 1853, «weit mehr Détails über mich, als nöthig wäre und ich fürchte, das Allerwelts Kerlchen, der Pasteur Fritz Borel, hat mich überflüssig erleutert» (Ms. CFM 316.6 Nr. 25; vgl. d'Harcourt, crise, S. 192). Bei Alexandrine Marquis, die ebenfalls um seine Irrenhäusler-Vergangenheit weiß, bemerkt er nichts von lauerndem Interesse, höchstens Teilnahme. Als die sympathische junge Dame dann im Herbst wieder nach Lausanne kommt, betrachtet Meyer die Affäre jedoch bereits mit kühlerem Kopf.

Das zweite Fräulein, mit dem sich Conrad einläßt, ist ein erst 14jähriges Mädchen, Constance von Rodt (1839–1858). Ihrem Groß- und Pflegevater, Herrn von der Mülen, einem Freund Vulliemins, hatte er im Scherz einmal gesagt: «geben sie mir die kleine Patrizierin» (d'Harcourt, crise, S. 202); aber dieser nahm ihn beim Wort und war nicht abgeneigt, ihm seine Enkelin in einigen Jahren tatsächlich zur Frau zu geben. Ob die Betroffene selbst je etwas von diesen Gesprächen erfahren hat? Meyer jedenfalls spinnt sich daraufhin in eine Symphonie in C ein (ebd.): «Aus C und M. komme ich nie heraus. Cecile, Conrad, Constance.» Er hat seine angebliche Zukünftige, nachdem der Heiratsplan bereits geschmiedet war, sogar noch persönlich kennengelernt – sie sei «so bezaubernd», meldet er der Mutter (d'Harcourt, crise, S. 215) –, doch dann verlief die Sache im Sand.

Wie sind diese seltsamen *liaisons* zu beurteilen? Wollte Meyer mit solch konfusen Plänen seine Mutter quälen oder sie darauf aufmerksam machen, daß er nun erwachsen und kein zu gängelnder Sohn mehr sei? Ihr vielleicht beweisen, daß er Cécile Borrel nicht verfallen war? Oder suchte er, indem er Cécile von Alexandrine Marquis erzählte, seinen angebeteten Engel in Préfargier gar etwas eifersüchtig zu machen? Er beruhigt sie sogleich: das «petit drame» sei nicht ernst zu nehmen und die Angelegenheit bereits erledigt (d'Harcourt, crise, S. 190). Aber eindeutige Schlüsse lassen seine Briefe nicht zu.

Sein Verhalten hingegen ist charakteristisch: So wie er trotz seines Versagens an der Berufung zum Künstler festhielt, baut er jetzt ohne irgend ein Fundament unbeirrt und großsprecherisch Luftschlösser. War er, den die Mutter noch immer als ihren «pauvre Conrad» apostrophierte, denn überhaupt berechtigt, sich über die Schließung einer Ehe auch nur Gedanken zu machen? Einen kleinen Schock hatte er schon erlebt, als ihn seine Schwester im Juni von Genf aus besuchte und ihm eine liebenswürdig-temperamentvolle junge Dame entgegentrat, die ihm bewußt machte, was er in seiner klösterlichen Abgeschiedenheit alles versäumt hatte. Er nennt die mit ihr verbrachten Tage «les plus beaux de ma vie» (d'Harcourt, crise, S. 190). Nach einem weiteren Wiedersehen anläßlich von Betsys Heimreise im Spätsommer gesteht er der Mutter sogar, sein «kleiner Teufel von Schwester» habe ihn «sehr impressionirt» (ebd., S. 211). Die Schwester ist es auch, die gegenüber der Mutter betont, Conrad müsse nun endlich selbständig werden – so wie dies schon Godet und Vulliemin geraten hatten:

Conrad ist 27 Jahre alt und hat sich durch eigene Schuld bis jetzt jede eigene Stellung unmöglich gemacht. Wo man ihn aufnahm, nahm man ihn nur deinetwillen auf. Ohne dich war er Null. Jetzt möchte er seinen eigenen Wert oder Unwert kennen lernen, und das ist gut und gehört zu seiner Erziehung. Vergiß nicht, liebste Mutter, Conrad ist ein Mann, wenn auch kein mannhafter, und was für eine Tochter das lieblichste Los ist, kann einem Sohn drückend werden. Soll Conrad einmal handeln lernen, muß man ihn vorerst ohne Stütze stehen lassen, damit er sich kenne.

Betsy Meyer an ihre Mutter,
[August 1853] (Frey, S. 64 f.)

CONRAD AUF FREIERSFÜSSEN

Du mußt wissen (grrroßes Geheimniß) daß ich in 3 Jahren, vom Herbst an gezählt, die, jetzt 14, dannzumal 17jährige, Constance v. Rodt, die Enkelin Hrn van der Mülen's nehmen werde. Die Sache ist im Reinen und so fabelhaft sie aussieht, völlig verständig. H. van der Mülen ist ganz voll davon, [...] und ich sagte [ihm] daß ich es – im Ganzen – unendlich zufrieden sei. Dabei gewinne ich 3 Jahre. Zeit zum Studieren etc. [...] Nun ist es aber nothwendig, denn die kleine ist nicht reich, daß du einen gewichtigen Mann beglückst wegen der Frage der Existenz.

Meyer an seine Schwester,
18. Juli 1853 (d'Harcourt, crise, S. 201)

Titelblatt von Meyers erster anonymer Publikation, der Übertragung der «Récits des temps Mérovingiens» von Augustin Thierry 1855, das er um 1885 handschriftlich mit seinem Namen ergänzt hat. Reproduktion aus: Georg Thürer / Philipp Harden-Rauch, «Meyer, Bilder aus seinem Leben», Stuttgart 1967, Abb. 18. Zentralbibliothek Zürich

Zurück in Zürich

Am 31. Dezember 1853 war Conrad wieder daheim in Stadelhofen. Er wußte, daß er in der Stadt fortan als Irrenhäusler galt, und litt an seiner Vergangenheit, so wie er auch die «années à peu près perdues» bedauerte (an Cécile Borrel, 5. August 1854; d'Harcourt, crise, S. 246). Doch er war innerlich so weit gefestigt, daß er sich duldsam ins alte Zürcher Klosterleben schickte. Die Mutter sprach zwar noch immer von ihrem armen Sorgenkind, aber dieses saß jetzt wenigstens fleißig über seiner Thierry-Übersetzung, die sich im Juni 1854 ihrem Abschluß näherte. Gerade das eifrige Arbeiten in vollkommener Zurückgezogenheit barg in den Augen von Frau Meyer wiederum auch die Gefahr, daß Conrad seinen alten Künstlerträumen verfallen könnte:

Un des progrès, c'est que Conrad n'écoute pas seulement les conseils qu'on lui donne, mais qu'il tâche de les mettre à profit, puis il aime ce qu'il se complaît à appeler «notre couvent» et mène effectivement une vie qui en est digne. Cette grande régularité a son bon, mais elle a aussi son mauvais côté, car tout en le préservant du contact avec le monde [...] elle l'invite à se plonger de nouveau dans de trop dangereuses rêveries. [...] il faut continuer à «veiller et à prier».
Elisabeth Meyer-Ulrich an Cécile Borrel,
24. Juni 1854 (d'Harcourt, crise, S. 243)

Daneben unterrichtete Conrad auf Wunsch der Mutter unentgeltlich zwei mittellose Schüler, und auf Empfehlung seiner Freunde Vulliemin und Georg von Wyß wurde er für die Jahre 1855/56 zum Sekretär der Allgemeinen Geschichtsforschenden Gesellschaft der Schweiz ernannt; er amtete an den jährlichen Versammlungen in Solothurn als Protokollführer. Im Sommer 1855 erschien im Verlag Friderichs in Elberfeld seine Übersetzung von Thierrys «Merowingern», die er mit Hilfe Betsys nochmals überarbeitet hatte; Vulliemins Freund Charles Monnard vermittelte den Verleger. Wie Meyer schon zu Beginn seiner Tätigkeit als Übersetzer gegenüber Cécile Borrel verkündet hatte (d'Harcourt, crise, S. 182 u. 194), stand sein Name nicht auf dem Buchtitel – möglicherweise hat er die an sich unschöpferische Arbeit der Übertragung eines gegebenen Textes in seine Muttersprache doch als etwas demütigend empfunden. Erfreut zeigte er sich dagegen über sein erstes Honorar:

Soeben kommt ein Brief aus Elberfeld und versetzt, wegen des darin enthaltenen Honorars, unseren Conrad in solche Ekstase, daß er wie ein Kind auf und davon und zu Onkel Wilhelm läuft, um ihm seinen Schatz zu zeigen. Freue Dich auch ein bißchen, liebes Kind, und laß uns hoffen, das sei ein Anfang, der Deinem Bruder Mut mache.
Elisabeth Meyer-Ulrich an ihre Tochter,
23. Juni 1855 (Frey, S. 82)

Erzählungen aus den merovingischen Zeiten
mit einleitenden Betrachtungen über die Geschichte Frankreichs
von Augustin Thierry.

Aus dem Französischen *übersetzt von Dr. Conrad Ferdinand Meyer*

Erster Theil.

Elberfeld, 1855.
Verlag von R. L. Friderichs.

Die künstlerischen Pläne, die sich bei Meyer immer wieder regten, hielt er streng geheim. Publiziert wurde nichts. Vermutlich entstand in den Jahren 1854 bis 1856 seine erste Erzählung, CLARA. Bereits damals war ihm seine Schwester bei der Arbeit behilflich, denn von der Novelle existiert aus jener Zeit nicht nur eine Handschrift des Verfassers, sondern auch eine Abschrift Betsys. Dieser Schwester, die er «sa conscience» nannte (d'Harcourt, crise, S. 243), wandte sich Conrad nun mit immer größerem Vertrauen zu – und löste sich damit von der Mutter. «Sais-tu, [Betsy,] lui disait-il l'autre jour, pourquoi j'ai tant besoin de toi. Tu as ce qui me manque: ‹de la substance›.» (ebd., S. 244) – «Quant à sa sœur dans laquelle il possède une seconde mère [...]», heißt es dann in einem Brief der Mutter an Cécile Borrel vom 15. April 1855 (ebd., S. 247).

Elisabeth Meyer hat bestimmt bemerkt, daß sie ihren Sohn in seinem Tun nicht mehr groß zu beeinflussen vermochte. Vor allem mußte sie gewahr werden, daß Conrad ausgerechnet während der Trennung von ihr an Haltung gewonnen hatte. Ihre Erziehung hatte somit versagt, ihre mütterliche Liebe verfing nicht mehr. Seiner Übersetzung, die in Fachkreisen immerhin gebührende Anerkennung fand, brachte sie bei aller Freude über die günstige Wirkung der Beschäftigungstherapie kein Vertrauen entgegen und bezeichnete seine Leistung als bescheiden:

Comme nos défauts se retrouvent toujours dans nos productions je m'attends à ce que l'ouvrage de mon fils sera taxé d'inégalité... de belles pages peut-être, puis des morceaux très faibles.
Elisabeth Meyer-Ulrich an Cécile Borrel,
15. April 1855 (d'Harcourt, crise, S. 246)

Ihre Bedenken gegenüber jeder künstlerischen Betätigung blieben bestehen:

Son ennemi, c'est l'imagination... qui l'a fait vivre jusqu'à présent dans un monde chimérique, où les idées se sont succédées avec une telle rapidité que sa pauvre tête m'a souvent fait l'effet d'une lanterne magique.

Elisabeth Meyer-Ulrich an Cécile Borrel, 24. Juni 1854 (d'Harcourt, crise, S. 242 f.)

Conrads Mangel an «humilité» blieb ihr Hauptvorwurf.

Obwohl der noch immer unvollkommene Sohn seiner Mutter äußerst schonungsvoll begegnete, sah sich diese als Versagerin und versank in stummer Verzweiflung. Auch Gebete konnten ihre Verhärmung nicht mehr aufhalten. Da erkrankte kurz nach Neujahr 1856 der langjährige Hausgenosse Antonin Mallet an einem Leukämie-Schub. Die Frau rieb sich in seiner Pflege auf, litt an Schlaflosigkeit, bald auch an einer Gesichtsrose. Als Mallet Ende Juli starb, gab sie sich die Schuld an seinem Tod, machte sich Vorwürfe, daß sie eben in seiner Todesstunde nicht bei ihm gewesen sei. Jetzt wurde sie vollends ein Opfer ihrer Selbstbezichtigungen und glaubte, Gott habe seine Hand von ihr genommen. Sie redete sich ein, Mallets Mörderin zu sein.

Betsy brachte die Entkräftete im August ins Heim der Evangelischen Brüdergemeinde in Wilhelmsdorf bei Ravensburg – möglicherweise hatten Mathilde Escher (Hohenstein, S. 112) oder Johanna Spyri und deren Mutter Meta Heußer (Fehr, S. 71) diesen Ort zur Erholung empfohlen. Das stets belastete Verhältnis zwischen Elisabeth Meyer und ihrem Sohn wandelte sich nun vollkommen: Die «liebe Mutter» von einst, welche den «armen Conrad» beklagen mußte, wendet sich jetzt als «arme Mutter» zerknirscht an ihren «lieben» und «guten Conrad», dem sie für ihre Verfehlungen Abbitte tut (vgl. Hohenstein, S. 112 f.). Allerdings sagte das Armeleute-Klima des Heims der erschöpften Frau nicht zu, und die fehlende Aufmunterung verstörte die Kranke noch mehr. Da holte sie die Tochter wieder ab und führte sie auf direktem Weg nach Préfargier, wo Frau Meyer vier Jahre zuvor ihren Sohn eingeliefert hatte. Die Geschwister Borrel empfingen sie gastfreundlich, der Arzt stellte ihr sogar sein seewärts gelegenes Studierzimmer zur Verfügung. Doch es half nichts mehr; Meyers Mutter war zum Tode entschlossen.

Conrad Ferdinand und Betsy Meyer. Anonyme Photographie um 1855. Reproduktion aus: «Der Lesezirkel» 12 (1925). Zentralbibliothek Zürich

DER GUTE CONRAD

So kam [Conrad] denn zur unbeschreiblichen Freude unserer Mutter als ein zu neuer Lebenshoffnung und Arbeitsfreude Erstandener noch einmal zu uns in das alte Haus in Stadelhofen zurück. Wir beide tauschten unsere Zimmer. Von nun an bewohnte er ein moderneres, helles Stübchen, mein früheres Atelier, mit der Aussicht auf Gartenanlagen und einen unter Bäumen verborgenen rauschenden Brunnen. In seinem alten, zu erinnerungsvollen Saal dagegen stellte ich meine Staffeleien auf. Es blieb darin aus meines Bruders Zeit nur ein marmorfarbenes, altarähnliches Piedestal mit der stolzen Büste des Apolls von Belvedere. Eine Menge Bilder, Mappen und Skizzen, gefüllte Blumenvasen und bebänderte Gartenhüte, die darin standen und hingen, veränderten gänzlich das Aussehen des Zimmers.

(Betsy, S. 105 f.)

[...] lieber Freund, tout casse, tout lasse, tout passe. Die Mutter Natur zeichnet ein Gesicht, röthet die Bakken, rundet es, macht den Schnauz, verstärkt die Schatten, zieht die Falten und am Ende hat sie es satt und legt es weg. Was bleibt? was hält: nur der feste Punkt: Gott u: Heiland. Da ist Licht. Kraft. Jugend. Bestand u: Liebe. Ich möchte keinen Tag mehr ohne Christus leben. Wunder nimmts mich, ob sie bald merken, daß ich mit Sakk u: Pakk zum Christenthum übergegangen bin? Es versteht sich, ohne jede Anwandlung von Pietismus, einfach, ruhig aber ganz.

Meyer an Conrad Nüscheler, 6. Januar 1854 (Hoffmann, S. 197)

L'impression que je reçois du changement moral et religieux de Conrad est si décisive que j'en remercie le Seigneur à mains jointes. Je suis si heureuse aussi de ce que le pieux ami de mon excellent mari a été l'instrument de la plus grande de toutes les grâces, et je crois que notre joie trouve un saint retentissement dans le ciel... Vous n'avez pas trop dit. Mon fils est chrétien. L'esprit de Dieu l'a convaincu de péché. Si Conrad n'avait pas senti sa propre faiblesse, jamais il ne serait allé à Jésus chercher le pardon et le changement de son cœur... Il a un sentiment si profond de sa misère et de la commisération divine, que nos prières, je l'espère, seront tout à fait exaucées... Ce qui lui manque encore, c'est la ténacité et la persévérance, et vous le savez, quoique vous ne l'indiquiez qu'avec ménagement...
Elisabeth Meyer-Ulrich an Louis Vulliemin,
15. Januar 1854 (Vulliemin, S. 241)

[...] mon fils est dans une si bonne disposition dans ce moment, qu'il déclare devant tout le monde que Préfargier a été pour lui une véritable ancre de salut. Je n'ignore pas, sans doute, que mon fils est nerveux et par conséquent mobile, mais cela n'empêche pas que je jouisse d'un état d'âme assez satisfaisant.

Veuillez dire à Monsieur votre frère que les douches d'eau froide, qu'il a conseillées à mon fils et que ce dernier vient de recommencer, lui font un bien si merveilleux qu'il travaille – travaille effectivement – avec un entrain et une suite, que nous n'aurions plus cru possible. L'humeur de Conrad se ressent de ce bon état de choses, car il est gai, serein et se livre à l'espoir de devenir peu à peu un membre utile de la société.

Quant à sa manière d'être, il est par moment, encore un peu superficiel et tranchant, mais son intention est bonne et ses procédés laissent peu de chose à désirer. Est-il besoin de vous dire qu'en remerciant le Seigneur de ce changement de cœur, nous pensons en même temps à vous, chère Mademoiselle, et à Monsieur votre frère, qui avez été les instruments de sa grande miséricorde.
Elisabeth Meyer-Ulrich an Cécile Borrel,
[Anfang 1854] (d'Harcourt, crise, S. 241 f.)

Die arme Mutter

Noch während Conrad in der Westschweiz weilte, begann Elisabeth Meyer sich mit Selbstanklagen zu quälen:

S'il [Conrad] n'y réussit pas [à se créer une existence modeste, mais honorable], il faudrait le faire revenir à la maison, ce qui serait malheureux, parce que malgré ou plutôt à cause de ma tendresse maternelle, je suis la personne qui lui nuit le plus...
Elisabeth Meyer-Ulrich an Louis Vulliemin,
17. April 1853 (Vulliemin, S. 236)

Quand je me représente que je dois un jour rendre compte de ma vie tout entière, de tout ce que le Seigneur m'a confié, de mon activité, de mes paroles, de mon temps, de mes pensées, de mon influence, je voudrais cacher ma face et m'écrier: Seigneur, daigne avoir pitié de moi, car je suis la plus misérable de tes servantes.
Elisabeth Meyer-Ulrich an Cécile Borrel,
3. November 1853 (d'Harcourt, crise, S. 222)

Acht Jahre lang in dumpfer Resignation zusehen, wie sich der mit schönen Anlagen ausgerüstete Geist eines Kindes zwecklos verzehrt, ist wahrlich ein Flecken im Buche meines Lebens, den ich mit blutigen Tränen auswaschen möchte.
Elisabeth Meyer-Ulrich an ihren Sohn,
10. November 1853 (Frey, S. 66)

Der Sohn versuchte seine Mutter zu begütigen:

Am ungerechtesten sind allfällige deine Gedanken über Vergangenes. Ich bin mathematisch überzeugt, daß du an mir nicht nur liebreich sondern auch klug handeltest; es war eine körperliche Krise; hättest du anders gehandelt, ich läge schon längst im Grabe. Gut soll es werden, ob glücklich – menschlich geredet – liegt in hoher Hand. Also gieb dich zufrieden, l. Mutter, und zähle darauf, daß ich für immer zahm bin.
Meyer an seine Mutter,
8. November 1853 (Ms. CFM 316.6 Nr. 35;
vgl. d'Harcourt, crise, S. 226)

Nichts kann grausamer sein, als die inqualifiabeln Vorwürfe, die du dir machst. Ich möchte wol wissen, worin du gefehlt hast? u: warum, ich bitte, auf das Vergangne zurückkommen? Was nützt es? Ich verspreche dir, der glücklichste aller Menschen zu werden, der Fleiß ist die Hauptsache u: ferner der frömmste; kurz, was du nur wünschen kannst.
Meyer an seine Mutter,
[Spätherbst/Winter 1853] (Ms. CFM 316.6 Nr. 38;
vgl. d'Harcourt, crise, S. 234)

Meyer fürchtete einen Zusammenbruch seiner Mutter, doch konnte er nicht verhindern, daß sie sich durch ihre übertriebene Selbstaufopferung und krankhafte Selbstvorwürfe körperlich und seelisch ruinierte:

La maladie de l'un des nôtres, de M. Mallet de Genève, a, depuis six mois assez modifié notre vie; cette atmosphère de malade m'avait un peu alourdi, maintenant je m'y résigne, comme je me résigne à tant d'autres choses. Ce qui m'inquiète davantage, c'est la santé de ma mère qui va fléchissant au jour le jour. Oh, mon cher, il est de tristes choses dans cette vie.
Meyer an Félix Bovet,
16. Juni 1856 (Briefe I, S. 117)

Die Gegenwart der toten Mutter – Seegedichte

Elisabeth Meyer-Ulrich durfte in der näheren Umgebung von Préfargier Spaziergänge ohne Begleitung unternehmen. So begab sie sich im Einverständnis mit der Anstaltsleitung am 27. September 1856 zum Schiffslandesteg am Neuenburgersee – man hatte ihr den baldigen Besuch ihrer Tochter angekündigt – und stürzte sich ins Wasser. Es sind drei Abschiedsbriefe der Todeswilligen erhalten: je ein Schreiben an ihre Schwägerin Caroline Meyer-Ott in Stadelhofen und an die Genfer Freunde Mallet d'Hauteville sowie ein längerer Brief an ihre Kinder (Hohenstein, S. 114f.). In eigenwillig-verzerrten Schriftzügen, wie sie für ihre späteren Jahre zwar charakteristisch sind, die sich aber von ihrer einst zierlichen Handschrift markant abheben, hat sie sich ein letztes Mal an Betsy und Conrad gewandt (Ms. CFM 387.14):

«Theures, innig geliebtes Kind u. auch du mein guter Conrad. Mit einem unaussprechlichen Seelenschmerze reiße ich mich von Euch los, wahrscheinlich auf Nimmerwiedersehen, – aber es muß geschehen, damit ich nicht Sünde auf Sünde häufe und Euch immer unglücklicher mache. O klammert Euch doch recht an Christi Kreuz u. Verdienst an, damit ihr die entsetzliche Prüfung durchmacht. / Ich schaudere vor mir selbst – Ach, Allbarmherziger, erbarme dich meiner auch an dem dunkeln Orte, wohin ich mich jetzt stürze – Vielleicht darf ich wieder von vorn anfangen u. im übrig gebliebenen Guten wachsen. [...] / Conrad, Lieber Sohn – ich glaube der entsetzliche Schlag werde dich im Christenthum befestigen. Thue an deiner Schwester was nur immer möglich ist. [...] / Liebe, liebe Kinder – Von einer Missethäterin wie ich bin dürft Ihr in Préfargier keine Andenken geben – aber doch Geld für die Armen. [...] / Überall, überall wurde ich mit der größten Liebe empfangen – überall raunte mir der Feind ins Ohr: es ist zu spät. du bist rabenschwarz – / Christus kann dich nicht mehr annehmen. [...] Betet, betet für Eure arme Mutter. haltet fest zusammen u. stellet Euch unter das Kreuz Christi. Dort seid Ihr geborgen trotz dem schauerlichen Schicksal, das Euch durch mich bereitet wurde. / O wie gerne wäre auch ich in Gnaden angenommen worden. / Wie habe ich gerungen u. gedürstet nach einem Tropfen des Versöhnungsblutes – auf daß ich wieder leben könne. Vergebens. Die finstre Macht, die mich umgarnt, zieht niederwärts. Christus – Christus errette mich auch noch in der Hölle. – Christus dich meine [ich] u. nach dir möchte ich auch jetzt noch streben. –»

Oft war der Sohn bei Ausbruch seiner Krise anfangs der fünfziger Jahre willens gewesen, den Tod im Wasser zu suchen. Die Mutter vollzog nun, womit er gedroht hatte. Ihre krankhaft-übertriebenen Selbstbeschuldigungen im Zusammenhang mit Conrads «Versagen» sowie Mallets Sterben und die daraus erwachsende Selbstverachtung hatten sie zermürbt und ihre letzte Lebenskraft verzehrt. Im Gegenzug mußte ihr unerwarteter Freitod jetzt bei Conrad Schuldgefühle wachrufen, war doch er es gewesen, der seiner Mutter stets Kummer bereitet hatte.

Die Verstorbene geistert als engelhaft-reine Mutter und dann wieder als todbringende Meduse durch C. F. Meyers Werk. Am unmittelbarsten ist sie in seinen Seegedichten gegenwärtig, die im Wortlaut zuweilen an den mütterlichen Abschiedsbrief anzuklingen scheinen. Der Dichter hat dies vorsichtig relativierend auch eingestanden, wenn er am 18. Mai 1887 gegenüber Anna von Doß bekennt, seine Mutter lebe vielleicht «in den *Tönen*» einiger seiner Lieder weiter (von Doß, S. 387). – Die Seegedichte stehen fast alle in der Abteilung «Stunde» von Meyers lyrischem Sammelband. Sie bilden ein Gegen- und Seitenstück zu den Berggedichten, welche die Erinnerungen an den frühverstorbenen Vater wachhalten. Dort wird das lyrische Ich von der Sehnsucht nach Erhabenheit und Himmelsnähe ergriffen, fürchtet sich dabei vor Schlüften und drohenden Abstürzen und verlangt doch nach der reinen Kühle der Firne; hier ist es der Tiefe des Wassers ausgesetzt und empfindet die Angst des Einsamen vor dem flutüberdeckten finsteren Abgrund, der magisch anlockt und zugleich abschreckt. Wie die Himmelsnähe, so verspricht auch das dunkle Wasser kühlen Tod.

Erste Seite des Abschiedsbriefs von Elisabeth Meyer-Ulrich an ihre Kinder, geschrieben vor ihrem Freitod in Préfargier am 27. September 1856. Ms. CFM 387.14. Zentralbibliothek Zürich

EINGELEGTE RUDER

*Meine eingelegten Ruder triefen,
Tropfen fallen langsam in die Tiefen.*

*Nichts das mich verdroß! Nichts das
   mich freute!
Niederrinnt ein schmerzenloses Heute!*

*Unter mir – ach, aus dem Licht
   verschwunden –
Träumen schon die schönern meiner
   Stunden.*

*Aus der blauen Tiefe ruft das Gestern:
Sind im Licht noch manche meiner
   Schwestern?*

(I, 78)

Das Gedicht – 1868/69 erstmals entworfen, hier wiedergegeben in der Schlußfassung von 1882 – ruft die nächtlichen Bootsfahrten des armen Conrad in Erinnerung und läßt das Gefühl von Einsamkeit, Apathie und Leere aufkommen, das ihn damals gepeinigt hat.

Wie anders war das beim jungen Goethe, als er 1775 eine Ausfahrt auf dem Zürichsee unternahm *(Auf dem See)*: «Die Welle wieget unsern Kahn / Im Rudertakt hinauf, / Und Berge, wolkig himmelan, / Begegnen unserm Lauf.» In diesen Versen ist Bewegung, Getragenheit, hoffnungsvoller Ausblick zu spüren. Bei Meyer hingegen gibt es keine Zukunft. Wozu sollte das lyrische Ich überhaupt die Ruder führen? Die einzige Bewegung ist die der fallenden Tropfen, des Niederrinnens, Sinkens. Das Erlebenswerte liegt in der Vergangenheit. Die Stimme aus der Tiefe meldet Müdigkeit und Überdruß. Frühe Fassungen sprechen nicht vom «schmerzenlosen Heute», sondern gar vom «schmerzenlosen Tod» (II, 330). Dem, dessen Blick den Tropfen folgt, entschlummert das Herz.

SCHWÜLE

*Trüb verglomm der schwüle Sommertag,
Dumpf und traurig tönt mein Ruderschlag –
Sterne, Sterne – Abend ist es ja –
Sterne, warum seid ihr noch nicht da?*

*Bleich das Leben! Bleich der Felsenhang!
Schilf, was flüsterst du so frech und bang?
Fern der Himmel und die Tiefe nah –
Sterne, warum seid ihr noch nicht da?*

*Eine liebe, liebe Stimme ruft
Mich beständig aus der Wassergruft –
Weg, Gespenst, das oft ich winken sah!
Sterne, Sterne, seid ihr nicht mehr da?*

*Endlich, endlich durch das Dunkel bricht –
Es war Zeit! – ein schwaches Flimmerlicht –
Denn ich wußte nicht wie mir geschah.
Sterne, Sterne, bleibt mir immer nah!*

(I, 75)

SCHWÜLE kann als Vorstufe zum Gedicht EINGELEGTE RUDER betrachtet werden; so enthalten denn erste Fassungen auch den Keim zu jenen Versen. Die älteste Niederschrift stammt vom September 1864. Die innere Unruhe des Ruderers wird durch die ihn umgebende Landschaft – den bleichen «Felsenhang», das «frech und bang» flüsternde Schilf – ins fast Unerträglich-Unaushaltbare gesteigert. Alles ist Gefährdung. Und dieses Gefährdetsein verdichtet sich in der Stimme aus der Wassergruft zum Gespenst, das immer wieder aus der Tiefe winkt. Die Stimme ist zwar lieb, aber sie bannt und lähmt. Beinahe kommt das rettende Licht der Sterne zu spät.

Die innig rufende Stimme aus der Tiefe – darauf hat Emil Staiger hingewiesen (Staiger, Drei Gedichte, S. 7) – ist die Stimme von Meyers Mutter, die den Tod im Wasser gesucht hat. Das dunkle Wasser ist der Raum der verstorbenen Mutter, so wie das Firnelicht der Bereich des toten Vaters ist. Beiden Orten gemeinsam ist die Kühle; und beide Räume versprechen Abgeschiedenheit, verheißen Befreiung von ordinärem Gewühl, von Staub und Unrat, stellen aber gleichzeitig Schmerz und Lust in Aussicht.

Die Sterne, in einer Fassung von 1869 als «Trost der Nacht» (II, 320) bezeichnet, sind Gegenpart zur Stimme aus der «Wassergruft». Der innere Widerstreit zwischen magischer Anziehung durch das feuchte Element einerseits und Furcht vor dem Versinken im Wasser anderseits ist im Zusammenhang mit jenem mütterlichen Abschiedsbrief vom 27. September 1856 zu sehen, wo es heißt (Hohenstein, S. 114f.): «Ach, Allbarmherziger, erbarme dich meiner auch an dem dunkeln Orte, wohin ich mich jetzt stürze – [...] Geliebte Kinder, klammert euch an das Kreuz Christi an, damit ihr in dem Jammer nicht untergeht. [...] Die finstre Macht, die mich umgarnt, zieht mich niederwärts.» Das Gedicht SCHWÜLE handelt von Meyers Angst und zugleich von seiner Sehnsucht, der Mutter nachzufolgen. Zweifellos hat der Selbstmord der Mutter die eigenen jugendlichen Suizidwünsche in ihm wieder wachgerufen.

Das Locken der Nixe vom Seegrund ist übrigens ein uraltes Motiv. Oft ist dabei nicht klar, ob die Frau im Wasser lebt oder ob sie tot ist. In Kellers *Winternacht* ist die Nixe, die am Seebaum hinaufsteigt, leichenblaß; umgekehrt ist seine *Nixe im Grundquell* von den Wassern des Lebens umströmt, ja sie selbst verkörpert das Leben. In Meyers Gedicht DIE FEI dagegen (I, 37f.), das durch Moritz von Schwinds Bild «Ritter auf nächtlicher Wasserfahrt» angeregt worden ist (vgl. II, 191 u. Abbildung vor S. 177), droht die Wasserfrau als längst entseeltes Liebchen den untreuen Ritter zu sich ins Verderben zu ziehen. Auch hier gestaltet Meyer also das Eros/Thanatos-Motiv.

IM SPÄTBOOT

Aus der Schiffsbank mach ich meinen Pfühl,
Endlich wird die heiße Stirne kühl!
O wie süß erkaltet mir das Herz!
O wie weich verstummen Lust und Schmerz!
Über mir des Rohres schwarzer Rauch
Wiegt und biegt sich in des Windes Hauch.
Hüben hier und wieder drüben dort
Hält das Boot an manchem kleinen Port:
Bei der Schiffslaterne kargem Schein
Steigt ein Schatten aus und niemand ein.
Nur der Steurer noch, der wacht und steht!
Nur der Wind, der mir im Haare weht!
Schmerz und Lust erleiden sanften Tod:
Einen Schlummrer trägt das dunkle Boot.

(I, 80)

In diesem Gedicht wird ebenfalls eine charontische Fahrt angetreten. Der schwarze Rauch läßt das antike Hadesreich mit Charon, Acheron und seinen Schatten aufdämmern. Die Motive des Erkaltens, des «Sich-zur-Ruhe-Legens», des Entschlummerns verweisen wiederum auf den Bereich von Kühle, Wasser und Tod.

Dabei wird Banal-Alltägliches zum mythenschweren Symbol gesteigert. «Spätboot» oder «Nachtboot» nannte man zu Meyers Zeit das letzte Boot, das die Gemeinden am See anlief. Meyer hat es oft benützt, als er von 1868 bis 1877 in Küsnacht und Meilen wohnte. Auch auf dem Heimweg von François und Eliza Wille in Mariafeld bestieg der Dichter in der Regel das letzte Kursschiff (vgl. II, 335), denn die rechtsufrige Zürichseebahn wurde erst 1894 eröffnet.

DIE TOTEN FREUNDE

Das Boot stößt ab von den Leuchten
    des Gestads.
Durch rollende Wellen dreht sich der
    Schwung des Rads.
Schwarz qualmt des Rohres Rauch ...
    Heut hab ich schlecht,
Das heißt mit lauter jungem Volk gezecht –

Du, der gestürzt ist mit zerschossener Stirn,
Und du, verschwunden auf einer
    Gletscherfirn,
Und du, verlodert wie schwüler
    Blitzesschein,
Meine toten Freunde, saget, gedenkt
    ihr mein?

Wogen zischen um Boot und Räderschlag,
Dazwischen jubelt ein dumpfes Zechgelag,
In den Fluten braust ein sturmgedämpfter
    Chor,
Becher läuten aus tiefer Nacht empor.

(I, 27)

Das Gedicht DIE TOTEN FREUNDE aus der Abteilung «Vorsaal» von Meyers gesammelter Lyrik ist mit den SPÄTBOOT-Versen thematisch verwandt. Wieder geht es um eine nächtliche Bootsfahrt, und unser Blick wird erneut auf die unheilvoll-düstere Rauchsäule gelenkt. Diesmal aber stellt der Dichter die tiefe Nacht, die den einsamen Fahrgast umgibt, dem Lärm laut zechenden Volkes gegenüber, der dem Heimkehrenden noch in den Ohren dröhnt. Wie in den Vorstufen zum Gedicht DER REISEBECHER lösen sich die Grenzen von Zeit und Raum auf, und die verschiedensten Welten fließen ineinander über: Der vom Festgetümmel Ermüdete glaubt im rauschenden Wellenschlag des Hier und Jetzt noch die Geräusche der eben verlassenen Trinkrunde zu vernehmen und taucht gleichzeitig ins Reich der Erinnerung ein, wo er längst verstorbenen Freunden begegnet, die offenbar ebenfalls «ein dumpfes Zechgelag» abhalten; auch das Bechergeläute der Toten scheint vom Grunde des Sees bis zu ihm hinaufzudringen. – Im SPÄTBOOT-Gedicht dagegen beschränkt sich Meyer auf ein einziges kontrastlos geschlossenes Bild: die schwarze, kalte Nacht.

Rechte Seite:
Conrad Ferdinand Meyer im Alter von ungefähr
35 Jahren.
Anonyme Photographie um 1860. Original Privatbesitz,
Reproduktion Zentralbibliothek Zürich

III Der Aufbruch

In Paris (März bis Juni 1857)
In München (Herbst 1857)
In Rom (1858)
Ricasoli und die Einigung Italiens

In Paris (März bis Juni 1857)

Nach dem schmerzlichen Verlust der Mutter begleitete Conrad seine Schwester zu ihren Genfer Freunden; er selbst begab sich später nach Lausanne. Erst im Januar 1857 kehrten die Geschwister ins öde Stadelhofener Heim zurück. Die beiden hatten Antonin Mallets Vermögen geerbt. Es erlaubte ihnen ein Leben ohne finanzielle Sorgen. Gleichwohl sah sich Meyer genötigt, endlich einen Beruf zu ergreifen – das Gerede einiger Zürcher über seine Untätigkeit peinigte ihn schon lange. Seine Reise nach Paris war eine eigentliche Flucht vor den üblen Nachreden, der falschen Einschätzung und der geheuchelten Anteilnahme von Seiten seiner Mitbürger. «Fort mußte ich [...]», offenbarte er Betsy (Frey, S. 88). «Wie erbärmlich war ich nicht in Zürich daran! Was mich niederwarf und aufrieb, war die Mißachtung, das Fürkrankgelten, in der ich lebte, sowie mich am tiefsten jene Hinweisung auf meine in den letzten Jahren unverschuldete Berufslosigkeit kränkte [...]». (Frey, S. 87) – Darum vertauschte Meyer Mitte März das ihm lästig gewordene «Pflaster» (ebd.) der Limmatstadt mit jenem der Weltstadt an der Seine, wo er aufatmen konnte und keine Kränkungen mehr zu befürchten hatte. In Hinsicht auf seine berufliche Zukunft entschloß er sich für juristische Studien, die er später an einer deutschen Hochschule zu vollenden gedachte. Die erworbenen Kenntnisse wollte er sich einerseits bei der Verwaltung seiner Gelder zunutze machen; daneben strebte er eine einfache Beamtenstelle an, die ihn bei seinen «Mitpilgern» (ebd.) rehabilitieren, aber gleichzeitig genügend Freiraum für poetische Neigungen lassen sollte. Er erwog auch eine Tätigkeit im Buchhandel. Was ihn beim Schmieden seiner Berufspläne beflügelte, war seine Liebe zu Pauline Escher, einer entfernten Verwandten Mathildes; denn ohne sicheren Broterwerb durfte er nicht daran denken, sich zu verheiraten. Allerdings stieß seine Werbung bei beiden beteiligten Familien auf wenig Begeisterung, und Meyer mußte die Hoffnung auf eine Erfüllung seiner Träume schon bald begraben.

Auch Paris war zum einen eine Enttäuschung. Meyer hatte die Hauptstadt des Roi Soleil zu sehen erwartet, das Paris, dessen Bild ihm Pascal, Montesquieu, Voltaire, Vauvenargues, Beaumarchais, Châteaubriand, Sainte-Beuve, Mérimée und Michelet entworfen hatten. Paris im Zeitalter Napoleons III. war dagegen eine farbig-hektische Stadt; die Jagd nach Geld und Erfolg bestimmte das Leben (an Betsy, 22. März 1857; Frey, S. 93): «Das Gute hat Paris, daß es alle Träumereien beseitigt. Dieser Lärm und dies Rennen läßt das innere Leben gänzlich verstummen; man geht seinen Geschäften nach, ißt und trinkt und ist eigentlich weder glücklich noch unglücklich, weil man sein eigenes Wort nicht, geschweige sein Herz versteht. Da ist nur ein Gott: das Geld und der Erfolg.»

Die Französinnen, der Katholizismus der Souvenirbuden: der ganze Flitter stößt den Zürcher Puritaner ab (an Betsy, 7. April 1857; Frey, S. 98 f.): «Die Französinnen, Gott bewahre und behüte jeden ehrlichen Mann davor, *je ne dis que cela*. Es ist wahr, der Pater Felix donnert dagegen in Notre Dame, er donnert gegen die Krinoline, das Börsenspiel und wie die Laster alle heißen; aber das schlimmste ist, daß die Franzosen über alles lachen, über ihre eigene Verworfenheit, wie über den Pater Felix. An den Buden *(à la devanture, à la vitrerie des magasins)* hangen abscheulicher Leichtsinn und fromme Sachen dicht nebeneinander.»

Das große Paris ist vergangen: daran erinnern noch die Napoleonssäule, das Palais Royal, die Tuilerien. Am meisten beeindruckt ihn Notre-Dame. Die Gemälde der Franzosen im Louvre behagen ihm nicht; seine Liebe gilt den Italienern: Perugino, da Vinci, Correggio. Tief ergriffen ist er von Murillos Madonna. – Aber er kommt nicht ohne abschätzige Bemerkungen aus: die Griechentempel, die Triumphbogen Ludwigs XIV., die Julisäule mit dem fliegenden Engel – er hätte «den goldenen Vogel gern heruntergeschmissen» (Frey, S. 97). Meyer war sichtlich noch nicht gesund genug, sich dem Erlebnis der Stadt ganz hinzugeben.

Paris, Kathedrale Notre-Dame von Süden.
Meyer nennt sie «[d]as schönste» Bauwerk von Paris (Frey, S. 97), das «edle Altertum, das leider nur nicht Raum genug hat» (Frey, S. 91).
Photographie von Emmanuel Sougez. Publiziert in: «Notre-Dame de Paris», Paris 1932. Zentralbibliothek Zürich

Immerhin, Versailles bleibt als «steifes Wunder» in seiner Erinnerung haften (Frey, S. 103). Und als schon der Zeitpunkt der Heimreise näher rückt, schreibt er am 12. Juni 1857 doch mit leiser Wehmut an die Schwester (ebd., S. 104 f.): «Ich weiß nicht, wie es werden mag, wenn ich mein Pantheon nicht mehr sehen und meinen Morgengang in dem grünen Luxembourg missen soll. Dies Paris ist eine Zauberin. Man gewöhnt sich hier an das Großartige und zugleich auch an alle Anmut dieses Lebens. Vergangenen Sonntag sprangen die Wasser in Versailles wie unter dem großen König. Zuschauer zu Tausenden, auch der König von Bayern, aber wie ein anderer, *sur un pied de parfaite égalité. Il regarde avec plaisir,* sagten die Zuschauer geschmeichelt. Und, nachdem die Künste geendigt und die Menschen zu einem anderen Bassin geeilt waren, zogen die geflohenen Schwäne wieder friedlich auf dem Teich.»

Paris, Jardin des Tuileries, Westteil nahe der Place de la Concorde, rechts zwei Statuen aus dem 18. Jahrhundert, Frühling und Herbst. «[D]er Tuileriengarten mit seinen Brunnen und dem fernen Triumphbogen gehören wohl zum Reizendsten auf der Erde.» (Meyer an seine Schwester, 16. März 1857; Frey, S. 91) Photographie von Eugène Atget (1857–1927), aufgenommen 1912. Reproduktion aus: «The work of Atget», Bd. II, New York/London 1982, Taf. 107. Zentralbibliothek Zürich

Pauline Louise Escher (1829–1913), auf die Meyer anfangs 1857 ein Auge geworfen hatte; seine Hoffnungen auf eine Verbindung mit der entfernten Verwandten von Mathilde Escher zerschlugen sich aber schon während des Aufenthaltes in Paris.
Reproduktion eines anonymen Aquarells um 1850. Publiziert in: Pauline Escher, «Erinnerungen aus meinem Leben», Zürich 1909, Abb. nach S. 32. Zentralbibliothek Zürich

Reise und Unterkunft

Liebes freundliches Schwesterchen, man weiß doch nicht, was man an seinen Lieben hat, bis man von ihnen getrennt ist; es ist nun der dritte Tag, seit wir voneinander sind, und wie sehr entbehr' ich schon Deiner Liebe. Das ist aber das Gute der Trennung, daß sie uns den wahren Wert der Liebe erkennen läßt, die wir sonst dies einzige Gut nur so hinnehmen als etwas, das sich von selbst verstund.

Ich schreibe Dir fern von allem Geräusch, am Kaminfeuer, in einem hochliegenden, aber heimlichen Zimmerchen des Hotels Kolet und will Dir in Kürze meine Erlebnisse erzählen; nur erwarte nichts Ungewöhnliches: diese von mir mehr gefürchtete als geliebte Würze der Reisen ist mir ferngeblieben und möge es stets bleiben; es ist mir nichts Besonderes zugestoßen, wofür ich dem Himmel danke. Freitag abend blieb ich in Basel bei herrlichem Wetter und hörte in meinem Gasthof einige unfern von mir niedergelassene Basler Herren die städtischen Tagesfragen erschöpfend und eigentümlich verhandeln. Samstag flog ich in einem Zug nach Paris, über Straßburg und das hübsche Nancy, von 6 Uhr Morgens bis 10 Uhr Abends: helles Wetter, Ebenen, Fabriken, Tunnels, einige Schlösser, zuletzt ein Meer von Lichtern: Paris.

Heute habe ich die Stadt etwas durchwandert, bis ich die Napoleonssäule fand, das Palais Royal, die Tuilerien, die Brücken und wie die Wunder alle heißen. Den tiefsten Eindruck machte mir Notre Dame, dies edle Altertum, das leider nur nicht Raum genug hat. Das Getümmel ist nicht klein. In Wahrheit, ich komme mir vor wie ein Kind im praktischen Leben, aber ich will, soviel es meine Natur erlaubt, mich umtun und lernen...

Meyer an seine Schwester, Paris, 14./15. März 1857 (Frey, S. 90 f.)

Meyer hat sein Pariser Quartier wegen mangelnder Reinlichkeit mehrmals gewechselt. In zahlreichen Briefen ließ er die treue Schwester an seinen Erlebnissen in der Seinestadt teilhaben.

Die Flucht nach Paris

Die peinlichen letzten vierzehn Tage in Zürich haben mich belehrt, daß ich nicht mehr dahin zurückkehren kann, ohne etwas Rechtes gelernt zu haben. Um eine bürgerliche Stellung zu erringen, genügen weder Französisch noch Geschichte; es bleibt nur das Recht; dazu kann ich hier einen guten Grund legen; ob ich später nicht nach Deutschland gehe, ist eine andere Frage. Zwei Jahre Abwesenheit sind ja verabredet. Ich zähle nicht auf meine Kraft, sondern auf Ihn, bei dem alle Dinge möglich sind. Halte das (außer für Frau Mathilde [Escher]) Alles ja geheim; man würde nur darüber lächeln, und überhaupt wollen Entschlüsse, besonders im Anfang, geheim gehalten sein ... Ich bin gesund. Gute Ostern. Dein C.

Meyer an seine Schwester, Paris, 10. April 1857 (Frey, S. 99 f.)

Entgegen all seinen Verheißungen kehrte Meyer dreieinhalb Monate später nach Zürich zurück, ohne daß er sein Rechtsstudium begonnen hätte. Zwar arbeitete er gelegentlich auf einer Pariser Bibliothek, unternahm aber auch viele Ausflüge.

*Mariae Empfängnis.
Ölskizze von Bartolomé Estéban Murillo (1618–1682), entstanden in den 1650er Jahren. Das Werk des spanischen Meisters hatte es Meyer während seines Pariser Aufenthalts besonders angetan; noch am 24. Mai 1857 schwärmt er gegenüber Betsy vom «verklärten Blick der Murillo-Madonna» (Frey, S. 104). Musée du Louvre, Paris. Photographie Réunion des Musées Nationaux*

*Paris, Place de la Bastille mit der 52 m hohen Julisäule, errichtet 1833–1840, bekrönt vom Genius der Freiheit, einer kolossalen allegorischen Bronzefigur von Augustin-Alexandre Dumont. Meyer stieß sich an der «heftigen, frechen Gebärde» des Engels (Frey, S. 97). Die Figur als Verkörperung der Freiheit stand für ihn in krassem Widerspruch zum hektischen Leben der genußsüchtigen, geldgierigen Pariser.
Aufnahme der Photochrom Zürich, erschienen um 1890. Zentralbibliothek Zürich*

DIE GROSSEN STÄTTEN

Aber, liebes Kind, die schönen Bilder im Louvre! Zwar an den Franzosen (die Schule Davids) habe ich keinen Geschmack. Schöne Gliedmaßen und schulgerechte, manchmal zierliche Bewegungen, aber keine Wärme und noch mehr – kein Adel und so theatralisch alles ausgedacht; kein Leben, wenigstens kein inneres Leben. Hinter Poussin mag denn doch mehr sein; ich will ihn erst studieren; er ist Zeitgenosse Corneilles. Ich lasse ihre Watteaus gelten, auch ihre Horace Vernets; Tiere, Liebeleien, Araber, Schlachten und Jagden, das müssen diese praktischen Leutchen malen, aber nichts Hohes, nichts Heiliges. Der Leopold Robert, ja, der ist ein Künstler. Aber wie? Man denkt: diesen schönen und starken Menschen auf diesem klassischen Boden, bleibt ihnen nichts von alter Größe und Freiheit? nur die Idylle der Jahreszeiten. Aber, Kind, die Italiener! Der fromme Perugin mit seinen Madonnengesichtern, deren Unschuld unbeschreiblich ist, ein Deschwanden größerer Zeiten, aber gewissenhaft; da Vinci, der ganz gewiß keinen über sich hat, so untadelig, so kühn, so rein, so unsinnlich; Correggio mit seinen Farben und Lichtern, der Zauberer Raphael, dessen Tod aber zur rechten Zeit kam, denn manches von ihm ist getändelt, und er beginnt ganz offenbar den Verfall der Kunst. Aber das Schönste: die Madonna Murillos. Keine Himmelfahrt, eine Empfängnis, die Vollendung der Kunst; reinste Liebe, Sehnsucht, Seligkeit in diesen blauen Augen und in dem geliebten Lächeln. Ja, diese Zeitgenossen der Reformation waren Männer, und wir fühlen uns vor ihren Bildern recht schlecht und, wenigstens in himmlischen Dingen, auch dumm.

An Gebäuden habe ich so ziemlich alles gesehen. Das schönste ist Notre Dame. Die Griechentempel sollte man durchaus im Freien, am Meer, in der Ferne sanfte Hügel und oben tiefblauer Himmel, sehen; in einem modernen Häusermeer machen sie schlechten Effekt. Die Triumphbogen Ludwigs XIV. und seine nun inschriftlose Bildsäule können niemandem Freude machen. Die Julisäule, oben ein vergoldeter fliegender Engel (er steht auf der Fußzehe), unten Gaukler und Gesindel – nun sie ist ein schönes Stück Arbeit, aber sei es die heftige, freche Gebärde, die der Genius mit dem Bein macht, oder sonstige Vorurteile, ich hätte den goldenen Vogel gern heruntergeschmissen.

*Meyer an seine Schwester, Paris,
30. März 1857 (Frey, S. 96 f.)*

Das Haus zum St. Urban in Zürich-Stadelhofen.
In diesem Gebäude aus dem Jahre 1790 an der Stadelhoferstraße 23 bewohnten Meyer und seine Schwester von 1857 bis 1862 den ersten Stock. Das Haus ist 1933 abgetragen worden. Photographie von W. Gallas, Zürich, 1923. Baugeschichtliches Archiv Zürich

Im St. Urban

Anfang Juli 1857 war Meyer bereits wieder zu Hause. Die Schwester war während seiner Abwesenheit vom Langen Stadelhof in das vom Großvater Johann Jakob Meyer neu erbaute Haus zum St. Urban umgezogen. Sie nahm sich des Bruders an. Zur Erholung reisten die Geschwister nach Engelberg; auch Maria Burckhardt, das einst im Garten an der Kirchgasse beobachtete «Schwänlein», war mit von der Partie. Meyers alte Liebe erwachte – doch es war vergeblich, er holte sich im Laufe des Zürcher Winters erneut einen Korb.

Während ihm während eines Aufenthaltes in Paris im Louvre und in Versailles ganz neue historische und künstlerische Perspektiven sich öffneten, besorgte ich unsern Umzug vom urgroßväterlichen ins großväterliche Stammhaus, aus dem untern St. Urban in Stadelhofen in den obern, in das kleine Wohngemach, das Sie, verehrter Herr, kennen. Dorthin kehrte mein Bruder aus Paris zu mir zurück. Hier bildete er sich aus alten Jugendfreunden und neuen Studiengenossen die geselligen, ihn fördernden Kreise, in denen er gedeihen konnte. Hier ließ er seine ersten Arbeiten, sprachliche Vorstudien anfangs, die sich an andere Autoren anlehnten, in Druck legen. Von hier aus trat er seine erste, in künstlerischem Sinne ihn völlig umwandelnde italiänische Reise an. Hier erlebte er die Befreiung Italiens im Geiste mit. Hier besuchte uns auch während seiner ersten Ministerperiode zu Beginn der Sechzigerjahre der Baron Bettino Ricasoli. In diesem Hause entstund in den gestaltenden Hauptzügen des Dichters erste, selbständige poetische Arbeit, die «Zwanzig Balladen eines Schweizers», wenn sie auch erst später in die Öffentlichkeit traten.

Diese Wohnung unter dem großväterlichen Dache war dem Dichter lieb. Er verließ sie mit Bedauern und nur auf den sehr natürlichen Wunsch des Hausbesitzers, unseres Onkels Wilhelm, der gerne seine sich früh verheiratende Jüngste, die jetzige Frau Oberst Schultheß, mit ihrem beginnenden Haushalt unter dem väterlichen Dache bewahren wollte.

Die kleine Stadtwohnung war meinem Bruder damals nicht mehr zu eng. Seit ihm die großen Schwingen gewachsen waren, die mit hohem, ruhigem Fluge ihn weit über die alltäglichen Schranken hinwegtrugen, und ihm den Ausblick in unendliche, lichte Reiche des Schönen gewährten, kehrte er immer wieder gerne in die heimatliche Beschränkung zurück, wo er sich sicher fühlte. Wie die kühn fliegende Schwalbe auch immer wieder ihr trautes Nest aufsucht! [...]
Betsy Meyer an Johann Jakob Hardmeyer-Jenny,
9. Januar 1902 (Schultheß, S. 23 f.)

In München (Herbst 1857)

Gearbeitet hat Meyer 1857 nicht viel: Museumsbesuche, Sprachstudien und Lektüre füllten seine Zeit. Entscheidender war, was er nicht tat: Er verzichtete endgültig auf seine Absicht, Jurisprudenz zu studieren. Im Frühjahr hatte er noch vage geplant, in die Fußstapfen des Vaters zu treten und seine Ausbildung in Berlin abzuschließen. Doch der Gedanke an eine Beamtenlaufbahn schreckte ihn ab. Er sah auch ein, daß er als Französischlehrer am Zürcher Gymnasium oder in einer deutschen Stadt nicht hätte bestehen können. Er fühlte sich jetzt in der Lage, seinen künstlerischen Neigungen nachzuleben – und zwar finanziell und psychisch: Der mütterliche Druck war von ihm genommen.

Im Oktober 1857 brach er mit seinem Vetter Heinrich Meyer (1817–1896) zu einem zehntägigen Kunstreischen nach München auf. Die Briefe an die Schwester sind so munter wie jene aus Paris. Allerdings war die Stadt an der Isar weniger geschichtsträchtig als die französische Metropole; trotz all ihrer Kostbarkeiten vermißte Meyer die historische Tiefe und Ernsthaftigkeit. Was München an Kunst zu bieten hatte, erschien ihm als oberflächliche Tändelei. Die Liebfrauenkirche, die Basiliken, die Wittelsbacher Paläste und die Gärten waren für ihn eher Abklatsch als Originalleistung – von der Bavaria gar nicht zu reden. Aber in der Alten Pinakothek stieß er auf Raffael, auf die «Heilige Cäcilia» aus Leonardos Schule und vor allem auf «die herrlichen Bettelbuben» seines «Liebling[s] Murillo» (Frey, S. 110).

Zu Hause bedrängte Mathilde Escher die Geschwister Meyer. Sie wollte die scheinbar Untätigen, Verwaisten aus ihrer Lethargie befreien und in erster Linie Betsy zur Aktivität im Dienste der Armen und Bedürftigen ermuntern (Frey, S. 116): «Ich kann eure Kaplanei nicht leiden! Ihr Freiherrn mit eurer freien Zeit! Könnt' ich nur jedes von euch in einen Karren spannen, daß ihr recht ziehen müßtet!» Betsy ist diesem Zuruf gefolgt und hat die unermüdliche Helferin während Jahren unterstützt. Mathilde Escher wurde auch in Conrads Zukunftspläne eingeweiht. Als mütterliche Freundin wollte sie ihm zu einer passenden Partie verhelfen, aber Meyers Herz war bereits gebunden: Er freite in den Wintermonaten um Maria Burckhardt – doch umsonst.

Der Dichter hat die bayrische Hauptstadt später wiederholt besucht, so im Frühling 1871, auf seiner Reise nach Venedig im Herbst gleichen Jahres und im Spätherbst 1874.

München, Frauenkirche von Westen, – mit ihren «braunen und höchst riesenhaften Türmen [...], die fast in [Meyers] Zimmer, Hotel Maulick, hereinfallen» (an Betsy, 13. Oktober 1857; Frey, S. 108).
Aufnahme der Photochrom Zürich, erschienen 1898. Zentralbibliothek Zürich

Eindrücke aus der Kunststadt

Glücklich und heiter in München angekommen, will ich meinem Schwesterchen guten Tag sagen, bevor ich nur das geringste von seinen (Münchner) Herrlichkeiten gesehen habe, außer den braunen und höchst riesenhaften Türmen der, ich glaube, Liebfrauenkirche, die fast in mein Zimmer, Hotel Maulick, hereinfallen. Gestern gefiel uns besonders der Alpsee mit Umgebung und vorher die Einfahrt in Lindau, dies beides mit schönem Wetter.

Meyer an seine Schwester, München,
13. Oktober 1857 (Frey, S. 108)

Obwohl ich Dir, liebes Schwesterchen, nichts als meine Liebe und unser Wohlergehen zu melden habe, so will ich doch meinen Morgengruß schicken. ... Gestern habe ich mich hier ein wenig orientiert; alle diese Kunststücke in Stein und Farbe sind recht hübsch, einiges, zum Beispiel die Aukirche, vollkommen zierlich. Aber alles ermangelt des Ernstes und des Großartigen. Wenn es verglichen wird mit dem Louvre, woran das Blut der Hugenotten klebt, und der Notre Dame mit ihren finsteren Erinnerungen, so erscheint es als Spielerei. Man sieht aber aus dieser Empfindung, daß allenthalben erst das moralische Element, hier die Geschichte, den Kunstwerken Tiefe und Anziehungskraft geben kann, die sonst gar leicht zu willkürlichen Spielereien ausarten. Gott befohlen, liebes Kind, laß uns das Leben nutzen, aber mit göttlicher Kraft und im Sinn des Himmels.

Meyer an seine Schwester, München,
14. Oktober 1857 (Frey, S. 108)

Die Basilika wäre prächtig in morgenländischer Felsenlandschaft oder in Rom, aber die blauweißen Pfähle mit den Verbottafeln lassen wunderlich: so auch der gemütliche Gendarm, der, am Fuß der Bavaria sitzend, das kolossale Weibsbild vor Verunglimpfung (Verunreinigungen sagt die Affiche) schützt. Abends sah ich Rossinis Wilhelm Tell, ein Stück mit herrlichen Motiven, aber liederlich durchgeführt. Gespielt wurde tadellos.
So mögen denn einige Tage in Zerstreuung und sogenanntem Kunstgenuß (man begreift hier, woher sich das Schiefe an dem sonst so tüchtigen Platen herschreibt), der eigentlich der qualifizierteste Müßiggang ist, hingehen; bald wieder zu Hauskost, Arbeit und dem treuen Schwesterchen.

Meyer an seine Schwester, München,
15. Oktober 1857 spät (Frey, S. 109)

Wenige Zeilen, liebes Kind, um Dir zu sagen, daß ich hier höchst vergnügte Augenblicke verlebe. Zwar die Tempelchen und Basiliken mißstimmen mich stets mehr, als sie mir gefallen; aber ich habe gefunden, was ich liebe, in der alten Pinakothek viel Italienisches, Raphael, den herrlichen Lionardo da Vinci (Vasari sagt von Lionardo, er habe, der erste, dem menschlichen Antlitz den Ausdruck der Güte gegeben). Seine Cäcilia ist vielleicht das Lieblichste, aber kräftig-lieblich, was ich je gesehen habe, zum nicht sich losreißen können; sie ist flankiert von mannigfaltigen Giulio, Guido, Domenichino, Titian, P. Veronese; dann die herrlichen Bettelbuben von meinem Liebling Murillo, Rubens, mir zu derb, aber höchst tüchtig, prächtig repräsentiert, neben viel Altdeutschem, das ich auf sich beruhen lasse. In der neuen Pinakothek ist viel Schönes, obwohl natürlich weit unter dem Alten. Poetisch am begabtesten ist Overbeck, aber ein Weichling. Kaulbach ist ganz Reflexion – getrennte Hälften der alten Kunst. In der Glyptothek war mir interessant, neben den Alten Canova und Thorwaldsen zu finden.

Meyer an seine Schwester, München,
17. Oktober 1857 (Frey, S. 109 f.)

Gestern waren wir am Starenbergersee bei herrlichstem Wetter. Unter den hiesigen Kunstsachen haben mich gefesselt und fesseln mich noch eigentlich nur die Italiener, Spanier und auch Niederländer, zu denen ich täglich wallfahrte. Da ist die Quelle und der Strom, Anfang und Ende der Kunst. Die Kunstgeschichte in Gebäuden, dies Nebeneinander von allen Stilen auf Plätzen und Straßen einer kleinen Residenz, finde ich bei milderer Stimmung wenigstens instruktiv. S. [Gustav von Schultheß-Rechberg] hat mir täglich zwei bis drei Stunden gewidmet mit großer Güte; [Johann Caspar] Bluntschli will ich eine Höflichkeitsvisite machen.

Meyer an seine Schwester, München, 20. Oktober 1857 (Frey, S. 110)

A la veille de partir, liebes Kind, bin ich (so Gott will, bald wieder, Freitag mit dem Abendtrain, bei Dir eingezogen) nicht in der Verfassung, lange Briefe zu schreiben. Ich habe hier viel Schönes gesehen und nun wieder eine große Lust zu einem stillen und arbeitsamen Leben an Deiner Seite. Alle diese Theken sind ein bißchen Liebe nicht wert, und bei Dir ist mehr als ein bißchen. Von Herrn S., bei und mit dem ich täglich einige Stunden verbrachte, habe ich heute Abschied genommen; auch bei Bluntschli war ich, und es ist gut abgelaufen. Der Temperaturwechsel war freilich rapid von dem alten katholischen Herrn zu dem genialen Bluntschli, der, wie er mir sagte, wofern er um unsere Anwesenheit gewußt (denn auch der stille Henry [Vetter Heinrich] ist erst spät hingegangen), etwas veranstaltet hätte, wovor uns denn der Himmel in Gnaden behütet hat.

Meyer an seine Schwester, München, 21. Oktober 1857 (Frey, S. 110)

Melonen- und Traubenesser in Sevilla.
Gemälde von Bartolomé Estéban Murillo (1618–1682), entstanden um 1645/46. Das Werk – «die herrlichen Bettelbuben von meinem Liebling Murillo» (an Betsy, 17. Oktober 1857; Frey, S. 110) – hinterläßt bei Meyer einen tiefen Eindruck.
Alte Pinakothek, München

Heilige Cäcilia.
Gemälde eines Nachfolgers von Leonardo da Vinci (1452–1519), entstanden im ersten Viertel des 16. Jahrhunderts. 1808 von Kronprinz, nachmals König Ludwig I. von Bayern in Rom erworben, 1836–1882 in der Alten Pinakothek in München als Original von Leonardo ausgestellt, danach im Schloß Schleißheim deponiert. Meyer erwähnt das Bild als «das Lieblichste, aber kräftig-lieblich, was ich je gesehen habe» (an Betsy, 17. Oktober 1857; Frey, S. 109 f.).
Bayerische Staatsgemäldesammlungen, München

In Rom (1858)

Einem ziemlich plötzlich gefaßten Entschlusse folgend – Meyer wollte wohl seine vergebliche Werbung um das «Schwänlein» verwinden –, brachen die Geschwister am 17. März 1858 nach Italien auf. Sie kamen am 18. März in Genf an, besuchten kurz die Familie Mallet und reisten bereits am nächsten Tag weiter, um in Marseille das Schiff Richtung Civitavecchia zu besteigen. Nach einer glücklich verlaufenen Fahrt erreichten sie die Ewige Stadt, wo sie beim badischen Hofbildhauer Johann Christian Lotsch Unterkunft fanden. In einem ausführlichen Brief an Vetter Friedrich von Wyß vom 14. April schildert Meyer – bald in heller Begeisterung, bald mit leiser Ironie – seine ersten Eindrücke von Rom (Briefe I, S. 56 ff.):

«Man muß gestehn: Rom ist reizend und unvergleichlich. Die Prachtbauten der Renaissance, der großartig-anmutige St. Peter, der gewaltige Palast Farnese, manches von Bramante und Michel-Angiolo Gebaute neben den herrlichen Trümmern der alten Welt, an denen jene lernten: dem Pantheon mit seinem Stück Himmel und dem Colosseum; im Vatican die herrlichen Säle voll Bildsäulen neben den Fresken Raphaels, eine Menge Sammlungen von Bildern der ersten Meister, die schönsten Gärten und Villen mit Pinien, Cypressen und Lorbeern, die öde, ernste Campagna mit dem mannigfaltigsten Ruinenwerk und den sanften Linien der sie in der Ferne begränzenden blauen Berge, zu allem jetzt wenigstens noch eine leicht zu athmende, leichtsinnige Luft, wer möchte beschreiben, was man erleben, einathmen muß? [...]

– Der originellste Blick in Rom ist auf Engelsbrücke und Burg, die du wohl schon hundertmal abgebildet gesehn hast; doch ist er ganz neu wegen der wunderbaren Nuancen von Verwitterung, die Marmor und Stein schwarz, gelb und braun getupft haben, der [!] gelben Tiber unten und des dunkelblauen Himmels oder lieber noch finstrer Wolken oben. Eben so seltsam verwittert ist das Capitol, die Marmorpferde mit leuchtenden und schwarzen Stellen neben der Bronce des Marc Aurel, dahinter die barocken drei Paläste und davor die Treppe mit den breitesten und niedrigsten Stufen. – Das Sinken und wieder Steigen der geraden Straßen z.B. bei St. Maggiore, mit einem Obelisken als Schlußpunkt macht auch einen eigenen Eindruck. Dazu die herrlichsten Brunnen, mit Wasserstralen [!] kreuz und quer, die besonders durch die Nacht, mächtig rauschen. St. Peter ist ungemein heiter und gefällig, die Kuppel herrlich, die Façade schwer, plump, aber imposant für das Volk, Platz, Obelisk und Hallen unendlich freundlich und geräumig und gastlich. Das Ganze hat etwas Einschmeichelndes und Verständliches, das Großartige, wie es Jedermann begreift, unendlich volksthümlicher, als die gothischen Sachen. Es ist etwas Rationalismus und Oberflächlichkeit dabei, aber das ganze ist unglaublich bequem, freundlich und erfreulich. [...]

– Sollte ich dir nachträglich von dem Osterfest erzählen und der hohen Gesellschaft, mit der ich mich gedrückt habe? Oh nein. Zwar die Castraten singen einen hübschen Diskant, süß bis zum Übelwerden, wie Shakspear [!] sagt, der heilige Vater, der denn doch, nach seinen Zügen, ein lieber Mann ist, hat uns wacker gesegnet und Betsy war frauenhaft genug, sichs zu Herzen zu nehmen, und die Girandola war ein recht braves Feuerwerk, aber alles ist nun verpufft und damit gut.

Die Römer sind eigentlich so übel nicht. Zierlich oder auch würdig, sind sie zwar stets bedacht, die Fremden anzubetteln, wo nicht zu prellen, *sit venia verbo*. [...]

Betsy und ich vertragen uns so ziemlich. Nur leidet sie von meinen unermüdlichen Ruinengängen und ich nicht wenig von ihren Kunstbelustigungen. Zwar ich bin nicht faul, die Freiheit und innige Grazie Raphaels nebst dem Tiefsinn und dem gigantischen Wesen M. Angiolos zu bewundern; aber da ist noch so mancher andere, dem man auch muß lassen Gerechtigkeit wiederfahren [!]. Das wird dann am Ende zuviel, und, wann ich so an der vierten oder fünften keuschen Susanne vorüberwandle, ergreifen mich Hunger und Ingrimm. [...]»

*Rom, Città del Vaticano, Petersplatz mit der Fassade von Sankt Peter und dem Vatikanischen Palast, rechts die Kolonnaden von Gian Lorenzo Bernini mit dem Brunnen von Carlo Maderno. – «St. Peter ist ungemein heiter und gefällig, die Kuppel herrlich, die Façade schwer, plump, aber imposant für das Volk, Platz, Obelisk und Hallen unendlich freundlich und geräumig und gastlich.» (Briefe I, S. 57)
Alte Photographie von Anderson Rom, vor 1900.
Zentralbibliothek Zürich*

Meyer lebt in Rom regelrecht auf. Die Kunstwerke der Renaissance und der Antike, die er in jener Landschaft betrachten kann, wo sie entstanden sind, befreien ihn und steigern sein Lebensgefühl. Sogar das bunte, etwas leichtsinnige Treiben der Römer erregt ihn und reißt ihn mit. Zum erstenmal scheint er alle Düsternis und Enge hinter sich zu lassen. Die religiöse Verkrampfung, der moralistische Zwang seiner Familie und der Vaterstadt lösen sich; er genießt es, frei atmen zu können. Betsy hat später von einer «großen Wandlung» gesprochen; während der Römer Wochen sei in ihrem Bruder der Künstler erwacht und der Dichter zum Leben erstanden, denn: «Er betrat die römische Erde wie ein Gefangener, der nach langen Jahren der Kerkerhaft hinaus in den blendenden Sonnenschein tritt u. den die Helle schmerzt.» (Frühlingsbriefe, Sp. 11)

Natürlich ist Meyer, der skeptische Zwinglianer und Calvinist, durch seine «italienische Reise» nicht zu einem Renaissance-Menschen geworden. Aber er war jetzt offensichtlich bereit, die südliche Lebens- und Bilderfreude aufzunehmen, anzuerkennen, ja sogar zu bewundern. Die Kunst der Renaissance ließ er um so eher gelten, als er sah, daß auch sie fromm sein konnte: es gab eine religiöse Kunst auf dieser lebensfrohen Basis: das Sakrale ließ sich *gestalten*.

Das war eine aus der direkten Anschauung erwachsende neue Einsicht, und sie bedeutete zugleich eine Umwertung seines bisherigen Kunstverständnisses. Jener der Renaissance eigenen Liebe für die klassische Antike und ihrer leidenschaftlichen Suche nach dem beispielhaft Menschlichen ist Meyer allerdings mit der auf sein Eigenstes ausgerichteten wesensgemäßen Differenziertheit nachgegangen. So stand ihm der «Sterbende Gallier» (er spricht vom «sterbenden Fechter»), den er schon Mitte der vierziger Jahre in frühen Versen verherrlichte (VII, 296 f.), entschieden näher als der fast zu schöne «Apollon vom Belvedere», hat er sich als Dichter doch vom HUTTEN bis zum PESCARA immer wieder mit dem Bild des auf den Tod Verwundeten und Leidenden identifiziert. Das herrliche Ebenmaß des Apoll und die strahlende Schönheit der Bilder von Raffael muten ihn in ihrer makellosen Vollendung fast unwirklich an. Die solchen Idealkunstwerken innewohnende Harmonie sei irreführend, meint er, während gerade die weniger vollkommene realistische Darstellung «auf die erlösende himmlische Vollkommenheit» hinweise (an Friedrich von Wyß, 19. April 1858; Briefe I, S. 60): «Wo die Kunst die Leidenschaft reinigt, d.h. der Mensch sich selbst beruhigt und begnügt, entsteht die Vorstellung einer trügerischen Einheit, während wir [...] doch so gründlich zwiespältig und nur durch ein Andres als wir, durch Gott, zu heilen sind.»

Apollon vom Belvedere. Überlebensgroße Marmorstatue, römische Kopie aus hadrianischer Zeit (um 130 n.Chr.) nach einem attischen Bronze-Original, wahrscheinlich vom griechischen Bildhauer Leochares, dessen berühmte Apollonstatue vor dem Tempel des Apollon Patroos auf der Agora von Athen um 330/325 v.Chr. errichtet worden ist. Meyer erwähnt die Statue als «Wunder» antik-idealistischer Kunst in seinem Brief an Friedrich von Wyß vom 19. April 1858 und bemerkt dazu: «[...] gerade das relativ vollkommene gibt uns das traurige heidnische Gefühl der wie ein Ring sich in sich selbst schließenden Menschheit [...].» (Briefe I, S. 59)
Museo Pio-Clementino (seit 1503 im Cortile del Belvedere), Città del Vaticano, Rom. Alte Photographie der Fratelli Alinari Florenz, mit den nach 1532 angestückten Ergänzungen der linken Hand und des rechten Arms, welche 1925 entfernt worden sind. Zentralbibliothek Zürich

«Gladiatore moribondo» oder «Sterbender Gallier». Meyers Paradebeispiel für «ein realistisch behandeltes Werk, das [...] leidende Körper und ringende Geister zeigt» und «uns, durch den Gegensatz unsrer Gebrechen auf die erlösende himmlische Vollkommenheit hinweist» (Briefe I, S. 59 f.). Römische Marmorkopie aus hadrianischer Zeit (um 130 n.Chr.) nach dem Bronze-Original des hellenistischen Erzgießers Epigonos in Pergamon: Sterbender Tubabläser vom Schlachtendenkmal, das König Attalos I. (241–197 v.Chr.) nach dem Sieg über das kleinasiatische Keltenvolk der Galater bei den Quellen des Kaikos (234/233 v.Chr.) um 223 v.Chr. im Athena-Heiligtum von Pergamon errichten ließ. Seit 1693 im Museo Capitolino, Rom. Alte Photographie der Fratelli Alinari Florenz. Zentralbibliothek Zürich

Vor den Büsten und Statuen griechischer Philosophen und Dichter in den vatikanischen Museen gelangt Meyer zu einer weiteren bedeutsamen Erkenntnis: Die Gesichtszüge der verewigten großen Denker der Antike betrachtend, entwirft er eine Typologie der Charaktere. Zwar beeindruckt ihn die asketische Willensstärke, wie sie bei Demosthenes sichtbar wird. Homer, Hesiod und Sophokles, aber auch der Schwärmer Zeno verraten in ihren Zügen die «höhere Inspiration». Doch es ist der lachend-unbefangene Blick der freien Geister, deren Stirn nicht von einem göttlichen Glauben gedrückt wird, der es ihm besonders angetan hat. Vertreter dieser Kategorie sind Epikur, Euripides und Menander; vor allem die Haltung Epikurs wird für ihn zur Offenbarung (an Friedrich von Wyß, 19. April; Briefe I, S. 60): «[...] das Haupt gesenkt, ungemein gescheid, und klar, dabei gut, human, mit den Gränzen unsres Wesens bekannt und sie natürlich, nothwendig, gut findend und zufrieden, hülfreich, mit einem verborgenen, nicht unedeln Lachen über Stolz, Demut, kurz alles, was nicht richtige Schätzung ist. Es geht von diesen großen Zügen ein helles, humanes, lachendes Licht aus über alle Selbsttäuschung.» Meyers Reflexion gipfelt in der antithetischen Auslegung des Begriffes «Freiheit»: «ein Brechen des Willens unter den göttlichen» dort, hier «eine gescheide Selbstbestimmung in Eintracht mit den Geboten und Verboten der Natur» (ebd.). In die Nähe der ersten Gruppe rückt er Paulus und Blaise Pascal, der sich mit dem Denken Epikurs bekanntlich nicht anfreunden konnte; demgegenüber fühlte sich Montaigne der epikureischen Lehre verpflichtet. Angesichts der römischen Kunst verlieren die von Meyers Mutter vermittelten Lebensgrundsätze – weil gänzlich fragwürdig geworden und *in effigie* widerlegt – ihre Gültigkeit, und der genußfreudige griechische Philosoph bestärkt den jungen Romfahrer in seinem Willen zu Aufbruch und einem Neuanfang.

Was Meyer so freudig erregt, ist nicht zuletzt auch der Blick auf das Bild großer Geschichte schlechthin, den ihm die Stadt gewährt: Tempel, Paläste und Kuppeln. Betsy schreibt in den Erinnerungsblättern, die Rodenberg nach ihrem Tod veröffentlicht hat, von der «Lenzfahrt nach Rom, die den ‹Sinn für das Große› in ihm erweckte u. über seinen Lebensberuf entschied» (Frühlingsbriefe, Sp. 6). Und weiter: «Es kam über den Unvorbereiteten und Zweifelnden wie ein Frühlingssturm [...]» (ebd., Sp. 9).

Der Betroffene selber hat den Gewinn, den er aus seiner Romreise ziehen durfte, in Versen gepriesen, welche die Stimmung bei der Abreise aus der Tiberstadt einfangen; es handelt sich dabei um eine frühe Fassung des Gedichts AUF PONTE SISTO (V, 173):

> *Den Ernst des Lebens nehm' ich mit mir fort,*
> *Den Sinn des Großen raubt mir keiner mehr,*
> *Ich nehme der Gedanken reichen Hort*
>   *Nun über Land u: Meer.*

Michelangelo

Meyers größtes Römer Erlebnis war zweifellos die Begegnung mit der Kunst Michelangelos. Die Sixtinische Kapelle mit ihren Fresken «traf ihn wie ein Lichtblitz» (Betsy, S. 162); ebenso überwältigt war er von «Moses» in San Pietro in Vincoli und der «Pietà» im Petersdom. Im Louvre hatte er bereits den «Gefesselten Sklaven» gesehen; in Florenz suchte er dann wahrscheinlich den «Pensieroso» auf. Michelangelo, wie ihn Herman Grimm dargestellt hat *(Leben Michelangelo's)*, wird ihn ein Leben lang begleiten.

Während seines Römer Aufenthalts erkannte Meyer das Geheimnis von Michelangelos reichem Schaffen, das auch für sein Wirken bestimmend werden sollte. Dieser Künstler entsprach ihm zunächst in manchem: Er war ein Einzelgänger und liebte die Zurückgezogenheit. Den Ereignissen begegnete er, oft überempfindlich, mit Widerwillen und neigte zur Verschleierung und zum Versteckspiel. – Im Gegensatz zu Meyer verstand sich der Spröde und Verschlossene aber auch auf den Bereich des Ökonomischen, und als ein mit der Lehre Machiavellis Vertrauter wußte er mit den Mächtigen seiner Zeit umzugehen und gegebenenfalls sich recht pragmatisch zu verhalten. Er war ein Freund der Wissenschaften und strebte dem Zeitgeist entsprechend nach umfassender Bildung. Wie Meyer also ein Mensch des Widerspruchs, rang er als Künstler vor allem im tiefinnerlichen Bereich des Glaubens. Man bedenke seine in Farbe und Marmor gestalteten religiösen Mutter- und Vatervisionen! Urkräftiges heidnisch anmutendes Lebensgefühl war ihm ebenso eigen wie demütigste schmerzlich-bewegte Ergebung in den göttlichen Willen. Er war Bildner der jede Feindschaft siegreich überwindenden Gelassenheit, des zornigen Ausbruchs gegen allzumenschliches Versagen, eingeweiht in die erhabensten Geheimnisse der göttlichen Weltschöpfung und zugleich der mitleidende stille Dulder in steingewordener Qual. Michelangelo war unendlich groß in und gerade wegen seiner Zerrissenheit und bewies in seiner Person und seinem Künstlertum, was ein außerordentlicher Mensch an Gegensätzlichem auszuhalten vermag.

War Meyer, wenn er an diesem Künstler Maß nahm, stark genug, um eine solch leidenschaftliche Spannung in sich auszutragen? Er hat seine Michelangelo-Erfahrung in Gedichten dargestellt. Von jetzt an glaubte er zu begreifen, wie allein große Kunst entstehen konnte. Und er wußte: Ich will ein Michelangelo der Sprache werden. Die Gestalten, die Michelangelo schuf, waren packend in ihrer Leidenschaft und beeindruckend in ihrem Leiden; aber ihre ganze Größe erhielten sie erst durch ihr sittliches Wollen und durch die Gewalt ihrer Gedanken. Wie stark sich Meyer von ihnen im Persönlichsten angesprochen fühlte, zeigen etwa jene Zeilen, die in seinem PENSIEROSO stehen. Sie deuten Körpersprache und Antlitz des Sinnenden; in ihrem Wortlaut spiegelt sich des Dichters eigene Lebenshaltung:

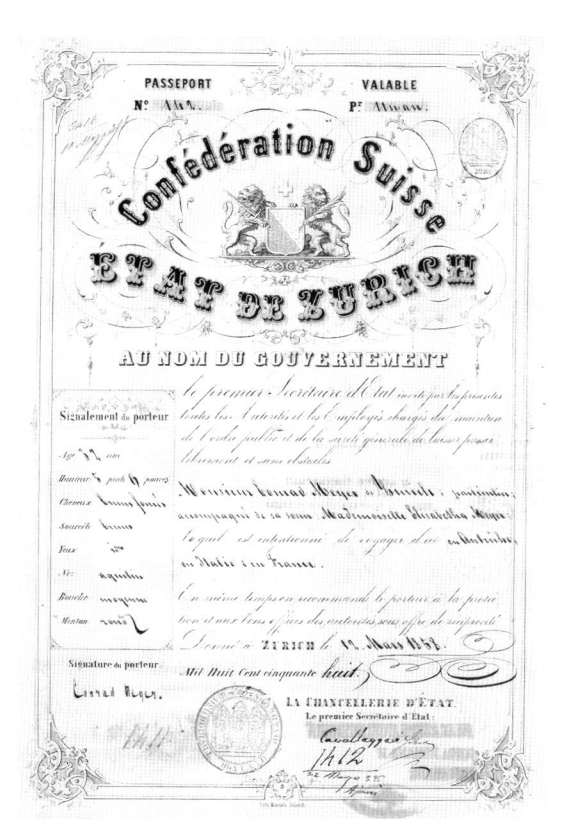

Meyers Paß für seine Italienreise von 1858: «Monsieur Conrad Meyer de Zurich; particulier; accompagné de sa sœur: Mademoiselle Elisabetha Meyer; lequel est intentionné de voyager d'ici en Autriche, en Italie et en France». Ms. CFM 362. Zentralbibliothek Zürich

«*Feigheit ist's nicht und stammt von
    Feigheit nicht,
Wenn einer seinem Erdenlos mißtraut,
Sich sehnend nach dem letzten Atemzug,
Denn auch ein Glücklicher weiß nicht
    was kommt
Und völlig unerträglich werden kann –
Leidlose Steine, wie beneid ich euch!*»

(I, 332)

In ihrem Erinnerungsbuch hat Betsy des Bruders Einsicht in «das große Geheimnis der schöpferischen Kunst» wie folgt festgehalten:

Er wollte jetzt in den Sinn und Gehalt der Dinge eindringen, ihn in sich aufnehmen, bis er in seiner Seele lebendig würde, in sein eigenes Wesen überginge. Er wollte in die Tiefe der Dinge eingehen, in die Stimmung der Natur, in das Herz der Menschen, in den Gedanken ihrer Taten. Er wollte selbst darin leben. Das Bild, das er so gewonnen, wollte er in sich ausgestalten, nicht ruhen, bis es klar und individuell vor seinem inneren Blicke stehe, und ihm dann erst als Künstler seinen wahren, neuen Körper geben. Die Flamme seiner Seele sollte übergehen in sein Gebilde. Das nannte er «ringen mit seinem Stoffe».

(Betsy, S. 162 f.)

In der Sistina

In der Sistine dämmerhohem Raum,
Das Bibelbuch in seiner nervgen Hand,
Sitzt Michelangelo in wachem Traum,
Umhellt von einer kleinen Ampel Brand.

Laut spricht hinein er in die Mitternacht,
Als lauscht' ein Gast ihm gegenüber hier,
Bald wie mit einer allgewaltgen Macht,
Bald wieder wie mit seinesgleichen schier:

«Umfaßt, umgrenzt hab ich dich, ewig Sein,
Mit meinen großen Linien fünfmal dort!
Ich hüllte dich in lichte Mäntel ein
Und gab dir Leib, wie dieses Bibelwort.

Mit wehnden Haaren stürmst du feurigwild
Von Sonnen immer neuen Sonnen zu,
Für deinen Menschen bist in meinem Bild
Entgegenschwebend und barmherzig du!

So schuf ich dich mit meiner nichtgen Kraft:
Damit ich nicht der größre Künstler sei,
Schaff mich – ich bin ein Knecht der
*   Leidenschaft –*
Nach deinem Bilde schaff mich rein und frei!

Den ersten Menschen formtest du aus Ton,
Ich werde schon von härterm Stoffe sein,
Da, Meister, brauchst du deinen Hammer
*   schon,*
Bildhauer Gott, schlag zu! Ich bin der Stein.»

(I, 350)

Eine längere Vorstufe dieses Gedichts wurde bereits 1869 unter dem Titel MICHEL ANGELO in den ROMANZEN UND BILDERN veröffentlicht (VI, 311 f.). In seiner endgültigen sechsstrophigen Gestalt erscheint es erstmals 1882. Der Künstler, der mit Gott spricht, tut dies «Bald wie mit einer allgewaltgen Macht, / Bald wieder wie mit seinesgleichen schier». Fünfmal hat Michelangelo an der sixtinischen Decke den Allmächtigen gemalt. Im Gedicht greift Meyer nur zwei der Bilder heraus: Gott als den Erschaffer der Gestirne und Gott als den Schöpfer Adams. Als Maler, der Gott zu bilden wagt, fühlt sich der Künstler dem Schöpfer-Gott ebenbürtig. Aber das führt nicht zu jener prometheischen Hybris, wie sie der junge Goethe in seinem Hymnus dargestellt hat:

Hier sitz' ich, forme Menschen
Nach meinem Bilde,
Ein Geschlecht, das mir gleich sei,
Zu leiden, zu weinen,
Zu genießen und zu freuen sich;
Und dein nicht zu achten,
Wie ich!

Goethe, «Prometheus»

In Meyers Gedicht unterwirft sich Michelangelo der Allmacht Gottes und bittet ihn um Befreiung aus seiner Knechtschaft: «[I]ch bin ein Knecht der Leidenschaft – / Nach deinem Bilde schaff mich rein und frei!» Die Gefahr trotziger Verselbstung ist durchaus da, sie könnte wohl zum titanischen Sich-Aufbäumen gegen die göttliche Allmacht führen. Mit der Bitte um Ebenbildlichkeit wird aber alle Leidenschaft, alle Hybris, auch alle Reue und Zerknirschung hinfällig. Nur die Gnade Gottes, nur seine Kraft kann in Michelangelo das Wort aus der Genesis wahrmachen (1. Mose 1, 27): «Gott schuf den Menschen ihm zum Bilde, zum Bilde Gottes schuf er ihn.» Das Gedicht schließt mit Michelangelos Bitte, Gott möge zuschlagen und ihn «rein und frei» nach seinem Bilde schaffen – ohne Leiden, ohne Leidenschaft. Das ist Meyers eigener Wunsch. Auch er weiß, daß er nicht aus weichem Ton geformt ist, er kennt seine Verhärtungen – und er erhofft den reinigenden Schlag von Hammer und Meißel. Der schöne Mensch, der so entstehen müßte, wäre «David», aber diese Statue wird von Meyer nirgends erwähnt.

Michelangelo und seine Statuen

Du öffnest, Sklave, deinen Mund,
Doch stöhnst du nicht. Die Lippe schweigt.
Nicht drückt, Gedankenvoller, dich
Die Bürde der behelmten Stirn.
Du packst mit nervger Hand den Bart,
Doch springst du, Moses, nicht empor.
Maria mit dem toten Sohn,
Du weinst, doch rinnt die Träne nicht.
Ihr stellt des Leids Gebärde dar,
Ihr meine Kinder, ohne Leid!
So sieht der freigewordne Geist
Des Lebens überwundne Qual.
Was martert die lebendge Brust,
Beseligt und ergötzt im Stein.
Den Augenblick verewigt ihr,
Und sterbt ihr, sterbt ihr ohne Tod.
Im Schilfe wartet Charon mein,
Der pfeifend sich die Zeit vertreibt.

(I, 331)

Wieder spricht Michelangelo. Die aus seiner Werkstatt stammenden Statuen, die er anredet, sind alle durch das Leiden geprägt: Der Sklave – er trägt Züge Laokoons – durch die Fessel des Unerträglichen, der «Pensieroso» durch die lähmende Schwere in seinem Innern, Moses durch den Zorn über die Stumpfheit des Volks und Maria beim Anblick des gebrochenen Sohnes, der die Pein der Welt auf sich genommen hat.

Im Anblick seiner Werke wird sich Michelangelo darüber klar, was Kunst vermag: Gestaltetes Leiden ist nicht mehr schmerzvoll; Kunst überwindet die Lebensqual und befreit den Geist. Kunst bringt aber nicht nur Selbstbefreiung, sie «beseligt» und «ergötzt» – sogar «im Stein» – jeden Betrachter: sie hat eine soziale Funktion. Das ist es, was Meyer auch

In Rom (1858) **101**

Die Erschaffung Adams. Deckengemälde von Michelangelo Buonarroti (1475–1564) in der Sixtinischen Kapelle, entstanden 1511/12. Cappella Sistina, Città del Vaticano, Rom. Dieses Werk ist, laut Betsys Mitteilung, zum Schlüsselerlebnis von Meyers Begegnung mit Michelangelos Kunst geworden. Die Schwester beschreibt den sog. «Blitzmoment» wie folgt (Frühlingsbriefe, Sp. 11): «Es war in der sixtinischen Kapelle unter den wunderbaren Deckengemälden, die die Schöpfungsgeschichte erzählen – es war der vom Finger Gottes berührte, erwachende, sich aufrichtende Adam, der auf meinen Bruder als Offenbarung dessen, was er selber werden sollte, verwandelnd einwirkte.» – Im Gedicht lautet die entsprechende Stelle (I, 350): «Für deinen Menschen bist in meinem Bild / Entgegenschwebend und barmherzig du!»
Alte Photographie aus der Zeit vor der Restaurierung von 1984/89.
Zentralbibliothek Zürich

Michelangelo Buonarroti (1475–1564) und seine Statuen:

Links: Der gefesselte Sklave. Unvollendete Marmorfigur für das Grabmal von Papst Julius II., entstanden um 1514. Musée du Louvre, Paris.

Mitte: Il Pensieroso, Idealporträt von Lorenzo de' Medici, Herzog von Urbino (1492–1519). Marmorfigur in der Cappella Medici, entstanden 1524–1534. Neue Sakristei von San Lorenzo, Florenz.

Rechts: Moses. Marmorfigur für das Grabmal von Papst Julius II., entstanden 1513–1516. San Pietro in Vincoli, Rom. Betsy schreibt dazu: «[...] vor diesem von leidenschaftlicher Größe bewegten Bilde, erschrak der tatenlose Dichter über die eigene Kleinheit und zürnte innerlich darob, wie der Gewaltige, der entrüstet in den Bart greift.» (Frühlingsbriefe, Sp. 14)

Aufnahmen von Ilse Schneider-Lengyel. Reproduktionen aus: Ludwig Goldscheider, «Michelangelo. Die Skulpturen», London 1940. Zentralbibliothek Zürich

Rom, Castel Sant' Angelo am Tiber von Osten, im Hintergrund die Kuppel von St. Peter, – nach Meyer «[d]er originellste Blick in Rom» (Briefe I, S. 56). Alte Photographie der Fratelli Alinari Florenz, vor 1900. Zentralbibliothek Zürich

«Auf Ponte Sisto»

Süß ist das Dunkel nach Gluten des Tags!
   Auf dämmernder Brücke
    Schau ich die Ufer entlang dieser
    unsterblichen Stadt.
Burgen und Tempel verwachsen zu einer
   gewaltigen Sage!
    Unter mir hütet der Strom manchen
    verschollenen Hort.
Dort in der Flut eines Nachens Gespenst!
   Ist's ein flüchtiger Kaiser?
    Ist es der «Jakob vom Kahn»*, der
    Buonarroti geführt?
Gellend erhebt sich Gesang in dem Boot
   zum Ruhme des Liebchens.
    Horch! Ein lebendiger Mund fordert
    lebendiges Glück.

*In den dreißiger Jahren des sechzehnten Jahrhunderts setzte Meister «Jakob vom Kahn» zwischen Ponte Sisto und S. Angelo die Leute über den Tiber.

(I, 354)

von seiner Kunst erwartet: Erlösung seiner selbst und Gewinn für die andern. Besiegt werden soll das eigene schmerzliche Erleben, besiegt werden soll das Leiden der Welt.

Der Vers «Und sterbt ihr, sterbt ihr ohne Tod» zeigt, daß in der Kunst nicht nur das Leid, sondern auch der Tod bezwungen wird. Eigenartig dann die Schlußzeilen: «Im Schilfe wartet Charon mein, / Der pfeifend sich die Zeit vertreibt.» In seinem «Jüngsten Gericht» in der Sistina, zu unterst im Bild, hat Michelangelo den Fährmann der Unterwelt gemalt: entschlossen drängt er die zaudernden Seelen mit seinem Ruder aus dem Kahn. Charon im Gedicht nimmt sein Amt gelassener. Das Fergen-Motiv ist Meyer geläufig; es begegnet im HUTTEN, im Gedicht IM SPÄTBOOT. Aus der Sicht des Dichters hat Michelangelo dem Tod den Stachel genommen. Das Sterben hat seinen Schrecken verloren, die Hölle ihren Sieg (1. Kor. 15, 55). Große Kunst überwindet selbst den Tod. Für den Künstler heißt das: Nur wenn ihm große Kunst gelingt, ist sein Werk von Bedeutung. Die Unbarmherzigkeit des Todes wird so zum Ansporn, große Kunst zu schaffen, um den Tod darin aufzuheben. Michelangelo wie Meyer erreichen das nur durch unermüdliche Arbeit, über unzählige Skizzen und Versuche hinweg – bis dann das Werk glückt und jeder Hinfälligkeit trotzen kann.

Der ganze Meyer! Der da spricht, steht auf der «dämmernden Brücke», erhaben, abseits. Vorbei sind die «Gluten des Tags», und mit der einbrechenden Dunkelheit, die nach der Grelle so wohltuend ist und Kühlung bringt, beginnt das lyrische Ich zu sinnieren. Dem aufmerksam und wissend Schauenden öffnet sich die Stadt mit ihren Burgen und Kuppeln zum Bild der Geschichte schlechthin. Auch der Strom ist Hort der Vergangenheit; er hat flüchtige Kaiser gesehen und sogar den großen Michelangelo Buonarroti. Gleichzeitig wird der Tiber in der Phantasie des Betrachters zum Acheron, auf dem der Ferge stumm «eines Nachens Gespenst» führt. Doch plötzlich ist vom Boot her schriller Gesang zu vernehmen. Dieser ordinäre Ausbruch von Lebenslust und Liebesbrunst scheint den Gedankenverlorenen zu stören, aber nur für einen Augenblick. Schon in der letzten Zeile verliert sich das Abschätzige dieser Wahrnehmung, und Meyer schließt goethesch: «Horch! Ein lebendiger Mund fordert lebendiges Glück.»

Die Sprache der *Römischen Elegien* überbrückt als gegenwärtiges Glück die Todesschwere und Lebenskritik des Gedichts. Ist dieses Glück Zitat? Dann gehörte es zur Vergangenheit. Oder vielleicht doch Gegenwart? Aber gibt es überhaupt eine glückliche Gegenwart in der Sprache eines andern, längst Verstorbenen?

«Der römische Brunnen»

Aufsteigt der Strahl und fallend gießt
Er voll der Marmorschale Rund,
Die, sich verschleiernd, überfließt
In einer zweiten Schale Grund;
Die zweite gibt, sie wird zu reich,
Der dritten wallend ihre Flut,
Und jede nimmt und gibt zugleich
Und strömt und ruht.

(I, 170)

Ein Meisterwerk: Es geht zurück auf Meyers Besuch im Park der Villa Borghese, 1858. Dort befinden sich zwei Brunnen der beschriebenen Art, die *Fontana rotonda* und die *Fontana ovale*. Eine Rundbank schließt die Anlage nach außen ab. Früher standen Statuen auf den Postamenten der Bank; Hecken umrahmten die Anlage.

Garten und Brunnen sind Orte der Abgeschiedenheit. Rings um den Monte Pincio dehnt sich die brodelnde Stadt, oben im Garten herrscht Stille. Betsy hat das in einem Brief an ihre Tante beschrieben:

Was das Leben in Kirchen u Straßen bis hinan auf den Monte Pincio betrifft, so kann ich Dir's nicht annähernd beschreiben. Conrad sagt Paris sei Nichts dagegen. Da drängen sich alle möglichen Prozessionen von Mönchen, braunen, schwarzen, violetten, feuerrothen, zweifarbigen, da rasseln die Equipagen eine hinter der andern, da sprengen Dragoner, dazwischen treiben sich französische und Schweizersoldaten herum, dazu sieht man alle möglichen italienischen Kostüme, Verkäufer schreien, Bettler jammern, dann ertönt Gesang, läuten die Glocken, kurz, um mich recht profan auszudrücken, – es ist ein permanenter, prächtiger Sechseläutenumzug. Er zieht aber nicht vorbei, sondern wir sind selbst mitten drinn u spielen mit.

Betsy Meyer an Caroline Meyer-Ott,
25. März 1858 (III, 250)

Der Bruder hatte in Paris einen ähnlichen Kontrast erlebt: Die Unruhe der Stadt und die Insel des Tuileriengartens «mit seinen Brunnen und dem fernen Triumphbogen» (an Betsy, 16. März 1857; Frey, S. 91). Hans Zeller weist darauf hin, daß der Topos «Brunnen» bei Madame Guyon und im Schrifttum des Quietismus allgemein eine entscheidende Rolle spielt – er ist ein Grundmotiv der pietistischen Emblematik (vgl. III, 252 ff.). Erhöhung und Fall, Geben und Nehmen, Strömen und Ruhen sind Gegensätze dieses religiösen Sinnbilds.

Bis Meyers Gedicht seine endgültige Form erreichte, vergingen 22 Jahre. Die erste Fassung steht im Manuskript der BILDER UND BALLADEN von 1860:

SPRINGQUELL

Es steigt der Quelle reicher Strahl
Und sinkt in eine schlanke Schaal'.
Das dunkle Wasser überfließt
Und sich in eine Muschel gießt.
Es überströmt die Muschel dann
Und füllt ein Marmorbecken an.
Ein Jedes nimmt und gibt zugleich
Und allesammen bleiben reich,
Und ob's auf allen Stufen quillt,
So bleibt die Ruhe doch im Bild.

(VI, 53)

«Springquell»: Das mutet zunächst als Reminiszenz aus Schillers berühmtem Distichon an. Die Sprache ist redundant, zu vieles steht der Versfüllung wegen da: reich, schlank, dunkel. Schale, Muschel und Becken fließen – rein begriffsmäßig – ineinander über. Meyer braucht hier noch vier Sätze, um auszudrücken, was er in der Schlußfassung mit zweien sagt.

In Versionen von 1864/65 umgibt der Dichter den «schönen Brunnen» mit schützendem Laubwerk:

In einem römischen Garten
Weiß ich einen schönen Bronnen,
Von Laubwerk aller Arten
Umwölbt u: grün umsponnen,
(Umgrünt und rings umsponnen.)
(Beschattet u: umsponnen)
Er steigt im Silberstrale [...]

(III, 246)

«Der römische Brunnen»: eine der beiden «Fontane oscure» im Park der Villa Borghese auf dem Pincio in Rom, errichtet für den Kardinalnepoten Scipione Caffarelli Borghese (1576–1633) vermutlich von seinem Baumeister, dem niederländischen Kunsttischler Giovanni Vasanzio (Jan van Santen, um 1550–1621), um 1612/14. Betsy berichtet, ihr Bruder habe «[a]n den letzten Mondscheinabenden, die er in Rom vor seiner Abreise verlebte,» allein jene Stätten aufgesucht, «die ihm besonders lieb geworden waren, und deren Eindruck er bewahren wollte»: «Mit schriftlichen Zeichen festgehalten hat er nur zwei dieser Eindrücke: den ‹schönen Brunnen› der Villa Borghese und einen Abschiedsblick vom Ponte Sisto auf den ‹heiligen Tiber› [...].» (Betsy, S. 164)
Aufnahme der Fratelli Alinari Florenz. Reproduktion aus: Georges Gromort, «Jardins d'Italie», Paris 1922. Zentralbibliothek Zürich

Links: Erste Fassung des «Römischen Brunnens» mit der Überschrift «Springquell». Aus Meyers Manuskript der «Bilder und Balladen» vom Herbst 1860. Ms. CFM 1. Zentralbibliothek Zürich

Rechts: «Der Brunnen», 6. Fassung (Wortlaut der im Text nicht zitierten 2. Strophe: «Die Wasser steigen nieder / In zweiter Schale Mitte / U: voll ist diese wieder, / Sie fluten in die dritte: / Ein Nehmen u: ein Geben / U: alle bleiben reich, / U: alle Fluten leben / U: ruhen doch zugleich.»). Darunter das Gedicht «Frühwinter» (thematisch verwandt mit dem «Säerspruch»). Meyers Handschrift von 1865. Ms. CFM 77.3 recto. Zentralbibliothek Zürich

Unten: «Der Brunnen» in einer neuen einstrophigen Fassung: «Der Springquell plätschert u. ergießt / Sich in der Marmorschale Grund, / Die, sich verschleiernd, überfließt / In einer zweiten Schale Rund / U. diese giebt, sie wird zu reich. / Der dritten wallend ihre Fluth, / U. jede nimmt u. giebt zugleich, / U. alles strömt u. alles ruht.» Mit geringfügigen Änderungen v.a. der Interpunktion unter dem Titel «Der schöne Brunnen» in den «Romanzen und Bildern» veröffentlicht. Meyers Handschrift vom Sommer 1869. Ms. CFM 77.5. Zentralbibliothek Zürich

Das grüne Gewölbe und der Schatten bergen den Brunnen und sichern seine Unverletzlichkeit. Die Verse verweisen zudem darauf, daß die Fontäne in einem Garten steht.

Auch in einer weiteren Fassung von 1865 ist die «dunkle Laubesnacht» noch da, aber behütet wird der Brunnen nun durch das «harte Geleucht' der Mittagssonne» – er ist jetzt selbst in der Verborgenheit des Gartens dem Licht ausgesetzt und behauptet in ihm seinen harten Umriß:

> ***In einem römischen Garten***
> ***Verborgen ist ein Bronne,***
> ***Behütet von dem harten***
> ***Geleucht' der Mittagssonne,***
> ***Er steigt in schlankem Strale***
> ***In dunkle Laubesnacht***
> ***U: sinkt in eine Schale***
> ***U: übergießt sie sacht. [...]***

(III, 247)

In der Schlußfassung bedarf der Brunnen keines Schutzes mehr: Er wird nicht von Blätterwerk umwölbt und überschattet und steht auch nicht im Verborgenen; alles Beiwerk, einst konkret Gesehenes, ist abgefallen. Die stetig strömende Kraft des ersten Verses mit seinem betonten Anfang hält bis zuletzt unvermindert an; das Sich-Füllen und das Sich-Entleeren der drei Schalen wird im Ein- und Ausatmen der drei Doppelverse erlebt und im Schluß zusammengefaßt. Das Gedicht ist wie der Brunnen in seiner jetzigen Erscheinung unanfechtbar, vollendet und gleichsam selig in sich selbst.

Ricasoli und die Einigung Italiens

Auf der Heimfahrt von Rom im Mai 1858 suchten die Geschwister in Brolio Bettino Ricasoli auf – der Baron hatte sich 1849 nach Zürich abgesetzt und war im Meyerschen Hause ein gern gesehener Gast gewesen. Jetzt war er bestrebt, die Toscana einem geeinigten Italien zuzuführen. Ricasolis *maestro di casa* empfing die Reisenden nachts in Siena und sandte ihnen, da sie sich zuerst ausruhen wollten, am folgenden Morgen eine Kutsche. Der Baron kam ihnen zu Pferd entgegen und begleitete sie auf seinen Stammsitz Castello di Brolio. Zwei Tage später fuhr er sie ins Valdarno, nach Terranuova, wo er ihnen seine Besitzungen zeigte. Dann führte er sie nach Florenz.

Ricasoli, der italienische Adlige, feurig und selbstbewußt, scheint auf Betsy großen Eindruck gemacht zu haben; jedenfalls widmet sie ihm in ihrem Erinnerungsbuch mehrere Seiten. Seit einigen Jahren verwitwet, soll er bei Meyer sondiert haben, ob Betsy einer Ehe nicht abgeneigt wäre. Die Schwester ihrerseits muß – wie dies von Maria Nils veröffentlichte Aufzeichnungen aus dem Nachlaß bezeugen – dem Mann gewogen gewesen sein. Doch die Sache zerschlug sich, nur schon weil eine Verbindung mit einem katholischen Baron für Betsy nicht denkbar war und dem Ruf des angesehenen Politikers hätte schaden können. Ricasoli und Betsy haben sich später allerdings noch einige Male getroffen, in Florenz, Rom und auch im Seehof Meilen.

C. F. Meyer dagegen schweigt sich über seine Mission vollkommen aus. Er geht in Florenz den Spuren Dantes nach, und möglicherweise hat er den Figuren des Dichters und Ezzelins in der HOCHZEIT DES MÖNCHS Züge von Ricasoli verliehen. Dann interessiert ihn Machiavelli, der Verfasser der *Istorie fiorentine*. Aber die verfügbare Zeit war zu kurz, und nach Rom konnte der ermüdete Meyer Florenz nicht so recht in sich aufnehmen. Michelangelos Municeergrab hat er mit Sicherheit aufgesucht. Von «David» schreibt er kein Wort, dabei hätte ihm gerade an diesem Werk aufgehen können, daß der Gestalter leidender Kraft auch den ebenmäßig schönen Menschen zu formen vermochte. Laut Betsys Mitteilung hielten sich die Geschwister der zunehmenden Hitze wegen vorzugsweise in den «kühlen Hallen der Kirchen» und den «beiden großen Galerien der Uffizien und des Palazzo Pitti» auf (Nils, S. 178).

Über Livorno ging's dann – Meyer hatte allein noch einen Ausflug nach Pisa unternommen – zu Schiff nach Genua und weiter nach Turin. Ricasoli, der sich zu einem Kongreß dorthin begeben hatte, konnten sie zwar nicht mehr treffen; aber gewissermaßen stand auch die Heimreise noch im Zeichen der willensstarken, zielstrebigen Persönlichkeit des Barons. So fuhren denn Conrad und Betsy nach kurzem Aufenthalt in der Metropole des Königreichs Sardinien den Langensee hinauf und mit der Post über den Gotthard zurück in nördliche Gefilde. Anfang Juni waren sie wieder in Zürich.

Was sie auf der Rückreise von Rom und insbesondere im Kontakt mit dem Baron Ricasoli erlebt hatten, war ein entscheidendes Stück italienischer Geschichte.

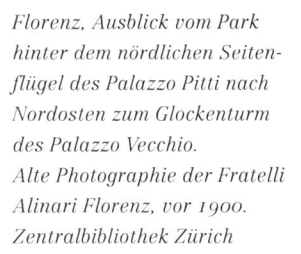

Florenz, Ausblick vom Park hinter dem nördlichen Seitenflügel des Palazzo Pitti nach Nordosten zum Glockenturm des Palazzo Vecchio. Alte Photographie der Fratelli Alinari Florenz, vor 1900. Zentralbibliothek Zürich

Bettino Ricasoli (1809–1880), Baron von Brolio. «Hoch, stählern, elastisch, mager von Gestalt und Gesichtszügen» hat er während seiner Zürcher Zeit auf Betsy gewirkt (Betsy, S. 123). Stahlstich von August Weger (1823–1892) in Leipzig nach einer anonymen Photographie. Zentralbibliothek Zürich

In Florenz

In einem Brief an Vetter Friedrich von Wyß hat Meyer über seinen Aufenthalt in Florenz berichtet:

Toscana, Florenz, wie schön sind sie nicht für den Unbefangenen. Aber nach Rom! Wir gingen von Siena nach Brolio, einem Schlößchen Hn. Ricasolis, dann, mit unserm Freund, der sich uns unglaublich gefällig erwies, über das Gebirg in das obere Arnotal, und längs des Arno nach Florenz, wo wir, erst einige Tage angelangt, eigentlich schon alles gesehn haben. Natürlich was Reisende so sehn. In Rom war das anders; jeder Winkel, jeder Hügel, jede Mauer interessant; hier der Dom, wie imposant, wie schön dieser gemilderte germanische Bau, der Thurm des P. Vecchio von den Uffizien aus, die Halle dei Lanzi, die Thurmhäuser Strozzi etc.; der Pitti wie originell, wie städtisch republikanisch, aber wie individuell manirirt; abgeschlossen und municipal gegen die einfachen Bauten der Alten, dieselben überall, und selbst gegen den flachen, aber so unendlich verlockenden und cosmopolitischen St. Peter. Auch die sanftmüthigen Landschaften Toscanas müssen der öden, großen, herrlichen Campagna weichen. Und doch ist es hier so schön, mit einigen Zügen von Zürich, besonders vom Berglein Fiesole aus und das Volk so gut und leicht, mit ihm zu leben.

Meyer an Friedrich von Wyß, 25. Mai 1858 (Briefe I, S. 62 f.)

Bettino Ricasoli (1809–1880)

«Il barone di ferro» wurde er genannt. Das setzt ihn mit Bismarck, dem «eisernen Kanzler», gleich. Eine so zentrale Rolle wie Bismarck in Deutschland spielte Ricasoli in Italien freilich nicht. Aber er stand den Königen Carlo Alberto und Vittorio Emanuele als Haupt der Toscana zur Seite, unterstützte Cavour und Garibaldi.

Nach der Januar-Revolution von 1848 hat er als Flüchtling in der Schweiz gelebt – er war als Vertreter eines Liberalismus feudalistischer Prägung in der Toscana damals nicht mehr gefragt. In Zürich, wo er sich 1849/50 aufhielt, verkehrte er u.a. im Langen Stadelhof – Elisabeth Meyer, «si bonne et spirituelle» (Ricasoli an Ernest Naville, 1. Mai 1850), brachte ihm viel Verständnis entgegen – und ist den Geschwistern als adeliger Idealist und feuriger Patriot in Erinnerung geblieben. Dann reiste er nach Genf weiter, wo sein Freund Ernest Naville wohnte. Die Rhonestadt ist seine «wahre geistige Heimat» geworden (Frey, S. 134).

Im Mai 1851 kehrte er nach Brolio zurück und setzte dort alles daran, die Toscana dem König zuzuführen. Als ihn die Geschwister Meyer 1858 auf seinem Stammsitz aufsuchten, gerieten sie mitten in den politischen Strudel, der Italiens Vereinigung vorantrieb. Am 21. Juli wurde in Plombières-les-Bains der Pakt zwischen Frankreich und Piemont geschlossen, in dem Napoleon III. dem Grafen Cavour Frankreichs Unterstützung im Kampf gegen Oesterreich zusicherte.

Am 27. April 1859 wurde Ricasoli zum Innenminister der Toscaner Regierung ernannt, und nach wechselvollen politischen Kämpfen konnte er Vittorio Emanuele endlich den Anschluß der Toscana ans Königreich melden: Das Plebiszit vom März 1860 hatte so entschieden. Nach dem Tode Cavours

1861 wurde er dessen Nachfolger. Er wendet sich mit aller Kraft gegen die regionalen Bestrebungen, trat aber wegen diplomatischer Intrigen 1862 zurück. Im Juni 1866 übernahm er sein Regierungsamt aufs neue. Der Krieg mit Oesterreich bedrückte ihn; auch die nachfolgenden innenpolitischen Kämpfe setzten ihm zu. Seit einem früheren Aufenthalt im Sumpfgebiet der Maremmen war er zudem gesundheitlich geschwächt. Er starb am 23. Oktober 1880 auf dem Kastell von Brolio.

In der *Enciclopedia Italiana* wird Ricasoli folgendermaßen charakterisiert:

Fu di fiero carattere. Aveva domato il corpo come un anacoreta. Nella vita privata e pubblica dava esempio di austerità, di rigida disciplina, di tenacia di lavoro. Aveva un senso rigidissimo del dovere, per cui il «barone di ferro» era severissimo e aspro con sé stesso e con gli altri nel compimento di ciò che credeva dovere. Aveva un' anima profondamente religiosa. La sua azione politica negli anni del 1859–61 lo pone tra gli artefici dell' unità nazionale.

Die Geschwister Meyer bei Ricasoli

Ricasoli hat die Ankunft seiner Schweizer Gäste einem Freund gemeldet. In diesem Brief gedenkt er auch der verstorbenen Mutter Meyer, die er während seines Zürcher Asyls überaus schätzen gelernt hatte:

Oggi a desinare saranno meco gli ospiti Svizzeri (fratello e sorella). Io non so cosa decideranno. Ho loro proposto di accompagnarli per il Valdarno a Firenze. Lasciato ai ciceroni della città l'uffizio di guidarli per le Gallerie, io non sapevo come meglio mostrar loro il mio cuore, nè come meglio riceverli, se non con proporgli di mostrar loro le mie foreste e i miei campi, tanto più che pur essi sono sotto il peso d'un colpo funesto e amarissimo, la perdita recente di loro madre, la donna più nobile e più venerabile che io abbia conosciuto, e alla quale debbo attenzioni che non si pagano mai. Le solitudini nutriscono le tristi memorie.

Bettino Ricasoli an Giovan Battista Giorgini,
17. Mai 1858 («Lettere e Documenti
del Barone Bettino Ricasoli»,
pubblicati per cura di Marco Tabarrini
e Aurelio Gotti, 10 vol.,
Firenze 1887–1895; Bd. II, S. 442)

Sowohl Betsy als auch ihr Bruder haben sich des Aufenthalts in der Toscana erinnert:

Nun aber saßen wir in seinem [Ricasolis] Wagen und fuhren durch das blühende Gefild den Gebirgsabhängen zu.

«Ist es noch weit nach Brolio?» fragte mein Bruder den Kutscher, als Siena schon in der Ferne hinter uns lag.

«Sie sind auf dem Gebiete von Brolio,» war die Antwort, und nachdem wir noch eine Weile gefahren, setzte er hinzu: «Der Herr von Brolio kommt Ihnen entgegen.»

Ja, da kam er, unser ernster Freund, den wir so lange nicht gesehen, auf seinem braunen, schlanken Engländer herangeritten! Wir freuten uns herzlich des Wiedersehens.

Er war, seit er seine liebliche Frau begraben hatte, ein vereinsamter Mann; wir hatten seit seinem letzten Besuche in Zürich unsere geliebte Mutter verloren. So war es natürlich, daß der erste Tag auf dem einsamen, hell vom Frühling umblühten Schlosse dem Andenken der früheren Tage galt und der Erinnerung an die Entschwundenen, die uns lieb gewesen. Von ihnen redeten wir auf der weitschauenden, von Bäumen beschatteten Terrasse und im Empfangszimmer, einer auf diesen Garten sich öffnenden Loggia, die mit zwei Marmorgruppen eines neueren Bildhauers geschmückt war, [...].

(Betsy, S. 124f.)

Im Jahre 1849 hatte sich der Baron Bettino Ricasoli längere Zeit in der Schweiz aufgehalten. In Zürich befreundete er sich mit unserer Familie, und ich lernte einen Mann kennen, dessen starke Seele der eine Gedanke der Freiheit und Einigung Italiens erfüllte. Dafür war er zu jedem Opfer bereit.

Damals erschien er mir als ein starrer Idealist, dessen eisernem persönlichem Willen sich die politische Wirklichkeit niemals fügen werde.

Anders war es, als ich ihn 1858, ein Jahr vor dem Ausbruch des italiänischen Krieges, in seinem heimatlichen Toskana wiedersah. An einem Maiabend auf einem seiner Landgüter im Valdarno riß er mich hin durch die freudige Sicherheit, womit er mir seine Ziele, die jetzt greifbar vor ihm standen, bezeichnete. Damals und später, als er mit diktatorischer Gewißheit sein Toskana dem Könige von Italien zuführte, wurde mir beschämend klar, was ein Charakter im Leben einer Nation zu bedeuten hat.

«Mein Erstling:
‹Huttens letzte Tage›» (VIII, 194)

Castello di Brolio in der Toscana: die neugotische, ursprünglich hochmittelalterliche Burg im Mauergürtel des 15. und 16. Jahrhunderts. «Mehr einem Kastell aus der Feudalzeit als einer Villa ähnlich, beherrscht Brolio, mit Mauern, Turm und Fallbrücke wohl verschlossen und bewehrt, auf felsigem Vorsprung aus seinen Gärten ragend, das herrliche Tal, in dem Siena liegt.» (Betsy, S. 122) Luftaufnahme von Gianluigi Scarfiotti. Reproduktion aus: Enrico Bosi / Gianluigi Scarfiotti, «Von Burg zu Burg. Das Chiantigebiet», Milano 1990, S. 237.

Der italienische Befreiungskrieg

Nach dem Sturz Napoleons I. gliederte Metternich auf dem Wiener Kongreß Norditalien – das Lombardo-Venezianische Königreich – der Siegermacht Habsburg-Oesterreich an. Von einem italienischen Gesamtstaat, wie er unter Napoleons Herrschaft *de facto* existiert hatte, sprach niemand mehr. Das Land zerfiel wiederum in regionale, meist pro-österreichische Teilstaaten, die Metternich gerne zu einem losen Staatenbund zusammengeschlossen hätte. Italien war damit abermals nur ein geographischer Begriff; man vermied es peinlich, den Namen zu verwenden.

Aber gegen die Geheimbünde war auch in Wien kein Kraut gewachsen. Die von Neapel aus operierenden Carbonari und besonders der von Giuseppe Mazzini 1831 gegründete Geheimbund «La Giovane Italia», der die nationale Einigung auf demokratisch-republikanischer Basis erstrebte, machten ihren Einfluß in zunehmendem Maße geltend. Der Drang zur nationalen Einheit ließ sich nicht mehr länger unterdrücken. Die geistige Elite wollte ein neues und von jeder Fremdherrschaft freies Italien schaffen. Verschwörungen, Putsche und Aufstände gegen die lokalen Machthaber sollten die Volksmassen aus ihrer nationalen Trägheit wachrütteln. 1846 wurde mit Pius IX. ein Papst gewählt, der als persönlicher Anhänger von liberalen Reformen die italienischen Patrioten zunächst zum Kampf für ihre gerechte Sache ermutigte. Die Bewegung ging bald auf das ganze Land über.

Im Norden setzte sich Carlo Alberto von Sardinien-Piemont, ein Savoyer, dessen Königreich der einzige wirklich nationale Staat im damaligen Italien war, an die Spitze der Befreiungsbewegung. Sein Ministerpräsident Massimo d'Azeglio sprach leidenschaftlich vom «Prinzip der offenen Verschwörung»; aus dem Piemont heraus wurden dann auch die Fäden zum Umsturz in ganz Italien gesponnen. 1847 erschien in Turin jene Zeitung, die der großen nationalen Sache ihren Namen gab: «Il Risorgimento», die Wiedererstehung.

Zu Beginn des Jahres 1848 gewährten die Herrscher von Neapel, Toscana und Sardinien ihren Untertanen Verfassungen. Aufstände in Unteritalien und Unruhen in Sizilien, Mailand und Venedig bildeten den Auftakt zur ausbrechenden «Guerra Santa» vom März 1848, in der Carlo Alberto, mit Hilfe von Freiwilligen, die Oesterreicher vorübergehend aus der Po-Ebene verjagte. Sardinien-Piemont in der Vorkämpferrolle unterstützte die «Völker der Lombardei und Venetiens», zog damit die Toscana und Neapel in Gefolgschaft, und selbst Pius IX. konnte den Freiwilligen seinen Segen nicht versagen. Oesterreich, mit der Revolution im eigenen Lande beschäftigt, dazu in Schleswig-Holstein engagiert und bald auch in Ungarn bedrängt, holte aber unter Feldmarschall Radetzky zum Gegenschlag aus und besiegte Carlo Alberto am 25. Juli 1848 bei Custozza. Übereifer des Königs, das Mißtrauen der Verbündeten, die in ihm einen nach der Vorherrschaft Strebenden sahen, der überraschende Abfall des Papstes von der vaterländischen Sache und ein Umsturz in Neapel sind für diese Niederlage verantwortlich. Der König von Sardinien, erst noch des Glaubens, einer künftigen italienischen Republik unter Mazzini zuvorzukommen, hatte sich allzu selbstbewußt an die Devise seines Außenministers Pareto gehalten: «L'Italia farà da sè!» Ihm blieb jetzt nur, mit den Oesterreichern einen Waffenstillstand abzuschließen.

Im März 1849 erlitt er bei einem neuerlichen Anlauf gegen den zahlenmäßig schwächeren, aber besser gerüsteten und geschulten Feind eine noch deutlichere Niederlage bei Novara. Weil man ihm für einen zweiten Waffenstillstand maßlose Bedingungen stellte, dankte er zugunsten seines Sohnes Vittorio Emanuele ab, der mit Hilfe Frankreichs und Englands einen leidlichen Frieden aushandeln konnte. Die Oesterreicher, wieder Herren in der Lombardei und in Venetien, waren alles andere als zimperlich, als es darum ging, die aufständisch Gewordenen ins alte Joch zu spannen.

In Rom, wo Pius IX. das Vertrauen der national Gesinnten völlig verloren hatte und deswegen nach Gaëta geflüchtet war, hatte man inzwischen die Republik ausgerufen, was Louis Napoleon veranlaßte, in die italienischen Wirren einzugreifen. Französische Truppen eroberten nach erfolgreicher Gegenwehr der Republikaner am 3. Juli 1849 die Stadt; der Papst konnte die Herrschaft wieder übernehmen. Mazzini setzte sich in die Schweiz ab, Garibaldi suchte vergeblich, den Volkskrieg für die republikanische Idee neu zu entfesseln. Der Kirchenstaat aber wandelte sich unter der Repression der päpstlichen Kommissare in einen Schreckensstaat: Gnadenlose Hinrichtungen und Abertausende von politischen Gefangenen und Verbannten entsprachen keineswegs der französischen Devise, welche die Wiederherstellung der päpstlichen Herrschaft mit der Erwartung «Allgemeine Amnestie, Laienverwaltung und liberale Regierung» verbunden hatte.

Die Einigung Italiens wurde erst 1859 herbeigeführt und 1870 abgeschlossen. Piemont-Sardinien unter Vittorio Emanuele, nach wie vor Zuflucht aller im übrigen Italien hart verfolgten Liberalen, gewann in der Person von Graf Camillo di Cavour einen politisch äußerst geschickten Sachwalter für die zukünftige Befreiung des ganzen Landes. Um das durch die Niederlagen angeschlagene Prestige zu heben und die italienische Frage ins Bewußtsein der Großen Europas zu rücken, beteiligte sich Sardinien 1855/56 an der Seite Englands und Frankreichs am Krimkrieg und verabredete 1858 mit dem inzwischen zum Kaiser aufgerückten Napoleon III. einen gemeinsamen Angriffskrieg gegen Oesterreich. Der Preis für die französische Hilfe war hoch: die Abtretung Savoyens und Nizzas.

Im April 1859 kam es zum neuerlichen Waffengang. Wien, von Turin gezielt gereizt, tappte in die Falle und eröffnete den Krieg gegen Sardinien, das von Frankreich mit 150 000 Mann unterstützt wurde. Die Verbündeten schlugen die Oesterreicher am 4. Juni bei Magenta (unweit von Mailand) und am 24. Juni bei Solferino (südlich des Gardasees). Im Frieden von Zürich vom 10. November 1859 trat Oesterreich die Lombardei an Sardinien ab, behielt aber Venetien. Während die Toscana, Modena, Parma und die Romagna, von einer neuen Welle der nationalen Begeisterung getragen, sich nach Volksabstimmungen Sardinien-Piemont anschlossen, gingen Nizza und Savoyen verabredungsgemäß in den Besitz Frankreichs über.

In den nächsten Jahren vollzog sich die Angliederung des Südens. Franz II. von Neapel, der König beider Sizilien, galt zwar als erklärter Gegner einer Einigung unter Vittorio Emanuele, aber sein Staat war morsch und wenig widerstandsfähig. Garibaldi, von Cavour unterstützt, eroberte mit seinem «Zug der Tausend» in kurzer Zeit Sizilien, worauf er nach dem Festland übersetzte und, zusammen mit den Piemontesen, Franz II. zur Kapitulation zwang. Sizilien, Unteritalien, die Marken und Umbrien wurden nach Volksabstimmungen an die bereits gewonnenen Gebiete angeschlossen.

Am 14. März 1861 nahm Vittorio Emanuele II. auf Beschluß des ersten nationalen Parlaments den Titel eines Königs von Italien an. Cavour, der eigentliche Wegbereiter der Einigung, starb am 6. Juni, von seiner rastlosen Tätigkeit für die große Sache völlig aufgerieben. Die vorläufige Hauptstadt Italiens hieß Florenz; noch fehlten Venetien und Rom im Gesamtstaat.

Garibaldi, der Volksheld, der sich mit der Tatsache, daß Rom aus Rücksicht auf den Papst und Frankreich nicht erobert worden war, nicht hatte abfinden können, weilte grollend auf der Insel Caprera. Von dort aus versuchte er zweimal (1862 und 1867), auf eigene Faust den Kirchenstaat zu unterwerfen, wurde aber von piemontesischen und französischen Truppen besiegt. So kam Rom erst 1870 während des deutsch-französischen Krieges an Italien. Das Staatsgebiet des Papstes blieb fortan auf Vatikan und Lateran beschränkt.

Venetien dagegen konnte schon 1866 während des preußisch-österreichischen Krieges Italien angeschlossen werden. Zwar wurden die mit Preußen insgeheim verbündeten Italiener von den Oesterreichern am 24. Juni bei Custozza geschlagen. Des preußischen Sieges bei Königgrätz wegen (3. Juli) hielt es Franz Joseph aber für geraten, dank der Mittlerschaft Napoleons im Süden rasch einen Waffenstillstand einzugehen. Im Frieden von Wien vom 3. Oktober 1866 gewann Italien Venetien, das sich in einer Volksabstimmung für den Anschluß an das Italienische Königreich aussprach.

Giuseppe Garibaldi (1807–1882) im Alter von fünfzig Jahren. Photographie, 1857. Zentralbibliothek Zürich

GIUSEPPE GARIBALDI (1807–1882)

Vittorio Emanuele und Garibaldi sind nach dem Zusammenschluß des Landes in unzähligen Denkmälern verewigt worden. Ihre Bilder hingen in allen Haushalten Italiens, ja sogar manchenorts auch des Auslands. Garibaldi wurde 1807 in Nizza geboren und schloß sich bald dem «Jungen Italien» Mazzinis an. Er floh 1834 ins Ausland, um dem Todesurteil zu entrinnen, das bereits über ihn verhängt war. In Südamerika war er eine Zeitlang Anführer einer italienischen Legion, die in Brasilien und Uruguay die Freiheitsbewegungen unterstützte. Zur Zeit der 48er Revolution kam Garibaldi zurück und stellte sich als Führer einer Freiwilligen-Schar gegen die Oesterreicher. Die Niederlage Piemont-Sardiniens, vor allem aber sein Scheitern bei der Verteidigung Roms gegen die Franzosen, zwangen ihn zur Flucht in die Berge und zur neuerlichen Auswanderung. 1853 kehrte er zurück und kämpfte abermals für die nationale Einigung.

Er war schon zu seiner Zeit eine fast legendäre Figur. Seine Freiwilligen sahen in ihm einen unwiderstehlichen Helden und gingen für ihn durchs Feuer. Sein unbändiger Freiheitswille und seine Vaterlandsliebe machten ihn zu einer charismatischen Gestalt. Er förderte diese Einschätzung durch sein äußeres Erscheinungsbild – er trug einen weißen Mantel über dem roten Hemd – und sein martialisches Gehaben; aber er war auch im Felde wie im politischen Bereich ein listenreicher kühner Feuerkopf, dem der Nimbus des schwer zu zügelnden Draufgängers eigen war. Es ist zu vermuten, daß Meyer seinem Jenatsch Züge von Garibaldi verliehen hat.

Rechte Seite:
Conrad Ferdinand Meyer im Alter von gut
40 Jahren. Photographie von A. Melchèr, Champfèr,
aufgenommen im Sommer 1866 oder 1867 während
des Aufenthalts der Geschwister in Silvaplana.
Vermutlich ist es dieses «im Engadin mit höchst
mangelhaften Instrumenten» verfertigte Bild, das der
Dichter einige Jahre später «beim Aufräumen»
findet und seinem Brief an J. R. Rahn vom 27. Juni 1871
beilegt (Briefe I, S. 228). Original Privatbesitz,
Reproduktion Zentralbibliothek Zürich

IV Diffuse Pläne und Versuche

Auf dem Weg zur eigenen Kunst

Frühe Gedichtsammlungen

Zürcher Freunde

Die Schwester

Auf dem Weg zur eigenen Kunst

Nach der zusammen mit Betsy unternommenen Italienreise, die Meyer zutiefst beglückt und künstlerisch vorbereitet hatte, fällt der nach Zürich Zurückgekehrte, der therapeutisch als Übersetzer tätig gewesen war und den nun dichterische und vor allem dramatische Pläne bedrängen, in die ernüchternde Problematik seiner künftigen beruflichen Existenz zurück. Als bald 33jähriger steht er vor der bedrückenden Tatsache, «eigentlich nichts geleistet» zu haben, tröstet sich aber mit dem vergleichsweise beigezogenen Cervantes, «der erst nach den sechziger Jahren berühmt wurde» (Frey, S. 142), und findet in Camoëns und Odysseus weitere, seinem Lebensproblem verwandte beispielhafte Persönlichkeiten, die sich als Identifikationsfiguren anbieten. Doch diese zur Stützung Herbemühten gewähren nur bedingt Erleichterung, und wie ihn die Liebe zu Clelia Weydmann (1837–1866) überkommt und er abermals abgewiesen wird, kann einzig ein schneller Ortswechsel aus der übermächtig gewordenen inneren Anfechtung helfen: Meyer flieht erneut nach Lausanne. Er ist damals «in den Dingen dieser Welt gründlich verbittert und enttäuscht» (Frey, S. 149) und erträgt «die höchst monotone, freudenlose Gegenwart» und das davor liegende «Vergangene» nur, weil er mitunter trotz allem auf seinen Stern hofft und unerschütterlich an Gottes Güte glaubt (ebd.).

In Lausanne zieht er die Möglichkeit in Betracht, sich mit einer seine sprachliche und geistige Befähigung nachweisenden Arbeit um eine Privatdozentur am Polytechnikum Zürich zu bewerben. Schließlich ist er als geschickter Übersetzer historischer Werke aus dem Französischen geübt: Augustin Thierrys *Erzählungen aus den merovingischen Zeiten* von 1855 belegen sein Können hinlänglich, und François-Pierre-Guillaume Guizots *L'amour dans le mariage* – 1857 als *Lady Russell. Eine geschichtliche Studie* bei Christian Beyel in Zürich erschienen – bekräftigt seine Gewandtheit, eine gegebene Vorlage sorgfältig umzusetzen. Dank wachsender Vertrautheit mit dem Französischen gedachte Meyer übrigens auch deutsche Texte einem französischsprechenden Publikum zugänglich zu machen: *Das Thierleben der Alpenwelt* von Friedrich von Tschudi gehörte zu den erwogenen Arbeiten. Aber wie viele von Meyers Plänen zerschlug sich auch dieser, weil im vorliegenden Fall eine Übersetzung bereits in Arbeit oder kein Verleger zu finden war. Mehr Glück hatte er mit den von ihm um 1858/59 ins Französische übertragenen Texten von Johann Jacob Reithard in Johann Jacob Ulrichs Werk *Die Schweiz in Bildern*, das 1860 im Kunstverlag Henri Fuessli & Comp. in Zürich unter dem Titel *La Suisse pittoresque* erscheint. Das bereits 1855 ins Auge gefaßte Vorhaben, Guizots *Histoire de la révolution d'Angleterre* zu verdeutschen, wurde dagegen fallengelassen, und die 1856 geplante und dann mit viel Elan angegangene Übertragung von Theodor Mommsens *Römischer Geschichte*, an der sein Freund Alfred Rochat mitarbeitete, mußte zwei Jahre später abgebrochen werden. Auch eine Teilübersetzung von Platens *Geschichten des Königreichs Neapel*, nämlich die 1853 unter seinem Französischlehrer Charles Secrétan in Neuenburg begonnene und 1857 in Paris vollendete *Jeanne de Naples*, bleibt unveröffentlicht, so wie der Plan einer Verdeutschung von Jean-Frédéric Astiés zweibändigem Werk *L'esprit d'Alexandre Vinet* (1861) scheitern wird.

Neben dem wenigen, das aus dieser Tätigkeit erwächst, sind dann später noch die weitgehend als Übersetzungsarbeiten Betsys geltenden, von Haessel verlegten drei Vortragsreihen des Genfer Philosophen Ernest Naville (1816–1909) zu nennen: *Der himmlische Vater. Sieben Reden* (1865), *Die Pflicht. Zwei Reden an die Frauen* (1869) und *Christus. Sieben Reden* (1880). Diese Abstecher in die fromme Literatur gehen auf den Einfluß des Freundes Naville und des ebenso dem Religiösen zugewandten Félix Bovet zurück, der mit einer Lebensbeschreibung Zinzendorfs (1860) und seinem Reisebericht *Voyage en Terre-Sainte* (1861) Meyer auf die für den sündhaften Menschen unerläßliche himmlische Gnade verweist, wie das die verstorbene Mutter in ihrem

Dasein vergeblich vorzuleben versucht hatte. In dieser Nische der *Réveil*-Literatur hofft Meyer, vorübergehend ganz in theologische Studien vertieft, sich während seines Lausanner Jahres 1860 mit einer französisch abgefaßten Arbeit über Goethe und Lavater, den andern großen Pietisten, ebenso zu bewähren und den Weg zur angestrebten Privatdozentur für französische Sprache und Literatur zu ebnen. Aber auch dieses Unternehmen wird bald aufgegeben. Warum dies? Als Übersetzer und Bearbeiter müht sich C. F. Meyer zwar redlich und oft bis zur Erschöpfung. Er muß sich dabei jedoch an Gegebenes halten und ist in der Gestaltung weitgehend gebunden. Der «Phantasus» von einst malt gewissermaßen wieder Figuren aus, die vorgedruckt sind. Er darf sie als Schreibender kolorieren, hingegen nicht schöpferisch in ihre Vita eingreifen. Er ist und bleibt somit ein sprachlicher Handwerker.

Dabei ist doch das Phantasieverbot, das der Vater ausgesprochen und das die Mutter bis zu ihrem Freitod aufrecht erhalten hatte, längst hinfällig geworden. Wenn er selber etwas zu formen unternimmt, so kann ihm das niemand mehr entwerten. Die *imagination* ist nicht mehr sein Feind, wie das die Mutter in einem Brief an Cécile Borrel im Sommer 1854 noch behauptet hatte (d'Harcourt, crise, S. 242). Und die Poesie überkommt ihn immer zwingender «comme un brigand» (ebd., S. 182). Sein Künstlertum läßt sich also nicht mehr länger verdrängen: Er *muß* wieder Gedichte schreiben, in Balladen und geplanten dramatischen Erzählungen jene Persönlichkeiten der Vergangenheit, deren Leben ihm vertraut ist, nach eigener Ausdeutung auftreten lassen in einer *novella storia*. Aber noch kennt er die Spannkraft und den möglichen Ertrag seines künstlerischen Wollens nicht, weil beides bisher noch nie ernsthaft auf Bewährung ausgelastet wurde. Die größte Unbekannte jedoch ist die mögliche Leserschaft, das Publikum. Wie kann er als ein für gescheitert Geltender und ewig auf Abstand Bedachter überhaupt an die Menschen herankommen? – Erste greifbare Versuche Meyers auf dem Gebiet von Epik und Dramatik sind die unveröffentlichte frühe Erzählung CLARA aus der Zeit nach seiner Genesung sowie der Entwurf einer dramatischen Komposition über TULLIA UND TARQUIN aus den Jahren um 1858/60 (vgl. XV, 23 f.).

Clelia (Klementine) Weydmann (1837–1866). Tochter des St. Galler Kaufmanns Johann Philipp Weydmann (1801–1854), die Meyer in den Jahren 1858 bis 1860 erfolglos umworben hat. Der neue Liebeskummer dürfte bei seiner abermaligen Flucht nach Lausanne mitgespielt haben. Meyers «Cleli» ist im Alter von knapp dreißig Jahren an den Folgen einer Operation gestorben. Alte Photographie nach einem anonymen Gemälde in Privatbesitz. Zentralbibliothek Zürich

«Clara»

Die Novelle dürfte zwischen 1854 und 1856 entstanden sein. Erhalten sind die Handschrift Meyers sowie je eine frühe und eine spätere Abschrift von Betsys Hand. Wahrscheinlich letztere schickte die Schwester am 29. Januar 1893 an Adolf Frey (XV, 296): «Hier bekommen Sie einen Fund aus sehr alter Zeit, eine Novelle aus der dunkeln Einsamkeitsperiode». Nach des Bruders Tod gab sie dem Biographen dann zu bedenken (Brief an Frey von Ende Oktober 1899; ebd.): «In der alten ‹Clara› dürfen Sie nicht die Wurzeln zu Conrads spätern u. letzten Novellen suchen. Er hatte das alte blasse Manuskriptchen ganz u. völlig vergessen.» – Ist Betsys Warnung wirklich gerechtfertigt? Eine nähere Betrachtung lohnt sich jedenfalls, wie das auf Erstlinge eigentlich immer zutrifft.

Die Handlung setzt 1692 ein. Zwei adelige Schwestern, Clara und Francesca, bewohnen in Zurückgezogenheit die Stammburg Rochefort. Ihr Vater, General Graf Hercules, ist kürzlich gestorben. Die kaum zwanzigjährige Francesca hat sich in der Hauptstadt, wo rauschende Feste gefeiert werden und sie unter ihrer Schwester Augen ihre Erziehung vollenden sollte, in einen Musiker verliebt. Die besonnene und beherrschte Clara nimmt die wenig Gefestigte nach Rochefort zurück, wo die beiden ein klösterliches Leben führen, ja, die «Sünderin» fürchtet bereits, sie müsse dereinst als Äbtissin von Villamont lebenslang für ihr Vergehen büßen.

Die dreißigjährige Clara trägt sich jedoch mit dem Gedanken, ihre Schwester einem entfernten Verwandten, dem Grafen Bettino, zur Frau zu geben. Er ist allerdings nicht unbescholten, sondern schuld daran, daß der kriegerische Fürst von S. eine Schlacht verloren hat, und fühlt sich jetzt als Versager. «[Ü]berall nicht gekannt, gemieden, ja gehöhnt» (XV, 9), kommt er nach Rochefort und verliebt sich auch bald in die anmutige Francesca. Im übrigen macht er sich als geschickter Baumeister auf der alten Burg nützlich; anstelle des Holzstegs, der immer wieder weggeschwemmt wird, baut er eine verläßliche steinerne Brücke. Im Winter lesen die drei Schloßbewohner zusammen Ariost und Dante; Bettino und Francesca scheinen sich dabei ganz aufeinander einzustimmen.

Als aber der Graf im Frühling der kleinen Schwester tollkühn eine Rose von der Felskanzel holt, wird auch Clara, die bisher das Verhältnis der jungen Leute «klug überwacht» hat (XV, 13), ein Opfer der Liebe. Sie will nun Bettino für sich gewinnen. In Gegenwart des Kaplans und des jungen Paares spricht sie davon, daß man eine Schuld, in die einen der Leichtsinn getrieben habe, nicht einfach abschütteln könne. Buße sei gefordert. Der fehlbare Mensch müsse sich «bis ans Ende tief unter dem Reinen fühlen» (XV, 15), und Gnade könne nur der Herr gewähren. Francesca bricht unter dem schwesterlichen Richterspruch in Tränen aus und verläßt, «von dieser harten Rede athemlos gefoltert» (ebd.), wankend den Saal. Der Kaplan aber erläutert dem ratlosen Bettino die Zusammenhänge, indem er ihn gleichzeitig «an die herrlichen Worte des Göttlichen» erinnert (XV, 16): «‹Wer ohne Schuld ist, werfe den ersten Stein auf sie›».

Die lieblose Clara nimmt nun ihr Schicksal noch entschiedener an die Hand und verrät dem jungen Grafen, daß sie ihn gern mit der Schwester verheiratet hätte, doch kenne er ja deren Unglück. Aus ihren Augen liest der junge Mann heraus, daß sie sich ihm selber verbinden möchte. Allein, fügt der Erzähler bei: «So rasch Bettino und Clara sich verständigt, so schwer, ja mühselig wurde ihnen ein Bekenntniß ihrer Neigung» (XV, 17). Clara, unermüdlich tätig, gibt sich noch überlegener als zuvor. Wie Bettino im Schloßhof einen Brunnen errichtet, ihn mit Meergöttern schmückt und ihm Wasser zuführt, läßt Clara sein Werk kurzerhand abbrechen, nachdem sich herausgestellt hat, daß die Zuleitung den Dorfbewohnern das Wasser nimmt. Auch baut sie die Kapelle des heiligen Martin gnadenlos in ein Spital um, wo sie selbst die an Nervenfieber Erkrankten pflegt.

Die Entscheidung naht, als die Äbtissin von Villamont stirbt und für das Kloster eine neue Oberin gesucht wird; ferner fordert der Fürst den Dienst Bettinos und fragt, welcher der beiden Schwestern er sich zu vermählen gedenke. Bettino bittet unter einem verdunkelten Deckenfresko, welches «das bekannte Urtheil des Paris» zeigt (XV, 19), Clara – um die Hand ihrer Schwester. Die überaus Tüchtige und Abgeklärte wird «todtenblaß», und «ein leises Zittern» erschüttert sie (ebd.), doch faßt sie sich und zieht als Äbtissin nach Villamont.

Die Erzählung wartet mit allen Unbedarftheiten des jungen Dichters auf. Sie spielt in einem merkwürdig verschwommenen Niemandsland. Die Landschaftsnamen sind französisch (ein Dorf Rochefort liegt bei Neuchâtel, Villamont heißt ein Landsitz bei Lausanne); die Burg dagegen befindet sich «im T.» (XV, 7), was – wie die italienischen Namen der

Personen – ans Tessin denken läßt. Die Handlung wirkt klischiert; die Entschlüsse der Menschen werden wohl psychologisch motiviert, aber in dichterischen Bildern angedeutet: Das Schloß erscheint als ein Ort der Buße, Bettinos Brücke und sein Brunnen bezeugen die Verbindlichkeit und Aufgeschlossenheit gegenüber dem Leben, Villamont wird zur Oase klösterlicher Einkehr. Die Gestalten erhalten ihre Züge, aber auch ihre Namen (Francesca da Rimini) aus Dante oder Ariost. Dem Motiv der natürlichen Liebeserfüllung steht jenes des unfreiwilligen Klosterlebens entgegen. Im Moment, da Bettino sich entscheiden muß, verdeutlicht Meyer die Situation durch ein Werk der bildenden Kunst. So hilflos manches wirkt, sind doch die für Meyer entscheidenden Örtlichkeiten, Motive und Techniken bereits nachweisbar.

Bei näherem Zusehen ist hinter der Erzählung jene menschliche Konstellation verborgen, die dem «armen Conrad» in der Jugend so zugesetzt hat. Er selbst ist wie Bettino ja in der Tat «überall nicht gekannt, gemieden, ja gehöhnt» (XV, 9). Die beiden Schwestern aber spiegeln Frauen, die ihn damals umgeben. Sie wiederholen die beiden Gesichter von Meyers Mutter: die zarte, junge Frau, wie Marie Ellenrieder sie gemalt hat, und die herbe Richterin in der Nonnentracht. Clara ist wie Cécile Borrel gleichzeitig Mutter, *sœur grise* und Geliebte. Darüber hinaus erinnert die Gestalt an Mathilde Escher, die Mildtätige vom Felsenhof (Rochefort), welche in der St. Anna-Kapelle die Bedürftigen pflegt und aufrichtet, während Francesca an deren verheiratete jüngere Schwester Anna Barbara denken läßt, die 1836 den Obersten Friedrich von May aus Bern ehelichte und sich eine Zeitlang in Préfargier aufhielt (vgl. Meyers Brief an Cécile Borrel, 24. November 1855; d'Harcourt, crise, S. 248). Clara gemahnt aber auch an Betsy Meyer, die am Landungssteg von Ouchy noch ein bezauberndes junges Mädchen ist und – die Zukunft vorwegnehmend – später Sekretärin von Mathilde Escher und schließlich Hausmutter in der Zellerschen Anstalt in Männedorf wird. Die beiden Frauenfiguren der Novelle weisen auf die Gespaltenheit so vieler Frauengestalten in Meyers späteren Werken hin. Immer steht der naturhaft-heidnische Typus dem christlich-wohltätigen gegenüber. Aber Bettino, wenn er die Wahl hat, bittet Minerva um die Hand der Venus (XV, 19). Das Manuskriptchen, schreibt Betsy 1899 verharmlosend an Frey, sei «damals bloß aus dem Gelüsten hervorgegangen die Frauenvorzüge überlegener weibl. Naturen, wie er sie in Math. Escher, Frau Spyri u. den Genferinnen kannte, gegen die Anmutung untergeordneter, liebebedürftiger Mädchenseelen abzuwägen» (XV, 296).

Meyer wird diese Thematik später gekonnter gestalten: in der HOCHZEIT DES MÖNCHS etwa, wo Astorre sich von der strengen Diana abwendet und das liebreizende Naturkind Antiope heiratet, in der Richterin Stemma, deren Herbheit Claras Wesen wiederholt, oder dann in Angela Borgia, wo Clara und Francesca schließlich zu einer Idealgestalt verschmelzen.

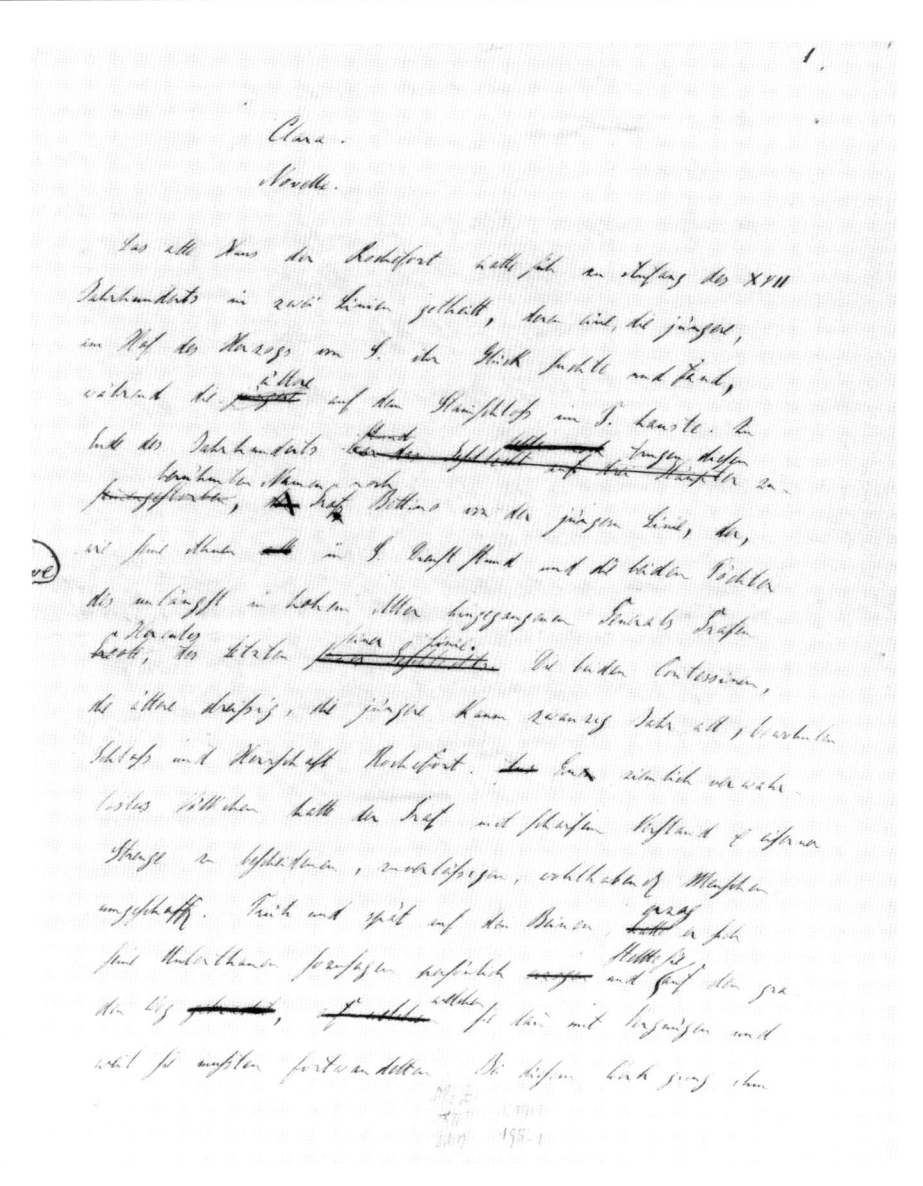

Anfang der Novelle «Clara» in Meyers Handschrift von 1854/56 (XV, 300): «Das alte Haus der Rochefort hatte sich zu Anfang des XVII Jahrhunderts in zwei Linien geteilt, deren eine, die jüngere, am Hof des Herzogs von S. ihr Glück suchte und fand, während die ältere auf dem Stammschloß im T. hauste. Zu Ende des Jahrhunderts trugen diesen berühmten Namen noch Graf Bettino von der jüngern Linie, der, wie seine Ahnen in S. Dienst stund und die beiden Töchter des unlängst in hohem Alter hingegangenen Generals Grafen Hercules, des Letzten seiner Linie. Die beiden Contessinen, die ältere dreißig, die jüngere kaum zwanzig Jahr alt, bewohnten Schloß und Herrschaft Rochefort. Ein ziemlich verwahrlostes Völkchen hatte der Graf mit scharfem Verstand u. eiserner Strenge zu bescheidenen, zuverlässigen, wohlhabenden Menschen umgeschaffen. Früh und spät auf den Beinen, erzog er sich seine Unterthanen sozusagen persönlich und stellte sie auf den graden Weg, welchen sie dann mit Vergnügen und weil sie mußten fortwandelten. Bei diesem Werk gieng ihm / Clara, seine Älteste, an die Hand. [...]» Ms. CFM 195.1. Zentralbibliothek Zürich

Das Hôtel Gibbon an der Place Saint-François, wo Meyer während seines vierten Lausanner Aufenthalts vom März 1860 bis Jahresanfang 1861 als Pensionär mit verschiedensten ausländischen Gästen von Rang und Namen verkehrte. Lithographie, publiziert von Charles Gruaz, Genève, um 1840. Zentralbibliothek Zürich

Vom Übersetzer zum Dichter

Meyers Bestrebungen um eine eigene Kunst, wie er sie während seines vierten Aufenthaltes in Lausanne 1860 unternommen hat, kommen in seinem Brief vom 4. Mai 1860 an den Verleger Carl Heinrich Ulrich-Gysi in Zürich besonders schön zum Ausdruck. Als gewissenhafter Übersetzer versichert er dem Empfänger zunächst (Briefe I, S. 11): «Die Correcturen der Suisse pittoresque [seiner Übertragung der *Schweiz in Bildern* ins Französische] bin ich zu besorgen bereit, wenn Sie mir dieselben, fünf Blätter auf einmal, überschicken.» Dann verweist er auf seine ihn in den Morgenstunden «ziemlich ermüdenden Studien auf einem [...] bisher fremden Gebiet» (Apostelgeschichte und Paulinische Briefe; vgl. Frey, S. 150 f.) und erklärt, «Abends etwas Leichtes und Erheiterndes treiben» zu müssen:

[S]o wählte ich eine kleine französisch zu schreibende Studie über Göthe und Lavater, ihr Verhältniß und ihren Briefwechsel, eine Kleinigkeit, die ich etwas rasch von der Hand schlagen möchte.

(Briefe I, S. 11)

Anschließend bittet er den Freund in Zürich, er möge sich für ihn doch nach weiterem Material, so nach Heinrich Hirzels *Briefen von Goethe an Lavater* umschauen.

In einem späteren Brief an Ulrich-Gysi vom 15. November 1860 kommt Meyer auf seinen «l. Freund, Felix Bovet von Neuchâtel», zu sprechen, der «zwei schöne Bücher herausgegeben» habe: «Zinzendorfs Lebensbeschreibung nach den Quellen und eine Reise in den Orient» (Briefe I, S. 17). Dem Verfasser selbst gesteht er voller Bewunderung:

Ce qui m'étonne et m'attire tant en vous qu'en Z.[inzendorf] c'est cette source vive et vivifiante de charité dont je sens la chaleur et dont je tâche involontairement de me rapprocher, mais que je ne possède pas.

Meyer an Félix Bovet,
8. Dezember 1860 (Briefe I, S. 121)

Sich selber sieht er bezeichnenderweise wie folgt: «Je suis l'esclave monté derrière le char de César et qui le chansonne.» (ebd.) – Seine Arbeit an Lavater-Goethe ist offensichtlich ins Stocken geraten (Briefe I, S. 122): «Force me sera d'ajourner Lavater au nouvel an.»

Neben dem Bearbeiter äußert sich im gleichen Brief nun auch der künftige Dichter (ebd.): «Les idées m'affluent de tout côté, j'aimerais mieux composer que biographier.» Seinen Neuenburger Freund Bovet hatte Meyer bereits im Oktober 1860 anläßlich eines Wiedersehens mit der Nachricht «Je ferai de la poésie» überrascht (VI, 434); ihm schickt er schon bald erste Gedichte zur Beurteilung zu.

Frühe Gedichtsammlungen

Im Oktober 1860, wie sich Meyer zum vierten Mal in Lausanne aufhält, geschieht es: der mittlerweile 35jährige, nach wie vor ohne sicheren Broterwerb, zwar mit einer Studie über die Korrespondenz zwischen Goethe und Lavater beschäftigt, die ihn der erwogenen Privatdozentur für französische Sprache und Literatur näher bringen könnte, will seiner Berufung als Dichter folgen und seine Lyrik publizieren. Weder «[d]er Übersetzerfleiß» noch «die literarhistorischen Velleitäten vermochten die poetische Lust in ihm zu unterdrücken; vielmehr erwachte sie gerade in Lausanne mit aller Kraft und behauptete nach langer Knechtung durch die lediglich vom Pflichtgefühl geforderten Studien und gelehrten Aufgaben siegreich das Feld» (Frey, S. 154). Es gibt niemanden, der ihm jetzt den Beruf eines Poeten verächtlich machen könnte, und Meyer ist «[f]est entschlossen, nun endlich etwas Rechtes zu wagen» (ebd.).

Genau hundert Gedichte sind es, die er in seiner Sammlung BILDER UND BALLADEN VON ULRICH MEISTER veröffentlichen möchte; aber der mit den im Verlagswesen üblichen Praktiken nicht Vertraute scheitert bei seiner Absicht. Der von ihm gewählte Verleger Johann Jacob Weber in Leipzig lehnt Meyers Ansinnen, seine Verse einer schnellen Drucklegung zuzuführen, höflich, doch entschieden ab und verweist den Unberatenen, der ohne jede Empfehlung aufgetreten ist, an Hermann Costenoble und Cotta. Es gelingt Meyer jedoch nicht, seine frühe Lyrik – auch nur in Auswahl – drucken zu lassen; die Gedichtsammlung des zum Aufbruch entschlossenen, nicht mehr ganz jungen Verfassers bleibt Manuskript.

Was enthalten die BILDER UND BALLADEN an Poetischem? Was in dieser Lyrik deutet auf den späteren Dichter hin, ist also typisch für C. F. Meyer, der sich hinter dem Pseudonym «Ulrich Meister» verbirgt? Die 78 «Bilder und Sprüche», welche die Sammlung eröffnen, fallen durch ihren fast ausschließlich auf das Bildungsmäßige ausgerichteten Inhalt auf. Der Verfasser vermeidet es offensichtlich, persönlich Erlebtes direkt wiederzugeben. Er will sich schon in seinem ersten Werk vom Leben lösen. Aber er beginnt – vorher poetisch verstummt – doch wenigstens wieder zu sprechen und vergewissert sich dabei seiner selbst. Wenn er erst im Wort wieder da ist, wird er vielleicht auch als Mensch wieder zur Kenntnis genommen.

Seine Vorstellung vom Dichter ist die eines unsichtbaren Ruderers, der einen romantisch verklärten Zaubernachen fortbewegt und dabei, wiewohl er am Ruder steht, den Eindruck zu schaffen weiß, daß der Nachen von alleine gehe (DER DICHTER; VI, 15). Des Dichters Kunst besteht also darin, völlig unsichtbar zu bleiben. Die Poesie, wie sie Meyer in einem andern «Bild» skizziert, fällt in der Form von Früchten vom schlanken Baum, der sich – wie im Märchen – von selbst schüttelt; aber dieser Baum «steht in Paradiesesraum / Und nicht in dieser herben Welt». Poesie und erlebte Wirklichkeit schließen sich aus (POESIE; VI, 14). Dichter und bildender Künstler unterscheiden sich durch ihre Ausrichtung auf Zeit und Raum voneinander, und der Dichter «wandert, wann er dichtet» (VERSCHIEDENHEIT; VI, 15).

Einige der allgemein kurzgehaltenen sentenzartigen Strophen sind berühmten Persönlichkeiten der Vergangenheit gewidmet: Bei CERVANTES (VI, 20) gedenkt Meyer des Künstlers, der als Mensch «nichts als Mißgeschick» hatte und dem «Bitteres genug» beschieden war, indem die Menschen ihm Verdruß bereiteten. Gleichwohl ist diesem Dichter, dem das Leben solchermaßen Steine in den Weg gelegt hat, der «helle Blick» und «der Güte Zug» geblieben, und die Muse hat ihm, wie es treuherzig heißt, dafür einen Kuß gegeben. An SCHILLER bewundert der Verfasser den «männlich unerlahmten Schwung» und die Willensnatur (VI, 20); PLATO begeistert durch seinen unverkennbaren Drang vorwärts und aufwärts (VI, 21), und MACCHIAVELLI stellt Meyer über alle bisher Genannten, weil er im «Gewirk der Dinge [...] die Entwicklung und das Band», das Verbindende, ausgespäht und gefunden hat. Denn:

> *[...] wo der Mensch zerstört und schafft,*
> *Da sah er ein Gesetz in Kraft,*
> *Und als den Faden er gepackt,*
> *Da macht er's kurz und sagt' er's nackt. (VI, 21)*

Es ist nach diesen Hinweisen müßig, zu sagen, daß der Verfasser, seiner Bewußtseinslage entsprechend, gestützt auf seine bisherige Lebenserfahrung in all den von ihm – auch künftig! – gewählten Persönlichkeiten sich selber findet. In ihnen vollzieht sich die Selbsteinschätzung. Der scheinbare Verzicht auf Erlebtes verbaut den direkten Zugang zur eigenen Innerlichkeit. Er wäre ein Rückfall in jenen Bereich, der ihn als «armen Conrad» bannte und worin seine Mutter zuletzt unterging; denn wo das Selbstbezügliche übermächtig auftritt, droht die Katastrophe. Es darf sich nur verdeckt darbieten, vom Ich abgerückt. An einer Mittelsperson gewinnt es sogar den Anschein von Objektivität. Es verrät den Autor nicht, der als unsichtbarer Ruderer mit der Wahl des ihn Berührenden freilich in andern sich selbst schafft.

Meyers Pseudonym «Ulrich Meister» ließe sich, einmal vom Vornamen abgesehen, der mit dem Mädchennamen seiner Mutter zusammenfällt, aus dem zweiten Gedicht der Sammlung deuten. Darin wird unter dem Titel DER ZIMMERGESELL (VI, 13 f.) redselig von einem «ungeschickten» Lehrjungen gehandelt, der es an Fleiß, Begabung und Können entschieden fehlen läßt und deshalb von allen Berufsleuten getadelt wird. Aber er macht Fortschritte; sein Tun wird mehr und mehr geschätzt, und dank wachsender Erfahrung «guckt» aus dem alten Gesellen bald «ein Zimmermann» hervor. Er greift sein Meisterstück auf, «[g]esammelt ist es, was er kann»; jetzt ist er unermüdlich tätig und liest in den hellen Blicken der Meister den Spruch, noch ehe der ausgesprochen wird und ihn vom Gesellen selbst zum anerkannten Meister macht.

Von Bedeutung ist auch der Umstand, daß in diesem Manuskript, worin gesammelt ist, was Ulrich Meister damals eben kann, Motive und Frühfassungen von später mit größter Behutsamkeit ausgearbeiteten Gedichten des inzwischen wahrlich zum Meister aufgerückten Dichters greifbar sind. Manches berührt freilich banal, ist laienhaft-nichtssagend wie zum Beispiel PILGRIM (VI, 51), das von der Trivialität der poetischen Situation her kaum mehr zu überbieten ist; aber in den beiden letzten Zeilen: «Da sagt er ihr [der Freund seinem Weib] mit leiser Stimm': / Ein Fremdling und ein Pilgerim» ist schon ein Anhauch von dem spürbar, was Meyer im gleichnamigen Gedicht seiner zur Zeit der Reife herausgegebenen Lyrik aus diesem Motiv des Dichters auf Wanderschaft herausholen wird.

Im TRAUMBILD (VI, 40 f.), einer Vorstufe zu LETHE (I, 213 f.), verrät das lyrische Ich, wie es die dahingleitende Geisterbarke verfolgt:

> *Und eine von den Frauen*
> *Mit der Stimme süßen Schalls*
> *Erkenn ich an den Brauen*
> *Und an dem Schwanenhals.*
>
> *Die Geister fahren singend,*
> *Das Liebchen, es singt mit,*
> *Da singt es so durchdringend,*
> *Daß mir's das Herz zerschnitt;*
>
> *Es faßt das alte Sehnen*
> *Mich wieder mit Gewalt,*
> *Da stürzen schwere Thränen*
> *Und trüben die Gestalt. (VI, 41)*

Frühe Gedichtsammlungen 119

Solche an die Romantik (Brentano, Heine) erinnernden Verse stehen neben den an den Italienaufenthalt anknüpfenden Bildern wie SPRINGQUELL (VI, 53), der den RÖMISCHEN BRUNNEN (I, 170) vorwegnimmt, und PIAZZA NAVONA (VI, 53 f.), worin Meyer sich in «ein wogendes Gewühl» zurückversetzt, das ihn im großen Rom mit seinem Übermaß an südlicher Bewegtheit «fast zu reich und fast zu viel» in den Bann geschlagen hat. Dort störte ihn das Treiben «dieser herben Welt» (VI, 14) nicht:

> *Das Mädchen feilscht, der Bursche lacht*
> *Und Jedes hat die eigne Tracht.*
> *Es blicken auf die bunten Gäste*
> *Herab die steinernen Paläste;*
> *Und in der Kirch' die Messe singt,*
> *Das Wasser rauscht, der Brunnen springt,*
> *Und alles lebt und alles kreis't.*
> *So sieht's in eines Dichters Geist. (VI, 54)*

So unbeholfen der Schluß sich auch erweist, so bescheiden einzelne Formulierungen anmuten, der Situation, die der Dichter in der Erinnerung neu zu gestalten versucht, kommt dieses kaleidoskopartig sich wandelnde Bild doch erstaunlich nahe und mündet mit dem selbst hier wieder im Zeichen des kreisenden Lebens genannten Wasserspiel in den SPRINGQUELL ein.

Ulrich Meister weiß übrigens, daß seine Verse der Vollendung entbehren (PURISMUS; VI, 17): «Freund, deine Reime sind nicht rein! / Wohl! Mögens die Gedanken sein.» Formales, den Ansprüchen einer strengen Ästhetik Genügendes ist für den Verfasser damals keineswegs wichtig und ausschlaggebend: Was nützen Schüsseln, die «im rechten Sinn [g]eordnet» sind, wenn «nichts darin» ist? Wozu taugen helle und reine Gläser, wenn kein feuriger Wein in ihnen funkelt? (AESTHETIK; VI, 19)

Neben den «Bildern und Sprüchen», die Frey, verglichen mit dem zweiten Teil der Sammlung, den «Balladen», für «wesenlose, dürftige Gebilde» hält (Frey, S. 157), fesselt unter eben diesen dramatisch-bewegt erzählenden frühen Zeugnissen von Meyers angehendem Dichtertum thematisch vor allem DER SCHWIMMER (VI, 69 ff.), eine langatmig-vielstrophige Vorstufe zu CAMOËNS (I, 329 f.). Diesen in abenteuerlicher Weise vom Leben umgetriebenen portugiesischen Dichter des 16. Jahrhunderts, der wie Hutten mit Feder und Schwert gegen seine Widersacher ankämpft, zeigt Meyers Ballade in der Situation des Schiffbrüchigen, der im glatten, offenen Meer unter blauem Himmel einsam, aber unerschrocken einherschwimmt. Seine Linke ist allerdings an seinem gefaßten Tun nicht beteiligt; damit hebt er die Rolle seines Epos *(Os Lusiades)* hoch aus dem «Meeresgrün» (VI, 69). Er schwimmt sicher und ruhig, wiewohl «[d]as lecke Schiff, darauf er fuhr» (VI, 70), ohne Spur verschwunden ist, einer grünen Insel zu, deren Berge und Wälder vor ihm aufsteigen. Schon hat er auch «eine tiefe Bucht» erspäht, die ihn einlädt, dort «[g]emach ans Land zu klimmen», aber dann, «dem schönen Land so nah», bedenkt er, der bisher «so leicht geschwommen»,

> *[…] den schwarzen Schlund,*
> *Den leichtbedeckten Todesschlund*
> *Und fühlt sich tiefbeklommen.*
>
> *Und schaudernd denkt er: Wenn erschlafft*
> *Die neu erwachte Jugendkraft*
> *Und mich das Glück betröge,*
> *Wenn mich erfaßt' ein jäher Krampf*
> *Und nach vergebnem, stummem Kampf*
> *Gebunden niederzöge?*

Und immer tiefer bohrt der Graus,
Des Tages Farben löschen aus,
Es brausen ihm die Ohren,
Er schwindelt vor der weiten Schau,
Da schwärzt sich Meer und Himmelblau
Und gibt er sich verloren, [...]. (VI, 70)

In seiner Herzensnot fleht der Bedrohte zu den alten und den jungen Göttern und ruft die Musen und die Heiligen an, sie möchten ihm doch beistehen (VI, 71). Er will dafür «Mangel» und «Herzeleid», ja selbst das «Bettlerkleid» – wie es in Camoëns' Leben tatsächlich der Fall war – willig auf sich nehmen, wenn ihm die Himmlischen nur seine «Klänge» lassen; denn (VI, 71): «Ich fürchte nicht den Untergang, / Es ist mir um die Leier bang / Und meine zehn Gesänge.» Sein Lied ist für ihn «erst im Werden». Er weiß, wie er es ausgestalten will. Dem Meer gibt der Schwimmer zu verstehen, es sei auch dem Helden Vasco da Gama, mit dem Camoëns mütterlicherseits verwandt war, wohlgesinnt gewesen und habe ihn das ferne Ziel erreichen lassen; es möge sich doch jetzt ebenso dem Dichter hold erzeigen:

Was Jener [d.h. der Held] stracks gehandelt,
Hat Dieser mit des Wortes Macht
In einen schlanken Ring gebracht
Und in ein Bild verwandelt. (VI, 71)

Weitschweifig wird im folgenden berichtet, was Camoëns besungen hat: unerschrockenen Mannesmut und Duldsamkeit; den für alles offenen Geist; das seefahrende Volk in seiner Bereitschaft, Gefahren auf sich zu nehmen, alle Meere zu bewältigen und mit Schiffen Reiche zu gründen, kurz: die ganze Heldenzeit einer die Ozeane bezwingenden Nation. Alle diese im Anruf beschworenen Helden bittet er, sie möchten ihn umringen, «[i]ndeß die Stirn der Mutter ich / Mit edelm Lorbeer kröne!» (VI, 72) Die ihn heimsuchende, unermüdlich nach Hilfreichem ausgreifende Reflexion ist verständlich; Meyer kennt sie aus eigener Erfahrung: «Verdoppelt fühlt und lebt / Wer ringend über Todestiefen schwebt.» (VIII, 396), hält ein HUTTEN-Vers kurz und bündig fest. In solcher Bedrängnis liegt auch der Wunsch nahe, das ersehnte Eiland möge von sich aus herankommen, «[d]em Tode [ihn] zu rauben» (VI, 73). Die Insel, von der er schließlich sagt, daß sie «gastlich näher» rinne, will er durch sein Dichterwort «[m]it [seinem] lieblichsten Gespinnst [!] [...] überlauben»; sie soll zu einem Paradies erstehen, einem antikisch anmutenden *locus amoenus,* mit Quellen, Wasserfällen, und den «schönsten Nymphen» als Bevölkerung in den «klaren Buchten». Dazu hat er in seinem Lied noch «[e]in weißes Blatt [...] gespart», wie er treuherzig versichert: das aus dem Meer auftauchende Eiland soll, «wunderbar verschönt», die Seehelden «[b]ewirthen und beschenken». Während dieses langen Stoßgebets hat der Schwimmer, im Geiste sein dichterisches Wollen rekapitulierend, das Ufer erreicht. Der Held als ein vom Untergang Bedrohter, der seines Werkes wegen überleben muß – ein Stellvertreter des Dichters im Spiel der darstellenden Phantasie –, hat den Leser unter das Gesetz seines Erlebens gezwungen. Jetzt ist er mit seiner Rolle am Ende. Fast banausisch-lapidar – oder aber vielleicht ironisch – heißt es von ihm, er sei an Land gegangen und habe seine Verse «getröcknet». Ein gewisser Widerspruch zwischen dem Schicksal und dem Sein des Helden ist nicht zu übersehen.

Vieles in diesem als Beispiel aufgegriffenen SCHWIMMER Camoëns, der entschieden mehr denkt als handelt, weshalb es der überlangen Ballade auch an Spannung gebricht, läßt gleichwohl aufhorchen: Der Dichter, dem sein Gedicht alles ist, in der Situation des schiffbrüchig Gewordenen, der über Todesgründen dahinschwimmt, wo er doch der Mutter Stirne mit Lorbeer krönen möchte: Das alles scheint der damaligen Verfassung Meyers zutiefst zu entsprechen. Die Problematik seiner eigenen Person spiegelt sich in der Wahl und Ausgestaltung des Sujets. Was offen niemals eingestanden werden könnte, gewinnt Gestalt im Gedankenspiel des historischen

Stellvertreters. Das Ringen über Todestiefen ist im Hinblick auf das Werk ein Wendepunkt im Ablauf des Schicksals. Meyer faßt zwar in der Realität wieder einigermaßen Fuß, rettet seine Verse an Land, aber die geplante Veröffentlichung kommt nicht zustande, bis Schwester Betsy 1863 Gustav und Marie Pfizers Vermittlung herbeiführt.

Die ZWANZIG BALLADEN VON EINEM SCHWEIZER verdanken ihr Erscheinen Betsys geschicktem Eingreifen. Sie bricht damit den Bann, worein der bei allen Willensbeteuerungen wieder auf sich selbst zurückverwiesene Bruder notwendigerweise fallen mußte. Trotz großer Anstrengung krankten die von ihm in den BILDERN UND BALLADEN vorgelegten Strophen an Gebrechen, die für jeden Kenner offensichtlich waren. Mit ermüdender Ausführlichkeit war Meyer namentlich in manchen Balladen ans Werk gegangen. Es fehlte ihm nicht an mühevollem Aufwand, aber an wohlgemeintem literarischen Rat, der dem immer noch Erfolglosen hätte weiterhelfen können.

Nachdem die Schwester den leicht verletzlichen Bruder vergeblich dazu beredet hatte, sich nach einem andern Verleger umzusehen, weil doch endlich etwas geschehen müsse und er sich nicht wieder in seinem Zimmer vergraben dürfe, reiste sie im April 1863 nach Stuttgart zu Marie und Gustav Pfizer und legte ihnen Gedichte Conrads vor. Das Urteil der Pfizers fiel günstiger aus als in jenem Brief, der vermutlich 1845 den Weihnachtsbaum schmückte (vgl. VII, 688); es war begleitet von einfühlsamer Kritik, und auch die einflußreiche Fürsprache fehlte diesmal nicht. Im Sommer 1864 erschienen die ZWANZIG BALLADEN VON EINEM SCHWEIZER bei J. B. Metzler, mit dem Gustav Pfizer binnen weniger Tage einen Publikationsvertrag vermittelt hatte. Meyer mußte die Druckkosten übernehmen. Änderungen im – leider vernichteten – Manuskript vom Frühling 1863 gehen auf Kritik und sogar direkte Mitarbeit des Ehepaares Pfizer zurück, was zu begreifen ist; denn Meyer war damals so schüchtern, daß er eine von Pfizer angeregte Erweiterung der Sammlung durch lyrische Gedichte ablehnte. Dagegen ergänzte er die lediglich zwanzig Nummern umfassende Dichtung mit einem Prolog und einem märchenhaften Abgesang, dem FINGERHÜTCHEN. Meyer ermangelte jeglichen Selbstvertrauens und «fürchtete» das Publikum mehr, als er es «schätzte» (VI, 454). Mit Hilfe von Freunden war er zwar jetzt an die Öffentlichkeit gelangt, ein Umstand, der sich bei seinem HUTTEN wiederholen wird. Aber er hatte den Sprung als ein Anonymus getan. Er war damit wenigstens vor sich selbst «durchgedrungen» (vgl. VI, 429) und erfuhr auch erste Anerkennung in seinem Bekanntenkreis und von Rezensenten.

Die Balladensammlung, von der bei einer Auflage von 700 Exemplaren bis 1867 rund 200 Bändchen an interessierte Leser gelangten, wird allgemein wohlwollend und freundlich beurteilt. Meyer erhält Lob für die Ursprünglichkeit seiner Schöpfungen. Seine Sprache gilt als aussagekräftig, wobei allerdings Verstöße gegen die Gesetze von Reim und Metrum getadelt werden. Die jetzt vom Dichter erstrebte Prägnanz, die sich stellenweise in bewußt gewählter Kürze äußert, führt mitunter zu Unklarheiten, indem die Wiedergabe einzelner Ereignisse zu wenig deutlich ausfällt. Gerade in dieser Hinsicht ergeht an den Autor darum der Wunsch, er möge durch Anmerkungen zu historischen Balladen dem Leser künftig Lektüre und Verständnis erleichtern.

Aus Meyers Manuskript der «Bilder und Balladen» (1860): die Sprüche «Poesie» («Es schüttelt sich der schlanke Baum / Und Frucht an Frucht zur Erde fällt: / Er steht in Paradiesesraum / Und nicht in dieser herben Welt.») und «Der Dichter» («Der Zaubernachen fährt dahin, / Ein Unsichtbarer rudert ihn, / Und ob er auch am Ruder steh', / Du meinst, der Nachen selber geh'.»). Nachfolgend die beiden Gedichte «Verschiedenheit» und «Phantasie» (vgl. VI, 14f.). Ms. CFM 1. Zentralbibliothek Zürich

Auf dem Weg zum Dichter: «Bilder und Balladen von Ulrich Meister»

Ernsthaft und mit Beharrlichkeit hat C. F. Meyer vom Herbst 1860 bis ins Frühjahr 1861 hinein seinen Durchbruch zum Berufsdichter betrieben. Anfang Oktober 1860 wendet er sich aus Lausanne an den ihm befreundeten Stadtbibliothekar Félix Bovet in Neuenburg und schlägt ein baldiges Treffen vor. Wie Bovet später gegenüber Adolf Frey bestätigt, hat ihn Meyer bei dieser Zusammenkunft, welche Ende Monat stattfand, davon unterrichtet, daß er entschlossen sei, den Dichterberuf zu ergreifen:

[...] il me dit avec une certaine solennité: «Je tenais à vous voir pour vous dire que j'ai enfin trouvé ma carrière. Je ferai de la poésie!.»
Félix Bovet an Adolf Frey,
8. Februar 1899 (VI, 434)

Vom Buchhändler Carl Heinrich Ulrich-Gysi erhält Meyer am 14. November 1860 Auskunft über den Verleger Johann Jacob Weber in Leipzig (vgl. Briefe I, S. 16ff.), und am 21. November bietet er diesem sein Manuskript der BILDER UND BALLADEN mit der Bedingung an, daß es möglichst bald in Druck gehen müsse, damit es auf Ostern 1861 als Buch vorliege. Auch davon wird der Neuenburger Freund, den sich der Dichter als in die Angelegenheit eingeweihten Ratgeber erhalten möchte, sogleich verständigt. Auffallend ist dabei Meyers durchaus realistische Einschätzung seiner Chancen auf eine Drucklegung, die er gleichermaßen Betsy gegenüber offenbart, die den Bruder Ende Oktober 1860 in Lausanne besucht hat:

Le volume dont je vous ai parlé et que je me proposais de publier à Pâques, je viens de le terminer et de l'envoyer à Leipzig, sans recommandation aucune, à un libraire dont je connais à peine le nom. Il sera refusé très-probablement, mais je veux essayer ce moyen tout simple et primitif, avant d'en recourir à d'autres. Après le nouvel an, je recommencerai la lutte.
Meyer an Félix Bovet,
25. November 1860 (VI, 428)

Es ist zehn gegen eins zu wetten, daß das Manuskriptchen nicht angenommen wird, aber ich wollte es versuchen.
Meyer an seine Schwester,
[November 1860] (Frey, S. 154)

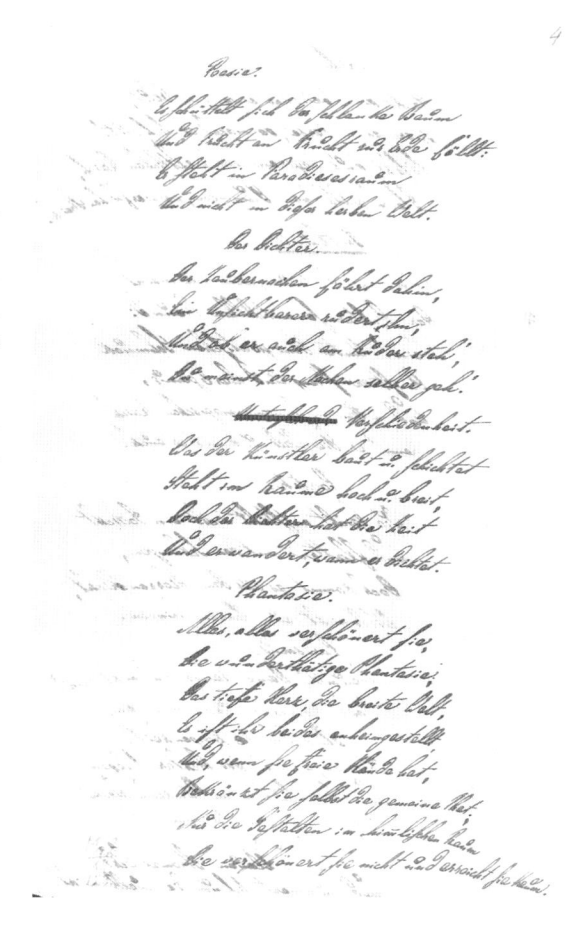

Aus Leipzig erhält «Ulrich Meister» – wie vorausgesehen – eine Absage. Sie ist durchaus wohlwollend gehalten, schützt ungünstige Zeitumstände und bereits eingegangene anderweitige Verpflichtungen vor und verweist Meyer an zwei andere Verleger, bei denen er sein Glück versuchen soll:

Geehrter Herr.
Mit Ihrem Verehrten vom 21. d.M. hatten Sie die Güte mir ein Manuscript «Bilder und Balladen» zu übersenden, welches Sie mir zur Verlagsübernahme anbieten.
Wenn nun auch die jetzige Zeit für poetische Publikationen wenig geeignet ist, so würde es mir dennoch zum Vergnügen gereichen dieser nach meiner Überzeugung wirklich werthvollen Sammlung zur Veröffentlichung zu verhelfen, wenn ich nicht für die nächste Zeit durch eine bedeutende Anzahl theils begonnener theils vorbereiteter Unternehmungen in einer Weise in Anspruch genommen wäre, daß ich zu meinem Bedauern außer Stande bin, Ihrer Bedingung einer baldigen Drucklegung zu entsprechen.
Indem ich Ihnen das Manuscript mit meinem verbindlichsten Dank wieder behändige, erlaube ich mir Ihnen zur Verlagsnahme desselben die Buchhandlung von Hermann Costenoble hier [in Leipzig] zu empfehlen, wenn Sie es nicht vorziehen wollen, dasselbe der Cotta'schen Buchhandlung in Stuttgart zur Durchsicht einzusenden.
Johann Jacob Weber an Meyer,
28. November 1860 (VI, 428)

Es sind also erste Selbstzweifel, die sich melden, verbunden mit der Absicht, so gut als immer nur möglich zu debütieren. Zu Beginn des neuen Jahres setzt Meyer dem jungen Legionär gleich, der zwar zu erlahmen droht und von einem Veteranen darüber belehrt wird, es sei «[...] das Lustigste vom Fach / Die Klinge zu regiren; / Doch heute kommt des Schwere nach, / Wir nennens das Marschiren.» (VI, 23), seinen Marsch fort. Am 3. Januar 1861, unmittelbar vor der Heimreise nach Zürich, schreibt der im persönlichen Scheitern wahrlich Geübte an seine Schwester, er hoffe «ganz dezidiert durchzudringen, nach Jahr und Tag, mit viel Schweiß, aber: *durchzudringen*» (Frey, S. 160).

Diesmal ist Meyer nicht bereit, sich sein Wollen zu versagen, nur weil die andern ihm nicht entsprochen haben. Offenbar hat er Anfang 1861 einen erneuten Versuch zur Veröffentlichung seiner Lyrik gewagt, rechnet er doch schon wieder mit einer Antwort aus Leipzig, die bei einer Deckadresse eintreffen könnte:

Sollten Sie unwahrscheinlicher *Weise im Laufe Januars ein Schreiben von Leipzig mit der Aufschrift:* **Ulrich Meyer, Berichthaus, Zürich** *erhalten, so ist dasselbe für mich, und ich bitte Sie, mir solches unverzüglich zu übermachen.*
Meyer an Carl Heinrich Ulrich-Gysi,
7. Januar 1861 (VI, 429)

Aus der in der Zwischenzeit mit Fleiß umgearbeiteten und angereicherten Sammlung von Gedichten sendet Meyer Ende Februar einige Balladen an Bovet mit der Bitte um ein Urteil. Der Freund kann erst sechs Wochen später antworten:

En Poésie, quoi qu'on dise, la forme est toujours beaucoup; sans être le but, elle est un moyen indispensable pour produire l'impression, et celui qui ne saura pas recevoir par elle une impression immédiate, perdra toujours, en lisant une poésie, ce qui en fait le charme principal et ce qui en constitue le caractère spécial et pour ainsi dire l'individualité. Néanmoins j'ai lu et relu vos poésies, et si peu de valeur que j'attache à mon jugement en pareille matière, je vais vous le communiquer, puisque vous le désirez et que je vous l'ai promis.

Je crois, cher ami, que vous ne vous êtes point fait illusion et que ces poésies ont bien le genre de caractère que vous avez voulu leur donner; vous avez réalisé ce que vous vouliez. Le but est atteint; c'est vrai, c'est moral, c'est simple et c'est beau.
Félix Bovet an Meyer,
20. April 1861 (VI, 430 f.)

Von dieser Einschätzung sicher ermutigt, schickt der immer noch auf seiner Absicht Beharrende eine Auswahl von Gedichten an Cotta nach Stuttgart in der festen Zuversicht, sie werde im «Morgenblatt für gebildete Leser» erscheinen, aber auch diesmal erhält er einen abschlägigen Bescheid:

Meyer, keineswegs niedergeschlagen, nimmt in einem Brief an Bovet zu dieser Absage Stellung:

Je viens de recevoir des nouvelles de Leipzig qui, à tout prendre, ne sont pas mauvaises. Le libraire à qui je m'étais adressé refuse pour le moment parce qu'il est surchargé d'affaires, mais il parle de mon travail avec estime et sympathie, il me donne l'adresse d'un libraire son ami, et il me parle même de Cotta. Je profiterai de ce délai pour reprendre et compléter mon livre, j'en doublerai les pages, et dès le nouvel an, je ferai de nouvelles démarches. J'ai bon espoir. [...] Si Dieu me donne la santé, l'année suivante sera capitale dans ma vie.
Meyer an Félix Bovet,
8. Dezember 1860 (VI, 428 f.)

Ende Jahr kommt Meyer gegenüber Bovet auf seine damalige Lage zurück:

Vous pensez que je pousse mes projets littéraires avec ardeur; il y aura des difficultés à vaincre, mais les chances ne me sont pas défavorables [.] Ce qui me préoccupe, c'est moins de trouver un libraire que ce n'est de bien débuter. J'aurais pleinement atteint mon but si je parviens à prouver que j'ai du talent et de l'avenir. Mais voilà précisément ce qui me préoccupe. Je n'ai aucune mesure de ma capacité et je crains la critique, sachant combien j'y prête[.]
Meyer an Félix Bovet,
31. Dezember 1860 (VI, 429)

Brief (1. Seite) der Verlagsbuchhandlung von Johann Jacob Weber in Leipzig an «Herrn Ulrich Meyer in Lausanne (Schweiz) Hôtel Gibbon», womit «Ulrich Meisters» erster Versuch, mit seiner Gedichtsammlung «Bilder und Balladen» an die Öffentlichkeit zu treten, abgelehnt wird.
Ms. CFM 341.18.1.
Zentralbibliothek Zürich

Gustav Pfizer (1807–1890). Philologe und Mitglied des Schwäbischen Dichterkreises, als Redaktor und Übersetzer tätig, 1838–1845 Leiter der lyrischen Abteilung von Cottas «Morgenblatt für gebildete Leser», 1846–1872 Professor am Stuttgarter Obergymnasium. Verheiratet mit Gustav Schwabs Nichte Marie Jäger. Pfizer und seine Frau haben C. F. Meyer literarisch beraten und ihn bei seiner ersten poetischen Veröffentlichung unterstützt. Anonyme Photographie, 1869. Deutsches Literaturarchiv, Marbach am Neckar

Herrn Ulrich Meister, Zürich, Berichthaus.
Ew. Wohlgeboren
erhalten hier mit unserem verbindlichsten Dank die uns gütigst mitgetheilten Gedichte zurück, von denen wir, durch zufällige Umstände verhindert, erst vor kurzem Einsicht nehmen konnten. Wir erkennen den Werth des Mitgetheilten bereitwilligst an, müßten aber bei der Menge der uns vorliegenden, zum Druck bestimmten Dichtungen eine ganz unbestimmte Frist dafür in Anspruch nehmen, was wir uns, im Interesse derjenigen, die uns mit Beiträgen beehren, wie in unserem eigenen, niemals gestatten.
Hochachtungsvoll.
Redakt: des Morgenblattes.

Redaktion von Cottas
«Morgenblatt für gebildete Leser» an Meyer,
23. Juni 1861 (VI, 433)

Nach dieser Absage gibt Meyer alle Bemühungen um eine Veröffentlichung seiner Lyrik fürs erste auf. Im übrigen hat Bovet den Freund vor einer möglichen Überschätzung seiner Bewertungen gewarnt; vermutlich fürchtete er, mit seinen Beurteilungen im Dichter falsche Hoffnungen geweckt zu haben.

Manche Stücke aus Ulrich Meisters BILDERN UND BALLADEN sind Vorformen zu späteren Gedichten und darum für den an Meyers dichterischer Entwicklung interessierten Leser sehr aufschlußreich: JA (VI, 13) als Auftakt zu den «Bildern und Sprüchen» ist eine «alte Skizze» zu den gleichnamigen Strophen in der Sammlung von 1882 (I, 167). CAESARS SCHWERT (VI, 26 f.) kehrt als DAS VERLORENE SCHWERT (I, 253) wieder, während das Motiv von KAISER KARLS (V) KÄPPCHEN (VI, 29 f.) umgestaltet als Nummer XV DAS HÜTLEIN (VIII, 38) in den HUTTEN eingerückt wird. DAS DORF (VI, 30) erscheint später unter dem Titel SPIELZEUG (I, 206), und die mit TROST (VI, 38) überschriebenen Verse werden als JEDES DING HAT SEINE ZEIT (VI, 302) in die ROMANZEN UND BILDER aufgenommen. DER ERNDTEWAGEN (VI, 39) verwandelt sich zu AUF GOLDGRUND (I, 84), während das TRAUMBILD (VI, 40 f.) zu LETHE (I, 213 f.) umgedichtet wird. Der SPRINGQUELL (VI, 53) wandelt sich zum RÖMISCHEN BRUNNEN (I, 170), und der PILGRIM (VI, 51) rückt zum großartigen EIN PILGRIM (I, 392 f.) auf. Aus dem Kreis der «Balladen», die Ulrich Meister gern gedruckt sehen möchte, wird DAS BILD (VI, 63 ff.) zu DAS GEMÄLDE (I, 144 ff.). DER SCHWIMMER (VI, 69 ff.) gedeiht gestrafft zu CAMOËNS (I, 329 f.), und DIE BAHRE (VI, 78 ff.) kehrt in DER GESANG DER PARZE (I, 244 f.) wieder. SCHLOSS GOTTLIEBEN (VI, 96 f.) erscheint neu als HUSSENS KERKER (I, 362 f.); DIE DIOSCUREN (VI, 98 ff.) werden zu DER BOTENLAUF (I, 243) verdichtet. DAS HEIMCHEN (VI, 106 ff.) lebt in CONQUISTADORES (I, 334 ff.) fort, DER MÖNCH (VI, 120 ff.) wird zu DER MÖNCH VON BONIFAZIO (I, 301 f.) und DER GANG (VI, 125 f.) zu DIE TOTE LIEBE (I, 224 f.).

Der erste Erfolg: «Zwanzig Balladen von einem Schweizer»

ZUR ENTSTEHUNG

Folgende Auszüge aus den beiden Stuttgarter Briefen von Betsy verdeutlichen, in welcher Art und Weise die Schwester sich für den unberatenen und entmutigten Bruder verwendet hat, damit ihm der Durchbruch in die Öffentlichkeit endlich gelinge:

Deine zwanzig Kinder liegen in ihrem sauberen gelben Umschlag vor mir! – Sie sind vorläufig der lieben Frau Pfizer vorgestellt worden, mit klopfendem Herzen von meiner Seite. Sieh, lieber Bruder, ich bin nicht unbefangen genug. Findet man sie nicht ebenso schön, wie ich, sieht man sie nicht mit derselben Liebe an, so tut es mir, trotz aller Vernunft und äußeren Kühle, weher, als ich mir's selbst gestehen darf, und ich rette sie schnell wieder in meine liebevolle Verwahrung.

Vor allem muß ich Dir nun sagen, daß ich ein eingehendes Urteil noch von niemanden [!] habe. Ich habe sie nur erst meiner Freundin [Marie Pfizer-Jäger] gezeigt. [...]

«Ein begabter Mensch ist Conrad sicherlich,» sagte sie; «aber es fehlt ihm doch der ‹Hauch›, an dem man den geborenen Dichter erkennt.» [...]

«Eines von beiden braucht es, entweder das Leichte, Melodische, Geschmeidige, das sich bei jedem einschmeichelt und ein Echo findet, oder das Kühne, Originelle, dem immer zuletzt sein Recht werden muß.»

Beide, glaubt sie, habest Du, aber nicht im höchsten Maße, nicht genug, um durch den literarischen Wust hervorzubrechen.

«Findet er einen Verleger, was ich nicht für unmöglich halte, so ist es gut. Wenn nicht, so soll er die Gedichte doch nicht auf eigene Kosten drucken lassen, sondern auf einer anderen Seite mutig fortarbeiten, bis er den glücklichen Wurf tut, der ihm Beifall und Stellung verschafft. Abgewiesen werden, wenn auch ganz unverdient, ist immer entmutigend; viel besser ist's, auf die Seite legen, bis man das Rechte trifft, und dann die früheren Arbeiten dran reihen zu einem erfreulichen Ganzen.»

Das sind ungefähr ihre Worte.

Betsy Meyer an ihren Bruder,
[12.] April 1863 (Frey, S. 166 ff.)

Nun weiß ich alles, was ich für Dich wissen muß. Eine hiesige Verlagsbuchhandlung erklärte sich bereit, Deine Gedichte auf Herrn Pfizers Empfehlung hin à tes risques et périls zu drucken. Die Bedingungen bringe ich Dir geschrieben mit. Das Ganze wird Dich auf 380–400 Franken zu stehen kommen. [...] Außer den Pfizerschen habe ich niemanden Deine Sachen gezeigt; hingegen habe ich mir die Kritiken unserer Freunde gut gemerkt und teilweise hinein notiert.

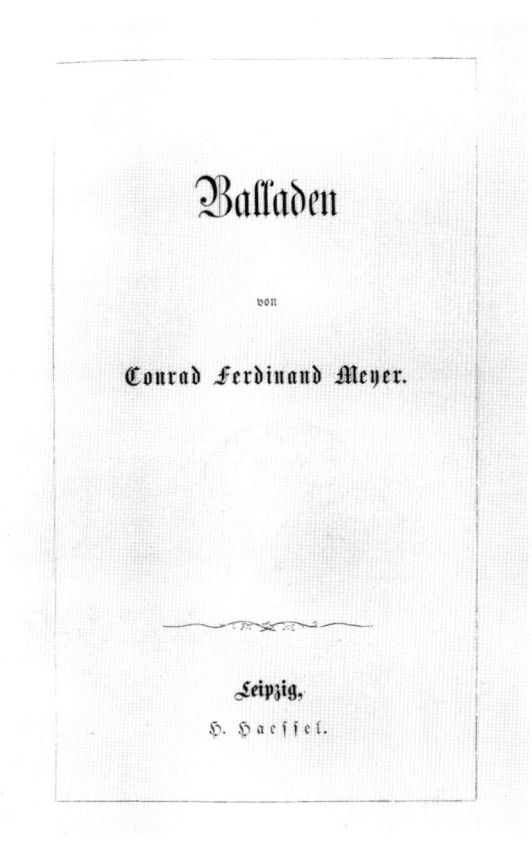

Alles müßte noch einmal überarbeitet werden. – Acht Gedichte, deren Wahl Dich wundern wird, wurden, als tief unter den anderen stehend, beiseite gelegt, und es wird Dir geraten, sie durch andere kleinere in mehr lyrischer Form zu ersetzen, da eine Reihe von zwanzig epischen Gedichten etwas Ermüdendes habe. [...]

Natürlich soll all dieses nur ein freundschaftlicher Rat in Hinsicht auf den Erfolg und die Eigentümlichkeit deutschen Geschmacks, nicht von Ferne eine Beschränkung Deiner Freiheit sein.

Doch alle Einzelheiten behalt' ich der mündlichen Mitteilung vor. – Im ganzen, mein liebster Dichter, bin ich mit meiner Reise zufrieden. Einige Gläser kalten Wassers hab' ich wohl bekommen: aber viel freundschaftliches, hilfreiches Interesse gefunden, mehr Klarheit in der Sache gewonnen und die freudige Zuversicht, daß ein wichtiger Schritt vorwärts getan wird durch die Publikation.

Liebster Conrad, gehe also ans Werk und bereite, so schnell wie möglich, eine Auswahl anderer Gedichte aus den «Vignetten und Genrebildern» [eine handschriftliche Sammlung weiterer Gedichte], die ich Dir dann abschreibe, sobald ich heimkomme. Herr Pfizer will dann die Güte haben, sie wieder zu kritisieren und, wenn Du wünschest, sie zu ordnen. Er ist unaussprechlich gut.

Betsy Meyer an ihren Bruder,
[19.] April 1863 (Frey, S. 170f.)

DIE AUFNAHME

Obwohl Meyer seine ersten gedruckten Gedichte später als «plumpe Tastungen» bezeichnet hat (VI, 459), wurden seine ZWANZIG BALLADEN von Freunden wie in der Öffentlichkeit günstig aufgenommen. Vor allem Georg von Wyß war von dieser Publikation nachhaltiger beeindruckt als von sämtlichen folgenden Werken des Dichters. Unter den Rezensionen ist jene in der «Neuen Zürcher Zeitung» – wahrscheinlich vom Hochschuldozenten Johannes Scherr verfaßt – für Meyer wohl die aufschlußreichste, weil sie sein Inkognito in recht angenehmer Art etwas lüftet:

Wir glauben in dem Verfasser dieser Dichtungen den Sohn eines zu früh geschiedenen, allgemein geliebten und geachteten zürcherischen Staatsmanns zu erkennen [...]. Sein Sohn, obwohl in ganz verschiedener Lebensstellung, hat des Vaters sittlich religiösen Ernst, und, wenn auch auf andere Weise, seine solide Bildung, zugleich aber ein schönes Dichtertalent.

Schon die Auswahl des meist historischen Stoffs dieser Balladen deutet auf eine tiefere Natur; der Dichter enthob der Geschichte Momente, die sich trefflich zu dichterischer Behandlung eignen, Momente, aus denen irgend eine sittliche Idee, ein anziehender geschichtlicher Gedanke aufleuchtet. Vermöge gründlicher Studien beherrscht er seinen Stoff bis in's Einzelne; die Lokalfarben, der Ton und die Sprache der betreffenden Zeit, sind wahr und getreu. [...]

«Neue Zürcher Zeitung»,
10. September 1864 (VI, 462)

Buchhändlerannonce für die «Zwanzig Balladen von einem Schweizer», entworfen von Marie Pfizer, erschienen im «Tagblatt der Stadt Zürich» vom 17. August 1864. Zentralbibliothek Zürich

Links: Umschlagtitel der «Zwanzig Balladen von einem Schweizer», der ersten poetischen Buchpublikation C. F. Meyers, die dank Vermittlung von Gustav Pfizer 1864 bei J. B. Metzler in Stuttgart erscheint. Zentralbibliothek Zürich

Rechts: Innentitel der «Balladen von Conrad Ferdinand Meyer» von 1867. In der von Haessel betreuten Titelausgabe der anonym publizierten «Zwanzig Balladen» ist erstmals der Dichtername genannt. Zentralbibliothek Zürich

Textwiedergabe (Strophen 1 und 2) aus den «Zwanzig Balladen von einem Schweizer» (1864). Zentralbibliothek Zürich

Unter dem Titel «Ein schweizerischer Balladendichter» äußert sich ein anonymer Kritiker in «Die Schweiz. Illustrirte Zeitschrift für schweizerische Literatur, Kunst und Wissenschaft» wie folgt:

«Zwanzig Balladen» heißt eine neue Gedichtsammlung, welche in diesen Tagen bei J. B. Metzler in Stuttgart erschienen ist. «Von einem Schweizer» ist die kurze und geheimnißvolle Angabe über die Person des Verfassers, aber genug, um unsere Aufmerksamkeit diesen Gedichten zuzuwenden. Nach dem Namen des Verfassers wird man vielleicht vergebens forschen, bis derselbe es etwa bei einer künftigen Erscheinung selbst für gut findet, sein Incognito abzulegen. Warum er dieses Incognito gewählt, das wissen wir uns bloß aus oft geübtem Dichterbrauche oder auch aus des «Dichters Bescheidenheit» zu erklären. Um der kritischen Schrecken willen hätte er sich nicht im Dunkel zu verbergen gebraucht, denn seine Balladen sind, wenn auch von verschiedenem Werthe und rhythmisch nicht ohne Härten, auch im Gedanken oft etwas schwer und unklar, doch Schöpfungen aus ursprünglicher Quelle und von einer gewissen originellen herben Kraft, die uns ebenso frisch und angenehm angemuthet hat, wie uns ein ächter Rother von den Ufern der Adda die Zunge ganz anders löst, als die süßesten nachgemachten Liqueure.

Seine Stoffe wählt unser Balladendichter mit überwiegender Vorliebe, wie es auch bei dem Charakter der Ballade ziemlich natürlich ist, in geschichtlichen Sujets und er bekundet dabei dieselbe Eigenschaft, die auch im Rhythmus wiederkehrt, eine Neigung zu ernsten, schweren, selbst düstern Vorwürfen. [...]

«Die Schweiz. Illustrirte Zeitschrift [...]»,
Oktober 1864 (VI, 463 f.)

Auf Meyers Bitte, der sich von kompetenter Seite ein Urteil über seine Balladen wünscht, schreibt Wolfgang Menzel in seinem «Literaturblatt»:

In diesen Romanzen ist ein edler Ton angeschlagen. Der Stoff ist aus der profanen und heiligen Geschichte gewählt, um uns erhabene Gesinnungen und Charaktere vorzuführen. Das ist erfreulich, weil es selten ist, weil die größte Menge unserer Lyriker nur immer und immer von ihrem lieben Ich singen, feige seufzen und mit den Schwachheiten ihres Herzens kokettiren. Ein wenig Stahl und Mannheit kommt dieser butterweichen Lyrik wohl zu Statten.

«Literaturblatt. Redigirt von
Dr. Wolfgang Menzel»,
23. November 1864 (VI, 465)

— 46 —

VII.
Siegesfeier am Leman.
Nach einem Bilde von Gleyre.

Die Hochgebirge glänzen
Im blendenden Gewande,
Die unberührten Grenzen
Der heimatlichen Lande,
Das Felsenhorn, der weiße Grat,
Die nie ein Menschenfuß betrat;
Der tiefe See mit grünem Kranz
Er spiegelt ihren stillen Glanz.

Und an dem Seegestade
Da schimmern nackte Leiber
Geführt, doch nicht zum Bade,
Von manchem wilden Treiber,
Besiegte Römer Paar um Paar
Und rings Helvetiens Kriegerschaar,
Ein Jüngling sitzt zu Roß und schwingt
Das helle Schwert, sein Ruf erklingt:

Aus Meyers Bekanntenkreis ist es Vulliemin, der in der «Bibliothèque universelle» das Büchlein des «nouveau poëte suisse» ausführlich würdigt und sogar einzelne Balladen ins Französische überträgt:

[...] Voici cependant un élégant volume, de 144 pages, renfermant vingt de ces petits poëmes, et dont l'auteur ne se fait connaître que comme étant un fils de la Suisse; quel accueil l'attend? L'écrivain a-t-il compris les périls de son entreprise? Tous les mois nous apprenons que l'on a escaladé le Mont-Blanc, ou gravi quelqu'une de nos Alpes jugées les plus inaccessibles; mais la tâche du poète est d'autre nature et bien autrement difficile; il n'appartient d'y réussir qu'à celui que la Muse a marqué de son sceau. Ouvrons donc, à l'aventure, et lisons. [...]

Les sujets de ces poëmes sont très-variés. Tous sont beaux. Tous appartiennent à ces âges où la ballade naît auprès de la légende, mais ils n'en sont pas moins de siècles très-éloignés les uns des autres et ne nous transportent pas moins sur des scènes très-diverses. On dirait les réponses du génie de l'humanité, interrogé par le poète à ses moments les plus saisissants, et chacune de ses réponses laisse l'âme émue; chacune y dépose une grande image historique avec une haute pensée morale. C'est cette richesse, c'est cette nouveauté des sujets, à laquelle répond celle du rhythme, c'est cette élévation morale, c'est je ne sais quelle sévérité du fond comme de la forme qui constituent à ce livre une originalité et lui créent une distinction.

Le poëte se nomme un fils de la Suisse; certes il l'est bien réellement, et c'est par là surtout qu'il est ce qu'il est. Sa ballade n'est pas celle de Burger ou de Goethe; elle ne se perd pas, comme la ballade allemande, dans le vaporeux et la rêverie. Elle tend à l'action. Elle a le caractère mâle, ferme et pratique. Il circule dans les strophes quelque chose de cet air des Alpes, de cet air pur, sain, vivifiant qui courait à travers les chants du grand Haller, en même temps que l'écrivain moderne s'est ouvert des voies nouvelles, riches, nombreuses, fécondes, et qu'il y déploie une remarquable flexibilité. Un dernier trait le caractérise: si nous ne nous abusons, une rare appropriation de la littérature française a communiqué à son langage, comme à sa pensée, une netteté et une précision que l'on ne trouve pas souvent à ce degré dans la poésie allemande. [...]

«Bibliothèque universelle et revue suisse»,
November 1864 (VI, 466ff.)

Die Titelausgabe von 1867

Obwohl Meyer seine Balladensammlung von 1864 aus der Rückschau als recht «dürftig» beurteilte, wollte er die noch vorhandenen Exemplare seiner ersten Gedichtpublikation «nicht umkommen lassen» (an Haessel, 4. Februar 1867; VI, 478). Er wußte seinen künftigen Verleger für die Übernahme der beträchtlichen Restauflage von 500 Bändchen zu gewinnen, und Haessel erklärte sich bereit, «Titel und Umschlag» umzudrucken (an Meyer, 6. März 1867; VI, 480). Meyer verzichtete darauf, seinem Erstlingswerk lyrische Strophen beizufügen und so gleichzeitig die seit 1865 geplante neue Gedichtsammlung zu verwirklichen. Die BALLADEN erschienen 1867 bei Haessel als Titelausgabe mit unverändertem Buchblock der Edition von 1864; lediglich der «geschmacklose Titel» (VI, 478) war beseitigt und der Dichter dafür namentlich erwähnt. Das Büchlein konnte nun zu einem Vorzugspreis erworben werden.

Siegesfeier am Leman

Die meisten der ZWANZIG BALLADEN hat Meyer im Laufe der Zeit überarbeitet und in seine spätere Gedichtsammlung aufgenommen, so auch die breit ausladende SIEGESFEIER AM LEMAN, welche schließlich, formal völlig umgestaltet und prägnanter gefaßt, 1882 als DAS JOCH AM LEMAN (I, 247f.) wieder erscheinen wird. Die Überschrift der Erstfassung wurde vom Ehepaar Pfizer vorgeschlagen; Meyer hatte schon damals die Titelvarianten «Das Joch am Leman» oder «Siegesfest am Leman» erwogen. Zur Dichtung angeregt wurde er durch ein Gemälde Charles Gleyres, das im früheren Lausanner Musée Arlaud zu besichtigen war und den Triumph der Helvetier unter Divico über die besiegten Römer im Jahr 107 v.Chr. zeigt.

Meyer nennt diese Bildquelle nicht nur in einer Anmerkung zum Gedicht. In den Kapiteln «Lausanne» und «Genfersee» seiner Übersetzung von Ulrichs *Schweiz in Bildern* ins Französische verweist er ausdrücklich auf den von ihm verehrten Maler. In dessen Bild wird ein entscheidendes Stück Geschichte anschaulich gegenwärtig. Es entspricht dem zu jener Zeit ungestüm sich meldenden helvetisch-nationalen Bewußtsein und zeigt dabei allen in diesem Sinne Fühlenden die tiefste Demütigung eines nachmals überlegenen Feindes. Das bedeutsame Ereignis, das Gleyre bildhaft darstellt, macht aber darüber hinaus nun auch für den Dichter den Weg frei, mit einem nachempfundenen sinnlichen Bild in Worten, dessen Ablauf in ein dramatisches Nacheinander umgesetzt ist, bei seinen Lesern die entsprechenden Gefühle wachzurufen. Meyer führt in diesem von seiner Phantasie inszenierten theatralischen Prozeß überlegen Regie, bleibt jedoch persönlich unsichtbar.

«Les Romains passant sous le joug». Gemälde von Charles Gleyre (1806–1874), vollendet 1858. Quelle für Meyers Gedicht «Das Joch am Leman». Musée cantonal des Beaux-Arts, Lausanne (Photo J.-C. Ducret)

Zürcher Freunde

Ist es nicht irreführend oder zumindest befremdlich, bei einem Menschen von Freunden und Freundschaft zu sprechen, der doch schon als Knabe die Öffentlichkeit und den Kontakt mit seinesgleichen so gescheut hat, daß er bei der Begegnung mit einem Kameraden nach Möglichkeit lieber Reißaus nahm, als sich mit ihm auseinanderzusetzen? Welcher Stellenwert kann solchen «Freundschaften» überhaupt zukommen und in welcher Weise wurden sie gelebt? – Darüber mag einzig des Dichters Briefwechsel Auskunft geben, und er erlaubt es auch, die doch hauptsächlich im direkten mündlichen Verkehr gepflegten Beziehungen entsprechend ihrer Spiegelung in den vorliegenden Texten graduell einzuordnen. Auffallend bei all den Äußerungen der Freundschaft ist der stets ausgesucht höfliche Ton, den der Briefschreiber anschlägt, mitunter eine vorsichtig geübte Zurückhaltung, die oft wie ein abschirmender Filter vor allem Persönlichen liegt und den Mitteilungen den Charakter eines sanften Monologs verleiht, der sorgfältig darauf abgestimmt zu sein scheint, dem Empfänger in keiner Weise zu mißfallen. Gleichwohl gibt es in diesen Freundschaften Unterschiede. Sie erfüllen, um es spitz zu formulieren, verschiedene Funktionen, was nicht verwundern kann, weil sie von grundverschiedenen Voraussetzungen ausgehen, die durch des Dichters persönliche Bedürfnisse bedingt sind.

Johann Conrad Nüscheler ist Meyers Jugendfreund, der in allerschwerster Zeit zu ihm stand, als ihn sämtliche übrigen Bezugspersonen – seine Schwester ausgenommen – aufgegeben hatten. Meyer mußte ihn notgedrungenermaßen lieben und nur schon deshalb bewundern, weil er all das sein eigen nannte, was ihm fehlte: Gewandtheit im Alltag, Tatkraft, Entschlußfreudigkeit und die Gabe, mit Menschen, auch solchen von Rang und Namen – selbst mit fürstlichen Persönlichkeiten – ohne jede Scheu umzugehen.

Die beiden Brüder von Wyß sind Repräsentanten jener alteingesessenen Zürcher Aristokratie, die von ihrer Denkweise und Lebenshaltung her noch der Welt des verstorbenen Vaters angehörte und nicht vom neuen Geist des Radikalen, der oft nur Erfolg und Gewinn suchte, angesteckt war. Der Jurist Friedrich von Wyß, sein Vetter, steht Meyer aus verwandtschaftlichen Gründen näher als Georg, der wegen seiner Autorität im Bereich des Historischen als hilfreicher Freund geschätzt wird.

Ähnlich liegen die Akzente bei Johann Rudolf Rahn, dem Kunstverständigen, der eine andere, nicht weniger bedeutsame Bedürfnislücke des Dichters ausfüllt. Er ist gewissenhafter Helfer und Berater selbst in vordergründig erscheinenden Belangen. Dank seinem breiten Wissen und seiner hochentwickelten Vorstellungsgabe vermag er mit treffender Schilderung, aber auch mit dem Zeichenstift Meyer immer wieder beizustehen, wenn er ihm, der das Bild braucht, etwa in Form anschaulicher Skizzen genau das liefert, was dieser von ihm erbeten hat.

Vielschichtiger ist Johanna Spyri mit Meyers Existenz und seinem Dichtertum verbunden. Als herkunftsmäßig strenggläubige Pietistin im Kreise von Frau Elisabeth Meyer und Betsy verkörpert sie zunächst ein Stück Mutterwelt. Die Abneigung des wider Willen zur Frau Stadtschreiber aufgestiegenen naturnahen Mädchens vom Hirzel gegenüber der Gesellschaft und deren oberflächlichem Treiben macht sie Meyer, der ähnlich empfindet, ebenso sympathisch und geistig verwandt wie ihre Verweigerung einer ausführlichen, von ihren Verlegern wiederholt erbetenen Autobiographie. Nach seiner Verheiratung 1875 muß er ein neues literarisch-kritisches Gewissen als Ersatz für Betsy suchen und gewinnt in der Jugendfreundin Johanna Spyri eine verständige und einfühlsame Partizipantin an seinen Dichtungen.

Mathilde Escher, zunächst Freundin von Meyers Mutter, hat, obwohl einer reichen Fabrikanten- und Unternehmerfamilie entstammend, ihr ganzes Dasein in der Nachfolge Christi den Hilfsbedürftigen gewidmet. Ihre Lebensart entsprach dem, was Elisabeth Meyer als ideale Zielsetzung wohl hätte erreichen wollen. C. F. Meyer hat sie ihrer echten Hingabe an ihr Lebenswerk wegen geschätzt und hoch verehrt.

Conrad Nüscheler (1826–1910)

Johann Conrad Nüscheler aus dem Haus zum Neuegg an der Pelikanstraße in Zürich hatte mit Meyer zusammen die Volksschule und das untere Gymnasium besucht. Ab Frühling 1842 hielt er sich in Lausanne auf, wo ein Jahr später auch sein Kamerad aus dem Seidenhofquartier eintraf und die Freundschaft fürs Leben besiegelt wurde.

Nach ihrer Rückkehr in die Limmatstadt holten die beiden die Matur nach und begannen unter Bluntschlis persönlicher Beratung und Aufsicht gemeinsam Jurisprudenz zu studieren. Während Meyers Interesse an den Pandekten schon bald nachließ, ging Nüscheler 1847 nach München, um seine Studien zu fördern. Aber die dort herrschenden revolutionären Unruhen liefen seinen konservativen Anschauungen zuwider. Er zog seine Konsequenzen, darunter schließlich auch die letzte: er konvertierte zum Katholizismus. Zudem entschied er sich, die militärische Laufbahn einzuschlagen. Über sein Denken hat er erst viel später, 1884, Auskunft gegeben in der Schrift *Über die Entstehung und rechtliche Entwicklung der menschlichen Gesellschaft,* in der er das Naturrecht dem Gesellschaftsvertrag von Rousseaus Gnaden entgegenstellt.

So trat er am 16. Juni 1848 in Verona in das zehnte Bataillon der österreichischen Feldjäger ein und nahm am Feldzug in der Lombardei teil, der zur Einnahme Mailands führte. 1849 wurde er in einem Gefecht bei Borgo Santa Margherita vor Ancona schwer verwundet und kehrte zu seiner Genesung nach Zürich zurück. Damals hat der junge schlanke Offizier «mit etwas eckigen Zügen, scharfen grauen Augen und von ritterlichem Aussehen» unvermutet das Zimmer seines ehemaligen Schul- und Studienfreundes Meyer in Stadelhofen betreten, der zurückgezogen von aller Öffentlichkeit seine Tage ziellos mit Lesen zubrachte (Frey, S. 53). Nüscheler nahm sich des halb Vergessenen an und hat mit seinen genauen Schilderungen von der Schönheit südlicher Landschaft wohl schon damals Meyers Italiensehnsucht geweckt. Er mag ihm von Verona erzählt haben, von Romeo und Julia, von der Verbannung Dantes.

Nüscheler hielt sich darauf in verschiedenen Garnisonen Nord- und Mittelitaliens auf – u. a. in Perugia, Ravenna, Rimini, Bologna, Florenz, Modena und Parma. In den folgenden Jahren stieg er zu immer höheren militärischen Rängen auf, 1852 in Florenz zum Oberleutnant, 1859 zum Hauptmann und 1869 zum Major und Kommandanten des vierten Feldjägerbataillons im böhmischen Reichenberg. 1872 wurde er Kommandant des siebten Bataillons des Kaiserjägerregiments in Bregenz – Meyer und Betsy haben ihn dort am 19. November 1874 auf der Rückreise von München besucht. Nach seiner Beförderung zum Oberstleutnant 1876 und zum Oberst 1878 wurde Nüscheler 1882 zum Kommandanten des Infanterieregiments Erzherzog Rainer ernannt und kam nach Trient. Auf das Ende

Conrad Nüscheler (1826–1910). Anonyme Photographie, aufgenommen um 1870. Zentralbibliothek Zürich

seiner aktiven Dienstzeit, 1883, verlieh ihm Kaiser Franz Josef den Rang eines Generalmajors.

1883 ließ sich Nüscheler in Küsnacht nieder; hier bewohnten seine Schwester und Tante seit C. F. Meyers Wegzug nach Meilen 1872 den Seehof. Ab 1884 war er dann im Wangensbach zu Hause, wo ihm des Dichters Schwager, Pfarrer Paulus Burkhard-Ziegler, den oberen Stock zur Verfügung stellte. Er nahm an den Versammlungen der Schildner zum Schneggen und an den Sitzungen der mathematisch-militärischen Gesellschaft teil, schrieb daneben seine Betrachtungen über die menschliche Gesellschaft und arbeitete auch an «Oesterreichs Ehrenbuch» mit, das Feldmarschall Freiherr von Teuffenbach redigierte. Immer wieder zog es ihn nach Italien und ebenso nach Wien, wohin er 1891 übersiedelte. Regelmäßig kehrte er jedoch nach Zürich zurück und versäumte es dabei selten, Meyer einen Besuch abzustatten; ein solches Wiedersehen ist in Nüschelers tagebuchartigem Lebenslauf unter dem 17. August 1895 noch vermerkt (Nüscheler, S. 140): «Besuch bei meinem Jugendfreund in Kilchberg, Herrn Dr. Conrad Ferdinand Meyer (dem Dichter).» Während eines späteren Aufenthalts in der Vaterstadt ist Nüscheler am 10. Mai 1910 gestorben.

Nüscheler ist wohl der einzige Zürcher, der ein Leben lang treu zu Meyer gehalten hat. Eigentlich nahe dürften sich die beiden jedoch nur in ihrer Jugend gestanden haben. Nachher war Nüscheler ja meist im Ausland, und der Kontakt mußte sich auf Briefe beschränken oder allenfalls auf Nachrichten, die durch den Vater David Nüscheler, seinerseits Oberstleutnant und einstiger Führer der Zürcher Konservativen, übermittelt wurden. Betsy wußte, was der Verkehr mit Nüscheler ihrem Bruder gerade in schweren Zeiten bedeutete. Sie fragte ihn 1852/53 wiederholt an, ob er denn auch an Nüscheler geschrieben habe. Meyer tat dies und gesteht der Schwester aus Lausanne (d'Harcourt, crise, S. 228): «Nüscheler schrieb mir einen wahrhaft prächtigen Brief aus tiefer Brust und in männlichem Ton; wenn es einer absichtlich machen

Mathilde Escher (1808–1875): «[...] eine angenehme edle Erscheinung mit dunklen Haaren, lichtgrauen, geistvollen Augen, schmaler Kopfbildung, fadenschmaler weißer Scheitel und energischer Linie des Profils.» (C. F. Meyer, «Mathilde Escher. Ein Portrait»; XV, 163) Reproduktion eines Reliefs von Viktor von Meyenburg (1834–1893) vermutlich aus den späten 1860er Jahren. Zentralbibliothek Zürich

wollte, er brächte es nicht heraus. Er ist auf jeden Fall ein prächtiges Mannsbild.»

Als der Genesene auf Ende 1853 seine Heimkehr aus der Westschweiz ankündigte, schrieb Nüscheler aus Verona an den Vater, er möge sich doch seines ehemaligen Schulfreundes annehmen. David Nüscheler entsprach diesem Wunsch gerne:

Wenn Conrad Meyer auf's Neujahr nach Zürich kommt, und mich besuchen will, so wird mich solches herzlich freuen, indem ich mir einen großen Genuß verspreche, weil ich außer unserm Familienkreise beynahe niemand mehr in hier weiß, mit dem ich, ohne sey es auf theilweisen Widerspruch zu stoßen, sey es (was mir noch mehr zu wieder) ohne Interesse zu finden, mich unterhalten kann. In doppelter Beziehung aber werde ich es mir zur Pflicht machen, denselben als deinen Freund zu empfangen, weil es mir seit langer Zeit nicht mehr vergönnt war, mit dir selbst, mein liebster Konrad! mich unterhalten zu können.

David Nüscheler an seinen Sohn,
8. Dezember 1853 (Hoffmann, S. 196)

Tatsächlich hat Meyer den Vater seines Jugendfreundes schon bald besucht und dem Namensvetter über dieses Treffen berichtet. Sein Brief zeigt, wie eng das Verhältnis der beiden von früh auf gewesen sein muß, und verdeutlicht auch, wie sehr sich Meyer zu öffnen bereit war, sobald er Vertrauen und Entgegenkommen spürte:

Liebster Freund
Herr Oberst [David Nüscheler] hat die Güte, mir zu erlauben, ihm einige Zeilen an dich zu übermachen, und wie könte ich abschlagen?
Das Neuegg war mein erster Gedanke: Herr Oberst empfieng mich so liebenswürdig, als möglich und ich hätte gewollt, dein Bild an der Wand wäre sprechend gewesen. Unter uns, obwol ich eine ordentliche Haltung hatte, so war ich – u: bin es leider in allen solchen Fällen, sie sind zum Glükk selten – innen weich, wie ein altes Weib. Dann sage ich mir immer: Moins on verse, plus il reste *u: suche über meine Rührung hinwegzukommen. Herr Oberst gab mir gestern meinen Besuch zurükk: wir redeten über Wissenschaftliches; es ist zum Erstaunen, wie reg er noch ist und wie richtig er redet. Seine Güte ist mir werter, als ich sagen will.*
Meine Mutter ist alt geworden.
[...] Zufrieden werden sie wol mit meiner Weise nicht ganz sein – die Zürcher nämlich, aber, da sie im Grund gut sind und ich mich so unbefangen und stille als möglich gebe, werden sie mich gelten lassen u: vergessen.
[...]
Halten wir, l. Conrad an Einem fest: Ehre fürs Leben. Demut vor Gott, Glauben an den Erlöser und Treue am Freund.
Dein treuster C. M.

Meyer an Conrad Nüscheler,
6. Januar 1854 (Hoffmann, S. 196 f.)

Mathilde Escher (1808–1875)

«Eine schweizerische Tabea» wird sie in der Literatur genannt, der Maria Magdalena und der Martha verglichen und damit zur bethanischen Schwester und zur Heiligen der Krankenpflege erhoben. Von Tabea heißt es in der Apostelgeschichte (9. 36): «diese war reich an guten Werken und Almosen». Mathilde Escher rückt damit in die Reihe jener Frauen des 19. Jahrhunderts, die ihr Leben in den Dienst der Mitmenschen stellten und in christlicher Nächstenhilfe ihre Erfüllung suchten. Amalie Sieveking gehörte zu ihnen, die Helferin der Armen in Hamburg, und die fast sagenhafte Miß Florence Nightingale, welche die Krankenpflege reformierte. In unmittelbare Berührung aber trat Mathilde Escher mit Elisabeth Fry, die sich in England und in ganz Europa unermüdlich der Gefangenen annahm.

Das Schrifttum über diese Frauen wirkt auf heutige Leser äußerst bigott; Wörter wie Dulden und Leiden, Erweckung, dienendes Heldentum: kurz, das ganze Vokabular der Erbauungsschriften hat sich wie ein verrotteter Filz über diese Rüstig-Selbstlosen gelegt. Doch ihre in christlicher Liebestätigkeit sich erfüllende Lebensweise hat einen historischen Hintergrund. Im Falle von Mathilde Escher stehen Lavaters Pietismus, sein Helferwille und sein Helfereifer im Mittelpunkt. Dazu kam das Gedankengut des *Réveil*, jener Aufrüttelungs- und Erneuerungsbewegung, die Meyers Großvater Ulrich in der Westschweiz kennengelernt hatte und die ihm Kraft gab für ein Leben im Dienste der Taubstummen. Herrnhutisch-pietistische Elemente wirkten mit, die Zinzendorfsche Frömmigkeit und Gottesfröhlichkeit, aber auch die Forderungen des englischen Methodismus und die noch rigideren des schottischen Calvinismus.

Mathilde Escher war eine Freundin von Meyers Mutter. Sie wurde bald zu deren bewundertem Vorbild, nahm wohl selbst Einfluß auf die Erziehung der Kinder, und wenn Betsy später als Gönnerin und Helferin der Zellerschen Anstalt in Männedorf beitrug, so tat sie dies in den Fußstapfen von Mathilde Escher, der sie eine Zeitlang als Gehilfin gedient hatte.

Als Tochter des angesehenen Mitbegründers von Escher Wyß u. Co., Johann Caspar Escher-von Muralt (1775–1859), wuchs Mathilde im herrschaftlichen Haus zum Felsenhof auf und verbrachte die Sommerzeit im Schipf-Gut, dem am rechten Seeufer zwischen Erlenbach und Herrliberg gelegenen Landsitz der Familie, in unmittelbarer Nachbarschaft des Dichters Karl Christian Ernst Graf zu Bentzel-Sternau (1767–1849), der das Gut Mariahalden bewohnte. Da ihre Geschwister, ein älterer Bruder und eine jüngere Schwester, vor ihr starben, fiel ihr die beträchtliche Erbschaft ungeteilt zu, was ihr ermöglichte, gleichzeitig als großzügige Stifterin wie als tätige Helferin aufzutreten. Und weil sie unverheiratet blieb – sie soll, auch wenn C. F. Meyer höflich von ihrer «angenehmen edlen Erscheinung» spricht (XV, 163), keine besondere Schönheit gewesen sein –, konnte sie sich ganz ihrer karitativen Tätigkeit widmen. Für sich selbst brauchte sie fast nichts, denn der Haushalt im Felsenhof war bei allem Reichtum der Escher asketisch geführt worden, so wie es sich für eine Familie der Zwingli-Stadt von alters her geziemte.

Am Anfang ihres Wirkens steht, was in den Schriften über sie allgemein als «Erweckung» bezeichnet wird: Am 12. August 1839 begegnete sie in Lauterbrunnen zufällig der Quäkerin Elisabeth Fry. Diese war begleitet von Fräulein Sophie Wurstemberger, der späteren Gründerin der Berner Diakonissenanstalt, die als Kind längere Zeit zusammen mit Mathilde im Felsenhof unterrichtet worden war. Ein Biograph nennt dieses Zusammentreffen mit der Engländerin eine «Fügung Gottes» und vergleicht es jenem früheren, wo Philippus den Nathanael fand (Brandt, S. 35). Elisabeth Fry kam anschließend einige Tage nach Zürich, und von da an war es Mathilde Escher klar, welchen Weg sie gehen müsse: sie wurde zur Wohltäterin.

Sie erfüllte diesen Vorsatz nicht nur, indem sie ihre von einem Gemütsleiden belastete Mutter, den sterbenden Vater und auch die kranke Schwester pflegte. Ihre Wohltätigkeit wandte sich bald nach außen und kannte keine Grenzen. Sie gründete zugunsten der Armen den Amalienverein sowie die erste Zürcher Suppenanstalt; in der Nähe des Felsenhofs ließ sie 1863/64 das St. Anna-Asyl errichten, in dem verkrüppelte, aber geistig normale Kinder zur Erziehung aufgenommen wurden. Auch auswärtige Prediger und Missionare fanden hier für kurze Zeit Unterkunft. In der Kapelle wurden Gottesdienste und Bibelstunden abgehalten. Im zweiten Stock ihres Vaterhauses, nachher auch in einem Zimmer des St. Anna-Stifts, empfing sie Gesuchsteller und half, wo sie es zu helfen für nötig hielt. Schließlich gründete sie noch die Magdalenenanstalt, wo sie sich mit Unterstützung von Fräulein Kleophea Bremi um die gefallenen Mädchen kümmerte.

Man kann dieser Frau hohe Bewunderung nicht versagen. Sie lebte für die anderen, half Kranken, Armen, Verkommenen, eiferte Lavater und Zwingli nach, war tätig in der Nachfolge Jesu. Ihre Rührigkeit und Tüchtigkeit mochten manchmal ein fast beängstigendes Ausmaß annehmen. Aber sie blieb heiter dabei. Sie war die «Jungfer Escher», wie jede unverheiratete Frau, ob angesehen oder nicht, damals angesprochen wurde. Als sie ihr Hausarzt auf einmal mit «Fräulein Escher» anredete, kam ihr das – wie sie sich einer Freundin gegenüber äußerte – recht seltsam vor. Und «Fräulein *von* Escher» gar, «das war sie nicht, das wollte sie noch weniger sein» (Brandt, S. 61). Gleichwohl hätte sie diesen Adelstitel von ihrem Lebenswerk her verdient.

Conrad und Betsy Meyer waren nach dem Tod der Mutter jeden Montagabend bei Mathilde Escher zu Gast. Der angehende Dichter hat ihre edle Gesinnung bei aller Zurückhaltung unverhohlen anerkannt und bewundert, was auch in seinem Lebensbild zum Ausdruck kommt, das er der «gleich einer Mutter geehrten» Frau (Frey, S. 111) dann im «Zürcher Taschenbuch» von 1883 gewidmet hat (MATHILDE ESCHER. EIN PORTRAIT; XV, 152–168).

Mathilde Eschers «Asyl», die St. Anna-Kapelle an der St. Annagasse 19.
Das 1864 eingeweihte Haus enthielt im Erdgeschoß die Wohnung der Hauseltern, Räume für die Betreuung körperlich behinderter Kinder sowie einige Gastzimmer. Den ersten und zweiten Stock nahm der große Betsaal samt Orgel ein, wo regelmäßig Gottesdienste abgehalten wurden. Da das Gebäude Anfang des 20. Jahrhunderts den Ansprüchen nicht mehr genügte, wurde an der Lenggstraße ein neues Mathilde-Escher-Heim errichtet. Das St. Anna-Asyl ist 1909 abgetragen worden; auf dem Gelände entstanden der Glockenhof, das Freie Gymnasium und die heutige St. Anna-Kapelle. Im Vordergrund der Ansicht befindet sich der Garten, der anstelle des 1882 aufgehobenen St. Anna-Friedhofs angelegt worden war. Heute steht hier das Warenhaus St. Annahof. Anonyme Photographie. Baugeschichtliches Archiv Zürich

Der Felsenhof, Mathilde Eschers Geburts- und Wohnhaus. Heute steht anstelle des 1927 abgetragenen Gebäudes an der Pelikanstraße 6 ein Geschäftshaus. Photographie um 1910. Baugeschichtliches Archiv Zürich

Friedrich von Wyß (1818–1907)

Friedrich von Wyß gilt als bedeutendster Rechtshistoriker nach Johann Caspar Bluntschli und entstammt einem angesehenen und ehrenvollen Hause: Sein Vater David von Wyß wirkte von 1814 bis 1832 als Bürgermeister in Zürich und präsidierte vier eidgenössische Tagsatzungen; seine Mutter Johanna Sophie war die Tochter des Berner Schultheißen Niklaus Friedrich von Mülinen.

Da Friedrich von Wyß sich im Sommer 1843 mit Luise Meyer (1819–1872), einer Cousine C. F. Meyers, der Tochter des Staatsanwalts Heinrich Meyer, eines Onkels des späteren Dichters, verheiratete, pflegte er zu der verwitweten Frau Elisabeth Meyer und deren beiden Kindern verwandtschaftlichen Kontakt. «Vetter Fritz» hält Conrad auch während dessen Krisenjahren die Treue, und Meyer dürfte den feinsinnigen und liebenswürdigen Gelehrten, der im Letten bei Wipkingen ein Landhaus besaß, öfters aufgesucht haben. Der briefliche Verkehr erstreckt sich über den Zeitraum von 1858 bis 1894. Der Dichter läßt seinem Freund wiederholt Freiexemplare seiner Werke zukommen und bittet ihn um Rat, «um [...] nicht allzusehr gegen das kulturhistorisch Mögliche und Feststehende zu verstoßen» (Frey, S. 291). Wie Friedrich von Wyß sich «aus religiösen Bedenken» nicht in PLAUTUS IM NONNENKLOSTER «zu finden» vermag, deckt Meyer dem Freund «das feine Spiel» des Handlungsverlaufs auf (Frey, S. 296; vgl. Brief vom 21. November 1881; Briefe I, S. 88 f.). Ganz hat der Vetter den Zugang zu Meyers Dichtertum allerdings nie gefunden; dazu war er als unbestechlicher Wissenschafter zu sehr «aufs Gelehrte» ausgerichtet (Frey, S. 50).

Dem am 6. November 1818 in Zürich geborenen Friedrich von Wyß, einem Halbbruder von Georg von Wyß, hatte Ferdinand Meyer, des Dichters Vater, im 1833 geschaffenen Gymnasium Geschichtsunterricht erteilt. Bei der Eröffnung der Tagsatzung im Juli 1833 saß Friedrich im Großmünster neben seinem Jugendkameraden Alfred Escher, war dem radikalen Geiste aber schon früh eher abgeneigt, weil auch seine Eltern konservativ fühlten und dachten.

Im Frühjahr 1837 begann von Wyß seine juristischen und staatswissenschaftlichen Studien in Zürich, wo Bluntschli sein bedeutendster Lehrer und Förderer war. 1838, während seiner beiden Berliner Semester, hörte er Savigny, Ranke und Ritter und wechselte 1839 an die Universität Bonn, von wo er bereits im Sommer unerwartet ans Krankenbett seines Vaters nach Zürich zurückkehren mußte. Nach dem Tod des von ihm verehrten und hochgeschätzten Mannes setzte er seine Studien bei Bluntschli fort und besuchte in Zürich jetzt auch die Vorlesungen von Friedrich Ludwig Keller, der als Haupt der Radikalen galt. Nach zwei weiteren Semestern in Heidelberg wurde Friedrich von Wyß am 3. November 1841 überraschend zum Schreiber am Bezirksgericht gewählt, wo er während dreier Jahre gewissenhaft und erfolgreich arbeitete. Des allgemein radikalen Aufwinds wegen, der sich in Zürich wieder erhoben hatte und dazu führte, daß man ihn bei einer Ersatzwahl überging, nahm er schließlich seinen Rücktritt, wurde jedoch wenig später zum außerordentlichen Staatsanwalt ernannt und bewährte sich in einem ausgesprochen heiklen Prozeß. Selbst in seinen Bemühungen um eine wissenschaftliche Publikation war er erfolgreich, und so lehrte er von 1845 bis 1849 als Privatdozent und dann bis 1852 als Extraordinarius an der heimischen Universität. 1847 erwarb er sich den Doktortitel. Nach Bluntschlis Rücktritt übernahm von Wyß dessen Fachgebiet, was neue strengste Arbeit erforderte, aber auch wissenschaftlichen Gewinn einbrachte.

Alfred Escher, einst Kamerad, doch jetzt sein Gegner, verhinderte als Präsident des Erziehungsrates, daß von Wyß als Nachfolger Bluntschlis berufen wurde. Man zog dem Zürcher einen deutschen Emigranten vor. Von 1850 an publizierte der unermüdlich Tätige seine Arbeiten in der von ihm mitbegründeten neuen «Zeitschrift für schweizerisches Recht». Eine Berufung nach Basel nahm er aus familiären Rücksichten nicht an, was man im Zürcher Erziehungsrat wieder zu seinen Ungunsten auslegte. Im Dezember 1852, als der Einfluß des erkrankten Escher nicht mehr so gewichtig war, wurde von Wyß ins Obergericht gewählt, wo er von 1853 bis 1862 wirkte. Neben der richterlichen Tätigkeit einher lief seine Mitbeteiligung an der Revision des privatrechtlichen Gesetzbuches. Aber die Wissenschaft forderte den Tüchtigen gebieterisch zurück: Ab Oktober 1862 lehrte er wieder an der Universität und las über deutsches und schweizerisches Privatrecht, Rechtsgeschichte und über den Zürcher Zivilprozeß. 1864 wurde er zum ordentlichen Professor ernannt, mußte aus Gesundheitsrücksichten aber schon nach dreieinhalb Jahren eine Reduktion seines Pensums verlangen, und 1871 gab er einer ernsthaften Erkrankung wegen seine Lehrtätigkeit gänzlich auf. Von 1853 bis 1870 war Friedrich von Wyß Mitglied des Großen Rats. Als Mitbegründer des Schweizerischen Juristenvereins und der Allgemeinen Geschichtsforschenden Gesellschaft der Schweiz erwarb er sich ein Ansehen, das weit über seinen einstigen Wirkenskreis hinausreichte.

Bezeichnend für Meyers Verhältnis gegenüber Friedrich von Wyß ist sein Brief vom 5. Januar 1888. Nachdem er sich dafür entschuldigt hat, seinem Vetter den PESCARA nicht zugesandt zu haben, «weil ich dir damit (nach der Erfahrung mit Mönch und Richterin) wirklich mehr Unlust als Genuß zu bereiten befürchtete», vertröstet er den Freund auf ein neues Opus – wahrscheinlich den erwogenen PETRUS VINEA –, mit dem er ihm «näher zu kommen und eine relativ reine Freude zu machen hoffen darf» (Briefe I, S. 92): «Aber, von Diesem ganz abgesehen, weißt du, wie ich dir jeher dankbar zugethan bin und diese meine Gesinnung gänzlich unzerstörbar ist.»

Georg von Wyß (1816–1893)

Der um zwei Jahre ältere Halbbruder von Friedrich von Wyß entstammt der zweiten Ehe des Bürgermeisters David von Wyß mit Barbara Bürkli. Schon kurz nach der Geburt verliert er seine Mutter, die ihm über der Pflege eines auf den Tod erkrankten Schwesterchens entrissen wird. Ab 1817 vertritt dann die dritte Gemahlin des Vaters, Sophie von Mülinen, Mutterstelle an ihm.

Georg von Wyß, in seiner Frühzeit treuer Spielgefährte von Friedrich, unterscheidet sich in seinem Bildungsgang vom jüngeren Bruder durch seinen zweijährigen Aufenthalt im Erziehungsinstitut auf Schloß Lenzburg, was nach seiner Rückkehr in die zürcherische Lateinschule wohl dazu führt, daß er sich dort zu wenig gefordert fühlt. Sein Zeugnis vom Dezember 1828 bescheinigt ihm zwar überragende Fähigkeiten; nur sei er nicht immer zum Fleiß aufgelegt, dafür aber mehr «zu einem vorlauten, übereilten, unbesonnenen Wesen, auch nicht frei von Einbildung» (Georg von Wyß, S. 3). Dieser Verweis bewirkt eine rasche Wandlung des Knaben, und beim Übertritt ins Carolinum gilt er in jeder Hinsicht als untadelig und musterhaft.

Seine 1834 begonnenen Studien an der philosophischen Fakultät der Universität Zürich sind – wohl den politischen Veränderungen von damals Rechnung tragend – auf Mathematik und Physik ausgerichtet. Dieses dem technischen Bereich zugewandte Interesse Georgs deutet unmißverständlich an, daß er, was seine Zukunft betrifft, nicht an einen staatsmännischen Beruf wie den seines Vaters denkt. Zusammen mit Bruder Friedrich reist auch er studienhalber nach Berlin und im Sommer 1839 von Bonn nach Hause an das Sterbelager des Vaters. 1840 studiert er in Göttingen, um die magnetischen Beobachtungen von Gauß kennenzulernen. Dann aber tritt ein radikaler Wandel seiner Ausrichtung ein: Erst noch Mathematiker, zieht er nach den Ereignissen in Zürich jetzt eine künftige Tätigkeit als Politiker in Betracht und erwägt, die Laufbahn eines Beamten einzuschlagen. Seine Abkehr vom Technisch-Mathematischen ist wohl durch die Tatsache mitverursacht, daß die Konservativen im damaligen Zeitpunkt die Politik im Stande Zürich weitgehend bestimmen.

Georg von Wyß schreibt für konservative Blätter und findet über Eduard Sulzer 1841 den Zugang in die Finanzkanzlei, wo er zunächst als Freiwilliger mitarbeitet. Sein Interesse gilt fortan der Geschichte und Politik. 1841 wird er auch Sekretär des Großen Rats und wirkt von 1843 bis 1847 als Staatsschreiber. Seiner Herkunft aus konservativem Kreise wegen verdrängen die wieder an die Macht gekommenen Liberalen aber den Junker Staatsschreiber und sorgen dafür, daß er 1858 nicht zum Staatsarchivar aufrückt, obwohl Georg von Wyß durchaus kein extremer Parteimann ist. Jetzt wird er Führer der Konservativen und Mitglied des Großen Rats und wendet sich als vom Staatsdienst offensichtlich Ausgeschlossener der wissenschaftlichen Tätigkeit als Historiker zu. Von 1854 an präsidiert er die Allgemeine Geschichtsforschende Gesellschaft der Schweiz. Die Universität verleiht dem ab 1850 als Privatdozent Lehrenden 1857 das Ehrendoktorat und beruft ihn ein Jahr später zum Extraordinarius für Schweizergeschichte; allerdings handelte es sich dabei um eine unbesoldete Professur. 1870 wird der trotz jahrelanger Zurücksetzung ganz in seiner vielseitigen Tätigkeit Aufgehende zum Ordinarius befördert. Von 1872 bis 1874 wirkt er als Rektor der Universität. Die Akademie der Wissenschaften in München ernennt ihn

Friedrich von Wyß (1818–1907). Photographie von Camill Arthur Eugen Ruf (1872–1939) in Zürich, aufgenommen vermutlich um 1903. Zentralbibliothek Zürich

Georg von Wyß (1816–1893). Photographie von Heinrich Wirth in Zürich (Firma 1879–1894), aufgenommen um 1885/90. Zentralbibliothek Zürich

1880 zu ihrem Mitglied; er ist Mitbegründer des Idiotikons und zeichnet sich als Herausgeber der Chronik des Johannes von Winterthur (1856) sowie des Urkundenbuchs der Stadt und Landschaft Zürich (ab 1885) aus. Daneben ist er der allseits geschätzte Verfasser einer Vielzahl von wissenschaftlichen Arbeiten zur Geschichte der Eidgenossenschaft seit der Römerzeit bis zur damaligen Gegenwart.

Für C. F. Meyer war Georg von Wyß ein hochangesehener und seines umfassenden historischen Wissens wegen auch ein sozusagen unentbehrlicher Freund, der dem Dichter aus dem Fundus seiner Kenntnisse immer wieder hilfreich beistand. Meyer sendet 1876 ihm, «dem Historiker», ein Exemplar seines «sehr unhistorischen Jenatsch», was nur möglich war, indem er diesmal seinen «l. Vetter Fritz» übersprang (Briefe I, S. 37). Des Dichters Korrespondenz mit Georg von Wyß stammt aus den Jahren von 1857 bis 1892. Darin ist bis zuletzt die große Ehrerbietung spürbar, die Meyer dem Freund zeitlebens entgegenbrachte und wie sie in seinem Gratulationsbrief zu dessen 70. Geburtstag besonders schön zum Ausdruck kommt:

Verehrter Herr,
ich komme, Sie an Ihrem 70. Geburtstage recht herzlich zu beglückwünschen.
Große und unvergeßliche, mir schon vor Jahren erwiesene Güte und ein bis auf den heutigen Tag, ohne mein Verdienst, mir bewahrtes Wohlwollen bewegen und erfüllen mich mit Dankbarkeit. [I]ch bringe meine Wünsche von ganzer Seele.
Mehr noch als die beunruhigenden öffentlichen Dinge haben wohl Manchem in diesen Tagen private Verluste zugesetzt. Ihnen, verehrter Herr, wird derjenige W. Vischers [des Historikers Wilhelm Vischer in Basel] nahe gehen – ich meinerseits habe mit Julian Schmidt in Berlin einen ganz besondern Gönner verloren.
Was Wunder, besonders in diesem gefährlichen Monate, dessen letzten wir heute schreiben, daß wir über 60 in eine Art Lebensungewißheit geraten. Sind wir aber erst im Mai angelangt, werden wir uns strecken und wieder kräftig leben.
Sehr herzlich, in freundlicher Ehrerbietung und mit den besten Grüßen für den Letten,
Ihr   C F Meyer.
Meyer an Georg von Wyß,
31. März 1886 (Briefe I, S. 50)

Johanna Spyri (1827–1901)

Die berühmte Jugendschriftstellerin, Tochter der als Verfasserin geistlicher Lieder bekannten Meta Heußer-Schweizer (1797–1876), die mit Elisabeth Meyer-Ulrich befreundet war und im Briefwechsel stand, heiratete 1852 den Juristen und späteren Stadtschreiber Bernhard Spyri (1821–1884). Johanna – «ein waldstromartiges Wesen», wie Frau Meyer sie nannte (Frey, S. 51) – tauschte damit die ländliche Idylle ihrer Jugendjahre auf dem Hirzel gegen ein Leben in der Stadt ein, wo ihr aus ihrer Stellung zudem nicht besonders geschätzte gesellschaftliche Verpflichtungen erwuchsen. Ihre Bekanntschaft mit dem späteren Dichter C. F. Meyer geht schon auf die Kindertage zurück, als ihre «Mütter sich an einem Curorte fanden» (Meyer an Louise von François, 25. September 1883; von François, S. 104) und sich ihrer pietistischen Lebens- und Denkweise wegen näherkamen. Damals gingen die Jungen, so erinnert sich Meyer weiter (ebd.), «hinter den Eltern eine Stunde lang neben einander, ohne ein Wort an einander zu verlieren. Das hat sich seither ein wenig geändert, obwohl nicht allzusehr, denn wir sind beide von kurzen Worten geblieben. Im Übrigen sind wir, Frau Spyri und ich, gute treue Freunde.»

Johanna Spyri-Heußer, als sog. «Montagianerin» (Teilnehmerin an den Montagsgesellschaften) im Hause von Frau Meyer oft und gern zu Gast und damals selber vom pietistischen Geist erfüllt, verehrte Conrads Mutter außerordentlich: «[I]ch hatte sie lieb wie ein Mütterchen», bekennt sie nach dem Freitod von Elisabeth Meyer gegenüber ihrer Freundin Betsy (Brief vom 29. September 1856; Spyri, S. 12 f.), der sie die selbe herzliche Zuneigung entgegenbrachte und von der sie ihr Leben zeitweilig recht eigentlich gehalten fühlte. Ihre Kinderbücher, Erzählungen für junge Mädchen und Volksschriften, darunter als berühmtestes Werk *Heidi's Lehr- und Wanderjahre* (1880), entstehen in der Zeit zwischen 1871 und ihrem Lebensende und machen sie zur meistgelesenen und schließlich in aller Welt gepriesenen Autorin in dieser Gattung. 1884 verliert die bereits in hohem Ansehen stehende Johanna Spyri ihren herzkranken einzigen Sohn Bernhard (geb. 1855) und im gleichen Jahr auch noch den in unermüdlicher Arbeit sich verzehrenden pflichtstrengen Gatten.

Der eigentliche Beginn ihres intensiveren Verkehrs mit Conrad Ferdinand Meyer fällt ins Jahr 1880, und der Briefwechsel zwischen den beiden, durch gelegentliche Besuche belebt und ergänzt, versickert erst um 1891. 1882, wie sich das Ende von Betsys Tätigkeit als Sekretärin und Beraterin des Dichters für Meyer immer bedrückender auswirkt und seine Kontakte zu François Wille seit seiner Verheiratung mit Louise 1875 ebenfalls seltener stattfinden, wendet sich der Unsicher-Gewordene an die «verehrte Freundin», der er schon den HUTTEN, PLAUTUS und den HEILIGEN als Gegenleistung für ihre Jugendschriften hat zukommen lassen, und zwar als Bittsteller:

Nun, liebe Frau, eine Frage: ich producire ganz lustig, aber ich habe keine Art von Rat oder Controle, sodaß mich niemand hindern würde, da der gute Haeßel mit seinem Nasenklemmer häufig andere Wörter liest als dastehn, ich sage: niemand würde mich hindern, die schrecklichsten Dinge zu schreiben u: auch ans Tageslicht zu befördern.

Das ist aber «riskant», wie der sel. Ettmüller sagte. Und mehrere mütterliche aus der Handschrift zu schließen wohlstylisirte anonyme Warnbriefe offenbar de bon lieu, welche mir der Schwur, womit sich das Brigittchen einführt, zugezogen hat, verfehlten denn doch ihren Eindruck nicht völlig. Damit nun alles hübsch in sein Maß u seine Grenzen zurückkehre u: fortan dort verbleibe, schlage ich Ihnen vor, verehrte Frau, daß ich Ihnen an einem Abend zwischen 5–8 alle 14 Tage einmal meine Sachen mitteilen dürfe. Sie sind der oder die Einzige, welche sich, vermöge cerebraler u: moralischer Vorzüge, dazu qualificire. Ich melde mich natürlich, wäre aber doch für die vorläufige Bezeichng Ihres durchschnittlich freiesten Wochentages dankbar.

Meyer an Johanna Spyri,
9. November 1882 (Spyri, S. 40 f.)

Bereits einen Tag später, am 10. November 1882, antwortet Johanna (Spyri, S. 41): «Mein verehrter Freund! / Nichts kann mir angenehmer sein, als Ihr Vorschlag, der mir nur Genuß u. Gewinn bringen kann. […] / Was die guten Räte betrifft», fügt sie in ihrer bestimmten und geraden Art einschränkend bei, «so halte ich nicht viel davon, ein erster Wurf ist meistens das beste».

Die damit eröffnete Reihe von «Sitzungen», wie Meyer ihre Zusammenkünfte nennt und bei welchen Johanna Spyri in der ihr zugedachten Rolle mittun soll, werden von seiner Seite her durchaus «nicht uneigennützig» vorgenommen:

Was sich aber daraus entwickeln wird, Rat, Urteil etc, darüber wollen wir jetzt nicht im voraus streiten, jedenfalls etwas Gutes und Gedeihliches.

Meyer an Johanna Spyri,
11. November 1882 (Spyri, S. 42)

Der Inhalt ihrer Gespräche unter vier Augen ist nicht bekannt; wohl hat Meyer seiner Kollegin die ihn beschäftigenden Stoffe erläutert. Es läßt sich auch nicht ermessen, inwieweit Johanna Spyri den Dichter beraten und die endgültige Ausgestaltung seiner Werke beeinflußt hat; ihre schriftlich überlieferten Urteile beziehen sich nämlich in der Regel auf die vollendeten Erzählungen, die ihr Meyer regelmäßig zugesandt hat. Doch gerade diese kritischen Bemerkungen Spyris zeugen von ihrem zuverlässigen Kunstverstand, wie etwa im Falle der RICHTERIN:

Eben habe ich die längst ersehnte Judicatrix durchgelesen, wenigstens den ersten Theil u. harre nun mit Ungeduld auf den zweiten. Nehmen Sie meinen herzlichen Dank! Ich bewundere, ich staune u. schaudere. Es ist gewaltig, es ist packend, es ist grausig! Wie soll es kommen? Wie wird sie dazu kommen zu gestehen? Welche Macht wird diese Natur bezwingen so, daß sie in sich selbst zusammenbricht so völlig, daß sie gesteht? «Die ist nicht schuldig», hörte ich gestern eine Dame urteilen. Ich mußte bei mir denken, die Menschen lesen nur äußerlich, nicht innerlich, die Schuld der Frau packt ja, als trüge man die schwere Last mit ihr. Und hoch über alles Kleinliche weg gehts vorwärts! Das ist das Wohlthuende der Geschichte.

Johanna Spyri an Meyer,
8. Oktober 1885 (Spyri, S. 60)

Sie, die nicht nur äußerlich, sondern innerlich liest, erweist sich in der Beurteilung der Novellen durchaus den ihr vorgelegten Stoffen und den darin auftretenden Problemen gewachsen. Sie ermuntert den Freund, dem sie im Gegenzug – bald auch zuhanden von Camilla – ihre eigenen, so durchaus anders gearteten Werke zur Lektüre zukommen läßt, «sich einmal wieder sehn» zu lassen, denn:

Johanna Spyri geb. Heußer (1827–1901). Photographie von Johannes Ganz (1821–1886) in Zürich, entstanden in den 1870er Jahren. Zentralbibliothek Zürich

Ich kenne keinen Zweiten mit dem sich's reden läßt wie mit Ihnen, wenn man so beschaffen ist, wie ich es bin u. über all das hinaus noch die uralte Freundschaft!

*Johanna Spyri an Meyer,
25. Februar 1886 (Spyri, S. 63)*

ENGELBERG in der überarbeiteten Neuauflage findet im November 1886 ebenso den Weg zu ihr wie ein Jahr später DIE VERSUCHUNG DES PESCARA und schließlich ANGELA BORGIA. Gerade zu diesem Werk, das Meyer mit dem Aufgebot der letzten Kräfte zu Ende geführt hat, äußert sie sich grundgescheit:

Vielen schönen Dank für Angela Borgia. Ich habe sie nun gründlich durchgelesen. Viel Großes, viel Schönes u. viel Schreckliches, das letztere konnte freilich nicht ausbleiben bei solchem Stoff. Eine büßende Magdalena ist freilich die Lucrezia weniger, als eine Magdalena ohne Buße. Das versöhnende Ende erfreut, die verlorenen Augen verfolgen einen zwar im Schlaf u. wenn sie wieder erstehen, was man mit Angela hofft, so kann doch der arme Giulio sie niemals sehen. Der Trost für ihn ist klein, für sie freilich recht erfreulich. Ihre Bücher beschäftigen mich immer so sehr, daß sie mich jedes Mal, nachdem ich eines gelesen, eine ganze Zeit lang über alle Widerwärtigkeiten der Alltäglichkeit in eine andere Welt weg heben, das ist wohlthuend, [...].

*Johanna Spyri an Meyer,
9. Dezember 1891 (Spyri, S. 77 f.)*

Besonders berührt die Art und Weise, wie Frau Spyri Meyers Bitte um Nachsicht für den PESCARA aufnimmt. Der Dichter versichert ihr dabei nämlich, daß sie die Bemerkung Guicciardins, schreibende Frauen hätten Tinte in den Adern, nicht auf sich beziehen dürfe (Spyri, S. 69). Sie antwortet ihm, der ihr früher geschrieben hatte, sie erzähle «so resolut, daß die Kritik gar nicht dagegen» aufkomme (ebd., S. 34 f.), aus ihrer natürlichen Bescheidenheit heraus recht geistvoll-überlegen:

Ihre Bemerkung soll mich nicht anfechten. Rännte mir Tinte in den Adern, so würde ich mich zu viel großartigeren literarischen Unternehmungen versteigen, als ich wirklich thue; daran hindert mich das einfache Blut, das mich durchrinnt. Daß Sie mich nicht meinten, wußte ich, man hat mich aber doch gefragt: «Was sagen Sie zu der Bemerkung Ihres Freundes über schreibende Frauen?» Ich sagte: Sie gefällt mir.

*Johanna Spyri an Meyer,
26. November 1887 (Spyri, S. 69)*

Johann Rudolf Rahn (1841–1912)

Johann Rudolf Rahn ist der eigentliche Begründer der schweizerischen Kunstgeschichte. Sohn des Zürcher Apothekers Johann Heinrich Rahn und der Winterthurerin Maria Ziegler, einer Buchhändlerstochter, verliert der Kleine seine Mutter, die sich von der Geburt nicht mehr erholt, schon als Zweijähriger. Sein ebenfalls kränkelnder Vater stirbt 1847. Nach dem Tod der Mutter kommt der Knabe für einige Monate bei seiner Großmutter in Winterthur unter und siedelt dann zu seiner Tante nach Herisau über, wo er für die nächsten elf Jahre eine feste Bleibe findet, die Schule durchläuft und wie ein eigenes Kind gehalten wird. Schon in diesen frühen Jahren ist ein Skizzenbuch sein ständiger Begleiter.

Als Vierzehnjähriger kehrt Rahn nach Zürich zurück, wo er nach dem Willen seines Vormunds die Industrieschule besuchen soll. Aber er fühlt sich dort fehl am Platz; das Interesse des verträumten Jünglings gilt dem Bildhaften. Sein Vormund hingegen will einen Kaufmann aus ihm machen und steckt ihn in das Seidengeschäft Zuppinger, Sieber & Co., wo der zwar Willige jedoch unentwegt weiter zeichnet. Erst jetzt entdeckt Eduard Meyer die Begabung seines Mündels. Nachdem der Junge die ihm auferlegte Probe, innert kurzer Zeit Latein zu lernen, bestanden hat, erlaubt man ihm 1860, das Studium der Altertumswissenschaft aufzunehmen.

Auf die Maturität bereitet er sich in der Westschweiz vor. Mit genau gezeichneten Veduten von Burgen, Klöstern und Kirchen kommt er in seine Vaterstadt zurück und beginnt – noch vor Ablegung der Matur 1862 – sein Studium in Kunstgeschichte. 1863 wechselt er von Zürich an deutsche Universitäten, arbeitet sich in die verschiedensten Stoffgebiete ein (Malerei des Cinquecento, Romanik, Gotik u. a.) und zeichnet mit der ihm längst eigenen Meisterschaft, was er im Umfeld von Bonn und Berlin an Kunst und Architektur zu sehen bekommt. Seine Dissertation *Über den Ursprung und die Entwicklung des christlichen Zentral- und Kuppelbaues* beendet er 1866 in Dresden und legt am 3. Oktober gleichen Jahres in Zürich seine Doktorprüfung ab. Während seiner Studienzeit begibt sich Rahn sowohl in der Schweiz wie auch in Deutschland immer wieder auf Kunstwanderungen und Reisen und bildet sich durch unermüdliche Anschauung weiter, die er gekonnt ins Bild umsetzt. Im Winter 1866/67 führt ihn diese immer mehr dem Entdecken von bisher noch Unbekanntem dienende und gleichzeitig auf die Bewahrung der Kunstschätze ausgerichtete Reisetätigkeit nach Italien, wo er mit Bleistift, Pinsel und Notizbuch festhält, was seine durstigen Augen entzückt.

1868 läßt er sich endgültig in Zürich nieder und heiratet Caroline Meyer von Knonau (1846–1909), eine Cousine seines Freundes Gerold Meyer von Knonau. Er übernimmt die durch C. F. Meyers Wegzug nach Küsnacht freiwerdende Wohnung im Schabelitzhaus, was eigentlicher Anlaß für die Kontaktnahme und den in der Folge geschlossenen Freundschaftsbund mit dem Dichter ist. Um die gleiche Zeit befreundet sich Rahn mit dem Historienmaler Ernst Stückelberg. 1869 erfolgt seine Habilitation als Kunsthistoriker in Zürich, 1870 wird er Extraordinarius und 1877 als 36jähriger bereits ordentlicher Professor. Ab 1883, nach dem Tod Gottfried Kinkels, unterrichtet er sein Fach mit der gleichen Hingabe auch am Polytechnikum.

Das Zeichnen ist und bleibt sein beliebtestes und anschaulichstes Ausdrucksmittel (Rahn, S. 17): «Lust zum Zeichnen war von Kindheit auf da. Schon vierjährig habe ich Kirchen und Ruinen mit Spitzbögen gekritzelt [...].» Der mit Leichtigkeit die Gesetze der Perspektive erarbeitende junge Rahn geht bald zum «Zeichnen nach der Natur» über und entwickelt eine erstaunliche Fertigkeit (ebd.): «Die Arbeit mit dem Stift ging rascher und leichter [...] von statten, auch besser schien es als das Schreiben [...].» In der Zeit der aufkommenden Photographie danach befragt, weshalb er solche Mühe und den Zeitaufwand in Kauf nehme, erklärte er:

Mir macht das Zeichnen überhaupt keine Mühe; es ist mir vielmehr ein ergötzliches Spiel. Auch sonst bin ich dessen oft froh geworden während eines unfreiwilligen Aufenthaltes, bei dem es die Zeit verkürzt; auch als Mittel zur Konzentration hat sich das Zeichnen bewährt, wenn ein Vortrag oder eine Sitzung nicht enden wollten.

(Rahn, S. 18)

«Aber in jedem Fall reicht die Photographie eben doch nicht aus», erklärt er überzeugt, weist auf für die damalige Kamera nicht zu meisternde Objekte hin und fragt zu Recht:

[...] wie verhält sich die Photographie zu dem analytischen Studium? Im Augenblick ist die Aufnahme gemacht. Aber ist sie auch schon studiert? Zumeist wohl nicht und dann wird sie ein halber und bald auch ein vergessener Besitz.
Ganz anders verhält es sich mit der Zeichnung. Ihre Ausführung setzt eingehendste Beschäftigung mit dem Objekt voraus. [...] Das Bild prägt sich zum vornherein dem Gedächtnis ein.

(Rahn, S. 18)

So verwundert es nicht, daß er allein für den Kanton Graubünden eine zeichnerische Inventarisationsarbeit von mehr als 650 Blättern hinterlassen hat.

C. F. Meyer korrespondiert mit dem Freund während der Italienreise von 1871/72 und läßt ihn an seinen Kunsteindrücken teilhaben. Zusammen mit Betsy ist er im Sommer regelmäßig Gast auf Rahns Landgut zur unteren Waid ob dem Kloster Fahr und hat 1873 das distanzierende «Sie» gegenüber dem Jüngeren mit dem intimeren «Du» vertauscht. Immer wieder erweist sich Rahn mit seinen treffsicheren Vorschlägen zu Meyers dichterischen Anliegen als verläßlicher und sachverständiger Berater; der Dichter dagegen würdigt auch des Freundes Arbeiten und hat sich 1873 um eine günstige Besprechung der ersten Lieferung von dessen Hauptwerk, der *Geschichte der bildenden Künste in der Schweiz,* bemüht. Als er bereits ein kranker und gebrochener Mann war und in Königsfelden weilte, da stellte sich Johann Rudolf Rahn oft als freundlicher Besucher ein. Er schätzte den um 16 Jahre älteren Meyer, weil er selber ohne Zweifel neben seiner wissenschaftlichen Tätigkeit ebenfalls dichterisch empfand. Jener hatte ihm schon am 18. Januar 1872 gestanden (Briefe I, S. 232): «Unsere Thätigkeiten haben gerade die erforderliche Verwandtschaft und Verschiedenheit um ein reges Verhältniß zu begünstigen.» Sichtlich ergriffen hat Rahn am Grab des Freundes die letzten Worte gesprochen.

Johann Rudolf Rahn (1841–1912). Anonyme Photographie aus den 1880er Jahren. Zentralbibliothek Zürich

Zürcher Wohnungen

Als Meyers Onkel Wilhelm den ersten Stock des St. Urban seiner jung vermählten Tochter zur Verfügung stellen wollte, zogen die Geschwister im September 1862 ins Haus zum Mühlebach in Zürich-Riesbach. Da sich diese Wohnung als feucht erwies, übersiedelten sie bereits ein Jahr später ins sog. Schabelitzhaus in Oberstraß, wo sie bis zu ihrem Weggang aus der Stadt nach Küsnacht im Frühjahr 1868 daheim waren.

Links: Haus zum Mühlebach an der Feldeggstraße 80 in Zürich-Riesbach, erbaut vor 1813.
Hier waren die Geschwister Meyer vom September 1862 bis September 1863 in einer feuchten Wohnung eingemietet. Conrad versteuerte damals ein Vermögen von Fr. 80 000.–, Betsy ein solches von Fr. 76 000.–, was recht beachtlich war. Photographie von Meiner, 1908. Baugeschichtliches Archiv Zürich

Rechts: Schabelitzhaus an der Tannenstraße 17 in Zürich-Oberstraß (Eckhaus Universitätsstraße/ Tannenstraße). Wohnhaus der Geschwister Meyer vom September 1863 bis Ostern 1868. Erbaut 1861 vom Buchhändler und Verleger Jakob Lukas Schabelitz (1827–1899), abgetragen 1966. An seiner Stelle steht heute das Maschinenlaboratorium der ETH. Photographie von F. Ruef-Hirt, Wettingen, um 1910. Baugeschichtliches Archiv Zürich

Die Schwester

Betsy Meyer, bescheiden wie sie war, hat sich selbst als «Mittelschlagsnatur» bezeichnet (Betsy, S. 83) und ihre Person als «unbedeutend und unbeachtet» eingeschätzt (ebd., S. 194). Daß sie dabei ihr Licht unter den Scheffel stellte, ist unbestritten, war sie doch nicht nur unentbehrliche Mittlerin im Konflikt zwischen Mutter und Bruder, sondern für beide eine eigentliche Stütze. Sie half Elisabeth Meyer bei der Betreuung der Armen und Bedürftigen und stand der oft Betrübten, die ihre brave Tochter im Gegensatz zum aufmüpfigen Sohn entsprechend vergötterte, bis zu deren Freitod auch in allen andern Belangen bei. Daneben wurde sie zur Vertrauten des kunstbeflissenen Conrad, der die jüngere Schwester «ins Reich der Poesie» einweihte (ebd., S. 95) und sie schon früh an seinen Träumen vom künftigen Dichtertum teilhaben ließ. «Sie ist ein Segen für uns beide», gestand Meyer der Mutter in einem Brief aus Neuenburg vom März 1853 (d'Harcourt, crise, S. 135).

Die tatkräftige, lebenstüchtige Betsy, die in Zürich als Sonntagsschullehrerin gewirkt hatte, entschloß sich, ihr zeichnerisches Talent zu nutzen, um einmal «ihr Brötlein [...] verdienen» und notfalls den Bruder unterstützen zu können (Frey, S. 58). Von Conrad Zeller und Paul Deschwanden gefördert, wandte sie sich im März 1853 nach Genf, wo sie nebst der französischen Sprache die Pastellmalerei gründlich erlernen wollte. «Zeichne nur!», kommentierte Meyer die Berufswahl der Schwester. «So lernst du richtig sehen. Das kommt auch mir zu statten; du siehst dann auch für mich.» (Betsy, S. 97) – Erstaunlicherweise hatte die Mutter gegen die künstlerische Ausbildung der Tochter nichts einzuwenden, während Conrad ähnliche Regungen unterdrücken mußte. Schon bei diesem ersten Aufenthalt in der Fremde fällt Betsy durch ihre liebenswürdig-selbstlose Wesensart auf: «Mademoiselle Betsy ne pense jamais à elle, mais toujours aux autres», berichtete eine Genfer Freundin an Elisabeth Meyer (Frey, S. 66). Vom außergewöhnlichen Einfühlungsvermögen und Gespür des erst 22jährigen Mädchens für seine Mitmenschen zeugt auch die Tatsache, daß es bereits während Conrads Behandlung in Préfargier mit ihm im Stadelhofener Heim das Zimmer tauschte, damit der Bruder bei einer unerwarteten Rückkehr nicht den mit dunklen Erinnerungen behafteten alten Raum zu beziehen hätte. Im Spätsommer 1853 war das «Ziggetli» schon wieder zu Hause bei der geliebten Mutter, von der es sich ungern getrennt hatte und mit der es sich «geistig völlig verwachsen» fühlte (d'Harcourt, crise, S. 122). Betsy hat in der Folge das Zeichnen fleißig weiter geübt und ist gelegentlich auch als Porträtistin tätig gewesen. Im Frühjahr 1855 und von September bis Weihnachten 1858 war sie abermals in Genf, um ihre Fertigkeiten in der Malerei zu vervollkommnen.

Nach dem Tod der Mutter richtete Betsy im Frühjahr 1857 für sich und den Bruder eine kleinere Wohnung im Haus zum St. Urban ein; sie führte nun den Haushalt, und zwar beinahe zwanzig Jahre lang. Während Conrad noch in Paris weilte, gedachte sie, sich auf den von der Mutter letztwillig verfügten «Beruf des Dienens u. Wohlthuns» vorzubereiten (Frühlingsbriefe, Sp. 14) und wollte ihre Ausbildung zur Pflegerin von Geisteskranken beginnen. Zunächst besuchte sie die Freunde Pfizer in Stuttgart, dann besichtigte sie das Asyl für Gemütsleidende in Bad Boll, anschließend die Pflegeanstalt Winnenthal, und reiste über Heidelberg in die badische Irrenanstalt Illenau. Dort erreichte sie der Hilferuf des erkrankten Bruders, der vorzeitig in die Heimat zurückkehrte und die Schwester, seine «ganze Habe in der Liebe» (Frey, S. 101), dringend brauchte. Betsy schreibt dazu (von Orelli, S. 11): «Wir standen allein in der Welt, wir waren aufeinander angewiesen und mußten, wenn wir nicht Schiffbruch leiden wollten, treu zusammenhalten.»

Fortan diente Betsy in erster Linie dem Bruder, was ebenfalls dem mütterlichen Vermächtnis entsprach (vgl. Frühlingsbriefe, Sp. 14). Sie wurde Conrads treue Reisegefährtin und später seine kritisch-teilnehmende Sekretärin. Den Drang nach karitativer Betätigung stillte sie als Helferin der unermüdlich wirkenden Mathilde Escher. Während zwölf Jahren begleitete sie, wenn immer sie in Zürich war, die Wohltäterin auf ihren allwöchentlichen Besuchen bei den weiblichen Strafgefangenen; auch unterstützte sie Mathilde zwei Vormittage in der Woche bei der Sekretariatsarbeit.

Anläßlich der Romreise der Geschwister Meyer kam es im Frühjahr 1858 zu einem Wiedersehen mit Bettino Ricasoli, dem italienischen Freunde ihrer verstorbenen Mutter. Ob der Baron, seit einigen Jahren verwitwet, wirklich um Betsy geworben hat, wie dies nachgelassene Aufzeichnungen glaubhaft machen, kann nicht mehr zuverlässig abgeklärt werden. Möglicherweise hat der feurige katholische Politiker aus der Toscana der bedächtigen Zürcherin aus reformiertem Hause tatsächlich einen Heiratsantrag gemacht, und sie hat ihn abgewiesen, vielleicht eingedenk jener früheren Aussage ihres Bruders, den sie nicht sich selbst überlassen mochte (d'Harcourt, crise, S. 116): «[W]enn du ledig bleibst, so will ich mir ein ruhiges Leben an deiner Seite als die größte Seligkeit ausgebeten und bestellt haben; was mich betrifft, der bloße Gedanke daran ist meine Weide; gegenseitige Freundlichkeit, ein wenig Ruhe, [...]. Es wäre der Himmel.» Es könnte aber auch sein, daß sie der Begegnung mit Ricasoli in ihren Erinnerungen darum so breiten Raum gewährt, um anzudeuten, daß sie durchaus eine standesgemäße Partie hätte eingehen können, womit sie gleichzeitig die Gerüchte über das inzestuöse Verhältnis der Geschwister zu entkräften suchte. Jedenfalls ist es wiederum die Schwester, die später Conrad seine eigene Verheiratung nahegelegt haben will.

Lina Frey fragt in ihrem Nachruf auf die Dichterschwester zu Recht, ob Meyer ohne Betsys «inniges Verständnis» und Hilfe den Durchbruch überhaupt geschafft hätte (Frey, S. 369), ist es doch das Verdienst der wagemutigen, willensstarken Schwester, daß die Zwanzig Balladen von einem Schweizer 1864 verlegt wurden. Betsy hat immer an die Fähigkeiten des verzagten, von Selbstzweifeln gequälten Bruders geglaubt, und so wie sie sein Hervortreten an die Öffentlichkeit förderte, stand sie ihm auch bei der Entstehung seiner nächsten Werke bei. Wenn die Schwester aber – was wohl selten der Fall war – Conrads poetischen Gedankengängen einmal nur mit Mühe folgen konnte, soll er ihr ungeduldig gesagt haben, sie komme halt von ihrem «Standpunkt der Infirmière» niemals los (von Orelli, S. 11). Selbst nach seiner Verheiratung 1875 wirkte Betsy zunächst als «kritischer Handlanger» ihres Bruders weiter (Betsy Meyer an Haessel, 4. September 1894; Nils, S. 254). Im Sommer 1876 weilte sie zu diesem Zweck gut drei Wochen im Wangensbach bei den Neuvermählten; und darauf kam Meyer bisweilen täglich von Küsnacht und später fast allwöchentlich mit dem Dampfboot von Kilchberg nach Meilen herüber, um der Schwester zu diktieren. Doch mit dem Abschluß des Druckmanuskripts des Heiligen 1879 ging diese symbiotische geschwisterliche Arbeitsgemeinschaft zu Ende. Conrad nahm sich seinen Vetter Fritz Meyer (1847–1924) als Sekretär. Einzig für die Vollendung der Angela Borgia übte Betsy im Sommer 1891 ihr altes Amt als «Kopist» oder «Schreibmädchen» (Nils, S. 237) nochmals aus.

Das Angebot des Bruders, der ihr in seinem 1877 erworbenen Heim in Kilchberg ein Zuhause einzurichten gedachte, lehnte sie wohlweislich ab. Sie spürte, daß sie Louise im Wege stand und daß ein Leben zu dritt auf die Dauer nicht möglich war. Die Geschwister Meyer hatten von nun an getrennte Daseinsbereiche. Schon im November 1875 wandte sich Betsy wieder der Malerei zu. Sie weilte bis Ende Mai des folgenden Jahres in Italien, wo sie im Atelier der befreundeten Zürcher Malerin Anna Susanna Fries (1827–1901), die von 1871 bis 1875 in Florenz eine Kunstschule für Damen leitete, sowie bei einem Römer Studien trieb und Mal- und Zeichenunterricht nahm. Es kam zu vielleicht absichtlich herbeigeführten Wiederbegegnungen mit Ricasoli, der sich nicht mehr verheiratet hatte. Ein weiterer Florentiner Aufenthalt Betsys fällt in die Zeit vom Dezember 1876 bis Juni 1877. Das Bildnis, das sie damals von ihrer Lehrerin schuf, beweist ihr Können im Porträtieren.

Im Kreise der Waldenser in Florenz lernte die Dichterschwester dann die Kranken- und Armenpflegerin Miß Arthur aus Schottland kennen, die ihr einen Gruß an Fräulein Sophie Zeller auftrug, der guten Seele der Zellerschen Evangelisationsanstalt am Zürichsee. Das Überbringen dieser Botschaft wurde für Betsy wegweisend: sie war immer häufiger in der Gebetsheilanstalt in Männedorf anzutreffen, wohnte regelmäßig den Bibelerklärungen des Leiters Samuel Zeller bei und erwarb auf dessen Wunsch hin im November 1880 das Haus zum Felsenhof, ein der Anstalt benachbartes Landgut, wo er eine kleine Gruppe leicht Gemütskranker unterbrachte, die von Betsy betreut wurden. Meyer hat diesen Schritt seiner Schwester in die Askese leicht spöttisch gutgeheißen (von Orelli, S. 32): «Weißt Du, in Polen hat jede vornehme Familie einen der Ihrigen als Mönch in einem Kloster, damit er für die andern bete. Du kannst nun unser ‹Mönch› sein.» – Später, nach einem Besuch Betsys in Kilchberg, wußte er dann zu berichten (an Louise von François, 22. November 1883; von François, S. 118 f.): «Meine Schwester war hier sehr vergnügt. Ich muß glauben: das immerhin ziemlich ascetische Leben in Männedorf bekommt ihr. Freilich, obschon sie dort ihr eigenes Haus und an der Anstalt (diese Anstalt heilt, um es kurz zu sagen, *ausschließlich mit Gebet)* eine unabhängige Stellung hat, – ist die Schwester scheint mir von Zeit zu Zeit sehr gern bei uns. Auch uns ist sie sehr lieb, da sie eine große innere Freudigkeit hat.»

1894, als im Zusammenhang mit dem Bau der rechtsufrigen Zürichseebahn ihr schönes Anwesen zerschnitten wurde, verkaufte Betsy den Felsenhof an die Schweizerische Nordostbahngesellschaft. Schon seit 1892/93 hatte sie sich zeitweise bei ihrer Freundin Pauline von Sinner-von Effinger auf Schloß Wildenstein im Kanton Aargau aufgehalten, um in der Nähe des in Königsfelden internierten Bruders zu sein. Weil es ihr in der anmutigen Landschaft gut gefiel, beschloß sie, sich auch nach Conrads Heimkehr nach Kilchberg dauernd in dieser Gegend niederzulassen. 1895 bezog sie mietweise das Waldhaus in Wildegg, wo sie wiederum einigen erholungsbedürftigen Frauen eine Wohnstätte bot. Und 1899 ließ sie sich bei Veltheim ein eigenes Häuschen erbauen, das Chalet Rischmatt. Auch hier nahm sie ein paar Bedürftige in Pension und stand wegen ihres uneingeschränkten Wohlwollens bei der Dorfbevölkerung in hohem Ansehen. Sie ist am 22. April 1912 in Veltheim gestorben; wie ihr Bruder erlitt sie einen Herzschlag.

Daß Betsy bei aller karitativen Hingabe, die ihr Leben weitgehend geprägt hat, den «Standpunkt der Infirmière» weit hinter sich ließ, beweist nicht nur ihre Anteilnahme an der literarischen Arbeit des Bruders, sondern vor allem das aufschlußreiche Buch, das sie dem Verstorbenen gewidmet hat: *Conrad Ferdinand Meyer. In der Erinnerung seiner Schwester* (Berlin 1903). Als weitere bedeutsame Reminiszenzen von ihrer Hand sind nebst verschiedenen nachgelassenen Aufzeichnungen die von Julius Rodenberg 1912 im «Literarischen Echo» als Erinnerungsblätter veröffentlichten «Frühlingsbriefe» – Fragmente eines zweiten größeren Werks über den Bruder – sowie der verschollene, jedoch auszugsweise publizierte sog. «Altersbrief» an ihr geliebtes Patenkind Camilla zu nennen, den sie am 2. März 1912 mit dem Gruß «Deine alte, müde Tante Betsy Meyer» schloß (Nils, S. 156). Auch ihr Beitrag an die Dichterbiographie von Adolf Frey, dem sie «mit Erzählen alter lieber Erinnerungen» und dem – zuweilen zögerlichen – Überlassen von Materialien aus dem poetischen Nachlaß «Farbenreiberdienste tun» durfte (Betsy, Briefe, S. 420), ist nicht zu unterschätzen.

An Betsys Bestattung in Veltheim vom 25. April 1912 nahm aus dem Kreis der Familie nur die Schwägerin Louise Meyer-Ziegler teil; Camilla hielt sich damals in Dalmatien auf. 1943, als das Grab im Aargau aufgehoben wurde, holten die Behörden von Kilchberg den Stein in die Seegemeinde und plazierten ihn zusammen mit einer Gedenktafel im Garten des Conrad Ferdinand Meyer-Hauses. Aus Anlaß des 150. Geburtstags des Dichters ist die Erinnerungsstätte am 11. Oktober 1975 neu gestaltet worden. Betsy hat dieses Denkmal wahrlich verdient, denn sie war für Conrad mehr als nur Schwester; sie war ihm zugleich Mutter und Muse, und in den Phantasmen, die er seiner Dichtung anvertraute, war sie wohl auch mehr als das: – die im Geiste Geliebte.

Betsy Meyer (19. März 1831–22. April 1912) im Alter von 20 Jahren: «Dies Mädchengesicht ist in der Tat noch so unentwickelt wie ein Küchlein im Ei, und es stak in einem dünnschaligen. Es ist ein Wunder zu nennen, daß es die harten Stöße aushielt, die ihm damals noch bevorstanden. Ich könnte das Bildchen, das keinerlei festen Zug hat, bemitleiden. Jedenfalls ist es nicht unsere geliebte Mutter, die aus diesen Zügen blickt.» (Betsy Meyer an Hedwig Bleuler-Waser; Bleuler-Waser, S. 46) Aquarell von Clementine Stockar-Escher (1816–1886), entstanden 1851. Zentralbibliothek Zürich

Betsy Meyer im Alter von 22 Jahren. Nach einer Daguerreotypie, 1853. Reproduktion aus: Maria Nils, «Betsy, die Schwester Conrad Ferdinand Meyers», Frauenfeld 1943, Frontispiz. Zentralbibliothek Zürich

«Wurzeleinheit»

Du hast mich lieb, und ich dich auch, – das ist wahr und sehr natürlich. Du würdest, wenn es sich darum handelte, mich glücklich zu machen, große Dinge thun, Ich erkläre mich im Nothfalle zu Ähnlichem für dich bereit; sage dir aber zugleich, daß es mit meinem sogenannten Glück, besonders seit deinem letzten Briefe, recht gut aussieht. Wenn du, lieber Bruder, zu einer thätigen und somit zufriedenen Existenz gelangst, so lebt die liebe Mutter wieder neu auf; wenn ich Euch beide befriedigt weiß, so bin ich so heiter, als man es sein kann, und brauche dann auf der Welt nichts mehr als von Zeit zu Zeit einen Strahl der ewigen Schönheit, daß sich meine Seele dran freue und erbaue.

Arbeite für dein Glück, l. Konrad; dann thust du's auch für uns.

Betsy Meyer an ihren Bruder, 27. September 1852 (d'Harcourt, crise, S. 34)

So viel oder so wenig ich dir, l. Schwester von mir schreiben werde, sei gewiß, daß ich oft bei dir bin und daß in allen meinen Kämpfen und Leiden (und ich habe deren genügend) der Gedanke an dich einer meiner freudigsten ist.

Meyer an seine Schwester, Préfargier, 8. Oktober 1852 (d'Harcourt, crise, S. 37 f.)

Wir wollen beide tapfer sein und wenn auch äußerlich einander fern, innerlich fest zusammenhalten. Wir müssen beide etwas Gutes leisten, und wäre es auch nur um die liebe Mutter vor dem Vorwurf zu großer Geduld und Nachsicht zu schützen, mit dem die schonungslose Welt so freigebig ist. Die Jahre der Trübsal waren lang, jetzt soll es, so Gott uns helfen will, besser werden, und die gute Mutter frohere Zeit erleben.

Betsy Meyer an ihren Bruder, 11. Februar 1853 (d'Harcourt, crise, S. 112)

[Betsy] ist die Ehre der Familie und ohne alles Zaudern bin ich ihr ergebner Diener und Bruder.

Meyer an seine Mutter, Lausanne, 27. April 1853 (d'Harcourt, crise, S. 159)

[...] man sucht das Dauernde, ich in der Kunst und in der Anstrengung, weil ich darauf angelegt bin, mein armes Schwesterchen in der christlichen Ascese [...].

Meyer an Louise von François, 23. März 1883 (von François, S. 85)

Nein, mit Ihnen kann ich nicht auf dieser Oberfläche bleiben! – Auf den Grund also! in die Vergangenheit zurück! In die Tiefen der Seele! Mit meinem lieben Bruder bin ich immer innig verwachsen gewesen. Eine «Überbrückung» hat weder in seinem Leben, noch in dem meinigen je stattgefunden. Es ist eine Wurzeleinheit, die uns zusammenhält. Soll ich unsere teure Mutter nennen als Ursprung unseres verwandten und verschiedenen Wesens! Nein, ich würde damit nicht nur unserem lieben, früh geschiedenen Vater, von dem wir beide doch vieles haben, zu nahe treten, sondern wohl auch

Betsy Meyer im Alter von ungefähr 40 Jahren. Photographie von Johann Heinrich Gut (1843–1880), Zürich, um 1870. Zentralbibliothek Zürich

Betsy Meyer im Alter von 45 Jahren. Photographie von Schemboche, «Photographe de S. M. le Roi d'Italie», Rom, aufgenommen wahrscheinlich im Frühjahr 1876. Zentralbibliothek Zürich

wieder auf einer Oberfläche stehen bleiben, denn «der Wind wehet, wo er will und du hörest sein Sausen wohl; aber du weißt nicht, woher er kommt und wohin er fährt.»

Unsere teuere Mutter also war eine tiefinnerlich poetische Natur und mein lieber Bruder betrachtet sich hierin als ihr direkter ausschließlicher Erbe. Aber sie hatte zugleich eine melancholische Anlage und wurde gegen das Ende ihres früh verwitweten, in mancher Hinsicht schweren Lebens von himmlischem Heimweh, von Sehnsucht nach Heiligung, nach Realität eines christlichen, eines aufopfernden Lebens fast aufgezehrt. – Sie erinnerte mich manchmal an ihre Namenspatronin, die heilige Elisabeth von der Wartburg; aber sie starb unglücklich, melancholisch. – Dies ist die große Liebe und der große Schmerz, der über unserer Jugend steht. – Haben Sie in den Gedichten meines Bruders nichts davon gespürt? – Sehen Sie nun, liebe Freundin, bei meinem Bruder, dem eigentlichen Erben der poetischen und wohl auch in etwas der melancholischen mütterlichen Anlage gestaltete sich vieles davon durch Lebenserfahrung und stetige künstlerische Arbeit nach außen in schöne und dramatisch ergreifende Kunstgebilde um, er ist der starke, hochgeschossene, grünbelaubte, früchte- und blütenreiche Ast, der aus dieser verborgenen Wurzel stammt. – Bei seiner sechs Jahre jüngeren Schwester – wir waren immer nur unser zwei – kam es anders.

Meine Mutter ist eigentlich meine große Liebe, mein Ideal gewesen, – ich glaube wohl, ich vergötterte sie, oder da das doch nicht der rechte Ausdruck ist für unseren stillen innigen Verkehr: ich stützte mein Herz auf sie und niemand kam ihr in meinen Augen gleich.

Als sie nun in ihrer Krankheit selbst die Stütze verlor und zu wanken begann, versuchte ich sie wohl mit meinem schwachen Glauben an den Herrn Jesus und sein Evangelium aufrecht zu halten, aber der Tiefe ihres Schmerzes und der Wucht ihrer Selbstvorwürfe gegenüber brach mein schwaches Glaubensgerüste zusammen, – wie jenes Haus, das auf den Sand gebaut war. – Sie starb – – und mit ihr alles, was ich mir etwa noch im Leben als Glück oder als begehrenswert gedacht hatte. Es war eine Zeit innern Jammers, die lange dauerte. Je tiefer und tiefer ich aber hinuntersank in das Elend: Alles ist eitel! – je tiefer ich das Elend der ganzen Menschheit erkannte und fühlte, desto heller, größer und näher erschien mir die wunderbare Gestalt des Herrn, der gekommen ist, das Verlorene zu suchen und selig zu machen und bei uns bleibt alle Tage bis ans Ende der Welt. – Das war der innere Weg. Äußerlich war mein Platz neben meinem Bruder, der anfangs Mühe hatte, sich Bahn zu brechen. Es war eine Dichterlaufbahn mit all ihren Schwierigkeiten – und doch eine schöne Zeit! Ich bereue sie nicht, diese zwanzig Jahre, und hätte es nicht anders machen können. Aber als dann endlich einer meiner größten Wünsche sich erfüllte und mein Bruder sich verheiratete und ein schönes Heim bekam, wo ja auch ich immer herzlich willkommen bin, da wandte ich mich, nachdem ich noch in Italien von der Kunst Abschied genommen, nach Männedorf, und frug, ob ich Gemütskranke pflegen dürfe. Und jetzt wundert Sie das nicht mehr!

Betsy Meyer an Frau Pfarrer Waldvogel in Dießenhofen, 17. Februar 1887 (Bleuler-Waser, S. 53 ff.)

Anna Susanna Fries (1827–1901), Betsy Meyers Freundin und Zeichenlehrerin, im Alter von 50 Jahren. Kreidezeichnung von Betsy Meyer, Florenz, datiert 4. April 1877. Zentralbibliothek Zürich

OHNE DATUM

(An meine Schwester)

*Du scherzest, daß ein Datum ich vergaß,
Und meinst, ich dürfte bei dem Stundenmaß
Mit einem Federstriche mich verweilen.
Du schreibst: «Datiere künftig deine Zeilen!»
Doch war das Zählen meine Sache nie,
Nach dem Wievielten such ich stets verge-
    bens,
Auch diese Zeilen, wie datier ich sie?
«Aus allen Augenblicken meines Lebens!»*

*Kurz ist und eilig eines Menschen Tag,
Er drängt, er pulst, er flutet, Schlag
    um Schlag,
Wie eines Herzens ungestümes Klopfen ...
Wer teilt die Jagd des Bluts und seiner
    Tropfen?
Es ist der Sturm, der nie zur Rüste geht,
Die Wechselglut des Nehmens und
    des Gebens,
Und meine Haare flattern windverweht
In allen Augenblicken meines Lebens.*

*Zu ruhn ist mir versagt, es treibt mich fort,
Die Stunde rennt – doch hab ich einen Hort,
Den keine mir entführt, in deiner Treue;
Sie ist die alte wie die ewig neue,
Sie ist die Rast in dieser Flucht und Flut,
Ein fromm Geleite leisen Flügelschwebens,
Sie ist der Segen, der beständig ruht
Auf allen Augenblicken meines Lebens.*

*Ich hemme die beschwingten Rosse nicht,
Ich freue mich, mit jedem neuen Licht
Das Feld gestreckten Laufes zu durchmes-
    sen,
Ein fernes, dunkles Gestern zu vergessen,
Ich fliege – hinter mir versinkt die Zeit –
Im Morgensonnenstrahl verjüngten Stre-
    bens! ...
Vorbei! ... Nur du allein weißt noch Bescheid
Von allen Augenblicken meines Lebens.*

(I, 200 f.)

Das Gedicht OHNE DATUM ist um 1878/79 entstanden. Louise Meyer, von Eifersucht auf Betsy geplagt, hat in den neunziger Jahren versucht, die Verse aus der Sammlung entfernen zu lassen. Sie stieß sich insbesondere an der dritten Strophe. Haessel willfahrte ihrem Wunsch jedoch nicht. Dafür mußte Meyer auf Geheiß der Gattin einen gleichnamigen Widerruf dichten, worin er anstelle der treulosen Betsy dann sein «liebes Weib» besungen hat (vgl. VII, 368).

Allerdings wurden die beiden Gedichte WEIHGESCHENK und EINER TOTEN, die einer verschiedenen Jugendfreundin Conrad Ferdinands galten und die Frau Meyer ebenfalls störten, auf ihre Veranlassung hin ab der 6. Auflage (1894) unterdrückt. Ob es sich bei dem frühverstorbenen Mädchen um Clelia Weydmann oder um Constance von Rodt handelt, ist unklar. Solche Zuweisungen sind bei Meyers Gedichten ohnehin nur mit Vorbehalt zu machen (vgl. IV, 46 f.).

Der Refrain des vorliegenden Gedichts auf die Schwester, so berichtet Hans Zeller (IV, 25 f.), zitiert einen Brief von Julie de L'Espinasse aus dem Jahr 1774 an ihren Geliebten, Comte de Guibert, der Meyer von seiner Sainte-Beuve-Lektüre her bekannt gewesen sein dürfte. Dieser Brief enthält nur einen Satz: «Mon ami, je souffre, je vous aime, et je vous attends.» Und anstelle eines Datums steht die Angabe: «De tous les instants de ma vie», was Meyer zu den je leicht variierten Schlußzeilen angeregt hat.

Im übrigen sind die drei ersten Verse eben jener dritten Strophe, die Louise ein Dorn im Auge war, auf der Gedenkplatte neben Betsys Grabstein in Kilchberg zu lesen.

BETSY MEYER

Betsy Meyer war von mittelgroßer, wohlgebauter Figur, die mit dem Alter etwas unförmlich geriet und auf der ein für ein weibliches Wesen auffallend großer Kopf saß. Er wies in den Dimensionen und sonst die größte Ähnlichkeit mit dem des Bruders auf: die kleine hübsche Nase, den wohlgeformten kleinen Mund, die hohe Stirne, die vollen, im spätern Alter etwas hangenden Wangen, die bei ihr immer rosig waren. Das Kinn trat bei ihr weniger zurück als bei Conrad Ferdinand. Die unregelmäßigen schwachen Brauen endeten, bevor sie die Schläfe erreichten, die blauen Augen lagen unter den stark überhängenden obern Augenlidern fast vergraben und zwinkerten nur dann und wann lebhaft aus dem ruhigen Gesicht, das beim Sprechen ziemlich unbeweglich blieb und sich höchstens zu einem kleinen überlegenen Lächeln verzog. [...] Auffallend waren die schönen kleinen, gepflegten weißen Hände, die man gerne, wenn sie nicht schrieb, mit der unmodernen sogenannten Frivolitéarbeit beschäftigt sah, die ein graziöses Spiel der feinen Finger darstellte, wohl so ziemlich die einzige Handarbeit, die ihnen zugemutet wurde. [...] Die grauen, glattgescheitelten Haare verdeckten die Ohren beinahe ganz und waren hinten in einem Zopf aufgesteckt, der von einer abschließenden schwarzen Samtschleife halb verborgen wurde. [...]

Lina Frey, Nachruf auf Betsy Meyer
(«Neue Zürcher Zeitung»,
Nrn. 118/120 vom 28./30. April 1912;
vgl. Frey, S. 374 f.)

Das Haus zum Felsenhof in Männedorf, Betsy Meyers Wohnsitz und Teil der Zellerschen Anstalt von 1881 bis 1894: «Auf grüner Höhe, weithin sichtbar, lag das Landgut ‹Felsenhof›. Ein hübscher, heller Landsitz, wie es am Zürichsee noch heute deren manche gleich gebaute und ähnlich gelegene gibt. Gepflasterte Mittelwege, herrliche Platanengruppen und eine Reihe alter in den Lüften flüsternder und im Sturme brausender Pappelbäume, Rasenplätze und ein paar Blumenbeete gaben dem Gute auf der ins Weite schauenden Südseite das vom Zürcher so sehr bevorzugte behäbige, frohmütige, gastliche Aussehen.» (aus Betsy Meyers Altersbrief an Camilla; von Orelli, S. 32) – Heute gehört das Gebäude der Gemeinde Männedorf. Photographie um 1910. Arbeitskreis Ortsgeschichte Männedorf

Chalet Rischmatt in Veltheim, das Betsy 1899 erbauen ließ und wo sie bis zu ihrem Tod 1912 lebte. Photographie von F. Salm in Veltheim. Ms. CFM 371. Zentralbibliothek Zürich

Rechte Seite:
Conrad Ferdinand Meyer im Alter von 46 Jahren.
Photographie von Maurizio Lotze, Verona, aufgenommen
im Dezember 1871. Zentralbibliothek Zürich

V Der Durchbruch

Im Seehof Küsnacht (1868–1872)
«Romanzen und Bilder» (1870)
«Huttens letzte Tage» (1872)
François und Eliza Wille in Mariafeld
Bismarck und die Gründung
des Deutschen Reiches

Im Seehof Küsnacht (1868–1872)

Der Seehof in Küsnacht, wo Conrad Ferdinand und Betsy Meyer von Ostern 1868 bis zum Frühjahr 1872 den ersten Stock bewohnten.
Stahlstich von Johann Rudolf Ringger (1841–1908), entstanden um 1865, auf Briefbogen, wie sie auch Meyer für seine Korrespondenz gelegentlich benutzt hat. Zentralbibliothek Zürich

An Ostern 1868 vertauschten die Geschwister Meyer ihre Stadtwohnung in Zürich-Oberstraß mit einem Heim in ländlicher Stille: sie zogen nach Küsnacht, wo sie sich in der Herrenwohnung im ersten Stock des Seehofs einmieteten. Das von Gärten umgebene Gebäude stammte aus dem Besitz derselben Familie Lochmann, die im Langen Stadelhof in Zürich den Lochmannsaal errichtet hatte.

Im Seehof Küsnacht vollzog sich Meyers eigentlicher Durchbruch zum Berufsdichter. Hier erlebte er das Erscheinen seiner Gedichtsammlung ROMANZEN UND BILDER, hier entstand 1870/71 der HUTTEN. Noch gab es zwischen den rechtsufrigen Seegemeinden keine Bahnverbindung; Meyer fuhr allwöchentlich mit dem Raddampfer zu seinen Freunden nach Feldmeilen, um in Mariafeld die neuesten Verse aus seinem Erstling vorzutragen. Die Post wurde durch einen Boten zugestellt, der jeden Morgen mit einem Handkarren in die Stadt marschierte, kleinere Kommissionen besorgte und auf dem Rückweg Briefe und Zeitungen mitbrachte.

Die Küsnachter Wohnung, großzügig und herrschaftlich ausgestattet, zudem ruhig und doch stadtnah gelegen, entsprach ganz den Wünschen des Geschwisterpaars und erlaubte einen ihrem Besitzstand angemessenen Lebensstil. Von seinem Arbeitszimmer aus erfreute sich der Dichter des Ausblicks auf den geliebten See mit den vorbeiziehenden Schiffen und Segelbooten sowie der Sicht auf die jenseitige Uferlandschaft. Meyer war glücklich und tatenfroh in seinem «Kloster», wie er den Seehof in Küsnacht oft scherzhaft genannt hat (an Louis Vulliemin, 26. April 1868; Vulliemin, S. 245): «C'est pour moi un véritable plaisir d'habiter une ancienne maison de campagne zurichoise, et surtout la hauteur des chambres (12 pieds), peu habituelle dans notre pays, m'inspire les sentiments les plus élevés. Très sérieusement, faites une course à Zurich, voyez pendant la journée vos amis en ville, puis venez le soir respirer chez moi le bon air et goûter le silence: je vous le répète, rien ne m'empêche de pratiquer ici l'hospitalité telle que vous l'enseignez à Lausanne. De l'espace, il y en a dans mon couvent pour loger tous mes amis, et il est temps, maintenant, que je pense un peu à rendre toutes les bontés dont mes aimables hôtes, surtout ceux des bords du Léman, m'ont comblé depuis si longtemps.»

BETSYS ERINNERUNGEN
AN DIE KÜSNACHTER ZEIT

Meyers Schwester hat noch in hohem Alter die im Seehof verbrachten Jahre lebhaft vergegenwärtigt:

[I]m alten Seehof zu Küsnach hatten wir eine geräumige, stille Wohnung gemietet, die uns durch ihre Lage wie durch die Einteilung und Tagesbeleuchtung der hohen Zimmer stark an die Räume des urgroßväterlichen Hauses in Zürich gemahnte.

Kein Wunder! Denn die beiden Häuser hatten einen und denselben Erbauer, der Oberst Lochmann geheißen und, von Zürcherischer Herkunft, zur Zeit des Dreißigjährigen Krieges im Dienste der Krone Frankreichs gestanden haben soll. Sie hatten beide dieselbe langgestreckte Bauart, standen beide am Ufer, ihre schmale Giebelseite mit den Luxuszimmern des hohen einzigen Stockwerkes den blauen Seefluten zugewandt. Das Landhaus in Küsnach, wohl das ältere der beiden – denn es trug auf dem steinernen Türbogen der in den Garten führenden Hauptpforte die Jahreszahl 1606 – hatte den Vorzug, daß ihm der volle Ausblick auf die silbern glänzende Seebreite mit ihren zarten Farbenübergängen und stets wechselnden Stimmungen und auf das schöne jenseitige Ufer unverkürzt und unbegrenzt bewahrt geblieben war. Dabei freilich hatte es unter einer Reihe verschiedener Besitzer und Bewohner andere Verluste erlitten. Sein altertümlicher Skulpturenschmuck in Holz und Stein war im Laufe der Jahrhunderte teilweise verschwunden. Die Zier seiner goldgepreßten Ledertapeten hatte die Zeit geschwärzt, oder sie waren zerrissen worden.

Das alte Haus war, vom See her gesehen, wie versunken in das dichte Grün ländlicher Obstgärten. Überall durchschnitten schmale, mit Fruchtbäumen gesäumte Wiesenpfade das Gelände, von dem es umgeben war. Seine Außenseite hatte auf jeden herrschaftlichen Anspruch verzichtet. Nur die drei außergewöhnlich hohen und breiten, dem See zugewandten Fenster des Mittelstockes fielen auf, zumal abends, wenn das mittlere der drei, hell erleuchtet, seinen Schein wie den kräftigen Glanz eines Sternes auf die nächtlichen Fluten hinauswarf.

Die Fenster links und rechts waren die der zwei großen nach Ost und West gerichteten Eckzimmer meines Bruders. Das helle Fenster in der Mitte aber bildete den Abschluß des langen, mit rötlichen Steinplatten belegten Korridors, der, einem Klostergange nicht unähnlich, die beiden Zimmerreihen teilte, und über den mein Bruder im Winter oder bei Regenwetter abends, seine Zigarre rauchend, auf- und niederzugehen pflegte. Er hatte eine Vorliebe für Hängelampen und mochte es gerne, daß unsere größte und hellste, in der Mitte des Ganges in Messingketten von der Decke herabhangend, seine Schritte beleuchtete. Er befahl, daß man sie frühzeitig anzünde, auch wenn er nicht zu Hause sei, damit ihr Schein ihn schon von ferne grüße. Er sah das bekannte Licht durch das Südfenster des Ganges, wenn er, auf dem Dampfboote von einem Ausfluge zurückkommend, sich auf dem Verdeck zum Aussteigen anschickte; durch das Nordfenster, wenn er vom Dorfe her durch schmale, seewärts führende Seitenwege zwischen Wiesen und Feldern seiner Wohnung zuschritt.

Gegen Norden lagen neben diesem Wandelgange links unser Eßzimmer mit der beschränkteren Aussicht auf Gärten und Äcker, Dorf und Kirche, rechts ein altertümliches Wohnstübchen, meines Bruders Lieblingsecke, wo er mir abends das Beste dessen, was ihn gerade beschäftigte, vorlas.

Es war mit uraltem, glänzendem Nußbaumholz getäfelt und trug in geschnitztem Gesims und reizenden Fruchtgehängen noch viele Spuren stilvoller Schönheit. An der einen langen Wand stützten zierliche Säulchen einen geschmackvollen Fries und teilten die breite Fläche in schöne, schmale Felder. Die scharfe, rechtwinklige Ecke zwischen den beiden Fensterreihen war durch wohlerhaltenes Getäfel voll anmutigen Schnitzwerks abgeschnitten und verborgen. An dieser schmalen Querwand stand mein kleiner Schreibtisch, über dem ein von Paul Deschwanden gemaltes Lieblingsbild unserer Mutter hing.

An dieses Pult rief mich in jenen glücklichen Frühlingsmonaten [1871] mein Bruder ein- oder zweimal am Vormittage: «Komm, nimm ein Blatt und fixiere mir schnell ein paar eben entstandene Hutten-Verse!»

(Betsy, S. 146 ff.)

Im Winter [...] stellten wir abends die Lampe auf den ovalen Tisch in der warmen Ecke des braunen Wohnstübchens. Dort trat ein alter Kachelofen von eigentümlicher Bauart mit breiten Seitenwänden und schmaler Vorderseite weit in den Raum hinaus. Er mochte im Verlaufe der Zeit bei verschiedenen Änderungen an Höhe und Schmuck eingebüßt haben. Die noch vorhandenen, dem Berufe des Erbauers gemäß mit kriegerischen Emblemen, Schild und Schwert, Helm und Lorbeer, bemalten, in die Höhe strebenden Pfeiler der Fronte ließen auf einen früheren, dem Stile des Gemaches entsprechenden turmähnlichen Aufsatz schließen, von dem nichts mehr zu sehen war. Die in violetten, braunen und gelben Schattierungen auf bläulichen Grund gezeichneten Bilder auf den dicken Kacheln zeigten Risse und Flicke. Sie stellten alte Schlachten vor: Zweikämpfe im Vordergrund und ihnen zuschauend geharnischte Kriegerscharen, deren Helmreihen und Spieße durch perspektivisch nach dem Mittelpunkte sich verlierende Zickzacklinien angedeutet waren. Die Führer dieser Heere waren es wohl, deren Heldengestalten, in größerem Maßstabe mit besonderer Sorgfalt ausgeführt, einer über dem andern stehend, die beiden Pfeiler der Vorderseite zierten. So war es nicht nur das ehrwürdige Alter unseres Ofens, das Achtung gebot, sondern auch ein gewisser Anspruch auf historische Weltanschauung, den er erhob.

(Betsy, S. 149 f.)

«Romanzen und Bilder» (1870)

Im Oktober 1869 sendet Meyer das Druckmanuskript einer neuen Gedichtsammlung mit insgesamt 54 Nummern an Haessel nach Leipzig. Auch diesmal gehen die Herstellungskosten zu Lasten des Dichters. Ende Dezember 1869 – mit Datierung 1870 – liegen die ROMANZEN UND BILDER VON C. FERDINAND MEYER in Buchform vor. Welcher Art sind die veröffentlichten Gedichte? Was läßt sich an ihnen im Hinblick auf die künstlerische Entwicklung Meyers ablesen?

In inhaltlicher Hinsicht umfaßt der mit «Stimmung» überschriebene erste Teil des Werks vor allem Landschaftslyrik. In den je vier Gedichten AUF DEM SEE (VI, 281 f.) und IM WALDE (VI, 283 ff.) befindet sich das lyrische Ich in sorgfältig ausgewählten Gegenden oder es schafft vielmehr jene Landschaften, die, von schmerzlicher Wehmut überglänzt, der Verfassung des Einsamen entsprechen. Die «Seegedichte» enthalten Vorstufen zu den späteren Gedichten SCHWÜLE (I, 75) und EINGELEGTE RUDER (I, 78), während es sich bei den mit IM WALDE benannten Strophen um frühe Versionen der Gedichte SONNTAGS (I, 73 f.), STAPFEN (I, 210 f.), ABENDROT IM WALDE (I, 69) und DER LIEBLINGSBAUM (I, 66) handelt. Auch «Berggedichte» gehören zu diesen die Natur nachdenklich auf ihre Stimmung hin wertenden Versen: so HIMMELSNÄHE (VI, 289; in der späten Sammlung (I, 113) unter gleichem Titel), JUNGFRAU (VI, 290), ein Text, der in vielen Überarbeitungen unter «Nachtlandschaft», «Nächtliche Wanderung» den Dichter zu immer neuen Variationen verlockt hat (VI, 680 ff.), oder etwa IM ENGADIN (VI, 290 f.), zwei Strophen, welche die makellose Schönheit der Gipfel im Berninagebiet preisen.

Als weitere bedeutende Gedichte dieses lyrischen Teils gelten EINER TODTEN (VI, 294 f.), thematisch wieder aufgenommen als WEIHGESCHENK (I, 207 f.), DER PFAD (VI, 295 f.), eine Vorstufe zu DIE FELSWAND (I, 128), und DIE ALTE BRÜCKE (VI, 296 f.) – gemeint ist damit die Teufelsbrücke –, die unter dem nämlichen Titel auch in den späteren Gedichtausgaben (I, 122 f.) erscheint. DER SCHÖNE BRUNNEN (VI, 298), will sagen DER RÖMISCHE BRUNNEN (I, 170), DIE GEGEISSELTE PSYCHE (VI, 298 f.; später I, 173) und KOMMET WIEDER! (VI, 299), woraus DER GESANG DES MEERES wird (I, 183), gehören ebenfalls dazu.

Einzelne Gedichte erinnern an Verse der Romantiker, so etwa Strophen wie

> *Goldne Lichter zittern heut*
> *In den lauen blauen Lüften,*
> *Rieselnd schmilzt der Schnee zerstreut*
> *An den Felsen, in den Klüften,*
> *Aus den Wiesen kommt ein Düften,*
> *Das mir ganz das Herz erneut.*
>
> *Unter dem bemoosten Steg*
> *Tost es in den Felsenschlünden,*
> *Primeln stehn an jedem Weg,*
> *Die den jungen Lenz verkünden,*
> *Anemonen in den Gründen,*
> *Veilchen duften im Geheg. [...]*
> (FRÜHLINGSLÜFTE 2; VI, 276 f.)

Neben solch epigonal anmutenden Klängen, die keineswegs Meyers späterem «Ton» entsprechen und in kurzzeiligen Liedstrophen noch den Eindruck von eben gerade Erlebtem zu erwecken suchen, gibt es auch Texte, in denen der Dichter dank des Wortes Macht Erschautes «in ein Bild verwandelt» (VI, 71) oder dies wenigstens anstrebt. Erfühltes wird dabei nicht geständnishaft ausgesprochen, sondern teilt sich indirekt unter dem Eindruck einer optischen Wahrnehmung mit, die mit dem Leser zusammen vollzogen wird. Das mag das Gedicht DER ERNTEWAGEN zeigen, zu dem bereits eine Fassung aus den BILDERN UND BALLADEN von 1860 vorliegt:

DER ERNDTEWAGEN (1860)	DER ERNTEWAGEN (1869)
Sieh das dunkle, rege Bild	*Nun des Tages Gluten starben,*
Auf des Himmels blassem Grunde:	*Mischen alle zarten Farben*
In der letzten Abendstunde	*Sich am Himmel golden klar.*
Wird ein Wagen hoch gefüllt.	*In die Helle seh' ich ragen*
	Einen hohen Erntewagen,
Und das geht so rasch und leis:	*Den umeilt der Schnitter Schaar.*
Garben schichten sie zu Garben;	
Bleichen auch des Lebens Farben,	*Dunkle Arbeit lichtumgeben!*
Dauert noch der rege Fleiß[.] (VI, 39)	*Nächtige [!] Gestalten heben,*
	Schichten letzte Garben leis,
	Und des Abends Feierstunde
	Schmückt mit heilig goldnem Grunde
	Müder Arme späten Fleiß. (VI, 292)

Was in der Version von 1860 bei aller dilettantisch anmutenden Formulierung als Vorgabe die künftige Entwicklung schon erahnen läßt, ist «das dunkle, rege Bild» des Erntewagens «[a]uf des Himmels blassem Grunde». Die Hinweise auf die «[i]n der letzten Abendstunde [...] so rasch und leis» vollzogene bäuerliche Arbeit sind denkbar dürftig. Die unermüdlich Tätigen werden nur im unbestimmten «sie» gestreift. Das Ganze erweckt kaum den Eindruck eines Bildes, das einen Rahmen verdiente; es wirkt – modern ausgedrückt – wie eine unscharfe und zudem schlecht belichtete Photographie.

Im Text von 1869 ist das Bild – nicht zuletzt auch dank Änderung von Strophenbau und Reimstruktur – entschieden anschaulicher geworden; die Farbgebung des abendlichen Himmels mutet differenzierter an, der Umriß des hohen Erntewagens ist klarer zu erkennen. Aus dem anonymen «sie» ist die Schar der Schnitter geworden. Die Abendhelle wirkt schon fast modellierend auf das Tun der «nächtigen Gestalten» ein, die, vom Spätlicht umgeben, die letzten Garben schichten. Der «heilig goldne Grund» umfängt die sich immer noch regenden Arme und breitet gleichzeitig einen Hauch von Feierlichkeit über die Abendstunde. So weit ist der Verdichtungsprozeß also schon gediehen. Mag auch Einzelnes im Ausdruck dabei etwas gezwungen erscheinen: dieses Bild ist viel einprägsamer; es bleibt in der Vorstellung des Lesers haften. Die Landschaft, wie sie Meyer jetzt darstellt, ist auf dem Weg, zu einem Gemälde zu werden.

Aber erst die unter dem Titel AUF GOLDGRUND vorliegende Fassung des Gedichts von 1887 schließt die Bildwerdung in vollendeter Weise ab und macht deutlich, worauf es dem Dichter offensichtlich ankommt:

AUF GOLDGRUND (1887)

Ins Museum bin zu später
Stunde heut ich noch gegangen,
Wo die Heilgen, wo die Beter
Auf den goldnen Gründen prangen.

Dann durchs Feld bin ich geschritten
Heißer Abendglut entgegen,
Sah, die heut das Korn geschnitten,
Garben auf die Wagen legen.

Um die Lasten in den Armen,
Um den Schnitter und die Garbe
Floß der Abendglut, der warmen,
Wunderbare Goldesfarbe.

Auch des Tages letzte Bürde,
Auch der Fleiß der Feierstunde
War umflammt von heilger Würde,
Stand auf schimmernd goldnem Grunde. (I, 84)

Das einst Wahrgenommene und damit Erlebte wird fiktiv untermalt und vorbereitet durch den «zu später Stunde» erfolgten Besuch im Museum, «wo die Heilgen, wo die Beter / Auf den goldnen Gründen prangen». Parallel dazu setzt das lyrische Ich die von ihm auf dem abendlichen Gang erschaute bäuerliche Arbeit der Ernte, die bis in die heiße Abendglut hinein andauert. Der Erntewagen, erst noch zentral in der Bildmitte stehend, ist angesichts «der warmen, [w]underbare[n] Goldesfarbe» des Abendhimmels auch nicht mehr das Thema; der Dichter spricht von mehreren Wagen. Das Licht umfließt jetzt die Arbeit als solche, die Lasten hebenden Arme der Schnitter, welche die «Garben auf die Wagen legen». Und all jene, die «des Tages letzte Bürde» zu diesem Zeitpunkt, wo eigentlich bereits der Abend gefeiert werden müßte, willig und voll Fleiß auf sich nehmen, werden bei ihrem Tun «auf schimmernd goldnem Grunde» geadelt und sind von der selben «heilge[n] Würde» «umflammt» wie die Heiligen und Beter auf den Gemälden aus dem Cinquecento im Museum: Das spätabendliche *labora,* vollends zur bildhaft in die Landschaft eingebetteten Szene geworden, rückt damit gleich gewichtig neben das *ora,* wie es die Kunst der alten Meister auf den heiligen Bildern festgehalten hat. Wirklichkeit, in dieser Weise stilisiert, wird dabei vergeistigt. Meyer stellt durch Vergleich dar: Die Schnitter auf dem vom Abendlicht umfluteten Feld sind «auf Goldgrund» mit den Heiligen identisch. Die beiden «Bilder» sind nicht nur überblendbar; der versierte Dichter läßt sie in ein Kunstwerk zusammenfallen.

Der zweite Teil der ROMANZEN UND BILDER vereinigt unter dem Stichwort «Erzählung» 21 umfangreichere balladeske Texte, die alle (z.T. unter verändertem Titel) in der definitiven Sammlung der GEDICHTE wiederkehren und somit frühere Fassungen sind. Auch in der erzählenden Lyrik eröffnet sich Meyer der Bereich der Geschichte; sie liefert dem der zeitgenössischen Wirklichkeit abholden Dichter vergangenes Leben aus zweiter Hand, das er, mitunter nicht ohne ein gewisses Pathos, auf der innerlichen Bühne seiner schöpferischen Phantasie abrollen läßt. Er wählt dabei wiederum bestimmte, seiner augenblicklichen Bewußtseinslage entsprechende Situationen.

Als Beispiel für diese Art epischer Gedichte, die eine einfache, aber ergreifende historische Begebenheit festhalten, mag CÄSARS SCHWERT dienen, zu dem ebenfalls eine erste Fassung aus den BILDERN UND BALLADEN vorliegt:

CAESARS SCHWERT (1860)

Nach heißem Kampf ist eine Stadt
Der Gallier gefallen,
Der Mann, der sie bezwungen hat,
Betritt des Tempels Hallen.

Da hangen blutige Tropheen,
Zerhau'ne Helm und Schwerter
Und bei den Trümmern trutzig stehn
Die treuen Tempelwärter[.]

Des Römers Blicke werden licht,
Er weis't der Schwerter eines:
Ihr Tempelwärter, lüget nicht
Und nennt mir dieses! ‹Deines!›

Wir haben dir's mit manchem Streich
Zerbrochen abgerungen
Ich dacht' es wohl und kannt' es gleich
Und bin's der es geschwungen.

Dem bärt'gen Hauptmann kocht das Blut,
Langt nach dem Eisen eilig,
‹Hier, Caesar!› Laßt, da hangt es gut
Und ist den Göttern heilig.

Wenn mir ein Schwert in Splitter fiel,
Das hat mich nie bekümmert,
Im Lauf nach einem hohen Ziel
Wird manches Schwert zertrümmert.

Und jenes, das in heißem Strauß
Verloren mir gegangen,
Ich find' es wieder in dem Haus
Der Götter aufgehangen. (VI, 26 f.)

CÄSARS SCHWERT (1869)

Die Gallier stritten manchen Tag,
Bis ihre letzte Stadt erlag –
Alesia ist gefallen
Und Cäsar tritt als Sieger ein
In ihren heil'gen Eichenhain,
In ihres Tempels Hallen.

Da prunkt so manches Weihgeschenk,
Verwegner Thaten eingedenk,
Da leuchten edle Beuten;
Was neben diesem reichen Hort
Soll an der hohen Säule dort
Das schart'ge Schwert bedeuten?

Des Feldherrn Blicke haften dran,
Das Schwert, es hat's ihm angethan,
Ihn däucht, er sollt' es kennen,
Und lächelnd zeigt er schon empor:
«Ihr Gallier, sagt mir, wer's verlor!
Könnt ihr den Mann mir nennen?»

Die Überwundnen schweigen still,
Kein Mund ist, der sich öffnen will -
«Nennt ihn! ich muß es wissen!»
Da ruft ein Jüngling unbedacht:
«Dir, Cäsar, im Gedräng der Schlacht,
Dir hab' ich es entrissen!»

Ein Hauptmann langt mit rascher Hand
Empor, das Antlitz schamentbrannt,
Und faßt das Eisen eilig;
Doch Cäsar winkt gebietend: «Nein!
Laß es dem Tempel eigen sein,
Es ist den Göttern heilig.

Dem besten Fechter mag's geschehn,
Daß Schwerter ihm verloren gehn,
Es kann das Glück sich wenden,
Doch wer als Sieger sich bewährt,
Der findet sein verloren Schwert
Bewahrt von Götterhänden.» (VI, 307 f.)

Die anekdotische Situation versetzt den Leser in den Gallischen Krieg und knüpft an eine von Plutarch stammende Textstelle an, die darauf hinweist, daß es zu Beginn des Feldzuges mit dem später siegreichen Cäsar übel gestanden haben müsse, indem die Arverner «ein kleines Schwert an einem Tempel aufgehängt» zeigen, das sie dem römischen Heerführer zuvor während eines Kampfes abgenommen zu haben behaupteten. «Als Cäsar selber später dasselbe sah lächelte er und verbot seinen Freunden es herunterzunehmen, da es ein Eigenthum der Götter sei.» (IV, 309 f.) In Theodor Mommsens *Römischer Geschichte* heißt es dazu: «wir erinnern an jenes in dem heiligen Hain der Arverner nach dem Sieg von Gergovia aufgehangene Schwert des Cäsar, das sein angeblicher ehemaliger Besitzer an der geweihten Stätte lächelnd betrachtete und das heilige Gut sorgfältig zu schonen befahl.» (IV, 310)

Von formalen Unterschieden völlig abgesehen, strebt die Fassung von 1869 in jeder Hinsicht nach Verdeutlichung und hebt das Geschehen spürbar an. Nicht irgend-«eine Stadt [d]er Gallier» ist gefallen; es ist Alesia, die Stadt der Mandubier (Alise-Sainte-Reine, Dép. Côte d'Or), wo die Kelten im Jahr 52 v.Chr. unter Vercingetorix von Cäsar vernichtend geschlagen wurden. Der Erfolgreiche inspiziert als Sieger den heiligen Hain der unterlegenen Feinde und die Hallen ihres Tempels, d.h. er wird namentlich genannt und nicht mehr als «Mann, der sie bezwungen hat», schwerfällig umschrieben. Auch der Inhalt des Tempels ist wertvoller geworden: Statt blutiger Trophäen und zerhauener Helme und Schwerter ist von manchem «Weihgeschenk» die Rede und von edlen Beuten, die da leuchten. Cäsars Blick fällt auf das schartige Schwert, das an hoher Säule hängt. In der Version von 1860 weist der Römer lediglich auf eines der Schwerter hin, dem weder durch sein Aussehen noch durch seinen Platz, den es unter dem übrigen Kriegsgerät einnimmt, eine besondere Bedeutung zukommt. Während Cäsar in der Frühfassung sein Interesse sofort auf dieses eine Schwert richtet und ungeschickt befiehlt: «[...] nennt mir dieses!», geht Meyer jetzt behutsamer vor: Es dünkt den Feldherrn, er müßte die Waffe kennen; er fragt die Gallier, während er lächelnd emporzeigt, ob sie ihm den früheren Besitzer des Schwerts nennen könnten.

Nicht nur der Feldherr ist von der ersten zur zweiten Fassung ein anderer geworden; auch die Gallier haben sich gewandelt. Während dort einer recht patzig antwortet und Cäsar als einstigen Besitzer angibt, dem sie das Schwert «zerbrochen abgerungen» hätten, schweigen die Überwundenen hier diskret und verweigern, offenbar um kein Mißfallen zu erwecken oder aber das Gesicht nicht zu verlieren, die Auskunft. Nur ein vorlauter Jüngling platzt «unbedacht» mit der Wahrheit heraus. – Der bärtige römische Hauptmann, schnellfertig in seiner Reaktion, weil das Blut in ihm kocht, zeigt jetzt das von Scham gezeichnete Gesicht des in der Person des Feldherrn selber Gedemütigten und will Cäsar die verlorene Waffe herunterbieten. Der siegreiche Heerführer hingegen ehrt den heiligen Ort, erklärt das Schwert zum Eigentum des Tempels und achtet damit auch die Götter des Feindes. Zu solcher Haltung kann sich der eher bramarbasierende Römer in der Fassung von 1860 noch nicht aufraffen. Er redet selbstgerecht-verächtlich vom Verschleiß der Waffen, freut sich dann aber irgendwie doch, sein Schwert im Haus der Götter aufgehängt zu finden. Da gibt sich Cäsar im Text von 1869 entschieden großmütiger, wenn er erklärt, der beste Fechter könne sein Schwert verlieren. Er schont dabei selbst die unterlegenen Gallier, indem er beifügt, daß das Glück sich eben wenden könne. Nicht ohne Anflug von selbstgefälligem Stolz schließt er mit der fast sentenzmäßig anmutenden Feststellung, wer immer als Sieger sich bewähre – und das hat er jetzt ebenso vor dem Leser durch sein Verhalten bewiesen –, der finde seine verlorene Waffe wieder, die Götterhände sorglich bewahrt hätten.

Noch deutlicher fällt der künstlerische Zugewinn, um den sich Meyer schon in den ROMANZEN UND BILDERN erfolgreich bemüht, in der Fassung von 1892 aus. Sie veranschaulicht eindrücklich, welches Ziel der Dichter in unermüdlicher Arbeit auch an diesem Text verfolgt. In zwanzig Versen wird die historische Anekdote noch einmal verdichtet und sprachlich wie vorstellungsmäßig geläutert. Sie erhält zudem einen zwingenderen, das Geschehen ganz im Sinne Cäsars umdeutenden Schluß:

DAS VERLORENE SCHWERT (1892)

Der Gallier letzte Burg und Stadt erlag
Nach einem letzten durchgekämpften Tag
Und Julius Cäsar tritt in ihren Hain,
In ihren stillen Göttertempel ein.
Die Weihgeschenke sieht gehäuft er dort,
Von Gold und Silber manchen lichten Hort
Und edeln Raub. Doch über Hort und Schatz
Hangt ein erbeutet Schwert am Ehrenplatz.
Es ist die Römerklinge kurz und schlicht -
Des Juliers scharfer Blick verläßt sie nicht,
Er haftet auf der Waffe wie gebannt,
Sie deucht dem Sieger wunderlich bekannt!
Mit einem Lächeln deutet er empor:
«Ein armer Fechter, der sein Schwert verlor!»
Da ruft ein junger Gallier aufgebracht:
«Du selbst verlorest's im Gedräng der Schlacht!»
Mit zorniger Faust ergreift's ein Legionar -
«Nein, tapfrer Strabo, laß es dem Altar!
Verloren ging's in steilem Siegeslauf
Und heißem Ringen. Götter hoben's auf.» (I, 253)

Niemand bleibt jetzt im unklaren darüber, daß Cäsar nach der letzten, den Krieg entscheidenden Schlacht Hain und Tempel der besiegten Kelten betritt. Die Weihgeschenke, die er «gehäuft» antrifft, sind noch kostbarer geworden. Der Dichter spricht von «Hort und Schatz». Das verlorene Schwert nimmt unter allen Kultgegenständen einen «Ehrenplatz» ein, und diese kurze und schlichte «Römerklinge» bannt den Blick des Feldherrn. Bezeichnend die Wendung, mit der er die Waffe ins Gespräch bringt: Ehrlich, aber auch leicht gönnerhaft-ironisch erwähnt er einen armen Fechter, «der sein Schwert verlor». Wie ihn ein junger Gallier demütigen will und der römische Legionär zornentbrannt rasch nach dem Schwerte greift, gebietet ihm Cäsar: «Nein, tapfrer Strabo, laß es dem Altar!» Er ordnet sein damaliges Mißgeschick überlegen in seine Feldherrenlaufbahn ein: «Verloren ging's in steilem Siegeslauf / Und heißem Ringen. Götter hoben's auf.» Das sagt wohl nichts anderes aus, als daß selbst die Götter des Feindes sich seiner Waffe angenommen haben.

Der Text ist kurz, prägnant und zeigt einen Feldherrn, der sich würdevoll gibt, genau so, wie Cäsar in andern Anekdoten erscheint, die den eigentümlichen Zauber seiner selbstbewußten Persönlichkeit beschwören. In jeder Situation weiß er sich mit größtem Geschick glaubhaft zu behaupten; auch hier im Text von C. F. Meyer, der alles Überflüssige wegläßt, damit die Gestalt hervortritt.

Der Bucherfolg der ROMANZEN UND BILDER, zu denen sich der Dichter von Anfang an mit Namen bekannt hat, ist gering. Aber dieser Umstand ist von nebensächlicher Bedeutung. Entscheidend ist die Tatsache, daß alle, die sich über diese neue Sammlung von Gedichten äußern, Meyer in seinem Dichtertum bestätigen. Wohlwollen und Lob der Rezensenten, die das Erreichte würdigen, machen den Weg frei, auf welchem der Dichter, Begabung und Fähigkeiten beharrlich nutzend, nun dank der Anerkennung mit wachsendem Selbstvertrauen seiner späteren Meisterschaft entgegenschreiten kann.

Untere Blatthälfte: Manuskript (ohne Überschrift) des Gedichts «Der Erntewagen» mit zahlreichen Spuren der Überarbeitung. Verse 7 («Auf dem Licht ein dunkles Leben») und 10 («des Abends stille Stunde») im Wortlaut von der Druckfassung in den «Romanzen und Bildern» (1870) abweichend. Oben Schlußstrophe des Gedichts «Spätjahr». Meyers Handschrift von Ende 1868 bis 1869. Ms. CFM 174.8 verso. Zentralbibliothek Zürich

Entstehungsgeschichte

Nach den im Sommer 1864 anonym erschienenen ZWANZIG BALLADEN VON EINEM SCHWEIZER publiziert Meyer lyrische und erzählende Gedichte zunächst in Zeitschriften. Den Zugang zu Cottas «Morgenblatt» 1865 verdankt er abermals der Vermittlung Pfizers. In der illustrierten Berner Zeitschrift «Alpenrosen» kann er 1866/67 – diesmal ohne der Protektion zu bedürfen – einige seiner poetischen Arbeiten unterbringen; das Journal war Nachfolgeorgan der Zeitschrift «Die Schweiz», deren Rezensent den unbekannten Verfasser der ZWANZIG BALLADEN ermuntert hatte, weitere Gedichte zum Abdruck anzubieten.

Schon 1865 trägt sich Meyer mit dem Gedanken, ein neues Gedichtbändchen auf den literarischen Markt zu bringen. Wiederum ist es Betsy, welche das Vorhaben umsichtig fördert. Sie holt abermals den Rat Marie Pfizers ein, die «strengste *Auswahl*» empfiehlt (VI, 470) und fragt, ob der Zeitpunkt für eine solche Unternehmung nicht allzufrüh gewählt sei. Die Absicht, eine neue Sammlung von Gedichten druckbereit vorzulegen, führt dazu, daß bald eine stattliche Anzahl von Texten greifbar ist. Proben der allerjüngsten poetischen Schöpfungen gehen wie bereits 1863/64 zur Beurteilung an die Pfizers.

In den Herbst 1864 fällt der erste Kontakt Meyers mit seinem künftigen Verleger Haessel. Der Leipziger sucht im Zürcher zunächst den versierten Übersetzer für Ernest Navilles *Le Père céleste*. An Conrads Stelle übernimmt es Betsy, die französische Vortragsreihe ins Deutsche zu übertragen, die unter dem Titel *Der himmlische Vater. Sieben Reden von Ernest Naville* 1865 bei Haessel erscheint. Meyer überwacht die Arbeit und ist für die Wiedergabe der Verszitate besorgt, die er künstlerisch so einfühlsam gestaltet, daß ihn Haessel Ende 1865 mit der Auswahl von Texten für eine mehrbändige Sammlung deutscher Dichtung betraut; der Zürcher seinerseits möchte Haessel dazu gewinnen, seine eigenen Verse zu verlegen. Auch Betsy hat es indessen nicht versäumt, den Leipziger auf die poetischen Leistungen ihres Bruders aufmerksam zu machen und ein freundschaftliches Verhältnis zwischen Haessel und Meyer zu begründen:

Wenn Ihnen [...] daran liegt, meinen Bruder näher kennen zu lernen, so sind jüngst bei Metzler in Stuttgart seine «Zwanzig Balladen von einem Schweizer» erschienen, die Ihnen ein treues Bild seiner Bestrebungen geben können.
Betsy Meyer an Hermann Haessel,
31. Oktober 1864 (VI, 473)

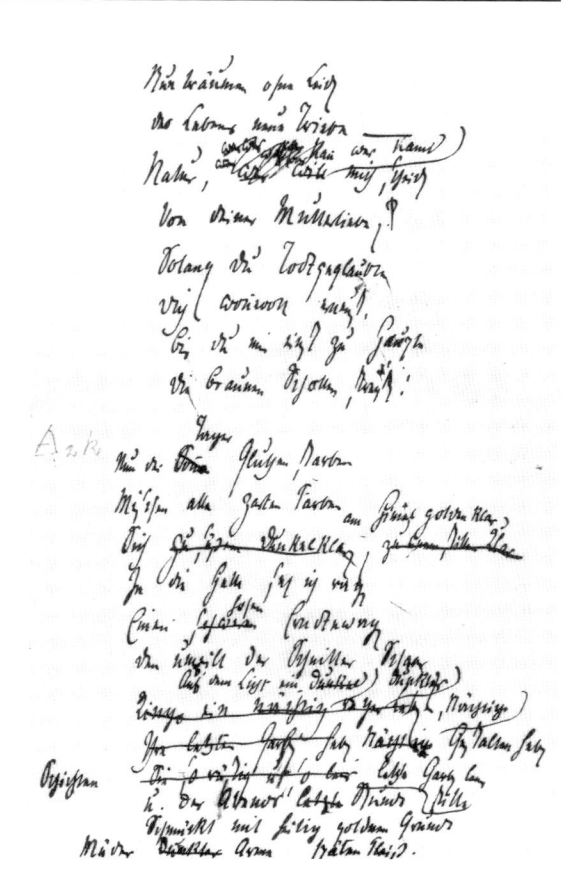

Nachdem er Haessel anläßlich eines Besuchs in der Schweiz ein paar eigene Gedichte hat vortragen können, ist Meyer halbwegs am Ziel. Unter dem Motto «Grüne Wege» entwirft er den Inhalt für ein Bändchen der geplanten Anthologie, ist von seiner Tätigkeit aber nicht beglückt, und das Unternehmen wird aufgegeben. Dafür interessiert sich Haessel für den Verlag eines Meyerschen Werks. Mit der Titelausgabe der BALLADEN 1867 erweist er dem angehenden Berufsdichter eine große Gefälligkeit. Meyer gesteht Haessel, er befinde sich «in bester Stimmung den Jenatsch u: die zweite Sammlg gleichzeitig zu fördern» (Brief vom 8. März 1867; VI, 480). Im Herbst 1869 ist es soweit: Betsy sendet probehalber einige Gedichte nach Leipzig und bietet Haessel im Auftrag ihres Bruders die ROMANZEN UND BILDER an:

Was meines Bruders Gedichte betrifft, die Ihnen in 8–10 Tagen übersendet werden sollten, so hat sich in den letzten Jahren manches Schöne gesammelt, das in flatternden Blättern unter den Freunden herumgeboten wurde. Man spricht ihm von vielen Seiten zu, das Zerstreute gesammelt herauszugeben. Es wäre Conrad sehr lieb, wenn Sie, verehrter Herr, dazu die Hand bieten wollten. Natürlich handelt es sich um kein Geschäft. Es dürfte in keinem Falle dabei irgend ein Verlust für Sie entstehen. Conrad würde den Ausfall decken.
Betsy Meyer an Hermann Haessel,
20. September 1869 (VI, 481)

In Haessels Antwort überwiegen geschäftliche Überlegungen:

Ich will gern die Gedichte Ihres Bruders für seine Kosten drucken lassen und in Commission nehmen. Bei diesen kleinen Sächelchen kommt aber nichts heraus und ich nehme an, daß Ihr Herr Bruder auf den Verlust der Herstellungskosten im Voraus gefaßt ist. [...]
Die Gedichte müßten einen in die Ohren fallenden Titel bekommen. Sie werden schon etwas Gutes herausfinden.
Hermann Haessel an Betsy Meyer,
9. Oktober 1869 (VI, 482)

Ende Oktober geht Meyers bereinigtes Manuskript nach Leipzig ab:

«Romanzen u. Bilder» lege ich hier in Ihre Hände; zu einem auffallenderen Titel kann ich mich unmöglich entschließen.
Meyer an Hermann Haessel,
28. Oktober 1869 (VI, 482)

Am Vorabend von Weihnachten 1869 erhält der Dichter die erbetenen 40 Exemplare der auf 1870 datierten ROMANZEN UND BILDER. In seinem Dankesbrief gesteht er, daß ihm die Sendung «eine ganz kindliche Freude gemacht» habe, und meint:

Wie nun auch der Erfolg sei, es ist etwas geleistet, das für mich wenigstens Werth hat, eine Stufe ist eingehauen, in die sich der Fuß setzen läßt. Nun wird die Poesie für einmal ruhen, u. eine prosaische Arbeit an die Reihe kommen, die ich Ihnen, so bald sie beendigt ist, vorlegen werde.
Meyer an Hermann Haessel,
27. Dezember 1869 (VI, 484)

Im Engadin.

Ueber dunkelm Arvenwipfel
Steigen auf die weißen Gipfel
Von dem tiefsten Blau begränzt:
Heldenzelte, die sich breiten
Ueber wilden Einsamkeiten —
Wie die stolze Reihe glänzt!

Ruhe. Nur die Wasser rinnen,
Nur die Welle zieht von hinnen
Eifrig, die zu Thale will.
Ueber hell besonnten Matten
Nur der Arven kurze Schatten
Und ein Leuchten groß und still.

Leserurteile, Rezensionen und Selbstkommentare

Meyer, der gespannt auf ein Echo wartet, beschwört seinen Verleger, das neue Werk interessierten Kreisen freigebig zukommen zu lassen. Er rät auch zu einer «kleinen Annonce», die – wie er versichert – nicht er entworfen habe:

«Tiefe der Empfindung, künstlerische Gestaltungsgabe, Reinheit der Form sichern diesem kleinen Band gewählter Gedichte einen sympathischen Leserkreis.»
Meyer an Hermann Haessel,
15. Februar 1870 (VI, 486)

Leider hat Haessel namentlich in Deutschland die Auslieferung lange Zeit aufgeschoben und keine Werbemaßnahmen getroffen. Bis 1873 können von den 500 gedruckten Exemplaren lediglich 58 Büchlein abgesetzt werden; 68 Stück sind als Rezensionsexemplare und geschenkweise vergeben worden.

Bei aller Genugtuung über das Geleistete ist der Dichter von Selbstzweifeln nicht ganz frei. Bereits stellt Meyer seinem Verleger etwas «Besseres» in Aussicht (an Haessel, 3. Juli 1870; VI, 490). Freunde und Rezensenten hingegen äußern sich voller Anerkennung und Wohlwollen über das neue Opus. Gottfried Kinkel würdigt «[d]ie reine Form», den schönen vollen Ton des Strophenbaus, «das Plastische in den Balladen». «Die Gedichte ‹Auf dem See› sind auch musikalisch schön, tief wie Lenausche Schilflieder.» Gleichwohl findet er, daß die ‹Bilder› mit den ZWANZIG BALLADEN «zum Teil nicht gleich stehen».

Sie haben in den 20 Balladen große Geschichtsmomente getroffen, die ‹Bilder› machen sich wie eine Nachlese, sofern sie weniger mächtige Menschheitsmomente, mehr nur Anekdotisches behandeln. Ich sehe darin für Ihre Poesie eine Gefahr.
Gottfried Kinkel an Meyer,
13. Februar 1870 (Kinkel, S. 11)

Paul Heyse, der Meyers Werk erst ein gutes Jahrzehnt später zur Hand nimmt, meint:

Ich habe eben Ihre «Romanzen und Bilder» gelesen, gestern Abend zum ersten Mal, heut wieder, das ganze Büchlein in einem Zuge, und mir ist warm und wohl davon in allen Adern! Alles so schön aus einem Gusse, Kraft und Milde, Naturgefühl und Tiefsinn, daß man wie auf einem stillen, starken Strome hingleitet, an wechselnden Ufern vorbei, deren Gestalten einem nur zu rasch entschweben. Dies möchte ich Ihnen sagen, und danken.
Paul Heyse an Meyer,
21. Februar 1881 (VI, 490f.)

Aus Meyers «Romanzen und Bildern» (Leipzig: Hermann Haessel 1870): Das Berggedicht «Im Engadin», gemäß Angaben von Adolf Frey während des Sommeraufenthalts 1867 oberhalb Pontresina beim Anblick des Morteratschgletschers entworfen (VI, 695). Der letzte Vers nimmt das «große stille Leuchten» im späteren Gedicht «Firnelicht» vorweg. Zentralbibliothek Zürich

Besprechung der «Romanzen und Bilder» durch François Wille in der «Neuen Zürcher Zeitung» vom 29. März 1871. Wille hatte die Sammlung selbst kritisch begutachtet und letzte Verbesserungen angeregt. Zentralbibliothek Zürich

Auch wenn Meyer im Antwortschreiben seine frühe Lyrik abschätzig beurteilt (an Heyse, 7. März 1881; VI, 491), hat er doch die meisten Stücke der ROMANZEN UND BILDER weiter bearbeitet und in die GEDICHTE übernommen.

Ziemlich unwillig reagiert der Dichter auf die erste – immerhin schmeichelhafte – öffentliche Besprechung des Büchleins durch Jean-Louis Micheli; sie war ihm trotz der erwiesenen Gunst zu oberflächlich und ungenau. Hier lesen wir:

C'est bien dommage que tu ne saches pas l'allemand, disais-je hier à un ami. Le nouveau volume de M. Meyer t'assurerait une heure ou deux de pures jouissances. Ces vers sont essentiellement germaniques, et je les crois presqu' impossibles à traduire.

On sent là une nature vraiment poétique. Ce n'est pas un homme qui s'assied devant sa table en se disant: Il faut pourtant avancer le volume que j'ai promis à mon libraire. Non; en faisant toute autre chose que des vers, en lisant de l'histoire, en gravissant nos montagnes, en parcourant l'Italie, en vivant la vie de tous les jours, le côté poétique de tel objet saisit M. Meyer, et sans effort éclosent d'harmonieuses strophes qui renferment toujours une pensée. Rien n'est plus varié, et je ne saurais voir entre les cinquante-quatre morceaux de ce livre d'autre lien que leur auteur lui-même. [...]
«Bibliothèque universelle et revue suisse», Mai 1870 (VI, 492 f.)

Literatur.
— Romanzen und Bilder von C. Ferdin. Meyer. Leipzig, bei C. Hässel. Während in unsern zahlreichen, heimische Talente immer patriotisch feiernden Blättern auch die unbedeutendste Gedichtsammlung nicht der freundlichen, von rührender Genügsamkeit zeugenden Empfehlungen entbehrt, habe ich diese Gedichte eines Zürchers noch niemals in unserer Presse erwähnt gefunden, obschon sie in der französischen Schweiz ein Mann wie Vuillemin mit hoher Anerkennung begrüßt hat und in Deutschland der Dichter und Kritiker Rudolph Gottschall in den „Blättern für literarische Unterhaltung" erklärt, daß man es in diesen Romanzen und Bildern mit „einem wirklichen Dichter und Künstler" zu thun habe, der „nur Gereiftes und Gediegenes" bringe. Das aber mag ihnen gerade unter uns zum Nachtheil gereichen, daß sie sich zu sehr über das demokratische Niveau allbeliebter Mittelmäßigkeit erheben. Seien sie darum denen, die mit Verständniß und Empfänglichkeit für wahre Poesie begabt sind, doppelt empfohlen!
Das Büchlein zerfällt in zwei Theile. „Stimmung" ist der erste überschrieben und gibt Stimmungen, wie Wald und Berg, Leben und Erinnerung sie in der Dichterbrust wecken. Der andere Theil heißt „Erzählung" und bringt in wohltönenden Rhythmen und reichsten Reimen bewegungsvolle, lebenswarme, farbenglühende Balladen aus Morgenland und Abendland, Alterthum und Mittelalter. Durch das Ganze aber weht ein edler Geist, der uns aus der Schwüle und Kleinlichkeit des Alltagstreibens mit sich emporhebt zu von reinern Lüften und verklärtem Licht umspielten Höhen. F. W.

Viel erfreuter zeigt er sich über die Rezension seiner «Images et romances» durch Freund Louis Vulliemin:

[...] M. Meyer est poète, poète original, profond, harmonieux, riche de fond, riche de forme, neuf dans les sujets qu'il traite, neuf dans la rythme [!] qu'il leur approprie. Chacun de ses courts poèmes rend avec bonheur quelque vérité intellectuelle, artistique ou morale, et la rend émue, vivante, imagée, si bien que nous serions surpris si le jour n'arrivait pas où le peintre et le sculpteur lui emprunteront, l'un le sujet de plus d'un groupe, l'autre celui de plus d'un tableau. [...]
«Gazette de Lausanne et journal suisse», Beilage vom 10. Juli 1870 (VI, 495 f.)

Entgegen der Absicht seines Verlegers hat sich der Dichter eine Rezension von Rudolf Gottschall in Leipzig gewünscht, der die ROMANZEN UND BILDER Ende 1870 bespricht:

[...] Die nur 123 Seiten starke Sammlung ist mit sorgfältigster Auswahl gemacht, sie sollte, das sieht man, nur Gereiftes und Gediegenes bringen, und das thut sie. Nichts Unfertiges und sogar nichts Unbedeutendes tritt uns in ihr entgegen. Alles ist concentrirt, in der Empfindung, im Gedanken und im Ausdruck; die Situationen sind mit wenigen, aber bedeutsamen Strichen gemalt, und diese regen die Phantasie des Lesers mehr an und reizen sie mehr zur Selbstthätigkeit, als es die ausgeführtesten Bilder gethan haben würden. Kurz, wir haben es hier mit einem wirklichen Dichter und Künstler zu thun [...].
«Blätter für literarische Unterhaltung», hrsg. von Rudolf Gottschall, 1. Dezember 1870 (VI, 497 f.)

Mehr als zwanzig Jahre später kommt Meyer in seinem Aufsatz MEIN ERSTLING: «HUTTENS LETZTE TAGE» auf seine frühe lyrische Produktion zurück und beurteilt sie folgendermaßen:

Diese Gedichte bezeichnen und schließen eine Lebensepoche ästhetischer Beschaulichkeit, mannigfaltigster, vielsprachiger Lektüre, verschiedener Interessen, ohne die Glut einer erwärmenden Parteinahme des Herzens, und vieler nachhaltiger Reiseeindrücke, deren stärkster, neben der unwiderstehlichen Anziehung meiner heimischen Schneeberge, die alte Kunstgröße und der süße Himmel Italiens war. So hatte ich mich, ohne öffentliche Thätigkeit, in eine Phantasiewelt eingesponnen, und es konnte nicht ausbleiben, daß bei meiner übrigens kräftigen Natur, dieses Traumleben ein Ende nehmen mußte, und ich zu einer scharfen Wendung bereit war, etwa wie sie der Rhein zu Basel nimmt.
«Mein Erstling: ‹Huttens letzte Tage›» (VIII, 193)

«Huttens letzte Tage» (1872)

In Meyers «Erstling» begegnet dem Leser das Grundthema des dichterischen Gesamtwerks: das Leben als unablässiger Kampf und kaum je durchschaubares Gewühl, und all dies wird *sub specie mortis* gesehen. Die Insel verheißt dem die Auseinandersetzungen Fliehenden zwar Zuflucht und schenkt Geborgenheit; sie auferlegt ihm aber auch das Los des Abgeschiedenen und bedeutet Vereinsamung. Hutten hat mit Schwert und Feder tapfer gestritten. Jetzt ist er erschöpft; die Krankheit hat ihn eingeholt: er ist bereits vom Tod gezeichnet. Sein gesichertes Refugium, die Ufenau, wird zu seiner Grabstätte. Er bittet Holbein, falls ihm im Totentanz der Dichter noch fehle, ihn auf seinem Schmerzenslager abzubilden. Zur goldig angehauchten Traube am Bogenfenster soll der Maler aber nicht den mit der Sense bewehrten Tod rücken, sondern dem Knochenmann «[e]in blitzend Winzermesser [...] [i]n die verdorrte Hand» geben (VIII, 133).

Ritter Ulrich von Hutten (1488–1523) als «poeta laureatus».
Holzschnitt vermutlich von Hans Baldung Grien (1484/85–1545), erstmals 1520 publiziert, erschienen mit Huttens Losung «Iacta est alea» unter dem Bild in: «Ulrichi ab Hutten cum Erasmo Roterodamo, presbytero, theologo, expostulatio», Straßburg: Johann Schott 1523, Bl. iij verso.
Zentralbibliothek Zürich

Der Tod steht übrigens schon am Eingang der Dichtung in der Gestalt des Schiffers – es ist Charon –, der den Kahn zur Insel steuert, und er kehrt wieder im letzten Gedicht, jetzt als «langer hagrer Ferge» (VIII, 139): «Fährmann, ich kenne dich! Du bist – der Tod.» Das Leben zwischen Geburt und Tod wird als Wanderschaft verstanden. Hutten ist ein viel umgetriebener «irrender Odysseus», die Insel sein Ithaka (VIII, 15). Aber der dort an Land Gehende weiß, daß er nicht heimkehrt: «Ich bleibe Gast auf Erden immerfort.» (vgl. Ps. 119, 19) Sein Los ist das des Fremdlings in dieser Welt. Das Beste, was ihm beschieden sein könnte, ist ein morgendlicher Tod, das «Scheiden im Licht» (VIII, 138) (vgl. auch STERBEN IM FRÜHLICHT; VIII, 236f. bzw. VII, 87). «Starkes Licht» vermöchte den Kämpfer zu befreien; die Hades-Visionen müßten dem Glanze christlicher Erlösung weichen.

Huttens Leben war in der Tat ein immerwährender Kampf. Als Ritter führte er das Schwert, als *poeta laureatus* die Feder, und er hat mit Hieb und Wort getötet. Seine unerschrockene und beständige Mannhaftigkeit, der eherne Blick, womit er die Gegnerschaft mißt, machen ihn dem Ritter in Dürers Kupferstich «Ritter, Tod und Teufel» ähnlich (VIII, 19), rücken ihn in die Nachbarschaft von Götz und Sickingen, verbinden ihn sogar mit Luther. Auch Erasmus gehört in dieses Zeitalter, aber der gibt sich «schlecht und feig! / [...] rät den Zürchern – niedrig Tun – / Mir [d.h. Hutten] zu verbieten, hier mich auszuruhn» (VIII, 70); und dann vor allem Zwingli, dem der todkranke Flüchtling die großzügige Gastfreundschaft verdankt. In den Fiebernächten steigen die Wirrnisse und Zusammenstöße der durchlebten Reformationszeit in Hutten auf. Loyola zieht vorbei und weckt Erinnerungen an die Greuel der Gegenreformation.

Trotz all diesen historischen Abstechern ist nicht zu übersehen, daß Hutten, wie ihn Meyer zunächst zeichnet, in vielem als sein Ebenbild gelten kann. Die Neigung zu Schwermut und Menschenscheu ist des Dichters eigene. Hutten ist selbstquälerisch, «verbittert, einsam, abgehärmt» (VIII, 320); die Sucht des Zweifels bedrängt ihn oft. Als «kummerbleich» hat Gottfried Keller in seinem Lied *Ufenau* des Ritters Antlitz beschrieben.

Im Laufe der Arbeit geschieht nun aber etwas Merkwürdiges: Meyers Hutten ermannt sich nämlich zusehends. Sein Hang zum Grüblerischen weicht der Entschlossenheit. Wann immer und wo er Dämonen sieht, bekämpft er sie. Damit wird er zum Polterer, zum Haudegen, zum «deutschen Ritter» (VIII, 73): «Fürst, Pfaffe, Bauer, Städte, Ritterschaft, / Ein jedes trotzt auf eigne Lebenskraft!» Geht es Meyer, wie er diesen Stoff gestaltet, etwa auch noch um Selbstfindung? Wohl eher um Selbststeigerung, und zwar bis ins unverkennbar Überhebliche hinein. Sein Hutten wird zum Kraftprotz, zum Mann mit der eisernen Faust. Der «kranke Ritter» wandelt sich zum «frechen»; ein zunächst eher an Hamlet Gemahnender entwickelt Eigenschaften, wie sie einem bramarbasierenden Hejahan eigen sind. Lähmung schlägt um in Streitlust und Kampfgeschrei. – Mit psychischer Velleität allein ist dieser Wandel wohl nicht mehr zu erklären. Der Atem der Gegenwart hat Meyer ergriffen. Wie das? Sein historisch abgestützter Hutten verkörpert eben auch das deutsche Selbstbewußtsein von 1871. Und von diesem läßt sich der Dichter willig tragen. Gedichte wie DER DEUTSCHE SCHMIED (VIII, 524f. bzw. VII, 21) oder GERMANIAS SIEG (VII, 199ff.) bezeugen es. Der Recke, der die deutsche Nation zusammenschmiedet, ist niemand anders als Kaiser Wilhelm I. Mit ihm wird über alle Zeiten hinweg Hutten gleichgesetzt; mit ihm identifiziert sich auch Meyer (DER SCHMIED; VIII, 75):

> *[...] Ein riesenhafter Schmied am Amboß stand*
> *Und hob den Hammer mit berußter Hand.*
>
> *Zum ersten schlug er nieder, daß es scholl*
> *Ringsum in finsterm Forst geheimnisvoll,*
>
> *Und rief: «Mach, erster Streich, den Teufel fest,*
> *Daß ihn die Hölle nicht entfahren läßt!»*
>
> *Den Hammer er zum andern Male hob,*
> *Den Amboß schlug er, daß es Funken stob,*
>
> *Und schrie: «Triff du den Reichsfeind, zweiter Schlag,*
> *Daß ihn der Fuß nicht fürder tragen mag!»*
>
> *Den Hammer hob er noch zum dritten Mal,*
> *Der niederfuhr wie blanker Wetterstrahl,*
>
> *Und lachte: «Schmiede, dritter, du die Treu*
> *Und unsre alte Kaiserkrone neu!»*

Meyer läßt sich im Moment der Vision offensichtlich über sich selbst hinaustragen und wird selber zum Schmied; er hämmert an einer neuen Sprache, einer Art des Sagens, die umwirft: der Sprache des Kerls. Er, der vor kurzem noch das Französische dem Deutschen vorgezogen hat, seiner *clarté,* seiner *précision* wegen, treibt jetzt das Kerndeutsche heraus, wird zum deutschen Recken und Sänger. Er erlebt dabei, was Hutten erlebt haben muß, als er vom Latein zum Deutschen hinüberwechselte (Laub/Steinfeld, S. 263): «[Y]etzt schrey ich an das vatterlandt / Teütsch nation in irer sprach / zu bringen dißen dingen rach.» Huttens Kriegserklärung an den Papst war damals auch im Namen der deutschen Sprache erfolgt. Und C. F. Meyer tut es ihm gleich; denn auch er hat plötzlich einen Erzfeind: den dritten Napoleon.

Es ist schwer einzusehen: Meyer, der bis in die Mitte der sechziger Jahre der französischen Literatur so viel zu verdanken hatte, bezieht nun gegen Frankreich Stellung. Aber der «Reichsfeind» war Napoleon III., und nicht das Frankreich von Pascal und Montaigne, Michelet oder Mérimée, auf die ihn nicht zuletzt Vulliemin aufmerksam gemacht hatte. «Auch ich habe meine französischen Sympathien schwer überwunden», schreibt er am 16. Januar 1871 an Georg von Wyß; «aber es mußte in Gottes Namen ein Entschluß gefaßt sein, da voraussichtlich der deutschfranzösische Gegensatz Jahrzehnde beherrschen und literarisch jede Mittelstellung völlig unhaltbar machen wird» (Briefe I, S. 33). War er damit ein Opportunist, ein Verräter geworden? Von nahem und über die Zeit betrachtet, verliert die Wendung ihre Entschiedenheit.

Anfänglich hatte er gegen Bismarcks Politik der Gewalt seine Bedenken (an Haessel, 5. September 1866; Briefe II, S. 11): «[...] die jetzige europ. Politik trägt einen Zug der Rücksichtslosigkeit, des rohesten Positivismus, der einen schneidenden Gegensatz bildet zu den schönen Theorien von 30 u. 48. Es ist hier eine Art Rückschlag nicht zu verkennen, der aber nicht dauernd sein wird.» Er glaubt zu dieser Zeit noch zuversichtlich, sich auf das Schweizerische zurückziehen zu können (an Haessel, 10. Oktober 1866; Briefe II, S. 15): «Mein Vetter, der junge [Paul Friedrich von] Wyß, der von Berlin zurückkommt wo er studirte, ist ganz bismarkisch geworden, u. ich würde mich darüber ärgern, wenn nicht noch eine Atmosphäre von Bergluft, die mir an den Kleidern hangen blieb, mich gelassen machte. Merkwürdig höchst merkwürdig ist, was Sie vielleicht auch bei Ihnen sehen, daß die religiös streng Gesinnten die Gewaltthat, wo nicht rechtfertigen, doch so gemütlich in den Kauf nehmen.»

1871 wird Meyer zum dezidierten Anhänger Bismarcks und des Kaisers. Der Zeitgeist war nun einmal für Deutschland und Wille sein wichtigster Vermittler. An Mathilde Wesendonck schreibt Meyer damals (6. Juli 1871; Wesendonck, S. 66): «Zurückdenkend, bin ich doch recht zufrieden mit dem Hutten *Partei* ergriffen zu haben. Wird mir das unverdiente Glück zu theil, was ich glühend wünsche aber kaum zu hoffen wage, etwas Tüchtiges in der *deutschen* Literatur zu leisten, so war dieser der erste Schritt dazu.»

Später hat Meyer einige seiner deutschnationalen Steilheiten zurückgenommen. Adolf Frey hatte im Oktober 1881 in seiner Rezension zur dritten Auflage des HUTTEN geäußert (VIII, 181): «Es ist gewiß erfreulich und sehr beachtenswert bei einem schweizerischen Dichter die Wiedergeburt eines starken Deutschen Reiches so freudig betont zu sehen; ob indessen gerade diese Erfindung eine rein poetische Wirkung übt, mag dahingestellt bleiben.» Meyer scheint den Wink nicht übersehen zu haben. Am 23. Oktober 1881 schreibt er Kinkel (VIII, 533): «Das gegenw. deutsche Reich ist *eine meiner Lebensfreuden:* dessenungeachtet wird, aus ästhetischen Gründen, in einer denkbaren neuen Auflage das ‹Prophezeien› etwas zurücktreten müssen.» Und so geschah es auch. In den folgenden HUTTEN-Auflagen entfiel manches, einiges wurde abgeschwächt. Der deutschnationale Furor war damit gedämpft, das Ephemere von 1871 trat zurück; die «Bergluft» hatte ihn wieder.

Erasmus von Rotterdam (1469–1536) und Ulrich von Hutten (1488–1523) in Porträtmedaillons unterhalb des schwarz überdruckten Doppelporträts von Luther und Melanchthon. Holzschnitt von Hans Weiditz (nachweisbar tätig 1518–1536) auf dem Titelblatt von Huttens Kampfschrift gegen Erasmus (seinem letzten Werk), erschienen bei Johann Schott in Straßburg 1523. Erasmus, der den einst befreundeten Ritter während seiner letzten Krankheit aus Basel verstieß und damit dieses Pamphlet provozierte, hat mit einer Gegenschrift auf Huttens Angriff reagiert. Es ist allerdings ungewiß, ob Hutten – Meyers Darstellung gemäß – die Entgegnung von Erasmus («Erasmus gegen Hutten. Offner Brief.»; VIII, 69) vor seinem Tod noch empfangen konnte. Zentralbibliothek Zürich

Ulrich von Hutten (1488–1523)

Hutten hat seine Zeit mit all ihren Wagnissen, Entschlossenheiten und Aufbrüchen, mit ihren Zersplitterungen und Verwerfungen erlebt und in seiner Person auch verkörpert. Er ist überall dabei und steht immer in der vordersten Reihe: beim stürmischen Aufschwung der Wissenschaften, bei den leidenschaftlichen Bemühungen um ein neues Verständnis des Glaubens, aber auch bei den politischen Umwälzungen und Kämpfen. Erasmus von Rotterdam und Johannes Reuchlin, Martin Luther und Ulrich Zwingli, Franz von Sickingen und Thomas Münzer sind seine Weggefährten und Kampfgenossen. Er ist Humanist, Reformator und Ritter in einem und dabei in Wort und Tat ein Rebell.

Seine Lebensbahn führt wie ein scharfer Zickzack-Weg durch die Lande. Auf der Burg Steckelberg in Franken kommt er 1488 zur Welt, wird mit elf Jahren von seinem Vater in die Klosterschule Fulda gesteckt, reißt 1505 aus und führt das Leben eines Vaganten und unbekümmerten Studenten. Er taucht in Köln auf, in Erfurt, in Frankfurt an der Oder, in Rostock, dann in Böhmen, Mähren, in Wien. 1512 zieht er nach Italien, beginnt in Pavia mit dem Studium der Rechte, nimmt kaiserliche Kriegsdienste an, wird von Schweizer Söldnern ausgeplündert und herumgeschleppt und kehrt vorübergehend heim auf die väterliche Burg. Dann treibt es ihn wieder fort: nach Bologna, Ferrara, Venedig; eine Zeitlang weilt er in Rom.

Seine noch in Latein abgefaßten Anklageschriften gegen den Anstifter des Mordes an seinem Vetter Hans machen ihn berühmt. Man vergleicht ihn mit Demosthenes, wie er seine scharfen Philippiken gegen den Herzog Ulrich von Württemberg richtet, an dessen Vertreibung er sich später beteiligt. – Nach seinem zweiten Aufenthalt in Italien wirkt er am Hofe des Erzbischofs Albrecht von Mainz, verfaßt gelehrte Texte und Streitschriften. Er tritt rasch entschlossen an die Seite des Humanisten Reuchlin, der sich in seinen *Epistolae clarorum virorum* (1514) gegen die Vernichtung jüdischen Schrifttums gewendet hat und deshalb der Ketzerei bezichtigt wurde. In den *Epistolae obscurorum virorum* (1515–1517), den «Dunkelmännerbriefen», zieht Hutten gegen das verdummte und entartete Mönchtum der Dominikaner vom Leder, was die Kurie dazu veranlaßt, die Verbreitung der Briefe schließlich zu verbieten. – 1517 wird Hutten zu Augsburg von Maximilian I. zum *poeta laureatus* gekrönt. Dann reißt ihn die Reformation in ihren Strudel. Er wird Kampfgenosse Luthers und schimpft mit ihm auf den «Bapst vnnd seine schinderey» (Laub/Steinfeld, S. 278). Auch das Reich will er endlich reformieren: «Kaiser und Ritter, Ritter und Kaiser» und «Weg mit den Fürsten» heißen seine Losungen. Er erstrebt ein Kaisertum – national und stark –, das von der Ritterschaft gestützt wird. Aber der Kaiser versagt ihm das Verständnis; Luther hält sich zurück. Nach Sickingens Tod, 1522, bricht Hutten noch den Pfaffenkrieg vom Zaun. Schließlich flieht er nach Basel. Da wendet sich Erasmus, sein einstiger Freund, mit einer gehässigen Schrift gegen ihn. Jetzt gelangt Hutten, bereits todkrank, an Zwingli. Dieser gewährt ihm Asyl. Eine Badekur in Pfäfers soll seine syphilitischen Leiden dämpfen. Die letzten vier Wochen seines Lebens verbringt er auf der Ufenau. Dort erliegt er Ende August 1523 – er ist erst 35jährig – seiner Krankheit.

Hic eques auratus iacet, oratorque disertus
Huttenus vates, carmine et ense potens.

steht auf seinem Grabmal («Hier ruht der goldglänzende Ritter, ein wortgewaltiger Redner, Hutten, der Dichter und Seher, mächtig im Lied und im Streich»).

«Carmine et ense potens»: Hutten war ein Mann der Feder und des Schwerts. Beides konnte töten, und er zögerte nicht, auf das einzuhauen, was ihn störte. An Widerspruch war in seiner Natur kein Mangel. Er war hochfahrend, schroff, vermessen, maß- und zügellos, ein sich querstellender Rüpel; aber er konnte auch leutselig sein, liebenswürdig, verbindlich und hilfsbereit. Rasch war er entflammt, und dann focht er es durch, daß die Fetzen flogen. Gleichzeitig war er empfindlich, reizbar, verletzlich. Doch plötzlich brauchte er wieder die Ellbogen und – wenn nötig – die Faust. Seine Geduld war nicht groß. Von des Gedankens Blässe war er niemals angekränkelt. Es galt «Alea iacta est»; «ich hab's gewagt!», rief er. Und schon fuhr das Schwert aus der Scheide.

Meyers Hutten

Huttens widersprüchliche Wesensart – ein Zug, der auch dem Dichter eigen ist – kommt in den Versen Homo sum besonders schön zum Ausdruck:

Ich halte Leib und Geist in strenger Zucht
Und werde doch vom Teufel scharf versucht.

Ich möchte meiner Seele Seligkeit
Und bin mit Petri Schlüsselamt im Streit.

Am Tisch der Fugger speist' ich dort und hie
Und schimpfte weidlich Pfeffersäcke sie.

Den Städterhochmut haßt' ich allezeit
Und hätte gern ein städtisch Kind gefreit.

Auf ehrenfeste Sitten geb' ich viel
Und fröne dem verdammten Würfelspiel.

Ich bin des Kaisers treuster Untertan
Und riet dem Sickingen Empörung an.

Das plumpe Recht der Faust ist mir verhaßt
Und selber hab' ich wohl am Weg gepaßt.

Ich bete christlich, daß es Friede sei,
Und mich ergötzen Krieg und Kriegsgeschrei.

Der Heiland weidet alle Völker gleich –
Nur meinen Deutschen gönn' ich Ruhm und Reich!

Das heißt: ich bin kein ausgeklügelt Buch,
Ich bin ein Mensch mit seinem Widerspruch.
                «Huttens letzte Tage»
                        (VIII, 55)

Der Hutten-Zyklus umreißt in einer Fülle von historischen Momentaufnahmen und phantastischen Reminiszenzen alle wichtigen Stationen im Dasein und Wirken des viel umgetriebenen Reformators. In seinem Aufsatz Mein Erstling: «Huttens letzte Tage» schildert Meyer, was ihn bewog, das Leben des Todgeweihten in solch verdichteter Form Revue passieren zu lassen:

Aufs tiefste ergriff mich [...] der ungeheure Kontrast zwischen der in den Weltlauf eingreifenden Thatenfülle seiner [Huttens] Kampfjahre und der traumartigen Stille seiner letzten Zufluchtstätte. Mich rührte sein einsames Erlöschen, während ohne ihn die Reformation weiterkämpfte. Wieder erfüllten sich große Geschicke in Deutschland und der ohne Grab und Denkmal unter diesem Rasen Ruhende hätte seine Lust daran gehabt, denn auch er hatte von der Einheit und Macht des Reiches geträumt.
Ritter Hutten, den ich hier auf seinem Eiland bisher entsagend sterben sah, erhob sich vor meinem Blicke, um es ungeduldig zu umschreiten, hinaushorchend nach dem Kanonendonner

«Ritter, Tod und Teufel»: Meyers Hutten erbittet von seinem Gastgeber auf der Ufenau einen Wandschmuck für sein kahles Kämmerlein und entscheidet sich für diesen Kupferstich von Albrecht Dürer (1471–1528) aus dem Jahre 1513 (Meder 74d). «Der Ritter, Herr, seid Ihr», kommentiert der Pfarrer die Wahl, hat doch Hutten dem «garst'gen Paar» (Tod und Teufel) auf seiner Lebensreise stets «fest ins Aug geschaut» (VIII, 19). Graphische Sammlung der ETH Zürich

Ignatius von Loyola (1491–1556) geißelt sich vor dem Kreuz. Meyer, alle Register der dichterischen Freiheit ziehend, führt eine – unhistorische – Begegnung herbei zwischen Hutten und dessen schärfstem Widerpart, dem Spanier Loyola: Der Begründer des Jesuitenordens, der sich in Huttens Todesjahr auf einer Pilgerfahrt nach Jerusalem befand, erscheint als Wallfahrer unterwegs nach Einsiedeln beim sterbenskranken Reformator auf der Ufenau. Hutten wird Zeuge, wie sich sein Gast während eines nächtlichen Gewitters kasteit: «Der Spanier geißelt mit dem Gürtel sich! / An seinen hagern Schultern rieselt Blut! / Zu beten hebt er an in Andachtsglut.» (VIII, 84) Fresko von Andrea Pozzo (1642–1709) an der Fensterfront im Korridor vom alten Profeßhaus des Jesuitenordens bei der Kirche Il Gesù in Rom, entstanden in den Jahren 1682–1686. Aufnahme von Helmuth Nils Loose. Reproduktion aus: Karl Rahner / Paul Imhof, «Ignatius von Loyola», Freiburg i.Br. 1978, Nr. 18. Zentralbibliothek Zürich

Theophrastus Bombastus von Hohenheim, genannt Philippus Aureolus Theophrastus Paracelsus (1493–1541). Der Besuch des Arztes und Naturforschers beim todkranken Ritter auf der Insel ist Meyers Erfindung. So schöpft der Dichter aus dem vollen, wenn er Huttens Herbergsvater sagen läßt (VIII, 104): «Ich [...] lud nach Ufenau den Wundermann / Und tröste mich, daß er Euch helfen kann.» Radierung von Augustin Hirschvogel (1503–1553), datiert 1540. Graphische Sammlung Albertina, Wien

Die Ufenau

*Schiffer! Wie nennst du dort im Wellenblau
Das Eiland? – «Herr, es ist die Ufenau!»*

(VIII, 15)

Dieser Zweizeiler eröffnet Meyers Huttendichtung und verkündet die Ankunft des Reformators auf der Insel. Dem Dichter selbst war Huttens Asyl aufs beste vertraut:

Oft bin ich bei den zwei Kirchlein gestanden, die auf dem nördlichen Wiesengrate über einem das Ufer einfassenden Kranze von Eichen und der grünen, die Insel bildenden Mulde den Höhepunkt der Ufenau bezeichnen. Zwischen den beiden Kirchen steht das verstümmelte Steinkreuz, welches dem Fremden als das Grabzeichen Huttens gewiesen wird. Nicht das wahre. Auf meine geäußerten Zweifel an der Ächtheit der Grabstätte erwiderte mir einst der mich begleitende Knecht des Pächters mit ruhiger Sicherheit, der Stein stehe da, um den fragenden Besuchern einen «Anhaltspunkt» zu geben. Ein Bube aber, der dabei war, zeigte mit dem Finger in die Tiefe auf eine sumpfige Stelle und lachte: «Ich weiß, wo er steckt! Dort unten.»

Die Ufenau ist, wie zu Huttens Zeit, Klostergut und wird von Konventualen besucht, die in dem gegenüber liegenden Uferlandhaus Seiner Gnaden von Einsiedeln ihre Ferien genießen. Auch der Abt selbst betritt zuweilen das Inselchen und ich erinnere mich mit Schrecken, eines Abends, gerade da man seinen Besuch auf morgen zur Besichtigung einer Baute erwartete, von der Ufenau heimgekehrt, beim Ablegen meines Rockes eine ungewöhnliche Schwere der Tasche gespürt und einen altertümlichen, ungeheuern Schlüssel daraus hervorgezogen zu haben. Es war der mir von den Inselleuten anvertraute, zu dem aussichtreichen äbtlichen Pavillon der Südseite, welchen ich zurückzugeben vergessen hatte. So wurde ich auf der Insel heimisch und geschah es, daß Hutten, dessen Leben ich genau kannte, nicht als der ideale Freiheitskämpfer, der Hutten, welcher durch die damalige deutsche Lyrik ging, sondern als ein Stiller und Sterbender in den sanften Abendschatten seiner Insel meinem Gefühle nahe trat und meine Liebe gewann.

«Mein Erstling:
‹Huttens letzte Tage›» (VIII, 193)

an der Grenze, den man in der Winterstille auf den Höhenzügen seines See's vernehmen konnte.

Ich getraute mir, Huttens verwegenes Leben in den Rahmen seiner letzten Tage zusammenzuziehen, diese füllend mit klaren Erinnerungen und Ereignissen, geisterhaft und symbolisch, wie sie sich um einen Sterbenden begeben, mit einer ganzen Scala von Stimmungen: Hoffnung und Schwermut, Liebe und Ironie, heiliger Zorn und Todesgewißheit, – kein Zug dieser tapfern Gestalt sollte fehlen, jeder Gegensatz dieser leidenschaftlichen Seele hervortreten.

So belebte sich mir die Ufenau. Ignatius Loyola wird, nach Jerusalem pilgernd, und unterwegs den nahen Heilsort Einsiedeln aufsuchend, nach der kleinen Insel verschlagen und von Hutten beherbergt. Der abenteuerliche Paracelsus kommt von seinem Wohnsitz am nahen Etzel herüber, um dem Kranken als Arzt den Puls zu befühlen. Der in Zürich hausende Herzog Ulrich, Hans Huttens Mörder, erscheint und wird dem Sterbenden zum letzten Ärgernis. Mit diesen Gestalten des sechszehnten Jahrhunderts schreiten auf der Insel die Geister der Gegenwart.

«Mein Erstling:
‹Huttens letzte Tage›» (VIII, 195)

Meyer hat sich bereits im Zusammenhang mit seiner Übersetzung von Johann Jacob Ulrichs Werk *Die Schweiz in Bildern* Ende der fünfziger Jahre mit dem Schauplatz der Huttendichtung befaßt. Seine Beschreibung der Klosterinsel in *La Suisse pittoresque* – das Buch enthält auch eine hübsche Ansicht der Ufenau – lautet wie folgt:

Die Insel Ufenau von Westen. Links die 1141 errichtete Kirche St. Peter-und-Paul (nach der Wiederherstellung von 1736) und die 1141 erneuerte Martinskapelle, rechts das 1681 erbaute Lehenhaus und das um 1560 errichtete Lusthaus. Getuschte Federzeichnung von Johann Jacob Hofmann (1730–1772), entstanden 1771. Zentralbibliothek Zürich

Die Kirche St. Peter-und-Paul auf der Ufenau, mit Querschiff und Außenkanzel. Huttens Grab befindet sich rechts der Kirche. Stahlstich von Caspar Ulrich Huber (1825–1882) nach einer Zeichnung von Johann Jacob Ulrich d. J. (1798–1877). Erschienen in: Johann Jacob Ulrich, «Die Schweiz in Bildern nach der Natur gezeichnet», Zürich 1851–1856. Meyer hat dieses Buch selbst besessen und die erläuternden Texte ins Französische übertragen. Zentralbibliothek Zürich

Dans l'été 1525 l'Ufenau devint l'asyle d'Ulric de Hutten, ce hardi partisan de la liberté de conscience, qui rendit de si grands services à la cause de la réforme. Le curé d'Ufenau, Jean Schnegg, fort versé dans la médecine, accueillit avec bonté le fugitif malade dont il ne put prolonger la vie au delà de quelques semaines. Hutten est enseveli dans l'île, mais nul ne connaît le lieu de sa sépulture. L'Ufenau est une délicieuse retraite, un vrai nid de verdure. De beaux arbres fruitiers ombragent la maison du fermier, que surmontent les deux antiques églises. Sur la lisière méridionale de l'île s'élève un coteau, l'Arnstein, d'où la vue est ravissante.

(VIII, 206)

Huttens letzte Ruhestätte ist übrigens erst 1968 lokalisiert worden. Nachdem man die in der Nähe des Südeingangs zur Kirche gefundenen Gebeine zweifelsfrei als die sterblichen Überreste des Humanisten hatte identifizieren können, wurde der Ritter am Allerseelentag 1970 anläßlich einer kleinen Feier wieder bestattet.

Der Hutten-Stoff

Es war Herder, der Hutten neu entdeckte. Das bewegte Leben des Streitbaren paßte zur Bewußtseinslage der Stürmer und Dränger und wurde für sie rasch zum Vorbild. Der Neudruck von Huttens Werken, 1785, eröffnete ihnen den Einblick in eine vergangene Zeit der Gärung und des Protestes und stachelte sie dazu an, selber Kraftmenschen zu werden und gegen alles Lahme und bloß Vernünftige zu rebellieren. So entwarf denn einer dieser jungen Generation den *Götz*, ein anderer die *Räuber!*

Zur Zeit der Freiheitskriege begann sich die studentische Jugend auf Hutten und Sickingen zu berufen. An den Wartburgfesten wurde der Unruhe der Lutherzeit gedacht und zum Aufruhr geschürt. Und erst die Achtundvierziger! Herwegh, Freiligrath, Hoffmann von Fallersleben und Prutz verfaßten Gedichte auf Hutten. Eine ganze Reihe von Huttendramen entstand damals. Einer der prominentesten Hutten-Verehrer war David Friedrich Strauß (1808–1874). Von ihm erschien 1858 *Ulrich von Hutten*, eine Biographie. Friedrich Theodor Vischer begrüßte das Werk mit heller Freude. Die Zweitauflage dieser Lebensgeschichte im Jahre 1871 war vollends das Buch der Stunde. Hutten konnte jetzt als visionärer Mitbegründer des deutschen Nationalgedankens gefeiert werden: Er hatte gezeigt, wie Macht, Recht und Bildung zu vereinigen waren. C. F. Meyer teilte nur die allgemeine Begeisterung, wenn er den Hutten-Stoff aufgriff. Der lebendige Hutten in seiner neu gedeuteten Wirksamkeit verdrängte den sterbenden in der dichterischen Imagination und machte auch den Verfasser auf Augenblicke frei und gesund. Er gesteht Mathilde Wesendonck am 23. Januar 1871, daß «der Hutten ohne die Impulse der Gegenwart nicht entstehen würde; weil er mich mit Deutschland in Verbindung bringt und verhindert daß ich nicht in Zürich lebendig eingemauert werde» (Wesendonck, S. 62). Als das Werk da war, hatte sich auch Meyer als Dichter gefunden. Er hatte seinen Erstling gedichtet.

Huttens Lebensbeschreibung von Strauß war für Meyers Arbeit am Gedichtzyklus die wichtigste Stoffquelle; er hat dem Biographen dafür ein Exemplar *seines* HUTTEN geschenkt:

Haben Sie die Güte, verehrter Freund, ein Exemplar von «Huttens l. Tage» unter folgender Adresse zu besorgen: Herrn von Doß, Blumenstraße 8 III München. H. von Doß hat mir näml. zugeredet, durch seine Vermittlg mein Büchlein Strauß, den er persönlich kennt, zukommen zu lassen u. ich möchte nicht nein sagen. Auf das Innere der Decke bitte ich zu schreiben: Dem Biographen Huttens.

Meyer an Hermann Haessel, 13. November 1871 (VIII, 199)

Entstehungsgeschichte

Sowohl der Dichter wie auch seine Schwester, die am Entstehen der Dichtung maßgeblich beteiligt war, haben sich Jahre nach Erscheinen des HUTTEN über dessen Ursprung geäußert:

«Huttens letzte Tage», meine erste größere Dichtung, [...] ist aus drei Elementen geboren: aus einer jahrzehntelang genährten, individuellen Lebensstimmung; dem Eindrucke der heimatlichen, mir seelenverwandten Landschaft und der Gewalt großer Zeitereignisse. Alle drei gewannen ganz von selber Gestalt in meinem Helden.

«Mein Erstling: ‹Huttens letzte Tage›» (VIII, 192)

[...] gewiß ist, daß ihm [Conrad] die Reformatoren und die deutschen Fürsten ihres Jahrhunderts persönlich näher und in klareren Zügen vor ihm standen als das früher ihn unwiderstehlich anziehende, mit romantischem Zauber umwobene deutsche Kaisertum des Mittelalters.

Er stand in der Geschichte der Reformation auf festem heimatlichem Boden. [...]

So kam es, daß nun, da das Deutsche Reich in Tat und Wahrheit nach schweren Kämpfen mit großer Gewalt der Waffen auferstand, C. F. Meyer als ein reifer Mann in freudiger Begeisterung seinen «Hutten» dichtete und nicht seinen Jugendträumen von der poetischen Verherrlichung der Hohenstaufenzeit Gestalt gab.

(Betsy, S. 152 f.)

Allerdings gaben die erwähnten tagespolitischen Ereignisse lediglich den Anstoß zur Gestaltung des Hutten-Stoffes in zyklischer Form. Meyers Interesse für die Geschichte der Reformationszeit war nämlich zunächst rein persönlicher Art; auch trug er Keime seiner Huttendichtung schon lange vor Ausbruch des deutsch-französischen Krieges in sich:

Unter meinen poetischen Entwürfen lag eine Skizze, wo der kranke Ritter ins verglimmende Abendrot schaut, während ein Holbeinischer Tod von der Rebe am Bogenfenster eine Goldtraube schneidet. Sie bedeutete: «Reif sein ist Alles.»

Das ist der Kern, aus dem mein Hutten entsprungen ist. Ich nahm das Gedicht in meine Sammlungen nicht auf mit dem dunkeln Gefühle, den vollen Hutten gebe es nicht.

So blieb es liegen jahrelang.

«Mein Erstling: ‹Huttens letzte Tage›» (VIII, 193 f.)

Der genannte lyrische Entwurf – möglicherweise durch ein Bild des Historienmalers Johann Caspar Boßhardt angeregt – ist nicht erhalten; das Motiv der reifen Traube, die vom Winzer Tod geschnitten wird, hat Meyer jedoch in die Hutten-Verse DIE TRAUBE und REIFE übernommen. Das älteste überlieferte Keimgedicht ist STERBEN IM FRÜHLICHT, datiert vom 31. Januar 1866. Dabei handelt es sich um einen isolierten Splitter, welcher die eigene Verfassung des Dichters ausdrückt, der aber auch bereits die im späteren HUTTEN herrschende Grundhaltung wiederspiegelt: Gelassenheit angesichts des nahen Todes und ruhige Bereitschaft zum Sterben.

«Ulrich von Hutten auf der Insel Ufenau». Gemälde von Johann Caspar Boßhardt (1823–1887), entstanden 1849. Boßhardt ist vermutlich durch die auch von Meyer benutzte epische Hutten-Dichtung Abraham Emanuel Fröhlichs (1845) zu seinem Bild angeregt worden. Das Werk, das den müden Ritter am mit Weinlaub umrankten Fenster sitzend zeigt, war 1851 und 1870 in Zürich zu sehen; es ist darum wahrscheinlich, daß Meyer das Gemälde gekannt hat. Antiquarische Gesellschaft Pfäffikon. Photographie Kunstdenkmälerinventarisation des Kantons Zürich

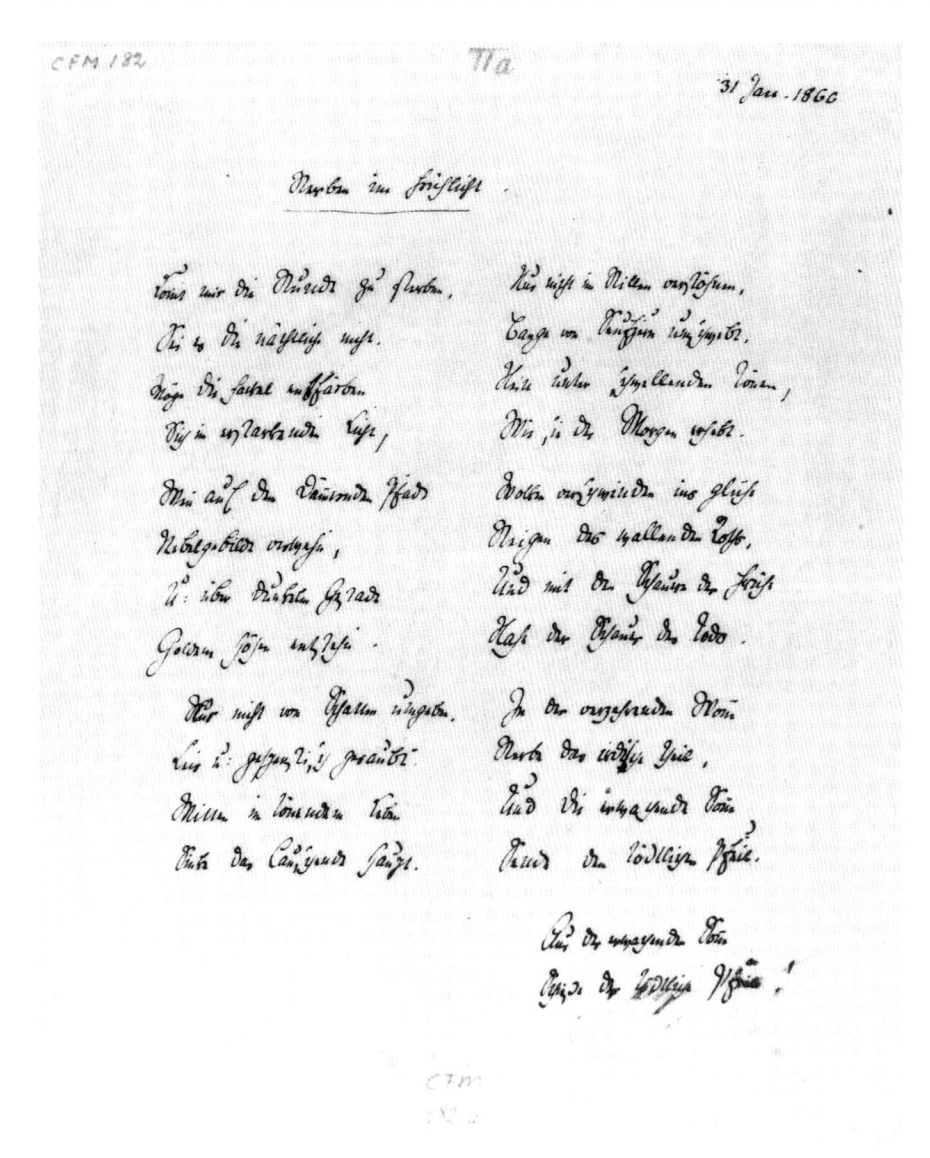

«Sterben im Frühlicht»: erstes erhaltenes Keimgedicht zum «Hutten» vom 31. Januar 1866 in einer Reinschrift Meyers. Noch hat der Dichter den genauen Wortlaut der Schlußverse nicht entschieden und eine mögliche Variante festgehalten. Ms. CFM 182.4. Zentralbibliothek Zürich

STERBEN IM FRÜHLICHT

*Kommt mir die Stunde zu sterben,
Sei es die nächtliche nicht.
Möge die Fackel entfärben
Sich im erstarkenden Licht,*

*Wenn auf dem dämmernden Pfade
Nebelgebilde verwehn,
U. über dunkelm Gestade
Goldene Höhen entstehn.*

*Nur nicht von Schatten umgeben,
Leis u. gespenstisch geraubt,
Mitten im tönenden Leben
Sinke das lauschende Haupt.*

*Nur nicht im Stillen verstöhnen,
Bange von Seufzern umschwebt.
Nein unter schwellenden Tönen,
Wie sie der Morgen erhebt.*

*Wolken verschwinden ins glühe
Steigen des wallenden Roths,
Und mit den Schauern der Frühe
Nahe der Schauer des Tods.*

*In der verzehrenden Wonne
Sterbe das irdische Theil,
Und die erwachende Sonne
Sende den tödtlichen Pfeil.
 Aus der erwachenden Sonne
 Schieße der tödtliche Pfeil!*

(VIII, 236 f.)

STERBEN IM FRÜHLICHT ist stark überarbeitet und umgeformt als SCHEIDEN IM LICHT in den Hutten-Zyklus eingegangen.

Weitere poetische Ansätze zum HUTTEN stammen aus dem Sommer 1870. Nun war Meyer in seiner dichterischen Tätigkeit durch das aktuelle Zeitgeschehen geprägt. Aber erst jetzt entschloß er sich, die ihn seit längerem beschäftigende Materie ausladend in einer größeren Gedichtfolge zu behandeln, und fand dafür das geeignete Versmaß, den fünffüßigen jambischen Zweizeiler. Besuche auf der Klosterinsel, die innert weniger Wochen stattfinden, machen deutlich, daß der Dichter von der Hutten-Thematik ernsthaft ergriffen ist. Wie der Hutten-Zyklus dank der Gunst der Stunde gewachsen ist, bezeugt Betsy:

Dieser Erstling erwuchs in jenen geistig bewegten Tagen übrigens nicht, wie C.F. Meyers spätere Werke, nach der festen Zeichnung eines vorbedachten Planes, sondern in der freudigen Schaffenslust des Augenblicks aus lauter wie von selbst entstehenden Stimmungsbildern. Es lag ihnen von früher her nur ein altes Gedicht: «Der sterbende Hutten», zu Grunde, das mein Bruder für zu unfertig hielt, um es in die «Romanzen und Bilder» aufzunehmen, und überhaupt nicht als druckfähig ansah.

Jeder Morgen brachte damals ein neues Gedicht. Schöne Zeit! Allwöchentlich mindestens einmal las Meyer seine Verse den Freunden zu Mariafeld vor, wo Frau Eliza Wille die etwas ungelenken Gäste mit liebevollem Entgegenkommen empfing und den Dichter durch die lebendigste Teilnahme ermutigte, während der geistvolle Dr. François Wille, der einst in schwierigen politischen Verhältnissen selbst ein tapferer Journalist gewesen war und den Ritter Hutten gern den ersten Journalisten nannte, Stachel und Sporn in freundschaftlicher Kritik nicht schonte.

(Betsy, S. 155 f.)

Auf welches «alte Gedicht» über den sterbenden Hutten die Schwester anspielt, bleibt unklar; vermutlich meint sie eines jener erhaltenen Keimgedichte, die erst nach der Veröffentlichung von ROMANZEN UND BILDER entstanden sind (VIII, 238 ff.).

Zu Recht weist Betsy auf die Mariafelder Freunde hin, die das Wachsen der Dichtung überaus wohlwollend begleitet haben. François Wille, ein begeisterter Verfechter der Idee eines Deutschen Reichs, hat Meyer angefeuert und das Werden des HUTTEN mit großem Interesse verfolgt. Viel Anteilnahme erfuhr der Dichter auch durch Mathilde Wesendonck, die anregte, das Honorar, welches schließlich die bescheidene Summe von 50 Talern ausmachte, den deutschen Verwundeten zukommen zu lassen. Meyer seinerseits, auf dem literarischen Parkett noch immer sehr unsicher, war froh um jeden Zuspruch, wollte er doch eben mit diesem Werk seine dichterischen Fähigkeiten unter Beweis stellen.

Die Verse DER DEUTSCHE SCHMIED, eine Vorstufe zum Gedicht DER SCHMIED im Hutten-Zyklus, sind der Initiative Willes zu verdanken. Das gegen Ende des Jahres 1870 entstandene Lied wurde im deutschnational gesinnten Freundeskreis herumgereicht und fand sowohl in Abschriften als auch gedruckt weite Verbreitung und stets großen Anklang:

DER DEUTSCHE SCHMIED

Am Ambos steht der alte Schmied
Und schwingt den Hammer und singt
sein Lied.

Er steht umlodert von Feuers Glut,
Die Funken spritzen wie rothes Blut.

Hell klingt der Ambos, kurz der Spruch:
«Drei Schläge thu' ich mit Segen und Fluch!

Der erste schmiedet den Teufel fest,
Daß er den Welschen nicht siegen läßt.

Den Erbfeind trifft der zweite Schlag,
Daß er sich nimmer rühren mag.

Der dritte Schlag ertöne rein,
Er soll für die deutsche Krone sein!» –

Am Ambos steht der deutsche Schmied
Und schwingt den Hammer und singt
sein Lied.

(VIII, 524f.)

Meyer befand sich in schaffensfroher Stimmung, und die Arbeit ging während der Wintermonate zügig vorwärts. Im Frühsommer 1871 war der HUTTEN vollendet: in dieser ersten Fassung zählt er 54 Nummern in 9 Abteilungen. Nun galt es, einen Verleger zu finden. Der Germanist Ludwig Ettmüller, häufiger Gast im Haus Wille, verwandte sich bei Brockhaus, doch dieser lehnte ab. Darauf klopfte Meyer bei Haessel an:

*[I]ch bin im Fall, Sie um einen Dienst zu bitten, an dessen Erfüllung mir **viel gelegen ist**. Pfr. Ettmüller hat mit meinem «Hutten» kein Glück gehabt, u., da die Zeit drängt, ersuche ich Sie, bei meinem Gedicht Pathenstelle vertreten, d. h. es auf meine Kosten drucken u. in Ihrem Verlage erscheinen lassen zu wollen. Ich verhehle Ihnen nicht, daß mir das Schicksal meiner Arbeit, die ich für reifer halte als die früheren, am Herzen liegt: erscheint sie nicht jetzt, so kommt sie*

*zu spät. Format, Druck Auflage wünsche ich, wie bei den Romanzen, nur das Papier von weißer Farbe. Das Manuscript liegt bei Brockhaus, wo ich Sie bitte, dasselbe so schnell als möglich zurückziehn zu lassen. Beruhigen Sie mich, l. Freund, ich bitte Sie dringend mit ein paar Worten darüber, woran mir alles liegt, daß mein Gedicht auf die Herbstmesse bei Ihnen erscheinen kann. Die letzte Correktur würde ich hier **Davos (Culm) Graubünden Schweiz** besorgen, wo ich mich bis Mitte Sept. aufzuhalten gedenke.*

Nicht wahr, l. Freund, ich darf auf Sie zählen? ich werde es Ihnen hoch anrechnen.

Meyer an Hermann Haessel,
24. Juli 1871 (VIII, 159)

Haessel sagte zu und förderte den Druck, so daß schon bald die ersten Druckfahnen im Bündnerland eintrafen. Der Dichter bedachte unterdessen die Verlagsanzeige für seinen HUTTEN. François Wille war behilflich und entwarf eine Annonce, die aber zu lang geriet. Meyer scheute sich, dies seinem Freund und Förderer zu gestehen. Im Grunde war ihm selbst jede Reklame zuwider, und doch sah er ein, daß für den Erfolg, den er mit seinem Werk anstrebte, eine Anzeige unabdingbar war:

Persönlich halte ich es für das Beste nicht nur, sondern auch weit für das Angenehmste, weniger zu scheinen als zu sein, im öffentlichen Leben aber denke ich anders. Der Hutten ist mir wichtig als Stufe, als Anmeld[un]g anderer z. Th. schon halb vollendeter Arbeiten, Ermuthigung von außen aber, Interesse von Andern an meinen

«Der deutsche Schmied»: Vorstufe zum «Hutten»-Gedicht «Der Schmied», entstanden unter dem Eindruck des deutsch-französischen Krieges auf Anregung von François Wille. Handschrift von Betsy Meyer. Ms. CFM 182.33. Zentralbibliothek Zürich

Die Bleistiftzeichnung von Johann Rudolf Rahn (1841–1912) zeigt nebst verschiedenen Kopfskizzen Hutten und einen Mönch bei einem Becher Wein am Tisch sitzend. Möglicherweise illustriert die Szene das traute Gespräch zwischen dem Ritter und seinem Gastgeber, wie es Meyer unter dem Titel «Consultation» (VIII, 20 f.) schildert. Der Zweizeiler von Meyers Hand («Der Bote, der vorbeifuhr gestern Nacht / Hat ein versiegelt Buch für mich gebracht.») variiert einen bis zur 5. Auflage beibehaltenen Hutten-Vers aus dem Gedicht «Erasmus» (VIII, 448); er bezieht sich also auf die Streitschrift gegen Hutten, die der Humanist auf die Ufenau sendet. Betsy hat dazu notiert: «Gezeichnet von Prof. Rahn während der ersten Vorlesung des Hutten bei ihm in Engstringen», im Juni 1871. Ms. CFM 369.4. Zentralbibliothek Zürich

Schöpfungen ist für das Gelingen derselben ein Moment, das ich keineswegs unterschätze. Wüßten Sie, wie ich, verehrter Freund, welchen hemmenden Einfluß ein gewisses theilnahmloses Wohlwollen, achselzuckendes Gewährenlassen jahrelang auf mich ausübte, so verstünden Sie, wie sehr ich Wille verpflichtet bin für das warme Interesse u. die dauernde Anregung, die ich in seinem Kreise finde.

Meyer an Hermann Haessel,
19. September 1871 (VIII, 160)

Meyer legte Haessel zwei kürzere Entwürfe «von nahebefreundeter Hand» vor, die allerdings aus seiner eigenen Feder stammten:

Die letzten Kämpfe des sterbenden Hutten; wenige aber bedeutsame Figuren erscheinen, meistens Vertreter der Mächte, deren Befehdung seines Lebens Inhalt u. Ehre war. Das Werk eines wahren Dichters.
oder, noch besser:
Der kranke Hutten auf der Insel Ufenau; das Nachtönen u. Ausklingen seines vielbewegten Lebens. Eine männliche Lyrik mit einem Anflug von Humor, der erst dem Ernst der Todesstunde weicht.

Meyer an Hermann Haessel,
19. September 1871 (VIII, 160)

Die Huttendichtung erschien Anfang Oktober 1871 mit Vordatierung 1872. Gespannt fieberte Meyer den Reaktionen auf seinen «Erstling» entgegen; ob ihm nun endlich die erhoffte Anerkennung als Dichter zuteil würde?

Die Aufnahme der Dichtung

Am größten war die Begeisterung naturgemäß bei den deutschen Freunden. Wille brauchte die Dichtung im Grunde gar nicht mehr zu lesen; er war ja von Anfang an mitbeteiligt gewesen. Ähnlich wie Follen es dem jungen Keller gegenüber getan hatte, war Wille dem unsicheren Meyer eine zuverlässige Stütze. Meyers Deutschland-Begeisterung geht zuerst auf Wille zurück. Dieser hatte zu manchen Gedichten angeregt und vielen eine entschiedene Richtung gegeben. In einigen Fällen griff er sogar in den Text ein. Beinahe überschwänglich reagierte Mathilde Wesendonck:

Seit 8 Tagen bin ich durch Herrn Dokt. Wille's Fürsorge, im Besitze Ihres Hutten, u. habe ich mir die ganze Woche hindurch [...] Herz u. Sinn an der schönen, edlen Dichtung erquickt u. gestärkt! –
Gewiß! Ihr Hutten wird allen edlen, vorurtheilslosen, freien Naturen, ein gar liebes Büchlein sein u. bleiben, denn es ist diese Dichtung eine Verklärung reinster u. idealster Menschlichkeit, wie sie schöner nicht gedacht werden kann, u. somit hoffe u. wünsche ich von ganzer Seele, daß der Dichter ein wenig von der reinen Freude erndten möge, die Er Andern bereitet, u. daß das Erz dieser deutschen Zunge, schön u. schöner wiederklingen möchte von deutschen Lippen, zur Lust des Dichter's wie zum Lobe des Gedichtes! –
Recht bald hoffentlich, lesen wir's zusammen! Ich schreibe Heute noch nach Mariafeld deßhalb!
Mathilde Wesendonck an Meyer,
9. Oktober 1871 (Ms. CFM 341.25)

Aus Stuttgart schrieben Gustav und Marie Pfizer und bekundeten ihre Ergriffenheit. In Leipzig zeigte sich Haessel sehr erfreut (vgl. Briefe II, S. 37 u. 40). Der HUTTEN bedeutete für ihn wie für Meyer einen Durchbruch. Daß der deutschnationale Schwung der Dichtung den entscheidenden Anteil am Erfolg ausmachte, versteht sich von selbst. Meyers Erstling verdankte seine damalige Beurteilung eher patriotischer Begeisterung als dem öffentlichen Kunstverstand.

Da fielen die Einschätzungen aus der Schweiz schon merklich nüchterner aus. Georg von Wyß ist froh darüber, daß Meyer die Misere des Unbekanntseins endlich hinter sich hat – dank dem «succès de son ‹Hutten› en Allemagne». Der Name des Dichters werde mit dem «petit paradis de l'Ufenau qu'il chante» verbunden bleiben (Georg von Wyß an Louis Vulliemin, 14. Oktober 1871; VIII, 162). Auf Meyers Meisterschaft im Schildern von Huttens Seelenregungen, auf sein Geschick im Einfangen der verschiedensten Stimmungsbilder weist auch die erste Rezension hin. Sie stammt von Johannes Scherr und trägt den Titel «Ein Züricher Dichter»:

Bis dat, qui cito dat, und darum eile ich, die Aufmerksamkeit empfänglicher Menschen, soweit ich es vermag, auf die soeben in Leipzig (Verlag von H. Hässel) erschienene Dichtung «Hutten's letzte Tage» von C. F. Meyer zu lenken, mit dem lebhaften Wunsche, daß recht viele einen so wohltuenden Eindruck, einen so reinen Genuß davon empfangen möchten, wie ich selber davon empfangen habe. Der Dichter hat als solcher schon früher durch seine «Balladen» und «Romanzen» entschieden sich erwiesen. Seine vorliegende Leistung stellt ihn aber ohne Frage zu den berufensten Poeten seines schweizerischen Heimatlandes. Was er uns in diesem zierlich gedruckten Büchlein bietet, ist ein glücklicher Griff ins Volle der Poesie, ist ein Gedicht voll Ursprünglichkeit der Anschauung, durch Feinheit der Empfindung, Gedankenreichtum und Formschönheit seines Gegenstandes würdig. Ich will weder Fröhlich [Abraham Emanuel Fröhlich, der 1845 eine epische Darstellung von Huttens Leben veröffentlichte], noch sonst einem Poeten, welche früher die persönliche und kulturgeschichtliche Stellung Huttens in und zur Reformationszeit der Phantasie und dem Gefühle nahezubringen unternahmen, unrecht tun; allein ich stehe auch nicht an, zu sagen, daß dies keinem so gelungen ist, wie es C. F. Meyer in erfreulichster Weise gelang. Meines Erachtens deshalb, weil er es als rechter Dichter verstanden hat, im historischen Spiegel seiner Zeit den Menschen Hutten bis in seine innersten Seelenfalten hinein zu zeigen. Unter allen Gestalten der Reformation sind es die beiden Ulriche, Ulrich Zwingli und Ulrich Hutten, welche das rein menschliche Interesse am stärksten erregen, am bleibendsten festhalten, und diesem Interesse ist Meyer meisterlich-dichterisch gerecht geworden. Die Form, welche er gewählt, ist die monologische oder, wenn man will, die eines Tagebuches. Die Gefahr der Monotonie lag hier nahe, aber sie ist aufs glücklichste vermieden, so daß man von der ersten Zeile bis zur letzten die Gedanken- und Bilderreihe, welche vor uns aufgerollt wird, mit nie ermüdender und inniger Teilnahme betrachtet und genießt.

«Zürcher Freitagszeitung»,
6. Oktober 1871 (VIII, 162f.)

Eine Fülle weiterer – durchaus warmherziger – Besprechungen folgte, u. a. durch Julius Stiefel in der «Neuen Zürcher Zeitung», Adolf Calmberg in der «Rheinischen Zeitung», François Wille in der «Nationalzeitung» und Friedrich August Otto Benndorf in der «Allgemeinen Zeitung». Auch Louis Vulliemin wollte etwas zum Erfolg des Werks beitragen und veröffentlichte in der «Bibliothèque universelle» eine liebenswürdige Nachdichtung.

WILLES REZENSION

Auf eine kürzlich erschienene Dichtung voll Schwung und patriotischer Gesinnung: «Huttens letzte Tage» von C. Ferdinand Meyer (Leipzig, Hässel) machen wir umso lieber aufmerksam, weil es ein im besten Sinne deutsches Gedicht von einem Schweizer und gleichsam eine edle Sühne für die Ausbrüche feiger Roheit [!] gegen die deutsche Siegesfeier in der Zürcher Tonhalle ist [die Störung der Feier vom 9. März 1871 durch deutschfeindlich Gesinnte], ein Beweis endlich, daß, wie schamlos sich auch auf der Oberfläche neidischer Deutschenhaß und servile Franzosenfreundlichkeit während des Krieges im größten Teile der Schweizer Presse breit machten, ungetrübt und tief der Strom deutschen Lebens durch das Volksgemüt zieht, wie der Rhein durch den Bodensee.

Der Dichter konnte nicht leicht einen glücklichern Stoff für diese Zeit wählen: den Ritter und Schriftsteller, der am Eingang der Reformation und aller der Bewegungen steht, welche die Neuzeit bilden und, nachdem sie jahrhundertelang nur zur Zertrümmung [!] der deutschen Nation zu wirken schienen, das Reich jetzt zu neuer Herrlichkeit aufbauen helfen: den deutschen Mann, in dem das deutsche Gefühl bereits schon Schmerz werden will: den Ritter, der mit dem Schwerte dem alten, mit der Feder dem neuen fahrenden Rittertum angehört: ein Mitkämpfer einer ungeheuren geistigen Bewegung, welcher mit vollem Bewußtsein ausruft: «O Jahrhundert, die Geister erwachen, es ist eine Lust zu leben.» Und gerade er mußte so jung sterben! Es gehört mit zu dem Glücklichen des Stoffs, daß weder ein jäher Tod den Helden dahinreißt, noch ein enger Raum, ein Kerker oder Krankenzimmer den Hintergrund bildet, an dem vor den Augen des Sterbenden die Gestalten des scheidenden Lebens noch einmal vorbeiziehen. Vielmehr ist es ein liebliches, stilles Eiland, das der Held auf seinem letzten Lebensgange umwandelt, und wenn die Gestalten der großen Zeit, in denen er gelebt, in seiner Erinnerung lebendig werden und seine Inseleinsamkeit bevölkern, umwebt sie das Blau des reinen Sees und das Alpenglühn der ewigen Firnen mit farbigem Licht. Sich diesen Stoff zur Aufgabe gestellt und dieser Aufgabe gewachsen gezeigt zu haben, ist das schönste Lob, das dem Dichter werden kann.

«Nationalzeitung», Berlin,
1. November 1871 (VIII, 165f.)

Der dritte «Hutten»

Bis zu Meyers Tod erschienen insgesamt elf Auflagen seines «Erstlings», die alle mehr oder weniger voneinander abweichen. Da der Dichter das Überarbeiten der Korrekturbogen nur bis zur 8. Auflage selber vorgenommen hat – später wurden die Verbesserungen von Betsy veranlaßt –, wird in der Regel nach dieser 8. Ausgabe zitiert. Von besonderer Bedeutung ist jedoch die dritte Auflage von 1881: Meyer hat seinen HUTTEN dafür «stark retouchirt und vergrößert i.e. etwas verwildert u. vermännlicht» (an Jakob Baechtold, 7. Juli 1881; VIII, 176). 21 Gedichte kamen neu hinzu, so DER COMTUR, DER ULI und DER LETZTE BRIEF (vgl. VIII, 214–220). Durch die Erweiterungen trat jetzt das Schweizerische etwas stärker hervor; Meyer trug sich sogar mit dem Gedanken «einer Widmung à la J. v. Müller: Seiner Vaterstadt Zürich widmet diese Ausgabe seines Hutten der Dichter» (an Johann Rudolf Rahn, 12. August 1881; VIII, 174). Er wollte die Dedikation der gleichzeitig mit der 3. Auflage als Luxusausgabe erscheinenden 4. Auflage voranstellen, sah dann aber davon ab.

Gegenüber Freunden hat er sich zur Neubearbeitung seiner Huttendichtung wie folgt geäußert:

[...] am letzten Juni geht – Unvorzusehendes vorbehalten – das Msc. von Hutten mit ungefähr 16 [insgesamt 21] neuen Capiteln ab. Er ist ein bischen wilder geworden, womit – hoffentl – die eleg.[ischen] Sterbetöne nur gehoben werden – Sie müssen zugeben er war hin u. wieder zu sentimental. Im Großen u. Ganzen ist er durchaus «derselbe». Dies zu Ihrer Orientirung, nebst dem herzlichsten Dank für Ihre dauernde Sympathie mit einem Büchlein, das allerdings zur Hälfte das Ihrige ist.

Meyer an François Wille,
20. Juni 1881 (VIII, 176)

Ich habe gestern näml. das Msc. meines «Hutten» ed. 3., um ein Drittel vermehrt (XXI neue Kapitel, mehrere der alten größer behandelt) abgesendet. Die letzten drei Wochen habe ich ohne irgend einen Unterbruch daran gearbeitet. Ohne daß er im Großen u. Ganzen irgend anders geworden wäre, glaube ich, Hutten etwas vermännlichend und verwildernd, der Geschichte und der künstlerischen Wahrheit näher gekommen zu sein und, einige relativ komische Züge und Vorfälle beigebend, die sentimentalen Züge und die Sterbemonotonie wohlthätig unterbrochen und dadurch gerade hervorgehoben zu haben. Immerhin ist diese Auferweckung einer alten Stimmung ein gewagtes Experiment. Doch hoffe ich mich aus demselben gezogen zu haben, ohne etwas zu verderben. Den Titel hätte ich gerne verändert [Meyer erwog «Hutten in [!] Ufenau»] aber – nach Überlegung – darauf verzichtet.

Meyer an Johann Rudolf Rahn,
30. Juni 1881 (VIII, 176)

Die Urteile über die Neufassung fielen mehrheitlich positiv aus. Wille hingegen gab doch der Erstausgabe den Vorzug, und auch Kinkel war dem neuen HUTTEN gegenüber skeptisch:

Was soll ich über die Änderungen sagen? Sie lieben es einmal, fertige Werke nochmals zu gestalten. Mir würde es gegen die Haare gehen. Davon also muß ich absehen, Ihre Manier nicht nach meiner richten wollen. Also ganz objektiv, indem ich auch das zu überwinden suche, daß mir so manches Couplet des ältern Textes so lieb war, daß ich selbst Besseres störend empfinde: Die Mehrzahl der kleinen Änderungen muß man billigen, der Ausdruck ist meist schärfer, oft bezeichnender geworden, [...]. Die neuen Gedichte (ganze), welche zugesetzt sind, gefallen mir meistens, wenn auch alles Tiefste von Empfindung, alles Weiteste von Auffassung bereits in den ältern Gedichten erschöpft war. [...] Wie wir hernach gegen die letzten Abschnitte kommen, bricht das Rührende, Ergreifende Ihres Werkes so überzeugend hervor, daß auf das Einzelne wenig mehr ankommt, auch ist da ja weniger geändert. Die letzten zwei Abschnitte kann ich auch heute nicht leicht ohne Tränen lesen. [...] Und so, bekenne ich es nur, komme ich wieder beim Subjektivsten an: Ich hatte Ihren alten Hutten lieb, und alte Liebe rostet nicht. Aber der neue ist schärfer, und so will ich ihn nicht angreifen. Hier also, offen und frank, nicht mein Urteil, aber mein Gefühl über den neuen Rock.

Gottfried Kinkel an Meyer,
21. Oktober 1881 (VIII, 180)

Gottfried Keller wünschte Glück «zu dem alten neuen Rittersmann», hat sich aber doch erlaubt, auf einige Mängel des Werks aufmerksam zu machen, z. B. was die Metrik betrifft:

Ich habe mit großem Interesse den neuen Hutten gelesen und Nummer für Nummer mit dem alten verglichen. Statt des alten, genügend constatirten Lobes will ich Ihnen diesmal einige kritische Bedenken zum Besten geben. Schon längst bedaure ich, daß Sie statt des jambischen Zweizeilers nicht den Vierzeiler gewählt haben (A. Grün's «Schutt» oder Freiligraths «ausgewanderter Dichter» etc.) der sich eben so leicht schreibt und nicht so trocken klappernd abschnappt. Ein ganzes Buch in dieser Form sieht fast aus wie eine Sprüchwörtersammlung. Doch das ist nun abgethan und soll uns nicht weiter grämen.

Gottfried Keller an Meyer,
30. Oktober 1881 (VIII, 181)

François und Eliza Wille in Mariafeld

François Willes Vorfahren, Westschweizer aus der Grafschaft Valangin im Kanton Neuenburg, schrieben sich noch Vuille. Sein Vater, von Beruf Kaufmann, ließ sich in Hamburg nieder, wo er auch heiratete. Aber sein Geschäft brach zusammen, und der Sohn mußte sich das Leben mit Privatstunden fristen. Ein nachträglich gesicherter Vermögensrest erlaubte ihm das Studium. Es war die Zeit der schlagenden Verbindungen, der Duelle und Raufereien, in denen patriotisch gesinnte Studenten für ihre politischen Ideale eintraten. Wille trieb es in Göttingen in dieser Hinsicht so bunt, daß er von der Universität relegiert wurde, zusammen übrigens mit Otto von Bismarck. Der Universitätsbibliothekar Jakob Grimm fragte die Ausgewiesenen ordnungsgemäß, ob sie noch Bücher von der Bibliothek ausgeliehen hätten, was keiner getan hatte (Frey, S. 205). Heine hat im *Wintermärchen* Willes Schmisse und Wunden besungen. Sein Antlitz glich damals mehr einem zerfurchten Acker als einem Gesicht. «Nach seinem Temperament war es ihm Bedürfnis, sich mit seiner Person einzusetzen. Rücksichtslose Worte mußte er bezahlen und, selbst ungeübt in den Waffen, hat er gern gegen überlegene Gegner sein Kaltblut auf die Probe gestellt.» (Eliza Wille, S. 12) – In Kiel und Jena wurde es noch schlimmer. Wille hatte sich 1833 in Kiel für Theologie und Jurisprudenz immatrikuliert; aber wegen eines Duells mit tödlichem Ausgang, in das er als Sekundant verwickelt war, wurde er zu sechs Monaten Haft auf der dänischen Festung Nyburg verurteilt. Das gab ihm Zeit, Kant zu lesen und Englisch zu lernen. 1845 promovierte er in Jena zum Doktor der Philosophie.

Schon 1836 begann er in Hamburg als freier Journalist zu wirken. Er schrieb kurze literarische und politische Aufsätze für eine Reihe von Zeitungen und Zeitschriften und leitete dann die «Hamburger Neue Zeitung» und den «Wandsbeker Boten». Am 4. März 1848 unterschrieb der Feuerkopf einen liberalen Aufruf mit «François Wille, Dr., Journalist, Bürger» (Helbling, S. 20). Wegen seiner ungestümen Artikel und Auftritte zugunsten einer repräsentativen demokratischen Verfassung in Hamburg wurde er bald einmal angegriffen und in übler Weise diffamiert. Das «Hannoversche Volksblatt für Leser aller Stände» nahm ihn damals in Schutz (ebd., S. 25 f.): «Wer dem Dr. Wille in seinem öffentlichen und Privatleben zu folgen Gelegenheit hatte, der weiß, daß er ein Mann von nicht gewöhnlichen Gaben des Verstandes, von hoher Ehrenhaftigkeit und sicherem Charakter ist. Dr. Wille besitzt die Fehler seiner Eigenschaften, das ist *alles,* was sich gegen ihn sagen läßt. Er ist ein Mann, zu stolz zur Lüge, zu selbstbewußt, um kleinlich-ehrgeizig zu sein, der seinen Weg geht, ziemlich gleichgültig gegen die Meinung anderer und völlig unbesorgt um bösen Schein. [...] er hat den Mut der Wahrheit, und seine Worte und seine Ansichten sind aus einem Guß. Dr. Willes Talent als Publizist ist die Geistesgegenwart, das rasche Verständnis, das Eindringen in das Wesen der Dinge.»

Als die Reaktionen sich verschärften, wanderte der überzeugte Demokrat Wille 1851 in die Schweiz aus. Zürich wurde damals vielen Deutschen zu einer neuen Heimat. Durch seine Heirat mit der reichen Reederstochter Eliza Sloman im Jahre 1845 verfügte er über genügend Mittel, um das Gut Mariafeld in Feldmeilen zu erwerben. Das Haus wurde bald zu einem Treffpunkt vieler Emigranten; aber auch einige Schweizer gesellten sich dazu, unter ihnen Gottfried Keller und Conrad Ferdinand Meyer. Wille war nun Gutsherr und Privatgelehrter, und er blieb Gelegenheitsjournalist. Noch immer gab er sich, wie ihn seine Frau schon während der Hamburger Zeit erlebt hatte (Eliza Wille, S. 13): «Ein Ziel bürgerlichen Ehrgeizes, Fortkommen und Stellung in irgendeiner Schichte der Gesellschaft schien nicht in seinen Absichten zu liegen. Er lebte nach dem Rechte der eignen freien Persönlichkeit, hatte den Umgang, der ihm gefiel; uneigennützig, aber unbeugsam in sich beharrend.» In seinem Kreis war er der große Anreger. Er schätzte den geselligen Verkehr, das Aperçu, die raschen kritischen Stellungnahmen und Paraden. Er liebte das Kurzgefecht. Ein Buch zu schreiben, war er zu ungeduldig. Ihn verlangte nach ständiger Bewegung im geistigen Raum. Besonders vermochte er sich dessen anzunehmen, «der sich mit dem Eigensten auseinanderzusetzen hatte und nach [ihm] als dem Mitgehenden verlangte». Und dieser Umstand war es, der ihn zum «Ratgeber und Mittler» machte. (Helbling, S. 67 f.)

Zudem stellte Wille seine Kraft in den Dienst unzähliger öffentlicher Institutionen: der Armen- und der Schulpflege, des Landwirtschaftlichen Vereins, der Volksbank u.a.m. (Helbling, S. 110). Er versuchte sich ferner in der Politik und kandidierte 1866 und 1869 als Nationalrat, wurde jedoch nicht gewählt. 1868, als die kantonale Verfassung revidiert werden sollte, wurde Wille Mitglied des Verfassungsrats.

Im Alter überließ er die Bewirtschaftung des Gutes Mariafeld seinem Sohn Arnold (1846–1924), der eine Schweizerin, Fanny Billeter, die Tochter des Meilener Arztes, heiratete. Der zweite Sohn, Ulrich (1848–1925), studierte in Zürich, Halle und Leipzig Jurisprudenz. Er vermählte sich 1872 mit Clara von Bismarck und wirkte als Militärinstruktor auf dem Waffenplatz Thun. 1914 wurde er vom Bundesrat zum General der Schweizer Armee ernannt.

Eliza Wille war die Tochter des englisch-deutschen Großreeders Sloman in Hamburg. Dieser hatte sich 1806 mit der Tochter eines friesischen Lotsenkapitäns, Gundalena Brarens, verheiratet. Eliza wuchs in hanseatischem Reichtum auf. Nicht nur die Kaufmannschaft, sondern auch Künstler verkehrten im elterlichen Haus, so Ludolf Wienbarg, Varnhagen von Ense und Ludmilla Assing. Für alles Schöne empfänglich, liebte die Empfindsame die Literatur und suchte, «was ihre Gedanken erregte, [...] in Poesie zu wandeln» (Helbling, S. 33). Auch der Musik und der Malerei war sie zugetan. Sie bereiste Italien, England, die Schweiz. In Paris begegnete sie Chopin und Liszt, die vierhändig zum Walzer aufspielten. Chopin soll ein Gedicht von ihr gewünscht haben, um es zu vertonen. Sie verliebte sich schwärmerisch in den Maler Karol Emil Boratynski, der ihr Bild malte und ihr romantisches Gemüt bezauberte. In ihrer jungmädchenhaften Gefühlsseligkeit habe sie sich beinahe entführen lassen, gestand sie später gegenüber Anna von Doß. Sie merkte erst hinterher, daß Boratynski bereits verheiratet war. Es fiel ihr nicht leicht, den Schmerz zu verarbeiten.

Mit dreißig begegnete sie François Wille, in dessen Blatt «Die Zeit» sie bisweilen Gedichte publiziert hatte. Sie las mit ihm Hölderlins *Hyperion*. Beide waren sehr ausgeprägte Persönlichkeiten. Er wollte sich nicht von einer reichen Familie vereinnahmen lassen. Und sie schrieb: «Ich werde keine Frau sein, die ein Mann nach Laune oder Willkür behandeln kann... Ich bin eine verwöhnte, verzogene, ein wenig eitle und zuweilen recht prätentiöse Frau, die verlangt, daß man sich um sie bemühe.» (Helbling, S. 35) – Es dauerte fünf Jahre, bis sich die beiden zur Heirat entschließen konnten. Die Hochzeit fand am 24. Mai 1845 statt.

Wille arbeitete unentwegt weiter. 1848 war für ihn das Jahr der großen Entscheidungen. Aber die Revolution brachte mehr Enttäuschungen als Freude, und so zog er es schließlich vor, nachdem er 1849 nach einem Duell mit einem politischen Gegner mit durchschossenem Oberarm ins Haus gebracht worden war, Hamburg zu verlassen und sich in der Schweiz einen neuen Lebenskreis aufzubauen (Eliza Wille, S. 20 f.).

Eliza setzte in Mariafeld, wo sie sich erstaunlich rasch einlebte, ihre dichterischen Arbeiten fort. 1835, noch in ihrer Chopin- und Boratynski-Zeit, hatte sie den *Sang des fremden Sängers* verfaßt. Ein Jahr später erschienen ihre *Dichtungen,* eine Sammlung von Gedichten, Liedern, Erzählungen und phantastischen Aufzeichnungen. Es folgten die Romane *Felicitas* (1850) und *Johannes Olaf* (1871), 1878 das *Stillleben in bewegter Zeit,* ein Erinnerungsbuch an ihre Kindheit. *Fünfzehn Briefe von Richard Wagner, nebst Erinnerungen und Erläuterungen* wurden 1887 in der «Deutschen Rundschau» veröffentlicht und 1894 – nach dem Tod der Verfasserin – von François Wille in Buchform herausgegeben (Eliza Wille, *Erinnerungen an Richard Wagner).*

Mariafeld

Anna von Doß, eine Münchener Freundin der Willes, hat anläßlich ihres Aufenthaltes in Mariafeld vom Frühsommer 1871 überschwänglich über den gastlichen Landsitz in Feldmeilen berichtet:

Von Lorbeergebüsch und Farrenkräutern bestanden ist die steile Auffahrt. Eine Quelle rauscht darunter und füllt einen Fischbehälter von Stein. An der Freitreppe vorüber geht's nach dem ersten Hof. Zwei alte Nußbäume und eine stolze Platane, die höchsten Bäume rings um am See, sind das Wahrzeichen von Mariafeld; man findet sie von überall her. Der sich erweiternde zweite Hof ist von den Wirtschaftsgebäuden umschlossen. Ein fließender Barockbrunnen sprudelt eine Fülle köstlichen Wassers in ein mächtiges Steinbecken. Das Haupthaus, das in seiner Bauart eine gewisse altväterische Würde bekundet und seinen Patrizier-Ursprung verrät, liegt nach Süden und Westen, ebenso wie das Nebenhaus, das etwas vorgeschoben, mit jenem durch einen verbindenden Erdgeschoßraum zusammenhängt. Beide zusammen bilden ein Dreieck, dessen eine Seite, nach dem Garten hin, mit einem Bogengange abschließt. Von dort aus dehnt sich nach allen Seiten der wohlgepflegte Garten. Er könnte ein Klostergarten sein, mit seiner geschützten Lage, der Bogenhalle und seinem sonnigen Frieden. Aber nein, ein solcher ist es nicht, denn keine Heiligen sondern griechische Statuen schauen aus den Bosquets. Daran lehnt sich eine Allee von prächtigen Kastanien, die eben in leuchtend roter Blüte stehen. Über das niedere Mäuerlein hinweg, sieht man zum See, hinüber nach Horgen, hinter dem in sanften Linien der Albis ansteigt. Der große Garten, mit vielen Sitzplätzen, jeder eigenartig, jeder schön, verliert sich in den zum Gute gehörenden Weinbergen. Ein prächtiger Magnolienbaum, der Stolz des Hausherrn, läßt eben seine Blüten fallen; wie mit einem blauen Teppich ist der Boden bedeckt. Daneben ein lustig plätscherndes Springbrünnlein, in einem dicken Kranz dunklen Epheus; eine Birnen-Laube, aus deren Zweigen Einem im Herbst die Birnen in den Mund fallen; Glycinen, die das Haus hinanranken, bis unter's Dach; Tauben, die es umflattern und sich zur bestimmten Stunde zur Fütterung einstellen; Vögel, die beinahe zahm sind, so nahe kommen sie an den Kaffeetisch heran; Schmetterlinge, die über den wohlgepflegten Rasen gaukeln, und Rosen, Rosen die Fülle! Und in diesen Garten gehen die Fenster unserer beiden Zimmer! – [...]

Herr Dr. bewohnte drei nach Westen gelegene Zimmer des Erdgeschosses, die, welche nach dem Springbrunnen, dem Magnolienbaum und der Birnbaumlaube gingen. Das erste Zimmer war Bibliothek; die Regale bedeckten die vier Wände, bis zum Plafond; es war ein «Tischlein deck dich», eine auserlesene Bücherei. Das zweite Zimmer war Wohnstube und – Glyptothek, – nein, «Gypsothek» nannte sie der Besitzer. Denn es waren nur Abgüsse von vielen der Herrlichkeiten, deren Originale sie aus ihren Reisen kannten, aber beste, meist aus Paris stammende Abgüsse. Der Länge und Breite nach waren die Wände hier mit Console's bedeckt, darauf Standbilder, Büsten, Reliefs, so viele ihrer nur Platz hatten, aufgestellt waren. Auf den Tischen lagen große Mappen mit Bildern, Karten, Journale, Reise-Erinnerungen verschiedenster Art. Man sah, man war nicht bloß bei einem Gelehrten, wohl auch bei einem Kunstfreund und Verständigen dazu. – [...] Ein paar [...] «Gaststuben» gingen nach dem Hof mit dem Steinbrunnen. Und auf diesen Hof ging auch noch etwas, ging das Prachtgemach des Hauses, der große Speisesaal! Das war nun allerdings ein Raum, dessen Größe und Höhe man nicht ahnte, ehe man ihn betrat. Er war höher, als alle übrigen Zimmer und sehr, sehr groß. Ich habe wiederholt gesehen, daß Gäste, die zum erstenmal kamen, mit einem staunenden: «Ah!» über die Schwelle schritten. Und wie paßte, was ihn füllte, zum Ganzen! Auf den dunkelroten Wänden eine erlesene Bildergalerie, fast lauter alte Italiener; alles Übrige alter, vornehmer Hausrat aus dem Sloman'schen Elternheim. Denn nun waren sie tod, beide. Vornehmer, kostbarer Hausrat, aber nicht zudringlich, nicht schreiend; fühlte man doch, daß er schon einer Generation treu gedient, und vielleicht noch mehr als Einer dienen würde. Ein Kronleuchter von funkelndem Kristall, in dessen Lichtstrahlen die Hausfrau schon als Mädchen getanzt hatte; der große Konzertflügel, den Richard Wagner so sehr geliebt; ein Wundertisch, der sich beinahe zur tête à tête Form verkleinern und zu einer Hochzeitstafel ausdehnen ließ; Mahagoni Sofa's und Stühle, deren Rücklehnen geschnitzte Schwäne zeigten; Eckschränke mit den Silberschätzen des Hauses; Console's mit schönen, stets blumengeschmückten Vasen und Girandole's, die auf der Tafel, bei Gesellschaften, leuchteten. Das war Mariafeld, in seiner äußerlichen Gestalt! –

(von Doß, Mariafeld, S. 9ff.)

Das Landgut Mariafeld von Dr. François Wille in Feldmeilen: Hauseingang über der Treppe, wie ihn die Geschwister Meyer bei ihren Besuchen benutzt haben, mit dem alten, um 1910 ersetzten Blechvordach, rechts die Hängelaterne von 1864. Photographie aus dem Jahr 1899. Archiv Mariafeld, Feldmeilen

«DIE TAFELRUNDE ZU MARIAFELD»

«Die Tafelrunde zu Mariafeld» (Frey, S. 202) bestand zur Hauptsache aus deutschen Emigranten, die nach den Unruhen von 1830 und der Revolution von 1848 nicht mehr in Deutschland bleiben konnten oder wollten. Dazu gehörten vor allem Professoren der 1833 eröffneten Universität und des 1855 gegründeten Polytechnikums. Der Kanton Zürich in der 1848 zum Bundesstaat zusammengeschlossenen Eidgenossenschaft bot sich all diesen nach Freiheit Dürstenden und mitunter sogar radikal Gesinnten dank seiner schon 1831 eingeführten liberalen Verfassung als Oase an. Viele, die an den im damaligen Deutschland herrschenden Verhältnissen Anstoß nahmen, fanden sich in der Limmatstadt ein: Arnold Ruge, August Adolf Ludwig Follen, Julius Fröbel, Georg Herwegh. Auch Gottfried Semper und Gottfried Kinkel kamen als Flüchtlinge nach Zürich.

Über den Kreis der Gäste, die sich jeweils am Sonntagstisch in Mariafeld trafen, hat Eliza Wille in ihren *Erinnerungen an Richard Wagner* einiges festgehalten. Besonders nahe standen sich die Mitglieder des Leseklubs. Da war in mancherlei Hinsicht der Germanist und Barde Ludwig Ettmüller tonangebend, der als Original in Zürich auffiel, «wenn er im altdeutschen Rock mit einem Spitzenkragen und einer Gitarre am blauen Bande durch die Straße schritt, um abends seiner späteren Frau, einer ehrsamen Züricher Jungfer, ein Ständchen zu bringen» (Eliza Wille, S. 27). Der Hausherr nannte ihn scherzhaft den «Eddamüller». Richard Wagner wandte sich an ihn, wenn er etwas über nordische Heldensagen erfahren wollte, und es war Ettmüller, der die Gastgeber auf den in Zürich weilenden Komponisten aufmerksam machte. Gelesen wurde in diesem Klub mit verteilten Rollen: Geibels *Brunhild* etwa (Wille besuchte den Dichter jedesmal, wenn er nach München fuhr), *Der Prinz von Homburg* von Kleist, Lessings *Minna von Barnhelm*, sogar die *Antigone* des Sophokles oder Mathilde Wesendoncks *Gudrun*. Dabei excellierten die ehemalige Schauspielerin Caroline Bauer, Gattin des Grafen Plater auf dem Broëlberg in Kilchberg, der Rhapsode Gottfried Kinkel, Eliza und François Wille; es hielten mit der Physiologe Karl Moleschott und der Archäologe Hermann Köchly. Und einmal, nach der *Antigone*, stimmten er und Wille anstelle eines Satyrspiels Studentenlieder an, was Eliza zum Kommentar veranlaßte, Köchly singe noch falscher als Wille (Helbling, S. 69). Von einem solchen Leseabend in der Villa Wesendonck im November 1859 berichtet Eliza (ebd.): «Köchly, Wille, Ettmüller (seltsames Original wie aus Scott) und Gottfried Keller (Dichter des Grünen Heinrich und der Leute von Seldwyla) haben Szenen aus den Lustigen Weibern von Windsor mit besonderem Humor und großer Meisterschaft gelesen.»

Zu politischen Diskussionen war reichlich Anlaß vorhanden, und sie wurden mit der Wille eigenen Verve geführt. Mit Kinkel z.B., der wie er zu den Achtundvierzigern gehörte, ging der für das Deutsche eintretende Herr auf Mariafeld nach dessen aufsehenerregender Rede bei der Einweihung des Polenmuseums in Rapperswil im Oktober 1870 nicht einig. Kinkel, zwar ebenfalls überzeugter Nationalist, vertrat nämlich die Meinung, Deutschland habe in seinen Ostgebieten überall dort zurückzutreten, «wo die polnische Sprache mehrheitlich herrsche». «Er bedauerte, daß Polen gezwungen worden seien, gegen Frankreich zu kämpfen [...].» (Helbling, S. 71) – Als man ihm später vorwurfsvoll nachsagte, er habe Frankreich hochleben lassen, ließ Kinkel das nicht gelten, war er doch durch und durch deutscher Republikaner und wollte dies auch bleiben. – Offensichtlich zerstritt sich Kinkel in Mariafeld ein andermal mit dem Grafen Wladislav Plater, der von einem großen Polen träumte und als eine Art fiktiver Herrscher über seine Heimat wachte, während Kinkel ebenso begeistert von einer starken deutschen Republik schwärmte und dem neben ihm auf dem Sofa Sitzenden ein entschiedenes «Nein, Herr Graf, Danzig kann ich Ihnen nicht lassen!» entgegenhielt. (Frey, S. 208) – Gerne erzählte man sich in Mariafeld ferner die Anekdote über ein Gespräch, das Semper und Kinkel als Flüchtlinge in London geführt haben sollen. Ihr Disput drehte sich um Monarchie oder Republik: «Kinkel: Sobald ich Präsident der deutschen Republik bin, werde ich Sie wegen solcher Gesinnungen aufhängen lassen! Semper: Und sobald ich deutscher Kaiser bin, sperre ich Sie ins Narrenhaus!» (Helbling, S. 72) – Kinkel blieb selbst nach der Kaiserkrönung Wilhelms I. von 1871 entschiedener Republikaner im Gegensatz zu Wille, der sich dazu nicht mehr bereit fand. Kinkels Haltung als der eines guten Patrioten konnte er seine Achtung aber nicht versagen.

Ein Gast besonderer Art in der Tafelrunde war Georg Herwegh, der sich 1851 zu seinem zweiten Aufenthalt in Zürich einfand. Der Verfasser der *Gedichte eines Lebendigen* (1841) war zur Meisterung seines Privatlebens nicht recht imstande. Der hochbegabte einstige Tübinger Stiftler gefiel sich bald in der Rolle des Melancholisch-Versponnenen; dann wieder gab er sich das Air des Theatralischen, war unmännlich und eitel. Herwegh machte Wille mit Schopenhauers Werken bekannt, die er nach Mariafeld brachte. Sie waren für den Hausherrn – wie auch für Wagner – Anlaß zu tiefgründigen Gesprächen. Die Skepsis dieses Denkers wirkte stärker auf Wille ein als dessen Liebes- und Todesphilosophie, der Wagner verfallen war. – In ihrer Verehrung für Schopenhauer trafen sich Wille und Adam von Doß, der Gatte der Anna von Doß, die Meyers Dichtungen besonders zugetan war. Diese Münchner Freundin hat ihre Erinnerungen an die Mariafelder Aufenthalte, die ihr viel bedeuteten, in anregender Weise gestaltet.

Zu den Gästen der Tafelrunde zählten ferner Adolf Calmberg und Alfred Meißner. Calmberg war am Lehrerseminar in Küsnacht tätig. Seiner Komödie *Der neue Columbus*, 1874 in Zürich aufgeführt, war kein Erfolg beschieden. Sein Lessing-Stück *Der Sohn des Pastors* wurde in der Tafelrunde vorgelesen. Meißner, damals als Lyriker und Erzähler bekannt – der Verfasser vieler Romane und der Erinnerungen an Heine – war ebenfalls ein gern gesehener Gast in Feldmeilen, wobei er und Wille «sich in gegenseitiger Überschätzung ihrer Dichtkunst» überboten (Helbling, S. 73).

Und die Schweizer? Angesichts der in der damaligen Zeit als Größen betrachteten Freunde Mariafelds galten sie eher als «Zugewandte» und konnten in diesem Zirkel nicht dominieren. Gottfried Keller hatte Wille im Kreis um Richard Wagner kennengelernt. 1860 arbeitete Wille mit Keller und Bernhard Spyri eine Schrift aus, die sich gegen die Lauheit gewisser liberaler Nationalräte wandte. Es schmerzte Wille, daß ihre Ansichten in der liberalen Presse totgeschwiegen wurden. Er fühlte sich überdies durch eine von Semper kolportierte Äußerung Kellers verletzt. Keller wies auf Willes «Doppelstellung als deutscher Nationalmann und als Schweizerbürger» hin (Helbling, S. 78), worüber in der Tagespresse bereits ein boshafter Artikel erschienen war. Die Schweizer – unter ihnen Keller – waren ihrerseits verärgert über Willes unverhohlene Neigung, den Eidgenossen manchmal Eitelkeit vorzuwerfen und sie aus dem Blickwinkel des Deutschen zu schulmeistern. So war denn gegenseitig Reizbarkeit trotz immer wieder geübter Begütigung gegeben. 1867 zerbrach der aufrecht erhaltene Friede endgültig. Keller, der sich zu Beginn dieses Jahrzehnts noch mit den Demokraten gegen die Liberalen und das System – damit auch gegen Alfred Escher – gewendet hatte, nahm es Wille übel, daß dieser den Pamphletisten Friedrich Locher unterstützte, der Eschers «System» auf seine Weise angegriffen hatte. Voll Unmut verurteilte Keller, als Staatsschreiber nun eben Escher verpflichtet, Lochers Art des Vorgehens und nannte ihn einen Schurken, was Wille wiederum zutiefst verärgerte (vgl. Helbling, S. 80). Vollends zum Bruch zwischen den beiden kam es, als Wille zu Friedrich Theodor Vischers *Auch Einer* eine vernichtende Kritik abfaßte. Keller fand den Roman auch nicht in allen Teilen gut, ließ sich aber gleichwohl zu einem Ausbruch gegen Wille hinreißen. Dieser zeigte sich seinerseits reichlich unbeherrscht, bot jedoch immerhin die Hand zur Versöhnung. Allein seine Mühe war vergeblich. Keller grüßte ihn fortan nicht mehr. Die Mißstimmung zwischen den beiden blieb, wiewohl das Zerwürfnis äußerlich beigelegt wurde. Ihre Temperamente waren zu gegensätzlich, als daß sie sich nach einem solchen Zusammenstoß wieder vertragen hätten. Wille war es von früh auf gewohnt, seine Ehre mit Hieb und Stich zu verteidigen; Keller trat entschieden für das ein, was er zu seiner Sache gemacht hatte, und brach mit jedem, der diese angriff, weil er damit auch ihn persönlich verletzte.

Und Meyer?

C. F. Meyer und Mariafeld

Ende der sechziger Jahre lernten François und Eliza Wille im «Chorherrengüetli», dem Landgut der Jungfer Küngolt Ulrich, das sich in der Nachbarschaft von Mariafeld zwischen Herrliberg und Feldmeilen befand, die Geschwister Meyer kennen. Fräulein Ulrich (1800–1874), eine entfernte Verwandte von Conrads und Betsys Mutter, gehörte zusammen mit Mathilde Escher aus der Schipf und Nanny von Escher vom Albispaß zu jenen unverwüstlich-rüstigen Zürcherinnen, die sich in ihrer geistigen Regsamkeit der wohltätigen Fürsorge oder der Literatur und Schriftstellerei widmeten. Noch in hohen Jahren besorgte Küngolt Ulrich ihre Einkäufe in der Stadt Zürich zu Fuß und bewältigte auch den zwei Stunden langen Heimweg in gleicher Weise (vgl. Frey, S. 203 f.).

Bald nahm Meyer, oft zusammen mit seiner Schwester, an der Tafelrunde teil, die sich nun meist mittwochs traf. Die Gesellschaft hatte sich seit Beginn der fünfziger Jahre in ihrer Zusammensetzung bereits stark verändert. Verschiedene Gelehrte hatten Zürich inzwischen wieder verlassen. Richard Wagner, der 1852 erstmals nach Feldmeilen gekommen war und noch 1864 hier Zuflucht gesucht hatte, war ebenfalls von der Bildfläche verschwunden. Und Gottfried Keller haben die Geschwister, bevor er Wille dann mied, lediglich einmal als Gast der Tafelrunde getroffen. Zu Meyers Zeit bestand der Mariafelder Freundeskreis etwa aus Gottfried Kinkel, dem Ehepaar Plater, dem Theologen Heinrich Lang, Otto Benndorf, Adolf Calmberg, Ludwig Ettmüller und den Wesendoncks.

Conrad war, wie Betsy sich erinnert, ein stiller Gast; aber er hörte aufmerksam zu. Was sich in Europa seit 1848 entwickelt hatte, was dann 1866 und 1870 geschah, das war unverkennbar große Geschichte. Nach der schrittweise vollzogenen Einigung Italiens jetzt noch die glanzvolle Stiftung des Deutschen Kaiserreiches! War nicht Jenatsch, mit dessen Gestalt Meyer im stillen rang, ein ähnlich bedeutender Held wie Bismarck? Die Liberalen in der Tafelrunde schwelgten patriotisch in deutschnationalen Gefühlen, und auch Meyer wurde davon erfaßt. In seinem Lebenslauf von 1885 schreibt er:

1870 war für mich das kritische Jahr. Der große Krieg, der bei uns in der Schweiz die Gemüther zwiespältig aufgeregt, entschied auch einen Krieg in meiner Seele. Von einem unmerklich gereiften Stammesgefühl jetzt mächtig ergriffen, that ich bei diesem weltgeschichtlichen Anlasse das französische Wesen ab, und innerlich genöthigt, dieser Sinnesänderung Ausdruck zu geben, dichtete ich «Huttens letzte Tage».

(XV, 134)

*Eliza Wille geb. Sloman (1809–1893) im Alter von etwa 60 Jahren.
Nach einer anonymen Photographie, aufgenommen um 1870.
Zentralbibliothek Zürich*

Wille nahm in der ihm eigenen Art regen Anteil an der Dichtung. Worin bestand diese Anteilnahme? Er förderte den HUTTEN mit Rat und Tat, aber er wirkte vor allem auf den Verfasser entscheidend ein: er gab ihm Selbstvertrauen! Wenn überhaupt jemandem, so verdankte Meyer *ihm* seinen Durchbruch als Dichter. Im Mariafelder Freundeskreis gewann er zudem ein interessiertes Publikum, dem er aus dem werdenden Werk vorlesen durfte; Einzelheiten wurden dann im vertraulichen Gespräch mit dem Hausherrn allein erörtert. Es mag sein, daß Wille versucht war, den HUTTEN auch ein Stück weit als *seine* Dichtung zu betrachten; doch er war gescheit genug, sich immer wieder zurückzunehmen und mit der Rolle des maßgeblichen Mentors zu begnügen.

In welcher Hinsicht leistete er denn bei der Entstehung konkret Hilfe? Es gilt hier mancherlei zu bedenken: Er hat mitunter mitgestaltend in den Text eingegriffen, Vorschläge gemacht, überlegen beurteilt und überlegt kritisiert. Das Büchlein ist «zur *Hälfte das Ihrige*», schreibt Meyer am 20. Juni 1881 an Wille (VIII, 176). Es ist in der Tat des Freundes Verdienst, daß Hutten, den Meyer als durch den bevorstehenden Tod gebundenen Mann aus seiner persönlichen Lebensstimmung heraus gestalten wollte, ein echter Ritter wurde, ein Haudegen und Kraftmensch, welchem man zurufen konnte: «Herr Hutten, fasset an und räumet aus!» (VIII, 35). Dieser Hutten überließ sich angesichts des Todes nicht der Melancholie, er verdämmerte nicht; er lebt vor seinem Ende im Geiste auf und wirkt durch sein Wort: «Ich Hutten breche durch, ich hab's gewagt!» (VIII, 43) – Und Wille war es, der Meyer zeigte, daß solches Wollen und Wagen selbst in der Gegenwart möglich war, gab es doch Gestalten wie Bismarck, die offensichtlich eine Zukunft erschlossen.

Ein Förderer war Wille aber auch nach außen hin: Er hat neben dem HUTTEN alle frühen Werke Meyers rezensiert: ROMANZEN UND BILDER, ENGELBERG, JÜRG JENATSCH und den HEILIGEN. Er blieb dem Jüngeren ein Leben lang ein wahrhaftiger und getreuer Gesprächs- und Korrespondenzpartner. Zweifellos standen sich die beiden zur Zeit des HUTTEN am nächsten. Meyer dankte es ihm bei der ersten Ausgabe des Werks mit folgender Widmung:

An Franz Wille und Eliza Wille zu Mariafeld.

***Dies Lied, es kennt den Weg, den, Blatt um Blatt,
Es insgeheim zu Euch genommen hat,***

***Und nun es offen tritt ans Tageslicht,
Vergißt es seine alten Pfade nicht.***

(VIII, 258f.)

Die Widmung zur fünften Auflage von 1884 hört sich etwas weniger spontan und offen an, aber die Dankbarkeit bleibt:

Franz Wille und Eliza Wille zueigen.

***Da mir's zum ersten Mal das Herz bewegt,
Hab' ich das Buch auf euern Herd gelegt,***

***Und nun, so oft es tritt ans Tageslicht,
Verkennt es seine alten Wege nicht.***

(VIII, 258f.)

Während Jahren hatte Meyer daran gedacht, die Biographie Willes, des verständnisvollen Mentors und Helfers, zu schreiben. Er verzichtete darauf, wohl um seines Werkes willen und vielleicht auch deshalb, weil er nicht zu Willes Geschöpf werden wollte. Wenn er sich nach dem HUTTEN etwas mehr Zurückhaltung auferlegte, entsprach dies weniger seinem Streben nach Distanz als vielmehr seinem Willen zur Selbstbewahrung. Eine gewisse Abkühlung des Verhältnisses läßt sich dabei nicht übersehen. Daß seine Besuche in Mariafeld seit 1875 seltener wurden, ist wahrscheinlich auch auf seine

François Wille (1811–1896) im Alter von etwa 60 Jahren. Photographie von C. F. Halm in Konstanz, aufgenommen um 1870. Zentralbibliothek Zürich

> *Dr. Wille ist ein höchst geistvoller Mann, eine rastlose Feuernatur, kein Enthusiast, sondern ein Pessimist, der allerdings von seiner früheren journalistischen u. polit. Laufbahn her gewöhnt sein mag, die Menschen zu sehr zu bearbeiten u. vorwärts zu stoßen u. sich damit Feinde macht. Ich bin ihm trotz mancher Schärfen u. größter Verschiedenheit unserer Charaktere herzlich zugethan [...].*
>
> Meyer an Hermann Haessel, 19. September 1871 (Briefe II, S. 38)

Dabei blieb es für die nächsten zwanzig Jahre, und noch Meyers Rückblick auf seinen Erstling HUTTENS LETZTE TAGE im Jahr 1891 ist nicht zuletzt ein Dank an Wille.

MEYER ZU GAST

Anna von Doß hat Meyers Besuch in Mariafeld vom Pfingstsonntag 1871 in ihren Erinnerungen festgehalten:

> *Große Gesellschaft war geladen. Es war alte Sitte unter den Freunden des Hauses, daß «das Fest der Freude» hier gefeiert werde. Noch kannten wir nicht viele von diesen.*
>
> *Am Vorabend sagte Wille: «Hier ist die Liste der Geladenen; wählen Sie sich Ihren Tischnachbar.» Ich lachte: «A oder Z, – ist mir einerlei.» Und Wille fuhr fort: «Auch einen angehenden Dichter werden Sie kennen lernen, von dessen Begabung ich mir viel verspreche, obgleich er nicht mehr ganz jung ist, und nur noch wenig produzirt hat: einige hübsche Balladen [«Zwanzig Balladen von einem Schweizer» und «Romanzen und Bilder»] und eine kleine epische Dichtung, die ich übrigens nur in einer Abschrift besitze, da sie noch nicht gedruckt ist. Wir könnten sie lesen. Mich würde interessiren, wie das Ding auf Sie wirkt.» Und er las, las mit aller Liebe und Hingebung an die Dichtung, deren er fähig war: «‹Hutten's letzte Tage› von Conrad Ferd. Meyer». Und er brauchte nicht lange zu fragen und zu forschen, «wie das Ding auf mich wirke»? – Ich war entzückt, tief ergriffen! –*
>
> *Nun wußte ich auch, um welchen Tischnachbarn ich mich für morgen bewerben wollte, – nicht A – nicht Z, – nein «M», Conrad Ferd. Meyer wollt' ich haben. «Sie sollen ihn haben, lachte Wille; aber, wer weiß, ob Ihnen der Dichter so gut gefällt, wie sein Gedicht?»*
>
> *Drüben, im großen Speisesaal wurde heute, am Vorabend, schon gedeckt; für 30 Personen hieß es. Wie geschäftig war Louise [eine Helferin]; wie bemühte sie sich Alles auf's Festlichste zu schmücken. Überall Blumen! Das herrliche Service, die reichgeschliffenen Kelche aus dem Hause Sloman, – wie eine Hochzeitstafel prangte der Tisch; wie schön das war!*

Heirat zurückzuführen. Louise Meyer-Ziegler paßte nicht so recht in den dortigen Rahmen; sie war zu handfest-zürcherisch und sicher nicht so schöngeistig ausgerichtet, daß sie sich in diesem Zirkel wohlgefühlt hätte. Meyer suchte das Versiegen der direkten persönlichen Gesprächskontakte durch Geständnisse und Beteuerungen auszugleichen: «Sie sind», schreibt er am 12. Dezember 1883 an Wille, «geradezu der Einzige, l. Freund, zu dem ich das Vertrauen habe.» (Briefe I, S. 169) – Wille hat Meyers Zurückhaltung wohl bemerkt. Das zeigt eine Äußerung gegenüber Anna von Doß aus dem September 1881:

> *Mit Conrad Ferdinand Meyer speise ich noch immer per distance «à la carte», das heißt ich erhalte noch immer Karten mit freundschaftsvollsten Versicherungen. Eine wirklich zarteste Achtung- und Freundschaftsbezeugung ist es aber, daß er mir alles, was er dichtet, vor dem Erscheinen in Korrekturbogen zusendet.*
>
> (von Doß, S. 405)

Und wenn Wille, wie Anna von Doß in ihren Memoiren zu berichten weiß, gewissermaßen darauf stolz war, den «in dem zahmen, züchtigen, scheuen Zürcher Philister verborgenen Poeten» entdeckt zu haben (von Doß, S. 404), so klingt neben der Anerkennung des Künstlers Meyer doch auch ein wenig Spott und leise Enttäuschung mit.

Meyer war sich über die Gegensätzlichkeit ihrer Charaktere, die er mit seinem feinen Sensorium von Anfang an erkennen mußte, durchaus im klaren:

Und andern Morgens ein strahlender Frühsommertag!

Um 12 Uhr, mit dem Mittagsschiff kamen die ersten Gäste. Andere, aus der Nähe, kamen zu Fuß; wieder Andere in ihren eigenen Wagen. Auch Ulrich, der zweite Sohn des Hauses, der Officier, der zur Zeit in Frauenfeld stationirt war, kam heute. Und als alle Gäste versammelt waren, bildeten sie eine stattliche Schaar: Professoren aus Zürich mit ihren Frauen, Fick [Jurist Heinrich Fick], Bendorf [Otto Benndorf], Kinkel, – Ettmiller [Ludwig Ettmüller], Exter [Jurist Adolf Exner], Musikdirektor Hegar, Pfarrer Lang, – Großindustrielle aus der Stadt mit den Ihrigen, eine alte Freundin aus der Nachbarschaft [wahrscheinlich Küngolt Ulrich], der Graf Plater-Broelberg mit seiner berühmten Frau, der Millionär Otto Wesendonck mit seiner schönen Gattin, Conrad Ferd. Meyer mit seiner Schwester Betsy, und noch manche Andere waren da. Es war eine bunte Gesellschaft, und in dem schönen Speisesaal ein prächtiges Bild! Vor Tische noch zerstreute man sich in Garten und Haus. Alle Thüren waren geöffnet; es war wie ein Sinnbild der freien, freudigen Bewegung, die der Gast in Mariafeld genoß. Bei Tisch ging's lebhaft zu. Der Frühlingsglanz, der draußen lag auf Berg und See, theilte sich den Gemütern mit. Und nicht bloß dieser. Es war noch ein Anderes, das seine lichten Strahlen über die froh bewegte Tafelrunde goß, es war der Nachglanz der deutschen Siege, der Neuglanz der deutschen Reichsherrlichkeit! Denn deutsch, im vollsten Sinne des Wortes, war hier Alles, deutsch waren selbst die anwesenden Schweizer, und zum «Siegesfest» wurde damals noch jede hochgestimmte Versammlung. Scherz und Ernst spielten anmuthig in einander; schöne Frauen lachten und scherzten, redegewandte Männer sprachen und toasteten.

Mir indessen zur Linken saß ein stiller Mann. Und doch interessirte er mich, mehr, als alle Andern: C. F. Meyer. Wohl stand ihm nicht an der Stirne geschrieben, daß die wuchtigen, zuweilen wie Hammerschläge klingenden, dann wieder so tief innig ergreifenden Hutten-Verse hier ihren Ursprung hatten, denn bescheiden senkte sich die Stirne und blickten die Augen, mehr zur Betrachtung, als zu Selbstausgaben bestimmt. Begegnete man aber seinem Blick, den er dann meist nach oben wandte, so lag etwas Übersinnliches in ihm, so daß seine Rede etwas Unpersönliches erhielt. Obgleich er reines Deutsch sprach, ließ der Tonfall sofort den Schweizer erkennen. Selten richtete er ein Wort an mich; nicht allzu oft wagte ich ihn anzusprechen. Und als die zungenfertige Gräfin Plater ihn, über die Tafel hinweg, in ein längeres Gespräch zu ziehen versuchte, wich er scheu aus. Aber aus der Stimme klang so viel zum Herzen sprechende Güte und Milde und sein ganzes Wesen machte den Eindruck einer vornehmen, in sich geschlossenen Natur. Was ich später von Andern, ihn nur oberflächlich Kennenden, oder von Leuten, mit seichtem Urtheil, behaupten hörte, daß er einen «komischen» Eindruck mache, habe ich nie finden können, bei unserer ersten Begegnung, so wenig, wie bei der letzten.

Als nun die Tafel aufgehoben und ein Spaziergang im Park vorgeschlagen wurde, zu dem sich die Gesellschaft zwanglos mischte, gesellte sich Meyer wie selbstverständlich zu mir, und eine wunderschöne, unvergeßliche Stunde war mir damit geschenkt. Weg war seine befangene Schweigsamkeit, und von Viertel- zu Viertelstunde wuchsen Verständniß und Vertrauen unter uns. In Wahrheit konnte ich ihm berichten, wie tief der Eindruck war, den sein «Hutten» mir gemacht; wie sympathisch mir der deutsche Gedanke, das deutsche Gefühl sei, auf dem er offenbar ruhe. «Sie haben ganz recht, sagte er; er ist die Frucht des letzten, großen Jahres.» Auch meines Mannes Freundschaft zu Schopenhauer, von der Wille ihm erzählt, interessirte ihn lebhaft; ebenso unseres Freundes Felix [Dahn] lyrische Begabung, davon er verschiedene Proben kannte, und ganz besonders teilnehmend sprach er über Heyse, dessen Verse und Novellistik er nicht genug rühmen konnte. Heyse persönlich kennen zu lernen schien ihm höchst wünschenswerth. Aber auch von seinen eigenen, zunächstliegenden Dichterplänen sprach er mit Wärme und Offenheit, meinte nur, – und das klang schmerzlich, – «er müsse sich beeilen, da er 20 Jahre seines Lebens verloren habe». Später erfuhr ich von Wille's wodurch. –

Längst war's leer im Garten, da sich die Gesellschaft zu einer neuen «Erfrischung» in's Innere des Hauses zurückgezogen hatte, als wir noch immer die rothblühende Kastanien-Allee auf- und abschritten, und Louise uns fragen kam, ob wir nicht auch Durst hätten? Er hatte keinen, ich auch nicht; so kam unserm ersten Zwiegespräch noch ein letztes Viertelstündchen zu Gute. Die Zeit hatte Flügel. –

Der goldne Frühsommer-Abend war schon in Dämmerung übergegangen, als wir ihn und seine Schwester und einen Theil der übrigen Gäste, zur Abfahrt mit dem Dampfer «Luckmanier» begleiteten. Auf dem See war's lebendig; mit Schiffen und Gondeln schien er heute ganz übersät; von überallher klangen Lachen und fröhliche Rufe; das «Fest der Freude» war allgemein als solches empfunden worden. Da zog auch in geringer Ferne, ein mit Wimpel und Lampions geschmücktes Schiff vorüber. Junge Leute, wohl Studenten, saßen und standen an Bord, schwenkten, als sie uns sahen, ihre Mützen, und während Einer in die Saiten seiner Guitarre griff sangen die Andern jubelnd hinaus: «Lieb Vaterland magst ruhig sein», während ihnen sofort, im vollen Chorus, die Antwort entgegenklang: «Treu steht und fest die Wacht am Rhein!»

Kein Pfingstfest ist seitdem vergangen, an welchem ich nicht freudig und dankbar jenes Einen, in Mariafeld verlebten, gedacht hätte. So thue ich auch heute. –

(von Doß, S. 370 ff.)

Weiter berichtet Anna von Doß über Meyers Verhältnis zu Mariafeld:

Ich will meine weiteren Erinnerungen an Mariafeld kürzer fassen. [...] Nur daß wir, Frau Eliza und ich, einmal allein nach Küßnacht gingen um das Geschwisterpaar Meyer zu besuchen, will ich noch erwähnen. Wir fanden sie in einem altmodisch vornehmen Heim, in das sie herrlich paßten.

Übrigens kamen sie jeden Mittwoch nach Mariafeld, das war feste Abmachung. Sie kamen «gleich nach Tische» und blieben bis zum «letzten Schiff». Das war bis gegen 10 Uhr.

Zuerst las Wille, was Meyer eben wünschte. Aus der Lektüre entspannen sich die mannigfaltigsten Gespräche. Wie herrlich das war! Und auch die hochbedeutende Schwester lernte ich jetzt näher kennen. Was war das für eine feine, sinnige Natur, und wie klug! Ein Treffer war jedes Wort aus ihrem Munde. Und wie liebte sie diesen Bruder. Kurz, so oft ich Meyers wieder sah, desto mehr vertiefte sich mein Eindruck, daß hier etwas Außergewöhnliches in Erscheinung getreten sei.

Und auch das Verhältnis der beiden Männer, – Wille und Meyer, zueinander hatte etwas Großzügiges. Waren sie doch ihrem innersten Wesen nach so grundverschieden, als man nur sein konnte. Aber beide besaßen den feinen Blick genialer Naturen, die im anders Gearteten nur eine verschiedene Form der gleichen Materie erkennen. Wille verstand und ehrte den zarten Sinn des jüngeren Freundes, der sich nicht ohne Schwierigkeit von einer gewissen Enge und Rückhaltung losrang, und Meyer fühlte die welterfahrene Überlegenheit des älteren Mannes und ließ sein weiches Wesen gern durchfluten, von dem elektrischen Strom dieser, oft bis zur Rücksichtslosigkeit getriebenen Kraft. So ergänzten sich die beiden.

(von Doß, Mariafeld, S. 48f.)

Auch Betsy hat der anregenden Stunden gedacht, die ihr Bruder in Mariafeld verbringen durfte:

Ein Verkehr, der für den Dichter ganz andere und köstlichere Früchte trug, wurde ihm durch die allwöchentlich in Mariafeld bei Dr. François Wille und seiner trefflichen Frau verlebten Nachmittage geboten. Dr. Wille war ein feinsinniger Vorleser. Es war ein großer Kunstgenuß, ihn Shakespearsche Dramen oder Goethesche Meisterwerke vortragen zu hören. Er las mit feurig-lebendigem Verständnis, edel und maßvoll, und der Freundeskreis, der ihn unter den hohen schattigen Bäumen seiner Kastanienallee oder in den Sälen seines altzürcherischen Landhauses umgab, bestand aus nach Alter und Herkunft kurzweilig gemischten, stets aber aus aufmerksamen und dankbaren Zuhörern. Gäste von nah und fern, die irgend ein literarisches oder künstlerisches Interesse mit dem geistvollen Hausherrn verband, alte nordische Freunde, süddeutsche Nachbarn und Verwandte bewegten sich in dem liebenswürdig-gastlichen Hause unter dem aufsprossenden Geschlechte der jugendlichen Söhne und schönen Schwiegertöchter und Enkel der edlen, mütterlichen Frau, die alle verstand und jedem gütig war.

Kräftige, an Rubens erinnernde Farbentöne brachten bei festlichen Vereinigungen Gottfried Kinkel und die Gräfin Plater in das harmonische Bild: Gottfried Kinkel, von dem Dr. Wille behauptete, er sei einen Augenblick lang, in der Mitte des neunzehnten Jahrhunderts, der berühmteste oder doch der am meisten besprochene Mann Deutschlands gewesen, und die Gräfin Plater, die, als mein Bruder sie in Mariafeld kennen lernte, gerade in den «Jugenderinnerungen», die sie schrieb und in «Über Land und Meer» publizierte, als die gefeierte Schauspielerin Caroline Bauer förmlich wieder auflebte. [...]

Nicht daß er [Meyer] nicht beide Persönlichkeiten, jede in ihrer Weise, geschätzt hätte und im Verkehr dankbar und freundlich ihrem Wohlwollen entgegengekommen wäre! Auf Tischeslänge, wenn in Dr. Willes Speisesaal die beiden Veteranen der Kunst, das obere Ende der Tafel zierend und ihre vielfach gemeinsamen Erinnerungen austauschend, mit sonorer Stimme scherzten und rezitierten, sah der Dichter gerne still und unbehelligt vom unteren Tischende her dem lebhaften Kreuzfeuer zu. Dazwischen geraten? Zwischen die große Schauspielerin und den gewaltigen Redner? Nein! Die beiden Kraftnaturen, die sich völlig ebenbürtig waren, hätten ihn erdrückt. In solchen Lagen war er waffenlos. Kreuzten sich verschiedene Klingen in hitzigem Wortgefecht, wie es in Mariafeld vorkommen konnte, wurden die Angriffe persönlich, so konnte es ihm begegnen, daß er sich in der Waffe vergriff, daß ihm ein unglückliches, verletzendes Wort entfuhr, nur weil er sich vorzeitig decken und verwahren wollte. Es war seinem inneren Menschen dabei unwohl, und er bereute nachher den schleunigen Fehlstoß, des warnenden Wortes bedauernd eingedenk, daß «Wunden und Scherze zum voraus sich nicht messen lassen».

(Betsy, S. 5ff.)

Bismarck und die Gründung des Deutschen Reiches

Mit der Einigung Italiens war Meyer über Ricasoli in unmittelbare Berührung gekommen. Die Vereinigung der deutschen Teilstaaten zum Deutschen Reich unter Bismarck wurde ihm durch Wille vermittelt. Der tatkräftig und überlegen agierende «eiserne Kanzler» gedieh dabei für den Dichter zur historischen Größe schlechthin. Die Gestalt seines Hutten ist u.a. durch ihn geprägt. Und wie schon Garibaldi und Ricasoli es getan hatten, so färbte der deutsche Politiker auch auf Jenatsch ab.

Über den Werdegang des Unvergleichlichen konnte Wille verläßlichen Anschauungsunterricht geben: Otto von Bismarck, 1815 auf Schönhausen an der Elbe geboren, war Sohn eines märkischen Gutsbesitzers und einer bürgerlichen Mutter. Er studierte ab 1832 in Göttingen die Rechte, wurde aber, zusammen mit Wille, von der Universität relegiert, weil er sich mehr dem Fechten und Pauken als der Jurisprudenz widmete. 1835 schloß er seine Studien in Berlin ab. Der Staatsdienst am dortigen Gericht und als Regierungsreferendar in Aachen behagte ihm nicht. Er zog sich deshalb auf die Güter seines Vaters in der Mark und in Pommern zurück. Aber selbst die Gutsverwaltung vermochte ihn nicht zu befriedigen. Er wurde durch seine wilden Ritte und Gelage zum «tollen Bismarck», bis der Kontakt mit der pietistischen Bewegung die Wende in seinem Leben einleitete. In diesem Kreise fand er auch seine Frau Johanna, geborene von Puttkamer, die streng religiös erzogene Tochter eines Rittergutsbesitzers.

1847 wurde er Abgeordneter im Provinziallandtag, später in der Zweiten Kammer und im Erfurter Unionsparlament und trat in der Revolutionszeit von 1848 als überzeugter Royalist für die Monarchie ein. Demokratische Regungen bekämpfte er aufs entschiedenste. 1851 vertrat er Preußen als Gesandter im Bundestag, galt aber damals als Ultra, «nur zu gebrauchen, wenn das Bajonnet schrankenlos waltet». Als Preußens Vertreter in Frankfurt gewann er Fühlung zu liberalen Politikern aus West- und Süddeutschland und wurde seines großen diplomatischen Geschicks wegen von Friedrich Wilhelm IV., dem oft unberechenbaren preußischen Monarchen, häufig als Ratgeber beigezogen. Einen Ministersessel erhielt er nicht, kam jedoch 1859 als preußischer Gesandter nach Petersburg und blieb dort für künftigen Gebrauch in Reserve. Preußen wollte sich in Frankfurt nicht von einem Politiker vertreten lassen, der den Bruch mit dem Bundespartner Oesterreich erstrebte. In diesen Jahren hatte Bismarck Gelegenheit, sich gründlich in die österreichische und russische Politik einzuarbeiten.

Unter dem Eindruck der sich abzeichnenden Verdrängung Oesterreichs aus Italien versuchte Kaiser Franz Joseph einen Umbau der Monarchie. Aber die föderalistische Verfassung von 1860 scheiterte am Widerstand der Ungarn, und im Februar 1861 erhielt die Donaumonarchie eine unitarische Verfassung, die 1867 durch den Ausgleich mit Ungarn ergänzt wurde. In Preußen regierte seit 1861 Wilhelm I. Er entwickelte sein Land mit Hilfe einer Heeresreform zur stärksten Militärmacht Europas und ernannte, als er sah, daß das preußische Abgeordnetenhaus, in dem viele Liberale saßen, die Kredite für die Heeresvorlage nicht bewilligte, den jetzt in Paris als preußischer Gesandter wirkenden Otto von Bismarck zum Ministerpräsidenten. Der neue Mann an der Spitze Preußens regierte zuerst gegen die parlamentarische Mehrheit. Als außenpolitisches Ziel verfolgte er die deutsche Einigung, und zwar nicht wie die Liberalen auf dem Verhandlungswege, sondern durch «Blut und Eisen».

Zuerst entbrannte der Krieg um die künftige Einheit im Norden: 1864 wurde Schleswig-Holstein von Preußen erobert, wobei der Bundespartner Oesterreich mit ins Feld zog. Im Teilungsvertrag von Gastein, 1865, übernahm Preußen die Verwaltung von Schleswig, Oesterreich jene Holsteins. Mit flüchtigen Versprechungen über spätere Gebietsabtretungen am Rhein sicherte sich Bismarck die Neutralität Frankreichs, paktierte 1866 insgeheim mit dem König-

Proklamation des Deutschen Kaiserreichs in der Spiegelgalerie von Schloß Versailles am 18. Januar 1871. Holzstich nach einer Skizze von Otto Edmund Günther (1838–1884). Publiziert in: «Illustrirte Zeitung», Bd. 56 Nr. 1443, Leipzig, 25. Februar 1871, S. 132/33. Zentralbibliothek Zürich

reich Italien gegen Oesterreich und beantragte eine Reform des Deutschen Bundes unter Ausschluß des bisherigen Partners Oesterreich. Der russischen Rückendeckung war er seit 1863 sicher. Wien ging in die Offensive, sagte Napoleon in Italien und am Rhein Entschädigungen zu und rief zur endgültigen Entscheidung der schleswig-holsteinischen Frage den Bundestag an. Dieser beschloß auf Antrag Bayerns und Oesterreichs am 14. Juni 1866 die Mobilmachung eines Teils der Bundesarmee gegen Preußen. Preußen erklärte den Vertrag von Gastein für gebrochen, ließ seine Truppen in Holstein einmarschieren und trat aus dem Deutschen Bund aus. Die deutschen Kleinstaaten Hannover, Hessen-Kassel und Sachsen lehnten es ab, sich Preußen anzuschließen, und traten auf die Seite Oesterreichs. Der Krieg war unvermeidlich. Preußen eröffnete den Feldzug und fiel mit 270 000 Mann in Böhmen ein. Am 3. Juli 1866 schlugen die preußischen Heere nach einem Plan von Generalstabschef Moltke in der Schlacht bei Königgrätz die etwa gleich starken Oesterreicher und Sachsen und stießen gegen Wien vor. Die preußische Main-Armee besetzte Frankfurt.

Im Frieden von Prag vom 23. August 1866 wurde Oesterreich geschont. Es mußte aus dem Deutschen Bund ausscheiden. Schleswig-Holstein, Hannover, Hessen-Kassel und Nassau sowie die Reichsstadt Frankfurt wurden zu Preußen geschlagen und bildeten – zusammen mit Preußen – den Norddeutschen Bund. Der preußische König war Bundespräsident und gleichzeitig Bundesfeldherr; ein Norddeutscher Reichstag, nach dem allgemeinen Wahlrecht gewählt, sollte die demokratischen Rechte zur Geltung bringen. Im Bundesrat entschied Preußen als führende Macht. Bismarck amtete fortan als Bundeskanzler.

Napoleon III. hatte inzwischen eine ganze Reihe von Fehlschlägen in seiner Außenpolitik hinnehmen müssen (1865 Sezessionsbewegung in Nordafrika, 1867 das Debakel in Mexiko). Seine Stellung gegenüber der Opposition verschlechterte sich zusehends. Er bedurfte dringend eines Erfolges, um sein Prestige wieder zu mehren. Aber auch seine Absicht, das Fürstentum Luxemburg käuflich zu erwerben, wo Preußen das Besatzungsrecht hatte, schlug fehl. Auf der Londoner Konferenz wurde Luxemburg zu einem neutralen Staat erklärt.

Bismarcks Widerborstigkeit in der Frage der spanischen Thronkandidatur, die Napoleon durch sein ungeschicktes Vorprellen heraufbeschworen hatte, führte zur Emser Depesche. Das offizielle Frankreich betrachtete sie als beleidigende Herausforderung und hatte damit endlich einen Vorwand, Preußen am 19. Juli 1870 den Krieg zu erklären. Die französischen Armeen erwiesen sich jedoch als denkbar ungeeignet, den Ruf der Heißsporne: «Nach Berlin, nach Berlin!» in die Tat umzusetzen, und bald zeigte es sich, daß das Volk nicht mehr hinter der Führung stand. Preußen aber, dem man den Krieg erklärt hatte, fiel im Verein mit den sich anschließenden süddeutschen Staaten unter König Wilhelm I. und Moltke in Frankreich ein, und die vernichtenden Schläge offenbarten rasch die deutsche Überlegenheit. Marschall Bazaine wurde mit seinen Truppen in Metz eingeschlossen; Marschall Mac-Mahon, der Metz zu entsetzen versuchte, gegen Sédan abgedrängt und geschlagen. Der französische Kaiser geriet in Kriegsgefangenschaft. Dann stießen die siegreichen Deutschen nach Paris vor und belagerten die Stadt. Léon Gambetta, ein 33jähriger Radikaler, proklamierte nach der Kapitulation von Sédan am 4. September 1870 in Paris die Republik. Am 7. Oktober verließ er im Luftballon die umzingelte Seine-Stadt und suchte von Tours aus den Widerstand neu aufzubauen. Er organisierte jetzt den Volkskrieg, aber alle Bemühungen waren umsonst. Metz, wo Bazaine seine Vorräte aufgebraucht hatte, mußte sich ergeben. Die freigewordenen deutschen Truppen schlugen Gambettas Armee, die von Orléans nach Paris anrückte, und besetzten Orléans. Gambettas Nordarmee wurde bei Amiens und St. Quentin zum Rückzug gezwungen; die französische Ostarmee unter Bourbaki, die den Deutschen bei Belfort den Rückzug ins Elsaß hätte abschneiden sollen, wurde aufgehalten und nach der Schweizer Grenze abgedrängt. Rund 85000 Mann traten in die Schweiz über und wurden interniert. Paris fiel im Januar 1871 nach viermonatiger Belagerung. Der eiserne Gürtel der Deutschen ließ sich weder von außen noch von innen her aufbrechen.

Seit Ende Januar führte die provisorische französische Regierung mit den Deutschen Verhandlungen über einen Waffenstillstand. Noch während der Belagerung von Paris erklärten sich die süddeutschen Staaten, denen Bismarck geschickt entgegengekommen war, zum Anschluß an Preußen und damit zum Eintritt in den Norddeutschen Bund bereit. König Ludwig II. von Bayern forderte auf Anregung Bismarcks König Wilhelm von Preußen auf, die Würde eines deutschen Kaisers anzunehmen. Die Proklamation des Deutschen Reiches fand am 18. Januar 1871 im Spiegelsaal von Versailles statt, wobei die Feier, die mit Glanz und Gloria die deutsche Macht demonstrierte, den Vergleich mit einer Wagner-Inszenierung nicht zu scheuen brauchte.

Bismarck, in der Tat mit «Blut und Eisen» regierend, hatte seinen Traum verwirklicht. Der Erbfeind, dem man Elsaß-Lothringen abgetrotzt hatte, war geschlagen, Deutschland jetzt erklärtermaßen geeinigt. Es galt nun, das Reich zu einem in sich geschlossenen Staat zusammenzuschmieden. Der «eiserne Kanzler» ging mit gewohnter Energie auch an diese Aufgabe: Eisenbahnen, Postwesen, Reichsbank, Reichsgericht und Heerwesen wurden zentralisiert und ausgebaut. Es kam dank der französischen Kriegsentschädigung zu einem ungeheuren wirtschaftlichen Aufschwung, zur «Gründerzeit» mit all den damit verbundenen negativen Nebenwirkungen, über die selbst der Glanz Berlins als Metropole des neuen Reiches nicht hinwegzutäuschen vermochte. Denn die Schwierigkeiten wuchsen rasch im Gefolge des Sieges: In der Innenpolitik begann die Auseinandersetzung mit den Sozialdemokraten und den Katholiken (Kulturkampf); außenpolitisch meldete sich das Revanchebedürfnis des gedemütigten Frankreichs, das nur mit einem klug aufgebauten europäischen Bündnissystem, welches Paris isolierte, im Schach gehalten werden konnte.

1888 wurde, nach einem kurzen Interregnum unter dem kranken Friedrich III., dessen Sohn Wilhelm II. deutscher Kaiser. Er war ehrgeizig und herrschsüchtig, besaß kein klares politisches Konzept und wollte doch «sein eigener Kanzler» sein. Er legte Bismarck den Rücktritt nahe und sandte ihn auf das Gut Friedrichsruh bei Hamburg. Unter Bismarcks willfährigen Nachfolgern im Kanzleramt hatte der neue Monarch freie Hand für seine hochfliegenden Pläne, mit denen er Deutschland herrlichen Zeiten entgegenführen wollte. Sie erwiesen sich als Chimäre. Unter ihm taumelte das Reich, die übrigen europäischen Nationalstaaten in mitunter recht überheblicher Art vor den Kopf stoßend, in den Ersten Weltkrieg hinein.

Bismarck in Meyers Sicht

Meyers Parteinahme für Bismarck während der Entstehungszeit seines HUTTEN wird durch Betsys Erinnerungen eindeutig und zugleich differenziert bestätigt. Sie spricht auch von der geradezu katalytisch zu nennenden Auswirkung der Zeitereignisse auf das Dichtertum ihres Bruders:

Als das Deutsche Reich wieder erstand, erstand in Conrad Ferdinand Meyer der Ghibelline. Dieses innerste Parteiergreifen machte ihn zum deutschen Dichter. Er war sich des Augenblicks wohl bewußt, da sich seine Freude an poetischer Gestaltung mannigfaltiger, den unbeschränkten Gebieten des Lebens, der Geschichte und der Kunst angehörender Stoffe in die ernste Arbeit des berufenen Dichters verwandelte. [...]

Er hat es einmal selbst erzählt, welches das Feuer war, das endlich die spröden Metalle, die sein Inneres barg, zum Glühen und in Fluß brachte. Es waren die großen, historischen Ereignisse, die er selbst miterlebte, wenn auch als ein Tatenloser: die Gründung oder vielmehr die Auferstehung des deutschen Kaiserreichs und noch vorher die nationale Erhebung Italiens, seine Einigung unter einem italienischen Königshause.

(Betsy, S. 75 f.)

Daß nach der im Januar 1871 in Versailles erfolgten Proklamation des Deutschen Reiches der «Schmied der deutschen Einheit» in Meyers Bewußtsein obenan stand, beweist sein ebenfalls von Betsy bezeugter, das Echo am Tomasee erprobender Ausruf «Bismarck!» (Betsy, S. 42). Solange er den eisernen Kanzler verherrlichend als Verkörperung des erstandenen Reiches sehen konnte, galt bedingungslos, was er François Wille am 1. März 1886 erklärt hatte (Briefe I, S. 183): «Für mich hat Bismarck so viel psychologisches Interesse, daß ich ihn betrachte, ohne ihn zu beurtheilen.» Er verteidigte den von ihm personifizierten Repräsentanten der Reichsidee selbst gegenüber dem kritischeren Haessel, wenn er diesem am 28. Januar 1889 noch riet (Briefe II, S. 168): «Lassen Sie sich doch in Teufels Namen von Bismarck zu einer großen und herrschenden Nation machen!» – Gewalttätiges à la Jenatsch, worin sich der Wille eines ganzen Volkes zu artikulieren schien, verbunden mit überragender Klugheit, politischer Einfühlungsgabe und Sinn für Macht, wie er den Condottieri der Renaissance eigen war, verschmelzen in dieser Begeisterung offensichtlich und ermöglichen noch immer eine kritiklose Bewunderung.

Nach des Kanzlers Entlassung und der Machtübernahme durch Wilhelm II. verliert der zuvor ins Makellose Gesteigerte an Glanz, verfällt der Anfechtung, und Meyer schreibt am 28. August 1890 an Wille im Hinblick auf dessen großen Freund Bismarck:

Otto von Bismarck (1815–1898) im Alter von etwa 50 Jahren. Photographie von Heinrich Graf in Berlin, aufgenommen um 1865. Zentralbibliothek Zürich

Hier [in Kilchberg] ist seinetwegen zuweilen Bürgerkrieg zwischen der Frau [Louise] und mir: sie ist nämlich bismarckisch, ich strict kaiserlich, obwohl mir mitunter für den jungen Herrscher bangt, denn z.B. in der socialen Frage hat, glaube ich, Bismarck entschieden recht.

(Briefe I, S. 207)

Am Ostermontag 1887 – Bismarck ist damals noch im Amt – zeichnet sich diese Wandlung bereits ab, wenn Meyer gegenüber Rodenberg gesteht (Rodenberg, S. 242): «[I]ch gehe mit Kaiser u. Reich durch Dick u. Dünn.» Am 18. Februar 1891 beurteilt Meyer den jungen Wilhelm II., der Bismarck inzwischen entlassen hat, mit folgenden Worten:

Was meine Wenigkeit betrifft, so kann ich in Gottes Namen – einige Jugendlichkeit abgerechnet – in ihm nichts als vorzügliche Eigenschaften und sein Aufräumen mit der alten Mannschaft nur begreiflich finden.

Meyer an François Wille,
18. Februar 1891 (Zäch, S. 64 f.)

Des Dichters Wohlwollen gilt also wiederum ohne wesentliche Einschränkung dem neuen, zum Ideal erhobenen Träger der Reichsidee.

Rechte Seite:
Conrad Ferdinand Meyer im Alter von 46 Jahren.
Photographie von Maurizio Lotze, Verona, aufgenommen
im Dezember 1871. Zentralbibliothek Zürich

VI Im Zeichen des «Jürg Jenatsch»

Die Reise nach Venedig (1871/72)
Im Seehof Meilen (1872–1875)
«Engelberg» (1872)
«Das Amulett» (1873)
In Graubünden
«Jürg Jenatsch» (1876)

Die Reise nach Venedig (1871/72)

Beglückt vom Erfolg seines HUTTEN, brach Meyer im Frühwinter 1871 zu einer zweiten Italienreise auf. Die Geschwister trafen nach Mitte Dezember in Venedig ein, wo sie zunächst im Hotel Bauer und ab Jahresende bis zur Heimfahrt am 4. März 1872 im Hotel della Laguna, Riva degli Schiavoni, Wohnung nahmen. «Dieß Venedig hat mich wirklich überrascht [...], die große Wasserstraße des Canal grande mit ihren alten Palästen, dann die Piazza und Piazetta, die Meer- und Inselaussicht der Giardini publici verdienen die Bezeichnung der *Einzigkeit*», schreibt Meyer am 21. Dezember 1871 an Calmberg (III, 218). Zehn Jahre später wird es im Gedicht heißen (I, 163):

VENEDIG

Venedig, einen Winter lebt' ich dort –
Paläste, Brücken, der Lagune Duft!
Doch hier im harten Licht der Gegenwart
Verdämmert mälig mir die Märchenwelt.
Vielleicht vergaß ich einen Tizian.
Ein Frevel! Jenen doch vergaß ich nicht,
Wo über einem Sturm von Armen sich
Die Jungfrau feurig in die Himmel hebt,
[...].

Die Begegnung mit Tizians «Himmelfahrt Mariae», der «Assunta», wird für den hochgestimmten Dichter zum zentralen Erlebnis. Das Altarbild reißt ihn hin; es lebt in der Verserzählung ENGELBERG fort, woran Meyer während jener Wintermonate in der Lagunenstadt arbeitete. Als kundiger Führer bei seinen Kunstgängen dient ihm Jacob Burckhardts *Cicerone,* den er damals genauestens studierte. Auf seinen täglichen Streifzügen durch die Stadt hat sich Meyer auch all die Kenntnisse erworben, die ihm später, im zweiten Buch seines JENATSCH, eine wirklichkeitsgetreue Schilderung der Lokalitäten ermöglichen.

Über den Aufenthalt in der «Königin der Adria» berichtet Betsy aus der Rückschau (Betsy, S. 166): «Der stille, schöne Winter in Venedig sah den Dichter täglich in der Akademie oder in den Kirchen und an anderen Stätten, die den farbenleuchtenden Schmuck der großen venetianischen Malerschule der Renaissance in sich bergen. Er schrieb damals an seinen geliebten alten Freund, Professor Louis Vulliemin: ‹Ich lerne hier unendlich viel auf Schritt und Tritt.›» – Tizians realistische, irdisch feurige Art der Darstellung (vgl. Meyers Brief an Calmberg, 21. Dezember 1871; Briefe II, S. 222) wird vorbildhaft für Meyers eigenen Umgang mit der Historie; angesichts der Renaissancekunst in Venedig erkennt er, worauf es bei der Wiedergabe gewaltiger, personenreicher Szenen ankommt (Betsy, S. 166):

«Die Verkörperung des Geistes, die den Dichter in Michel Angelos Werken als Größtes erfaßt, ihm aber unerreichbar geschienen hatte, wurde ihm durch die einfache, befriedigte Ruhe in den Schöpfungen Tizians so nahe gebracht, daß sie ihn zu ähnlicher Auffassung und Verarbeitung seiner historischen Stoffe auf dem Gebiete der Dichtkunst mächtig reizte.

In dieser Weise bildet der Winter in Venedig den Ausgangspunkt für alle spätere Arbeit C. F. Meyers. Er bot ihm die Maßstäbe, zu denen er fortan immer wieder bei der Umarbeitung seiner alten Entwürfe zurückkehrte und an denen er seine neuen Kompositionen prüfte.»

Die Hinfahrt

Anfangs November fuhren die Geschwister zunächst nach München, wo sich Conrad bereits im Frühjahr aufgehalten hatte. Diesmal – es war seine dritte Reise in die Isarstadt – widmete sich Meyer vor allem auch den deutschen Künstlern:

Die Pinakothek hielt mich drei volle Vormittage fest, und zwar die deutschen Säle nicht minder als die italienischen. In der v. Schackschen Sammlung war ich zwei volle Nachmittage. Hier interessirte mich Genelli, und ein ganz anderer, der romantische v. Schwind. Zwar ist letzterer eher Poet, als Maler; er mag mich gerade dadurch angezogen haben.
Meyer an Johann Rudolf Rahn, Verona,
10. Dezember 1871 (Briefe I, S. 229)

Theaterabende sowie Besuche beim Archäologen Otto Benndorf und beim Ehepaar von Doß standen weiter auf dem Programm. Nach einer Woche reisten Bruder und Schwester über Innsbruck – hier wurde das Grabmal Maximilians in der Hofkirche besichtigt – und den Brennerpaß nach Verona. Die Gäste aus der Schweiz logierten in der «Colomba d'Oro» gleich neben der Arena, und Betsy nahm bei einer alten Italienerin Sprachstunden. Die Geschwister verweilten in der geschichtsträchtigen Stadt auf besondere Empfehlung von Conrads Jugendfreund Nüscheler, der in Zürich von dieser Gegend geschwärmt hatte, in der er als Hauptmann mehrere Jahre Dienst tat. Meyer erkundete die Kunstschätze im «Klein-Rom Oberitaliens» mit Bedacht – «[m]eine Fähigkeit zu sehen, in Kunst und Natur, ist, seit ich das letzte Mal in Italien war, gewachsen» (an Wille, 19. November 1871; Zäch, Italienische Reisen). Ein gutes Jahrzehnt später wird er die Rahmenhandlung der HOCHZEIT DES MÖNCHS in der Stadt an der Etsch spielen lassen.

Hier, in Verona, ist viel Schönes. Die Flußlandschaft mit den Reizen der Ebene u. dem Alpenhintergrund. Gute Bauten von S. Micheli aus der Renaissance: Thore u. Paläste. Kirchen u. Fresken, die mit Dante gleichzeitig sind, Anderes noch weit früher. Und das wird nicht flüchtig beschaut sondern mit Muße in Augenschein genommen.
Meyer an Mathilde Wesendonck, Verona,
27. November 1871 (Wesendonck, S. 70)

Heut' ist nach ein paar grauen Tagen wieder ganz prächtiges Reisewetter. Die Sonne scheint so warm, daß mir ist, sogar in Leipzig kann's heute nicht neblig sein, ich sitze hier in einem natürlich ungeheizten Zimmer, und draußen singen die Vögel aus voller Kehle, wie am Zürchersee an einem sonnigen Apriltage. [...] – Verona gefällt uns täglich besser. Wie herrlich sind seine Paläste, wie merkwürdig die alten Kirchen, wie schön die Aussicht von den Höhen. Erinnern Sie sich wohl der Kirche S. Zeno? des herrlichen Hochaltarbildes, (Tod des h. Georg) in S. Giorgio [von Veronese]? Im Palast Pompei an der Etsch ist jetzt eine sehr sehenswerthe Gemäldesammlung [...] mit ein paar herrlichen Bildern von Coreggio u. Francia.
Betsy Meyer an Hermann Haessel, Verona,
27. November 1871 (Briefe II, S. 43 f.)

Hier, in Verona, ist die Landschaft, bei fortwährender Helle, sehr schön. Alle Reize der Ebene! Schöne beschneite Hintergründe und der weitgekrümmte blaue Fluß. Ölbaum und Cypresse grün. Auch den Gardasee sahen wir, hell, meerähnlich, winterlich dunkelblau, bei Garda.

Burkhardts Urtheile [im «Cicerone»] sind doch manchmal sehr voreingenommen und auch unvollständig. So über den Perugino und Coreggio; diese Bemerkung stammt aus München. Hier, in Verona, spricht er von der letzten Kapelle rechts in S. Anastasia, das Votivbild der Cavalli lobend, das, aus Giottos Zeit, wirklich wunderbar ausdrucksvoll ist, und vergißt sein Gegenüber, (beides Fresken), eine der merkwürdigsten Compositionen, die ich je sah: eine Dreifaltigkeit: Gott Vater läßt den Sohn aus einem blutigen Stück Brot hervorgehen, und dieser, eine unheimlich grandiose Erscheinung, wendet sich wie zornig nach dem Vater um. Dantesk und vielleicht aus Dantes Zeit. In S. Zeno ist jetzt der Mitteleingang in die Krypte geöffnet. Auch dort sind älteste Fresken von großer Schönheit. Haben Sie in S. Maria in Organo über den Chorstühlen die eingelegte Arbeit von Nußbaum gesehen, offene Schränke mit Geräth darstellend?
Meyer an Johann Rudolf Rahn, Verona,
10. Dezember 1871 (Briefe I, S. 229 f.)

Verona, S. Zeno Maggiore, Innenansicht gegen Hochchor und Bühnenkrypta nach Wiederherstellung des alten Zugangs 1871. Vgl. Meyers Brief an Johann Rudolf Rahn vom 10. Dezember 1871 (Briefe I, S. 230): «In S. Zeno ist jetzt der Mitteleingang in die Krypte geöffnet.»
Alte Photographie, anonym.
Zentralbibliothek Zürich

Die Vernichtung des Titanengeschlechts durch Zeus. Fresko (Ausschnitt) von Giulio Romano (1499–1546) in der Sala dei Giganti des Palazzo Te in Mantua, entstanden 1532 – «ein Bild von unglaublicher Frechheit» (Wesendonck, S. 72). Reproduktion einer Photographie der Fratelli Alinari Florenz. Fototek des Kunstgeschichtlichen Seminars der Universität Zürich

Conrad und Betsy unternahmen nicht nur Ausflüge zu den berühmten Schlachtfeldern in der Umgebung der Stadt (vgl. Meyers Gedicht SANTA LUCIA BEI VERONA; VII, 102), sondern auch nach Brescia, an den Gardasee und vor allem nach Mantua, wo Giulio Romanos Werke den Dichter fesseln:

Sonst ist das ganze Mantua, Kirchen u. Paläste, gebaut u. bemalt von dem lustigen J. Romano, der die von Raphael erlernten idealen Körperformen zu humoristischen Compositionen oft von erstaunlicher Wirkung verwendete. Der Palazzo T, ein verlassenes Gebäude vor Porta Pusterla ist ein Unicum. Die herrlichen Säle sind mit den frischfarbigsten Fresken bedeckt, die Giganten, den Olymp stürmend, sind ein Bild von unglaublicher Frechheit. Zuerst ist man überrumpelt u. wie berauscht, dann fühlt man aber doch, daß die Grenzen überschritten sind. Die Säle der Trojanischen Krieger u. des Thierkreises im Palazzo ducale sind beide wunderbar, der erstere als großartige Groteske, der letztere von fast raphaelischer Schönheit. Ich begreife daß dieser Giulio heftige Feinde u. blinde Bewunderer hat. Er ist die inkarnirte Lebenslust mit Phantasie, Schönheitssinn, Fülle, Witz, aber gedanken- u. gewissenlos.

Meyer an Mathilde Wesendonck, Verona,
8. Dezember 1871 (Wesendonck, S. 71 f.)

Mantua bezauberte mich. In St. Andrea die Grabmäler von Giulio, eine Kreuzigung offenbar auch von oder nach Giulio, mehr als halberloschene Fresken, wo noch einzelne zu errathende Gestalten die größte Schönheit athmen. Im P. Ducale der Zodiakus und der trojanische Krieg, ersterer seltsam grotesk, letzterer oft raphaelisch schön. Und was hat dieser seltsame Geist im P.[alazzo] T. alles mit dem Erbe raphael. schwungvoller Schönheit angefangen? Witzig und gedankenlos, von unerschöpflicher Phantasie und doch ohne wahre Schöpferkraft, großartig und trivial, ein frecher, lustiger Gesell, der, im Besitz der Schönheit, mit diesem seltensten Geschenke nur dumme Streiche anzustellen weiß. Im Hofe des Palazzo T hangt Wäsche und weiden Gänse!

Meyer an Johann Rudolf Rahn, Verona,
10. Dezember 1871 (Briefe I, S. 230)

*Venedig, Piazzetta di
S. Marco mit Ausblick gegen
S. Giorgio Maggiore.
Alte Photographie von
Anderson Rom, um 1900.
Zentralbibliothek Zürich*

*Das Martyrium des heiligen
Laurentius.
Gemälde von Tiziano Vecellio
(um 1488/90–1576), begonnen
1548, vollendet 1557/58. Das
Werk gehört – zusammen mit
Tizians «Assunta» – zu Meyers
venezianischen «Lieblingen»
(an Rahn, 3. März 1872;
Briefe I, S. 234).
Chiesa dei Gesuiti, Venedig.
Reproduktion aus: Corrado
Cagli / Francesco Valcanover,
«Das Gesamtwerk von Tizian»,
Luzern 1969, Taf. XLIII.
Zentralbibliothek Zürich*

In der Lagunenstadt

Als es in Verona winterlich kalt wurde, fuhren die Geschwister weiter nach Venedig, dem eigentlichen Ziel ihrer Reise. Die Stadt zog den Dichter, dessen Blick seit der Romfahrt geschärft war, ganz in ihren Bann. Meyers Gabe der genauen Betrachtung, seine bedachtsame Introspektion, mit der er die in den Meisterwerken der Renaissancekunst entdeckte formale Schönheit und ausgewogene Gebärde selbst im Alltäglichsten wiederzuerkennen suchte, kommt in seinen Briefen deutlich zum Ausdruck:

Dieß Venedig hat mich wirklich überrascht. Die Wolkenlosigkeit des ganzen Monats blieb uns bei der Einfahrt und bis heute treu, und so hat uns die als melancholisch berühmte Meerstadt eher einen heiter großartigen Eindruck gemacht, [...]. Der Styl der alten Paläste scheint mir, im Gegensatz mit den römischen Bauten, ein kaufmännisch lebenslustiger, nur durch Alter und Verwitterung ehrwürdig. Höchst originell sind die meist engen Gassen, deren beide Seiten sich mit ausgebreiteten Armen erreichen lassen, und ich bin begierig auf den ersten Regentag und die Schirmverwirrung. Die berühmte Urbanität der Venetianer ist erklärlich: sie lernen ausweichen. Hier kann und muß man die Straßenfiguren in der Nähe betrachten, und ein Ausgang wird immer zur prächtigen Unterhaltung. Schönheit ist hier, wie in Verona, gewöhnlich, doch sind nicht mehr als drei oder vier Typen und bedeutende Köpfe selten. In Verona ist die Farbe frisch und der Ausdruck resolut, hier do-

Venedig, Spiegelung: «Aber zwischen zwei Palästen / Glüht herein die Abendsonne, / Flammend wirft sie einen grellen / Breiten Streifen auf die Gondeln.» (I, 164)
Photographie von Ernst Haas (1921–1986). Reproduktion aus: «Du» 18 (1958), Nr. 4, S. 38. Zentralbibliothek Zürich

minirt das Teigichte und Blonde. Ein merkwürdiger Typus ist das alte Weib, ebenso der Betteljunge. Pfaffen sind hier rar und die Mönche ganz verschwunden.

Die italienische Geberde ist wunderbar ausdrucksvoll, fast gewaltsam, aber nie eckigt; oft nahe an der Fratze und doch nie widrig. Über das Lächeln und Lachen ließe sich ein Kapitel schreiben: es ist ein wahres Aufglänzen des Innern. – Sinn für Einzelstellung und Gruppe. Neulich sah ich fünf Buben, die sich unter den Armen faßten und richtig ganz instinktiv so, daß der Größte in die Mitte und die zwei Kleinsten an die Enden kamen, eine völlige Pyramidalstellung.

Ich bin [...] in der Pinakothek gewesen, habe aber nur die Titiane betrachtet. Und Titian ist ebenso groß als Raphael, realistischer, breiter, irdisch feuriger, männlicher (Raphael starb eben mit 36). Übrigens idealisirte auch Raphael weit weniger, als wir glauben. Schönheit und große Geberde (z. B. beim Schreiten) fand er in der Natur. Raphael ging durchaus von der Wirklichkeit aus, der er freilich einen wunderbaren Glanz und Schwung zu geben wußte. M. Angelo allerdings hat sich mit Hülfe seiner anatomischen Studien ein eignes Riesengeschlecht erschaffen. Doch ich gerathe ins Plaudern.

Meyer an Adolf Calmberg, Venedig,
21. Dezember 1871 (Briefe II, S. 221 ff.)

Ihre l. Zeilen, die mich gestern abend erfreuten, beantworte ich in meiner eben bezogenen neuen Wohnung bei offenem Fenster, dessen Ausblick sich ungehemmt von der Dogana bis zu den Volksgärten erstreckt. Mir gegenüber S. Giorgio, das mein Fenster füllt. Auf der Riva, zu meinen Füßen, belustigt ein alter Taschenspieler einen dichten Zuschauerkreis. Eine Märzsonne durchdringt mich mit Behagen. Die ersten zehn Tage im Hôtel Bauer blickte ich auf den kleinen Platz von S. Moise, und der a.t. [alttestamentliche] Heilige mit seinen Hörnern fing mich an zu langweilen. Hier [im Hotel della Laguna] ist es fast zu schön. Das lustige Gesumms ohne Wagengerassel, die Dampfboote, die mir vor der Nase vorbeiziehen, so zu sagen, das Meer und, vor allem, das süße süße Sonnenlicht!

Meyer an François Wille, Venedig,
30. Dezember 1871 (Zäch, Italienische Reisen)

AUF DEM CANAL GRANDE

Meyer hat das Spiel des Lichts auf Venedigs Wasserstraßen fasziniert beobachtet. Während draußen eine besonders schöne Abendstimmung herrscht, gerät er über seiner Korrespondenz ins Sinnieren:

Eben geht die Sonne unter u. schickt mir eine Feuersäule übermeer zu. [...] In den früheren, berühmten Zeiten muß Venedig einzig gewesen sein. [...] in den Gäßchen welche Oeilladen à bout portant oder auch, nächtlicherweile, welche Degenstöße! Jetzt ist der Grundton in Haltung u. Gesichtsbildung das Zarte, Schmachtende u. Gelangweilte.

Meyer an François Wille, Venedig,
30. Dezember 1871 (III, 218)

Fast zwanzig Jahre später, «als er die Abendschatten seines Lebens über sich fühlte» (Frey, S. 239), entsteht das Gedicht AUF DEM CANAL GRANDE:

Auf dem Canal grande betten
Tief sich ein die Abendschatten,
Hundert dunkle Gondeln gleiten
Als ein flüsterndes Geheimnis.

Aber zwischen zwei Palästen
Glüht herein die Abendsonne,
Flammend wirft sie einen grellen
Breiten Streifen auf die Gondeln.

In dem purpurroten Lichte
Laute Stimmen, hell Gelächter,
Überredende Gebärden
Und das frevle Spiel der Augen.

E i n e kurze kleine Strecke
Treibt das Leben leidenschaftlich
Und erlischt im Schatten drüben
Als ein unverständlich Murmeln.

(I, 164)

Das Gedicht hält einen Augenblick fest und ist doch zugleich Abbild eines ganzen Lebens. Die dunklen Gondeln fahren aus dem Abendschatten ins Licht und verschwinden wieder im Schatten. In der Mitte dieser Fahrt flammt die Abendsonne auf, entwickelt sich der Reigen der Leidenschaften. Alles ist grell, laut, sinnlich. Das «frevle Spiel der Augen» wertet bereits aus der Distanz des Todes. «Eine kurze kleine Strecke» wird dem Leben, der *bellezza*, der Hemmungslosigkeit Raum gegeben, bevor alles im Dunkel versinkt.

Dieser Gegensatz wiederholt sich in vielen Werken C. F. Meyers. So folgt DER SCHUSS VON DER KANZEL dem gleichen Ablauf: am Anfang das Herbstgefühl, der rauhe Wind, die Zeitlose, dem Asphodelos des Hades verwandt; am Schluß der Tod des Generals im Schwarzwald; – und dazwischen die bewegten Tage auf der Au und in Mythikon, mit dem Mohren, der Türkin, mit Hochzeit, Jagd und Schießgewehr, dem nächtlichen Feuerschein aus dem Kamin des Wertmüllerschen Hauses.

Gedicht und Novelle sind in ihrer inhaltlichen Struktur konstitutiv für Meyers Leben: Aus dem Dunkel kommt es, ins Dunkle treibt es; darin eingebettet liegen die zwanzig Jahre des Schaffens, das Aufleuchten, gefolgt vom Verglühen.

Ausflüge und Heimreise

Im Februar 1872 kam François Wille mit seiner Frau nach Venedig. Er las in ENGELBERG, Meyers neuestem Werk, und zeigte sich davon begeistert. Nachdem Wille nach Rom weitergereist war, besuchte der Dichter noch einige Städte der Poebene, so etwa Padua, das er in der HOCHZEIT DES MÖNCHS und teilweise im JENATSCH zum Schauplatz des Geschehens machen wird. In den ersten Märztagen ging dann auch für ihn der äußerst «fruchtbringende» Aufenthalt in der Markusstadt zu Ende (an Haessel, 27. Februar 1872; Briefe II, S. 45). Über Bologna und Turin führte die Heimreise nach Genf und Lausanne, wo die Geschwister Freund Vulliemin einen Besuch abstatteten. Ende Monat waren sie wieder in Küsnacht. Mit leiser Wehmut hat Meyer kurz vor dem Aufbruch aus Venedig berichtet:

Morgen verreise ich nach Bologna. Gestern besuchte ich Padua, das mir einen schönen Eindruck machte. Der wunderliche Dom [Meyer meint die Kirche S. Antonio] mit seinen Kuppeln, die titianischen Sachen in der **Scuola del santo**, *die herrlichen Fresken Giotto's in der* **Madonna dell' Arena**, *die neueingerichtete Pinakothek neben dem botanischen Garten, der Hof der Universität und eine gute Chokolade bei* **Pedrocchi** [im berühmten Café Petrocchi], *das war meine Tagesordnung.*

Die letzte Woche ging mit Ausflügen hin, die ich mit deutschen Freunden unternahm (Torcello wurde nicht vergessen); auch die Theater wurden besucht. Dann nahm ich Abschied von meinen Lieblingen, der Assunta und dem h. Laurentius bei den Jesuiten. Es läßt sich nicht sagen, wie lieb ich die Inselstadt gewonnen habe.

Meyer an Johann Rudolf Rahn, Venedig,
3. März 1872 (Briefe I, S. 233 f.)

Padua, S. Antonio (Basilica del Santo), Ansicht von Süden. Meyer hat den «wunderliche[n] Dom mit seinen Kuppeln» von Venedig aus besichtigt (an Rahn, 3. März 1872; Briefe I, S. 233). Photographische Ansichtskarte von Giovanni Remonato, Padova. Zentralbibliothek Zürich

Im Seehof Meilen (1872–1875)

Der Seehof Meilen, Meyers Wohnsitz von 1872 bis 1875. Photographie von T. Richard, Männedorf. Auf der Rückseite der Aufnahme hat Betsy vermerkt: «Ansicht von der Seeseite. Der in ein Weingelände verwandelte, früher – d. h. vor unserer Zeit – mit Taxuswänden und Statuen geschmückte Seegarten.» Ms. CFM 371.7. Zentralbibliothek Zürich

Schon kurz nach der Rückkehr aus Venedig im März 1872 zogen die Geschwister von Küsnacht seeaufwärts in den Seehof Meilen, wo der Dichter bis zu seiner Verheiratung im Oktober 1875 das zweite Stockwerk bewohnte. Das vornehme Haus war um 1767 im Auftrag des reichen Zürcher Kaufmanns Felix Oeri-Lavater als Sommersitz erbaut worden, möglicherweise vom gleichen berühmten Architekten David Morf, der für Oeris Schwester Anna Werdmüller-Oeri in Zürich schon das Haus zur Krone (Rechberg) errichtet hatte. Zwischen 1987 und 1992 ist der Seehof – ein Prunkstück des Zürcher Rokokos – von der gegenwärtigen Besitzerin auf vorbildliche Weise restauriert worden.

In seinem Meilener Wohnsitz begann für Meyer die fruchtbarste Zeit seines Dichtertums. Er hatte sich in der Mansarde eingerichtet, die ihm einen prächtigen Ausblick auf den See und in die Berge bot. Von hier aus verfolgte er gebannt das Schauspiel der Natur bei einem aufziehenden Gewitter. Ganz besonders schätzte Meyer die Gelegenheit, im Freien arbeiten zu können. Damals standen an der Ufermauer des Gartens zwei mächtige Kastanien; unter dem stadtwärts gelegenen Baum mit seinen ausladenden Ästen pflegte sich der Dichter bei schönem Wetter für sein Tagewerk niederzulassen. Dieses herrliche «windgeregte Sommerzelt» wird später im Gedicht SCHWARZSCHATTENDE KASTANIE noch einmal aufgeschlagen.

Im Seehof Meilen vollendete Meyer seine Verserzählung ENGELBERG und diktierte der Schwester das AMULETT; hier entstand der JENATSCH, aus dem er in Mariafeld jeden Mittwoch vorlas, und wurde bereits DER HEILIGE entworfen. Es waren die glücklichsten Jahre seines Lebens. Von Meilen aus fuhr Conrad aber auch zu seiner Braut Louise Ziegler nach Zürich. Nach der Vermählung kam er im Sommer 1876 noch regelmäßig vom Wangensbach bei Küsnacht ins alte Heim herüber, um wie gewohnt mit Betsy zu arbeiten. Die Schwester blieb bis zu ihrem Eintritt in die Zellersche Anstalt in Männedorf im Jahre 1880 weiterhin allein im Seehof.

DER UMZUG

Anlaß für den Wohnungswechsel der Geschwister war die Erkrankung des bisherigen Küsnachter Hausherrn, der seinen Besitz zu verkaufen beabsichtigte. Zum Meyerschen Haushalt gehörten neben der treuen Magd Marie Guhl ein Kater und der schneeweiße Pudel Joli alias Pudi oder Pudpud:

Ein Schiffsmann führte die Bücher und die Habe der Ausziehenden auf zwei großen Kähnen den See hinauf, nicht ohne in der Abfahrt des zweiten durch ihren Kater Tschugg verzögert zu werden, der aus dem Hühnerkäfig, worin die Magd ihn eingesperrt, zu guter Letzt entwich und sich nur durch andauerndes zärtliches Rufen endlich zum Hervorkriechen aus der Scheuer, wohin er sich geflüchtet hatte, bewegen ließ.

(Frey, S. 250)

DAS HAUS

Das neue Heim stand und steht noch im Dorfe Meilen, auch Kirch-Meilen oder Meilen-Hofstätten geheißen, [...]. Anno 1767 von einer Züricher Patrizierin erbaut, stieß das Gebäude ursprünglich ziemlich hart ans Gestade, erhielt jedoch durch die Gründerin auf einem beträchtlich in den See hinaus gehenden Rost von Eichenpfählen einen ansehnlichen Garten vorgelegt, den sie am Ufer, wo die Züricher Besucher landeten und ausstiegen, und oberhalb des Hauses, gegen die Landstraße hin, mit je einem prächtigen Eisenportal abschloß. Die Statuen, womit sie den Garten bevölkert, hatten die nachfolgenden Besitzer, meistens Bauern, in die Flut geworfen, und die Taxuswände waren vom Hausherrn des Dichters mit einem breiten, bis ans Ufer hinunter geführten Rebengang vertauscht worden, wie er auch die beiden baufälligen Ecktürmchen der Seemauer, die den Garten vom Wasser trennte, durch zwei Kastanien zu ersetzen für gut befunden hatte.

Kleiner, aber höher als der Küßnachter Seehof, trägt der Meilener über dem hoch gelegenen Erdgeschoß zwei Stockwerke, darüber eine Reihe von Mansarden, den Estrich und ein an den Längsseiten von je einem Dacherker belebtes Satteldach. Die stilvollen schmiedeeisernen Treppengeländer führten bis zu den Mansarden hinauf, deren Flurdecke mit Stukkatur geziert war. Im zweiten Stock, den die Geschwister bewohnten, prangten noch genug Wahrzeichen und Überbleibsel altherrschaftlicher Einrichtung: eine die Etage abschließende Gittertüre, schöne Öfen mit zierlich gemalten Kacheln, die doppelten Nußbaumtüren zwischen den gegen den See hinaus gehenden Zimmern, kleine, helle, mythologische Deckenmalereien und in einem Mittelzimmer drei gemalte Mohrenköpfe, das Wappen der Erbauerin Anna Werdmüller, geborene Öri († 1800), die auch den prunkvollsten Privatbau des alten Zürich erbaut hatte, den Rechberg. Das Herrlichste und unverwüstlich war freilich die reiche Aussicht, sowohl aus der großen Mansarde, worin der Dichter schlief, wie aus den übrigen Zimmern, auf den See, die Ufenau, das jenseitige Gestade, auf die gegenüberliegende Albiskette, die Vorberge und Schneehäupter, so bestrickend, daß sie der Dichter selbst nach Venedig bewunderte. Dazu kamen die zauberischen Schauspiele, welche die Morgen- und Abendröten aufführten, desgleichen die den Bergen zufahrenden Unwetter mit ihren Schatten und grellen Farben und den strahlenden Regenbogen.

(Frey, S. 250 f.)

Meyers Biograph geht noch von der Annahme aus, der Seehof Meilen sei von Felix Oeris Schwester erbaut worden.

SCHWARZSCHATTENDE KASTANIE

Schwarzschattende Kastanie,
Mein windgeregtes Sommerzelt,
Du senkst zur Flut dein weit Geäst,
Dein Laub, es durstet und es trinkt,
Schwarzschattende Kastanie!
Im Porte badet junge Brut
Mit Hader oder Lustgeschrei,
Und Kinder schwimmen leuchtend weiß
Im Gitter deines Blätterwerks,
Schwarzschattende Kastanie!
Und dämmern See und Ufer ein
Und rauscht vorbei das Abendboot,
So zuckt aus roter Schiffslatern
Ein Blitz und wandert auf dem Schwung
Der Flut, gebrochnen Lettern gleich,
Bis unter deinem Laub erlischt
Die rätselhafte Flammenschrift,
Schwarzschattende Kastanie!

(I, 25)

Betsy hat nachdichtend der Zeit gemeinsamen Arbeitens unter der Meilener Kastanie gedacht:

Es war in Meilen am Zürichsee. Während der langen Sommertage schrieb mein Bruder am liebsten unter den großen, dunklen Kastanienbäumen am Ufer. Sie beschatteten die beiden unteren ins

Der Meilener Garten. Photographie von T. Richard, Männedorf. Auf der Rückseite der Aufnahme von Betsys Hand: «Aussicht unserer Fenster auf Garten und See. Rechts Conrads ‹Kastanie›.» Ms. CFM 371.9. Zentralbibliothek Zürich

*Im Seehof Meilen.
Photographie von T. Richard,
Männedorf. Auf der Rückseite
die folgende Erklärung von
Betsys Hand: «Der Weg vom
Hause zum Kastanienbaum.
Schwesterchen bringt die
Schreibhefte.»
Ms. CFM 371.5.
Zentralbibliothek Zürich*

Wasser hinausgebauten Ecken der massigen Gartenmauer. Rechts und links davon spiegelte die Flut und lagen auf sanft ansteigenden, kiesigen Landungsstellen die Kähne der Fischer, unserer Nachbarn, im Schutze der hohen Mauer geborgen.

[...] Brach die Dämmerung ein, so dunkelte es schnell unter den Bäumen, und ein scharfer Windhauch strich über das Wasser. Dann gingen wir auf dem Kiesweg längs der Seemauer zwischen den beiden Kastanienbäumen hin und her, bis das spätere Abendboot mit seinen Lichtern den Landungssteg in Meilen verließ und an uns vorüber seeaufwärts dampfte. Es lag ein verborgener Zauber in diesem raschen Vorgang, der sich niemals ganz gleichmäßig wiederholte. Die farbigen Lampen des Verdecks und die Fenster der hell erleuchteten Kabine warfen einen vollen Lichtschein auf die von den Rädern des Dampfers durchfurchte Seefläche. Helle, ungeteilte Strahlensäulen spiegelten sich zunächst im Wasser. Dann lösten sie sich, uferwärts gleitend, in Sterne auf und dann, rascher und rascher fahrend, in feurige, eilig geschriebene, geheimnisvolle Lettern.

«Wer die Schrift lesen könnte! Wer die Zeichen verstünde?» sagten wir zueinander. Ein Moment nur – und sie erloschen. Wie wenn der Feuerstift einer Kindeshand entglitte, zeichneten sich die erblassenden Flammenbänder nur noch schwankend und maßlos in weit geschlungenen, fliegenden Zügen auf den heranwallenden breiten Wogen. Und jetzt erstarb der Schein auf der Welle, die sich an der Gartenmauer brach oder den flachen Kies unter den Fischerkähnen überschwemmte.

Jeden Abend sprühte die feurige Runenschrift, von Wind und Wellen beeinflußt, in etwas veränderten Lettern über das Wasser. Es war ein Augenblick. Das leuchtende Boot entschwand in die Ferne. Der Schein verblich. Es ward nun dunkel, und wir wandelten langsam durch den rebenüberwachsenen Bogengang den erleuchteten Fenstern des Hauses zu.

(Betsy, S. 46 ff.)

Das Gedicht hat seine endgültige Gestalt erst erhalten, als Meyer schon einige Jahre in Kilchberg wohnte. Betsy hingegen war bis Herbst 1880 im Seehof zuhause. Ein Fragment, entstanden um 1880/81, lautet:

**Schwarzschattende Kastanien –
Seeauf, Seeüber meilenweit
Am Spitzchen eines Vorgebirgs
Von Flut umblaut –, mein erster Blick
Mein letzter sucht u: findet euch
In beiden Dämmerungen auf
Und selbst in Mondesgeisterlicht,
Schwarz schattende Kastanien –
Die unter euerm Dache sitzt,
Im Morgentau, in Mittagsglut,
Im Abendlicht, im Sternenschein
Belauscht des Botes [!] Räderschlag
Das geisterhaft um Mitternacht
An euer**

(II, 136)

Die Frauenfigur, die da im «Mondesgeisterlicht», im Morgentau und im Sternenschein am schützenden Ort sitzt, wird wie Mörikes Mägdlein im Zauberleuchtturm zur Fee, die um Mitternacht dem geisterhaften Boot und seinem Räderschlag nachlauscht. Der Sprechende blickt wie gebannt auf den Ort, an dem das geheimnisvolle Wesen verweilt. Ist es Fee, Muse oder Geliebte?

IM «WINDGEREGTEN SOMMERZELT»

In diesem Hause verlebte Conrad Ferdinand Meyer einige angenehme und durch die Steigerung seiner Dichterkraft und den daraus langsam aufsprießenden Ruhm glückliche Jahre; und einen guten Teil davon verlebte er im Garten. Um die neunte Stunde, denn er erhob niemals den Anspruch auf den Ruf eines Frühaufstehers, stieg er nach dem Morgenimbiß und nachdem er langgewohntem Gebrauche gemäß ein Kapitel aus der Bibel vorgelesen, mit der Schwester zu den Kastanienbäumen hinunter und verweilte dort, indem er tagsüber nur weniges genoß und die Hauptmahlzeit bis abends sieben Uhr hinausschob, in den späten Nachmittag hinein ununterbrochen an der Arbeit. Dicht an der Seebläue, unter der «scharzschattenden Kastanie», stand ein Tisch mit drei Bänken; dort saß er unter seinem «windgeregten Sommerzelt» oder schritt auf und nieder, und Betsy schrieb, was er diktierte. Natürlich war Pudi auch zur Hand. Die Vögel pickten ihm die Brosamen vor den Pfoten weg, unbesorgt herbeifliegend, da er ein scharfes Auge auf alle Katzen hielt und selbst den harmlosen Tschugg nicht bei der Gesellschaft duldete, der vielmehr in bescheidener Entfernung, von der Krone eines Bäumchens überschattet, auf der Seemauer lagerte und nur zuweilen von seiner Warte herabschlich, um die Schiffe am Strande nach Fischen abzusuchen.

(Frey, S. 251 f.)

«Engelberg» (1872)

Die Verserzählung ENGELBERG ist nach Aussage von Betsy das «letzte, halb unbewußt entstandene epische Stimmungsgedicht» Meyers (Betsy, S. 170f.). In dieser Dichtung vollzieht sich für jeden aufmerksamen Leser unverkennbar der Übergang vom Lyrischen zum Epischen, der nicht ohne Beschwernis vor sich geht, was aus entsprechenden Äußerungen des Verfassers deutlich wird.

Der Dichter, dem der Stoff einst sehr am Herzen lag, nennt 1886 die umgearbeitete zweite Auflage leicht verächtlich «das alte *Engelbergchen*» (an Adolf Calmberg, 22. November 1886; IX, 115) und meint in einem Brief an Otto Brahm (21. November 1886; ebd.), er hätte das - «Jugendgedicht (Jugend relativ genommen) [...] am liebsten in den Limben gelassen». Er fügt bei, der Empfänger des Büchleins möge es doch darauf anschauen, «ob es so völlig nichtig» sei, wie es ihm selbst «lange Zeit erschien». Schon im August 1872 wird übrigens Meyers Unsicherheit in der Beurteilung des Werks deutlich, wenn er an Vulliemin schreibt (Vulliemin, S. 537): «Le ciel sait ce que j'ai composé là, *moi* je l'ignore.» Der «herrliche Stoff», mit dem der Dichter tatsächlich lange und «mühsam ringen» mußte, um ihm seinen Wert zu geben (an Rahn, 18. Januar 1872; IX, 98), leidet, wie er 1886 gegenüber Calmberg feststellt, an entschiedenen Gebrechen, indem «die ganze Geschichte meines Wissens rein meine Erfindung ist, mit der ich umspringen kann wie ich will. Es ist, wie ich glaube, nirgends in Geschichte, Sage noch Legende ein Anhalt vorhanden, den bloßen Namen Engelberg ausgenommen» (IX, 116). Das «Dichtungchen», dessen «kindliche Grundlinien» Meyer bei der «leicht retouchirten» Zweitauflage nicht antasten wollte (an Johannes Landis, 27. November 1886; IX, 116), entbehrt also, nachdem des Verfassers Wahrheitssinn inzwischen gewachsen ist und geschärft wurde, des realen oder wenigstens für real gelten könnenden Hintergrundes: es erscheint ihm nicht mehr wahr genug, was begreiflich ist, wenn man bedenkt, daß er schon 1882 an Carl Spitteler geschrieben hat (Briefe I, S. 422): «[...] ich lege mich zeither jeden Abend realistischer zu Bette als ich morgens aufgestanden bin. Mein Glaubensbekenntnis ist das Wort Merk's zu Goete [sic]: nicht das Poetische realisiren sondern das Reale poetisiren.»

Der ursprünglich für eine Legende ersonnene Stoff ist in jambischen Vierhebern mit freier Reimgestaltung abgefaßt; männliche und weibliche Reime werden paarig und wechselständig verwendet. Im Mittelpunkt des Geschehens steht die Vita einer Mutter, deren Schicksal ins 13. Jahrhundert verlegt ist. Angela, eine Vollwaise, wird in zartem Kindesalter der Pförtnerin des damals in Engelberg noch bestehenden Frauenklosters von Pater Hilarius übergeben. Der Mönch erklärt, der Findling sei nach einem Ständchen einer Engelschar zurückgeblieben. Die heilige Cäcilie hätte dem eben verstorbenen Abt des Klosters, einem großen Musikfreund, auf seinem Weg in den Himmel solchermaßen mit Gesang beigestanden (IX, 11). Der kleine blonde Engel aus ihrem himmlischen Gesinde habe am «Engelberg» den Zustieg in die Wolkenbarke versäumt. – Pförtnerin Marthe glaubt diese rührende Geschichte, und Klein-Angela beginnt im Nonnenkloster ihren irdischen Lebenslauf.

Aber Engelchen entstammt nicht den himmlischen Heerscharen, sondern ist das Kind sterblicher Eltern, die schwerste Schuld auf sich geladen haben. Seine Mutter, einst Herrin auf einer Burg im Schächental, hat sich nach der Beseitigung ihres Gatten mit einem Knecht zusammengetan, der seiner blutigen Tyrannei wegen vom Volk getötet wurde. Die Frau entfloh, fand, ihrer Niederkunft nahe, bei Hirten ein Obdach und brachte sterbend das Mägdlein zur Welt. Hilarius gelobte der reuigen Sterbenden, ihr Kind

> *[...] ferne von der Welt Gefahren,*
> *In Chor und Zelle aufgehoben,*
> *Vor jeder Lockung zu bewahren,*
> *Daß [ihre] klösterliche Reine*
> *Sie sühnend noch im Grab bescheine. (IX, 57)*

Dieser Wechsel von himmlischer zu sündhafter Abkunft ist das Ergebnis von Meyers realistischer Umarbeitung. Ursprünglich war Engel für ihn tatsächlich ein Himmelskind, das beim Aufbruch des Cäcilienchores zurückblieb.

Angela, bald als kleine Gehilfin Marthes tätig, wird von der wundergläubigen Pförtnerin immer wieder mit Anspielungen auf die himmlische Herkunft vom Engelberg bedrängt und wandert schließlich im Hemdlein zum Hahnenstock empor – wie der Berg heute heißt –, um ihre angeblichen Spielgefährten zu suchen. Ein Wildheuer bringt die Ausreißerin ins Kloster zurück. Nach Marthes Tod rückt Angela, nun in voller Schönheit erblüht, zur Pförtnerin auf; aber ein tragisches Erlebnis wirft die junge Frau jäh aus ihrem anspruchslosen Lebenswandel: Sie wird Zeugin des Schicksals der adeligen Jutta, die durch den Bruder der Äbtissin, einen Kyburger, ins Kloster gebracht wurde. Dieses Mädchen, die güterlose und verwaiste Nichte des Grafen, und des Kyburgers Sohn waren einander in Liebe zugetan. Doch der Vater drängte den Sohn zum Verzicht, zwang ihm eine standesgemäßere Braut auf und versenkte die Unglückliche im Kloster. Der auf ihre Weise aus allen Himmeln Gefallenen hat Angela zu dienen. Wie Jutta, die zunächst noch immer auf die Treue ihres Geliebten baut, den endgültigen Abschied erhält, wird ihr das Kloster zum Kerker, dem sie sich durch ihren Freitod entzieht. Angela, die am Los der Verstoßenen innigen Anteil genommen hat, flieht, vom Schreck gejagt, aus den sicheren Klostermauern in die Bergwildnis hinauf. In ihrer Hand trägt sie die Rose, nach der Jutta sie ausgeschickt hatte, um die Ahnungslose von ihrer Verzweiflungstat fernzuhalten. Diese «Todesrose» ist noch unentblättert (IX, 33).

Ein Jäger findet die verstörte Angela, die ihm in ihrer Bedrängnis das gräßliche Geschehen offenbart, an dem sie sich in ihrer Herzensgüte mitschuldig fühlt. Seinen Rat, ins Kloster zurückzukehren, lehnt sie erschaudernd ab. Der junge Mann, von ihrer Offenherzigkeit gerührt und von ihrer Schönheit bezaubert, kann der Obdachlosen keine angemessene Zuflucht bieten. Er haust «hoch am Engstlensee, / [Sein] Nachbar ist der Titlisschnee» (IX, 36); er verfügt als Jäger auch über keinen geregelten Hausstand. Angela bittet ihn gleichwohl, mit ihm gehen zu dürfen, da sie ja ebenfalls «heimatlos» und «arm» sei; empfindet sie für ihn doch «mehr Vertrauen / Als zu den bleichen Klosterfrauen» (ebd.).

Der aus Bünden stammende Jäger gesteht ihr, daß er – einer in langer Familienfehde geübten Bluttat wegen verbannt – schwer an seinem eigenen Los trage, das ihn in seiner Heimat «blindlings» ereilt habe. Angela antwortet auf sein Bekenntnis mit bezwingender Einfachheit (IX, 39): «O Herr, ich bin dein eigen, / Und deine Schuld ist meine Schuld!» Ähnlich wird sich Gasparde gegenüber Schadau im AMULETT äußern (XI, 51). Jenseits des Jochpasses, wo «in Lieblichkeit das Alpental» die beiden Schuldbeladenen empfängt, bricht die den Klostermauern Entflohene in den Ruf aus (IX, 42): «O du schöne Welt!» – Jäger Kurt windet ihr aus den herrlichsten Blumen, die er gepflückt hat, einen Brautkranz. Die von ihrer erwachten Liebe Beglückten werden am Seeufer Zeuge, wie die Sonne eben die spätwinterliche Eisdecke bricht,

> *[u]nd Engel lachenden Auges schaut,*
> *Wie's quillt, wie's flutet und wie's blaut.*
> *Jetzt tut sie einen Freudeschrei,*
> *Als würde sie von Fesseln frei.*

«Engelberg» (1872)

Engelberg von Süden, Blick von der Gerschni-Alp gegen die Walenstöcke. Der um die Mitte des 12. Jahrhunderts unterhalb des Männerklosters gegründete Schwesternkonvent – Schauplatz der ersten Gesänge von Meyers Dichtung – wurde 1615 nach Sarnen verlegt.
Kolorierte Umrißradierung von Caspar Leontius Wyß (1762–1798), erschienen als Einzelblatt bei Christian von Mechel in Basel um 1790.
Zentralbibliothek Zürich

Liebe befreit und bindet zugleich.

> *Er hat indes sie leis umfangen,*
> *Da sie zur Tiefe schaut entzückt,*
> *Und ihr mit glühendem Verlangen*
> *Den Brautkuß auf den Mund gedrückt.*
> *Rings schwebt die stille Mittagshitze,*
> *Durch frischen Bergeshauch gekühlt,*
> *Sie kosen auf dem Felsensitze,*
> *Von neugeborner Flut umspült.*
> *Ein lichter Falter kommt geflogen,*
> *Vom Duft des Kranzes angezogen,*
> *Und auf den jungen Nacken setzt*
> *Er sich mit bebenden Schwingen jetzt. (IX, 44)*

Pater Hilarius, der als geistlicher «Vater» schon das Schicksal der kleinen Angela gelenkt hat, gibt die beiden in der Kapelle an diesem *locus amoenus* zusammen. Auf die Frage, wo sie sich kennengelernt hätten, gesteht ihm Engel errötend (IX, 45): «Wir fanden uns am End' der Welt.» Sie nennt damit den Talschluß im «Wichel», rund 500 Meter nach Hinterhorbis, der heute noch so heißt.

Kurt und Engel leben in glücklicher Ehegemeinschaft. Drei Söhne umspringen nach einiger Zeit die noch «jugendleicht» dahinschreitende Angela, die zusätzlich einen zarten Blondschopf in ihren Mutterarmen hegt. Die Frau bietet dank ihrer «hellen Gegenwart» allen Schatten, die vom Schicksal des Mannes her trübend aufsteigen könnten, «mächt'ge Widerpart» (IX, 46). Gegen seinen Hang, sich wagemutig der Verlockung durch die Gefahr hinzugeben, ist sie jedoch bei aller Liebe machtlos. Oft muß sie seine Heimkehr mit Bangen erharren, und sie eilt ihm darum immer wieder wie einem «Neugeschenkten» entgegen.

Eines Morgens erzählt er ihr auf ihr Drängen hin von einem bedrückenden nächtlichen Traum, der ihn in seine Heimat und in den Bannkreis des Unglücksberges (Monte della Disgrazia) zurückgeführt hat (IX, 48):

> *«Ich drang in eines Tales Raum,*
> *Das dicht gefüllt bis an den Rand*
> *Von blühnden Alpenrosen stand.*
> *Das ganze Tal war rot wie Blut -*
> *Ich dachte dein in Liebesglut,*
> *Doch, länger schauend in das Rot,*
> *Gedacht' ich an den jähen Tod.*
> *Da hob den Blick ich und ich sah*
> *Den Berg des Unglücks groß und nah.»*

Er schenkt dem Traum keine weitere Beachtung und meint zu Engel, die «schaudert und erbleicht» (ebd.): «Du hast mich von dem Bann befreit / Des fernen Lands, der fernen Zeit.»

Wenig später stürzt Kurt, wie er ein Raubvogelnest ausheben will, um den Weidgang der Schafe wieder zu sichern, in der Gadmenfluh ab. Engel, die – den Jüngsten auf dem Arm – aufgebrochen ist, um den Gatten, der schon lange hätte zurückkehren müssen, zu suchen, findet den geliebten Mann in den letzten Zügen (IX, 49f.):

> *Noch atmet er – sie kniet sich nieder*
> *Und bettet ihm in ihrem Schoß,*
> *Gebrochen sind die starken Glieder,*
> *Die Arme hangen regungslos.*
> *Ihr Auge läßt das seine nicht,*
> *Das unter ihrem Blicke bricht.*
> *Sie küßt den Mund, der ist so bleich.*
> *Er stirbt. Ihr Leben stirbt zugleich.*

So erlebt auch Engel ihren «Todesstoß». Vom Jüngsten aber heißt es (IX, 50): «Den Toten blickt das stille Kind / Mit unverwandten Augen an.» Er spürt wohl, was Meyer im frühen Gedicht KAMPF UND SIEG sagt (VII, 281): «Es ist dem einzigen Vater das Todesbette gebettet / Und niemand auf dieser Erde, der ihm das Leben rettet.»

Doch die Witfrau zerbricht nicht ob ihrem herben Schicksal. Zuweilen ist sie jetzt wieder im Taldorf zu sehen, wo sie sich ein Häuschen erstanden hat und dort, des Gatten in Liebe eingedenk, die Wolle ihrer Schafe verarbeitet. Jene Klosterleute, welche Engels Jugendzeit noch miterlebt haben, erkennen in ihr freilich nicht mehr das flüchtige Mädchen von einst, wenn sie in Begleitung ihrer Kinder «ernst» vorübergeht (IX, 51 f.):

> *Es war die Würde der Gestalt,*
> *Der seltne Klang der kargen Worte,*
> *Der Augen schmerzliche Gewalt,*
> *Ein fremdes Bild den Gottesleuten,*
> *Die vormals bei der Klosterpforte*
> *An Engels Antlitz sich erfreuten.*

Pater Hilarius, ihr «Schicksalsvater», berät die tapfere Mutter bei der Berufswahl ihrer Söhne. Im Beisein Angelas beobachtet er die Jungen beim Spiel, denn (IX, 53): «Spiel enthüllt, / Was eines Kindes Herz erfüllt.» – Kurd, der Älteste, wird Soldat, Benedikt, der Zweitgeborene, eignet sich zum Krämer und Kaufmann, und Beat, der dritte der Söhne, ist offenbar für das Amt des Geistlichen und angehenden Gottesmannes auserwählt. So sind die drei auf althergebrachte und für die Menschheit wichtige Berufe festgelegt. Die Bedenken Angelas ob der Berufswahl des Ältesten zerstreut Hilarius mit seinem Hinweis darauf, wenn man Gewalt «in rechten Dingen» anwende, sei die Gefahr des Mißbrauchs leicht zu vermeiden, der – wie er ungeschickterweise beifügt – ihr leiblicher Vater nicht habe entgehen können. Der neugierig Gewordenen muß der Pater jetzt wohl oder übel die Geschichte ihrer irdischen Abkunft erzählen. Er streift dabei auch die von ihm bewußt vorgebrachte «Märe von dem Engelein», die er für Angelas Lebensfrühe ersonnen hat, «[u]m Dunkles heiter einzukleiden / Und jeglich Ärgernis zu meiden» (IX, 57). Engel senkt nach der Enthüllung ihrer Herkunft die nassen Augen «in Scham und Schmerz» zu Boden: «Sie drückt der Menschheit dunkles Erbe, / Der Lose lastende Verkettung» (IX, 58). Aus dieser Pein erlöst sie der Jüngste, Werner, der schmeichelnde Blondschopf, dessen künftiger Beruf noch nicht ermittelt wurde. Er reicht der sich grämenden Mutter «ein Viehlein, das aus Lehm er schuf» (IX, 58). Damit hat auch der Kleine die berufliche Zukunft in spielerischer Art gefunden. Ihm, der ein schmächtiges Schmerzenskind ist und dem die Mutter noch die Brust bot, als sie im Herzen schon dem toten Gatten Raum geben mußte, ist das Künstlertum wesensgemäß, und also mag er «sich des Lebens freun im Bilde» (IX, 59). Der Halbwaisen Los ist nun entschieden, und es erfüllt sich nach der auch die Mutter belehrenden Voraussicht des Geistlichen, der Engels Lebensgang in allen entscheidenen Situationen überwacht und mitgelenkt hat:

Kurd, in dem das Erbteil des Vaters am mächtigsten ist, tritt in den Dienst des Grafen von Habsburg und zeichnet sich im Heer des zum Herrscher im Reich Aufgestiegenen besonders aus. Benedikt macht sich als Gehilfe eines Luzerner Kaufmanns unentbehrlich und heiratet später «ein städtisch feines Weib» (IX, 67), was er seiner Mutter brieflich mitteilt. Zu seiner Hochzeit mag er Angela allerdings wegen der dabei aufkreuzenden vornehmen und zum Teil adeligen Gäste nicht einladen, weil sie sich in diesen Kreisen nicht wohlfühlen würde. Damit die Mutter dennoch seiner gedenke, glaubt er sie mit überreichen Geschenken für ihren Ausschluß zu entschädigen. Auch Beat hat sich von Angela gelöst. Mit Leib und Seele Geistlicher, ist er durch ein dreifaches Gelübde von allem Weltlichen ausgeschlossen und inzwischen so weit von seiner Mutter abgerückt, daß er keinen Sinn mehr für Engels schlichte Worte hat. Immerhin reicht er der Mutter, wie es zu seinem Amt gehört, «das heil'ge Brot, / Das sie, beseligt und gering, / Demütig auf den Knien empfing» (IX, 68).

Ein welscher Baumeister und Kunstverständiger, den der Abt von einer Romfahrt mitgebracht hat und der im Hochtal eine neue Kirche nach italienischer Manier bauen soll, bedeutet dem Vorsteher des Klosters mit leicht überheblicher Gewißheit, daß die alpine Landschaft keine Stätte für die Kunst sei. Doch ein aus Holz geschnitztes Josephshaupt, ein Abbild von Pater Hilarius, das unter den Heiligenbildern hängt, veranlaßt den Selbstsicheren zum Ausruf (IX, 69): «Der alte Joseph ist ein Wunder!» Dieses Bildwerk stammt von der Hand Werners, der, schwindsüchtig, mit versiegender Kraft vor Engels Hütte arbeitet. Wie ihn der Kunstkenner aufsucht, ist der Kranke eben damit beschäftigt, das letzte Werk vor seinem Erlöschen noch zu vollenden (IX, 70):

Ein Bild, das er als Kind gesehn,
Er läßt es wiederum entstehn:
Den Toten in der Mutter Arm,
Die ganz versunken ist in Harm.
Im Schoße hält die Schmerzenreiche
Das wunde Haupt der teuren Leiche.

Vergeblich versucht der Fremde den Jungen zu bereden, er möge ihm nach Italien folgen, wo ihm in warmen Lüften Heilung beschieden sei und die Kunst ihre eigentliche Heimstätte habe. Auch ein verführerisch gezeichnetes Bild des Lebens, das ihn dort erwartet, bewirkt bei dem kranken Bildschnitzer keinen Sinneswandel. Des Fremden Versicherung, selbst der Tod werde im Süden unter reizvollerer Gestalt erlebt und den Toten sei ein heiterer Platz für ihre große und letzte Ruhe beschieden, fruchtet nichts. Werner lehnt all diesen berückenden südlichen Zauber ab und erklärt überzeugt (IX, 73):

«Hör auf zu ziehen in die Ferne!
Hier leb' ich und hier sterb' ich gerne.
Du selber, Fremdling, sprachst es aus:
Es dient die Kunst dem Vaterhaus,
Ein Werk, das nicht die trauten Züge
Der Heimat trägt, mir dünkt es Lüge, [...].»

Der Kunstkenner geht schließlich, von der Innigkeit der Pietà zutiefst gerührt, mit der Feststellung (IX, 74): «Ich gebe Ruhm, du bietest Trost.» Beim Scheiden erkennt er noch, daß es die eben dazugetretene Mutter ist, welche Werner als die Schmerzenreiche abgebildet hat. In der folgenden Nacht stirbt Angelas Letztgeborener.

Somit hat Engel den ersten Sohn, welcher der Letzte war, der bei ihr geblieben ist, verloren. In einem künftigen Frühling ereilt der Tod auch Kurd, der bei einem Besuch in der Heimat unter tragischen Umständen ums Leben kommt. Wie er bei einer Überschwemmung seine geliebte Liesbeth und deren Geschwister aus der von den Fluten umtobten Mühle retten will, gelingt es ihm nur noch, die Kinder in Sicherheit zu bringen. Seine Liebste und er werden fortgeschwemmt und ertrinken. Nun wird es still um die Witwe (IX, 83): «Seit Engel wohnt in leerem Raum, / Nicht weiß sie selbst wie lange Zeit, / Verklärt sich in der Einsamkeit / Das Leben ihr und wird zum Traum.» Sie sehnt sich nach den tiefen und reinen Himmelsgründen, erinnert sich in ihrem «himmlischen Heimweh», daß man von ihr gesagt hat, sie sei mit einer seligen Schar von Engeln einst zum Engelberg niedergefahren, und

> *[s]ie glaubt es und es wird ihr wahr,*
> *Und fährt im Blau ein lichter Reigen,*
> *So sieht sie heil'ge Mächte walten*
> *Und sieht sich Arme segnend neigen*
> *Und grüßt hinauf zu den Gestalten. (IX, 83)*

Bedeutet das nicht – mit Goethes Mater Gloriosa im *Faust* zu reden: «Komm, hebe dich zu höhern Sphären»? – Und was sie «erahnt», dem folgt sie nach.

Hilarius, der Altgewordene, scheucht in einer Sommernacht Angela aus ihrem Schlummer auf und bittet sie, sie möge einer jungen Frau beistehen, deren Mann beim Wildheuen am Engelberg zu Tode gestürzt sei. Ihr selbst sei ja Ähnliches widerfahren, «[u]nd Gram wird nur von Trost gestillt, / Der selbst aus wundem Herzen quillt. / Du kennst den Weg. Leb wohl!» (IX, 84)

Und ob sie ihn kennt! Jetzt leidet es Angela nicht mehr zu Hause. Sie bricht auf, eilt bergwärts, «rasch und ohne Bangen», aber sie erreicht die Hütte der unglücklichen Witwe nicht, ist sie doch längst an jenem Steg vorüber. Es zieht sie hinauf in die Gipfelkühle (IX, 85):

> *Sie steigt, als ob empor sie triebe,*
> *Was sie gelitten und empfunden,*
> *All ihre Wonnen, ihre Wunden,*
> *All ihre Kraft, all ihre Liebe!*
> *Sie schreitet ohne Rast und Ruh*
> *Dem offnen Tor des Himmels zu –*
> *Und ist am Gipfel angekommen,*
> *Sie hat den steilen Berg erklommen,*
> *Frei oben steht mit einem Mal*
> *Sie jetzt und rings versank das Tal.*

Das Morgenlicht beginnt die Firne zu röten: die zum *Mons Angelorum,* zum *locus sacer* Aufgestiegene erfährt eine merkwürdige Levitation: «Die Tiefe tönt, die Höhen klingen, / Die Erde schwindet ihrem Fuß, / Sie fühlt gehoben sich von Schwingen / Und sie vernimmt den Engelgruß.» Was ihr musikalisch verkündet wird, ist Heimkehr zu ewigem Aufgehobensein. Sprachlose *admiratio* erfüllt die Verzückte, die in den Kreis des Numinosen eingetreten ist. Glanz, der vom Unsagbaren ausgeht, löst alles Irdische auf (IX, 85 f.):

> *«Es ging ein Himmelskind verloren*
> *Und blieb dem Himmel doch getreu,*
> *Es ward von einem Weib geboren*
> *Und wußte doch, woher es sei.*
> *Es dachte heim in bangen Stunden,*
> *Es hat geweint und uns gesucht,*
> *Wir haben wieder es gefunden*
> *Und retten es in schneller Flucht.»*

Dieser märchenhaft anmutende Schluß der «Bergidylle» (IX, 101), den Meyer «gehoben» hat (an Wille, 23. November 1886; IX, 115) und der nach Friedrich Theodor Vischer «in echten Goldschein der schönsten Legende» aufsteigt (IX, 118), ist wohl doch bedeutsamer und der Inhalt des «Dichtungchens» gewichtiger, als man auf den ersten Blick anzunehmen bereit ist. Der Dichter hat nach eigener Aussage «viele Schönheit» an ENGELBERG gewandt (Betsy, S. 169) und gesteht noch am 26. November 1886 in einem Brief an Johanna Spyri, daß sein «Engelbergchen» ihm «über 14 Jahre hinweg – alte Zeiten in Erinnerung und noch ältere» bringe (Spyri, S. 63). Der Text spiegelt also offensichtlich Früheres und vielleicht sogar Frühstes in verbrämter Weise wider.

Ist es vermessen, in diesem Zusammenhang an die kindliche Äußerung des dreijährigen Conrad zu erinnern, dem seine für das «himmlische Heimweh» offene geliebte Mutter von der Seligkeit der Engel erzählt hatte, und der gefragt haben soll: «Was ist die Seele? ... Ein Engel?» (Hohenstein, S. 13) – Ist Angela, nachdem Meyer auf den wirklichen Engel verzichtet hatte und der himmlische Ursprung des Mädchens zum frommen Betrug eines Mönchs gemacht worden war, als auf ihrer beispielhaften Erdenlaufbahn unschuldig schuldig werdende Mutter etwa die reinkarnierte eigene Mutter? – Nach Juttas Selbstmord hält Engel, deren reines Kleid mit Blut befleckt ist, die «Todesrose» in der Hand. Dem selber von Schuld bedeckten Jäger gesteht sie: «Groß ist meine Schuld und groß mein Leid» (IX, 34), und sie schreit in Ängsten (IX, 35): «Sie zu verlassen unbedacht, / Hieß öffnen ihr des Grabes Pforte!» Und das Blut Juttas und Angelas Schuld führen geradewegs zur Blutschuld des Jägers, ihres späteren Gemahls hin, zu dem sie erstaunlich gefaßt sagt: «Und deine Schuld ist meine Schuld!» (IX, 39)

Am «End' der Welt», will sagen in deren hinterstem Winkel, finden die geflohene Vollwaise und der Verbannte, in *einer* Schuld und *einer* Buße miteinander verbunden, zu ihrem bescheidenen irdischen Glück: vier Söhne werden geboren; aber wer die Todesrose in Händen hielt, die einst als taubenetztes Röslein – noch nicht von menschlichem Schicksal belastet – blühte, kann dem an Liebe gekoppelten Leid nicht entgehen. Den abgestürzten Gatten hält Angela gleich der Schmerzenreichen im Arm. Ihr Jüngster wird vor seinem Hinschied den unvergeßlichen Anblick durch seine Kunst verewigen, und die Kette der Verluste setzt sich im Dasein dieser Mutter fort: sie verliert all ihre Söhne durch frühen Tod oder Entfremdung; aber die zur Individuation auserlesene Seele zerbricht darob nicht. Sie besteht alles ihr Auferlegte trotz wiederholten «Todesstößen» und ist bis zuletzt bereit, Gram zu stillen mit jenem Trost, «der selbst aus wundem Herzen quillt» (IX, 84). Darum gilt von dieser Angela, die ihre Himmelfahrt, soweit dies möglich ist, aus eigenen Kräften leistet, was Meyer am Schluß des Engelgrußes in einer früheren Fassung mit den folgenden Zeilen festgehalten hat (IX, 408):

> *Du schaust mit festgeprägten Zügen*
> *In deines Schöpfers Angesicht.*
> *Dein Erdentag ist Dir zerronnen*
> *Doch hast Du durch die Gluth der Schmerzen*
> *Auf ewig jetzt Gestalt gewonnen:*
> *Du kommst zurück mit einem Herzen.*

Der Schluß der Dichtung bedeutet mystische Verklärung eines mütterlichen Daseins, und zwar abgesehen von allem Christologischen, das an Deschwandens zahlreiche Marienbilder, Franz Josef Spieglers «Himmelfahrt Mariae» in der Klosterkirche Engelberg, das Altargemälde in der Horbis-Kapelle – auch eine Mariendarstellung – oder an Tizians unvergleichliche «Assunta» anknüpfen mag, die Meyer in Venedig bewundert hat.

In den genannten Kunstwerken wird zwar immer bildhaft erfüllt, was der Dichter vorstellungsmäßig behutsam und nicht ohne Selbstzweifel – sozusagen überpersönlich – bewältigt, wenn er das Mutterbild, das Bild seiner Mutter in dieser Art und Weise erhöht und von jedem Makel reinigt, der darauf liegen mag (vgl. Fehr, S. 127 ff.); denn auch sie, eine schuldlos Schuldiggewordene, «drückt[e] der Menschheit dunkles Erbe, / Der Lose lastende Verkettung» (IX, 58). Im Gegensatz zu Angela zerbrach sie daran und bedurfte darum hinterher in gedoppelter Liebe der Errettung. Was Engel in mütterlicher Sorge von Rudolf, dem künftigen Herrscher über alle, dem Stellvertreter Gottes auf Erden, beim Abschied von ihrem Ältesten erbittet: «Herr, gib ihm Arbeit, gib ihm Ziele, / Danach er ring' in Schweiß getaucht!» (IX, 65), das erfüllt sich bestimmt am Dichter, wenn er – unermüdlich bemüht – der Toten zum Gedenken den *Mons*

Angelorum zum *locus sacer* erhebt. Dort darf eine Frau und Mutter, die durch die Glut der Schmerzen auf ewig unverwechselbare Gestalt gewonnen und ihr Leben so geheiligt hat, ihrem Schöpfer entgegentreten und ihm als wichtigsten und einzigen Ertrag ihres Erdentages ihr Herz überantworten.

In der Dichtung ENGELBERG, der Meyer «ihre fließende Gestalt gab zur Stunde, da es ihm vor den Meisterwerken venetianischer Kunst und in neu erwachender Erinnerung an Michel Angelo vollkommen klar wurde, daß für seine Dichtkunst das einzige Heil in festester Gedankenmotivierung zu finden sei» (Betsy, S. 170), «verlöschen» nach Kinkels Urteil «immer einzelne *Kerzen*», «Jutta, der Mann, der junge Bildschnitzer, der Soldat mit der Geliebten» (an Meyer, 24. Januar 1873; IX, 107). Mit andern Worten: «Des Todes Schlummerflöten klingen» hier schon häufig (I, 191); Jugendliches erliegt dem Tode, der sich unangefochten auf der Lebensseite behauptet. Warum erlöschen so viele? Das ist nicht bei allen bis ins letzte klar ersichtlich. Vollenden sie im Tod vielleicht ihr persönliches Schicksal im Zeichen der «lastenden Verkettung» (IX, 58)?

Engels Mutter, die reuige Ehebrecherin und Gattenmörderin – sie könnte als Vorstufe zu Stemma in der RICHTERIN gelten – stirbt nach der Geburt des in Schuld und sündiger Liebe empfangenen Kindes. Ihr Tod bedeutet späte Umkehr und Sühne. Jutta bringt sich um, weil sie am Zerbrechen der Liebe verzweifelt. Sie entflieht dieser Welt, die sie ausgeschlossen hat und in der ihr ein Leben ohne Liebe unmöglich erscheint. Kurt, Engels Gatte, büßt im Tod vielleicht für seine alte Blutschuld, die aus einer Liebesbeziehung seines Ahns erwachsen ist und zur Familienfehde führte. Kurd, Engels Sohn, stirbt, wie er die Liebste retten will und auf ein mögliches Glück in dieser Welt setzt. Engels Jüngster, Werner, fällt dem Tod anheim, nachdem er die schmerzenreiche Liebende, die Vision vom Tod des Vaters, gestaltet hat.

Und Angela? Nur sie stirbt eigentlich nicht. Sie wird einfach zurückgeholt, geht auf im Himmel, wird dieser Welt enthoben. Warum? Weil das Leben, das sie in allen fraulich-mütterlichen Möglichkeiten durchlitten hat, für sie ausgeschöpft ist und die himmlische Macht sie derart ergreift, daß sie ihr folgen muß. Wer alle Pfade, die das Leid eröffnet, in Liebe abgeschritten hat, ist reif für das Göttliche. Treue Liebe, die auch das Opfer nicht scheut und im Schmerz des Verlustes beständig bleibt, macht den Menschen in dieser Welt der Sünde unverletzlich und enthebt ihn der Sühne. – So bleibt ihr als letzter Weg die Himmelfahrt, die sie dorthin zurückbringt, von wo sie nach einem frommen Betrug angeblich ausgegangen sein soll. Die Liebe von oben nimmt so stark an ihrem Leben Anteil, daß es für sie, die in der katholischen Frömmigkeit aufgeht, nur noch ein mit Ungestüm zu vollziehendes *sursum* (Empor!) gibt. Was der tiefbeklommen über Todesgründen schwimmende Dichter Camoëns als sein Vorhaben nennt – «[...] Indeß die Stirn der Mutter ich / Mit edlem Lorbeer kröne!» (DER SCHWIMMER; VI, 72) –, das ist Meyer in der Gestalt Angelas damit offensichtlich gelungen. Selig und von Schuld gereinigt erweist sich dieses Mutterbild. Sein Anblick ist erhebend und suggeriert Himmelsfreuden. In der «Luft der Höh'n», wo «Gottes Athemzug» weht, empfindet Engel «[d]es Gottentstammten Geistes Gotteslust» (III, 26 ff.), und keine irdische Verdüsterung kann fortan ihren Seelenglanz jemals noch trüben.

«Genüber thronte silberbleich / Der Titlis in der Lüfte Reich.» (IX, 7): Das Engelbergertal gegen den Titlis.
Stahlstich von Caspar Ulrich Huber (1825–1882) nach einer Zeichnung von Johann Jacob Ulrich d. J. (1798–1877). Erschienen in: Johann Jacob Ulrich, «Die Schweiz in Bildern nach der Natur gezeichnet», Zürich 1851–1856. Da er das Buch ins Französische übersetzt hatte, kannte Meyer das Blatt. Zentralbibliothek Zürich

Entstehung

1857, nach seiner Rückkehr aus Paris, zieht es den damals rastlosen Meyer hinauf in die Einsamkeit der Berge, wo er seinem «ewgen, stillen Schnee» (I, 392) näher sein kann und es sich leichter atmet als in «der Städte Staub» (I, 112). Seine Schwester begleitet ihn nach Engelberg; liebe Bekannte, darunter die von Meyer verehrte Maria Burckhardt und der Maler Melchior Paul Deschwanden, weilen ebenfalls im Hochtal. 1858, nach dem Römer Aufenthalt, reist Meyer, diesmal allein, wiederum nach Engelberg, und 1859 und 1860 verbringt er zusammen mit Betsy seine Bergferien auf der Engstlenalp.

Betsy berichtet in Briefen an ihre Tante von der Wirkung der Landschaft:

Schön ists freilich, und mir keinerlei Entbehrung oder Hinderniß, da der l. Conrad sehr gern hier ist und sich in der herrlichen Luft mit starken Märschen in den Alpen stärkt und erquickt. Er war bei wolkenlosem Himmel auf dem Titlis.

Betsy Meyer an Caroline Meyer-Ott,
18. Juli 1857 (IX, 92)

Du kannst Dir indessen wohl denken, liebste Tante, daß ich beim Anblick der glühenden Berge, umgeben von all den stillen Kapellen des schönen Unterwaldnerlands, wenn die Glocken und Glöcklein läuten und der Morgen- und Abendduft auf den grünen Matten liegt, daß ich mehr als je das Heimweh nach der geliebten Mutter bekomme, die ihr ganzes Leben lang solchen Frieden in den Bergen vergebens gewünscht hat. Ich möchte mich oftmals aufmachen und steigen von Firn zu Firn, weil mir ist, da oben müßten die goldenen Thore des Himmels offen sein.

Betsy Meyer an Caroline Meyer-Ott,
2. August 1857 (IX, 92f.)

Meyer wird am 11. März 1874 zu Franz Brümmer bemerken (IX, 93): «Das Idyll Engelberg will nichts sein als die Verkörperung einer landschaftlichen Stimmung.»

Erstmals greifbar wird der Engelberg-Stoff im Keimgedicht ENGELBERG vom Sommer 1862:

Helle Herdenglocken leiten
In den Thalgrund still u. grün
Und der Berg wirft seinen breiten
Dunkeln Schatten über ihn.

U. der Berg ist in den Sagen
U. Legenden wohlbekannt,
U. in längst vergang'nen Tagen
Schon der Engelberg genannt.

Und es heißt, die Engel hüten
Auf dem Berg das nächt'ge Thal,
U. verbreiten ihren Frieden
Bis zum ersten Sonnenstrahl.

U. im Sternenlichte singen
Sie, so heißt es, oft im Chor,
Doch so leise, daß sie dringen
Selten an ein menschlich Ohr. [...]

U. beim ersten Sternenglimmen
Über der Gebirge Schnee
Läßt ein Chor von reinen Stimmen
Sich vernehmen in der Höh':

Selig, wer vermag zu lauschen,
Was der Engel Stimme spricht,
Wenn die Leidenschaft mit Rauschen
Sich an seinem Herzen bricht.

Wilde Freuden, dumpfe Schmerzen
Übertönen unsern Klang,
Nur die reinen, stillen Herzen
Hören unsern Lobgesang.

Wer kann von der Lust sich trennen,
Hat den ersten Schritt gethan,
U. er lernt die Freude kennen,
Welche nicht betrüben kann, [...].

(IX, 148–151)

Bei seinem Aufenthalt in Davos-Wolfgang im Sommer 1871 kommt Meyer auf die Romanze zurück und plant den Stoff zu einer größeren Dichtung auszuarbeiten. Im Frühwinter entsteht in Verona der erste Gesang, was er Mathilde Wesendonck und François Wille mitteilt (IX, 97f.). Entscheidend rückt die Arbeit aber erst zu Beginn des Jahres 1872 in Venedig voran:

Ich bin gerade jetzt in der etwas peinlichen Lage, einen herrlichen Stoff zu haben, mit dem ich aber mühsam ringen muß, wenn ich ihm seinen Werth geben will. Ich kann mich auch einem gewissen ziemlich wohlfeilen Feuer, das jeder

Dichter mehr oder weniger von Natur hat, nur sehr bedingungsweise überlassen, da ich meine Idee nichts mehr und nichts weniger verkörpern will. Ich stehe, wie M. Angelo sagte, vor dem Stein und sage mir stündlich: Courage, Es steckt drinnen, es handelt sich nur darum, es herauszukriegen.

Meyer an Johann Rudolf Rahn,
18. Januar 1872 (IX, 98)

C'est une étrange création que mon Angela, une sorte de Psyché du moyen âge. L'élément légendaire est traité avec toute la liberté qu'y met Goethe dans son Faust. *L'idée fondamentale, c'est la création d'une individualité par le fait d'une vie humaine fortement accidentée. Mon ange est un baby, un* putto *de Bellini ou de Raphaël, un sourire avec une paire d'ailes, égaré sur la montagne, que la vie transforme et développe en une puissante et ineffaçable individualité. Cette idée est vieille chez moi d'une dixaine d'années, mais c'est l'été dernier, à Davos, qu'elle m'a empoigné avec l'énergie nécessaire. Pardonnez mon bavardage: je suis assis en pensée à votre foyer, lorsque, passé huit heures, vous le savez,* chacun est autorisé à dire une sottise.

Meyer an Louis Vulliemin,
3. Februar 1872 (Vulliemin, S. 536)

Schon am 27. Februar 1872 schreibt der Dichter an Haessel:

Vorgestern habe ich mein neues Gedicht beendigt und es gestern meinen eben angelangten Freunden Wille und Gemalin [...] vorgelesen. Nach ihrem Urtheil darf ich Ihnen sagen, daß es, so verschieden es in Motiv und Form von «Hutten» ist, diesem an Werth nicht nachgibt. Es führt den Titel: «Der Engelberg, eine Legende.» und behandelt, in durchsichtiger Symbolik an den Namen Engelberg *sich anschließend, ein typisches Frauenschicksal, eine Art mittelalterlicher Psyche. So duftig Anfang und Ende (und wer kennt das Woher und Wohin der Menschen?) sind, so realistisch ist das wirkliche Erdenleben behandelt. Es ist die Bild[un]g eines einfachschönen weiblichen Charakters durch das Erdenleben. Etwas größer als Hutten (1800 Verszeilen), ist es im Metrum des Kinkelschen Otto der Schütz geschrieben in wenigen Wochen, was dem Fluß der Verse zu gut gekommen ist.*

(IX, 99f.)

Aber bereits im Mai 1872 befindet sich Meyer «wieder in vollem Umarbeitungsfeuer», weil er inzwischen den Plan des Gedichts «wesentlich verändert» hat (Betsy Meyer an Haessel, 5. Mai 1872; IX, 101). Die Schwester, der Meyer in Venedig «die melodischen Verse [...] mühelos diktiert» hatte (Betsy, S. 169), kommentiert sein neues Bemühen um ENGELBERG gegenüber Haessel am 26. Mai 1872 wie folgt:

Das Ganze ward realistischer.
– Sie wissen wie's geht, wenn man mit kräftigern Farben in ein fertiges Bild hinein korrigirt, – das Ganze muß neu übermalt werden!
Und dazu gehört gute Stimmung, die nicht auf den ersten Ruf zu Gebote steht.

(IX, 101)

Meyer begründet die Änderung des Konzepts in einem Brief an Vulliemin, woraus auch ersichtlich wird, daß ihn das Werk noch immer nicht restlos befriedigt:

La pensée primitive était de raconter la carrière terrestre d'un ange réel. Mais, quand cette carrière aboutit au mariage, la chose devint difficile à concevoir et je transformai résolument mon ange en être humain, faisant de son origine céleste la fraude pieuse *d'un moine, tout en laissant subsister le caractère angélique et la mystique naturelle attachée à une destinée humaine. En toute vérité, je ne sais encore si j'ai composé quelque chose de profond ou une insanité.*

Meyer an Louis Vulliemin,
3. August 1872 (Vulliemin, S. 537)

Am 29. Mai 1872 ist die Reinschrift vollendet; Mitte Juni sendet Haessel die ersten Korrekturbogen, anfangs August das fertig gedruckte Büchlein.

Die zweite Auflage der Dichtung erscheint 14 Jahre nach der ersten. Die neuerliche Umarbeitung verläuft schleppend, weil der Dichter einerseits des Verlegers Wünschen nach Änderungen entsprechen und gleichzeitig Willes Rat, er möge zum ersten, noch dem Legendenhaften verpflichteten Schluß zurückkehren, nachkommen sollte. Meyer begnügt sich mit Retuschen und entschuldigt sich gegenüber Wille, daß er den erwünschten ursprünglichen Schluß nicht habe «restauriren» können, weil er sonst «das ganze kleine Bauwerk ruinirt hätte» (IX, 115). In seiner Einschätzung wandelt sich jetzt die Dichtung zum «verschollenen *Engelbergchen*» (an Johanna Spyri, 26. November 1886; Spyri, S. 63), und er bedauert, daß er in diesem Werk «viel formelle Lieblichkeit nicht in den Dienst irgend einer Idee» gestellt habe, «denn von einer solchen ist keine blasse Spur. Auch Composition in höherm Sinne mangelt vollständig» (an Rodenberg, 26. November 1886; Rodenberg, S. 226).

Als Mangel in der «Composition» macht Adolf Frey in einer Rezension in der «Neuen Zürcher Zeitung» vom 5. Januar 1887 etwa den Umstand geltend,

[...], daß die ganze zweite Hälfte des Werkes von den Kindern Angelas erzählt, daß sich ihr Leben und Schicksal im Leben der Kinder spiegelt. Das ist wahr und rein menschlich, aber es ist ein künstlerischer Mangel, weil die Heldin gar zu sehr zurückgedrängt wird.

(IX, 119)

Schneelawine im Schächental am 12./13. Dezember 1808: Unterschächen mit St. Theodul, Blick nach Osten gegen die Clariden.
Pinselzeichnung in Sepia von Franz Xaver Triner (1767–1824), entstanden 1809. Vorlage zur Radierung von Johann Heinrich Meyer (1755–1829) für das 10. Neujahrsblatt der Zürcherischen Hülfsgesellschaft 1810. Alfred Zäch weist auf verschiedene literarische Vorlagen hin, die Meyer zur Episode von Kurds Opfertod bei der Rettung der Familie Liesbeths angeregt haben könnten (IX, 453f.). Vielleicht hatte der Dichter aber auch diese Darstellung vor Augen, denn das Blatt befand sich 1936 im Nachlaß Camilla Meyers und stammt wahrscheinlich aus dem Besitz von Ferdinand Meyer.
Zentralbibliothek Zürich

Rechte Seite:
Die Himmelfahrt Mariae («L'Assunta»).
Hochaltarbild (6,9 x 3,6 m) von Tiziano Vecellio (um 1488/90–1576) in der Kirche Santa Maria Gloriosa dei Frari in Venedig, entstanden 1516–1518.
Meyer spielt in seiner Dichtung direkt auf das Werk des venezianischen Meisters an, wenn er Angelas Gewohnheit beim Betreten der Klosterkirche beschreibt (IX, 18f.): «Und wann die Kirche sie betrat, / Ob morgens früh, ob abends spat, / Vor Gottes Mutter fromm das Knie / Zu beugen, sie versäumt' es nie, / Sie grüßte treugesinnt die Milde, / Die auf gen Himmel fährt im Bilde. / An ihrem Wolkenschemel hangen / Die Engelknaben ohne Bangen / Und einer lacht sie schelmisch an: / Da bist du wieder, Herzgespan! / Und einer neigt sich aus dem Chor / Und streckt die Hand: Fahr mit empor!»
Photographie Osvaldo Böhm, Venedig

Quellen und Anregungen

Auf die Handlung des Gedichts, die Meyer ausdrücklich als eigene Erfindung bezeichnet hat, wirkt neben anderem sicher die Sage von der Klostergründung im Engelbergertal ein. Sie liegt in verschiedenen Darstellungen vor. In Heinrich Murers *Helvetia sancta seu Paradisus Sanctorum Helvetiae Florum* (Luzern 1648), einem Werk, das Meyer als Stoffquelle benutzt haben könnte, heißt es vom Gründer, einem Freiherrn von Seldenbüren, er habe sich nach dem Tod seiner Eltern, weil er seine Erbschaft «nicht mit der Welt in Üppigkeit, Essen und Trinken [...] verzehren und verschwenden» wollte und «weil er sahe, daß in diesen Landen wenig Kirchen und Gottshäuser und weit voneinander gelegen wären» (IX, 125), nach einem Platz für die Stiftung eines Klosters umgeschaut:

[I]n dem 1118. Jahr [...] kame er endlich in Underwalden nid dem Kernwald, zoge mit den Seinigen durch das Tal Aa oder Saa für Wolffenschießen und Graffenort, wie mans jetzt nennet, bis er in die Höhe des wilden und rauhen Gebürgs und Hennenbergs kommen, welches ihme sonderlich gefallen, und ihme festiglich fürnahme, ein Mannskloster S. Benedicti Ordens in der Mutter Gottes Mariae und der H. Englen Ehr zu bauen, dieweil in dieser Wildnus mehrmalen englische und liebliche Gesang gehört worden. Dahero dem Berg der Namen veränderet und der Hennenberg Engelberg genannt worden.

(IX, 125)

In dem von Landschaftsmaler Johann Jacob Ulrich in Zürich herausgegebenen Buch *Die Schweiz in Bildern*, das Meyer selbst ins Französische übertragen hatte, lesen wir:

So mag wohl der Geist der Einsamkeit auch [...] zum Herzen des frommen Conrad von Seldenbüren *gesprochen haben, als derselbe, einen Frieden suchend, den die Welt nicht gibt, in dieses entlegene Bergtal eingedrungen war. Er gehorchte der Stimme und begann (um 1100) das Kloster zu bauen, nachdem die* Au bei Buochs, *welche zuerst zum Bauplatze bestimmt war, ihm zu wenig einsam geschienen hatte. Der Stifter, durch einen Leibeigenen grausam ermordet, liegt, nebst dem ersten Abte Adelhelmus, in der Klosterkirche begraben. Nach der Sage soll dem letzteren bei seinem Sterben auf dem Hahnenberg, an dessen Fuß das Konventhaus mit seinen weitläufigen Ökonomiegebäuden liegt, wunderbar von den Engeln musiziert worden und dadurch der Name «Engelberg» entstanden sein. Geschichtlich ist: daß Papst Calixtus II. in der Stiftungsbulle (1124) das neue Benediktinerkloster («quod nos* Mons Angelorum *cognominari volumus»), selber* Engelberg *genannt haben wollte.*

(IX, 124)

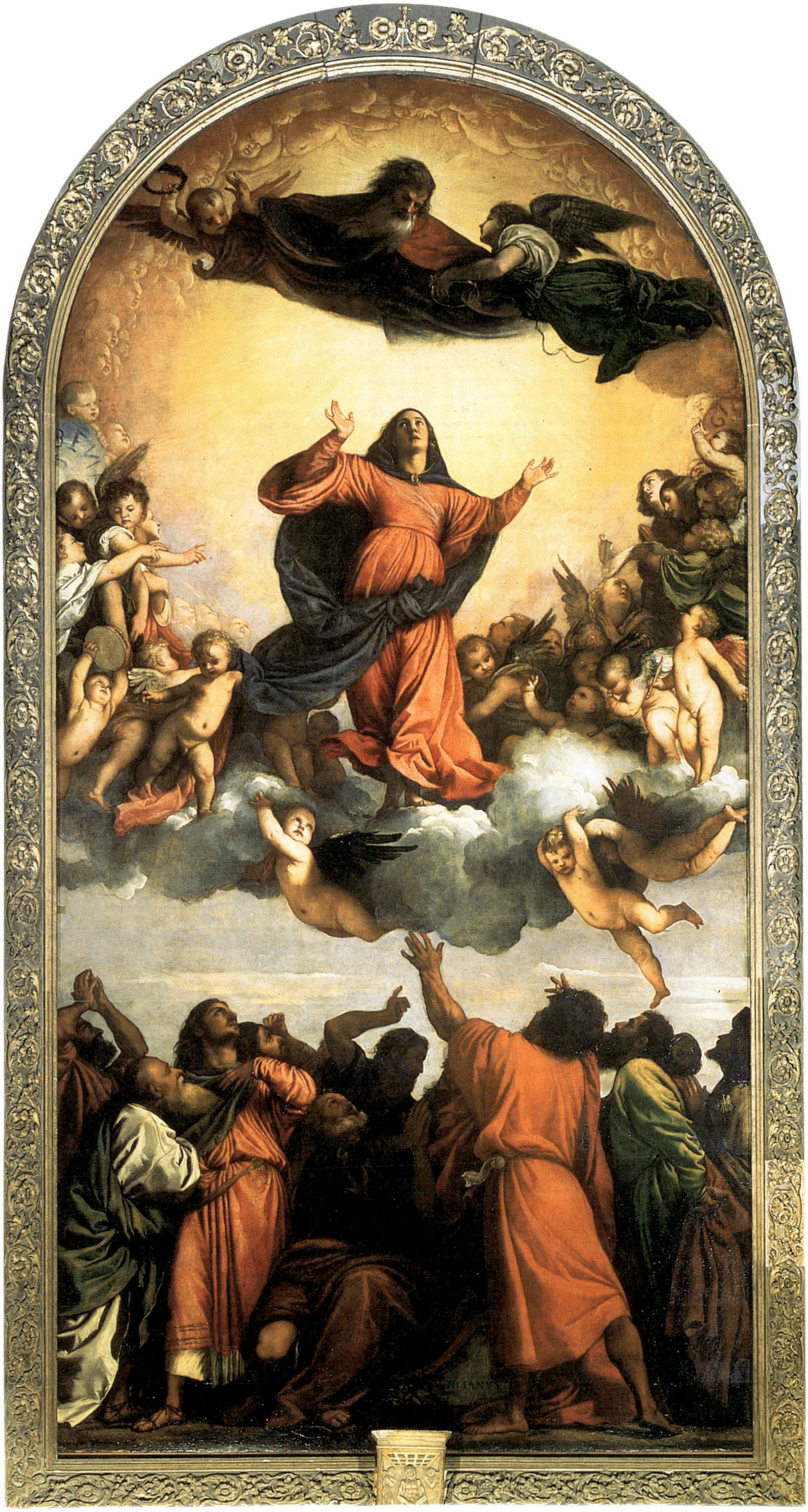

Musizierende Putten. Detail aus der Mitteltafel des Triptychons dei Frari von Giovanni Bellini (um 1430/35–1516): Thronende Madonna mit Kind und vier Heiligen. Vollendet 1489. Meyer gesteht Rodenberg am 26. November 1886, er habe sein «Engelbergchen» einst «in Venedig neben den Engelköpfchen Bellinis geschrieben» (Rodenberg, S. 226). Santa Maria Gloriosa dei Frari, Venedig. Photographie Osvaldo Böhm, Venedig

Was die in der Verserzählung auftretenden Personen betrifft, soll nach Frey Maria Burckhardt für Angela als Modell gedient haben. Deschwanden, der wie das verehrte «Schwänlein» 1857 auch in Engelberg weilte, zieht Frey als Vorbild für die Gestalt des künstlerisch hochbegabten Sohnes von Angela, des Bildschnitzers Werner, in Betracht, während nach Meyers eigener Äußerung der welsche Baumeister seine Wesenszüge Gottfried Kinkel verdankt (IX, 93).

Nicht übersehen darf man die Wirkung der großartigen Gebirgslandschaft, wie sie Meyer mit ganzer Hingabe erlebt hat; im weiteren ist der entscheidenden Anregung durch Tizians «Assunta» in Venedig zu gedenken, die, zusammen mit Giovanni Bellinis musizierenden Kinderengeln, ihm bildhaft die nötige dichterische Vorstellung erschließt, um Angelas Himmelfahrt vom und zum Engelberg mit jener Leichtigkeit des Steigens und Entschwebens zu gestalten:

Neben dem heimatlichen Zauber der fernen Alpen schwebt ihm dabei bald Tizians herrliche, andachtglühende Himmelfahrt der Madonna, bald schwebt ihm die unwiderstehliche Anmut der musizierenden Kinderengel Giambellinis vor.

(Betsy, S. 169)

Der Dichter war von Tizians Altarbild aus der Frari-Kirche, das sich von 1817 bis 1918 in der Akademie befand, tief beeindruckt. In Jacob Burckhardts *Cicerone*, welchen Meyer für seine Arbeit vermutlich beigezogen hat, ist folgende ausführliche Beschreibung des Gemäldes nachzulesen:

Aber in der Mitte seiner Laufbahn sammelte sich Tizian zu einem Altarbild sondergleichen: Mariä Himmelfahrt (Akademie, ehemals auf dem Hochaltar der Frari; wegen dieser beträchtlich hohen Aufstellung sind die Apostel schon etwas in der Untensicht dargestellt).

Die untere Gruppe ist der wahrste Glutausbruch der Begeisterung; wie mächtig zieht es die Apostel, der Jungfrau nachzuschweben! in einigen Köpfen verklärt sich der tizianische Charakter zu himmlischer Schönheit. Oben, in dem jubelnden Reigen, ist von den erwachsenen Engeln der, welcher die Krone bringt, in ganzer, herrlicher Gestalt gebildet; von den übrigen sieht man nur die überirdisch schönen Köpfe, während die Putten in ganzer Figur, ebenfalls in ihrer Art erhaben, dargestellt sind. Wenn Correggio eingewirkt haben sollte, so ist er doch hier an wahrer Himmelsfähigkeit der Gestalten weit übertroffen. Der Gottvater ist von weniger idealem Typus als die Christusköpfe Tizians; vom Gürtel an verschwindet er in der Glorie, welche die Jungfrau umstrahlt. Sie steht leicht und sicher auf den noch ideal, nicht mathematisch wirklich gedachten Wolken; ihre Füße sind ganz sichtbar. Ihr rotes Gewand hebt sich ab von dem gewaltig wehenden, vorn geschürzten dunkelblauen Mantel, ihr Haupt ist umwallt von ganz mächtigen Haaren. Der Ausdruck aber ist eine der höchsten Divinationen, um welche sich die Kunst glücklich zu preisen hat: die letzten irdischen Bande springen; sie atmet Seligkeit.

(IX, 94)

Zur Aufnahme der Dichtung

Neben dem kraftvollen HUTTEN wirkt ENGELBERG bei allem Liebreiz im Einzelnen blaß. Das hängt zunächst mit der Verschiedenartigkeit der geschilderten Hauptpersonen zusammen: des zarten, angeblich vom Himmel auf der Erde zurückgelassenen Engel-Kindes anderseits, dessen irdischer Lebensgang in ein Mutterschicksal einmündet und das bis zur legendenhaften Entrückung der sanften Heldin verfolgt wird; und des viel umgetriebenen Glaubensstreiters, Ritters, Dichters und Patrioten anderseits, der vor dem nahen Tode noch einmal in der Erinnerung sein abenteuerliches Leben vor uns ausbreitet. Da frommes katholisches Mittelalter, dort kecke Renaissance und streitbare Reformation; und von diesen Voraussetzungen her ist es nicht verwunderlich, daß ein ungeteilt positives Echo, wie es HUTTEN beschieden war, bei ENGELBERG ausbleibt. Die Urteile sind widersprüchlich:

Wille äußert sich am 18. August 1872 lobend über die erste Fassung des Werks, auf der er auch später beharrt. Er dankt Meyer «noch ganz unter dem Eindrucke der beglückten Stimmung» und erklärt sogar:

Keiner der Freunde, die Ihnen Ihr Hutten gewonnen, wird nicht befriedigt sein, und doch mußte der Hutten zuerst kommen, um zu packen: eine andere Seele als eines Alpentales.

(IX, 106)

Ähnlich schreibt Friedrich von Wyß drei Tage später:

[I]ch [...] kann Dir nur Glück wünschen, daß es Dir gelungen, ein so reines Lebens- und Naturbild in schönster Form zu gestalten. [...] Die rein menschliche tendenzlose Haltung tut wohl, wenn sie auch dem [...] modernen Geschmack vielleicht wenig zusagt.

Friedrich von Wyß an Meyer,
21. August 1872 (IX, 106)

Auch Vulliemin spricht anfangs September von «progrès dans la conception, progrès dans la possession de la langue poétique, progrès dans la poésie même». Ende Oktober erklärt er zu ENGELBERG:

Je comprends toutes les sottises auxquelles il peut donner lieu: «C'est Hutten renversé – vous êtes un pélerin de Lourdes – vous marchez à l'inverse de votre siècle [...].»

Louis Vulliemin an Meyer,
29. Oktober 1872 (IX, 106)

Iduna Laube faßt ihre Eindrücke über Meyers neues Opus in einem Brief vom 20. September 1872 an Haessel zusammen:

Halb wie ein Märchen und halb wie eine Kindergeschichte fesselt es durch den naiven Reiz und die tief empfundene Stimmung in der Naturschilderung. Aber als Ganzes hat mich der Hutten mehr ergriffen in seinem reich bewegten Menschensein, das eine ringende Mannesseele in erfüllende Weisheit abgeklärt. Engelberg schwelgt mir oft zu spielerisch im Naturgenuß der Einzelnheiten, wobei die Großartigkeit der Anschauung verschwimmt.

Ich glaube, Meyer muß sein sensitives Talent davor hüten, in bloß malerischer Schilderung zu überwuchern, wie das bei Stifter geschah.

(IX, 106f.)

Noch kritischer urteilt Gottfried Kinkel am 24. Januar 1873, dessen Einschätzung des Werks für Meyer von besonderer Bedeutung war:

«Engelberg» hat mich dann weniger ergriffen, es ist viel und schöner Stoff darin, aber er flattert wohl etwas auseinander, und darum rührt uns selbst das tapfere treue Frauenherz weniger. Die Figuren treten mir zu sehr als Episoden *auf, die Lichter löschen aus, Jutta, der Mann, der junge Bildschnitzer, der Soldat mit der Geliebten – es geht nicht die* Sonne *unter, sondern man sieht immer einzelne* Kerzen *verlöschen. Das liebt ein Mann nicht so, wahrscheinlich aber die Frauen mehr, deren Leben und Liebe dies langsame Verlöschen der Lebensfreude stärker im Herzen durchleidet. Vielleicht ist auch der Eindruck mir noch zu frisch. Die Farbe, die Naturbilder wieder sehr schön und, wie immer bei Ihnen, ganz Ihr Eigenes.*

(IX, 107f.)

Die von Kinkel erwähnte, mehr dem weiblichen Empfinden zusagende sentimentale Seite von Engels «Vita», auf die schon Iduna Laube zwischen den Zeilen anspielt, wird offensichtlich im Schreiben eines Lehrers in einer deutschen Kleinstadt, der Meyer gestand, daß er das Buch oft habe weglegen müssen, weil er sich der Tränen nicht habe erwehren können (IX, 109).

Eine Rezension vom 2. Oktober 1872 in der «Münchener Allgemeinen Zeitung» macht entschiedene Vorbehalte zu «Erfindung und Motivierung» der Dichtung, spricht von «den durchsichtigen Wundern ihrer Voraussetzungen» und «leichtgeschürzte[m] Wechsel ihrer Entwicklungen». Sie attestiert dem Autor «die Vorzüge anspruchsloser Formvollendung», billigt aber dem Ganzen doch nur den «Eindruck eines etwas äußerlichen Stimmungsbildes» zu, das gegenüber dem HUTTEN entschieden abfalle (IX, 111).

Freundlicher äußert sich Paul Wislicenus in der Zeitschrift «Deutsche Literatur». Der Rezensent lobt Meyers Abkehr von den «rauhen in fünffüßigen Jamben sich bewegenden zweizeiligen [HUTTEN-]Strophen», die, sozusagen monologisierend, meistens dem Helden das Wort überließen, während ENGELBERG zeige, daß der Dichter auch «der sanfteren Leier» mächtig sei (IX, 112).

«Das Amulett» (1873)

Im Zentrum der Novelle steht die Bartholomäusnacht, die «Pariser Bluthochzeit» vom 24. August 1572, die den Leser in die Zeit von Reformation und Gegenreformation in Frankreich zurückversetzt. Zur Heirat des hugenottischen Königs Heinrich von Bourbon und Navarra mit Margarete, der Schwester des französischen Königs Karl IX., strömten damals die Hugenotten in Paris zusammen. Admiral Coligny, ihr Anführer, hatte über den schwachen und wankelmütigen jungen König großen Einfluß gewonnen und suchte ihn dazu zu bewegen, mit den Oraniern und England zusammen einen Krieg gegen die spanischen Niederlande anzustrengen, die unter Herzog Albas brutaler Gewaltherrschaft litten. Dieses Ansinnen aber mißfiel Katharina von Medici, der Königinmutter, die sich zunächst auch zur antispanischen Politik bekannt hatte. Sie fürchtete überspielt zu werden, warf das Steuer herum und zettelte mit ihrem Sohne Heinrich von Anjou ein Komplott gegen Coligny an: Der Mordanschlag mißglückt; Katharina als Urheberin muß mit der Rache der aufgebrachten Hugenotten rechnen. In besinnungsloser Angst beschließt sie, alle zur Hochzeitsfeier in Paris weilenden Bekenner des neuen Glaubens umbringen zu lassen. Sie erzwingt die Zustimmung des zaudernden Königs; eine wilde Gerüchteküche peitscht die Pariser Bevölkerung auf. Es kommt zu einem fürchterlichen Blutbad, dem Coligny und fast alle in Paris versammelten Hugenotten zum Opfer fallen. Das Morden greift rasch auf die Provinz über: zwischen 5000 und 10 000 Calvinisten verlieren dabei ihr Leben. Das Schicksal der Hugenotten scheint damit besiegelt zu sein, ihre Sache endgültig verloren. Aber die Verbleibenden schließen sich jetzt nur um so enger zusammen. Heinrich von Navarra, der Bräutigam, ist verschont geblieben, weil er vorübergehend konvertiert hat. Er rückt im neu ausbrechenden Glaubenskrieg (1574–1589) zum Hugenottenführer auf und wird nach einer weiteren Konversion als Heinrich IV. erster Bourbonenkönig, den jetzt alle Franzosen anerkennen. *Le massacre de la Saint-Barthélémy* aber hat sich tief in die französische Geschichte eingeschrieben. Auch in die europäische.

Meyer läßt alle für das Geschehen wichtigen historischen Persönlichkeiten auftreten: Da ist Coligny, verehrungswürdig, ein überlegter und nobler asketischer Edelmann, der die Gestalt des Herzogs Rohan im JÜRG JENATSCH vorwegnimmt. Auch seine Widersacherin Katharina von Medici erscheint, unheimlich und ruchlos in ihrer Art. Zwischen den beiden steht der junge, unentschlossene König, ein «unklarer Mensch» (XI, 40), mitunter kindisch wirkend (XI, 42), der sich von den Parteien hin- und herziehen läßt. Sein Antlitz, das «nicht unedle Züge» trägt, verzerren Angst, Wut und Wahnsinn «zu einem Höllenausdruck», während er den Beginn des Mordens verfolgt (XI, 61). In die Mitte dieses grausen Geschehens rückt Meyer zwei Schweizer und eine Liebesgeschichte. – Schadau, ein junger Berner Adliger, dessen Vater schon unter Coligny gedient hat und für die protestantische Sache bei St. Quentin gefallen ist, wünscht dem Feldherrn der Hugenotten ebenfalls zu dienen. Der Admiral, der sich an Schadaus tapferen Vater erinnert, verspricht dem Berner eine Stelle in der deutschen Reiterei und beschäftigt ihn vorläufg als Schreiber. Dabei erfährt der überzeugte Calvinist vieles und wird Augenzeuge des Geschehens in jenen Augusttagen. – Der junge Boccard, Soldat bei der Schweizer Garde des Hauptmanns Pfyffer, ein Katholik aus Fribourg, freundet sich trotz unterschiedlicher Glaubensauffassung mit dem Landsmann an. Um ihn vor dem Hugenottenmord zu retten, läßt er den Berner in Gewahrsam nehmen und schließt ihn in sein Zimmer im Louvre ein, wo die Garde kaserniert ist. Hier erlebt der entsetzte Schadau das grauenvolle Gemetzel, hört die Mordrufe der Verschwörer und die Schmerzensschreie der Getroffenen und Sterbenden.

Die Nacht wird für Schadau zur Fiebernacht. Er verkennt zunächst die Absicht Boccards, der den Hugenotten aus dem Geschehen heraushalten will, und verlangt, völlig außer sich, vom Fribourger, als dieser endlich auftaucht, unverzüglich seine persönliche Freiheit. Coligny vermag er allerdings nicht mehr zu beschützen; dazu ist es längst zu spät. Aber – und hier rückt der zweite Handlungsstrang ins Zentrum – der Berner will zu Gasparde eilen, die ihm vor kurzem angetraut worden ist, um sie zu retten und aus der Seinestadt wegzubringen. Gasparde ist Colignys Nichte, die der Berner auf seiner Fahrt nach Paris kennengelernt hat. Der beim ersten Attentat verletzte Admiral hat die beiden vor wenigen Tagen mit dem Segen eines hugenottischen Geistlichen zusammengegeben. – Um seiner Kleidung wegen nicht als Anhänger Calvins erkannt zu werden, wirft sich der verzweifelte Berner in die Tracht eines königlichen Schweizers und wagt mit Boccard den Ausbruch. Jetzt überstürzen sich die Ereignisse. Nach der im letzten Augenblick vollzogenen Befreiung der vom Pöbel schwer bedrängten Gasparde wird Boccard vor dem Haus von einer Pistolenkugel tödlich getroffen. Schadau aber gelingt es, mit seiner jungen Frau dem Greuel zu entfliehen und die Schweizer Heimat zu gewinnen.

Der Verlauf der Handlung ist ausgesprochen heikel und abenteuerlich: Die sich bald einmal abzeichnende Liebe zwischen Gasparde und Schadau und die Entwicklung der Freundschaft zwischen dem Berner und seinem Fribourger Miteidgenossen sind mit dem politischen Geschehen und den in unversöhnlichem Kampf stehenden Glaubensbekenntnissen aufs engste verschlungen. Schadau beleidigt auf der Hinreise nach Paris Boccard in einem Gespräch wegen dessen Marienglauben und erweist sich als gelassener Calvinist, der nach der Prädestinationslehre des gestrengen Pikarden ohnehin dann sterben muß, wann Gott dies vorgesehen hat. – Bei einem Duell gegen den überlegen fechtenden Grafen Guiche, der Gasparde zu nahe getreten ist, wäre er aber unweigerlich des Todes, wenn ihn nicht ein Marienmedaillon rettete, das ihm der Fribourger zuvor heimlich in die Brusttasche gesteckt hat. Boccard dagegen, der Schadau auf diese Weise ein erstes Mal vor dem Tod bewahrt hat, wird mit einer Kugel aus Schadaus Reiterpistole erschossen. Gasparde hatte sie behändigt, und wie ihre beiden Retter mit ihr fliehen, feuert ein Meuchelmörder von ihrem Kammerfenster her aus ebendieser Waffe den verhängnisvollen Schuß ab. Boccard fällt, das Medaillon küssend, das zuvor dem calvinistischen Freund das Leben gerettet hat. – Die Flucht aus der streng bewachten Stadt gelingt Schadau jedoch nur, weil das von ihm gewählte Tor von jenem schurkischen Böhmen bewacht wird, der einst sein Fechtlehrer war und – von ihm diskret gewarnt – auf gestohlenem Pferd eben noch fliehen konnte, als ihn die Häscher hinter Schloß und Riegel setzen wollten.

Was ist nun wahr: der katholische Glaube oder der protestantische, die bedingungslose Marienverehrung oder der calvinistische Rigorismus? Das Marienmedaillon schützt den Protestanten, der unlängst noch die Gottesmutter beschimpft hat. Die Pistole Schadaus, welche der jungen Frau hätte als Schutz dienen sollen, tötet den Freund und Retter, der den Berner zweimal vor dem sicheren Tod bewahrt hat. – Meyer beantwortet die sich aufdrängenden Fragen nicht, sondern stellt bloß dar. Er schiebt dabei den Schicksalsbegriff in unsern Gesichtskreis, er diskutiert ihn nicht. Als Dichter will er fällige Gewissensentscheide niemals selber treffen. Er weist nur darauf hin, wo sie besonders schmerzlich werden. Der Leser bleibt unberaten und teilt die Ratlosigkeit des Autors. Daß Geschichte sich nicht fügt und ihre Ungerechtigkeit in Widersprüchen auslebt, kann Meyer nicht ändern.

Wer vermöchte aus dieser Verlegenheit zu retten? – Montaigne, der kurz vor der Mordnacht in einem Gespräch mit dem Parlamentsrat Chatillon zu Worte kommt, entzieht sich mit scherzhaften Anspielungen auf Sitten und Gebräuche der Völker einer Wertung (XI, 54). Steht er ironisch über den Parteien der Hugenotten und der Guisen? Ironie könnte vielleicht zu einer Art von Scheinüberlegenheit verhelfen. Aber Montaigne gewinnt nicht einfach auf leichtfertige Weise Distanz; er tut es erst «spöttisch», dann «schmerzlich» (XI, 57) und verbirgt offensichtlich «schwere Besorgnis unter diesem scherzhaften Tone» (XI, 54).

Das Wasserweib aus der Seine, dessen Stimme Schadau in seiner Fiebernacht vernimmt, «eine Flußgöttin auf ihre sprudelnde Urne gestützt» (XI, 62), fragt eine Steinfrau nach der Herkunft der Leichname, die ihre Fluten röten. «‹[...] sie morden sich›», entgegnet diese, «‹weil sie nicht einig sind über den richtigen Weg zur Seligkeit.› – Und ihr kaltes Antlitz verzog sich zum Hohn, als belache sie eine ungeheure Dummheit...» (XI, 63) Ist es das Hohngelächter, das zuletzt einzig bleibt? Eher schon spricht das Bild der sprudelnden Urne, in der Leben und Tod vereinigt sind, von jener ungeheuren Gelassenheit, die seit je im Walten der Moiren liegt und mit der sie das Unabwendbare zuteilen.

Schadau selbst in der Rolle des Erzählers, der rückblickend sein eigenes Leben betrachtet, kommt zu keiner schlüssigen Bewertung. Ist er schuldig gegenüber Boccard, dem Freund, der ihm helfen wollte, Gasparde zu retten? «Das Schicksal Wilhelm Boccards war mit dem meinigen aufs engste verflochten, zuerst auf eine freundliche, dann auf eine fast schreckliche Weise. Ich habe ihn in den Tod gezogen. Und doch, so sehr mich dies drückt, kann ich es nicht bereuen und müßte wohl heute im gleichen Falle wieder so handeln, wie ich es mit zwanzig Jahren tat. Immerhin setzte mir die Erinnerung der alten Dinge so zu, daß ich mit mir einig wurde, den ganzen Verlauf dieser wundersamen Geschichte schriftlich niederzulegen und so mein Gemüt zu erleichtern.» (XI, 8) Selbstanklage und Selbstrechtfertigung stehen hier nahe beisammen. Die Schuld ist Antrieb zum Schreiben, und gleichzeitig wird sie bestritten: Schadau würde sich wieder gleich verhalten. «[...] meine Gedanken verklagten und entschuldigten sich unter einander», heißt es am Schluß (XI, 72). Sein Los bedenkend, worin Rettung und Schuld mit dem Schicksal Boccards unauflöslich verkettet sind, greift er nach jener Stelle an seiner Brust, wo des Freundes Marienmedaillon den Degenstoß des Grafen Guiche aufgehalten hat. Dann zieht er mit seiner Frau in das feste Haus zu Chaumont ein, das ihm sein Oheim hinterlassen hat. Dieser teilte ihm in seinem letzten, kurz vor dem Erlöschen geschriebenen Briefe mit, er wolle nun seine «Heimfahrt» antreten (XI, 73): «In der Stille leg' ich ab Pilgerschuh' und Wanderstab.» Beide kehren sie heim, jeder auf seine Weise: der eine in sein irdisches, der andere in ein himmlisches Gut. Die einzige Gewißheit bleibt das Ungewisse.

Und Gasparde? Sie gehört zu jenen Frauengestalten Meyers, die selten ein eigenständiges Leben entwickeln. Sie sind typisiert. Ihre Gesten, selbst ihre Sprache wirkt oft klischeehaft. Gasparde vereinigt in ihrer Person ansatzweise alle Typen von Frauen, die Meyer später zeichnen wird. Anfänglich ist sie ein behütetes Mädchen; ihre strahlend blauen Augen machen sie zum Engel. Sie ist zu gut für diese Welt. Um ihre Keuschheit vor dem begehrlichen Blick des Grafen Guiche zu schützen, ergreift sie in plötzlichem Entschluß Schadaus Arm und macht ihn zu ihrem Ritter. Der in der Kunst des Fechtens Gewandte soll anstelle von Parlamentsrat Chatillon die Bedrohungen des Lebens von ihr fernhalten. Dann behändigt sie mutwillig Schadaus Pistole, behält sie lachend als Unterpfand dafür, daß er sie am Abend nicht aufzusuchen versäumt, und will, jäh in Not geraten, jeden, der sie berührt, mit der Waffe niederstrecken; aber im Getümmel des Kampfes entfällt ihr das Pistol. Einer der sie bedrängenden Schurken hebt es auf und erschießt damit eben Boccard, den Freund ihres Mannes. Die Flucht aus dem bedrohlichen Paris gelingt und vollzieht sich rasch, und schließlich wird die junge Frau von Schadau in das verwaiste Haus seines Oheims geführt. Von den im Märchen üblicherweise gewährten Kindern ist nicht mehr die Rede. Aber Gasparde wirkt ohnehin eher als Mädchen und Herrin denn als Geliebte und Mutter.

Die Kunst hat an dieser Art von Frau mehr Anteil als das Leben. Von ihrem Wesen her gemahnt sie an einen Botticelli-Engel; in ihrem Innern schlummert jedoch auch die Anlage zu einer Judith, einer Sabinerin oder Helena. In späteren Jahren wird sie Lucrezia heißen oder Angela. Ihr Antlitz und ihr Charakter, ja selbst die Episoden, in denen sie gezeigt wird, erinnern an Versatzstücke aus der Mythologie. Sogar im einzelnen ist sie mehr durch erzähltechnische Forderungen als durch ihre Natur bestimmt. Die blauen Augen weisen sie zum Beispiel als Nichte des Admirals und Tochter von Dandelot aus. Sie verbinden gleichzeitig die hugenottische Aristokratie mit den deutschen Protestanten: ihre Mutter war nämlich die Tochter eines deutschen Reiteroffiziers. So vereinen sich in diesen Augen die Nationen, Familien, Religionen, und ihr lieblicher Glanz hält eine ganze Erzählung zusammen.

Entscheidender ist allerdings, daß Gasparde – allein schon von ihrem Namen her – an ihren Oheim erinnert. Um diesen geht es Schadau von Anfang an. Coligny ist eine jener Vaterfiguren, wie sie Meyer immer wieder gezeichnet hat. Auch jener Karl der Große, der in der RICHTERIN heranzieht, gehört zu ihnen. Sie alle sind für Meyer seit seiner Jugend ein Ersatz für den eigenen Vater. Und im Grunde genommen ist es Gaspardes vornehmste Aufgabe, die Gestalt des väterlichen Admirals über seinen Tod hinaus gegenwärtig zu erhalten.

Quellen und Anregungen

Drei Quellenwerke standen im Vordergrund. Meyer hat sie sehr frei verwendet:

– Prosper Mérimée, *Chronique du règne de Charles IX,* 1829.
– Ludwig Häußer, *Geschichte des Zeitalters der Reformation 1517–1648,* hrsg. von Wilhelm Oncken, Berlin 1868.
– Jules Michelet, *Histoire de France au seizième siècle,* tome IX, Guerres de religion, Paris 1856.

Der Besuch Montaignes ist eine freie Zutat Meyers. Er hat sich vor Anachronismen und historisch Unwahrscheinlichem nie gescheut, wenn er Kräfte und Gegenkräfte sichtbar machen wollte. Montaigne ist hier Beobachter von außen; er durchschaut klar, was sich zutragen wird. Daß er so unvermittelt auftaucht, soll die Möglichkeit zum historischen Durchblick öffnen.

Der Dichter hat seine Gestalten zudem häufig nach realen Vorbildern aus seinem Bekanntenkreis geschaffen, wenn auch ganz unaufdringlich. Boccard zum Beispiel ist dem Freund Conrad Nüscheler in vielem ähnlich. In der dritten Ausgabe von 1882 hat Meyer noch während der Durchsicht der Korrekturbögen bei Schadaus Oheim jene Züge verstärkt, die auf den eben verstorbenen Bruder von Oberst Ziegler, Major Hans, zurückgehen, der ihm zu dieser Figur «als Modell gedient hat» (an Louise von François, 8. April 1882; von François, S. 47).

Der böhmische Fechtmeister stammt teils aus historischen Zusammenhängen – ein Böhme soll Coligny umgebracht haben –, teils erinnert er an Meyers eigenen Fechtlehrer aus der Stadelhofener Zeit.

Als weitere Anregung ist ferner ein Bild zu erwähnen, das der Dichter nach 1862 im Lausanner Musée Arlaud gesehen haben könnte. Der Künstler François Dubois hat die Mordnacht als Augenzeuge miterlebt und das Werk nach seiner Flucht in Genf geschaffen, wahrscheinlich im Auftrag des überlebenden Hugenotten Jehan Pournas aus Lyon.

Die Bartholomäusnacht.
Das Bild, das Meyer möglicherweise gekannt hat, veranschaulicht die Greuel des 24. August 1572. Im schmalen Haus rechts der Mitte ist zu erkennen, wie Admiral Coligny über die Fensterbrüstung aufs Pflaster hinabgeworfen wird. Dieselbe Gestalt ist – bereits enthauptet – auf dem Platz ein zweites Mal dargestellt. Links im Hintergrund beugt sich die schwarzgekleidete Katharina von Medici über Leichen.
Gemälde von François Dubois (1529–1584), entstanden um 1580. Musée cantonal des Beaux-Arts, Lausanne (Photo J.-C. Ducret)

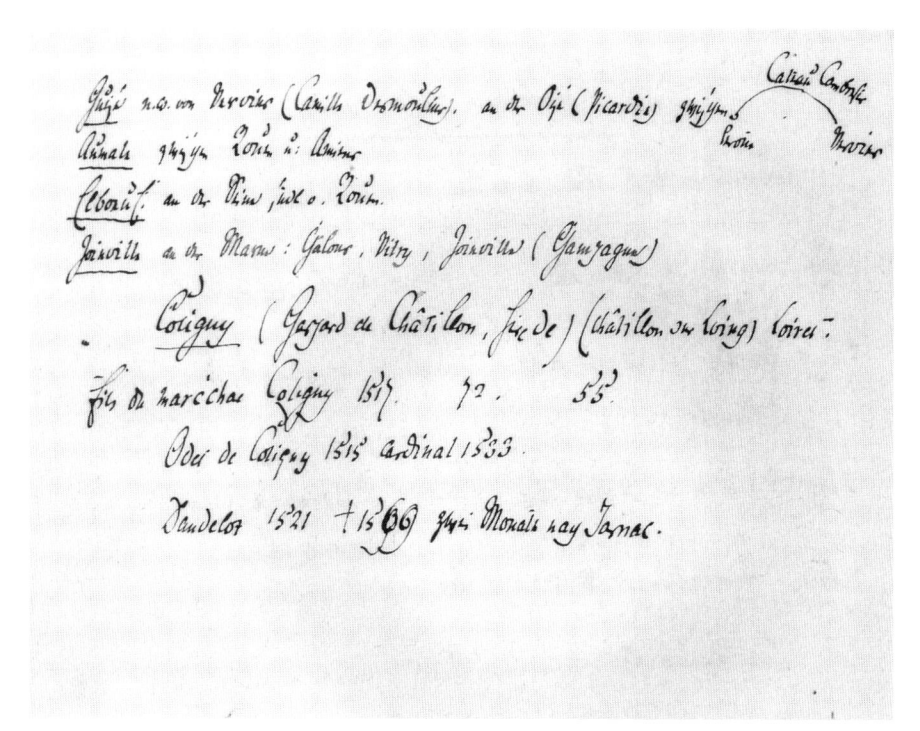

Arbeitsnotiz Meyers zum «Amulett», im unteren Teil die Familie Coligny betreffend. Ms. CFM 184.7. Zentralbibliothek Zürich

Die Brüder Coligny (von links nach rechts): Odet de Coligny, cardinal de Châtillon (1517–1571), Gaspard II de Coligny, seigneur de Châtillon (1519–1572), der Admiral, sowie François de Coligny, comte d'Andelot (1521–1569), das große Vorbild von Hans Schadau im «Amulett». In der Novelle wird dieser jüngste der drei Brüder, Dandelot, auch als Gaspardes Vater erwähnt. Anonymer deutscher Kupferstich des 16. Jahrhunderts nach dem 1579 datierten Kupferstich von Marc Duval (um 1530–1581). Zentralbibliothek Zürich

Entstehung

Meyer greift in seiner ersten Novelle einen Stoff auf, mit dem er sich seit langem befaßt hat: er trägt sich damit schon während der Aufenthalte in der welschen Schweiz und dann wieder bei seinen Studien in Paris, 1857. Die Kämpfe zwischen Hugenotten und Katholiken, überhaupt der Widerspruch zwischen der christlichen Friedens-Botschaft und der Verfeindung der Christen unter sich: das hat ihn von Anfang an erregt und abgestoßen.

Betsy Meyer berichtet wiederholt über seine frühe Beschäftigung mit diesem Stoff:

Auch mein Bruder [...] war einst gewaltig und tief erfaßt von «der sittlichen Macht des Hugenottentums», und vertiefte sich mit Feuer in die Geschichte des Admirals Coligny u. in dessen große Pläne und Kämpfe für ein mächtiges u. gerechtes Frankreich. – Er liebte diese edle Gestalt u. hat sich lange damit beschäftigt sie tragisch auszuformen. – Gewiß dachte er auch hier wie bei allen seinen großen Stoffen an dramatische Behandlung. Aber gerade bei diesem Lieblingsstoffe gelang es ihm am wenigsten sich kräftig zu konzentrieren und die Fülle des Details streng zu ordnen u. zu beschränken, – so entstand aus vielen Studien und langer Liebesmühe zuletzt das kleine «Amulet». Viele einzelne Splitter aber verarbeitete er zu Gedichten [...].

Betsy Meyer an Dora de Roche-Eidenbenz,
2. Februar 1909 (XI, 222)

Bei den erwähnten Gedichten, die dem AMULETT-Stoff entsprungen sind, ist etwa an DIE KARYATIDE, DAS WEIB DES ADMIRALS, DAS REITERLEIN, ans HUGENOTTENLIED oder an die Ballade DIE FÜSSE IM FEUER zu denken.

Vom Louvre empfing er einen großen überwältigenden Eindruck historischer Größe. «Das ist große Geschichte», konnte er wohl von diesem ihm unvergeßlichen Bauwerke sagen. Natürlich trieb ihn dieser Eindruck zum liebevollen Studium dieser Geschichte, zu Karl IX., zum Admiral Coligny, der ihm sympathisch war.

Betsy Meyer an Adolf Frey,
2. Februar 1900 (Betsy, Briefe, S. 444)

1868 wendet sich Meyer an Vulliemin, um Auskünfte über Coligny und die Bartholomäusnacht einzuholen (26. April 1868; XI, 223. Vgl. Vulliemin S. 246). Mit der Arbeit an der Novelle wird er um 1868 begonnen haben. Am 29. Dezember 1869 schreibt er an Haessel (XI, 223): «Vorerst bin ich mit einer Novelle (Bartholomäusnacht) beschäftigt, die zu Ostern fertig sein dürfte.» Dann aber treten HUTTEN und ENGELBERG in den Vordergrund. Erst im Winter 1872/73 hat Meyer seiner Schwester das AMULETT diktiert. Am 13. März 1873 berichtet Betsy an Haessel:

Gestern abend hat mein Bruder eine schöne Novelle mit historischem Hintergrund fertig geschrieben. Sie trägt den Titel «Das Amulet» und erzählt die Erlebnisse zweier jungen [!] Schweizer, eines Calvinisten und eines Katholiken, in Paris vor und während der Bartholomäusnacht.

(XI, 223)

Meyer seinerseits wartete gespannt auf ein Urteil über seine erste Prosaarbeit und schrieb dem Verleger:

Nur zwei Zeilen. Heute morgen werden Sie das Amulet erhalten haben, über das Sie nach Belieben verfügen mögen. Es ist eine feine Arbeit. Sagen Sie mir Ihren ersten Eindruck, auf den ich begierig bin.

Meyer an Hermann Haessel,
26. April 1873 (Briefe II, S. 53)

Auf Meyers Wunsch wurde ein Vorabdruck in der Zeitschrift «Daheim» erwogen, doch die Novelle erwies sich für eine stückweise Veröffentlichung als ungeeignet. Der Dichter selbst mußte einsehen, daß sich das AMULETT «nicht leicht zerschneiden u. brockenweise auftischen» ließe (an Haessel, 26. Mai 1873; XI, 224).

Am 23. August 1873 war der Druck des Buches beendet. Zahlreiche Korrekturen hatten den Abschluß verzögert – Meyer begründete dies mit seiner «Verbesserungssucht» und dem «Ehrgeiz, eine gute Prosa zu schreiben» (an Haessel, 7. Juli 1873; XI, 224).

Das AMULETT erschien 1878 als Zweitausgabe, zusammen mit dem SCHUSS VON DER KANZEL, unter dem Titel «Denkwürdige Tage. Zwei Novellen von Conrad Ferdinand Meyer». Bis zu Meyers Tod erlebte die Erzählung insgesamt fünf Auflagen.

AUS MEYERS ARBEITSNOTIZEN ZUM «AMULETT»

Im Anschluß an eine Zusammenstellung geschichtlicher Daten mit dem Titel «Religionskriege in Frankreich unter Karl IX.» hat Meyer um 1867/68 die folgenden z. T. fehlerhaften Lebensdaten von Admiral Coligny und dessen Brüdern notiert:

Coligny (Gaspard de Châtillon, fils de) *(Châtillon sur Loing) Loires.*
fils du maréchal Coligny 1517. 72. 55.
Odet de Coligny 1515 Cardinal 1588.
Dandelot 1521 †1569 zwei Monate nach Jarnac.

(XI, 229)

Gaspard II de Coligny, seigneur de Châtillon (1519–1572). Admiral von Frankreich und Führer der Hugenotten am Hofe Karls IX. Die Einblattradierung von Jost Amman (1539–1591), entstanden 1573, zeigt unten ferner Szenen aus der Bartholomäusnacht. Reproduktion Zentralbibliothek Zürich

Figuren und Bilder

GASPARD II DE COLIGNY

Hans Schadau begibt sich in Paris zu Admiral Coligny, unter dem schon sein Vater gekämpft hat, und bietet dem Hugenottenführer seine Dienste an:

Ich hatte Muße, sein Antlitz, welches sich mir durch einen gelungenen, ausdrucksvollen Holzschnitt, der bis in die Schweiz gelangt war, unauslöschlich eingeprägt, mit Rührung zu betrachten.

Der Admiral mochte damals fünfzig Jahre zählen, aber seine Haare waren schneeweiß und eine fieberische Röte durchglühte die abgezehrten Wangen. Auf seiner mächtigen Stirn, auf den magern Händen traten die blauen Adern hervor und ein furchtbarer Ernst sprach aus seiner Miene. Er schaute wie ein Richter in Israel.

Nachdem er sein Geschäft beendigt hatte, trat er zu mir in die Fensternische und heftete seine großen blauen Augen durchdringend auf die meinigen.

«Das Amulett» (XI, 27)

Die Geographie des Ptolemäus, herausgegeben von Michael Servetus (1511–1553). Lyon 1535. Titelblatt des Folianten, über dessen Studium Parlamentsrat Chatillon von Hans Schadau betroffen wird. Zentralbibliothek Zürich

PARLAMENTSRAT CHATILLON BEI DER LEKTÜRE

Als der Berner Schadau den Reisefreunden Chatillon und Gasparde in Paris seine Aufwartung macht, trifft er den Parlamentsrat im Bibliothekszimmer beim Betrachten der Geographie des Ptolemäus, herausgegeben vom Arzt und Theologen Michael Servetus, der wegen seiner wissenschaftlichen Erkenntnisse mit der Lehre Calvins in Widerspruch geriet und darum in Genf zum Tode verurteilt wurde:

Der Greis schaute vor sich hin, dann plötzlich den Gegenstand des Gesprächs wechselnd und den Titel des Folianten aufblätternd fragte er mich: «Wißt Ihr, was ich da lese? Seht einmal!»
Ich las in lateinischer Sprache: Die Geographie des Ptolemäus, herausgegeben von Michael Servetus.
«Doch nicht der in Genf verbrannte Ketzer?» fragte ich bestürzt.
«Kein anderer. Er war ein vorzüglicher Gelehrter, ja, so weit ich es beurteilen kann, ein genialer Kopf, dessen Ideen in der Naturwissenschaft vielleicht später mehr Glück machen werden als seine theologischen Grübeleien. – Hättet Ihr ihn auch verbrannt, wenn Ihr im Genfer Rat gesessen hättet?»
«Gewiß, Herr!» antwortete ich mit Überzeugung. «Bedenkt nur das eine: was war die gefährlichste Waffe, mit welcher die Papisten unsern Calvin bekämpften? Sie warfen ihm vor, seine Lehre sei Gottesleugnung. Nun kommt ein Spanier nach Genf, nennt sich Calvins Freund, veröffentlicht Bücher, in welchen er die Dreieinigkeit leugnet, wie wenn das nichts auf sich hätte, und mißbraucht die evangelische Freiheit. War es nun Calvin nicht den Tausenden und Tausenden schuldig, die für das reine Wort litten und bluteten, diesen falschen Bruder vor den Augen der Welt aus der evangelischen Kirche zu stoßen und dem weltlichen Richter zu überliefern, damit keine Verwechslung zwischen uns und ihm möglich sei und wir nicht unschuldigerweise fremder Gottlosigkeit geziehen werden?»
«Das Amulett» (XI, 30 f.)

MICHEL DE MONTAIGNE

Am Vorabend der Bartholomäusnacht läßt Meyer den Philosophen Montaigne zu Chatillon kommen; dieser versucht jedoch vergeblich, den Parlamentsrat zu einem Aufenthalt auf seinem Schloß Montaigne in Périgord zu bewegen, womit er den alten Freund vor dem Untergang bewahren will:

Jetzt wandte ich [Hans Schadau] meine Schritte zurück nach der Wohnung des Parlamentsrats, den ich in lebhaftem Gespräche mit einer merkwürdigen Persönlichkeit fand, einem Manne in mittleren Jahren, dessen bewegtes Gebärdenspiel den Südfranzosen verriet und der den St. Michaelsorden trug. Noch nie hatte ich in klugere Augen geblickt. Sie leuchteten von Geist und in den zahllosen Falten und Linien um Augen und Mund bewegte sich ein unruhiges Spiel schalkhafter und scharfsinniger Gedanken.
«Gut, daß Ihr kommt, Schadau!» rief mir der Rat entgegen, während ich unwillkürlich das unschuldige Antlitz Gaspardes, in dem nur die Lauterkeit einer einfachen und starken Seele sich spiegelte, mit der weltklugen Miene des Gastes verglich, «gut, daß Ihr kommt! Herr Montaigne will mich mit Gewalt nach seinem Schlosse in Perigord entführen.» ...

«Wir wollen dort den Horaz zusammen lesen», *warf der Fremdling ein, «wie wir es vor Zeiten in den Bädern von Aix taten, wo ich das Vergnügen hatte, den Herrn Rat kennen zu lernen.»*

«Meint Ihr, Montaigne», fuhr der Rat fort, «ich dürfe die Kinder allein lassen? Gasparde will sich nicht von ihrem Paten und dieser junge Berner sich nicht von Gasparde trennen.»

«Ei was», spottete Herr Montaigne sich gegen mich verbeugend, «sie werden, um sich in der Tugend zu stärken, das Buch Tobiä zusammen lesen!» und den Ton wechselnd, da er mein ernstes Gesicht sah, «Kurz und gut», schloß er, «Ihr kommt mit mir, lieber Rat!»

«Das Amulett» (XI, 53)

In der biographischen Einleitung zu jener zweibändigen Montaigne-Ausgabe, die Meyer selbst besessen hat und die sich noch heute in der Bibliothek des Dichters in Kilchberg befindet *(L'esprit de Montaigne [...], London 1783)*, ist nachzulesen, daß der Philosoph 1571 von Karl IX. mit dem Michaelsorden ausgezeichnet worden ist.

Die Bartholomäusnacht

Schadau, von Boccard in Sicherheit gebracht, erlebt die Mordnacht vom 23. auf den 24. August 1572 nur als Ohrenzeuge in der Kammer seines Freundes im Louvre:

Der Admiral lag ermordet, daran konnte ich nicht mehr zweifeln. Aber was bedeuteten die Sturmglocken, die erst vereinzelt, dann immer häufiger fallenden Schüsse, die Mordrufe, die jetzt von fern an mein lauschendes Ohr drangen? Geschah das Unerhörte? Wurden alle Hugenotten in Paris gemeuchelt?

«Das Amulett» (XI, 62)

Entsprechend groß ist sein Entsetzen, als er am folgenden Morgen – als Schweizer Gardist getarnt – durch die Gassen von Paris zu Gasparde eilt:

Schon im Hofe des Louvre bot sich meinen Augen ein schrecklicher Anblick. Die Hugenotten vom Gefolge des Königs von Navarra lagen hier, frisch getötet, manche noch röchelnd, in Haufen übereinander. Längs der Seine weiter eilend begegneten wir auf jedem Schritte einem Greuel. Hier lag ein armer Alter mit gespaltetem Schädel in seinem Blute, dort sträubte sich ein totenblasses Weib in den Armen eines rohen Lanzenknechts. Eine Gasse lag still wie das Grab, aus einer andern erschollen noch Hilferufe und mißtönige Sterbeseufzer.

«Das Amulett» (XI, 66)

Michel Eyquem Seigneur de Montaigne (1533–1592), Französischer Philosoph und Essayist, Träger des Michaelsordens. Montaigne versucht vergeblich, den alten Parlamentsrat Chatillon vor der Pariser Mordnacht zum Verlassen der Stadt zu überreden. Anonymer Kupferstich. Frontispiz aus: «L'esprit de Montaigne, ou Les maximes, pensées, jugements et refléxions de cet auteur, rédigés par ordre de matières», 2 Bde., London 1783. Aus Meyers Bibliothek. Zentralbibliothek Zürich

Die ersten Stimmen

Meyers Freunde waren froh darüber, daß dem Hutten schon so bald ein neues kraftvolles Werk folgte. Es war für sie eine Bestätigung, daß er jetzt seine Schreiblähmung überwunden hatte. Wille bedauerte vielleicht, daß diesmal kein deutscher Stoff gestaltet worden war; er hat sich indessen nicht schriftlich zu dieser Frage geäußert. Mathilde Wesendonck fand die Sprache «immer noch nicht *deutsch* genug»; im übrigen tadelt sie die Knappheit der Darstellung (an Meyer, 12. Oktober 1873; XI, 225). Meyer, fast dienstfertig, antwortete am 22. November 1873:

Ihre Worte über das Amulet sind die Wahrheit selbst, ich beurtheile das Büchlein gerade so, vielleicht etwas weniger günstig, aber es sind gerade die selben Punkte, die mir jetzt, da ich es à distance erblicke, ins Auge fallen. Auch das zuweilen Unbeholfene und Unflüssige der Sprache entgeht mir nicht – ich wüßte schon, wie zu helfen wäre –.

(Wesendonck, S. 78)

Die Knappheit dagegen war Absicht gewesen; er folgte hier dem Vorbild «der altitalienischen Meister» (an Franz Brümmer, 11. März 1874; XI, 225).

In Graubünden

Seit jenen mit dem Vater unternommenen Ferienreisen von 1836 (Bad Stachelberg) und 1838 (Domleschg, Bergell und Engadin) lockte es Meyer immer wieder in die Berge. Noch als bald Sechzigjähriger wird der Dichter gestehen (an Louise von François, 18. September 1884; von François, S. 152): «Wenn ich einen Wunsch thun dürfte, wäre es wohl, neben 9 mehr oder weniger fleißigen Monaten jährlich je wieder drei (Juli-Sept.) in den Alpen zu verleben, die ja am Ende mein Eigentum = meine Heimat sind und denen ich ohne Vergleich meine glücklichsten Tage danke.»

Nach dem Tod der Mutter hat er sich während der Sommermonate häufig in die «schöne Abgeschiedenheit» eines Bergtals zurückgezogen (an Friedrich von Wyß, 27. Juli 1866; Briefe I, S. 64), Ende der fünfziger Jahre ins Engelbergertal, später vor allem nach Graubünden. Besonders bedeutsam sind seine Aufenthalte im Engadin von 1866 und 1867, als Meyer das Gebiet im Hinblick auf seinen JENATSCH-Roman bereiste. Auf der Heimkehr aus der Sommerfrische von 1866 – die Geschwister hatten die weite Route über das Veltlin, Lugano und das Misox ins Hinterrheintal gewählt – konnte er seinem Verleger bereits zufrieden verkünden (an Haessel, 26. September 1866; Briefe II, S. 13): «[Ich habe] meinen Zweck erreicht u. eine Last schönster Landschaften u. lebensvoller Genrebilder geerndtet, die meiner neuen Composition hoffentlich Puls u. Leben geben werden.» In den einzigartigen Gegenden des Oberengadins und des angrenzenden Bergells hat Meyer prägende Eindrücke empfangen, die er später zum Teil auch in Gedichten verarbeitet: er war fasziniert vom Glanz des ewigen Schnees der Gipfel, die über schattigen Lärchenwäldern in den tiefblauen Himmel ragen, wanderte beseligt durch rot leuchtende Hänge voll blühender Alpenrosen, erfreute sich am Gischt eines fallenden Bergbachs oder genoß das stille Zwiegespräch mit der Natur an einem abgelegenen klaren Bergsee.

Im euphorischen HUTTEN-Jahr 1871, als die Geschwister nach Vollendung des Erstlings von Juli bis Anfang Oktober drei Monate in Davos-Wolfgang verbrachten, begann sich Meyers lyrische Ader dann unmittelbarer, direkt in der Landschaft zu regen; Betsy hat Conrads Verse – meist Vorstufen zu später weiter ausgefeilten Gedichten – in ihrem roten Taschenkalender festgehalten (vgl. II, 58 ff.).

Erwähnenswert sind ferner des Dichters Aufenthalte am Oberalppaß in den Jahren 1873 und 1874; es waren die letzten Ferientage, die Meyer in Begleitung seiner Schwester in Graubünden verbrachte. Nachher fuhr er, ebenso regelmäßig, wie er es als Junggeselle getan hatte, mit der Familie in die Berge. So weilte er beispielsweise 1878 zusammen mit seiner Frau wiederum in Silvaplana und ließ sich in seiner gewohnten Absteige, im Posthotel, vom Oberkellner gerne bevorzugt bedienen; denn dieser hatte seinen JÜRG JENATSCH gelesen und «günstig beurtheilt» (an Friedrich von Wyß, 15. August 1878; Briefe I, S. 80). Nachdem Meyer im Geburtsjahr Camillas 1879 bei einem Kutschenunfall in der Nähe von Champfèr den Arm gebrochen hatte, ist er allerdings nie mehr bis ins Engadin gereist; der «Sturz aus dem Wagen» habe ihm «das Engadin ein bischen verleidet», rechtfertigt er sich am 18. September 1884 gegenüber Louise von François, die ihm ihrerseits von einer Tour durch die Bündner Alpen berichtet und des Dichters Fernweh nach *seinem* Tal wieder erweckt (von François, S. 151). Dann präzisiert er: «Nicht eigentlich verleidet, sondern – Sie wissen – ich bin ein wenig abergläubig.»

Darum wählte er fortan andere Ziele: Splügen (1885), Parpan (1886), San Bernardino (1889), Brigels (1894) oder Klosters (1896). Immer aber verläßt er die geliebte Landschaft Graubündens «mit einem gewissen fühlbaren Schmerz» (an Louise von François, 22. August 1886; von François, S. 191). Zur Zeit seiner Arbeit am JENATSCH 1867 hatte er sogar noch erwogen, sich dauernd im Domleschg niederzulassen.

Auf den Spuren des Jenatsch

IM ENGADIN UND BERGELL

Meyers Sommerreisen von 1866 und 1867 standen ganz im Zeichen des ihn beschäftigenden Romanprojekts. Beide Male logierten die Geschwister in Silvaplana und erkundeten von hier aus einzelne Schauplätze. Der vierzigjährige Dichter war tief ergriffen von den landschaftlichen Schönheiten des Engadins, das er seit seiner Jugendzeit nicht mehr aufgesucht hatte. In Briefen an Vetter Friedrich von Wyß hat er seine Empfindungen offenbart und über eindrückliche Ausflüge berichtet:

Einmal die Feder in der Hand, laß mich Dir sagen, wie sehr ich glücklich bin, in dieser schönen Abgeschiedenheit, nachdem ich zwei Jahre keine Alpenluft mehr gekostet, Körper und Geist zu stärken und aufzuhellen. Weniger der erstere, als der letztere hatte eine Kur nothwendig. [...]

Hier ist es so schön und still und so kühl, daß man die Räthsel des Daseins vergißt und sich an die klare Offenbarung der Schönheit hält. Wenn ich die schöne Zeichnung der Berge mit dem Auge verfolge oder die Farben der Seen oder der Luft bewundere, ja, nicht selten, vor Bildern stehe, an denen kein Claude Lorrain etwas ändern dürfte, herrlichen Compositionen, wo Wege tief in den Mittelgrund hinaufführen und die eine blaue Firne sanft abschließt, Bilder, die eigentliche Typen des landschaftlich Schönen sind, so sage ich mir, daß derselbe Meister, der dies geordnet hat, auf dem ganz anderen Gebiete der Geschichte gewiß auch seine, wenn auch für mich verborgenen Linien gezogen hat, die das Ganze leiten und zusammenhalten. [...]

In Samaden hatte ich eine ganz wunderliche Reminiscenz, ich trat in ein breitgewölbtes Magasin, um etwas einzukaufen, und erinnerte mich ganz klar, wie ich vor 26 Jahren in dasselbe Magasin mit meinem Vater getreten war, um ebenfalls kleine Einkäufe zu machen, der damals mit mir eine Schweizerreise, seine letzte, machte.

Meyer an Friedrich von Wyß, 27. Juli 1866 (Briefe I, S. 64 ff.)

Bis jetzt haben wir viel Glück gehabt und bei unserem festen Standorte hat uns der Regen nichts anhaben können. Zwei Tage besonders sind mir unvergeßlich, von denen ich Dir, mit Deiner Erlaubniß, erzählen will, die Ersteigung des Piz Surlei und ein Ausflug nach Soglio, dem Stammhaus der Salis-Soglio in der Südspitze des Bergell, nahe bei Plurs und Chiavenna. Die Besteigung des Surlei, der, wie Corvatsch, Piz Ot und Languard, eine vollständige Rundschau mit hunderten von Bergspitzen bietet war ermüdend, aber völlig ungefährlich. Durch eine Krümmung des Felsens kamen wir zum Schneekäppchen empor, wo wir beim schönsten Wetter stundenlang weilten, vor uns eisige Abgründe, rings am Horizont ein Lager von weißen Zelten, die ganze Alpenwelt! [...]

Sehr anders war der 16stündige Ausflug, halb Fahrt halb Gang, nach Soglio. Das Bergell ist ein tiefeingeschnittenes Thal mit gewaltigen, coulissenartig in einander geschobenen Bergen, die unten kräftig bewaldet, oben mit wunderlichkühnen Felsthürmen, niederhangenden Gletschern und, wie Bänder flatternden Wasserfällen besetzt sind. Über eine Schieferecke, auf halber Berghöhe, führt ein Zikzak, von Eidechsen raschelnd, der senkrecht auf die weißschäumende Maira und die Dächer von Bondo und Promontogno niederblicken läßt, nach dem auf einer Bergstufe zurücktretenden Dorf Soglio, wo der «Palaz Salis», in der Art des Muraltenguts [in Zürich-Enge], im Verfall begriffen ist. Der Saumweg ist eingegangen. Im Garten zwischen dem geschnittenen Taxus eine herrliche Wildniß von Arven und Kastanienbäumen. Der Niederweg ins Thal führte durch den prächtigsten Wald von kräftig aus dem Boden emporgedrehten und aufs reichste gegabelten und verschlungenen Kastanienbäumen. Heimlich war der Rückweg über die Schlangenwindungen der Maloja in Nacht und Nebel, unter uns das Laternchen unserer Chaise und das Glöcklein unseres Pferdes.

Meyer an Friedrich von Wyß, 28. [!] August 1866 (Briefe I, S. 66 ff.)

Die Geschwister Conrad Ferdinand und Betsy Meyer bei Silvaplana. Photographie von Adolphe Braun (1812–1877) in Dornach bei Mülhausen im Elsaß, entstanden im Sommer 1866. Zentralbibliothek Zürich

Der Morteratschgletscher, von Montebello aus gesehen: «Wer kann es beschreiben: das Lärchendunkel, das eifrige Strömen der Bergwasser, das große stille Leuchten der Schneeberge?» *(an Friedrich von Wyß, 7. September 1867; Briefe I, S. 72) Photographie der Edition Photoglob in Zürich, um 1900. Zentralbibliothek Zürich*

Soglio im Bergell, jenem «tiefeingeschnittenen Thal mit gewaltigen, coulissenartig in einander geschobenen Bergen, die unten kräftig bewaldet, oben mit wunderlich-kühnen Felsthürmen, niederhangenden Gletschern und, wie Bänder flatternden Wasserfällen besetzt sind» *(an Friedrich von Wyß, 28. August 1866; Briefe I, S. 67 f.). Blick ins Val Bondasca mit Pizzo Badile und Pizzo Cengalo. Photographische Ansichtskarte von Wehrli AG, Kilchberg, aus den 1920er Jahren. Zentralbibliothek Zürich*

Der Abstecher ins Bergell hat mehrere Jahre später in einem Gedicht seinen Niederschlag gefunden:

Die Schlacht der Bäume

*Hier am Sarazenenturme,
Der die Straße hielt geschlossen,
Ist in manchem wilden Sturme
Deutsch und welsches Blut geflossen.*

*Nun sich in des Tales Räumen
Länger nicht die Völker morden,
Ringen noch mit ihren Bäumen
Hier der Süden und der Norden.*

*Arvbaum ist er deutschen Bande
Bannerherr, der düsterkühne,
Üppig Volk der Sonnenlande,
Rebe führt's, die sonniggrüne.*

*Ohne Schild- und Schwertgeklirre,
Ohne der Drommete Schmettern
Kämpfen in der Felsenirre
Hier die Nadeln mit den Blättern.*

(I, 158)

Während der im Brief beschriebenen Wanderung von Coltura-Stampa hinauf nach Soglio stand Meyer der «Sarazenenturm», die Befestigungsanlage Castelmur bei Promontogno, praktisch immer vor Augen. In frühen, viel ausladenderen Fassungen des Gedichts mit der Überschrift «Das Grenzschloß» steht diese Talsperre noch stärker im Zentrum. Castelmur war zu Beginn des 13. Jahrhunderts Schauplatz heftiger Auseinandersetzungen zwischen Como und Chur und wurde beim Erwerb von Cleven und des Veltlins durch die Bündner ebenso umkämpft wie in den religiösen Streitigkeiten des 16. und 17. Jahrhunderts (vgl. III, 184). Doch die mit den Versen in Erinnerung gerufenen Gegensätze sind nicht nur politischer und konfessioneller Art: im Bergell, das als «ein Thal von wenig Stunden alle Übergänge von Nord u: Süd vereinigt» (an Haessel, 5. August 1866; III, 183), rivalisieren auch zwei verschiedene Vegetationen miteinander. Besonders augenfällig erlebt Meyer den «Kampf» zwischen Nadel- und Laubbaum im Garten des «Palaz Salis» in Soglio und während des Abstiegs nach Castasegna durch den Kastanienhain mit Blick auf die «dunkeln nordischen Arvenwälder» (an Haessel, 5. September 1866; III, 183). In der Schlußfassung des Gedichts läßt er allerdings anstelle von Kastanie und Eiche die Rebe gegen den «Arvbaum» antreten. Entscheidend jedoch ist, daß die von der Natur geschlagene «Schlacht» an dieser Klimagrenze zwischen dem rauhen Oberengadin und dem milden Oberitalien ohne Kampfgetöse abläuft, im Gegensatz zu den Auseinandersetzungen der Menschen in früheren Zeiten; aus den beinahe ironisch erinnerten einstigen Kriegen ist ein friedlicher und unablässig geführter «Wett-Streit» zwischen Nadeln und Blättern geworden.

*Der Lej da Bitabergh ob Maloja, auch ein malerisch in die Landschaft eingebetteter «stiller See», den die Geschwister Meyer aufgesucht haben dürften. Blick nach Nordosten gegen Piz Lagrev.
Photographische Ansichtskarte von Jean Gaberell (1882–1949) in Thalwil, aus den 1920er Jahren.
Zentralbibliothek Zürich*

AM STILLEN SEE

Ein Engadiner Ferienerlebnis ganz anderer Art bezeugt Betsy, der die feierlichen Stunden am ruhigen Wasserspiegel bis in alle Einzelheiten in Erinnerung geblieben sind:

An der von einer sogenannten Cresta nach den Talseen des Oberengadins sich neigenden Schutthalde, die ein Sturz der Vorzeit mit massigen Felsstücken bedeckt hatte, stand eine Waldung, durch die damals kein Weg, nur ein kaum erkennbarer Fußsteig führte. Hohe Lärchenstämme und zerrissene Arven klammerten sich mit den knorrigen Wurzeln an die zerbrochenen Felsen oder wuchsen aus den feuchten Schrunden hervor. Aus den Spalten und Zwischenräumen der Trümmer, unter denen rinnende Wasser ihren Weg in die Tiefe suchten, quoll das saftige Grün einer im Oberengadin heimischen Alpenpflanze, die stellenweise die scharfen Brüche des Gesteins wie mit Samtpolstern bedeckte. Es waren wuchernde Blättersträuße, aus deren hellem Grün die zartesten Rosaglöckchen auf hohen, feinen Stielen hervorsahen.

Wo der Bergwald dichter wurde und die Stämme sich nahe zusammendrängten, wandte sich der Pfad plötzlich niederwärts. Dort lag in einer schattigen Einsenkung mitten im Walde der stille See, rings von hohen Tannen umstanden. Da die Vertiefung, in der er ruhte, auf der Nordseite eines dem übergletscherten Hochgebirge vorgelagerten Hügelgrates sich einschnitt, berührte kein Sonnenstrahl die kleine Wasserfläche. Nur die höchsten Gipfel der sie einschließenden Bergtannen wurden von der Nachmittagssonne erreicht.

Dunkel und tief war unser See und dennoch golden durchleuchtet vom Widerschein der Waldeinsamkeit. Wie wundersam klar spiegelte sich darin der Uferbord mit jedem Stein seines Felsrandes, mit jedem Blatte des Buschwerks! Darüber die Säulenreihe der Stämme, die lispelnden Baumkronen mit ihren besonnten Wipfeln! Weiterhin ein paar vor Jahren umgehauene, bemooste Tannen, die niemand weggeführt hatte. Wir ließen uns darauf nieder, um in die zaubervolle Tiefe zu schauen. Da blickten wir hinunter wie in eine grüngoldene Tempelhalle, das deutlichere, eindrucksvollere Abbild der anderen, die sich über unseren Häuptern wölbte.

Unten im tiefsten Grunde, wo die lichten Spitzen der Bäume sich in der Runde zusammenschlossen, öffnete sich dem Blicke eine weitere Tiefe in das Blau des Himmels, aus der ein Strom bläulichen Lichtes sich in die Säulenhalle ergoß und das Heiligtum des Waldsees erfüllte.

(Betsy, S. 50f.)

Laut einer Äußerung Betsys an Adolf Frey soll es sich beim idyllischen Waldweiher um eines der südlich des Champfèrersees gelegenen kleinen Seelein handeln (II, 315). Meyer hat das Motiv ins Gedicht IM WALDE 1. seiner ROMANZEN UND BILDER einfließen lassen:

**Gegrüßt, mein Seelein, tief im Waldesgrün,
Auf welchem nie geflammt des Morgens
  Glühn,
Und das des Abends Fackel nie berührt,
Zu dem mich's wie geheime Liebe führt. [...]**
(VI, 283)

Die Verse wurden später überarbeitet und erscheinen in der definitiven Gedichtsammlung unter dem Titel SONNTAGS (I, 73 f.).

La Rösa am Berninapaß, rechts die alte Poststation. Ansichtskarte um 1900. Museum für Kommunikation, Bern

Die Fahrt ins Veltlin

Über Pontresina und die Bernina bin ich in das Puschlav gezogen und nach einem Halt in Le Prese, über Tirano und Bormio auf die Höhe des Stilfserjochs; dann habe ich das Veltlin, seiner ganzen Länge nach, durchreist, Sondrio, Morbegno bis Colico, von hier fuhr ich nach Bellagio (zwischen den beiden Armen des Sees von Como), wo ich abermals einige Tage blieb, und endlich von Bellagio nach Lugano. Italien hat seine alte Macht auf mich ausgeübt; ja ich habe es, Land und Leute, noch liebenswürdiger gefunden als das erste Mal. Nur mit großer Selbstüberwindung konnte ich mich einer Descente nach Mailand und Venedig enthalten. Die norditalienischen Seen [!] sind zu Herbstanfang der Inbegriff aller landschaftlichen Schönheit. Vier, fünf Bergcoulissen hintereinander, jede durch Bewaldung und Luftperspective verschieden gefärbt, die schönsten Berglinien, Pyramide, der Muschelform nicht zu vergessen [z.B. des Piz dal Teo], Zweigipfel etc. bis zum grotesken Ziegenhörnchen [Corna da Capra im obersten Livignotal, vom Berninapaß aus nicht sichtbar], altes und neues Gemäuer: Ruine, Burg, Villa, Kirche, Terrasse, kurz die wahre Landschaft mit der Helle des Ölbaums und dem Dunkel der Kastanie und des Nußbaums, schöner jedoch bei etwas bedecktem Himmel, als in der Blendung des Tages. Von La Rose, der deutschen Warte gegen das Puschlav, einem Felsenvorsprung, wo Schnee und italienische Sonne die feinste Luft mischen, bis Lugano war mein Herz von Liebe bewegt zu dieser wunderbaren Landschaft.

Meyer an Friedrich von Wyß,
21. September 1866 (Briefe I, S. 68f.)

Reiselust und Sehnsucht nach dem Süden, wie sie Meyer bei der Fahrt über den Berninapaß ins Puschlav und anschließend ins Veltlin verspürt hat, kommen auch im folgenden Gedicht zum Ausdruck:

La Röse*

Als der Bernina Felsentor
Durchdonnerte der Wagen
Und wir im Süden sahn empor
Die Muschelberge ragen,
Blies schmetternd auf dem Rößlein vorn
Der in der Lederhose –
«Wen grüßest du mit deinem Horn?»
«Die Rose, Herr, die Rose!»

Mit flachem Dach ein Säulenhaus,
Das erste welsche Bildnis,
Schaut Röse weinumwunden aus
Erstarrter Felsenwildnis –
Es ist, als ob das Wasser da
In weichern Lauten tose,
Hinunter nach Italia
Blickt der Balkon der Rose.

Nun, Herz, beginnt die Wonnezeit
Auf Wegen und auf Stegen,
Mir strömt ein Hauch von Üppigkeit
Und ewgem Lenz entgegen –
Es suchen sich um meine Stirn
Zwei Falter mit Gekose –
Den Wein bringt eine junge Dirn
Mit einer jungen Rose.

Noch einmal darf in südlich Land
Ich Nordgeborner wallen,
Vertauschen meine Felsenwand
Mit weißen Marmorhallen.
Gegrüßt, Italia, Licht und Lust!
Ich preise meine Lose!
Du bist an unsrer Erde Brust
Die Rose, ja die Rose!

* Erste Station auf der Südseite
des Berninapasses.

(I, 156f.)

Mit diesen Versen hat der Dichter, wie es schon in der Anmerkung heißt, die erste Poststation südlich des Berninapasses verherrlicht: La Rösa im Val Laguné, so benannt vielleicht in Anlehnung an die Alpenrose. Die Paßstraße war erst ein Jahr vor Meyers Reise eröffnet worden. Allerdings vermitteln die vier Strophen – v. a. in der Schlußfassung – kein topographisch genaues Bild der Raststätte; vielmehr hat Meyer alle Eindrücke und Gefühle, die ihn während der Fahrt nach Süden überwältigten, unter dem klangvollen Namen von «La Röse» (als Ortsbezeichnung ungebräuchliche Form) verdichtet. «Die Rose», welche wie ein Leitmotiv sechsmal (in der Eingangs- und Schlußstrophe je verdoppelt) in den äußerst sangbaren Versen wiederkehrt – das Gedicht erinnert an die Wanderlieder der Romantiker –, erscheint von Anfang an mehrdeutig. Denn der Reisende kann den Sinn der fremd anmutenden Antwort des Kutschers erst erfassen, als er das nächste Ziel der Fahrt, die Poststation, erblickt; zuerst läßt ihn des Postillions Erklärung wohl an die Königin der Blumen denken, wie sie dann die «junge Dirn» trägt, die den Gast bei seinem Halt bewirtet. Schließlich aber wird das Wort, das mit seinem romanisch-melodischen Klang den Dichter so bezaubert, geradezu zum Sinnbild für die lockende Ferne Italiens und zum Inbegriff gelöster südlicher Lebenssinnigkeit. Der «Nordgeborne» kostet schon hier in La Rösa, nur 450 m unterhalb von Bernina-Hospiz, in Gedanken alle Annehmlichkeiten eines Daseins im gepriesenen Lande aus: er spürt eine wohltuende Wärme, die ihn trotz des sich auf der Paßhöhe ankündenden Winters einen ewigen Frühling ersehnen läßt, und er atmet befreit auf, nachdem die Felsgalerie passiert ist und der Ausblick sich weitet, nicht nur auf die «Muschelberge», die Gipfel des vorderen Val da Camp, sondern bis hinab «nach Italia». Traumverloren verwandelt er das schlichte Steinhaus von La Rösa in «ein Säulenhaus» mit flachem Dach nach welscher Bauart und umgibt seinen «italienischen Palazzo» (Fehr, S. 246) im obersten Puschlav sogar mit Reben, wie sie erst weiter südlich im Veltlin prächtig gedeihen.

DIE VELTLINERTRAUBE

Brütend liegt ein heißes Schweigen
Über Tal und Bergesjoch,
Evoe und Winzerreigen
Schlummern in der Traube noch.

Purpurne Veltlinertraube,
Kochend in der Sonne Schein,
Heute möcht' ich unterm Laube
Deine vollste Beere sein!

Mein unbändiges Geblüte,
Strotzend von der Scholle Kraft,
Trunken von des Himmels Güte,
Sprengte schier der Hülse Haft!

Aus der Laube niederhangend,
Glutdurchwogt und üppig rund,
Schwebt' ich dunkelpurpurprangend
Über einem roten Mund!

(I, 90)

Während der Reisende in LA RÖSE noch aus der Entfernung von Italiens «Licht und Lust» schwärmt, nähert sich die dort evozierte südliche Lebensfreude in diesem Gedicht – wiedergegeben in der seit 1882 gültigen Version – ihrem Höhepunkt. Die Weinlese steht zwar erst bevor, aber der Dichter nimmt das bacchantische Treiben sozusagen bereits vorweg, indem er sich in seiner Glückseligkeit in die üppigste Traubenbeere hineinwünscht, um, in ihrer Haut steckend, das ausgelassene Fest des Dionysos mitfeiern zu können. Entsprechend sind die Verse in einer früheren Fassung mit «Wunsch» betitelt. Das lyrische Ich möchte teilhaben an der letzten Reife, bis der Weingott als «Lysaios» den wilden Reigen eröffnet. Und Dionysos' Wirken ist schon jetzt im Gedankengang gespiegelt, denn als eigentlich «Lösender» enthemmt er das Ich und verlockt es bis hin zur erotischen Vorstellung. Doch das «Unbändige», das sich – zwar im Irrealis – im «Geblüte» des Dichters regt, ist nur die eine Seite dieses Dionysischen, wie es bei Meyer auftritt. Oft wird sein Dionysos als «großer Jäger» auch zum Gott des Todes, so daß nach einem Bacchanal ein herrenloser Becher zurückbleibt (vgl. DER TRUNKENE GOTT; I, 240ff.). Allzu kecker Übermut mündet dann in Totenstille. In DAS ENDE DES FESTES heißt es:

Aus den Kelchen schütten wir die Neigen,
Die gesprächesmüden Lippen schweigen,
Um die welken Kränze zieht ein Singen ...
Still! Des Todes Schlummerflöten klingen!

(I, 191)

Tschamutt mit Piz Badus am Oberalppaß.
Photographische Ansichtskarte von M. Maggi, Ilanz, aus den 1920er Jahren.
Zentralbibliothek Zürich

Im Berghaus am Oberalp

Hoch an der Windung des Passes bewohn ich ein niedriges Berghaus –
Heut ist vorüber die Post, heut bin ich oben allein. [...]

«Hohe Station» (I, 129)

Meyer hat sein stilles Bergquartier in Tschamutt 1869 erkundet. Damals war es ihm auf dem Gotthardpaß, den er als Ziel seiner Reise gewählt hatte, zu unwirtlich geworden. Die Geschwister brachen vorzeitig auf und fuhren über Andermatt auf den Oberalp und ins Vorderrheintal. Dabei stach dem Dichter beim ersten Halt jenseits des Passes, während die Pferde ausgetauscht wurden, «ein neues Berghäuschen» in die Augen (Betsy, S. 26), das er dann in den Sommern 1873 und 1874 zu seinem «poetischen Weideplatz» auserkor (ebd., S. 23).

Die beiden letzten Male, da wir zusammen zu Berge stiegen, haben wir die heißen Monate in der Abgeschiedenheit von Chiamutt verlebt.
Jedoch liebte mein Bruder den langsamen Aufstieg aus der schwülen Tiefe in die Höhenluft mit tagelangem oder unter Umständen wochenlangem Aufenthalt auf Zwischenstufen zu machen. Zumal das reizvolle Vorderrheintal hegte für ihn manche Lieblingsplätze, an denen er, wenigstens zu Beginn einer Erholungsreise, nicht vorüberfuhr.

(Betsy, S. 26)

So verweilten die Geschwister bereits in Flims, Disentis und in Sedrun, bevor sie das Hotel Rheinquelle oben am Paß bezogen. Das Berghaus war von Meyers Sedruner Wirt Lukas Caveng erbaut worden und wurde von Modest Decurtins verwaltet, der sich zuvorkommend um die Gäste aus dem Unterland bemühte:

Es war denn auch Modest Decurtins, der uns nach Tagen und Wochen, als milde herbstliche Klarheit über den Bergen lag, eines Morgens den Weg zeigte zur geheimnisvollen Quelle des Vorderrheins, zum felsenumschlossenen Tomasee in der Flanke des Badus. [...]
Ein kristallheller Bach eilte uns, den Grasteppich durchschneidend, entgegen. Nun wandten wir uns rechts, erklommen auf schmalem Steige eine das Tälchen begrenzende Felsmauer und traten durch einen Riß zwischen ragenden Trümmern in ein von dunkeln, senkrechten Wänden umschlossenes Rund. [...]
Es war ein tiefes, tiefes Becken, in das wir, auf einem schmalen Vorsprunge stehend, hinunterschauten. Unten flutete stilles und doch wellenbewegtes, stahlschwarzes Gewässer. Ein einziger Punkt in der Tiefe glänzte wie ein lichtdurchschienener Smaragd. Rechts unten, wenig über dem Wasserspiegel, öffnete sich der Fels dem Sonnenschein. Dort lockte üppiges, helles Grün an einer unbetretenen, unerreichbaren Stelle. Hohes, feuchtes Riedgras in goldenem Tageslicht leuchtete aus der Spalte einer verborgenen Schlucht, durchronnen von einem Wässerlein, das sich sanft in die Seetiefe ergoß. Das ist der Anfang, die oberste Quelle des Vorderrheins.

(Betsy, S. 39ff.)

Meyer hat den Ausflug in den Versen DER RHEINBORN verewigt:

[...]
Ich klomm und klomm auf schroffen Stiegen,
Verwognen Pfaden, öd und wild,
Und sah den Born im Dunkel liegen
Wie einen erzgegoßnen Schild.

Fernab von Herdgeläut und Matten
Lag er in eine Schlucht versenkt,
Bedeckt von schweren Riesenschatten,
Aus Eis und ewgem Schnee getränkt – [...]

(I, 127)

Ins Gedicht HOHE STATION (I, 129), das sich, gestützt auf eine Äußerung Betsys, auf das Tschamutter Berghaus bezieht (Betsy, S. 37), sind allerdings auch Reminiszenzen an den Aufenthalt in Davos-Wolfgang von 1871 mit eingeflossen.

«Jürg Jenatsch» (1876)

Der «Teufelskerl von Jenatsch» (an Haessel, 10. Oktober 1866; X, 277) hat Meyer lange fasziniert und zugleich geängstigt. Er ist wie Hutten gewalttätig bis zur Selbstaufopferung. Ständig steht er im Brennpunkt des Geschehens, immer bereit, zum Schwert zu greifen – ein Held, ein Erlöser, ein unerbittlicher Rächer, ein um jeden Preis nach dem Erfolg Strebender und vielleicht auch ein Schurke? Wo er groß zu sein scheint, erfüllt er leicht mit Abscheu; wenn er liebt, erschreckt er. Jedenfalls sprengt er oft jede Norm, und zwar in seinem maßlosen Selbstgefühl und seinem unbändigen Willen, der des Ruchlosen jederzeit fähig ist, wie in seiner tollkühnen Tapferkeit und letzlich in seinem Verrat.

Der Titelheld läßt sich nicht festlegen, und so oft Meyer dazu ansetzt, erscheint ihm Jenatsch von neuem in seiner ganzen Ungeheuerlichkeit. Jeder Auftritt, jede Begegnung, jede Tat reißt neue Abgründe auf, rückt seine Gestalt in ein unverkennbar magisches Licht. In Berbenn tritt er, ein Erzengel Michael, aus der Lohe: «In seiner Rechten leuchtete das lange Schwert, auf dem linken Arme trug er, als spürte er die Last nicht, seine Tote, deren stilles, sanftes Haupt wie geknickt ihm an der Schulter ruhte. Er wollte sie nicht auf der Mordstätte zurücklassen. Waser konnte trotz der Gefahr der Stunde den Blick nicht verwenden von diesem Nachtbilde sprachlosen Grimms und unversöhnlicher Trauer. Er mußte an einen Engel des Gerichts denken, der eine unschuldige Seele durch die Flammen trägt. Aber es war kein Bote des Lichts, es war ein Engel des Schreckens.» (X, 63)

Zuvor ist er dem bei ihm einkehrenden Zürcher wie ein todesfreudiger und gleichwohl lebensmutiger Landsknecht erschienen, der singend seinen Raufdegen schleift; ein Mann von athletischer Gestalt, «von dessen braunem, bärtigen Haupte ein Feuerschein wilder Kraft ausging» (X, 35). Er gemahnt an einen Freiheitshelden von ungebärdiger Art, erinnert an Götz von Berlichingen, ein deutscher Vulkan, der seine Waffe herrlich bereitet (X, 33).

Vor dem Tizianbild in der venezianischen Kirche führt sich Jenatsch bei der Herzogin Rohan als St. Georg ein (X, 96): «Ich bin ein erprobter Protestant; wenigstens habe ich für die reine Lehre geblutet; doch zu St. Jürg, meinem Namenspatron, halt' ich jeweilen Andacht.» Als ein dem Drachentöter Verbundener will er Graubünden aus den Fängen des spanischen Lindwurms reißen, endlich Ordnung stiften, die Heimat befreien, ihr «Erlöser» (X, 188) sein. Vom Herzog mit Macht ausgerüstet, wird er zum Vorkämpfer der Freiheit – und gleichzeitig zum Würgengel aller Feinde seines Landes. Sein Drang nach Ungebundenheit ist übermächtig; aber auch seine Rachgier kennt – einmal erwacht – keine Grenzen. Der Drachentöter besudelt sich: Gerade im Erlebnis seiner Siege wird er anfechtbar. Das Zwielichtige seines Charakters schlägt durch. Sein maßloser Ehrgeiz führt ihn ins Verderben.

Niemand erkennt das von Anfang an so deutlich wie der Venezianer Grimani, dieser «Meister der Verstellungskunst» (X, 122). Er hat den skrupellosen Bündner durchschaut, behauptet – entgegen jener Schilderung eines Augenzeugen –, Jenatsch habe den Obersten Ruinell zuvor bewußt gereizt und im Zweikampf kaltblütig umgebracht, um selbst Kommandant eines der Regimenter zu werden (X, 128). Im Gespräch mit Rohan rückt er diesem sogar eine künftige Verschwörung Bündens unter Jenatsch gegen Frankreich als Möglichkeit vor Augen (X, 134). Der Provveditore, den seine Ratsgefährten trübselig «Cassandro» nennen (X, 133), erkennt auch klar, was den derzeitigen Schützling des Herzogs so unberechenbar handeln läßt: machiavellistische Gesinnungslosigkeit. Er zeichnet deren bedrohliche Konsequenzen bis hin zur Opferung seines gegenwärtigen Schutzherrn, der ihm fast blind vertraut, weil er an die Vaterlandsliebe des Bündners glaubt. «Dieser Mensch erscheint mir unbändig und ehrlich wie eine Naturkraft» (X, 131), hält ihm Rohan entgegen. – Grimani haßt Jenatsch zutiefst, den er seiner Tat an Ruinell wegen unter den Bleidächern eingekerkert hat und dem die Todesstrafe droht. Aber er entspricht dem Ersuchen des Herzogs, den gefährlichen Bündner zu begnadigen. Er tut dies freilich nicht, ohne Rohan wiederholt nachdrücklich gewarnt zu haben: Jenatsch wird, wie er es voraussieht, nicht davor zurückschrecken, selbst gegen Frankreich mit List und Gewalt vorzugehen, wenn ihm dies vorteilhaft erscheint, und damit seinen Schutzherrn Rohan schnöde verraten.

Gegenüber dem glaubenstreuen und ehrenhaften Herzog nimmt sich Jenatsch wie ein gewissenloser Condottiere aus: ein «bündnerischer Wallenstein» (X, 302). Hier wird die Konstellation zwischen Gustav Adolf und seinem zwielichtigen Gegenspieler vorweggenommen. Rohan ist wie Gustav Adolf eine Lichtgestalt. Beide gehen unter: der Schwede in der Apotheose der Schlacht, Rohan in den Fängen seines Kriegsherrn Richelieu. Die beiden andern aber enden im Verrat, jener letzten politischen Zuspitzung der Gesinnungslosigkeit. Sie zerstören dabei ihre moralische Integrität um des vermeintlichen Erfolges willen. «Nur der Duc de Rohan [...] ist ein nobler Mensch», äußert sich Meyer in seinem Brief vom 10. Oktober 1866 an Haessel. Gebildet, Soldat, eine asketische Natur von sonst selten anzutreffender Bedürfnislosigkeit, erinnert Rohan an Coligny. Daß er von Jenatsch nichts Böses denken kann und will, erhöht seine Ehrenhaftigkeit, führt aber auch zu seinem Untergang. Der Verrat trifft ihn bereits als kranken Mann, der, nachdem er «zehn Tage lang mit geschlossenen Augen bewußtlos gelegen», «todesmatt» ist (X, 159). Jenatsch glaubt in seinem Gesicht einen «tief eingegrabenen Zug verschwiegenen, hoffnungslosen Grames» zu entdecken (X, 169). Der Todeszug weist schon auf Pescara hin. Vielleicht kann tatsächlich erst Gewissen haben, wer dem Tode anheimgegeben ist.

Jenatsch hat man nach dem Sieg der Franzosen in Innsbruck «spanischerseits Bündens Unabhängigkeit in seinen alten Grenzen als Preis» für eine Trennung von Frankreich angeboten, und man versuchte ihn mit Bestechung von Rohan zu scheiden. Darum fürchtet der immer noch auf des Herzogs planvolle Leitung Bauende, daß seine Heimat «wieder in das Blutbad des Bürgerkrieges» versinken könnte (X, 171), wenn der zwischen Frankreich und den Bündnern vereinbarte Vertrag nicht endlich Rechtskraft erlangt. Und eben dieser Vertrag von Chiavenna ist ohne Unterschrift aus der Seinestadt zurückgekommen (X, 172). Die von Frankreich beantragten Änderungen sind für Jenatsch unannehmbar, weil sie seine Heimat an Paris ausliefern und den Franzosen Eingriff in die Verwaltung bündnerischen Eigentums im Veltlin zugestehen.

Rohan will sich auch jetzt noch für die Sache Bündens bei Richelieu verwenden und direkt an den König gelangen, wiewohl er am liebsten sein Kommando niederlegte. Auf Jenatschs beschwörende Bitte, die Bündner «nicht in einen solchen Abgrund der Ratlosigkeit» zu stoßen (X, 173), faßt sich der Herzog: «Darum will ich bis ans Ende ausharren, [...]. Aber wißt, Jenatsch, von Euch erwarte ich hier im Lande alles. Durch mein grenzenloses Zutrauen seid Ihr in meine Sorgen und in die Schwankungen des Loses eingeweiht, das ich im festen Glauben war, Eurer Heimat schon gesichert zu haben. Ihr seid es allein. [...] Beruhigt Eure Landsleute. [...] Schaffet Frist! Haltet den Glauben an Frankreich aufrecht!» (X, 173 f.) Doch eben zu dieser Stunde vollzieht sich im Geiste des Bündners die Wandlung: Vor seiner Seele steht mit entsetzlicher Klarheit das eine: «Bünden sollte nie frei», sondern «beim Länderschacher des Friedensschlusses auf den Markt gebracht [...] werden» (X, 175). Jenatsch begründet den Abfall von Frankreich mit seiner Enttäuschung über Rohans Schwäche gegenüber Richelieu. Menschliche und göttliche Gerechtigkeit erscheinen ihm als eitle Träume. Sich selber sieht der Bündner in der Nachfolge «dieses christlichen Ritters» (Rohan) «am Rande des Abgrundes» (X, 176), sieht sich von Richelieu mit Rohans Rechtschaffenheit geködert und betrogen. «Die Schlangenwege und Berechnungen der französischen Politik» (X, 177) ermessend, durchschaut Jenatsch den Täuschungsfaktor, den Richelieu mit Rohan, dem «schönen Scheinbild» (X, 188), ins Spiel gebracht hat, aber er will das gute französische Pfand des christlichen Worthalters Rohan weiterhin ehren, bis ein Judasgedanke in seine Seele tritt: Er steht «plötzlich in so naher Häßlichkeit vor seinem Angesichte, daß ihn schauderte. Aber er sagte sich mit einem sichern Lächeln: ‹Der gute Herzog wird mich nicht durchschauen wie sein Gott den Judas.›» (X, 177)

«Mann gegen Mann, List gegen List, Frevel gegen Frevel», lautet Jenatschs neue Losung (X, 177), und ein Brief des Kapuziners Pancraz bestärkt den auf sein Ingenium vertrauenden Bündner in seiner Absicht, den «halsbrechenden Pfad» zu beschreiten. «Dieser Weg der Gefahr und Schande war das Bündnis mit Spanien.» (X, 180) Aber Jenatsch erkennt ebenso deutlich, «daß er sich selbst in seinen Lebenstiefen» damit zerbricht. Er unterschreibt den Schuldschein, womit er sich verpflichtet, für den von Frankreich noch ausstehenden Sold der Bündner Regimenter aufzukommen, und zwar binnen Jahresfrist; doch die zwei einzigen Worte «von Frankreich» streicht er aus dem Text (X, 182).

Rasch entschlossen macht er Lucretia Planta zu seiner Unterhändlerin bei den Spaniern, und als sie ihn fragt, wie er denn Rohan preisgeben und zu den Spaniern überwechseln könne, ohne dabei unterzugehen, verweist der zum Verrat Bereite darauf, daß sie «alle in diesen Bürgerkriegen Gebornen ein freches, schuldiges Geschlecht» seien (X, 189). Mit einer ausdrücklichen Vollmacht soll Lucretia für ihn heimlich in Mailand verhandeln. Oberste Bedingung bleibt «die völlige Unabhängigkeit der drei Bünde in ihren alten Grenzen» (X, 190).

Aber Meyer begnügt sich nicht mit dem Bild des Judas Ischariot (X, 202), um den Verrat des Bündners zu veranschaulichen. In den Szenen, die auf den geschickt vertuschten Abfall von Frankreich folgen, erscheint Jenatsch zunächst als «Holofernesgestalt» (X, 198). Wie dann der allgemeine Volksaufstand gegen die Franzosen auch für den guten Herzog zur unumstößlichen Tatsache wird und der einstige Anwalt der Bündner Freiheit in Paris schachmatt gesetzt worden ist, sprengt Jenatsch als apokalyptischer Scharlachreiter auf einem Rappen unter die Truppen der abziehenden Schutzmacht. Seine Landsleute messen den rasch Verschwindenden «mit Bewunderung und leisem Grauen»; man sagt ihm nach, er «habe [...] seine Seele dem leidigen Satan verschrieben» (X, 212).

Bei der Verabschiedung Rohans reitet Jenatsch, den niemand erwartet hat, auf schäumendem Rappen ins Leere, «von allen gemieden» (X, 222). In Mailand, wo er mit Herzog Serbelloni verhandelt, gebärdet er sich wie der «Welteroberer Alexander», wie «ein Rasender» (X, 235), was dem Jenatschs überreizter Tatkraft schließlich nachgebenden spanischen Unterhändler im Selbstgespräch die Worte entlockt: «Er darf nicht leben bleiben.» (X, 238)

Die «übermächtige Vaterlandsliebe» ist – nach Bürgermeister Waser – «der einzige überall passende Schlüssel» zu Jenatschs vielgestaltigem Wesen (X, 251). Den zuvor schon durch Meyers Vergleiche ins Mythische erhobenen «gesetzlosen Kraftmenschen» (ebd.) haben seine beispiellosen Erfolge trunken bis zum Wahnsinn gemacht, und in Chiavenna hat er «gewirtschaftet wie ein ausschweifender Nero» (X, 252). Der so Charakterisierte hat die «zum Heile des Vaterlandes notwendigen Taten» auf sich genommen, «die von reinen Händen nicht vollbracht werden können» (X, 251); aber er ist auf dem Höhepunkt seiner Macht bereits abgrundtief gesunken: Jenatsch ist zum Verräter an seinem Freund und Herrn geworden, und er hat seinen Glauben um eines Vorteils willen verraten, ist sich damit gänzlich «untreu geworden» (X, 240) und steht nun vor uns als Renegat in doppelter Hinsicht. Hat er sich dabei nicht doch vielleicht vom Paulus zum Saulus gewandelt, wie er «in juwelenglänzender roter Tracht und wehendem Mantel, den Hut mit den flatternden Federn fest in die Stirn gedrückt» (X, 253) heransprengt? Der ehemalige protestantische Pfarrer in Berbenn trägt jetzt als Apostat die Ordenskette St. Jacobi von Compostela (X, 254).

So präsentiert sich der Bündner Freiheitsheld vor unsern Augen, «als hätte eine übermenschliche Kraftanstrengung ihn aus dem Geleise und über die letzten seiner Natur gesetzten Marksteine hinausgeworfen» (X, 227): großartig und schrecklich zugleich, bewundernswürdig und zutiefst verworfen in einem.

Seine kometenhafte politische Laufbahn wird von einer der seltsamsten Liebesgeschichten begleitet und durchkreuzt. Jenatsch liebt Lucretia Planta; sie liebt ihn. Aber er ist der Mörder ihres Vaters. Zu einer Verbindung zwischen den beiden kann es also nicht kommen. Die Bluttat auf Schloß Rietberg steht trennend zwischen ihnen. Und nicht nur das: sie fordert nach altem Gesetz von der Planta-Tochter den Vollzug der Blutrache. Der Fluch, der auf den Liebenden lastet, gemahnt an jenen im Hause der Atriden, was Meyer schon 1866 bei einem Besuch auf Schloß Rietberg klargeworden ist (an Haessel, 10. Oktober 1866).

Die Peripetien ihrer Liebesgeschichte sind in drei Hauptszenen gegeben: Die zehnjährige Lucretia, die Jenatsch im Schulzimmer zu Zürich aufsucht, um ihm gedörrtes Fleisch zu bringen (X, 15), erhält von ihm einen Becher geschenkt, den er zuvor unter dem Einsatz seines Lebens gewonnen hat (X, 18). Nach dem gemeinsamen Trunk daraus ist die Verbindung besiegelt. Sie hat zunächst einen durchaus geschwisterlichen Zug: «Gespiele meiner Kindheit, Schutz meiner Jugend!» nennt Lucretia später den Freund (X, 117).

In der Szene unweit der San Bernardino-Paßhöhe zieht Lucretia das kleine Silbergefäß hervor und läßt es in Jenatschs Hand gleiten. «Es war das Becherlein, das ihr einst der Knabe zum Gegengeschenk für ihre kecke kindliche Wanderfahrt nach seiner Schule in Zürich gemacht und das sie nie von sich gelassen hatte. Jürg erkannte es sogleich, umfing die Kniende und zog sie mit einem innigen Kusse an seine Brust empor. Sie sah ihn an, als wäre dieser einzige Augenblick ihr ganzes Leben. Dann brachen ihr die Tränen mit Macht hervor. ‹Das war zum letzten Male, Jürg›, sagte sie mit gebrochener Stimme. ‹Jetzt mische mir den Becher, daß wir beide daraus trinken! Zum Abschiede! Dann laß meine Seele in Frieden!›» – Und nach dem Trank: «‹Siehe dieses Rinnsal zwischen uns [...], es wird unten zum reißenden Strome. So fließt das Blut meines Vaters zwischen dir und mir! Und überschreitest du es, so müssen wir beide darin verderben. [...] Du weißt nicht, was ich gelitten habe, wie sich mir alle Jugendlust und Lebenskraft in dunkle Gedanken und Entwürfe verwandelte, bis ich zu einem blinden, willenlosen Werkzeuge der Rache wurde. Hüte dich vor mir, Geliebter! Kreuze nie meinen Weg! Störe nie meine Ruhe!› – So saßen die beiden in der Einöde.» (X, 149f.)

Lucretia wird in der Folge zuerst von ihren Gefühlen hin- und hergerissen. Einerseits liebt sie Jenatsch und wünscht auch, daß er die Heimat befreie. Darum warnt sie ihn vor den Feinden; deshalb rettet sie dem Gedemütigten und Verhöhnten, dem der Strick gewiß ist, unweit von Fuentes das Leben (X, 146f.). Sie weiß «mit voller Herzensüberzeugung», daß sie sich nicht rächen darf (X, 144). Danach legt sich «der Widerstreit ihrer Gefühle». Sie kommt zur Ruhe. Sie verhandelt später sogar für ihn mit den Spaniern; denn sie ist die Einzige, der er traut. Jenatsch, dessen Liebe emporflammt, als er Lucretia in Venedig erblickt, verwünscht hinterher die Bluttat, die ihm einst «als Vollstreckung eines gerechten Volksurteils erschienen war», und wertet sie «als eine unnütze Befleckung seiner Hände» (X, 150). Nach dem Verrat, an dem Lucretia als einzige Vertraute mitgewirkt hat, wandelt sich ihr Verhältnis zu Jenatsch: «ihr Vertrauen auf seine reine Vaterlandsliebe wurde von dem allgemeinen Ekel, den sie empfand, angefressen und ihr Glaube an die Einheit seines Wesens erschüttert» (X, 226). – Wie er die spanischen Vollmachten auf Schloß Rietberg abholt und «in herausforderndem Jubel» triumphiert: «Ich schwöre es, Lucretia, wenn das gelingt, soll mir fortan nichts unmöglich sein! ... Müßt' ich auch das Blut deines Vaters durchschreiten – müßt' ich dem Racheengel das Schwert aus den Händen reißen, um dich zu besitzen, [...]», da führt ihn die Planta-Tochter in ein enges Gelaß, dessen Rückwand «ein grob darauf gezeichnetes Kreuz verunziert» – den Ort der Bluttat –, und erklärt: «Auf Riedberg wird keine Hochzeit gefeiert!» (X, 227)

In der Schlußszene wird Lucretia tatsächlich zur «bündnerischen Judith» (X, 110), die ihren Holofernes erschlägt. Schon durch ihren Namen gehört sie dem Kreis jener als Heldinnen ausgezeichneten Frauengestalten an, die im Mittelalter oft zusammen genannt werden: Lucretia, Veturia, Virginia, Esther, Judith, Jaël, Helena, Brigitta, Elisabeth; Tugendhafte, die für ihre Ehre alles auf sich nahmen, Mord, eigenen Tod, oder die in uneigennütziger Weise dem Göttlichen dienten. Die übermenschlichen Kräfte, die Lucretia bei ihrer Tat zuwachsen, entstammen dem Irrationalen, dem atavistischen Zwang zur Blutrache. Vetter Rudolf von Planta ist ein Nichtswürdiger; er darf die Rache nicht vollziehen. Der alte Lucas, der treue Knecht, maßt sich das Rächeramt ebenfalls an, wird aber im Getümmel von Jenatsch niedergeschlagen und gibt Lucretia «mit brechendem Blicke das blutige Beil in die Hand». «In Verzweiflung richtete sie sich auf, sah Jürg schwanken, von gedungenen Mördern umstellt, von meuchlerischen Waffen umzuckt und verwundet, rings und rettungslos umstellt. Jetzt, in traumhaftem Entschlusse, hob sie mit beiden Händen die ihr vererbte Waffe und traf mit ganzer Kraft das teure Haupt. Jürgs Arme sanken, er blickte die hoch vor ihm Stehende mit voller Liebe an, ein düsterer Triumph flog über seine Züge, dann stürzte er schwer zusammen.» (X, 268) Lucretia, die früher «nicht stark genug sein» wollte, ist damals schon voll der «verzehrenden Eifersucht auf jeden, der in ihr Amt eintreten» könnte (X, 244). Der Schlag, den sie jetzt führt, richtet und rettet: sie ist Rächerin und Geliebte in einem. Meyer verzichtet auf jede psychologische Erklärung für ihr Verhalten. Eine solche kann auch nicht gegeben werden, weil der Rahmen des Persönlichen gesprengt und ins Übermenschliche erweitert ist, und zwar in einen Bereich, wo mythische Kräfte das Gefühl überwältigen und die Tat bestimmen.

Das Fascinosum der Jenatschgestalt geht nicht von der ihr eigenen Gewaltsamkeit aus, noch von andern, einzeln zu nennenden Eigenschaften. Es ist darin begründet, daß dieser Mensch nicht zu fassen ist – weder als Freiheitsheld noch als Machiavellist, nicht als Liebhaber, Verräter oder gar als Teufel. Er nimmt laufend alle Gestalten an: die eines der Bündner Tellen, des Wallenstein, des Judas; auch St. Georg ist er, dazu Holofernes, aber zugleich Retter und Erlöser. Alle Heroen aus Geschichte und Mythos leben in seiner Person mit. Jeder seiner Gegenspieler, der ihn festlegen möchte, täuscht sich in ihm. – Am nächsten kommt diesem Proteus wohl Wertmüller in seinem Abseitsgespräch auf der Fahrt nach Murano. Jenatsch rückt dabei dem ihn provozierenden «Locotenente» mit der spitzen Frage auf den Leib: «Ihr anerkennt das Recht des Stärkern in seiner rohesten seelenlosesten Gestalt und leugnet seine göttliche Erscheinung in der Macht der Persönlichkeit?» Für den zornigen Bündner ist die große Persönlichkeit die «Menschwerdung eines ganzen Volkes» (X, 103). Wer wollte dabei noch an «gewöhnliche Vaterlandsliebe und ein haushälterisches Maß von Opferlust» denken? Wertmüller entgegnet zunächst nichts auf diesen Ausbruch Jenatschs, aber in «seinen gescheiten grauen Augen» liegt die Frage: «Bist du ein Held oder ein Komödiant?» (X, 103 f.)

Anschließend sagt er (X, 104): «Ich [...] meine, das Auftauchen außerordentlicher Menschen und das Aufflackern großer Leidenschaften, das bei der mißlichen Beschaffenheit der menschlichen Natur doch einmal nicht von Dauer ist, reiche nirgends aus. Um aus den durcheinandergewürfelten Elementen der Welt etwas Planvolles zusammenzubauen, braucht es meines Bedünkens kältere Eigenschaften: Menschenkenntnis, will sagen Kenntnis der Drähte, an welchen sie tanzen, eiserne Disziplin und im Wechsel der Personen und Dinge festgehaltene Interessen.» Er weist in diesem Augenblick, zwischen Ernst und Spott schwankend, zu den von eisernen Stangen gestützten Engeln und Aposteln auf dem Dach der Jesuitenkirche hinüber. – Sind diese Vertreter des Himmels nicht Marionetten im unergründlichen Ratschluß Gottes? Menschenkenntnis: sie ist allein bei Gott, und auch der Dichter überschätzt und versündigt sich, wenn er gottgleich den Menschen und seine Verhältnisse durchschauen will.

Meyer läßt das Rätsel also stehen. Er beleuchtet den Charakter seines Helden dafür aus immer neuen Perspektiven: zunächst aus der des eher biederen und ahnungslosen Jugendfreundes Waser, der als ein Zaungast, Zuhörer und Lauscher immer wieder gegenwärtig ist. Ihm tritt gegen den Schluß des Romans der gelehrte Ritter Fortunatus Sprecher zur Seite, der eine Biographie des Herzogs verfaßt. Augenzeuge und Kommentator ist auch Amtsbürgermeister Meyer von Chur, der mit Sprecher und Waser in enger Verbindung steht. Tiefer dringt der Blick anderer Betrachter: so der des kaltklugen Wertmüller, weil er verwandten Schlages ist, ehrgeizig, rücksichtslos und nach der Meinung des Volkes dem Teufel verbunden wie Jenatsch, was im Schuss von der Kanzel auch die Leute vom Zürichsee empfinden werden; oder der des unerbittlichen Grimani, eines Abgebrühten, Abgefeimten, der mit allen Wassern politischen Betrugs gewaschen und stark in der Kunst des Verschweigens wie des Verleumdens ist. Ähnlich beurteilt den Bündner der Spanier Serbelloni, bei dem Berechnung in tödlichen «Haß gegen den Tollkühnen und Hinterlistigen» umschlägt (X, 237): «Dieser Mensch ist mir zu nahe getreten», spricht er zu sich (X, 238), womit Jenatsch für ihn sein Leben verwirkt hat. Aber auch die nur am Rande des Geschehens Stehenden blicken auf den rätselvollen Bündner, und jeder schätzt ihn anders ein. Und der Autor selbst? Er sieht ihn mit den Augen aller und entzieht sich der verbindlichen Stellungnahme. Faszination, Unsicherheit, Entsetzen: Was ihn jeweils bewegt, verlegt er als Reaktion in die Figuren. Gebrochenheit des Blicks, Unentschiedenheit des Urteils ergeben sich daraus, die kalte Ironie der Objektivität ist die Folge. Meyer urteilt nicht, er zeigt nur.

Der Erzähler Meyer gibt keine psychologischen oder moralischen Motivationen. Er prüft seine Figuren in den wechselnden Einzelszenen und Szenenfolgen, läßt sie wie auf einer Bühne auftreten und schaut ihnen zu. Gesucht ist der Kraftakt, die jähe Wallung, der Eklat; erstrebt sind auch die großen Gespräche und die schnellgefaßten Entschlüsse. Was sich dazwischen abspielt, wird vernachlässigt. Nicht von ungefähr hat Meyer immer wieder daran gedacht, aus dem Jenatsch-Stoff ein Drama zu machen. Der Entscheid für die Romanform führt zu erzählerischen Verlegenheiten: zu referierenden Rückblicken in Dialogen, die, während die Zeit schon drängt, noch Vergangenes nachtragen müssen; zu den berühmt-berüchtigten «Vetter-in-Mailand-Briefen», die übersprungenes Geschehen zusammenfassen. Dabei wird allerhand historisches Geröll mitgewälzt. Ist das Geschiebe aber erst weg, dann öffnet sich groß der Weg zur *scène-à-faire*. Sie tun sich auf, die Tore, Treppenhäuser, Gemächer. Eigentliche Bühnenbilder werden entworfen. Sie führen in Paläste und Kirchen, mit schweren Vorhängen vor Nischen, mit funkelnden Lüstern oder dem Lichte des einfallenden Abendgolds. Die prunkvollen Intarsienmöbel, die Silberschalen, die Porträts an den Wänden sind die Requisiten. Die Kunst reicher Jahrhunderte wird großzügig zur Schau gestellt, um dem Gespräch sein Gewicht zu verleihen. Die Venedig-Szenen, im Mittelpunkt des Romans, sind eigentliche Gipfel – und manchmal wohl auch Exzesse – des Renaissance- und Barockkults: Jenatsch in der Santa Maria Gloriosa, die herzogliche Gesellschaft vor dem Bild der Familie Pesaro (X, 94 f.); Jenatsch als Lauscher hinter der Draperie des venezianischen Gemachs, «ein verborgener, aber aufmerksamer Zeuge auch des Geringsten, was im Saale vorging» (X, 114), bevor er dann plötzlich mit Schillers «Da ist er schon!» in die Szene tritt (vgl. *Kabale und Liebe,* II, 6). Als weiteres Beispiel kann das Prachtszimmer Grimanis gelten (X, 121): «Das einzige hohe Fenster war von reichen bis auf den Fußboden herabfließenden Falten grüner Seide halb verhüllt, doch streifte ein voller Lichtstrahl die silberglänzende Frühstückstafel und verweilte, von den verlockend zarten Farben angezogen, auf einer lebensgroßen Venus aus Tizians Schule. Von der Sonne berührt schien die Göttin, die auf mattem Hintergrunde wie frei über der breiten Türe ruhte, wonnevoll zu atmen und sich vorzubeugen, das stille Gemach mit blendender Schönheit erfüllend.» Demgegenüber ist Rohans Bibliothekszimmer, in dem über die Welt nachgedacht wird, ein Ort, der in seiner Nüchternheit karg anmutet. Und die einfachen Oberengadiner und Veltliner Gelasse, die dunklen Churer Stuben werden daneben zu Orten des Gerüchts, der flüsternden Ängste und kassandrischen Drohungen.

Lücken zwischen den Hauptplätzen des Geschehens füllen die kleinen Spelunken, die Hospize, Klöster und Burgen, in denen sich die Boten und Zuträger treffen, verstohlen unter ihren Kapuzen hervorlugend, hinter ihren Bärten versteckt. Lucas, Blasius, Fausch und Pancraz: sie alle tun mit, sind in die Handlung einbezogen, immer wo nötig zur Stelle mit einer Botschaft oder dem Beil. Die Verdüsterung der Horizonte, die Nebel, die Totenstille der Nacht sind Hintergrund für das Böse, das sich ungreifbar darin bewegt, wie für die stumme Ergebenheit der Getreuen. Erst alle Figuren und Schauplätze zusammen machen das volle Geschehen aus, das zuweilen auch in die großartig geschaute Landschaftsszenerie des Gebirges verlegt ist. Welche Staffelung! Welch unerhörter Ablauf! Dämonische Helden und Heilige, alles durchschauende Beobachter, phlegmatische Chronisten, viel Fußvolk, und daneben das dunkle Gelichter; und jeder nach seinen Möglichkeiten den Fortgang bedenkend und daran herumrätselnd – und dies alles am Rande des Verrats, des Totschlags, des lauernden Wahnsinns!

Die Konzentration auf Schlüsselfiguren und -szenen, denen alles zu dienen hat, entspricht der Geschichtskonzeption Jacob Burckhardts. Die Ereignisse gehen von den Großen aus, und diese Hauptakteure prägen den Willen des Volkes: sie *sind* dieser Wille, und alles, was an Nebenfiguren kreucht und fleucht, handelt oft geschmeidig, unbeirrbar oder gar trotzig nach der vorgegebenen Maxime des Wollens. Auch die Skepsis, mit der betrachtet wird, gehört dazu: sie entspricht Schopenhauers bösem Blick, seinem Pessimismus und Nihilismus. Wieviel gelten vor solchem Hintergrund christliche Annahmen noch? Geschichte, was soll sie sein? Vielleicht ein

Weg zum Heil oder hoffnungslos zerfahrenes Theater, Ausdruck der Größe oder täuschendes Blendwerk?

Meyer sah sich in seiner Gegenwart vor das gleiche Problem gestellt. Er stand, wie Waser vor Jenatsch, als Beobachter vor Ricasoli und Bismarck. Sie vermochten ganze Völker zu bewegen. Er, ein schwächlicher Rebell, identifizierte sich mit ihrem Wollen – und erschauderte dabei. In ähnlicher Weise wurde er seinem Jenatsch hörig und erschrak vor ihm; er verachtete ihn eigentlich, diesen «coquin» (X, 290), und war ihm gleichwohl verfallen. Aber er fühlte sich auch in Rohan, der als einziger dem Ruchlosen die Stirn bot und der unterging, weil er ein solches Ausmaß an Greuel und Grauen nicht durchstehen konnte. Die Dämonie der Welt offenbart sich: Jenatsch, selbst ein Dämon, endet im Höllenpfuhl; Rohan, der christliche Ritter, rettet sich in die Heiligkeit und findet den ehrenvollen Tod auf dem Schlachtfeld. Was aber ist das Rechte? Und wo bleibt der Trost?

JÜRG JENATSCH ist kein historischer Roman. Felix Dahn, Joseph Viktor von Scheffel und ihresgleichen versuchen, vergangene Zeiten zu vergegenwärtigen und anschaulich zu machen. Doch darauf kommt es Meyer überhaupt nicht an. Er zeichnet nicht nach; er springt mit der Geschichte um und schafft Figuren, die es nicht gegeben hat, formt sie souverän nach seinem Willen. Was hat Lucia mit Anna Buol, der historischen Frau des Jenatsch zu tun; was Lucretia mit der historischen Katharina von Planta, die mit Rudolf Travers von Ortenstein verheiratet war? Wann gab es je den Zusammenlauf aller Hauptfiguren in Venedig? Wann starb Rohan? Wann Jenatsch? Im Roman vollzieht sich ihr Ableben beinahe gleichzeitig. Die geschichtlichen Fakten und Abläufe kümmern Meyer kaum. Sie müssen sich dem Kunstwerk fügen. Und so reduziert er denn, was sich in 18 Jahren zugetragen hat, auf wenige Szenenfolgen und erzählt in zeitlich geraffter Form. Ein solches Vorgehen stellt niemals tatsächliches historisches Geschehen dar; es dient allein der Ergründung des Schicksals und der Charaktere – eines einzigen Charakters, wenn man will.

Meyers Roman sondert sich auch sonst von allem ab, was damals in Deutschland als Roman galt. Sein JENATSCH steht nicht in der Tradition des *Wilhelm Meister*. Dazu fehlte Meyer der Glaube an das unverwechselbar Eigenständige der Persönlichkeit und an die Gesetzmäßigkeit ihrer Entwicklung. Keller und Stifter haben noch daran geglaubt. Meyer erzählt auch nicht wie Fontane oder Raabe, humoristisch-versöhnlich oder satirisch-pessimistisch. Seine Mischung von Kälte und Glut, von leidenschaftlichem Pathos und kühler Distanz scheint eher von Michelet oder Sainte-Beuve herzurühren. Stendhal, Mérimée und sogar Flaubert stehen ihm näher als alle Autoren der deutschen Bildungs-, Erziehungs- und Gesellschaftsromane. Nietzsches Überspanntheiten sind bereits greifbar: die Faszination durch renaissancehafte Ruchlosigkeit, kulminierend in dem sich jedem Moralismus verweigernden Monster – und alles gesehen durch die Augen eines schwachen Beobachters, der seine Rettung und sein Heil in der Entlarvung des Ungeheuerlichen sucht, ohne daß er sich dessen seltsam zaubrischem Bann entziehen könnte. Genau diese Zwangslage trägt mit zum Zerbrechen des Romans bei – da begegnen keine planbaren Abläufe mehr, darin ist keine Kontinuität, es gibt keine Helden, deren Verhalten sich berechnen ließe, und damit letztlich auch keine eigentliche *auctoritas* des Erzählers. Nur seine Zweifel und inneren Schranken sind maßgebend, führen gleichsam Regie. Dieser Autor rückt die Geschichte und ihre Protagonisten zwar auf seine Weise ins Prüffeld. Aber er fühlt sich nicht zum Richter berufen, er findet kein Urteil. Und so reibt er sich auf zwischen Skepsis und Glauben.

Rechte Seite:
Georg Jenatsch (1596–1639)
im Alter von 40 Jahren, 1636.
Gemälde eines unbekannten
Malers in Privatbesitz. Reproduktion nach einer Kopie von Paul
Martig (1903–1962), entstanden
1935. Rätisches Museum Chur

Geschichtliches und historische Gestalten

Der Dreißigjährige Krieg

Was zwischen 1618 und 1639 in Graubünden geschehen ist, muß vor dem Hintergrund des Dreißigjährigen Krieges (1618–1648) betrachtet werden. In diesem ursprünglichen Glaubensstreit kämpften die Anhänger der «Protestantischen Union» auf verschiedenen Kriegsschauplätzen gegen die Parteigänger der «Katholischen Liga». Die eine ist 1608 vom Kurfürsten Friedrich V. von der Pfalz gegründet, die andere ein Jahr später von Max von Bayern gestiftet worden. – Die Katholiken erhielten in diesem sich immer mehr ausweitenden kriegerischen Kräftemessen die Hilfe Habsburgs (Oesterreich-Spanien); die Protestanten (Ernst von Mansfeld, Christian von Braunschweig, Georg Friedrich von Baden) wurden zunächst durch Christian IV. von Dänemark – und nach dessen Niederlage und Ausscheiden aus dem Krieg – durch König Gustav II. Adolf von Schweden unterstützt. Das katholische Frankreich, das einen weiteren Machtzuwachs Habsburgs in Mitteleuropa unbedingt verhindern wollte und als Geldgeber die schwedische Intervention seit 1631 vertraglich mitfinanzierte, greift 1636 offen an der Seite der Schweden und Protestanten in die militärische Auseinandersetzung ein. Damit wird aus dem einstigen Glaubenskrieg vollends ein Kampf um die Vormachtstellung im damaligen Europa.

In diesem zähen Ringen um Glaubensform und politische Macht treten bedeutende Persönlichkeiten gegeneinander an: Auf katholischer Seite Wallenstein (Albrecht von Waldstein), von protestantischen Eltern abstammend, aber früh verwaist, doch in evangelischen Schulen erzogen. Er dient seit 1604 dem Hause Habsburg. 1606 sichert sich der Emporstrebende seinen Aufstieg mit dem Übertritt zum Katholizismus und erheiratet großen Reichtum. Nach Kriegsausbruch erwirbt er des Kaisers besondere Gunst dank der mit eigenen Mitteln betriebenen Aufstellung von Truppen, mehrt nach der Niederlage der Protestanten als Verwalter im besetzten Böhmen Einfluß und materielle Macht und wird vom Kaiser zum Herzog von Friedland ernannt. – Er schlägt Mansfeld und unterstützt Tilly bei der Besiegung des Dänenkönigs, den er vom Festland vertreibt. Darauf verleiht ihm der Kaiser das Herzogtum Mecklenburg, um auf diese Weise Habsburgs Schulden gegenüber dem Heerführer abzutragen. Neid und Mißgunst seiner Gegner am Hofe, aber auch seine allzu kühnen persönlichen Pläne, die auf Vertreibung aller fremden Mächte und religiöse Toleranz ausgerichtet sind, führen 1630 zur Absetzung des erfolgreichen Friedländers.

Beunruhigt durch Habsburgs Machtzuwachs, damit verbundene Rekatholisierungen und die daraus sich ergebende schlimme Lage der deutschen Protestanten, greift Gustav II. Adolf, der Schwedenkönig, in den Krieg ein. – Tilly, jetzt wieder des Kaisers einziger Feldherr und Sieger in so mancher vorangegangenen Schlacht, wird am 17. September 1631 auf dem «Breiten Feld» bei Leipzig von Gustav Adolf geschlagen. Im Frühling 1632 erzwingen die Schweden den Übergang über den Lech, wobei der abermals unterliegende Tilly tödlich verwundet wird. Augsburg und München werden besetzt. – Der neue Auftrieb der protestantischen Sache und die sich abzeichnenden schwedischen Eroberungen am Rhein, wo Mainz erreicht wird, lassen die deutschen Fürsten für ihre künftige Selbständigkeit fürchten und veranlassen selbst Richelieu zur Überlegung, ob sich nicht Frankreich seinerseits jetzt gegen den schwedischen Machtzuwachs wenden müßte.

Wallenstein, der insgeheim seit 1630 mit Gustav Adolf im Hinblick auf einen schnellen Frieden im Reich verhandelt hat, übernimmt 1631 wieder den Oberbefehl über die kaiserlichen Truppen. 1632 zwingt er die Schweden durch geschickten taktischen Stellungsbezug zur Räumung Süddeutschlands. Bei Lützen kommt es am 16. November 1632 zur entscheidenden Schlacht. Gustav Adolf fällt. Herzog Bernhard von Weimar übernimmt den Oberbefehl und besiegt Wallenstein. Dieser aber tritt mit den Feinden des Kaisers, mit Franzosen, Schweden, mit Sachsen und Brandenburg in geheime Verhandlungen ein. Durch seine zaudernde Kriegführung und sein Streben nach der böhmischen Krone erweckt der mit nahezu unbeschränkter Vollmacht Ausgestattete neu den Argwohn Wiens. Seine Versuche, mit Brandenburg und Sachsen neben Schweden und Kaiser eine dritte Kraft im Reich zu schaffen, und seine Weigerung, Bayern und die Donaulinie zu verteidigen und sich für die Spanier zu verwenden, führen im Januar 1634 zu seiner Absetzung. Ein kaiserliches Patent bezichtigt ihn des Hochverrats, worauf die Armee von ihm abfällt. Am 25. Februar 1634 wird er auf der Flucht zu Bernhard von Weimar in Eger erstochen. Nach seinem Tod siegen die Kaiserlichen am 6. September 1634 bei Nördlingen und gewinnen Süddeutschland zurück.

1635 gehen Sachsen und anschließend auch Brandenburg mit dem Kaiser den Prager Sonderfrieden ein, dem weitere protestantische Stände beitreten. Darin verzichtet Habsburg auf seine bisherige schroffe Rekatholisierungspolitik. Nun soll das Reich endlich von den fremden Truppen gesäubert werden. Aber auch dieses einst von Wallenstein ins Auge gefaßte Ziel wird nicht erreicht, weil jetzt, wie es der Friedländer vorausgesehen hat, Richelieus Frankreich zusammen mit Bernhard von Weimar und schwedischen Generälen offen in den allgemeinen Machtkampf gegen Habsburg eingreift. Die Kriegsfackel lodert also weiter, und damit blutet das Reich wirtschaftlich völlig aus, und das Haus Habsburg wird in Mitteleuropa als Macht endgültig verdrängt. 1648 endlich setzt der Westfälische Friede dem Ringen, das sich über dreißig Jahre erstreckt hat, ein Ende.

GEORG VON JENATSCH
SERENISSIMÆ REIPVPLICÆ
VENETÆ IVERAT ET REGIS
CHRISTIANISSIMI ERAT
COLONELLVS ÆTATIS
SVÆ ANNORVM XL
ANNO 1630

Georg Jenatsch (1596–1639) und die Bündner Wirren – ein außergewöhnlicher Patriot im Sog der geschichtlichen Ereignisse

> «[...] Ni fallor, patriae es futurus olim
> Nostrae gloria lumen atque magnum.»
> Georg Wiezel
> [Wenn ich mich nicht täusche, so wirst Du einmal der Ruhm / Und das große Licht unseres Vaterlandes werden.]
> (Pfister, S. 30)

Georg Jenatsch verbringt seine Jugendzeit im Pfarrhaus von Silvaplana. Im Sommer 1610 wandert er mit dem Vater nach Zürich, um dort am Lektorium das Theologiestudium aufzunehmen. Seines oft widerspenstigen Verhaltens und einer Prügelei wegen werden dem begabten Schüler die Stipendien bald entzogen. Er unterrichtet daraufhin die Söhne des Ritters Baptista von Salis-Soglio und verschafft sich so das Nötigste für seinen Unterhalt. Im Juni 1616 zieht er mit ihnen nach Basel an die dortige Universität. Auch in der Rheinstadt erregt der allzu Selbstbewußte und Ungebärdige Anstoß. Er ist hochfahrend und hoffärtig, aber dabei ein unentwegter und ernsthafter Arbeiter. Im Frühjahr 1617 verläßt er Basel, offenbar noch ohne einen Abschluß seiner Studien erlangt zu haben.

Seine Heimat, das Gebiet der drei Bünde, die nur durch eine kaum über ernsthaften Einfluß verfügende Zentralgewalt lose zusammengehalten werden, ist unterdessen zum Spielball der Mächte geworden. Spanien-Mailand und Venedig, Oesterreich und Frankreich liegen jahrzehntelang miteinander in Fehde wegen der bündnerischen Alpenpässe. Diese Auseinandersetzungen erfassen ein Land, in dem die fast schrankenlose Autonomie der einzelnen Gemeinden die Grundlage des Demokratieverständnisses bildet, was mitunter zu recht anarchischen Auslegungen des Freiheitsbegriffs führt. Religiöse Gegensätze – einer evangelischen Mehrheit im Lande steht eine katholische Minderheit gegenüber – verschärfen als zusätzlicher, die Parteien schwer belastender Konfliktstoff diesen langwierigen Streit: Rudolf von Planta, der an der Spitze der Paßgemeinschaft des Gotteshausbundes Spanien unterstützt, wird von den evangelischen Synoden deswegen bekämpft. An der Synode von Tamins vom 3. Juli 1617 legt Jenatsch seine theologische Prüfung ab und bezieht anschließend seine erste Pfarrei in Scharans. Juvalta, ein Bürger dieser Gemeinde, entwirft später ein wenig schmeichelhaftes, wenn auch vielleicht etwas parteiisches Bild des neuen Scharanser Pfarrers (Pfister, S. 54): «Dieser war nämlich anmaßend, verschwenderisch und mehr kriegerischen Sinnes zu nennen. Sein Amt begann ihm verächtlich zu werden, weil seine Einkünfte [...] zu seinem Aufwand nicht reichten.» – Die Gemeinden des Zehngerichtebundes (Davos) und des Grauen Bundes (Ilanz), aber auch die Salis, von venezianischen Politikern unterstützt, wenden sich gegen die Paßgemeinschaft (Chur) und damit gegen Planta. Die Reformierten suchen Hilfe in Zürich und Bern, die Katholiken in Luzern. Jenatsch, der Feuerkopf, tritt in diesen Jahren immer mehr in den Vordergrund. Aus dem «Fußgänger» wird «ein Mann zu Pferd» (Pfister, S. 60), der allein oder mit bewaffneten Streifen bald allgegenwärtig ist. Ziel seines Bemühens ist eine neuerliche Einigung mit Venedig, die Ausbreitung der Reformation auch im Veltlin und die Vernichtung der für Spanien optierenden Planta. In seinem ungestümen Wollen liegt Politisches dicht neben Religiösem (Pfister, S. 62): «Die Entscheidung steht bevor, um Christus und die Kirche, ums Vaterland geht es.» Auf der Synode zu Bergün (14. April 1618) eifern die Prädikanten gegen den «Hispanismus», und Jenatsch sucht im Auftrag seiner Amtsbrüder ein «neutrales» Strafgericht der drei Bünde ins Leben zu rufen, das gegen all jene vorgehen soll, die sich durch Beziehungen zum Ausland (Spanien) gegen die Interessen des Landes vergangen haben.

Der Erfolg bleibt nicht aus: 1200 Mann plündern Schloß Wildenberg bei Zernez, Rudolf von Planta entzieht sich dem Anschlag durch Flucht nach Mals. Katholische Geistliche und Politiker, deren man habhaft werden kann, werden nach Chur geführt, das den Fanatisierten aber den Zutritt verwehrt. In Thusis versammelt sich das Strafgericht. Prädikanten, unter ihnen Jenatsch, nehmen an den Verhandlungen teil und beeinflussen die Vertreter der Justiz. Die Planta (auch Pompejus ist geflüchtet) werden des Landes verwiesen, über einzelne ihrer Anhänger Todesurteile verhängt.

Jenatsch verläßt im November seine Pfarre in Scharans und zieht nach Berbenno, um dort die Veltliner Protestanten zu stärken und anzuführen, denen eine erdrückende katholische Mehrheit in der Bevölkerung gegenübersteht. Sein Freund Blasius Alexander amtet in Traona. Einem von der spanischen Partei inszenierten Strafgericht in Chur folgt als Gegenschlag im November 1619 das Strafgericht von Davos, an dem Jenatsch, der inzwischen unermüdlich agitiert hat und durch brutale und blind geübte Gewalt ins Gerede gekommen ist, wiederum auftritt. In Davos werden die in Thusis gefällten Urteile bestätigt. Zusammen mit Anna Buol, die Jenatsch während des Gerichts in Davos geehlicht hat, kehrt er nach Berbenno zurück.

Spanien, mittlerweile zum Vorgehen gegen Venedig und in Bünden entschlossen, erleidet zwar zu Beginn einige lokale Niederlagen, aber im Veltlin führen der reformatorische Druck und die starre Unduldsamkeit zum Aufstand der Altgläubigen. In der Nacht vom 18. auf den 19. Juli 1620 erheben sich die Veltliner und richten unter der bündnerischen Oberschicht ein Blutbad an. Jenatsch, der zusammen mit Freunden und Helfern in Sondrio erst noch Widerstand leistet, entrinnt mit seinen Gefährten ins Engadin nach Silvaplana. Dort legt er das Gewand des Geistlichen endgültig ab und wird Soldat.

Zwei Versuche, die Vogteien Worms (Bormio) und Veltlin, die sich von Bünden losgesagt haben, mit Hilfe von Berner und Zürcher Truppen zurückzuerobern, scheitern im September 1620 an der überlegenen spanischen Gegenwehr. Frankreich, das den Machtzuwachs Mailand-Spaniens in Bünden nicht hinnehmen will, ebnet mit Verhandlungen den Weg zu einer Rückgabe dieser Gebiete. Doch Jenatsch und seine Parteigänger streben aus eigener Kraft und mit der Unterstützung Venedigs dasselbe Ziel an. – Ein in Mailand ausgehandelter Vertrag zwischen den Spaniern und dem mehrheitlich katholischen Grauen Bund (Oberland) enthält die Klausel, daß das Veltlin katholisch bleiben müsse und Spanien Stützpunkte besetzthalten dürfe; aber dieses Abkommen vom 6. Februar 1621 muß erst noch von allen Bünden und Bündnern anerkannt werden. Jenatsch und seine Gesinnungsgenossen lehnen den Vertrag ab. Sie fachen den Widerstand an und überfallen in der Nacht vom 24. auf den 25. Februar 1621 Pompejus Planta auf Schloß Rietberg im Domleschg und ermorden ihn. Anhänger der Planta im Unterengadin erleiden anfangs März das nämliche Schicksal. Die Mordserie hat zur Folge, daß die Leidenschaften neu entbrennen. Truppen der katholischen Inneren Orte werden über den Oberalp vertrieben. Nach diesem mit zürcherischer Hilfe erfochtenen Erfolg muß der Graue Bund von seinem Vertrag mit Spanien zurücktreten. Jenatsch triumphiert; aber das Veltlin und auch das besetzte Münstertal sind damit noch nicht befreit.

Von den reformierten eidgenössischen Orten mit Geld unterstützt, drängt die Kriegspartei auf den hiezu nötigen Waffengang, muß aber nach einem mißglückten Versuch von ihrem Vorhaben absehen. Gleichzeitig laufende Verhandlungen mit Oesterreich über die Rückgabe der besetzten Gebiete werden erfolglos abgebrochen. Der Kaiser greift jetzt aktiv in Bünden ein: seine Truppen stehen im Münstertal, rücken ins Unterengadin ein, besetzen die Landschaft Davos und das Prättigau und erreichen am 22. November 1621 Chur: die Spanier sind im Veltlin und entziehen den Bündnern die letzte ennetbirgische Vogtei Cleven (Chiavenna). – Rudolf von Planta ist mit den Oesterreichern zurückgekehrt und fordert die Auslieferung seiner Gegner. Jenatsch entkommt und stößt zu Ernst von Mansfeld, der gegen Tilly kämpft. Sein Freund Blasius Alexander wird auf der Flucht gefaßt und später hingerichtet. Die drei Bünde müssen sich dem Diktat der Sieger beugen, auf Bormio und das Veltlin verzichten, ihre Pässe bedingungslos offenhalten und für die Dauer von 12 Jahren in Maienfeld und Chur eine österreichische Besatzung dulden. Spanien bezahlt als Gegenleistung eine jährliche Pension von 25 000 Kronen.

Verzweiflung und Zorn der Betroffenen sind angesichts dieser Knebelung groß und führen im April 1622 zum Aufstand der Prättigauer, welche die Oesterreicher verjagen. Jenatsch, zurückgekehrt, beteiligt sich am Kampf, die Bündner gewinnen vorübergehend Freiraum, aber eine zweite österreichische Invasion im Frühherbst 1622 stellt die alte fatale Lage wieder her. Strafgerichte der Sieger, der Ausbruch der Pest und Hungersnot steigern das Elend der Entrechteten ins Unerträgliche.

Jenatsch lebt damals wiederum in Zürich und entwirft neue Pläne zur Befreiung seiner Heimat. Er setzt jetzt auf Gleichberechtigung der Konfessionen bei gleichzeitiger Gewissensfreiheit und erhofft auf dieser Grundlage eine bessere Zukunft für Bünden.

Frankreich beurteilt die Machtsituation neu, die sich aus dem Sieg der Oesterreicher und Spanier ergeben hat. Wie in Bünden hat Habsburg nämlich auch im Reich die Protestanten auf die Verliererstraße gedrängt und die Pfalz erobert. – Mit Savoyen und Venedig verpflichtet sich das katholische Frankreich, in dem Richelieu bald ausschließlich die politischen Entscheide trifft, im Februar 1623, zugunsten der drei Bünde einzugreifen. Jenatsch, der die Freiheit für die Bündner und die Rückkehr Bormios, des Veltlins und Chiavennas unter ihre Herrschaft anstrebt, wirbt, nachdem er sich mit Venedig der Verläßlichkeit des französischen Engagements versichert hat, Truppen für das Regiment von Salis an und zieht mit den Franzosen unter Marquis de Cœuvres ins Veltlin. In den dort ausbrechenden Kämpfen fällt der Ortskundige durch besondere Tapferkeit auf. Die Truppen des Papstes (Spanien hatte die Bündner Vogteien dem Papste übergeben) werden aus dem Veltlin verdrängt und Chiavenna zurückgewonnen. Aber der französische Kardinal distanziert sich jetzt überraschend von seinem Vorhaben, einigt sich 1626 vertraglich mit Spanien, übergibt das Veltlin wiederum päpstlichen Truppen und zieht seine eigenen Kräfte zurück. Von einer bedingungslosen Rückgabe der bündnerischen Vogteien ist nicht mehr die Rede; Bündner und Venezianer werden beim Feilschen um diese Gebiete auch nicht mehr angehört: Jenatsch sieht sich in seinen Erwartungen abermals betrogen, denn: der zwischen Frankreich, Spanien und dem

Pompejus von Planta-Wildenberg (1570–1621) im Alter von 33 Jahren, 1603. Führer der katholischen, spanisch-österreichisch gesinnten Partei in den Bündner Wirren; wurde im Februar 1621 von seinen Gegnern unter Führung von Georg Jenatsch auf Schloß Rietberg ermordet. Gemälde eines unbekannten Malers in Privatbesitz. Reproduktion nach einer Kopie von Richard Olbertz, entstanden 1929. Rätisches Museum Chur

Santa Maria dei Gesuiti. Die Jesuitenkirche in Venedig wurde erst Anfang des 18. Jahrhunderts erbaut; es ist also anachronistisch, wenn Meyer Jenatsch und Wertmüller auf ihrer Fahrt nach Murano das Bauwerk erblicken läßt. Die «effektvolle Statuengruppe des Daches» (X, 104) erinnert dabei – von der Rückseite betrachtet – an «kolossale gespießte Schmetterlinge» und bestärkt den Adjutanten des Herzogs in seinem herausfordernden Diskurs mit Jenatsch.
Reproduktion aus: «Kunstdenkmäler in Italien.» Ein Bildhandbuch, hrsg. von Reinhardt Hootz. Bd. Venedig, bearbeitet von Herbert Dellwing, Darmstadt 1974, S. 83.
Zentralbibliothek Zürich

Papst ausgehandelte Vertrag von Monsonio erinnert zwar eingangs an die Rechte der Bündner im Ennetbirgischen, gesteht aber der Bevölkerung der drei Vogteien, die katholisch bleiben müssen, die Selbstverwaltung zu. Der Papst ist höchste Instanz bei konfessionellen Streitigkeiten, in politischen Belangen haben Spanien und Frankreich das letzte Wort.

Nach der Demobilisierung der bündnerischen Verbände in Domat/Ems tötet Jenatsch in Chur den Obersten Ruinelli, seinen Freund und Gesinnungsgenossen, der ihn nach einem heftigen Disput zum Duell herausgefordert hat. Den Sommer verbringt er in Davos und Fideris. Dann tritt Jenatsch, der vergeblich um eine Hauptmannstelle in der königlichen Garde zu Paris ersucht hat, im Sommer 1628 in den Dienst Venedigs und wirbt in seiner Heimat 1200 Söldner an. – In Bünden stehen die Dinge nicht zum besten: Während Wallenstein im Reich die Macht des Kaisers ausweitet, holt Habsburg-Oesterreich zu einem neuen Coup gegen Frankreich aus, indem es Ludwig XIII. die Erbfolge über Mantua streitig macht. Entgegen den Erwartungen entwickelt sich der Durchmarsch kaiserlicher Truppen über die Bündner Pässe nach Mantua zu einem neuen Kriegszug, in dessen Folge im Winter 1628/29 die abermals ausbrechende Pest rund ein Viertel der Bevölkerung hinrafft.

Jenatsch, der nach Venedig geritten ist, um den maßgeblichen Männern die Lage zu erklären, wird am 19. November 1629 nach seiner Ankunft gefangengenommen und bleibt bis im März 1630 in Haft, weil er als fremde Militärperson in Kriegszeiten die Stadt betreten hat. – Nach seiner Freilassung und Rückkehr in die Heimat bedrängen ihn auf Anstiftung Rudolfs von Planta die Oesterreicher, was ihn veranlaßt, mit seiner Familie ins St. Gallische auszuweichen, wo er das Schlößchen Katzensteig bei Bischofszell erworben hat. Dank seinem Dienst in Venedig und einer Pension, die man ihm versprochen hat, gilt er als begüterter Mann.

Während die Bündner unter dem Druck der Kaiserlichen leiden und der Schwarze Tod ungezählte Opfer fordert, entwickelt sich die Lage in Oberitalien und bei Mantua zuungunsten Frankreichs. Wie Schweden, das sich am 23. Januar 1631 mit Richelieus Frankreich verbündet hat, in den Machtkampf im Reich eingreift, verlassen die Oesterreicher das schwergeprüfte Bündnerland. – Wer die Bündner Pässe besitzt, verfügt über den Schlüssel zu Italien, und dieses strategische Ziel erstrebt Richelieu. Jenatsch, jetzt wieder im Dienst Frankreichs, hofft mit den Bündnern, die Unabhängigkeit, aber auch die Untertanengebiete endlich zurückzugewinnen.

Venedig entläßt auf französischen Druck seinen hugenottischen Truppenführer Herzog Henri de Rohan, der seine französischen Söldner für den Kampf in Bünden an der Grenze zum Veltlin freigeben soll. Im Oktober 1631 reist Rohan als Oberbefehlshaber der neu formierten Regimenter ins Bündnerland. Allein: der überzeugte Calvinist hat als Sachwalter der Bündner gegenüber Richelieu keinen leichten Stand. Dessen Politik des Taktierens und Gegeneinander-Ausspielens der Katholiken und Protestanten, der Schweden, der Spanier, der Oesterreicher, Venezianer und der deutschen Fürsten führt dazu, daß die Franzosen im Land als neue schwere Last empfunden werden. Wie Rohan, der als Garant der Bündner Sache gilt, abberufen wird, wächst die Entrüstung im Land gleicherweise wie in der reformierten Eidgenossenschaft. Das Verhältnis zu Frankreich verschlechtert sich.

Rohan, erneut als Oberbefehlshaber zurückgekehrt, wird zunächst in seiner Entscheidungsfreiheit wiederum eingeschränkt, was zur Folge hat, daß auch Jenatsch sich mit dem Gedanken an Selbsthilfe immer eingehender beschäftigt. Er hat seine Truppen bei Chur Quartier beziehen lassen. Bereits wird die Möglichkeit eines Aufstands gegen Frankreich, allenfalls mit venezianischer Unterstützung, erwogen. Im Winter 1633/34 wird Rohan nach Paris zurückgerufen; seine Stellvertreter lassen es am nötigen Fingerspitzengefühl gegenüber den Bündnern fehlen.

Im Auftrag des bündnerischen Bundestages reist Jenatsch 1634 nach Venedig und nimmt auch Kontakte zu den ehemaligen Vogteien auf. Während diese am Abkommen von Monsonio festhalten wollen, verharrt Venedig im Unverbindlichen. Religiöse Streitigkeiten im Unterengadin, wo selbst Rohan, der Calvinist, die Katholiken auf Anweisung aus Paris hat schützen müssen, zeigen Jenatsch, daß die Protestanten auf keine Hilfe Frankreichs hoffen dürfen. Aber vielleicht bietet eine Annäherung an Spanien und Oesterreich mehr Chancen für eine endgültige Befreiung?

Zur Enttäuschung mancher seiner Parteigänger tritt der ehemalige Prädikant Jenatsch, der sich unermüdlich mit dem Studium der religiösen Schriften seiner Zeit, aber auch den Kirchenvätern beschäftigt hat, im Januar 1635 in Rapperswil zum katholischen Glauben über. Um die Anfeindungen, die ihm daraus erwachsen, kümmert er sich nicht.

1635 rückt Rohan mit neuen Truppen in Bünden ein, und Jenatsch, der Renegat, unterstützt ihn mit großem Geschick in seinem Kampf, der zur Eroberung des Veltlins führt. Die Bündner verzögern ihre geheimen Verhandlungen mit Spanien und Oesterreich in der Hoffnung, nach den Erfolgen Rohans möglicherweise einen günstigeren Frieden zu erreichen. Auch Jenatsch tut bei diesem Doppelspiel mit. Die Bünde verlangen neben ihrer Freiheit von Frankreich die Herausgabe der Untertanengebiete. Die «Clävner Artikel» vom Februar 1636 kommen ihren Wünschen zwar entgegen, schließen aber das reformierte Bekenntnis im Veltlin weiterhin aus. Jenatsch, von Rohan um Vermittlung bei den Bündnern gebeten, übernimmt diese Aufgabe und hofft auf weitere Verhandlungen, bis es sich im Frühling 1636 erweist, daß Frankreich die Artikel von Cleven nicht unverändert annehmen will. Jetzt begibt sich Jenatsch auf Beschluß des Bundestages mit einer Delegation der Bünde nach Innsbruck, wo die Verträge mit Oesterreich und Spanien abgeschlossen werden. Sie sehen eine Vertreibung der Franzosen vor. Unter dem Druck der Schweden, die damals Habsburg im Reich zusetzen, stimmt Ferdinand III. am 28. März 1637 dem Abkommen zu. Jenatsch, von den Bünden zum Oberbefehlshaber der Truppen ernannt, beweist erneut seine militärischen und politischen Fähigkeiten. Die Franzosen, denen freier Abzug gewährt wird, verlassen mit Rohan das Land.

In Bünden kehrt jetzt endlich Frieden ein. Die Bevölkerung im Prättigau, Landwassertal, Schanfigg und Unterengadin erhält ihre politische und religiöse Freiheit zurück; die Protestanten in den Untertanengebieten müssen dagegen auf ihren Glauben verzichten. – Wie Spanien die Rückgabe Bormios, des Veltlins und Chiavennas verzögert, wird dies Jenatsch angelastet. Eifernden Prädikanten ist der Konvertit ohnehin ein Dorn im Auge. Ein Erbschaftsstreit im Hause Planta, bei dem Jenatsch vermitteln soll, weckt den alten Haß dieses Geschlechts gegen den Mörder von Rietberg. So fehlt es nicht an Gegnern, die mit dem Ungebärdig-Erfolgreichen abrechnen möchten. Am 24. Januar 1639 wird Georg Jenatsch von einer Gruppe von maskierten Verschwörern, zu denen auch Rudolf von Planta, der Sohn des Pompejus, gehört, in Chur ermordet. Die Täter gehen straffrei aus; Jenatschs Witwe, die auf deren Verfolgung besteht, wird zum Verzicht auf ihre Klage bewogen. Oberst Jenatsch aber hat man gleich nach seinem Ableben mit allen militärischen Ehren im Beisein einer großen Trauergemeinde in der Kathedrale beigesetzt.

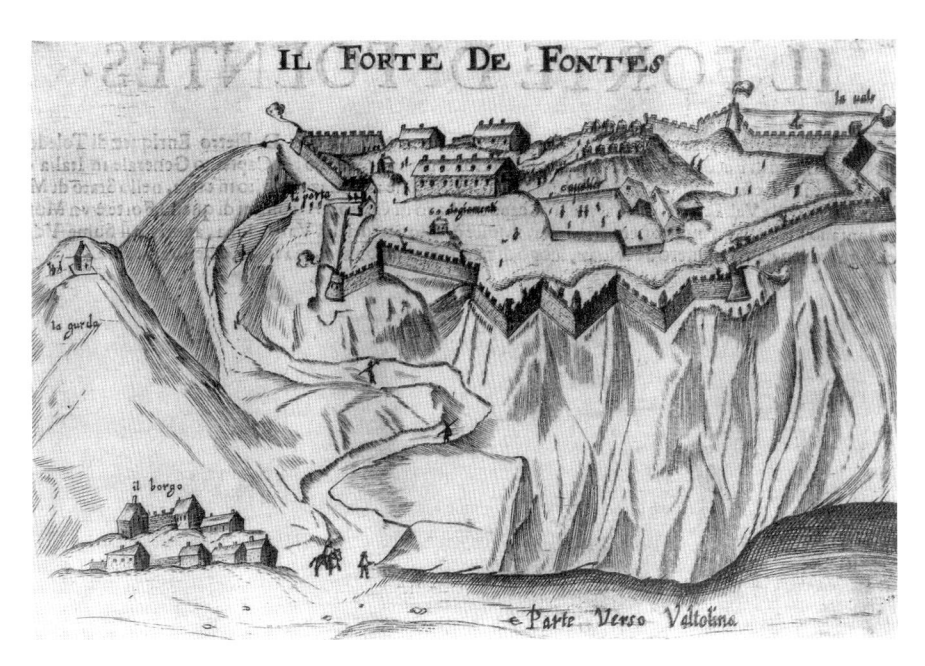

DER VELTLINERMORD
IN DER DARSTELLUNG VON BALTHASAR REBER

C. F. Meyer hat Rebers *Georg Jenatsch* von 1860 als Quelle für seinen Roman benutzt:

Voraus ging der Veltlinermord, die Ermordung der Reformirten im Veltlin. Die Besitznahme des Thales nämlich durch Spanien-Oestreich sollte vor dem katholischen Europa erscheinen als ein Akt zum Schutz des Katholizismus, von der großen katholischen Mehrheit im Veltlin gegen ihre sie reformiert unterdrückenden Bündtnerherren sehnlichst gewünscht. Wie man in unserm Revolutionszeitalter für die politischen Menschenrechte die andern Rechte zur Seite schiebt, so damals im Reformationszeitalter für die religiösen Menschenrechte dasselbe. Die katholischen Veltliner sollten also ihre reformierten Bündtnerobrigkeiten nicht nur, sondern alle Reformierten vertreiben, und die katholischen Mächte wollten dann kommen und diese katholische Schilderhebung unter ihren Schutz nehmen. Veltlin zählte etwa 100000 Einwohner (andere Angaben 30000, 25000), wovon ein Zehntel reformiert. Jene katholischen Pläne waren im Veltlin leicht auszuführen. Das Volk als Unterthan haßte darum schon seine Bündtnerherren, haßte sie doppelt als mehrtheils reformierte Herren, seit dem 16ten Jahrhundert schon überdieß erzkatholisch aufgehetzt vom nahen Mailand aus durch weiland Erzbischof [Carlo] Borromeo, durch Jesuiten, endlich aufs tiefste empört erst neulichst durch ihres verehrten Erzpriesters [Nicolaus] Ruska grausame Ermordung zu Tusis. Und wie den Willen, so die Mittel, d. h. die wilden Führer zum Volksaufstand hatten sie auch. Die Bündtnerherren im

«Il Forte di Fuentes».
Die Festung am Ausgang des Veltlins wurde 1603 auf Veranlassung des spanischen Statthalters in Mailand, Graf Alzevedo de Fuentes, als «tägliche Bedrohung» (X, 37) für die protestantischen Talbewohner erbaut. Jenatsch und Waser wollen die «Zwingburg» (X, 48) auf ihrem Ausritt besichtigen, werden jedoch abgewiesen. Unweit des Bollwerks rettet Lucretia dem Bündner Freiheitskämpfer später das Leben, indem sie in Jenatsch nicht den Mörder ihres Vaters erkennen will.
Anonymer Kupferstich aus:
«Teatro delle città d'Italia», hrsg. von Pietro Bellini, Vicenza 1616, S. 117. Zentralbibliothek Zürich

Veltlin, um schnell reich zu werden in ihren kurzen dortigen Amtsjahren verkauften um gute Summen den ärgsten Verbrechern die Straflosigkeit, Vatermörder konnten sich loskaufen, und so verkauften sie auch den Verbrechern der italienischen Nachbargegenden, aus ihrer Heimat verbannt, den Bandirten, Banditen ihren Schutz im Veltlin. Die prächtigen Waldberge des Thals wimmelten daher von Banditen. (Kein Wunder daher, daß in Schiller's Räubern, zweiter Akt, dritte Scene, Spiegelberg dem Razmann Graubündtens Spitzbubenklima rühmt, eben das Veltlin ist gemeint. Ein Bündtner klagte darüber beim Herzog von Würtemberg, und in den späteren Ausgaben setzte Schiller «Italien» für Bündten). Diese Banditen waren treffliche Führer für den Volksaufstand. Jakob Robustello, Ritter, ein Veltliner, reich, aber von gemeiner Herkunft, durch seine Frau mit den Planta verwandt, theilte spanisches Gold aus unter die Banditen und warb sie. Am 20. Juli 1620 begann der Aufstand und dauerte mehrere Tage. Und weil das Volk, an sich schon zur Rache geneigt, von solchen Mördern, Giftmischern, Räubern, Meineidigen, wie Sprecher sagt, geleitet ward, so artete die Vertreibung der Bündtnerbeamten und der Reformierten aus zu einer gräßlichen allgemeinen Ermordung derselben, östlich oben im Thal an Tyrols Grenzen beginnend und die Adda hinunter sich fortsetzend und vollendend, bis wo sie in den See von Como westlich sich ausmündet. In Sondrio, Hauptort, allein 140 Leichen, worunter 20 Frauen, und hier hauptsächlich schrie das Volk: «Das ist die Rache für das Blut unseres Erzpriesters!» Ins Ganze 600 ermordet. Die Uebrigen flohen über die Berge nach Bündten und in die Schweiz, besonders nach Zürich. Sprecher ruft aus: «Dieser grauenhafte Mord, schaut man auf die Wuth der Mörder und nicht auf die Zahl der Opfer, läßt alle Grausamkeiten vergangener Zeiten weit hinter sich zurück, auch die einstigen Verfolgungen der römischen Kaiser, ja sogar das Blutbad des letzten Jahrhunderts (die Pariser Bluthochzeit oder Bartholomäusnacht 1572). Im Veltlin mordeten Unterthanen ihre rechtmäßigen Obrigkeiten, Verwandte ihre nächsten Blutsfreunde aufs grausamste, und besudelten nicht nur Häuser und Städte, sondern sogar die Kirchen mit ihrem Blute. Sie schonten weder Alter noch Geschlecht, selbst das Kind nicht an der Mutter Brust. Ja, Katholiken, welche diese Mord-Empörung verabscheuten, mußten dafür mit ihrem Leben büßen. Die Leichen Verstorbener wurden aus den Gräbern gerissen und den Hunden und wilden Thieren vorgeworfen u. s. w. [»]

(Reber, S. 202–204)

Herzog Henri II de Rohan (1579–1638)

Rohan, aus bestem hugenottischem Adel stammend, trug den Vornamen seines Paten Henri IV., des Königs von Navarra. Sein Vater starb bei der Belagerung von La Rochelle an einem Schlaganfall. Der junge Rohan erhielt die Ausbildung eines Thronfolgers. Als 17jähriger nahm er erstmals an einem Kriegszug gegen die Spanier teil; 1599 folgte eine Bildungsreise durch ganz Europa. Dann aber verheiratete sich Henri IV. mit Maria von Medici, sie gebar einen Thronerben, und damit entfiel Rohans Aussicht, König zu werden. Henri IV. ernannte ihn 1603 zum Herzog und Pair, er wurde Schwiegersohn des Herzogs Sully und kämpfte in dessen Heeren. Als Führer der Schweizer Regimenter sollte er sich an Henris Feldzügen gegen die übermächtigen Habsburger beteiligen, aber der König wurde 1610 von Ravaillac ermordet.

Als Gegner Richelieus führte Rohan die Hugenotten in den Kriegen von 1621/22 und 1625–1629 und setzte eine erneute Anerkennung des Edikts von Nantes durch. Dann trat er 1630 als Condottiere in den Dienst Venedigs, kämpfte im Elsaß gegen den Herzog von Lothringen und anschließend leitete er die Operationen im Veltlin und in Graubünden. Ende 1631 ernannte ihn der König zum außerordentlichen Gesandten bei den Eidgenossen.

Über die Kämpfe von 1635 hat Georg von Wyß in seiner Rohan-Biographie von 1869 berichtet. Rohan erhielt den Auftrag, einen Teil seiner im Elsaß liegenden Truppen rasch nach Graubünden zu verschieben, sich dort zwischen die Spanier und Oesterreicher zu werfen und das Veltlin zu besetzen. Mit Unterstützung der reformierten Schweiz führte er an die 6000 Mann seines Heeres in Gewaltmärschen durch den Aargau, das Wehntal, über Winterthur, St. Gallen nach Chur, besetzte mit den dort liegenden Regimentern die Luziensteig, das Unter-Engadin, Bormio und Chiavenna. In der folgenden Zeit erfocht er gegen die Spanier vier Siege – im Val Livigno, bei Mazzo, im Val Fraële, bei Morbegno – sie mehrten seinen Ruhm in Graubünden.

Herzog Rohans Feldzüge 1635

Der Herzog von Rohan bekam, Ende 1634, Befehl von Richelieu, jetzt seine ganze Geschicklichkeit und Thätigkeit auf Graubündten zu wenden.

Durch den Feldzug in Bündten 1635 hat Rohan sich als Feldherr weltberühmt gemacht. Er war ein Freund des Kriegs, jedes störenden Vergnügens Feind, konnte 40 Stunden lang ohne Unterbrechung arbeiten, dabei höchst gewinnend, die Bündtner nannten ihn den «guten» Herzog von Rohan, er scheint kahlköpfig gewesen zu sein, daher seine Feinde von ihm sagten, man könne ihn, als einen Kahlkopf, nicht an den Haaren fassen. Schon das war ein wahres Meisterstück, wie der General Anfangs April 1635 ein französisches Heer von

5000 Mann aus dem Elsaß über Basel, durchs Berner-Aargau, durchs nördliche Zürichgebiet, über St. Gallen, durch lauter meist reformierte Gegenden der Schweiz nach Bündten führte (durchschmiegte, wie es von Alba in Göthe's Egmont heißt), ohne daß die katholischen Orte es erfuhren und also hindern konnten. Er stand im Veltlin, sie wußten nicht wie. Rohan kam mit der feierlichen Erklärung, daß er Veltlin und die Herrschaften wieder völlig unter Bündtens Hoheit restituieren werde. Doch ließ er merken, daß er dies fürs erste nur in seinem, nicht in des Königs und Richelieu's Namen verspreche. Rohan nahm seine Hauptstellung zu Tirano, Mitte des Veltlin, um auf die Oestreicher, die vom Tyrol (Nordosten), und auf die Spanier die vom Comersee (Südwesten) ihn bedrohten, jedes ihrer beiden Heere fast doppelt so stark als Rohans einziges (je 8000 Mann etwa jedes Feindesheer, das französische 5000), also um nach Umständen auf eines der beiden Heere sich werfen zu können. Natürlich auch Bündtner bei ihm, später auch einige 1000 reformierte Schweizer, wie bei früheren Gelegenheiten. Oberst Jenatsch mit seiner Freikompagnie in französischem Sold, die er seit 1631 befehligte, wurde von Rohan nach Nordosten gegen das Tyrol vorgeschoben, im April 1635 zuerst nach Bormio, dann ins Unterengadin im Mai, um die Oestreicher zu beobachten; hier, im Unterengadin, half er, als geschickter Ingenieur, Schanzen aufwerfen bei Süß, verbrannte die Martinsbrücke über den Inn an der Grenze des Tyrol, unter heftigem Musketenfeuer, einer seiner kühnen Leute ging auf einem Balken über den Fluß und zündete die Brücke auch von jenseits an; Jenatschs gut angelegte Schanzen und der Brückenbrand hielt wirklich die Kaiserlichen hier ab; ärgerlich ließ ihm der Oberst von Wolkenstein aus dem Tyrol herübersagen: «Einer werde schon den Andern finden!» Rohan lernte durch diese Thätigkeit den Jenatsch erst recht schätzen und machte ihn nun zum Oberst über ein ganzes Regiment, das er durch ihn errichten ließ, zum kräftigeren Schutz des Unterengadin, im Juni 1635.

(Reber, S. 246–248)

Aber als Rohan von Richelieu keine Mittel mehr erhielt, um seine Soldaten zu bezahlen, kam es zur Verschwörung gegen ihn. Anführer war der Oberst Jenatsch. Er trieb zum Aufstand gegen Rohan an. Georg von Wyß berichtet über die Ereignisse vom März 1637:

Unversehens erhob sich am 19. März [...] die Mehrheit des Landes in Waffen. Mit genauer Noth entkam Rohan den Aufständischen, die ihn festnehmen wollten, indem er in die Rheinschanze bei der Tardisbrücke floh, wo zweihundert Franzosen und das Zürcherregiment Schmid lagen, und nun sah er sich selbst und diese kleine Schaar von den Bündnern belagert, von seinem Heere im Veltlin abgeschnitten. Das ganze Gebirge war in den Händen der Aufständischen; der Herzog selbst mußte eines Angriffes von österreichischer Seite, [Baron Henri de] Lecques eines solchen durch die Spanier gewärtig sein. Am vollen Einverständniß der Hauptführer der Bündner mit beiden Mächten war nicht mehr zu zweifeln.

In dieser Lage blieb für Rohan nur der schwerste Entschluß übrig, den es für einen Mann im öffentlichen Leben, zumal für einen Soldaten, geben kann: den Schein der Ehre, das eigene Ich, der höhern Pflicht, dem Wohle der Andern, aufzuopfern. Vertheidigung war unmöglich ohne den Ruin seiner Truppen, ohne das Land dem Eindringen fremder Heere und allen Leiden neuen Krieges preiszugeben. Frankreich lag ferne; weder von Venedig, noch von den Eidgenossen, die nicht wider die Bündner gekämpft haben würden, war Hülfe zu erwarten; ein Anerbieten der ihm persönlich ergebnen Prättigäuer, über seine Gegner herzufallen, wollte der Herzog nicht annehmen, um nicht einem Bürgerkriege in Bünden selbst zu rufen.

So entschloß er sich denn zum Schwersten. Unter der Vermittlung zürcherischer und glarnerischer Abgeordneter ging er am 26. März 1637 eine Uebereinkunft mit den Bündnern ein, laut welcher das französische Heer frei, die Waffen in der Hand,

Herzog Henri II de Rohan (1579–1638), Hugenottenführer und politischer Schriftsteller. Gemälde von Samuel Hofmann (um 1596–1649), vermutlich im Sommer 1633 entstanden. Inv. Nr. LM – 24035. Schweizerisches Landesmuseum, Zürich *mit allen Ehren und allem Besitze, in den Tagen vom 20. April bis 5. Mai aus Veltlin und Bünden abziehen, Veltlin und die Grafschaften zuvor an Bünden übergeben soll, die Bündner aber ihrerseits dafür einstehen, daß weder Oesterreich noch Spanien mittlerweile die Landesgrenzen überschreiten. Als Pfand für getreue beidseitige Erfüllung des Vertrages bleibt die Rheinschanze bis zum 5. Mai in den Händen der zürcherischen Besatzung unter Oberst [Hans Caspar] Schmid; die darin stehenden Franzosen gehen, mit Abschluß des Vertrages, auf eidgenössisches Gebiet zurück; die Bündner rücken erst am 5. Mai ein.*

Nach diesem Akte verfügte sich Rohan gleich am folgenden Tage (27. März 1637) nach Cur, den Bündnern zur Bürgschaft, sich selbst zur Gewissensentlastung. [...]

Lecques, an der Spitze der beinahe 4000 Mann im Veltlin, in wohlangelegten Festen, verproviantirt von Venedig, konnte sich nicht leicht entschließen, dem Vertrage vom 26. März nachzukommen. Zweimal wies er den Befehl von Rohan zum Abmarsche, als eines Gefangenen der Bündner und daher unberechtigt, zurück; erst als die Offiziere, die er selbst nach Cur sandte, in Priolo's Instruktionen [Rohans Sekretär Benjamin Prioleau] auch die Vollmacht für den Herzog gelesen hatten, falls keine andere Wahl bleibe, das Heer heimzuführen, unterzog sich auch Lecques. Aber als er beim Abmarsche mit seinen Regimentern in die Nähe von Cur kam, nachdem ihm unterwegs ein Brief von Paris mit Aufforderung zum Widerstande zugekommen, machte er Rohan den leicht ausführbaren Vorschlag, sich durch einen Handstreich der Stadt und der in ihr versammelten bündnerischen Häupter, des Jenatsch vor Allen, zu bemächtigen, die Verräther an Frankreich niederzustoßen und die Ehre der französischen Waffen zu retten. Der Herzog wies das Ansinnen zurück; treu seinem Worte wollte er auch jetzt lieber dem König die Armee, dem Lande den Frieden erhalten, als Beides nur um der eigenen Ehre und Zukunft willen aufs Spiel setzen.

Am 5. Mai nahm er selbst mit seinen Offizieren an der Rheinbrücke Abschied von den ihn begleitenden Bündnern; die Versicherungen ihrer unverbrüchlichen Hochachtung und ihres Dankes für das, was er dem Lande gewesen, erwiederte er mit dem Ausdrucke seines aufrichtigen Wohlwollens für dasselbe und dem Wunsche, daß ihr Vertrauen auf Spanien nicht getäuscht werden möge. Er durfte sich sagen, daß er ihnen ein Opfer gleich seinem Leben gebracht habe.

(Wyß, S. 14f.)

Rohan begab sich zunächst nach Genf. Dort schrieb er die Geschichte seines Feldzugs im Veltlin.

Rohans Tod

Im Januar 1638 verließ er Genf, kam noch einmal nach Zürich, ehrenvoll bewillkommt vom Rathe, wie früher, verweilte hier acht Tage und verfügte sich dann in Weimar's Hauptquartier vor Rheinfelden. Mit offenen Armen empfing Herzog Bernhard den ihm in jeder Beziehung so ebenbürtigen, an Jahren überlegenen Feldherrn, und als wenige Tage später die Kaiserlichen unter Savelli und Johann von Werth zum Entsatze von Rheinfelden heranrückten, ward Rohan zu Theil, was er suchte. Während Weimar's Hauptmacht auf dem linken Rheinufer die belagerte Stadt bedrängte, ordnete Herzog Bernhard auf dem rechten Ufer, bei Beuggen, den übrigen Theil seines Heeres zum Widerstand gegen den nahenden Feind, am 28. Februar 1638. Er bot Rohan die Ehre des Oberbefehls im bevorstehenden Kampfe an; allein Dieser erwiederte lächelnd: «Lassen Sie mich's heut' einmal mit der Faust, statt mit dem Kopfe, versuchen!» und nahm in den Reihen des Reiterregimentes Nassau Platz. Ein blutiges, unentschiedenes Treffen entstand. Rohan, von drei Schüssen in Achsel und Schenkel verwundet, von einem feindlichen Reiter aufgehoben und zu Pferde, als Gefangener fortgeführt, ward durch einen neuen Angriff der Seinigen wieder befreit, dann aber ins Kloster Königsfelden gebracht, wo er sein Gefolge und sorgfältige Pflege fand. Allein er war nicht zu retten; nach mehrwöchigem Krankenlager erlöste ihn der Tod, am 13. April 1638. Die Wunden an sich hatten diesen Ausgang nicht voraussehen lassen; die Oeffnung der Leiche zeigte sein Herz vom Kummer zerstört. In Gegenwart der Abgeordneten von Zürich und Bern, des englischen und des venetianischen Gesandten bei der Eidgenossenschaft wurde die Leiche am 18. April im Chore zu Königsfelden feierlich beigesetzt, wobei [der Zürcher Theologe Johann Jakob] Ulrich das Amt des Geistlichen versah. Gemäß des Herzogs letztem Willen brachte man sie nach einigen Wochen nach Genf; überall auf dem Wege wurde sie von ehrender Trauer begrüßt, am Thore von Genf von den Behörden, der Akademie und der Bürgerschaft empfangen und zu ihrer letzten Ruhestätte in der Kathedrale St. Peter geleitet. Seine Waffen hatte der Herzog der Republik Venedig zum Andenken vermacht; dem Dogen widmete später der Bündner Fortunat Sprecher eine kurze Autobiographie Rohan's, die ihm derselbe auf sein Verlangen, während der letzten gezwungenen Muße in Cur, in die Feder diktirt hatte. Aus den venetianischen Archiven hat jüngst Herr [Victor] Cérésole, schweizerischer Konsul in Venedig, die interessante kleine Schrift herausgegeben.

(Wyß, S. 15f.)

Johann Heinrich Waser (1600–1669)

Johann Heinrich Waser war der Sohn des Caspar Waser, Diakon am Großmünster, und der Dorothea Simmler, Tochter des bekannten Theologen und Geschichtsforschers Josias Simmler. Der junge Waser wurde um der besseren Ausbildung willen schon in seinem 12. Lebensjahr nach Genf geschickt. Daß er in Zürich mit Jenatsch die gleiche Schulklasse besucht haben soll, ist eine Erfindung Meyers. Jenatsch studierte zwar tatsächlich eine Zeitlang am Zürcher Chorherrenstift, dann auch in Basel. Das Chorherrenstift hatte im Haus zum Loch eine Dépendance. (Die neue Kantonsschule, die Meyer nach der Aufhebung des Stifts besuchte, befand sich anfänglich ebenfalls noch in den Räumen des Hauses zum Loch. In die Schulszene spielen also auch persönliche Jugenderinnerungen des Dichters mit hinein.) 1616 begab sich Waser zu einem Freund seines Vaters nach Teglio im Veltlin, 1617 kam er an die Universität Padua, und von dort wanderte er in zweieinhalb Monaten über Venedig, Ferrara, Florenz, Rom nach Neapel und wieder zurück nach Padua.

In Zürich besuchte er vom Spätherbst 1617 an theologische Vorlesungen am Carolinum und begann dann seine Laufbahn durch die Ämter der Stadt: 1621 trat er in die Stadtkanzlei ein, 1633 wurde er Stadtschreiber, 1645 Landvogt von Kyburg, 1652 Bürgermeister. Nach vierzigjährigem Staatsdienst starb er 1669 im Haus zum Sternen beim Großmünster.

Waser wurde wegen seiner Unbestechlichkeit und Sachkenntnis zeit seines Lebens immer wieder zu diplomatischen Missionen beigezogen. Als Privatmann war er 1619 in England, 1620 in Prag. 1621 reiste er zum Besuch seines Bruders Josias, der im Regiment des Obersten Steiner als Feldprediger Dienst tat, nach Maienfeld und weiter nach Davos. Es war ein Jahr nach dem Veltlinermord. Ein Jahr später versah er bei den österreichisch-bündnerischen Verhandlungen in Lindau das Amt des vermittelnden Sekretärs. 1633, als der schwedische General Horn über Stein am Rhein ins Thurgau eindrang, um Konstanz zu belagern, redigierte Waser in gewohnt besonnener Art die Beschlüsse, die im aufgeregten Zürcher Rat gefaßt wurden; galt es doch, die katholischen Orte zu beschwichtigen. 180 Mal hatte er in den folgenden zwölf Jahren an Tagsatzungen und andern Konferenzen teilzunehmen und Schiedsprüche zu fällen. 1644 tat er das auch in Chur bei einem Konflikt zwischen Davos und den übrigen Gemeinden des Zehngerichtebundes; die Regierung aller drei Bünde sprach ihm dafür den Dank aus.

In seine Amtszeit als Bürgermeister fallen der Bauernkrieg (1652/53), der beinahe zu einem innereidgenössischen Waffengang geführt hätte, und 1656 der erste Villmergerkrieg mit der Belagerung Rapperswils durch Zürcher Truppen unter General Werdmüller. 1663 reiste Waser als «erste Magistratsperson» des Vororts Zürich, zusammen mit einer großen eidgenössischen Delegation nach Paris, wo an einer pompösen Feier das Bündnis zwischen Frankreich und den Eidgenossen erneuert wurde. Louis XIV gab sich bei diesem Anlaß als Renaissancefürst, erinnerte in Aufwand und Gehaben an einen altrömischen Kaiser und trat den eidgenössischen Abgesandten bedeckten Hauptes entgegen, so daß aus der erwarteten Feier zwischen Gleichberechtigten eine unfreiwillige Huldigung der Schweizer gegenüber dem mächtigen Frankreich wurde.

Meyer setzt im Roman den jungen Waser und später auch den Bürgermeister in frei erfundenen Szenen ein: die Schulszene, Herrn Wasers Fußreise ins Veltlin, seine Anwesenheit in Venedig, seine Gegenwart in Chur machen verschiedene Grade dieser dichterischen Freiheit sichtbar. Die eher ironische Beleuchtung Wasers im Roman hat wohl mehr mit Meyers Abneigung gegenüber den Zürchern als mit Wasers politischem Wirken zu tun.

Johann Heinrich Waser (1600–1669) im Alter von 52 Jahren, 1652. Stadtschreiber, Politischer Gesandter, oft in diplomatischen Missionen tätig, seit 1652 Bürgermeister der Stadt Zürich. Radierung von Johann Schwyzer (1625–1679). Zentralbibliothek Zürich

Die Julierpaßhöhe mit den beiden römischen Säulen. Radierung von Johannes Meyer d. J. (1655–1712), erschienen in: Johann Jacob Scheuchzer, «Beschreibung der Natur-Geschichten des Schweizerlands», Nr. 21 vom 26. Mai 1706, Tab. III. Zentralbibliothek Zürich

Szenen und Schauplätze

Auf dem Julierpass

Der Roman beginnt mit Heinrich Wasers Wanderung über den Julierpaß, die ihn – über Maloja und den Murettopaß – schließlich ins Veltlin führen wird, wo er seinem Freund Jürg Jenatsch in Berbenn einen Besuch abstattet:

Die Mittagssonne stand über der kahlen, von Felshäuptern umragten Höhe des Julierpasses im Lande Bünden. Die Steinwände brannten und schimmerten unter den stechenden senkrechten Strahlen. Zuweilen, wenn eine geballte Wetterwolke emporquoll und vorüberzog, schienen die Bergmauern näher heranzutreten und, die Landschaft verengend, schroff und unheimlich zusammenzurücken. Die wenigen zwischen den Felszacken herniederhangenden Schneeflecke und Gletscherzungen leuchteten bald grell auf, bald wichen sie zurück in grünliches Dunkel. Es drückte eine schwüle Stille, nur das niedrige Geflatter der Steinlerche regte sich zwischen den nackten Blöcken und von Zeit zu Zeit durchdrang der scharfe Pfiff eines Murmeltiers die Einöde.

In der Mitte der sich dehnenden Paßhöhe standen rechts und links vom Saumpfade zwei abgebrochene Säulen, die der Zeit schon länger als ein Jahrtausend trotzen mochten. In dem durch die Verwitterung beckenförmig ausgehöhlten Bruche des einen Säulenstumpfes hatte sich Regenwasser gesammelt. Ein Vogel hüpfte auf dem Rande hin und her und nippte von dem klaren Himmelswasser. [...]

Endlich tauchte ein Wanderer auf. Aus der westlichen Talschlucht heransteigend, folgte er den Windungen des Saumpfades und näherte sich der Paßhöhe. [...]

Jetzt erreichte er die zwei römischen Säulen. Hier entledigte er sich seines Ränzchens, lehnte es an den Fuß der einen Säule, wischte sich den Schweiß mit seinem saubern Taschentuche vom Angesicht und entdeckte nun in der Höhlung der andern den kleinen Wasserbehälter. Darin erfrischte er sich Stirn und Hände, dann trat er einen Schritt zurück und betrachtete mit ehrfurchtsvoller Neugier sein antikes Waschbecken. Schnell bedacht zog er eine lederne Brieftasche hervor und begann eifrig die beiden ehrwürdigen Trümmer auf ein weißes Blatt zu zeichnen. Nach einer Weile betrachtete er seiner Hände Werk mit Befriedigung, legte das aufgeschlagene Büchlein sorgfältig auf sein Felleisen, griff nach seinem Stocke, woran die Zeichen verschiedener Maße eingekerbt waren, ließ sich auf ein Knie nieder und nahm mit Genauigkeit das Maß der merkwürdigen Säulen.

«Fünfthalb Fuß hoch», sagte er vor sich hin.

«Jürg Jenatsch» (X, 7f.)

Graubünden im 17. Jahrhundert

Jenatsch und Waser gelangen auf ihrem Ausflug ins untere Veltlin bis an den Comersee. Dort treffen sie auf Herzog Rohan, der auf der Durchreise nach Venedig eine Rast eingeschaltet hat und sich vom Freiheitskämpfer, seinem späteren «Schützling», die strategische Lage Graubündens erklären läßt:

Jenatsch betrachtete begierig die vorzügliche Etappenkarte und fand sich schnell zurecht. Er entwarf dem Herzog mit wenigen scharfen Zügen ein Bild der geographischen Lage seiner Heimat und ordnete ihr Tälergewirr nach den darin entspringenden und nach drei verschiedenen Meeren sich wendenden Strömen. Dann sprach er von den zahlreichen Bergübergängen und hob, sich erwärmend, mit Vorliebe und überraschender Sachkenntnis deren militärische Bedeutung hervor.

«Jürg Jenatsch» (X, 51 f.)

Die Ermordung des Pompejus Planta

Amtsschreiber Waser erfährt durch Fortunat Sprecher von der Bluttat auf Schloß Rietberg:

Das Schreiben, welches dieser [Waser] in schweren Gedanken immer und immer wieder las und unbewußt mit häufigen Tränen benetzte, trug das Datum: Chur, den 27. Februar 1621. Es erzählte das verhängnisvolle Ereignis in einer Sprache, welche die zornige Erregung des Berichterstatters [Sprecher] verriet.

In der Nacht vom vierundzwanzigsten auf den fünfundzwanzigsten hätten sich die Führer der Volkspartei von Grüsch im Prätigau, dem Sitze ihrer Verschwörung, aufgemacht, zwanzig Mann stark, alle gut bewaffnet und beritten, voran der wahnwitzige Blasius Alexander und der teuflische Jenatsch. In rasendem Ritte durch das schlafende Land und die finstere föhnwarme Nacht brausend, seien sie im Morgengrauen wie Gespenster vor Riedberg aufgetaucht, haben das Tor mit Axthieben gesprengt, seien ohne ernstlichen Widerstand der schlummertrunkenen entsetzten Dienerschaft in die Schlafkammer des

Neue Karte des alpinen und verbündeten Rätien und seiner Untertanengebiete. Von Fortunat Sprecher von Berneck (1585–1647), Doktor beider Rechte, und Philipp Klüwer (um 1580–1623), erschienen 1618.
Zentralbibliothek Zürich

Rietberg (bei Meyer in der Schreibung Riedberg).
Schloß der Familie Planta im Domleschg, wo Pompejus Planta in der Nacht vom 24. auf den 25. Februar 1621 von Georg Jenatsch und dessen Gefährten ermordet wurde.
Lithographie aus: «Die alten Ritterburgen und Bergschlösser in Hohen-Rhätien. In lithographierten Abbildungen mit kurzer historisch-topographischer Beschreibung», hrsg. von Heinrich Kraneck (geb. 1785, gest. zwischen 1856 und 1871), Chur 1837. Text von Georg Wilhelm Röder.
Zentralbibliothek Zürich

Santa Maria Gloriosa dei Frari. Franziskanerkirche in Venedig, erbaut zwischen 1330 und 1417, 1469 geweiht.
Reproduktion aus: «Kunstdenkmäler in Italien.» Ein Bildhandbuch, hrsg. von Reinhardt Hootz. Bd. Venedig, bearbeitet von Herbert Dellwing, Darmstadt 1974. S. 147.
Zentralbibliothek Zürich

Herrn Pompejus eingedrungen, diese aber sei leer gewesen. Im Begriffe, fluchend und lästernd wieder abzuziehen, habe sie Jenatsch in einem engen Vorzimmer auf ein altes blindes Hündlein aufmerksam gemacht, das winselnd in den Rauchfang des Kamins hinaufschnoberte. Aus diesem sei dann Herr Pompejus mit frevler Faust an seinem langen Schlafkleid heruntergerissen und mit wütenden Beilhieben zu Tode gebracht worden. Unbegreiflicher Weise seien die Mörder unangefochten in frechem Triumphe durch das rings von den Sturmglocken aufgestörte Land nach Grüsch zurückgekehrt, am hellen Tage durch die Straßen von Chur im Schritte reitend, wo er, Sprecher, durch das Pferdegetrappel ans Fenster gerufen, selbst die Entsetzlichen erblickt und von dem blutigen Jenatsch hohnlächelnd begrüßt worden sei.

«Jürg Jenatsch» (X, 73f.)

HERZOG ROHAN BESUCHT DIE KIRCHE SANTA MARIA GLORIOSA DEI FRARI IN VENEDIG ...

Rohan sucht die Kirche Santa Maria Gloriosa dei Frari auf, damit seine Gemahlin ein ihr unbekanntes Meisterwerk Tizians besichtigen kann, das sich hier in einem Seitenschiff befindet. Mit von der Partie sind Herr Waser und Adjutant Wertmüller. Später stößt auch Jenatsch zur kunstbeflissenen Gesellschaft:

Im Vordergrunde wurden eben an den Ringen der Landungstreppe zwei mit zierlichem Schnitzwerke und wallenden Federsträußen geschmückte Gondeln befestigt. Zwölf junge Gondoliere und Pagen in Rot und Gold, die Farben des Herzogs, gekleidet, blieben zur Hut der Fahrzeuge auf dem von der Mauer grün beschatteten Canale zurück und kürzten sich in den Gondeln mit allerlei Scherz und Neckerei die Zeit. Die Herrschaften waren ausgestiegen und hatten sich die Treppe hinauf nach dem hellen Platze vor der Kirche begeben.

«Jürg Jenatsch» (X, 90f.)

... UND BESICHTIGT DEN ALTAR DER FAMILIE PESARO

Auch der Hauptmann trat durch die Pforte der Maria gloriosa. Er sah sich mit einem schnellen Blicke um und wandte sich dann unbemerkt links unter die hohen Bogen des Seitenschiffs, in dessen Mitte die Gesellschaft des Herzogs ein Altarblatt betrachtete. Langsam vorschreitend näherte er sich der Gruppe.

Der Herzog schien gedankenvoll in das Bild vertieft, während ihm seine Gemahlin mit entzückten Gebärden und einem Strome von Worten ihre Bewunderung des von ihr bis jetzt ungenossen gebliebenen Meisterwerks ausdrückte. – Einen Schritt abseits ließ sich Herr Waser von dem hinter ihm stehenden Küster mit leiser Stimme die verschiedenen Figuren des Bildes erklären und schrieb deren Namen in feiner Schrift über die Köpfe einer in Kupfer gestochenen winzigen Kopie, die er aus seiner Brieftasche gezogen hatte.

«Die edle Familie Pesaro», erläuterte in gedämpftem singenden Tone der Küster, während um seine Füße schmeichelnd ein weißes Lieblingskätzchen strich, das, ebenso heimisch im

Altar der Familie Pesaro («Pala Pesaro»): Die Mitglieder der Dogenfamilie werden von ihren Schutzheiligen der Madonna empfohlen. Gemälde (4,85 x 2,7 m) von Tiziano Vecellio (um 1488/90–1576) in der Kirche Santa Maria Gloriosa dei Frari in Venedig, entstanden 1519–1526. Photographie Osvaldo Böhm, Venedig

Jenatschs Gefangennahme in Venedig

Otto Baumbergers Illustration zeigt die nächtliche Gefangennahme von Georg Jenatsch Ende 1629, die Meyer in den Winter 1634/35 verlegt:

Der Herzog [Rohan] trat auf den schmalen Balkon und blickte, noch unter dem Eindrucke der seltsamen Vorgänge des Abends, in die ruhige Mondnacht hinaus. Er sah, wie Jenatsch eine Gondel bestieg, wie sie abstieß und mit schnellen leisen Ruderschlägen der Wendung des Canals zuglitt. – Jetzt hielt sie wie unschlüssig still, – jetzt strebte sie eilig der nächsten Landungstreppe zu. Was war das? Aus einer Seitenlagune und gegenüber aus dem Schatten der Paläste schossen plötzlich vier schmale, offene Fahrzeuge hervor und darin blitzte es wie Waffen. Schon war die Gondel von allen Seiten umringt. Der Herzog beugte sich gespannt lauschend über die Brüstung. Er glaubte einen Augenblick im unsichern Mondlichte eine große Gestalt mit gezogenem Degen auf dem Vorderteile des umzingelten Nachens zu erblicken, sie schien ans Ufer springen zu wollen, – da verwirrte sich die Gruppe zum undeutlichen Handgemenge. Leises Waffengeräusch erreichte das Ohr des Herzogs und jetzt, laut und scharf durch die nächtliche Stille schmetternd, ein Ruf! Deutlich erscholl es und dringend:

«Herzog Rohan, befreie deinen Knecht!»

«Jürg Jenatsch» (X, 119f.)

Chur

General Rohan und seine Truppen verlassen Chur am 5. Mai 1637:

Kaum erglühten die Turmspitzen von Chur im ersten Morgengolde eines wolkenlosen Maitages, als es schon vor den Stadtmauern und in der langen Gasse, die vom Sprecherschen Hause zum Nordtore führte, lebendig wurde. Französische Offiziere sprengten hin und her, aus der Stadt nach dem Lager, dessen Zelte schon abgebrochen waren, und von den marschfertigen Truppen zurück zum Herzog, um ihn als ein glänzendes Gefolge zu umringen und in ihm die französische Ehre, die, wie es ihnen schien, in diesem Lande Schaden gelitten, mit ihren kriegerischen Gestalten zu decken.

«Jürg Jenatsch» (X, 220)

Entgegen der historischen Überlieferung, wonach Rohans Churer Quartier unbekannt ist, wird Herzog Heinrich in Meyers Erzählung von Fortunat Sprecher im Löwenhof an der Reichsgasse beherbergt. Daß der Heerführer und der Chronist in der Bündner Hauptstadt miteinander verkehrten, ist indessen unbestritten.

Jenatschs Gefangennahme auf dem Canal Grande in Venedig. Tafel IX aus: Otto Baumberger (1889–1961), «Zwanzig Zeichnungen zu ‹Jürg Jenatsch› von C.F. Meyer», Zürich 1963. Zentralbibliothek Zürich

Dom wie sein Meister und ebenso scheinheilig wie er, ihm auf Schritt und Tritt folgte, «die edle Familie Pesaro, der allerheiligsten Madonna vorgestellt durch die Schutzpatrone St. Franziskus, St. Petrus und St. Georg. –» Hier verbeugte er sich gegen die Heiligen und machte eine ehrerbietige Pause. Dann bat er im Flüstertone, auf das dem Beschauer zugewandte lieblich blasse Köpfchen der jüngsten, höchstens zwölfjährigen Pesaro hinweisend, den aufmerksamen Herrn Waser, eine wundersame Eigenschaft ihrer durchsichtigen braunen Augen nicht außer Acht zu lassen. «... Diese zaubervollen Blicke, Herr, richten sich unverwandt auf mich, von woher ich immer das süße kleine Fräulein beschaue. Sie begrüßen mich, wenn ich zum Altar trete, und wohin ich immer geschäftig mich wende, die leuchtenden Sterne verlassen mich niemals.»

«Jürg Jenatsch» (X, 94)

*Chur von Nordosten.
Im unteren Teil der Stadt rechts
der Kirche St. Martin (E) ist
das Rathaus mit Dachreiter (G)
erkennbar, wohin Meyer die
Ermordung von Jürg Jenatsch
verlegt.
Radierung von Matthäus
Merian d. Ä. (1593–1650),
publiziert 1638 nach seiner um
1615 entstandenen Zeichnung.
Zentralbibliothek Zürich*

*Fortunatus Sprecher von
Berneck (1585-1647) im Alter
von 47 Jahren, 1632.
Ritter, Rechtsgelehrter und
Chronist. In Meyers Roman
Gastgeber von Herzog
Rohan in Chur.
Radierung von Conrad Meyer
(1618-1689).
Zentralbibliothek Zürich*

Herzog Heinrich hatte sich in Chur das stattliche Haus des Ritters Doctor Fortunatus Sprecher zum Quartier erwählt. Der gelehrte Bündner stellte es ihm mit freudigem Diensteifer zur Verfügung, denn es war von jeher sein Ehrgeiz und sein Glück gewesen, sich edeln historischen Persönlichkeiten zu nähern und mit ihnen in einem seinem Geschichtswerke gedeihlichen Verkehr zu bleiben. [...]

Der Doctor Sprecher achtete sich durch die Gegenwart Rohans hochgeehrt. Erfüllte sich ihm doch der langgehegte Wunsch, den Lebenslauf seines erlauchten Gastes an der Quelle schöpfend aufzeichnen zu dürfen. Mit der liebenswürdigsten Herzensgüte bequemte sich dieser dazu, seinem Wirte täglich ein Bruchstück seiner Schicksale in italienischer Sprache zu erzählen, und in dieser Sprache verfaßte der Doctor auch das Lebensbild, das ein Geschenk werden sollte, denn so hatte es der edle Gast ausdrücklich verlangt, für die Frau Herzogin, die sich noch immer in Venedig aufhielt, und für Rohans Tochter, die dem Herzog Bernhard von Weimar anverlobte Marguerite. Mit dieser erfreulichen, aber privaten Bestimmung seiner gewissenhaften und schönen Arbeit war der Doctor Sprecher nur halb einverstanden. Er hätte sie lieber zum Ruhme des Herzogs und nicht zur Unehre des Verfassers ohne falsche Bescheidenheit alsbald durch die Presse verewigen und in die Welt ausgehen lassen.

«Jürg Jenatsch» (X, 193f.)

Zur Entstehung des Romans

KONTAKTNAHME

Auf Jenatsch wurde Meyer schon 1853 aufmerksam gemacht, und zwar durch seinen Freund und Berater Louis Vulliemin in Lausanne, der übrigens – nach des Dichters eigener Aussage – als Modell für den «guten Herzog» Rohan im Roman gedient hat. Seit den frühen sechziger Jahren dachte er an eine dramatisierende oder novellistische Bearbeitung der Bündner Wirren. Die Landschaft hatte er 1838 zum erstenmal gesehen, als er mit seinem Vater Graubünden durchwandern durfte.

1866 galt es ernst. Diesmal reiste Meyer mit der Schwester schon zielstrebig auf den Spuren Jenatschs: von Chur über die Lenzerheide und den Julierpaß nach Silvaplana, wo die Geschwister ihr Sommerquartier aufschlugen. Sie unternahmen Ausflüge ins Fextal, nach Maloja, zum Cavlocciosee, ins Bergell (Soglio) und ins Unterengadin. Der ausgedehnte Heimweg über Le Prese und das Veltlin führte die beiden bis an den Comersee, dann nach Lugano und Bellinzona, von dort über den Bernardinopaß nach Splügen und schließlich durch die Viamala nach Thusis. Damit hatte Meyer die meisten «Tatorte» des JENATSCH besichtigt. Seine Reiseberichte zeigen, wie er sich die Handlung halb aktiv halb passiv zurechtlegt und dabei Wege erkundet und markante Häuser ins Auge faßt. (Herr Waser, der ja einiges mit Meyer gemeinsam hat, wird später über den Julier nach Maloja ziehen und von dort am Cavlocciosee vorbei zum Murettopaß aufsteigen, um Jenatsch in Berbenn zu besuchen. Auch die Ortschaften im Veltlin und am Comersee werden im Roman eine Rolle spielen.)

Der Dichter hat auf dieser fast dreimonatigen Ferienreise (Mitte Juli bis Anfang Oktober) entscheidende Eindrücke gesammelt:

Ich glaube Dir schon gesagt zu haben daß (Gesundheit beiseite) ein Motiv aus der Geschichte des beginnenden 17 Jahrhunderts mich in diese Gegenden geführt hat, um Land u. Leute, Farbe u. Sitte mit eigenen Augen zu sehen. Ob es mir gestattet sein wird, dies etwas weitschichtige Programm, von dem ich aber nichts ablassen kann, durchzuführen, liegt in höherer Hand. Das untere Veltlin, wo ich wenigstens einen Tag (bei Ardenn, am Fuße des monte della disgracia, omen absit) weilen sollte, ist aus verschiedenen Gründen eine unliebsame Gegend, doch spielt gerade eine wichtige Szene meines Stoffes: der Veltlinermord (il sacro macello) in diesen Sumpfniederungen.

Meyer an Friedrich von Wyß,
28. August 1866 (X, 275 f.)

Dies Graubünden ist ein unendlich interessantes Land u. das Stück Geschichte, personifizirt in den wunderlichen Schicksalen des Helden, den ich gern in den Mittelpunkt eines Romans (ich vermied das Wort nur aus Nebenrücksichten u. Ihre Andeutungen haben meine Intentionen wörtlich errathen) stellen u. durch eine Reihe von Nebenfiguren hervorheben würde, das Stück graubündischer Geschichte (Anfang des 17 Jahrh.) ist mit der *) damaligen europ. Politik so eng verflochten, daß die Komposition, wenigstens durch ihren Hintergrund, aus den Schranken eines Genrebildes weit heraustreten würde. Es handelt sich um den berühmten (ich hätte fast gesagt berüchtigten) Oberst Jenatsch. Sohn eines evang. Geistlichen, selbst Geistlicher, Soldat geworden, rettete er mit französ. Hülfe sein Vaterland von den Österreichern u. mit österreichischer von den Franzosen. Ein Mensch vom reichsten Temperament, wild u. schlau. Weltmann u. Naturmensch, um die Mittel nie verlegen, aber von großartiger Vaterlandsliebe, der «anerkannte» Retter Graubündtens, aber so verfehmt durch den Privat-Haß, den er erregt, daß seine Ermordung an einem Gastmal in Chur gänzlich unbestraft blieb. Zürich, damals schon weit civilisirter, aber schon mit einem leichten Anflug von Zopf, ist in diese Geschichte stark verflochten u. würde die ungesuchten Gegensätze der polit. und militär. Ehre zu dem Abentheurer u. der Philisterei zu der genialen Kraft bieten. Das der Poesie so überaus günstige Verlaufen einer großartigen, rohen Zeit in eine gebildetere u. flachere, die Verwandlung der religiösen Bewegung im 16 Jahrh. in die polit. des 17, kurz die Anfänge des modernen Menschen wären interessant zu behandeln. Der eigentliche Roman **), von denselben Lichtern beleuchtet, wäre mit der Hauptfigur verbunden u. würde stets auf sie zurückführen, aber sie doch in gewissem Sinn frei in der Mitte lassen ***). Die einschlagende Geschichte ist so reich an romantischen Incidents daß man sich eher gegen diese Fülle zu vertheidigen als über Armut des Stofflichen zu klagen hat.

Ich hoffe bis Neujahr das «erste Buch» (das Ganze zerfiele in 5, 6 Bücher) zu Einsicht u. gütiger Beurtheilung, wenn uns Gott Leben und Gesundheit schenkt, übersenden zu können.

*) Der liebenswürdige Herzog Rohan ist auch eine anziehende Figur, die nicht fehlen darf. Er kommandirte die Franzosen in Bünden.

**) Dieser läßt sich natürlich nicht mit wenig Worten skizziren da er individuell u. sein Reiz in der Darstellung ist.

***) Jenatsch fiel durch Sohn u. Tochter eines Planta, den er im Bürgerkrieg ermordet hatte. Diese Tochter ist nicht zu vergessen.

Meyer an Hermann Haessel,
5. September 1866 (X, 276 f.)

Von San Bernardino aus meldet er dem Verleger, daß die Gliederung des Romans schon einigermaßen feststehe:

Es ist überdieß merkwürdig daß jene Zeit (Anfang des 17 Jahrh.) zur Besprechung derselben Fragen Anlaß gibt, ja nötigt, die jetzt die Welt bewegen: ich meine den Conflikt von Recht u. Macht, Politik und Sittlichkeit. Auch die Frage der Religion u. Confession muß (dem Stoff zu Folge) von allen *Seiten beleuchtet werden. Das erste Buch spielt im Veltlin, wo Jenatsch Pfarrer war u. der von dem heiligen Carlo Borromäo wo nicht angestifteten, doch begünstigten heiligen Schlächterei (il sacro macello), der dortigen Bartholomäusnacht, mit Not entging. Viel Humor wird der Gegensatz deutschen u. italienischen Lebens, zürcherischer Steifheit u. südlicher Leidenschaftlichkeit in das sonst ernste Buch bringen. Denn ein junger Zürcher (der spätere General Werdmüller) wird gleich im Anfang auftreten u. in die Abentheuer der bündnerischen Geschichte verflochten werden (was sehr historisch ist). Das Gute an der Sache ist daß mir in Zürich alle möglichen Hülfsquellen zu Gebote stehen werden [...].*

Meyer an Hermann Haessel, 26. September 1866 (X, 277)

Im Oktober dann – zurück in Zürich – weist Meyer auf seine Besichtigungen im Domleschg hin und meldet, daß er sich bereits in weitere Quellen vertieft habe:

Thusis, mein letzter Standort, hielt mich vier Tage. Ich bestieg den Heinzenberg, den der Herzog von Rohan (der eine gar noble Figur ist) «den schönsten Berg der Welt» nannte, und besuchte Schloß Riedberg, wo der junge Jenatsch den Pompejus Planta ermordete. Der aus dem Schlaf Geschreckte war in ein Kamin geklettert, u. wurde durch sein Hündchen verrathen, das ihm gefolgt war und in die Höhe schnoberte. Ein Kreuz ist in die Mauer geritzt. Das Mörderbeil, von der Tochter des Erschlagenen aufbewahrt, diente, 20 Jahre später, zur Ermordung des Georg Jenatsch. Mahnt das nicht an die Atriden? Ich habe die Quellen zu lesen begonnen, u. es schickt sich chronologisch alles recht ordentlich, d. h. ich kann den Geschöpfen meiner Phantasie so ziemlich das Alter u. die Erlebnisse geben, die sie in der Geschichte hatten. Nur ist dieser Teufelskerl von Jenatsch ein noch viel wilderer und verschlagener Bursche als ich nicht dachte, und der Züricher Werdmüller (der spätere Feldmarschall) nicht viel besser. Nur der Duc de Rohan (der über seine Bündnerfeldzüge mémoires geschrieben hat die höchst interessant sind) ist ein nobler Mensch. Ich werde die Zeichnung noch kräftiger u. die Färbung dunkler halten müssen, als ich mir vorstellte. Alle Typen der damaligen Zeiten müssen vertreten sein, schon der historischen Gerechtigkeit wegen. So z.B. der protestantische Fanatiker neben dem katholischen. Die Hauptsache wird nun sein gleich zu beginnen u. durch Dick und Dünn das Ganze zu entwerfen. Die Feile komme hernach!

[...] So will ich nun in Gottes Namen Troja jeden Morgen zerstören, u. sobald das erste Buch das den Veltlinermord erzählen u. dabei alle Hauptfiguren versammeln wird, entworfen ist, es Ihnen zur Beurtheilung überschicken.

Meyer an Hermann Haessel, 10. Oktober 1866 (X, 277f.)

Die Arbeit rückt freilich viel langsamer voran, als er in seinem ersten Enthusiasmus gehofft hat:

Es ist mir bitter Ihnen zu sagen daß meine Arbeit nicht von statten geht u. daß ich mich am Ende doch werde entschließen müssen, einfach eine: historisch biographische Skizze zu schreiben, wie es wohl mein erster Gedanke war. Die historische Wahrheit hat den Vorsprung gewonnen u. ich getraue mich nicht, ihr eine vollere Gestalt zu geben als mir die Quellen bieten. Das ist ein demüthigendes Geständniß, u. ich versichere Sie daß ich alle meine Kräfte anstrengen muß um mich nicht niederschlagen zu lassen.

Meyer an Hermann Haessel, 30. Januar 1867 (X, 278)

Den Sommer 1867 verbrachte Meyer wieder in Silvaplana und anschließend in Thusis. Ein intensives Studium von Quellen setzte ein. Im Dezember wurde nochmals das Domleschg besichtigt. Doch dann schoben sich andere Arbeiten in den Vordergrund: Die ROMANZEN UND BILDER waren druckreif zu machen, der HUTTEN wurde zum Hauptgeschäft.

AUS DER ZEIT DER NIEDERSCHRIFT

Kaum war der HUTTEN abgeschlossen, wandte sich Meyer wieder dem JENATSCH zu – und damit auch den Orten der Handlung. Von Juli bis Oktober 1871 weilte er in Wolfgang/Kulm bei Davos. Im Winter 1871/72 trieb es ihn nach Venedig. Im Sommer 1872 trifft man ihn erneut im Engadin – er beschäftigt sich mit Herzog Rohan.

Wieder taucht der Gedanke auf, den Jenatsch-Stoff dramatisch zu behandeln – er möchte im Wiener Burgtheater, bei Heinrich Laube, damit debütieren. In dieser Zeit der Ungewißheit macht Meyer DAS AMULETT fertig. Dann, endlich, legt er sich definitiv auf die epische Form des JENATSCH fest, wieder mit der bei ihm üblichen Unterschätzung des Zeitaufwands:

Verlagsvertrag zwischen dem Verleger Hermann Haessel und Conrad Ferdinand Meyer für die Buchausgabe von «Jenatsch. Eine Erzählung aus dem 30jährigen Kriege». Haessel unterzeichnete den Vertrag am 15. April 1876, der Dichter hingegen erst am 4. September 1876, nachdem die vollständige Überarbeitung des Romans abgeschlossen war. Die Siegel der beiden Partner zeigen Haessels Monogramm und den Hirsch aus Meyers Familienwappen. Ms. CFM 364.1. Zentralbibliothek Zürich

Jenatsch wird, wenn mein Schicksal so freundlich u. mein Muth so frisch bleibt wie jetzt, bis Spätherbst vollendet. Kommen Sie im Hochsommer für einige Tage nach Meilen, so giebt es etwas vorzulesen. Nach dem ersten Gedanken als großer sogenannter historischer Roman in der Ausdehnung des Ekkehard.
Meyer an Hermann Haessel,
26. April 1873 (X, 280)

Im Sommer reist er nach Sedrun und Tschamutt; er wohnt dort beim Wirt Lukas Caveng, der auf den Lucas des Romans abfärben wird. Am 1. November 1873 will er definitiv mit dem Diktat beginnen, und auf Ostern 1874 soll der Roman abgeschlossen sein. Aber noch im Sommer diktiert er der Schwester, unter der «schwarzschattenden Kastanie» vor dem Seehof in Meilen. Am 22. Juli 1874 beendet er die Arbeit und liest bei Wille daraus vor. Bereits Ende Juli beginnt der Roman in der Leipziger Zeitschrift «Die Literatur» zu erscheinen; er trägt den Titel «Georg Jenatsch. Eine Geschichte aus der Zeit des dreißigjährigen Krieges».

DIE BUCHFASSUNGEN

Mit dem Text des Vorabdrucks war Meyer von Anfang an nicht zufrieden. Manches war ihm «zu knapp und [...] zu abrupt» (an Wille, 20. September 1874; X, 281), «das Schroffe u. Sprungartige» seiner Manier mißfiel ihm (an Meißner, 7. Dezember 1874; X, 281). Er wollte insbesondere Jenatschs Charakter und sein «Verhältniß zu Lucretia» besser ausleuchten (an Meißner, 1. März 1875; X, 282); auch sollte «der Hintergrund, d.h. Land und Leute» deutlicher werden (an Haessel, 7. April 1876; X, 282). Umgekehrt durfte dies den «fragmentarisch düstern Charakter» des Werks nicht beeinträchtigen (Betsy an Haessel, 9. Juni 1876; X, 282).

Im Sommer 1876 fuhr Meyer täglich von Küsnacht nach Meilen, um Betsy die umgearbeiteten Stellen zu diktieren.

Wenn Sie wüßten, wie ich an diesem Jenatsch arbeiten muß! Jeden Morgen von 9 bis halb 1 Uhr jede Zeile eines Kapitels umwenden und betrachten mit Conrad, den eine wahre Leidenschaft erfaßt hat, das Buch bald gedruckt zu sehen und zwar als Muster von Korrektheit – und Nachmittags, wenn er fort ist, muß ich es erst ins Reine bringen und jede seiner Notizen an Ort und Stelle schreiben.
Betsy Meyer an Hermann Haessel,
30. Juli 1876 (X, 282 f.)

Im ersten Buch wird Herrn Wasers Heimkehr auf dem See – die Marktschiff-Episode – ausführlich gestaltet (7. Kapitel). Zum weitern macht Betsy folgende Angaben:

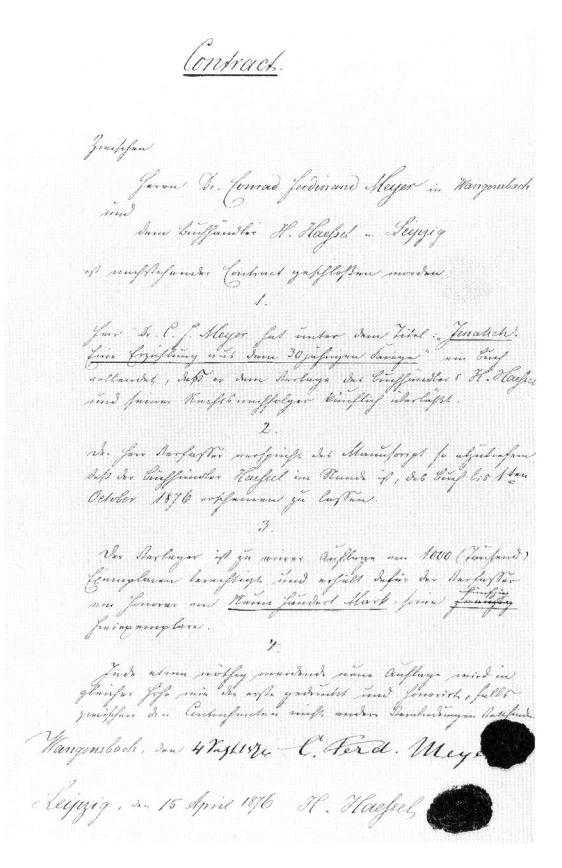

In der Regel ist mein Bruder bei der Umarbeitung fast peinlich gewissenhaft. [...] So hat sich nun in den letzten Tagen bei der Überarbeitung des dritten Buches gezeigt, daß nicht weniger als 4 Capitel desselben je in zwei kleinere geteilt werden müssen, was einen weit klarern angenehmern Eindruck machen wird. – Das letzte Capitel des zweiten Buches hat sich C. Ferdinand entschlossen dem dritten Buche als 1stes Cap. vorzusetzen. – Wohl gehört es dem Sinne nach noch zum zweiten Buche «Lucretia», allein es spielen doch schon Ereignisse und Persönlichkeiten des dritten Buches hinein. Auch behalten erstes u. zweites Buch auf diese Weise Einheit der Zeit, – die Ereignisse des zweiten fallen auf wenige Tage in Venedig – während das dritte mit seinen wichtigen und verschiedenartigen Vorgängen und Entwicklungen einen weit längern Zeitraum füllt.
Betsy Meyer an Hermann Haessel,
13. August 1876 (X, 283)

Die letzten Kapitel des Romans verursachten Meyer besondere Mühe. Sie waren allzusehr *al fresco* gearbeitet. Anfangs September war die Überarbeitung beendet; der Verlagsvertrag konnte unterzeichnet werden, und bereits Ende des Monats erschien die erste Buchausgabe: «Georg Jenatsch. Eine alte Bündnergeschichte von Conrad Ferdinand Meyer».

Aber auch jetzt war Meyer noch nicht glücklich. Die Kritik beanstandete, daß Jenatschs Übertritt zum Katholizismus ungenügend motiviert sei. Meyer entschloß sich deshalb, im Hinblick auf die zweite Auflage ein neues Kapitel einzuschalten – es ist das zwölfte im dritten Buch. Es wurde im

Juni/Juli 1878 geschrieben. Haessel druckte den Roman auf Ende Oktober in 1500 Exemplaren. Erst für die dritte Auflage, 1882, wurde Jenatschs Vorname auf Anregung des Verlegers in Jürg umgeändert. Bis zu Meyers Tod kam der JENATSCH auf 30 Auflagen. Er hatte damit einen ungleich größeren Erfolg als Kellers *Grüner Heinrich*.

MEYERS UMGANG MIT DEN QUELLEN

Abgesehen von den Reisen ins Engadin, Veltlin, Domleschg und nach Venedig beschaffte sich Meyer in der Zürcher Stadtbibliothek auch Bildnisse der Landschaften und Porträts der Hauptpersonen (Jenatsch, Rohan, Waser, Wertmüller, Serbelloni u. a.), um sich eine genauere Vorstellung von ihnen machen zu können.

Über Jahre hinweg zog er alles an sich, was ihm an Quellen begegnete; wir nennen nur:

– Prof. Dr. B[althasar] Reber, *Georg Jenatsch, Graubündtens Pfarrer und Held während des dreißigjährigen Kriegs*. In: Beiträge zur vaterländischen Geschichte, hrsg. von der historischen Gesellschaft in Basel, VII. Band, S. 177–300, Basel 1860.
– *Des Ritter's Fort [unat] Sprecher v. Bernegg J.U.D. Geschichte der bündnerischen Kriege und Unruhen. Nach dem Lateinischen bearbeitet [...] und hrsg. von Conradin v. Mohr*, Zwei Theile, Chur 1856/57. (Archiv für die Geschichte der Republik Graubünden, hrsg. von Th. v. Mohr, III. und IV. Band)
– *Des Maréschal de Camp Ulysses von Salis-Marschlins Denkwürdigkeiten. Nach dem unedirten, italiänischen Originalmanuscript bearbeitet [...] und hrsg. von Conradin v. Mohr*, Chur 1858. (Archiv für die Geschichte der Republik Graubünden, V. Band)
– *Ulrich Campell's zwei Bücher rätischer Geschichte. Nach dem ungedruckten lateinischen Manuskripte [...] deutsch bearbeitet [...] von Conradin v. Mohr*. Erstes Buch, topographische Beschreibung von Hohenrätien, Chur 1851. Zweites Buch, Geschichte von Hohenrätien, Chur 1851. (Archiv für die Geschichte der Republik Graubünden, I. und II. Band)

Als weitere Stoffquellen dienten dem Dichter wohl folgende Schriften:

– [Johann Jakob Hottinger,] *Lebensabriß des Bürgermeisters Johann Heinrich Waser*. Neujahrsblatt hrsg. von der Stadtbibliothek in Zürich auf das Jahr 1855.
– [Georg von Wyß,] *Herzog Heinrich von Rohan*. Neujahrsblatt hrsg. von der Stadtbibliothek in Zürich auf das Jahr 1869.

Sicher empfing Meyer auch Anregungen aus dem erst kurz vor dem Erscheinen des JENATSCH veröffentlichten Lebensbild Werdmüllers, das sein Onkel entworfen hatte und dessen Inhalt ihm aus Gesprächen mit dem Verfasser vertraut gewesen sein dürfte:

– [Wilhelm Meyer-Ott,] *Johann Rudolf Werdmüller, Feldmarschall-Lieutenant*. LXIX. Neujahrsblatt hrsg. von der Feuerwerker-Gesellschaft in Zürich auf das Jahr 1874.

Das ergiebigste Quellenwerk war zweifellos jenes von Reber. Die über weite Strecken spritzig geschriebene Abhandlung ist heute durch die Darstellungen von Ernst Haffter und Alexander Pfister überholt. Sie enthält aber eine ganze Reihe von Motiven und Vergleichen, die Meyer mit offensichtlichem Gewinn übernommen hat: So wird Jenatsch ein «Bündtner-Wallenstein» genannt (Reber, S. 293) und mit Judas in Verbindung gebracht (Reber, S. 274). Die Tochter des Pompejus Planta heißt bei Reber «Lukretia», nicht Katharina, wie es den heute bekannten Akten entspricht. Das kam dem Autor zweifellos gelegen: Der Name Lucretia erinnert an eine der «neun Heldinnen» – Frauen, die sich unter anderem mit der Waffe gegen Männer gewehrt haben. Und auf Lucretias Bereitschaft zur Blutrache für ihren ermordeten Vater wird auch bei Reber hingewiesen (S. 210). Ebenso hat Meyer in dieser Stoffquelle den Vergleich des Geschlechts der Planta mit dem der Atriden finden können (Reber, S. 294), wobei sich Reber seinerseits auf Vulliemins Fortsetzung von Johann von Müllers *Geschichten Schweizerischer Eidgenossenschaft* stützt (Band IX, Zürich 1844, S. 660; vgl. X, 277).

Gewissermaßen als formales Vorbild diente Meyer Laubes dreibändiger Roman *Der Deutsche Krieg* (1863-1866). Das Werk spielt im gleichen Zeitraum, zum Teil treten dieselben Personen auf. Von einem eigentlichen stofflichen Einfluß kann aber nicht gesprochen werden. Hingegen hat Meyer den Verleger Haessel gebeten, den JENATSCH im gleichen Format wie Laubes Bände erscheinen zu lassen.

Über seinen Umgang mit den historischen Quellen schreibt Meyer am 12. September 1876 an Félix Bovet:

Après avoir lu à peu près tout ce qui a été écrit sur ce sujet-là, j'ai mis tout cela de côté et j'ai donné le champ libre, très libre à mon imagination – de manière que telle page de ma nouvelle me fait l'effet, maintenant – d'être tracée par une main autre que la mienne.

(X, 290)

Das gilt von allen Stoffen, die er aufgegriffen hat. Er wählt bestimmte historische Konstellationen aus, weil sie seine Imagination anspornen, und das können sie nur, wenn sie ihn psychisch irritieren – wenn sie ihm gestatten, seine Problematik in der historischen Verkleidung zu verdeutlichen.

Die Ermordung des Georg Jenatsch

Die Szene der Ermordung hat bei vielen Interpreten Befremden oder sogar Ratlosigkeit ausgelöst. Berühmt geworden ist Kellers Brief vom 3. Oktober 1876 an Meyer: «Es ist ächte Tragik, in welcher Alle handeln, wie sie handeln müssen. Über den Beilschlag am Schlusse muß ich mir freilich das Protokoll noch offen behalten.» (Briefe I, S. 273 f.)

Gemäß den neuesten historischen Forschungen wird Jenatsch von einem Komplott unter Anführung Rudolf Plantas, Zambra Prevosts, der Salis u.a. ermordet. Reber, Meyers Hauptquelle, nimmt an, daß Lucretia vermummt dabei gewesen sei; sie habe die Todesaxt mitgebracht. Daß sie das Beil selbst führt, ist Meyers Erfindung – eine Atridentat hat er ja von Anfang an erwogen. Lucretia handelte dann als transpersonale Erscheinung; sie vollzöge den Mythos des Verwandten- oder Geliebtenmordes.

Nun wird allerdings im Roman betont, sie habe den Gedanken an Blutrache aufgegeben und ins Kloster ausweichen wollen: «Jenseits der Klosterschwelle war sie sicher. Sie verzichtete ja dort auf all ihren Besitz, opferte ihre stolze, immer bekämpfte Liebe, verzichtete auf die zu lange wie ein Heiligtum bewahrte Rache.» (X, 244) – Im Traum erlebt sie bei neu losbrechendem Föhn, der nach der oft wiederholten Erzählung des alten Knechts in der Mordnacht in gleicher Stärke getobt haben soll, nochmals den Tod ihres Vaters. Dann erwacht sie. Ihr Vetter Rudolf und Lucas sind schon weggeritten. Mit schlimmen Ahnungen betritt sie die Kammer des Alten und findet die hölzerne Truhe leer, «worin er [Lucas] mit eigensinniger Verehrung das Beil aufbewahrte, das ihren Vater erschlagen hatte und das sie [...] nie hatte sehen wollen. [...] Das Blut der Planta stürzte ihr wild zum Herzen [...]. Die Entsagung [...] entschwand ihrem Gemüte.» (X, 246)

Der den Tod des Vaters erinnernde Traum, die daran anschließende Entdeckung, daß das Beil fehlt, und Lucretias Sinneswandlung werden zuvor durch ein erschreckendes Bild eingeleitet. In der Rotte ihres Vetters Rudolf, der auf Riedberg einreitet, erkennt die Planta-Tochter unter den verdächtig Erscheinenden den Sohn des Wirts von Splügen, einen «wahren Riesen» und «weithin gefürchteten Raufbold». Er hat sich «gegen den Regen eine Bärenhaut wie einen Haubenmantel übergehängt» und blickt «unter der Schnauze und den Ohren des erlegten Ungetüms wie ein tierischer Waldmensch hervor» (X, 242). Archaisch-Primitives wird hier ins nachfolgende Geschehen projiziert: Die Blutrache erscheint unter diesem Vorzeichen als atavistischer Rückfall. Daß sie nicht christlich sein kann, versteht sich von selbst. «Mein ist die Rache», spricht der Herr (Röm. 12, 19).

Diskutiert wird insbesondere, inwieweit hier das ödipale Grundmuster durchschlägt: die Ermordung des Vaters, des Bruders, des Geliebten (vgl. Jansen). Lucretia verrät ihren Vater, wenn sie Jürg warnt. Daß sie ihn warnt, weist auf ihre Liebe hin. Aus der Kindheitsgeschichte heraus kann diese Liebe als geschwisterlich bezeichnet werden. Der wie ein Bruder Geschätzte wird erst später zum Geliebten. Damit wäre die Tat ein Versuch Lucretias, sich aus inzestuösen Vorstellungen zu befreien.

Hatte Meyer je einen ähnlichen Wunsch gegenüber seiner Mutter oder gar seiner Schwester empfunden? Der Rebellierende wollte die Instanzen zertrümmern, auf die sich die geliebte Mutter berief, aber er war zu schwach dazu gewesen. Man stößt bei der Abwägung solcher Gedanken auf jene Noli-me-tangere-Sphäre, in der schon Vermutungen verboten sind. Karl Fehr sieht einen Zusammenhang zwischen Meyers Neigung zur Beschreibung von Gewalttaten und der moralisch-psychischen Repression der Mutter. Aus der sublimierten Tyrannis konnte nur der Mord herausführen (Fehr, S. 165; vgl. auch Jansen, S. 272.)

Jackson nennt die Ermordung einen «pervertierten Liebestod» (Jackson, S. 82). Er weist auf die sado-erotischen Affekte hin, die durch die Hinrichtungsszene im Mönch Astorre ausgelöst werden, und deutet dessen Reaktion als «Paraorgasmus» (Jackson, S. 106). «Vergleicht man», schreibt Jansen dazu, «diesen Befund mit der Hinrichtung Jürgs durch seine Geliebte, so erhellt sich das Bedeutungspotential der Schlußszene, ohne daß eine unmittelbare Entsprechung unterstellt werden soll. Jürgs Tod wird [...] zum Opfertod, in dem der Inzest aufgehoben und zugleich begangen wird.» (Jansen, S. 271) Wie der Mönch fällt Lucretia nach der Tat in Ohnmacht.

Man wird sich das Protokoll über den fatalen Beilschlag auch weiterhin offenhalten müssen.

Die Szene bei C. F. Meyer:

Schon war es zu spät. Das Zimmer füllte sich mit einem wilden Maskenhaufen und es war eine Unmöglichkeit geworden, den umdrängten Ausgang zu gewinnen. Auch dachte Jenatsch nicht mehr daran. Er war versunken in die wunderbare, wie von zerstörenden innern Flammen beleuchtete Schönheit seiner Braut [Lucretia] und führte sie, dem Maskenspiel in der Mitte des Gemaches Raum gebend, in eine Fensternische. Doch das den Zug anführende Bärenungeheuer mit den Wappen der drei Bünde auf der Brust schritt schwerfällig auf ihn zu, streckte, ihm auf den Leib rückend, die rechte Tatze aus und begann mit brummender Stimme: «Ich bin die Respublica der drei Bünde und begehre mit meinem Helden ein Tänzlein zu tun!»

«Das darf ich nicht ausschlagen, obgleich ich meine Dame ungern lasse», erwiderte Jenatsch und reichte der Bärin, den Fuß wie zum Tanze hebend, bereitwillig die Rechte. Diese aber schlug die beiden Tatzen um die gebotene Hand und packte sie mit eiserner Mannesgewalt. Zugleich zog sich der Larvenkreis eng um den Festgehaltenen zusammen und überall wurden Waffen bloß.

Die Ermordung von Georg Jenatsch am 24. Januar 1639 in der Wirtschaft zum «staubigen Hütlein» in Chur; Meyer läßt die Tat im Churer Rathaus geschehen. Möglicherweise hat der Dichter diesen Holzschnitt von Jakob Ziegler (1837–1856) aus dem Disteli-Kalender auf das Jahr 1851 gekannt. Besondere Aufmerksamkeit verdient die Frau, die sich offenbar schützend vor Jenatsch geworfen hat. Zentralbibliothek Zürich

Lucretia drängte sich fest an die linke Seite des Umstellten, wie um ihn zu decken. Sie hatte ihm keine Waffe zu bieten. Wieder traf die Stimme Rudolfs ihr Ohr. «Dies, Lucretia, für die Ehre der Planta», flüsterte er dicht hinter ihr und sie sah, mit halbgewandtem Haupte, wie seine feine spanische Klinge vorsichtig eine gefährliche Stelle zwischen den Schulterblättern Georgs suchte. Sie hatte sich von Jenatsch vorwärts ziehen lassen, denn dieser streckte sich, den ihn umschließenden Kreis seiner Mörder mitreißend, nach dem nahen Kredenztische aus und erreichte dort mit der freien Linken einen schweren ehernen Leuchter, dessen gewichtigen Fuß er gegen seine Angreifer schwang, die von vorn fallenden Hiebe parierend.

Da schmetterte ein Axtschlag neben ihr nieder. Sie erblickte ihren treuen Lucas, ohne Maske und barhaupt, der von hinten vordringend, ein altes Beil zum zweiten Male auf Rudolfs bleiches Haupt fallen ließ und ihn anschrie: «Weg, Schurke! Das ist nicht deines Amtes.» Dann warf er den Sterbenden auf die Seite, drückte Lucretia weg und stand mit erhobener Axt vor Jenatsch. Der Starke, der schon aus vielen Wunden blutete, schlug mit wuchtiger Faust seinen Leuchter blindlings auf das graue Haupt. Lautlos sank der alte Knecht auf Lucretias Füße. Sie neigte sich zu ihm nieder und er gab ihr mit brechendem Blicke das blutige Beil in die Hand. Es war die Axt, die einst den Herrn Pompejus erschlagen hatte. In Verzweiflung richtete sie sich auf, sah Jürg schwanken, von gedungenen Mördern umstellt, von meuchlerischen Waffen umzuckt und verwundet, rings und rettungslos umstellt. Jetzt, in traumhaftem Entschlusse, hob sie mit beiden Händen die ihr vererbte Waffe und traf mit ganzer Kraft das teure Haupt. Jürgs Arme sanken, er blickte die hoch vor ihm Stehende mit voller Liebe an, ein düsterer Triumph flog über seine Züge, dann stürzte er schwer zusammen.

«Jürg Jenatsch» (X. 266 f.)

Die Ermordung des Georg Jenatsch in der Darstellung von Balthasar Reber (1860):

Jenatsch kam im Laufe eben dieses Januars 1639 von Chiavenna nach Chur, um Mittagszeit, als gerade ein heftiger Wirbelsturm den Glockenthurm von St. Luzius oberhalb der Stadt zusammenriß, er währte eine Viertelstunde. «Jenatsch», sagt Sprecher, «wurde davon mit Furcht und Schrecken erfüllt». Man sieht, wie er sich unsicher fühlte, unsicherer als je. Vor Jahren hatte er «einem deutschen medico von Kaiserstuhl ein Prognostikum ausgepreßt, der jhme gesagt, daß er eines gewaltigen Todes sterben würde», der Gedanke daran mag ihm gerade in dieser seiner unheimlichsten Zeit vorgeschwebt haben.

Jenatsch wollte seine Gedanken in einem lustigen Faßnachtsfest ertränken. Am 24. Januar 1639, einem Montag, schwelgte er mit einigen Obersten im Hause Lorenz Fauschs, des Pastetenbäckers, bei Chur, «zum staubigen Hüttli» hieß das Haus (wo jetzt der Garten des sogenannten «alten Gebäus» liegt). Fiedler und Spielleute spielten auf zum Tanz. Es war Nachts zehn Uhr. Da traten etwa 20 Maskierte herein, nichts Auffallendes in der Faßnachtszeit. Der erste Hereingetretene, ein Mann von «großer Statur und gewaltiger Stärke», in einen Pelz gehüllt, ging mit Verbeugungen auf Jenatsch zu, grüßte fröhlich: «Ha, Signor Jenatsch!» und bot ihm die rechte Hand, Jenatsch ergriff sie, als wollte er mit ihm einen Tanz aufführen. Es war ein Todtentanz. Der Starke hielt ihm die Hand fest, damit er sich nicht wehren könnte, mit der Linken straks eine Pistole aus dem Pelz reißend, brennt er los, Jenatschs linke Wange wird gestreift, Jenatsch mit einem Kerzenstock auf ihn dar, da haut ihn ein Anderer mit einer umgekehrten Axt vor die Stirn, wie einen Stier (Sprechers Ausdruck), er fällt, bei sechs solcher Axthiebe und Fausthammerschläge in die Seite vollenden ihn. Der Erste kehrt «Herrn Jenatsch» um, er war todt. Sie nahmen Jenatschs Hut mit blauer Feder und seinen Degen mit hinweg. Drauf die Lichter ausgelöscht und Alle aus dem Haus. «Dieser blutige Aktus ist in solcher gschwinde und Furia zugegangen, daß es nicht zu beschreiben.» Die Leiche lag eine halbe Stunde im Blute, dann trug man sie fort.

Der Stadtrath eilte zusammen, ließ die Thore schließen; man fürchtete einen Auflauf zu des Ermordeten Gunsten, seine Leute, die er kurz vorher nach Chur geschickt, lagen um die Stadt herum. Es blieb ruhig. Der Bischof von Chur, als er's in derselben Nacht vernahm, glaubte es nicht, weil er «des Jenatschen Humor wohl gekannt», er lachte: «Jenatsch läßt sich nicht so leicht umbringen!»

So wurde Jenatsch aus seinem stolzen Glanze, aus seinen Lebensgenüssen, aber auch aus seiner Angst und Wuth plötzlich hinweggerissen in der Fülle der Mannskraft, 43 Jahr alt, hinweggerissen durch gewaltsamen Tod, wie er ihn so oft Anderen bereitet hatte. «Wer das Schwert zieht, soll durch das Schwert umkommen!» sagt Salis.

Ihm, dem Bündtner-Wallenstein, «ihm war», wie dem großen Deutschen [sc. Wallenstein], «Mit leisem Tritt die Rache nachgeschlichen» [vgl. Schiller, «Die Piccolomini», V, 1]. Unter den Thätern, man erfuhr sie bald, war der bedeutendste Rudolf Planta, des von Jenatsch ermordeten Pompejus Sohn; auch Bluträcher des von Jenatsch im Duell getödteten Oberst Ruinelli waren dabei, diese warens, welche seinen Degen mitnahmen, mit welchem er jenen erstochen, «zu einem Wahrzeichen». Auch soll Lukretia unter den Vermummten gewesen sein, des Pompejus Tochter, und die Axt war ihres Vaters Todesaxt, von ihr seit 20 Jahren zur Rache aufbewahrt [...].

(Reber, S. 291–293)

Jenatschs Ermordung in der Darstellung von Alexander Pfister (1983):

Am Montag, den 24. Januar 1639, zogen 30 Männer von Haldenstein nach Chur. Ihre Anführer, Rudolf Planta, Zambra Prevost, Johann Peter Guler und Julius Otto von Schauenstein, hatten einen genauen Plan für die Ermordung Jenatschs ausgeheckt; die Salis waren mit drei Gliedern ihrer Familie an der Verschwörung beteiligt. Siebenundzwanzig Banditen standen für das Unternehmen zur Verfügung. Am gleichen Abend des 24. Januar erscheint Jenatsch mit Guler, Johann Tscharner und Ambrosius Planta von Malans im Gasthaus «Zum staubigen Hütlein». Etwas später kommt noch Oberst Rudolf Travers hinzu; es sind die Offiziere, die mit ihren Truppen aus Mailand heimgezogen sind, um die Bünde vor der Gefahr eines Angriffes durch Bernhard von Weimar zu schützen. Jenatsch ist als Anführer der bündnerischen Truppen im Besitz der Berichte der Spione und der österreichischen Führer und hat den Waffenkameraden wohl manches zu sagen. Die beiden Kundschafter bestätigen die Befürchtung nicht, daß Bernhard von Weimar gegen Bünden ziehen werde. Vielmehr melden sie, der Herzog sei auf dem Marsch ins Burgundische.

Trotz der guten Nachricht kommt keine heitere Stimmung auf, weil jeder der Offiziere weiß, daß das Leben Jenatschs gefährdet ist. So befiehlt Jenatsch, daß Musikanten gerufen werden. Bei vorgerückter Stunde erheben sich die Offiziere. Die Diener zünden die Laternen an. Jenatsch steht im Gespräch mit Rudolf Travers, als sich die Türe öffnet und der maskierte Zambra Prevost eintritt. Wie sein Vetter Rudolf Planta trägt er an diesem Abend ein schwarzes Samtkleid, dazu einen Pelz und eine Maske über dem Gesicht. Er geht auf Jenatsch zu, macht ihm eine Reverenz und begrüßt ihn mit den Worten: «Ha, signor Jenatsch!». Beim Händedruck hält er die Rechte seines Gegenübers fest, zieht eine Pistole aus dem Pelz und zielt gegen die Brust – nach andern Berichten gegen den Kopf – des Opfers. Im Pulverdampf erlöschen die Lichter. Jenatsch versucht, sich mit dem Leuchter zu wehren. Doch in diesem Augenblick drängen weitere Maskierte ins Zimmer, ein Vermummter schlägt Jenatsch mit einer Streitaxt den Leuchter aus der Hand und trifft ihn mit einem zweiten Schlag am Kopf, so daß er zusammenbricht. In der Dunkelheit entsteht ein Gedränge, und weitere Streiche fallen auf den Sterbenden. Sein Diener, der ihn beschützen wollte, flüchtet nun zusammen mit Guler ins Nebenzimmer. Dorthin folgt ihm Ambrosius Planta, während Rudolf Travers dem Ausgang zustrebt. Zambra Prevost schlägt auf den Toten ein und eilt dann mit den übrigen Maskierten aus der Herberge, in der Absicht, in Maienfeld dem Gardeoffizier Andreas Brügger dasselbe Ende zu bereiten wie Jenatsch. Brügger, gewarnt, ist indessen schon nach Glarus geflüchtet. Jenatsch wird am folgenden Tag in der Kathedrale bestattet. Treffend sagte Viktor Travers über ihn: «Der Heimat hat er treu gedient».

(Pfister, Briefe, S. 43 f.)

Die Aufnahme des Romans

Erste Reaktionen

Von gedruckten Urteilen über unsern Helden ist meines Wissens noch nichts erschienen. Überhaupt herrscht [...] über das Buch noch immer eine merkwürdige Stille. Doch wissen wir aus Zürich, daß es gekauft und gelesen wird.

Glücklicherweise sind von maßgebender Seite meinem Bruder zwei günstige Urteile zugekommen, – die ihn Alles Andere geduldig erwarten lassen.

Das erste, ein freudiger Dank für das Buch, welches «durch Composition und Ausführung unserer engen und weitern Republik» (der Schweiz und der Dichtergilde) «zu großer Ehre gereicht», kam von

Gottfried Keller, der sehr dafür bekannt ist, daß er kein Blatt vor den Mund nimmt und alle höflichen Phrasen verabscheut.

Den zweiten sehr eingehenden Brief schrieb Prof. Vulliemin, der Historiker, der von dem Buche Großes hält und schon an der Arbeit ist, einen Artikel darüber zu schreiben. Natürlich französisch.

«Mit diesen beiden Briefen, die von der dichterisch begabtesten wehrhaftesten Persönlichkeit einerseits und anderseits von der feinsten und scharfsinnigsten unseres Bekanntenkreises ausgehen, trotze ich», sagt Conrad, «der ganzen Welt.»

Betsy Meyer an Hermann Haessel,
9. Oktober 1876 (Nils, S. 148)

Vulliemins Besprechung erschien 1877 in der «Bibliothèque universelle». Weitere frühe Rezensionen wurden von Adolf Calmberg, Hermann Lingg, François Wille, Felix Dahn und Betty Paoli verfaßt.

Auch der namhafte Erfolgsschriftsteller Berthold Auerbach kündigte eine wohlwollende Kritik an:

Es wird Ihnen Freude machen, zu erfahren, daß Berthold Auerbach auf meine Veranlassung Ihren «Jenatsch» gelesen hat, von dem Buche sehr befriedigt ist und die Absicht hat, dasselbe für die «Rundschau» zu besprechen.

Julius Rodenberg an Meyer,
13. Mai 1877 (Rodenberg, S. 9)

Der Artikel, der dann in der «Deutschen Rundschau» erschien, stammt allerdings nicht aus der Feder Auerbachs.

Kellers Brief

Gottfried Keller, dem Meyer ein Buchexemplar seines Jenatsch gewidmet hatte, bedankte sich am 3. Oktober 1876 für das Lesevergnügen – sein Schreiben eröffnet den spärlich geführten Briefwechsel zwischen den beiden Dichtern:

Widmungsexemplar des «Georg Jenatsch» für Gottfried Keller. Zentralbibliothek Zürich

Verehrter Herr und Freund!

Mit dankbarer Freude verkündige ich Ihnen die schon am Sonntag beendigte Lectüre Ihres vortrefflichen Jenatsch, dessen Composition und Ausführung unserer engeren und weiteren Republik zur großen Ehre gereicht. Es ist ächte Tragik, in welcher Alle handeln, wie sie handeln müssen. Über den Beilschlag am Schlusse muß ich mir freilich das Protokoll noch offen behalten. Doch will ich Sie jetzt durchaus nicht mit Besprechlichkeiten langweilen, sondern nur meinen herzlichsten und verbindlichsten Dank für Ihre Freundlichkeit abstatten.

Ihr mit Hochachtung ergebener G. Keller.

(Briefe I, S. 273 f.)

Das Urteil von Louise von François

Louise von François lernte das Werk erst 1881 kennen, da Meyer ihre Bekanntschaft suchte und ihr «als ein Zeichen seiner Hochachtung» (von François, S. 1) den Jenatsch zusenden ließ:

Jenatsch [...] ist durch und durch verständlich. Wie viele Verbrechen werden unter dem Deckmantel einer berechtigten Leidenschaft von Gewaltmenschen verübt, müssen verübt werden – heute noch, – um etwas Naturnothwendiges durchzusetzen. Wie viel Unbill und Versäumniß wahrhaftigen Rechtthuns, Geiz, Neid, Eitelkeit, Dünkel – entschuldigt man durch Vater- und Mutterliebe. Jede Tugend und jedes Laster, das Gewissen selbst, ist seinem Wesen nach ja ein Problem.

Louise von François an Meyer,
1. Mai 1881 (von François, S. 3 f.)

Rechte Seite:
Conrad Ferdinand Meyer im Alter von 50 Jahren.
Photographie von Louis Viallet, Ajaccio, aufgenommen
während der Hochzeitsreise im Januar 1876.
Adolf Frey im März 1879 als «ein Zeichen
der Freundschaft» gewidmet. Gleichzeitig Vorlage
für das Frontispiz zur 2. und 3. Auflage der «Gedichte»,
denn die Aufnahme «hat Schwung, stellt einen
Poeten vor u. wird den Leserinnen einleuchten»
(Meyer an Haessel, 3. Juni 1883; Briefe II, S. 108).
Zentralbibliothek Zürich

VII Heirat

Louise Ziegler
«Der Schuß von der Kanzel» (1878)
In Kilchberg (1877–1898)
Nachbarn, Besucher und Verleger

Louise Ziegler

Meyers Braut entstammte dem alteingesessenen, ehrwürdigen Zürcher Patriziergeschlecht der Ziegler. Manche der Vorfahren zeichneten sich, wie übrigens auch ihr Vater, der berühmte Oberst Ziegler, durch militärische Tüchtigkeit aus, und von jeher bekleideten sie in ihrer Heimat die wichtigsten politischen Ämter.

Bereits um 1868 dürfte Meyer Fräulein Ziegler erstmals begegnet sein, und zwar im Haus zum Pelikan am Zürcher Talacker bei Major Hans Ziegler, mit dem er freundschaftlich verkehrte. Louise, talentiert im Malen von Landschaften, hielt sich häufig in den Räumen ihres kunstbegabten Onkels auf, der sie im Umgang mit dem Pinsel anleitete. Schon damals muß sich Betsy bei Louises älterer Schwester, Frau Pfarrer Henriette Burkhard-Ziegler in Herrliberg, nach der Heiratsbereitschaft des Mädchens erkundigt, jedoch eine abschlägige Antwort erhalten haben.

Eigentlich schicksalhaft war dann das Wiedersehen der Geschwister Meyer mit Louise am Sarge von deren am 29. Mai 1875 verstorbenen entfernten Verwandten Mathilde Escher, die ja Conrads Junggesellenzeit einst gerne ein Ende gesetzt hätte. Wiederum mußte Betsy sondieren, und diesmal mit Erfolg: Von einem Ausflug, den die Geschwister am 13. Juli 1875 zusammen mit Fräulein Ziegler und Nüschelers Schwester Elisabeth auf die Au unternahmen, kehrten der bald 50jährige Dichter und die 38jährige Louise als Verlobte zurück.

Die – künstlerisch wenig ausgefeilten – sogenannten «Brautgedichte» (VII, 214–225), die in den nun folgenden Wochen entstanden sind, widerspiegeln Meyers Glücksrausch. (Die berühmten Strophen mit dem Titel Zwei Segel gehören allerdings nicht dazu; der Dichter hat sie bereits im Küsnachter Seehof entworfen und seiner Braut wahrscheinlich nur eine Abschrift der Verse gewidmet.) Auf Rigi-Staffel, wo der Bräutigam zum letzten Mal in Begleitung Betsys ein paar Ferientage verbrachte, schreibt er am 30. August 1875 ganz beseligt an Hermann Lingg (Briefe II, S. 288 f.): «Frl. Ziegler ist eine ebenso einfache als liebenswürdige Persönlichkeit. Die Neigung ist alt, eine Verbindung aber wurde durch mannigfache Schwierigkeiten verzögert. Daß ich Frl. Ziegler sehr, sehr liebe, werden Sie, verehrtester Freund, mir zutrauen. Ein vollständiges Zusammenpassen der Neigungen und Charaktere läßt mich den in meinen Jahren schweren Schritt mit Leichtigkeit u. Gewißheit thun. – Ich bin gewiß daß dadurch auch meine bescheidene literarische Thätigkeit an Kraft u. Consequenz gewinnen wird.»

Am 5. Oktober 1875 wurde Hochzeit gefeiert. Nachdem die Gesellschaft im Pelikan die Morgensuppe eingenommen hatte, fuhr man nach Kilchberg, wo Louises Schwager, Pfarrer Paulus Heinrich Burkhard-Ziegler, das Paar traute. Das anschließende Fest, bei dem ein reichhaltiges *dîner de noce* serviert wurde, fand im Nidelbad statt. Einige Gäste führten dramatisierte Szenen aus Engelberg auf; auch wurde ein Feuerwerk veranstaltet.

Nach der viermonatigen Hochzeitsreise, die das Paar nach Südfrankreich und Korsika geführt hatte, wohnten die Neuvermählten zunächst im Küsnachter Wangensbach. Meyer war frohgestimmt: «Erst jetzt komme ich mir eigentlich gründlich verheiratet vor und – ich muß sagen – ich hätte nicht *glücklicher* wählen können. Dazu bin ich aufgelegt zur Arbeit», ließ er die Schwester wissen (Frey, S. 270). Er bewunderte seine Frau und staunte ob ihrem gewandten Umgang in den ihm wiedererschlossenen noblen Kreisen der Zürcher Gesellschaft. Doch die für sein poetisches Schaffen nötige Ruhe wollte sich vor lauter familiären Verpflichtungen nicht so recht einstellen. Zudem vermißte er den gewohnten literarischen Beirat Betsys, die sich taktvoll aus dem neuen Umfeld Conrads zurückzuziehen wußte, obwohl sogar Louises Eltern gewünscht hatten, sie möchte im Haushalt des Bruders bleiben.

Mit dem Umzug ins eigene Heim nach Kilchberg 1877 änderte sich die Lage nicht entscheidend; Einrichtung und später der Umbau des Hauses absorbierten den Dichter, der unabdingbare Gedankenaustausch mit der Schwester aber wurde durch die räumliche Distanz weiter erschwert, und der 1879 als Sekretär beigezogene Vetter Fritz Meyer bot keinen gleichwertigen Ersatz.

Daß Louise Meyer dem einst von ihr entworfenen Bild der verständnisvollen, einfühlsamen Dichtersgattin in keiner Weise entsprach, ist inzwischen hinlänglich dargestellt worden. Lange nicht alles, was sie in Unkenntnis der feinnervigen Veranlagung ihres Mannes zu seinem Wohle zu tun vermeinte und anordnete, gereichte dem sensitiven Künstler zum Nutzen. Sie war in erster Linie stolz darauf, in doch schon fortgeschrittenem Alter von einem immer berühmter werdenden Dichter heimgeführt worden zu sein, mit dem es sich gut repräsentieren ließ. Dabei war sie der Ansicht, wie dies Betsy ihrer Freundin Hedwig Bleuler-Waser einmal gestand, «man könnte meinen Bruder *haben,* so einfach haben» (Lesezirkel, S. 153). Louise hat – nicht aus böser Absicht, sondern aus naivem Unverstand – offenbar übersehen, daß ihr Gatte, um künstlerisch produktiv zu sein, eines großen persönlichen Freiraums bedurfte. Hemmungslos konnte sie ein angeregtes literarisches Gespräch, das Meyer mit einem Gast führte, unterbrechen, indem sie ins Zimmer platzte und meldete, die Suppe stehe auf dem Tisch. Treffend hat die wohl etwas geschwätzige Anna von Doß anläßlich eines Kilchberger Besuchs vom 9. Mai 1885 die im Hause Meyer herrschende Atmosphäre durchschaut und eingefangen. Nachdem ihr der Dichter seine Frau bereits als «reines Naturkind» geschildert hatte, als «unbewußt in jeder Offenbarung, aber tüchtig, energisch, lebensvoll, mit einem Worte herrlich», durfte Meyers Freundin selbst Bekanntschaft mit der Hausherrin machen (von Doß, S. 379): «[...] – endlich, nachdem ich etwa eine Stunde dagewesen, öffnete sich die Thüre und die Gepriesene erschien! – – Da ich ihre Phot. schon hier gesehen, wußte ich, sie war's und stand auf; außerdem wär' ich ruhig sitzen geblieben, in der Meinung ein Hausmädchen trete ein, um irgend etwas zu bestellen, *so* gewöhnlich sieht sie aus! [...] Dies also war das bewunderte ‹Naturkind›, sie, die den Poeten zu all' den süßen Liebesgedichten, den mondscheinzarten begeistert hat und ihn jetzt inspirirt zu seinen entzückenden Frauen, Diana, Antiope, und jetzt zu der ‹gewaltigen› im neuen Roman [der RICHTERIN]! [...] sie war von auserlesener Höflichkeit; setzte sich aber nur einen Augenblick, sagte, sie würde uns zu Tische wieder holen, sie wolle uns nicht stören, denn sie verstehe nicht viel von Poesie, ihre Poesie sei die Malerei, und sie wolle mich dann in ihr Atelier führen [...], – und damit entfernte sich die dickliche, ältliche, magdliche Trutschel, – Conrad Ferdinand's Muse, an der, ich sah es wohl, sein Blick, so lange sie im Zimmer war, bewundernd hing!! Nun, gleichviel – mir erschien sie doch wie eine Art Respektsperson, sie, die ihn inspirirt; wie wir sie sehen, ist ja gleichgiltig; *seine Brille* ist hier die maßgebende. Aber unglaublich – ganz unglaublich!!!»

Bedauerlicherweise hat Louise dann auch versucht, das einträchtige Verhältnis zwischen den Geschwistern Meyer allmählich zu untergraben. Von Anfang an muß sie der Schwägerin mit Mißtrauen begegnet sein. Sie, die ihren Mann ganz für sich in Anspruch nehmen wollte, sah in Betsy eine Rivalin, die als Conrads geistige Vertraute ihr den Platz an des Gatten Seite streitig machte. Louise Meyer-Ziegler steigerte sich zusehends in eine ränkevolle Eifersucht hinein. Zum großen Eklat kam es bei Ausbruch von Meyers Alterskrankheit. Die Gattin beschuldigte Betsy, die Krise eigentlich verursacht zu haben, indem *sie* den Dichter bei der Vollendung der BORGIA-Novelle geistig überanstrengt hätte; sie verhängte über die Schwägerin ein Besuchs- und Hausverbot, womit sie die Conrad so wohltuenden Zusammenkünfte mit der Schwester wenigstens zeitweise unterbinden konnte. Die einst «sanfte Luise» aus dem Pelikan, «die kein Wässerchen trübt» (Langmesser, S. 85), entpuppte sich als selbstherrliche, intrigante Regentin, die schließlich sogar die treuen und langjährigen Freunde ihres Mannes, Hermann Haessel und Adolf Frey, verleumdete. Und Meyer, gesundheitlich angeschlagen und schon immer unselbständig und leicht lenksam, stand ganz unter der Fuchtel dieser resoluten Gattin und mußte sich wider Willen treiben lassen. Er war, nicht zuletzt auf Anraten der Schwester, der es doch einzig um sein Glück ging, an eine Frau geraten, die – wie schon seine Mutter – nur das Beste für ihn wollte und ihm gerade in dieser guten Absicht den größten Schaden zufügte!

*Johanna Louise Ziegler
(3. Juni 1837–2. Mai 1915).
Photographie von H. Norden,
Zürich, um 1860.
Ms. CFM 406.273.
Zentralbibliothek Zürich*

*Paul Karl Eduard Ziegler
(1800–1882), Meyers Schwiegervater, im Alter von ungefähr
65 Jahren. Oberst Ziegler wirkte
im Verlauf seiner militärischen
Karriere auch als Zürcher
Stadtrat und Stadtpräsident,
Kantonsrat, Regierungsrat und
als Nationalrat.
Photographie von Johann Jakob
Keller (1811–1880), Zürich,
vermutlich aus den mittleren
1860er Jahren.
Zentralbibliothek Zürich*

Der Entschluß

Betsy Meyer spürte, daß ihrem Bruder, dessen Ansehen als Dichter im Wachsen war, zur vollständigen Anerkennung vor allem in Zürichs Gesellschaft nur eine standesgemäße Heirat verhelfen konnte. Das Gerede über ihr eigenartiges geschwisterliches Verhältnis war seinem Ruf nicht zuträglich; auch bedurfte er in ihren Augen für seine künstlerische Arbeit neuer Impulse. Sie hat das entscheidende Gespräch, das die Geschwister im Sommer 1874 während einer idyllischen Rast in der «Bergkühle» auf dem Oberalp führten, in ihrem Erinnerungsbuch aufgezeichnet:

[M]ein Bruder [wurde] eines wandernden Punktes gewahr, der, von unserem Standorte gesehen, einer winzigen Ameise glich. Emsig wie eine solche lief er die Poststraße entlang und rückte talwärts. Wir sahen ihm zu und fragten uns, was für ein Wanderer das schwarze Pünktchen wäre. Kein Landeskind, – dazu war sein Schritt zu hastig. Auch kein fremder Ferienreisender, – er trug weder Ränzchen noch Bergstock. Also war es wohl irgend ein Geschäftsmann, der es eilig hatte, ins vordere Rheintal hinunterzukommen. So rieten wir hin und her. Da plötzlich – was kam den Mann nur an? Er hemmte den Schritt. Er sah bergwärts. Er überlegte. Auf einmal sprang er über den Rand der Straße hinunter in die felsbesäte Matte und schickte sich an, hastig gegen unseren Lagerplatz anzusteigen.

«Der Mann muß uns bemerkt haben,» kam es wie ein Erschrecken über mich, und ich sprang von meinem Steinsitze auf. «Meinst du nicht? Sicherlich ist ihm unsere Anwesenheit hier oben unerklärlich. Unsere Unbeweglichkeit ist ihm rätselhaft. Er hält uns für Versteinerungen oder für Tote und kommt, um den Tatbestand zu untersuchen.» Schnell griff ich nach meinem breitrandigen, hellen Strohhut, der neben mir lag, warf ihn mit einem Schwunge auf die Haare und wandte mich zum Gehen.

Richtig! Der Wanderer im Tale blieb unschlüssig stehen. Dann klomm er beruhigt oder enttäuscht auf die Straße zurück und ging dort, rasch, wie er gekommen war, seines Weges.

Dies kleine Begegnis belustigte meinen Bruder, der kaum den Kopf gewandt hatte, mir aber machte es Eindruck.

«Es kann und darf nicht länger so bleiben,» sagte ich am nächsten Tage, als wir denselben Pfad hinanstiegen; «du mußt aus dem Traume heraus und mehr als bis heute ins tätige Leben hinein. Sonst erwachst du plötzlich, wenn es zu spät ist, und siehst auf die verlorenen Jahre zurück. Du solltest ein eigenes Heim haben mit seiner Freude und seiner Verantwortung. Du darfst nicht unversehens alt und müde werden und deine Elastizität verlieren. Du stehst noch frisch und gesund auf der Höhe, – bitte, laß dich nicht träumerisch sinken! Fassest du festen Fuß auf der grünen Erde, so bekommst du neuen Mut und verdoppelte Kraft. Weißt du, daß, allein, wie wir stehen, ich nicht einmal, von dir weg, ruhig sterben könnte?»

«Was willst du denn mehr?» sagte er. «Ist nicht mein ‹Jürg Jenatsch› eine schöne Arbeit?»

«Gewiß. Aber du isolierst dich zu stark. Deine geselligen Beziehungen genügen dir nicht, weil du im Grunde keine gesellige, sondern eine Familiennatur bist. – Auch dürfen wir uns nicht auf den Höhen des Lebens im Lichte baden und uns um andere nicht kümmern. Solche Dinge rächen sich später. Wir müssen hinunter ins Tal und redlich mit unseresgleichen des Tages Last und Hitze tragen.»

«Dazu weiß ich nur einen Weg,» sagte er.

«Ich weiß ihn auch. Du solltest dich verheiraten.»

Er setzte sich auf einen Felsblock, der rechts vom Pfade lag.

«Ich sollte. Du hast recht, Kind. Aber weißt du auch, was du sagst und wünschest? In meinem Alter? In deinem Alter? Nach so langem und liebem geschwisterlichem Zusammensein! Hast du die Konsequenzen, die daraus für dich entstehen, erwogen?»

«Ich habe nichts erwogen,» sagte ich. «Aber ich weiß, es ist für dich eine innere Notwendigkeit zum Gedeihen. Ich denke nicht im voraus, was für mich daraus wird; aber ich glaube und habe es bis heute erfahren, daß ich immer durchkomme, unbedeutend und unbeachtet, wie ich bin. Für dich ist das anders. Ich nehme die ganze Verantwortung meiner Bitte auf mich.»

«Nun denn, ja, ich bin entschlossen.»

«Weißt du denn schon, für wen?»

«Ja, ich weiß es.»

«Gott segne dich und gebe Gedeihen. Von heute an gehen alle unsere Gedanken diesem Ziele zu.»

Dies war einer jener Höhepunkte im Leben meines Bruders, auf die er mit innerer Ehrfurcht, wie auf die Entscheidung einer höheren Schicksalsmacht, zurückschaute.

Die Folgen dieser Stunde waren unabsehbare, aber der Entschluß führte zum Glück. Es begannen mit ihm für den Dichter Jahre verdoppelten Lebens und erhöhten Daseins.

So stieg er jetzt von der Oberalp zu Tale, nicht, wie damals bei der Heimkehr von Rom, mit dem Vorsatze, seine dichterische Begabung mit treuester Arbeit in den Dienst der «großen Kunst» zu stellen, sondern mit dem Entschlusse, auf dem eigensten, dem ethischen Lebensgebiete sein Dasein zur Vollendung zu bringen.

(Betsy, S. 192 ff.)

Drei Tage nach seiner Verlobung meldete Meyer hochgestimmt nach Mariafeld:

Sobald ich einen ruhigen und freien Augenblick habe, werde ich zu Ihnen kommen und Ihnen mein Schicksal erzählen. Für einmal nur die Mittheilung, daß meine Liebe zu Fräulein Ziegler eine tiefgewurzelte, getheilte und glückselige ist.
Meyer an François Wille,
16. Juli 1875 (Briefe I, S. 152)

Louise Zieglers Elternhaus zum großen Pelikan (Pelikanstraße 25) in Zürich, erbaut 1675 vom Seidenfabrikanten Jakob Christoph Ziegler (1647–1718). Am Gebäudeteil links ist das prunkvolle stuckierte Hauszeichen zu erkennen. Photographie von Landolt-Arbenz & Co., 1913. Zentralbibliothek Zürich

Das Hochzeitsmenü des Brautpaars Meyer-Ziegler, serviert an ihrem Fest im Nidelbad in Rüschlikon am 5. Oktober 1875.
Ms. CFM 362. Zentralbibliothek Zürich

Ajaccio auf Korsika, Avenue du Premier Consul: «Hier, in Ajaccio, sind wir ganz gut. Das Klima ist wunderbar mild, [...]. Die Korsen machen einen angenehmen Eindruck, etwas kurz angebunden, aber schlicht und einfach. Ajaccio ist fast kleinstädtisch. Altertümer, einige Meerkastelle ausgenommen, seltsamerweise gar keine. Dafür das pittoreskeste Volksleben, auch eine eigentümliche Tierwelt.» (Meyer an seine Schwester, [November 1875]; Frey, S. 268 f.)
Ansichtskarte um 1900, Photographie von J. Moretti. Zentralbibliothek Zürich

Die Hochzeitsreise

Am 8. Oktober 1875 brachen die Neuvermählten nach Lausanne auf, wo sie im Hôtel Gibbon logierten. Meyer machte seine Gattin mit Vulliemin bekannt und zeigte ihr im Musée d'Arlaud Gleyres Gemälde. Die Weiterreise führte über Lyon, Orange, Avignon, Tarascon, Beaucaire, Nîmes und Arles nach Cannes. Hier waren sie für etwa drei Wochen stationiert und unternahmen Ausflüge nach Nizza, Monaco und der Ile de Ste.-Marguerite. Anfang November schifften sie sich in Nizza für die Überfahrt nach Korsika ein und durchquerten dann, weil es sie in der Hafenstadt Bastia wegen des Schmutzes nicht lange hielt, in einer Kutsche die Insel. Über Corte erreichten sie die Hauptstadt Ajaccio, wo es ihnen so gut gefiel, daß sie die ursprünglich für November geplante Heimkehr immer wieder hinausschoben.

Meyer hat in Briefen von seinen Reiseeindrücken und Empfindungen berichtet:

Eine Diligence führte uns von Bastia nach Corte (Mittag bis 8 Uhr Abends). In Corte blieben wir bis 4 Uhr Morgens und setzten uns dann in die kleinere Diligence, die Berlina, die (neben der größeren und 8 Stunden späteren) den Dienst zwischen Bastia und Ajaccio versieht, wo wir um Mittag anlangten. So war es möglich, einen großen Teil der Insel im Tageslicht, einen anderen im Mondenschein, einen dritten in Abend- und Morgendämmerung zu sehen. Zuerst folgten wir dem Meerufer, das die Malaria entvölkert, dann kam die Einöde mit den Gehöften, deren kahle Mauern mit Schießscharten versehen sind, dann ein grünes Bergtal mit einem Fluß und schönen steinernen Brücken im Abendlicht, dann weite Felsenwildnisse in schwachem Mondenlicht, flackernde Feldfeuer, dann Corte mit dunkeln himmelhohen Häusern und, in der Hauptstraße, ein Boulevard von mächtigen Bäumen, die das vierte oder fünfte Stockwerk der Gebäude erreichten; im Morgengrauen ein mächtiger Wald von Kastanienbäumen mit einem rauschenden Bergstrom, dann im ersten Licht eine weithin sich schlängelnde Bergstraße, Schneegipfel, ein Bergdorf von zerfallenen Steinhütten, aber mit prächtigen Blumen, geziert mit einer recht hübschen Diana mit ihrem Reh. Neue Berggipfel, schöne weite Wendungen der Straße, hinauf, hinab, wieder hinauf, endlich, mit einem herrlichen Rückblick auf eine große, amphiteatralische Berglandschaft, hinunter zu Myrten, Ölbaum, Maulbeerbaum und Meer. Dabei immer etwas Lustiges zu sehen, eine Wirtshausszene, ein neben seinen Pferden tanzender Postillon, die Kostüme der Frauen.

Meyer an seine Schwester, Ajaccio, [November 1875] (Frey, S. 268)

Seit ich die Freude hatte, Sie, wenn auch nicht unter den Kastanien meiner Wohnung zu Meilen, doch auf dem Boote zu begrüßen, habe ich mich verheiratet und den October an der Riviera verlebt, dann ging ich zu Meer nach Bastia und im Wagen quer durch die Insel nach Ajaccio. Von dieser schönen Insel, wo ich Ihnen, verehrter Meister, das flüchtige Blatt beschreibe, weiß ich nun nicht wie loskommen. Das Meer ist ein bischen unruhig. Überdieß hat das Winterleben im Süden seinen alten, und das Zusammenalleinsein mit einem geliebten Weib einen neuen Reiz für mich. Beides fesselt mich an Corsika. Nächsten Freitag aber darf ich das afrikanische Boot nach Marseille nicht länger versäumen, um jedenfalls Dezembermitte in meiner neuen Behausung in Wangensbach Küsnach[t] bei Zürich einzutreffen.

Meyer an Hermann Lingg, Ajaccio, 26. November 1875 (Briefe II, S. 290 f.)

Am 25. Januar 1876 galt es unwiderruflich Abschied zu nehmen von der herrlichen südlichen Landschaft. Auf stürmischer See fuhren die Eheleute nach Marseille, dann über Avignon, wo sie abermals verweilten, Valence und Lyon ins neue Zuhause in Küsnacht.

Meyer hielt seine Gefühle beim Scheiden von der bezaubernden Insel in einem Gedicht fest, das er in einer fünfstrophigen Erstfassung noch von Ajaccio aus zur Veröffentlichung an die «Deutsche Dichterhalle» sandte. Die längere Endfassung lautet:

ABSCHIED VON KORSIKA

Ölbaumsilber, Myrte, Lorbeer, Pinie,
Bald im Schnee der Heimat denk ich euer –
Sanfte Buchten, blaue Meereslinie,
Auf dem Abend dunkelnd Burggemäuer!
Aus der Schlucht erstrahlend Hirtenfeuer!

Lebet, Korsen, wohl, mir lieb geworden!
Vor den Kirchen lüpft ihr leicht die Hüte!
Gerne knallt ihr und ein bißchen Morden
Steckt seit alter Zeit euch im Geblüte –
Daß die heilge Jungfrau euch behüte!

Klimmend am Gestein des Insellandes,
Lebet wohl, ihr hitzgen kleinen Pferde!
Wallend um die Krümmungen des Strandes,
Lebet, Schafe, wohl! Gedrängte Herde
Mit den weichsten Vließen auf der Erde!

Lebet wohl, ihr grellen Hirtenflöten,
Um die Gunst der jungen Korsin werbend!
Lebet wohl, ihr warmen Abendröten,
In den weiten Himmeln selig sterbend,
Erst die Wolken, dann die Fluten färbend!

Märchen, aus dem Tageslicht verschollen,
An Ajaccios nächtger Hafenstiege
Lebe wohl im dumpfen Wogenrollen!
Ehernes Gedröhn der hundert Siege
Um des toten Welteroberers Wiege!

Schwer entsagt das Aug der offnen Ferne,
Schwer das Ohr dem Meereswellenschlage –
Unter kältre Sonnen, blaßre Sterne
Folget mir, ihr Inselwandertage,
Und umklingt mich dort wie eine Sage ...

(I, 179f.)

In der zweiten Strophe spielt der Dichter auf die erheiternde Begebenheit an, daß er, oft vor einer weit über der Stadt gelegenen Kapelle sitzend, den freundlichen Gruß der vorbeigehenden Korsen, der dem Heiligtum galt, zunächst auf sich bezogen und jeweils erwidert hat.

Bei Bastia.
Öl und Pinsel auf Papier. Von Louise Meyer-Ziegler auf der Hochzeitsreise im November 1875 skizziert und wie folgt erläutert: «Bei Bastia gegen die Insel ‹Elba› und ‹Monte Cristo›, nach einem von mir gezeichneten Chiffon. Wir saßen mehrere Stunden vor dieser herrlichen Aussicht unter dieser kl. Laube. Leider in der Stadt unten so schmutzig daß wir fort mußten.»
Ortsmuseum Kilchberg / C. F. Meyer-Haus

Der Wangensbach in Küsnacht, 1630 von Beat Werdmüller (1589–1640) erbaut, wo der Dichter und seine Frau vom 8. Februar 1876 bis zum Umzug nach Kilchberg Anfang April 1877 den ersten Stock bewohnten. Das Landhaus wurde 1883 von Meyers Schwager Pfarrer Paulus Heinrich Burkhard-Ziegler erworben.
Anonyme Photographie aus einem Album mit Bildern von Meyers Wohnstätten, das sich in Adolf Freys Nachlaß befand und nach dem Tode von dessen Frau Lina als Schenkung in die Zentralbibliothek gelangte. Ms. CFM 374.
Zentralbibliothek Zürich

Im Wangensbach

Während sich Conrad und Louise auf der Hochzeitsreise befanden, hatte Betsy dem Paar im Küsnachter Wangensbach die Wohnung eingerichtet, wo die beiden am 8. Februar 1876 eintrafen.

Nach einem frühlingsgleichen Spätherbst und Winter, den die Neuvermählten auf der Insel Corsica verlebt hatten, kehrten sie in ihr eigenes schönes Heim am Zürchersee zurück. Durch seine Verheiratung war C. F. Meyer wieder in die alten Zürcherkreise zurückgetreten, denen er entstammte, und die in ihrer ehrenhaften Pflichterfüllung und Arbeitsliebe, in ihrer soliden Wohlhabenheit und ihrer Freude an Musik und Malerei die heimatliche Lebenssphäre seiner guten, treuen Frau waren.

Der Dichter kehrte gerne in die altbekannten Verhältnisse zurück. Es lagen im Grunde seiner Natur starke konservative Neigungen. Der alte Stadtzürcher, der in ihm neben dem Dichter weder Zeit noch Raum zur Entwicklung gefunden hatte, fing mit dem Älterwerden an, sich leise und behaglich zu regen. Hatte sich doch Meyer niemals freiwillig von seiner zürcherischen Umgebung losgesagt. [...] Jetzt, da er sein geistiges Gespann fest gezügelt zu führen wußte, befriedigte es ihn, als ein Gereifter den in der Jugend aufgegebenen Posten wieder in allen Ehren zu besetzen. «Wie würde», sagte er sich, «meine Mutter über mein jetziges, spät erlangtes Glück sich gefreut haben! Es hätte ihren Wunsch für mich erfüllt.»

Und er wurde in den alten Kreisen, die sich in den vergangenen vierzig Jahren kaum wesentlich verändert hatten, mit zuvorkommendem Wohlwollen aufgenommen.

(Betsy, S. 196 f.)

«LÄSTIGE VERWECHSELUNGEN»

Bereits seit 1865 pflegte Meyer seinem Taufnamen Conrad jenen des Vaters Ferdinand beizufügen, um nicht mit einem Namensvetter verwechselt zu werden, der ebenfalls dichterisch tätig war. Es handelt sich dabei um Konrad Meyer (1824–1903) von Winkel bei Bülach, Versicherungsinspektor bei der Schweizerischen Mobiliar-Versicherungsgesellschaft und nebenbei Verfasser von Mundart- und Gelegenheitslyrik. Zudem galt es, der Verwechslung mit einem weiteren Namensbruder vorzubeugen, der als Direktor bei der Handelsbank arbeitete und zusammen mit dem Dichter 1884 in die Gesellschaft der Böcke aufgenommen worden ist. Meyers Gesuch vom 25. Januar 1877, den Doppelvornamen «bürgerlich führen zu dürfen», hat der Zürcher Stadtrat in seiner Sitzung vom 24. Februar 1877 entsprochen. Der an Stadtschreiber Bernhard Spyri, Johanna Spyris Gatten, gerichtete Antrag lautet wie folgt:

Geehrtester Herr Stadtschreiber,
ich ersuche Sie, dem Tit. Stadtrathe von Zürich folgendes Gesuch vorzulegen und, wenn dasselbe Ihre Billigung hat, bei der hohen Behörde bevorworten zu wollen.
Da mein Name: Conrad Meyer in Zürich noch von zwei anderen Herren geführt wird (Herr Bankier Conrad Meyer und Herr Inspector Conrad Meyer von der Eidg. Mob. Versicherung), hat dieser Umstand von jeher so viele zum Theil unangenehme und lästige Verwechselungen herbeigeführt, daß ich mich schon vor Jahren genöthigt sah, meine Correspondenten zu bitten, meinem Vornamen denjenigen meines sel. Vaters Ferdinand beizufügen. Diesen auf meiner Adresse längst gebräuchlich gewordenen zweiten Vornamen von nun an auch bürgerlich führen zu dürfen, muß begreiflicher Weise in meinen Wünschen liegen und ich würde dem hohen Stadtrathe sehr verbunden sein, wenn Er, wie dieses sicherlich in Seiner Competenz liegt, mich dazu autorisiren würde.
Wollen Sie, geehrtester Herr Stadtschreiber, dieses mein Anliegen der hohen Behörde vortragen und genehmigen Sie den Ausdruck meiner ausgezeichneten Hochachtung.
Conrad Meyer
Wangensbach – Küsnacht bei Zürich
25 Jan. 1877.

«Königin Louise»

Wer kann an Tugend der Louise gleichen?
Die einst den Königsthron von Preußen
* schmückte?*
Ihr müssen alle andern Frauen weichen
Da sie den Gatten und das Volk beglückte.

Sie war das Musterbild von einer Frau
Auch war sie schön wie wen'ge Frauen sind,
Klug und beliebt und trug doch nicht zur
* Schau*
Die Tugend, nein so bescheiden, wie ein
* Kind.*

Das bisher unbekannte Gedicht Meyers verherrlicht Königin Luise Auguste Wilhelmine Amalie von Preußen (1776–1810), die Gemahlin Friedrich Wilhelms III. (1770–1840), die als äußerst tugendhafte, großherzige und dabei doch liebenswürdigschlichte Regentin beim Volk großes Ansehen genoß. Es ist nach des Dichters Aufenthalt in Königsfelden in den 1890er Jahren entstanden und gehört damit wohl zu jenen Versen, die Meyer auf Nötigung von Seiten seiner Frau entworfen hat und die zum Beweis der Genesung des «Irrenhäuslers» vorgezeigt worden sind. Daß die vorbildliche Preußenkönigin zugleich ihre Namensschwester war, muß der ehrgeizigen Dichtersgattin besonders geschmeichelt haben.

Oben: Aus Meyers Brief vom 25. Januar 1877 an den
Zürcher Stadtschreiber Bernhard Spyri, worin er
um die Erlaubnis nachsucht, auch den Vornamen des
Vaters Ferdinand führen zu dürfen.
II. 1877, B, Nr. 37. Stadtarchiv Zürich

Unten: «Königin Louise». Spätgedicht Meyers
in einer Abschrift von Louise Meyer-Ziegler.
Ortsmuseum Kilchberg / C. F. Meyer-Haus

Louise Ziegler im Alter von ungefähr 30 Jahren.
Photographie von Johann Jakob Keller
(1811–1880), Zürich, um 1865.
Original Privatbesitz, Reproduktion
Zentralbibliothek Zürich

«Der Schuß von der Kanzel» (1878)

Im Mittelpunkt der Novelle steht die sagenumwitterte Gestalt des Generals Wertmüller; er ist als säbelbeiniger Adjutant des Herzogs Rohan schon im JÜRG JENATSCH aufgetreten. Jahrelang hat er in fremden Kriegsdiensten gestanden, eine Kraft- und Herrennatur, ruhmsüchtig bis zur Charakterlosigkeit, berühmt geworden durch kühne Feldzüge, berüchtigt durch seinen Ehrgeiz – der ihn auch vor einem Religionswechsel nicht zurückschrecken ließ. Jetzt aber haust er auf der Halbinsel Au in seiner italienischen Villa, treibt tags auf dem See sein Unwesen und läßt nachts die Funken aus dem Kamin sprühen (XI, 79 f.): «Er [...] fährt wie ein Satan auf dem See herum, blitzschnell in einer zwölfrudrigen Galeere, die er mit seinen Leuten bemannt. Meine Pfarrkinder reißen die Augen auf, werden unruhig und munkeln von Hexerei. Nicht genug! Vom Eindunkeln an bis gegen Morgen steigen feurige Drachen und Scheine aus den Schlöten des Auhauses auf. Der General, statt wie ein Christenmensch zu schlafen, schmiedet und schlossert zuweilen die ganze Nacht hindurch.» Ein verfluchter Odysseus ist er, ein zweiter Hephaist, steht wohl auch mit dem Teufel im Bunde, das spüren die Leute genau. Nur schon seine Umgebung ist bizarr und unheimlich: einen Neger hat er mitgebracht, von einer türkischen Sklavin geht das Gerücht um. Da ist «heidnische Verruchtheit» im Spiel (XI, 105), ein schwefelgelber Freigeist ist er, ein Spötter mit Pferdefuß – die Zürcher Regierung hat ihm nicht umsonst wegen «gottloser Reden» den Prozeß gemacht (XI, 81).

Unterschwellig ist der alte Wertmüller mit Jenatsch verbunden: dieselbe Ungebärdigkeit, dieselbe Kampfnatur, dieselbe Rücksichtslosigkeit. Aber es ist nicht die Vaterlandsliebe, die ihn zu gottlosem Tun treibt und sogar seiner Religion untreu werden läßt; es ist sein persönlicher Ehrgeiz. General will er sein, ob nun in französischen, österreichischen oder venezianischen Diensten. Er liebt den Kampf um des Kampfes willen. Er liebt den Reichtum, er liebt die Macht. Es kommt nicht von ungefähr, daß er in den Besitz von Jenatschs *Odyssee*-Ausgabe gelangt ist. Wertmüller gehört wie Jenatsch oder Hutten zur Species der Vielumgetriebenen, der Ruhe- und Heimatlosen.

Ausgerechnet dieser Mann führt nun die Liebesgeschichte zweier junger Leute zum guten Ende. Pfannenstiel, Kandidat der Theologie, ein «Johannesgesicht» (XI, 93), ist unglücklich in Rahel, die Nichte des Generals, verliebt. Er hat guten Grund zu glauben, daß auch sie ihm gewogen ist; aber ihr Vater, der wehrhafte Pfarrer von Mythikon, hat ihn «verabschiedet», weil Pfannenstiel «mit Schießgewehr nicht umzugehen» versteht (XI, 94), die Scheibe nicht trifft und auch sonst ein Milchsuppengesicht ist. Der General hätte wohl nicht anders gehandelt als sein pfarrherrlicher Bruder – «eine Wertmüllerin und ein Pfannenstiel!» – das wäre wie Sonne und Mond, sie kommen nicht zusammen (XI, 95). Umgekehrt weiß er, daß die Natur manchmal seltsame Launen hat. Und als nun sein Patchen dazutritt und er ihr Erröten sieht und den innig strahlenden Blick des Kandidaten, gibt es keinen Zweifel mehr: Der alte Spötter hat seine Freude «an der ungeschminkten Neigung zweier unschuldiger Menschenkinder» (XI, 96). «Ist es nicht, als ob ein tiefes und wahres Gefühl in seinem natürlichen und bescheidenen Ausdrucke aus dieser Welt des Zwanges und der Maske uns in eine zugleich größere und einfachere versetze, wo der Spott keine Stelle findet?»

Kurz, der General beschließt, die beiden zusammenzubringen. In einem Gespräch mit Rahel gebärdet er sich als Rübezahl, errät ihre Wünsche und verspricht ihr auch gleich deren Erfüllung. Pfannenstiel soll an der Stelle von Rahels Vater Pfarrer von Mythikon und Rahel seine Frau werden. Ganz ohne Schabernack geht das allerdings nicht ab. Der Kandidat muß zu einer eigentlichen Prüfung antreten: er soll Rahel kurzerhand entführen und dabei sein Selbstgefühl stärken – «Schenkelschluß» ist gefordert (XI, 93). Es fehlt dem Kandidaten nun einmal die Männ-

«Die Auw am Zürichsee». Zeichnung in Bleistift, Feder, braun, Aquarell und Deckfarben von Hans Erhard Escher (1656–1689), entstanden 1673. Das Frühwerk des Zürcher Junkers zeigt Werdmüllers Landhaus von Südwesten. Zentralbibliothek Zürich

lichkeit, die «Figuren» unwiderstehlich hinzureißen. «Jede Figur wird von der männlichen Elementarkraft bezwungen.» (XI, 104) Der Prüfung erster Teil besteht darin, daß Pfannenstiel wie so mancher Ritter eine Nacht in der *perilous chapel* zu verbringen hat: Nach einem vergeblichen Fluchtversuch – die Zugbrücke ist aufgezogen, er hört nur noch das «Brekekex Koax Koax» der Frösche (XI, 106) – wird Pfannenstiel vom Mohren Hassan in das Gastzimmer geführt, und es bleibt ihm nichts erspart: ein Skelett ist da, die Augen einer dunkel-verführerischen Türkin glühen ihn an, sie tritt aus dem Rahmen, nimmt tückisch Gestalt und Antlitz der Rahel an, der General reicht ihm eine Pistole. «Fliehe mit mir!» stöhnt der Fiebernde mit letzter Kraft (XI, 109). Der Schuß geht los – und Pfannenstiel erwacht, in kaltem Schweiße gebadet. Wären die Morgenglocken nicht gewesen, er hätte nicht ins Leben zurückgefunden.

Jetzt setzt Wertmüller zum Hauptspaß an: Kurz vor dem Gottesdienst geht er zu seinem pfarrherrlichen Bruder, zeigt ihm eine Pistole, ein Meisterstück der Büchsenschmiedekunst – sie hat nur einen etwas verhärteten Abzug. Der Pfarrer greift zu, durch einen Taschenspielertrick vertauscht der General die Pistole mit ihrem «nicht leicht davon zu unterscheidenden Zwillinge», einer Waffe, die einen leichten Abzug hat (XI, 114); der Pfarrer besteigt die Kanzel, beginnt, was nicht zu vermeiden ist, während des Liedes der Gemeinde mit der Pistole zu spielen, und als die Gemeinde eben singt «Lobet Gott mit großem Schalle!» knallt, «paff!» ein Schuß, der Pfarrer steht in einer Pulverwolke (XI, 117). «Entsetzen, Schreck, Erstaunen, Ärger, Zorn, ersticktes Gelächter» spiegeln sich «auf den Gesichtern der versammelten Zuhörer».

Nie hat eine Novelle einen schöneren Wendepunkt gehabt. Der General beruhigt die Gemeinde, dann erfüllt er wie ein «Berggeist» (XI, 100) alle offenen und geheimen Wünsche: Der Pfarrer ist Pfarrer gewesen, er wird Verwalter von Schloß Elgg, hat dort den ganzen Tag Zeit für die Entenjagd und soll die Waffenkammer vervollkommnen. Pfannenstiel wird sein Nachfolger und bekommt Rahel zur Frau. Die Kirchgemeinde aber erhält das Stück Wald, das sie schon lange begehrt hat. Alle sind zufrieden.

Rahel sieht man, zusammen mit dem Kandidaten, auf dem Bänklein unter der Laube, wie sie dem Vielgeprüften die Knöpfe annäht, die der General ihm abgedreht und weggerissen hat. Das Körbchen ist mit Trauben gefüllt. Auch dieser Odysseus – sinnigerweise Verfasser einer Dissertation über die Symbolik der *Odyssee* – hat heimgefunden. «Nun kam es über ihn wie Paradiesesglück. Licht und Grün, die niedrige Laube, das bescheidene Pfarrhaus, die Erlösung von den Dämonen des Zweifels und der Unruhe!» (XI, 120) Mit den Ängsten vor dem Dienst in der venezianischen Kaplanei ist es vorbei, ein pfarrhäusliches Glück bahnt sich an wie nur je in den ersten Tagen zu Taubenhain oder in andern seligen Lauben – ein domestiziertes Glück.

Nach dem Idyll das dunkle Ende. Der General wird wenig später auf einem Zug in den Schwarzwald «von einem Krankheitsanfalle niedergeworfen und Schlag Mitternacht hauchte er seine seltsame Seele aus» (XI, 130). Damit wird erfüllt, was die herbstlichen Landschaften im Eingang der Novelle anzudeuten scheinen: die Episode voll Licht und Gelächter wird eingerahmt vom einfallenden Schatten der Todesahnung und dem Dunkel des Todes (XI, 77):

«Zween geistliche Männer stiegen in der zweiten Abendstunde eines Oktobertages von dem hochgelegenen Uetikon nach dem Landungsplatze Obermeilen hinunter. Der kürzeste Weg vom Pfarrhause, das bequem neben der Kirche auf der ersten mit Wiesen und Fruchtbäumen bedeckten Stufe des Höhenzuges lag, nach der durch ein langes Gemäuer, einen sogenannten Haken, geschützten Seebucht, führte sie durch leere Weinberge. Die Lese war beendigt. Zur Rechten und Linken zeigte der Weinstock nur gelbe oder zerrissene Blätter und auf den das Rebgelände durchziehenden dunkelgrünen Rasenstreifen blühte die Zeitlose. Nur aus der Ferne, wo vielleicht ein erfahrener Mann seinen Wein außergewöhnlich lange hatte ausreifen lassen, damit der Tropfen um so kräftiger werde, scholl zuweilen ein vereinzeltes Winzerjauchzen herüber.

Die beiden schritten, wie von einem Herbstgefühle gedrückt, ohne Worte einer hinter dem andern. Auch bot ihnen der mit ungleichen Steinplatten und Blöcken belegte steile Absteig eine unbequeme Treppe und wurden sie vom Winde, der aus Westen her in rauhen Stößen über den See fuhr, zuweilen hart gezaust.

Die ersten Tage der Lese waren die schönsten des Jahres gewesen. Eine warme Föhnluft hatte die Schneeberge und den Schweizersee auf ihre Weise idealisiert, die Reihe der einen zu einem einzigen stillen, großen Leuchten verbunden, den andern mit dem tiefen und kräftigen Farbenglanze einer südlichen Meerbucht übergossen, als gelüste sie eine bacchische Landschaft, ein Stück Italien, über die Alpen zu versetzen.

Heute aber blies ein heftiger Querwind und die durch grelle Lichter und harte Schatten entstellten Hochgebirge traten in schroffer, fast barocker Erscheinung dem Auge viel zu nahe.»

Herbstgefühl, Zeitlose, zerrissene Blätter am Anfang; ein heftiger Querwind, grelle Lichter und harte Schatten am Schluß. In der Mitte aber steht eine unwahrscheinlich leuchtende südliche Landschaft, ein bacchisches Stück Italien, wie es nur der Föhn über dem Zürichsee hervorzaubern kann. Dieser barocke Schwarz-Weiß-Kontrast war schon eingangs des JENATSCH zu beobachten.

Die Grundstruktur der Landschaft ist die der Novelle. Es ist auch die vieler Gedichte Conrad Ferdinand Meyers – wenn etwa in den Abendschatten Venedigs der Goldschein der Sonne das leidenschaftliche Leben mit seinem Gelächter und dem Spiel der Augen aufleuchten läßt. Es ist aber ebenso die Struktur von Conrad Ferdinand Meyers Leben: die bedrückende Düsternis am Anfang, das mächtige Leuchten des Schaffensglücks, die Nacht des Verdämmerns im Wahn am Schluß.

Meyers Quellen

Der Dichter verwendete zur Hauptsache Werke, auf die er sich bereits bei der Arbeit am JENATSCH gestützt hatte. So benutzte er unter anderem die Schrift seines Onkels Wilhelm Meyer-Ott, *Johann Rudolf Werdmüller, Feldmarschall-Lieutenant*, die 1874 als Neujahrsblatt der Feuerwerker-Gesellschaft erschienen war. Darin findet sich folgende Lebensbeschreibung des Generals:

Geboren 1614, gestorben 1677 durchläuft Rudolf Werdmüller den furchtbaren Zeitraum des dreißigjährigen Krieges in seiner ganzen Länge, wenn auch in desselben erstem Abschnitte nur als von den Ereignissen Kunde vernehmender Knabe, doch bald als lebhaft sich daran bethätigender junger Mann. Seines Werthes bewußt und von nimmer rastendem Ehrgeize getrieben, trachtet er, nachdem er diese rauhe Schule durchlaufen, nach den höchsten Würden und Auszeichnungen, wo immer ihm solche sich darbieten, und keinen andern Zweck als den eigenen Vortheil und höchsten Ruhm verfolgend, dient er dem Vaterlande oder steht auf dem Punkte ihm untreu zu werden. So spielt er auch bald den eifrigen Protestanten, bald verräth er sich als Freigeist und wird endlich Katholik; immer aber tritt er kräftig auf und rücksichtslos. Jedenfalls weit über seiner Zeit stehend, wird er von Wenigen verstanden, und wenn auch von Vielen bewundert, doch noch von weit Mehrern beneidet und gehaßt, bis endlich dem noch im angetretenen Greisenalter mit jugendlichem Ungestüm unausgesetzt nach höherer irdischer Stellung Jagenden ziemlich wider sein Erwarten der Sensenmann das letzte: Halt! entgegenruft.

(Meyer-Ott, S. 1)

Als weitere Stoffquelle diente Meyer die Charakteristik Werdmüllers im Buch von Otto Anton Werdmüller, *Der Glaubenszwang der zürcherischen Kirche im XVII. Jahrhundert. Eine kirchenhistorische Skizze*, Zürich 1845:

Daß diesem ausgezeichneten Kriegsmanne während seines so sehr bewegten Lebens die Religion nie fremd geworden, sondern stets eine hochwichtige Angelegenheit geblieben sei, dafür zeugen manche kleinere Aufsätze aus seinen jüngern Jahren, ein Gedicht bei seinem Eintritt in den Dienst des frommen Helden Gustav Adolph, ein anderes Lied, das er sein tägliches Morgen- und Abendopfer betitelte, besonders aber seine Gespräche, die er so gerne mit Geistlichen und Gelehrten über religiöse und kirchliche Gegenstände führte, in denen er aber seine Freisinnigkeit in einem stärkern Grade hervortreten ließ, als es die starre Orthodoxie seiner Zeit erdulden mochte. Es schien ihm besonderes Vergnügen zu gewähren, wenn er nicht nur den im Volke herrschenden Aberglauben zum Spiele seines Witzes und lächerlich machen konnte, wodurch er freilich diese vielköpfige Hyder gegen sich aufreizte, sondern auch mit Theologen und Geistlichen sich in religiöse Diskurse einzulassen und dieselben durch seine kühnen, witzigen, oft sehr scharfsinnigen Einwendungen in Verlegenheit zu setzen. Solche Äußerungen und Gespräche, die er bei allen gesellschaftlichen Anlässen führte und damit die Mahlzeiten würzte, wurden von seinen Mißgönnern und Feinden begierig aufgegriffen und noch vielfach entstellt den Glaubensrichtern hinterbracht, und seine hohe bürgerliche Stellung schützte ihn nicht vor inquisitorischer Untersuchung und Bestrafung. Indeß ward er nicht bloß wegen seiner Freisinnigkeit in religiösen Dingen und wegen der Freimüthigkeit seiner Äußerungen von den Glaubenszeloten angefeindet und verfolgt, die gerade diesen Hochgestellten schienen erkoren zu haben, um an ihm ein Exempel ihrer Glaubensstrenge zu statuiren: auch dem Aberglauben des Volkes war er als ein arger Zauberer, Hexenmeister und Verbündeter des Satans mehr als nur verdächtig geworden. Durch manche Äußerung seiner Originalität, durch die in jener Zeit noch auffallenden Bestrebungen seines mechanischen Kunstsinnes und durch die Spiele seines schnakischen Witzes, womit er so gerne die Thorheit der ihn umgebenden Menschen foppte, war er nicht bloß dem gemeinen Manne ein Gegenstand abergläubischer Furcht, sondern nicht selten selbst Verständigern ein Räthsel. – Nach seiner Rückkehr aus Dalmatien 1651 hatte er die Halbinsel Au bei Wädenschweil angekauft und auf derselben in fremdartigem Style ein schönes Landhaus erbauen lassen, durch seine Anlagen und ökonomischen Einrichtungen diese vorher wilde Wüste in einen lieblichen, fruchtbaren Garten umgewandelt, und unter Anderm auch einen mit dem See in Verbindung stehenden Fischteich angelegt, von dem sich die Sage verbreitet hatte, daß die Fische aus dem See in denselben hineingelockt würden, aber aus demselben nicht mehr ins freie Gewässer zurückkehren könnten. Diese in jener Zeit noch sehr seltenen Anlagen und seine Zurückgezogenheit in diesen stillen, von der Welt abgesonderten lieblichen Landsitz zog die neugierigen und argwöhnischen Blicke der ihn nicht begreifenden Menge an. Zudem hatte er aus Dalmatien zwei junge türkische Sklaven mit sich nach Hause gebracht, die er selbst im Christenthume unterrichtete und welche den 21. März 1652 beim Fraumünster in Zürich getauft wurden. Diese waren seine eigentlichen Leibdiener, die sich stets in seinem Begleite befanden; aber der Aberglaube stempelte diese ihm treu ergebenen Diener (Sale und Julie waren ihre Namen), in ihrem orientalischen Kostüme zu zwei ihm ergebenen Dämonen. Bei seinem Landhause in der Au hatte er sich eine mechanische Schmiedewerkstätte eingerichtet, in der er selbst fleißig arbeitete und nicht selten wandernde Schmiedgesellen beschäftigte, auch öfters die Nachtzeit zur Vollendung einer ihm angelegenen Arbeit benutzte. Die aus dem einsamen Landsitze durch die Stille der Nacht erschallenden Hammerschläge und die im mitternächtlichen Dunkel aus der Esse aufglühenden

«Ioannes Rudolph Vertmyler S.C.M. Leopoldi Primi Constitut. Campi Marescall. Locumtenens.» Aus dem Nachlaß Conrad Ferdinand Meyers. Dieses Porträt von Werdmüller hatte der Dichter schon bei der Schilderung des Locotenente im «Jürg Jenatsch» vor Augen, wo er als «kleiner hagerer Kavalier» auftritt, mit einem «jungen, nichts weniger als hübschen, aber höchst originellen Gesicht» (X, 80). Der gealterte General, wie er dann im «Schuß von der Kanzel» erscheint, zeichnet sich durch «seine scharfe Habichtsnase und das stechende Kinn» aus (XI, 86). Im Erstdruck der Novelle («Zürcher Taschenbuch» 1878) steht durchweg die Schreibweise «Werdmüller»; von der Buchausgabe 1878 an wählt Meyer hingegen die fiktiver wirkende Variante «Wertmüller». Anonymer Kupferstich des 17. Jahrhunderts; Kopie des Kupferstichs von Philipp Kilian (1628–1693) nach der um 1676 angefertigten Porträtzeichnung von Matthäus Merian d. J. (1621–1687). Zentralbibliothek Zürich

Feuerfunken waren dem Aberglauben unwidersprechliche Zeugnisse seines Umganges mit dem Fürsten der Finsterniß. Daß die muthwillige Laune des witzigen Kriegers absichtlich solchen Aberglauben unterhalten und genährt habe, kann nicht in Abrede gestellt werden. […]

Und:

Selbst eine Gondel von ungewöhnlicher Bauart mußte dem Aberglauben ein Produkt seiner Zauberkunst sein, weil sie mit damals unbegreiflicher Schnelligkeit die Fluthen durchschnitt. Wer kann es – im Zeitalter der Dampfschifffahrt – begreifen, daß dieß ein nicht unbedeutender Punkt in seiner nachherigen Anklage ward, ein gewichtiger Gegenstand inquisitorischer Untersuchung? Wie war's nur möglich, daß neben obigen Possen in die Verhörakten auch als Klagepunkt konnte aufgenommen werden: «In einem Schiff seyge er so schnell daher gefahren, daß es Einem, so auch darin gesyn, schier gegrauset.» Mir ist, ich sehe die spöttisch lächelnde Miene des jokosen Kriegsmannes, als er den in feierlichem Amtsernste ihn einvernehmenden Inquisitoren erwiederte: «Ich habe droben in der Auw einen kleinen langen schmalen Weidling, in dem 5 oder 6 Ruder ziehend, die auch länger als etwan andere: wann dann mit allen Rudern dapfer gezogen worden, wie ich entwan auch selbsten gezogen, ist das Schifflein schnell dahin gefahren, daß es ein Schaum im Wasser gegeben. Die Prob will ich heut noch thun, wenn man will: ich hab das Schifflein noch.»

(Werdmüller, S. 16ff.)

Der verhängnisvolle Schuss

Der Schuß von der Kanzel ist sicher nicht in einer Kirche am Zürichsee gefallen. Dagegen wird aus Ziegelhausen am Neckar eine solche Geschichte überliefert. Pfarrer Christoph Schmezer, der von 1840 bis 1874 in dieser Gemeinde wirkte, hatte für seinen Sohn in Heidelberg ein Pistölchen erstanden und dann mit Joseph Viktor von Scheffel die Nacht durchgezecht. Am frühen Morgen war er heimgeeilt, hatte den Gottesdienst gehalten und während des Schlußchorals, als er das störende Spielzeug aus der Tasche zog, ging der Schuß los – ohne Folgen für den Pfarrer; die Gemeinde akzeptierte die Erklärung des Sachverhalts. Die Geschichte wurde – allerdings erst 1910 – von Josef Viktor Widmann publiziert; er hatte sie von Pfarrer Schmezer selber gehört, als er in den sechziger Jahren in Heidelberg Theologie studierte. Es ist aber durchaus möglich, daß auch Meyer die Begebenheit schon vorher mündlich erfahren hat, da Verwandte von ihm mit der Familie Viktor Scheffels verkehrten (vgl. Frey, S. 51 u. 322).

Zudem könnte dem Dichter das Motiv aus früheren literarischen Gestaltungen bekannt gewesen sein (vgl. XI, 255).

IOANNES RUDOLPH, VERTMYLER
S.C.M. LEOPOLDI PRIMI Constitut, Campi Marescall, Locumtenens.

Johann Rudolf Werdmüller (1614–1677)

Johann Rudolf Werdmüller wurde 1614 im Haus zum alten Seidenhof zu Zürich geboren – der Grüne Seidenhof, in dem Conrad Ferdinand Meyer einen Teil seiner Jugend verbringt, lag nicht weit davon entfernt. Nach dem frühen Tod des reichen Vaters findet seine Mutter in Junker Hans Caspar Schmid einen neuen Gemahl. Der begeisterte Offizier nimmt sich als Pflegevater der beiden Söhne aus der ersten Ehe seiner Frau an. Oberst Schmid wohnt im Neuen Einsiedlerhof an der Schifflände und erstellt 1630 auf dem Areal des Alten Einsiedlerhofs, wo heute das Zunfthaus zur Meisen steht, einen prächtigen Neubau. Zusammen mit seinem jüngeren Bruder Johann Georg, der später als Stadtingenieur die Zürcher Schanzen errichtet, wird Johann Rudolf von ausgezeichneten Lehrern ausgebildet. 1625 rückt der früh vom Militärwesen Begeisterte zum «Hauptmann» einer selbstgeworbenen Zürcher Knabenkompanie auf. 1627 schickt der Pflegevater die beiden Stiefsöhne mit einem Hauslehrer nach Genf, damit sie die französische Sprache erlernen. 1628 treten sie in die dortige Akademie ein. Der «in allen einem Cavalier anständigen Wissenschaften und Künsten» Unterrichtete (Meyer-Ott, S. 2) zeichnet sich früh als Schütze aus – ein Ölbild zeigt ihn als ersten Nicht-Genfer Schützenkönig recht geckenhaft herausgeputzt. Von Genf reisen die Brüder nach Lyon, Orléans und Paris, überall ihre militärischen Kenntnisse erweiternd und vertiefend. Über Rouen, Caen und Bordeaux kehren die jungen Werdmüller nach über fünfjähriger Abwesenheit am 4. Februar 1633 nach Zürich heim. Aber Johann Rudolf läßt sich nicht an die Vaterstadt und das väterliche Handelsgeschäft fesseln. Er will Offizier werden. Auch der Versuch der Eltern, ihn durch Verheiratung mit der um 14 Jahre älteren Anna von Reinhard zu mehr Seßhaftigkeit zu bewegen, schlägt fehl.

Werdmüller begibt sich mit seinem Stiefvater an die von den Schweden bedrohte Nordgrenze und tritt gegen den Willen der Seinen in schwedische Dienste. Von 1635 bis 1637 begleitet er, jetzt seiner Vaterstadt dienend, Oberst Schmid ins Veltlin und zeichnet sich in den Kämpfen bei Mazzo und Morbegno aus. Darauf nimmt ihn Herzog Rohan, der für einige Zeit im Seidenhof als Gast weilt, in ein Regiment auf. Aber der großherzige Franzose, der nach dem Abzug aus Bünden in der Truppe Bernhards von Weimar als Reiter mitkämpft, wird am 28. Februar 1638 in den Auseinandersetzungen um Rheinfelden bei Beuggen schwer verwundet. Werdmüller, auf seine Familie verwiesen, kehrt nach Zürich zurück, doch der Sinn steht ihm nach neuer Herausforderung. Im Frühjahr 1642 bricht er, ohne seiner ahnungslosen Gattin zuvor ein Wort gegönnt zu haben, überraschend auf und nimmt bis im Sommer 1647 abermals schwedische Dienste. Seinen Versuchen, in die französische Armee überzuwechseln, ist kein Erfolg beschieden; dafür einigt er sich mit den Herren Venedigs, die mit Zürich und Bern im Bündnis stehen, und führt in Dalmatien Krieg. 1651 kehrt General Werdmüller zurück, bringt zwei türkische Sklaven und eine junge Türkin mit und läßt sich von seinem Bruder auf der Au ein Landhaus in venezianischem Stil bauen. Wenn er sich dort aufhält, arbeitet er in der eigenen Schmiede, vorwiegend in der Nacht; er zimmert auch ein langes, zwölfrudriges Schiff nach venezianischem Vorbild, das durch seine Schnelligkeit den Argwohn der Bevölkerung weckt. Seine freigeistigen Sprüche, mit denen er selbst im Gespräch mit Geistlichen nicht zurückhält, tragen ihm die Feindschaft vieler ein, und politische Mißgunst seiner Neider führt schließlich dazu, daß er wegen Gotteslästerungen und allzu üppigen Lebenswandels die Ratszugehörigkeit verliert. Er überläßt seiner Frau die Wirtschaft, steht von 1663 bis 1671 wieder im Dienste Venedigs und findet dann in Kaiser Leopold einen neuen Herrn. Um im katholischen Österreich besser angenommen zu werden und seine Karriere zu fördern, konvertiert er. Dieses rastlose Leben braucht ihn auf. Im Dezember 1677 bezieht er in Villingen Quartier, steigt vom Pferd, bricht ohnmächtig zusammen und stirbt im Alter von 63 Jahren. In Villingen wird er auch bestattet.

Sein Ruf am Zürichsee war nicht gut. Er hatte sich zwar 1653 im Bauernkrieg und 1656 im ersten Villmergerkrieg als militärischer Führer hervorgetan, aber bei der Belagerung von Rapperswil operierte er als Befehlshaber der Zürcher Truppen weniger glücklich: die schmachvolle Niederlage trug ihm viel Spott ein. Als er wegen Blasphemie gar zu einer Buße verurteilt wurde, zog er sich grollend von allen vaterländischen Geschäften zurück und verwünschte seine Vaterstadt.

Jener junge Verwandte, mit dem der General in den 1650er Jahren auf der Au Enten gejagt hat, war Heinrich Werdmüller (1630–1685), ein Vetter im 3. Grad. Er hat Meyer als Modell für den Pfarrer Wilpert Wertmüller von Mythikon gedient. Heinrich Werdmüller hatte Theologie studiert, zeigte im Beruf aber wenig Ausdauer; er bevorzugte Vikariatsdienste ohne weitere Verpflichtung, um seinen verschiedenen Neigungen nachgehen zu können. So folgte er 1659 dem General als Feldprediger nach Frankreich, ein Umstand, der den Dichter zu Pfannenstiels Wunsch nach einer Anstellung als Kaplan in der venezianischen Kompanie angeregt haben könnte.

Werdmüller als Schützenkönig

Im dritten Jahre [des] Aufenthalts in Genf erwarb sich Werdmüller am Bogen- und am Musketenschießen die mit großen Auszeichnungen, aber auch großen Kosten verbundene Würde eines Schützenkönigs, wobei es allerdings auffällig ist, daß, als der entscheidende Schuß fiel, der kostbare königliche Anzug vom Schneider bereits fertig gemacht war. In das Herz des sechszehnjährigen Jünglings mögen schon damals die ausschweifenden Huldigungen, deren Gegenstand er war, indem den beiden Brüdern, sowie ihrem Erzieher [Kaspar] Weiß bei diesem Anlasse sogar das Ehrenbürgerrecht der Stadt Genf verliehen wurde, verbunden mit den maßlosesten Zumuthungen an seinen Geldbeutel, die Keime einer gründlichen Verachtung der Menschen gelegt haben.

(Meyer-Ott, S. 2)

Erscheinung und Charakter des Generals

Werdmüller besaß keineswegs körperliche Schönheit, war nur von mittlerer Statur, mehr von zartem als starkem Körperbau, aber dieser Körper hatte eine Elastizität und Zähigkeit, die ihn zur Ertragung der härtesten Strapazen befähigte. Sein Angesicht war blaß, aber stark markirt, in allen Zügen Entschlossenheit ausgeprägt. Seine geistigen Anlagen erhielten durch eine wissenschaftliche Jugenderziehung eine sorgfältige Ausbildung; doch war dieselbe vorzüglich auf eine militärische Laufbahn berechnet. Mathematik und Kriegswissenschaft nahmen dabei die ersten Stellen ein. Ihm galt von zarter Kindheit an kriegerischer Ruhm als das Höchste, was im Menschenleben zu erstreben sei. Geld und Reichthum schätzte er nur als unentbehrliche Mittel zur Erreichung dieses Lebenszweckes, ebenso die Entfaltung eines luxuriösen Aufwandes, in welchem ohnehin schon sein Ehrgeiz eine Befriedigung fand.

(Meyer-Ott, S. 27)

Anna Julia Kasitsch (1638–1683), eine ehemalige türkische Sklavin, die, zum Christentum bekehrt und getauft, Werdmüllers treue Hausbesorgerin wurde. Gemälde von Conrad Meyer (1618–1689), entstanden 1656. Werdmüllersche Familienstiftung Schloß Elgg. Photographie Kunstdenkmälerinventarisation des Kantons Zürich

*Der Mohr.
Bugfigur eines Schiffes aus dem 17. Jahrhundert, der Legende nach von General Werdmüllers Weidling.
Aus dem Besitz der Familie von Schultheß Rechberg, jetzt Kanton Zürich. Photographie Atelier Simmen*

WERDMÜLLERS LANDHAUS AUF DER HALBINSEL AU

Kandidat Pfannenstiel läßt sich vom Schiffmann Bläuling über den See auf die Au zu Wertmüller rudern. Der Fahrgast behält dabei das ausgefallene Heim des Generals, das, «von italienischer Bauart, [...] an der nördlichen Einbuchtung der eichenbestandenen Halbinsel» liegt (XI, 78), stets im Auge:

Unterdessen näherte sich zusehends das Landhaus des Generals und entwickelte seine Fassade. Der fest, aber leicht aufstrebende Bau hatte nichts zu tun mit den landesüblichen Hochgiebeln und es war, als hätte er bei seiner Eigenart die Einsamkeit absichtlich aufgesucht.
«Der Schuß von der Kanzel»
(XI, 83)

In Meyers Quellenwerk lesen wir dazu:

Noch im Jahr 1651 kaufte er [Werdmüller] um 5000 Gulden die Halbinsel Au bei Wädensweil, wo er sich ein Landhaus baute, dessen äußere Gestalt und innere Einrichtung von den damals in unserm Lande gebräuchlichen gänzlich abwichen und erst in neuerer Zeit bei uns allmälig aufgekommen sind. Dazu kam eine großartige Gartenanlage, ein Fischteich und ein kleiner Wildpark, wie man deren noch nie gesehen. Auch errichtete er sich eine Werkstätte, in welcher er selbst an den Ambos trat und sich unter andern eine leichte Gondel nach venezianischem Muster erbaute.
(Meyer-Ott, S. 7 f.)

Der Dichter besuchte die Au – von einem Ausflug in der Schulzeit abgesehen – erst nach Abschluß der Novelle. Daß ihn die Besitzerin des Landhauses nicht als Verfasser erkannte, mag ihn belustigt haben. Nach diesem persönlichen Augenschein hat Meyer die Beschreibung des Gutes für die Buchausgabe nochmals leicht überarbeitet:

Vor 4 Tagen war ich drüben, im Werdmüller-Hause, zum ersten Mal seit einer Schulfahrt im 13. Jahre! Die Frau Major Hartmann, jetzige Eigenthümerin, fragte mich: Der Herr hat gewiß den «Schuß» gelesen? Ich bejahte, bewahrte aber mein Incognito. Daher noch einige Striche in der Zeichnung des Landhauses.
Meyer an Hermann Haessel,
22. Juli 1878 (Briefe II, S. 81 f.)

Das Werdmüllersche Landhaus ist 1928/29 durch eine neubarocke Villa ersetzt worden (seit 1989 Eigentum des Kantons Zürich, Schulungszentrum der Kantonalen Verwaltung).

DIE TÜRKIN

Von seinem Feldzug, den er, in venezianischen Diensten stehend, gegen die Osmanen unternahm, brachte General Werdmüller türkische Sklaven mit nach Hause, die er seiner Dienerschaft einverleibte. Er behandelte seine Untergebenen aber vorbildlich, bekehrte sie unter eigenem Bemühen zum Christentum und entließ sie dann in die Freiheit. Besonders treu diente ihm Anna Julia Kasitsch, seine zuverlässige Hausbesorgerin, die auch nach Werdmüllers Tod in großer Anhänglichkeit bei der Familie blieb.

Conrad Ferdinand Meyer, der die Türkin als orientalisch-dämonische Gestalt in seine Novelle eingeflochten hat, ist von [Georg] O[tto] Werdmüller im Dezember 1877 eingeladen worden, ihr Bild auf Schloß Elgg zu besichtigen.

«Dort ist das Kämmerlein der Türkin», ließ sich jetzt der schweigsame Bläuling vernehmen, indem seine Rechte das Ruder fahren ließ und nach der Südecke des Hauses zeigte.

«Der Türkin?» Der ganze Kandidat wurde zu einem bedenklichen Fragezeichen.

«Nun ja, der Türkin des Wertmüllers; er hat sie aus dem Morgenlande heimgebracht, wo er für den Venetianer Krieg führte. Ich habe sie schon oft gesehen, ein hübsches Weibsbild mit goldenem Kopfputze und langen, offenen Haaren; gewöhnlich wenn ich vorüberfahre, legt sie die Finger an den Mund, als pfiffe sie einem Mannsvolk; aber gegenwärtig liegt sie nicht im Fenster.»
«Der Schuß von der Kanzel»
(XI, 83 f.)

Aus dem von Hassan geöffneten Nebenzimmer klang ein leiser Ton, wie ein tiefer Atemzug. Hatte die streichende Nachtluft die Falten eines Vorhanges bewegt oder war ein Käuzlein an den nur halb geschlossenen Jalousien vorbeigeflattert?

Der Kandidat hemmte seinen Schritt und horchte. Plötzlich fiel ihm ein, daß dieses nächste Zimmer, das letzte der Fassade, kein anderes sein könne als die Räumlichkeit, welche der Schiffer Bläuling der Türkin des Generals angewiesen hatte.

Die Möglichkeit einer solchen Nähe brachte den unbescholtenen jungen Geistlichen begreiflicherweise in die größte Angst und Unruhe, doch nach kurzer Überlegung beschloß er, in die berüchtigte Kammer mutig hineinzuleuchten.

Er betrat einen reichen türkischen Teppich und stand, sich zur Rechten wendend, vor einem lebensgroßen Bilde, welches von vergoldetem, üppigem Blätterwerk eingerahmt war und die ganze, dem Fenster gegenüberstehende Wand des kleinen Kabinettes füllte. Das Bild war von einem Niederländer oder Spanier der damals kaum geschlossenen glänzenden Epoche in jener naturwarmen, bestrickenden Weise gemalt, die den Neuern verloren gegangen ist. Über eine Balustrade von maurischer Arbeit lehnte eine junge Orientalin mit den berauschenden dunkeln Augen und glühenden Lippen, bei deren Anblicke die Prinzen in Tausend und Einer Nacht unfehlbar in Ohnmacht fallen.

Sie legte den Finger an den Mund, als bedeute sie den vor ihr Stehenden: Komm, aber schweige!

«Der Schuß von der Kanzel»
(XI, 108)

GENERAL WERDMÜLLERS TEUFELSSCHIFF

[Die leichte Gondel nach venezianischem Muster] setzte durch die Schnelligkeit, mit welcher sie den See durchschnitt, das ganze Land in Erstaunen, und trug neben der Erscheinung von ein Paar jungen türkischen Sklaven, die er von Venedig mit sich gebracht, mit dazu bei, in vielen Köpfen den Gedanken zu erzeugen, es gehe da nicht mit rechten Dingen zu, oder wie andere sich deutlicher ausdrückten, der Oberst stehe mit dem Teufel im Bunde. Den Leuten diesen Wahn zu benehmen, fiel ihm nicht im Mindesten ein, vielmehr suchte er sie durch allerlei Faxen in ihrer Furcht zu bestärken und erreichte damit, sie vom Einbrechen in seine Pflanzungen, von Obstdiebstählen und andern Schädigungen zurückzuschrecken.

(Meyer-Ott, S. 8)

Biographische Hintergründe

Meyer hat seiner Geschichte nicht nur die Biographie des Generals Werdmüller untergelegt, sondern auch vieles aus dem eigenen Leben. Kaum eine seiner Novellen, vom LEIDEN EINES KNABEN etwa abgesehen, stellt Persönliches so unverdeckt dar. Pfannenstiels Freite um Rahel ist eine humoristische Übertragung von Meyers eigener Werbung um Louise Ziegler. Der schüchterne und reichlich linkische Kandidat ist in vielem ein Selbstporträt. Sein General Wertmüller tritt in der Erzählung an die Stelle von Meyers Schwiegervater – Oberst Ziegler hatte im Sonderbundskrieg die IV. Division befehligt und das Gefecht bei Gislikon für sich entschieden. Er war ein straffer und unbestechlicher Soldat und hat auch seine zivilen Ämter entsprechend ausgeübt. Ziegler dürfte ebenso in der eigenen Familie naturgemäß ein strenges Regiment geführt haben. Meyer kannte Louise schon Jahre, bevor es 1875 zur Heirat kam. Ob er dem Schwiegervater zu wenig forsch war? Ob dieser den Gerüchten über die Geschwister Meyer zuviel Glauben schenkte?

Das Glück in der Laube des Pfarrhauses ist nach Meyers eigenen Angaben im neugekauften Kilchberger Haus anzusiedeln (an Meißner, 24. November 1877; XI, 263): «Mein kleiner Sitz ist eingerichtet [...]! er ist in der von mir in das heurige Zürcher Taschenbuch gegebenen Novelle ‹Der Schuß von der Kanzel› geschildert [...].» Im übrigen stammen alle Landschaftsnamen aus der vertrauten Gegend am Zürichsee: Uetikon, Meilen, die Au. Nur Mythikon ist erfunden. Pfannenstiel selbst trägt den Namen des Höhenzugs über Meilen; natürlich soll dieser Name auch auf die unkriegerisch-häuslichen Eigenschaften des Kandidaten hinweisen. Er findet ja seine Braut wie Jakob seine Rahel – oder eben wie Odysseus seine Penelope, nur ist nicht anzunehmen, daß er auf seinem Wege den Sirenen, der Kalypso, der zaubermächtigen Kirke oder gar Nausikaa begegnet ist. Meyer läßt es mit einer Türkin genug sein.

Conrad Ferdinand Meyers Wohnhaus in Kilchberg. Das 1877 erworbene Ottsche Gut in Kilchberg diente Meyer als Vorlage bei der Schilderung des Pfarrhauses und -gartens in seiner Novelle «Der Schuß von der Kanzel». Anonyme Photographie um 1890. Zentralbibliothek Zürich

*Flaminio della Croce (um 1560 bis um 1630), «Theatro militare». Zweite, vermehrte Ausgabe, erschienen bei Hendrick Aertssens in Antwerpen 1617. Die Titelseite zeigt das Wappen des Heerführers Graf Johann Jakob von Bronckhorst zu Anholt (um 1580–1630), dem sein untergebener Kavalleriehauptmann della Croce das Werk gewidmet hat.
Aus Conrad Ferdinand Meyers Bibliothek in Kilchberg. Eigentum der Zentralbibliothek Zürich*

DAS PFARRHAUS VON MYTHIKON

*Weniger erfreut über den Anblick des ungewohnten Kirchgängers [General Wertmüller] war der Pfarrer Wilpert Wertmüller, als er, mit Mantel und Kragen angetan, aus dem Tore seines Hofraums trat, in dessen Mitte hinter einem altergrauen Brunnen zwei mächtige Pappeln sich leis im Winde wiegten. Seine Überraschung war eine vollständige; denn Rahel hatte geschwiegen.
[...]
Die ganze Langseite des Hauses war mit einer ziemlich niedrigen Weinlaube bekleidet; an dem einen Ende dieses grünen Bogenganges hatte der Pfarrer vor Jahren eine steinerne Mauer mit einer kleinen Scheibe aufführen lassen, um sich, an dem entgegengesetzten Eingange Posto fassend, während seiner freien Stunden im Schießen zu üben.*

«Der Schuß von der Kanzel»
(XI, 112f.)

EIN BUCH AUS DEM BESITZ VON GEORG JENATSCH

Meyer macht seinen General Wertmüller nicht von ungefähr zum Besitzer einer bibliophilen Kostbarkeit; er selbst verfügte nämlich in seiner Bibliothek über eine Ausgabe des *Theatro militare*, eine militärtheoretische Abhandlung von Flaminio della Croce, die Georg Jenatsch am 13. Februar 1634 vermutlich in Mailand für 4 Reichsgulden und 12 Batzen erworben hatte. Nach dessen Tod 1639 gelangte das Buch in den Besitz des Gesinnungsgenossen Oberstleutnant Johann Tscharner (1593–1659), der sich als Eigentümer auf dem Titelblatt ebenfalls eintrug. Meyer hat das Werk wahrscheinlich im Sommer 1867 vom Historiker Wolfgang Lucius Conradin von Juvalta (1838–1873) zum Geschenk erhalten.

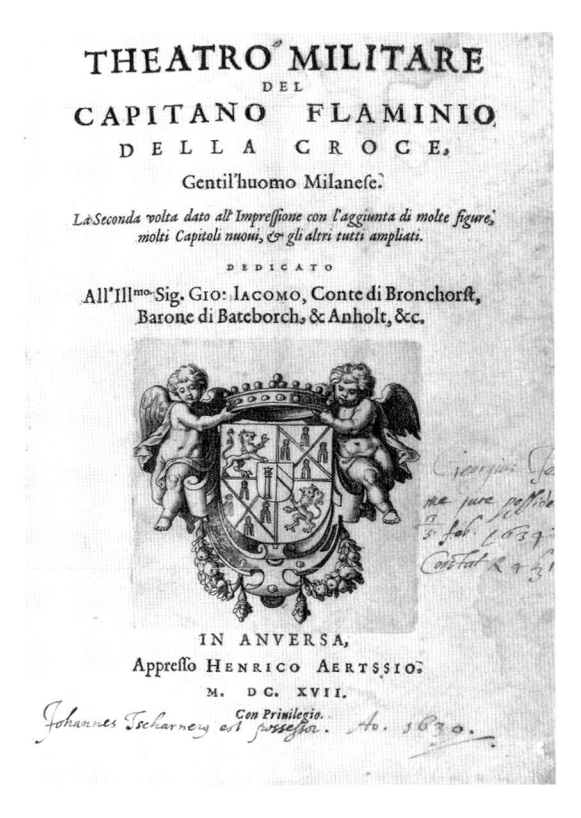

Den bedeutsamen Besitzervermerk überträgt der Dichter in seiner Novelle auf eine Aldine von Homers *Odyssee*, die sich in General Wertmüllers Bibliothek befindet. Hier nimmt sie Kandidat Pfannenstiel in die Hand und erschrickt, wie er die Schriftzüge des «fragwürdigen Bündners» (XI, 90) erkennt. Versehentlich hat Meyer beim Preis Kz (Kreuzer) statt bz (Batzen) gelesen:

Um sich der Verlegenheit zu entziehen, dem alten Freigeiste eine Antwort geben zu müssen, nahm der Kandidat den Pergamentband in die Hände, mit welchem Wertmüller während seiner Rede gestikuliert hatte. Es war die aldinische Ausgabe der Odyssee. Pfannenstiel betrachtete andächtig das Titelblatt des seltenen Buches. Plötzlich fuhr er zurück wie vor einer züngelnden Natter. Er hatte auf dem freien Raume links neben dem Wappen des venetianischen Buchhändlers etwas verblichene, kühnfließende Federzüge entdeckt, die folgende Zeilen bildeten:
    *Georgius Jenatius me jure possidet
    Constat R. 4. Kz. 12.
Er warf das Buch weg, als atme es einen Blutgeruch aus.*

«Der Schuß von der Kanzel»
(XI, 90)

Der Verleger Haessel wollte diesen handschriftlichen Eintrag von Jenatsch in der Buchausgabe des SCHUSSES faksimiliert wiedergeben, doch Meyer lehnte den Vorschlag ab.

Entstehung und Aufnahme der Novelle

«Eigentl. ist der ‹Schuß›, weil er den Character des Wertmüller ausführt, eine Fortsetz[un]g des J.[enatsch]», schrieb Meyer dem Verleger Haessel am 28. Juni 1878 (XI, 250). Beide sind rücksichtslose Kraftmenschen, aber Jenatsch ist es aus Vaterlandsliebe, Wertmüller aus Ehrgeiz. Wertmüller, der alles durchschaut und fast alles für möglich hält, liebt es, die Drähte zu führen, an denen die Menschen tanzen (X, 104). Sein Marionettenspiel ist «auf die menschliche Unvernunft gegründet und somit tadellos» (XI, 102).

Geplant wurde die Novelle wohl bereits in der frühen JENATSCH-Zeit, also etwa gleichzeitig mit dem AMULETT. Als Johann Rudolf Rahn 1876 um einen Beitrag für das «Zürcher Taschenbuch» bittet, liegt der Stoff demnach schon an die sieben Jahre bereit (XI, 249), und Meyer verspricht, die «kleine humoristische Novelle» für den Almanach zu liefern (an Rahn, 29. Januar 1877; Briefe I, S. 242). Am 3. Februar 1877 berichtet er der Schwester, er habe den SCHUSS VON DER KANZEL «durchaus componirt»; die «frivole Geschichte» bekomme «einige tiefere Töne» (XI, 250). Im Sommer schreibt er dann Tag für Tag mit großem Vergnügen am SCHUSS, der im «Zürcher Taschenbuch auf das Jahr 1878» und gleichzeitig – zusammen mit dem AMULETT – auch in Buchform erscheinen wird:

Meine kleine Novelle, «Der Schuß von der Kanzel» belustigt mich herzlich*
*ein unbedeutendes Motiv, das ich aber flott ausführe, en attendant mieux. *Es ist der* alte *Werdmüller, der, wie eine Art Rübezahl, auf seinem Landsitz – die Au, (hier in der Nähe) – sein Wesen treibt. Ich habe die Kleinigkeit meinen Freunden für einen lokalen Almanach zugesagt.*
Meyer an Alfred Meißner,
16. Juni 1877 (Briefe II, S. 271 f.)

Verschiedenste Bedenken Meyers haben die Niederschrift verzögert: Einmal dünkte ihn die Sache zu leichtfertig (an Wille, 8. August 1877; XI, 250): «Es ist tolles Zeug, das mir eigentlich nicht zu Gesichte steht.» Gleich äußerte er sich gegenüber Hermann Lingg (13. August 1877; Briefe II, S. 298). Ohne Rahns Drängen hätte er diesen «Lokalscherz» wahrscheinlich kaum je ausgeführt (Betsy Meyer an Haessel, 17. Juni 1879; XI, 249). Er sprach eher abschätzig von der Novelle, nannte sie eine «Posse» (an Wille, 4. Dezember 1877; XI, 251), eine «turlupinade» (an Vulliemin, 1. Januar 1878; Vulliemin, S. 547), und schrieb an Mathilde Wesendonck:

Mein Neustes, eine humoristische Novelle, eine Kleinigkeit, ein Nichts, sende ich Ihnen vor Neujahr. Sie glauben nicht, wie seltsam mir das Lachen zu Gesicht steht.
Meyer an Mathilde Wesendonck,
21. Oktober 1877 (Wesendonck, S. 81)

Der Erfolg der Erzählung machte ihn vollends mißtrauisch. Zum andern stand ihm Gottfried Kellers *Landvogt von Greifensee* im Wege; er fürchtete, «die Vortrefflichkeit von Kellers Zürcher Novellen» würde ihn «in [den] Schatten stellen und vielleicht gar ungerechterweise als Nachahmer erscheinen lassen» (an Rahn, 8. Mai 1877; Briefe I, S. 243). Darum verzichtete Meyer auch auf einen Vorabdruck in der «Deutschen Rundschau» – der Kontakt mit Rodenberg hatte sich eben zu jener Zeit angebahnt –, ganz abgesehen davon, daß er sich bei den Journal-Lesern nicht mit einer solchen Kleinigkeit einführen wollte, die seiner fast unwürdig war:

[...] abgesehen von den zu Ungunsten meines barokken Generals sich bietenden Vergleichungspunkten mit dem herrlichen und tüchtigen Landolt der Zürcher Novellen unseres l. Meisters Gottfried, würde ich in Ihrer Rundschau ungern auf meine Hauptforce verzichten, nämlich auf einen großen humanen Hintergrund, auf den Zusammenhang des kleinen Lebens mit dem Leben und Ringen der Menschheit.
Meyer an Julius Rodenberg,
14. Dezember 1877 (Rodenberg, S. 11)

Tatsächlich hat Keller den SCHUSS auch als Einmischung in seine Sphäre empfunden. Umgekehrt hatte sich Meyer schon lange mit diesem Stoff beschäftigt. Daß dann die Frömmler sich am «Spott gegen die Geistlichen» stießen (an Friedrich von Wyß, 24. Dezember 1877; XI, 251), machte Meyer «einen seltsamen ganz ungeahnten Verdruß», und er wünschte, er «hätte die Teufelsnovelle nicht geschrieben» (an Rahn, 16. Januar 1878; XI, 252). Ebenso «reclamirte» ein Werdmüller [Georg Otto Werdmüller], «einen gleichzeitigen Pfarrer gebe es, aber vom ‹Schuß› finde er nichts im Familienarchive» (an Friedrich von Wyß, 24. Dezember 1877; Briefe I, S. 79). Solche Reaktionen haben den Dichter aber bestimmt nicht nur geärgert, sondern auch amüsiert. Auf jeden Fall durfte er stolz sein auf die Berühmtheit, die er sich mit seiner Novelle erworben hatte:

Ich habe über diesen Schuß eine Reihe von Briefen erhalten, von der wunderlichsten Sorte, deren Samml[un]g komischer wäre als das Buch selbst. Der «Schuß» wird hier entschieden populär werden, ganze Bevölkerungen lesen denselben mit Andacht, natürlich ohne ihn zu verstehen. Ist Mythikon = Horgen, etc? So wird gefragt u. überall Anspielung gesucht.
Meyer an Hermann Haessel,
19. Februar 1878 (Briefe II, S. 73 f.)

Und doch versicherte Meyer, seine neuen Sujets seien «ernst» (an Friedrich von Wyß, 24. Dezember 1877; Briefe I, S. 79), denn «das Komische» hinterlasse ihm «immer einen bittern Geschmack, während das Tragische» ihn erhebe und beselige (an Wille, 4. Dezember 1877; Briefe I, S. 160).

In Kilchberg (1877–1898)

Als Herr auf eigenem Grund und Boden fühlte sich Meyer in Kilchberg überaus wohl. Nach häufigem Wohnungswechsel, zunächst innerhalb der Stadt, dann draußen auf dem Land, ließ sich der Dichter mit seiner Frau 1877 für immer hier nieder und war stolz auf seinen bevorzugt gelegenen Besitz. Auf der aussichtsreichen Höhe der linksufrigen Zürichseegemeinde verlebte er bis zu seinem Tod mehr als 21 Jahre, wenn man von seinen regelmäßigen Ferienreisen, zeitweiligem Logis in Zürich und dem gut vierzehnmonatigen Aufenthalt in der Anstalt Königsfelden absieht. Mit Begeisterung berichtete der neue Hauseigentümer bald nach seinem Einzug dem Verleger (an Haessel, 1. Juni 1877; Briefe II, S. 69): «Das Beste ist hier Luft u. Aussicht. Ich schreibe Ihnen aus meinem kleinen Zimmer, das ich mir im Giebel eingerichtet habe, es schaut weit um: Seebreite, ein Dutzend Kirchthürme, die ganze Flucht der Alpen. Es ist geradezu die schönste Aussicht am See.»

Obwohl der Unterhalt des Anwesens und die notwendigen baulichen Veränderungen manche Unannehmlichkeit mit sich brachten und den Dichter in seiner arbeitsamen Muße störten, überwog doch die Freude am eigenen Heim. Hier kam 1879 zudem sein einziges Kind Camilla zur Welt und machte das Glück des bereits 54jährigen Vaters vollkommen, wie es im Gedicht EIN PILGRIM heißt (I, 393):

> *Mit Weib und Kind an meinem eignen Herd*
> *In einer häuslich trauten Flamme Schein*
> *Dünkt keine Ferne mir begehrenswert,*
> *So ist es gut! So sollt' es ewig sein...*

In Kilchberg ist der Hauptteil von Meyers Œuvre entstanden: Vom SCHUSS bis hin zum PESCARA reihte sich innert zehn Jahren Werk an Werk; hier hat er die Sammlung seiner GEDICHTE redigiert und nach einem krankheitsbedingten Unterbruch an ANGELA BORGIA gearbeitet. War ihm seit der Verheiratung mit Louise Ziegler der Zugang zur Zürcher Gesellschaft wieder erschlossen, so trug jetzt auch der dichterische Erfolg des standesgemäß residierenden Schriftstellers wesentlich dazu bei, daß der lange um den Durchbruch Ringende allgemein anerkannt wurde. Aber selbst als ruhmreicher Dichter wich Meyer jeder Betriebsamkeit aus, denn er brauchte für seine Arbeit, der er hauptsächlich in den Vormittagsstunden oblag, beschauliche Ruhe. Nach dem Mittagessen, das die Familie erst um drei Uhr einzunehmen pflegte, erging er sich oft im Garten oder in der näheren Umgebung. Ab und zu empfing er in seinem stillen Heim gerne einen lieben Freund oder Bewunderer seines Werks zum Plaudern. Seine Lesegewohnheit hatte sich gewandelt. Er verschlang die Bücher nicht mehr, wie er es in jungen Jahren getan hatte. Das Wenige, das er sorgfältig auswählte, nahm er jetzt dafür gründlich vor: so soll er Benvenuto Cellinis *Vita* in Goethes Übersetzung gegen fünfzig Mal gelesen haben.

In die Stadt fuhr Meyer eher selten; zuweilen besuchte er ein Konzert oder nahm an den Sitzungen der Antiquarischen Gesellschaft und der Gelehrten Gesellschaft auf der Chorherrenstube teil, deren Mitglied er war. Daneben dürfte der Dichter gelegentlich die Museumsgesellschaft oder die Stadtbibliothek benutzt haben. 1884 wurde er als Nachfolger seines 1882 verstorbenen Schwiegervaters in die illustre Gesellschaft der Schildner zum Schneggen aufgenommen; seine zum Eintritt am 27. März vorgetragene Rede «bei den Böcken», wie die Gesellschaft auch heißt, ist erhalten. Häuften sich allerdings gesellschaftliche und familiäre Verpflichtungen,

«Hier ist mir manches Lied gelungen» (VII, 322):
Conrad Ferdinand Meyer am Schreibtisch.
Photographie von Rudolf Ganz (1848–1928), aufgenommen am 3. Oktober 1895, kurz vor des Dichters 70. Geburtstag. Die Bücher und Papierstöße im Vordergrund sind nachträglich ins Bild hineinretuschiert worden, um schriftstellerische Tätigkeit vorzutäuschen. Bezeichnung von Louise Meyer-Ziegler.
Zentralbibliothek Zürich

begann Meyer bald zu seufzen, das Leben vergehe ihm «wie im Geschwätz» (an Louise von François, 20. Februar 1884; von François, S. 129). Am 11. März klagte er seiner Korrespondenzpartnerin, er müsse sich «etwas Stille schaffen, diese Comités und Concerte und Soireen machen mich mittelmäßig» (ebd., S. 135).

Doch des Dichters Kilchberger Zeit ist nicht allein durch Behaglichkeit und ungetrübte Schaffenslust geprägt; er mußte hier ebenso Beschwernis und Düsterheit erleben, wie er sie sonst nur während der Krise in seiner Jugend erfahren hatte. Schon nach einer ersten Erkrankung Ende der achtziger Jahre ließen seine schöpferischen Kräfte sichtlich nach. Dann wurde er ein zweites Mal zum Irrenhäusler, auch wenn die Gattin dieses Stigma zu vertuschen suchte. In den letzten fünf Jahren, die er in der Wahlheimat über dem Zürichsee verbrachte, war er sich selbst fremd geworden. Und in seinem «lieblichen Kilchberg» (VII, 351) ging dann 1898 Meyers «Pilgerschaft» zu Ende.

Meyers Wohnsitz in Kilchberg, wo der Dichter von Ostern 1877 bis zu seinem Tod 1898 lebte. Vorne rechts der Rebberg, den Meyer im Gegensatz zum erworbenen Ackerland nicht verpachtet hat. Photographie von Rudolf Ganz (1848–1928), Zürich, nach 1886. Von Meyer unter dem Bild mit «Mein Haus» bezeichnet.
Ms. CFM 326.3.7.15. Zentralbibliothek Zürich

Meyers Kilchberg

Das Haus

Am 17. Januar 1877 erwarb Meyer auf Anraten seines Schwiegervaters von Major Albert Ott (1810–1892) den Landsitz auf Brunnen samt beträchtlichem Umschwung, Weinberg und nahen Äckern. Der Kaufpreis für das ehemalige Rebbauerngut aus dem Jahr 1785 betrug Fr. 100 000.–. Voller Freude teilte er seiner Schwester mit:

Gestern ist das Ottsche Gut unser Eigentum geworden. [...] Dazu gehören zwei Jucharten Reben, welche die herrliche Aussicht sichern, die große Wiese zwischen uns und Plater, mit den vielen Schattenplätzen, und drei Jucharten Acker, zehn Minuten entfernt. [...] Ich freue mich zum voraus auf unsere Schriftstellerei auf eigenem Grund und Boden.

Meyer an seine Schwester, 18. Januar 1877 (Frey, S. 276)

Meyer bezog das Haus am 10. April 1877, nachdem das ziemlich verlotterte Gebäude notdürftig renoviert worden war. Schon diese Erneuerungsarbeiten bereiteten dem geschäftsunkundigen Dichter viel Verdruß, während sein «kleines tapferes Weibchen» bei allen Umtrieben «sein militärisches Blut bewährt u. sich sehr resolut gehalten» hat (an Lingg, 1. Juni 1877; Briefe II, S. 295).

1881/82 ließ Meyer sein Besitztum umfassend umbauen und erweitern, da die Familie nach der Geburt von Camilla mehr Wohnraum benötigte; im westlichen Hausteil wurde ein Querflügel mit hohem, holzverziertem Giebel angefügt. In den folgenden Jahren hat der Dichter dann weitere benachbarte Gebäude angekauft, allerdings nicht «[a]us Lust am Besitz», sondern «allein um meinem Gute seinen Werth und mir Stille und Ruhe zu erhalten» (an Haessel, 5. Juni 1887; Briefe II, S. 134 f.).

Camilla, die den Landsitz auf Brunnen von den Eltern erbte, hat ihr Vaterhaus 1934/35 vollständig erneuern, den angebauten Quertrakt abtragen und so das Bauernhaus in seinen ursprünglichen Dimensionen wiederherstellen lassen. Einzig Meyers Arbeitszimmer blieb bei diesem Rückumbau unangetastet. Nach Camillas Tod wurde das Gut an Privat verkauft, war jedoch mehrere Jahre unbewohnt. 1943 hat die Gemeinde Kilchberg das Gebäude mit Unterstützung des Kantons und der Stiftung Pro Helvetia für Fr. 285 000.– erworben und darin nebst der Gedenkstätte für den Dichter im Erdgeschoß ein ortsgeschichtliches Museum eingerichtet. Der erste Stock diente lange Zeit als Pfarrwohnung; 1997 sind diese Räume neu vermietet worden.

Camilla Meyer (1879–1936)

Louise Elisabetha Camilla, einziges Kind des Ehepaars Meyer-Ziegler, kam am 4. Dezember 1879 zur Welt. Während Tante Betsy vor Freude außer sich geriet, tat der stolze Vater sein Glück verhaltener kund, als ob er das spätere Schicksal der Tochter vorausgeahnt hätte:

Ich kann Ihnen garnicht sagen, wie ich mich über das kleine Geschöpf freue für meinen Bruder und auch für mich! – Vor einem Buben war mir – ehrlich gesagt – wahrhaft bange – wenn ein solcher auch und wohl mit Recht für das kostbarste Himmelsgeschenk gilt! Einem Dichter, der selten ein konsequenter Erzieher ist, steht ein Töchterchen so viel besser an.

Betsy Meyer an Hermann Haessel,
5. Dezember 1879 (Nils, S. 212)

Meiner Frau geht es ganz ordentlich. Das Kindlein gleicht mir äußerlich auffallend; wenn es mir auch innerlich ähnlich sähe, würde es kein leichtes Leben haben: Gott wende es zum Guten!

Meyer an Friedrich von Wyß,
Weihnachten 1879 (Briefe I, S. 86)

Über Camillas früheste Kindheit führte die Mutter ein Tagebuch. Die Kleine durfte zuweilen in des Vaters Arbeitszimmer spielen. Zudem konnte sie sich im schönen Garten tummeln, durfte die Eltern auf ihren Ferienreisen in die Berge begleiten und fuhr mit ihnen zusammen jeweils auf Schloß Steinegg. Als Dichterstochter sah sie in ihrem Elternhaus viele Besucher: Zürcher Verwandte, Johanna Spyri, deren Bücher sie verschlang, Freunde des Vaters und die Verleger seiner Werke, aber auch manchen namhaften ausländischen Dichter.

Requiem

Bei der Abendsonne Wandern
Wann ein Dorf den Strahl verlor,
Klagt sein Dunkeln es den andern
Mit vertrauten Tönen vor.

Noch ein Glöcklein hat geschwiegen
Auf der Höhe bis zuletzt.
Nun beginnt es sich zu wiegen,
Horch, mein Kilchberg läutet jetzt!

(I, 85)

Die 1880 entstandenen Verse vermitteln jenes Gefühl von Geborgenheit und Wohlbehagen, das der Dichter in seiner Wahlheimat empfunden hat. In der Neujahrsnacht von 1880 auf 1881 schrieb er dazu an seinen Freund Hermann Lingg (Briefe II, S. 308): «Es ist mir heute so gemütlich in meinem Dörfchen. Bald beginnt das Geläute.» – Erst bei einer Überarbeitung der Strophen 1881/82 hat Meyer «mein Kirchlein» in der letzten Zeile durch «mein Kilchberg» ersetzt. Was ihm der vertraute Glockenklang vom nahen Kirchturm bedeutete, kommt auch darin zum Ausdruck, daß er sich 1894 mit einem Gedicht an die Öffentlichkeit wandte (NEUES GELÄUT IN DER ALTEN KIRCHE; VII, 348 f.), um zu verhindern, daß das alte Geläut durch ein neues schwereres ersetzt werde.

«Meine Aussicht»: Blick von Meyers Landsitz nach Südwesten, vielleicht aus jenem «Kämmerlein», das sich seine Frau eingerichtet hatte und das «über den Gartenweg auf die steigende Straße und das hochgelegene Kirchlein» sieht (an Louise von François, 13. März 1882; von François, S. 40). Photographie von Rudolf Ganz (1848–1928), Zürich, nach 1886. Von Meyer unter dem Bild bezeichnet.
Ms. CFM 326.3.7.15.
Zentralbibliothek Zürich

Camilla Meyer im Alter von ungefähr sechs Jahren: «Die ‹traurigen Augen› verlieren auch, wenn das Gesichtchen lacht, ihren melancholischen Ausdruck nicht, im Ganzen ist's aber schon ein recht liebliches und interessantes Kinderköpfchen, mit lockigem Haar [...] und klug und gut.» (von Doß, S. 379 f.) Photographie von Paul Zipser, Baden, um 1885.
Original Privatbesitz, Reproduktion Zentralbibliothek Zürich

Familie Meyer in ihrem Garten in Kilchberg, zusammen mit dem treuen Knecht und Gärtner Kaspar Lips (1830–1893).
Anonyme Photographie (Ausschnitt), aufgenommen vermutlich im Sommer 1883. Zentralbibliothek Zürich

Conrad Ferdinand Meyer im Alter von 66 Jahren, mit Frau Louise und der 12jährigen Tochter Camilla auf der seewärts gelegenen Terrasse seines Hauses in Kilchberg. «Das Kind erschien mir [...] wie eine Art Anachronismus zwischen seinen Eltern, und ich mußte dran denken, wie er [Meyer] drüben zu mir gesagt hatte: ‹Hätt' ich nur einen Schicksals-Gewährsbrief auf noch 20 Lebens-Jahre; denn ach, ich bin ja mit Allem um 20-30 Jahre zu spät daran: als Schriftsteller, als Gatte und Vater.» (von Doß, S. 380)
Anonyme Photographie aus dem Jahr 1891. Zentralbibliothek Zürich

Trotzdem war Camilla kein glückliches Kind, nicht nur ihres Kränkelns wegen. Das schwere Erbe machte sich schon früh bemerkbar. Die kleine Milly fürchtete die Grobheiten der Dorfbuben; bei Kindereinladungen in vornehmen Zürcher Familien konnte oder wollte sie nicht unbeschwert mittun. Anna von Doß berichtet anläßlich ihres Besuchs von 1885:

Camilla [...] schaute mich immerfort mit ihren großen, traurigen Augen an. Sie ist sehr blaß, sieht blutarm aus, weßhalb sie auch mit ihr alljährig in die Berge gehen wollen.
(Anna von Doß, S. 381)

Als die Tochter achtjährig war, erkrankte der Vater. Er kam körperlich zwar wieder zu Kräften, mußte aber 1892 nach Königsfelden gebracht werden. Von dort kehrte er ein Jahr später als weltabgewandter Mann zurück. Zweifellos nahm das Kind die Reibereien zwischen Mutter und Tante wahr, spürte die schleichende Verstörung und Entfremdung der Eltern und merkte schon bald, daß es keine Kraft hatte, sich dem Verhängnis zu entziehen. Der Vater starb 1898, die Mutter 1915. Tante und Patin Betsy, die versucht hatte, das Mädchen auf schriftlichem Wege über die waltenden Zerwürfnisse aufzuklären, war 1912 gestorben. Camilla hat testamentarisch verfügt, daß sämtliche Briefe zwischen C. F. Meyer, seiner Gattin und seiner Schwester zu vernichten seien. Einiges ist trotzdem überliefert: Robert d'Harcourt und Adolf Frey haben noch aus der Korrespondenz zitieren können.

Nach dem Tod der Mutter lebte Camilla allein im großen Haus in Kilchberg. Sie reiste viel, um sich ihres Lebens zu vergewissern – und gleichzeitig, um zu vergessen; sie war in Deutschland, England, Frankreich, Oesterreich, Aegypten und immer wieder in Italien unterwegs. Auf den Spuren ihrer Eltern besuchte sie Freunde in Genf und ging auch nach Korsika. Sie fühlte sich zu schwach, um irgendwelche Ämter oder Aufgaben zu übernehmen, war aber eine äußerst umgängliche, liebenswürdige und vielseitig interessierte Frau. Ihr Leben hingegen wurde zu einem Leidensweg. Ihrer Freundin Hanna Schaetty-Guyer, die Camilla dann in einem Nachruf gewürdigt hat, schrieb sie einmal:

Über 4 Wochen fuhr ich mit M.H. im Bündnerland und Engadin herum, es wäre wunderschön gewesen, wenn ich mein trostloses Innere nicht hätte mitherumschleppen müssen. Ich habe mich an mir selbst aufgerieben ...
Camilla Meyer an Hanna Schaetty-Guyer, um 1925 (Schaetty-Guyer, S. 416)

1913 traf sie bei einem Kuraufenthalt in Parpan den Landwirt und Rebbauern Wilhelm Albert Samuel van Vloten (1867–1953), Bürger von Schaffhausen. Er bewirtschaftete in Malans ein Gut und war – wie es im Scheidungsurteil heißen wird – ein «weitgereister Mann und interessanter guter Erzähler». Später hat er auch Bücher verfaßt: *Vom Gartengenuß* (Jena 1919), *Don Juan empor!* (Basel 1922), *Vom Geschmack* (München 1928) und *Rebe, ich grüße dich* (Zürich 1938). Nach dem Tode ihrer Mutter völlig vereinsamt, willigte Camilla schließlich in eine Verbindung mit van Vloten ein. Die Trauung fand am 29. März 1916 in Kilchberg statt. Bereits am 11. Dezember 1917 wurde die Ehe in gegenseitigem Einverständnis wieder geschieden. Im Urteil des Bezirksgerichts Horgen ist zu lesen, daß bei Camilla wenige Monate nach der Heirat «Krankheitserscheinungen» aufgetreten seien, die sie nötigten, die Krankenanstalt Bethanien in Zürich-Fluntern aufzusuchen. Die Wintermonate habe sie allein in Locarno verbracht. Vom Februar bis Mai 1917 habe sie abermals im Bethanienheim geweilt. Im Sommer 1917 sei sie dann nach Kilchberg zurückgekehrt; ihr Mann dagegen habe sich nach Malans begeben, so daß gar kein «eheliches Zusammenleben» mehr stattgefunden habe. Im Herbst wurde die Scheidungsklage eingereicht. Das Urteil hält im einzelnen fest:

Der Vater der Klägerin habe sich erst in einem Alter von 50 Jahren verheiratet. Nach 4jährigem Bestand dieser Ehe sei die Klägerin als einzige Tochter geboren worden. Sie sei immer ein zartes Kind gewesen und habe viel mit den Nerven zu tun gehabt. Sie habe schon als Kind viel unter Müdigkeit und Mattigkeit gelitten, wenn sie auch ohne Mühe mit ihren Altersgenossen in der Schule habe Schritt halten können. In späteren Jahren habe sie sich viel auf Reisen befunden. Sie habe sich aber immer größte Schonung auferlegen müssen und so habe sie Wochen gebraucht, wo andere in Stunden oder Tagen fertig geworden seien. Häufig habe sie liegen müssen, um nicht zu früh am Ende ihrer Kräfte zu sein. Sie habe bei ihrem zarten Gesundheitszustand auch immer eine Gesellschafterin um sich haben müssen, die ihr jederzeit habe die nötige Pflege angedeihen lassen können. Mit Rücksicht auf ihren Gesundheitszustand habe sie sich auch in früheren Jahren nicht entschließen können, in die Ehe zu treten.
[...]
Im Jahr 1915 sei die Mutter der Klägerin nach langer Krankheit gestorben. Die Klägerin habe sie nach aller Möglichkeit gepflegt und sie täglich im Krankenhaus in Zürich besucht. Diese Krankheit und der Tod der Mutter haben die Klägerin sehr geschwächt und in ihrer Gesundheit angegriffen. [...]
Nach dem Tod der Mutter sei die Klägerin völlig allein gewesen. Dieses Alleinsein habe bei ihr einen Zustand beginnender Melancholie erzeugt, sie habe darüber nachgegrübelt, wofür sie auf der Welt sei und dergleichen, worüber sie sich dann wieder Vorwürfe gemacht habe. So sei aus diesem Zustand der Vereinsamung das Bedürfnis bei ihr erwacht, wieder für jemanden sorgen zu können und aus diesem Bedürfnis heraus sei dann diese Ehe entstanden.
Der Beklagte sei, freilich auf ganz anderem Wege, auch dazu gekommen, sich nach einem eigenen Heim zu sehnen. Und da sich die Parteien in diesem Wunsche begegnet seien, habe schließlich der Beklagte die Klägerin gefragt, ob sie sich mit ihm verheiraten wolle.
So sehr eine Heirat dem geschilderten Bedürfnis der Klägerin entsprochen hätte, so haben sich ihr doch sofort gewichtige Bedenken aufgedrängt. Sie habe den Beklagten hingewiesen auf ihre große körperliche Schwäche und mögliche erbliche Belastung. Der Beklagte habe indessen geglaubt, sich über solche Bedenken hinwegsetzen zu können und sich von der Zukunft das Beste versprochen.
[...]
Von der Hochzeitsreise sei sie krank und abgeklappt nach Hause gekommen. Sie habe keinen Schlaf gefunden und sei einer steten Müdigkeit nicht los geworden. Der Beklagte habe sich ihr gegenüber so rücksichtsvoll als möglich benommen. Allein seine Natur habe Bewegung und Tätigkeit verlangt und es habe sich bald ein immer stärkerer Gegensatz zwischen den Parteien gezeigt. Bei der Klägerin sei der Gedanke aufgekommen, sie könne diesem Manne nicht genügen und ihm nicht das sein, was er von seiner Frau erwarten müsse. Und dieser Gedanke, daß sie nicht am richtigen Platze sei, habe sich zu einer eigentlichen fixen Idee entwickelt. Diese Idee habe die Klägerin so beherrscht, daß sie vor ihrem Manne nach und nach Angst und Furcht empfunden habe. [...]

Camilla Meyer (4. Dezember 1879–16. Oktober 1936) im Alter von ungefähr 50 Jahren. Anonyme Photographie um 1930. Original Privatbesitz, Reproduktion Zentralbibliothek Zürich

*C. F. Meyer als geselliger Dichter, kostümiert im Stile von Louis XIV: In diesem Aufzug – in rotem Samtrock und mit lockiger Molièreperücke – trug er am 17. April 1883 auf der Hochzeit seines Schwagers Karl Ziegler mit Mathilde Wegmann zum Zeitvertreib der Gesellschaft ein selbstverfaßtes «Carmen» vor. Dem sonst eher zurückhaltenden Dichter hat die Inszenierung offensichtlich Spaß gemacht; das beweist der Umstand, daß er das Gelegenheitsgedicht im Einzeldruck meist zusammen mit der Photographie an zahlreiche Freunde und Bekannte geschickt und ausdrücklich auf den Ulk hingewiesen hat, zu dem er sich herabließ.
Photographie von Johannes Ganz (1821–1886), Zürich, im Frühjahr 1883.
Zentralbibliothek Zürich*

Bald sei bei ihr eine eigentliche Krankheit zum Ausbruch gelangt. Fortwährendes Kopfweh habe sich eingestellt, das Gefühl des Nichtgenügens und Nichtamplatzeseins habe sie beherrscht, die kleinste Bewegung habe ihr körperlichen Schmerz verursacht.

Der Arzt empfahl ihr schließlich die Scheidung. Camilla erhob gegenüber dem Ehegatten keinerlei Vorwürfe, und auch in materieller Hinsicht hatten sich die beiden Parteien bereits gütlich geeinigt.

Der Beklagte stellte seinerseits den Antrag auf Scheidung. Schon vor zehn Monaten hatte ihm der Arzt erklärt,

es handle sich bei der Klägerin nicht um ein harmloses Nervenleiden, sondern um eine wirkliche Psychose. Der Beklagte habe damals nicht an die Richtigkeit dieser Diagnose geglaubt. Leider habe er sich seither zu anderer Ansicht bekehren müssen. Auch er müsse auf die merkwürdigen Angstzustände seiner Ehefrau hinweisen. Sie habe zwar ihm gegenüber nie Furcht geäußert. Im Gegenteil, er habe den Eindruck gewonnen, daß seine Besuche ihr Freude machen. Sie habe ihn ersucht, zu bleiben, wenn er habe aufbrechen wollen. Von Locarno aus habe sie ihn um tägliche Telephongespräche gebeten und sie habe es nicht gerne gesehen, wenn er nicht täglich telephoniert habe. Erst beim letzten Zusammensein habe sie ihm gestanden, daß sie in seiner Umgebung nie ein Gefühl der Angst los geworden sei.

Van Vloten erwog, ob seine Frau vielleicht «sein entschiedenes Auftreten» gegenüber der etwas verwilderten Dienerschaft als Einmischung in ihre Machtbefugnisse empfunden haben könnte. Das spezialärztliche Attest, das im Gerichtsurteil erwähnt wird, bestätigt jedoch, daß die Klägerin «an hochgradiger Neurasthenie» leide, «die auch eine Gemütsdepression im Gefolge» habe. Eine Besserung sei daher nicht zu erwarten, und ein eigentliches Verschulden treffe weder die Klägerin noch den Beklagten.

Camilla lebte nach der Scheidung noch knapp 19 Jahre im elterlichen Haus. Am 16. Oktober 1936 hat sie wie ihre Großmutter den Tod im Wasser gesucht. Vormittags um 9 Uhr 50 ist ihre Leiche im südlichen Teil der Badanstalt Kilchberg aufgefunden worden. Ihr ehemaliger Gatte verkaufte 1942 sein Besitztum in Malans, weil er angeblich das föhnige Klima schlecht ertrug. Er ließ sich im Tessin nieder, wo er am 26. Januar 1953 in Orselina bei Locarno gestorben ist.

In ihrem Testament vom 27. November 1932 hat Camilla den schriftlichen Nachlaß ihres Vaters sowie dessen vollständiges Arbeitszimmer samt Bibliothek und Mobiliar der Zentralbibliothek Zürich vermacht. Gleichzeitig verfügte sie zum Andenken an den Dichter die Gründung der Conrad Ferdinand Meyer-Stiftung, aus der jüngeren Gelehrten, Künstlern und Schriftstellern Förderungsbeiträge zukommen sollten.

Der anerkannte Dichter

Betsy Meyer schreibt über die schaffensfrohen Jahre ihres Bruders in Kilchberg:

Der Dichter fühlte sich glücklich in seinem Heim und bemühte sich treulich, die größeren und kleineren Interessen seiner ihn herzlich liebenden und bewundernden Hausfrau zu teilen. Sie gehörte einem großen Verwandtenkreise an, der sich um ein altes Familienhaupt, den loyalen Oberst Ziegler, ehrfurchtsvoll scharte. Dieser Schwiegervater C. F. Meyers war ein Jugendkamerad unseres Vaters gewesen, und mein Bruder schätzte es als ein Glück, ihn noch während sechs Jahre[n] mit der dankbaren Liebe zu umgeben, die er dem eigenen, früh verstorbenen Vater nie mit vollem Bewußtsein hatte bezeugen können.

Da die Vermählten beide das Leben auf dem Lande bevorzugten, gelang es dem Dichter, die ihm jederzeit günstigeren Vormittagsstunden in ihrer Frische und Stille zu ungestörter Arbeit sich frei zu halten. So beglückte er und ließ er sich beglücken. So versöhnte er und beherrschte er ruhig die zwei verschiedenen Lebensgebiete, deren beider er bedurfte, um sich zu voller Tätigkeit zu entfalten, und in denen beiden er sich frei und wohl fühlte: große Dichtung und einfaches Familienglück. Fünfzehn befriedigte Lebensjahre eilten ohne Mißklang in fruchtbarer Arbeit also vorüber. Wahrlich, ein selten schönes, dankenswertes Los!

(Betsy, S. 197f.)

Conrad Ferdinand Meyer im Alter von 60 Jahren. Radierung von Karl Stauffer-Bern (1857–1891), entstanden im Januar/Februar 1887, nach Zeichnungen und photographischen Aufnahmen vom September 1885. Widmungsexemplar des Künstlers an den Dichter: «– auf die Gefahr hin daß es in den Papierkorb wandert – Herrn C. F. Meyer ganz ergebens [!], von Stauffer Bern – 87.» Der Dichter fand das Porträt, das ihn auf der Höhe seines Ruhms zeigt, «originell», aber nicht «anmuthend»; seine Frau hingegen bezeichnete es als «ein schreckliches Bild», während es auf Betsy wie eine «geistreiche Karrikatur» wirkte (Zäch/Wellmann, S. 68 f.). Zentralbibliothek Zürich

*Conrad Ferdinand Meyer in seinem Arbeitszimmer in Kilchberg. Obwohl der Dichter nach dem Willen seiner Gattin beim Hausumbau von 1881/82 «ein hohes u. geräumiges Studierzimmer» erhielt (an Meißner, 2. Juni 1880; Briefe II, S. 279 f.), benutzte er zum Arbeiten lieber diesen niedrigen gemütlichen Raum. 1914 ließ Louise Meyer die Bibliothek vom Germanisten Franz Beyel (1890–1942) ordnen.
Anonyme Photographie aus den 1890er Jahren.
Zentralbibliothek Zürich*

Meyer hatte das lange erstrebte Ziel erreicht. Endlich vermochte er bürgerlicher Norm zu genügen, wurde als Dichter geschätzt, war berühmt und bewundert. Selbst wenn seine Landsleute die Werke des Kilchbergers nicht gerade verschlangen, mochte man ihn «wohl leiden, gerade [s]eines lit. Namens wegen» (von François, S. 163). Dies zeigte sich zum einen darin, daß er jetzt auch Aufträge für Gelegenheitsdichtungen erhielt. Obwohl Meyer sich nicht eigentlich als «Localdichter» verstand (VII, 419), war er doch stolz, wenn er angefragt wurde, ob er zu diesem oder jenem feierlichen Anlaß einige Verse beisteuern könne. Das Genre der Festdichtung war ihm zwar ebenso unvertraut wie ihm der volkstümlich-patriotische Ton solcher Poesie nicht besonders entsprach. Zudem waren diese Dichtungen fristgerecht zu produzieren, so daß Meyer entgegen seiner Gewohnheit nicht allzulange daran herumfeilen konnte.

1881 hat er als erstes derartiges Auftragswerk ein Gedicht zur Enthüllung des Denkmals des 1880 verstorbenen Musikers Ignaz Heim verfaßt (ZUR HEIM-FEIER; VII, 39 ff.) und als Ehrenmitglied des Männerchors Meilen den Verein zum Sängerfest im gleichen Jahr mit einem Liedtext bedacht (SÄNGERGRUSS; VII, 44). 1883 schuf Meyer dann das FESTGEDICHT ZUR ERÖFFNUNG DER SCHWEIZERISCHEN LANDES-AUSSTELLUNG (VII, 45 ff.), während Keller den Text zur Festkantate lieferte. Es folgten 1885 die FESTKANTATE FÜR DIE EINWEIHUNGSFEIER DES ZWINGLI-DENKMALS (VII, 49 f.), 1886 ein FESTLIED anläßlich der Fünfhundertjahrfeier der Schlacht bei Sempach (VII, 51 f.) und im Herbst 1890 ein Festgedicht zum 25 Jahr-Jubiläum Friedrich Hegars als Leiter der Abonnementskonzerte der Allgemeinen Musikgesellschaft Zürich (VII, 53 f.). Eine weitere Gelegenheitspoesie widmete er im Frühling 1891 dem Zürcher Sängerverein «Harmonie», der ihm die Ehrenmitgliedschaft verlieh, zur 50. Stiftungsfeier (VII, 55 ff.), und ebenfalls 1891 dichtete er ein Weihelied für das neue Schulhaus seiner Wohngemeinde (VII, 58 f.) sowie den PROLOG ZUR WEIHE DES NEUEN STADTTHEATERS IN ZÜRICH am 30. September (VII, 60 ff.); der Auftrag für das Festspiel zur Eröffnung der Bühne ging an Carl Spitteler.

Andererseits wurde Meyer als nun anerkannter Dichter entsprechend ausgezeichnet und geehrt. Auf Antrag seiner Freunde Georg von Wyß und Johann Rudolf Rahn sowie Gerold Meyer von Knonau erhielt er am 17. Januar 1880, nachdem eben DER HEILIGE erschienen und in seiner Vaterstadt nicht besonders wohlwollend aufgenommen worden war, den Titel eines Ehrendoktors der Universität Zürich. 1888 wurde ihm von der deutschen Peter-Wilhelm-Müller-Stiftung der Ehrenpreis von 3000 Reichsmark zugesprochen, und seit jenem Jahr war er auch Träger des Maximiliansordens. Anläßlich seines 70. Geburtstags verlieh ihm die Gemeinde Kilchberg das Ehrenbürgerrecht, und am 18. Oktober 1895 wurde er zusammen mit Johannes Brahms zum Ehrenmitglied des Männerchors Zürich ernannt.

«HIER BLEIB' ICH»

Nach der Rückkehr aus der Anstalt Königsfelden, als Meyers Pegasus keine großen Sprünge mehr machte, entstand das folgende Gedicht. In treuherzig klingenden Versen beschwört der in seinem Ruhm gefestigte, aber in der künstlerischen Gestaltungskraft mittlerweile gebrochene alternde Poet nochmals seine Liebe zur Kilchberger Heimat, wo ihm so manche wertvolle Schöpfung gelungen war. Das Spätgedicht, das wie andere Erzeugnisse jener Jahre von Louise unter Freunden verbreitet wurde, datiert von Meyers Namenstag, dem 26. November 1893:

DAHEIM

*Wie herrlich ist's, daheim zu sein.
Mit seinem vielgeliebten Kind,
Und einem treuen Hausgesind!
Wie schön, sich ganz der Dichtung weih'n!
So wünsch' ich denn, daß stets ich hier
   verbleibe,
Verpflegt von meinem theuern Weibe.
Drum werd' ich nie aus meinem Kilchberg
   weichen:
es ist ein Sitz, ein Wohnort ohne Gleichen.
Hier ist mir manches Lied gelungen,
Das schönste doch, wo Kilchberg ich
   besungen.
Hier bin ich nun an diesem schönen Tage!
Hier bleib' ich auch, bis ich der Welt entsage!
Hier bleib' ich, wirke nun im Stillen,
Ergeben bin ich in des Höchsten Willen,
ich lasse mir an seinem Dienst genügen
und weiß, er wird es alles weislich fügen*

(VII, 322)

Nachbarn, Besucher und Verleger

Gegenüber diesem Kreis von «Zugewandten» hat sich C. F. Meyer aus der ihm eigenen Höflichkeit heraus unermüdlich bemüht. Sie genossen nicht die Wertschätzung als Freunde im strengen Sinne, weil er sie bei der Entstehung seiner Werke nicht um ihre direkte Hilfe anging und sie ihm und seinem Schicksal nicht so nahestanden. Sie gehörten auch nicht zu den herausragenden Zeitgenossen, denen er aus kluger Einsicht seine Reverenz erwies. Es waren Menschen, mit denen er, der geborene Einzelgänger, sich gut stellen wollte, denn sie hatten durch ihre Anteilnahme an seinem Leben und Werk ein Anrecht auf solche von ihm bezeigte Freundlichkeit erworben. Eine Ausnahme bildeten die Verleger Haessel und Rodenberg, die seine Dichtungen in die Öffentlichkeit trugen. Mit ihnen, auf deren hilfreiche Tätigkeit er zeitlebens angewiesen blieb, mußte er, soweit das Geschäftliche nicht noch Betsy oblag, besonders pfleglich umgehen.

Durch seine Schwester wissen wir, daß Meyer – im Gegensatz zu Gottfried Keller – Begegnungen mit Bekannten in öffentlichen Lokalen abgeneigt war (Betsy, S. 11): «[...] – er behauptete, schon der Geruch des Wirtshauses schlage ihm unangenehm auf die Nerven – [darum] wurde es ihm in älteren Jahren zur lieben, freilich etwas bequemen Gewohnheit, alle, die ihn aufsuchten oder kennen lernen wollten, bei sich in seinen gemütlichen vier Mauern oder im eigenen Garten zu empfangen.» So hielt er es mit Nachbarn und all jenen Menschen, die ihn sehen wollten, denen er sein Kilchberger Heim gastfreundlich öffnete, um ihnen dort, geschützt durch den selbstgeschaffenen Lebenskreis, bürgerlich verbrämt entgegenzutreten.

Graf Wladislav Plater (1808–1889), der wilde polnische Patriot und Nachbar Meyers im Haus zum Broëlberg, gehörte ebenso zu ihnen wie dessen exzentrische Gattin Caroline Bauer (1807–1877). Einst umschwärmte Hofschauspielerin und dem nachmaligen König der Belgier Leopold von Coburg vorübergehend in morganatischer Ehe angetraut, gefiel sich die Heroine in leidenschaftlich-theatralischem Gehaben, was den zurückhaltenden Meyer offensichtlich abstieß. Er hatte das seltsame Paar im Mariafelder Kreis kennengelernt. Der Graf, heftig und unbeherrscht, ein königlicher Verschwender, war nur zu oft in Streitereien und Prozesse verwickelt. Gleichwohl schätzte ihn der Dichter vielleicht gerade seiner so offen ausgelebten Unzulänglichkeiten wegen und hat nach seinem Tod einen ehrenden Nachruf verfaßt. Plater, der Gründer des Polenmuseums in Rapperswil, spielte mit dem Gedanken, bei der Wiederaufrichtung Polens den Thron besteigen zu können. Meyer meint dazu ironisch (an Adolf Meißner, 18. April 1877; Briefe II, S. 270): «Er fast ein König, sie fast eine Königin und ich fast ein Poet [...].»

Nanny von Escher (1855–1932), jüngste hochbegabte Tochter aus aristokratischem Zürcher Geschlecht, führte seit 1872 zusammen mit ihrer Mutter ein abgeschiedenes Leben auf dem Albispaß. Das abgelegene Chalet der beiden wurde bald zum beliebten Ausflugsziel ihrer zürcherischen Bekannten. Der Nanny obliegende Haushalt gestaltete sich damit aufwendiger, aber trotzdem blieb dem Mädchen Zeit, sein poetisches Talent zu üben. Meyer erfuhr davon. Im Oktober 1882 besuchte er mit seiner Gattin, einer Cousine von Nannys Mutter, das Haus auf dem Albis und ermunterte die Poesiebegeisterte wohlwollend in ihrem Tun. Mit der Übersendung seiner GEDICHTE samt Widmung veranlaßte er Nanny, jetzt ernsthaft darum zu ringen, was bisher nur Freizeitbeschäftigung für sie gewesen war. 1890 traf die literarisch Gereifte wieder mit Meyer zusammen, der die junge Kollegin bis zu seiner Erkrankung förderte und auf eine Veröffentlichung ihrer Dichtungen hinzuarbeiten empfahl. Er beeinflußte sie bei ihrer Lektüre und war ihr nach ihren eigenen Worten ein «geistvoller Berather und väterlicher Freund» (Nanny von Escher, S. 15). Ihre Verse, die sie geschickt auf die vielfältigsten Anlässe hin abzustimmen verstand, aber auch die von ihr verfaßten Festdichtungen, Vorträge und Lesungen, verraten aufrichtige Menschenliebe, tiefes Heimatgefühl und vornehm bezeugten Respekt gegenüber Tradition und Geschichte. Die Gedichtsammlungen *Meine Freunde* (1917) und *Kameraden* (1926) erfreuten sich – genauso wie ihre dramatischen Werke (darunter *Die Escher von Wülflingen*) oder das Epos *Kleinkindleintag* (1906) – einer zahlreichen Leserschaft.

Ebenfalls dem literarischen Bereich ist Hermann Friedrichs (1854–1911) zuzuordnen. Der um beinahe 30 Jahre Jüngere, den während seines Studiums in Zürich (1879–1882) Meyer und Kinkel, aber auch Gottfried Keller gefördert hatten, verkehrte in den Jahren 1880–1882 im Hause Meyers. Schon 1881 hatte Friedrichs in der «Litterarischen Correspondenz» einen Artikel über Meyer publiziert, den der Dichter für «stichhaltig» erklärte und mit der zusätzlichen Bemerkung quittierte (Briefe II, S. 355): «Goethe sagt mit Recht: ältere und junge Leute sind auf einander angewiesen.» Friedrichs, der selbst ein umfangreiches dichterisches Werk hinterlassen hat, sah sich als Vertreter der Moderne und bezeichnete Meyer als den ersten und bedeutendsten Anreger zu einem neuen lyrischen Verständnis, das ihn bewogen habe, «gegen die abgedroschene Gefühlslyrik Front zu machen und auch von der lyrischen Kunstform vor allem Gestalt und Leidenschaft zu fordern» (Friedrichs, S. 654). Er attestiert der Meyerschen Lyrik, daß sie «keine sogenannte sangbare» sei wie etwa jene Gottfried Kellers (Friedrichs, S. 658), begründet weiter Meyers Hang «zur balladenartigen Dichtung» und erklärt diesen Umstand mit dessen Einsicht, «die Zukunft werde auch vom Lyriker Gestalten, namentlich Menschen von Fleisch und Blut fordern, die befähigt sind, leidenschaftlich zu empfinden, resp. zu handeln, nicht aber wie hysterische Weiber in unnatürlichen Gefühlen und krankhaften Stimmungen zu schwelgen» (ebd.). Meyers Briefwechsel mit Friedrichs, wegen einer Verstimmung des Zürchers über eine literarische Kritik für einige Jahre unterbrochen (woran Louise Meyer nicht unbeteiligt gewesen sein soll), beweist deutlich, daß der Kilchberger Dichter die Werke seines jüngeren Kollegen zu schätzen und entsprechend zu würdigen wußte. Er ermutigte ihn jedenfalls in der Neujahrsnacht 1891, als sich dieser offensichtlich in einer Schaffenskrise befand (Briefe II, S. 372): «[...] glauben Sie fest, ich verbürge mich dafür, daß Sie doppelt so viel Talent haben, als es braucht, durchzudringen.» Eine Äußerung, die auch durch die Tatsache, daß sich Meyer «zu den Alten» zählte (Briefe II, S. 370), als Dichter anders verfuhr und sein Gebiet nicht dem der jungen Generation entsprach, keineswegs in ihrem Kern entwertet wird.

Auch Gottfried Kinkel (1815–1882) gehört zum Kreis der Literaten. Der gebürtige Rheinländer, ursprünglich Theologe, wirkte seit 1866 als Professor für Archäologie und Kunstgeschichte am Polytechnikum in Zürich. Bekannt war er seinen Zeitgenossen aber ebenso durch seine Verserzählungen *Otto der Schütz* (1846) und *Der Grobschmied von Antwerpen* (1872), die neben Gedichten und Trauerspielen vor allem zu gefallen wußten. In seinem Nekrolog GOTTFRIED KINKEL IN DER SCHWEIZ, 1883 im «Magazin für die Literatur des In- und Auslandes» erschienen (XV, 169 ff.), erklärt Meyer lapidar (XV, 173): «[Ü]ber ‹Otto der Schütz› ist kein Wort zu verlieren, er ist Gemeingut des deutschen Volkes geworden.» Kinkels Trauerspielen, die er eher für «Gemälde als Dramen» hält, begegnet er mit mehr Zurückhaltung (ebd): «Es war nicht Kinkels Sache, den Stoß einer Handlung unbarmherzig zu führen.» Für Meyer bleibt Kinkel «ein Geist aus der Familie des Ariost. Seine Freude an einem bald gelassen schlendernden, bald beschleunigten epischen Wanderschritt, der Wechsel von Pathos und flottem Fabuliren, die heitere Sinnlichkeit, die Verwandtschaft mit dem bildenden Künstler, das nicht empfundene Bedürfnis tiefern Charakterisirens, der durchsichtige, weder magere noch überladene, in seiner Art untadelige Vortrag [...] erinnern [...] an den großen Ferraresen.» – Den zehn Jahre älteren Poeten hatte Meyer bei Willes kennengelernt. Der Kontakt zwischen den beiden wurde durch den Umstand erhalten, daß sie sich gelegentlich in der Antiquarischen Gesellschaft trafen. Aber sie waren zu verschieden geartet, und ihre politischen Ansichten gingen allzusehr auseinander, so daß eine engere Freundschaft nicht zustande kam.

Alfred von Meißner (1822–1885), den Meyer in seinen Briefen «lieber, verehrter Freund» nennt (vgl. Briefe II, S. 275), war Oesterreicher, hatte in Prag Medizin studiert und sich dem dortigen Dichterkreis «Junges Böhmen» angeschlossen. 1847 traf er in Paris mit Heinrich Heine zusammen, über den er 1856 eine Biographie veröffentlichte. Meißner stand dem «Jungen Deutschland» nahe. Als Lyriker und Epiker schuf er ein stattliches Werk. Er ist von Ludwig II. von Bayern geadelt worden. Meyer und Meißner haben sich im Oktober 1874 in Meilen erstmals gesehen. Noch im gleichen Jahr weilte der Zürcher bei Meißner in Bregenz zu Besuch. Man nahm mit Anerkennung von den jeweils zugeschickten Werken des andern Kenntnis. Meyer hat den Roman *Feindliche Pole* und die essayistische Sammlung *Schattentanz* rezensiert; Meißner dagegen revanchierte sich mit einer Besprechung des HEILIGEN. Die Erzählungen des Oesterreichers wurden auch in der Mariafelder Tafelrunde mit Beifall bedacht, was Meyers Brief vom 10. November 1874 ausdrücklich belegt (Briefe II, S. 262). Die beiden sind sich 1876, 1879 und 1880 in Zürich wiederbegegnet. Auf seinem gastlichen Kilchberger Sitz hat Meyer den Freund jedoch nie empfangen können. Nur ein Jahr vor dessen Freitod schreibt er nach Bregenz (Briefe II, S. 283): «Auch mich würde es herzlich freuen, mich wieder einmal mit Ihnen auszureden! Es ist schon wahr: für Leute, die ‹schreiben›, ist eine ausgiebige Plauderei erquicklicher als Buchstaben und immer wieder Buchstaben.»

Während ein Gespräch im eigenen Heim hier unterbleiben mußte, kam es dafür mit Otto Brahm (1856–1912) zustande. Der berühmte Theaterkritiker der «Vossischen Zeitung», Mitbegründer der «Freien Bühne» und nachmalige Direktor des Berliner «Deutschen Theaters» und des «Lessing-Theaters» zählte ebenfalls zu Meyers Gästen, und dazu noch zum literarischen Kreis der Neuerer. Er wurde für den Dichter wichtig, weil er auch dessen Werke rezensierte. *Conrad Ferdinand Meyer, ein deutscher Dichter der Schweiz* lautet der vielsagende Titel eines Artikels in der «Frankfurter Zeitung» vom 15. März 1883. Da Brahm ein Mann der Bühne war und in Meyer immer wieder der Wunsch erwachte, sich als Dramatiker zu versuchen, erzählte er Brahm bei dessen erstem Besuch im Sommer 1882 von seinem Vorhaben. Am 12. Dezember 1882 bezieht er sich brieflich darauf (Briefe II, S. 378): «Was ich Ihnen bei Ihrem Besuche hier ein bischen phantastisch vormachte, daraus wird Ernst: ich versuche es mit dem Drama.» Und ironisch fügt er bei, Heyse habe ihm gesagt, «die Drama-Leidenschaft sei aufreibend». Er müsse doch dieses Mittel auch noch versuchen, weil sonst nichts gegen seine «Corpulenz anschlagen» wolle (ebd.). Am 18. März 1884 sahen sich Brahm und Meyer nochmals in Kilchberg. – Als Rodenberg in Aussicht stellte, daß Brahm nach seinem Erachten der geeignete Verfasser für einen Essay über den Dichter sei (Rodenberg, S. 229), entgegnete Meyer am 9. Januar 1887 (Rodenberg, S. 236 f.): «Ich habe gegen Brahm gar nichts, obgleich er mir ein strenger Richter sein wird, aber ich habe immer geglaubt, daß ich dazu praedestinirt bin, durch ihn zu erfahren, wie es eigentlich mit mir stehe.» Diese Äußerung beweist eindrücklich, welchen Stellenwert er der Beurteilung durch Brahm beizumessen bereit war.

Gegenüber Friedrich Theodor Vischer (1807–1887) hat sich der Dichter zeitlebens besonders dankbar gefühlt, hatte er doch in den *Kritischen Gängen* und in dessen «Buche über ‹Goethes Faust›» *(Neue Beiträge zur Kritik des Gedichts)* «in manchen aesthetischen und auch ethischen Ungewißheiten [...] Erleuchtung und Stärkung gefunden» (Meyer an Vischer, 27. November 1878; Vischer, S. 173). Aber er wendet sich erst an den «Verehrten Meister», nachdem er durch Gottfried Keller vom Lob Vischers über den JENATSCH erfahren hat. Ab 1878 bis 1887 belegen gelegentliche Briefe, daß auch Vischer zu jenen gehört, die Meyer – unter größter Ehrerbietung – um eine Beurteilung seiner Werke anging. Am 19. August 1883 kam es zur direkten Begegnung der beiden in Kilchberg, als Meyer mit dem betagten Professor für Ästhetik und Literatur «ein Abendstündchen verplauderte» (Briefe I, S. 167 f.).

In ähnlicher, wenn auch weniger verhaltener Weise unter den «Zugewandten» sind Hans Blum (1841–1910), Wilhelm Langewiesche (1866–1934) und Fritz Koegel (1860–1904) zu gewichten, die – alle Literaten – in Kilchberg angeklopft haben. Blum, politisch engagierter Journalist und Schriftsteller, und Langewiesche, ebenfalls Schriftsteller und Verleger, aber auch der Lyriker und Nietzsche-Forscher Koegel haben ihre Besuche aus der Rückschau heraus im Wort festgehalten. Ihre Berichte geben einigen Aufschluß über den Ablauf solcher Begegnungen, nennen die dabei berührten Gesprächsthemen und vermitteln Eindrücke über die Gesinnungen, in deren Geiste diese abgehandelt wurden. Blum weilte am 19. August 1889 in Kilchberg, Langewiesche und Koegel waren beide im Oktober 1890 bei Meyer zu Gast.

Blum, Reichstagsabgeordneter, Bekannter Moltkes und Bismarcks, war Parteigänger des verehrten ehernen Kanzlers und erklärter Gegner der Sozialdemokraten. Meyer hatte nicht ohne eine gewisse Bewunderung von sich aus mit diesem politisch aktiven und selbstgefälligen Bismarckianer Bekanntschaft geschlossen und ihm 1887 zum Dank für die Sympathien des Deutschen gegenüber der Schweiz ein Exemplar des PESCARA zugeschickt. Auf Blums Rezension hin entspann sich ein Briefwechsel, in dem es Meyer zukam, die literarischen Werke seines Partners zu würdigen. – Der Gastgeber wird in der recht geschwätzigen Wiedergabe der Unterredung auf seine deutsch-nationalen Gefühle hin vereinnahmt, über seine Werke interviewt und zu seinen Plänen befragt. Meyers Zuhause und seine Angehörigen rücken am Rande ins Blickfeld: Der «traute Familienkreis und die stille Würde der Hausfrau» erinnern Blum «an die aus den geschichtlichen Vorstudien zu [s]einem Roman ‹Die Abtissin von Säckingen› [ihm] so lebendigen und vertrauten Zeiten des alten Zürich» (Blum, S. 115). Die recht breite und zuweilen reißerisch instrumentierte Suada des in allen Karpfenteichen bewanderten Deutschen gemahnt in ihrer oft fast unerträglichen Betulichkeit an moderne journalistische Elaborate dieser Art und erscheint trotz der eingestreuten Zitate alles andere als verläßlich.

Langewiesches Schilderung berührt dagegen objektiver, weil sie bescheidener und nicht derart forciert ist: Meyer, dessen Freundlichkeit betont wird, erkundigt sich nach dem Befinden gemeinsamer Freunde. Das Gespräch wendet sich dann der zeitgenössischen Literatur zu, wobei Russen und Nordländer ebenso wie die Franzosen zum Zuge kommen. Des kurz zuvor verstorbenen Gottfried Keller wird mit Wertschätzung gedacht. Zu den literarischen Querelen des jüngsten Deutschland meint der Zürcher, die neue Richtung als solche durchaus nicht ablehnend (Langewiesche, S. 181): «Nur dies beständige Streiten um Theorien und Rezepte ist mir zuwider; der Dichter soll Schönes schaffen, das Wie ist seine Privatsache.» Natürlich werden die publizierten und geplanten Werke Meyers gestreift; und was seine Vorliebe für historische Stoffe betrifft, weist Langewiesche im Gegenzug auf des Dichters Interesse an zeitgemäßen Ereignissen hin, etwa seine Anteilnahme am deutsch-französischen Krieg. «[I]ch habe mein Volk unaussprechlich lieb», soll er gestanden haben; aber seit 1870/71 «fühle ich mich *auch* als Deutscher» (ebd., S. 182).

Mit Fritz Koegel spricht Meyer ebenfalls über seine Dichtungen und weiteren Pläne (Koegel, S. 31): «Mein Traum, mein Sehnen ist, einmal ein Werk zu schreiben, das für das Volk allverständlich ist.» Ihm skizziert er u.a. die Handlung seines PETRUS VINEA und erläutert seine dramatischen Projekte. Auch mit diesem Besucher unterhält sich Meyer ausführlich über Gottfried Keller, seit dessen Tode ihn «ein eignes Gefühl der Vereinsamung beschlichen» habe (ebd., S. 32): «Er saß so lange Jahre auf dem andern Ende der Schaukel, und nun bin ich allein.» Und wiederum kommt des Dichters Verhältnis zu Deutschland zur Sprache, wo er sich geistig eigentlich verankert fühlt. Meyer offenbart seinem Besucher (ebd., S. 29): «[M]an liebt [...] wohl seine Heimat (die Schweiz) mit dem Herzen, sein Vaterland (Deutschland) mit dem Verstande.»

Georg Moritz Ebers (1837–1898), am 4. Mai 1890 in Kilchberg zu Gast, war Aegyptologe und wirkte als Professor in Jena und Leipzig. Daneben war er ein damals vielgelesener Autor von den Publikumsgeschmack respektierenden archäologischen Romanen. «Ebers hat mir einen sehr freundlichen und würdigen Eindruck gemacht. Allerdings ist er körperlich leidend [...]. Geistig ist er durchaus frisch u. hat, wenn ich nicht irre, wieder etwas Aegyptisches auf dem Webestuhl», berichtet Meyer am 18. Mai 1890 seinem Verleger (Briefe II, S. 186). Ebers war gleichfalls ein literarischer Freund; die Werke wurden gegenseitig ausgetauscht, wobei Ebers in die Widmungen seiner Romane Louise Meyer mit einschloß, was ihm die Gattin des Dichters solchermaßen gewogen machte, daß auch sie mit ihm korrespondierte und nach Meyers Erkrankung in ihm einen Verbündeten in ihrem Kampf gegen die angeblichen Intrigen von Betsy, Haessel und Frey zu finden hoffte. Sie legte Ebers die letzten poetischen Versuche des Erkrankten vor seinem endgültigen Verstummen zur schonungsvollen Beurteilung vor.

Zu Besuch bei Meyers

Anna von Doss (1834–1913)

Niemand hat so ausführlich über des Dichters Kilchberger Heim berichtet wie Anna von Doß. Meyer hatte die Gattin des Münchner Bezirksgerichtsrats Adam von Doß an Pfingsten 1871 in Mariafeld kennengelernt, als sie bei Willes zu Gast war. Der sonst eher scheue Dichter fühlte sich in der Gesellschaft der aufgeschlossenen Dame sichtlich wohl. Schon im November 1871 – auf dem Weg nach Venedig – besuchte er zusammen mit Betsy das Ehepaar Doß in München und freute sich, nun auch die Bekanntschaft mit Adam von Doß zu machen, der ein fanatischer Anhänger Schopenhauers und eben dieser philosophischen Interessen wegen ein enger Freund von François Wille war. Doch bereits ein Jahr später reiste Anna von Doß als Witwe in die Schweiz; ihr um 15 Jahre älterer Gatte war im Frühling an Wassersucht gestorben. Sie begegnete dem Dichter jeweils mittwochs, wenn er zu Willes kam, dürfte sich aber auch im Seehof Meilen unter den Kastanienbäumen mit ihm unterhalten haben. Spätere Treffen mit Meyer fanden nachweislich in den Jahren 1885, 1887, 1890 und 1895 statt. Über ihren ersten Besuch in Kilchberg hat Anna von Doß folgendes festgehalten:

Es ist geschehen – ich habe gestern mit Conrad Ferdinand, seiner «Gemahlin» und Camilla zu Mittag gespeist!! – – –

[...] Ich ging um 11 Uhr auf die Station, fuhr hinauf nach Meilen, hinüber nach Horgen, dann per Bahn nach Bendlikon und schritt von da langsam, – mit oftmaliger Umschau, denn das Wetter war prachtvoll geworden –, meinem Ziele entgegen, d.h. scharf bergan, wie Du Dich Tochter noch erinnerst von unsern Besuchen bei der Plater. Die Wille hatte mir nämlich gesagt, sie speisten um 5 Uhr, so wollte ich dann mit einem 3 Uhr Zug wieder retour, – um 1 Uhr langte ich an, – aber es kam anders. – Das Schweizerhaus, groß, von allen Seiten Veranda-geschmückt, mit prachtvollem Park-Garten und eisernem Gitter umgeben, mit der vollen Aussicht auf den «hellsten See der Schweiz», fand ich leicht, da es neben Plater liegt. – Die Kirche dahinter [...]. Man schellt am Gitterthor, da, wo es «Meyer-Ziegler» heißt. Alsbald erheben 2 Hunde, ein mächtig großer Bernhardiner, ein Prachtexemplar, und ein kleines Köterle ein Mordsgekläffe, – ersterer reißt wüthend an seiner Kette, der andere springt das eiserne Gitter hinan, – da erscheint – ein Diener. Nicht in Livrée natürlich, das ist gegen Schweizer-Gefühl, – aber mit der ganzen grinsenden Artigkeit eines sehr wohldressirten Dieners. Es war mir ein sehr dummer Augenblick: denn indem ich ihm meine Karte mit dem Worte gab: Fragen Sie bei Herrn und Frau Meyer an, ob ich die Ehre haben könnte, von ihnen empfangen zu werden, machte ich mich schon darauf gefaßt, zu hören: «Sind nicht zu Hause». Statt dessen nahm er die Karte und sprang mit einem sehr freundlichen: «Gerne, gerne» retour. [...] Er kam [...] sofort zurück und führte mich, 1 Treppe hoch, in's Empfang[s]zimmer. Es ist kein Prunkgemach. Alles zwar sehr neu, gut, sauber, sogar Portièren, [...] – aber es mag wohl an der Niedrigkeit der Zimmer liegen, daß Alles nur recht solide und gut, aber ganz und gar nicht vornehm aussieht. Indessen – wogende Baumwipfel, da auf dieser Seite des Hauses der Garten etwas tiefer liegt, und köstliche Blumen, in Tischen, und als Büschel überall vertheilt, und viele Nippsächelchen, – aber nicht im großen Styl. Auch die Bilder, lauter Öl, ital. Landschaften, aber klein. Man sieht von da in ein Eßzimmer, da war's, mit Ausnahme der gleichen Niedrigkeit des Zimmers, schon besser. Über dem himmelblauen Plüsch-Sopha [...] ein großes prachtvolles Ölbild, – der Golf von Neapel, – und darunter stand der schon gedeckte Tisch. «Die sind früh daran», dachte ich, wenn sie um 5 Uhr erst essen. Etwa 8 Minuten mußte ich warten, dann hörte ich einen lauten, raschen Schritt über die Treppe heraufeilen und durch das Eßzimmer kam er auf mich zu, – glänzend und strahlend wie der Vollmond, wenn er ganz rein und wolkenlos aufgeht! Er hatte sich sichtlich noch gebürstet und zurechtgemacht, und den schönen, schwarzen Seidensammtrock, an dem kein Stäubchen hing und der aussah, als käme er eben vom Schneider, den wird er auch nicht immer anhaben! Und er nahm mich bei beiden Händen und hatte eine solche Freu-

Meyers Empfangszimmer in Kilchberg. Anonyme Photographie. Zentralbibliothek Zürich

de, und war so liebenswürdig und herzlich, daß er ganz vergaß, immer über mich wegzuschauen, wie das sonst seine Art, sondern mir immer direkt in's Gesicht schaute, und mich 10mal nacheinander versicherte: «Wie freu ich mich Sie endlich wiederzusehen, ich danke Ihnen, daß Sie kommen, erst vor wenigen Tagen habe ich Ihrer gedacht, [...] oh, wie schön ist das, daß Sie zu uns kommen. – Nein wirklich, ich freue mich aufrichtig pp [fahre fort, fahre fort!]» – kurz ich war mit dem Empfang zufrieden. «Bitte, kommen Sie nur gleich mit mir», und er reichte mir galant den Arm, – ich dachte, er führt mich zu seiner Frau, – aber nein, – «hier sind Sie bei mir», sagte er und ließ mich in ein anderes getäfeltes Zimmer eintreten, mit Schreibtisch und rothem Seidenplüschmöbel und Thierfellen auf dem Pracht-Parket, und wieder Blumen an allen Ecken und Enden. Ich merkte, das war sein Empfangszimmer, nicht Arbeitszimmer, trotz des Schreibtisches, das war keiner an dem wirklich geschrieben wird. Hier nahm er mir nun ganz galant, Hut und Mantille ab, – «denn es ist selbstverständlich, sagte er, daß Sie mit uns essen.» «Nein, sagte ich, ich will um 3 Uhr zurück, Wille's sagten, Sie äßen erst um 5?» «Wir essen gegen 3 Uhr, sagte er, – es ist schon Alles in Ordnung, Sie fahren dann um ¼5 Uhr über Zürich nach Hause. Um ¼4 Uhr kommt zwar mein Sekretär, dem ich diktire, aber heute muß auch der warten, denn Ihr Besuch ist mir lieber.» Das war also sichtlich Alles schon ausgemacht worden, zwischen dem Empfang meiner Karte und seinem Heraufkommen. Es war etwa 1¼ Uhr als wir uns in seinem Zimmer niederließen und bis ¾3 Uhr, also ganze 1½ Stunden sprachen wir allein und ununterbrochen über alles Mögliche, zunächst über seine Werke natürlich. Denn er gehört zu den Poeten, die mit Wonne über ihre Arbeiten sprechen, nicht wie Paul Heyse, der sofort abbricht. Ihr könnt Euch vorstellen, daß es mir ein großer Genuß gewesen ist, und die Zeit flog – wie man nicht immer behaupten kann, daß sie fliegt! – Was wir sprachen, kann ich Euch nicht wiederholen, sonst müßte ich eine Abhandlung schreiben [...]. Er sei sehr glücklich in Frau und Familie, letztere sämmtlich gute Leute, kluge Frauen [...] – Sechzig Jahre wird er bald alt, – er möchte gerne noch 20 leben, – nur um des Schaffens-Genusses willen; denn was er geschrieben, es dünkt ihn Alles nur ein Vorstudium zu all' dem, was er noch in sich trage, was er machen würde – wenn die Kraft ihn nicht früher verläßt.

[...] Ich sagte ihm daß er Eine Kunst besitze, wie Keiner neben ihm: die Kunst im rechten Moment innezuhalten, und damit mehr zu sagen als alle Andern. «Das freut mich, sagte er, daß Sie das bemerken; mir ist daraus schon ein Vorwurf gemacht worden, und dennoch, ich bilde mir was darauf ein, – ich fühl's eben so.» Dann sprachen wir, das könnt Ihr Euch denken, viel über die Gedichte. [...] Es wachse im Ganzen nicht mehr viel Lyrisches, sagt er, eigentlich gestalte sich in seiner Phantasie Alles dramatisch, und es sei ihm eine furchtbare Entbehrung, die er sich auferlege, seine Stoffe nicht zu dramatisiren. Das Warum setzte er mir in ½stündiger Rede auseinander, deren Sinn ist, daß er eben so hohe Ansprüche an's Drama mache, daß ihm nichts genügt. «Brutal oder verschwommen», findet er seine Figuren; er möchte auch «Don Juan's Ende» nicht geschrieben haben, – wie sehr er Heyse schätzt.

[...] Im Arm führte mich Co-Fe [...] hinüber in's Eßzimmer. Ein sehr elegantes Stubenmädchen servirte, nicht der Diener, – das sei nicht schweizerisch, sagen Wille's. Wer zufällig hereinguckte, hätte gesagt: «Gott, was 'ne Idee! Hier servirt die gnädige Frau und das Stubenmädchen sitzt bei Tische.» Voran ging nun eine große, lange Entschuldigung, seitens der Frau Meyer, daß sie mir nicht aufwarten könne, wie sie gewollt, und wie sich's gebührt hätte, weil man eben auf dem platten Lande sei, ohne Vorbereitung nichts bekommen könne, – ich konnte ihr in Wahrheit sagen, daß, was ich an ihrem Herde suchen kam, nicht die Nahrung des Leibes sei, und daß mir die schöne Stunde, die ich mit ihrem Gemahl über Poesie sprechend, verlebte, viel lieber sei, als ein Diner, unter dessen Last sich der Tisch gebogen hätte, was sie sichtlich gern hörte. Denn, obgleich sie sagte, sie verstehe nichts von Poesie, so sah ich doch von Anfang an, daß sie mit großer Verehrung und Bewunderung zu ihrem Gemahl aufblicke, ja, es ist eine Art Respektston, in dem sie zu ihm sprach, und ihm, während des Essens die Wünsche aus den Augen las. Ich saß auf dem Sopha an dem runden Tisch; rechts er, links sie, auf Stühlen und Camilla mir gegenüber. [...] Wir aßen geschnittene Nudelsuppe, Rindfleisch mit Sauce, Böhnli mit Wurst, Goulage mit Kartoffel, Linzertörtchen mit Gelée, und Caffe mit Zürcher-Hüpli, – und er trank mit mir eine Flasche goldigen, prachtvollen Mosel-Weines, mit dem er wiederholt mit mir anstieß. Beide meinten, ich sollte nochmal zu ihnen herüberkommen, dann wollten sie mir «ein Fest» geben, was ich aber entschieden abschlug, – ich war ja ganz zufrieden. Das «Wiederkommen» mußte ich aber fix versprechen. Das Wiederkommen hieher halte ich aber doch für ein Schattenbild ohne Leben und Lebensfähigkeit; das war auch mit der Hauptgrund, weßhalb es mich plötzlich erfaßte: «Geh hinüber, und setze dich nochmal in unmittelbaren Rapport mit dem Manne, dessen Geistesgaben dich so sehr entzücken.»

Anna von Doß an ihre Tochter Christine und deren Gatten Ludwig Mayer, 10./11. Mai 1885 (von Doß, S. 373 ff.)

Die Verleger

Julius Rodenberg (1831–1914)

Der gebürtige Hesse, bedeutender Feuilletonist und Kritiker des deutschen Liberalismus, selbst als Lyriker und Erzähler tätig, war der mit feinstem Spürsinn für echte künstlerische Leistung begabte Gründer und Herausgeber der «Deutschen Rundschau» (ab 1874), in der alle Prosawerke Meyers – mit Ausnahme von AMULETT, JENATSCH, SCHUSS und LEIDEN EINES KNABEN – als Erstdrucke erschienen. Schon 1877 bat Rodenberg den bekanntwerdenden Zürcher, er möchte bei künftigen Publikationen an die «Rundschau» denken. Ende August 1877 kam es zu einer ersten Begegnung der beiden in Kilchberg. Meyer nennt den Hessen von nun an in seinen Briefen «verehrter Freund», und seit diesem persönlichen Kontakt führen auch Rodenbergs Schweizerreisen von 1883, 1886, 1887 und 1890 über die zürcherische Seegemeinde, wo er im «kleinen Landsitz» mit den «zwei Pappeln im Hofe» und den «zwei Kastanien davor» jedesmal gastlich empfangen wird (Rodenberg, S. 10). Es versteht sich von selbst, daß Meyer, den nach wie vor «Scrupel haufenweise» überfielen (Rodenberg, S. 45), am Urteil des Berliner Verlegers, der ja selber literarisch tätig war und jeden noch so kleinen Stilschnitzer bemerkte und sogleich tilgte, sehr viel gelegen war. Nachdem der HEILIGE in der «Rundschau» erschienen war, bat er Rodenberg beispielsweise, ihm «genaue und unverhohlene Nachricht zu geben», was «man im Reiche draußen» darüber sage, weil das für seine neuen Arbeiten sehr wichtig sei (Brief vom 10. November 1879; Rodenberg, S. 56 f.).

In der Folge gelangen PLAUTUS, GUSTAV ADOLFS PAGE, MÖNCH, RICHTERIN, PESCARA und ANGELA BORGIA als Vorabdrucke der «Rundschau» vor das interessierte Publikum. Rodenberg drängte den nach einem Armbruch noch schreibunfähigen Dichter bereits am 13. November 1879 förmlich (Rodenberg, S. 60): «Schaffen Sie indessen gutes Muthes weiter! [...] und ich bitte jetzt schon, Ihre nächste Novelle wiederum der ‹Rundschau› zu geben.» Denn – so am 6. Dezember 1879 (Rodenberg, S. 61) – «jetzt gehören Sie zu den Novellisten der ‹Rundschau›, deren Wiederkehr von dem Publikum immer freudig begrüßt werden wird». Meyer versichert am 5. September 1881, daß er der «Rundschau» treu bleibe (Rodenberg, S. 90), und am 10. September doppelt er nach (Rodenberg, S. 92): «Zählen Sie darauf, daß ich keine Novelle, mit welcher Sie zufrieden sind, außerhalb der ‹Rundschau› veröffentliche.»

Der Einfluß Rodenbergs erstreckt sich – nicht ganz frei von Eigennutz – sogar auf Meyers poetische Pläne, wenn er ihm nahelegt, was und wie er dichten möge:

Julius Levin Rodenberg, eigentl. Julius Levy (1831–1914). Photographie von Hanns Hanfstaengl, Berlin, um 1875. Aus Gottfried Kellers Nachlaß. Zentralbibliothek Zürich

Aber selbst, wenn Shakespeare käme, so würde ich ihm sagen: «Schreiben Sie Ihre Dramen für die Bühne; der ‹Rundschau› geben Sie lieber eine Novelle!» ... Wenn Sie können, *geben Sie den Gedanken auf an die dramatische Gestaltung; bleiben Sie bei der hergebrachten Form der Novelle, die ja auch dramatisch genug sein kann.*

Julius Rodenberg an Meyer, 16. Februar 1880 (Rodenberg, S. 64)

Und Meyer lenkt ein:

[...] ich [...] werde Ihren Rath befolgen. Es ist jedenfalls das Sichere und verloren ist dabei nichts. Wenn ich auch, in der Novellen Form, die [...] dram. Momente nicht voll entwickeln kann, kann ich dieselben doch kräftig andeuten.

Meyer an Julius Rodenberg, 18. Februar 1880 (Rodenberg, S. 65)

Besonders bezeichnend für das von Wohlwollen und Rücksichtnahme geprägte Verhältnis der beiden ist die Entstehung des LUTHERLIEDS (I, 359 ff.), sozusagen ein dichterisches Gemeinschaftswerk, mit dem 1883 die Novembernummer der «Rundschau» eröffnet wurde. Meyer initiiert das Unterfangen:

Noch ein leicht hingeworfenes Wort: ich hätte Lust – aber nur für die Rundschau, anders thue ich es nicht – ein Paar Verse zur Saecularfeier Martin Luthers (Nov.-H.), meines großen Lieblings, zu dichten. Geht das? Ginge das?

Meyer an Julius Rodenberg, 8. Mai 1883 (Rodenberg, S. 143)

Rodenberg begrüßt den Vorschlag «mit wärmstem Dank» (Rodenberg, S. 144f.): «Für dieses Carmen sind Sie der auserwählte Mann. [...] Wir werden ein schönes Lutherheft haben.» Meyer wiederum beteuert am 14. Mai (Rodenberg, S. 146): «Das will ich einmal mit Liebe dichten!» Auf Rodenbergs Rückfragen, wann er über den Text verfügen könne, nennt Meyer Ende August als Termin. Was nun einsetzt, ist ein amüsantes, schriftlich geführtes Werkstatt-Gespräch zwischen Berlin und Kilchberg. Rodenberg, der mit Meyers Versen und entsprechenden Änderungsvorschlägen nicht ganz einverstanden war, machte immer neue Einwände. Die Schlußfassung – Meyer hatte offensichtlich längst Freude und Liebe am Gegenstand verloren – war mithin eine Koproduktion. Mit undatierter Karte schreibt er nach Berlin:

Verehrter Freund, ich glaube, das dürfte das Rechte sein – benützen Sie die Varianten nach Gutdünken und geben Sie dem Gedichte die definitive Fassung! Ich schenke Ihnen mein volles Vertrauen.

*Meyer an Julius Rodenberg,
[vermutl. 14. August 1883] (Rodenberg, S. 166)*

Kurze Zeit später meldet der Dichter aber gleichwohl wieder seine Bedenken zu gewissen Textstellen an. Besondere Beachtung verdient dabei die Anrede:

*Mein lieber Freund,
lassen wir das «verehrter» in petto, während wir zusammen ein gutes Lutherlied machen. Hernach bleiben wir dann aus Gewohnheit bei dem «Lieber».*

*Meyer an Julius Rodenberg,
21. August 1883 (Rodenberg, S. 166)*

In der Nachschrift bemerkt er nicht ohne Anklang von spitzbübischem Sarkasmus:

[...] freilich sind diese Quisquilien und Bemängelungen, dieses Feilen und Putzen kleinlich und erbärmlich, aber wenn einmal das Gedicht blank dasteht, so verbrennen wir unsere Briefe.

(Rodenberg, S. 168)

Bedrückend und von düstersten Ahnungen des Kommenden überschattet, nimmt sich dagegen einer der letzten Briefe Meyers an den Verleger aus:

*Lieber Freund,
wenn Sie, wie Sie früher schrieben, in diesem Frühjahr hier durchreisen, dürfen Sie mir leider keinen Besuch machen, da ich Besuche nicht empfangen darf. Mein Zustand – nach einem schweren Winter – ist zu leidend. Ihnen alles Gute wünschend*

Ihr C. F. Meyer.

*Meyer an Julius Rodenberg,
28. März 1892 (Rodenberg, S. 315f.)*

Hermann Haessel (1819–1901)

Hermann Adolf Haessel, der praktisch alle Werke Meyers in Buchform veröffentlicht hat, entstammte bescheidensten Verhältnissen und hatte sich durch großen Fleiß und höchste Gewissenhaftigkeit vom Buchhändlerlehrling zum Chef des eigenen Verlagshauses emporgearbeitet. Er übernahm «ein Buch gern, wenn der voraussichtliche Verlust nicht zu groß» war, wollte aber vor allem gute Bücher drucken (Sorgenfrey, S. 20). Er war enorm belesen und allen schönen Künsten zugetan, auch auf seinen ausgedehnten Reisen. Das Medusenhaupt war das Wahrzeichen seiner Firma.

Der Beginn seiner Beziehungen zu Meyer fällt in die Mitte der sechziger Jahre. Haessel verlegt damals die weitgehend von Betsy besorgte Übersetzung *Der himmlische Vater. Sieben Reden von Ernest Naville* (1865) und gibt schließlich als erstes Werk 1870 die Romanzen und Bilder des noch völlig unbekannten Zürchers heraus. Ein bald reger Briefwechsel zwischen Haessel und den beiden Geschwistern trägt dazu bei, den geschäftlichen Verkehr ins Persönliche auszuweiten, und zahlreiche Besuche des Leipziger Verlegers in der Schweiz vertiefen die sich rasch entwickelnde Freundschaft. In Kilchberg hat er zwischen 1877 und 1891 insgesamt fünfmal vorgesprochen.

Als das Ehepaar Meyer und Betsy in immer gespannterem Verhältnis der völligen Entzweiung entgegentreiben, gerät Haessel, der seinen Kontakt zu Betsy aufrecht erhält, ohne es zu wollen, mitten in den familiären Wirbel hinein. Kilchberg, verärgert über des Verlegers früher schon ab und zu durchbrechende Geschäftstüchtigkeit, reagierte empört: Haessel hatte 1892 eigenmächtig eine Rezension von Lina Frey über *Conrad Ferdinand Meyer's Gedichte und Novellen* zu Reklamezwecken in einem Teil der 5. Auflage der Gedichte mitveröffentlicht und trug sich zudem mit dem Gedanken, Keller und Meyer in einem Buch sozusagen gegeneinander antreten zu lassen. Noch schlimmer aber war, daß man Haessel seiner andauernden Freundschaft mit Betsy wegen zu ihrem raffinierten Helfershelfer abstempelte. Wie er anfangs 1895 gar zwischen Meyer und dessen Schwester vermitteln wollte, wurde er mehr als verdächtig, und Verwandte Meyers mußten ihn ausdrücklich davor warnen, sich in Familienangelegenheiten einzumischen.

Als Haessel auf seine Bitte, Meyer im September 1895 besuchen zu dürfen, keine Antwort erhielt, hatte auch er einen weiteren Grund, über diese neue und beleidigende Unfreundlichkeit aufgebracht zu sein. Meyers Gattin erklärte hinterher dieses Versäumnis gegenüber dem nach wie vor um des Dichters Gunst bemühten Verleger als Folge eines bedauerlichen Mißgeschicks. Wie aber zu Meyers 70. Geburtstag im Oktober 1895 in Artikeln die einstige Mithilfe der Schwester Betsy gerühmt und das freundschaftliche Verhältnis des Dichters zu seinem Verleger beschworen wurde, da gab es für die verärgerten Eheleute Meyer keinen Zweifel

Begabung erkannt; er vertraute und förderte damit den unberatenen angehenden Künstler, so wie dieser hernach auf ihn bauen durfte.

Ein aus der Zeit ungetrübten Einverständnisses stammender Brief Meyers belegt beispielhaft, wie stark auch die persönliche Bindung schließlich gediehen war:

Liebster Freund,
Ihr heut angelangter Brief hat mich wahrhaft erschreckt. Wir wollen aber noch das Beste hoffen. Ihre lebendige Einbildungskraft hat Sie doch schon oft zu dunkel sehen oder ahnen lassen und mir scheint, Sie dürfen den hoffnunggebenden Worten des geschickten Arztes den Glauben nicht versagen.
Bitte, wie es komme, nötigen Sie sich von Zeit zu Zeit eine Zeile für mich ab, ich werde sonst zu unruhig u. bin selbst noch nicht wohl.
Herzlich
Ihr C. F. M.
Meyer an Hermann Haessel,
25. Februar 1888 (Briefe II, S. 154)

Noch deutlicher bezeugt das Einvernehmen die Einleitung eines Neujahrsbriefes:

[...] ich [...] lasse [...] das Jahr nicht enden, ohne Ihnen für Ihre treue Freundschaft gedankt u. mir deren Dauer (ich meine natürlich nur durch Lebenbleiben, ein anderes Ende derselben ist unmöglich) gewünscht zu haben. Geben Sie mir die Hand!
Meyer an Hermann Haessel,
30. Dezember 1889 (Briefe II, S. 182)

mehr: Haessel und Betsy waren Verbündete, denn anders ließen sich Haessels «Hanswurstiaden» (Meyer an Rodenberg, 5. November 1895; Zäch/Wellmann, S. 64) nicht erklären. Der Verleger, dem vorgerückten Alter seinerseits Tribut zollend, war nach Betsys Meinung mittlerweile zum etwas wunderlichen Hypochonder geraten. Er strengte im Sommer 1896 sogar einen Prozeß gegen Meyer an, weil dieser angeblich Verlagsrechte verletzt habe, was sich aber als Irrtum herausstellte. Schlimmer waren dagegen die Folgen eines Briefes aus Kilchberg, den Betsy im Herbst 1897 ohne böse Absicht und nicht ohne den Wortlaut abgeschwächt zu haben nach Leipzig übermittelte: Darin war die Beleidigung mit Händen zu greifen, enthielt das Schreiben doch den üblen Satz, Betsy dürfe Haessels Namen vor Meyer nicht mehr nennen, weil der Verleger wie Betsy und Frey den Dichter ausbeuteten (Brief vom 14. September 1897; ebd.). Das ging an die Ehre! Haessel, jetzt zutiefst verletzt, legte dieses Wort auf die Goldwaage und erinnerte sich an eine Äußerung von Meyers Gattin, der Dichter hätte Geldbeträge, die in Haessels Abrechnungen vermerkt gewesen seien, nicht erhalten. Betsys begütigende Beschwörungen fruchteten wenig. Es bedurfte der geschickten Vermittlung eines Rechtsanwalts, damit Haessel schließlich vom bereits eingeleiteten Verleumdungsprozeß absah.

Diese schmerzliche und von Tragik umwitterte Entwicklung, welche die einst enge Freundschaft zwischen Dichter und Verleger genommen hat, steht eindeutig unter dem Unstern familiärer Wirren und der beginnenden Erkrankung Meyers. Ohne Haessel wäre er nie zu dem geworden, als was er sich nach seinen Erfolgen zu Recht sehen durfte: zu einem berühmten schweizerischen Dichter, der sich mehr noch als deutscher Dichter fühlte. Haessel hatte – ebenso wie Rodenberg – Meyers typische

Hermann Adolf Haessel (1819–1901).
Meyers Verleger schenkte diese Photographie der Dichterschwester Betsy und schrieb auf die Rückseite folgende Widmung: «Hermann Adolf Haessel./ 26. März 1899. – 1819 = 1899./ Ein Greis von achtzig Jahren/ Mit silbergrauen Haaren./ Doch ist er noch ganz rüstig,/ Zuweilen auch noch lästig:/ Lobt Gott den Herrn!»
Photographie von Carl Bellach, Leipzig, aufgenommen 1899. Aus Betsy Meyers Nachlaß. Zentralbibliothek Zürich

Rechte Seite:
Conrad Ferdinand Meyer im Alter von 57 Jahren.
Photographie von Johannes Ganz (1821–1886),
Zürich, aufgenommen im Mai 1883.
Zentralbibliothek Zürich

VIII Das wunderbare Jahrzehnt

«Der Heilige» (1880)
«Der Komtur», Plan (1877–1892)
«Plautus im Nonnenkloster» (1882)
«Der Dynast», Plan (1880–1892)
«Gedichte», 1.–3. Auflage (1882/83/87)
«Gustav Adolfs Page» (1883)
«Das Leiden eines Knaben» (1883)
«Die Hochzeit des Mönchs» (1884)
«Die Richterin» (1885)
«Petrus Vinea», Plan (1881–1892)
«Die Versuchung des Pescara» (1887)

«Der Heilige» (1880)

«*Was gibt der geschichtl. Rohstoff?*» schreibt Meyer am 2. Mai 1880 an Hermann Lingg. «Ein normännischer König überhäuft einen sächsischen Günstling u. macht ihn aus polit. Gründen zu seinem Primas. Dieser wendet sich plötzlich gegen ihn u. es entsteht zwischen König u. Bischof ein entsetzliches Ringen. *Der König hat sich also gründlich u. furchtbar in seinem Günstling getäuscht.*» (XIII, 298)

Wie im JENATSCH stehen sich auch im HEILIGEN zwei gegensätzliche Charaktere gegenüber, und mit ihnen die Prinzipien von Geist und Macht. Heinrich II. verkörpert den Staat. Thomas Becket, sein Kanzler, steht für die Kultur; als Primas von Canterbury aber vertritt er im zweiten Teil die Macht der Kirche. Eingespannt ist die Handlung in den Kampf zwischen Papst und König, zwischen Sachsen und Normannen, Bauern und Rittern, so wie er im England des 12. Jahrhunderts stattgefunden hat. Im europäischen Raum spielt damals auch die Auseinandersetzung zwischen der hochentwickelten Kultur der Sarazenen und der noch primitiven der nordischen Völkerwanderungsstämme mit herein.

König Heinrich ist eine ungestüme Herrschernatur; er verfügt brutal über seine Untertanen und übt seine Macht ohne Skrupel aus, frönt hemmungslos seinen Trieben. Dabei wirkt er aber auch gutmütig, spontan, naiv als ein Kraft- und Naturmensch mit starkem Temperament, großzügig im Schenken, unmäßig im Richten und Strafen.

Der Charakter des Kanzlers, seines späteren Widersachers, kommt erst im Gegenlicht zu voller Geltung. Beckets Intelligenz ist scharf und kritisch gegenüber bloßer Gewalt (er kann kein Blut sehen); seine überlegene orientalische Bildung zwingt ihn zur Verachtung alles Rohen. Er ist eine hochmütig-vornehme Natur – distanzierender Blick, durchschauendes Abwägen der Interessen und klare Planung des Handelns sind ihm zum Bedürfnis geworden; er liebt es, die Kräfte gegeneinander auszuspielen, und scheut davor zurück, selber handgreiflich zu werden. «‹Ich liebe das Denken und die Kunst und mag es leiden, wenn der Verstand über die Faust den Sieg davonträgt und der Schwächere den Stärkeren aus der Ferne trifft und überwindet›», sagt der Kanzler bei Gelegenheit (XIII, 33).

«L'esprit contre la force», wie es bei Thierry heißt (XIII, 349): Geist und Macht in ihrem verwirrenden Zusammen- und Gegenspiel. Die Handlung im Großen zeigt zuerst den Geist im Dienste der Macht: Der Kanzler unterstützt den König. Das Verhältnis zerbricht, als der König die Tochter des Kanzlers schändet. Grace findet bei einem Entführungsversuch den Tod. Die eigentliche Wende tritt dann ein, als der König den Kanzler zum Primas von Canterbury erhebt, um mit dessen Hilfe die Geistlichkeit seiner Macht zu unterwerfen. Aber das genaue Gegenteil stellt sich ein: Der Kanzler macht im Namen der Kirche Front gegen den König. Von da an arbeitet der Geist *als* Macht gegen die physische Macht des Herrschers. Des Kanzlers bloßes Schweigen richtet den schuldig Gewordenen. Seine Söhne fallen von ihm ab. Die Verweigerung des versöhnenden «heiligen Friedenskusses» (XIII, 117) durch Becket führt zum Mord in der Kathedrale, und der zum Märtyrer gewordene Bischof verfolgt noch über den Tod hinaus seinen Herrn – bis zu dessen Selbstgericht und unseligem Ende.

Becket tritt dabei nie aus seinem Noli-me-tangere-Kreis heraus. Er bleibt undurchschaubar. Sein Schweigen wie sein Sprechen sind gleichermaßen undurchdringlich, wie sehr immer die am Geschehen Beteiligten daran herumdeuten und -rätseln. Seine Heiligkeit ist gleichzeitig unantastbar und fragwürdig. Unantastbar und fragwürdig ist auch seine Lebensbahn. Sie beginnt als Märchen und endet als Legende.

In Granada hat Hans der Armbruster das Märchen vom Prinzen Mondschein gehört, die Geschichte eines Fremdlings, der von einer gegen Mitternacht gelegenen Insel nach Cordoba zum Kalifen gekommen sei und dessen Gunst gewonnen habe – «durch den Zauber seiner Gestalt und Rede und durch seine Meisterschaft im Schachspiele» (XIII, 22). Durch «Schärfe des Verstandes und politische Weisheit» habe er den Kalifen ohne Krieg und Blutvergießen zum mächtigsten maurischen König gemacht. Dieser habe ihm die schönste seiner Schwestern, Prinzessin Sonne, zur Frau gegeben, denn sie sei von der «Blässe und Sanftmut seines Antlitzes» ebenso bezaubert gewesen wie der Kalif selbst (XIII, 23). Sonne und Mond hätten geheiratet, die Kalifentochter aber sei an der Geburt eines Mädchens gestorben. Höflinge hätten sich darauf gegen den Prinzen Mondschein verschworen. Dieser habe die Verschwörung entlarvt. Der Kalif, obwohl ihn Prinz Mondschein um Milde gebeten, habe die hundert Feinde hinrichten und ihre Köpfe dem Prinzen vors Haus bringen lassen. Der Prinz, «beim Anblicke der blutigen Gabe erblassend» (ebd.), habe mit seinem Kind in der gleichen Nacht die Kalifenstadt verlassen. Soweit die Geschichte des Märchenerzählers, dessen Vortrag Armbruster in Cordoba mit einer gewissen Skepsis gefolgt ist.

Der gelernte Bogner reist nach England. In London hört er einige Jahre später aus dem Munde der Tochter seines dortigen Arbeitgebers eine Ballade, die «von der Geburt eines Heiligen aus dem Schoße einer Sarazenin» berichtet (XIII, 25). Der Handelsmann Gilbert Becket sei im Morgenland von einem Fürsten gefangengesetzt worden. Doch die Tochter des Heiden habe sich seiner erbarmt und ihm die Flucht ermöglicht. Eines Tages dann sei sie, die nur zwei englische Wörter gewußt habe – London und Gilbert (XIII, 26) – auf der Suche nach dem Geliebten in der fremden Stadt aufgetaucht, habe Gilbert gefunden und ihm einen Sohn geschenkt. Dieser sei, von seinem maurischen Blut getrieben, nach Spanien gezogen und habe dort die Gunst des Kalifen gewonnen – als «Prinz Mondschein», wie das maurische Märchen es will. In England dient er später dann dem König, wie er einst dem Kalifen gedient hat.

Die Tochter aber, die er aus Cordoba herausgeführt hat, nennt er Grace und versteckt sie vor der Welt. Er hält sie auch vor dem König verborgen. Niemand weiß etwas von ihr und von dem maurischen Schlößchen, das er in der Lichtung eines dichten Forstes auf einer «goldgrünen Waldwiese» für sie hat errichten lassen (XIII, 45). Der König, der sich wie ein fahrender Ritter während eines Unwetters im Walde verirrt hat, stößt auf das Schlößchen, begehrt Einlaß, der ihm vom alten Diener Äscher schließlich schweren Herzens gewährt wird, und begegnet dort der «elfischen Lieblichkeit» des fünfzehnjährigen Mädchens. Er vergleicht es einer «Waldfei», einer «Melusine», und macht es zu seiner Geliebten (XIII, 46).

Der Erzähler, der die Gunst des Königs erworben hat und den Herrscher bei seinen Eskapaden begleiten muß, beobachtet zufällig einmal auf dem Rückweg, wie der Kanzler zum Schlößchen reitet (XIII, 49): «In den blassen, träumenden Zügen lag eine selige Güte, und das Antlitz schimmerte wie Mond und Sterne. Sein langes Gewand von violetter Seide floß in priesterlichen Falten über den Bug des silberfarbenen Zelters, der, sonst nach dem feurigen Schalle der Zinken und Pauken zu tanzen gewöhnt, heute langsam den weichen Pfad beschritt und den zierlichen Fuß hob wie nach dem Tone der Flöten, welche die verborgenen Waldgötter spielen.» Dem Armbruster kommt er vor wie König Salomo (XIII, 29) oder ein Gralsritter (XIII, 49). Er vermutet zuerst, der Kanzler halte hier eine Geliebte verborgen, bis er erkennt, daß Becket im Schlößchen tatsächlich sein Liebstes, nämlich die eigene Tochter, versteckt hält.

Da läßt Königin Ellenor, wiewohl sie keine treue Gattin ist, in ihrer Eifersucht auch nach dieser Nebenbuhlerin suchen. Der Kanzler, offensichtlich beunruhigt, ordnet strenge Bewachung an. Gleichzeitig will der König das bezaubernde Wesen entführen lassen – der Armbruster soll sie nach einem seiner Schlösser in Sicherheit bringen. Wie dieser in der Nacht mit Grazia dem Walde zueilt, wo die Pferde warten, wird des Kanzlers Tochter von einem Pfeil eines ihrer Bewacher in den Armen des treuen Knechtes tödlich getroffen. Armbruster gelingt die Flucht, während Äscher umkommt. Der Flüchtige bringt dem König die Nachricht vom Tod der Geliebten.

Heinrich beklagt den Verlust in einem wilden Schmerzausbruch, schiebt die Tat den Helfern der Königin zu und erklärt, er wolle den Kanzler «mit Gunst und Gnaden überschütten», damit dieser seinem Throne und seinem Herzen «für immer der Nächste» bleibe (XIII, 62). Armbruster, der Becket ein königliches Schreiben überbringen muß, kehrt in das schimmernde Schlößchen zurück. Dort findet er «die tote Gnade» aufgebahrt im Halbdunkel der Kapelle. Der Kanzler liegt mit zerrauftem Haar und aufgerissenem Gewand neben der Toten. Wiederum verschiebt der Dichter das Bild ins Märchenhafte (XIII, 64): «Ein Lichtstrom, der durch das einzige, hoch gelegene Fenster sich ergoß, beleuchtete ihre überirdische Schönheit. Ihr Haupt ruhte auf einem Purpurkissen und trug ein Krönchen von blitzendem Edelgestein. Der zarte Körper verschwand in den von Goldstickerei und Perlen starrenden Falten ihres über die Wände des Schreins ausgebreiteten Gewandes. Die kleinen durchsichtigen Hände lagen auf der Brust gekreuzt und hielten keusch den schwarzen Schleier ihres Haares zusammen, der vom Scheitel fließend die zarten Wangen einrahmte und, die zwei Wunden des Halses bedeckend, sich unter dem blassen Marmorkreuz ihrer Arme wieder vereinigte.» Des Kanzlers Blick trifft den Armbruster wie «eine Flamme, grausam und gramvoll wie die Hölle» (XIII, 65).

«Herr Heinrich, ein christlicher König», hat «schlimmer als heidnisch an einer unmündigen Seele und einem kaum reifen Leibe gesündigt» und damit schwerste Schuld auf sich geladen (XIII, 52). Aber, so empfindet es der Armbruster, auch der Kanzler ist schuldig geworden, hat er doch seine Tochter unchristlich erzogen und ihre Person dem König verheimlicht. Der ständige Begleiter König Heinrichs ahnt schon früh, daß «der Blasse [...] den Raub seines Heiligtums [...] unerhört und grausam rächen» wird (XIII, 49 f.). Zum erstenmal ist der Allwissende getäuscht und betrogen worden (XIII, 58).

Und nun? Nach außen hin scheint sich im Verhältnis zwischen König und Kanzler zunächst nichts zu verändern: Heinrich glaubt unerschütterlich an dessen «Weisheit und Treue», und Becket nimmt «jede Bürde der Arbeit» für die Größe seines Herrn auf sich (XIII, 66). Und doch bahnt sich im Schweigen des Kanzlers vieles an, was zu Abfall und Verrat führen wird. Becket erklärt dem König, wachsende Staatssorgen, seine Reisen und Gesandtschaften, auch eine früher ihm unbekannte Müdigkeit erlaubten ihm nicht länger, die Erziehung der Königssöhne persönlich zu leiten (XIII, 69). In seinen dunkeln Augen steht dabei geschrieben (XIII, 70): «Grausamer Mann, *du* hast mich meines Kindes beraubt und verlangst, daß ich mich um die deinigen bekümmere!» – Die Söhne geraten in der Folge miteinander in Streit, der Haß, ihr «Hauserbe», bricht zwischen ihnen aus, und Richard Löwenherz stellt gegenüber dem Armbruster fest (XIII, 71): «Der Kanzler liebt den Vater nicht!» Dann wenden sich die Prinzen direkt gegen ihren Vater, und Junker Heinrich meint (XIII, 71 f.): «Herr Thomas [Becket] verachtet den Vater [...]. Wie hielte der feine Berberhengst mit dem borstigen Eber Freundschaft?» Des Kanzlers Benehmen gegenüber dem König ist äußerlich nach wie vor freundlich, obwohl «jener Todeszug», den Armbruster an Becket wahrgenommen hat, als dieser bei seiner Tochter die Totenwache hielt, immer noch in seinem Antlitz steht (XIII, 72). Es sieht fast so aus, als ob der Abfall der Söhne ein Teil der Abrechnung wäre: Der König hat dem Kanzler die Tochter geraubt, jetzt geht er dafür seiner Söhne verlustig.

Aber noch spottet Herr Heinrich im Gespräch unter der Eiche, wie ihn sein Kanzler wissen läßt, daß ihn die Franzosen der englischen Krone abwerben möchten, und erklärt, er werde Becket nimmermehr fahren lassen. «Hast du etwas gegen mich auf dem Herzen, mein Thomas, und willst es mich entgelten lassen, tapferer Mann, ohne Gefahr deines Leibes und Lebens [...]!» (XIII, 74) Er will den Günstling, von dessen Treue überzeugt, sogar nach Paris senden, wo man ihn versucht hat und zu verführen trachtet. – Dieser versichert ihm, daß er an seiner Treue nicht zweifeln dürfe. Er werde nicht zum Verräter werden; aber sein Wesen sei «zur Erniedrigung der Dienstbarkeit» geschaffen, und er könne dem gesalbten Haupte der Könige keinen Widerstand leisten. Doch warnt er seinen Herrn gleichzeitig mit Nachdruck (XIII, 75): «Gib mich nie aus deiner Hand in die Hand eines Herrn, der mächtiger wäre als du! – Denn in der Schmach meiner Sanftmut müßte ich ihm allerwege Gehorsam leisten und seine Befehle ausführen auch gegen dich, o König von Engelland ...». Der etwas angetrunkene Herrscher lallt darauf mit unsicherer Zunge (XIII, 76): «[...] nicht übel Lust hätte ich, dir ein Meßglöcklein um deinen Ziegenhals zu hängen und dich in Teufels Namen mit einem Ruck auf den Stuhl von Canterbury zu setzen! ... Dort [...] orakle gegen den heiligen Vater!» Der Armbruster hat hinterher den Eindruck, daß der Kanzler, «der heimlich zu Tode Verwundete», in «verdeckter und zweifelnder Weise von der dunkeln und langsamen Rache Gottes» gesprochen habe (XIII, 75). Er belauscht auch eine Zwiesprache, die Becket mit einem in der Vorhalle hängenden Kruzifix hält. Er, der dieses Bildwerk sonst mit seinen Blicken gemieden hat, weil er kein rieselndes Blut sehen kann, flüstert jetzt in arabischer Zunge dem Gekreuzigten zu (XIII, 77): «Damit ich in deine Stapfen trete ... Ich bin der Ärmste und Elendeste der Sterblichen ... Siehe, ich gehöre dir zu und kann nicht von dir lassen, du geduldiger König der verhöhnten und gekreuzigten Menschheit! ...»

Kurze Zeit später stirbt der Erzbischof von Canterbury, und Becket wird tatsächlich neuer Primas. Der Kanzler vollzieht hier eine Umwertung aller Werte. Er begibt sich in die Nachfolge des leidenden Christus. Aus dem Ästheten wird ein Asket, aus dem raffinierten Sarazenen ein christlicher Moralist, aus dem hochmütig-intellektuellen Rechner ein Leidender, der zum Martyrium bereit ist. Der mächtig-unnahbare Kanzler des Normannenkönigs wandelt sich zum Beschützer der Armen und Gepeinigten, zum politischen Führer der Sachsen.

Was nun folgt, hat Meyer in seinem Brief an Hermann Lingg vom 2. Mai 1880 wie folgt zusammengefaßt (XIII, 299): «In dem Act seiner Bekehrung durchdringen sich *Rachsucht u. Frömmigkeit auf eine unheimliche Weise*. Dann verzweifelter Kampf des brutalen Königs mit dem überlegenen Kopf (Löwe u. Schlange). Versuch einer Versöhnung, *absolute Unmöglichkeit*. Bischöflicher Zug des Ehrgeizes in Th. Becket. Endl. Zorn des Königs u. Martyrium. *Große Szenen! Das Lächeln Bekets auf seinem Grabmal ist reine Phantasie. Becket ist ja todt!*» Der Kanzler ist mit seiner «Bekehrung» vor dem König zum Judas geworden, vor sich selbst «zum Doppelsinnigen und Zweideutigen» (XIII, 86), in den Augen des Armbrusters zur «Heuchelgestalt» (XIII, 91).

Zuerst macht es den Anschein, er habe «die Maske eines heiligen Mannes» nur vorgelegt, um in den Verhandlungen gegen den Papst über die geistliche Gerichtsbarkeit Macht zu gewinnen (XIII, 89). Dann aber zieht er in härenem Gewand auch in Schloß Windsor ein, gefolgt von einer großen Schar von Sachsen. Heinrich meint spöttisch, er sei doch «keine schillernde Schlange», welche die Haut wechsle (XIII, 93). Becket aber gibt dem König das Staatssiegel zurück, da seine Hand zu schwach sei, zugleich den Bischofsstab und das Siegel zu führen. Nicht als Diener des Papstes komme er, sondern als des Höchsten Knecht, dem der König selbst ihn anheimgegeben habe (XIII, 95): «Ein überirdisches Licht umglänzte plötzlich seine Stirn. Er erhob den hagern Arm, daß der Ärmel der Kutte weit zurückfiel, und zeigte nach oben.» Der König erschrickt, das Staatssiegel entgleitet seiner Hand, fällt zu Boden und zerspringt: «Eine feine Spalte lief mitten durch den edeln Stein und das Wappen von Engelland!»

Herr Heinrich, der zunächst meint, sein Kanzler habe nun «genug der Überraschungen und Kunststücklein» geboten (ebd.), springt bald von seinem Sitz empor und schreit (XIII, 97): «Ich bin ein Betrogener!» Sein Kanzler-Primas erscheint ihm als ein «Rebell» und «Verräter». Von nun an wird der König von Beckets Wandlung förmlich verfolgt; er monologisiert des Nachts vor dem ihn als Scheingestalt Heimsuchenden, «das Gespenst ihrer gestorbenen Liebe» steht zwischen den beiden (XIII, 100). Der Herrscher, wie von einem Giftpfeil ins Herz getroffen, nennt den Kanzler bald einen Vampir, fordert ihn vor ein Gericht, läßt ihn als Reichsverräter verurteilen und vertreibt ihn aus seinen Landen. Die Sachsen wenden sich darauf voll Verachtung vom König ab.

Richard Löwenherz gelingt es, den in Frankreich weilenden Verbannten zu einer Begegnung mit seinem Vater zu bewegen, und Heinrich reitet zu ihm. Aber der Primas, angeekelt, entzieht dem häßlich und abstoßend wirkenden Monarchen die Lippen, und der Friedenskuß kommt nicht zustande. – Becket erklärt, warum er den König zurückstoßen mußte (XIII, 118): «Du kennst seit langem meine Natur, o Herr, die in die Stapfen eines Größeren treten muß. Ich bin dessen nicht gewiß, ob der Nazarener, dem ich gehöre und nachzufolgen suche, es über sich gebracht hätte, deine scheuselige Lippen zu berühren. Den Verräter Judas hat er geküßt, der ihn, die Unschuld und Liebe selbst, verkauft und in den Tod geliefert hat; aber ob er einen Mund geküßt hätte, der die Seele seines Kindes vergiftete und den Leib der Unschuld verdarb, daran muß ich zweifeln.» Des einstigen Kanzlers private Rache wird damit vollends zur öffentlich-unheiligen. Immerhin ist er bereit, dem König «Gnades» Tod zu vergeben, wenn dieser fortan göttliche und menschliche Wege wandelt und die Sachsen freigibt. Bald darauf kommt die Kunde, er sei auf einem Esel in Canterbury eingeritten. Ist das ernsthafte *imitatio?* Ist es Pose? Die Frage, die Wertmüller an Jenatsch richtet, wäre auch hier zu stellen: Seid ihr «ein Held oder ein Komödiant»? (X, 103 f.)

Der Mord in der Kathedrale erweckt ebenfalls diesen Verdacht. Die vier Ritter, die Heinrichs Tötungswunsch ohne sein Wissen ausführen – dem Armbruster gelingt es nicht mehr, die unselige Tat zu vereiteln –, werden zu Richtern. Aber in seinem Märtyrertod rückt Becket gleichzeitig zum Richter des Königs auf. Er stirbt in der Haltung des Crucifixus. Beendet er sein Leben wirklich auch in dessen Geist? Ist das Lächeln, das der Armbruster auf dem Gesicht des Toten sieht (XIII, 135), das Lächeln der Erlösung oder jenes der Rache? Auf seinem Grabstein lächelt Herr Thomas gleichermaßen. Der König bedeckt die Füße des Heiligen mit Küssen und heißen Tränen. Er bereut sein bisheriges Leben, seine Verworfenheit und geißelt sich. Doch Verzeihung ist bei diesem Heiligen nicht zu holen.

Der König stirbt im Zorn, als er seinem abtrünnigen Sohn Richard Löwenherz den väterlichen Segen erteilen soll. Das ist des Kanzlers letzte Rache. Einst, in den paradiesischen Vorzeiten, hatte Becket davon geträumt, Grace und Richard könnten ein Paar werden. Jetzt ist alles zerstört, was an Liebe und Frieden erinnert. Der König ist «unter der immer schwerer drückenden Bürde des heiligen Leichnams» zusammengebrochen (XIII, 137).

Die «Pose des Märtyrers», der die Arme öffnet «wie der Gekreuzigte über ihm, als hätte sich dieser verdoppelt» (XIII, 135), berührt seltsam. Ist sie echt, frommer Schein oder beides zugleich? Die Heiligkeit des St. Thomas ist unantastbar, und gleichzeitig ist sie suspekt. Er stirbt wie Christus, aber er hält sich nicht an das «‹Mein ist die Rache›, spricht der Herr» (Röm. 12, 19). Selbst noch das Opfer seines Leibes scheint zum Kalkül der Rache zu gehören. Und diese Rache dauert über seinen Tod hinaus, bis sie ihr Ziel, das Ende des Königs, erreicht hat.

Die «süße Gnade» ist in dreierlei Wortsinn verlorengegangen: Der Kanzler hat Grace, seine Tochter verloren; er ist aus der Gnade des Königs gefallen; der König ist durch seine Untat aus der himmlischen Gnade gefallen. Ist es nicht auch der Kanzler, und zwar durch seine Rache? «O Herr, das sind schwere, unerforschliche Geschichten!» sagt der Armbruster (XIII, 14).

Was hat Meyer dazu bewogen, den Stoff aufzugreifen und über Jahre hinweg zu verfolgen? Geschichtliche Interessen allein können es nicht gewesen sein. Am 8. April 1882 – er war eben mit seiner Gedichtsammlung beschäftigt – schreibt er an Louise von François (von François, S. 48): «Im Jenatsch und im Heiligen [...] ist in den verschiedensten Verkleidungen weit mehr von mir, meinen *wahren Leiden und Leidenschaften,* als in dieser Lyrik [...].» Welches sind diese «wahren Leiden und Leidenschaften»? Über Vermutungen kommen wir nicht hinaus, und werden sie ausgesprochen, sind sie schon falsch. Das Märchenschloß in der Waldlichtung könnte mit jenem Schutzbereich zu tun haben, in den Meyer seine Imagination gerettet hat. Es «steht in Paradiesesraum / Und nicht in dieser herben Welt» – so endet das kleine Gedicht POESIE in BILDER UND BALLADEN (VI, 14). Das gesichert scheinende Geheimnis des Traumes wird durch den brutalen Zugriff von außen jäh zerstört. «Prinz Mondschein» sieht sich seines Lebenssinnes beraubt.

Die ermordete Poesie auf der einen, die Rache auf der andern Seite. Der fromme Krieg, den der Kanzler im Namen des Christentums gegen den König führt, wird zum Terror. Grausamkeit und Terror: Wie sind sie mit Meyers «wahren Leiden und Leidenschaften» verbunden? Ist hier der gnadenlose Krieg gemeint, den die Mutter gegen den Sohn geführt hat und der im Namen der Religion und Moral die Sonne Imagination beinahe zerstörte? Oder umgekehrt: Ist es der Kampf, den der Sohn, stummer werdend, gegen die Mutter führt – so daß er sich über ihren Tod hinaus schuldig fühlt? Was zwischen Mutter und Sohn waltet, ist, bei aller Liebe, geistiger Terror. Wie die Mutter in Briefen Fronten gegen den *orgueil* des Sohnes aufbaut, während der Sohn dazu schweigt: Beides dient der Repression. Und beides ist seelische Grausamkeit. In der Novelle entlädt sich diese Grausamkeit in den Taten des blutigen Anschlags in der Kathedrale und in der Selbstgeißelung des Königs. Das Psychodrama, das hier sichtbar wird, weist auf Hamlets Unsicherheit hin. Nicht umsonst hat Meyer im Zusammenhang mit der Novelle an Hamlet erinnert (XIII, 297). Er erkannte und gestaltete in Becket/Hamlet das eigene Gefährdetsein, die eigene Unfähigkeit zur Tat und dabei die fast grenzenlose Fähigkeit zum Leiden. «Ich Geringer habe [...] mein Erträglichstes regelmäßig *in tormentis* geschrieben», gesteht Meyer über seiner Arbeit am HEILIGEN am 29. Januar 1879 gegenüber Alfred Meißner (Briefe II, S. 275). Wo das «Ungestüm und die Schärfe eines männlichen Blutes» fehlte (XIII, 37), blieb das Leiden an einer heimlichen Wunde. Deutet das nicht vor auf Pescara?

Alle diese Verletzungen werden durch Meyers Erzählkunst maskiert, verdeckt und gleichzeitig ins Schneidend-Schmerzliche erhöht. Wieder erzählt er in Szenen und Bildern: Der König und Grace, das Gespräch zwischen dem Kanzler und seiner Tochter, der nächtliche Ausfall, der Kanzler am Sarg der Schneewittchen-Tochter. Darauf folgt das Zerbrechen des Siegels, der Einzug des Erzbischofs mit dem Kreuz und den sächsischen Gläubigen, der verweigerte Friedenskuß, der Mord in der Kathedrale, die einsame Selbstgeißelung.

Neben- und Gegenfiguren spiegeln und steigern die Auftritte der Hauptpersonen: Neben Grace die beklagenswerte Hilde; neben dem trotzigen Trustan Grimm und dem wackeren normannischen Waffenschmied Rollo der lausige Ritter Gui Malherbe (XIII, 29 f.), Entführer und Schänder; der ränkeschmiedende Fauconbridge (XIII, 79), Bertram de Born und die Herren Provenzalen und Aquitanier mit ihrem grellen Gelächter (XIII, 110).

Das wird nicht nur mit den Augen der jeweils Beteiligten erzählt – und damit mehrperspektivisch gesehen; es gibt einen permanenten Augenzeugen, Lauscher und Mithandelnden: den Armbruster. Was er erlebt hat, liegt Jahre zurück, und der Ort des Erzählens bedeutet ebenfalls Distanz. Es ist das Zürcher Chorherrenstift, genauer: das Zimmer des Chorherrn Burkhard. Auch DER HEILIGE rückt damit in die Nähe von Kellers *Züricher Novellen*. Meyer gibt dem Armbruster eine Lebensbahn, die zu jener des Kanzlers weitgehend parallel verläuft: Hans lernt im Kloster Allerheiligen Latein, tritt aber aus und ist so ein entkutteter Mönch; er geht nach Cordoba, um sein Bognerhandwerk zu verfeinern, wird des Arabischen mächtig und hört die Geschichte vom Prinzen Mondschein; in London erlebt er aus der Bogner-Perspektive die Spannungen zwischen Normannen und Sachsen; die von ihm geliebte Tochter des Meisters Trustan, Hilde, wird vergewaltigt und nimmt so die Geschichte der Grace vorweg. Dann wird der Armbruster Leibwächter des Königs und ist bei allem dabei, was sich zwischen diesem und dem Kanzler ereignet.

Das ist, fürwahr, eine ganze Kette von Unwahrscheinlichkeiten und Zufällen. Ist der Armbruster, ein Handwerker und Leibwächter, denn wirklich der richtige Erzähler, kann er erkennen, was zwischen dem König und dem Kanzler vorgeht? Im Brief vom 19. April 1880 an Betty Paoli hat Meyer die Einführung der Erzähler-Figur etwas gequält begründet (XIII, 296): «Beglaubigung durch einen Augenzeugen des rein aus meinem Gemüte gehobenen u. in der Wirklichkeit schwer ein Analogon findenden Characters des Heiligen.» – Beglaubigung? Der wackere Mann soll offenbar einen Filter vor die Kraßheiten des Erlebten legen. Er schont dadurch den Leser und vor allem den Autor. Er mildert die Grausamkeit seines Berichts wie der Schneefall, der zu Anfang und zu Ende der Erzählung Zürich einhüllt, die Dinge in diffusem Licht erscheinen läßt und sie mit dem Mantel des Vergessens zudeckt.

Der historische Hintergrund

Geschichtlich führt die Novelle ins England des 12. Jahrhunderts. Die romanisierten Normannen hatten 1066 in der Battle of Hastings gegen die schon seit längerem ansässigen Sachsen gesiegt. Unter Heinrich II. brach der Kampf zwischen König und Kirche aus, der die Geschichte Europas vom 11. bis zum 13. Jahrhundert bestimmte. Konkret ging es dabei um die Frage der Investitur und der geistlichen Gerichtsbarkeit: Wer ist dazu befugt, die Bischöfe und Äbte einzusetzen, die zugleich geistliche und weltliche Ämter zu verwalten hatten, – der Landesherr oder der Papst? Und könnte es der Landesherr zulassen, daß die Geistlichen seines Landes einen Staat im Staate bildeten: daß sie sich den weltlichen Gerichten entzögen und von Standesgenossen abgeurteilt würden?

In diesem Kampf – er endete in England zunächst mit dem Sieg des Papsttums – spielte Thomas Becket eine entscheidende Rolle.

HEINRICH II., KÖNIG VON ENGLAND (1133–1189)

Heinrich II. entstammt dem Hause Plantagenet. Seine Mutter, die Tochter Heinrichs I., sichert ihm auf Grund des Erbrechts den englischen Thron, den er als 21jähriger besteigt. Von seinem Vater, dem Grafen von Anjou, hat er Anjou, Maine und Touraine geerbt. Seiner Mutter Mathilde verdankt er neben dem englischen Erbanspruch die Normandie mit der Lehenshoheit über die Bretagne. Durch seine Heirat mit Eleonore von Aquitanien, der geschiedenen Gattin Ludwigs VII. von Frankreich, erweitert er seinen Herrschaftskreis um Poitou, Guyenne und Cascogne. Er überragt damit an Macht den französischen König, dessen Lehensmann er ist.

England ist nicht das Zentrum seiner Herrschaftsgebiete. Dieses liegt eher in der Normandie. Er selbst ist mehr Franzose als Engländer, wenig königlich-gewinnend, in seiner Art maßlos, fesselnd und abstoßend zugleich in seiner überschäumenden Lebenskraft. Von zuchtloser Hingabe an die Sinnlichkeit, brutal in seinen ungezügelten Äußerungen, macht er sich seine Gemahlin und seine Söhne früh zu Feinden.

In seinem unbändigen Herrscherwillen möchte er ein westeuropäisches Reich stiften, richtet aber seine Politik bald in wachsendem Maße auf England aus. Organisatorisch begabt, mit juristischem Scharfblick vorgehend und selbst im Krieg von kühner Entschlußkraft, glaubt der seinen Erfolg mit skrupelloser Schlauheit durchsetzende Monarch, an dessen Hof bedeutende Juristen, Historiker, Schriftsteller (unter ihnen Johannes von Salisbury) wirken, 1164 mit den Konstitutionen von Clarendon die Machtansprüche des Papstes und der Geistlichkeit zurückdämmen zu können, die Macht der Krone dagegen im Sinne der erstrebten unumschränkten Staatsgewalt zu stärken. Dabei gerät er in Konflikt mit Thomas Becket, der ihm seit 1155 als Kanzler treu gedient hat und den er 1162, in der Hoffnung, Englands Kirche damit in seine Hand zu bekommen, zum Erzbischof von Canterbury erhebt.

Der sich hinziehende, mit Leidenschaft ausgetragene Streit zwischen König und Primas, in dessen Verlauf die Gegner wiederholt zusammentreffen, läßt sich nicht beilegen. Wie Heinrichs Ländern das Interdikt und ein Einfall der Franzosen droht, verständigt man sich 1170 zu einem formalen Scheinfrieden, aber der vom König verweigerte Friedenskuß führt zu einem neuen Ausbruch des Zwistes.

Nach der Ermordung Beckets dehnt Heinrich II. die englische Herrschaft auch auf Irland aus. Er stirbt 1189 im Kampf gegen seine vier Söhne, die ihm das Reich streitig machen.

THOMAS BECKET (UM 1118–1170)

Der 1155 zum Kanzler Heinrichs II. aufsteigende Becket stammt aus einem wohlhabenden Londoner Bürgerhaus, hat nach geistlicher Ausbildung und juristischen Studien dem Erzbischof von Canterbury gedient und dessen strenge kirchliche Ziele verfolgt. Nach seiner Ernennung zum Kanzler überläßt er sich völlig dem weltlichen Treiben des Hofes und wird – jetzt selber üppig genießend und verschwenderisch – zum Verfechter der Ansprüche seines Königs, für den er sich als gewiegter Jurist und Diplomat betätigt.

1162 erhebt ihn der Monarch zum Erzbischof von Canterbury und Primas von England. Aus dem gewandten weltlichen Höfling wird damit ein strenger Asket und eifriger Verteidiger der kirchlichen Freiheiten, der sich bedingungslos für die traditionellen Rechte des Papstes einsetzt. 1164 lehnt der mit Leib und Seele in seinem Amte Aufgehende die Konstitutionen von Clarendon ab.

Im nun mit aller Schärfe ausbrechenden Streit versteigt sich Heinrich, der weltliche Herr, dem er einst treu gedient hat, in jäh aufwallendem Zorn vor seinen Höflingen zur unüberlegten Frage, ob denn keiner unter ihnen sei, der seine erlittene Schmach an diesem gemeinen Priester rächen wolle. Vier übereifrige königstreue Ritter fassen diese Worte als Aufforderung auf, den einstigen Günstling des Königs zu beseitigen. Sie ermorden Becket am 29. Dezember 1170 in seiner Kathedrale.

1173 wird Thomas heiliggesprochen. Sein Grab gilt bald als vielbesuchter Wallfahrtsort, wovon Chaucer in den *Canterbury Tales* berichtet.

Kontaktnahme und Niederschrift

Meyer hat den HEILIGEN-Stoff schon um 1853 genauer kennengelernt, in Augustin Thierrys *Histoire de la conquête de l'Angleterre*, einer Lektüre, zu der ihn vermutlich Vulliemin anregte. Die Arbeit an der Novelle – auch hier war zuerst ein Drama geplant – nahm er um 1875 auf. Sie sollte ungefähr den Umfang des JENATSCH erreichen. Ein erstes Manuskript scheint 1875 vorgelegen zu haben. Hochzeit und Hochzeitsreise, die nachfolgenden familiären Pflichten und der Umzug nach Kilchberg verzögerten die Niederschrift. Auch drängten sich andere Projekte vor: DER SCHUSS VON DER KANZEL und DER KOMTUR. Im Oktober 1877 geht Meyer dann mit der Schwester an die Überarbeitung des Manuskripts, die allerdings viel Zeit in Anspruch nimmt:

> *Jeden Montag und Dienstag ist er nun hier [in Meilen] und schmiedet den «Heiligen» zusammen, daß die Funken stieben! In 5 bis 6 Wochen soll diese sonderbare, grauenhafte Geschichte fertig werden – vorausgesetzt, daß ich über Weihnachten 10 Tage nach Kilchberg gehe. Die Mitarbeit an dieser gewagten, halb historischen, halb phantastischen Composition ist mir widerwärtig und anziehend zugleich.*
>
> Betsy Meyer an Hermann Haessel,
> 11. Dezember 1878 (XIII, 286)

Erst am 10. Mai 1879 kann Meyer die Schlußfassung an Rodenberg senden. Welcher Art die Schwierigkeiten waren, geht aus den Briefen der damaligen Zeit hervor. Die Hemmnisse waren mehr psychischer als geistiger Natur, wie Meyer selber schreibt (an Rodenberg, 6. Mai 1879; Rodenberg, S. 48). Weitere Äußerungen des Dichters aus der Zeit seiner Arbeit am HEILIGEN verdeutlichen, daß er mit dem Stoff gerungen hat:

> *Es hat Eile, denn sonst verliere ich über dem «Heiligen» noch meinen Rest von Religion. Es ist eine zweifellos großartige, aber durch ihren Realismus unerfreuliche und wie das Leben vieldeutige Komposition, und obschon in jeder Zeile ein geheimer Erlaß gegen das Mittelalter steckt, wird Ihnen, wie ich glaube und mir herzlich leid tun sollte, diese Dichtung, den Stil ausgenommen, bei Ihrem glücklichen Blute und bei Ihrer immerhin vorwiegend idealistischen Weltanschauung kaum behagen.*
>
> Meyer an Gottfried Kinkel,
> 16. März 1879 (XIII, 287)

> *Übrigens wende ich mit dieser Arbeit dem Hoch-Mittelalter, d.h. die Ritter u. Pfaffenzeit, das ich eigentlich nicht leiden kann, ja hasse, den Rücken [...].*
>
> Meyer an Hermann Lingg,
> 11. April 1879 (XIII, 287)

> *Das Msc. in das Couvert schiebend, frage ich mich, ob ich mich nicht viel zu viel damit geziert habe. Jetzt scheint es mir – au style près – eine Novelle wie andere – ich glaubte soviel hineingelegt, das Mittelalter so fein und gründlich verspottet und in Becket einen **neuen Character** gezeichnet zu haben!*
>
> Meyer an Julius Rodenberg,
> 10. Mai 1879 (Rodenberg, S. 49)

Der «neue» Mensch, der «moderne» Charakter: Das geht gegen den sich unterordnenden Menschen des Mittelalters, gegen die Ritter und Pfaffen. Es bedeutet den Einzug des Zweiflers, des Intellektuellen, des Unsicheren – den Einzug Hamlets. «Ich habe da mit meinen geringen Kräften ein bischen Shakespearisirt», gesteht er Friedrich Theodor Vischer am 12. Dezember 1879 (Vischer, S. 174). Und an Betty Paoli wird er am 17. Januar 1881 schreiben, «daß hier ein barbarischer Rohstoff vergeistigt u. eine mittelalterl. Heiligenfigur modernisirt wurde. Ganz wie im Hamlet.» (XIII, 297)

Der HEILIGE erschien von November 1879 bis Januar 1880 in Rodenbergs «Deutscher Rundschau»; die Buchausgabe bei Haessel in Leipzig folgte – nach peinlichster Überarbeitung des Vorabdrucks, wobei Meyer nicht zuletzt Urteile aus dem Leserkreis berücksichtigt hat – Anfang April 1880.

König Heinrich II. und Erzbischof Thomas Becket im Gespräch. Buchmalerei aus Glanvills «Tractatus de Legibus et Consuetudinibus Angliae». Cottonian MS Claudius D II. British Library, London

Quellen

Im Brief vom 2. Juni 1880 an Alfred Meißner hält Meyer fest, der Stoff sei zu «1/3 der Chronik, 1/3 Thierry, 1/3 mir gehörig» (XIII, 301). Später präzisiert er (an Sophie Girsberger-Willi, 13. Januar 1886; XIII, 302): «Die Quellen zum ‹Heiligen› sind *lateinische* Chroniken.» Welche gemeint sein könnten, ist – ohne ganz sichere Ergebnisse – untersucht worden (XIII, 302 ff.). Neben Augustin Thierrys *Histoire de la conquête de l'Angleterre par les Normands* scheint Meyer vor allem Jules Michelets *Histoire de France* (Band 2, Paris 1879, Kapitel V) herangezogen zu haben.

Die Märchenschloßszenen sind durch Motive aus Walter Scotts *Ivanhoe* angereichert (Waldschloß, Bogenschützen, sarazenische Diener). Richard Löwenherz sowie die sittenlose und ränkevolle Königin Eleonore sind in Theodor Körners Trauerspiel *Rosamunde* anzutreffen. Die Balladen «Fair Rosamond» und «Queen Eleanor's Confession» dürften Meyer schon aus Thomas Percys *Reliques of Ancient English Poetry* bekannt gewesen sein.

Die Gestalt der Grace hat Meyer erfunden. Auch der Armbruster ist seine Erfindung. Das Zürich der Rahmengeschichte ist teilweise aus Darstellungen von Salomon Vögelin, Johann Caspar Bluntschli und Georg von Wyß übernommen.

Legende und Dichtung

Der Schriftsteller Hermann Friedrichs hat in seinem Meyer-Artikel ausführlich über die stofflichen Vorgaben des Heiligen und über des Autors dichterische Zutaten berichtet:

Die Legende zeigt uns den geistig bedeutenden, aber durchaus gefügigen Kanzler eines mittelalterlichen Despoten, der, von diesem aus politischen Gründen zum Primas erhoben, sich plötzlich, ohne äußeren Anlaß, sobald er das geistliche Gewand angezogen hat, gegen seinen ehemaligen Herrn wendet und von einem Verteidiger der Staatsmacht zu einem leidenschaftlichen Anhänger der Kirche, ja zum Märtyrer wird.

Diesen seltsamen Vorgang, der in der Legende einfach eine Verherrlichung der magischen Macht der Kirche ist, menschlich zu motivieren, war die Aufgabe des Dichters.

Er läßt nun den naiv aufgefaßten gewaltthätigen König (Heinrich II. von England) einen durchaus unsühnbaren Frevel an seinem Kanzler (Thomas Becket) begehen. Dieser, eine geistig überlegene, fast modern humane, aber der Roheit des Mittelalters gegenüber wehrlose Natur, bedient sich, ohne gläubig zu sein – die Legende und der Dichter geben ihm orientalisches Blut – der Kirche als einer Waffe, um die ihm sonst unmögliche, aber durch die Schwere des an ihm begangenen Frevels notwendig geforderte Rache vollziehen zu können. In wiefern diese eine beabsichtigte oder eine durch die Verkettung der Umstände herbeigeführte ist, darüber kann das Gefühl des Lesers schwanken. Wie im «Hamlet» wird hier eine mittelalterliche Geschichte vergeistigt und ein mittelalterlicher Character vertieft und verfeinert.

(Friedrichs, S. 689 f.)

Szenen und Schauplätze

Zürich zur Zeit von Hans Armbruster

Hans der Engelländer reitet am 29. Dezember 1191, einem trüben Wintermorgen, in die Reichsstadt Zürich ein. Über den Rennweg gelangt er schließlich zur Stadtmitte, passiert die heutige Rathausbrücke und erreicht limmataufwärts das Gasthaus zum Raben am Hechtplatz, sein gewohntes Absteigequartier:

Bis hieher geschah alles, wie Hans der Armbruster die Stadt der Fürstin-Äbtissin seit Jahrzehnten kannte. Eines aber befremdete ihn an diesem Tage, der kein Festtag war, und allgemach begann er sich darüber zu wundern. Von Frauen verkehrten sonst in dieser strengen Jahreszeit und frühen Stunde nur wenige vor dem Hause; heute aber überschritten sie eilfertig und geschmückt alle Schwellen; und als Meister Hans durch steil abfallende Gäßlein der Mitte der Stadt und den rasch dahinschießenden Wassern der Limmat sich zuwandte, als er über die untere Brücke und am Rathause vorüber ritt, sah er es wie Ameisenzüge an beiden Flußufern aufwärts laufen. Häuflein folgte dem Häuflein. Frauen jeglichen Standes, hochmütige Edelweiber mit kostbaren Meßbüchern in der Hand, ehrbare Töchter des Handwerks, züchtige Klosterfrauen, hübsche Dirnen von leichtem Wandel eilten neben runzligen, hustenden Großmüttern, die das Oberkleid im Schneegestöber über die armen, grauen Häupter gezogen hatten. Alles strömte seewärts, wo am Ausfluß der Limmat wie zwei Behelmte die Münster stehen.

Doch – was bedeutete das? – nur eines derselben, das Münster unserer lieben Frau, ließ mit fliegenden Glocken seine dringende Einladung erschallen: das gegenüberliegende große Münster aber verharrte in einem mißbilligenden Schweigen.

«Der Heilige» (XIII, 8 f.)

Reiter mit Lanzen

Die Entführung Hildes, der Tochter des Londoner Bognermeisters, nimmt gewissermaßen die Schändung von Grace vorweg:

Eines Tages wurden der Meister und ich [Hans der Armbruster] auf ein etliche Meilen von London gelegenes Schloß gerufen, um einem normännischen Herrn die Waffenkammer einzurichten. Es wird ein verabredetes Spiel gewesen sein. Wir wurden unter allerlei Vorwand dort aufgehalten, und als wir nach London heimkehrten, war Jung Hilde verschwunden – gewaltsam entführt nach der Aussage der Nachbarn, die nächtlicherweile Pferdegetrappel und eine jammernde Stimme gehört hatten, willig folgend, wie die feigen Gesellen und furchtsamen Mägde logen, da sie der Meister zur Rede stellte.

«Der Heilige» (XIII, 30)

«Das Frauenmünster», dem zu Beginn von Meyers «Heiligem» die weibliche Stadtbevölkerung Zürichs scharenweise zuströmt.
Radierung von Franz Hegi (1774–1850), aus: Salomon Vögelin, «Das alte Zürich historisch-topographisch dargestellt. Oder eine Wanderung durch dasselbe im Jahr 1504», Zürich 1829, Tafel nach S. 92. Meyer hat dieses Buch aus dem Besitz Antonin Mallets geerbt.
Zentralbibliothek Zürich

Zürich um 1500 – «Oberer Theil der mehreren Stadt», mit Blick auf das Großmünster. Links neben der Wasserkirche ist am Limmatufer die Herberge zum Raben erkennbar, wo Hans der Armbruster absteigt. Meyer hat das Blatt selbst besessen.
Aquatinta aus: Paul Julius Arter (1797–1839), «Sammlung Zürcher'scher Alterthümer», Erstes Heft, Zürich 1831. Zentralbibliothek Zürich

Hans der Armbruster als Jäger im Dienst König Heinrichs II.? Möglicherweise stellt die nicht datierbare Federzeichnung Meyers Hans den Engelländer dar, dem er seine Erzählung über Heinrich II. und den Kanzler Thomas Becket in den Mund legt. Ms. CFM 369.3. Zentralbibliothek Zürich

Das maurische Schlösschen

Da sah ich ihn [König Heinrich II.] plötzlich verwundert den Schritt hemmen. Am Waldsaume stand er unter den tröpfelnden Zweigen und lugte, die Augen mit der erhobenen Rechten beschattend, unverwandt in die untergehende Sonne hinaus. Ich hob mich auf den Zehen und reckte das Haupt über seine Schulter empor, und was ich erblickte, erschien mir als eine Verblendung und Zauberei, die in den nächsten Augenblicken zerfließen müsse.

Auf einer goldgrünen Waldwiese stand ein Schlößchen, wie ich seinesgleichen wohl im Königreiche Granada gesehen hatte. Es war von hohen glatten Mauern aus gelbem Steine umgeben, über welchen eine kleine blauschimmernde Kuppel emporstieg und schlanke dunkle Baumspitzen ragten, die ich Zypressen genannt hätte, wären wir unter einem südlicheren Himmel gewesen.

Das zierliche, feste Bauwerk war frisch und neu und glänzte im letzten Lichte wie ein Juwel.
«Der Heilige» (XIII, 45)

Sowohl der Dichter wie auch sein Freund Johann Rudolf Rahn haben das märchenhafte Schlößchen zeichnerisch festgehalten.

Oben rechts:
Reiter mit Lanzen.
Federzeichnung von C. F. Meyer, entstanden um 1879/80.
Vermutlich als Illustration der Entführung Hildes im «Heiligen» entworfen, möglicherweise aber auch den Raub von Grace durch Bogner Hans und Diener Äscher darstellend.
Ms. CFM 369.2.1. Zentralbibliothek Zürich

Oben und Mitte links:
Das maurische Schlößchen, von Thomas Becket für seine Tochter Grace erbaut. Die zweite Skizze zeigt das orientalische Bauwerk samt Umgebung, mit einer Reitergruppe im Vordergrund.
Bleistiftzeichnungen von Johann Rudolf Rahn (1841–1912), entstanden um 1880.
Ms. CFM 369.4. Zentralbibliothek Zürich

Unten rechts:
Auch eine Federzeichnung Meyers stellt mit großer Wahrscheinlichkeit das Waldschlößchen dar, wo Grace in aller Abgeschiedenheit lebt.
Ms. CFM 369.3. Zentralbibliothek Zürich

Die Aufnahme der Novelle

Obwohl Dahn, Calmberg, Scheffel, Meißner, auch Widmann, Wille und Frey sehr anerkennende Rezensionen schrieben, schien es Meyer, seine Novelle sei nicht recht verstanden worden. Er versuchte darum, die Eindrücke der Rezensenten mit Hilfe von Selbstkommentaren zurechtzubiegen.

Daß DER HEILIGE in der Zwinglistadt als Skandalon aufgenommen wurde, kam ihm wohl nicht unerwartet (XIII, 291): «Es ist eine starke Opposition gegen den Heiligen», meldete er Betsy im Spätherbst 1879. «Hier wurde dieselbe, wie man mir erzählt, von einer Dame folgendermaßen formuliert: ‹Meyer hat ein Buch geschrieben, das kein Frauenzimmer in die Hand nehmen darf.›» Anstoß erregte vor allem die Verführung der Grace. Auch die Art Meyers, religiöse Themen zu behandeln, erweckte Bedenken. Am 26. April 1880 schrieb Meyer an Wille:

Hier hat «der Heilige» überall gestoßen, die Frommen durch seine Crudität u. eine Ahnung von Ironie, die Freisinnigen durch seinen Nimbus, denn unter einem Heiligen sich etwas anderes als eine Fratze vorzustellen, geht über den Horizont dieser braven Leute.

(XIII, 291)

Am tiefsten fühlte sich Meyer durch Baechtolds anonyme Rezension in der «Neuen Zürcher Zeitung» verletzt – von der Sache her, aber auch weil er realisierte, daß mündliche Äußerungen Kellers hinter der Rezension steckten:

Die neueste Novelle von Ferdinand Meyer liegt mit dem Januarhefte der «Deutschen Rundschau» vollendet vor und ist eine literarische Tat, auf welche der Dichter mit Genugtuung zurückblicken darf. Uns erfüllt es mit Freude, den verhältnismäßig spät zum Worte Gekommenen, der seit dem Erscheinen des «Georg Jenatsch» den vaterländischen Schriftstellern ersten Ranges sich angereiht hat, hier vielleicht auf der Höhe seines Schaffens begrüßen zu können. Sein «Heiliger» bietet ein Stück historischer Tragödie, das – ins rein Menschliche umgesetzt – an erschütternder, großer, oft fast zu sehr ans Theatralische anstreifender Tragik seinesgleichen in unsern Tagen nicht oft findet. [...] Die ganze, an dramatischen Motiven überreiche Episode aus der englischen Geschichte wird hier von dem Armbruster Hans von Schaffhausen, der einst als vertrauter Diener Königs Heinrich Zeuge aller dieser Begebenheiten gewesen, im Hause des Chorherrn Burkhard an der Kirchgasse der Reichsstadt Zürich einige Dezennien später erzählt. Es ist leicht ersichtlich, daß damit dem Stoff äußerlich die Gestalt einer sog. «Züricher-Novelle» aufgeprägt werden sollte; freilich ohne Not, ja ohne irgend welchen zu rechtfertigenden Anlaß. (Das Fest des heil. Thomas am Fraumünster in Zürich wird wohl bloße poetische Lizenz sein.) Es scheint, daß jenes neue Genre, das von Martin Usteri angebahnt und von Gottfried Keller (gerade in der «Rundschau») zu höchstem Erfolg geführt wurde, Meyer verlockt hat, den nämlichen Pfad zu betreten. Auch dadurch, daß die Geschichte in einen allzu beengenden Rahmen eingefügt ist und von dem Armbruster vorgetragen wird, hat sich der Autor nicht geringe Selbstbeschränkung auferlegt und kommt in den Fall, oft vergessen zu müssen, daß der schlichte Hans erzählt, oder muß ihn auf unwahrscheinliche Weise aus der niedrigen Sphäre emporheben; so versteht der Erzähler arabisch und kennt seinen Vergil aus dem Fundamente. Auf der andern Seite jedoch ist dem Dichter gerade hiedurch Raum gegeben, seiner Phantasie freien Lauf zu lassen, d.h. Dinge zu berichten, welche nirgends in der Geschichte aufgezeichnet sind, die aber, wirkungsvoll erfunden oder an die Sage angeknüpft, eben der Vertraute des englischen Königs allein wissen muß. Bedenklicher macht ein Zweites. Als

Die Ermordung des Erzbischofs Thomas Becket in der Kathedrale von Canterbury am 29. Dezember 1170. Buchmalerei eines unbekannten Meisters in einem normannischen Psalter, um 1190/1200. Harleian MS 5102. British Library, London

Beweggrund zu der unbegreiflichen Änderung des ehemaligen Kanzlers dient hier der Zug, daß Heinrich an dem Kind des Thomas Becket, einem Mädchen von zarten Jahren – gefrevelt hat. Hier liegt etwas im Wege, worüber sich der Leser nicht ohne weiteres hinwegsetzen wird, und doch wäre gerade da leicht Rat zu schaffen gewesen. Die Königin Eleonore kommt der armen Taube auf die Spur, Grace – so heißt Beckets Kind – wird als schuldloses Opfer gemordet, und das Verderben schreitet seinen Gang.

Im übrigen steht der «Heilige» als eine so bedeutende Schöpfung da, daß er diese Aussetzungen wohl ertragen mag. Meyer hat wiederum gezeigt, daß er wie wenige berufen ist, historische Stoffe umzudichten. Das psychologische Problem in Thomas Becket ist mit bewunderungswürdiger Kunst erledigt; Züge, wie der, als der Heilige mit seinem jämmerlichen Gefolge dem König zum ersten Mal als ein Veränderter naht, die Zusammenkunft auf der Heide, das Martyrium sind von unvergeßlicher Wirkung. König Heinrich, der mit der arglosen, heitern Liebenswürdigkeit und einem fast erzwungenen Leichtsinn seinen Todfeind groß und sich elend macht, sein Sohn, das Löwenherz, und andere sind wahrhaft monumentale Gestalten. Dazu kommt der einfache, lapidare Stil Meyers. Es ist eine ebenso erfreuliche als überraschende Wendung der Dinge, daß gerade da, wo vor etwas mehr als hundert Jahren ein Bodmer sich mitunter mit Recht von seinen Gegnern den Vorwurf, er schreibe nicht deutsch, gefallen lassen mußte, heute von zwei Schriftstellern die gediegenste deutsche Prosa geschrieben wird. Möchte der Erfolg, welcher der jüngsten Leistung unseres Novellisten gesichert bleibt, auch den lyrischen Dichter bewegen, uns seine zerstreuten Poesieen endlich in einer größeren Sammlung zu schenken!

«Neue Zürcher Zeitung»,
12. Januar 1880 (XIII, 292 f.)

Wie sehr Meyer durch diese Rezension verletzt war, geht aus seinem Brief vom 2. Mai 1880 an Haessel hervor:

Es handelt sich darum, meinem Heiligen einige Empfehlung auf seinen Leidensweg mitzugeben. Hier ist durchaus nichts für ihn zu thun. Das Feuilleton der N. Zürcher Zeitg. (Dr Baechtold, der Intime Kellers, mit welchem (Baechtold) ich auf gar keinem Fuß stehe) hat nach Beendigung des Rundsch. Druckes ein Artikelchen gebracht, das Ihnen die Schwester schicken kann. Es ist wörtl. das Urteil von Keller, *der den Heiligen in Gottes Namen nicht verstanden hat*. Auch sonst hat mich das Artikelchen angeekelt, Sie werden, bei der Lesung, gleich sehen warum, neben anderm durch die patriotische Prahlerei: zwei Züricher schreiben gegenwärtig das beste Deutsch, eine eben so einfältige als für Spielhagen, Heyse etc. beleidigende Großthuerei; doch diesen kommt das schweizerische Blatt nicht in die Hände. Dr Stiefel, weit der Gescheideste von dem hiesigen jungen Volk, aber ein Spitzbube, sagt mir, er wolle* **innerhalb zweier Jahre** *einen größren Artikel über alle meine Sachen machen u., da er leidend ist, war nichts dagegen einzuwenden. Übrigens erzählte er mir, Julian Schmidt habe in den Preußischen Jahrbüchern (Ende 79 oder Anfang 80) schon die zwei ersten Drittel des H. nach dem Rundschaudrucke günstig beurteilt. Seien Sie so gütig u. lassen mir die ohne Zweifel wenigen Zeilen v. J. Sch. copiren, lieber Freund. Hier in Zürich findet man, der Heilige sei das äußerste, was ein anständiges, weibliches Wesen noch lesen könne. Boshaft geredet, das sollte den Absatz vergrößern, aber ich fürchte, aus andern Symptomen, derselbe wird nicht bedeutend sein.*

* mit einigen Keller flattirenden u. mich verkleinernden Zutaten des braven Bächtold.

(XIII, 294)

Keller hatte sich tatsächlich an der Verführungsszene gestoßen; er nannte sie kurzerhand einen «Notzuchtsfall»:

Meyers «Thomas Becket», der jetzt aufgetreten ist, erfreut mich ordentlich; es ist eine wahre Prachtarbeit in Vertiefung, Ausführung und guter Schreibart; nur stört mich wie im «Jenatsch» der verfluchte Beilschlag am Schlusse, hier am Anfang der unschöne Notzuchtsfall, auf den das Ganze gebaut ist; denn juristisch würde eine Kindesverführung dieser Art kaum anders genannt werden.

Gottfried Keller an Adolf Frey,
6. Dezember 1879 (XIII, 293)

Ferdinand Meyers «Heiliger» ist doch eine sehr schöne ausgetiefte Arbeit. Wenn der selbst wunderlich heilige Herr nicht immer unsichtbar wäre, so würde ich ihm sagen, daß mich einzig das unreife Alter der Kanzlerstochter, das eine Art Notzuchtsfall bedingt, als eine harte Stelle anstößig berührt; sonst aber liest sich die Novelle wie Kuchen!

Gottfried Keller an Julius Rodenberg,
29. Dezember 1879 (XIII, 293)

Wie Otto Brahm 1891 berichtet, der Keller über der Lektüre des HEILIGEN im «Rundschau»-Vorabdruck betraf, hat der Dichter der *Züricher Novellen* Meyers Erzählung trotz dieses Vorbehalts als kostbare Schöpfung erkannt und sie sogar mit Brokatstoff verglichen.

Beredte und ratlose Selbstkommentare

Meyer merkte rasch, daß sich die Kritik mit der Beurteilung der Novelle schwertat. In einem Brief an Haessel – vermutlich vom Mai 1880 – heißt es (XIII, 296): «[...] ich habe schon so viel Albernes hier darüber hören müssen, daß es mich doch wundert, ob denn gar Niemand ist, der den Wert der Novelle versteht?» Begreiflich also, daß Meyer den Rezensenten, die sich mit Fragen an ihn wandten, mit «Andeutungen» an die Hand ging. Am ausführlichsten sind seine Kommentare gegenüber der Wiener Journalistin Betty Paoli und dem Münchner Schriftsteller Hermann Lingg.

Schon während der Arbeit [an der Rezension] hatte ich ein Bedenken nicht unterdrücken können: mir fehlte in der Novelle die Brücke, die vom Kanzler zum Erzbischof leitet. Ich ließ mir's aber nicht gelten und schrieb weiter, mich überredend, daß der Fehler nur an mir, nicht an Ihnen liegen könne. [...] Trotz alles Nachsinnens kann ich zu keiner bestimmten Einsicht in die Vorgänge in seinem Innern gelangen. Er will an König Heinrich Rache nehmen für das ungeheure Leid, das dieser ihm zugefügt hat; dies steht fest. Wie aber weiter? Wodurch läßt sich die Abkehr erklären, der er sich nun ergibt? Ist der Mann ein Heuchler, der sich der Frömmigkeit als einer Waffe gegen seinen Feind bedient? Diese Auslegung scheint mir insofern nicht zulässig, als Beckets Natur zu edel, vor allem zu vornehm angelegt ist, um sich zur Heuchelei herabzuwürdigen. Hat ihn der Jammer, der ihn bis ins Mark des Lebens traf, in der Tat dem Glauben in die Arme getrieben? Auch dies scheint mir unmöglich. Ein Mensch, der wie Becket sich in der höchsten, freisten Gedankenregion zu bewegen gewöhnt war, kann nicht durch ein ihm widerfahrenes Unglück plötzlich zur Gläubigkeit bekehrt werden. Wo liegt also die Lösung des Rätsels?

Betty Paoli an Meyer, 14. Januar 1881 (XIII, 296 f.)

Zuerst muß zugestanden werden, daß durch zwei Umstände nicht ein «Schwanken», was ich nicht einräumen kann, sondern eine gewisse Interpretationsfähigkeit entstanden ist, 1) dadurch, daß der in seinem Zeitalter befangene Hans nur das Äußerliche der Geschichte, allerdings mit scharfen Sinnen, auffaßt, das Urtheil des Lesers aber über Bekets Wesen durchaus frei läßt. 2) dadurch daß hier ein barbarischer Rohstoff vergeistigt u. eine mittelalterl. Heiligenfigur modernisirt wurde. Ganz wie im Hamlet.

Beket, sagen Sie, will an König H. Rache nehmen. Keineswegs, er muß gegen seinen Willen, u. nicht Rache nehmen (das ist ihm zu roh u. auch zu gefährlich), sondern strafen. Es ist der Daemon des Frevels an Grace, dessen Schwere der lasterhafte König nicht von ferne zu ermessen im Stande ist, welcher, als ethische Kraft, den verwöhnten Beket treibt, es ist die Verblendung Heinrichs, welche dem Kanzler die verderbl. Waffe, den Primat, selbst in die Hand drückt, worüber dieser erschrickt u. den König warnt. Der Kanzler haßt den König, natürlich, und kann ihm nie vergeben, aber das Schicksal u. der blinde König müssen den verweichlichten Mann zur «Rache» stoßen, denn ihm fehlt «die männliche Schärfe des Bluts» bei einem ganz überlegenen Verstand, der alles deutlich kommen sieht; was den Schein eines verfolgten Zieles hervorbringt, dem sich Beket nur zögernd nähert. [...] Übrigens steht dem Leser frei, Bekets Vorgehen sich activer oder passiver, bewußter oder unbewußter vorzustellen, was ich eher für eine Schönheit, als einen Mangel halte.

Die Ascese. Beket, der die Weltlust gekostet, wendet sich, auf das allergrausamste getroffen, vom Leben ab, ergreift Elend u. Armut als den natürl. Ausdruck seiner innerlichen Verarmung u. Qual (ich bin kein anderer als ich scheine u. mich kleide). Als ein Kenner der polit. Kräfte, weiß er allerdings auch, daß die Aszese ein wirksames Kostüm ist und, zart wie er ist, kann er, in dieser bestialischen Zeit, nur als das Organ eines Stärkern existiren, zuerst des Königs, dann der Kirche.

Ist B. ein Heuchler? In keiner Weise. Im Gegentheil, er ist so offen, als es der überlegene Geist der brutalen Gewalt gegenüber sein kann. Er warnt den König zu wiederholten Malen. Keines seiner zuweilen doppelsinnigen Worte ist unwahr. Ein Kritiker fand etwas «Lauerndes» in ihm. Unsinn u. Vorurtheil. Bekehrt sich Beket? Je nachdem man es nimmt. Sein Character bleibt vollständig derselbe, aber er lernt «Barmherzigkeit», weil er selbst elend ist u. «Gerechtigkeit», mit welcher er es früher, als Staatsmann, nicht genau nahm. Der Kirche gegenüber, welche er als Waffe benützt, bleibt er vollständig frei bis zum letzten Athemzug, das ist drei u. vierfach betont, wie ich es nicht stärker betonen konnte, ohne aufdringlich zu werden – doch, obwol ich noch viel zu sagen hätte – ich ende, Sie werden jetzt meinen Standpunkt schon durchfühlen.

Meyer an Betty Paoli, 17. Januar 1881 (XIII, 297 f.)

Betty Paoli vermochte dies nicht – es gab ja, im HEILIGEN wie im JENATSCH, der Standpunkte viele, und keiner war klar und eindeutig ausformuliert. Die Wienerin verzichtete darum auf eine Besprechung. Meyer empfand die Schwächen seiner Interpretation offenbar selbst. Am 9. April 1884 schreibt er an Betty Paoli:

Ich habe neulich meinen, von Ihnen beanstandeten Heiligen wieder gelesen. Verbrennen Sie, bitte, was ich Ihnen in einer schlimmen Stunde Exegetisches darüber geschrieben habe. Es war lauter dummes nachträglich ersonnenes Zeug.

(XIII, 298)

Dem Rezensenten Hermann Lingg läßt Meyer folgende Erläuterungen zukommen:

Andeutungen über den Heiligen.
Was gibt der geschichtl. Rohstoff? *Ein normännischer König überhäuft einen sächsischen Günstling u. macht ihn aus polit. Gründen zu seinem Primas. Dieser wendet sich plötzlich gegen ihn u. es entsteht zwischen König u. Bischof ein entsetzliches Ringen. Der König hat sich also gründlich u. furchtbar in seinem Günstling getäuscht. Wie habe ich das motivirt.*
I Character von Th. Becket 1) Orientalisches Blut *(Benutzg der Legende). 2)* Höchste *Bildung u. gründliche Verachtung seiner rohen Zeit. 3) Überlegene Ruhe, höchster Verstand, aber (als Sachse oder Orientale) ein Unterdrückter, daher durch u. durch Diplomat 4) Human, sittlich rein, eine vornehme Natur 5) Ein Zug von Ehrgeiz oder vielmehr ein Gefühl enormer geistiger Überlegenheit. 6) Orientalisch* nachtragend, *ich will nicht sagen: rachsüchtig, aber doch (gegen Laster u. Gewaltthat)* fein-grausam. *Er spielt mit dem König von Anfang bis zu Ende, wie die Katze mit der Maus. Alle diese Züge sind,* trotz der Bekehrung des Thomas, *von Anfang bis zu Ende streng festgehalten.*
II Character des Königs das gerade Gegenteil: starkes Temperament, gutmütig, durchaus naiv, *dabei gründlich unsittlich (in der Geschichte verbrach er noch schlimmeres als die von mir erfundene Zerstörung Grace's). Er kennt seinen Kanzler stellenweise nicht übel, obwol er sich immerwährend in ihm täuscht.*
III. Der Conflict. Der König verdirbt in fürstlichem Leichtsinne Th. Bekets Kind. Ich lasse das Kind gleich sterben, weil es ja doch einmal ruinirt ist. Er hat, als Autocrat, kein Gefühl von der Schwere seiner That u. kennt überdieß den «feigen» (wie Herr Rollo sagt) Character des Becket, von dem er (König Heinrich) keine Rache fürchtet. Wie sollte er auch? Aber der sanfte Becket unter seiner ruhigen Miene ist unversöhnlich u. auch der erzählende Armbruster, der den gesunden Menschenverstand personifizirt, nennt die That eine Todsünde, wie sie auch, für den Vater wenigstens, *sein muß.*
Problem: Rächt sich Thomas Beket u. wie? *Er ist zu vorsichtig, und vielleicht zu edel, um seinen König auf gewöhnliche Weise zu verrathen. Er verhält sich passiv 1) aus Frömmigkeit, die aus dem Gefühl seines Elends entspringt 2) aus Klugheit u. Fatalismus zugleich. 3) aus der unbestimmten Ahnung, die Stunde der Rache werde kommen. Aber er schwebt über dem König wie ein Geier. Da gibt ihm dieser eine furchtbare Waffe in die Hand, «den Primat». Becket erschrickt, er braucht nur ein «wahrer Bischof» zu werden, so identificirt er seine Sache mit der göttl. Gerechtigkeit (die damals = Kirche war). In dem Act seiner Bekehrung durchdringen sich* Rachsucht u. Frömmigkeit auf eine unheimliche Weise. *Dann verzweifelter Kampf des brutalen* *Königs mit dem überlegenen Kopf (Löwe u. Schlange). Versuch einer Versöhnung,* absolute Unmöglichkeit. *Bischöflicher Zug des Ehrgeizes in Th. Becket. Endl. Zorn des Königs u. Martyrium.* Große Szenen! *Das Lächeln Bekets auf seinem Grabmal ist reine Phantasie. Becket ist ja todt! Die Einrahmung* mit dem Armbruster *notwendig: 1) als Idylle, das Schreckliche mildernd. 2) als Angabe des Kostüms. 3) als naiver Augenzeuge eines einzig-artigen Characters (Thomas) Reichthum der Nebenfiguren.* Dramatischer Gang. Styl.

Meyer an Hermann Lingg,
2. Mai 1880 (XIII, 298 f.)

Ähnlich äußert sich Meyer gegenüber Wille, der in der Beilage zur «Augsburger Allgemeinen Zeitung» vom 13. Mai 1880 eine Rezension erscheinen ließ:

Ich erlaube mir nur eine einzige Bemerkung. Allerdings liegt hinter meinem im Gegensatz zum Heiligen naiv gefaßten Heinrich II die Möglichkeit u. der leise Umriß eines anderen Kopfes, d.h. ein Beket geistig ebenbürtiger Heinrich II. Dieser würde sich natürlich nicht so täuschen u. mit sich spielen lassen. In diesem Falle wäre nur eine Fabel möglich: Beket spürt nach dem ihm unbekannt gebliebenen Mörder Graces, der König weiß nicht, ob er als solcher durchschaut ist etc etc das heißt = dem Hamlet-Motiv! Aus der Naivetät des Königs aber entstehen gewisse runde halb-komische Wirkungen des Spieles der Katze mit der Maus [...].

Meyer an François Wille,
15. Mai 1880 (XIII, 299)

In einem Gespräch mit Fritz Koegel am 1. Oktober 1890 in Kilchberg soll Meyer ferner gesagt haben:

Der Heilige. – Ich habe den «Heiligen» fast unbewußt, besessen, im Rausch geschrieben, weil ich ihn loswerden mußte. Er lag mir quälend auf der Brust wie ein Alb. Solche dunkeln Figuren sind uns ja willkommen, wo die Motive in der Geschichte nicht klar gelegt sind und der Dichter Freiheit hat, Lücken auszufüllen. Der geschichtliche Becket wird doch wohl, meine ich, sich so verhalten haben, einmal, weil ihn doch vielleicht, als er Erzbischof wurde, die ungeheure Macht der katholischen Kirche übermannte, übermochte; zweitens, weil dies der Weg war, seine Rache am König zu befriedigen. Aber ich mußte ihn so schreiben, wie ich es gethan habe. Diese Figur hatte mich so gefaßt.

(Koegel, S. 29 f.)

«Fast unbewußt, besessen, im Rausch»: Meyer hat Ähnliches zum JENATSCH, zur RICHTERIN und andern Novellen gesagt – überall dort, wo er eigene psychische Erfahrungen unmittelbar zu verarbeiten suchte, weil er sich von ihnen bedrängt fühlte.

«Der Komtur», Plan (1877–1892)

Seit den sechziger Jahren hegte Meyer den Gedanken, eine Novelle, vielleicht auch einen Roman über einige Ereignisse der Zürcher Reformation zu schreiben: Komtur Conrad Schmid, der Wiedertäufer Conrad Grebel und Ulrich Zwingli sollten als Hauptgestalten darin auftreten. Meyer verehrte Zwingli, seine Mannhaftigkeit, seine Standhaftigkeit. Er pries die reinigende Kraft der Reformation. «Ja, ja, der Katholizismus!», schreibt er der Schwester 1857 aus Paris. «Danken wir, liebe Betsy, dem Himmel *für die unsägliche, tägliche Wohltat, die, das Schwert in der Faust, die begeisterten Ahnen erfochten.*» (Frey, S. 99)

Zwinglis Gegenspieler wäre der Phantast und Außenseiter Conrad Grebel gewesen. Grebel wurde zum Wassertod verurteilt, konnte aber entweichen. Der hochbegabte Schwärmer träumte von sozialen Neuerungen, die das Himmelreich auf die Erde bringen sollten, und geriet so mit der trocken-asketischen Nüchternheit Zwinglis naturgemäß in Widerspruch.

Conrad Schmid, Komtur von Küsnacht, stand Zwingli als Freund zur Seite. Er war von edler Gesinnung, umsichtig, bei all seinem Tun auf das Recht bedacht und drang auf Ausgleich. Das harte Vorgehen des Reformators sowohl gegen die Kirche Roms als auch gegen die Wiedertäufer wollte er nicht billigen. Er trug sein Komturkreuz weiterhin, vermittelte, wo er konnte, hielt dabei aber treu zu Zwingli und fiel mit ihm zusammen in der Schlacht bei Kappel, 1531. In den «Blättern aus der Geschichte von Küsnach» (1863) hat ihn sein Biograph Johann Heinrich Meyer als einen Mann beschrieben, «dessen Reinheit des Charakters, dessen Gelehrsamkeit, dessen Milde, dessen Muth und Überzeugungstreue uns gleich achtungswerth und nachahmungswürdig erscheinen».

Es geht die Sage, daß das Pferd des Komturs Schmid ohne Reiter vom Schlachtfeld bei Kappel über den Albis und den Zürichsee nach Küsnacht zurückgekehrt sei. Meyer knüpft mit seinem Gedicht DER RAPPE DES KOMTURS, entstanden 1873, an diese Überlieferung an (I, 366f.):

Herr Konrad Schmid legt' um die Wehr,
Man führt' ihm seinen Rappen her:
«Den Zwingli laß ich nicht im Stich,
Und kommt ihr mit, so freut es mich.»
Da griffen mit dem Herren wert
Von Küßnach dreißig frisch zum Schwert:
Mit Mann und Roß im Morgenrot
Stieß ab das kriegbeladne Boot.
Träg schlich der Tag; dann durch die Nacht
Flog Kunde von verlorner Schlacht.
Von drüben rief der Horgnerturm,
Bald stöhnten alle Glocken Sturm,
Und was geblieben war zu Haus,
Das stand am See, lugt' angstvoll aus.
Am Himmel kämpfte lichter Schein
Mit schwarzgeballten Wolkenreihn.
«Hilf Gott, ein Nachtgespenst!» Sie sahn
Es drohend durch die Fluten nahn.
Wo breit des Mondes Silber floß,

Da rang und rauscht' ein mächtig Roß,
Und wilder schnaubt's und näher fuhr's ...
«Hilf Gott, der Rappe des Komturs!»
Nun trat das Schlachtroß festen Grund,
Die bleiche Menge stand im Rund.
Zur Erde starrt' sein Augenstern,
Als sucht' es dort den toten Herrn...
Ein Knabe hub dem edeln Tier
Die Mähne lind: «Du blutest hier!»
Die Wunde badete die Flut,
Jetzt überquillt sie neu von Blut,
Und jeder Tropfen schwer und rot
Verkündet eines Mannes Tod.
Die Komturei mit Turm und Chor
Ragt weiß im Mondenglanz empor.
Heim schritt der Rapp das Dorf entlang,
Sein Huf wie über Grüften klang,
Und Alter, Witwe, Kind und Maid
Zog schluchzend nach wie Grabgeleit.

Die Schlacht bei Kappel, wo Conrad Schmid und Huldrych Zwingli am 11. Oktober 1531 gefallen sind.
Anonymer Holzschnitt aus: Johannes Stumpf, «Gemeiner loblicher Eydgnoschafft Stetten/ Landen vnd Völckeren Chronick wirdiger thaaten beschreybung», Zürich 1547, 2. Teil, Bl. 186 verso.
Zentralbibliothek Zürich

Conrad Schmid (1476/77–1531). Letzter Komtur des Johanniterhauses Küsnacht, hervorragender Prediger und freier Mitarbeiter Zwinglis.
Anonyme getuschte Federzeichnung nach einem unbekannten Gemälde des 16. Jahrhunderts. Aus der von Pfarrer Johann Ulrich Grob um 1620 angelegten Kopie von Heinrich Bullingers Reformationschronik.
Ms. L 61.
Zentralbibliothek Zürich

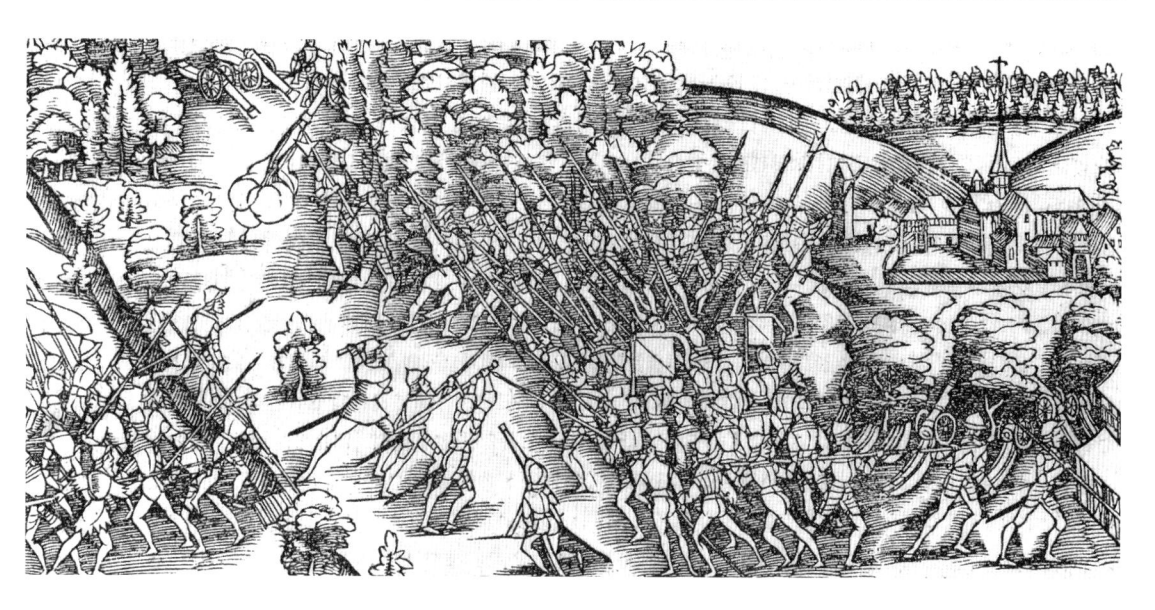

Meyers Entwurf

Betsy Meyer hat später skizziert, wie ihr Bruder den Stoff zu gestalten trachtete. 1892 oder 1893 erzählte sie Adolf Frey:

Der Held [Komtur Conrad Schmid] war eine Lieblingsfigur schon unseres Vaters. Mein Bruder dachte ihn sich als eine ruhige, noble und gleichgewichtige Persönlichkeit, zur Reformation übergetreten, doch ohne Neigung zum Umsturz, wie er denn auch als Protestant noch sein Komturkreuz weiter trug. Die Kontrastfigur zu ihm suchte der Dichter in dem Wiedertäufer Grebel, den er darstellen wollte als genialen Phantasten, dem, im Gegensatz zum Komtur, der Sinn für Gerechtigkeit abgeht. Grebel überwirft sich mit den Anhängern der Reformation, weil er für seine exzentrischen sozialen Träume bei ihnen keinen Anklang findet. Er entrinnt dem Wassertod, zu dem er als Wiedertäufer verurteilt wird, indem einer seiner heimlichen Anhänger statt seiner irgend einen Gegenstand in die Flut stößt. Beruhigt und geläutert taucht er späterhin als alter «Umegang» [d. h. als Bettler] wieder auf und trifft sowohl mit dem Komtur und Zwingli als auch mit Hutten zusammen. Die Mutter des Komturs hat alles aufgewendet, um den Sohn studieren zu lassen. Sie sollte als gerade, imponierende alte Bäuerin eine Rolle spielen und von den Gästen ihres Sohnes besucht werden, die sie bewirtet. [...]

Als mein Bruder krank war, in der allerletzten Zeit (bevor er nach Königsfelden kam), sagte er mir: «Wie unser Herr hat jeder Christ sieben Leidensstationen; und so teile ich auch den Komtur in sieben Tableaux ein, in sieben Leidensstationen.» Das ist das letzte Wort, das er über seine Sachen zu mir gesprochen hat.

(Unvollendete Prosadichtungen I, S. 25f.)

Nach dem Tod ihres Bruders teilte Betsy dem Biographen folgendes mit:

Es gab eine Zeit, da sich Conrad Ferdinand wahrhaft und aus dem Vollen freute auf diese aus den «Hutten»-Studien entsprossene, groß angelegte Arbeit.

Ich erzählte Ihnen ja sicherlich, daß mein Bruder den Komtur seine jugendlichen Geistes-Krisen auf einem der Kastelle von Bellenz bei einem Landvogt der Urkantone wollte durchkämpfen lassen.

Hätte sich mein Bruder im Jahr 1875 nicht verheiratet – was weit das Beste war –, er hätte sich mit diesem tiefgründigen Roman, dessen Stoffe er sich innerlich ganz durchdacht und zu eigen gemacht hatte, in stetiger, erfreulicher Arbeit über sein herbes einsames Lebenslos zu trösten und sich daran zu stärken gewußt. Er hatte dabei festen Grund unter den Füßen in dem Buch unseres Vaters über die nach Zürich ausgewanderten reformierten Locarner. [...]

Der Komtur Schmid war unseres Vaters reformationszeitliche Lieblingsgestalt. Er fühlte sich ihm geistesverwandt, als dem mildern Manne, mehr als dem schroffen Zwingli, dessen schönes überzeugungstreues Ende der tapfere Komtur teilte.

Auch an Zwingli, als Hauptfigur, wollte sich diesmal der Dichter wagen.

Betsy Meyer an Adolf Frey,
24. Oktober 1907 (Betsy, Briefe, S. 456f.)

DIE JOHANNITERKOMMENDEN AM ZÜRICHSEE

Der Johanniterorden, der älteste geistliche Ritterorden, zur Zeit der Kreuzzüge um 1099 gegründet, widmete sich vornehmlich der Pflege der Verwundeten. Seine Angehörigen waren Ritter und Mönche zugleich. Sie trugen ein Kreuz auf ihrer Tracht – damit war der Typus des *miles christianus* eindeutig bezeichnet. Im Heiligen Land machte sich der Orden anfänglich durch seine vorbildlich eingerichteten Spitäler einen Namen – Priester und dienende Brüder nahmen sich der kranken und verwundeten Kreuzfahrer und Pilger an. Wie aber Eroberungslust und der Glaubenskampf der Ritter in den Vordergrund traten, setzten die Johanniter nach dem Fall von Akkon (1291) nach Zypern und dann nach Rhodos über, wo ihre stolzen Bauten – sie waren z. T. vom 1312 aufgelösten Templerorden übernommen worden – noch jetzt zu bewundern sind. 1523 fiel Rhodos nach langem Kampf zur See und zu Lande den Türken in die Hände. Karl V. übertrug dem Orden darauf Malta als Lehen, und seit 1530 nannten sich die Johanniter entsprechend Malteser. 1798, als Napoleon sich der Insel bemächtigte, wich die Ordensleitung nach Italien zurück. Rom ist seit 1834 Sitz des Großmeisters. Der Orden ist heute international im Krankendienst tätig – am augenfälligsten sind die Ambulanzen mit dem Malteserkreuz.

Rund um den Zürichsee gab es zur Zeit der Reformation drei Verwaltungssitze der Johanniter, sog. Kommenden oder Komtureien: Wädenswil, Bubikon und Küsnacht. Während die ersten beiden direkt dem Hochmeister unterstanden, waltete in Küsnacht noch ein Komtur.

Die Johanniterkomturei Küsnacht um die Mitte des 17. Jahrhunderts.
Lavierte Federzeichnung von Ludwig Schultheß (1805–1844) nach einer Zeichnung von Conrad Meyer (1618–1689).
Zentralbibliothek Zürich

Die Johanniterkomturei Bubikon.
1205 vom Grafen Diethelm von Toggenburg gestiftet und dem Johanniterorden übergeben, 1525 im Zuge der Reformation aufgehoben. Bereits 1532 wieder im Besitz des Ordens.
Lavierte Federzeichnung von Ludwig Schultheß (1805–1844), entstanden 1840.
Zentralbibliothek Zürich

*Der Zürcher Rathausplatz um 1500, mit dem alten Rathaus (1397–1694) und dem angebauten Gesellschaftshaus zum Schneggen. Hier wird Komtur Schmid 1526 unfreiwillig Zeuge der Hinrichtung von Jakob Grebel, Conrad Grebels Vater.
Aquatinta von Paul Julius Arter (1797–1839) nach einer Zeichnung von Conrad Meyer (1618–1689). Publiziert von Arter in seiner «Sammlung Zürcher'scher Alterthümer», Zürich 1837, Bl. 2.
Zentralbibliothek Zürich*

Das Fragment «Aurea»

Zum KOMTUR ist einzig das Fragment «Aurea» erhalten. Es umfaßt insgesamt 13 Seiten von Meyers Hand und ist nach der Schrift ins Jahr 1881 zu datieren. Der Titel bezieht sich möglicherweise auf die aetas aurea, das Goldene Zeitalter der Reformation. So war den Zürchern anläßlich der Reformationsfeiern von 1819 die Zwinglizeit erschienen; jetzt stand, 1884, Zwinglis 400. Geburtsjahr bevor. – Die Eingangsszene des Fragments erinnert an den Beginn des HEILIGEN, an den Einzug des berittenen Armbrusters durch das Rennwegtor:

Über die untere Brücke in Zürich ritt [...] ein den langen Rock und die Kappe des Prädicanten tragender bleicher Mann von scharfen und edeln Zügen. Ein Überrest ritterlichen Schnittes in seiner Gewandung und in dem Geschirr seines Pferdes, dessen Decke das Johanniterzeichen trug, und eine durch die protestantische Schlichtheit schimmernde stolze Haltung deutete auf den durch die Reformation säcularisirten geistlichen Ritter. In Widerspruch mit den an Mauer und Gebäuden sichtbaren Spuren des überall weggerissenen Kreuzes lag das verpönte Zeichen in der Gestalt eines kunstvoll gearbeiteten goldenen Krucifixes an einer ebenfalls goldenen Comturkette sicher und unnahbar auf der Brust dieses Mannes [...].

Ein plötzliches Zusammenströmen, Laufen und Stürzen der auf den Straßen befindlichen gegen den Platz vor dem Rathhause, als fände dort ein unerwartetes und unangekündigtes, aber im höchsten Grade spannendes Schauspiel statt [.] Der widerlich gierige Ausdruck und die gestreckten Hälse der ihre gefüllten Körbe ohne Schutz auf der Brücke zurücklassenden Marktweiber, die rasende Jagd der Schuljugend nach dem genannten Ziele verkündigte, daß dort etwas ganz Ungewöhnliches, etwas Blutiges und Grausames zu sehen sei. In der That, als der Comtur – als solchen, einen jetzigen oder gewesenen, bezeichnete den Reiter sein goldenes Brustkreuz – der steilen Marktgasse zu lenkte, die Menschenanhäufung, welche nicht nach seinem Geschmacke schien meidend und nur einen flüchtigen Blick über die Kopf an Kopf gedrängte Menge sendend, erblickte er eine tumultuarische Hinrichtung. Ein ritterlicher Mann betrat eben das Schaffot. Einen Augenblick schien er ein letztes Wort an die Zuschauer seines Sterbens richten zu wollen. Dann hatte er sich anders besonnen. Ein Ausdruck eher noch der Lebens- als der Menschenverachtung ging über sein stolzes Gesicht, um dann gleich dem andern einer herkömmlichen, in dieser letzten Stunde aber echten Frömmigkeit zu weichen. Er zeichnete mit ausgestrecktem Finger ein Kreuz auf den Boden des Blutgerüstes, und kniete in das selbe hinein. Der Comtur hatte das Haupt abgewendet und so sah er weder das fallende noch das eines dicht vor ihm stehenden Bettlers, auf welchem sich das größte Entsetzen malte, ein so tragisches Entsetzen, wie das eines Orestes beim Anblicke der Furien.

Der Comtur hatte die Stadt durchritten und [...] ließ [...] sein Pferd schlendern [...]. Darum, so redete er innerlich, hat mich Zwingli in nichtigen Dingen nach Bern verschickt. Er hat klug gethan; denn, bei Gott, und meinem Gewissen, ich hätte diese blutige Ungerechtigkeit nicht geduldet. Wie. Ein Escher [Hans Escher (um 1470–1538)], ein gewissenloser Advocat, der zehnmal Schuldigere lügt sich frei, und Grebel [Jakob Grebel (um 1460–1526), Vater des Wiedertäufers Conrad Grebel], der stolze und gerade Mann muß fallen, weil er Lüge Ausflucht verschmäht. Pensionen von fremden Fürsten hat er genommen. Er allein? Hunderte mit ihm. Gestern noch war es erlaubt, heute ist es verboten. Nahe Grenze. Und wie viele Verbote werden hier straflos übertreten, wenn die Übertretung der Leidenschaft des Tages schmeichelt statt ihr zu widersprechen. Das ist die Republik! Hier fühlte aber der von seinem Gedankengange Gezogene gleich daß auch er die Grenze des Gerechten überschritten. Er änderte denselben. Und Zwingli? Hier ging das Denken des Comturs in ein aus treuster Freundschaft für den ganzen Menschen und entschiedenen Widerwillen gegen einzelne Seiten desselben so sich widersprechendes so schillerndes Gefühl über, daß er, wie rathlos, sein Inneres verlassend, in die Außenwelt blickte und – lupus in fabula – in das durch den thatkräftigen Ausdruck das lebendige Auge, die Stumpfnase und den zu energischen Mund das hartnäckige Kinn, kurz durch eine gewisse historische Prägung unter Tausenden kenntliche Gesicht des zürcherischen Reformator[s] Ulrich Zwingli.

Dieser, der wol [!] das Freie gesucht hatte, um ein blutiges Schauspiel auszuweichen, an welchem er vielleicht nicht unschuldig war, fiel dem Comtur in den Zügel und redete ihn an mit einer Lustigkeit, zu welcher der forschende Blick nicht stimmte. Heda, Comtur, du lässest dein Rößlein schlendern? Bist du verliebt? Wolan. Lege dein Kreuzlein ab und wir gratuliren. Auf wann die Hochzeit. Das Gesicht des Angeredeten verfinsterte sich und ein scharfer Zug um den feinen Mund wurde sichtbar, den Zwingli zu fürchten schien. Ohne den unzeitigen Scherz des Freundes eines Wortes zu würdigen: Und ich gratulire dir nicht, versetzte er zu der neuen Gewaltthat, welche du in die Geschichte einzutragen gegeben hast. Die Hinrichtung Grebels wird auf dasselbe Blatt mit der Schwemmung der Widertäufer [!] zu stehen kommen. Es ist überschrieben: Huldrici Zwinglii iniquitates crudelitates et diversa facinora [Ulrich Zwinglis Ungerechtigkeiten, Grausamkeiten und andere Untaten]. Damit sprang er leicht vom Pferde und schritt, dasselbe am Zügel führend, mit dem Freunde auf der nicht breiten Straße, welche jetzt an einem Hügelrande hoch über den anmuthigen in der Trägheit eines Spätsommerabend[s] ruhenden blauen Seeflut lief [.]

Zwingli antwortete ruhig, denn er hatte ein nicht leicht aufzuregendes Naturell: Also ich bin an allem schuld, was hier geschieht – er deutete rückwärts auf die Stadt, an den Gesetzen, an den richterlichen Urteilen, an den [...] Strafen.

Sicherlich, erwiderte der Comtur scharf und gereizt. Hast du dich doch in Rat und Gericht jedes Mannes erledigt [!], der einen Schein von Urteil und Selbstständigkeit bewahrte. Das scheint nun freilich bei euch großen Leuten so Mode zu sein [.] Einen ganzen Wald von Creaturen hast du um dich herum gepflanzt. Dein Rat, d. h. der Rat unserer löblichen Stadt, welche vollständigere Sammlung von Tröpfen gibt es auf der Welt. Dein Bürgermeister Walder [Heinrich Walder (1460/70–1542)] – der prächtigste Strohkopf, Dein Ratschreiber, Beiel [Werner Beyel (um 1493–1546)], mit dem Gesicht wie ein Schlappschuh, der sich deinen «Leibeignen» nennt, schreibt einen solchen Prädicantenstyl, daß die Herrn von Bern, die immerhin zu regiren wissen, um eine kürzere und sachlichere Behandlung gebeten haben. Ja, wenn es sich um eine Ehebruchsache handelte. Da hat der Beiel in seinen frühern Protokollen eine kühne Phantasie entfaltet! Dein Feldherr, der Lavater [Hans Rudolf Lavater (1491–1557)], der schönste Mann und der größte Esel in unsrer Eidgenossenschaft. Ich freue mich zum Voraus, wie der sich von den Fünförtischen wird schlagen lassen, wenn es zum Kriege mit Ihnen kommt. [...] Kurz, du, Ulrich Zwingli, befiehlst in diesem edeln Turicum unumschränkt. Ein Wink von dir – Grebel lebte noch. Du hast es geschehn lassen ergo du hast es verschuldet. [...]

«Aurea» (XV, 26 ff.)

Der Zürcher Reformator Huldrych Zwingli (1484–1531), eine der Hauptgestalten in Meyers geplantem Werk «Der Komtur». Buchholzschnitt von Veit Rudolf Speckle (um 1510 – vor 1550) nach einer Zeichnung von Hans Asper (1499–1571). Erschienen in: Huldrych Zwingli, «In Evangelicam historiam de Domino Jesv Christo annotationes», Zürich 1539. Zentralbibliothek Zürich

Aus der Geschichte des Plans (1873–1892)

Der seit den sechziger Jahren bestehende Plan, ein episches Werk in der Reformationszeit anzusiedeln, wurde fürs erste durch HUTTENS LETZTE TAGE etwas verdrängt. Aber gerade der HUTTEN und die für den Gedichtzyklus betriebenen Quellenstudien weckten die Lust zum KOMTUR wieder neu. Meyer glaubt eine Zeitlang, JENATSCH und KOMTUR im Winter 1873/74 «zu bewältigen» (an Haessel, 22. September 1873; XV, 333), was allerdings nicht gelingt. 1876/77 beschäftigt er sich im Wangensbach zu Küsnacht erneut intensiv mit dem Plan zu einem «großen hist. Roman», «einem herrlichen Stoff» (an Haessel, Mitte Dezember 1876; XV, 334). Er vertieft sich in den eben erschienenen II. Band von Vulliemins *Histoire de la Confédération suisse* und teilt dem Verfasser mit, daß er sich ein genaueres Porträt von Zwingli gewünscht hätte:

Je voudrais un mot sur son extérieur, sur le rothe Uli, qui portait sur ses joues la couleur de la santé, et un autre mot, en passant, sur son «humanité», qui est bien son trait distinctif et son titre de gloire.

Meyer an Louis Vulliemin, 9. Januar 1877 (Vulliemin, S. 544)

Ebenfalls anfangs 1877 berichtet er dem Verleger:

Ich habe zwei Entwürfe. [...] Der zweite, ein Roman, packt, in lebendigen Gestalten, das Wesen des 15-16 Jahrh.: den Kampf u. Gegensatz des humanistisch-ästhetischen u des reform. ethischen Princips, Renaissance u: Reformation, die Entsteh des modernen Menschen. Die Bühne ist die hier vor meinen Augen liegende Johan-

niterkomturei von Küsnach, der Held ihr letzter Comtur, der Freund Zwinglis. Ich hoffe das theol. Streitigkeiten anhangende für unsere Zeit Antipathische völlig überwinden zu können u. überall nur das Menschliche, zu allen Zeiten Gültige herauszukriegen. Natürl. eine leidenschaftl. starke Handlg, wie bei Jenatsch. Aber dazu brauche ich Raum u. Zeit. Auf nächsten Herbst (ich berechne den Roman auf pag. 500 Jenatschformat) unmöglich, frühestens auf Ostern 1878. Die Novelle [Der Heilige] die schon manuscript vorliegt, dagegen sehr mögl. auf Herbst 1877. Aber ich weiß nicht: sie ist düster u. wunderl. wie gemalte Fensterscheiben – ein «Kabinetsstück», während «der Comtur» einen großartigen, ganz modernen Zug bekommen wird. Wäre es nicht klüger, den Heiligen gelegentl. auszuarbeiten u. in eine Zeitschrift zu geben mit aller Kraft dagegen den der Gegenwart sympathischen Comtur zu fördern?

Meyer an Hermann Haessel,
12. Januar 1877 (XV, 335)

Am 12. Februar 1877 kann Meyer der Schwester schreiben: «Der Comtur ist ganz entworfen, ein wahrer ‹Roman›.» (XV, 335) Vorschnell träumt er davon, das Werk auf Ostern 1878 zu beenden; aber er kämpft mit der Fabel.

Im gleichen Jahr 1877 dürfte Meyer erfahren haben, daß auch Gottfried Keller an einer Wiedertäufer-Geschichte arbeitete, in der er Zwingli auftreten lassen wollte. Keller, dessen erste Pläne zur *Ursula* in die fünfziger Jahre zurückgingen, äußerte damals zu Frey:

Weil Sie mir zu wissen taten, daß Meyer den Zwingli ausgiebig heranbringen will in seinem Neuesten, so habe ich in der Wiedertäufergeschichte, an der ich gerade bin, eine Sache weggelassen, damit wir einander nicht ins Gehege kommen. Nämlich als die Herren von Zürich mit dem Zwingli auf die Religionsdisputation nach Bern ritten, schloß ihnen das Städtlein Bremgarten die Tore. Darauf stieg die ganze Gesellschaft, der Zwingli mit, von den Rossen, um sich den Einlaß zu erzwingen, worauf aber die Bremgartener, als sie Ernst sahen, Raison annahmen und aufmachten.

(Unvollendete Prosadichtungen I, S. 27)

Keller war sicher von der Stoffkollision nicht angetan. Er betrachtete Novellen, die es mit der Geschichte Zürichs zu tun hatten, als *seine* Sache. Meyer – so berichtet Betsy später an Frey – hielt Kellers Zwingli-Darstellung zwar für «vortrefflich, aber der ganze, der bedeutende, der tiefe Zwingli sei das nicht» (Unvollendete Prosadichtungen I, S. 26). Sie sei zu «episodenhaft», «zu oberflächlich, zu wenig markiert, [...] weder auf der Höhe der dichterischen Gestaltungskraft Kellers, noch auf der Höhe des historischen Wertes und Eindrucks dieser reformatorischen Physiognomie stehend» (Betsy Meyer an Adolf Frey, 24. Oktober 1907; Betsy, Briefe, S. 456 f.). Meyer gestand allerdings ein, daß es «ungeheuer schwer» sei, Zwinglis Bild «richtig zu zeichnen».

Von den zwei Stoffen, die ihm «beide sehr lieb» sind (an Haessel, 26. Juni 1878; Briefe II, S. 79), schiebt sich schließlich DER HEILIGE vor; doch DER KOMTUR bleibt präsent, und Meyer will ihn gleich nach Abschluß der Armbruster-Novelle (Frühjahr 1879) an die Hand nehmen.

Aber die Ausführung des Projekts gerät wiederum ins Stocken. 1881 bringt ihn die Arbeit an der 3. Auflage des HUTTEN erneut mit der Reformationszeit in Berührung; Meyer nimmt das Gedicht DER COMTUR und auch einige weitere Roman-Motive in den HUTTEN auf.

Zwinglis 400. Geburtsjahr, 1884, geht vorbei, ohne daß Meyer mit seinem Roman hätte aufwarten können. Haessel stellt am 4. Dezember 1886 eine Liste aller unerledigten Werke des Dichters zusammen, die er 1887 verlegen möchte:

Die Versuchung des Peskara
Die Klostersperre
Der Dynast
Der Comthur!

(XV, 339)

Die Entscheidung fällt zugunsten des PESCARA. Letzte Äußerungen Meyers zum KOMTUR datieren aus den Jahren 1890 bis 1892. Mit ANGELA BORGIA schafft er ein «grausames» Werk; DER DYNAST würde «noch grausamer»:

Der Roman, an dem ich herumdenke, ist nicht der Dynast – denn dieser wäre noch grausamer als Angela u. würde nur episodisch verwendet, sondern ein ganz heller, quasi himmlischer Character, aus der Reformationszeit.

Meyer an Hermann Haessel,
Januar 1892 (XV, 340)

So entscheidet sich Meyer für die Lichtgestalt des Zwingli und will sich daran «auferbauen» (an Haessel, 2. Februar 1892; XV, 341). Aber er kommt nicht mehr dazu.

«Plautus im Nonnenkloster» (1882)

Die Novelle handelt von wissentlich vorgenommener, mit Absicht wiederholter Täuschung der gläubigen Menschen. Diese Art von Betrug spielt im religiösen Bereich, wo ein falsches Kreuzeswunder als raffinierte Machenschaft der zuständigen Geistlichkeit entlarvt wird. Ort des Geschehens ist das Kloster von Münsterlingen, wo die schlaue Äbtissin vor versammeltem Volk eine Novizin das überschwere Holzkreuz mit spielender Leichtigkeit über den Platz tragen läßt – sie hat es über Nacht durch ein gleich aussehendes leichtes ersetzt. Den historischen Hintergrund bildet das Konzil von Konstanz (1414–1418), das mit der Wahl eines neuen Papstes die Kirche noch einmal vor dem innern Zerfall bewahrt. Und erzählt wird die Geschichte am Hof des Cosimo de' Medici in Florenz von Poggio Bracciolini, der sich als Kirchensekretär, aber auch als Humanist und als Verehrer des Plautus einen Namen gemacht hat.

Nie hat Meyer eine Novelle rascher und unbeschwerter niedergeschrieben – er sprach von einer «Kleinigkeit», die er zu seiner «eigenen Zerstreuung [...] auf das Papier geworfen» habe. «Sie wissen», schreibt er Rodenberg am 10. Juli 1881, «daß der Humanist Poggio (der Codices-Dieb) ‹Facetien› geschrieben hat.» (Rodenberg, S. 76) In der Rahmengeschichte bittet Cosimo den bekannten Spötter, zur Unterhaltung der Gesellschaft eine «Facetia inedita» zum besten zu geben. Facetien sind kurze, witzige Geschichten, Anekdoten eher, die einen Zug ins Satirische haben. Wenn also Meyer seine Novelle als Facetie ausgibt (er wollte das eine Zeitlang schon im Titel festhalten), gewinnt er einen erhöhten Standpunkt, von dem aus er einen heilig-unheiligen Stoff mit satirischer Überlegenheit, durch die Brille des Poggio eben, behandeln kann.

Der Untergrund der Novellenhandlung ist ernst. «In den drei Figuren», schreibt Meyer am 21. November 1881 an Friedrich von Wyß, «sind die drei hist. Bedingungen der Reformation, in komischer Maske verkörpert: Die Verweltlich[un]g des hohen Klerus (Poggio der wahre Typus des Humanisten: Geist, Leichtsinn, Nachäffung und übertriebene Schätzung der Antike, Unwahrheit Rachsucht (er ‹kreidet› es der Äbtissin ‹an›) [...], die Verthierung der niedrigen Geistlichkeit, das ‹Brig.[ittchen von Trogen]› Sie [der Kreuzesschwindel der Äbtissin] steht als die grobe mit der feinen Lüge des Poggio im Gegensatz. Die beiden [...] stehen im Gegensatze mit dem ehrlichen Fond in der deutschen Volksnatur (Gertrude), ohne welchen die Reformation eine Unmöglichkeit gewesen wäre.» (XI, 266 f.)

Poggio kommt das Verdienst zu, den Betrug der Äbtissin Brigitte aufzudecken und Gertrude vor ihrem durch ein Gelübde erzwungenen Eintritt ins Kloster zu bewahren. Er ist scharfsichtig, glaubt nicht an Wunder, und was da vorgegaukelt werden soll, verfängt vor seinen aufgeklärten Sinnen nicht. Menschliche Schwächen hat er genug kennengelernt, vor allem in den Komödien des Plautus, den er über alles verehrt. Er ist auch nicht ins Kloster Münsterlingen gekommen, um des Kreuzwunders neueste Auflage zu bestaunen; er möchte einer Plautus-Handschrift habhaft werden, die hier gerüchteweise von der Äbtissin versteckt gehalten wird. Den von Brigittchen wiederholt begangenen Schwindel durchschaut er rasch. Er hat schon zuviele trübe Machenschaften der Kirche kennengelernt, und zwar auf höchster Ebene. Der Mangel an Ehrfurcht hat seinen Blick geschärft.

Den Anstoß zur Entlarvung aber gibt ihm das Mitleid mit der jungen Novizin, deren Gebet vor der Jungfrau er zufällig hört. Gertrude hat sich der Maria als Kind schon versprochen: sie wolle mit zwanzig ins Kloster eintreten, wenn diese ihrer kranken Mutter helfe. Jetzt will sie ihr Gelübde halten, obwohl sie den jungen Eseltreiber Anselino de Spiuga liebt. Niemand kann ihr beistehen außer der Gottesmutter selbst. Sie bittet sie, unter der Last des Kreuzes zusammenbrechen zu dürfen, um als in dieser schweren Prüfung Versagende dem Klosterdienst zu entrinnen.

Das gelingt ihr denn auch. Sie stößt das falsche leichte Kreuz von sich, zerschlägt es auf dem Steinboden in Trümmer und schleppt das richtige schwere in den Chor. Dann aber versagt ihre Kraft, Gertrude knickt ein, wird also von der Jungfrau erhört und ist vom Klosterleben befreit. Nachdem sich die von der Last zu Boden Gedrückte erhoben hat, tritt sie, «noch die Dornenkrone tragend», in das Kirchenschiff hinab und fragt den dort unter den Gläubigen weilenden Hans von Splügen (XI, 161): «‹[...] nimmst du mich zu deinem Eheweibe?› » – «‹Eine kurze Weile›», erzählt Poggio, «‹hatte die Bäuerin vor meinen erregten Sinnen gestanden als die Verkörperung eines höhern Wesens, als ein dämonisches Geschöpf, als die Wahrheit wie sie jubelnd den Schein zerstört. Aber was ist die Wahrheit? fragte Pilatus.›»

Kreuz und Gaukelkreuz, Wunder und Scheinwunder: Wer könnte sie immer auseinanderhalten? Der sichere Auftritt von Gertrude, die, vor Freude leuchtend, die Stufen hinabsteigt, erscheint Poggio als echtes Wunder. Sie hat ihr Gewissen befriedigt, ihr Versprechen der Maria gegenüber gehalten. Das gibt ihr, nachdem sie den Zusammenbruch auf sich genommen hat, die befreiende Reinheit.

Sowohl die Äbtissin als auch Poggio selbst entbehren solcher Wahrhaftigkeit. Das betrügerische «Brigittchen von Trogen» wirkt hexenhaft und wird als Hanswurstin bezeichnet (XI, 139f.); die Angetrunkene tanzt am Vortag der Kreuzesverwechslung «wie eine Besessene auf der frischgemähten Wiese herum», mit kreischendem Zuruf, hochgerötetem Gesichte und bestialischem Munde, eine Mänade eher denn eine geistliche Frau. Ihre Erbärmlichkeit wird noch unterstrichen durch das schlimme Gelichter, das sie zur Kreuzprobe um sich versammelt (XI, 139): «Ein Schwartenhals, die Sturmhaube auf dem Kopfe, stieß von Zeit zu Zeit in eine mißtönige Drommete, vielleicht ein kriegerisches Beutestück, vielleicht ein kirchliches Geräte. Um die von ihren Nonnen umgebene Äbtissin und den zweideutigen Herold mit geflicktem Wams und zerlumpten Hosen, dem die nackten Zehen aus den zerrissenen Stiefeln blickten, bildeten Laien und zugelaufene Mönche einen bunten Kreis in den traulichsten Stellungen. Unter den Bauern stand hin und wieder ein Edelmann – es ist in Turgovia, wie diese deutsche Landschaft sich nennt, Überfluß an kleinem und geringem Wappengevögel –, aber auch Bänkelsänger, Zigeuner, fahrende Leute, Dirnen und Gesindel jeder Art, wie sie das Konzil herbeigelockt hatte, mischten sich in die seltsame Corona.» Die Erbärmlichkeit der Äbtissin ist vor dem Hintergrund einer verlotterten Kirche zu sehen. Sie ist von ihrer Vorgängerin in den Betrug mit dem Kreuz und das damit verbundene Scheinwunder eingeführt worden – es geht ja um das «wirtschaftliche Heil des Klosters» (XI, 152).

Poggio erfaßt die mit dem genormten Schwindel verbundenen Zusammenhänge sehr rasch, ja er versteht alles nur zu gut, denn er weiß um den Zustand der Kirche Bescheid, ist also gewissermaßen ein Komplize. Jedenfalls gelingt es ihm, der Äbtissin den Codex abzuhandeln: er werde schweigen, wenn sie das Wunder noch einmal spielen lasse, aber dann müsse Schluß sein damit, sagt er am Vorabend von Gertrudes vermeintlicher mirakulöser Kreuzesprobe. Poggio selbst ist also durchaus nicht unanfechtbar. Er tritt zwar als kritischer Intellektueller auf, erkennt den Betrug, aber er geht auch um seines Plautus willen auf einen Kuhhandel ein. Gleich zu Anfang gesteht er, daß ihn seine Klassikerleidenschaft zwischen Fund und Raub nicht immer klar habe unterscheiden lassen. Er hat auf der Suche nach seinen geliebten Schriftstellern Klöster bestohlen (die Sache ist historisch) und befürchtet jetzt im Alter, «die Unbefangenheit [s]einer Standpunkte und die Läßlichkeit [s]einer Lebensauffassung» könnten bei einem seiner Söhne «zu unerträglicher Frechheit, ja zur Ruchlosigkeit entarten» (XI, 134). Seine Söhne, alle herrlich begabt, hätten nichts getaugt. Aber wo hätten sie Redlichkeit lernen sollen? Etwa bei ihm, ihrem Vater, «dem jetzigen Sekretär der florentinischen Republik und dem vormaligen von fünf Päpsten, dem früheren Kleriker und späteren Ehemanne» (XI, 133)? Die Rettung der angehenden Nonne rückt den abgebrühten Spötter vorübergehend in ein besseres Licht. Er hilft ihr aus Erbarmen; aber er könnte ihr nicht helfen, wenn er kein solcher Freigeist wäre.

Gertrude selbst ist in ihrer Natürlichkeit und Wahrhaftigkeit ein reiner Gegensatz zum Sumpf, der sie umgibt. Korruptheit, Lug und Trug, der Zerfall der Sitten: alles das läßt sie als unverdorbenes Naturkind erscheinen. Sie nimmt mit ihrem Hänschen zur Zeit des Konstanzer

Konzils die Reinheit jener Hirten voraus, die Albrecht von Haller 1732 in den *Alpen* besungen hat, deren Einfalt, deren Adel. Ihre Schönheit ist von echter und unverfälschter Art: die Flut von blonden Flechten, der «starke, luftbedürftige Nacken» (XI, 141) wollen unter keine Kapuze passen. Ihre kraftvolle Gestalt sprengt zum vornherein alle Kleider und Einkleidungen.

Gertrudes Gewissen, das sie aus Wahrhaftigkeit den Schleier suchen heißt, aber auch ihr natürliches Vertrauen zur Gottesmutter heben sie aus der ganzen Schwindelhaftigkeit des Klosters heraus. Das Kreuz, das sie tragen soll, ist von einer großen Sünderin gestiftet: die Herzogin Amalaswinta hat ihren Gatten vergiftet und nachher zur Sühne das Kloster erbauen lassen. Um das Heil ihrer Seele ringend, hat sie das schwere Kreuz zimmern lassen, und die Jungfrau hat ihr, von soviel Reue und Buße gerührt, geholfen, dieses Kreuz zu tragen, «die ambrosische Schulter neben die irdische schiebend» (XI, 142). In Umkehrung bittet nun Gertrude die Jungfrau, ihr nicht zu helfen, sie versagen zu lassen, damit sie den Schleier nicht zu nehmen brauche und ihr Leben als Bäuerin und Mutter leben könne. Auch ihr wird Gehör geschenkt.

Gertrude steht nicht nur zur Äbtissin und zu Poggio im Gegensatz, sondern auch zur Kirche allgemein. Diese Kirche ist im gleichen Zustand wie das Kloster zu Münsterlingen. «‹In jenen Tagen›», sagt Poggio, «‹da wir unserer zur lernäischen Schlange entstellten heiligen Kirche die überflüssigen Köpfe abschlugen, [...]›» (XI, 135): Das paßt zur mänadenhaften Äbtissin. Während des Konzils drängt sich «auf der beschränkten Bühne einer deutschen Reichsstadt die Frömmigkeit, die Wissenschaft, die Staatskunst des Jahrhunderts mit seinen Päpsten, Ketzern, Gauklern und Buhlerinnen» zusammen – und so geschieht es auf tieferer Stufe auch im Rahmen des Klosters.

Die Facetie endet fast als Märchen: Poggio kann noch im Kloster das «Habemus pontificem» verkünden und damit anzeigen, daß nun eine Reform der Kirche bevorsteht. Und zum Schluß sieht der Leser, wie er mit Poggio den Heimweg nach Italien antritt, Hans und seine Gertrude, ein Kind an der Brust tragend, vor dem Gasthaus in Splügen, wo sie als Wirte leben – «in winddurchrauschtem Felstal» (XI, 162). – «Ihr Schüler der Natur, ihr kennt noch güldne Zeiten!» (Haller, *Die Alpen,* Vers 31)

Gertrudes Durchbruch zum Selbstsein entspricht Meyers eigenem Wunsch zur Selbstbefreiung. Die inneren und äußeren Übereinstimmungen sind nicht zu übersehen: Die goldenen Flechten der Gertrude entsprechen der Strahlenkrone des von Gott geschaffenen Menschen. Sie erinnern aber auch an Meyers eigene Ringellocken, wie Deschwanden sie gemalt hat – mit engelhaftem Glanz. Sie stehen für des späteren Dichters Sonnen- und Natur-Religion und belegen damit seine Trotzhaltung gegenüber allem falschen religiösen Anspruch seiner Mutter und ihrer pietistischen Umgebung. Gertrudes Tat bedeutet den Ausbruch aus der Muckerwelt der Mutter, aus allem frömmelnden Zwang. So wie sie hätte der junge Meyer auf die Chorstufen treten wollen, um alle die Pharisäer und *mômiers* (Mucker) aus dem Tempel zu jagen. Demut, *humilité,* Entsagung: was wollten sie von ihm? Das Kloster, in dem er sich zur Stadelhofener Zeit eingekerkert sah, hat ihn zu suizidalen Drohungen geführt – «daß sie mich eines Morgens nicht mit zerschmettertem Schädel auflesen!», sagt Gertrude (XI, 157). Es ist eine Drohung, die Jutta in ENGELBERG wahr gemacht hat. Gertrude ist der von Natur aus gute Mensch. Sie ist zwar gläubig wie Engel (Angela), aber ihr Naturell zielt auf das Diesseitige. Das himmlische Heimweh dürfte sie kaum je überkommen; sie strebt nach dem irdischen Glück. Das unterscheidet sie von der Herzogin Amalaswinta, die eine große Sünderin war, aber sich ihre Buße zur «Gewissenssache» werden ließ wie die *magna peccatrix* in der RICHTERIN. Die Facetie lotet also bei all ihrer Lockerheit Meyers psychologische und religiöse Voraussetzungen weiter aus.

Das alte Benediktinerinnenkloster Münsterlingen, auf einer kleinen Halbinsel am Bodensee gelegen, Ansicht von Osten. Schauplatz von Meyers Novelle «Plautus im Nonnenkloster». Federzeichnung eines unbekannten süddeutschen Künstlers, datiert 1527. Staatliche Graphische Sammlung München

Die deutsche Reichsstadt Konstanz, Ausgangspunkt für Poggios Ausflug nach Münsterlingen. Holzschnitt aus Hartmann Schedels Weltchronik von 1493 (Blatt 240/41). Zentralbibliothek Zürich

Entstehungsgeschichte und Quellen

[...] während meines lästigen Baues [der Umbau des Hauses in Kilchberg] habe ich zu meiner eigenen Zerstreuung in verlorenen Augenblicken eine Kleinigkeit auf das Papier geworfen, welche sich ohne sonderliche Mühe vertiefen und vollenden ließe – (bis Ende Monates, 6–7 Seiten Rundschau).

Sie wissen, daß der Humanist Poggio (der Codices-Dieb) «Facetien» geschrieben hat. Nun nehme ich an, der Alte giebt in den Gärten und der Gesellschaft des Cosmus Medici auf Verlangen eine «Facetia inedita» zum Besten. So ist die Kleinigkeit überschrieben: «eine Facetie des Poggio».

Nach Abrede frage ich an, ob Sie auf diese Kleinigkeit Anspruch machen? Sie wäre allenfalls neben einer tüchtigen Hauptnovelle in dem hintern Theil des Heftes als Lückenbüßer zu bringen.

*Meyer an Julius Rodenberg,
10. Juli 1881 (Rodenberg, S. 76)*

Am 4. August sandte Meyer das Manuskript nach Berlin, und Rodenberg äußerte sich begeistert:

Ich habe Ihre «Facetie» mit innigem Vergnügen gelesen; sie ist ganz reizend erfunden, vorzüglich im Tone der Zeit und des Erzählers gehalten, kurzweilig und erbaulich, voll Witz und Weisheit, Pathos und Schelmerei gefällig miteinander wechselnd – gleich erfreulich für den Kenner wie für den Laien, der sich an Dem ergötzen wird, was Ihr eigenstes Werk ist. Sie werden Freude von der kleinen sauberen Arbeit haben, wie sie der «Rundschau» zum Schmuck und zur Zierde gereichen wird.

*Julius Rodenberg an Meyer,
10. August 1881 (Rodenberg, S. 81)*

Meyer bewegte sich mit diesem Stoff weitgehend auf eigenem Grund: Daß einer sich gegen den Eintritt ins Kloster sträubt oder aus dem Kloster ausbricht, ist eines seiner frühesten Motive. Er hat es bereits in CLARA dargestellt, es begegnet wieder in ENGELBERG, in der nie abgeschlossenen Erzählung DIE SANFTE KLOSTERAUFHEBUNG und in der HOCHZEIT DES MÖNCHS. Manzoni hatte das Motiv in den *Promessi sposi* 1827 behandelt.

Mit dem frühen 15. Jahrhundert befaßt sich Meyer während der Vorstudien zum DYNASTEN, der Geschichte des letzten Grafen von Toggenburg, eingehend. Poggios Gestalt mochte ihm aus der *Badenfahrt* von David Heß bekannt sein, worin dessen Bericht an einen Freund über die Bäder von Baden enthalten ist; während der Arbeit scheint er allerdings eher Antony Mérays Übersetzung herangezogen zu haben: *Les Bains de Bade au XVe siècle par Pogge, Florentin,* Paris 1876. Er erwähnt auch Marie-Nicolas Bouillets *Dictionnaire universel d'Histoire et de Géographie,* Paris 1842, aus dem er Angaben zu Plautus bezogen habe. Bei den Renaissance-Gestalten und -Fakten standen ihm Jacob Burckhardts *Cultur der Renaissance in Italien,* Basel 1860, oder ebenso Georg Voigts *Die Wiederbelebung des classischen Alterthums oder das erste Jahrhundert des Humanismus,* Berlin 1880/81, zur Verfügung. Im übrigen aber scheint zu stimmen, was Meyer am 30. Dezember 1880 an Heyse schrieb: «Ich habe mir allerdings aus ein paar schwächlichen historischen Anhaltspunkten ein hübsches Novellchen ersonnen.» (XI, 265)

GIAN FRANCESCO POGGIO (1380–1459),
ERZÄHLER IN MEYERS «FACETIE»

Der Humanist Gian Francesco Poggio di Guccio Bracciolini war während Jahren apostolischer Sekretär in Rom, dann seit 1453 Staatskanzler von Florenz. Während des Konstanzer Konzils, dem Poggio als Kuriale beiwohnte, bereiste er deutsche, schweizerische und französische Klöster und entdeckte in deren Bibliotheken wertvolle Handschriften lateinischer Klassiker. Bekannt ist er auch als Verfasser verschiedener Schriften zur Politik, zu Religion und Philosophie; ferner schuf er eine umfangreiche Geschichte der Stadt Florenz, die *Historia florentina*, sowie das *Liber facetiarum*, eine Sammlung von z. T. recht kühnen Anekdoten und Schwänken.

Der reinste Abendhimmel dämmerte in prächtigen, aber zart abgestuften Farben über den mäßig Zechenden, unter welchen sich ein scharf geschnittener, greiser Kopf auszeichnete, an dessen beredten Lippen die Aufmerksamkeit der lauschenden Runde hing. Der Ausdruck dieses geistreichen Kopfes war ein seltsam gemischter: über die Heiterkeit der Stirn, die lächelnden Mundwinkel war der Schatten eines trüben Erlebnisses geworfen.

«Plautus im Nonnenkloster» (XI, 133)

Oben links:
Cosimo de' Medici il Vecchio (1389–1464), Stadtherr von Florenz und Gönner Poggios. Cosimo de' Medici steht im Mittelpunkt jener Florentiner Gesellschaft, die Meyer zur Abendstunde in den mediceischen Gärten versammelt und dem Erzähler Poggio lauschen läßt. Bei der Beschreibung von Cosmus Medici «mit den klugen Augen in dem häßlichen Gesichte» (XI, 133) mochte sich der Dichter an ein Gemälde von Jacopo da Pontormo (1494–1556), entstanden 1518/19, erinnert haben, das die Geschwister Meyer während ihrer Italienreise in den Uffizien von Florenz besichtigten. Hier ist der tyrannische Renaissancefürst auf einer Bronzemedaille zu sehen; das Werk eines unbekannten Florentiner Künstlers aus dem Jahre 1464 (Florenz, Museo Nazionale) dürfte Pontormo als Vorlage für sein postumes Bildnis gedient haben.
Reproduktion aus: «Repräsentanten der Renaissance», hrsg. von Ludwig Goldscheider, London 1952, Tafel 48.

Gian Francesco Poggio di Guccio Bracciolini (1380–1459). Miniatur von Francesco d'Antonio del Chierico in der Initiale M eines Manuskripts von Poggios Traktat «De varietate fortunae» («Über die Vergänglichkeit des Glücks»), Mitte des 15. Jahrhunderts.
Cod. Urbin. Lat. 224, fol. 2 recto.
Biblioteca Apostolica Vaticana, Rom

Die Titelfrage

Der von Meyer ursprünglich vorgesehene Titel der Erzählung vermochte Rodenberg nicht zu befriedigen. Er riet zu einer allgemein verständlicheren Überschrift, wobei des Dichters Vorschlag, «Eine Facetie des Poggio», als Untertitel angefügt werden könne:

Die «Facetie» befindet sich seit gestern in unserer Druckerei. Gestatten Sie mir noch eine Bemerkung über den Titel: ich glaube nämlich, daß «Eine Facetie des Poggio» vortrefflich sei als zweiter oder Neben-Titel, daß Sie der Unwissenheit des Publikums aber die Concession eines demselben einleuchtenderen Haupttitels machen sollten. Sehr viele Leser werden nicht wissen, wer Poggio und was seine Facetien sind; freilich erfahren sie's auf der ersten Seite schon und werden dann sogleich auch Sympathie für den wackern Erzähler und lebhaftes Interesse für seine Geschichte gewinnen. Aber ich möchte, daß Sie den so gearteten Lesern (deren Zahl gewiß nicht gering ist) den Schritt erleichtern, indem Sie an die Spitze einen gemeinverständlichen Titel setzen – sei es, was es sei – «die Klosterfrau» oder «Die Novice» – ich wähle, ganz unmaßgeblich, nur um Ihnen zu zeigen, wie ich es verstanden haben möchte, Folgenden:

Das Brigittchen von Trogen
*Eine Facetie des Poggio
von Conrad Ferdinand Meyer.*

Nicht wahr, verehrter Freund, Sie halten mich nicht für anmaßlich, daß ich Ihnen diesen Wunsch ausspreche oder diesen Rath gebe? Ich glaube wirklich, daß es der Publication zum Vortheil gereicht, wenigstens in der Zeitschrift; hernach, bei der selbständigen Wiederherausgabe können Sie ja, wenn Sie meinen, die alte Lesart herstellen, obgleich ich selbst dann nicht dazu rathen würde.

*Julius Rodenberg an Meyer,
21. August 1881 (Rodenberg, S. 86f.)*

In der Titelfrage sagte ich mir heute, die Novelle durchlesend: aber der Titel ist ja gegeben. Pg. 2 sagt Poggio: Die «Entdeckung des Plautus» ist die Facetie, mit welcher ich heute Euch, Ihr Nachsichtigen, bewirthen will. Also: Die Entdeckung des Plautus. Eine Facetie des Poggio von cfm. non e vero?

*Meyer an Julius Rodenberg,
5. September 1881 (Rodenberg, S. 89)*

Der Titel «Die Entdeckung des Plautus» hat auch mir Anfangs vorgeschwebt, aber ich hielt für unsere Zwecke «Brigittchen von Trogen» für besser; und nun wär' es ohnehin zu spät, da wir in unserm bereits gedruckten Prospect letztere Version angezeigt haben. Daran ist nun nichts mehr zu ändern. Aber ich möchte weiter gehen und für den Abdruck in der «Rundschau» vorschlagen, auch den Zusatz «Eine Facetie des Poggio» fortzulassen, da mir dieser nach erneuter Überlegung zu dem «Brigittchen» nicht recht zu passen scheint. Für den Separatabdruck in einer neuen Sammlung würde ich den Titel beibehalten: «Die Entdeckung des Plautus: Eine Facetie des Poggio.» Das stimmt in Sinn und Ton trefflich zusammen; aber für die «Rundschau», wie gesagt, würde ich nur das «Brigittchen von Trogen» lassen, ohne weitere Untertitel und einfach Ihren Namen darunter setzen.

*Julius Rodenberg an Meyer,
10. September 1881 (Rodenberg, S. 90f.)*

So erschien Meyers PLAUTUS beim Vorabdruck im Novemberheft 1881 der «Deutschen Rundschau» unter dem Titel «Das Brigittchen von Trogen». Erst bei der Veröffentlichung in Buchform Mitte 1882 war die Novelle mit PLAUTUS IM NONNENKLOSTER überschrieben.

Zwei Selbstkommentare

Friedrich von Wyß hat sich an der Unbekümmertheit gestoßen, mit der Meyer in seiner Novelle religiöse Zusammenhänge bespreche:

Obschon gewiß kein Freund des Katholizismus und am wenigsten katholischen Truges mag ich doch diesen derben Hohn, der auch Dinge, die dem aufrichtigen Katholiken heilig sind, nicht ganz unberührt läßt, nicht, [...].
Friedrich von Wyß an Meyer,
November 1881 (XI, 266)

Der Freund kritisiert auch «die gelehrte Liederlichkeit als Einkleidung» und die «moderne derbe Kraftsprache». Meyer weist in seiner Antwort auf «den ernsten Untergrund des Novellchens» hin:

In den drei Figuren sind die drei hist. Bedingungen der Reformation, in komischer Maske verkörpert: Die Verweltlich[un]g des hohen Klerus (Poggio der wahre Typus des Humanisten: Geist, Leichtsinn, Nachäffung und übertriebene Schätzung der Antike, Unwahrheit Rachsucht (er «kreidet» es der Äbtissin «an») [)], Diebstahl und Bettelei (die «Beschenk[un]g» des Cosmus, letzte pag.),

die Verthierung der niedrigen Geistlichkeit, das «Brig.[ittchen]» Sie steht als die grobe mit der feinen Lüge des Poggio im Gegensatz. Die beiden, die sich gegenseitig ihre Wahrheiten sagen, stehen im Gegensatze mit dem ehrlichen Fond in der deutschen Volksnatur (Gertrude), ohne welchen die Reformation eine Unmöglichkeit gewesen wäre.

Mir scheint, du hast den ernsten Untergrund des Novellchens nicht genügend in Betracht gezogen. Bedenke z. B. die Stelle im Anfang von dem «Gesetze der Steigerung», kraft dessen der Sohn des Poggio nahezu ein Straßenräuber wird. Kann man deutlicher sein? Und anderseits durfte man nicht deutlicher sein im Munde eines Poggio!

Wie wenig ich dem Poggio gleiche, kannst du daraus ersehen, daß ich, obgleich «unsere Schriften unser Fleisch und Blut sind», dieses mein Fleisch und Blut keineswegs zu verwöhnen gewillt bin und guten Rat – den deinigen zu allererst – zu beherzigen wissen werde. Nur mußt du mir deinen Standpunkt völlig klar machen [...].
Meyer an Friedrich von Wyß,
21. November 1881 (XI, 266 f.)

Eine nicht uneingeschränkt wohlwollende Rezension von Eugène Rambert in der «Bibliothèque universelle» bewog Meyer zu folgender Rechtfertigung gegenüber Félix Bovet:

Ce phraseur de Rambert – si c'est lui et ce sera bien lui – n'a pas vu, qu'au fond et malgré la gaité du récit je méprise cet humaniste, ce Poggio qui «voit dans son fils devenu brigand ou peu s'en faut, sa facilité de vivre dégénérer en crime et ignominie».
Meyer an Félix Bovet,
31. Dezember 1881 (XI, 266)

Adolf Frey schreibt dazu:

Eugène Rambert war 1861–81 Professor am eidgenössischen Polytechnikum in Zürich. Seine fraglichen Äußerungen («Les romanciers zuricois», Bibliothèque universelle et Revue suisse, Janvier 1882) kennzeichnen das Verhalten einer gewissen Zürcher Kellergemeinde, die bei aller Anerkennung Conrad Ferd. Meyer ablehnte und namentlich durch geflissentliche Gegenüberstellung mit Gottfried Keller herunterdrückte. Rambert ergeht sich in ausführlichem warmem Lob Gottfried Kellers – une œuvre nouvelle de Gottfried Keller est devenue un événement – und fährt dann fort: «Zurich possède un autre romancier, Ferd. Meyer, qui, depuis quelques années, a aussi percé en Allemagne. Deux de ses œuvres surtout ont attiré l'attention et gagné des suffrages: l'une, en prose, est un roman historique, Georges Jenatsch; l'autre, en vers, Hutten, est un court poème. Ferdinand Meyer ne manque ni d'invention ni de poésie, mais il est surtout artiste, et son beau talent reçoit un relief particulier d'un travail assidu soutenu par une haute culture. Son atelier est bien outillé, bien pourvu surtout de limes, grandes et petites. La plus courte des poésies de Léopardi affirme que la lime s'est perdue; on serait tenté de dire que Ferdinand Meyer l'a retrouvée.

La Deutsche Rundschau de Berlin vient de publier de lui une petite nouvelle qui nous transporte en pleine Renaissance et qui a pour théâtre la Suisse allemande. Pogge (folgt Inhaltsangabe) ... Le fond un peu fantaisiste du récit est racheté par la grâce de la forme, car F. M. est un écrivain qui s'entend à ciseler son style.»

Das zweideutige Lob schmerzte den Dichter. Er sah vor den Westschweizern die volle Anerkennung der Deutschen widerwärtig verkleinert [...].
(Briefe I, S. 134)

«Der Dynast», Plan (1880–1892)

«Was sagen Sie zu folgendem Roman-Motiv *(unter dem Siegel – Ihrer Mansarde)?*
1. Hälfte des XV. Jahrhunderts. Concil von Constanz. In der Ostschweiz gibt es einen Dynasten, einen genialen Menschen, Graf v. Tockenburg, der mitten in dem aufschießenden Freistaat, und *mit Hülfe desselben,* einen Staat gründet, immer höher strebt – (ich werde den Menschen noch vergrößern und ihn mit dem Zoller die Cur Brandenburg und – durch Huß – die Krone von Böhmen anstreben lassen), dann aber durch seine Kinderlosigkeit (ich lasse ihn im kritischen Augenblick seinen Sohn verlieren), die Beute der Schweizer wird und in einem solchen Hasse gegen dieselben entbrennt, daß er auf seinem Sterbelager Schwitz und Zürich mit dämonischem Truge beide zu seinem Erben einsetzt, wodurch der fürchterlichste Bürgerkrieg entsteht. Die Aufgabe ist, diesen Character (natürlich einen ursprünglich edeln und *immer* großartigen) durch alle Einflüsse dieses ruchlosen und geistvollen Jahrhunderts (Frührenaissance) zu diesem finalen Verbrechen zu führen. Was denken Sie dazu?» So schrieb Meyer an Louise von François am 10. Mai 1881 (von François, S. 5 f.).

Graf Friedrich VII. von Toggenburg, 1400 zur Macht gekommen, nützte die Kämpfe und Reibereien zwischen den Habsburgern und der wachsenden Eidgenossenschaft, um sein Herrschaftsgebiet zu mehren: Durch Kauf, Pfändung, Heirat und Verburgrechtung gelang es ihm, ein Reich zu bilden, das sich schließlich von den Bündnerpässen Albula und Flüela über das Vorarlbergische, das untere Rheintal und das Toggenburg bis an den oberen Zürichsee erstreckte. Zürich und Schwyz lagen sich vor allem wegen der Gebiete zwischen Obersee und Walensee (March, Gaster) in den Haaren. Beide bewarben sich schon zu Lebzeiten des Grafen um bestimmte Erbrechte. Er hielt sie hin, trieb sein Spiel mit ihnen.

Als Friedrich VII. 1436 starb, brach der Krieg zwischen Schwyz und Zürich aus. Er heißt heute der Alte Zürichkrieg (1436–1450). Die Eidgenössischen Orte standen Schwyz zur Seite, das bessere Rechtsgründe geltend machen konnte. Die Zürcher aber ersuchten den alten Erbfeind Oesterreich um Hilfe; und da die Oesterreicher den eidgenössischen Harsten nicht gewachsen waren, riefen sie ihrerseits Frankreich zur Unterstützung auf den Plan. Der Dauphin – der spätere Ludwig XI. – fiel mit 40000 Armagnaken in die Schweiz ein. Bei St. Jakob an der Birs wurden 1444 um die 1200 Eidgenossen niedergemetzelt. Der Rest der lediglich 1500 Mann umfassenden, sich aber heldenhaft wehrenden Truppe konnte verwundet entkommen.

Wie überlieferte Kapitelübersichten zeigen, gedachte Meyer den Roman mit der Schlacht bei St. Jakob an der Birs und den anschließenden Friedensverhandlungen enden zu lassen. Er plante, zunächst die Intrigen des Grafen und um den Grafen darzustellen, dann wollte er die blutigen Konsequenzen des Erbstreites entwickeln. Die Personen waren gegeben: Friedrich VII. wurde auf seiner Burg bei Feldkirch vom Zürcher Bürgermeister Rudolf Stüßi und dem Chorherrn Felix Hemmerli bedrängt; ihnen gegenüber standen der Schwyzer Landammann Ital Reding d. Ä. und der Abt von St. Gallen, Eglolf Blarer. Als Hintergrundfigur war Kaiser Sigismund gedacht. Die Gerissenheiten der Erbbeflissenen und das Altersmißtrauen des Grafen lieferten reichlich Stoff. Die zentrale Szene hätte dann am Sterbebett des Grafen spielen sollen. Aber für das, was folgte, den Erbkrieg, konnte Meyer keinen roten Faden finden. Die Handlung löste sich in Fasern auf, denn es gab ja keine Hauptperson mehr, um die sich das Geschehen konzentrieren ließ. Auf eine solche Hauptgestalt war Meyer jedoch angewiesen. Im JENATSCH und im KOMTUR beherrscht der Titelheld den Ablauf der Ereignisse bis zu seinem Tod. Der DYNAST konnte nicht schon mit dem Tod des Grafen schließen, weil Meyer auch die Folgen des Erbstreites zeigen wollte. Der Alte Zürichkrieg aber bot dagegen keine geschlossene Fabel, sondern einen Knäuel von disparaten Zwistigkeiten und Pakten. Es fehlte ein Wilhelm Tell oder ein Wallenstein: ein Held, der alles zusammenhielt und gleichzeitig mit Vertrauen erfüllte.

Der DYNAST hätte nach Meyers Absicht ein schweizerisches Volksbuch werden sollen (vgl. XV, 456). Doch der Charakter der hier auftretenden Hauptperson war dazu nicht geeignet: Friedrich VII. war kein «erbaulicher» Held wie Hutten oder der Komtur; eher stand er in der Nähe Jenatschs oder Beckets (an Louise von François, 25. September 1881; von François, S. 23). Es ging um «eine Geschichte *des Bösen* in einer genialen Renaissancenatur» (an Louise von François, 15. Dezember 1881; von François, S. 35). Was sich beim Toggenburger immer mehr geltend machte, war die «senile Leidenschaft der Habsucht» (an Wille, 1. März 1886; XV, 460). Er erscheint deswegen als «Tyrann» – so lautet eine Titelvariante (XV, 461) –, verschlagen, hinterlistig, verlogen. Und jene, die ihn bedrängten, sind Erbschleicher. Der Krieg, der auf den Tod des Tyrannen folgte, zählt zu den schwärzesten Kapiteln in der Geschichte der Eidgenossenschaft. Meyers Vaterstadt hatte sich dabei als ebenso habgierig erwiesen wie der Toggenburger selbst.

Dazu kam, daß Meyers Verhältnis zu Zürich im Hinblick auf das Zwingli-Jahr 1884 innerlich gespannt war: Das Übermaß an städtischem Selbstruhm setzte ihm zu. Komtur Schmid ja, aber Bürgermeister Stüßi nein. «Jetzt wollte ich den ‹Dynasten› beginnen. (Sie erinnern sich, den Renaissance-Bösen) aber weiß Gott (unter uns; wie überhaupt alles dies) meine l. Vaterstadt (und von dieser wäre im Dynasten viel die Rede) fängt an, besonders seit sie sich so schrecklich selbst rühmt oder rühmen läßt, mir – was man so nennt – langweilig zu werden. Es ging nicht, *trotz Stimmung.* Das Schweizerische widerstand mir. Das wird vorbeigehen.» (an Louise von François, 4. August 1883; von François, S. 102 f.)

Gab es denn überhaupt nichts, was die Bearbeitung des Plans begünstigt hätte? Wollte er wirklich nur einen «Renaissance-Bösen» zeigen? – Was ihn anrührte, war die Einsamkeit des alten Mannes. Er war umworben und umschlichen, doch er durchschaute alle und legte sie aufs Kreuz. Das nimmt, was die klare Beurteilung betrifft, Pescaras Haltung vorweg. Aber der Toggenburger ist kein vornehmer Charakter, er vermag sich auch vor seinem Tod nicht aus den Intrigen der Welt zu lösen. Er hinterläßt zwei sich widersprechende Testamente und scheint noch *d'outre tombe* mit diabolischem Vergnügen zuzusehen, wie sich die Welt darüber in den Haaren liegt.

Daß der Toggenburger «im kritischen Augenblick» seinen einzigen Sohn verliert, rückt ihn in die Nähe des Kanzlers Becket. Er ist der Letzte seines Stammes. Der Tod des Sohnes zeigt ihm die Nichtigkeit der Welt, an der er als Habgieriger und Betrüger so sehr Anteil genommen hat. Dieser Verlust, den er erleidet, verändert ihn jedoch nicht; im Gegenteil, das Böse tritt nur noch radikaler hervor, Haß und Mißtrauen wachsen: Es ekelt ihn vor der Welt, und er will sie dafür bestrafen.

Feldkirch mit der Schattenburg (A). Hier sollte der Anfang von Meyers Roman spielen: Graf Friedrich VII. von Toggenburg und Vertreter der späteren Konfliktparteien erwarten im Schloßhof den Besuch Sigismunds.
Holzschnitt von Jacob Clauser (um 1520/30–1578). Erschienen in: Sebastian Münster, «Cosmographei oder beschreibung aller länder», Basel 1550, S. dcxxxviij.
Zentralbibliothek Zürich

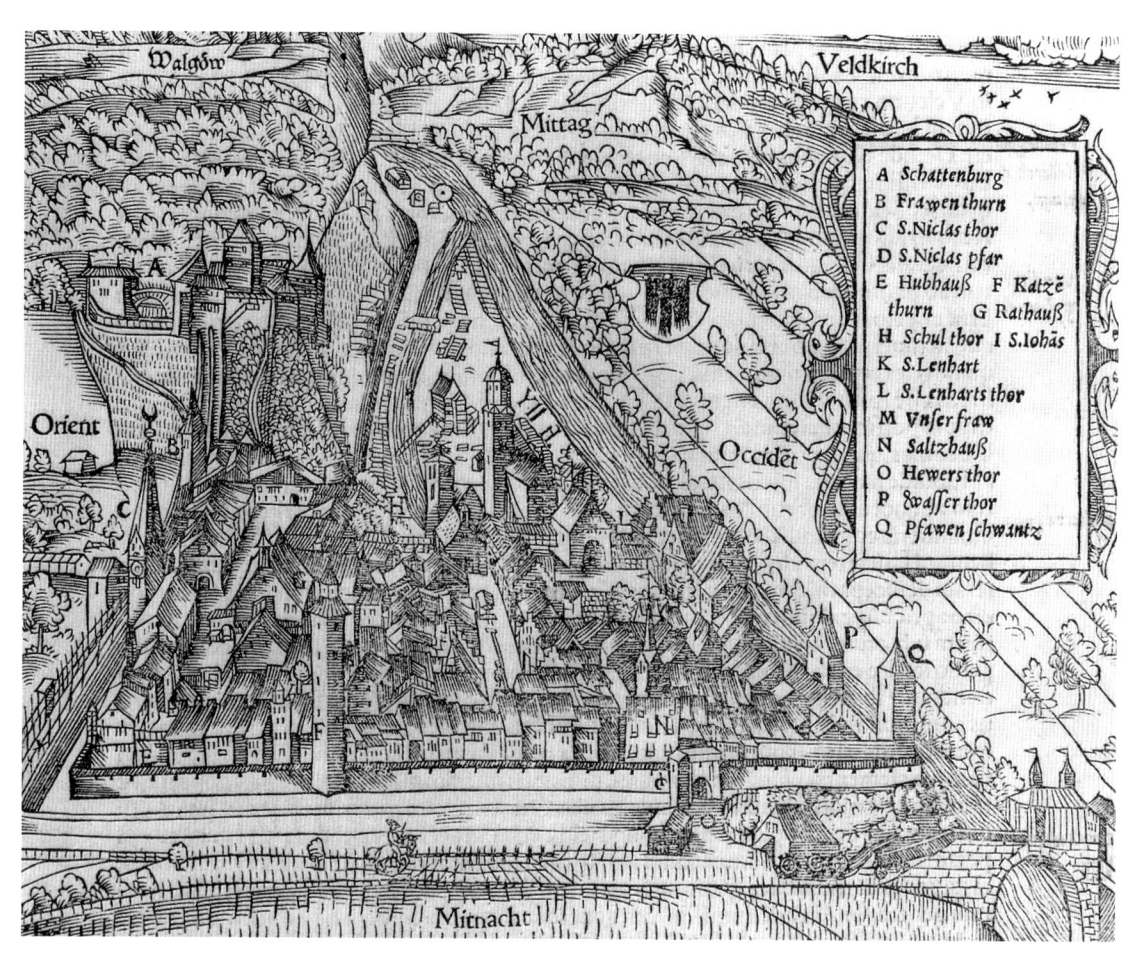

Zwei Bruchstücke

Zum geplanten Werk haben sich drei verschiedene Dispositionen oder sog. «Capitelgruppirungen» (an Fritz Meyer, 17. September 1885; XV, 459) von Meyers Hand erhalten. Wie diesen Grundrissen zu entnehmen ist, wollte der Dichter seinen Stoff wahrscheinlich in 20 Kapiteln behandeln und gedachte das Ganze – analog zum JENATSCH – in drei Bücher zu gliedern. Überliefert sind insgesamt 7 Fragmente: vier Entwürfe des Roman-Anfangs, zwei Bruchstücke des Beginns von Buch II sowie ein Brouillon des letzten Kapitels. Die verschiedenen Werksplitter datieren aus der Zeit von 1880 bis um 1891.

Als Titel erwog Meyer zunächst auch «Zusammengebundene Haare» (XV, 456) – Friedrich VII. knüpft den Zürchern und den Schwyzern eigentlich die Haarschwänze zusammen, indem er sie durch seine Verfügungen bewußt in Feindseligkeiten verstrickt – oder «Der letzte Graf von Toggenburg». Anheben sollte sein DYNAST (so die spätere Überschrift) mit dem Besuch Sigismunds auf der Schattenburg, der Residenz Friedrichs VII. in Feldkirch, im Jahre 1431. Schon im ersten Kapitel – nachfolgend im ersten Entwurf aus dem Frühjahr 1880 abgedruckt – hat Meyer die Hauptgegner des späteren Erbschaftsstreites versammelt:

Verstrickte Haare.
Ein Roman.

Erstes Kapitel.

In dem nicht geräumigen, von steinernen Erkern und Brettergängen überbauten Hofe der Schattenburg – so hieß der das Städtchen Feldkirch beherrschende Sitz der Grafen von Toggenburg – stand eine dichte Menge, Herr, Gäste, Gesinde, jetzt grell beschienen, jetzt plötzlich verdunkelt von den rasch wechselnden Sonnenblicken und Wolkenschatten eines wetterwendischen Apriltages. Sie erwartete eine vornehme Ankunft, gemeldet durch Trompetenstöße von der Höhe des Wartthurms, auf den Wällen gelöste Geschütze, ja durch das bald nähere bald fernere Geläute der Stadt oder benachbarter Dörfer. Und die erwartete Erscheinung, wenn auch vielleicht eine gekrönte, mußte eine fröhliche und leutselige sein, denn es lag wie ein heiteres Lachen über die Versammlung ausgebreitet.

Unheiter war nur Einer, der Schloß- und Landesherr, Friedrich der Toggenburger, ein schon betagter Mann mit ergrauendem Barte, die von struppigen Brauen überhangenen finsterblauen Augen auf das weitoffene Thor gerichtet. Hinter dem reich, aber nachlässig Gekleideten blähte sich in modischen Gewanden ein buntes jünkerliches Gefolge von Edelknaben mit hübschen Gesichtern, kichernd, naserümpfend, sich ins Ohr flüsternd, während der übrige Raum mit Gesin-

de jeglichen Ranges gefüllt war und im hintersten Winkel zwei Küherbuben in blanken Oberhemden und mit spöttischen Mäulern auf einer Bank standen, über die Köpfe wegblickend.

In der Nähe des Grafen und zu seiner Rechten hielten sich zwei Gewaltige, zwei Machthaber, wie auf ihrer Miene und in ihrer Gebärde zu lesen war: der eine eine hohe, pathetische Gestalt mit einem bleichen Haupt und schwärzlichem Gelocke [Rudolf Stüßi], der andere nur von Mittelgröße wie der Burgherr, aber breitschultrig und muskulos, mit einem groben rothblonden Kraushaar [Ital Reding d. Ä.], der eine städtisch steif, der andere von bäuerlicher Derbheit, aber beide selbstbewußt und selbstherrlich. Sie mochten sich nicht lieben, denn obwohl nahe beisammen, hielten sie sich fremd und ohne Zwiesprache.

Ebensowenig Zärtlichkeit für einander schienen zwei dem Grafen zur Linken stehende Kleriker zu empfinden: der eine ein Abt, aus seinem Brustkreuze zu schließen, mit einem abstoßend harten Bauerngesicht [Eglolf Blarer], der andere ein zierlich sich gebärdender Chorherr mit einer freien Stirn und feinen, zugleich kindlichen und eigensinnigen Zügen [Felix Hemmerli], der, jetzt eben von hinten gegen eine Pfütze gestoßen wie ein Weiblein sein langes Gewand aufnahm, einen eleganten Schuh und einen weißen Strumpf zeigend.

«Der letzte Toggenburger» (XV, 80f.)

Gemäß Meyers Kapitel-Dispositionen waren die Bücher I und II ganz der Darstellung jener Intrigen und Händel vorbehalten, die zum blutigen Bürgerkrieg führten, denn der Dichter wollte den Toggenburger erst Ende des zweiten Teils sterben lassen. Möglicherweise wurde der politische Konflikt durch persönlichen Hader weiter verschärft: Der Sohn des Zürcher Bürgermeisters Stüßi hielt sich nämlich zur Erlernung feiner Sitten am Hof des Grafen auf, wo er wegen seiner hochmütigen Art aber so unbeliebt war, daß ihn der Vater, über die schlechte Behandlung seines Geschlechts erbittert, schließlich heimholen mußte. Vielleicht gedachte Meyer den arroganten Sohn des Bürgermeisters durch die ausgelassene Gesellschaft der jungen Winzer und Winzerinnen verspotten zu lassen, die zu Beginn des II. Buches auftritt. Das Fragment ist Ende der achtziger Jahre entstanden:

Der Dynast.
Zweites Buch.
Erstes Kapitel.

Aus einem der steilen und heißen Weinberge, die den Lauf des jungen Rheines begrenzen da wo er seine erste Bischofsstadt hinter sich läßt, schrie ein greller aber nicht vielstimmiger Jubel gegen einen durch hohe schwarze Gebirge verengten Herbsthimmel. Nicht der rätische Winzer freute sich so ausgelassen über die ihm zufallende Hälfte der dieses Jahr zwar köstlichen aber kargen Lese – die andere Hälfte gehörte dem Grundherrn, dem Grafen zu Toggenburg – sondern ein junger Adel, die Verwandtschaft des Grafen, durchtobte die Reben in bunten modischen Trachten. Überall wechselten kleine mutwillige Gruppen und welsches und nordisches Geblüt, wie dieses Bergland sie vermischt, Blondhaar und Schwarzkopf suchte, neckte und mied sich. Hier hob ein trunkener Jüngling eine Traube über einem lachenden Mädchenkopfe, der die gespitzten Lippen nach der untersten Beere streckte; dort schnitt ein Paar in leidenschaftlichem Ringen den reichsten Stock, das scharfe Messer sich bald entreißend, bald es zusammen führend. Oben plünderte eine Dreizahl verwöhnter Mädchen einen ganzen Berg und verstümmelte die schönste Traube jedes Stockes durch das lüsterne Herausklauben einer Beere und erschrak dann plötzlich – wie vor dem Ernste die Lust – vor dem unversehens auftauchenden bleichen Gesicht einer rätischen Magd, das die dichten schwarzen Brauen zornig zusammenzog.

Eben sollten die Gäule gespannt werden vor einen niedrigen Wagen, der die bis zum Rande mit Trauben gefüllte Kufe trug, da rief der braune Hektor Räzüns in plötzlicher Begeisterung: «Herrschaften, keltern wir das edle Gewächs all' antica, alla Romana, alla Napoletana!» entledigte sich flugs seiner Schnäbelschuhe und schwang sich mit dem Rufe: «Weg da, Bauern!» über die angestellte kurze Leiter mitten in das volle Faß. Blitzschnell schlüpfte die rothaarige und trotz ihres Buckels flinke Brandis aus den gelben Schuhen und kletterte ihm nach wie eine Katze. Auch die andern Mädchen ergriff der bacchische Taumel und sie folgten dem Beispiele der Häßlichen, aber je die Schönern später und langsamer, und die Schönste zauderte bis zu allerletzt. Jetzt vollzählig, zerstampften Mädchen und Knaben in jauchzendem Reigen die spritzenden Beeren, aber nicht lange, so beruhigten sich die Gebärden und erlahmten die Füße, sei es daß die Barfüßer und Barfüßerinnen selbst fühlten, wie die südliche Sitte unter dem nordischen Himmel schamlos wurde, sei es daß die spöttischen und verächtlichen Mienen des um die nachgeahmte Antike sich bildenden Kreises zuschauender Landleute die Ausgelassenen belästigten. Sie machten ein Ende. Nachdem sie sich wieder beschuht hatten, mochten sich erst Jüngling und Mädchen nicht anblicken, beschämt und gereizt wie sie waren, und sahen sich befangen nach einer neuen Lust um, welche die erste zugleich überbiete und vergessen mache.

Jetzt wendete sich der junge Brandis, der ebenso hübsch wie seine Schwester häßlich war, gegen die Führerin des Mädchenhaufens. Diese trug einen feurigen Kranz von rotem Laub und purpurnen Trauben.

«Der letzte Toggenburger» (XV, 91f.)

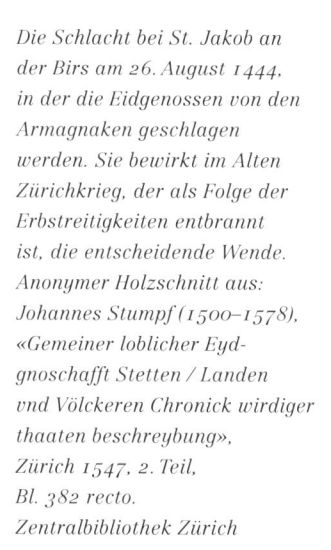

Die Schlacht bei St. Jakob an der Birs am 26. August 1444, in der die Eidgenossen von den Armagnaken geschlagen werden. Sie bewirkt im Alten Zürichkrieg, der als Folge der Erbstreitigkeiten entbrannt ist, die entscheidende Wende. Anonymer Holzschnitt aus: Johannes Stumpf (1500–1578), «Gemeiner loblicher Eydgnoschafft Stetten / Landen vnd Völckeren Chronick wirdiger thaaten beschreybung», Zürich 1547, 2. Teil, Bl. 382 recto.
Zentralbibliothek Zürich

Kaiser Sigismund (1368–1437), der den Grafen Friedrich VII. 1431 mit einem Besuch beehrt. Gemälde auf Pergament über Holz (Ausschnitt), entstanden um 1435. Autorschaft umstritten, einerseits Antonio Pisanello (um 1395– 1455), andererseits einem anonymen böhmischen Meister zugeschrieben.
Kunsthistorisches Museum Wien

Historische Studien

Meyer hat sich sorgfältig in die Materie eingelesen: Von seinem Vater besaß er die sechs Bände der *Geschichten schweizerischer Eidgenossenschaft* von Johannes von Müller; für den DYNASTEN konsultierte er die Bände III und IV. Durch Müller wurde er wohl auf Gerold Edlibachs Chronik aufmerksam. Er studierte Johann Conrad Vögelins *Geschichte der Schweizerischen Eidsgenossenschaft* (3. Aufl. 1855) sowie *Zürichs inneres Leben während der Dauer des alten Zürichkriegs* von Johann Jakob Hottinger (1838), ferner Johann Caspar Bluntschlis *Geschichte der Republik Zürich* (1856) und möglicherweise auch entsprechende Abschnitte in Vulliemins *Histoire de la Confédération suisse* (1875/76). Aus Müller und Vögelin hat Vetter Fritz Meyer einiges exzerpiert. Des weitern zog der Dichter Jacob Burckhardts *Cultur der Renaissance* (1860) und Balthasar Rebers *Felix Hemmerlin von Zürich* (1846) bei. Vor allem in Müllers Schweizergeschichte finden sich treffende Charakterisierungen der im DYNASTEN auftretenden historischen Persönlichkeiten:

KAISER SIGISMUND (1368–1437)

Der Kaiser Sigmund starb am neunten Christmonat [1437]. Das kaiserlichkönigliche Haus Luxenburg, an Fürsten von ausgezeichneter Tapferkeit und Weisheit reich, und welchem auch die schweizerischen Eidgenossen viel von ihrem Aufkommen an Freyheiten und Herrschaften zu danken haben, endigte mit ihm. Er starb in dem siebzigsten Jahr seines Lebens, in dem ein und funfzigsten seines Reichs in Ungarn; sieben und zwanzig Jahr hatte er dem Römischen Reich der Teutschen vorgestanden. «Er war ein vielkennender, weiser Herr» (diesen Ruhm hinterließ er bey den Eidgenossen); «Bauren und Bürger hatte er lieb, gab ihnen auch gerne Freyheiten; aber für die Behauptung derselben mochten sie selbst sorgen. Wo er hinkam, waren ihm die meisten Leute hold; denn es war ihm niemand zu arm, er bot ihm freundlich die Hand. Unter ihm wurden viele Bauren edel und bekamen Wapen, wenn sie dem Canzler den Brief zu bezahlen vermochten. Überhaupt nahm der Kaiser Schatzungen und Geschenke; das Geld hatte aber keine Ruhe bey ihm; er war freygebig, oft solchen, welchen er nichts schuldig war; viele aber von dem alten Adel wurden in seinem Dienst arm (dagegen füllte er das Land mit neuen Rittern). Er führte kein großes Gefolge; dennoch hatte er, wenn er von der Herberge fuhr, nicht immer Geld genug, um die Wirthe zu bezahlen. Gleichwol setzte er seine meisten Sachen durch; mit Geduld, List und guten Worten. Er hatte auch in seiner edlen Königsgestalt eine einnehmende Würde. Dabey war er von einer gesunden Leibesbeschaffenheit; so daß, obwol er sich im Trinken und anderen Sachen, die unnatürlich waren, unordentlich hielt, er dennoch alt wurde, und bis an seinen Tod arbeiten mochte.» An den [...] Tokenburgischen Händeln vermied er ernstlich Theil zu nehmen; weil er weder diese noch jene Eidgenössischen Orte beleidigen mochte [...]. Daher als die Züricher eine Gesandschaft zu ihm schickten, er seine Verlegenheit hinter leichten Scherz verbarg, obwol der muntere Vortrag seine Aufmerksamkeit fesselte.

Johannes von Müller, «Geschichten schweizerischer Eidgenossenschaft», Band III, Abt. 2, Winterthur 1795 (S. 483ff.)

Graf Friedrich VII. von Toggenburg (um 1370–1436) auf dem Sterbebett.
Buchmalerei auf Pergament in der 1483 vollendeten «Berner Chronik» von Diebold Schilling (um 1420/ 25–1485), Bd. II, S. 10. Die Darstellung des sterbenden Feudalherrschers ist wie folgt kommentiert: «Das Graff Fridrich von Toggenburg starp und sich die Stoeße [Streitereien] erhuobentt.» Meyer hat die Abbildung möglicherweise gekannt und bei seiner Arbeit am «Dynasten» vor Augen gehabt. Burgerbibliothek Bern

Sigismund, der Sohn Karls IV., wurde 1387 zum König von Ungarn, 1433 – also erst zwei Jahre nach seinem Besuch auf der Schattenburg – zum deutschen Kaiser gekrönt und 1436 als König von Böhmen anerkannt. Meyers Beschäftigung mit dem Stoff zum letzten Toggenburger findet auch ihren Niederschlag im Gedicht KAISER SIGMUNDS ENDE. Darin ist vom eigenartigen Ableben des Herrschers die Rede: Gevatter Tod, den er seinen «schlanken Läufer» nennt und zur Eile anspornt, bemächtigt sich seiner auf einer letzten glücklichen Fahrt «tief ins Abendrot» (I, 316).

GRAF FRIEDRICH VII. VON TOGGENBURG (UM 1370–1436)

Nach vielen Jahren freundschaftlicher Verständniß begegnete dem Grafen, daß er gegen das Ende seines Lebens mit seinen Mitbürgern den Zürichern in unangenehme Verhältnisse fiel. Da er sehr alt, ohne eigene rechtmäßige Erben, und von seinem Hause der letzte war, hatte er wol besonders darum Lust von dem Kaiser sich die Freyheit geben zu lassen, den Erben seiner eigenen Lande nach Gutdünken zu bestimmen, weil er jedermann so lang als möglich darüber in Ungewißheit lassen wollte. So gedachte er einer für ihn höchst empfindlichen Unannehmlichkeit auszuweichen, daß bey seinem Leben ein anderer, und welcher doch immer weniger als ein Sohn in seiner Gewalt gewesen wäre, entweder wirklich in seine Regierungsgeschäfte sich (wenigstens unter der Hand) ungebeten einmische, oder doch für alle Unzufriedene der Gegenstand neuer Hofnungen und für den alten Herrn eben nicht erfreulicher Wünsche würde. Aber Tod und was darauf Bezug hatte, scheint überhaupt so wenig der Gegenstand gewesen zu seyn, auf den man ihn öfters zu bringen wagte, daß auch die Erwerbung des kaiserlichen Privilegiums lang unterblieb, und er sich begnügte, die niemanden recht bekannte Lage seines verwickelten Successionswesens in ein möglichst undurchdringliches Dunkel zu verhüllen.

Johannes von Müller,
«Geschichten schweizerischer Eidgenossenschaft»,
Band III, Abt. 2, Winterthur 1795 (S. 380f.)

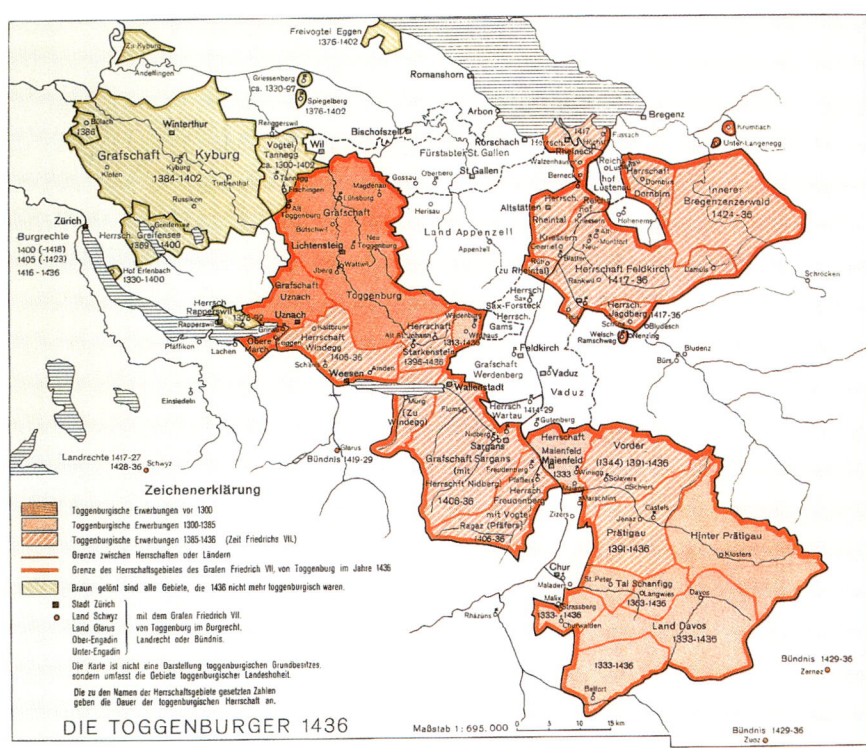

Der Herrschaftsbereich der Grafen von Toggenburg bis 1436, dem Todesjahr des Dynasten. Karte von Ernst Kind, publiziert im «Historischen Atlas der Schweiz», hrsg. von Hektor Ammann und Karl Schib, Aarau 1951, Bl. 41. Zentralbibliothek Zürich

*Rudolf Stüßi (um 1380–1443).
Ratsmitglied 1414, Obervogt
zu Männedorf (1415) und Höngg
(1417), Zunftmeister zur Meisen
1426, Tagsatzungsgesandter
1424, von 1430 bis zu seinem
Tode 1443 Bürgermeister von
Zürich (mit Ausnahme des Jahres
1442), 1433 bei der Kaiserkrönung Sigismunds in Rom zum
Ritter geschlagen.
Radierung von Johannes Meyer
d. J. (1655–1712) aus dem Jahre
1701. Zentralbibliothek Zürich*

*Felix Hemmerli (um 1388/89–
um 1458/59).
Anonymer Holzschnitt aus dem
Erstdruck von Hemmerlis
Schriften «Opuscula et tracta-
tus», hrsg. von Sebastian Brant,
Straßburg 1497. Als Frontispiz
wiedergegeben in Balthasar
Rebers Buch «Felix Hemmerlin
von Zürich», Zürich 1846,
das Meyer für seine Arbeit am
«Dynasten» benutzte. Die
Beschreibung Hemmerlis in den
Fragmenten basiert auf dieser
Abbildung. So erscheint in einem
Bruchstück von 1887/88 «ein
zierlicher Chorherr, mit einem
kindlich eigensinnigen Gesichte,
der eben jetzt, von hinten ge-
drängt auf dem nassen Pflaster
einen Schritt vorwärts that.
Dabei hob er seine schwarze
Schaube und zeigte einen makellosen schneeweißen Strumpf,
wie ein eitles Weibchen» (XV, 83).
Zentralbibliothek Zürich*

Rudolf Stüssi (um 1380–1443)

Damals waren Rudolf Stüßi, Ritter, Bürgermeister von Zürich, und Ital Reding, Landammann zu Schwytz, durch ausgezeichnete Geistesgaben, Muth, Unternehmungslust und Erfahrung in den größten Geschäften des Kriegs und Friedens, jeder in seinem Lande der wichtigste Mann. Jeder war für sein Vaterland so thätig, und fühlte für dasselbe so warm, daß (der Fehler, durch welchen das größte Unglück entstand!) ihr Eifer durch die Betrachtung des gemeineidgenössischen Vaterlandes nicht gemäßiget wurde.

[...] [Stüßi war] ein Mann von herrlicher Gestalt, sehr groß, von einer Leibeskraft, welche auch unter den damaligen Menschen ihn auszeichnete, und von einem Nachdruck des Charakters, der mit ihr in Verhältniß war. Seit vielen Jahren waren seine Mitbürger gewöhnt, in den wichtigsten Sachen der Stadt auf ihn zu sehen; die Eidgenossen, der Kaiser, die benachbarten Fürsten und Herren ehrten ihn als den Mann, durch welchen in Zürich das meiste auszurichten war. Mit Friedrich von Tokenburg, um den er sich verdient gemacht, stand er in so freundschaftlichen Verhältnissen, daß er seinen Sohn [Hanns] an desselben Hof schickte. [...] An dem Hoflager Friedrichs war ein Zusammenfluß der Großen aus den Vorlanden, aus Rhätien und Helvetien, der Verwandten des Hauses, die im Testament erwähnt seyn wollten, vieler Hauptleute und Vögte, vieler dienstsuchenden jungen Ritter, anderer, welche diesen Hof als eine Schule adelicher Sitten betrachteten; [...]. In diesem Kreise der Edlen auf gutem Fuß zu stehen, dazu bedurften schweizerische Bürger und Landleute zwey Dinge: persönliches Verdienst, welches unwillkürliche Achtung einflöße, und (auf daß es ihnen vergeben werde) den Schein, es nicht selbst zu bemerken. Der junge Stüßi hatte von beyden das Gegentheil. Also begegnete, daß der Graf und andere Herren, die ihn für noch ungebildet hielten, ihn wenig auszeichneten, die jungen Edlen, die ihm näher waren, durch mancherley Spott über seine Aufgeblasenheit ihn in Verlegenheit setzten. Diese Lage stellte er dem Bürgermeister in seinen Briefen aufs gehässigste da[r]; das Vaterherz bemerkte die Ursache nicht. Der Bürgermeister sah in ihm sich selbst und Zürich verachtet, rief ihn zurück, bezeugte Empfindlichkeit. Der Graf, zu dessen Kenntnis jene Dinge nicht gekommen, und dessen Geist die Folgen vorsah, äußerte aufs stärkste, wie leid ihm die Sache sey. Nach diesem verlohr er den Proceß gegen die Siegberg, wurde er um Windek gemahnt, fo[r]derte man seine Erklärung über die Erbfolge.

*Johannes von Müller,
«Geschichten schweizerischer Eidgenossenschaft»,
Band III, Abt. 2, Winterthur 1795 (S. 382 ff.)*

Felix Hemmerli (um 1388/89 – um 1458/59)

Felix Hemmerli, Sproß eines angesehenen Zürcher Geschlechts, studierte an den Universitäten Erfurt und Bologna und erwarb den Titel eines Doktors des kanonischen Rechts. Seit 1412 als Chorherr der Propstei in Zürich tätig, übernahm er hier 1428 das Amt des Kantors. In Johannes von Müllers *Geschichten schweizerischer Eidgenossenschaft* wird Hemmerli als vorbildhafter und äußerst «rechtschaffener, gelehrter und sehr sinnreicher Mann» geschildert. So übertrug man ihm auch die Propsteien St. Mauritius in Zofingen sowie St. Ursus in Solothurn und betraute ihn mit Missionen an den Konzilien von Konstanz und Basel. Daneben wirkte er als Berater des Markgrafen Wilhelm von Hochberg. Zudem verfaßte er zahlreiche Werke historisch-politischen und theologischen Inhalts, vor allem Streitschriften gegen Mißbräuche in der Kirche, wobei er sich stets auf die scholastische Lehre berief.

In Salomon Vögelins Werk *Das alte Zürich historisch-topographisch dargestellt* (Zürich 1829), das dem Dichter in seiner eigenen Bibliothek zur Verfügung stand, konnte er über Hemmerli folgendes nachlesen:

[Er war] gar ein feiner, gescheiter, auch satirischer Kopf, also daß man heut bei Tage noch zu einem, den man als sinnreich und gescheit rühmen will, spricht: «Du bist mir ein rechter Meister Hemmerlin!» Desgleichen wenn man dunkle und schwer aufzulösende Sachen andeuten will, heißt es gemeinlich: «Dazu muß man den Meister Hemmerlin holen.»

(XV, 495)

Schon anläßlich der Übersetzung von Johann Jacob Ulrichs Buch *Die Schweiz in Bildern* Ende der fünfziger Jahre hatte sich Meyer eingehend mit Hemmerli beschäftigt und die Stelle über den «freisinnigen und gelehrten Chorherrn» in der deutschen Textvorlage von Johann Jacob Reithard mit vielen Ergänzungen ins Französische übertragen.

ITAL REDING D. Ä. (GEST. 1447)

Stüßis Widersacher im Erbfolgekrieg war Ital Reding, Schwyzer Landammann von 1412 bis 1444. Er wurde von seinen Gegnern verächtlich «König zu Schwyz» genannt.

Der Landammann von Schwytz Itel Reding von Biberegg war von einem sehr alten Geschlecht; an dem Tag des Morgartener Sieges wurde ein nicht geringer Theil des Ruhms seinem Urgroßvater zugeschrieben; sein eigener Vater, Hektor, war Landammann gewesen. Außer dem angestammten Erbgut, welches er auf eine glänzende Weise zu vermehren wußte, und nebst einer auszeichnenden Beredsamkeit muß er jene, in der Demokratie besonders mächtigen Eigenschaften einer männlichen Herzlichkeit, eines mit Würde einschmeichelnden freundlichen Wesens, geschwinder Erfindung, begeisternden Feuers und unerschütterlichen Muthes in hohem Grade besessen haben, da er in einem für Gleichheit und Freyheit sehr eifersüchtigen Lande viele Jahre hindurch, mit einem Ansehen, das vor ihm keiner so hatte, gleichsam geherrscht. [...] Wie der Landammann das Abnehmen der Zuneigung Friedrichs von Tokenburg für Zürich zur Vermehrung des Einflusses von Schwytz benutzt, hievon läßt sich nichts umständlich angeben; doch scheint er, wie andere kluge Staatsmänner, nebst politischen Gründen auch solcher Angelegenheiten, die dem Herzen Friedrichs nahe lagen, sich bedient zu haben. Desselben unächter Sohn [...] wurde zu Schwytz als Landmann aufgenommen.

Johannes von Müller,
«Geschichten schweizerischer Eidgenossenschaft»,
Band III, Abt. 2, Winterthur 1795 (S. 386f.)

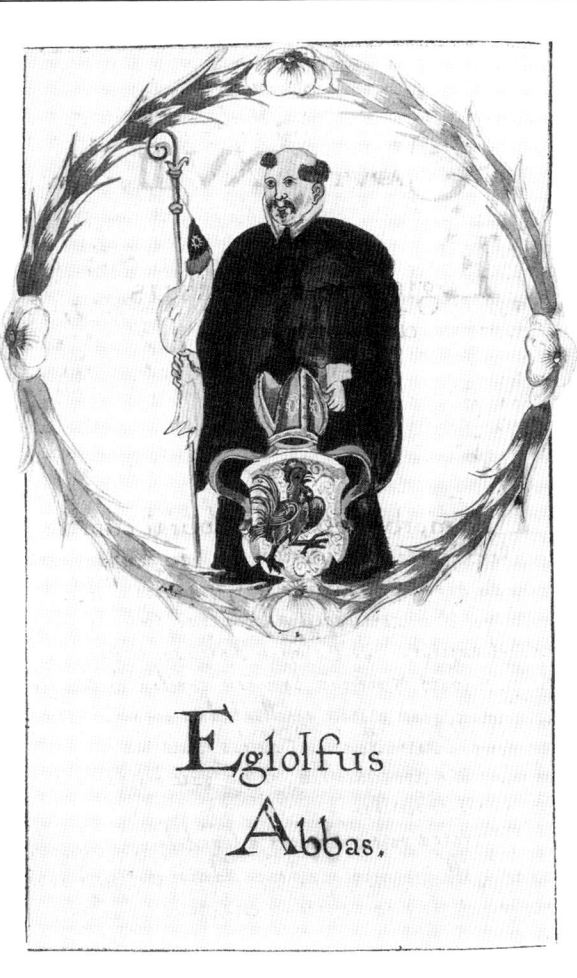

Eglolf Blarer, Abt von St. Gallen, der im Toggenburger Erbschaftsstreit die Interessen von Schwyz vertrat.
Illustration aus einer Klosterchronik des 17. Jahrhunderts.
Stiftsarchiv St. Gallen

EGLOLF BLARER

Eglolf Blarer, zunächst Prior von St. Blasien, von 1426 bis 1442 Abt von St. Gallen, spielte im Appenzellerkrieg eine entscheidende Rolle: Mit Hilfe des Grafen von Toggenburg gelang es ihm, das widerspenstige Bergvolk zu bezwingen und es dem Kloster St. Gallen wieder zu verpflichten. Um gegen neue Aufstände der Untertanen besser gewappnet zu sein, schloß er 1437 ein Bündnis mit Schwyz, welches die Grundlage für den Vertrag der Fürstabtei St. Gallen mit der Eidgenossenschaft von 1451 bildete. Daneben bemühte er sich um den Wiederaufbau des 1418 durch einen Brand zerstörten Klosters und die Verbesserung der Klosterordnung.

Entstehungsgeschichte

1880 versprach Meyer dem «Zürcher Taschenbuch» die Novelle «Der letzte Toggenburger». Georg von Wyß begrüßte den Plan und stellte erste Unterlagen zur Verfügung. Aber der Dichter sah rasch ein, daß dieser Stoff nicht in Kürze abzuhandeln war, und zog seine Zusage zurück:

Ich habe mich nicht entschließen können, einen meiner 4 Novellenstoffe dem Züricher [!] Taschenbuch zu opfern; der, welchen ich zu behandeln angefangen: «Der Dynast» (großartige Erbschleicherei um den letzten Grafen von Tockenburg) nahm solche Proportionen an u. ging auch so in die Tiefe, daß es mich – aufrichtig – gereut hätte, ihn dem Taschenbuch zu opfern.

Meyer an Hermann Haessel,
14. Mai 1880 (XV, 457)

Der Plan ließ ihn indessen nicht mehr los und sollte ihn auch bis zuletzt beschäftigen. Gegenüber seinem Gewährsmann skizzierte er den Gang der Handlung:

Die ganz kleine Novelle, die ich auf dem Webstuhle habe, entwickelt sich aus den Worten der Chronik Edlibachs: es gehe die gemeine Rede, der Graf von Tockenburg habe den Schweizern «die Haare zusammengebunden» u: behandelt nur das Sterbebette des Dynasten. Nun liegt mir daran, neben dem geschichtl. Urtheil über die Charactere des Grafen, Redings, Stüßis, mir einen klaren Begriff zu bilden, wie ungefähr – frühere hingeworfene Worte vorausgesetzt – der Graf zwischen Reding u: Stüßi, welche beide ich, einen kurz nach dem andern, an sein Sterbelager zu bringen wissen werde, den Streitapfel, mit hist. Wahrscheinlichkeit werfen konnte, d.h. welche Länder seines Erbes u: mit welchen verdeckten Worten er zweideutig Beiden versprechen mochte. Diese verräterische Absicht ist natürlich nicht geschichtlich, aber psychologisch u: poetisch wahr; es handelt sich nur darum, sie wahrscheinlich zu machen.

Meyer an Georg von Wyß,
17. Mai 1880 (XV, 457)

Im Juli 1883, nachdem DAS LEIDEN EINES KNABEN abgeschlossen war, wandte sich Meyer wieder entschiedener dem DYNASTEN zu, mußte jedoch bald einsehen, daß ein Werk aus dem Bereich der Schweizergeschichte jetzt, da er des Vaterländischen etwas überdrüssig war, nicht gelingen konnte. 1885, nach der RICHTERIN, nahm er den DYNASTEN erneut in Angriff. Er betrieb im Herbst und Winter intensive Quellenstudien. Aber das umfängliche historische Material wuchs ihm über den Kopf; auch rang er mit der klaren Gestaltung der zweiten Werkhälfte, die nach dem Tod des Toggenburgers spielen sollte. Er schob DIE VERSUCHUNG DES PESCARA ein. Dann setzte seine Erkrankung von 1887/88 aller Arbeit ein vorläufiges Ende.

Erst im Herbst 1888 konnte er wieder daran denken, den DYNASTEN auszuführen. Im Sommer 1889 weilte er in San Bernardino und fühlte sich so seinem historischen Roman nur schon aus geographischen Gründen nahe:

Da ich nun doch wieder in die Lande meines Dynasten geführt worden bin – er beherrschte auch einen Theil von Bünden – so werde ich denn doch wohl unter diesen frischen Eindrücken den Roman beendigen, wozu ich noch ein Jahr brauche. Nicht die großartige Fabel, wie sie sich mir gestaltet hat, d.h. die Seelenvorgänge in der Hauptperson sind mir ersorglich, sondern das Kostüm, der geschichtl. Wust und Alledas, was in den andern hist. Romanen die Hauptsache, mir aber lästig ist. Doch auch dies Letztere werde ich, des lieben Lesers wegen, sorgfältig u. reichlich behandeln.

Meyer an Hermann Haessel,
20. Juli 1889 (XV, 461)

Auch seinem Vetter Friedrich von Wyß kündigte Meyer das Werk an, in der Hoffnung, vor allem in rechtsgeschichtlichen Belangen dessen Mithilfe in Anspruch nehmen zu dürfen. Doch wie schon oft konnte er die Fülle des Stoffes nicht bewältigen. Vorerst wollte er etwas Kleines, leichter zu Beherrschendes angehen: ANGELA BORGIA. Nach Vollendung dieser Novelle (August 1891) gab er zunächst PETRUS VINEA den Vorzug (an Haessel, 28. September 1891; XV, 405). Im Winter 1891/92 widmete er sich dann bereits wieder dem DYNASTEN. Aber Meyer litt unter der Last «geschichtlichen Staubes u. Nachschlagens» (an Haessel, 3. November 1891; XV, 462). Auch griff er immer wieder andere Stoffe auf (XV, 463): «Der Roman, an dem ich herumdenke», schreibt er im Januar 1892 seinem Verleger, «ist nicht der Dynast – denn dieser wäre *noch grausamer* als Angela u. würde nur episodisch verwendet [...]. [...] Im Roman will ich *durchaus* etwas *Wohlthuendes* daher der Comtur. Alles Ergreifende wird übrigens aus dem Dynasten als Episode herübergenommen.» Einige Monate später brach Meyer zusammen.

«Gedichte», 1.–3. Auflage (1882/83/87)

Charles Gleyre (1806–1874): «Le Soir ou Les Illusions perdues». Kleinere Fassung nach dem seit 1835 konzipierten, 1842/43 entstandenen großen Gemälde im Musée du Louvre, Paris. Replik von 1866 im Kunstmuseum Winterthur

Der Werdegang von Meyers definitiver Gedichtsammlung ist langwierig und dornenreich. Erste Absichtserklärungen des Dichters, seine reiche lyrische Ernte einzubringen, fallen in den Sommer 1873; der Verlagskontrakt zwischen Haessel und Meyer wurde im Herbst 1882 unterzeichnet. Die Verwirklichung des Vorhabens zieht sich also über einen Zeitraum von neun Jahren hin.

Die 191 Nummern, welche die 1. Auflage der GEDICHTE (1882) vereinigt, sind von ihren Motiven her weitgehend dem bei früheren Texten schon zutage tretenden Themenkreis des Dichters verpflichtet. Bereits das Gedicht NACHTGERÄUSCHE aus der mit «Vorsaal» betitelten ersten Abteilung führt in die bekannte Problematik der Meyerschen Lyrik zurück: Was er gestaltet, ist in der Regel nicht unmittelbar Erlebtes. Erst das, was vom direkten Empfinden abgerückt, vielleicht in einer ähnlichen Situation bildhaft gespiegelt wird, weckt die ursprünglichen Eindrücke, die er in sich verschlossen hat, neu. Damit werden einstige Gefühle in der Erinnerung motiviert, und die dichterische Phantasie vereinfacht und steigert sie zugleich, wobei der Dichter selbst sich im jetzt Gestalteten als in etwas von ihm Abgelöstem im doppelten Sinne aufgehoben findet. So auch hier.

Als äußerer situationsmäßiger Anstoß für sein eigenes einsames Ich, das in die Nacht hinauslauscht, hat Johann Georg Zimmermanns Werk *Über die Einsamkeit* (1784/85) beigetragen. Darin beschreibt der Brugger Stadtarzt «die Landschaft des obern Zürichsees um der ‹Himmelsruhe› willen, die er hier im Hause seines Freundes Doktor Hotze in Richterswil gefunden» hat (II, 142). Meyer kam dank Edmund Dorers Zimmermann-Biographie, aus der er im Sommer 1880 ein Kapitel bearbeitete, zu einer Landschaftsschilderung, die, obgleich leicht gekürzt, mit Zimmermanns und Dorers Text praktisch übereinstimmt. Sie findet sich am Schluß seines Aufsatzes KLEINSTADT UND DORF UM DIE MITTE DES VORIGEN JAHRHUNDERTS, den er im «Zürcher Taschenbuch auf das Jahr 1881» publizierte (XV, 221 f.):

«Die zwei Häuser des Arztes stehen mitten in diesem Dorfe [Richterswil], mit ihren Gärten umringt, so frei und friedlich, wie auf dem weiten Felde. Unter der Kammer meines Freundes läuft am Garten ein murmelnder Bach und an dem Bache die Landstraße, [...]. Vor den Gärten liegt der Zürichsee, in dessen Wasser sich die Ufer spiegeln oder dessen Wellen, durch sanfte Winde bewegt, wie eine Heerde Schafe gaukeln.

Sieht man da in tiefer Nacht aus den Fenstern oder athmet man einsam im Garten erfrischende Blumendüfte, indeß der Mond hinter den Bergen hervorwandelt und eine feurige Heerstraße über den See zeichnet, so hört man mitten unter dieser Todtenstille doch jenseits am Ufer jeden Schlag der ländlichen Glocken, hört des Nachtwächters Stimme herüberhallen und das Bellen treuer Haushunde, hört von Ferne den Kahn des langsam herberudernden Schiffers, sieht wie er in der feurigen Heerstraße fährt und mit den glänzenden Wellen spielt. [...]»

Soweit das «Dorfbild» (XV, 221), das Meyer bei der folgenden lyrischen Schöpfung vorgeschwebt haben mag:

<table>
<tr><td>DIE GERÄUSCHE DER NACHT
(Erste Niederschrift, 1881/82)</td><td>DIE GERÄUSCHE DER NACHT
(Umarbeitung, 1881/82)</td></tr>
<tr><td>

Im Garten sitz' bedeckt ich hier
Von Nacht u: der Kastanie Laub –
Zu meinen Füßen schweigt der See.
Die Hunde bellen. Zwölfter Schlag
Am Turm, der gegenüberliegt –
Jetzt auf dem Wasser Zwiegespräch
Zwei Fischer sind's, die Netze ziehn...
Blieb in dem dunkeln Nachbarhaus
Das Giebelfenster offen stehn?
Ein Busen atmet in der Nacht.
(II, 140)

</td><td>

In Nacht u: der Kastanie Laub
Sitz' lauschend ich im Garten hier.
Die Hunde bellen. Zwölfter Schlag
Im Turm am andern Seegestad!
Jetzt auf dem Wasser Zwiegespräch:
Zwei Fischer sinds, die Netze ziehn –
Ein Giebelfenster offen steht's,
Tief schlummernd athmet eine Brust.
(II, 140f.)

</td></tr>
</table>

NACHTGERÄUSCHE (GEDICHTE, 1883)

Melde mir die Nachtgeräusche, Muse,
Die ans Ohr des Schlummerlosen fluten!
Erst das traute Wachtgebell der Hunde,
Dann der abgezählte Schlag der Stunde,
Dann ein Fischer-Zwiegespräch am Ufer,
Dann? Nichts weiter als der ungewisse
Geisterlaut der ungebrochnen Stille,
Wie das Atmen eines jungen Busens,
Wie das Murmeln eines tiefen Brunnens,
Wie das Schlagen eines dumpfen Ruders,
Dann der ungehörte Tritt des Schlummers.
(I, 26)

Was in der Schlußfassung, wie sie seit der 2. Auflage der GEDICHTE 1883 gilt, als aus der Realität geschöpfte, freilich aus zweiter Hand übernommene Idylle festgehalten ist, begegnet bereits im ersten Entwurf von 1881/82 unter veränderten Vorzeichen: Der Dichter abstrahiert vom Dorfbild, beschränkt sich auf wenige, die «Einsamkeit» indirekt umschreibende Details. Er nennt seinen Platz im nächtlichen Garten unter der Kastanie über dem schweigenden See – eine

Reminiszenz an die Meilener Zeit! Hundegebell durchbricht die Stille, der zwölfte Schlag «[i]m Turm am andern Seegestad» (Korrekturvariante von Vers 5 nach der ersten Niederschrift; II, 140), dann das «Zwiegespräch» auf dem Wasser, und er glaubt, aus dem vielleicht offenstehenden Giebelfenster des Nachbarhauses das Atmen eines Busens zu hören. Am Anfang steht Vertrautes; die letzte Wahrnehmung, durch die Frage nach dem Giebelfenster von der Absicht her noch auf die Realität bezogen, mutet bereits rätselhaft an. Eindeutig ist nur, daß der Dichter in der Einsamkeit der Nacht auch dieses leiseste aller Geräusche zu hören vorgibt. Die Überarbeitung behält den Inhalt im großen ganzen bei, ist aber sprachlich ausgefeilter, betont ferner, daß das Ich in die Nacht hinauslauscht, und weist auf die Atemzüge der «schlummernden» Brust hin.

Bis zur publizierten Fassung von 1883 hat sich Meyer den Text noch mehrmals vorgenommen und Entscheidendes verändert. Statt in vierhebigen Jamben mit männlichem Ausgang setzt er die Verse in fünfhebige Trochäen, die alle weiblich enden und mit zwei Ausnahmen auf betontes «u» und schwachtoniges «e» ausklingen. Das lyrische Ich befindet sich nicht mehr im Garten. Es ist jetzt der «Schlummerlose», der die Muse homerisch anruft und sie bittet, ihm die Nachtgeräusche zu melden; ihrer sind gleich so viele, die wahrgenommen werden, daß der Übersensible von «fluten» spricht. Die Skala des Gehörten geht wieder vom Realen aus: Dem trauten Wachtgebell der Hunde folgt der abgezählte Stundenschlag. Das Fischer-Zwiegespräch am Ufer unter dem zeitlich gliedernden «dann» berührt bereits entrückter, und auf das letzte fragende «dann?» entgleitet die Aussage der Realität, verläßt den Bereich des Gewohnten und taucht mit «[n]ichts weiter» ins Ungewisse und Geisterhafte ein. Es ist die «ungebrochne Stille», die nun eigentlich verlautet, und darin regt sich körperlich der Atem und, damit verbunden, ein tiefer Brunnen, von dessen «Murmeln» schon eine weitere Neufassung von 1881/82 spricht. Auch «das Schlagen eines dumpfen Ruders» ist wohl körperlich zu verstehen: Was da schlägt in der Stille, die gerade durch die Wahrnehmung der leisesten Emanationen des eigenen Lebens besonders spürbar wird, ist der Schlag des Herzens, dessen dumpfes Pochen noch schwach gehört wird, bevor der Schlummer einkehrt. Sein Tritt ist dann «ungehört», weil er in dieser bewußtseinsmäßigen Grenzsituation eben nicht mehr verifiziert werden kann, wenn er sich des vorher Schlummerlosen bemächtigt. Der jetzt Entschlummerte sinkt in Totenstille; ihn umgibt ein Zustand, in dem er sich über eine Grenze hinweggehoben findet. Hypnos, der Schlaf, der ihn einholt, ist ein Bruder des Todes, des letzten Schlafs, den wir des Nachts unbedacht vorwegnehmen. – Meyer rührt hier an Unsagbares, das der Nacht, der weiblich-mütterlichen, innewohnt und das der vom Schlaf Befangene, der in ihrem Schoße ruht, als Entrückendes verspürt, von dem er ergriffen und überwältigt wird. Diese nicht ohne einen Anhauch des Erotischen wirkende Magie hält Meyer mit den immer leiser und gegen das Ende hin schleppender werdenden, der vokalischen «u/e»-Kombination verpflichteten und darauf ausklingenden Schlußzeilen fest. Dahinter öffnet sich die namenlose dunkle Tiefe, die sich jeder Formulierung entzieht; sie gehört zum Bereich des Sprachlosen, das keine Worte kennt, weil es ohne Grund und damit unergründlich ist.

Wenn in NACHTGERÄUSCHE einst Gefühltes durch die Begegnung mit einer bildlich geschilderten Landschaft in der Erinnerung wachgerufen wird, aufsteigt und Gestaltung fordert, geht der Dichter in LETHE (Abteilung «Liebe») insofern den umgekehrten Weg, als er wahrscheinlich erst später Empfundenes in ein von früher her bekanntes Bild – diesmal das eines Malers – einkleidet, das er aus der schöpferischen Kraft seiner Phantasie heraus ebenso umdeutet wie das Dorfidyll, das ihm literarisch begegnet ist. Er paßt also auch hier etwas real Vorliegendes seiner auf stilisierende Vergeistigung ausgehenden Imagination an. Persönlichstes wird dabei verrätselt.

Die Anregung geht von Charles Gleyres Bild «Le Soir» aus, das seines allegorisch deutbaren Themas wegen unter dem Titel «Les Illusions perdues» bekannt ist und von dem sich Meyer anläßlich seines Pariser Aufenthalts tief beeindruckt zeigte. Dies bezeugt sein Brief vom 24. Mai 1857 an Schwester Betsy (Frey, S. 104): «Ich bin heute im Luxembourg gewesen, wo die noch lebenden großen Maler auf den Louvre warten. Das ist ein Zauber. [...] der tiefsinnige Gleyre (les illusions perdues), das zugleich lieblichste und wehmütigste aller Bilder: Poesie, Liebe, allerhand Ideale etc., eine leuchtende Schar, die sich einschiffen, und, am Ufer versunken, ihnen nachstarrend, ein Mann. Das Ergreifendste ist, daß sich die auf der seligen Fahrt auch gar nicht nach dem Armen umsehen, dessen Gäste sie waren.» – Gleyre, der das Bild 1843 als ein noch Unbekannter ausstellte, verbrachte seine Tage oft mit Sinnieren, Studieren und auf Reisen. Der damals bereits 37jährige Künstler kannte auch die tiefen Depressionen und war darin Meyer wesensverwandt, wenn er schon um 1835 den Entschluß, ein solches Gemälde zu malen, vermutlich mit dem folgenden Tagebucheintrag begleitete (Clément, S. 109): «[...] Pourquoi sentais-je se réveiller en mon cœur ces vagues et mélancoliques souvenirs?... Oh! chères et douces illusions de ma jeunesse, hélas! trop tôt dissipées; vous êtes donc perdues! perdues à jamais... L'âme regimbe à cette dure, triste et fatale conviction.» – Wehmut und Lieblichkeit hat Meyer beim Betrachten des Bildes empfunden und war bewegt von der Situation des Abschieds, die der am Ufer sitzende Mann, versunken den zu seliger Fahrt sich Einschiffenden nachstarrend, zutiefst durchleben muß: daß sich die Aufbrechenden, die seine Gäste waren, «gar nicht nach dem Armen umsehen», ist das Ergreifendste. Die besonderen Lichtverhältnisse unterstreichen die melancholische Stimmung.

Daraus entsteht zunächst das in den BILDERN UND BALLADEN (1860) zur Veröffentlichung vorgesehene TRAUMBILD (VI, 40 f.). Es verlegt die Abschiedsszene an ein Gestade, dem «edle Trümmer, [g]ebrochne Bogen» ein romantisch-antikisches Gepräge geben; es verschärft und aktualisiert sie zugleich: Der am Ufer verbleibende Mann ist durch das lyrische Ich ersetzt, das da im Traum durch überhängendes Gesträuch auf den grünen Schimmer des Wassers hinausschaut, wo die Barke gleitet. Aus dem Boot schallt süßer Gesang, der mild und versöhnlich klingt. Es sind Frauen und Knaben, die ihn angestimmt haben, und von ihnen heißt es, daß sie längst «[d]es Lebens Bitterkeit» vergessen hätten. Das ist bei Meyer aus dem Bild geworden, dessen Katalogbeschreibung lautet (IV, 77): «La barque, vue de profil, poussée par le vent qui enfle sa voile triangulaire placée à l'avant, vient de quitter le rivage où le penseur reste assis à contempler tristement ses illusions qui s'enfuient. [...] La barque est chargée de femmes qui symbolisent les illusions.» Unter dem «himmlischen Geleit» der Insassen entdeckt der Träumende eine junge Frau, die er an ihrem «Schwanenhals» und den Augenbrauen erkennt: seine Liebste, die «so durchdringend» singt, daß es ihm ins Herz schneidet. Seine alte Sehnsucht überkommt ihn wieder, und die schweren Tränen, die hervorstürzen, «trüben die Gestalt». Eine persönliche Illusion also, um die das Ich ärmer ist. Es hat einen geliebten Menschen verloren, auf dessen Gegenliebe es hoffte. Schon hier wird faßbar, wie die dichterische Phantasie das reale Bild überarbeitet und verwandelt hat. Sie begabt es mit einem neuen Sinn, indem sie offensichtlich Persönlichstes hineinprojiziert. Was nun die Gesamtwirkung dieses frühen Textes betrifft, so ist er thematisch nicht unbedingt neu: die im Traum wahrgenommene «Wiedergängerin» begegnet häufig in der Romantik.

Interessant ist aber die Wandlung des Motivs, wie sie sich um 1864/65 abzeichnet: Meyer schwankt damals bei der Titelwahl zwischen Varianten wie «Traum», «Im Traum», «Der See des [Traumes?]», «Der stille See», «Komm» und «Traumbild» (IV, 70). Er stellt dem Traumbild eine Einleitung voran, worin er den Schlaf auffordert, ihm den Weg ins Reich der seligen Geister zu ebnen (IV, 70):

Streue deine milde Gabe,
Laß mich schlummern, laß mich ruh'n
Neige, mohnbekränzter Knabe
Deine stille Fackel nun.
Laß uns leise niedersteigen
Selig wandelnd Hand in Hand
Wo des Tages Stimmen schweigen
Im geheimnißvollen Land.

Nach dem Gang «durch die Höhle» öffnet sich der bereits bekannte Raum zum Ufergestade; aber «der Lüfte Rosenschimmer / Zweifelt zwischen Tag u: Nacht» in dieser Sphäre, wo im Traum Thanatos herrscht und der Nachen am Ich vorbeigleitet. Die Insassen der Barke singen auch jetzt, sie, «die längst gekostet haben / Jeden Leids Vergessenheit» (IV, 71). Wiederum erkennt der Träumende die Liebste an den Augen, am Nacken, der «in der Jugend Glanze» schimmert und jenen Antiopes im MÖNCH vorwegnimmt, und am «lieben Ton» der Stimme, deren Klang «droben» schon lang verzittert ist. In seiner Erschütterung bekennt das Ich (IV, 72):

> *Liebchen, wenig mehr bedeuten*
> *Darf mir droben nun dein Wort,*
> *Auf den Seen des Traumes läuten*
> *Hör ich es noch immer fort.*

Was mit Schlaf und Traum hier ins Bild gebracht wird, das längst der Situation entsprechend umgesetzt ist, erscheint ab 1873/74 unter dem Titel LETHE. Die schließlich in der Gedichtsammlung publizierten Verse lauten (I, 213 f.):

LETHE

Jüngst im Traume sah ich auf den Fluten
Einen Nachen ohne Ruder ziehn,
Strom und Himmel stand in matten Gluten
Wie bei Tages Nahen oder Fliehn.

Saßen Knaben drin mit Lotoskränzen,
Mädchen beugten über Bord sich schlank,
Kreisend durch die Reihe sah ich glänzen
Eine Schale, draus ein jedes trank.

Jetzt erscholl ein Lied voll süßer Wehmut,
Das die Schar der Kranzgenossen sang –
Ich erkannte deines Nackens Demut,
Deine Stimme, die den Chor durchdrang.

In die Welle taucht' ich. Bis zum Marke
Schaudert' ich, wie seltsam kühl sie war.
Ich erreicht' die leise ziehnde Barke,
Drängte mich in die geweihte Schar.

Und die Reihe war an dir zu trinken,
Und die volle Schale hobest du,
Sprachst zu mir mit trautem Augenwinken:
«Herz, ich trinke dir Vergessen zu!»

Dir entriß in trotzgem Liebesdrange
Ich die Schale, warf sie in die Flut,
Sie versank und siehe, deine Wange
Färbte sich mit einem Schein von Blut.

Flehend küßt' ich dich in wildem Harme,
Die den bleichen Mund mir willig bot,
Da zerrannst du lächelnd mir im Arme
Und ich wußt' es wieder – du bist tot.

Der ruderlos einherziehende Nachen, den das träumende Ich im dämmerhaften Zwielicht wahrnimmt, gleitet auf dem Fluß der Vergessenheit in der Unterwelt dahin. Seine Fluten tilgen alle Sorgen, alles irdische Leid. Die im Boot Sitzenden tragen Lotoskränze, einen heiligen Schmuck, der schon im alten Ägypten bei keiner Bestattung fehlte, und sie trinken aus der kreisenden Schale den Trank des Vergessens, der Mnemosyne – das Gedächtnis – auslöscht. Wie das Ich ihrem «Lied voll süßer Wehmut» lauscht, erkennt es unter den Abgeschiedenen die Liebste, hört ihre Stimme aus allen übrigen heraus und taucht in den Totenfluß, dessen Wasser «seltsam kühl» ist und erschaudern macht. Der Schwimmer erreicht, ohne daß er in diesem schweren Element eine Furche zöge (frühere Fassung; IV, 73), die Barke und drängt sich in die «geweihte Schar». Die tote Geliebte, zu der die Schale eben gelangt ist, trinkt ihm «mit trautem Augenwinken» Vergessen zu. Sie möchte aus dem Gedächtnis jenes Lebenden schwinden, der sie nicht vergessen kann. Erst damit wäre der Zustand völliger Abgeschiedenheit für die Verstorbene erreicht. Doch der Liebste, den immer noch Eros und Himeros (die Sehnsucht) leiten und der darum selbst auch nicht vergessen werden will, lehnt sich gegen diese Endgültigkeit des Abschieds auf und versucht das Letzte: er wirft die Schale in die Flut, umarmt das Mädchen, dessen Wange sich «mit einem Schein von Blut» färbt, und küßt seinen bleichen Mund, den es ihm willig bietet, worauf es ihm lächelnd im Arm zerrinnt.

Eros, Amor, von Meyer bis jetzt nur indirekt genannt, kommt zum Zug. Aber der Dichter hat ihn längst verwandelt, durchaus nicht vergessen, bloß bis hieher ausgespart: Schon in Gleyres Gemälde zeigt sich, wie es in der Katalogbeschreibung heißt, «[...] l'Amour assis sur le bord de l'embarcation, la jambe gauche croisée sur le genou droit, pose l'un de ses bras sur une longue rame qui sert de gouvernail, [...]» (IV, 78). – Er hat das Steuerruder also, wie es scheint, nur leicht und dennoch fest im Griff. In einer Fassung von 1864/65 redet der Dichter einen «mohnbekränzten» Knaben an und vollzieht an ihm schrittweise sich vortastend die bezeichnende Veränderung (IV, 70):

Komm, o Schlummer, mach' mich selig!
Wende deine Fackel nun!
Lösche deine Fackel mälig!
Laß mich an dem Wege ruh'n!

Die Stelle entspricht genau dem Schluß des Gedichts DER MARMORKNABE (I, 31), den die Gärtner für Amor halten, «der die Herzen zwingt». Der Dichter erwägt hier die Varianten (II, 171): «Er senkt die Fackel – sie verloht.../Er löscht die Fackel. Sie verloht. / Dieser schöne Jüngling ist der Tod.» Und der Tod braucht in LETHE wahrlich nicht mehr genannt zu werden, fährt er doch ungenannt von allem Anfang an mit, unsichtbar, weil die Fahrt sich in seinem Reich abspielt. Er ist der mächtige Andere, worin sich Eros, die Liebe, zuletzt immer spiegelt, und er legt auch bei der neuen Sinngebung eines Bildes durch den Dichter seinen Arm auf das Steuerruder, das er ohne jede Anstrengung führt.

LETHE erweckte bereits in der Fassung von 1874 Haessels Besorgnis wegen der darin obwaltenden Thematik. Der Verleger stört sich am «schon einmal erklungenen Wehruf um ein Verlorenes». Bieder tadelt er (an Meyer, 7. April 1874; IV, 80 f.): «Das kommt mir krankhaft vor und ich möchte einen Warnungsruf ertönen lassen. [...] bewahren Sie sich und uns das Herzige und Fröhliche, das Muthvolle möchte ich sagen, was Ihnen so wohlansteht und gelingt.» Meyer antwortet darauf lapidar (Brief vom 12. April 1874; IV, 81): «Das Motiv der Lethe ist 20 Jahr alt, [...].»

Auf die Frage, wessen denn der Dichter in LETHE gedenke, gibt diese Rückdatierung allerdings keine Antwort. Sie betrifft lediglich das Motiv und nicht das später darin eingelagerte Persönliche. Die tote Geliebte ist erklärtermaßen eine Traumgestalt. Sie verkörpert wohl alle Mädchen, die der junge Meyer in scheuer Liebe verehrt hat, und darüber hinaus all jene jungen Frauen, die er hätte lieben können. Als der 31jährige Gleyres Bild sah und davon ergriffen war, hat er diesem nachträglich seine Empfindungen, die er als ein von der Liebe Ausgeschlossener in der Gestalt des Mädchens vereinigte, eingefügt. Parallel dazu schlüpft er in die Rolle des aus der Verlassenheit am Ufer Aufgebrochenen (ist der Versonnene, dem die Leier entglitten ist, nicht auch ein Dichter?), der zuletzt die Totenbarke schwimmend erreicht und am Schluß die Erfahrung macht, daß er die für immer von ihm Abgeschiedene nicht vergessen kann und will. Sehnsucht, Wehmut des Entsagens und ein damit verbundenes innerliches Leiden, das, sonst oft verschwiegen, hier deutlicher zutage tritt, fließen – dem «lieblichsten» aller Bilder im Musée de Luxembourg entsprechend – zu einem fiktiven Traumbild zusammen, das den Bereich der Liebe, ein «Verlorenes» in der Gestalt der Geliebten, vom Ich ablöst und in der verwandelten Szene Gleyres sichtbar macht. Das Gedicht bekräftigt auf seine Weise «die gegenwärtige Abwesenheit», die dann auch Pescara preist. Sie allein ist der Schlüssel zur immerwährenden «Sehnsucht» (XIII, 223).

Die 1. Auflage (1882)

Zum Werdegang

Im August 1873 trifft Meyer in Meilen und Flims mit seinem Verleger Haessel zusammen. Auf die dabei geführten Gespräche weist folgende Briefstelle hin, in der von einer Sammelausgabe der Gedichte erstmals die Rede ist:

Ich bin in voller Thätigkeit und habe auch manches Neue im Kopf. Mein Buchhändler drängt zum Roman [«Jürg Jenatsch»] und ich werde wohl diesen Winter daran geben müssen. Daneben arbeite ich an einer vollständigen Sammlung meiner Gedichte in reiner und definitiver Form.

Meyer an Johann Rudolf Rahn,
29. August 1873 (Briefe I, S. 239 f.)

Eine Trübung des Verhältnisses zwischen Haessel und Meyer beeinträchtigt den Fortgang des Vorhabens. Haessel ist enttäuscht, weil Meyer den JENATSCH und zahlreiche Gedichte – sich im Hinblick auf die Aufnahme beim Leserpublikum vortastend – in wenig reputierlichen Zeitschriften veröffentlicht (mehr als die Hälfte aller 191 Nummern der 1. Auflage der GEDICHTE sind zuvor in solchen Blättern publiziert worden). Meyer dagegen ist von Haessels Honorarangebot nicht befriedigt. Betsy interveniert in dieser heiklen Situation nicht ungeschickt. Sie erklärt Haessel, ihr Bruder habe mit dem Vorabdruck von Prosa und Lyrik sich literarisch ins Gespräch bringen und seinen Arbeiten jene Anerkennung und Wertschätzung verschaffen wollen, welche die Voraussetzung für «ein festes anständiges Honorar» bildeten, hoffe er doch, damit seiner Gedichtsammlung «einigermaßen den Weg zu bahnen» (an Haessel, 5. August u. 7. September 1874; II, 8 f.). Meyers Selbstbewußtsein hängt eben schon damals in hohem Maße von der Resonanz ab, die er so zu erkunden sucht.

Brieflichen Äußerungen aus dem Winter 1874/75 ist zu entnehmen, daß sich Meyer weiterhin um seine «Gesammelten Gedichte» bemüht (Meyer an Vulliemin, 13. Januar 1875; II, 9). Vieles, was er publiziert hat, so die Balladen der Lyrikbändchen von 1864 und 1870, ist inzwischen veraltet und überholt, weil er die Texte umgearbeitet hat. Auch davon ist aber schon manches erschienen. Eine Ausgabe sämtlicher Gedichte zieht der Dichter angesichts des anhaltenden Wandlungsprozesses seiner Poesien nicht in Betracht. Am 9. Oktober 1877 erklärt Meyer der Schwester, sie wollten die Gedichtsammlung noch in diesem Winter abschließen, und Betsy verrät dem Verleger im folgenden Februar, ihr Bruder möchte im Sommer «ein Bändchen auserwählter Gedichte» herausgeben:

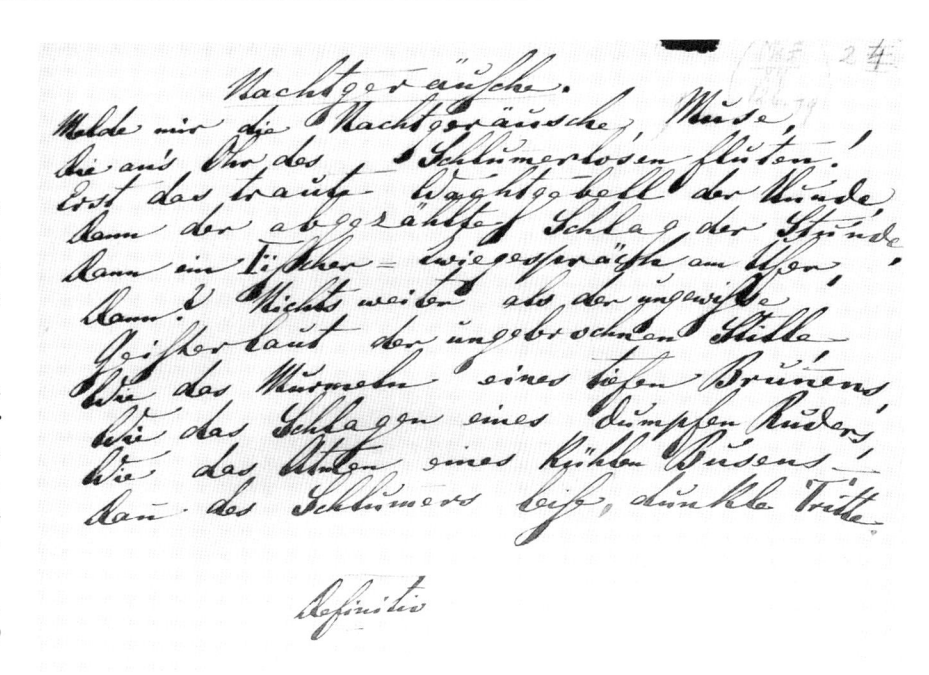

Es sind von seinen schönsten; nein, geradezu seine schönsten! Was sagen Sie, Erfahrener, dazu? Wäre es nicht der rechte Moment? Für dies Bändchen Gedichte [...] würde mein Bruder kein festgesetztes Honorar beanspruchen, sondern den Reingewinn mit Ihnen theilen. – Den Druck selbst bezahlen dagegen will er nicht. – Lieber würde er, wenn Sie abrathen, – die Herausgabe dieser Gedichte unterlassen.

Betsy Meyer an Hermann Haessel,
6. Februar 1878 (II, 9)

Nach anfänglichen Bedenken schlägt Haessel vor, in Analogie zu einer geplanten Novellensammlung auch Meyers lyrische Dichtungen vereinigt herauszubringen, wobei ein erster Band HUTTEN und ENGELBERG, ein zweiter die GEDICHTE umfassen könnte (vgl. II, 9). Meyer nimmt das Angebot an, das den Weg zu «Gesammelten Werken» ebnet. Daß sich der Dichter bei seiner Arbeitsweise mit sporadischen Veröffentlichungen von Gedichten in Zeitschriften immer wieder bei der Leserschaft ins Bewußtsein ruft, erregt jedoch abermals Haessels Unwillen. Schließlich pariert Betsy mit dem Hinweis, ihr Bruder sei selbst dieses Vorgehens überdrüssig, bleibe aber als Prosaiker auf die «Rundschau» und als Lyriker auf den Umgang mit der «Dichterhalle» angewiesen (an Haessel, 22. März 1878; II, 10).

Erst in einem Brief Haessels vom 8. Januar 1881 kommt die vor mehr als sieben Jahren ins Auge gefaßte Gedichtausgabe erneut zur Sprache. Der Verleger fordert Meyer auf, die Sammlung vorzubereiten, und ist ihm beim Zusammentragen der verschiedenen bereits publizierten Gedichte behilflich, weil der Verfasser selbst nur über wenige Handschriften und Drucke seiner Schöpfungen verfügt. Die endgültige Redaktion der Lyrik dauert von 1881 bis in den Sommer 1882. In diese Zeit fällt auch der Umbau des Hauses in Kilchberg, der viel Alltagssorgen und Unannehmlichkeiten mit sich bringt.

Das Gedicht «Nachtgeräusche» in einer Reinschrift von Meyers Hand, 1881/82. Trotz des Vermerks «Definitiv» ab Vers 8 noch von der seit der 2. Auflage der «Gedichte» gültigen Druckfassung abweichend («Wie das Murmeln eines tiefen Brunnens, / Wie das Schlagen eines dumpfen Ruders, / Wie das Atmen eines kühlen Busens – / Dann des Schlummers leise, dunkle Tritte.»)
Ms. CFM 6.2.
Zentralbibliothek Zürich

Ende Juni liegt das Druckmanuskript bereinigt vor. Meyers Erleichterung über die zu Ende gehende Doppelbelastung ist aus einem Brief an Rodenberg spürbar:

Meine Lyrica [...] sind nach L[eipzig] abgegangen und Neubau und Gartenanlagen bezahlt. Daher gute Stimmung.

Meyer an Julius Rodenberg,
29. Juni 1882 (Rodenberg, S. 110f.)

Aber das Einvernehmen zwischen Haessel und Meyer wird erneut gestört, weil der Dichter nach der ersten Korrektur zahlreiche weitere Änderungen verlangt. Der Verleger drängt darauf, daß die zweite Korrektur die letzte sein müsse und der Druck unweigerlich zu erfolgen habe, was Meyer als einen Eingriff in sein Recht auf Perfektion betrachtete. Auch Fragen der Textgestaltung (Wahl der Schrift und Buchformat) führten zu Auseinandersetzungen, und über die Höhe der Auflage war man sich alles andere als einig. Der Dichter dachte an eine begrenzte Auflage von 500 Exemplaren; der Verlagskontrakt setzt dann die Auflage auf 1100 Exemplare fest.

Des Dichters Wille zur Veränderung, ja zur völligen Umarbeitung seiner Texte verdient hier besondere Aufmerksamkeit: Am 31. August 1882 hat er Hermann Lingg erklärt, er «vollende sorgfältig, da die Sächelchen [d.h. die Gedichte] in der Tat nur durch einen Schein von Vollend[un]g erträglich werden» (II, 13). Zu seiner Neigung, in dieser Hinsicht keinen Aufwand zu scheuen, hat er sich schon anläßlich der Überarbeitung der BILDER UND BALLADEN geäußert:

Je ne puis pas finir. Il y a des pièces que j'ai refaites jusqu'à quatre fois pour les exclure finalement. Et tout cela avec une âpreté incroyable. Mais cela me fait vivre et me rend heureux.

Meyer an Félix Bovet,
30. April 1861 (VI, 432)

Und dem über seine Verbesserungssucht verärgerten Verleger wird er bei Erscheinen der 3. Auflage der GEDICHTE gestehen:

Schlagen Sie sich doch aus dem Kopfe, daß ich mich mit den Änderungen quäle, im Gegentheil, es ist für mich ein Genuß, immer wieder den vollendeteren Ausdruck zu suchen.

Meyer an Hermann Haessel,
5. November 1887 (II, 19)

Nach neunjährigem Ringen erhält Meyer im Oktober 1882 aus Leipzig die ersten Freiexemplare seiner definitiven Gedichtsammlung. Das 335 Seiten umfassende Buch legt, in neun Abteilungen gegliedert, sein lyrisches Schaffen vor. Die sprechenden Überschriften der einzelnen Kapitel lauten: «Vorsaal», «Stunde», «In den Bergen», «Reise», «Liebe», «Götter», «Frech und Fromm», «Genie» und «Männer».

AUFNAHME UND BEURTEILUNG VON MEYERS LYRIK

Meyer, der am 5. November 1882 bei der Übersendung der GEDICHTE an Rodenberg erklärt hatte, es sei ihm «ein bischen bange» für seine «Lyrica in dieser argen Welt» (Rodenberg, S. 130), und der sich gerade in dieser literarischen Gattung preisgegeben, wenn nicht sogar bloßgestellt zu haben fürchtete, hat zeitlebens seine Verse als unbedeutend eingeschätzt und sich zuweilen von ihnen distanziert, weil sie ihm zu wenig objektiv erschienen.

Louise von François, die der Dichter als Ersatz für die Kritikerin Betsy zu gewinnen hoffte und schon während der Arbeit zu Rate zog, enttäuschte mit ihrem verhalten-freundlichen Echo auf seine poetischen Bemühungen: es seien «lauter Aristokratenkinder, d.h. zur Freude *nur* eines sehr auserlesenen Publicums bestimmt» (an Meyer, 24. Juli 1882; von François, S. 54). Ihre «kritischen Pedanterien» (von François, S. 56) könnten natürlich auch Zweifel daran wecken, ob sie damals überhaupt tiefer von diesen Gedichten berührt wurde. Wenn Meyer im Brief vom 25. August 1882 erfuhr, daß das Gedicht LIEBESFLÄMMCHEN und vor allem das SCHNITTERLIED – als Männerchor – komponiert werden müßten (von François, S. 61), liegt der Schluß nahe, daß er als Lyriker bei der letzten Reckenburgerin zunächst an die falsche Adresse geraten war.

Gottfried Keller – anfangs der achtziger Jahre ebenfalls mit der Redaktion seiner Lyrik beschäftigt – urteilt da schon anerkennender, wenn er, gestützt auf vorabgedruckte Gedichte prophezeit, «Meyers Bedeutung» liege «in seinen lyrischen und halb epischen Gedichten» (an Storm, 30. Dezember 1881; II, 32). Nachdem Meyers Sammlung erschienen ist, äußert er sich gegenüber Adolf Frey im Gespräch:

Gestern hatte ich einen schönen Nachmittag; ich saß wieder stundenlang über Conrad Ferdinand Meyers Gedichten. Ich bin überzeugt, das Publikum weiß diese Feinheit und Grazie noch lange nicht nach Gebühr zu würdigen. Wie wunderbar zum Beispiel sind diese Liebesgedichte.

Adolf Frey, «Erinnerungen an Gottfried Keller»,
3. Aufl. Leipzig 1919 (S. 33)

Das Widmungsexemplar verdankt Keller wie folgt:

Indem ich Ihnen herzlich für Ihr schönes Geschenk danke, begrüße ich zugleich das glückliche Ereignis; denn ein solches darf man und dürfen wir alle das Erscheinen Ihrer Gedichte nennen. Obgleich es unverschämt scheint, dem, der das Verdienst hat, Glück zu wünschen, so tue ich dies dennoch, da es auch für das Verdienst ein schönes Glück ist, vollständig ausreifen zu können.

Gottfried Keller an Meyer,
26. Oktober 1882 (II, 32)

Allerdings hat Keller den Stil von Meyers Lyrik als gekünstelt empfunden und mehrmals auf diesen nachteiligen Zug seines Schaffens allgemein hingewiesen:

Er [Meyer] hat ein merkwürdiges schönes Talent, aber keine rechte Seele; denn er ziseliert und feilt schon vor dem Gusse.

Gottfried Keller an Theodor Storm,
29./30. Dezember 1881 (II, 33 f.)

Paul Heyse, von Keller eindringlich auf Meyers GEDICHTE aufmerksam gemacht, entgegnet dem Zürcher am 18. November 1882, er habe sich «viele Tage lang daran delektiert»:

Ich kann mir aber nicht helfen, es will mir doch bei der Mehrzahl vorkommen, als ob es Dichtungen für Poeten wären, die mit nach- und ausdichtender Seele dergleichen hinnehmen, während der naive Leser mit vielem so übel daran ist wie ein Hungriger mit einer Büchse voll Fleischextrakt. [...]

Paul Heyse an Gottfried Keller,
18. November 1882 (II, 32)

An Meyer selbst hat Heyse etwas verklausulierter geschrieben:

Ich gäbe viel darum, wenn ich als ein Schwarzseher erfunden würde, wenn Sie nicht bloß überall in kritischen Konventikeln mündlich und schriftlich überaus anerkannt und meisterhaft befunden, sondern von einem großen Kreise mit offenen Armen aufgenommen würden. Hie und da haben Sie es freilich dem geneigtesten Leser ein wenig schwer gemacht [...].

Paul Heyse an Meyer,
31. Oktober 1882 (II, 33)

Theodor Storm wertet Meyers Lyrik gegenüber seinen Dichterfreunden sehr streng:

Den qu. Meyer überschätzen aber Du und Keller als Lyriker; er kommt doch vom «Gemachten» nicht los; ihm fehlt für die eigentliche Lyrik das echte «Tirili» der Seele.

Theodor Storm an Paul Heyse,
7. Juli 1882 (II, 34)

Wenn Sie früher meinten, der Band werde eins der formell schönsten Liederbücher werden [Keller hatte am 29./30. Dez. 1881 vom «formal schönsten Gedichtbuch» gesprochen; II, 32], so werden Sie jetzt, wo es vorliegt, wohl anders denken: Ein Lyriker ist er nicht; dazu fehlt ihm der unmittelbare, mit sich fortreißende Ausdruck der Empfindung, oder auch wohl die unmittelbare Empfindung selbst. Sie muß bei ihm den Weg durch den Stoff nehmen, dann tritt sie oft überraschend zutage [...].

Theodor Storm an Gottfried Keller,
22. Dezember 1882 (II, 34)

Während die großen Poeten von damals die Eigenart des Lyrikers Meyer zwar erkennen, auch durchschauen und dann teilweise würdigen, reagiert der vom Verständnis her überforderte Verleger Haessel nach dem Erscheinen der Gedichtsammlung mit geradezu beleidigender Deutlichkeit:

Kommen Sie noch ans Reimen, so werden sich, was ich sehnlich wünsche, immer mehr zur Ballade und zu den Dichtungen mit historischem Hintergrunde hingezogen fühlen und diese Dichtungsarten üben.

Hermann Haessel an Meyer,
6. März 1883 (II, 34)

Die öffentlichen Beurteilungen fallen dagegen recht freundlich aus. Jakob Baechtold attestiert dem Verfasser in der «Neuen Zürcher Zeitung» vom 30. Oktober 1882, daß seine Gedichte «immer der Schwerpunkt seiner poetischen Tätigkeit waren» und daß das Buch alles überrage, «was seit Dezennien in Liedern sich zu uns wandte»:

[...] Meyer verfügt über alle Töne des wahren Dichters; die ursprüngliche Gedankenfülle, Sinnigkeit, das plastische Vermögen, die Gefühlstiefe erhebt seine Gedichte den Regionen der höchsten Schönheit entgegen. Nicht bloß stofflich, sondern auch formell.

(II, 36)

Allgemein sieht die öffentliche Kritik in Meyer weniger den großen Lyriker als vielmehr den Epiker. Sie anerkennt ihn auch als Balladendichter, bekundet aber für die Wesensart seiner übrigen Gedichte wenig Sinn. Von allen Rezensenten und zeitgenössischen Dichtern beweist Carl Spitteler am meisten Einfühlungsgabe und Verständnis. Er schreibt an Haessel, der damals die *Extramundana* verlegte:

Sie erbitten sich ein gründliches Urteil über Conr. Ferd. Meyers Gedichte. Ich kann aber nicht umhin schon jetzt meine Meinung abzugeben: Ich halte dafür, daß das die bedeutendste lyrische Sammlung sei, die seit einem Menschenalter das Tageslicht erblickte. So gewaltig hatte ich mir Ferd. M. doch nicht vorgestellt. Ganz besonders erstaunt mich das meisterhafte unfehlbare Sprach- und Rhythmus-Gefühl; die Wahl der Verse und Strophen ist wirklich genial. – Das ist mehr als lyrisch, das ist deutsch gesagt.

Carl Spitteler an Hermann Haessel,
25. November 1882 (II, 37)

Conrad Ferdinand Meyer: «Gedichte». Zweite vermehrte Auflage. Leipzig: Hermann Haessel 1883. Exemplar im Verlagseinband aus dem Nachlaß von Adolf Frey. Zentralbibliothek Zürich

Wie reagiert der Dichter selbst auf die Wertung seiner Lyrik durch Kollegen und Zeitgenossen? An Heyse schreibt er:

An eine Verbreitung über meine kleine Gemeinde hinaus habe ich nie gedacht, ja es wäre für mich ein zweifelhaftes Vergnügen, da doch manches Intime darin steht.

Meyer an Paul Heyse,
11. Dezember 1882 (II, 30)

Schon bald nach dem Erscheinen der GEDICHTE hat er verlauten lassen:

Sie [die «Gedichte»] sind nicht viel werth, aber – das ist das Gute daran – sie sind ein Abschluß, über den man suchen muß hinauszukommen.

Meyer an Paul Heyse,
24. Oktober 1882 (II, 29)

Das klingt nach Resignation, zu welcher der leichtverletzliche Dichter immer wieder neigte. Ganz in diesem Sinne äußert er sich gegenüber der deutschen Schriftstellerin Emilie Ringseis:

Aus meinen Ged. mache ich mir nichts, das ist die Wahrheit. Ihre Veröffentl. war ein Abschluß, eine Erledigung, eine Leerung gewisser Mappen, welche sich nicht mehr füllen werden. Ich bin kein Lyriker. Meine Kraft liegt im Objectiven. [...] wie viel, wie Schweres läßt sich mit der Poesie überwinden!

Meyer an Emilie Ringseis,
2. März 1883 (II, 30)

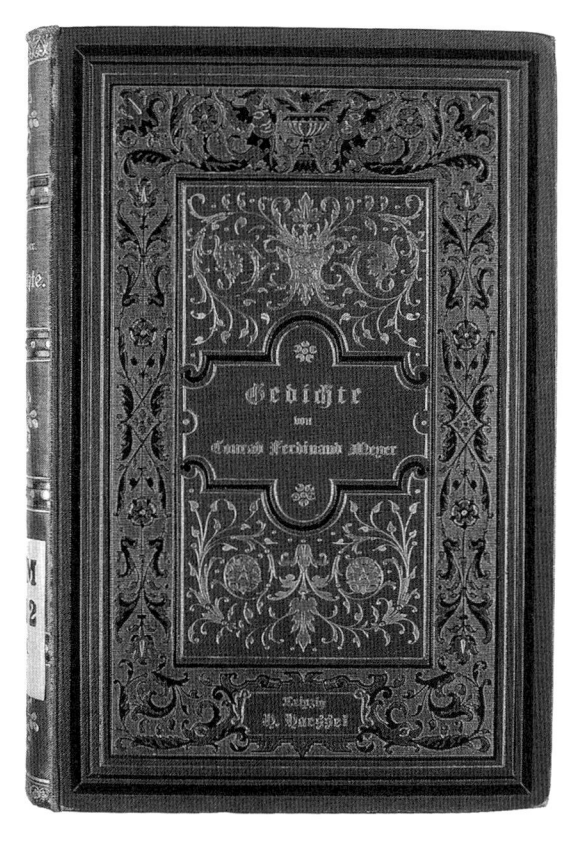

2. und 3. Auflage (1883/87)

Im Mai 1883 sind bereits 500 Exemplare der GEDICHTE verkauft, so daß der Verleger gemäß Vertrag zu Recht eine neue Auflage anregt. Ende Juli 1883 geht das Manuskript mit beachtlichen Änderungen im Wortlaut von 32 Gedichten nach Leipzig. Ein Gedicht der Ausgabe von 1882 wird fallengelassen, dafür kommen zwölf neue dazu, so daß die 2. Auflage 202 Nummern enthält.

Die 3. Auflage datiert von 1887. Meyer, der zunächst versichert hatte: «Ich ändere nicht» (an Haessel, 15. August 1887; II, 18), bleibt auch diesmal seiner «Liebe zur Vollend[un]g» treu (an Haessel, 15. Oktober 1887; II, 19). Alle Argumente, die Haessel ins Feld führt, um den Dichter von solchem Tun abzubringen, verfangen nicht, obgleich Meyer seinem Verleger – der ihm am 29. Oktober mit einer Bemerkung aus dem *Werther* beizukommen suchte, wonach ein Autor mit Veränderungen in einer späteren Auflage seinem Buch schade, – offen eingesteht: «Aber Goethe hat schon recht, der Leser läßt sich seinen ersten Eindruck nicht gerne entwenden» (an Haessel, 5. November 1887; II, 19). Trotzdem ist Meyer davon überzeugt, daß Goethes Wort in seinem Fall nicht zutreffe, «da die Besserungen [...] in den Gedichten *perfect* sind» (an Haessel, 31. Oktober 1887; II, 19). Diese gründlich überprüfte Neuauflage bringt an 51 Gedichten Änderungen im Wortlaut und enthält zudem sieben neue Nummern. Es ist vermutlich die letzte ganz vom Dichter selbst betreute und redigierte Ausgabe. Die 4. und 5. Auflage von 1891/92 wurden weitgehend von Betsy Meyer besorgt.

«Gustav Adolfs Page» (1883)

Was Meyer zuerst vorgeschwebt hatte: ein Drama über einen großen Stoff – Gustav Adolf gegen Wallenstein, die Schlacht bei Lützen als historische Entscheidung –, das verwandelte sich unter der Hand in die Darstellung einer Liebesgeschichte, der heimlichen Liebe der verkleideten Gustel Leubelfing zum König von Schweden. Die bedeutenden Ereignisse und ihre Träger werden damit zur Staffage, der Schwedenkönig gerät zur Nebenfigur, Wallenstein zum Statisten. Die Haupt- und Staatsaktion der Schlacht wandelt sich zum tödlichen Finale eines psychischen Dramas, der Erfüllung eines liebenden Lebens im Tod.

Die Liebe der Gustel Leubelfing ist eine verbotene Liebe zum vergötterten Mann, zum Vater. Das Skandalon wird sorgfältig vorbereitet: Auguste hat ihren eigenen Vater verloren. Hauptmann Leubelfing selbst war ein frommer Streiter für die protestantische Sache an der Seite Gustav Adolfs gewesen. Gustel hat, ein Kind des Dreißigjährigen Krieges, die Reiterjugend einer Soldatentochter hinter sich. Das Mädchen wächst wie ein Knabe heran – ein «Wildfang» (XI, 169) und «Casse-Cou» (XI, 178) wird es genannt, es hat eine «markige Stimme» (XI, 176); einmal ist von einem «tannenschlanken Mädchen mit lustigen Augen, kurzgeschnittenen Haaren, knabenhaften Formen und ziemlich reitermäßigen Manieren» die Rede (XI, 170). Gustav Adolf wird zu seinem Abgott. Noch halbwegs ein Kind, läßt Gustel den Schwedenkönig als «König von Deutschland» hochleben (XI, 169) – und sie tut es, ohne zu wissen, daß sie damit seinen heimlichen Wunsch ausspricht. Motiviert wird ihre Liebe zum König durch den Kuß, den er einst der kleinen Tochter Leubelfings gegeben hat. «‹Nun sag' ich: man soll die Kinder nicht küssen! So'n Kuß schläft und lodert wieder auf, wann die Lippen wachsen und schwellen›», meint Ake Tott bei Gelegenheit (XI, 205). «‹Und wahr ist's und bleibt's, der König hat dich mir einmal von den Armen genommen, Patchen, und hat dich geherzt und abgeküßt, daß es nur so klatschte! Denn du warest ein keckes und hübsches Kind.›» Der Kuß, womit die Liebesbindung unbewußt übertragen wird, löst erst die Neigung des Kindes aus. «Der Page», heißt es, «wußte nichts mehr von dem Kuß, aber er empfand ihn wild errötend.» Die kindliche Berührtheit und Schwärmerei wandelt sich später in Liebe.

Gustel folgt dem König im Waffenrock ihres Vaters. Der Rock ist Schutzpanzer und gleichzeitig Hülle von Trug und Lüge. Das Riskante ihrer Liebe wird gesteigert durch die rigiden Forderungen, die der sittenstrenge König an seine Soldaten stellt. Dirnen werden ausgepeitscht und mit Schimpf und Schande aus dem Lager vertrieben (XI, 178). Daß sich nun ein verkleidetes Mädchen in die Privatsphäre des Königs begibt, seine Freizeit mit ihm teilt, Wand an Wand mit ihm schläft: das alles ist unerhört und muß früher oder später zum Skandal führen. Erschwerend kommt hinzu, daß der König verheiratet ist und seine Frau ihn des öftern im Heerlager aufsucht. Da seine Tochter nicht anwesend ist, liebkost er manchmal seinen Pagen. Das ist innerlich eine zarte Verwechslung des Wunschsohns mit der Tochter – Gustel und Christel sind von hier aus gesehen Geschwister. Nach außen wird die Vertauschung mit der Kurzsichtigkeit des Königs begründet: Er merkt nicht, daß er in Gustel einem Mädchen liebevoll durch das krause Haar fährt.

Gustel wird zwischen Wunsch- und Angstträumen hin- und hergerissen. Einerseits möchte sie immer in der Nähe des Königs bleiben, anderseits fürchtet sie ständig, entdeckt zu werden. Aber diese Angst ist nur das eine. Das andere wäre die Bloßstellung des Königs, die Entehrung gerade jenes Mannes, den sie über alles verehrt. Seine Feinde, etwa der Lauenburger, würden ihn verhöhnen, weil er selbst sich nicht an Gesetze hielte, die er andern im Namen der Moral auferlegt hat. Sogar seine Freunde müßten an ihm zweifeln. Gustav Adolf seinerseits wäre über den Pagen enttäuscht. Er, der Arglose, der sich ihm gegenüber leutselig, ja vertrauensselig gibt, fände sich verraten. Seine Kurzsichtigkeit wäre zum Schlimmen ausgenützt. So gilt der Satz:

«[W]enn ich dich lieb habe, was geht's dich an?» (Goethe, *Wilhelm Meisters Lehrjahre,* IV, 9. Frei zitiert auch in Meyers Brief an Wille vom 27. Juni 1891; Briefe I, S. 216).

Liebe und Verzicht auf die Liebe: Das eine läßt sich nicht ersticken, das andere nicht willentlich herbeiführen. Und doch *muß* es erzwungen werden, weil der König nicht verletzt, seine Reinheit nicht befleckt werden darf. Liebe *besteht* jetzt gerade im Verzicht, sie beweist sich darin, den andern zu schonen.

Anfänglich hat der Page geglaubt, ein «verstohlenes Glück» genießen zu können (XI, 177): «Eine zärtliche und wilde, selige und ängstliche Fabel hatte der Page schon neben seinem Helden gelebt, ohne daß der arglose König eine Ahnung dieses verstohlenen Glückes gehabt hätte. Berauschende Stunden, gerade nach vollendeten achtzehn unmündigen Jahren beginnend und diese auslöschend wie die Sonne einen Schatten! Eine Jagd, eine Flucht süßer und stolzer Gefühle, quälender Befürchtungen, verhehlter Wonnen, klopfender Pulse, beschleunigter Atemzüge, soviel nur eine junge Brust fassen und ein leichtsinniges Herz genießen kann in der Vorstunde einer tötenden Kugel oder am Vorabend einer beschämenden Entlarvung!»

Das Glück überkommt ihn jetzt nur noch in jenen Momenten, wenn er mit blitzenden Augen, in Erwartung des jederzeit möglichen Todes neben seinem König reitet (XI, 184): «Seit jenen nächtigen Stunden ängstigte sich der Page furchtbar, bis zur Zerrüttung, über seine Larve und sein Geschlecht. Der nichtigste Umstand konnte die Entdeckung herbeiführen. Dieser Schande zu entgehen, beschloß der Ärmste zehnmal im Abenddunkel oder in der Morgenfrühe, sein Roß zu satteln, bis an das Ende der Welt zu reiten, und zehnmal wurde er zurückgehalten durch eine unschuldige Liebkosung des Königs, der keine Ahnung hatte, daß ein Weib um ihn war. Leicht zu Mute wurde ihm nur im Pulverdampfe. Da blitzten seine Augen und fröhlich ritt er der tödlichen Kugel entgegen, welche er herausforderte, seinen bangen Traum zu endigen. Und wann der König hernach in seiner Abendstunde beim trauten Lichtschein seinen Pagen über einer Dummheit oder Unwissenheit ertappte, beim Kopfe kriegte und ihm mit einem ehrlichen Gelächter durch das krause Haar fuhr, sagte sich dieser in herzlicher Lust und Angst erbebend: ‹Es ist das letztemal!› – So fristete er sich und genoß das höchste Leben mit der Hilfe des Todes.»

Die Liebe des Pagen erhält damit eine neue Qualität. Er kann diese höchste Stufe des Daseins «mit der Hilfe des Todes» genießen. Liebe und Tod gehören für ihn zusammen. Die blitzenden Augen und seine Fröhlichkeit sind nur möglich, weil er die tödliche Kugel erwartet. Eine Erfüllung gäbe es einzig im Liebestod: er allein brächte das gemeinsame Erlöschen. Aber es wäre ein Vergehen nicht im Augenblick der allgegenwärtigen Liebe, sondern im Tod. Zusammen den Becher des Todes zu trinken: es bedeutete die höchste Lust. (Vgl. das Gedicht DER KAMERAD (I, 204): «So möcht' ich sterben! / Komme, Tod, und raub mich, Tod, im Kusse!»)

Das entspricht der Lebensphilosophie des Pagen und damit auch seiner Devise «Courte et bonne!» So möchte er leben (XI, 181): «Ich wünsche mir alle Strahlen meines Lebens in *ein* Flammenbündel und in den Raum *einer* Stunde vereinigt, daß statt einer blöden Dämmerung ein kurzes, aber blendend helles Licht von Glück entstünde, um dann zu löschen wie ein zuckender Blitz.» Höchste Lebensfülle ist nur angesichts des Todes möglich. Das Zusammendrängen *allen* Lebensglücks in *einen* Augenblick – dann die Nacht. Das ist der Wunsch, den Gustel hegt, dessen Erfüllung sie erstrebt. Was tut es zur Sache, wenn sie erschrocken den Spruch als vieldeutig hinstellt, kaum hat sie ihn zitiert? Er kann ja möglicherweise auch meinen: Wäre der König heute von der Kugel getroffen worden, so ließe sich von seinem Leben sagen, es sei kurz und ein gutes Leben gewesen. Auf diese Art gedeutet, wird die Glückserfahrung in eine ethische Leistung verwandelt, und der Page tut dies um der Ablenkung willen. Dabei huldigt Gustav Adolf eigentlich derselben Maxime, wenn er, stets zum Sterben bereit, das Panzerhemd zu tragen sich weigert und in nächtlichem Gebet, vom Pagen belauscht, um einen raschen und unvermittelten Tod bittet, so daß ihm ein Siechtum erspart bleiben möge (XI, 185).

Die Todesvertrautheit von Gustel und Gustav Adolf ist von Anfang an gegeben. Der König sucht einen neuen Pagen, «dieweil Unser voriger Page, der Max Beheim seliger † (mit nachträglicher Ehrenmeldung des vorvorigen, Utzen Volkamers seligen †, und des fürdervorigen, Götzen Tuchers seligen †) heute bei währendem Sturme nach beiden ihme von einer Stückkugel abgerissenen Beinen in Unsern Armen sänftiglich entschlafen ist» (XI, 168). Und Gustel singt, noch in der Stube ihres Oheims, das Leiblied Gustav Adolfs (XI, 170):

>«Verzage nicht, du Häuflein klein,
>Ob auch die Feinde Willens sein,
>Dich gänzlich zu zerstören!»

Es ist der Tod, der den Glauben weckt. Er ist es aber auch, der zu gutem Tun anregt und das helle Licht vom Glück aufglänzen läßt. Das protestantische Heer, der König, das liebende Mädchen: Alle erfahren den Sinn ihres Lebens angesichts des Todes oder eben «mit der Hilfe des Todes» (XI, 184).

Gustel fällt für den König – und nur für ihn. Sie hat die Kugel des Lauenburgers nicht ablenken können. Selbst getroffen, reitet sie, den Toten vor sich auf dem Pferd (XI, 211), vom Schlachtfeld. Vor dem Pfarrer und den sonst noch Versammelten spricht sie das «ich bin eine große Sünderin» (XI, 212). Sie wird zum «Fabelgeschöpf», zu einer Schwester der Jeanne d'Arc, aber nicht, weil sie sich «die Flügel an der Sonne des Ruhmes verbrannt», sondern weil sie hoffnungslos geliebt hat. Im übrigen wird das Skandalon durch den anwesenden Pfarrherrn niedergeschlagen. Um den König und die protestantische Kirche zu schützen, verpflichtet er alle Zeugen zum Schweigen. Zu verschweigen ist, daß der König einen weiblichen Pagen um sich hatte und in dessen Armen verschieden ist. Zu verschweigen ist ferner, daß der Lauenburger den König erschossen und damit auf alle deutschen Fürsten in dessen Lager Schmach geladen hat. Der Pfarrer weist das doppelte Faktum aus der Welt. Wieder einmal wird Realität durch Verschweigen verändert. Die Wahrheit ist damit nicht vernichtet, sondern nichtig geworden. So soll auch im Schuss von der Kanzel auf Wunsch des Generals der Schuß «kanzelliert» (als ungeschehen betrachtet) werden; so werden im Leiden eines Knaben verschiedene Fakten erfunden, entstellt, umgebogen oder totgeschwiegen. Was ist Wahrheit?

In Gustav Adolfs Page wird alles Unerlaubte und Unerhörte zum Spiel, zur theatralischen Szene. Verkleidungen, Verwechslungen als gesteuerte oder unwillkürlich sich ergebende Mißverständnisse tauchen das Ganze zunächst in den Zauber der Komödie, und wie die Tragik endlich durchbricht, steht rasch fest, daß der Tod als letzte Instanz die Regie in diesem Welttheater führt. Das bestätigt auch jene Predigt, die der Schwedenkönig auf seiner Brautfahrt gehört hat und von der er Gustel erzählt, sie «habe das Leben einer Bühne verglichen: mit den Menschen als Schauspielern, den Engeln als Zuschauern, dem den Vorhang senkenden Tode als Regisseur» (XI, 179). Gustel schlüpft beim Kleidertausch in den Waffenrock ihres Vaters und übernimmt fortan einen Teil seiner einstigen Aufgaben; August Leubelfing dagegen wird vom «Scheinjüngling» (XI, 174) zum Abschied mit «Lebt wohl, Jungfer Base!» angesprochen und vom Cornett mit dem Häubchen des Stubenmädchens zum ängstlich-schwächlichen Pseudomädchen gemacht. So entgeht er in dieser komisch wirkenden Szene der an der Stuckdecke dargestellten Opferung (Isaaks) durch den eigenen Vater (Abraham), wozu sich der alte Leubelfing mit seiner Prahlsucht vor dem Schwedenkönig gewissermaßen verpflichtet hat, weil ja nun Gustel stellvertretend das Verhängnis auf sich nimmt. Von Gustav Adolf heißt es, er habe sich nach der Geburt seiner Tochter zuerst mit dem Hinweis betrügen lassen, es sei ihm ein Sohn geboren, und es habe sich alles so angelassen, «als empfände der getäuschte König, ohne sich Rechenschaft davon zu geben, die Wirkung des Betruges, welchen der Page an ihm verübte, und kostete unwissend den unter dem Scheinbilde eines gutgearteten Jünglings spielenden Reiz eines lauschenden Weibes» (XI, 179). Ob die Kurzsichtigkeit des Monarchen wohl zur Begründung dieser Erkenntnisschwäche ausreicht? Ist etwa der Grad der Selbsttäuschung entscheidend? Sicher ist nur, daß sie alle, die sich auf dieser Bühne Stelldichein geben, schicksalhaft aufeinander bezogen sind und den für sie daraus erwachsenden persönlichen Konsequenzen nicht entgehen können.

Mutet es nicht grotesk an, daß sich der Hauslehrer der Prinzessin als verkappter Jesuit erweist und entdeckt wird, während die Königin nicht ahnt, daß der Page mit dem Nähzeug, das sie ihm gibt, gekonnt umzugehen wüßte? Aber die Täuschung mit Hilfe des erweckten Anscheins ist so alt wie die Menschheit: In Homers *Ilias,* das erzählt wiederum bildhaft jene Ofenkachel in Vater Leubelfings Speisezimmer, versteckte man den jungen Achill unter den Mädchen, um ihn vor dem Trojanischen Krieg zu bewahren. Doch Odysseus lockt ihn hervor: er zeigt ihm Waffen. (XI, 172 f.) – Schein und Täuschung triumphieren also, betreffen aber nicht nur das Geschlecht des Pagen, sondern die Welt schlechthin. Sie erweist sich als ein schicksalsträchtiges «Blendwerk» (XI, 179), eben als echtes Welttheater wie im Barock oder noch bei Schiller üblich: «[...] Maske, Fallstrick, Intrige, Kabale, verdecktes Spiel, [...], Bestechung» überall (XI, 192). Die vom König getadelten Fürsten erscheinen dem Pagen «wie die Personen einer Komödie» (XI, 194). Wallenstein spricht von einer «Szene», deren Zeuge er geworden ist, möchte sie «einem Dramatiker empfehlen» und spielt selbst eine (XI, 198 f.). Der Page führt, so sagt es sein Pate, eine «Fabel» auf (XI, 205). Am Schluß bietet der König das «Schauspiel» des Einzugs in Naumburg (XI, 206) – es gleicht dem Einzug Christi in Jerusalem.

Kontraste und Parallelen tragen wie je im Drama zur Verschärfung der Rollenbilder bei. Auch das wird zum Spiel. August und Auguste Leubelfing vertreten die bürgerliche und die heroische Gesinnung, Gustav Adolf und Gustel übernehmen die Rollen des Herrn und des Dieners. Der König und der Lauenburger stehen für Integrität und Verrat: Der Herzog wird nach der Fürstenschelte zum Judas – er steht jetzt dem König wie Jenatsch Herzog Rohan gegenüber. Er zeigt die gleichen teuflischen Züge wie der Bündner; sein Gesichtsausdruck ist bald «dämonisch» (XI, 193), bald satanisch (XI, 195).

Der auf Rache sinnende Lauenburger ist nicht nur die Gegenfigur zum König, sondern in einem genauen Sinn auch zu Gustel. Die beiden sind wie Doppelgänger aneinander gekettet: durch «Ähnlichkeit [...] in Hand und Stimme», wie Freud 1898 über Meyers Novelle bemerkt hat. Die Handschuhszene wird ja bloß dadurch möglich, daß beide eine kleine Hand haben. Aber das ist nicht das Bemerkenswerte. Wichtig ist, daß die beiden Rollen spiegelbildlich angelegt sind. Gustel übernimmt den Liebespart, der Lauenburger den des Rebellen und Verräters. Einmal hört Wallenstein zu schwüler Mittagsstunde, wie der Lauenburger im Traum stammelt, er wolle den König umbringen (XI, 198 f.): Der Traum des dem Friedländer Unbekannten wird wahr. Versteckter Inzestwunsch und Tötungsabsicht stehen sich damit in einem genauen Sinne entgegen. Die Liebe kann nicht an ihr Ziel gelangen, der Tötungswunsch dagegen konkretisiert sich und führt zur Tat. Der Lauenburger, der sich dem König als «verlorener Sohn» genähert hat und von ihm in die Arme geschlossen worden ist (XI, 209), wird bei Lützen an Gustav Adolf zum Mörder; Gustel opfert für den geliebten Vater das Leben. Beiden allzeit zum Tode Bereiten wird damit ihr Traumwunsch erfüllt.

Die Apotheose des Königs entspringt der starken Erhöhungskraft von Gustels Liebe. Als ein «Abgott» und «Götze» ist er ihr von Jugend auf erschienen. Gegen das Ende nimmt er eigentlich mythische Züge an, reitet mit «der heidnischen Göttin Victoria und mit dem christlichen Todesengel» in die Schlacht (XI, 207) und erscheint ihr dabei wie ein «biblischer Held»: Er hat «etwas Majestätisches und Göttliches» an sich (XI, 191). In der Verklärung des Todes erhält er Züge Christi. Gustel verlangt Wasser und Schwamm, «um das Haupt voll Blut und Wunden zu reinigen» (XI, 210). Was sich der König einst im Gebet gewünscht hat: Im Vollwerte zu sterben, «bevor er ein Unnötiger oder Unmöglicher werde» (XI, 185), das wird ihm auf dem Schlachtfeld gewährt.

Selten in Meyers Werk kommen sich heilig Anmutendes und zutiefst Heikles und Verstörendes so nahe wie im Schlußbild, einem wahrhaft dramatischen Finale: Mord, verbotene Liebe, Märtyrertum, Erlösung, alles ist auf *einen* Augenblick zusammengedrängt.

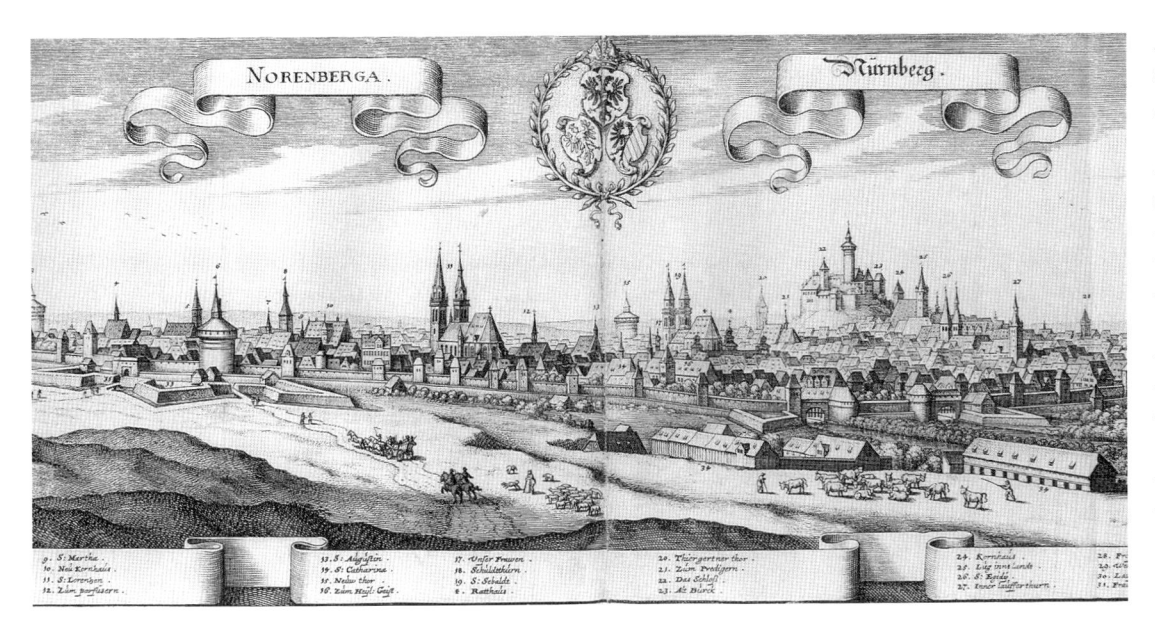

*Ansicht der Reichsstadt Nürnberg (Ausschnitt Mittelteil), wo der protestantische «Retter Deutschlands», Gustav II. Adolf, am 21. März 1632 feierlich empfangen wurde. Von hier aus läßt Meyer die beherzte Gustel anstelle ihres Vetters August Leubelfing als Page ins Lager des Schwedenkönigs ziehen. Das Haus des Handelsherrn Leubelfing liegt nahe der Sebalduskirche (19) inmitten der Stadt.
Kupferstich von Matthäus Merian d. Ä. (1593–1650), erschienen in Martin Zeillers «Topographia Franconiae», Frankfurt a.M. 1648.
Zentralbibliothek Zürich*

Anregungen und Niederschrift

Den ersten Anstoß dürfte Meyer zur Zeit seiner Arbeit am JENATSCH empfangen haben. Er las Heinrich Laubes Romantrilogie *Der Deutsche Krieg*, in deren zweitem Buch der Tod des Schwedenkönigs Gustav Adolf und seines Pagen Leubelfing geschildert wird. Die Thematik reizte ihn. Der Schwedenkönig gehörte für ihn in eine Reihe mit Coligny und Rohan. Meyer dachte an eine Tragödie von Schillerschem Format. Noch am 25. September 1881 schreibt er an Louise von François:

Als ich vor geraumer Zeit mit Kinkel zusammen war, sprachen wir vom «Drama» und ich warf hin: ich hätte wol Lust, trotz tausend Schwierigkeiten Gustav Adolf zu behandeln. [...] Ich bedarf jetzt eines «erbaulichen» Helden, wie Hutten, nicht wie Jenatsch oder der Heilige oder der Dynast (Graf von Tockenburg). Natürlich wird darin der Held von Herzog Sachsen-Lauenburg in der Schlacht ermordet – nach der Volkssage und aus dem Pagen Leubelfing, der mitstarb – ja, was aus dem gemacht wird, ist mein Geheimnis. Die Verschuldung des Helden ist einfach: er begehrt in seines Herzens Tiefen die **deutsche Krone,** *welche nur einem Deutschen gebührt.*

(von François, S. 23)

Louise von François ahnte, daß Meyer den Pagen zu «einer lutherischen *Jeanne d'Arc* machen» wolle (an Meyer, 16. Oktober 1881; von François, S. 25).

Im Dramenplan scheint Meyer eine – historisch nicht belegte – Begegnung zwischen Gustav Adolf und Wallenstein vorgesehen zu haben: die Hauptgestalten des Dreißigjährigen Kriegs in einer Szene! Auch in der Novelle wird eine solche Zusammenkunft erwähnt; aber hier fehlt ihr der erträumte Glanz, sie wirkt unwahrscheinlich und eher störend. Im psychologischen Brennpunkt der Geschichte steht ja nicht mehr das Verhältnis zwischen dem König und dem Herzog, sondern das des Pagen zu «seinem» König.

Die Liebe eines Mädchens zu einem Helden – das ist ein hochpoetischer Stoff. Goethe hatte ihn im *Egmont* vorgebildet. So soll Meyer gegenüber Hans Blum geäußert haben:

«Ich las Goethes Egmont und vertiefte mich in den Gedanken: es lohne wohl, ein Weib zu zeichnen, das ohne Hingabe, ja ohne daß der Held nur eine Ahnung von ihrem Geschlecht hat, einem Helden in verschwiegener Liebe folgt und für ihn in den Tod geht. Der Held müßte freilich sehr kurzsichtig sein, um nicht zu erkennen, daß sein Freund ein Weib ist. Gustav Adolf war hochgradig kurzsichtig. Ich mache seinen Pagen Leubelfing zu einem Mädchen!»

(Blum, S. 109)

Allerdings verletzte Meyer mit dieser Geschlechtsänderung die Ehre eines Nachkommen des historischen Pagen (Meyer an Adolf Frey, 6. November 1882; Briefe I, S. 348).

Emil Ermatinger macht auf eine weitere mögliche Stoffquelle aufmerksam, auf Laubes Vorrede zum ersten Band seiner dramatischen Werke von 1845. Laube skizziert darin seine ungedruckt gebliebene Jugendtragödie *Gustav Adolph*:

[...] das Verlangen nach Deutschlands Krone, welches ihn harmlos bis dahin begleitet, entwickelte sich plötzlich in aller Bedenklichkeit und trat in Kampf mit der Uneigennützigkeit des Glaubenshelden. Innerer Friede war nicht mehr möglich, und der äußere Feind war im Herzoge von Lauenburg vorbereitet. Dieser nahm den Patriotismus zum Vorwande seines Hasses, eines Hasses, der aus Eifersucht stammte. Er liebte des Nürnberger Bürgermeisters Tochter, und diese liebte nicht ihn, sondern den König, und folgte als Page dem Heere. Ich besaß wohl den Takt, den König selbst nicht in ein Liebesverhältnis zu bringen und ihn nichts wissen zu lassen von der Anwesenheit des Mädchens, [...].

(XI, 284f.)

Gustav II. Adolf (1594–1632), König von Schweden, im Alter von 38 Jahren.
Der König von Schweden trat 1630 in den Dreißigjährigen Krieg ein und unterstützte als protestantischer Retter die schwer bedrängten deutschen Fürsten.
Kupferstich von Lucas Kilian (1579–1637), Augsburg, 1632.
Zentralbibliothek Zürich

Maria Eleonora geb. von Brandenburg (1599–1655), Königin von Schweden, im Alter von 33 Jahren.
Auch Gustav Adolfs Gattin tritt in Meyers Novelle auf, weil sie «dem Könige aus eifersüchtiger Zärtlichkeit überallhin» nachreist (XI, 176).
Kupferstich von Lucas Kilian (1579–1637), Augsburg, entstanden 1633, wohl als Gegenstück zum Porträt des inzwischen verstorbenen Gustav Adolf.
Zentralbibliothek Zürich

Damit sind die wichtigsten Anregungen genannt. Meyer hat sich, wie so oft, vom Dramenplan abgewandt und zur Novellenform entschlossen. Als historische Quelle diente ihm August Friedrich Gfrörers *Geschichte Gustav Adolphs, König von Schweden, und seiner Zeit,* Stuttgart und Leipzig 1837. Das Buch lag während der Niederschrift auf Meyers Pult (an Rodenberg, 5. November 1882; Rodenberg, S. 129).

Die Novelle ist in wenigen Monaten entstanden:

Sie sollen die Novelle in wenigen Tagen, jedenfalls vor Ende Juli, erhalten. Es ist ein seltsames Product und heißt: »Page Leubelfing« (i. e. der bei Lützen mit G. Adolf gefallene). Heute beendige ich dieselbe. [...] Es ist seltsamer Weise keiner meiner jahreher bewegten Stoffe, sondern ein plötzlich entstandener u. ohne Unterbruch ausgeführter Gedanke.

Meyer an Julius Rodenberg,
4. Juli 1882 (Rodenberg, S. 112)

Bereits am 6. Juli 1882 erhielt Rodenberg den Bericht: «Die Novelle ist fertig.» Sie erschien unter dem Titel «Page Leubelfing» als Vorabdruck im Oktoberheft 1882 der «Deutschen Rundschau». Der Page war also zur Hauptfigur geworden. Die endgültige Überschrift für die Buchausgabe, GUSTAV ADOLFS PAGE, wurde von Haessel angeregt und rückt die historische Umwelt wieder besser ins Blickfeld. Aber es bleibt dabei: Im Zentrum steht der Page, das Schicksal eines aus Liebe zum Tode bereiten verkleideten Mädchens.

EIN AUTOBIOGRAPHISCHER BEZUG?

Meyer hat einmal auf die Schwierigkeiten hingewiesen, die sich bei der «unabweislichen Aufgabe» ergeben, «einen historischen Stoff mit dem Leben der Gegenwart zu durchdringen» (an Georg von Wyß, 16. Januar 1871; Briefe I, S. 33). Daß er dies in seiner PAGEN-Novelle versucht und sogar eigen Erlebtes in die Dichtung hat einfließen lassen, ist von verschiedenen Interpreten erwogen worden. Immer wieder wird Gustav Adolfs Kurzsichtigkeit mit Meyers eigener Sehschwäche in Beziehung gebracht. Was ist dann vor diesem Hintergrund naheliegender als die Vermutung, der Dichter habe mit der weiblichen Pagenrolle seinen geheimen Wunsch nach schwesterlichem Beistand thematisiert, dessen er seit seiner Verheiratung fast ganz entbehren mußte, und sich so im Werk ein vertrauliches Verhältnis zu Betsy erträumt, wie es in Wirklichkeit nicht mehr ungestört möglich war? Ist nun aber die Historie in solchem Ausmaß mit persönlichem Seelenleben durchsetzt, so befremdet es nicht mehr, wenn sich Elemente aus der gewohnten häuslich-bürgerlichen Umgebung ins weltgeschichtliche Novellengeschehen einschleichen und die Unterredung zwischen den beiden großen Helden des Dreißigjährigen Krieges, Gustav Adolf und Wallenstein, in einem gemütlichen Geplauder über Familienangelegenheiten endet. Verständlich wird ebenso Königin Eleonores Sorge um das «propre» Erscheinen ihres «Mädchenpapas»; sie spiegelt – anerkennend oder vielleicht mit leiser Ironie – das umsichtige Walten der Hausfrau, die sich gegenüber dem Pagen und Sekretär des Herrn eifersüchtig zu behaupten sucht.

Erste Urteile

Julius Rodenberg nahm Meyers neueste Novelle mit Begeisterung auf. Er regte nur wenige Änderungen an, die der Dichter bei seinen Korrekturen auszuführen versprach:

Lieber Freund! In einem Zuge habe ich Ihren «Pagen Leubelfing» gelesen u. bezeichne den Eindruck, den das Werk auf mich gemacht, als einen tiefen und großen. Es ist eine Plastik im Styl, welche selbst Sie früher in diesem Grade noch nicht erreicht haben; die Zeit u. der Ort u. die Menschen, Haupt- und Nebenfiguren: Alles steht greifbar u. lebt u. bewegt sich vor dem Auge des Lesers. Jedes Wort ist individuell u. jeder Satz gleichsam aus edlem Material geformt u. gefügt; nichts Überflüssiges darin, keine Phrase. Die Characteristik des Königs, des Pagen u. der anderen Personen ist fest u. sicher, die Stimmung in ihren mannigfachen Abtönungen, bis zur wehmüthig ergreifenden Schlußscene vortrefflich, die Handlung markig u. ihr Gang gemessen, voll Würde. [...] Der Verrath des Lauenburgers hätte vielleicht gegen das Ende hin etwas deutlicher gemacht, der Unterschied u. Gegensatz zu dem Pagen, in der letzten Scene, wo sie sich begegnen, etwas kräftiger hervorgehoben werden können. [...] Von grandioser Wirkung ist die Episode mit dem Friedländer; wie tief haben Sie in die Seele dieses Mannes geblickt u. mit welcher Kunst in so knappem Umriß ihn dargestellt! Haben Sie Dank, verehrter Freund, für die gute u. bewegte Stunde, welche die Lectüre mir gewährt, u. haben Sie nochmals Dank für einen Beitrag, der zu den monumentalen der «Rundschau» gehören wird.

Julius Rodenberg an Meyer, 29. Juli 1882
(Rodenberg, S. 115 ff.)

Ihr sympath. Urteil über «P. Leubelf.» hat mir wohlgetan: möge dasselbe von dem Kreise der Rundschau getheilt werden! Ihren Wünschen werde ich nach Vermögen entsprechen.

Mir schien: die Frömmigkeit des Königs fordere das Gegenbild der Heuchelei: neben der unschuldigen Maske des Pagen die teuflischgeniale des Lauenburgers. Ich will das etwas deutlicher hervortreten lassen. Ebenso den Verrath des Lauenburgers, welchen ich nur aus in der Dichtung freilich unberechtigten geschichtlichen Gründen im Dunkel gelassen habe.

Meyer an Julius Rodenberg,
3. August 1882 (Rodenberg, S. 118)

Oben links:
«Der Retter Deutschlands»: Gustav II. Adolf, den Gustel Leubelfing in ihrem Übermut als «König von Deutschland» hochleben läßt (XI, 169).
Kupferstich von Jacob van der Heyden (1573–1645), 1631.
Zentralbibliothek Zürich

Oben rechts:
«Gustav Adolph's Tod in der Schlacht bei Lützen d. 6. [richtig 16.] Novbr. 1632».
Lithographie, 2. Viertel 19. Jahrhundert.
Zentralbibliothek Zürich

Albrecht Wenzel Eusebius von Wallenstein (1583–1634), Herzog von Friedland.
Meyer inszeniert in seiner Novelle eine vertrauliche Unterredung zwischen Wallenstein und dessen Gegner Gustav Adolf: dabei warnt der Friedländer den Schwedenkönig vor einem Mordanschlag des Lauenburgers.
Kupferstich von Wolfgang Kilian (1581–1662).
Zentralbibliothek Zürich

Louise von François hingegen hatte ein dem großen historischen Stoff angemessenes Drama erwartet, wie es vom Dichter ursprünglich angekündigt worden war, und vermochte ihre Enttäuschung über die «novellistisch genrehafte Episode», die Meyer schließlich gestaltete, nicht zu verbergen:

Nicht so unbedingt und völlig [bezieht sich auf Meyers Gedichte] ist der Eindruck der Novelle. Ich habe sie in einem Athem zweimal Wort für Wort durchlesen. Das kann man bei Ihren Sachen nicht nur, das muß man zu reinem Genuß. Daß es diesmal kein unbedingter sein würde, – verzeihen Sie die Aufrichtigkeit – vermuthete ich, als Sie mir schrieben, daß Sie das große dramatische Projekt – vielleicht das packendste, das ein deutscher Dichter der Gegenwart zu fassen vermöchte, zu einer novellistisch genrehaften Episode verengt hatten. Es dünkt mich mißlich, die Anekdote, – wie geschickt auch erfunden und durchgeführt – neben einem großen historischen Trauerspiel in das Kraut schießen zu lassen, den wahrhaften Helden zur Nebenperson und den Beiläufer zum Helden zu machen, mit einer Lustspielscene zu beginnen und zu enden mit einem tragischen Verhängnis, das als solches nach Jahrhunderten auch heute noch empfunden wird. Ei, wenn der Fremdling doch den heimlich ersehnten Siegerpreis errungen hätte, wieviel Blut und Jammer, welche Culturstockung wäre nicht Deutschland allein, nein ganz Europa erspart worden und allzulange hätte – so oder so, – die Krone doch kein undeutsches Haupt mehr getragen! – Nun Sie haben das Mögliche gethan, die Episode dichterisch auszugestalten und Viele werden Ihnen danken, zu rechter Stunde an ein hehres Heldenbild gemahnt zu haben. Wenn es Ihnen aber gelungen wäre, – und ich bilde mir noch immer ein, daß das Gelingen Ihnen möglich sein würde, – dem spröden hoch tragischen Stoff dramatischen Saft einzuflößen, so meine ich, daß Sie des novellistischen Beiwerks – der Episode – sich entrathen dürften, vielleicht müßten. Die Liebesnoth und Lust ist überflüssig in diesem Stoff. [...] Die Rache des Lauenburgers ist Gift genug für den reinen Quell; die Slavonierin in ihrer primitiven Leidenschaft und ihrem Aberglauben Weibs genug für ein keusches Heldenstück. Keine Göthe'sche Liebesscene würde dramatisch ergreifen wie die der Begegnung der beiden so entgegengesetzten und sich «doch so nothwendigen Helden». Wirkt in Shakespeares Königsdramen – wenn wir ehrlich genug sind es einzugestehen – mit wenig Ausnahmen, wie Richard III. – fast nur noch das Episodische, Ihr Königsstoff hat hinlänglich heute noch gültigen Vollwerth, um das Episodische entbehrlich zu machen.
Nochmals Vergebung! Ihre Novelle ist interessant, prägnant, warm, anschaulich trotz der Unwahrscheinlichkeit des Motivs. Aber vergessen Sie nur nicht, daß Sie uns noch etwas Großes schuldig sind, ein Problem gleich dem Hutten, Jenatsch und Heiligen. Das Novellistische ist gar zu verführerisch für einen, der es aus dem Ärmel schüttelt und auf ein lauschendes Publikum rechnen darf.

Eins aber möchte ich doch noch fragen, d.h. da es nicht mündlich geschehen kann, schriftlich ohne zeitraubende Antwort zu erwarten – ich komme mir wahrlich vor wie der alte, arme Polonius! – Warum lassen Sie den Leubelfing fliehen, in dem Moment wo er das böse Vorhaben des Lauenburgers ahnt und darum doppelt veranlaßt wäre, dem geliebten Helden als wachsamer Schützer zur Seite zu stehen? Das Erkennen durch den schwedischen Obersten wäre auch anderwärts anzubringen gewesen und der immerhin anzuzweifelnden wochenlangen Unbemerktheit wie der endlichen Rückkehr vorgebeugt. Und dann: ist das Zusammentreffen mit der possenhaften Figur des Laubfingers nicht auch bei dem weihevollen Abschluß etwas störend? Daß, wie in jeder Ihrer Erzählungen, der Schweizer Patriot sein Theil erhält, gefällt mir; aber erinnern möchte ich doch daran, daß während das helvetische Tugendbild die deutschen, im eigenen Lande unbekannten Sünden bejammert, daheim ein gewisser Jenatsch wohl als Held, aber doch wahrlich nicht als Tugendheld sein Wesen treibt. Nun aber sei der alten lehrsamen Schwätzerin nur noch das einzige Wort gegönnt: Dank u. Aberdank.
Louise von François an Meyer,
4. Oktober 1882 (von François, S. 64 ff.)

Meyers Antwort auf diesen ausführlichen Brief ist äußerst knapp:

Ihr Urteil, l. Freundin, über Leubelfing ist gewiß das richtige und auch das meinige. Aber es war nicht geraten, als erstes Drama einen Gustav Adolf zu wagen. Mein Dämon warnte mich. Betrachten Sie das Novellchen als eine Skizze, welche vielleicht zu größeren Zwecken später in Betracht zu ziehen ist.
Meyer an Louise von François,
27. Oktober 1882 (von François, S. 68)

SIGMUND FREUDS STANDPUNKT

1898, im Todesjahr Meyers, befaßte sich Sigmund Freud eingehend mit der PAGEN-Novelle, kam jedoch mit den Unwahrscheinlichkeiten und den Zufällen, die sich in der Erzählung ereignen, nicht zu Rande:

C. F. Meyer lese ich mit großem Genuß. In «Gustav Adolfs Page» finde ich den Gedanken der Nachträglichkeit zweimal, in der berühmten von Dir entdeckten Stelle mit dem schlummernden Kuß und in der Episode mit dem Jesuiten, der sich als Lehrer bei der kleinen Christine einschleicht. In Innsbruck wird ja die Kapelle gezeigt, wo sie zum Katholizismus übergetreten ist! Sonst aber stehe ich ratlos vor der Willkürlichkeit der Annahme, auf der die Verknotung beruht. Die Ähnlichkeit des Pagens mit dem Lauenburger in Hand und Stimme, an sich so unwahrscheinlich und gar nicht weiter begründet.
Sigmund Freud an Wilhelm Fließ,
9. Juni 1898 (Freud, S. 219)

«Das Leiden eines Knaben» (1883)

Nichts, was Meyer geschrieben hat, ist so offensichtlich autobiographisch wie diese Geschichte. Sie ist die grimmigste und rücksichtsloseste Abrechnung mit seinen Eltern, seinen Erziehern, seiner pietistischen Umwelt überhaupt. Die Anklage lautet auf Mord.

Die Geschichte des Julian Boufflers – Meyer hat sie bei Saint-Simon gefunden – reicht nicht recht aus, die Erinnerung an persönliche Leidenserfahrungen des Verfassers zu verhüllen. Der vorgeschobene Erzähler, Fagon, ist nicht umsonst ein Arzt. Scharfe Beobachtung, ja eine gewisse objektive Grausamkeit bestimmen seinen Bericht; wie die Ärzte bei Ibsen oder Hauptmann leitet er das Persönliche aus Gesetzen der Erbanlage und der Umwelt ab.

«Le bel idiot», «der schöne Stumpfsinnige» wird Julian Boufflers genannt (XII, 106 f.). Er ist der Sohn eines Marschalls. Der Junge ist von untadeligem Bau und gewinnendem Wesen, er bezaubert mit seinem «verworrenen blonden Ringelhaar» (XII, 112). Wie der junge Thomas in Molières *Malade imaginaire* ist er ein «Jüngling ohne Falsch» (XII, 109). «Er hat nie eine sehr tätige Einbildungskraft, noch jenes Feuer besessen, welches man an einigen wahrnimmt», ist nie «aufgeweckt und mutwillig gewesen», sondern immer «sanft, friedselig und schweigsam». «Er sprach nie ein Wort und beteiligte sich niemals an den sogenannten Knabenspielen.» Lesen zu lernen fiel ihm schwer. Der Hauslehrer spricht von einem «unglaublich mittelmäßigen Kopfe, einem völligen Mangel an Kombination und Dialektik, einer absoluten Geistlosigkeit» (XII, 113). Er gilt als dumm.

Seine Schönheit hat er offensichtlich von seiner Mutter. Sie war von «anmutigem Wuchs», hatte «ein liebliches Gesicht» und «aschenblondes Ringelhaar» (XII, 110). Alle, auch Fagon, huldigten ihrer Schönheit. «Sie war ein Wunder der Unschuld und Herzenseinfalt, ohne Arg und Falsch, ja ohne den Begriff der List und Lüge», hatte «Tugend und Haltung». Aber: «Die Marschallin war dumm», sagt Fagon.

Der Marschall geht ganz in seinen Geschäften auf. Er ist ein arbeitsbesessener Pedant. Seine einzige Leidenschaft ist seine Ordnungsliebe. Für seine Familie hat er keine Zeit. «Selbst über der Mahlzeit ist er in seine Geschäfte vertieft, der dem König und Frankreich unentbehrliche Mann [...]. Gewöhnlich sitzt er schweigend oder einsilbig zu Tische, mit gerunzelter Stirn, ohne sich mit dem Kinde abzugeben, das an jedem seiner Blicke hängt, ohne sich nach seinen kleinen Fortschritten zu erkundigen, denn er setzt voraus: ein Boufflers tue von selbst seine Pflicht.» (XII, 112) Dieser väterliche Erwartungsdruck erweist sich als zu groß für den Sohn.

Julian Boufflers wird zu einem Opfer der Kommunikationslosigkeit seiner Familie. Das Schweigen lähmt ihn, die pathogene Leere behindert das natürliche Wachsen seiner Sprachkompetenz. Er ist von Kind an ein Ausgestoßener.

Als seine Mutter stirbt, übergibt ihn der Vater auf Anraten Fagons den Jesuiten zur weiteren Erziehung. Julian kann aber trotz harter Arbeit nicht bestehen. Er wird zusehends ins Abseits gedrängt und zuletzt ein «Opfer» seiner Umwelt (XII, 154). Er hat Angst vor seinem Vater, er sieht sich von seinen Lehrern geplagt, und auch die Mitschüler machen sich über ihn lustig. Das System der Repression ist für ihn allgegenwärtig. Die rigide Klosterdisziplin erdrückt ihn. Er kommt sich als Versager vor.

Doch es eröffnen sich Möglichkeiten der Befreiung: Julian schließt sich dem Tiermaler Mouton und dessen Hund an, der ebenfalls Mouton heißt. Der Künstler ist ein Rebell. Vor ihm bricht das ganze hochgezüchtete System der Hofgesellschaft zusammen. Er wird als «Halbmensch» bezeichnet (XII, 126). Lesen kann er nicht, aber dafür malen, und zwar am liebsten Tierbilder. Sein Lieblingstier ist sein Hund. Mit ihm zusammen möchte er dereinst begraben werden, und die Inschrift bei seiner letzten Ruhestätte soll lauten: «Il Moutons» (XII, 141). Der genialisch Verwilderte schwärmt Julian vor, sie wollten zusammen ausbrechen, in den Süden flüchten: er dürfte dort «mit seinem zerlöcherten Hut, den Pfeifenstummel zwischen den Zähnen» (XII, 122), ungestört seine wilden Hirschjagden malen, und Julian müßte, «ein freier loser Vogel, der flattert und pickt, wo er will», sein Lebtag «in nichts Gedrucktes und auf nichts Geschriebenes mehr» blicken (XII, 126 f.), und ein «sonneverbranntes» Mädchen wäre ihm gewiß. Julian könnte «den Marschall Marschall sein» lassen, und er, Mouton, möchte den Hof mit allen seinen Staatsmännern, Generälen und Bischöfen vergessen.

Bei ihm malt Julian und empfindet «nach so vielen Verlusten des Selbstgefühls eine große Glückseligkeit» (XII, 124). Mouton malt mit ihm saufende Kühe und erklärt, die Gestalt des Stiers sei für ihn «der Gipfel der Schöpfung»; das hätten, erinnert sich Julian, schon die alten Ägypter gesagt. Natur und Trieb, die ungestüme Vitalität: wozu soll man in den Botanischen Gärten bleiben, wenn man in der archaischen Natur untertauchen könnte? Aber Julian hat nicht die Kraft, mit dem Maler zusammen auszubrechen.

Der zweite Ausweg hieße Mirabelle. Sie trifft den Knaben im Garten des Königs, mit ihrer «glockenhellen Stimme», ihrem «lenzfrischen Mund» (XII, 129). «Adam und Eva» werden die beiden vorschnell genannt (XII, 132), «Amor und Psyche» (XII, 134), und wenn es nach Fagon ginge, könnten sie tatsächlich leben wie im Paradiese. Auch Mirabelle ist ein Opfer des höfischen Systems. Die Sprache, die sie spricht, ist die der *Précieuses*. Die Artifizialität dieser Sprache, deren gekünstelte Rhetorik, schließt sie aus der Gesellschaft aus. Ihre Un-Sprache lähmt sie ebensosehr, wie die Sprachlosigkeit Julian isoliert. Auszubrechen vermöchte sie aber so wenig als er. Julian sieht, daß auch Mirabelle leidet (XII, 140): «Man hat sie mit dem Geiste gequält, sie weinte und da faßte ich ein Vertrauen. Auch gleicht sie meiner Mutter». Mirabelle könnte wie er ein natürliches Geschöpf sein. Aber die Verhältnisse sind nicht so beschaffen, daß sie beide es sein dürften.

Eine dritte Möglichkeit des Ausbruchs aus der erstickenden Umgebung böte der Dienst mit der Waffe. Julian ist ein guter Fechter, körperlich ausdauernd und geschmeidig. Eine Tätigkeit als Militär könnte ihm – so Fagon – zu «Selbstvertrauen» verhelfen (XII, 139). Ein Feldherr dürfte dabei schwerlich aus ihm werden, aber Dienst und Pflichterfüllung würden ihm auf jeden Fall in den Augen des Königs Ehre sichern.

Weder Moutons «geniale Dumpfheit» (XII, 136) noch Mirabelles verträumte Natürlichkeit vermögen dem Unglücklichen zu helfen. Den Ausweg in den Kriegsdienst verbaut ihm der eigene Vater, der in seinem Ehrgeiz nicht daran denkt, ihn als einfachen Soldaten in die Armee aufzunehmen.

Was – den Schluß der Novelle einleitend – folgt, erinnert in beklemmender Weise an jene Sudelzeichnung des Malers Mouton, die dieser auf einen unförmlichen Fetzen geworfen hat. Sie zeigt in wunderlicher Parodie die ovidische Szene, «wo Pentheus rennt, von den Mänaden gejagt, und Bacchus, der grausame Gott, um den Flüchtenden zu verderben, ein senkrechtes Gebirge vor ihm in die Höhe wachsen läßt» (XII, 135). Pentheus hat unverkennbar die Gesichtszüge Julians, «den Kopf mit einem Ausdrucke tödlicher Angst nach ein paar ihm nachjagenden Gespenstern umgewendet». Eines dieser Gespenster trägt «einen langen Jesuitenhut auf dem geschorenen Schädel». Julian, der das Blatt von der Hand Moutons mit seinen eigenen Malversuchen in einer Mappe aufbewahrt, betrachtet die Parodie, die Fagons Aufmerksamkeit erweckt hat, «ohne Widerwillen, ohne eine Ahnung [ihrer] möglichen Bedeutung» (XII, 136). Fagon äußert sich darauf dem Knaben gegenüber mit einem freundlich vorgebrachten Vorwurf, weil er glaubt, Julian habe sein Unglück dem dumpfen Maler gestanden und ihn umgangen. Der bedrängte Jüngling aber gesteht ihm: «[...] eigentlich habe ich meinen Gram nur dem *Pudel* Mouton erzählt». Der Hund ist das einzige Geschöpf, dem er in seiner Seelennot noch vertraut, weil das Tier des Trugs der Sprache nicht mächtig ist.

Anschließend gesteht er Fagon seine Kümmernis und berichtet auch von jenem Herbsttag, als er zusammen mit einem Gefährten zu Schießübungen nach Compiègne fuhr. Sein vom Militärwesen begeisterter Begleiter, der kurzsichtige Guntram, verfehlte die Scheibe ständig, während er trefflich schoß. In seiner Verzweiflung wollte Guntram sich und Julian umbringen, was dieser gerade noch verhindern konnte. Guntram begründet sein Vorhaben mit (XII, 137): «Ich bin ein Blinder und die taugen nicht ins Feld, und wenn ich nicht ins Feld tauge, will ich nicht leben! Du begleitest mich! Auch du taugst nicht ins Leben, obwohl du beneidenswert schießest, denn du bist der größte Dummkopf, das Gespötte der Welt!» Seit jenem Tage ist Julian «ein Unglücklicher» (XII, 138), denn Guntram spricht in Compiègne aus, was der Überforderte weiß, aber sich selbst verhehlt hat.

Bevor Fagon sich für seinen Schützling beim Marschall verwenden kann, trägt sich Unerhörtes zu: Julian zeichnet, von seinen Mitschülern angestiftet, vor der Stunde beim gutmütigen Père Amiel ein Bienchen an die Tafel und schreibt «abeille» dazu. Victor Argenson rät ihm, stattdessen «bête à miel» hinzusetzen, das sei poetischer. Kaum ist das geschehen, betritt Amiel den Raum, versteht den Kalauer sofort, gibt sich aber begriffsstutzig, bis die ganze Klasse brüllt (XII, 144): «Bête Amiel! dummer Amiel!» Da öffnet, genau in diesem Augenblick, der Schulleiter die Tür. «Es war der reißende Wolf, der Père Tellier.» Er hat herumspioniert und zeigt jetzt seine «teuflische Fratze» (XII, 144 f.):

«‹Wer hat das gezeichnet?›
‹Ich›, antwortete Julian fest. Er hatte sich die Ohren verhalten, seine Lektion zu studieren fortfahrend, und verstand und begriff, wie er ja überhaupt so schwer begreift, nichts von nichts.
‹Wer hat das geschrieben?›
‹Ich›, sagte Julian.
Der Wolf tat einen Sprung gegen ihn, riß den Verblüfften empor, preßte ihn an sich, ergriff einen Bücherriemen und –›»

Julian, ohnehin überarbeitet, zermürbt und erschöpft, wird an diesen Schlägen zerbrechen. Inzwischen ist der Marschall für kurze Zeit aus dem Felde zurückgekehrt, und Fagon möchte eben die Gelegenheit nutzen und Julians Vater über die unhaltbare Verfassung seines Sohnes aufklären. Doch wie der Leibarzt des Königs seinen Schützling in einer Kutsche nach Versailles holen will, ist es eigentlich schon zu spät (XII, 141): «Das Tor des Jesuitenhauses öffnete sich und Julian wankte heraus, in welchem Zustande! Das Haupt vorfallend, den Rücken gebrochen, die Gestalt geknickt, auf unsichern Füßen, den Blick erloschen [...].»

Das Bett, auf das der Knabe gelegt wird, ist seine letzte Ruhestatt. Er fiebert und phantasiert, auf den Tod krank, ein «Gebrandmarkter» (XII, 155), ein Gegeißelter, der sein «Golgatha bei den Jesuiten» hinter sich gebracht hat (XII, 156). Verschwommen tauchen jene Gestalten bei ihm auf, die ihm das Leben ermöglicht und erträglich gemacht haben: die beiden Moutons, die Mutter. Von den Lebenden kommen Victor Argenson, der Freund, der ohne seinen Willen Julians schwere Züchtigung verschuldet hat; Mirabelle, die ihn küßt und so unverstellt ihre Liebe zeigt; Père Amiel, der gütige «Schäker» (XII, 144). Aber sie alle erreichen den Gebrochenen nicht mehr.

Zuletzt, sein Vater sitzt neben ihm, träumt der Sterbende vom Kriegsdienst (XII, 157):

«Einkauf von Rossen ... Aufbruch ... Ankunft im Lager ... Eintritt in die Schlachtlinie ... Das Auge leuchtete, aber die Brust begann zu röcheln. ‹Die Agonie!› flüsterte ich [Fagon] dem Marschall zu.
‹Dort die englische Fahne! Nimm sie!› befahl der Vater. Der sterbende Knabe griff in die Luft. ‹Vive le roi!› schrie er und sank zurück wie von einer Kugel durchbohrt.»

Madame de Maintenon ist gerührt von seinem Ende, «Armes Kind!» seufzt der König. Damit hat die Sache ihr Bewenden. Fagon aber nennt den Knaben einen Helden. Ein «armes Kind» ist, wer unschuldig leidet – ein Opfer seiner Unbegabtheit, ein Opfer der Gewaltigkeit derer, die mächtig sind. Ein «Held» ist jener, der durchhält, der sich aufreibt, bis jede Hilfe zu spät ist.

Beide Erfahrungen sind Meyers eigene: Wie soll der «arme Conrad», den alle aufgegeben haben, selbst die Mutter, den Glauben an sich selbst bewahren, wo ihm sämtliche Wege und Auswege versperrt sind: der Weg in die Kunst, die Freiheit der Liebe, auch der Weg ins Feld?

Was bei Julian dann Mouton oder Mirabelle oder «Eintritt in die Schlachtlinie» (XII, 157) heißt – die Entsprechungen sind, wie immer bei Meyer, nur ungefähr und dann doch wieder entsetzlich genau: Der am Mittagstisch zerstreute, immer in die Arbeit vertiefte Vater mit seinen hochgesteckten Erwartungen; die schöne Mutter, die zur pietistischen Prinzipienreiterin verkommt; der junge Conrad mit den Ringellocken, so wie Deschwanden ihn gemalt hat, seine Liebe zum Sport, zum Fechten; die Ab- und schließliche Hinrichtung durch das «System». Der pietistische Rigorismus erscheint jetzt im Kleide des Katholizismus, diesmal der Jesuitenschule. Hier wie dort gehen Liebe und Teilnahme in Starrheit und Unerbittlichkeit unter. Der Schüler als Versager, seine Isolation, die Folterung durch Mitschüler und Lehrer, die körperliche Bestrafung zuletzt – die Untat Telliers erinnert an die Untat des Onkels Wilhelm Meyer-Ott, der den armen Conrad einmal durchgeprügelt hat. Frey schreibt dazu (Frey, S. 37): «Ein um beinahe drei Jahrzehnte älterer Verwandter, mit dem er übrigens bis ans Ende in freundlichem Verkehr blieb, riß im aufwallenden Zorn den trotz seiner artigen Sanftheit zuweilen auffallend Störrischen zu Boden und prügelte ihn. Von da an, berichtete Betsy, hatte er lange etwas Gebrochenes an sich. Zuweilen befiel ihn eine nervöse, ängstliche Hast, so daß er, völlig unbegreiflich für die Nächsten, in Tränen ausbrach, meistens ohne sich zu erklären, was ihn bedrücke.» Er war der Mönch im Stadelhofener Kloster, der zu guter Letzt nur noch mit seinem Hund Pizipiz sprechen konnte, weil das Tier spontan und ohne Falsch war, so daß es in Mouton II wieder aufleben darf: die sprachlose Kreatur als Gegensatz zu den sprechenden Menschen, die sich kraft ihrer Sprache gebärden, bloßstellen, verhüllen.

Um nichts anderes als um dieses System der Sprache aber geht es in der Rahmenerzählung. Sie stellt die Frage, ob einer, der sprachlos ist, sich gegen ein kodifiziertes Sprach- und Machtsystem überhaupt durchsetzen könne. Fagon, der scharfsinnige bucklige Arzt, sucht es zu ergründen. Er denkt auch aus der Erfahrung von Ungerechtigkeit und Leid heraus: Sein Vater ist um des Protestantismus willen von den Jesuiten bedrängt worden und hat sich das Leben genommen (XII, 121). Dem Knaben Julian fühlt er sich auf zweifache Weise verbunden: Er hat im stillen dessen Mutter geliebt und ist von ihr zum Ersatzvater ernannt worden, weil der Marschall so oft von zu Hause weg ist. Er möchte nun gegen die Jesuiten ankämpfen, die seiner Meinung nach den Tod des Knaben verschuldet haben. Darüber hinaus will er dem König klarmachen, daß sein System und damit er selbst für diese Tötung mitverantwortlich seien. Der Erzähler ist also aufs delikateste mit der Knabengeschichte verbunden, und der Zweck seines Erzählens hat nichts anderes zum Ziel als die Ausschaltung des Prüglers Père Tellier, der soeben zum neuen Beichtvater des Königs ernannt worden ist. Es geht ihm dabei auch um eine Art Theodizee: Der König kann nur zu Recht König bleiben, wenn er den schurkischen Tellier entläßt und die Macht des Jesuitenordens eindämmt.

In der Rahmenhandlung ist nicht mehr der leidende Knabe die Hauptfigur, sondern der Erzähler selbst, der einen Werdegang der Ungerechtigkeit aufdeckt: Fagon, «mit geisterhaften blauen Augen» (XII, 104), betritt den Salon der Maintenon und bezichtigt Père Tellier, den neuen Beichtvater des Königs, der Ermordung eines «edeln Knaben» (XII, 105). Der König erlaubt ihm, die Geschichte Julians vorzutragen. Auch gesteht er seinem Leibarzt «drei Freiheiten» zu, drei Lizenzen, die sich Fagon als Erzähler ausbittet (XII, 108).

Für Fagon ist Tellier ein «Lump» und ein «Schuft», ein «vierschrötiger und hartknochiger Tölpel mit [einer] Wolfsschnauze» (XII, 104) – darum hat er den Jesuiten schon beschimpft, als er Ludwig XIV. als Nachfolger von Père Lachaise vorgestellt wurde. Ohne zu wissen, daß der König von seinem neuen Beichtiger einen ähnlichen Eindruck hat, beginnt er seine kunstvoll vorbereitete Beschreibung des Opfers und gesteht, daß er selbst dazu geraten habe, den Sohn des Marschalls den Jesuiten zu übergeben. Aber vom Moment an, da der Marschall die Ordensväter als Betrüger entlarvt, rächen sie sich an seinem Sohn und quälen Julian zu Tode. So sehr sich der Knabe wehrt und abarbeitet, er wird von dem schleichenden Gift der Grausamkeit und Gehässigkeit gelähmt und zuletzt vernichtet.

Ungerechtigkeit, sagt Fagon, walte in des Königs Reich auch bei der Bekehrung der Protestanten – sie habe ja sogar seinen Vater in den Tod getrieben (XII, 120f.). Er verläßt mit

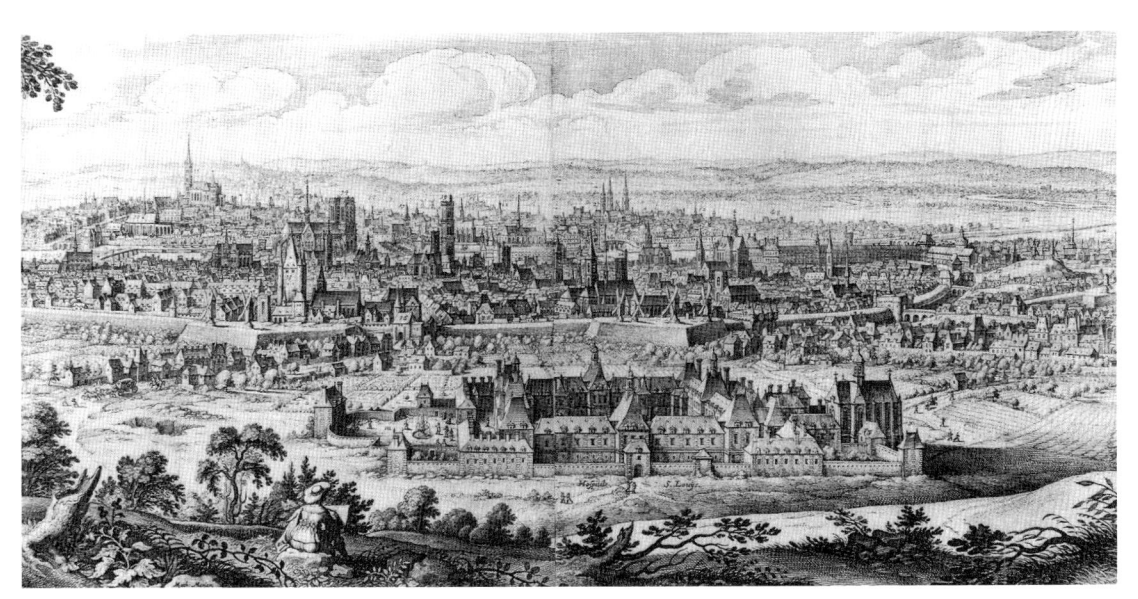

Der Schauplatz der Novelle: Paris. Hier wird Julian im «Collège de Clermont» (gegründet 1563, 1674 zu Ehren Ludwigs XIV. in «Collège de Louis le Grand» umbenannt) von Père Tellier mißhandelt. Die Gebäude der Jesuitenschule befinden sich an der Rue Saint-Jacques, in der Nähe des heutigen Panthéons.
Radierung und Kupferstich von Matthäus Merian d. Ä. (1593–1650) nach seiner um 1614/15 gezeichneten Ansicht von Nordosten (Ausschnitt). Erschienen in: Johann Ludwig Gottfried, «Neuwe Archontologia cosmica», Frankfurt am Main bei Merian 1638.
Zentralbibliothek Zürich

dieser Anklage den Gegenstand seiner Erzählung und löst so die erste seiner Freiheiten ein. Daß Originale wie Mouton im Reich des Königs buchstäblich auf den Hund kommen, ist der zweite Vorwurf, den er dem Monarchen macht. Der dritten Freiheit hat er sich schon dadurch begeben, daß er den Jesuiten insinuierte, der König sei Julians Vater (XII, 115 u. 146): Er hat die Wahrheit über Gebühr strapaziert, um die Jesuiten zu mehr Ehrfurcht zu verpflichten.

Die Prügelstrafe führt zum Zusammenbruch des leidenden Knaben, und sie weitet sich zu einer politischen Affäre aus: Victor Argenson, der Mitschüler, der Julian zum «bête à miel»-Scherz angestiftet hat, gesteht seinem Vater, dem Minister, daß er an der Bestrafung seines zerplagten Freundes schuld sei. Der Minister sucht mit Fagon unverzüglich das Jesuitenkollegium auf und verlangt von Tellier, daß er sich in Versailles stelle und bei Julian entschuldige. Aber der Jesuit verschwindet unter Meineid, und Fagon muß allein zu dem eben in Versailles eingetroffenen Marschall Boufflers fahren.

Eigentlich müßte dieser Meineid den Rektor und Beichtvater Amt und Würden kosten, wenn es schon seine an dem Knaben verübte Gemeinheit nicht tut. Aber nichts geschieht. Gerechtigkeit herzustellen ist in diesem Reiche nicht möglich. Der König, der den Glanz seiner Macht selbst auf seinen Schuhschnallen blitzen sieht (XII, 103), hat bereits die Gewaltanwendung gegenüber den Protestanten in Abrede gestellt und unternimmt nichts gegen den Peiniger Julians. Der Arzt hat seine Geschichte vorgetragen, doch sie führt nicht zum Ziel. «Entsetzen», heißt es, «starrte aus seinen Augen über *diesen* Gipfel der Verblendung, *diese* Mauer des Vorurteils, *diese* gänzliche Vernichtung der Wahrheit» (XII, 120).

Die Wahrheit setzt sich nicht durch. Die Frage nach ihr ist zwecklos. Sogar der König kann sich in einem Reich der Verstrickungen und Lügen auf Dauer nicht behaupten – selbst dann nicht, wenn er wollte. Er, der Gottes Gegenwart andeutet, *le Roi Soleil*, ist im Grunde so schwach wie seine Untertanen auf allen Stufen – der Marschall, der Minister, der Jesuit, die Schüler. Die Verzweiflung des Erzählers besteht darin, daß er auch mit der höchsten Kunst des Erzählens nicht gegen die Befangenheit der Welt ankämpfen kann.

Seine Verzweiflung ist ebenso die des Autors. Dieser Autor zweifelt nämlich daran, ob es im System der Meinungen und Irrmeinungen je möglich sei, die Wahrheit zu erkennen. Selbst ein Rebell wie der bucklige Fagon fordert mit seiner Anklage die Gerechtigkeit Gottes nicht heraus. Jeder Mensch bleibt in einem Netz von Machtspielen und Irrtümern gefangen und kommt darin um. Welchen Wert hat der Tod Julians? Ist er ein Beweis für die Machtlosigkeit Gottes? Oder für dessen mangelndes Interesse? Oder für dessen Nichtexistenz?

«Und doch hangt an der Mauer des Collège Gott der Heiland, der in die Welt gekommen ist, um Gerechtigkeit gegen alle und Milde gegen die Schwachen zu lehren.» (XII, 138) «Vielleicht», sagt Julian, «tue ich dem lieben Gott Unrecht. Er hülfe gern, gütig wie er ist, aber er hat wohl nicht immer die Macht.»

Meyer läßt den königlichen Leibarzt Guy Crescent Fagon die ergreifende Leidensgeschichte von Julian Boufflers vor einem auserwählten Publikum erzählen. Seine Zuhörer sind:

Louis XIV (1638–1715), König von Frankreich seit 1643, auch «Roi Soleil» genannt. Kupferstich von Gérard Edelinck (1640–1707). Zentralbibliothek Zürich

Françoise d'Aubigny, Marquise de Maintenon (1635–1719), Mätresse des Königs. Die Witwe des Satirendichters Paul Scarron wirkte seit 1669 als Erzieherin der Kinder von Louis XIV und seiner Geliebten Marquise de Montespan. Der König schätzte den Rat der klugen, geistreichen Frau von Maintenon und ließ sich 1684 heimlich mit ihr trauen. Anonymer Kupferstich, erschienen bei Etienne Desrochers (1668–1741) in Paris 1725. Zentralbibliothek Zürich

Entstehung

In keiner andern Novelle hat Meyer «Stimmungen seiner gequälten Jugend» so offen und drastisch dargestellt wie hier (Frey, S. 330). DAS LEIDEN EINES KNABEN ist 1883 entstanden. Im Juni dürfte er mit dem Diktat begonnen haben, am 18. Juli lag die Novelle vor. Das ist für den langwierig-schwierigen Meyer eine außerordentlich kurze Zeit. Gewiß, er hat schon am 16. Juni 1877 gegenüber Haessel von einer «höchst ergreifenden Knabengeschichte (Zeit Ludwig XIV)» gesprochen (XII, 315), und man muß annehmen, daß er sich von früh an mit dem Stoff beschäftigt hat – es war ja auch die Geschichte seiner eigenen Jugend. Als er auf den Abschnitt in Saint-Simon stieß, schoß alles zusammen, was er zum Erzählen brauchte; er konnte in der fremden Geschichte das eigene Leiden darstellen. Der Titel stand spätestens seit dem 15. Dezember 1881 fest: «‹Die Leiden eines Knaben› nach einer Zeile der Memoiren S. Simons. Versailles 1709», teilte er Louise von François mit (von François, S. 35).

Die Novelle erschien im September 1883 als Vorabdruck in «Schorers Familienblatt», Berlin, unter dem Titel «Julian Boufflers. Das Leiden eines Kindes». Haessel übernahm den Buchdruck, der am 5. November 1883 ausgegeben wurde. Die zweite Auflage wurde gleich mitgedruckt.

Quellen

Meyers wichtigste Stoffquelle waren die Erinnerungen des Zeitzeugen Louis de Saint-Simon: *Mémoires complets et authentiques du duc de Saint-Simon sur le siècle de Louis XIV et la Régence, collationnés sur le manuscrit original par M. Chéruel et précédés d'une notice par M. Sainte-Beuve*, 13 Bände, Paris 1878; er hat das Werk selbst besessen. Die Leidensgeschichte des vierzehnjährigen Julien Boufflers findet sich unter den Ereignissen vom März 1711 (Band V, S. 409):

Peu de jours après il arriva un cruel malheur au maréchal de Boufflers. Son fils aîné avoit quatorze ans, joli, bien fait, qui promettoit toutes choses, et qui réussit à merveilles à la cour, lorsque son père l'y présenta au roi pour le remercier de la survivance du gouvernement général de Flandre et particulier de Lille, qu'il lui avoit donnée. Il retourna ensuite au collège des jésuites où il étoit pensionnaire. Je ne sais quelle jeunesse il y fit avec les deux fils d'Argenson. Les jésuites voulurent montrer qu'ils ne craignoient et ne considéroient personne, et fouettèrent le petit garçon, parce qu'en effet ils n'avoient rien à craindre du maréchal de Boufflers; mais ils se gardèrent bien d'en faire autant aux deux autres quoique également coupables, si cela se peut appeler ainsi, parce qu'ils avoient à compter tous les jours avec Argenson, lieutenant de police très-accrédité, sur les livres, les jansénistes, et toutes sortes de choses et d'affaires qui leur importoient beaucoup. Le petit Boufflers, plein de courage, et qui n'en avoit pas plus fait que les deux d'Argenson, et avec eux, fut saisi d'un tel désespoir qu'il en tomba malade le jour même. On le porta chez le maréchal, où il fut impossible de le sauver. Le cœur étoit saisi, le sang gâté; le pourpre parut, en quatre jours cela fut fini. On peut juger de l'état du père et de la mère. Le roi qui en fut touché ne les laissa ni demander ni attendre. Il leur envoya témoigner la part qu'il prenoit à leur perte par un gentilhomme ordinaire, et leur manda qu'il donnoit la même survivance au cadet qui leur restoit. Pour les jésuites, le cri universel fut prodigieux, mais il n'en fut autre chose.

Meyer mag eine frühere Ausgabe der *Mémoires* schon um 1855 gelesen haben. Sie lagen zusammen mit Pascals Jesuitensatire *Lettres écrites à un provincial* auf seinem Nachttisch (Frey, S. 78). Über den Jesuitenorden und dessen Glaubensbrüder hat er sich später auch in Gfrörers *Gustav Adolph* oder in Laubes *Deutschem Krieg* orientieren können.

«PENTHÉE POURSUIVI PAR LES MÉNADES» – EINE BILDLICHE ANREGUNG

Gleyres Darstellung des verfolgten Pentheus dürfte Meyer zur Beschreibung jenes Bildes von Maler Mouton inspiriert haben, das er Fagon in Julian Boufflers Zeichenmappe finden läßt und welches das Schicksal des leidenden Knaben gewissermaßen vorwegnimmt. Er mochte das Gemälde aus der Zeitschrift «La Suisse Illustrée» kennen, wo es 1873 (Heft Nr. 9 vom 1. März) erstmals wiedergegeben wurde, oder aus der 1878 in Paris erschienenen Studie über Gleyre von Charles Clément (Tafel XIX). Vielleicht hat er das Bild aber auch im Original in Basel gesehen, möglicherweise sogar im Lausanner Musée d'Arlaud, wo es 1874 anläßlich einer Gleyre-Ausstellung gezeigt wurde.

Ich [Fagon] studierte das Blatt, welches die wunderliche Parodie einer ovidischen Szene enthielt: jener, wo Pentheus rennt, von den Mänaden gejagt, und Bacchus, der grausame Gott, um den Flüchtenden zu verderben, ein senkrechtes Gebirge vor ihm in die Höhe wachsen läßt. Wahrscheinlich hatte Mouton den Knaben, der zuweilen seinen Aufgaben in der Malkammer oblag, die Verse Ovids mühselig genug übersetzen hören und daraus seinen Stoff geschöpft. Ein Jüngling, unverkennbar Julian in allen seinen Körperformen, welche Moutons Malerauge leichtlich besser kannte als der Knabe selbst, ein schlanker Renner, floh, den Kopf mit einem Ausdrucke tödlicher Angst nach ein paar ihm nachjagenden Gespenstern umgewendet. Keine Bacchantinnen, Weiber ohne Alter, verkörperte Vorstellungen, Ängstigungen, folternde Gedanken – eines dieser Scheusale trug einen langen Jesuitenhut auf dem geschorenen Schädel und einen Folianten in der Hand – und erst die Felswand, wüst und unerklimmbar, die vor dem Blicke zu wachsen schien, wie ein finsteres Schicksal!

«Das Leiden eines Knaben»
(XII, 135)

Penthée poursuivi par les Ménades.
Gemälde von Charles Gleyre (1806–1874), entstanden 1864.
Kunstmuseum Basel

Kommentare

DAS LEIDEN EINES KNABEN ist mehrheitlich günstig aufgenommen worden; einzig streng katholische Kreise konnten sich für die gegen die Jesuiten gerichtete Novelle nicht erwärmen.

Johanna Spyri, welche die Erzählung in zwei Raten zur Lektüre empfangen hat, lobt den stofflichen Reichtum, der darin enthalten sei, und zeigt viel Verständnis für die gepeinigte Hauptgestalt:

Sie haben zum kleinen Werke wieder so viel Stoff beisammen gehabt, daß ich manchmal beim Lesen gern abgeschweift u. dieser u. jener Persönlichkeit nachgelaufen wäre, die Sie in wenig Zügen so lebendig hin gestellt hatten. Der arme junge Held ist sehr sympatisch. Dumm war er nicht, er spricht von sich selbst so klar bewußt u. fein urtheilend, wie kein Dummer thut.

Johanna Spyri an Meyer,
11. Oktober 1883 (Spyri, S. 48)

Louise von François – ihr hat der Dichter schon am 15. Dezember 1881 gestanden, die Novelle werde ein «Gegenstück zum Brigittchen», d. h. zu PLAUTUS IM NONNENKLOSTER (von François, S. 35), – ist von Meyers neuester Novelle ebenso angetan. Als störend empfindet sie einzig, daß er die Fabel wiederum in einen Rahmen eingebettet hat; sie hätte eine direkte Schilderung des Vorfalls ohne vermittelnden Erzähler bevorzugt:

Er [der «liebe Knabe»] hat nicht nur mich – wie sich das von selbst versteht – sondern auch meine belletristisch weniger interessirten hiesigen Gastfreunde [...] innerlichst ergriffen, ja wenn sich der Ausdruck für den schmerzlichen Vorwurf schickte, entzückt. Die Originalität der Kunst, durch welche ein abgelegener, scheinbar einfach pädagogischer Stoff – ein Genrebild aus dem Roccocoalter – zu einem zeitgenössisch polemischen und zugleich bedeutungsvoll historischen gemacht wird, die Präcision der Zeichnung der verschiedensten seelischen Contraste, das knappe Schöpfen aus dem bewußten Vollen sind empfunden und bewundert worden; ja die Freunde wollten es nicht gelten lassen, als ich den Einwand wagte, daß (zumal in einem Familienblatt) die Wirkung sich erheblich gesteigert haben würde, wenn's dem Autor beliebt hätte, uns seine Fabel direct als anschauliches Erlebniß, statt indirect als Erzählung eines Dritten, vorzuführen, was selbstverständlich eine breitere Entfaltung bedingt hätte. Ich habe den gleichen Einwand im Stillen *gegen Ihren Heiligen erhoben; nicht während des Lesens, aber im Nachdenken über ihn und zumal im Vergleichen mit dem mustergültigen Jenatsch. Im «Brigittchen» dagegen ist mir dieser vermittelnde Vortrag durch die Laune des Erzählers als eine köstliche Zuthat erschienen; das Brigittchen und Julian Boufflers halte ich von Ihren kleineren Erzählungen für die gelungensten, [...].*

Louise von François an Meyer,
2. November 1883 (von François, S. 111 f.)

Höflich, aber mit üblicher Zurückhaltung wird das Werk von Gottfried Keller verdankt:

Diese Geschichte ist wieder ein recht schlankes und feingegliedertes Reh aus Ihren alten Jagdgründen und ich wünsche neuerdings Glück zu der Sprache, mit der sie gesprochen ist. Ein vortrefflicher Contrast sind die beiden Knaben: Julian, der stirbt, wenn er von schlechter Hand geschlagen wird, und der junge Argenson, der «Sehr gut!» sagt, wenn er von guter Hand eine Ohrfeige erhält! Und beide sind gleich brav!

Gottfried Keller an Meyer,
22. November 1883 (XII, 318)

Nachdem Otto Brahm die Novelle in einer Rezension versehentlich als Frühwerk besprochen hat, bekennt Meyer gegenüber Rodenberg:

Brahm hat schon in einem liebenswürdigen Art.[ikel] der Vossischen [d. h. der «Vossischen Zeitung»] im «Knaben» eine Jugendarbeit gesehen u. hat eigentlich nur zur Hälfte unrecht: das Novellchen ist neu, aber, freilich mit Absicht, in meiner ersten Manier geschrieben. Es hat seine Fehler: den nicht ganz natürlichen Rahmen u. dann die nicht völlige Wahrheit der Zeichnung eines Unbegabten, der zuweilen in seinen Reden seinen Horizont offenbar überschreitet. Doch hält er sich durch seine «Tendenz», welche ich gar nicht beabsichtigte.

Meyer an Julius Rodenberg,
19. Dezember 1883 (Rodenberg, S. 181 f.)

Auf ebendiese unbeabsichtigte Tendenz kommt Meyer auch in einem Brief an Friedrich von Wyß zu sprechen. Ob er dabei auf den jesuitenfeindlichen Charakter oder den pädagogischen Grundzug der Erzählung angespielt hat, läßt sich nicht entscheiden:

Daß du den «Knaben» goutirst, ist mir sehr lieb. Nur wisse, daß ich nicht die geringste Tendenz beabsichtigte. Das Geschichtchen (8 Zeilen in St. Simon) rührte mich u. ich gab ihm Leib. Voilà tout.

Meyer an Friedrich von Wyß,
19. Dezember 1883 (XII, 318)

«Die Hochzeit des Mönchs» (1884)

Erzähler ist – Dante, der ins «Inferno» hinabstieg und darum die Menschen wie kein zweiter kennt. Er durchschaut sie in ihren Schwächen und Unsäglichkeiten, ihrer Verruchtheit und Rücksichtslosigkeit, ihrer Grausamkeit und Zerstörungswut. Er weiß Bescheid über ihre Laszivität, ihre Leidenschaft und Liebesverlorenheit, ist vertraut mit all ihren Verworfenheiten, ihrer Sündhaftigkeit und kann daher auch ihr Bedürfnis nach Gnade ermessen. Er ist Menschenkenner, Warner und Richter zugleich, und er ist es mit der Unerschütterlichkeit einer Parze (XII, 8): «Das Schattenbild Dantes glich einem Riesenweibe mit langgebogener Nase und hangender Lippe, einer Parze oder dergleichen.» Es gemahnt – mit Abstand – an jene «Steinfrau» im AMULETT, die alt und starr das Gemetzel der Bartholomäusnacht verfolgt (XI, 63).

Dante ist ein Fremder; einsam, aber stolz, schon bejahrt, von hohem Wuchs, und scheint in seinen langen Gewändern «einer andern Welt» anzugehören (XII, 7). Seine Vaterstadt hat ihn verbannt. Auch die Hofgesellschaft von Verona, vor der er erzählt, neigt wie die Florentiner zu jener ängstlichen Bewunderung, die leicht zu frivolen Mutwilligkeiten und Ausfällen verführt. Unverstanden rafft er – ein Inbild des Dichters – am Schluß sein Kleid und steigt langsam «die Stufen einer fackelhellen Treppe» empor in die Kälte seines Gemachs (XII, 98).

Dante erzählt an Cangrandes Hof auf die Bitte des Fürsten eine Geschichte, die alle Versammelten angeht, mehr noch: die ihre Geschichte ist oder zu der ihren werden könnte. Die Greuel, die sich am Hofe Ezzelins in Padua ereignet haben, zeichnen sich auch am Hof von Verona bereits ab. Cangrande, der Mann mit Frau und Geliebter, *ist* Ezzelin, den Dante im zwölften Gesang des «Inferno» geschildert hat (Vers 109 f.): «E quella fronte c'ha 'l pel così nero, / è Azzolino [...].» Und jeder Zuhörer erkennt sich in einer Figur der Novelle wieder – Dante macht es ihnen leicht genug: «Auch die übrigen Gestalten der Erzählung [...] werde ich [...] aus eurer Mitte nehmen und ihnen eure Namen geben: euer Inneres lasse ich unangetastet, denn ich kann nicht darin lesen.» (XII, 12). Damit sind die Greueltaten, die er in seiner Geschichte schildert, als Drohung mitten in die Gegenwart gesetzt. Dante richtet und schont zugleich. Er schaut nicht in seine Personen hinein, leuchtet keine Seelen aus, durchschaut nicht: er zeigt bloß und hält so Gericht.

Das Atemberaubende: Nie hat Meyer seine eigene Situation als Dichter deutlicher gezeichnet, seine Leidenschaft, sein Leiden; seinen Sinn für das Gerechte sich selbst und den andern gegenüber, seine Angst und seine steinerne Unbeweglichkeit angesichts des Schicksals. Er ist gleichzeitig Erzähler und Held, Parze und Opfer.

Dante beginnt mit dem Skandalon des Grabspruchs (XII, 11): «Hic jacet monachus Astorre cum uxore Antiope. Sepeliebat Azzolinus.» Cangrande übersetzt: «Hier schlummert der Mönch Astorre neben seiner Gattin Antiope. Beide begrub Ezzelin.» Der liebende Mönch: einer, der sein Gelübde bricht, aus dem Gesetz seines Standes austritt und damit Gott verrät. Astorre steht neben Luther aus HUTTEN («Ein sächsisch Mönchlein aus der Kutte schloff»; VIII, 27), neben den Nonnen aus der SANFTEN KLOSTERAUFHEBUNG, neben Gertrude im PLAUTUS, Jutta in ENGELBERG und Hans Armbruster im HEILIGEN. Aber ist er ein Rebell? Handelt er im Namen der Natur, im Namen der Liebe, aus Verlangen nach Welt, Stand, Beruf, Reichtum, Macht? Das alles trifft bei ihm nicht zu.

Er tritt aus dem Mönchsstand aus, um dem erpresserischen Willen seines Vaters zu genügen, der selbst auf dem Totenbett die Macht des Hauses Vicedomini erhalten will. Astorre begeht das Sakrilegium nicht aus Traumverfallenheit, sondern aus Barmherzigkeit. Er ist innerlich nicht darauf vorbereitet, die Witwe seines Bruders zu heiraten – er kennt sie ja nicht. Was ihn in seine Lage getrieben hat, ist höhere Gewalt: Die Hochzeitsbarke des Bruders ist auf der Brenta gekentert, als Ezzelin, der paduanische Tyrann, zu Pferd am Ufer auftauchte und im

Schiff eine Bewegung auslöste. Umberto Vicedomini, Astorres älterer Bruder, ist mit seinen drei Kindern aus erster Ehe dabei ertrunken. Seine Braut, Diana Pizzaguerra, überlebt; sie ist am gleichen Tag «Braut und Witwe» (XII, 15). Noch auf seinem Sterbelager legt der alte Vicedomini die Hände seines jüngsten Sohnes Astorre, der sich lange gegen seines Vaters letzten Willen gesträubt hat, mit denen Dianas zusammen.

«Wer gestoßen wird, springt schlecht», sagt Cangrande (XII, 10). Was Dante erzählt, stellt den Satz unter Beweis. Astorre, von seinem Gelübde auf Betreiben des Vaters zwar losgekauft, ist innerlich nicht recht bereit, ein Abtrünniger zu werden (XII, 30): «Ihn beschlich, jetzt da er seines Willens wieder mächtig war, der Argwohn, was sage ich, ihn überkam die empörende Gewißheit, daß ein Sterbender seinen guten Glauben betrogen und seine Barmherzigkeit mißbraucht habe. Er entdeckte in der Verzweiflung des Alten den Schlupfwinkel der List und in der wilden Lästerung das berechnete Spiel an der Schwelle des Todes. Unwillig, fast feindselig wandte sich sein Gedanke gegen das ihm zugefallene Weib.» Er hegt den «verzwickten» Gedanken, Diana «nicht aus eigenem Herzen, sondern nur als Stellvertreter seines entseelten Bruders zu lieben». Diana, von einer Staufin abstammend, eine «große Gestalt» (XII, 16), spürt die Vorbehalte des Mönchs und warnt ihn (XII, 29): «Haltet mir bessere Treue als dem Kloster. Euer Bruder hat mich nicht geliebt. Vergebet mir, wenn ich so rede: ich sage die einfache Wahrheit. Ihr werdet an mir ein gutes und gehorsames Weib besitzen. Doch habe ich zwei Eigenschaften, welche Ihr schonen müßt. Ich bin jähzornig, wenn man mir Recht oder Ehre antastet, und darin peinlich, daß man mir nichts versprechen darf, ohne es zu halten.» Von diesem Tag an trägt Astorre statt der Kutte die weltliche Tracht seines Bruders. Aus dem Mönch ist wieder ein Adliger geworden.

Das könnte der Anfang eines neuen Lebens sein. Ascanio, der Jugendfreund, findet Astorre unter einer Zeder liegend – die Zedern aus dem «Hohenlied»; er erscheint ihm verjüngt (XII, 35 f.): «Du liegst unter deiner Riesenzeder gleich dem ersten Menschen, den Gott, wie die Gelehrten behaupten, als einen Dreißigjährigen erschuf [...].» Er spricht von Adams Erwachen und rät dem Freund, er möge den Menschen mit Vorsicht aus dem Mönche in sich entwickeln (XII, 36).

Ascanio reißt damit auch den Vorhang vor dem historischen Hintergrund auf: Der heilige Vater hat soeben in einem Hirtenbrief Kaiser Friedrich II. «der äußersten Gottlosigkeit» angeklagt (XII, 33). Der Kaiser hat die Welt vor drei Betrügern gewarnt: Moses, Mohammed und Christus. Der Ketzer möchte das Schwergewicht des Lebens ins Diesseits verlegen; er verehrt heidnische Gottheiten wie Ceres, die Spenderin des Korns. Der Papst stellt ihn wegen dieser Vielgötterei als Verräter am einen Gott hin (XII, 41). Jener, der dem Papst die ketzerischen Äußerungen des Kaisers hinterbracht haben dürfte, ist des Kaisers Kanzler Petrus Vinea. Astorre erschauert, als er von diesem Verrat hört: Der «aus dem Klosterfrieden Geschiedene» erfährt damit zum ersten Mal den «Argwohn oder den Verrat der Welt» (XII, 43). Die Welt als Adams Paradies oder als Ort des Verrats? Die Frage ist gestellt. Sie wird nicht beantwortet. Wie im Heiligen kämpfen Kaiser und Papst gegeneinander, und was Astorre als persönliche Spannung erfährt, ist die Spannung zwischen den großen Mächten. Der Exkurs in die Welt des Kaisers macht ein persönliches Problem zu einem Problem der Menschheit.

Der Rahmen ist damit abgesteckt, das Verhängnis nimmt seinen Lauf. Ezzelino ordnet die Hochzeit an. Der Hofmeister Burcardo lädt, wie es das Zeremonien-Buch vorschreibt, die zwölf herrschenden Geschlechter ein, damit sie dem Ringwechsel beiwohnen können, und zwar nicht «zehn Tage voraus», sondern – weil der Tyrann es will – auf denselben Abend (XII, 46). Ascanio will die beiden Herrinnen Canossa, Olympia und deren Tochter Antiope, nicht einladen, denn Olympia ist seit der Hinrichtung ihres Gatten nicht mehr bei Verstand. Als Astorre den Namen Antiope hört, ist er «wie von einem Zauberstabe berührt». Er hat der Hinrichtung des Grafen Canossa als Mönch und Beichtvater beigewohnt und versinkt jetzt, «weil das Vergangene Traum ist» (XII, 48), in den neu aufsteigenden Bildern: Er sieht Block und Henker vor sich, verfolgt, wie der Vater, dem seine Tochter zugesprungen ist und der das Mädchen umarmt hat, vom Henker «mit dem Haupte auf den Block gedrückt» wird, und das Kind legt «Kopf und Nacken neben den väterlichen» (XII, 48 f.). Und eben dieser schneeweiße kindliche Nacken «mit dem gekräuselten goldbraunen Flaume» (XII, 49), das Bild, das er damals zutiefst erschüttert in sich aufgenommen hat, wird durch die Nennung von Antiope neu in ihm wachgerufen, und gleichzeitig durchströmt ihn wiederum ein überwältigendes Gefühl des Mitleids, aber auch herzlicher Zuneigung. So verlangt er denn, daß Mutter und Tochter Canossa ebenfalls zur Hochzeit geladen werden.

Astorre will auf Ratschlag Ascanios für seine Braut Diana bei einem Goldschmied einen Ring kaufen. Da er aber – wie könnte er es? – die Hand seiner Zukünftigen nicht kennt, weiß er nicht, welche Ringgröße er wählen soll. «Einen, nicht zwei!», hat ihm Ascanio noch zugerufen, bevor er wegging (XII, 51). Der Goldschmied händigt dem unschlüssigen ehemaligen Mönch zwei Ringe verschiedener Größe aus und spottet (XII, 53): «Für die zwei Liebchen der Herrlichkeit.» – Durch einen Roßpanzer der vorüberziehenden Feldmusik der Leibwache hart angestoßen, läßt Astorre den kleineren Ring fallen, der unter den Pferdehufen wegrollt. Isotta, die Magd Antiopes, die mit ihrer Herrin gleichfalls auf der Brücke weilt, wo des Goldschmieds Laden steht, hat den Goldreif inzwischen behende aufgehoben und ihrer jugendlichen Herrin mit dem Ruf «Ein Glücksring!» an den Ringfinger der linken Hand gesteckt, von welchem er sich nicht wieder abziehen läßt. Astorre, der auf Antiope zutritt, gelingt es nicht mehr, sich zu erklären. Seine freundlichen Gebärden verraten nur, daß er die junge Frau erkannt hat. Denn da wird er auch schon von Germano, seinem zukünftigen Schwager, welcher die der Musik nachfolgende Leibwache anführt, spaßeshalber und recht mutwillig auf ein Pferd gehoben, dessen Reiter der Anführer der Kohorte zuvor absteigen hieß. So sieht sich Astorre vom schicksalsträchtigen Ort entführt, ohne daß er sich weiter um den Ring kümmern und dem Mißverständnis entgegentreten könnte. Olympia, die zeitweise geistig verwirrte Mutter, rät ihrer Tochter Antiope, den Ring zu behalten. Sie ist des festen Glaubens, der heilige Antonius habe auf diese Weise dem Mädchen einen Gatten beschert.

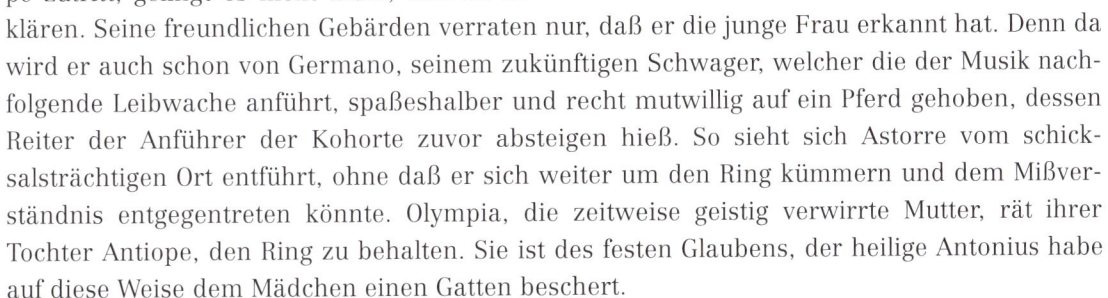

Der Knoten ist damit geschürzt. An der Hochzeit, beim Ringwechsel, wirft sich Olympia, eine «graue Mänade» (XII, 61), zwischen das Brautpaar. Sie behauptet, ihre Tochter Antiope sei dem Mönch versprochen, denn sie trage bereits seinen Ring. Die Rasende beschimpft Diana; diese, schwer gereizt, schlägt zurück und trifft Antiope, die sich schützend vor ihre Mutter gestellt hat. Ascanio bringt mit einem Gefährten die irre Alte aus dem Saal. Astorre ergreift ritterlich Antiopes Hand, um der «Mißhandelten das Geleite zu geben» (XII, 62). Diana wünscht «das Opfer ihrer Gewalttat aus den Augen zu verlieren»; sie entfernt sich mit Vater und Bruder. Die Gäste verschwinden «gleichfalls bis auf die letzte Ferse». Unter dem Tisch kriecht der Narr Gocciola hervor, leert «ein Gläschen um das andere» und nascht dazu Amarellen, ein paduanisches Hochzeitsgebäck (XII, 63).

Astorre wandelt, seitdem er Antiope heimgeführt hat, wie im Traum. Er sieht nur noch das bezaubernde Mädchen (XII, 67): «Man hat mir ein Philtrum gegeben! […] Ich rase, ich bin ein

Dante Alighieri (1265–1321), den Meyer das «kurzweilige Geschichtchen» von der Hochzeit des Mönchs erzählen läßt: «Jetzt trat in diesen sinnlichen und mutwilligen Kreis ein gravitätischer Mann, dessen große Züge und lange Gewänder aus einer andern Welt zu sein schienen. […] Das Schattenbild Dantes glich einem Riesenweibe mit langgebogener Nase und hangender Lippe, einer Parze oder dergleichen.» (XII, 7f.) Idealporträt von Andrea del Castagno (1419–1457). Wandgemälde aus der Villa Pandolfini-Carducci in Legnaia, entstanden um 1449/51, im Cenacolo di S. Apollonia, Firenze. Reproduktion aus: «Enciclopedia Dantesca», Bd. II, Roma 1970, Tafel nach S. 8. Zentralbibliothek Zürich

Wahnsinniger! Ascanio, [...] feßle mich!» Von da an handelt der Traum, in dem Astorre befangen ist, gegen den geplanten Ablauf der Dinge. So sehr setzt er sich als allgewaltig durch, daß keine Warnung, kein Appell zur Vernunft, keine Ermahnung zur Moral ihm etwas anhaben können. Der «Zauberstab» hat Astorre berührt, er ist ein Geschöpf des Zaubers (vgl. XII, 46). Nun gibt es nur noch eine Phantasie – die Erfüllung dieser Liebe. Astorre glaubt, es sei Fügung, daß der Ring an Antiopes Finger gekommen ist. Er erkennt jetzt, daß er sie schon immer geliebt hat. Er weiß auch, daß ihm Diana nichts bedeutet. Antiope ihrerseits liebt Astorre: Sie begeht «Raub an Dianen fast in Unschuld, denn sie hatte weder Gewissen mehr noch auch nur Selbstbewußtsein», ihre ganze Umgebung ist wie «vernichtet: nichts als der Abgrund des Himmels, und dieser gefüllt mit Licht und Liebe» (XII, 72). Das Recht der Liebe hat entschieden. Was hilft es da noch, daß Ascanio zuvor den «Traumwandler» eindringlich warnt: «Wenn du dir den Pfeil des blinden Gottes nicht rasch und heldenmütig aus dem Herzen ziehst, ermordet er dich, Antiope und noch ein paar andere, wen es gerade treffen wird.» (XII, 67)

Zwar wirbt Astorre bei Antiope noch für Germano, der sich des Mädchens annehmen will; aber die Werbung für den andern, der zum Nebenbuhler zu werden droht, vereint das Paar nur um so rascher, und in einem «Geist des Frevels und der Sicherheit» (XII, 75) steigen sie hinab ins Gewölbe der Hauskapelle, wo hinter geschlossener Tür in gespenstischem Dämmer ein Barfüßermönch, nachdem Astorre mit ihm gerungen oder ihn bestochen hat, die beiden traut. Dabei hätte der Mönch die Seelenmesse für den toten Grafen Canossa lesen sollen.

Was sich hier abspielt, ist eine der ungeheuerlichsten Szenen in Meyers Werk. Astorre, gegen seinen Willen Dianen anverlobt, wird von Olympia in der Umarmung mit ihrer Tochter gefunden: Die «frechste Lüge einer ausschweifenden Einbildungskraft» (XII, 74) ist Wahrheit geworden. Das Mädchen, das vor drei Jahren neben dem Vater den Hals auf den Richtblock gelegt hatte, womit es bezeugte, daß es sein Los teilen wolle, möchte jetzt den Mann heiraten, der an des Vaters Stelle für sie lebt und sie begehrt. Der Mönch, der den Segen des Himmels spenden soll, sieht, wie es heißt, Astorre «nicht unähnlich» (XII, 75): Er ist sozusagen dessen Doppelgänger, und Astorre gibt sich den Segen eigentlich selbst. Seine «Heiligen» haben ihn «unterliegen lassen! Vielleicht retten und beschützen sie den Sünder!» So wird denn in dem schweren Gewölbe ein Frevel begangen. Der himmlische Vater müßte dem inzestuösen Geschehen den Segen verweigern. Die irrlichtelierende Mutter vor der Tür ahnt, daß sie als Anstifterin mitschuldig ist, «und da sich die Hinrichtung des Grafen, ihres Gemahls, jährte, glaubte sie auch *ihr* törichtes Haupt dem Beile unrettbar verfallen» (XII, 76). Sie flieht, von Grauen geschüttelt. Wie Ascanio, der ihr begegnet, sie fragt, was geschehen sei, «krächzt» sie: «Ein Unglück!» (XII, 77)

Ascanio sieht das Paar dem Gewölbe entsteigen – wie «zwei schöne Gespenster». Astorre schleudert Dianens Ring von sich und wird mit seiner Frau Abu-Mohammed übergeben, der die sarazenische Leibwache Ezzelins befehligt. Auf dem Weg zu ihm begegnet die Gruppe dem Leichenzug der Sposina, des «Bräutchens aus dem Volke» (XII, 80). Er nimmt den Ausgang der Novelle vorweg.

Der letzte Akt des Dramas besteht aus Gericht und Hinrichtung. Das aufgeregte Volk erwartet, daß der Tyrann das Paar verurteile und «der keuschen Diana ihr Recht» verschaffe (XII, 82). Dieser aber will stattdessen einen Vergleich erzwingen und nennt vor versammeltem Volk sich selbst als schuldigen Auslöser der schicksalhaften Verknüpfung des Geschehenen. Der alte Geizhals Pizzaguerra erfeilscht eine Entschädigung aus dem Besitz der Vicedomini, aber Diana fühlt sich erniedrigt. Sie besteht auf der Demütigung Antiopes: Am hochzeitlichen Maskenfest soll diese ihr den Ring abziehen. Und Germano droht, er werde Astorre erwürgen.

Der Tyrann trifft verspätet zum Fest ein – zu spät. Die Maskerade im Saal treibt dem Höhepunkt entgegen. Astorre verhindert, daß die verängstigte Antiope mit ihrer Magd die Kleider tauscht, um auf diese Weise der Erniedrigung zu entgehen. Diana gibt den Ring nicht frei; sie tötet Antiope mit einem Pfeil aus ihrem Köcher. Astorre seinerseits ersticht den durch Ezzelin abgelenkten Germano und fällt unter dessen Streich. Die Szene raucht von Blut wie Shakespeares Bühne im mörderischen Finale. Alle handeln so, wie es ihnen unter den gegebenen Umständen von ihrem Charakter her zukommt.

Kaum eine Novelle Meyers lehnt sich so eng an Shakespeares Gerichts- und Schaustücke an wie diese. Meyer hat um 1882 folgende Kapitelübersicht entworfen, welche der Akteinteilung der zuerst in Dramenform geplanten Bearbeitung des Stoffes etwa entsprechen dürfte (XII, 271):

> Der Mönch
> I. – bis Umkleidg
> II. In der Villa
> III. Auf der Brücke.
> IV. die Sposalizien
> V. In der Burg.
> VI Die Hochzeit

Die dramatisch geprägte Novelle folgt genau dieser Einteilung. Entscheidend aber ist der Sog, der Meyers Figuren in den Abgrund reißt. Sie werden von allgewaltigen Mächten ins Verderben gezogen. Shakespearisch sind die Angst, die hinter jeder Ecke lauert, die Warnungen, die Omen; dann das Motiv der besitzwütigen Väter, der stellvertretenden Werbung; ebenso das Gebrodel von Ausschweifung, Mordluft und Mordlust sowie das Gericht in seiner Undurchsichtigkeit und Unwirksamkeit. Shakespearisch dann aber auch die Verdüsterungen: die Burgkapelle «bei dem ungewissen Licht einer Kerze» (XII, 75) inmitten der Finsternis; die gespenstische Gestalt der wahnsinnigen Olympia vor dem Gewölbe; der tanzende Narr; die Blutgreuel am Schluß. Im JENATSCH und im PAGEN hatte Meyer vor allem Schiller und Goethe nachgestrebt; jetzt will er unübersehbar ein «Shakespeare der Novelle» werden.

Was wird mit alledem verdeckt und insinuiert? In GUSTAV ADOLFS PAGE ging es um die inzestuöse Liebe der Gustel zum königlichen Ersatzvater. Das Motiv der verbotenen Liebe begegnet auch hier: Astorre steht zwischen der ihm rechtens angetrauten Diana und Antiope, die er liebt. Wieder ist diese Liebe schon in der Vorzeit besiegelt. Gustel Leubelfing hat den Kuß des Königs nie vergessen, Astorre nicht den Anblick des Kindes unter dem Henkerbeil. Man stößt erneut an Meyers *Noli-me-tangere*-Kreis, nur daß jetzt alles zugespitzt und verschärft ist: Auch der Dichter selbst steht zwischen Ehefrau und der von Jugend auf Geliebten, die seine Schwester ist. Eine Lösung ist im Leben so wenig gegeben wie im Stück, wo Mord und Totschlag die *ultima ratio* sind. Der Gordische Knoten wird zerhackt, und es geschieht um den Preis des Lebens aller Beteiligten. «Liebe [...] ist selten und nimmt meistens ein schlimmes Ende.» (XII, 63) Dieses wahre Wort gibt Dante allen Zuhörern zu bedenken.

Hochzeit und Tod, das magische Verhängnis von Liebe und Verderben – das macht im Auf und Ab der Ereignisse diese Novelle aus: Hochzeit und Tod auf dem Fluß; Hochzeit und Tod auf dem Block des Henkers, die Einheit von Hals und Beil (Antiope und ihr Vater); Hochzeit und Totenmesse in der Kapellengruft – Aida, Tristan und Isolde. Es ist überall das Ineins von Eros und Thanatos. Diese Welt ist eine scharfrichterliche Welt, eine Henkerswirklichkeit. Die Zeichen sind gesetzt: Hals, Blut, Beil und Henker stehen für jenen Komplex von Liebe und Opfer, Hochzeit und Gericht, der bei Meyer immer wieder in seiner ganzen erschreckenden Ambivalenz die Situation des Menschen bestimmt.

Auf den psychoanalytischen Nukleus der Novelle hat Sigmund Freud im Brief vom 7. Juli 1898 an Wilhelm Fließ bereits hingewiesen (Freud, S. 222f.): «Die schönste und von den Kinderszenen entlegenste Novelle unseres Dichters scheint mir die ‹Hochzeit des Mönchs› zu sein, welche eine in späteren Jahren bei der Phantasiebildung auftretende Aktion herrlich illustriert, das Zurückphantasieren von einem neuen Erlebnis auf eine alte Zeit, so daß die neuen Personen mit den alten Reihen bilden und die Vorbilder für sie abgeben. Das geheime Thema ist wohl die ungesättigte, durch Dante in die Ewigkeit fortgesetzte Rache und unausweichliche Strafe. Vorgeschoben, gleichsam als gelinde Mißdeutung des Bewußtseins, ist das Thema von der Haltlosigkeit, wenn man einmal seine feste Stütze aufgegeben hat. Dem manifesten wie dem latenten Thema gemeinsam ist wohl der Zug, von Streich zu Streich zu gehen, als ob die ‹Richterin› die Reaktion wäre auf die damals aufgedeckten, diese Novelle der Nachklang der unentdeckt gebliebenen Kinderuntaten. Der Mönch ist der Bruder, ‹Frate›. Als ob es vor seiner eigenen Ehe phantasiert wäre und besagen wollte, so ein Frater wie ich soll nicht heiraten sonst rächt sich die Kinderliebe an der späteren Ehefrau.» Freud liest die Novelle kurzerhand – er ist später vorsichtiger geworden – als «Nachklang der unentdeckt gebliebenen Kinderuntaten», wie sie sich zwischen Bruder und Schwester ergeben können. Das ist eine nicht nachprüfbare Hypothese; sie ist mit dem Hinweis auf die Frate/Frater-Rolle nur schwach gestützt. Was dann aber bestürzt, ist der Schlußgedanke: daß ein vom Inzestwunsch versuchter Bruder nicht heiraten sollte. Freud schließt auf den Konflikt zwischen Meyers Ehefrau und Schwester, ohne daß er von der Richtigkeit dieser Vermutung gewußt haben kann.

Komplex und vieldeutig ist noch ein anderes Moment: Mit der Entkuttung des Mönchs weist Meyer auch auf seinen eigenen Ausbruch aus dem Stadelhofener Kloster hin. Er wollte der ihn einengenden Christlichkeit seiner Mutter entrinnen und sich das Paradies erschließen – ein zahmer Faust, ein Hamlet eher. Er merkt aber, daß er dieses Paradies nicht erreichen konnte, mit all seinen imaginären und erträumten Geliebten nicht, und schon gar nicht mit der Schwester: Weil es der Mutter nicht gefällt. Er ist zwar ein Rebell, aber er ist zu schwach, sich gegen ihre unbarmherzige Verurteilung erfolgreich zu wehren.

Es ist ja nicht nur ihre Strenge, es ist auch die des Vaters, der ganzen Stadt. Er bleibt in ihren Mandaten so gefangen wie der Hofmeister Burcardo in seiner Zeremonientafel. Innerlich hat sich Meyer allerdings längst von solchen Tafeln abgesetzt, aber die Gesellschaft der Stadt ist mächtiger als er. Sie treibt ihn ins Exil wie Florenz seinen Dante. Und wie Dante verachtet Meyer seine Stadt; aber mehr noch leidet er an ihr. Er ist nicht bereit, das, was ihn schicksalsmäßig bewegt und zerplagt, als «Unsittlichkeit» bewerten zu lassen. Meyer sieht sich wie Astorre in einem Netz von Bezügen gefangen, das er nicht zu zerreißen vermag. Das Stadtgeflüster wiederholt sein eigenes Phantasma. Daß er zwischen der geliebten Schwester und der ungeliebten Frau steht, ist das eine. Das andere, ältere ist die Beziehung zur wahnsinnigen Mutter, welche die Tochter vergöttert, sie «ihr Liebstes unter Sonne, Mond und Sternen» nennt (Frey, S. 65) und phantasiert, ihr Selbstmord werde den Sohn «im Christentum befestigen» – so steht es im letzten Brief der Elisabeth Meyer (Hohenstein, S. 114). Ihre Hoffnung wird hier als erpresserisch dargestellt. Sie treibt ihn, auch sie eine «graue Mänade», ins Phantasma des Inzests mit der Schwester. Immer deutlicher – und unheimlicher – erweist sich Meyers Erzählen als ein Vorgang, der die eigentliche Aussage für sich behalten will und sie gleichzeitig verdeckt publik macht. Mit andern Worten: Die kunstvolle historische Einkleidung reicht nicht mehr aus, Erlebtes und Erlittenes, das sich überall vordrängt, zuverlässig zu verhüllen.

Entstehung

Nach dem Abschluß des HEILIGEN erwog und erprobte Meyer eine ganze Reihe von Novellenstoffen: DER DYNAST, DER KOMTUR und DIE SANFTE KLOSTERAUFHEBUNG – es ging um das Frauenkloster Königsfelden – beschäftigten ihn. Seine Gedanken umkreisen auch den Hohenstaufen Friedrich II. und dessen Kanzler Petrus Vinea. Dann aber regten sich «zwei ganz absonderliche Liebesgeschichten» in ihm (an Haessel, 18. Mai 1880; XII, 247) – es dürfte sich um den MÖNCH und DIE RICHTERIN gehandelt haben.

Im Brief an Adolf Frey vom 5. Januar 1881 ist die Entscheidung zugunsten des MÖNCHS gefallen:

Ich baue dies Frühjahr [meint den Umbau des Hauses in Kilchberg], hoffe aber zuvor mein Novellchen («die Hochzeit des Mönchs» oder «Götz der Mönch», Zeit Friedr. Barbarossa, Ort Nürnberg) unter Dach zu bringen.

(XII, 247)

Adolf Frey warnte vor dem Titel «Götz der Mönch», weil es ja schon den «Götz von Berlichingen» gebe, zumal die Überschrift «Die Hochzeit des Mönchs» den Konflikt gleich von Anfang an klar herausstelle (Frey an Meyer, 2. Februar 1881; XII, 247). Interessant ist auch Calmbergs Warnung vom 4. Januar 1881, Meyer möge «sich nicht zur Darstellung des Gräßlichen und Ekelhaften verirren, was ich bei unserm letzten Gespräch zu fürchten anfing» (XII, 247). Meyer antwortete postwendend:

Wegen des Gräßlichen [...] fürchten Sie nichts! Außer dem Titel ist an meinem Novellchen «Die Hochzeit des Mönchs» nichts gräßlich. Im Gegentheil, ich habe eine Figur hinein erfunden, wohl die am meisten sympathische, welche ich je gezeichnet habe.

Meyer an Adolf Calmberg,
5. Januar 1881 (XII, 247)

Die Arbeit am MÖNCH – Meyer hatte 1880 ein Drama ins Auge gefaßt – wurde von anderem beiseite gedrängt: PLAUTUS IM NONNENKLOSTER, GUSTAV ADOLFS PAGE, DAS LEIDEN EINES KNABEN und die Gedichtausgabe hatten Vorrang. Erst im Sommer 1883 begann er mit der Niederschrift des MÖNCHS: «Meine Novelle beschäftigt mich Tag u. Nacht.» (an Haessel, 27. August 1883; XII, 248) Bereits am 27. Oktober 1883 sandte Meyer den ehemaligen «Act IV» als Brouillon an Vetter Fritz zur Reinschrift (XII, 249) – offenbar war die ursprüngliche dramatische Fassung schon recht weit gediehen, und schritt die Ausarbeitung seiner Novelle rasch voran. Das Manuskript ging im Oktober in zwei Schüben an Rodenberg; im Dezember 1883 und Januar 1884 wurde DER MÖNCH in der «Deutschen Rundschau» veröffentlicht. Die Buchausgabe in 1. Auflage vom Herbst 1884 war dem am 1. August 1884 verstorbenen Heinrich Laube gewidmet.

Vorabdruck der Novelle in der «Deutschen Rundschau», hrsg. von Julius Rodenberg, Dezember 1883 und Januar 1884. Zentralbibliothek Zürich

Quellen

Der «entkuttete Mönch» ist eines der Grundmotive Meyers: Ausbruch aus bisheriger Lebensform, Rebellentum – was ihn seit der Adoleszenz zutiefst bewegt. Auch diese Novelle wurzelt also in persönlichen Erfahrungen; Handlung und Hauptgestalten sind dagegen weitgehend erfunden. Als Schauplatz der Geschichte erwägt Meyer zuerst, den Stoff als «korsische Novelle» zu behandeln, die auch den Keim zur RICHTERIN enthielt. Dann denkt er an die Papstburg als möglichen Ort, verlegt das Geschehen nach Barbarossas Nürnberg und wählt zuletzt Verona, nachdem er auf Ezzelino da Romano, den Tyrannen von Padua, gestoßen war. Beide Städte kennt der Dichter von seiner Venedig-Reise her.

Mit der Gestalt des Erzählers Dante, der als politischer Flüchtling am Hof von Verona geweilt und den paduanischen Gewaltherrscher in seiner *Divina Commedia* ins «Inferno» versetzt hatte, ist Meyer schon seit langem vertraut. Zur Zeit seiner Romreise von 1858 hat er sich eingehend mit ihm befaßt. Er besitzt den Originaltext der *Divina Commedia* in der Ausgabe von Luigi Portirelli (Mailand 1804/05) sowie die deutsche Übersetzung von Karl Witte (Berlin 1865). Vermutlich benutzt er auch die deutsche Übertragung von Karl Streckfuß (2. Ausg., Halle/Wien 1834).

Das Motiv des Treubruchs eines Verlobten fand Meyer in Niccolò Machiavellis *Istorie fiorentine*, die er in seiner sechsbändigen Gesamtausgabe der Werke des Italieners (Florenz 1782/83) oder in französischer Übersetzung – ebenfalls in seinem Besitz – nachlesen konnte (XII, 255 u. 260 f.). Schon für seine Ballade DER MARS VON FLORENZ, mit dem MÖNCH thematisch verwandt, hatte der Dichter aus dieser Quelle geschöpft (I, 296 ff.; vgl. IV, 541 f.). Im weiteren muß Jacob Burckhardts *Cultur der Re-*

Cangrande I. della Scala (1291–1329), Stadtherr von Verona 1311–1329. Am Herde des Scaligers entwickelt Dante seine Geschichte vom unseligen Mönch und leistet so einen kunstvollen Beitrag zur Unterhaltung des versammelten Hofstaats, getreu dem vorgegebenen Thema «Plötzlicher Berufswechsel» (XII, 8). Dabei flicht er einzelne Personen aus der lauschenden Gesellschaft in seine Erzählung ein und hält beispielsweise seinem Gönner Cangrande in der Gestalt des Tyrannen Ezzelin einen Spiegel vor.

Ezzelino III. da Romano (1194–1259), seit 1236 Stadtherr von Verona und Vicenza, später auch von Padua, Belluno, Feltre und Trient; Schwiegersohn Kaiser Friedrichs II. Ezzelin war ein gefürchteter Gewaltherrscher und tritt auch in Meyers Novelle als rücksichtsloser Renaissancefürst auf, nimmt aber immerhin die Hauptschuld am unheilvollen Geschehen auf sich.

Anonyme Kupferstiche. Erschienen in: «Ritratti et elogi di capitani illustri», Roma bei Filippo de' Rossi 1646. Zentralbibliothek Zürich

naissance in Italien erwähnt werden, und zwar die Schilderung der Familienfehde unter den Baglionen in Perugia (1. Abschnitt, 4. Kapitel): Die dort beschriebene Hochzeit des Astorre Baglione mit Lavinia Colonna erinnert an die Hochzeit des Mönchs Astorre (XII, 261 f.).

Die kenternde Hochzeitsbarke – eine mögliche Anregung

__Mit eingezogenen Rudern fuhr die Barke, dem Willen des Stromes sich überlassend. Die Bootsknechte begleiteten die sanfte Musik mit einem halblauten Gesange. Da verstummten beide. Aller Augen hatten sich nach dem rechten Ufer gerichtet, an welchem ein großer Reiter seinen Hengst bändigte und mit einer weiten Gebärde nach der Barke herüber grüßte. Scheues Gemurmel durchlief die Reihen der Sitzenden. Die Ruderer rissen sich die roten Mützen vom Kopfe und das ganze Fest erhob sich in Furcht und Ehrerbietung, auch der Bräutigam, Diana und die Knaben. Untertänige Gebärden, grüßende Arme, halbgebogene Kniee wendeten sich gegen den Strand mit einem solchen Ungestüm und Übermaße der Bewegung, daß die Barke aus dem Gleichgewicht kam, sich nach rechts neigte und plötzlich überwog. Ein Schrei des Entsetzens, ein drehender Wirbel, eine leere Strommitte, die sich mit Auftauchenden, wieder Versinkenden und den schwimmenden Kränzen der verunglückten Barke bevölkerte.__

«Die Hochzeit des Mönchs» (XII, 13)

Vielleicht hat sich Meyer bei der Schilderung des unglücklichen Endes der Brautfahrt an zwei Bildbeschreibungen Johann Rudolf Rahns erinnert. Sie waren im «Neujahrsblatt der Künstlergesellschaft in Zürich für 1874» zu finden, das Rahn dem Maler Aurèle Robert (1805–1871) aus La Chaux-de-Fonds widmete. Meyer erhielt das Lebensbild des Westschweizer Künstlers vom Verfasser zugesandt und dankte am 4. Januar 1874 besonders für die gelungenen Ausführungen zur bildlichen Darstellung des «Unglücks auf dem Wasserfall von Terni» (XII, 308). Rahn hatte geschrieben:

Den Gegenstand bildet ein Ereigniß, das sich vor etwa zehn Jahren auf dem Wasserfalle von Terni zutrug. Drei Mönche, welche oberhalb desselben in einer Barke übersetzen wollten, wurden von der Strömung ergriffen, welcher der jugendliche Fährmann nicht gewachsen war. Der dargestellte Moment ist nun eben der, wo die Unglücklichen in den Schlund herunter stürzen.

(«Neujahrsblatt der Künstlergesellschaft in Zürich für 1874», S. 9)

Die Beschreibung des zweiten Bildes von Robert, welches dasselbe Thema gestaltet, lautet:

Der Kahn hat eben das Gefälle erreicht, jäh sich aufbäumend aus wilder Fluth ragt noch die Spitze hervor, auf der zwei lebenskräftige Gestalten verzweifelt um Rettung kämpfen, ein junger Mönch, der hoch emporgerichtet nach einem Strauche hascht und vor ihm ein Knabe, der laut aufschreiend und hastig vorgreifend dasselbe Ziel zu erreichen hofft. Vergebens – unaufhaltsam treibt Alles dem Schlunde zu. Ein Mönch, den Tod im Angesichte, stürzt ohnmächtig zusammen, zu unterst aus tiefer Brandung starrt noch ein Alter hervor, hat seine Rechnung geschlossen, vom Mantel umhüllt, saust er stumpf in die Tiefe hinab. Die ganze Composition ist ein Muster einfach großartiger Linienführung, eine gewaltige Pyramide, deren Spitze der Mönch mit seinem hochwallenden Mantel bildet. Tiefer, im sausenden Gefälle wird die Stimmung eine gelöstere, Erschöpfung und Todesfriede folgen dem grausigen Ringen [...].

(«Neujahrsblatt der Künstlergesellschaft in Zürich für 1874», S. 9)

Kommentare

Am 31. Oktober 1883 sandte Meyer den Schluß seiner Novelle an Rodenberg. Das lobende Urteil des Freundes in Berlin ließ nicht lange auf sich warten:

Lieber Freund! Die Geschichte endet groß und gewaltig, wie sie begann; ich bin tief ergriffen von dem mächtigen Schritt dieser Tragödie. Gewiß, es war nicht leicht, die Sache in diesem vornehmen Tone zum Schlusse zu bringen; aber kaum eine leise Schwankung, und es ist Ihnen gelungen. Meisterhaft in ihrem Ebenmaß sind die Charactere durchgeführt, der Tyrann, der Mönch, die Frauen, die Freunde – vorzüglich die Nebengestalten, wie die des Abu-Mohammed, mit vollendeter Kunst die Figuren des Rahmens festgehalten – Dante, nach vollendeter Erzählung die Treppe hinansteigend, ist ein unvergeßlicher Anblick. Ich drücke dankbar die Hand, die so Herrliches geschaffen hat und das mit einer Kraft und Sicherheit, mit einer Herrschaft über das Material, welche der Höhe nahe sind.
Julius Rodenberg an Meyer,
4. November 1883 (Rodenberg, S. 177)

Der Dichter war sich wohl im klaren, daß er mit der raffiniert konzipierten Rahmenerzählung etwas stilistisch Neues geschaffen hatte:

Es ist die erste von drei Kaisernovellen, welche ich entworfen habe und sie hat – wenn ich mich nicht täusche, was auch möglich ist – einen größern Styl als meine bisherigen Sachen. Darüber u. über einiges Andere möchte ich gerne mit Ihnen nach alter Sitte ein bischen conferiren. Ich habe sie meinem Vetter sozusagen aus dem Stegreif in die Feder dictirt u. bin selbst begierig zu betrachten, welch einem Ungeheuer ich das Leben gegeben habe.
Meyer an François Wille,
16. November 1883 (XII, 249)

Mit den beiden andern Kaisernovellen sind PETRUS VINEA und DIE RICHTERIN gemeint. – Auch DIE RICHTERIN war nach ursprünglichem Plan im Sizilien Friedrichs II. angesiedelt.

Unsicher, ob sein neuestes Werk Anklang finden werde, bat Meyer seiner Gewohnheit gemäß Freunde und Zeitgenossen um ihre Meinung:

Ich bin in der Tat neugierig, was Sie zu Novelle II (Rundschau Dec./Jan.) sagen werden. Wieder ein Rahmen, Gnädige, aber ein lebendiger. Dante, kein geringerer, erzählt in Verona, am Hofe Cangrandes eine bewegliche Geschichte. Ich gab Auftrag, Ihnen die Corr.[ektur] Bögen der ersten Hälfte zu senden und bekomme dafür eine Zeile, nicht wahr?
Meyer an Louise von François,
7. November 1883 (von François, S. 114)

Die Begeisterung der deutschen Schriftstellerin, auf deren Urteil der Dichter viel gab, hielt sich allerdings in Grenzen. Selbst nachdem Meyers Briefpartnerin die Novelle als Ganzes kennengelernt hatte, konnte sie ihre Vorbehalte nicht ausräumen und wies mit leisem Bedauern auf die Eignung des Stoffes für eine dramatische Bearbeitung hin:

[...] trotz wiederholten Lesens ist der Eindruck noch ein flackernder; das Interesse an dem Erzähler verschlingt geradezu das an dem Helden, der bis jetzt im Grunde ein kläglicher armer Teufel ist. Sein Schicksal – denn ohne Zweifel läßt er sich die Geliebte von deren toller Mutter aufnötigen, wie er sich die Braut von seinem argen Vater aufluxen ließ – erinnert an die Sage von dem ersten Entstehen der Guelfen- und Ghibellinenfehden in Florenz; ob die weitere Fabel der göttlichen Comödie entnommen ist, erinnere ich mich nicht; der Dante versteht sich ja auf vornehme Klatschgeschichten; aber Unsereiner versteht sich nicht immer auf deren Zusammenhang. Auch Ihre Erzählung wird schwerlich leicht und von Vielen gefaßt werden. Ich bin gespannt, welchen innerlichen Bezug das Thema mit einem oder dem Anderen der Zuhörerschaft – vermutlich der Gemahlin des Cangrande – haben wird; denn ohne solchen Bezug würden Sie die Persönlichkeiten nicht bis zu den Namen herab vermischt und auch wohl schwerlich den Dichter als Fabulisten eingeführt haben, wenn es sich nicht um den Spruch eines Richters gehandelt hätte.
Louise von François an Meyer,
19. November 1883 (von François, S. 116)

Der kunstvolle Rahmen, wie Sie es nennen, ist mir zu reich für das Gemälde; der Dichter der Hölle, der Richter seiner Zeit, – dabei muß ich bleiben – zu groß zum Fabulisten. Ich zweifele nicht, daß Sie den Menschen Dante treffend gezeichnet haben, nach unserer überkommenen Schätzung jedoch erscheint er herabgedrückt. Ich hatte die Empfindung, als ob Sie den Stoff zuvörderst dramatisch erdacht und behandelt und erst nachträglich novellistisch umfaßt hätten. Bild und Bild giebt eine Scene, die auf der Bühne von äußerster Wirkung sein müßte. [...]

Soll ich nach Frauenart – d.h. empfindungsweise, sonder Kunst und Studium – ein bischen an Einzelheiten mäkeln – frank und frei, wie Sie es gütigst gestattet haben, so sei es das Folgende:

Die Rede Dianens nach ihrer Zusammengebung durch den toten Alten [...] würde mir gedrängter, knapper, präciser mehr ihrem Wesen und ihrer Lage entsprechend dünken. Ihre Selbstkritik wäre, dächte ich, nicht am Platze. Liebe fordern und versprechen in dieser Stunde wäre mindestens geschmacklos – aber Treue um Treue, Pflicht um Pflicht, die Mahnung paßt, Einem gegenüber der die heiligste Treue und Pflicht vor ihren Augen brach. Demgemäß wäre es wohl auch der menschlichen Logik – wenn auch nicht der weiblichen Natur – gemäßer, wenn sie, die Frau, die Rache, welche Vater und Bruder versagen, persönlich ausübte, nicht an dem verhältnismäßig schuldlosen, von ihr bereits beschimpften Weibe, sondern an dem beschimpfenden Verräter. Den Todesstreich Ihrer Lucrezia [im «Jürg Jenatsch»] aus anderem Motiv. Der armen Antiope würde dann freilich wohl nur das Ende der Julia übrigbleiben; aber der an Hamlet erinnernde Wechselmord Astorres und Germanos fiele fort. Immerhin eine Leiche weniger in dem grausen Spiel. Germano darf weiterleben.

Nächstdem: könnte der Zufall mit dem rollenden Ring nicht etwas weniger künstlich ausgesonnen werden? Ich weiß freilich nicht wie. Aber sollte eine ausgiebigere Phantasie nicht ein Medium finden, das schärfer einleuchtete und wohl gar als ein erster Akt der Schuld erschiene? Angenommen, daß Sie den Vorwurf statt novellistisch dramatisch ausgeführt hätten, wie würde diese Scene auf der Bühne anschaulich dargestellt werden können? Diese einzige Scene so nimmer; alle anderen springen in die Augen.

So. Ich bin fertig. Alles in Allem: Ihr Mönch ist nicht die Ihrer Novellen, die mir vorzugsweise gefällt; aber ich kenne unter unsern heutigen deutschen Dichtern keinen, der eine vorzüglichere schreiben könnte und wenn ich wünsche, daß Ihre Phantasie sich aus der gefangennehmenden düstern Zone in eine lichtere einbürgerte, in eine, wenn nicht gegenwärtige, so doch der Gegenwart wirksamere Analogien bietende, so ist das eben weiblicher Gusto – weiter nichts.

*Louise von François an Meyer,
9. Januar 1884 (von François, S. 127f.)*

Auch Gottfried Keller stieß sich am blutrünstigen Schluß der Novelle; ihm waren solche Mordszenen, wie sie bei Meyer wiederholt vorkommen, ohnehin zuwider:

Meister Ferdinands «Hochzeit des Mönchs» ist wieder ein Treffschuß bis auf die Ausführung der Töterei am Schluß, die nicht befriedigt; er ist zu hastig und ungeschickt und wirkt darum nicht tragisch genug. Diese vertrackten Mordfinales, die seine Passion sind, versteht er doch nicht immer durchzudenken. Dann gibt er sich zu sehr einem leisen Hang zur Manieriertheit wo nicht Affektation des Stiles hin, was ich ihm einmal getreulich sagen werde.

*Gottfried Keller an Julius Rodenberg,
9. Januar 1884
(Gottfried Keller, «Gesammelte Briefe in
4 Bänden», hrsg. von Carl Helbling,
Bern 1950–1954, Bd. III/2, S. 408)*

Seinem Schriftstellerkollegen gegenüber, von dem er ein Buchexemplar erhielt, hat Keller dann aber jegliche Kritik taktvoll verschwiegen:

Durch wiederholtes wenn auch nicht schweres Unwohlsein bin ich abgehalten worden, Ihnen in höflicher Frist für die Hochzeit des Mönches zu danken, thue es aber nun doch noch um so herzlicher. Gelesen habe ich indessen das Werk auf der Stelle wieder und mich auf's neue der erreichten Stylhöhe gefreut, sowie des Inhalts, ohne daß ich Sie weiter mit mehr als einem aufrichtigen Glückwunsch behelligen will.

*Gottfried Keller an Meyer,
5. November 1884 (Briefe I, S. 304)*

Gegen die von Friedrich von Wyß zu erwartenden Beanstandungen suchte sich Meyer gleich vorbeugend zu rechtfertigen:

Den Mönch wirst Du etwas roh finden; das Problem hast du – wenn mir mein Gedächtniß treu ist – vor Jahren einmal [...] gebilligt, es ist auch wol [!] ethisch unanfechtbar. Die Form betreffend, schwebten mir die alten Italiener vor. Der Rahmen mit Dante war de toute nécessité, um den Leser in den richtigen Gesichtspunct zu stellen.

*Meyer an Friedrich von Wyß,
13. Dezember 1883 (XII, 249)*

Aber allen Zweifeln und Einwänden zum Trotz fand der MÖNCH bei der Leserschaft günstige Aufnahme:

Der «Mönch», soweit er vorliegt, hat dem Publicum außerordentlich gefallen und ich bin sicher, daß der Schluß nicht geringeren Beifall finden und das Werk krönen wird. Die Novelle ist meisterhaft angelegt und durchgeführt. Brahm sagte mir gestern, daß ihm die Gestalt des großen Florentiners besonders imponirt habe und daß er das Gleichgewicht bewundere, das richtige Verhältniß, in welchem Sie den Erzähler und das Erzählte gehalten haben.

*Julius Rodenberg an Meyer,
11. Dezember 1883 (Rodenberg, S. 180)*

Noch muß ich Ihnen sagen, daß Julian Schmidt und Prof. Dilthey, der Biograph Schleiermachers, sich in Begeisterung für den «Mönch» überbieten. Herman Grimm, der die Novelle jetzt erst lesen will, wo sie ganz vorliegt, sagte mir, daß jene Beiden den «Mönch» für das beste Ihrer Werke erklärt hätten. Gehen Sie nur getrost an die zweite der Kaiser-Novellen; die erste ist ihr siegreich vorangeschritten.

*Julius Rodenberg an Meyer,
1. Januar 1884 (Rodenberg, S. 186)*

Meyer hat seine Novelle für die Buchausgabe wiederum überarbeitet; «ein ganzes Büschel Briefe [...], alle auf *Umbildg. u. Ausformg.* des ‹Mönches› statt einfachen Abdruckes für die Buchform dringend», ließen ihm eine sorgfältige Durchsicht und Umgestaltung ratsam erscheinen (Meyer an Johann Jakob Hardmeyer-Jenny, 16. Januar 1884; Schultheß, S. 8). So gestand er Louise von François am 22. Juli 1884:

Diese letzten Sommerwochen sind mir schnell und ohne Eindruck vergangen unter Besuchen und zweiten Bearbeitungen: Hutten ed. 5 und der Mönch. Ich erschrak und begreife nun, daß Sie erschraken über das Unkraut in dem Mönche. Geläutert und gelichtet habe ich, ohne Abbruch der Kraft, – so meine ich wenigstens.

(von François, S. 143)

Die Buchausgabe erschien am 10. Oktober 1884 bei Meyers Verleger Haessel in Leipzig; die zweite Auflage wurde gleich mitgedruckt. Auch der Verkauf des Werks ließ sich wider Erwarten gut an; die selbstkritischen Bedenken des Dichters waren nicht gerechtfertigt:

Der Mönch, dessen im Vorrat gedruckte Ed. 2 (vide Vertrag) mich ein bischen erschreckte, hat drei Klippen: 1. seine scheinbare Frechheit stößt die Mittelschichten. 2. das aufs Äußerste (zu weit) getriebene Ineinanderschlingen von Erzählg und Hörerkreis erscheint raffinirt und strengt zu sehr an 3) der Styl ist zu epigrammatisch.

Meyer an Hermann Haessel, 1. November 1884 (XII, 253)

Und doch löste die eigenartige Rahmengeschichte – namentlich bei Fachleuten – immer wieder Befremden aus und nötigte Meyer zu klärenden Stellungnahmen:

Es sind so höchst neuartige Motive und die Figuren von Ihrem eigensten Gepräge, die Verschlingung der Leidenschaften unentrinnbar, die Farben ganz gesättigt mit südlichem Gold und Feuer. Daß ich's aber offen heraussage: in die Form habe ich mich nicht hineingefunden. Schon im «Leiden eines Knaben» schien mir die Aufgabe, aus dem Munde des Arztes die Details zu vernehmen, kaum günstig für die Unmittelbarkeit des Eindrucks, abgesehen von der Überstilisirung durch das «Du», das diesem Könige doch anstößiger als irgend einem sein mußte. Nun haben Sie es gar gewagt, den größten Epiker zum Erzähler zu wählen, dessen Weise uns so vertraut und doch ewig fremd ist, und lassen ihn neben archaistischen Wendungen sich der modernsten Palettenkünste bedienen, während wir in der vita nuova *ein Exempel haben, wie er und seine Zeitgenossen sich betrugen, wenn sie mit der deutlich ausgesprochenen Absicht, zu erzählen, an eine Geschichte gingen. Ich wäre sehr begierig, zu hören, was Sie zu dem barocken Rahmen um das gewaltige Bild verführt hat, was mit dem rätselhaften Scherz der gleichen Namengebung – in Bild und Rahmen – bezweckt ist, und warum Ihnen überhaupt der direkte Vortrag nicht angemessener schien, da ja eine* persönliche *Beziehung gerade* dieses *Erzählers zu dem Stoffe nicht einleuchten will.*

Paul Heyse an Meyer, 10. November 1884 (Briefe II, S. 341)

Mein Dante am Herde ist nicht von ferne der große Dichter, welchen ich in Ehrfurcht unberührt lasse, sondern eine typische Figur und bedeutet einfach: Mittelalter. *Er dient, den Leser mit einem Schlage in eine ihm fremde Welt zu versetzen, wo ein Mönch z. B. etwas ganz anderes vorstellt, als im letzten Jahrhundert. Er dient ferner dazu, das* Thema *herrisch zu formuliren, woran mir, dieses Mal, liegen mußte. Wenn nun einer aus Dantes Rede auch noch eine Warnung an Ezzelin vor Astrologie u. Grausamkeit u. seiner kleinen Freundin vor Schlag oder Stich herausliest, so steht es ihm frei. Einem persönlichen alten Gefühle: Dante habe sein Florenz über das Maß grausam behandelt, Luft zu machen, verführte dann die Gelegenheit.*

Über die «modernsten Palettenkünste», lieber Freund, habe ich aufrichtig hier oben in Kilchberg ein bischen gelacht. Von wem hätte ich das hier in meiner Stille gelernt!

Die Neigung zum Rahmen dann ist bei mir ganz instinctiv. Ich halte mir den Gegenstand gerne vom Leibe oder richtiger gerne so weit als möglich vom Auge u. dann will mir scheinen, das Indirecte der Erzählung (und selbst die Unterbrechungen) mildern die Härte der Fabel. Hier freilich wird der Verschlingung von Fabel u. Hörer zu viel, die Sache wird entschieden mühsam. ein non plus ultra! M'en voilà guéri!

Sie sehen, ich werde gegen Gewohnheit eifrig. Es ist aber auch ganz hübsch, von Paul Heyse zur Rede gestellt zu werden!

Meyer an Paul Heyse, 12. November 1884 (XII, 251 f.)

«Die Richterin» (1885)

Was in der Pagen- und in der Hochzeitsnovelle als verbotene Liebe und als Strafphantasie geschwelt hat, bricht in der RICHTERIN in einer gewaltigen Eruption aus der Tiefe herauf. War bisher undeutlich von «Frevel», von Leidenschaft und Ungestüm die Rede, so heißt es jetzt kraß und schonungslos (XII, 215 f.): «Ich begehre die Schwester!» – «Ich halte Hochzeit mit der Schwester!» Das Inzest-Phantasma bahnt sich durch eine verhärtete Landschaft, aus Felsklüften und Schluchten, mit erschreckender Gewalt einen Weg und zertrümmert alles, was eindämmte und abdeckte. Archaisches sprengt dabei sämtliche Versuche, in einer Welt begründeter Sicherheiten zu leben. Es zerschlägt, was Konvention heißt und Moral und Gewissen fordern mögen. Es ist, wie wenn das nicht in Worte zu Fassende und schon in der HOCHZEIT DES MÖNCHS Bedrohlich-Gegenwärtige jetzt hervorbrechen würde und alle Ordnungsversuche, jeden Anspruch auf Gesetz und Rechtlichkeit zunichte machte. Das Verdrängte wird zutage gefördert und zerschmettert jegliche rationalen Rücksichten und Übereinkünfte.

Zwar erscheint zu Beginn und am Ende der Kaiser: Karl der Große tritt als Garant der Rechtmäßigkeit allen Mächten des Abgrunds entgegen. Aber so gewaltig seine Gestalt auch ist, so wenig vermag sie das einzudämmen, was als Chaos heraufstößt und die geordnete Welt zerstört. Der Ausbruch des Urtümlichen stellt selbst den Kaiser in Frage, und es ist der reine Selbsterhaltungswille des Erzählers, wenn Karls Machtvollkommenheit zur Not bestehen bleibt.

Die Handlung ist befremdend und kriminell zugleich, von ihrer Anlage her ausgesprochen peinlich. Stemma, die Tochter des Richters, wird von ihrem Vater gezwungen, dem um vieles älteren Grafen Wulf zu folgen, nachdem dieser seine erste Gemahlin, die Mutter Wulfrins, ins Kloster verstoßen hat. Damals trägt Stemma aber schon das Kind Peregrins, eines jungen arzneikundigen Klerikers, unter dem Herzen und wäre bereit, mit dem Geliebten zu fliehen. Peregrin bringt den Mut zur Flucht nicht auf, und der Judex, der seine Tochter mit dem Kleriker überrascht, erwürgt ihn. Auch der Richter kommt gewaltsam ums Leben. Comes Wulf rächt den Tod des Schwiegervaters und kehrt nach Schloß Malmort zurück, wo ihm Stemma einen Begrüßungstrunk kredenzt, an dem der Ungeliebte stirbt. Die junge Palma, der die Witwe das Leben schenkt, liebt Wulfrin, der für sie ihr «Bruder» ist, und dieser verfällt in Leidenschaft zu seiner «Schwester». Erst ganz am Schluß gesteht Stemma, daß die beiden keine Halbgeschwister sind. Die für untadelig geltende Richterin, jetzt *magna peccatrix*, richtet sich selbst.

Die Kulisse, vor welcher das Geschehen abrollt, erhöht die Schauerlichkeit: Burg Malmort, kaum zugänglich über der Viamala gelegen, wo das abgründige Wasser donnert und tost. Im Burghof dann das Grab des Comes als ständiges Mahnmal, darüber der Turm, dessen Glocke das Kind Palma wie ein Engel läutet (XII, 195). Schuld und Unschuld, Tod und Erlösung, Mord und Liebe sind auf Malmort untrennbar miteinander verbunden. Die ungetümen Blöcke der verbrecherischen Konstellation – Ehebruch und Gattenmord auf seiten Stemmas, Geschwisterliebe unter den Kindern – führen zu einer Fabel, die mehr als unwahrscheinlich ist. Sie nährt sich aus dem Verheimlichten und Verschwiegenen, das mit dem Anschein des Streng-Gerechten überdeckt ist, und bleibt ständiger Anlaß zu mühsam unterdrückten Mißdeutungen und dennoch auswuchernden falschen Annahmen.

Zweimal wird im Gang der Ereignisse der Vorhang weggerissen. Zweimal blickt mit erschütternder Gewalt des Visionären die Wahrheit aus den Trümmern und Spalten: in Stemmas Traum (XII, 187 ff.) und in Wulfrins Schlucht-Halluzination (XII, 215 f.). Beide Szenen sind in ihrer Färbung unterweltlich. Stemmas Traum taucht zum Styx hinab, wo Charon «im Schilfe» wartet, «[d]er pfeifend sich die Zeit vertreibt» (I, 331). Von dort steigen die Schatten der Toten auf (XII, 188 f.):

«‹Woher kommst du, Peregrin?› sagte die Richterin.

‹Vom trägen Schilf und von der unbewegten Flut. Wir kauern am Ufer. Denke dir, Liebchen, neben welchem Nachbar ich zeither sitze, neben dem› – er suchte.

‹Neben dem Comes Wulf?› fragte die Richterin neugierig.

‹Gerade. Kein kurzweiliger Gesell. Er lehnt an seinen Spieß und brummt etwas, immer dasselbe, und kann nicht darüber wegkommen. Ob du ihm ein Leid antatest oder nicht. Ich bin mäuschenstille› – Peregrin kicherte, tat dann aber einen schweren Seufzer. Darauf schnüffelte er, als rieche er den verschütteten Saft, und suchte mit starrem Blicke unter Stemmas Gewand, wo das andere Fläschchen lag, sodaß diese schnell den Busen mit der Hand bedeckte.

Da fühlte sie eine unbändige Lust, das kraftlose Wesen zu ihren Füßen zu überwältigen. ‹Peregrin›, sagte sie, ‹du machst dir etwas vor, du hast dir etwas zusammengefabelt. Palma geht dich nichts an, du hast kein Teil an ihr.›»

Peregrin, der Jüngling im Gewande eines Klerikers: Ihn hat Stemma geliebt, er hat ihr die Fläschchen mit Gift und Gegengift gegeben, die sie geschickt anzuwenden wußte. Sie war die Lockende, die Leidenschaftliche, sie hat Peregrin mit dem Blutstropfen am Finger verführt, sie hat ihn aufs Lager gezogen und mit ihm wegreiten wollen. Und sie tat es aus Haß und Verachtung dem aufgezwungenen Gatten gegenüber.

Die Wulfrin-Halluzination verweist dagegen auf den Ort, wo die Titanen hausen: frevler Trotz, Empörung, aber auch unverkennbare Ohnmacht drehen sich hier im tobenden Strudel und zwingen zum Mittun (XII, 215):

«Da er in den Schlund hinabstieg, wo der Strom wütete, und er im Gestrüppe den Pfad suchte, störte sein Fuß oder der ihm vorleuchtende Wetterstrahl häßliches Nachtgevögel auf und eine pfeifende Fledermaus verwirrte sich in seinem Haare. Er betrat eine Hölle. Über der rasenden Flut drehten und krümmten sich ungeheure Gestalten, die der flammende Himmel auseinanderriß und die sich in der Finsternis wieder umarmten. Da war nichts mehr von den lichten Gesetzen und den schönen Maßen der Erde. Das war eine Welt der Willkür, des Trotzes, der Auflehnung. Gestreckte Arme schleuderten Felsstücke gegen den Himmel. Hier wuchs ein drohendes Haupt aus der Wand, dort hing ein gewaltiger Leib über dem Abgrund. Mitten im weißen Gischt lag ein Riese, ließ sich den ganzen Sturz und Stoß auf die Brust prallen und brüllte vor Wonne. Wulfrin aber schritt ohne Furcht, denn er fühlte sich wohl unter diesen Gesetzlosen. Auch ihn ergriff die Lust der Empörung, er glitt auf eine wilde Platte, ließ die Füße überhangen in die Tiefe, die nach ihm rief und spritzte, und sang und jauchzte mit dem Abgrund.»

Zuunterst im Tartaros, nachdem er «in dunkler Nacht» getappt, begegnet er der Schwester. Sie ist ihm gefolgt. «Siehe, ich muß dir folgen, es ist stärker als ich!» Sie hat nur einen Wunsch: Er soll sie töten, wenn er sie nicht lieben kann. «Er stieß einen Schrei aus, ergriff, schleuderte sie, sah sie im Gewitterlicht gegen den Felsen fahren, taumeln, tasten und ihre Knie unter ihr weichen. Er neigte sich über die Zusammengesunkene. Sie regte sich nicht und an der Stirn klebte Blut. Da hob er sie auf mächtigen Armen an seine Brust und schritt ohne zu wissen wohin, das Liebe umfangend, dem Tale zu.» (XII, 216)

Sein «Ich begehre die Schwester!» sprengt alle menschliche Fassung: «[E]r erstaunte und erschrak vor dem lauten Worte seines Geheimnisses. Es jagte ihn auf und er floh vor sich selbst. Schweres Rollen erschütterte den Grund, als öffne er sich, ihn zu verschlingen. Von senkrechter Wand herab schlug ein mächtiger Block vor ihm nieder und sprang mit einem zweiten Satz in die aufspritzende Flut.» (XII, 215) Das Chaotische und Wilde bricht auf wie im Zeitalter der Titanen und Giganten. Unterweltliches drängt an die Herrschaft. Es bäumt sich auf, verschiebt Berge, wirft Felsblöcke und Baumstämme, brüllt – wer könnte sie in die klaffende Unterwelt zurückzwingen?

Die beiden Szenen, die eine im Traum, die andere in äußerster seelischer Bedrängnis erlebt, machen die archaische Gewalt von Eros und Thanatos sichtbar. Liebe, Tod, Mord und

Wahnsinn brodeln im Abgrund, und es gibt kein Gesetz, kein Licht des Tages mehr, das sie bändigen könnte. Meyer erzählt in einer Sprache, die alle gelehrten und artifiziellen Zitate wegsprengt, und nur notdürftig gelingt es ihm, das Herausgeborstene in den Gang einer Handlung einzubauen, die dem Anspruch auf Vernunft und Ordnung genügen kann.

Soweit der Aufriß der Fabel. Am Anfang steht Kaiser Karls Auftritt in Rom. Vor kurzem hat ihn Papst Leo zum Kaiser gekrönt. Jetzt schreitet er die Treppe des Kapitols hinan, um einer Seelenmesse für das Heil seines Vaters, des Königs Pippin, beizuwohnen. Abt Alcuin und die Höflinge der neu gegründeten Palastschule begleiten ihn. Vor dem Reiterstandbild des Marc Aurel hält der Kaiser an, dann tritt er durch die Pforte von Ara coeli. Er ist damit gezeichnet als der Kaiser des Heiligen Römischen Reichs Deutscher Nation. «[Er] hat immer Recht, denn er ist eins mit Gott Vater, Sohn und Geist. Er hat die Weltregierung übernommen und hütet, ein blitzendes Schwert in der Faust, den christlichen Frieden und das tausendjährige Reich», wird später, auf dem Weg nach Pratum, der Hirtenjunge Gabriel von ihm sagen (XII, 203). Am Schluß der Novelle zieht Karl als Richter und *deus ex machina* auf Malmort ein.

Was sich zwischen seinen beiden Auftritten abspielt, ist ein verschlungenes und undurchsichtiges Geschehen. Ominöse Vermutungen, blinde Ängste belasten die Beteiligten bis zur Lähmung. Die Auswegslosigkeiten übertragen sich auch auf den Leser. Sie blockieren ihn wie die Hauptfiguren und nehmen ihm jede Hoffnung auf eine mögliche Lösung.

Stemma, *magna peccatrix* und *judicatrix* in einem, kann nicht richten, ohne sich selbst zu richten. Niemand weiß von ihrer unerlaubten Liebe zu Peregrin außer ihr selbst. Kein Mensch ahnt, daß sie den aufgezwungenen Gatten vergiftet hat. Niemand hat Kenntnis davon, daß Wulfrin und Palma keine Geschwister sind, daß Wulfrin aus früherer Ehe des Comes stammt und Palma von einem Fremden. Solange Stemma schweigt, bleibt die Wahrheit vor aller Welt verborgen.

Wulfrins Zweifel der Stiefmutter gegenüber sind die Zweifel Hamlets. Sein Vater Wulf erscheint ihm nicht als Geist, aber er liegt in immerwährender Präsenz in jenem Grabmal auf Malmort, das ihn Seite an Seite mit der Judicatrix zeigt. Wulfrin verdrängt jeden Verdacht der Stiefmutter gegenüber. Auch daß Palma und er den gleichen Vater haben, glaubt er. Palma, die schwärmerische, liebt ihn, das spürt er, und er liebt sie. Die «blinden» Naturkräfte weisen beide einander zu – sie sehen richtig. Jedoch die Konvention verbietet die Geschwisterliebe. Und hier der verquere Wunsch: ‹Wäre sie nicht meine Schwester, dürfte ich sie lieben. Wenn Stemma den Vater mit einem andern betrogen hätte? Dann wäre Palma nicht meine Schwester, dann dürfte ich sie heiraten. Ich *will* sie aber heiraten, also *muß* Stemma ihren Gatten betrogen und getötet haben.› Welche Wunschlogik!

Am Schluß hingegen bringt genau diese Logik Wulfrin seinem Ziele näher. Alle Hindernisse fallen: Der Comes ist zwar der Vater Wulfrins, doch nicht der Palmas; Stemma ist zwar die Mutter Palmas, aber nur die Stiefmutter Wulfrins. Die Geschwister sind keine Geschwister. Allein, steht damit auch schon der Himmel wirklich offen? In Lessings *Nathan*, diesem anti-schwärmerischen, anti-erotischen Aufklärerdrama, senkt sich im letzten Moment die Sperre zwischen die Liebenden: Recha und der Tempelherr sind Geschwister. Hier findet das Gegenteil statt: Die angebliche Verwandtschaft trifft nicht zu, und die Liebe holt sich ihre archaischen Rechte über alle Blockaden hinweg. Der Weg zur Liebe ist jedoch mit unverzeihbarer Sünde und Blut besudelt. Ein Glücksgefühl vermag nicht aufzukommen. Die Zweifel sind längst stärker als die an ein Märchen gemahnende Lösung.

Das Märchen kommt zwar zu seinem Recht bei der Wanderung der «Geschwister» zum See bei Pratum (XII, 204ff.). Vom weichen Sitz über dem «gründunkelklaren Gewässer» sehen die jungen Menschen ihr Spiegelbild: «Nun ist das Märchen erfüllt von dem Bruder und der Schwester, die zusammen über Berg und Tal wandern. Alles ist schön in Erfüllung gegangen», sagt das Mädchen. In den Wolken sehen die beiden «ein himmlisches Fest»: «Hier hob sich ein Arm mit einem Becher, dort neigten Freunde oder Liebende sich einander zu und leise klang eine luftige Harfe. [...] ‹das sind Selige!›», flüstert das Mädchen; «‹wir sind Selige›», jubelt sie. Der «bestrickende Zauber» der Mittagsstunde legt sich über die beiden an diesem *locus amoenus*.

«Palma umfing den Bruder in Liebe und Unschuld. Sie schmeichelte seinem Gelocke wie die Luft und küßte ihn traumhaft wie der See zu ihren Füßen das Gestade. Wulfrin aber ging unter in der Natur und wurde eins mit dem Leben der Erde.» (XII, 205) Der Traum vom Paradies läßt sie erschrecken.

Wenig später sitzen sie auf dem Turm von Pratum. Graciosus, des Bischofs Neffe, ist zu ihnen gestoßen. Auch er liebt Palma, und Wulfrin ist zunächst willens, dessen Neigung zu unterstützen, um sich aus der Verstrickung seiner Gefühle in eine verbotene Liebe zu befreien. Graciosus will dem Mädchen Milch zu trinken geben, Palma aber begehrt Wein aus Wulfrins Krug. «[W]ir sitzen auf dem Turm wie die drei Verzauberten», sagt sie (XII, 212). Sie läßt das aus der Stiftsbibliothek stammende alte Buch holen, das Byblis zeigt, die ihren Bruder Caunus geliebt hat und ihm bis ans Ende der Welt gefolgt ist. Byblis aber gleicht ihr, und die beiden Mädchen fließen phantasmagorisch ineinander. Wulfrin empört sich und zerreißt das Blatt mit einem Fluch. Sie enteilt verängstigt. Was folgt, ist die Szene in der Schlucht. Paradies und Hölle, moosiger Wiesengrund und Schlucht sind einander zugeordnet.

Und Wulfrins Geständnis in der Schlucht wird öffentlich. Im Augenblick seiner Rückkehr nach Malmort verlangt er von Stemma, daß sie ihn richte, weil er seine Schwester liebe. Sie hingegen kann ihres Amtes nicht walten, weil sie selbst eine Sünderin ist. Gleichzeitig weiß sie, daß sie die Kinder nur retten kann, wenn sie die Wahrheit aufdeckt. Sie legt ihr Geständnis ab, aber insgeheim nur, vor dem Grabmal des Comes. Doch ihre Tochter hört ihr dabei zu. Das Kind zerbricht beinahe an seiner Zeugenschaft, es verweigert die Nahrungsaufnahme.

Jetzt, wo Stemma sich selbst richten müßte, entschließt sie sich, den Kaiser als obersten Richter anzurufen. Kaiser Karl betritt die Burg wie ein leuchtender Gott. Über dem begrabenen «Frevel» – das Wort fällt mehrmals, mit der Wucht von Hammerschlägen (XII, 231 ff.), – eröffnet er der Frau die Aussicht auf Gnade. Aber sie verdient sie in ihren Augen nicht. Der Kaiser lehnt es ab, sie zu richten (XII, 234): «Richte dich selbst!» Sie ruft nach einem Gottesurteil – und nimmt das Gift.

Das Happy-End, die vom Kaiser in Aussicht gestellte Hochzeit der Kinder, ist die größte der Unwahrscheinlichkeiten. Alcuin, des Kaisers Berater und Freund, will Palma zunächst dem Kloster übergeben. Oder soll Graciosus sie heiraten? Ihm graut vor dem Kind der Mörderin. Wulfrin aber ist entschlossen. «Sohn Wulfs», fragt ihn der Kaiser, «du freiest das Kind seiner Mörderin? Überwindest du die Dämonen?» Er verfügt: Wulfrin soll in den Krieg ziehen. Kehrt er zurück, darf er Palma heiraten. Was für ein Entscheid! Was für eine Art der Verkündung! Im Burghof das Grab von Wulfrins Vater, davor die Leiche von Palmas Mutter. Was für ein Hochzeitsfest wird das geben, wo doch Karl davon spricht, daß die Brautfackel in das Gebälk von Malmort geschleudert werden soll?

Roma locuta. Der Kaiser hat gesprochen. Aber ist dieser Kaiser so erhaben, wie ein oberster Richter es sein müßte? Ist er, der soviel Konkubinen hat, unanfechtbar? Wie so oft bei Meyer wird die höchste Instanz angezweifelt. Karl der Große, *Le Roi Soleil* oder der Hohenstaufen-Kaiser: sie alle sollten als Gottes Stellvertreter dessen Gerechtigkeit durchsetzen? Aber gibt es diese Gerechtigkeit überhaupt?

Die Botschaft des kaiserlichen Richters lautet: Die Zeit von Frevel, Schuld und Sühne ist vorbei; die Zeit der Liebe ist angebrochen. Die Beraubten und Geschädigten werden ihre Kraft zurückgewinnen. So will es das Märchen, das die Geschichte besiegt. Diese Geschichte aber wird weitergehen als ein Geschehen von Raub, Mord und Tod, von Liebe-Empfangen und Zeugen auch. Mit den Symbolen der Fabel: Kehrt Wulfrin heim, wird er ins Horn stoßen, und Palma wird ihn mit dem Becher erwarten. Horn und Becher: Um sie dreht sich das Geschehen immer aufs neue in dieser Novelle – es sind urelbische Geschenke, wie die Sage es will (XII, 166), und sie sind in ihrer Art ambivalent. Das Horn ist das Zeichen des Männlichen: Es kann töten und es kann zeugen. Der Becher dagegen steht für das Weibliche: Er kann voll Wein sein oder voll Gift, kann Leben bringen oder Tod. Stemma hat dem Gatten den Becher voll Gift gereicht; Palma wird den Geliebten mit einem Becher voll Wein willkommen heißen.

Die mit den beiden Attributen gegebene Sexualsymbolik läßt sich nicht übersehen. Daß dabei Meyers eigenste Problematik abgehandelt wird, auch nicht. Als der junge Sigmund Freud die RICHTERIN las, hat er sich seinem Freund Wilhelm Fließ gegenüber am 20. Juni 1898 mit einer unglaublichen Kurzgeschlossenheit, mit einer eigenartigen Mischung von Hellsicht und Irrtum dazu geäußert. Wir referieren nur die wichtigsten Punkte (Freud, S. 220f.): Der «Familienroman», der da erfunden wird, dient einerseits dem «Größenbedürfnis», anderseits der «Abwehr des Inzestes». Das Phantasma, daß die Schwester von andern Eltern stammt, räumt alle Widerstände auf die Seite: Die Schwester ist nicht die Schwester; also darf sie Geliebte werden. Die Geschichte ist identisch mit einem «Rache- und Entlastungsromane», den Neurotiker gegen ihre Mutter dichten, die ja in der Novelle tatsächlich als Stiefmutter die Erbitterung herausfordert. Sie ist es, die Wulfrin das Horn nehmen will. Freud weist gleichzeitig darauf hin, daß zur Abwehr der Liebe die Schwester an den Felsen geschleudert wird: Der Kampf fehle nie in einer Kinderliebe. Ebenso gehört die Magersucht zu den Ablehnungsphänomenen. Der Vater kommt vor als der, «den der Familienroman regelmäßig beseitigt, weil er dem Sohn im Weg steht. (Wunschtraum vom Tod des Vaters.)» Der Vater tritt aber auch als Kaiser Karl auf, der aus seiner Abgeschiedenheit dazutritt und der höchste Judex ist.

Freud wußte kaum etwas von Meyers Jugendgeschichte. Er konnte auch nichts vom tödlichen Kampf zwischen dem schwachen Rebellen und seiner richterlichen Mutter wissen. Er besaß keine konkreten Hinweise darauf, daß sich Meyer in dieser Situation der Schwester zuwandte, die ihm Wärme, Verständnis, Vertrauen und Hoffnung bedeutete. Er überträgt in seinem Brief die Verhältnisse der eigenen Wiener Umwelt auf Meyers Familienroman, nimmt ohne weiteres eine Kinderliebe an und macht die Novelle zur Abwehr eines erinnerten Inzests. Daß die Richterin zu Wulfrin sagt (XII, 221): «[...] du bist ein Verbrecher nur in deinen Gedanken. Die Tat aber und nur die Tat ist richtbar», spielt für Freud keine Rolle. Er setzt das Inzest-Phantasma dem vollzogenen Inzest gleich.

Daß der Inzest auf diese Weise zur Sprache kommt, entspricht einer Beichte. Wulfrin sagt: «Ich begehre die Schwester!» und «Ich halte Hochzeit mit der Schwester!». Das ist ein radikales Geständnis. Allerdings gibt es in der halluzinatorischen Schluchtszene kein Gegenüber, das dieses Geständnis vernähme, es sei denn die Sünderin Faustine. Aber sie liegt am Schluß tot im Burghof. Das Geständnis wird ins Leere gesprochen, es hat keine Zeugen. Damit wiederholt sich hier die Situation von Stemmas Traum von Peregrin: Auch dieser Traum hat keine Mitwisser. Sogar zuletzt bekennt sie ihre Schuld, wie sie meint, nur vor sich selbst; dazu *gibt* es aber, ohne daß sie es weiß, eine Zeugin. Dreimal also kommt das Unerhörte zur Sprache. Aber nur einmal wird es publik. Die gestehende Person, ob Stemma oder Wulfrin, spricht es aus, aber sie hat nicht den Mut zu einem Geständnis vor einem andern. Auf Meyer übertragen: Er gesteht. Aber er will nicht, daß das Geständnis gehört wird. Und er möchte es offensichtlich doch.

Meyer hat sich nicht nur mit Wulfrin, sondern auch mit Graciosus und Peregrin identifiziert. Das führt zu einer Relativierung der Identifikation. Wulfrin ist eine Wunschprojektion: ein Rebell, heftig, besitzergreifend, leidenschaftlich wie Jenatsch. Graciosus ist der sanfte Charakter, der zu dem Engel Palma und ihrem Glockenläuten paßt, aber schließlich davor zurückschreckt, die Tochter einer Mörderin zu heiraten. Peregrin verkörpert den Wunsch, geliebt zu werden; aber er vermag sich in der Welt nicht zu behaupten, lebt als «Pilgerim und Wandersmann» (I, 392 f.) und wird mit Gewalt beseitigt.

Wulfrin ist der in seiner Leidenschaftlichkeit die Geliebte Begehrende, auch wenn diese seine Schwester wäre. Das Sich-Einfühlen in seine Person fällt nicht leicht. Meyer hat in einem Brief betont, er habe die von ihm ersonnene Fabel auch angesichts ihrer Gefährlichkeit nicht fahren lassen wollen, und so «schloß ich klüglich die Augen und ließ das Saumroß (um nicht zu sagen das Maultier) meiner Einbildungskraft den Fuß setzen, wie es für gut fand» (an Louise von François, 20. Oktober 1885; von François, S. 175). Er hat das Bild auch im Hinblick auf andere heikle Novellen gebraucht. Das Reittier, glaubt Meyer, stürzt nicht ab, wenn es der Reiter nicht stört, es folgt der Spur über dem Abgrund. Schlüge der Reiter die Augen auf, er führe samt dem Tier in die Tiefe. Der Autor, der die Augen schließt, verzichtet auf die Überwachung der

Fabel, auf ihre logische Führung und letztlich auch auf die Beachtung der sittlichen Norm. So können aus dem Unbewußten die Phantasmen hervorbrechen. «Ich habe nie etwas geschrieben, was ich nicht erlebt hatte, nie», äußert er sich im Mai 1887 gegenüber Anna von Doß. «Waren die Umstände ein wenig anders gruppiert, so macht das nichts. Aber den Kern der Situation hatte ich lebendig erlebt und alle Menschen, die ich zeichne. Ich kenne sie alle.» (von Doß, S. 386)

Wie hat die Schwester auf die Novelle reagiert? Sie berichtet, Meyer habe ihr entgegen seinen Gepflogenheiten DIE RICHTERIN erst nach deren Abschluß zu lesen gegeben (XII, 340): «Die ‹Richterin› ist meines Erinnerns das einzige Gedicht meines Bruders, von dem er mir, während er es komponierte, niemals sprach, das einzige, das ich erst in Buchform zu Gesicht bekam.» Betsy erkannte, daß ihr Bruder mit dem Werk die Gerüchte über ihr geschwisterliches Verhältnis zu entkräften versuchte, denn was man ihnen nachsagte, scheint ihn zutiefst verletzt zu haben.

Aber die eigentliche Hölle öffnete sich dem Dichter erst nachträglich: in den Urteilen der Zürcher Gesellschaft – hatte er doch gerade dem Nahrung gegeben, was dort schon immer geflüstert worden war – und wohl auch in der Reaktion der Gattin. Sie scheint zunächst versteinert gewesen zu sein, im Nachhinein hat sie ihre Schwägerin erbittert und unnachsichtig abgedrängt.

Der gesellschaftliche Auftrag, den die Dichtung seit dem 18. Jahrhundert zu erfüllen hat, wird mit der RICHTERIN in Frage gestellt. Zwar gesteht die Judicatrix ihre Schuld und gibt sich den Tod. Die zunächst allem Anschein nach bestehende Sündhaftigkeit Wulfrins und Palmas wird im späten Urteil *de jure* aufgehoben. Der Vorwurf ist ebenso unberechtigt, wie es einst ihre Liebe gewesen ist. *De facto* hat die Bereitschaft zum Inzest die beiden Liebenden jedoch an den Rand des Abgrunds geführt. Der Kaiser muß neu fügen, was erschüttert ist. Aber ist er die Instanz, die im Namen des Dichters neue Fundamente zu legen vermöchte? Die Frage stellt sich bei allen Gerichten und Richtern, die Meyer am Schluß seiner Novellen einzusetzen pflegt. Ob es sich nun um Kaiser, Könige oder Tyrannen handle, sie sind alle anfechtbar. Sie können also die göttliche Gerechtigkeit nicht ersetzen, ja es erhebt sich die Frage, ob es denn diese göttliche Gerechtigkeit überhaupt gebe. Das Abschieben der Wahrheitsfrage an die jeweils höhere Instanz führt bei Meyer ins Leere, in den Horror kafkaesker Bodenlosigkeit. Auch die Berufung auf Gott endet mit Fragen, die niemand beantworten kann.

Lokalisierung und Entstehungsgeschichte

Meyer imaginierte im Verlauf der Inkubationszeit der RICHTERIN, die «aus 10erlei Combinationen herausgewachsen» ist (von Doß, S. 378), verschiedene Schauplätze. Er suchte offensichtlich nach archaisch-schroffen Gegenden. Zuerst dachte er an eines der Schlösser von Bellinzona oder an die mittelalterliche Papstburg. Im Brief vom 16. Juni 1877 an Haessel spricht er dann von einer «korsischen Novelle» (XII, 342) – der Dichter hatte die wilde Insellandschaft auf der Hochzeitsreise kennengelernt.

Anfang der achtziger Jahre wollte er die Novelle in Sizilien spielen lassen, bei Enna, wo ein Eingang in den Hades lag, und am Hofe Friedrichs II. in Palermo. Die Erzählung hätte damit zur «Kaisernovellen»-Trilogie gehört.

Schließlich schien ihm Hohenrätien über der Viamala bei Thusis der richtige Schauplatz zu sein, eine Gegend, die er schon ausgekundschaftet hatte, als seine Ferienaufenthalte in Graubünden noch ganz im Zeichen des JÜRG JENATSCH standen. Die Handlung wurde darauf in die Zeit Karls des Großen (um 800) zurückverlegt. Den Namen Malmort könnte Meyer in Anlehnung an Prosper Mérimées Novelle *Colomba* gewählt haben (vgl. IV, 543 f.). Der erste Teil erinnert an Via Mala, der Name als Ganzes ist ein Omen für das mörderische Geschehen.

SCHAUPLATZ SIZILIEN

Als sich Meyer um 1880 für den Schauplatz Sizilien entschied, erwog er, den Stoff sowohl in Prosa wie auch als Drama zu bearbeiten:

Was meine neue Arbeit betrifft, so stehen die Chancen nicht ungünstig. Bleibe ich diesen Winter gesund, wie ich hoffe, so vollende ich bis Ostern eine Novelle, mit welcher es aber eine eigene Bewandtniß hat.
Die Dichtung: eine leidenschaftliche Fabel, ein Vierspiel: (der Staufe Friedr. II. u. eine gewaltige Normanin, daneben zwei junge Leute, in Liebe und Haß sich begegnend) ist durchaus dramatisch gedacht. Ich werde sie gleichzeitig novellistisch und dramatisch ausführen. Dann bringen Sie, wenn Ihnen die Novelle zusagt, u. ich dieselbe bis Ostern vollenden kann, im Frühsommer in 2 oder höchstens drei Malen die etwas gewagte Neuigkeit. Wir beobachten dann die Wirkung der Novelle u. ist dieselbe nicht abschreckend, veröffentlichen oder verwerthen wir das Drama, ohne daß mir vorzuwerfen wäre: ich hätte «eine Novelle dramatisiert».
Meyer an Julius Rodenberg,
30. November 1881 (Rodenberg, S. 99)

Nach dreiviertel Jahren äußert er sich allerdings in gleicher Hinsicht kaum konkreter:

Mehr [als andere Vorhaben] beschäftigt mich mein neues Thema, das ich zuerst in Novellenform behandle, allerdings mit einem Blick auf dramatische Bearbeitung. Sie sagen wahr: jedes künstlerische Streben drängt dem Drama als der höchsten Kunstform mit Notwendigkeit zu. **Magna peccatrix** *heißt meine Novelle: 4 Figuren: zwei unschuldige junge Leute und zwei lebenserfahrene: Friedrich II der Staufe und eine normänische Herzogin.*
Meyer an Louise von François,
2. September 1882 (von François, S. 63)

Nachdem der Dichter seinem Freund und Förderer die Novelle nunmehr auf Ende 1882 in Aussicht gestellt hatte, erkundigte sich dieser vorsichtig nach dem Stand der Dinge:

Lassen Sie mich doch gelegentlich wissen, ob ich auf die «Magna Peccatrix» zum Frühling oder früher rechnen darf; es würde mich sehr glücklich machen u. der Raum ist für Sie disponibel, sobald Sie mich nur einigermaßen benachrichtigen.
Julius Rodenberg an Meyer,
15. Oktober 1882 (Rodenberg, S. 126)

Zweifellos setzte sich Meyer fortwährend mit dem Novellenplan auseinander, doch die Arbeit rückte nicht so schnell voran, wie er es erhofft hatte. Zudem scheint er mit der Zeit die Ausführung in dramatischer Form einer novellistischen Gestaltung vorgezogen zu haben:

Inzwischen werde ich meine **magna peccatrix** *(mit dem Staufen Friedrich II) ausführen und zwar ohne Unterbruch. Auch hier übrigens wird das Menschliche den Vorgrund füllen d.h. eine leidenschaftliche Fabel, welcher der über unsern Kaiser (damals war er auch noch der meinige d.h. der meiner mutmaßlichen Vorväter) verhängte Bann nur die Gewitterbeleuchtung gibt.*
Meyer an Louise von François,
27. Oktober 1882 (von François, S. 68 f.)

Ich stehle mir jede Minute ab in dieser zeitraubenden Zeit, um mein Drama (Friedr II der Staufe (unter uns) in selbstdachter Fabel) wenigstens zu bedenken, denn zum Schreiben komme ich jetzt nicht jeden Tag, doch hoffe ich bis Ostern fertig zu sein. Es geht hoch darin her, gleich im I Act wird Einer gehenkt, was meinem Verleger Haessel, dem ich im Sommer hier diese Szene mitteilte, ein sächsisches: Herr Jeses! entlockte. Ich fürchte, Sie werden stärkere Nerven haben.
Meyer an Johanna Spyri,
23. Dezember 1882 (Spyri, S. 43)

Ausgang der Viamala mit Blick auf Hohenrätien, den endgültigen Schauplatz der Novelle. Aquarell von Joseph Mallord William Turner (1775–1851), entstanden 1843. Tate Gallery, London

Erst ein Jahr später, nach Abschluß der Novellen DAS LEIDEN EINES KNABEN und DIE HOCHZEIT DES MÖNCHS, kommt Meyer auf DIE RICHTERIN zurück – von einem Drama ist jetzt nicht mehr die Rede:

Jetzt durchblättere ich meine Entwürfe und lasse mich hin und herlocken. Da ist besonders eine «Richterin» (oder magna peccatrix) mit einem Friedr. II. im Hintergrund (natürlich dem Kaiser) die mich tentirt. Szene: Enna in Sizilien (das Enna der Proserpina) aber das ist fast zu schaurig ...

Meyer an Louise von François, 7. November 1883 (von François, S. 114 f.)

Für 1884 habe ich – force majeure vorbehalten – eine längst geplante und längst der Rundschau versprochene Novelle: die Richterin auf dem Webstuhle, welche mein Frühjahr oder darüber aufzehrt.

Meyer an Johann Jakob Hardmeyer-Jenny, 16. Januar 1884 (Schultheß, S. 7)

EIN FRAGMENT

Auf Ende 1883 ist ein handschriftlicher Entwurf Meyers zu datieren (XII, 353 f.). Auch liegt ein längeres Fragment vor, das der Dichter seinem Sekretär Fritz Meyer in die Feder diktiert und eigenhändig mit Korrekturen versehen hat; es dürfte ebenfalls in den Wintermonaten 1883/84 entstanden sein:

Die Richterin.
Novelle.

Erstes Kapitel.

Unter der luftigen Kuppel eines Rundsaales im Castell von Palermo waren die Barone von Sicilien zum Parlamente versammelt. Sie saßen in einem dünnen Halbkreise dem Kaiser gegenüber, welcher sie eher angelegentlich zu unterhalten, als mit ihnen den Zusammenhang einer Staatssache zu erwägen schien. Vor ihm, eine Stufe tiefer, stand, die Ruhe selbst, sein bärtiger Petrus de Vinea und hielt in der Rechten eine große Rolle. Neben dem Kanzler zuckte in röthlicher Flamme auf einem goldenen Dreifuße ein räthselhaftes Feuer, an welchem sich niemand wärmte, denn es war, nach der Sieste, eine schwüle Abendstunde eines südlichen Hochsommers.

«Herren», redete Friedrich der Staufe, «eine Verschwörung meiner natürlichen Unterthanen, meiner vereideten Beamten, meiner täglichen Hofleute in diesen meinen Erblanden durfte nicht ungeahndet bleiben. Petrus hat den Prozeß mit Gerechtigkeit geführt und ich habe seine Urtheile nicht mildern dürfen. Den Aufgestifteten die Mordbulle des heiligen Vaters an die Stirne zu nageln, wie die Sentenz lautete, das hob ich auf, denn ich bin nicht unmenschlich. Verrath und Meineid betrüben mich ebenso sehr, als sie mich empören. Das weitverästete Verbrechen ist in dieser Rolle enthalten – er deutete auf

das Pergament in der Hand des Kanzlers – mit den wörtlich verzeichneten Geständnissen der Schuldigen und dem Zeugniß ihrer aufgefangenen Briefschaften. Ihr erbleichet? Ihr zittert? Fasset euch! Fürchtet nichts! Nachdem ich euch durch den Tod eurer Verwandten in Trauer versenkt habe, werde ich die stärkern und schwächern Stapfen und Spuren eures Antheils an dem gesühnten Hochverrat nicht weiter verfolgen. Einmal von der Schuld der Empörer überzeugt, quantum satis, überließ ich es dem Kanzler, dessen Pflicht es war, den Frevel bis in seine Schlupfwinkel hinein zu prüfen, denn mir ekelte und ich hatte Eile, von der Häßlichkeit eines solchen Verrathes mich abzuwenden. Ich will und darf mich nicht vergrämen, jetzt da das Alter schon meine Stirne zeichnet, und darf mir das Schlechte der Welt nicht zu nahe treten lassen, wenn ich mir einen reinen Blick in die menschlichen Dinge bewahren will. Soll ich ein Finsterer und Argwöhnischer werden? So spät als möglich. Mein Reich hätte es zu büßen.»

Die Barone hatten unter den verschiedenen Masken eines schlechten Gewissens gelauscht. Jetzt erhob sich aus ihrer Mitte ein verworrenes Gestammel falscher Betheurungen. Aber der Staufe ließ das heuchlerische Gemurmel nicht zu Worten kommen. «Spart euch die Mühe», fuhr er fort. «Ich sage euch, daß ich meinem Kanzler den Mund verhalten habe, der mir enthüllen wollte: du Fasanella, hättest deinem schuldigen Bruder Ernteberichte gesendet mit der Zahl deiner gespeicherten Garben oder anderer Vorräthe, du, Morra, deinem gerichteten Schwieger hundert Bögen für seine Jagden in Apulien oder für andere Ziele, du, Cigala, dich mit Besorgniß nach einem schwer erkrankten Stuffa erkundigt, der vielleicht niemand anders ist, als der dem Meuchelmord entronnene Staufe Friedrich – behaltet eure Geheimnisse! Mich gelüstet nicht danach. Petrus, verbrenne die Papiere!»

Der Kanzler hob mit einer gemessenen Geberde die Rolle, ohne sie jedoch in den Brand fallen zu lassen.

«Gehorche, Petrus!» gebot der Staufe und der Kanzler warf die Rolle in das auflodernde Feuer. Sie krümmte sich, ein schwarzer Rauch wirbelte und die Barone athmeten auf.

In ihrer Miene wich die Furcht der Erwartung; denn, so völlig das kaiserliche Wort über ihr Leben und ihre Freiheit beruhigte, so wenig glaubte nicht einer von ihnen, allzu leichten Kaufes aus der schweren Verwicklung loszukommen. Sie sannen, mit welcher Waare und wie theuer der ebenso politische als menschliche Kaiser sich seine Großmuth werde vergüten lassen, und sie erriethen es, als zwei Edelknaben mit einem in weißes Pergament gebundenen Buche erschienen, auf dessen Deckel in großen goldenen Lettern «Statuta Siciliana» zu lesen war. Die Knaben bogen das Knie vor dem Herrscher und stellten sich neben ihn, der begann:

«Herren, schenket mir den Rest eurer Abendstunde zu einem vernünftigen Worte. In diesem Buche, welches ihr kennet, steht wortgetreu und Satz um Satz die Verfassung aufgezeichnet, welche ich, mit Vorbehalt meiner unverminderten und unberührbaren Souveränetät gründlich und allseitig mit euch in diesem Saale besprochen habe. Ihr gebet mir bestreitbare Ansprüche und unhaltbare von der Zeit zerfressene feudale Rechte und empfanget dafür die Wohltat eines Staates. Alles wurde von euch bewilligt bis auf einen Satz, mit welchem ihr Mühe hattet euch vertraut zu machen, und den ich in unserer letzten Sitzung eurer weitern Betrachtung und eurem natürlichen Rechtsinne dringend empfohlen habe. In Wahrheit, Barone, ich habe es Tag und Nacht herumgewälzt und kann mir schließlich doch keinen Staat und keine gerechte menschliche Gesellschaft denken ohne einen höchsten Gerichtshof in Sachen Lebens und des Todes. Ihr kennet meine Argumente, welche ich nicht wiederhole, denn ich bin überzeugt, euer eigenes Nachdenken hat auch euch auf die von mir erkannte Wahrheit geführt. Dergestalt habe ich diesen unentbehrlichen Schlußstein von meinem Kanzler in das Staatsgebäude einfügen lassen, eurer Zustimmung vorgreifend, im Vertrauen auf eure gewonnene bessere Einsicht. Setzet eure Namen unter die Urkunde und sie besteht. Ich nöthige niemanden, ich ersuche jeden. Sehet zu, ob ihr eure Namen gebet oder eurem König verweigert.»

Auf seinen Wink giengen die zwei Knaben, der eine mit dem Pergamentbande, der andere mit kostbarem Schreibzeug im Halbkreis der Barone herum, jedem derselben, der Reihe nach, das Buch haltend und die getunkte Feder bietend. Zuerst unterzeichnete mit ernster Geberde der Greis Pandolfo, die schneeweiße Braue emporziehend. Seinem guten Beispiele folgten die Andern ohne Ausnahme. Diese widerwillige Bereitwilligkeit, welche ihre Komik hatte, lockte nicht den Schatten eines Lächelns auf das edle Antlitz des Kaisers, noch auf die undurchdringliche Miene seines Kanzlers, da plötzlich blitzte ein jäher Zorn durch jenes und diese verdüsterte sich. Vor den letzten, etwas zurückgeschobenen und verborgenen Sessel gekommen, hatten die Knaben, was sie trugen, geboten und eine wohllautende hohe Stimme geantwortet: «Ich, Herzogin von Enna, unterzeichne nicht.» Zugleich erhob sich mit Grazie und Kraft die mittelgroße Gestalt eines Weibes über den Köpfen der Barone, welche sich alle nach ihr umwendeten.

«Herr», redete die schöne Erscheinung weiter, «dessen erhabenes Antlitz ich nach Jahren heute wieder erblicke, zu wiederholten Malen habe ich es dir geschrieben und jetzt stelle ich mich selbst der Einladung deines Kanzlers, um dir es mündlich zu betheuern, daß ich dir das Blutgericht von Enna nicht bewillige. Zwar begreife ich nach meiner schwachen Einsicht» – und sie berührte mit dem Finger eine scharfsinnige Stirn, welche bleich schimmerte unter nächtlichen Flechten und einem gleißenden schlangenartigen Reife – «ich begreife, daß du deinen Staat vollendest mit einer gleichen Gerechtigkeit und einem allgemeinen Gesetze. Weder aus Grundsatz, noch weniger aus Laune verweigere ich dir das Gericht von Enna unter den Kastanien meines Hofes, sondern aus der Schwäche einer ein Jahrzehn alten Übung und Gewöhnung. Früh verwittwet, mit sechzehn Jahren meine eigene Herrin und die Herrin meines Herzogthums, was begann ich in meiner Einsamkeit, in meinem grauen Enna mit seinen Tempeltrümmern, wenn ich nicht Gericht hielt und Recht sprach über meine Seelen, wie der Gott der Unterwelt, welchem jene Tempel gewidmet waren, über die seinigen? Ich lernte die Gerechtigkeit. Schicke den Großrichter, deinen Kanzler, und laß ihn in meinem Archive blättern, ob ich es nicht verstehe, das Gesicht und den Umriß eines verborgenen Verbrechens aus wenigen Zügen zu entdecken und mit behutsamen Fingern zu enthüllen! Ebenso gut oder besser als deine in Padua und Bologna geschulten Richter! Wer sich aber eine lange Zeit damit beschäftigt hat, unter der Lüge und dem Schein die Wahrheit der Dinge zu suchen, dessen Dasein würde schaal, wenn er fortan sich mit der Oberfläche begnügen und über Larven herrschen müßte.

Mein Fall ist ein anderer als dieser von Dir Begnadigten, welche Dir nur eine billige Lösung entrichten. Ich habe mich nicht gegen Dich verschworen noch mich je an Dir versündigt! Oder meinest Du, mein Kaiser?» Sie schlug dunkle, verwegene Augen auf, die sie bis jetzt gesenkt gehalten, und heftete sie fest auf die hellen und milden des Kaisers.

[...]

Zweites Kapitel.

Der Staufe war in seine Gärten hinabgestiegen, in deren Abendschatten er lustwandelte, von einem gaukelnden Windspiel umsprungen. Er trat vor das vergitterte Falkenhaus, fütterte seine Lieblinge und gab einem noch unbenannten jungen Edelfalken von guten Anlagen den Namen «Velox». Dann schritt er an dem Käfig eines numidischen Löwen vorüber, der ihn mit heftigen Schlägen seines Schweifes begrüßte. Durch einen in der Richtung der niedergehenden Sonne gepflanzten Cypressengang ablenkend, erreichte er einen ovalen vom Spätlichte gerötheten Plan. Hier lagen elfenbeinerne Kugeln, wie in Blute schwimmend. Der Kaiser ergriff eine, zielte und brachte mit sicherm Wurfe zwei andere ins Rollen. Zugleich aber lag ihm Herzogin Stemma nahe und verließ ihn auch der mit einer phrygischen Mütze gekrönte verschmitzte griechische Kopf des Falkoniers nicht, welcher ihm eben beim Füttern Handreichung gethan hatte, denn er war ihm unbekannt, und der Kaiser prüfte jedes neue Gesicht in seinem Gesinde aufmerksam, wußte er sich ja, seit er im Banne war, vom Meuchelmorde umschlichen.

Friedrichs Phantasie war ein offenes blaues Meer, in welchem er wie Odysseus mit gelassenen starken Armen ruderte, bald ein auftauchendes Ungethüm betrachtend, bald an dem schlanken Wuchs einer spielenden Nereide sich erfreuend, ohne je zwischen den tiefen Farben des Himmels und der Fluth den zarten Umriß der erstrebten Bucht aus dem Blicke zu lassen.

Jetzt ergriff er rasch einen scheuen Knaben, welcher ihm entspringen wollte. Das Kind des Gärtners oder was es war trug um den braunen schlanken Hals ein bleiernes Medaillon, das ihm der Kaiser flugs über die kohlschwarzen Locken weg hob, um es näher zu beschauen. «Wer ist das?» fragte er den Knaben. «Gott Vater», antwortete dieser ehrfürchtig. Es war aber das nicht unähnliche Bildniß Innocenz' III, jenes großen gestorbenen Papstes, welcher den Staufen aus der Taufe gehoben und dann an dem Unmündigen Vaterstelle vertreten hatte. Er that aus dem Bedürfnisse des Gehens einige Schritte vorwärts, das selbst in gemeinem Stoffe und rohem Umriß noch majestätische Antlitz betrachtend, fühlte sich aber von dem Knaben am Gewande gezogen, welchem um seinen Gott Vater bange war. Friedrich wendete sich, warf dem Kinde die Schnur mit dem Medaillon über den Hals auf die nackte Brust zurück und öffnete die kleine schmutzige Hand, um ein Goldstück hineinzulegen. Der kleine Sicilianer weigerte sich zuerst mit einem gewissen Stolz, schloß dann aber die Finger nach einem Blick ins Dickicht, welchem der Staufe mit dem seinigen folgte. Dort stand ein altes Weib von abschreckender Häßlichkeit, wohl die Großmutter, nickte heftig mit dem Kopfe und krallte zweimal die gelben Hände zu. Der Kaiser lachte herzlich über die tolle Fratze.

Dann vertiefte er sich mit einer neuen Wendung in einen stummen Lorbeerhain, durch dessen Stämme das Meer schimmerte. Dort stand ihm sein Lieblingssitz, eine kurze leuchtende Marmorbank, die zwei antike Sphinxe zu Armlehnen hatte. Die wiedererblickte Gestalt des größten Pontifex, dessen dritten, gleichnamigen und unwürdigen Nachfolger der alternde Kaiser jetzt erlebte und erduldete, ließ ihn nicht los und er sah sich, einen sechzehnjährigen Jüngling, vor der heiligen Erscheinung knieen, welche ihn zu seiner ersten Fahrt nach Deutschland einsegnete. Aber der Knabe erwog unter den feierlich strahlenden Augen des erhabenen Alten in einem tiefen und raschen Geiste, daß der christliche Gott mit ihm spiele und nachdem er ihn als einen Vorräthigen neben zwei Andern für eine der Kirche botmäßige Kaiserkrone langeher in Bereitschaft gehalten ihn jetzt nach dem zeitweilig veränderten Bedürfnisse des Himmels und des Papstthums mit kalter Berechnung als ein gleichgültiges Werkzeug ergreife. Von den Knieen erhob sich der frühreife Knabe unter blondem Gelocke als ein Ungläubiger und ein Schlauer, wenn auch mit unversehrten menschlichen Tugenden und ungetrübter jugendlicher Heiterkeit. Wie zwei Flügel eines Gefühles streiften ein Lächeln und ein Trauern über die früh verlorene Unschuld das beschattete Gesicht des geprüften Mannes.

Wozu das Alles? Traum oder Wahrheit? Willkür oder Nothwendigkeit? Der Kaiser warf sich in den Marmorsessel und versenkte sich zwischen den beiden Sphinxen in das Räthsel seines Daseins. Zwei Ziele, nein, ein Ziel in zwei Formen hatte er, ein Wollender und Müssender, verfolgt: den Staat über den Trümmern der Feudalherrschaft und frei von der Kirche. Aber dieser Staat war nicht sein Vaterland, das gewaltige anarchische Germanien, sondern sein Muttererbe, eine schwimmende Insel, und in seinem gefährlichen Kampfe gegen die Priestermacht wurde er von den noch frommen Völkern nicht verstanden und von seinen eifersüchtigen Mitfürsten verrathen. Und sein höchster Besitz, jene gewaltige Formel, das Kaiserthum, war es noch etwas Wirkliches und Lebendiges, war es nicht ein Gespenst, welches nur sein eigener mächtiger Geist und die Pulse seines starken Lebens mit einem flüchtigen Schimmer von Blut färbten? Er, dessen Name die Welt erfüllte, wußte sich ohnmächtiger, als die mit ihren Völkern verwachsenen Könige von England und Frankreich, ohnmächtiger noch als die heimischen deutschen Fürsten, seine Vasallen. Er fühlte sich einsam und verlassen auf seinem Eilande, abgerissen vom Körper der Zeit. Friedrich seufzte.

Aber der Staufe, der wie sein Nicola Pesce die unheimliche Tiefe besucht, strebte mit dem glücklichen Leichtsinne seiner freudigen Natur wieder an die besonnte Oberfläche, und klüger als der sicilianische Fischer, ließ er sich an demselben Tage zu keinem zweiten Tauchen verlocken. Er winkte seinen Kanzler heran, welchen er schon lange durch die Gärten hatte irren sehen und der jetzt neben ihn trat.

Petrus schwieg und nach einer Weile redete der Staufe zuerst: «Kann man sich wirklich so sehr an das Untersuchen und Richten gewöhnen, fragte er seinen Großrichter scherzend, daß man dieser strengen Übung wie dem Saitenspiel und der Liebe nicht mehr entsagen kann?»

«Ja wohl», erwiderte Petrus. «Man erscheint sich als ein Überlegener und Unbetrogener und, wie der Arzt unter den blühenden Farben den Tod, entdeckt man unter dem Scheine des Guten das Böse.»

«Und täuscht sich wie der Arzt», spottete der Staufe. Petrus lächelte. «Wenn die Herzogin», fuhr er nach einer Pause fort, «ihr Blutgericht nicht fahren lassen will, kann sie noch einen bessern Grund haben. Eine Muthmaßung: wenn sie selbst in ihrem Enna etwas Todwürdiges begangen hätte, dann wäre sie sehr unklug, ihre hohe Gerichtsbarkeit aus den Händen zu geben.»

Friedrich sann. Dann fragte er: «Wurde mir gehorcht, als ich vor fünfzehn Jahren dir auftrug, den jähen Tod meines Seneschalls, des Wulfrin, an der Schwelle der Burg Enna in seinen nähern Umständen festzustellen?»

«Dir wird immer gehorcht, Herr, und jenes Mal bewog mich über deinen Willen hinaus die eigne juristische Neugierde. Nur konnte natürlich bei den Rechten und der Stellung der Herzogin von einer gerichtlichen Untersuchung nicht die Rede sein. Dagegen hatte ich mir noch zu Lebzeiten des Dux Achilles, der, als ein Normanne fürstlichen Geblütes und als ein ehrgeiziger, verschlagener und gewaltthätiger Mann für deine Krone eine Gefahr sein konnte, einen Mohren aus der Dienerschaft, einen Hämling, bestochen, welcher mich von der Hausgeschichte Ennas fortlaufend und ich glaube sachlich unterrichtete. So kenne ich mein Enna ohne je die Stadt der Höllenfürstin, ich meine der Proserpina, betreten zu haben, wie du dein Palermo. Ich hätte dir über jenes plötzliche Ableben deines Seneschalls damals Bericht erstattet, aber dir, dessen Geist die Welt bewegt, traten tausend neue Gestalten und Dinge dazwischen. Ich blieb unaufgefordert.»

«Wie war es denn?» «Einfach, ich glaube», sagte der Kanzler. «Die Herzogin kredenzte dem nach Enna zu der Gattin heimkehrenden Wulfrin den Willkomm in vollen Zügen. Dieser, erhitzt vom Ritte wie er war, leerte den Becher auf den Grund und stürzte nieder, vom Schlag getroffen, in der hellen [Ende des Entwurfs]

(XII, 354–361)

Die Verlegung nach Hohenrätien

Im Winter 1883/84, als sich Meyer intensiver mit dem Stoff zu beschäftigen begann, hat er den Schauplatz der Novelle von Sizilien (13. Jahrhundert) an die Viamala und nach Hohenrätien (Zeitalter Karls des Großen) verlegt. Damit gewann die RICHTERIN an archaischer Symbolträchtigkeit.

Der neue und endgültige Schauplatz wird erstmals in einem Brief an Louise von François erwähnt; dabei ist die Anspielung auf eine Lokalisierung in Asien wohl als Scherz zu verstehen, denn Meyer hätte seine Novelle kaum in einer ihm unbekannten Region angesiedelt:

Der «Mönch», mit dessen Erscheinen in Buchform es gar keine Eile hat, verschwindet hinter mir, und mich beschäftigt etwas Neues, kein ungefährliches Thema. Daß ich es wiederum in alte Zeit (Charlemagne) verlege, hat seinen Grund darin, daß ich für meine etwas großen Gestalten eine geräumige Gegend und wilde Sitten brauche und nun will ich doch lieber ins Mittelalter als nach Asien gehen.

Meyer an Louise von François,
20. Februar 1884 (von François, S. 130)

Gegenüber Hermann Lingg begründet Meyer den Wechsel des Schauplatzes wie folgt:

Ich habe die ersonnene Fabel erst in Sicilien u. unter Friedrich II spielen lassen wollen, dann aber – es ist eine Gewissensgeschichte – um eines strengeren Hintergrundes willen – in das Gebirg u. unter Charlemagne versetzt.

Meyer an Hermann Lingg,
20. Oktober 1885 (XII, 348)

Der Übergang vom einen Schauplatz zum andern hat Spuren hinterlassen. Reste der Sizilien-Fassung scheinen in der späteren palimpsestartig auf. Die von Meyer herangezogenen Quellen machen manches deutlicher. Für die frühe Fassung, die im Zeitalter Friedrichs II. spielen sollte, stützte sich der Dichter vor allem auf Bücher, die er schon für DIE HOCHZEIT DES MÖNCHS benutzt hatte: Friedrich von Raumers *Geschichte der Hohenstaufen und ihrer Zeit* (2. Aufl., Leipzig 1840/42), Friedrich Wilhelm Schirrmachers *Kaiser Friderich der Zweite* (Göttingen 1859–1865), Ferdinand Gregorovius' *Geschichte der Stadt Rom im Mittelalter* (2. Aufl., Stuttgart 1859–1874) sowie Jacob Burckhardts *Cultur der Renaissance in Italien* (Basel 1860). Durch Raumer wurde er möglicherweise angeregt, die Herzogin von Enna einzuführen, eine normannische Fürstin, die er neben Friedrich stellt und als Richterin auftreten läßt. Es ist aber auch denkbar, daß er die Gestalt, wie sie dann in der Novelle erscheinen wird, nach einer Frauenfigur aus Ulrich Campells *Rätischer Geschichte* geschaffen hat (XII, 352). Bei Raumer stieß Meyer übrigens auf die Namen der Richterin und ihrer Tochter: Stemma figuriert dort als uneheliche Tochter Friedrichs II., Palma als eine Schwester des Tyrannen Ezzelino III. da Romano. Meyer hat diese Namen für die Endfassung mit Schauplatz Rätien beibehalten.

Burgruine Hohenrätien und Johanneskirche.
Auch Meyers Gedicht «Alte Schrift» (I, 143) spielt auf diesem Felskopf über Thusis mit den beiden Turmruinen und der Burgkapelle.
Holzstich von Adolf Cloß (1840–1894) nach einer um 1865 entstandenen Zeichnung von Themistocles von Eckenbrecher (1842–1921). Erschienen in: Woldemar Kaden, «Das Schweizerland», Stuttgart 1875–1877, S. 386.
Zentralbibliothek Zürich

«Alt longobardische Tracht aus dem IXten. Jahrh.».
Die Abbildung zeigt das Kostüm des langobardischen Königs Rachis («RACHIS REX»). Meyer stützt sich bei der Schilderung des Lombarden Rachis auf diese Darstellung. Palma händigt dem kleinen Goldschmied mit dem «langausgedrehten pechschwarzen Spitzbart», der «in die schreiendsten Farben gekleidet» ist (XII, 176), all ihren Schmuck aus, um so Bruder Wulfrin loszukaufen. Kupferstich von Charles Régnier (1811-1862), erschienen in: Jakob Heinrich von Hefner-Alteneck, «Trachten des christlichen Mittelalters. Nach gleichzeitigen Kunstdenkmalen», 1. Abt., 4. Lfg., Frankfurt/Darmstadt 1840–1854, Taf. 19 zu S. 25–28. Zentralbibliothek Zürich

*Der junge Kleriker Peregrin in Stemmas nächtlicher Vision, im Hintergrund die schlummernde Palma.
Radierung von Alois Kolb (1875–1942), erschienen als Illustration in: C. F. Meyer, «Die Richterin», Hellerau-Wien 1923.
Zentralbibliothek Zürich*

Wichtiger aber ist folgendes: Enna gilt nach dem Mythos als der Ort, wo Hades, der Gott der Unterwelt, Persephone geraubt hat. Nach Boccaccios *De casibus virorum illustrium* soll dort noch immer eine Erdspalte sichtbar sein – ein Eingang zur Unterwelt (vgl. Speyer, S. 277). Stemma spricht in der Sizilien-Fassung Recht «wie der Gott der Unterwelt» (XII, 357). Sie steht mit Persephone in geheimer Verbindung. Noch in der Rätien-Fassung sind Comes Wulf und Peregrin in dieser Unterwelt verhaftet: Das «träge Schilf» und die «unbewegte Flut» (XII, 188) wirken wie erratische Blöcke – es sind Hades-Bilder.

Ebenso treten Persephone und ihre Mutter Ceres in der Kornfeld-Episode des MÖNCHS als antike Motive auf. Friedrich II., der zusammen mit Ezzelino und Petrus Vinea bei Enna durch ein Kornfeld reitet, erweist sich hier als antiker Heide, der zur Vielgötterei und zum Vegetationskult neigt (XII, 41f.).

Die Antike spielt ferner eine Rolle bei jenem folgenschweren Brautmahl von Graciosus, Wulfrin und Palma auf dem Kastell in Pratum (XII, 213), wo die Liebe der Byblis, Tochter des Miletus und der Cyanee, zu ihrem Bruder Caunus erwähnt wird – der «heidnische Poet», der die Geschichte erzählt, ist Ovid (vgl. *Metamorphosen* IX, Verse 450–665).

Karl dem Großen steht Stemma weit weniger nahe als Friedrich dem Zweiten. Des Karolingers Auftritte in Rom und auf Hohenrätien wirken denn auch etwas künstlich. Meyer war seit seiner Kindheit mit der Gestalt des Herrschers vertraut; das Steinbild des Kaisers schaut von einem der Großmünstertürme auf die Stadt Zürich herab. Betsy berichtet dazu:

In der «Richterin» ist Karl der Große der Verwalter göttlichen Rechts, dessen hohem Gericht sich die geängstigten Seelen übergeben, damit er entscheide. Karl der Große ist ein Kaiserbild, mit dem mein Bruder vertraut war, als er noch keine Weltgeschichte lesen konnte. Ist es doch hoch in der Nische des einen unserer beiden Großmünstertürme zu schauen! Uralt, die Krone auf dem Haupte, das Schwert über die Kniee gelegt, thront da in Stein gehauen seit vielen Jahrhunderten Carolus Magnus, weit erhaben über den wimmelnden Gassen und Brücken der Stadt. Dieser Kaiser Karl beschäftigte lebhaft unsere Kindergedanken. Erzählt doch die Sage, er habe auf der Hofstatt, wo später das Münster erbaut wurde, auf seinem Durchzuge nie versäumt, Gericht zu halten über alles Unrecht, das vor seinem heiligen Stuhle verklagt wurde. Nicht nur im Reiche der Menschen richtete er das gebeugte Recht wieder auf, auch Vertreter der geschädigten Tierwelt nahten sich den Stufen seines Thrones.

(Betsy, S. 173f.)

Im Haus zum Loch gleich neben dem Münster, wo Meyer seine erste Gymnasialzeit verbrachte, ist über der Türe das Relief des Kaisers mit der Schlange zu sehen: Er hatte sie, so erzählt es die Sage, geschützt, und sie warf ihm zum Dank beim Mahl eine Perle in den Becher.

Aus François Pierre Guillaume Guizots *Cours d'histoire moderne* (Brüssel 1843) hat der Dichter im Abschnitt «Histoire de la civilisation en France» vor allem Anregungen zu jenen Begebenheiten empfangen, die um Abt Alcuin kreisen. Bei Guizot (S. 335) stieß Meyer auch auf das Verzeichnis von Karls Töchtern – Hiltrud, Rotrud, Rothaid, Gisella, Bertha, Adaltrud, Thédrade und Rothilde –, die Palma so geläufig aufzuzählen weiß (vgl. XII, 209). Weiteres Material fand Meyer in den Karlsstudien seines Freundes Vulliemin, im letzten Kapitel von dessen *Souvenirs racontés à ses petits enfants*, Lausanne 1871, – Vulliemin hat sich vor allem mit der Frage der Kaiserkrönung befaßt. Sodann berichtet Gregorovius in seiner *Geschichte der Stadt Rom im Mittelalter* über den Kaiser. Auf die Möglichkeit, daß Karl der Große nach seiner Krönung den Weg durch Graubünden gewählt haben könnte, wurde Meyer unter Umständen durch Eduard Osenbrüggens Aufsatz *Karl der Große in der Schweiz* (in «Zeitschrift für deutsche Kulturgeschichte», Jg. 1875, Heft 3) hingewiesen: «[...] vielleicht ist er auch selbst in das Bündnerland gekommen, obgleich die nähere Angabe sehr wenig Glauben verdient. Die Sage oder vielmehr Legende lautet: Als Karl in Rom sich vom Papst Leo hatte krönen lassen, nahm er mit der Kaiserin den Rückweg durch das Veltlin und über den Umbrailpaß oder das Wormserjoch.» (XII, 352)

Niederschrift der Endfassung

Nach der endgültigen Wahl des Schauplatzes nahm sich Meyer die Erzählung erneut vor:

Meine neue Novelle, nicht umfangreich, aber schwer (die «Richterin». Zeit: Charlemagne) rückt schrittweise vor, ich muß Zeitweise die Natur wirken lassen. Auch schreibe ich sie, so viel ich vermag, ohne Adjective u. ursprünglicher als den überladenen Renaissance-Mönch. Im Mai werde ich berichten. Ein eventuelles Erscheinen der Novelle im Hochsommer (Juli oder August) wäre mir ganz recht. Doch davon, wenn ich fertig sein werde.

Meyer an Julius Rodenberg,
19. März 1884 (Rodenberg, S. 189)

Allerdings war die Novelle ein Jahr später noch nicht vollendet. Er mußte mit dem Stoff ringen und darum den Termin für eine Veröffentlichung immer wieder hinausschieben. Doch 1885 ging er entschlossen an die Arbeit. Anna von Doß, die den Dichter am 9. Mai 1885 in Kilchberg besuchte, fand ihn ganz in seine Richterin vertieft. Sie berichtet darüber:

Dann erzählte er mir von der ‹Richterin›, die, wie er hofft, sein Bestes werde; jetzt hält er den ‹Heiligen› dafür. In der ‹Richterin› erscheinen Gespenster, ein furchtbar tragischer Conflikt; eine Mutter hat ein großes Verbrechen begangen, dessen einzige Zeugin die Tochter ist. Die Mutter baut sich eine neue Welt, will das Verbrechen aus der alten Welt schaffen, ihre gesunde starke Natur vermöchte es auch: aber das zartere Gewissen der Tochter kann's nicht überwinden, – ein furchbarer Conflikt, rein menschlicher Art, – «es wird gut, ich hoffe, es wird gut.» [...] «Die ‹Richterin› trage ich 10 Jahre mit mir herum: sie ist aus 10erlei Combinationen herausgewachsen, jetzt sehe ich sie vor mir, Zug um Zug, jetzt könnte ich nicht das Geringste mehr verändern, denn jetzt glaube ich an sie.»

Anna von Doß an ihre Kinder,
10. Mai 1885 (von Doß, S. 376 u. 378)

Auf Juni beschied Meyer seinen Vetter Fritz für die Niederschrift zu sich, und schon Mitte Juli konnte er verkünden:

[I]ch bin fertig, ganz fertig, bis auf die letzte Revision u. in jener wunderlichen Stimmung, wo man selbst noch nicht recht weiß, was man eigentlich gemacht hat.

Meyer an Johann Rudolf Rahn,
16. Juli 1885 (XII, 347)

Am 25. Juli 1885 sandte er das Manuskript an die «Rundschau», wo die Novelle im Oktober- und Novemberheft abgedruckt wurde. Noch im gleichen Jahr erschien sie in Buchform.

Reiterstandbild des Kaisers Marcus Aurelius Antoninus (121–180) in Rom, das Karl der Große und Abt Alcuin auf ihrem Weg ins Kapitol zu Beginn der Erzählung betrachten. Ehemals vergoldetes römisches Bronzedenkmal, entstanden nach 174, im Mittelalter das bedeutendste Gerichtssymbol in Rom, als «Caballus Constantini» (Kaiser Konstantin d. Gr.) bei S. Giovanni in Laterano aufgestellt, erst seit 1538 mit Michelangelos Marmorsockel auf dem Kapitolsplatz (Piazza del Campidoglio). Es ist somit anachronistisch, wenn Meyer Alcuin bereits um 800 die näheren Umstände des «ehernen Reiterbildes» auf dem Kapitol erläutern läßt (XII, 161). Kupferstich von Cornelis Bos (um 1506–um 1564). Erschienen im Sammelwerk «Speculum Romae Magnificentiae» bei Antonio Lafreri in Rom um 1560.
Zentralbibliothek Zürich

Karl der Große (742–814), römischer Kaiser seit 800, der am Schluß der Novelle Gericht hält.
Sitzfigur am Karlsturm des Großmünsters in Zürich. Original aus dem dritten Viertel des 15. Jahrhunderts, Mitte der 1930er Jahre durch eine Kopie ersetzt. Aquatinta von Paul Julius Arter (1797–1839), erschienen in dessen «Sammlung Zürcher'scher Alterthümer», 7. Heft, Zürich 1837, die Meyer selber besessen hat.
Zentralbibliothek Zürich

Kommentare

Wie so oft bei Abschluß eines Werks war Meyer unsicher, ob er es wirklich preisgeben wolle und dürfe. Frühzeitig bat er deshalb den «Rundschau»-Redaktor um kritische Durchsicht:

Jetzt noch eine Herzens- u. Gewissenssache. Lesen Sie, lieber Freund, sorgfältig und streichen oder mildern Sie alles Crude oder Sinnliche, das nicht unbedingt für eine große Wirkung nothwendig ist. Ich habe ein volles Vertrauen zu Ihnen. Sie haben ein feines, sittsames Ohr u. werden mich nicht mehr sagen lassen, als das tragische Thema fordert. Diese angedeutete Schwierigkeit ist auch der Grund, daß die Novelle liegen blieb. Jetzt hoffe ich sie besiegt zu haben.

Meyer an Julius Rodenberg,
10. Juli 1885 (Rodenberg, S. 203)

Rodenberg äußerte sich überaus lobend; er regte lediglich ein paar kleine Änderungen an, die Meyer bei den Korrekturen berücksichtigt hat:

Lieber Freund! Langsam u. mit Bedacht habe ich Ihre «Richterin» gelesen – ich hätte sie nicht anders lesen können, denn jeder Satz, jedes Wort ist gewichtig; u. ich darf Ihnen nun in aller Aufrichtigkeit u. Freude meines Herzens sagen, daß es ein vollendetes Kunstwerk ist, welches Sie geschaffen haben. Die Stimmung des Märchenhaften u. mehr noch Dämonischen, in der Sie das Ganze gehalten haben; der Hintergrund einer großen u. düstren Natur, auf welcher die tragischen Geschicke sich abspielen – das Elementare, welches überall bedeutsam eingreift: alles Dies ist des größten Meisters würdig. Die Handlung in ihrer Knappheit u. Fülle, die mächtige Bewegung, die unaufhörlich fortgeht u. doch niemals das Maß überschreitet; die mit voller Lebenskraft begabten Charactere – die Festigkeit u. Solidität des Aufbaus, der Composition u. die Feinheit in der Ausführung: ich wüßte nicht, was ich mehr bewundern sollte. Zwei so gewaltige Menschen wie die Richterin und Wulfrin geschaffen zu haben, wäre schon an sich genügend; u. daneben, in einem verhältnißmäßig so beschränkten Rahmen, noch Raum zu finden für die unendlich rührende Gestalt der Palma, für Graziosus u. die heldenhafte Erscheinung Kaiser Karls! Auch haben Sie niemals einen reineren u. edleren Styl geschrieben, niemals das Material der Sprache souveräner beherrscht u. jeder noch so leisen künstlerischen Intuition dienstbar gemacht. Sie haben mich auf das erotische Element aufmerksam gemacht: ich kann nur sagen, Sie haben es mit so überwältigender Kraft dargestellt u. gebändigt, daß neben der tragischen Größe kein andrer Gedanke aufkommt.

Julius Rodenberg an Meyer,
7. August 1885 (Rodenberg, S. 206 f.)

Die Urteile, welche Meyer bei kompetenten Freunden und Bekannten einholte, fielen zum Teil recht unterschiedlich aus. Ziemlich enttäuscht reagierte sein Verleger Haessel, der bedauerte, daß der Dichter nicht die Sizilien-Fassung weiterentwickelt habe:

Mir geht es anfangs wie mit dem Mönch: die ganze Historie ist mir nicht sympathisch. Sie schildern Menschen, die man sich kaum vorstellen kann. [...] Mir kommt es vor, als hätte durch die Verlegung Ihrer Historie nach Rätien ein kalter Reif Ihre Seele überraucht. Unvergeßlich sind mir die Kapitel des ersten Entwurfs, der in Sizilien spielte. Dort brannte ein heißes, südliches Kolorit über allem. Der herrlichen Versammlung der Barone mit dem Kaiser und der Richterin gleicht meiner Erinnerung nach nichts. Heben Sie ja dieses Ms. [Manuskript] auf oder liefern Sie es mir zum Aufheben aus. [...] Wenn die Richterin nun nicht gefiele?

Hermann Haessel an Meyer,
12. September 1885 (XII, 347 f.)

Voller Anerkennung hat Louise von François die Novelle kommentiert; sie bekundete lediglich Mühe, im zeitlich stark entrückten Werk einen Bezug zur Gegenwart wahrzunehmen, und teilte auch ihre Abneigung gegen die Inzest-Thematik mit:

Nun kommt der erste Teil der Richterin. Er hat mich stark ergriffen und gespannt. Der Kritiker N. N., dessen Sie erwähnen, hat, was wenigstens die Frauencharaktere anbelangt, – nicht ganz unrecht, wenn er meint, Sie kümmern sich nicht viel um die umgebende Gegenwart. Den Emancipationsbestrebungen unserer Damen zum Trotz würden Sie heute kaum ein Vorbild finden für die beiden weiblichen Species, die Ihre Muse gelten läßt: Die Kindesreinheit und die Manneskraft. Darum müssen Sie Ihre Probleme in abgelegenen sagenhaften Zeiten sich entwickeln lassen. [...] Die Exposition Ihrer Richterin ist gewaltig. Sie schrieben mir, daß Sie sich um die realistische Form Mühe gegeben; das hätten Sie, meine ich, nicht nöthig gehabt. Im Gegentheil. Sie gerathen nimmer nach Wolkenkukuksheim. Ein bischen Angst habe ich vor der Entwickelung. Wegen der Geschwisterliebe, gegen deren Erörterung ich eine Aversion habe; nicht aus Prüderie; ich glaube, blos weil das Thema mir abgenutzt scheint, o weh! Und so will ich denn hoffen, daß die Richterin nicht aus Mutterzärtlichkeit zur Bekennerin ihrer Sünd- und Heuchelthat wird. Am liebsten hätte ich, sie wäre gar keine Sünderin; aber das geht wohl nicht an. Und Sie werden in eigenartiger Weise auch als Sünderin und Selbstrichterin mit ihr fertig geworden sein. Ich freue mich auf das Novemberheft.

Louise von François an Meyer,
12. Oktober 1885 (von François, S. 173 f.)

Meyer versicherte seiner literarischen Beraterin, Stemmas Mutterliebe wirke «nur secundär»; es sei «das arbeitende Gewissen, das die Richterin überwältigt» (an Louise von François, 20. Oktober 1885; von François, S. 175).

Grandios, Verehrtester, haben Sie das heikle Problem gelöst. Durchaus in Ihrer besonderen Weise: spiritualistisch keusch und ohne alle Sentimentalität das aus den Sinnen geborene und sinnenberückende. Aber nicht darin, so scheint mir, liegt die Hauptbedeutung dieser Dichtung, sondern in dem Durcheinanderweben der Furie und der Furien altheidnischen und neuchristlichen Wahns, in den Schauern der wilden Scenerie und dem versöhnenden Abhub der kaiserlichen Frohgestalt von dem grausigen Nachtgebilde.

Sie sagten mir einmal, daß Ihre sämmtlichen Novellen ursprünglich in dramatischer Form von Ihnen gedacht worden seien. Dieser letzten merkt man es am wenigsten an; Sie bringen nicht die That, nur den Drang zur Catastrophe, wenn diesen letzteren auch in dramatisch concisester Füllung, indem Sie ihre Heldin zeigen, wie sie, verstandes- und willenssicher, unberührt von den ringenden Glaubensmächten ihrer Zeit und Zone, dennoch im Kampfe mit altheimischen Spukgeschichten, die sie selbst als thörichte Traumwesen verachtet, der Naturmacht des Gewissens unterliegt und sich der anderen, noch stärkeren Naturmacht, der Mutterliebe, freiwillig zum Opfer bringt. [...]

Als ich die Richterin zum zweiten Male las, da lockerte sich unwillkürlich die compacte Füllung; in breitem Entfalten; Scene für Scene; verfolgte ich das Werden und Wirken der mächtigen Gestalt – (wie z. B. in dem knapp angedeuteten Überfall beim Bischoff in Chur) – aus der Novelle wurde ein Roman (ein Seitenstück zum Jenatsch) und es wäre wohl denkbar, daß Dieser und Jener ihrer Leser diesem Stoffe eine epischere Entwickelung gegönnt hätte. Ich für meinen Theil weiß, daß man mit derlei Gönnen und Wünschen dem Dichter gegenüber allemal im Unrecht ist, daß man gläubig und dankbar annehmen muß was er uns bietet und wie er es thut. Und so danke ich Ihnen.

Louise von François an Meyer,
20. November 1885 (von François, S. 176 f.)

Ebenso zustimmend schrieb Paul Heyse, wies jedoch auf ein paar Mängel hin:

An zwei Punkten hab' ich Anstoß genommen: an dem Lied, das Peregrinus im Traum der Richterin singt – das mir nach Form und Inhalt unmöglich scheint (wie soll man glauben, daß Tatsachen, die der Träumer rekapituliert, sich zur Ballade kristallisieren!) – und an dem Bekenntnis der Frau vor dem Steinbild des toten Gatten, das die Tochter belauscht. In letzterem Falle kann ich mich nicht überzeugen, daß ein solches für den Fortgang der Entwicklung doch nicht unbedingt nötiges äußerliches Motiv psychologisch wahrscheinlich sei. Es sieht wie ein Notbehelf aus und zerstört die Illusion, die Sie bis dahin durch alle Phantastik hindurch siegreich festgehalten haben. Und wäre es nicht größer, tiefer, rührender, wenn die Richterin zu ihrer Selbstverdammung nur durch den inneren Zeugen, ihr Gewissen, und die Liebe zu ihrem Kinde, getrieben würde?

Paul Heyse an Meyer,
4. November 1885 (XII, 349)

Am Bekenntnis Stemmas vor dem Grabmal des Gatten nahm auch Felix Dahn Anstoß, obwohl er das Werk sonst hoch einschätzte:

Schwerer wiegt ein anderes Bedenken. Wird diese Frau, die nicht bloß solche Willenskraft, auch solch allen überlegene Klugheit erweist, im offenen Burghof, wo jeder lauschen kann, ihr Geheimnis an eine Steinfigur hin reden? – Das liegt ganz anders als der Traum [Stemmas von Peregrin]. Viel natürlicher war, sie im Schlaf, im Traum sprechen zu lassen: freilich war es dann nicht das Horn, das sie zum Reden brachte.

Felix Dahn an Meyer,
19. Dezember 1885 (XII, 349)

Wenig schmeichelhaft hingegen war das Urteil aus der Feder Friedrich von Wyß':

Ich müßte lügen, wenn ich sagen wollte, daß meiner zahmen unpoetischen Natur das Wilde und Phantastische in der Erzählung gerade sehr sympathisch wäre.

Friedrich von Wyß an Meyer,
7. Dezember 1885 (XII, 349)

Meyer seinerseits wies wiederholt auf den Gedanken der Gerechtigkeit hin, welcher in der Novelle zentral sei und selbst die kritischen Zürcher Leser günstig gestimmt habe:

Es freut mich, daß Du die «Richterin» billigst. Hier rechtfertigt in der That die Grundabsicht die Mittel u. dieser Grundgedanke der immanenten Gerechtigkeit ist doch wohl nicht zu verkennen.

Meyer an Johannes Landis,
21. November 1885 (XII, 348 f.)

Unsere Zürcher, welche sonst sehr fürsichtig und züchtig sind, haben an der Richterin keinen Anstoß genommen, weil strenge Gerechtigkeit geübt wird, wovon sie ebenfalls große Liebhaber sind. Übrigens gehe ich ruhig meinen Weg, ohne umzublicken: das habe ich in meinen 60 Jahren gelernt.

Meyer an Hermann Lingg,
30. Dezember 1885 (Briefe II, S. 321)

Allgemein fand die RICHTERIN großen Anklang; Meyer selbst hielt viel auf das Werk und bezeichnete es später als sein «Bestes» (an Richard Weltrich, 27. März 1890; XII, 349).

Die stofflichen Wurzeln der Novelle

DIE RICHTERIN gehört zusammen mit der HOCHZEIT DES MÖNCHS und PETRUS VINEA zu den drei «Kaisernovellen», in denen dem Staufen Friedrich II. eine ähnliche Position zugedacht war wie Ludwig XIV. im LEIDEN EINES KNABEN.

Die Erzählung greift Motive wieder auf, mit denen Meyer schon in ENGELBERG gearbeitet hat. Dort gesteht Gemsjäger Kurt der aus dem Kloster entflohenen Angela:

«Vernimm.» Er deutet nach dem Lauf
Der unverwölkten Sonnenflamme,
Die durch die Tannen steigt herauf:
«Dort liegt das Land, aus dem ich stamme.
Wo wild der Rhein die Schlucht durchbraust,
Hat lange mein Geschlecht gehaust.
Ein Staufen hat es hingesetzt,
Sich einen Alpenweg zu wahren,
Daß er nach Welschland unverletzt
Zur Kaiserkrone möge fahren.
Dort leuchtet saftig grüne Weide
Wie ein smaragdenes Geschmeide;
Der Pfeil entschwingt sich dort den Klüften,
Und stürzt das Grattier aus den Lüften;
Beinah wie hier! nur stehen grüner
Die Wiesen und die Berge kühner.
Mein Ahne war es, dem ein Zwist
Mit seinem Nachbar worden ist,
Es war um eines Weibes willen,
Um eines Weibs verbotner Glut,
Und nimmer war fortan zu stillen
Die ruhelose Rachewut [...].»

«Engelberg» (IX, 37f.)

Betsy schreibt dazu:

Diese dunkleren Schatten und feurigeren Beleuchtungen Bündens fallen auf die Gestalten der «Richterin» und heben sie kraftvoll ausgebildet von dem Grunde einer wilderen Berglandschaft und einer ferneren Vorzeit ab.

Dennoch ist es unmöglich, die Verwandtschaft der beiden Gedichte: des ins Unbestimmte duftig verschwebenden und des fest und massig aufgebauten, zu verkennen. Die Mariafelder Freunde bedauerten nach Vollendung des «Engelberg», und C. F. Meyer bedauerte es selbst, daß er aus der ins Kloster gezwungenen «Jutta» des Gedichts nur eine kurze Episode, kein volles Menschenschicksal geformt habe. Wir erkennen in Frau Stemma, der Richterin, die kräftige Entwicklung dieses verborgenen Keims. Das leicht angedeutete Verhältnis des wilden Kurt [Sohn Kurd] zu seinem die verderblichen Wassergeister beschwörenden Bruder Beat tritt in den Beziehungen Wulfrins zu Graciosus fester ausgeprägt und unvergleichlich kräftiger und schöner entwickelt wieder ins Leben. Der jungen, lichten Mädchengestalten in beiden Gedichten und der in beiden waltenden friedliebenden Geistlichkeit nicht zu erwähnen. Der Schauplatz beider Begebenheiten ist der südliche Grenzwall des Reiches, es sind die Alpenschluchten mit ihrem Bergzauber. Über beiden schwebt, der sagenhaften Zeit und der wechselnden Stimmung und Beleuchtung der Gebirgseinsamkeiten entsprechend, ein leiser Schauer des Wunderbaren.

(Betsy, S. 172)

Aber nicht nur Jutta, sondern auch Angelas Mutter nimmt bereits gewisse Züge Stemmas vorweg. Und so wie in der Versidylle Rudolf von Habsburg als «Vertreter göttlicher Gerechtigkeit» auftritt, waltet in der Novelle Karl der Große als Schiedsrichter (Betsy, S. 173).

Sogar die Heldin des Frühwerks CLARA von 1854/56 weist schon auf Stemma: Clara ist eine ähnlich gebieterische und leidenschaftliche Natur wie die Richterin. Das Schloß der beiden Schwestern heißt Rochefort – das ist der Name eines kleinen Orts bei Neuchâtel, den Meyer 1853 kennengelernt haben dürfte.

Das Inzest-Phantasma

Verschiedene Leser stießen sich am Motiv der Geschwisterliebe. Betsy selbst hat in den teilweise erhaltenen Entwürfen für ihr Erinnerungsbuch sowie in Notizen für die an Rodenberg gerichteten «Frühlingsbriefe» zur außerordentlichen Thematik der RICHTERIN Stellung genommen:

Die «Richterin» ist meines Erinnerns das einzige Gedicht meines Bruders, von dem er mir, während er es komponierte, niemals sprach, das einzige, das ich erst in Buchform zu Gesicht bekam. Er wollte sich dabei streng alle weiblichen Einflüsse oder Einwürfe fern halten.

Er gab mir das Bändchen mit den Worten: «Mich wundert, was du dazu sagen wirst. Du wirst nicht begreifen, wie ich dazu komme, diese Gewissenskonflikte anzufassen. – Es mußte sein. Ich mußte einmal Stellung nehmen zu den unaufhörlichen stillen Angriffen. – Es ist eine Abrechnung [...]. Und jetzt: ein dicker Strich darunter. –» [...]

Die «Richterin» dagegen [gegenüber «Engelberg»] ist aus tiefer Verletzung hervorgegangen und trägt Schwert und Schild. Sie ist ein fest geschlossenes Drama. Sie ist die Ethik derselben Dichterseele und zeigt deren Kampf. Keine Himmelfahrt, sondern die Höllenfahrt eines mannhaften Gewissens. Selbstgericht und Sühne.

(XII, 340)

Eine andere Notiz unter dem Titel «Richterin» lautet:

Ich sah fragend zu ihm auf. Soweit war es also gekommen. «Armer, armer Bruder! Es ist dein innerstes Heiligtum, das angetastet wird. Das Verhältnis deiner Schwester zu dir, das gottgewollte, einfache, das zugleich ein kindliches und mütterliches ist. – Das ist der Punkt, von dem aus deine edel geschaffene, in ihrer Feinheit und Reizbarkeit zu gesundem Widerstande gegen rohe Angriffe unfähige Seele im Innersten vergiftet werden kann. An dieser Stelle kann dir, inmitten deines sichern Heims von der, die du liebst und der du vertraust, ohne daß sie selber sich dessen klar bewußt wird, ein dein Leben im Grunde zerstörendes Gift beigebracht werden: der Zweifel an der göttlichen Gerechtigkeit.»

(XII, 340f.)

Das Gerede in «gewissen Zürcherkreisen» (XII, 340) hat den Geschwistern sichtlich zu schaffen gemacht. – Stellvertretend für das von verschiedenen Lesern der Novelle schonungsvoll ausgedrückte Befremden sei aus einem Brief Hermann Linggs zitiert:

Verehrter lieber Freund!
Gestern Abend habe ich die letzten Seiten in der Richterin gelesen; früher schon einmal unterbrochen, hatte ich mir vorgenommen, nicht wieder anzufangen, bis ich gewiß wäre, das Buch ungestört auslesen zu können. Eine Menge Arbeiten verhielt mich bis zu den Feiertagen. Da genoß ich denn auch recht die seltsame u. ergreifende Novelle. Ich bewundere die Kürze, das Ausdrucksvolle der Darstellung, die feste Zeichnung der Charaktere u. die Sprache, die in ihrer Art schon das Gepräge der alten Zeit trägt, aber ohne alterthümelnd, ohne gezwungen archaistisch zu sein, wie oft Freitags u. Dahns Stücke.

Weniger glücklich scheint mir die Fabel gewählt; solche fatale Geburtsgeschichten sind immer eine heikle Sache u. entziehen sich manchen Leserbriefen. Und das ist schade, denn an prächtigen Erfindungen, Gedanken u. erschütternden Momenten ist eine Fülle. [...]

Hermann Lingg an Meyer,
27. Dezember 1885 (Ms. CFM 337.12 Nr. 55)

Freud nahm später das Inzestmotiv zum Anlaß, sich des näheren mit Meyer und insbesondere der RICHTERIN zu befassen. Was er Wilhelm Fließ schreibt, überrascht durch die Fülle der Einsichten, die Freud ohne genaue Kenntnis der familiären Verhältnisse allein aus der Novelle gewonnen hat. Es erstaunt auch durch die Kühnheit der Vermutungen; dem Freund gegenüber hat sich Freud eben spontaner geäußert als in einem für die Publikation bestimmten Werk.

Kein Zweifel, daß es sich um die poetische Abwehr der Erinnerung an ein Verhältnis mit der Schwester handelt. Merkwürdig nur, daß diese genau so geschieht wie in der Neurose. Alle Neurotiker bilden den sogenannten Familienroman (der in der Paranoia bewußt wird), der einerseits dem Größenbedürfnis dient, andererseits der Abwehr des Inzestes. Wenn die Schwester nicht das Kind der Mutter ist, so ist man ja des Vorwurfes ledig. (Ebenso wenn man selbst das Kind anderer Leute ist.) Woher nimmt man nun das Material von Untreue, illegitimem Kind u. dgl., um diesen Roman zu bilden? Gewöhnlich aus dem niedrigeren sozialen Kreis der Dienstmädchen. Dort kommt dergleichen so häufig vor, daß man nie um Material verlegen ist und hat besonderen Anlaß dazu, wenn die Verführerin selbst eine dienende Person war. In allen Analysen bekommt man darum dieselbe Geschichte zweimal zu hören, einmal als Phantasie auf die Mutter, das zweite als wirkliche Erinnerung von der Magd. So erklärt sich, daß in der Richterin, die ja die Mutter ist, dieselbe Geschichte unverändert zweimal erscheint, was als Komposition kaum eine gute Leistung wäre. Herrin und Dienerin liegen am Ende entseelt nebeneinander. Die Magd geht am Ende vom Hause fort, der gewöhnliche Ausgang von Dienstbotengeschichten, aber auch die Buße der Dienerin in der Novelle. Außerdem dient dieses Stück des Romans zur Rache gegen die gestrenge Frau Mama, die einen etwa beim Verkehr überrascht und ausgezankt hat. Im Roman wie in der Novelle wird die Mutter überrascht und gerichtet, bloßgestellt. Das Wegnehmen des Horns ist ein echt

*Lai da Tuma (Tomasee).
Der Bergsee am Oberalp, Quelle des Rheins und von Meyer selbst erwandert, hat dem Dichter bei der Schilderung der Gebirgslandschaft von Pratum vorgeschwebt. Vielleicht dachte er aber auch an den heute verlandeten Lüscher-See am Heinzenberg, einst oberhalb der Oberen Gemeinde über Ober-Tschappina gelegen.
Stahlstich von A. Fesca nach einer wahrscheinlich 1847 entstandenen Zeichnung von Ludwig Rohbock (1824–1893). Erschienen in: Johann Wilhelm Appell, «Der Rhein und die Rheinlande», 1. Abt: Von den Quellen des Rheins bis Mainz, Darmstadt 1847–1854, Taf. nach S. 10.
Zentralbibliothek Zürich*

kindlicher Klagepunkt, das Wiederfinden eine geradezu kindische Wunscherfüllung. Der Zustand der Schwester, die Anorexie, geradezu die neurotische Folge des Kinderverkehrs, nur ist es in der Novelle nicht Schuld des Bruders, sondern der Mutter. Gift entspricht paranoisch genau der Anorexie der Hysterie, also der unter den Kindern gebräuchlichsten Perversion. Sogar der «Schlag» spukt darin (die Angst vor dem Schlag als Phobie bedeutet Kinderschläge). Die Rauferei, die in einer Kinderliebe nie fehlt, ist auch in der Novelle durch das an die Felsen Schleudern der Schwester dargestellt, geschieht aber als Gegensatz aus Tugend, weil die Kleine zu zudringlich ist. Der Herr Lehrer spielt mit der Person des Alcuin hinein. Der Vater winkt als Kaiser Karl in seiner dem Kindertreiben fernen Größe und in anderer Inkarnation als der, dem die Mutter das Leben vergiftet hat und den der Familienroman regelmäßig beseitigt, weil er dem Sohn im Weg steht. (Wunschtraum vom Tod des Vaters.) Zwistigkeiten zwischen den Eltern sind das fruchtbarste Material für die Kinderromane. Die Erbitterung gegen die Mutter macht sie in der Novelle zur Stiefmutter. Also in jedem einzelnen Zug identisch mit einem der Rache- und Entlastungsromane, den meine Hysteriker gegen ihre Mutter dichten, wenn sie Knaben sind.

*Sigmund Freud an Wilhelm Fließ,
20. Juni 1898 (Freud, S. 220f.)*

Die seltsame Bergidylle
in der Erinnerung der Schwester

In Wulfrins und Palmas Erlebnis am See bei Pratum klingt die Szene am Tomasee an, den die Geschwister Meyer 1873 von Tschamutt aus aufsuchten:

Es war ein tiefes, tiefes Becken, in das wir, auf einem schmalen Vorsprunge stehend, hinunterschauten. Unten flutete stilles und doch wellenbewegtes, stahlschwarzes Gewässer. Ein einziger Punkt in der Tiefe glänzte wie ein lichtdurchschienener Smaragd. Rechts unten, wenig über dem Wasserspiegel, öffnete sich der Fels dem Sonnenschein. Dort lockte üppiges, helles Grün an einer unbetretenen, unerreichbaren Stelle. Hohes, feuchtes Riedgras in goldenem Tageslicht leuchtete aus der Spalte einer verborgenen Schlucht, durchronnen von einem Wässerlein, das sich sanft in die Seetiefe ergoß. [...]

Gerade gegenüber, jenseits des dunkeln Wasserspiegels, aber hatten sich die still-mächtigen Gewässer eine Ausgangsschwelle gegraben. Dort überwallten sie die tief eingezackte Scharte der Felsmauer in einer großen, klaren Woge und stürzten jenseits in ungebrochenem Falle auf die grüne Alpe nieder, um sie als tiefer, schneller Bach zu durcheilen.

Auf unserer Höhe hörten wir den Sturz des Wassers nicht – es störte kein Geräusch die Stille des abgeschlossenen Ortes.

(Betsy, S. 40f.)

Das letzte Berghaus, das wir zusammen bewohnten, stand hoch oben am bündnerischen Abhange der Oberalp, jener tannenduftende, neue, kleine Bau in Chiamutt [...].

Von dieser Station [...] führte uns, wenn wir einen Steg überschritten und uns dann rechts geschlagen hatten, ein Bergpfad zwischen Felsblöcken und Gestein hinauf an eine Halde, von der wir das Tal mit seinen Wänden und der sich dazwischen hinziehenden Straße des Passes übersehen konnten. Hier hatten wir in einsamer Höhe, nur zuweilen von kleinen, schlanken Ziegen besucht, zwischen gewaltigen, von der Bergmauer einst herab gerollten Felsstücken eine muldenartige, mit kurzem Rasen bekleidete Vertiefung gefunden, die Schutz vor Sonne und Wind bot und, da sie nach der Talseite offen war, einen weiten Ausblick gewährte.

Auf diesem hohen Lagerplatze brachten wir die Vormittage zu. Bergkühle umwehte uns, während die steigende Mittagssonne dunkelgelb auf dem Gestein der unter uns und gegenüber liegenden Talmauern brannte, daß es blendete. Über uns und um uns floß ein unendlicher Ozean leise wehender und tönender blauer Luft. So rein und leicht und durchsichtig war dieses Lichtmeer, in dem wir atmeten, daß der halbe Mond, der – Licht auf Licht – in zarten, klar gezeichneten Umrissen hoch am Himmel sichtbar war, uns als ganze Kugel erschien, deren blau beschattete untere Hälfte, in flüssigen Äther getaucht, dahinschwamm. Folgten wir mit den Augen dieser lichten Fahrt und blickten dann wieder auf die in greller Mittagsglut brennende Erde mit ihren ragenden silbernen Schneespitzen und ihrem Felsgestein weit unter uns, so war es, als spürten wir, wie auch sie sich bewegte; es war, als schwebten wir auf ihr durch das sonnige All.

So schauten und atmeten wir an dem Sommertage, dessen ich gedenke, die reine Himmelsnähe. [...]

(Betsy, S. 190ff.)

«*Petrus Vinea*», *Plan (1881–1892)*

Der Hohenstaufen-Stoff hat Meyer früh gereizt und ist von ihm auch während Jahren erwogen worden. Betsy berichtet in ihrem Erinnerungsbuch, daß Conrad wohl schon als Schüler in Follens *Bildersaal deutscher Dichtung* (Winterthur 1828/29) auf die Gestalt Friedrichs II. gestoßen sei (vgl. Betsy, S. 59). Zudem habe er Bilderbogen «mit langen Reihen alter deutscher Kaiser» besessen, und sie durfte ihm beim Kolorieren helfen (Betsy, S. 57). Im Zuge der deutschen Einigung wurde seine Vorliebe für den mächtigen Staufer, der fast ganz Italien unterwarf, dann neu geweckt. Was der Schwester des weitern von der Geschichte des Stoffes im Gedächtnis haften geblieben oder von ihrer Phantasie weiterentwickelt worden ist, hält sie gegenüber Meyers Biographen mit folgenden Worten fest (Betsy Meyer an Adolf Frey, 24. Oktober 1900; Betsy, Briefe, S. 446 ff.):

«Friedrich II.! Die Hohenstaufen in Italien! – Die deutschen Kaiser, auch die aus Sachsenstamme, mit ihrem verhängnisvollen Geisteszuge nach dem Süden, nach dem Orient, ihre griechischen Frauen, die sie berührenden oder bestimmenden wundersamen Einflüsse des niedergehenden Griechentums und muhammedanischen Morgenlandes, das alles übte auf meinen Bruder seit seinen frühen Jugendtagen einen mächtigen Zauber aus. Gewiß stund er seit viel früher als seit 1880 unter der zwingenden Gewalt dieser poetischen Probleme. Friedrich II. [...] gehörte zu den poetischen Rätseln und Lieblingsgestalten, die ihn immer wieder, um Ihr Wort zu gebrauchen, ‹plagend› umkreisten. [...]

Wie wundersam und gewaltig waren die Fragmente aus Friedrich II., die er in seiner Krankheit zerstörte. Ich glaube, diese Stellen drückten ihn damals durch ihre Schönheit und Größe. Er fühlte, daß er das Ganze nicht mehr auf gleicher Höhe halten, die Komposition nicht mehr nach seiner Idee bewältigen konnte. Auch mag die ergreifende Szene im Turme am Meer mit dem kämpfenden, flackernden und zuletzt ausgewehten Ampellicht in ihrer grausamen Tragik ihm zu weh getan haben.»

Obwohl sich Meyer seit seiner Jugend mit der Hohenstaufen-Thematik befaßte, tritt die Gestalt des Kaisers in der frühen Lyrik nicht auf. Erst nach Abschluß des Heiligen, um 1880, beginnt er sich näher mit Friedrich II. zu beschäftigen. Er betreibt gründliche Quellenstudien zur Stauferzeit und interessiert sich für die genauen Umstände des Untergangs von Friedrichs verräterischem Kanzler Petrus Vinea: «Was war seine Verschuldung?» (an Rahn, 12. November 1881; Briefe I, S. 254). Weitere briefliche Äußerungen bezeugen, daß Meyer 1881/82 an einem Drama oder einer Novelle über den Hohenstaufen arbeitet (an Louise von François, 25. November 1881; von François, S. 31 f.): «Der Staufe Friedrich II. hat es mir angetan. Wankelmut! sagen Sie. Keineswegs sondern ein Belauschen und Vergleichen meiner Stoffe, bis einer derselben übermächtig wird und mich *zwingt*, ihn zu behandeln.» Der Dichter denkt sogar daran, «drei Kaisernovellen» zu schreiben (an Wille, 16. November 1883; XV, 400), denn gleichzeitig mit Petrus Vinea nehmen auch Mönch und Richterin festere Konturen an. Diese beiden Werke gewinnen schließlich die Oberhand.

Zunächst drängt sich die Hochzeit des Mönchs auf. Hier ist Friedrich lediglich eine Hintergrundfigur. Was Meyer an ihm wie schon an Thomas Becket fasziniert, ist offenbar das ketzerische Element: Der Kaiser hat sich in Sizilien beim Durchreiten eines Kornfelds für die heidnische Göttin Ceres ausgesprochen und Moses, Mohammed und Christus geschmäht (XII, 41 f.). Papst Gregor IX., sein Gegenspieler und Vorgänger von Innozenz IV., der sich durch Friedrichs Machtpolitik ebenfalls eingeschränkt fühlt, erneuert 1239 den über ihn verhängten Bann. Wer dem Papst den blasphemischen Ausspruch des Kaisers hinterbracht hat, bleibt im dunkeln. Aber Ezzelino da Romano, der neben Kanzler Vinea beim Ausritt als einziger noch dabei war, sagt, er sei es nicht gewesen ... Dieser Ezzelin, des Kaisers Schwiegersohn, umgibt sich im MÖNCH genau wie sein Schutzherr mit sarazenischen und germanischen Garden; wie Friedrich II. traut auch er den Italienern nicht.

Die RICHTERIN, die zweite Kaisernovelle, will Meyer anfangs am Sitz der Staufer auf Sizilien ansiedeln. Beide Fragmente aus dem Winter 1883/84 spielen im Kastell von Palermo. Richterin Stemma tritt hier als Normannin auf, als Herzogin von Enna. In der folgenden Arbeitsperiode verschiebt Meyer jedoch den Schauplatz nach Hohenrätien und überträgt die Handlung von Friedrich II. auf Karl den Großen, nicht zuletzt vermutlich in der Absicht, dem Hohenstaufen und dessen Kanzler ein besonderes Werk widmen zu können. Einzelne VINEA-Fragmente gemahnen von ihrem Bildgehalt her an diese ersten Entwürfe zur RICHTERIN; auch im PETRUS VINEA zeigt Meyer nämlich den einsamen Kaiser im Hochgemach seines Schlosses zu Palermo (XV, 57 f.):

«Petrus Vinea.
Unter der luftigen Kuppel eines hochgelegenen Sommersales [!] im Castell von Palermo schlummerte der Kaiser im kühlen Athem des Meeres, dessen Bläue die untere Hälfte der Fensterbögen füllte, die obere dem reinsten Himmel überlassend. Herabgebrannte Kerzen, deren bleiche Flämmchen im Morgenwinde wie ein endendes Leben flatterten und eine den gelösten Fingern des Entschlafenen entglittene Pergamentrolle bewiesen eine durchwachte Nacht und die gefurchte, vom Schlummer ungeglättete Stirn eine schwere Staatssorge und eine geschwundene Jugend. Und diese mochte lange, weit in die männlichen Jahre hinein, gedauert haben, denn der Körper, der hier ruhte, war von geschmeidige[m] Wuchse und seltener Wohlgestalt. Aber die Seele auf dem wohlgebildeten Munde war unruhig, wie die zuckenden Flämmchen im Morgenwind und über die Stirne zogen Wolken, die dem reinen Himmel fehlten.

Jetzt kam etwas leise, aber ruhig gegangen wie ein Bekannter des Hauses und auf unhörbaren Sohlen näherte sich eine große Gestalt, die vor dem Schlummernden stille hielt und ihn langsam betrachtete. Ein gebräunter ernster Kopf mit antiken Zügen und kräftig gekraustem leichtergrauten Haupthaar und Barte neigte sich näher und näher über das schlummernde Haupt mit einem seltsam gemischten Ausdruck von Liebe und Abscheu. Die mochten sich kennen, die Beiden. In der That, der Lauscher war Petrus Vinea, der Vertraute des Kaisers, und das Selbstgespräch, das er mit verschlossene[m] Munde führte, lautete also.

Da liegt das Ungeheuer! Auszug und Widerspruch der Zeit! Ihr Kind und die Züge der Mutter verleugnend, ihr vorausgeeilt, und hinter ihr zurückgeblieben, der Gründer des Staates und der Verächter der Menschheit [.]

In diesem Augenblicke sprang dieser auf, zwei strahlend blaue erschreckte Augen öffnend und schrie, den Arm vorstreckend: Mörder! faßte sich dann aber gleich und lächelte: Du bist es, Petrus! Vergib. Das da: er berührte die Rolle mit dem Fuße, hat mir böse Träume gemacht.

Wirklich, lächelte der andere zurück. Ich erinnere mich der Zeit, wo uns diese Lectüre [die päpstlichen Bullen] ergötzte, wenn wir sie zusammen genossen und beantworteten. Doch freilich, sagte er, der Schriftsteller ist ein anderer und sein Stift schärfer und auch wir Lesenden sind ernster geworden und mit uns die Welt.

Ich weiß nicht, versetzte der Kaiser, ob es das beginnende Alter ist, aber mein viertes Weib [Isabella von England] und mein vierter Papst [Innozenz IV.] machen mir zu schaffen: die Engländerin und dieser Genuese. Er legt es darauf an [hier bricht die Handschrift ab]»

Nebst diesem Prosabruchstück haben sich acht weitere epische sowie sechs dramatische Fragmente und eine Expositionsskizze erhalten. Alle Entwürfe sind wahrscheinlich in den Jahren 1885 bis 1891 entstanden.

Gleich nach Beendigung der VERSUCHUNG DES PESCARA im Sommer 1887 liebäugelt Meyer erneut mit dem VINEA-Stoff. Er schreibt an Haessel (Brief vom 11. September 1887; Briefe II, S. 137): «[Es geht] an Kaiser Friedr. II u. seinen Kanzler Petrus de Vinea, für dessen Verrat ich die *allernatürlichste* aber physiologisch [verschrieben vermutlich für ‹psychologisch›] merkwürdige Begründ[un]g glaube gefunden zu haben.» Der Friedrich-Vinea-Stoff berührt sich motivisch mit PESCARA: So wie Pescara vergeblich in Versuchung geführt wird, entpuppt sich Vinea als vermeintlicher Verräter, der den an seiner Treue zweifelnden Kaiser eigentlich retten will, aber schließlich selbst zum Verratenen wird. Auch er, der «Versucher zum Guten» (Betsy, S. 238), stirbt in Würde, bevor er irdischen Ränken zum Opfer fallen könnte. Petrus ist bei allem von derselben Vaterlandsliebe beseelt wie Kanzler Morone bei seinen Machenschaften.

Eine Erkrankung hindert Meyer, das Werk weiterzuentwickeln, und dann wendet er sich seiner ANGELA BORGIA zu, allerdings mit der Bemerkung, daß das «Zurückdrängen lieberer Pläne zB. des Petrus Vinea» für ihn sehr schmerzlich sei (an Rodenberg, 28. August 1889; Rodenberg, S. 276). Und kaum ist die BORGIA-Novelle vollendet (August 1891), regt sich die «Hohenstaufentragödie» wieder, Meyers «großer» und «schönster» Plan (Betsy, S. 208). Aus dieser letzten schaffensfrohen Zeit stammen auch die Werkskizzen, die Koegel und Frey nach Gesprächen mit dem Dichter aufgezeichnet haben; ebenso hat Betsy Ausführungen ihres Bruders vom Spätsommer 1891 niedergeschrieben. Im Erinnerungsbuch heißt es (Betsy, S. 215):

«Im letzten Jahrzehnt seines Schaffens hatte sich die Herrschergestalt Friedrichs II. der Phantasie C. F. Meyers in steigendem Maße bemächtigt. Immer deutlicher sah er in ihm den Typus vermessener Größe, die über ihrer Zeit und wider ihre Zeit steht. Immer mehr lockten ihn die dem Mohammedanismus zuneigende Ungläubigkeit des Helden und der sizilianische Schauplatz mit der eigentümlichen Mischung italienischer, germanischer und arabischer Kultur. Besonders aber trieb es ihn, den Gegensatz zwischen der großartigen Imperialpolitik der Hohenstaufenkaiser und der, wie er als Dichter ahnen durfte, schon zu Dantes Zeit im Keime vorhandenen national-italienischen Politik darzustellen. Noch einmal wollte er die inneren Erfahrungen des eigenen Lebens und die Entwicklungen seines eigenen Jahrhunderts in einem großen historischen Bilde zusammenfassen.»

Sogar während des Aufenthaltes in Königsfelden erbat er sich abermals seine Kaiser-Friedrich-Fragmente (vgl. Betsy Meyer an Frey, 20. Januar 1893; Betsy, Briefe, S. 428). Doch das Werk ist nicht mehr über diese Bruchstücke hinausgediehen.

Kaiser Friedrich II. von Hohenstaufen auf dem Sterbebett. Holzstich von R. Bong nach einer Zeichnung von Alexander Zick (1845–1907). Publiziert in: «Deutsches Familienblatt», redigiert von J. H. Schorer, Bd. III Nr. 7, Berlin Februar 1882, S. 105. Der Holzstich erschien als Illustration zu Meyers Gedicht «Kaiser Friedrich der Zweite», das in Schorers Wochenschrift erstmals veröffentlicht wurde. Der Dichter war von Zicks Zeichnung angetan und ließ den Künstler durch Adolf Frey grüßen: «Sein Bild hat mich gerührt.» (an Frey, 16. Februar 1882; Briefe I, S. 345).
ETH-Bibliothek Zürich

Die Hohenstaufen-Gedichte

Von der jahrelangen Beschäftigung mit dem Hohenstaufen-Stoff zeugen nicht nur die verschiedenen VINEA-Fragmente, sondern auch einige Gedichte, so DIE GEZEICHNETE STIRNE (1876), NICOLA PESCE (1881/82) und DIE DREI GEMALTEN RITTER (1881/82). KONRADINS KNAPPE und DAS KAISERLICHE SCHREIBEN, beide Ende der achtziger Jahre entstanden, gehören ebenfalls in diesen Umkreis. Im Herbst 1880 lag ferner KAISER FRIEDRICH DER ZWEITE vor; die Verse handeln vom rätselhaften Ableben des Staufers in den Armen seines Lieblingssohnes Manfred. Meyer stützt sich dabei auf die Sage, wonach der Kaiser nicht wirklich gestorben, sondern bis zu seiner Wiederkunft bloß entrückt worden sei. Betsy bemerkt dazu:

Dieser «geistvolle, halb muhammedanische Kaiser» also, sagte mir Conrad, war nach der Sage Siziliens nicht gestorben, nur eine Mönchskutte hatte man an seiner Statt begraben. Nein, er wohnt in einem lichten Tempel auf sonniger einsamer Bergeshöhe und blickt übers blaue Meer unverwandt nach Osten aus.

Das war ein alter Balladenstoff meines Bruders, der in seiner frühern an die Romantik anklingenden Zeit und Stimmung niemals feste Gestalt gewann.

Aus einem späten Nachklang dieser Liebe entstund das mich wie verblaßte Erinnerung anmutende Gedicht [...].

Betsy Meyer an Adolf Frey,
24. Oktober 1900 (Betsy, Briefe, S. 447)

KAISER FRIEDRICH DER ZWEITE

In den Armen seines Jüngsten
Phantasiert der sieche Kaiser,
An dem treuen Herzen Manfreds
Kämpft er seinen Todeskampf.

Mit den geisterhaften blauen
Augen starrt er in die Weite,
Während seine fieberheiße
Rechte preßt des Sohnes Hand:

«Manfred, lausche meinen Worten!
Drüben auf dem Marmortische
Mit den Greifen liegt mein gültig
Unterschrieben Testament.

Eine Kutte, drin zu sterben,
Schenkten mir die braven Mönche,
Daß ich meine Seele rette
Trotz dem Bann des heilgen Stuhls.

Manfred, meines Herzens Liebling,
Laß den Herold auf den Söller
Treten und der Erde melden,
Daß der Hohenstaufe schied.

Manfred mit den blonden Locken,
Sarge prächtig ein die Kutte,
Führe sie mit Schaugepränge
Nach dem Dome von Palerm!

Weißt du, Liebling, das Geheimnis?
Diese Nacht in einer Sänfte
Tragen meine Sarazenen
Sacht mich an den Strand des Meers.

Meiner harrt ein schwellend Segel:
Auf des Schiffes Deck gelagert,
Fahr entgegen ich dem Morgen
Und dem neugebornen Strahl.

Fern auf einem Vorgebirge,
Das in blaue Flut hinausragt,
Steht ein halbzertrümmert Kloster
Und ein schlanker Tempelbau.

Zwischen Kloster und Rotunde
Schlagen wir das Zelt im Freien.
Selig atm' ich Meer und Himmel,
Bis mich Schlummer übermannt.»

«Gedichte» (I, 288 f.)

Papst Innozenz IV. (gest. 1254) auf dem 1. Konzil von Lyon 1245, das die Absetzung Kaiser Friedrichs II. beschließt. Italienische Buchmalerei auf Pergament in einem Manuskript des «Liber novellarum» von Innozenz IV. aus dem frühen 14. Jahrhundert. Cod. Vat. Pal. Lat. 629, fol. 262 recto. Biblioteca Apostolica Vaticana, Rom

Exposé

Das folgende Szenarium zu PETRUS VINEA dürfte während der Arbeitsphase von 1887/88 aufgezeichnet worden sein. Möglicherweise ist es im Anschluß an eine Lektüre von Friedrich von Raumers *Geschichte der Hohenstaufen und ihrer Zeit* entstanden, eines Standardwerks, das Meyer wiederholt studierte und welches als Hauptquelle für den VINEA-Plan gilt. Die Expositionsskizze, von Frey 1916 erstmals publiziert und ausführlich erläutert, läßt offen, ob der Dichter seinen Stoff episch oder dramatisch zu gestalten gedachte; auch fehlt der Schluß, Nummer V.

I. 1 *Der schlummernde Kaiser, Vinea, Monol.*
    2. *Dial. Astrol. Episode. Schicksal. Bischöfe*
    3. *Die Söhne, Rosse. – Vineas Tochter*
         sterbend
    4. *Anjou Vinea Entrinnen des Papsts.*
    5. *Die Vorigen der Kaiser*
    6. *Margarita die 2 Kinder*
    7. *Tod Heinrichs.*
    8 *Nachricht –*

II. *Tod der Tochter. –*
    Vinea Kaiser. Dialog.
    Mißtrauen.
    Tod der Heinrichskinder. Du hast
         sie ermordet
    Margarita Fluch.
    Vereinigung.

III. *Große Szene. Büste des M. Aurel*
     Nachricht vom Concil. –
     Schlimme Zustände
     Rede vor dem Concil
     Suessa
     ich reise nicht.

IV *Szene. = Erwartg vom Concil*
   Nachricht   Vinea gleichg
   Abfall der Lombarden   Monolog von Vinea
   Szene mit den Kronen   Uneinigkeit
        der Friedrichssöhne
   Streit zwischen Suessa und Vinea
   Kampf gegen die Lombarden

(*Unvollendete Prosadichtungen I, S. 180 f.;*
vgl. die textkritische Wiedergabe in XV, 447 f.)

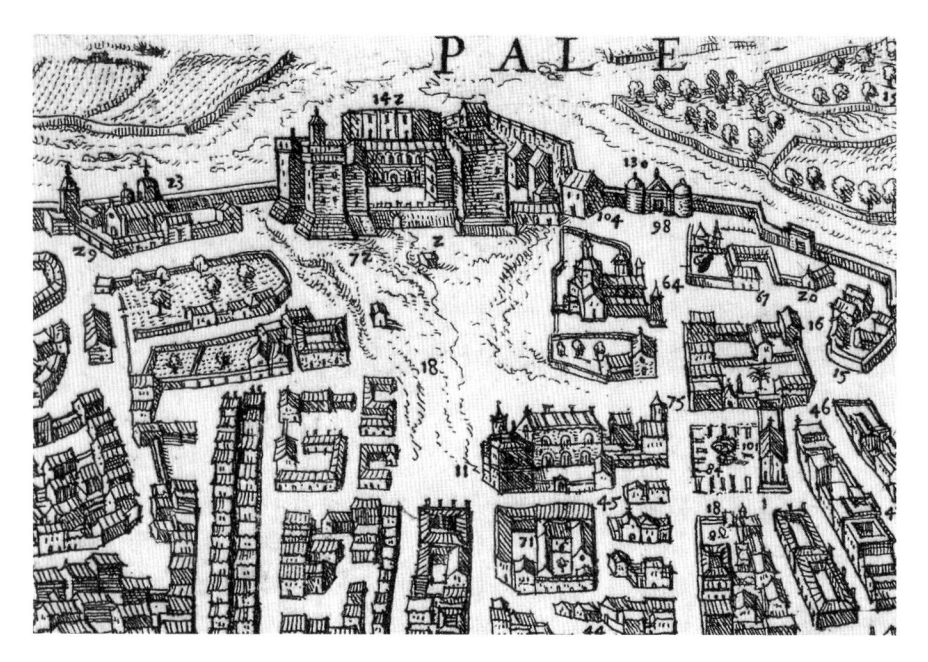

Das Kastell von Palermo. Normannischer Königspalast aus dem 2. Viertel des 13. Jahrhunderts, Schauplatz der beiden Bruchstücke zur «Richterin» sowie einzelner «Vinea»-Fragmente. Anonymer Kupferstich nach Claude Duchet 1580, Ausschnitt. Erschienen in: Georg Braun und Franz Hogenberg, «Civitates orbis terrarum», Bd. IV, Köln 1588, Tafel 56. Zentralbibliothek Zürich

Anhand der überlieferten Dokumente und dieses Entwurfs läßt sich ungefähr rekonstruieren, wie Meyer sein Kaiser-Kanzler-Thema entwickeln wollte. Offenbar zog er drei Binnenhandlungen in Betracht:

1. Die Heinrich-Margarita-Tragödie: Friedrichs Sohn Heinrich VII., der sich mit dem Kaiser überwarf, begeht Selbstmord; die Schuld wird dem Vater zugewiesen. Dieser aber hat auf Vineas Rat den Sohn verstoßen und gefangengesetzt und ihm das Recht zur Erziehung der Kinder abgesprochen. Die Witwe Margarita wird den Tod ihres Gatten rächen.

2. Die Friedrich-Tragödie: Sie konzentriert sich äußerlich um das Konzil von Lyon (1245), an dem Papst Innozenz IV. Friedrich II. absetzt. Vorausgeht die Offenbarung des «Geheimnisses» durch die sterbende Frau des Kanzlers (gemäß Expositionsskizze war diese Rolle zunächst Vineas Tochter zugedacht). Ihr Mann hat im Traum davon gesprochen, daß Friedrich nur durch einen Verzicht auf seine den Kirchenstaat bedrängenden Ansprüche den Papst zu einem Friedensschluß zwingen könne. Seit diesem Geständnis traut der Kaiser seinem Kanzler nicht mehr. Anstelle von Vinea vertritt Theodor von Suessa am Konzil die kaiserlichen Interessen. Friedrich II. hält Petrus für einen potentiellen Verräter, und sein Argwohn wird immer größer – zuletzt so groß, daß er dem Kanzler auch nicht glaubt, als er ihm in der letzten Szene das Leben retten will.

3. Die Vinea-Tragödie: Sie kulminiert in der abschließenden Becher-Szene. Der Stoiker Vinea (deshalb vermutlich der Hinweis auf Marc Aurel, einen Anhänger der Stoa), der Friedrichs Mißtrauen nicht länger aushält, trinkt das Gift, das die Äbtissin (Margarita) ihrem Schwiegervater bereitet hat, und gibt sich so selbst den Tod. Der scheinbare Verräter erweist sich als treu, und Friedrich sinkt erschüttert neben dem Toten auf die Knie.

Werkskizzen

KOEGELS PLANSKIZZE (1890)

Fritz Koegel wurde bei seinem Besuch in Kilchberg am 1. Oktober 1890 in den VINEA-Plan eingeweiht. Er hat das Gespräch des Dichters aufgezeichnet und im Jahr 1900 unter dem Titel *Bei Conrad Ferdinand Meyer* in der Monatsschrift «Die Rheinlande» veröffentlicht. Meyers Offenbarungen über seinen Friedrich den Staufer sind wieder abgedruckt in Betsys Erinnerungsbuch (Betsy, S. 217 ff.); die Schwester hat Koegel 1902 um Erlaubnis gebeten, den aufschlußreichen Bericht nochmals wiedergeben zu dürfen:

Friedrich ist auch einer jener Rätselmenschen [wie Pescara]. Er vereinigt in sich, wie in seiner Politik, drei verschiedene Nationen, die er zu einem Weltreich zusammenschweißen will: germanische, italienische Natur, arabische Einflüsse. Seine Freigeisterei ist ganz modern. Dies zu malen ist eine sehr lohnende Aufgabe.

Mein Stoff ist der Verrat des Pier delle Vigne, seines Kanzlers. Auch der ist dunkel, unaufgeklärt. Ich stelle dar die Entfremdung und den Bruch aus früherer innigster Freundschaft und Vertrautheit. Dies Problem, eins der Grundprobleme der Dichtung, ist um so dankbarer, weil hier kein großer Schatten überhängt: Shakespeare hat es nicht behandelt. Der Bruch geht hervor und kann nur hervorgehen aus politischen Meinungsverschiedenheiten und verschiedener Ansicht über Lebensfragen des politischen Handelns. Ein vorher verdeckter grundsätzlicher Gegensatz ihrer Naturen kommt zum Ausbruch und trennt sie.

Pier delle Vigne ist Italiener, Friedrich will Italien und Deutschland vereinigen, muß daher auf Deutschland Rücksicht nehmen. Dies Interesse theilt Vigne nicht, dem nur Italien am Herzen liegt. Es ist die gefährliche Zeit, wo Papst Innocenz, ein Ungeheuer, den Kaiser zur Verantwortung vor das Konzil von Lyon ruft, wo der Kampf, der Friedrich ans Leben geht, aufs heftigste entbrannt ist, wo es sonst in seinen Kämpfen schlecht für ihn steht, also jeder Schritt die schwersten Folgen haben kann und seine Lage fast verzweifelt ist. – Vigne hat nun ein Weib, das den Kaiser liebt. Von dieser Liebe finden sich in den Chroniken Andeutungen. Der Kaiser war klug genug, das seinem Kanzler zu sagen. Diese Frau läßt, ehe sie stirbt, beide an ihr Lager rufen und sagt ihnen: «Ich habe euch beide geliebt und kann nicht sterben, Kaiser, ohne dir zu sagen: dieser mein Mann weiß ein Mittel, dich in deiner jetzigen gefährlichen Lage zu retten. Er spricht im Schlaf und ich habe ihn nachts das oft sagen hören. Er weiß eins und will es dir nicht sagen.» Hiermit stirbt sie, dem Kaiser den Stachel des Zweifels in die Seele senkend und den Kanzler zwingend, schließlich sein Geheimnis zu sagen. Dies ist: «der Kaiser solle von all seinen gegen den Papst behaupteten Ansprüchen und Rechten zurücktreten, um durch den Eindruck davon den Papst zu zwingen, das Gleiche zu thun. Hiermit sei der Streit zu Ende und er siege der Welt gegenüber ob.» Das ist nun ein gefährliches Mittel, das zu dem Charakter und den politischen Plänen des Kaisers nicht paßt. Und der ist mißtrauisch, ob dieser Rat aufrichtig oder hinterlistig sei. Er mißtraut, ob jener ihn verderben wolle, als Italiener, aus Eifersucht. Hierin liegt der Keim zur Zerstörung ihrer Vertraulichkeit. Entfremdung tritt ein und frißt weiter. – Der Bruch trägt sich so zu. Der Kaiser ist unpäßlich, Vigne läßt ihm einen Trank geben, der ihn heilen soll. Aber Friedrich wagt nicht, den von Vigne kommenden Trank zu trinken. Da erhebt sich der Kanzler in Entrüstung: «Ich habe so lange Jahre für dich gewacht, gesorgt, gearbeitet und erhalte als Lohn diese Kränkung. Trink den Trank!» Aber Friedrich mißtraut, stößt den Becher von sich, so daß er umrollt und der Wein über den Tisch hin verschüttet wird. Dieser Trank war kein Gift. – Die Entfremdung ist nun da, Vignes Untergang unvermeidlich. Er findet ihn auf würdige Weise. Der Kaiser ist wieder krank. Von der Äbtissin eines Klosters, die in päpstlichem Solde steht, kommt ihm ein Heiltrank. Friedrich will ihn trinken. Vigne steht in einer Nische, tritt hervor und sagt: «Trink ihn nicht, Kaiser, es ist Gift.» Friedrich, der verdüstert, grausam geworden ist, will einen gefangenen Lombarden, einen Rebellen, den Trank vorkosten lassen. Der sagt empört: «Töte mich, wenn du willst, aber dir vorzukosten kannst du mich nicht zwingen.» Vigne beschwört den Kaiser, solche Grausamkeit nicht zu begehen. Der Kaiser gerät in Zorn, giebt den Befehl, den Lombarden sofort hinzurichten. Da tritt Vigne dazwischen: «So sollst du dich nicht selbst besudeln, ich werde den Becher für dich kosten.» Es ist Opferung, denn er weiß, daß es Gift ist. Er trinkt und sinkt tot um. In diesem Augenblick Trompetenschall: Botschaft einer von Manfred gewonnenen Schlacht, Botschaft, daß dem Kaiser ein Enkel geboren ist. Friedrich voll Rührung: «An der Leiche dieses Treuen grüß ich dich, Enkel! Mögest du glücklicher sein als er. Ich grüße dich mit dem Namen: Konradin!»

(Koegel, S. 30 f.)

Freys Planskizze (1891)

Ein knappes Jahr nach Koegels Besuch – im Spätsommer 1891 – hat Adolf Frey nach Meyers Diktat eine Handlungsskizze niedergeschrieben. Sie umreißt den Inhalt eines fünfaktigen Dramas und wurde erst 1901 in der «Deutschen Rundschau» publiziert:

I. Act.
Es kommt Nachricht, daß Heinrich (VII.), Friedrichs rebellischer Sohn, in der Haft gestorben ist, vielleicht in Folge von Selbstmord. Der Kaiser, erschüttert und betrübt, kehrt gegen Vinea den Vorwurf, er habe den Unglücklichen eigentlich dadurch getötet, daß er zu scharfen Maßregeln gegen ihn riet.

Kaiser Friedrich II. (1194–1250). Thronende Sitzstatue am Eingangsportal des Brückenkastells von Capua, entstanden 1234/39 (Torso des überlebensgroßen, 1799 zerstörten Originals in Marmor, ohne Kopf und Herrschaftszeichen, im Museo Provinciale Campano, Capua). Radierung nach einer um 1781/82 entstandenen Zeichnung, publiziert von Jean Baptiste Louis Georges Seroux d'Agincourt, «Histoire de l'art par les monumens», Bd. IV, sculpture Taf. XXVII Nr. 4, zum Text in Bd. III, sculpture S. 23 Nr. 4, Paris 1823. Zentralbibliothek Zürich

Marmorbüste eines Richters am Brückenkastell von Capua. Sogenannte Vinea-Büste, nach lokaler Überlieferung Pietro della Vigna (Petrus de Vineis, um 1190–1249) darstellend. Entstanden 1234/39. Museo Provinciale Campano, Capua. Reproduktion aus: Carl Arnold Willemsen, «Kaiser Friedrichs II. Triumphtor zu Capua», Wiesbaden 1953, Taf. 53. Zentralbibliothek Zürich

II. Act.
Erste Scene.
Vineas Frau, eine kluge, feine Griechin, fühlt den Tod herannahen. Sie läßt den Kaiser, den sie liebt, an ihr Lager rufen und eröffnet ihm, ihr Mann wälze sich Nachts schlaflos auf seinem Lager; sie glaube aus seinen Schlafreden erraten zu müssen, daß er ein Geheimnis hege, welches von größter Tragweite und für das Schicksal des Herrschers ausschlaggebend sei. Friedrich entfernt sich, Mißtrauen in der Seele. Vinea später angekommen oder gerufen als der Kaiser, hält an der Leiche seiner Gattin einen Monolog, dessen Grundton ist: stoische Abwendung vom Leben.

Zweite Scene.
In dieser düstern Stimmung sitzt Vinea auf dem von Sternen überglühten Altan seines Hauses oder des Kaiserpalastes. Als Astrolog, der er ist, vermag er die Geschicke aus den Gestirnen zu lesen; er erklärt jedoch seine Kunst als eine nichtige, da er das Kommende doch nicht sagen darf, weil sein Herr nicht daran glaubt. Da erscheint Friedrich, von Neugier und Argwohn getrieben, und verlangt das Geheimnis. Vinea offenbart es: «Der Kaiser soll auf seine Ansprüche gegenüber dem Papste verzichten und gewisse unzweifelhafte Rechte fahren lassen. Der Eindruck dieser Handlungsweise wird vor der Welt ein solcher sein, daß dem Papst nichts Anderes übrig bleibt, als ein Gleiches zu tun. Dadurch ist der Kampf zwischen beiden geschlichtet, und der Kaiser erscheint als der eigentliche Sieger, weil er den ersten Schritt getan hat, der diesen Friedensschluß herbeiführte. Ein solches Vorgehen ist das einzige Mittel, aus dem verderblichen Streite mit der päpstlichen Gewalt heraus zu kommen.» Dieser Rat, der bisherigen Politik und dem Charakter des Kaisers völlig zuwiderlaufend, schürt das Mißtrauen gegen den Kanzler, und in Friedrich steigt der Gedanke auf, ob Vinea, vielleicht im verräterischen Einverständnis mit den Gegnern, es mit diesem Vorschlag nicht darauf abgesehen habe, ihn zu verderben.

III. Act.
Von Sorgen und Staatsgeschäften ermüdet, ist der Kaiser entschlummert. Ein Bote von Ludwig dem Frommen [Ludwig IX., dem Heiligen], dem König von Frankreich, tritt auf und meldet, daß sein Herr die von Friedrich erbetene Hülfe nicht leisten könne. Er zieht den gleichfalls anwesenden Vinea auf die Seite und macht ihm Vorschläge, im Interesse Frankreichs und gegen seinen alten Herrn zu handeln. Da erwacht Friedrich und fährt auf Vinea, den er bei dem Gesandten stehen sieht, mit dem Rufe los: «Mörder!» Jetzt wird auch die Nachricht gebracht, der Papst werde nächstens auf dem Conzil zu Lyon die Absetzung Friedrichs aussprechen. Vinea soll als Gesandter das Conzil besuchen und dort des Kaisers Sache verfechten nach den Gesichtspunkten, die dieser sofort entwickelt. Vinea weigert sich, den Auftrag zu übernehmen, weil er mit der Haltung des Kaisers nicht einverstanden ist, vor Allem aber, weil er fühlt, daß er das Vertrauen seines Herrn nicht mehr besitzt. Es wird denn auch, was historisch ist, ein Anderer hingeschickt. Jetzt bricht der Kaiser auf gegen die rebellischen Lombarden.

IV. Act.
Friedrich steht mit seinem Heer in Norditalien. Seine Schwiegertochter, die Wittwe seines verstorbenen Sohnes Heinrich VII., erhält von ihm die Erlaubnis, den Schleier zu nehmen. Unterdessen hat der Papst zu Lyon die Absetzung des Kaisers ausgesprochen; die unheilvollen Folgen dieses Vorgehens machen sich allenthalben fühlbar und steigern auch die Entfremdung zwischen Friedrich und Vinea, der nicht mehr raten will, weil er sieht: es ist zu spät. Friedrichs Abgesandter kehrt vom Conzil zurück und verstärkt mit seinen Berichten den Eindruck der verschlimmerten Lage. Nun kommt die niederwerfende Kunde, daß des Kaisers Sohn Enzio von den Bolognesen gefangen worden ist. Der Kaiser bricht zur Schlacht auf.

V. Act.
Der Kaiser ist geschlagen und todmüde. Vinea bringt ihm einen nervenstärkenden Trank, aber der Kaiser wittert Gift und stößt den Becher um. Vinea lodert zornig auf, daß er, der Jahrzehnte lang für den Kaiser gearbeitet, gesorgt und gewacht hat, diese Kränkung erleben muß, und tritt empört auf die Seite. Ein Saracene der kaiserlichen Leibwache erscheint mit einem Trank der Äbtissin des Klosters, in welchem die Scene vor sich geht. Diese Äbtissin ist aber keine Andere, als die Schwiegertochter Friedrichs, die Wittwe Heinrichs VII; sie haßt ihren Schwiegervater tötlich als den Verderber ihres Gatten. Der Kaiser greift arglos nach dem Trunke, aber Vinea eilt aus seiner Nische hervor und warnt: «Kaiser, es ist Gift!» Friedrich, den Alter und Mißgeschick verdüstert und grausam gemacht haben, läßt einen gefangenen lombardischen Empörer hereinführen, damit er den Trank versuche. Der Lombarde will lieber den Tod erleiden, als von dem Trank genießen. Vinea beschwört den Kaiser, nicht auf seinem Befehl zu beharren; der ergrimmte Hohenstaufe befiehlt die sofortige Hinrichtung des störrischen Lombarden. Vinea, der als Stoiker schon lange Selbstmordsgedanken getragen, will dem Kaiser ein Verbrechen ersparen. Er reißt den Becher an sich, von dem er weiß, daß er Gift enthält, leert ihn und stürzt zusammen. Erschüttert kniet der Kaiser bei dem Entseelten nieder. Da ertönen Harfenklänge und Freudenrufe: dem Kaiser ist ein Enkel geboren, Conradin!

(Unvollendete Prosadichtungen I, S. 178 ff.)

BETSYS BERICHT (1891)

Auch mit Betsy hat Meyer im Spätsommer 1891 eingehend über VINEA gesprochen. In ihrem Erinnerungsbuch (1903) lesen wir:

«Ich wage es», sagte er, «und lege in den Mund dieser Frau [Vineas Gattin] das Geheimnis der Zukunft, das ihrem Manne, der ein Italiener ist, die Ruhe raubt. Die Sterbende allein darf es Friedrich offenbaren: ‹Mein Mann›, flüstert sie, ‹o Kaiser, weiß ein Geheimnis, das dich rettet, und will es dir nicht sagen›.»

«Getraust du dir», fragte ich, «den mittelalterlichen historischen Stoff mit deinen modernen nationalen Ideen zu durchtränken? Kannst du deinen Petrus Vinea von einem befreiten Italien träumen lassen? Ist das nicht zu viel gewagt?»

«Nein», sagte er. «Es schreibt überhaupt keiner ein Drama, ohne es durch eine starke Strömung seiner eigenen Zeit zu bewegen und zu beleben. Jedes Drama bedarf einer gewissen Aktualität. Übrigens weißt du wie ich, daß es immer Menschen gab und geben wird, die nicht ihrer Zeit angehören, frühe Schwalben, die noch keinen Sommer machen, einzelne Träger und Märtyrer kommender Entwicklungen.»

Das mußte ich ihm alsbald zugeben. «Aber», sagte ich, «wie kannst du dir die mittelalterlichen Päpste als die Führer und Träger der nationalen Kultur und Diplomatie Italiens denken?»

«Warum nicht? Es sind geniale Leute unter ihnen. Du weißt nicht, was aus ihnen geworden wäre, wenn sie jahrhundertelang die beherrschende Spitze einer mächtigen romanischen Staatseinheit gebildet hätten. Vielleicht als weltliche Fürsten und dann mit erblicher Thronfolge ...»

Schweigend versuchte ich, diesen verwegenen Gedankenflügen zu folgen. Da tauchten unversehens meines Bruders «Papst Julius II.» und sein Cäsar Borgia vor mir auf [zwei Gedichte Meyers], und mir wurde klar, daß er mit diesen Ideengängen schon von lange her, schon seit er historische Stoffe dichterisch zu gestalten angefangen hatte, wohlvertraut war.

(Betsy, S. 232 f.)

Dann sprach er von der Charakterentwicklung des Kanzlers Petrus von dem Punkte an, da der Kaiser sich innerlich empört gegen die Zumutung, seine Macht zu beschränken, um sie zu stärken. Von dem Punkte an, da er den Italiener, um seines Rettungsplanes willen, zu hassen beginnt; da er den Abfall der italienischen Untertanen ahnt und Verrat wittert.

C. F. Meyers Friedrich II. überliefert sich seinem Schicksal, wo er im entscheidenden Augenblicke kleinlich mißtraut. Hier beginnt er unaufhaltsam zu sinken. Von Argwohn gelähmt, hat er nicht mehr die Kraft, nach dem vor ihm schwebenden leuchtenden Gebilde der germanischen Kaiserkrone zu greifen. Er glaubt nicht daran, und es versinkt wieder in Jahrhunderte dauernde Nacht. Mit ihm versinkt das seinen Beruf verkennende Geschlecht der Hohenstaufen.

Wie aber beschreibt der Dichter im Gegensatze dazu die in paralleler Linie niedersteigende Bahn des in die Ungnade seines Herrn gefallenen Kanzlers? – Sobald der Kaiser im Rettungsvorschlage seines Getreuen Verrat wittert, steht diesem mit dem Untergange seines Planes als unvermeidlich sein eigener Sturz vor Augen. Es bleibt ihm nichts anderes als Ergebung in das Unabwendbare. Aus Petrus Vinea wollte der Dichter einen Versucher zum Guten gestalten. Er wollte ihm das Edelste seines eigenen Wesens einhauchen, zugleich aber einen echten und wahren Italiener aus ihm machen. Das Märtyrertum des Petrus Vinea wäre das einer Menschenseele geworden, die sich einer genialen Persönlichkeit in treuester Ergebenheit untergeordnet hat, und der nun der Glaube an ihr Idol von diesem selbst Stück um Stück aus dem Herzen gerissen wird. Den letzten Rest von Leben und Liebe wirft diese Menschenseele ins Opferfeuer, um ihren Herrn vor der tiefsten sittlichen Entwürdigung zu retten. Als diese tiefste Erniedrigung erscheint dem Kanzler der Despoteneinfall Friedrichs, den gefangenen Lombarden wie einen gekauften Sklaven, nein, wie ein unnütz gewordenes oder schädliches Tier als Giftprobe zu mißbrauchen. Diesen verletzenden Zug, der nicht den Kanzler persönlich beleidigen soll und gerade darum seine Menschlichkeit um so tiefer und um so gerechter empört, erträgt er nicht. Er trinkt den Giftbecher selbst, um das Gewissen des Kaisers vor einer schmählichen Blutschuld zu bewahren und das Leben eines Schuldlosen zu retten.

Dies sind die Linien, die sich als Grundriß des «Hohenstaufendramas» an jenem Sommerabend [...] meinem Gedächtnis eingeprägt haben. Mir erschien das Ganze als ein edler, großer Entwurf mit wenigen und einfachen Motiven. Es sind leichte, aber sichere Umrisse. Sie kreuzen und widersprechen sich nicht, sondern bilden in meiner Erinnerung eine reine Zeichnung. Doch sind die schwebenden Linien noch lange kein ausgeführtes, deutliches Bild. Eine zusammenfassende Schlußszene, die damals wohl auch im Manuskript vorhanden war, schwebt mir in kräftigen Zügen und Farben vor.

(Betsy, S. 237 ff.)

Betsy hat sich übrigens gegen einige Thesen und Vermutungen von Frey gewandt. Ihrer Absicht, Freys Wiedergabe des VINEA-Plans zu berichten, sind dann die Erinnerungen an den Bruder entsprungen (Zur Polemik zwischen Betsy und Frey vgl. Unvollendete Prosadichtungen I, S. 140 ff., sowie XV, 410 ff.).

«Die Versuchung des Pescara» (1887)

Die Geschichte handelt eigentlich von Hochverrat – wie Schillers *Wallenstein*. Aber jener, der durch die Macht versucht werden soll, Pescara, ist solcher Versuchung nicht mehr zugänglich, auch wenn ihm die Krone Neapels oder selbst die eines Vereinigten Italien in Aussicht gestellt wird. Er ist, was nur er weiß, ein dem Tode geweihter Mann, trägt eine unheilbare Wunde, ist ein lebendig Abgeschiedener.

Am Hof zu Mailand, nach der Schlacht von Pavia 1525, wird ein Komplott angezettelt. Die Verschwörungsszene vereinigt im moosgrünen Kabinett des Herzogs Francesco Sforza dessen machiavellistischen Kanzler Girolamo Morone, Francesco Guicciardin, den Abgesandten des Papstes, und Lelio Nasi, den Vertreter der Dogenstadt. Die Liga soll Frankreich – Mailand – Venedig – Rom umfassen und mit ihrem Heer den spanischen König und deutschen Kaiser Karl V. besiegen. Wer aber wird das Heer dieser «Befreiungsallianz» führen? Ein geeigneter Feldherr ist nicht vorhanden. Da schlägt wie ein Blitz der Einfall des listigen Morone in die Runde: Pescara, der zusammen mit dem Connétable Karl von Bourbon und dem «ehernen» Haudegen Antonio de Leyva das Feldherren-Triumvirat des Kaisers bildet, – er, der Sieger von Pavia, der dort für Habsburg den größten Erfolg erfochten hat, soll zum Verrat am Kaiser bewogen werden.

In den folgenden Kapiteln (oder Akten) vollzieht sich, was in der Exposition im geheimen angestiftet worden ist. In Rom bemüht sich der Papst persönlich, Pescaras Gattin, Victoria Colonna, in den Plan der Liga einzuspannen und sie als Versucherin Pescaras zu gewinnen. Erst im III. Akt tritt Pescara selbst auf die Bühne. In seinem Feldherrensitz, der Burg zu Novara, wird er bedrängt: zuerst von Morone, dann – im IV. Akt – von Victoria. Die Kaiserlichen belauern ihn: der unheimliche Späher Ugo de Moncada und der mißtrauische Leyva. Im V. Akt aber zerschlagen sich alle Komplottabsichten; denn sie stoßen bei Pescara, der schweigt, ins Leere. Der Todkranke bringt seine Frau in ein Kloster und begegnet dabei dem Schweizer Reisläufer, der ihm bei Pavia die unheilbare Seitenwunde beigebracht hat. Er entläßt ihn mit einem Sold. Das «Letzte Kapitel» (eigentlich der VI. Akt) zeigt die Eroberung des Kastells von Mailand durch die drei spanischen Feldherren und endet mit dem abschließenden Gericht: Pescara verzeiht dem Herzog, schont selbst Morone. Die verräterischen Moncada und Leyva behandelt er mit Verachtung; ihr Mordanschlag erreicht ihn nicht mehr. Nachdem er dem Kaiser geschrieben und die Befehlsgewalt dem Connétable übergeben hat, stirbt er; Victoria trifft einen für immer Entschlummerten.

Haupt- und Staatsaktionen! Große Szenen! Verschwörungen, Komplotte, Überredung, Versuchung! Meyer bietet alles auf, um Kalkül und Gemeinheit machiavellistischer Politik bloßzustellen, und er tut es nicht ohne jede Faszination. Die Verführung zur Macht, die Versuchung zum Verrat: Beide treffen sich im Wallenstein-Thema, das den Dichter reizt und hinreißt. Größte Dimensionen sind ins Auge gefaßt: die Einigung Italiens schon im 16. Jahrhundert; der Mediceerpapst im Verein mit den reichsten Städten (Mailand, Venedig, Florenz) und Frankreich; der Kampf gegen den Kaiser, gegen Habsburg-Oesterreich; der von den Franzosen zu erstrebende Verzicht auf alle Ansprüche in Italien: und alles das komprimiert auf einige wenige Gespräche. Die Verschwörungsszene in Mailand setzt das Spiel in Gang – der Kanzler Morone steht zuvor sinnend vor dem Gemälde, das Pescara beim Schachspiel zeigt. Wie wird Pescara spielen? (XIII, 165)

Dann, vor allem großartig, die Gespräche im Schloß zu Novara. Morone, der sich zu höchster Beredsamkeit aufschwingt, um Pescara zum Verrat zu bewegen (XIII, 212 f.). Aber der Feldherr hat vorgesorgt: Auf seinen Wunsch hören der Connétable und der junge Del Guasto hinter dem Vorhang die raffinierte Beschwörung des Kanzlers mit: sie sind auch Zeugen der Zurückweisung des Versuchers. Pescara verfügt, der Kanzler habe innerhalb der Schloßmauern zu bleiben. – Im Schlangensaal erblickt Morone auf seiner unruhigen Wanderung «ein gemaltes Geflechte von Schlangen, je zweie sich umwindend, die eine der feuerspeiende Drache der Sforza, die andere das entsetzliche Wappenbild der Visconti, die Schlange mit dem Kind im Rachen» (XIII, 217), «List, Verrat, Gatten- und Verwandtenmord» symbolisierend (XIII, 457). Leonardo, der Schöpfer des Mona-Lisa-Lächelns, soll angeblich das grauenvolle Bild gemalt haben. Kurz darauf erblickt Morone im Schloßgarten den schlummernden Pescara; er ruht auf einem Marmorsessel, dessen Lehnen zwei Sphinxe bilden, vor ihm im Halbdunkel in der Mitte des Rondells geht ein Brunnen, der «seine schimmernde Schale mit einer langsam strömenden Flut durchsichtig und einschläfernd verschleierte» (XIII, 218).

An diesem Brunnen trifft nun auch Victoria auf ihren Gemahl, sie, die edle Römerin von erhabener Schönheit, eine Dichterin und Muse, der Stolz Italiens. Sie soll ihren Gatten zum Treubruch bewegen. So will es der Papst, so die Liga und eigentlich auch sie selbst. Doch die berückende Frau, deren Ehrgeiz eine Krone verdienen würde, spürt, daß sie den Feldherrn mit dem Glanz von Kronengold nicht verführen kann. Sie wird zu ihrem Mann halten, wiewohl sie nicht weiß, was er zu tun gedenkt. Aber sie ahnt, daß er vor Schwererem als dem Entscheid für Treue oder Abfall steht.

In einer der Unterredungen zu Novara tritt auch Moncada auf, der Abgesandte des Kaisers. Er befiehlt dem Feldherrn, den Herzog von Mailand in Ketten legen zu lassen und nach Spanien zu senden (XIII, 226). Moncada, ein verhinderter Loyola, ist zu jedem Verrat bereit, der den Interessen Spaniens dient. So will er am Schluß, nachdem Pescara in Mailand eingezogen ist und Herzog Sforza nicht gefangengesetzt hat, den Feldherrn ermorden. Aber er kommt zu spät. Sein Anschlag gilt einem Erlöschenden, der selbst zu seiner Verteidigung kein Blut mehr vergießen will und es auch nicht mehr könnte.

Kabale und Liebe hat Schiller einst sein Stück überschreiben lassen, in dem er den Intrigen der Welt die unangefochtene Absolutheit der Liebenden entgegenstellte. Bei Meyers PESCARA müßte es «Kabale und Tod» heißen. Über allen Ränken und verderblichen Machenschaften steht hier die schweigende und vornehme Gelassenheit des Todes. Meyer streicht das selbst heraus. Am Schluß des dritten Kapitels, nachdem der Versucher Morone sich verzogen hat, kommt es zu einem Wortwechsel zwischen Pescara und den beorderten Lauschern (XIII, 215):

«‹Herrschaften›, sagte er, ‹hier wurde Theater gespielt. Das Stück dauerte lange. Habt Ihr nicht gegähnt in Eurer Loge?›
Da schlug der Bourbon in plötzlich umspringender Stimmung eine gelle Lache auf.
‹Trauerspiel oder Posse?› fragte er.
‹Tragödie, Hoheit.›
‹Und betitelt sich?›
‹Tod und Narr›, antwortete Pescara.»

«Tod und Narr»: Das heißt nicht einfach Pescara und Morone. Narren sind wohl alle, solange sie sich am Spiel der Macht und der Liebe beteiligen. Auch Victoria ist es, und Pescara war es. Nur wer sich von der Welt und ihrer *gloria* löst, steht über der irdischen Narrheit. Der Ansatz ist barock: Der Mithandelnde ist gezwungenermaßen am *theatrum mundi* beteiligt. Wer sich jedoch der Welt entzieht oder ihr entzogen wird, ist über das Narrentum erhaben. Bei Lebzeiten abgeschieden sein: das kann Verzicht, Entsagung, Ausgeschlossensein im Kloster meinen; es mag aber ebenso Todverfallenheit und Todverbundenheit bedeuten. Pescara ist moribund, und genau deshalb ist er für alle Handelnden unerreichbar. Sie können ihn nicht mehr in ihre Zwecke einspannen, weil er mit sich über alle Zwecke längst hinaus ist.

Hauptnarr ist sicher Morone. Meyer bietet ein riesiges Arsenal von Wörtern auf, um diese Figur auszuloten, und er gelangt dabei zu Einsichten, die all das weit übertreffen, was er den historischen Quellen hat entnehmen können. Morone ist nicht nur ein skrupelloser Politiker, er ist jederzeit mehr und alles zugleich. Darum ist er vielschichtig und vielgesichtig bis zur Unergründlichkeit und Fragwürdigkeit: Er zeigt, frei nach Nietzsche, die Heraufkunft des Schauspielers in der Politik. In der *Fröhlichen Wissenschaft* (1882) hatte Nietzsche geschrieben:

«Vom Probleme des Schauspielers. – Das Problem des Schauspielers hat mich am längsten beunruhigt; ich war im Ungewissen darüber (und bin es mitunter jetzt noch), ob man nicht erst von da aus dem gefährlichen Begriff ‹Künstler› – einem mit unverzeihlicher Gutmüthigkeit bisher behandelten Begriff – beikommen wird. Die Falschheit mit gutem Gewissen; die Lust an der Verstellung als Macht herausbrechend, den sogenannten ‹Charakter› bei Seite schiebend, überfluthend, mitunter auslöschend; das innere Verlangen in eine Rolle und Maske, in einen *Schein* hinein; ein Überschuß von Anpassungs-Fähigkeiten aller Art, welche sich nicht mehr im Dienste des nächsten engsten Nutzens zu befriedigen wissen: Alles das ist vielleicht nicht nur der Schauspieler an sich? ... Ein solcher Instinct wird sich am leichtesten bei Familien des niederen Volks ausgebildet haben, die unter wechselndem Druck und Zwang, in tiefer Abhängigkeit ihr Leben durchsetzen mußten, welche sich geschmeidig nach ihrer Decke zu strecken, auf neue Umstände immer neu einzurichten, immer wieder anders zu geben und zu stellen hatten, befähigt allmählich, den Mantel nach *jedem* Winde zu hängen und dadurch fast zum Mantel werdend, als Meister jener einverleibten und eingefleischten Kunst des ewigen Verstecken-Spielens, das man bei Thieren *mimicry* nennt: bis zum Schluß dieses ganze von Geschlecht zu Geschlecht aufgespeicherte Vermögen herrisch, unvernünftig, unbändig wird, als Instinct andre Instincte commandiren lernt und den Schauspieler, den ‹Künstler› erzeugt (den Possenreißer, Lügenerzähler, Hanswurst, Narren, Clown zunächst, auch den classischen Bedienten, den Gil Blas: denn in solchen Typen hat man die Vorgeschichte des Künstlers und oft genug sogar des ‹Genie's›).»

Ob Meyer die Stelle gekannt hat, wissen wir nicht. Das Histrio-Problem beschäftigte ihn schon lange: «Bist du ein Held oder ein Komödiant?» fragt sich Wertmüller während der Fahrt mit Jenatsch nach Murano (X, 103f.). Der Politiker als ein Spaßmacher, Hanswurst, Clown – als Narr. So läßt Meyer seinen Morone auftreten. «Laß die Grimassen, Narr!» fährt Guicciardin den Kanzler an (XIII, 167), und er nennt ihn einen Possenreißer, einen Schamlosen mit tragischen Gebärden und komischen Runzeln, auch die Schellenkappe fehle nicht (XIII, 170).

Der Typus hat seine Tradition. «Morone, Buffone», wispert der Papst Victoria ins Ohr (XIII, 179). Meyer ist wohl in Burckhardts *Cultur der Renaissance in Italien* auf die «Witzmacher und Buffonen» gestoßen. Buffonen waren Fahrende, bald Händler, bald Straßenspieler. Am Karneval mieteten Fürsten und Kardinäle ganze Wagen von Masken und Clowns. Später entwickelten sich aus solchen «maschere» die Typen der Commedia dell'arte: Arlecchino, Pagliaccio, Pantalone, dann der Dottore, der Capitano usw. «Adieu, Pantalon mon ami!» verabschiedet sich nach der Audienzszene zu Mailand der Connétable von Morone (XIII, 158). «Saute, Paillasse mon ami, saute pour tout le monde!» verhöhnt er ihn später (XIII, 260; vgl. XIII, 462). Des Kanzlers «Gebärdenspiel» (XIII, 193) nimmt immer wieder fratzenhafte Züge an (XIII, 259f.). Die Kunst der Grimasse scheint ihm angeboren zu sein, er hat schon als Knabe Ludwig Sforza den Mohren damit erfreut (XIII, 192f.).

Aber Mimik und Gestik genügen nicht, den Gaukler zu machen. Der Kanzler beherrscht ebenso die Kunst der Mimikry, der Verkleidung, der Täuschung. *Mundus vult decipi, ergo decipiatur* (Die Welt will betrogen werden, also werde sie betrogen). In Rom sieht Del Guasto «etwas Diebisches in langer Gewandung schleichen», – er erkennt im Fackelschein «die unverschämte Stumpfnase und unter einem Juristenbarett das freche Kraushaar» (XIII, 200). Unterwegs nach Novara aber wird der Kanzler vollends zum marktfahrenden Buffone. Einmal sichtet man ihn als Fruchthändler Paciaudi mit einer greulichen Warze auf der Nase: Er müsse wegen eines Lieferungsvertrags zu Pescara (XIII, 201). In Novara läßt er sich als Apotheker Baldassare Bosi aus Orvieto melden, der ein Paket mit Medikamenten abzugeben habe (XIII, 202). Statt des Apothekers erscheint dann aber «ein Zauberer in langen schwarzen Gewändern mit einem Talisman auf der Brust und einem schrecklichen Gesichte» (XIII, 203) – «Da ist er schon!» ruft der Page, der ihn hereinbringen soll. Pescara erkennt ihn sogleich. Es ist die Sekunde der Entscheidung. Schwitzend und schwer atmend steht Morone vor ihm – nicht der Rollenwechsel hat ihn angestrengt, er weiß nur, daß sich ein Abgrund vor ihm auftut. Aber nichts geschieht; Pescara läßt ihn nicht festnehmen.

Jetzt ist es Schluß mit den billigen Allerwelts-Maskeraden. Der «Kanzler Proteus» – so hat ihn der Papst genannt (XIII, 171) – schlüpft in die Rolle des Versuchers und gedeiht dabei zu einem Demagogen von diabolischer Beredsamkeit. Morone wird in seinen Deklamationen zum scharfsinnigen Fanatiker der Macht, ist Machiavelli und Mephisto in einem, beschwört visionär die Krone Italiens und Pescara als deren Träger. Der Feldherr wird den Kaiser außer Spiel setzen, und –

«[...] ‹Dann erst wirst du dich zeigen als der, welcher du bist, in deinem ganzen Wuchse: für das Volk ein furchtbarer und wohltätiger Dämon, für das Heer ein unfehlbarer Sieger, für den Patrioten der Vollender Italiens, für den Gelehrten der wiederaufgelebte römische Ehrgeiz, für die Fürsten, soviel du ihrer bestehen lässest, der herrschende Bundesgenosse. Du beutest alle Möglichkeiten und Begünstigungen des Jahrhunderts aus. Du wirst der Verteidiger des Papstes und eroberst ihm seine Städte und Provinzen zurück, die du für dich behältst; du reitest als Schiedsrichter zwischen der verröchelnden Republik und den Medicäern in Florenz ein, und sie gehorchen dir beide. Ja sogar die stolze Fürstin der Hadria zwingst du in deinen Machtkreis! Ich sehe dich›, jubelte Morone, ‹wie du ihr Doge wirst und dich dem Meere vermählst.

So wächsest du, bis dich und dein herrliches Weib auf dem römischen Capitol tausend frohlockende Arme vergötternd in die Lüfte heben und dich ganz Italien als seinen König zeigen, welches du dann, wie dir jetzt, ich fürchte, noch nicht möglich ist, als deinen Besitz und deinen Ruhm ein wenig lieben wirst, damit endend, womit ich angefangen habe, denn allein meine Liebe zu Italien, das Beste, das einzig Gute an mir, wirft mich dir zu Füßen, du Kaltherziger!› Und er umfing das Knie des Feldherrn mit einer so inbrünstigen Gebärde, daß dieser aufspringend einer solchen Anbetung sich entzog, aber doch innerlich ergriffen schien, sei es daß ihn diese Wahrheit des Gefühls in einem lügnerischen Geiste fesselte, sei es daß sein mächtiger Verstand die angedeuteten Züge seiner und Italiens möglicher Größe unwillkürlich zu einem lebensfähigen Ganzen zusammenschloß.» (XIII, 212 f.)

Was Morone als raffinierter Versucher Pescara vor Augen führt, bestätigt die alte Wahrheit, daß bei solcher Absicht das Teuflische gerade jene Bereiche eröffnet, die ein Gott Ergebener von sich aus sonst nie ins Auge fassen würde. Morone-Mephisto lenkt hellsten und verheißungsvollsten Glanz auf Bezirke, die das Licht eigentlich scheuen müßten. Aber er täuscht sich bei seinem Vorgehen in doppelter Hinsicht, glaubt er doch, der beste Verbündete Pescaras sei das Leben (XIII, 213): «Du stehst ja in der Fülle der Kraft und schöpfst nur so mit der Hand aus der überströmenden Quelle. [...] weil du, römisch gesprochen, ein Jüngling bist und dich noch lange kein Todesschatten berühren darf!» Als ebenso gewichtig wie diese falsche Annahme erweist sich die erstaunliche und kaum erwartete Reaktion Pescaras auf den Versucher, wenn er ihn drohend fragt (XIII, 214): «Weißt du, [...] daß, wenn mich mein Ehrgeiz überwältigen sollte, das erste Opfer dein Gebieter, der Sforza, wäre? [...] Überlieferst du mir den Sforza?»

Wozu ein Pescara bereit sein müßte, nämlich seinen Herrn, den Kaiser, zu verraten, dazu kann sich der entsetzte Kanzler, der seinen Herzog preiszugeben hätte, zunächst nicht bereit finden (XIII, 214): «Ich meinen Herzog verraten! Niemals! Nimmermehr!» Der zum Verrat Verlockende will selber von Verrat rein bleiben. Was ein Jenatsch aus Ehrgeiz und politischer Versatilität zu tun nicht versäumt hat, Morone erstrebt es mit allen Mitteln – von seinem Partner; Pescara aber lehnt dies ab, weil er, bereits dem Tode anheimgegeben, eine solche Tat mit seinem geschärften Gewissen niemals gutheißen könnte.

Aber noch bedarf Morones pseudo-prophetische Taktik, mit der er ein rosiges Bild der Zukunft *al fresco* entwirft, zusätzlicher Aufmerksamkeit: Der Kanzler verfährt nämlich wie alle Gewiegten seines Schlages. Er setzt nach Art der Demagogen seine Phantasmen an die Stelle der Realität. Die Rhetorik soll die Vision erzwingen – gegen alle äußeren Widerstände, gegen alle Bedenken der Vernunft: rauschhaft-begeisternd, die Zuhörer leidenschaftlich erregend und bezwingend. Nicht umsonst ist Morone im Gewande des Zauberers aufgetreten. Er will allen Ernstes die Welt nach seinem Willen einrichten. Freud hat das später genau beschrieben: Der Demagoge strebt mit allen Mitteln danach, sich die Welt zu unterwerfen – sei er nun Künstler oder Diktator. Sein Drang zur Überwältigung, zur Eroberung der Welt überspielt die Grenzen zwischen Phantasie und Realität, schiebt alles Widerständige beiseite. So sehr ist er in seiner Vision befangen, daß er selbst an sie glaubt und sie vorschnell an die Stelle der Realität setzt. Was Meyer hier zeichnet, ist der Typus des dämonischen Führers, den Freud Jahrzehnte später in seiner *Massenpsychologie und Ich-Analyse* (1921) beschreiben und untersuchen wird. Morone nimmt damit die Hitler, Goebbels, Mussolini vorweg, die kraft ihrer Rhetorik nicht nur Einzelne, sondern auf Anhieb ganze Massen verführt haben. Rhetorik dieser Art wirkt sich dort besonders gefährlich aus, wo sie nicht nur Macht will, sondern sich auf Macht stützt.

Morone ist also mehr als Marktfahrer und Billiger Jakob, mehr als ein «Schauspieler» (XIII, 208). Er ist ein «Phantast» (XIII, 170), und er ist ein «frecher Kopf» (XIII, 197): Er nimmt die Wirklichkeit nicht ernst und hält sie für so wandelbar wie seine eigene Vielperson. Gleichzeitig aber verlangt er, daß die Welt ihn ernst nehme. Zu Pescara, dessen fortgesetzt scherzender Ton ihn beleidigt, sagt er schließlich (XIII, 208): «Jetzt sei des Spieles ein Ende. Erniedrige den nicht zum Schauspieler, welcher sein Leben wagt für die Rettung seines Vaterlandes! Pescara, ich bitte dich um Ernst!»

Damit sind alle Aspekte des Schauspielers berücksichtigt oder wenigstens andeutungsweise erwähnt: Seine Person zerbricht in viele Personen und will doch auf *ein* Ziel hinwirken. Er ist ein «unzusammenhängender Geist» (XIII, 214), er hat einen «Ameisenhaufen» hinter seiner Stirn (XIII, 197). Sein Ego trägt viele Masken, ist nicht zu fassen und damit auch unzerstörbar. Selbst wenn er es ernst meint, ist niemand dazu bereit, ihn in letzter Hinsicht ernst zu nehmen. Er verfällt selbst dem Schein, den er andern glaubhaft machen will, und geht im *theatrum mundi* unter. – Nach seinem Höhenflug wird er gedemütigt: Die spanischen Soldaten setzen Morone rücklings auf einen Esel und geben ihm dessen Schwanz in die Hände (XIII, 263f.). Unter höllischem Gelächter wird er aus der Stadt getrieben; er lacht selber «aus Verzweiflung» mit. Der Abgang bedeutet aber nicht das Ende seiner Dämonie, noch das Ende des Typus: Es gäbe nicht genug Esel auf der Welt, wollte man alle Phantasten und Träumer, alle Lügner und Gaukler auf solchen Tieren vertreiben. Kommt dazu, daß die Vertreibenden nicht besser sind als die Vertriebenen.

Alle frönen dem Spiel der Macht: die Führer der Liga, der Papst, die spanischen Feldherren, der Connétable, der Kaiser; Del Guasto als Don Juan- und Moncada als Loyola-Figur. Selbst Victoria, das liebende und ehrgeizige Weib, das dem Gatten zur Krone verhelfen möchte, tut dabei geschickt mit.

Und Pescara selbst? Auch er war ein Narr, aber er wird durch seinen bevorstehenden Tod der Narrheit enthoben. Das hat mit «Willensfreiheit» nichts mehr zu tun (an Haessel, 15. Februar 1887; XIII, 372). Pescara muß nicht mehr entscheiden, Italien oder Spanien, Papst oder Kaiser, Verrat oder Treue: Das wären Entscheidungen à la Jenatsch gewesen. Und eine Zeitlang dachte Meyer tatsächlich daran, seinen Helden in diesen Wahlzwang zu stellen: «Die geheime Basis ist: Vielleicht unterlag Pescara, ohne die Wunde», schreibt er Frey am 18. November 1887 (XIII, 376). Pescara wäre dann zu einer Figur in Morones Spiel geworden und hätte in der Commedia dell'arte die Rolle des Capitano übernommen (XIII, 166). Als «falsch, grausam und geizig» haben ihn die Verschwörer der Liga noch erfahren (XIII, 165), als einen, der an die Macht glaubt. Dann aber kommt es nach Meyer zu einer «Veredlung seines Characters [...] durch die Nähe des Todes» (an Haessel, 5. November 1887; XIII, 376). «Wäre Pescara ‹lebend›», heißt es in einem Brief vom 2. Dezember 1887 an Hans Frick-Forrer, «*vielleicht* widerstünde er *nicht*, denn er ist gleichfalls ein Renaissancemensch, aber er ist gefeit und *veredelt* durch die von ihm von Anfang an *erkannte Todesnähe*.» (XIII, 377f.). – Der Verzicht auf die Darstellung des «See-

lenkampfes in Pescara» ist Meyer nicht leicht gefallen (an Hans Blum, 14. Dezember 1887; XIII, 379). Schiller hätte sich einen solchen Monolog nicht entgehen lassen. Ein Pescara freilich, der sich wie Max Piccolomini verhält, wäre im Renaissance-Italien undenkbar.

An die Stelle des «Seelenkampfes» tritt das rätselhafte Schweigen des Feldherrn. Pescara wird für alle, die sich am Spiel beteiligen, undurchsichtig. Niemand errät, daß er sich angesichts seiner Todeswunde bereits von der Bühne des Welttheaters zurückgezogen hat. Er ist unanfechtbar geworden. Mitten im Treiben der Masken und Begierden ist er einer, der nicht mehr versucht werden kann durch die Gaukelspiele von Ruhm und Macht. Der Held ist der Welt der Absichten und Pläne schon entrückt; wie viele ihn immer umwerben und umlauern: er ist nicht mehr zu verführen und auch nicht mehr zu verletzen.

Nach außen kennzeichnen ihn jetzt «teilnehmende Einsicht und Milde» (XIII, 266), «Großmut und Güte» (XIII, 271). Er vergibt dem Landsknecht, der ihm die Todeswunde zugefügt hat, er vergibt im Schlußgericht selbst Morone. Die Signale des Todes sind jedoch nach außen kaum sichtbar. Andeutungen gibt es freilich genug: «Blässe und Strenge des magern Angesichtes» beim Auftritt Morones (XIII, 208), die verkappten Warnungen des Arztes, der «Ausdruck [...] des Leidens und der Entsagung» im Gesicht des auf der Bank im Schloßgarten Entschlummerten (XIII, 218). Von seinem Antlitz geht «eine fatalistische Stimmung» aus, «eine Gewißheit von dem Nichts der menschlichen Pläne und der Allgewalt des Schicksals», «Frömmigkeit und Gehorsam» (XIII, 219).

Pescara ist jeglichem selbstsüchtigen Wollen entzogen. Nirgends zeigt sich das deutlicher als in seinem Verhalten gegenüber Moncada, dem Mörder seines Vaters. Auf einen Wink der Königsbraue, übereifrig und inquisitorisch, hatte der junge Moncada den alten Pescara umgebracht, dabei war dieser ein redlicher Mann; nichts lag ihm ferner «als Intrige und Verschwörung» (XIII, 232). Nach dem Meuchelmord verschwand Moncada in einer Kartause, dann begleitete er Cortez nach Mexiko. Pescara hat ihn nicht vergessen: «der Geist des gemordeten Vaters folgte mir überall» (XIII, 233). Aber jetzt ist Pescara auch über die hamletische Versuchung hinweg (XIII, 234): «Es ist zu spät. Ich denke jetzt anders und gebe den Mörder der ewigen Gerechtigkeit.» Selbst als Moncada zu erkennen gibt, daß ihn die Tat nicht reut (XIII, 262), übt der Feldherr keine Rache.

Gegen das Ende hin rückt Pescara in ein heiligmäßiges Licht. Er wird zu einem, der das Leiden der Welt überwunden hat. Der Zeichen sind genug: Seine Seitenwunde verbindet ihn dem Mann am Kreuz. Das Kloster, in das er Victoria bringt, heißt Heiligenwunden – «es dämmerte ein stilles Zwielicht wie über den Wiesen der Unterwelt» (XIII, 248). Was bleibt, ist «Staub und Asche» (XIII, 263). Lange Zeit verkörpert er für die um ihn Lebenden das «Rätsel der Sphinx» (XIII, 273), aber schließlich merken fast alle: daß sie «einen nicht mehr Versuchbaren in Versuchung führten». Das Gericht am Schluß zeigt den Feldherrn als Judex und Soter: Er übt Gerechtigkeit und Gnade.

Daß Pescara schon immer am Ziel ist, enthebt ihn aller Kabalen der andern und gibt der Novelle die Einfachheit ihres Ablaufs. «Pescara hat *wenig* Handlung, nur *eine* Situation: Die Täuschung seiner Versucher und das allmälige Hervortreten seiner tödtlichen Verwund[un]g» (an Haessel, 5. November 1887; XIII, 376). Der Triumph des Helden über die Welt wiederholt sich im Triumphalen von Meyers Kunst: Auch hier die großen Gespräche, das strenge Spiel von Klimax und Antiklimax, der Wechsel von Beredsamkeit und Schweigen; die ganze Erzählung ist in einer Sprache gehalten, deren Glanz und Nobilität von den Zeitgenossen sogleich erkannt wurde.

Haupt- und Staatsaktionen wie im HUTTEN: Liegen sie dort in der Vergangenheit, so sind sie hier gegenwärtig – aber es ist eine überwundene Gegenwart. Im Zentrum steht, wie bei Meyer selbst, die Verwundung, die Wunde – die Sehnsucht nach Abgeschiedenheit. Während die HOCHZEIT DES MÖNCHS bei allem morbiden Anflug die Kulmination des Lebenswillens zeigt, rückt die RICHTERIN bereits die Fragwürdigkeit der diesem Leben zugeschriebenen Werte ins Bewußtsein; PESCARA aber lebt von der unumstößlichen Gewißheit der Todesnähe.

Entstehungsgeschichte

Nach Abschluß der RICHTERIN (Sommer 1885) wendet sich Meyer zuerst wieder dem DYNASTEN zu. Aber im August 1886 packt ihn plötzlich ein Stoff, von dem bisher nie die Rede gewesen war: Pescara. Meyer hat sich, entgegen seinen Gewohnheiten, offenbar rasch entschieden. «Meine jetzige Novelle», schreibt er am 22. Oktober 1886 an Rodenberg, «verlangt viel Studium. Sie behandelt – im Vertrauen gesagt – die ‹Versuchung des Pescara› (1525) u. die Hauptrolle hat die damals 35jährige Vittoria Colonna [...]» (Rodenberg, S. 223). Er verspricht das Werk auf den Januar 1887. Doch Ende Jahr muß er dem «Rundschau»-Redaktor gestehen:

Mein Pescara nimmt größere als die ursprünglich geplanten Verhältnisse an u. wird, abgesehen von der Hauptfabel, die Typen der Renaissance verkörpern. Aber ich brauche Zeit, viel Zeit, um mein Thema zu bewältigen.

Meyer an Julius Rodenberg, 30. Dezember 1886 (Rodenberg, S. 231)

Meyer will die Novelle breiter gestalten als die RICHTERIN, die ihres knappen und lapidaren Stils wegen gerügt worden ist. Am Ostermontag gibt er Rodenberg einen Zwischenbericht:

Die Spuren der Anstrengung, welche die Überwindung u. Vergeistigung eines politischen Stoffes immer kostet, lassen sich leicht wieder verwischen, besonders bei geöffneten Fenstern u. in der Lenzluft, u. eine größere Breite u. Fülle *(gegen früher) ist jetzt schon gewonnen. Es war Zeit!*

Ich möchte wohl hernach meinen «Dynasten» schreiben, der mit Jenatsch *rangieren würde, wie Pescara mit dem* Heiligen. *Sie sehen, der Frühling wirkt, auch auf die Hoffnungen.*

Meyer an Julius Rodenberg, Ostermontag 1887 (Rodenberg, S. 242)

Bereits Ende Mai 1887 kann Meyer seinem Verleger mitteilen:

Pescara *ist schon seit zehn Tagen vollendet. Jetzt dictire ich ihn zum zweiten Mal, den Blick auf die Vollend[un]g der Sprache gerichtet. Das erste Mal absorbirten mich Fabel u. Charactere vollständig.*

Meyer an Hermann Haessel, 31. Mai 1887 (XIII, 373)

Von Juni bis Mitte Juli arbeitet er täglich sechs Stunden an der Novelle, «umbauend u. umbildend» (an Haessel, 12. Juni 1887; XIII, 373).

Etwas Mystisches oder Gespenstisches à la Kleist, das sich ich weiß nicht wie eingeschlichen hatte wird weggehoben und das Sumpfland in festen Boden verwandelt.

Meyer an Hermann Haessel, 21. Juli [richtig: Juni] 1887 (XIII, 373)

Möglicherweise wird die Bläsi Zgraggen-Episode in dieser Zeit noch eingeschoben. Am 16. Juli 1887 geht das Manuskript an Rodenberg (XIII, 374). Die Novelle erscheint im Oktober- und Novemberheft 1887 der «Deutschen Rundschau», die Buchausgabe bei Haessel am 15. November 1887, unter dem gleichen Titel («Die Versuchung des Pescara») wie der Vorabdruck. Der Verleger hat für die schlichteren Varianten «Pescaras Versuchung» oder nur «Pescara» plädiert. Meyer tut sich jedoch schwer mit diesem Vorschlag, und Rodenberg rät von einer Änderung ab.

LOKALHISTORISCHE ABKLÄRUNGEN

Meyer bemühte sich stets, seine Erzählungen in einem möglichst authentischen Umfeld spielen zu lassen. Wenn er das Lokalkolorit nicht aus eigener Anschauung kannte, zog er Erkundigungen bei Fachleuten ein. So während der Arbeit am PESCARA bei seinem Jugendfreund Conrad Nüscheler, von dem er eine wirklichkeitsgetreue Beschreibung der Landschaft um Novara erbittet. Wichtigster Berater bleibt jedoch der Kunsthistoriker Johann Rudolf Rahn:

Lieber Freund,
hättest Du die große Güte, mir folgende vier Fragen nach Deiner Gelegenheit zu beantworten:
1) Ist noch etwas übrig von dem Castell in Mailand, wie es unter den Visconti und Sforza da stand?
2) Welches war 1525 der nächste Weg (wie er z. B. bei einem drohenden Gewitter zu Fuß genommen worden wäre) vom Vatican nach dem Palazzo Colonna? Über welche Brücken, Plätze, und an welchen Gebäuden vorüber?
3) Wie stelle ich mir 1525 St. Peter, den Petersplatz und den Vatican vor?
4) Und wie 1525 den Palast Colonna? Das Hauptgebäude und seine Zimmer? Den Garten, seine Bäume, seine antiken Trümmer? Die Umfassungsmauern? Das Thor?
Natürlich kein antiquarisches Detail, sondern nur ein paar (wenige) große, eigenthümliche Züge lokaler Wahrheit.
Du siehst: ich nehme dich stark in Anspruch. Es eilt aber nicht.

Meyer an Johann Rudolf Rahn, 15. Dezember 1886 (Briefe I, S. 260)

«Die Versuchung des Pescara» (1887) **407**

Die Frage nach dem kürzesten Weg vom Vatikan zum Palazzo Colonna leitete Rahn seinerseits an den sachkundigeren Archäologieprofessor Hugo Blümner weiter. Meyer verwertete dessen ausführliche Antwort für die Schilderung von Victoria Colonnas Heimkehr nach der Audienz bei Papst Clemens VII. Rahns Angaben zu Punkt 1) lauten wie folgt:

Castell von Mailand: die Befestigungen sind niedergelegt und das Ganze wird als Kaserne und dgl. benützt. Ob noch Teile aus der Zeit des Francesco Sforza – denn unter ihm fand ein durchgreifender Neubau statt – vorhanden sind, ist mir unbekannt. Nach dem Grundriß auf den bekannten Stadtplänen zu schließen, scheint die Disposition des Kernwerkes und namentlich der von Rundtürmen bewehrte Hof aus dem Mittelalter zu datieren.

Johann Rudolf Rahn an Meyer,
24. Dezember 1886 (XIII, 444)

Während der endgültigen Ausgestaltung der Novelle drängten sich weitere Detailfragen auf. So erkundigte sich der Dichter bei seinem Gewährsmann nach dem Wappen der Visconti und Sforza (vgl. Rahn an Meyer, 6. Mai 1887; XIII, 457) oder, wenige Tage später:

Deine Angaben habe ich maß- aber wirkungsvoll verwendet und komme noch mit ein paar Fragen, wenn ich darf.
ich bedarf eines kleinen italienischen Frauenklosters in der Nähe von Novara (1525). Willst du mir eines mit einigen Worten und vielleicht Strichen skizziren? auch den inneren Hof und Kreuzgang. cloître. **Welchen weiblichen Orden räthst du?**
Dann bitte ich noch, wenn du einmal die Feder führst, um einen ital. Weibernamen (den einer Bäuerin) auf accia oder ucca.
Endlich um einen, von einem ital. Munde aussprechbaren Vornamen für meinen Schweizer, der von Geschlecht ein Zgraggen ist, welcher aber nicht Battista **sein darf.**

Meyer an Johann Rudolf Rahn,
13. Mai 1887 (Briefe I, S. 260 f.)

Rahn schlug für den Schweizer folgende Namen vor:

Taufe für Zgraggen (nach einem Zürcher Kalender von 1555): Sebastian, Bläsi (Biagio), Fridlin, Benedict, Arbogast, Leonhard, Martin, Stephan.

Johann Rudolf Rahn an Meyer,
14. Mai 1887 (XIII, 460)

Castello Sforzesco in Mailand. Herzog Sforza zeigt dem Florentiner Mitverschwörer Francesco Guicciardini nach der Mahlzeit «seine Gebäude, Terrassen und Gärten» (XIII, 164): «Es waren noch jene unvergleichlichen Anlagen, welche der letzte Visconte [Filippo Maria Visconti] gebaut und mit seinem gespenstischen Treiben erfüllt hatte [...].»
Anonymer Holzschnitt. Erschienen in: Sebastian Münster, «Cosmographey oder beschreibung aller Länder», Basel 1588, S. cclxxj.
Zentralbibliothek Zürich

Das Castello Sforzesco in Novara, wo Pescara seinen Feldzug nach Mailand vorbereitet und von Morone «versucht» wird. Kupferstich nach einer 1577/78 entstandenen Zeichnung von Joris Hoefnagel (1542–1600), Ausschnitt. Erschienen in: Georg Braun und Franz Hogenberg, «Civitates orbis terrarum», Bd. VI, Köln 1617, Taf. 56.
Zentralbibliothek Zürich

Francesco Maria Sforza (1492–1535), seit 1522 Herzog von Mailand, Mitglied der Liga. Holzschnitt nach einem Entwurf von Tobias Stimmer (1539–1584). Erschienen in: Paolo Giovio, «Elogia virorum bellica virtute illustrium», Basel 1575, S. 311. Reproduktion aus der Ausgabe von 1596, S. 203.
Zentralbibliothek Zürich

Die Schlacht von Pavia am 24. Februar 1525, aus der Pescara als Sieger hervorgeht. Allerdings wird der überlegene Feldherr von einem Schweizer Söldner schwer verwundet, was noch im gleichen Jahr zu seinem Tode führt. Federzeichnung von Wolfgang Huber (um 1480–1553), entstanden um 1531/35 als Entwurf für ein Kalksteinrelief am Grabmal des Grafen Niclas I. zu Salm (1459–1530) in der Votivkirche in Wien. Staatliche Graphische Sammlung München

«Bläsi Zgraggen uß Uri». Bleistift- und Federzeichnung von Johann Rudolf Rahn (1841–1912), entstanden am 27. Juni 1887. Ms. CFM 339.1.53. Zentralbibliothek Zürich

Doch die Figur Zgraggens beschäftigte Meyer weiter; sie mußte noch präziser ausgeformt werden:

Darf ich dich inzwischen noch einmal mit einem Anliegen behelligen?

Ein Urner, Bläsi Zgraggen (ich rede natürlich von meiner Novelle, welche ich – erschrick nicht! – theilweise umcomponire) der Pescara bei Pavia gefährlich verwundet hat, wird von diesem wieder gefunden u. sofort erkannt.

Könntest du mir, bei deinem Gesichtergefühl, schriftlich u. bildlich ein passendes Gesicht nebst Statur entwerfen?

Also 1) ein Urner, von dem italienischen Typus verschieden;

2) im Gedächtniß bleibend, leicht wieder erkennbar, aber womöglich ohne sog. «besonderes Kennzeichen»; doch 3) nicht häßlich, wenigstens nicht abstoßend (aus Patriotismus!).

Meyer an Johann Rudolf Rahn, 25. Juni 1887 (XIII, 460)

Rahn lieferte die gewünschte Skizze ohne Verzug. Auf der Rückseite des Bildentwurfs hielt er fest:

Bläsi Zgraggen. Blonder Krauskopf. Stark formierte Stirn. Kräftig unter derselben eingezogene stumpfe Nase. Verschmitztbiderbes Ländlergesicht, klare blaue Augen. Starkes Genick. Krauser Knebel-(Zimmermanns-)Bart. Ohrring mit oder ohne Milchkelle (ob Urner letzteres Gehänge tragen?), brauner Teint mit rosiger Wange.

Johann Rudolf Rahn an Meyer, 27. Juni 1887 (XIII, 461)

Der Dichter folgte im Werk ganz diesem Porträt seines Ratgebers, das offenbar so treffend war, daß sich später ein Zgraggen bei Meyer genauer nach seinem Vorfahren Bläsi erkundigte (vgl. XIII, 462):

Aber nicht diese Tracht, die er zur Genüge kannte, fesselte den Feldherrn, sondern der auf einem Stiernacken sitzende Kopf. Kleine, blaue, kristallhelle Augen, eingezogene Stumpfnase, grinsender Mund, blonder, krauser Knebelbart, braune Farbe mit rosigen Wangen, Ohrringe in Form einer Milchkelle, und ein aus Redlichkeit und Verschmitztheit wunderlich gemischter Ausdruck.

«Die Versuchung des Pescara» (XIII, 251)

Quellen

Für seinen PESCARA stand Meyer reichliches Quellenmaterial zur Verfügung, das er auch gründlich ausgeschöpft hat: So nahm er sicher Leopold Rankes *Deutsche Geschichte im Zeitalter der Reformation* (II. Band, Berlin 1839) zur Hand, ferner den VIII. Band von Ferdinand Gregorovius' *Geschichte der Stadt Rom im Mittelalter* (2. Aufl., Stuttgart 1874) sowie die Bände VII bis IX von Friedrich Christoph Schlossers *Weltgeschichte für das deutsche Volk* (2. Ausg., Oberhausen und Leipzig 1872). Weiter konsultierte er wahrscheinlich den I. Band von Friedrich von Raumers *Geschichte Europas seit dem Ende des 15. Jahrhunderts* (Leipzig 1832) und wiederum Jacob Burckhardts *Cultur der Renaissance in Italien* (Basel 1860). Von besonderer Bedeutung für seine Arbeit war dem Dichter Alfred von Reumonts *Vittoria Colonna* (Freiburg i.B. 1881).

PESCARA

Ranke entwirft von Pescara folgendes Bild:

Pescara war in Italien geboren, aber er hatte die Seele eines Spaniers. Alle seine Voreltern hatten dafür gelebt, die aragonesisch-spanische Herrschaft in Italien zu begründen. Sein Urgroßvater, Ruy Lopez de Avalos, hatte sich an Alfons V. angeschlossen; dessen Sohn, Iñigo, war der Vertraute dieses Königs gewesen; dessen Sohn, Alonso, war bei dem Angriff der Franzosen durch die Hand eines Mauren umgekommen; auf der Fortsetzung dieser Bestrebungen beruhte das Dasein auch unsres Pescara. Er lebte und webte in der Anführung der spanischen Fußvölker, die ihm anvertraut war; er kannte seine Leute alle bei Namen; er nahm ihnen nichts übel, selbst nicht die verbotene Plünderung, und schonte sie, so lange es irgend möglich; genug, wenn sie nur in der entscheidenden Stunde tapfer aushielten, wie sie das taten; er fühlte sich glücklich und ruhmvoll, wenn er vor ihnen herschritt, mit breiten Schuhen, wie die Deutschen, weithinwehenden Federn auf dem Hut, das bloße Schwert mit beiden Händen vor sich hin haltend. Die Italiener dagegen haßte er: er hielt sie für feig und unzuverlässig; es kam wohl vor, daß er bei der Eroberung einer Stadt alle italienischen Soldaten niedermachen ließ. Warum, fragte man ihn, da es doch seine Landsleute seien. Eben darum, antwortete er, weil sie es sind und dem Feinde dienen. Wie er in der Kriegführung eine angeborene Kühnheit durch bedächtige Vorsicht in Zaum hielt, so war er ehrgeizig, trotzig, hochfahrend, aber innerhalb der Schranken der Loyalität. Mehr als man glaubt, nährt sich die Seele von Idealen. Ideen, wie sie in Italien aus dem Studium des klassischen Altertums hervorgingen, waren ihm völlig fremd; die Vorstellungen persönlicher Hingebung und Treue dagegen, welche dem Feudalstaat zugrunde liegen und von denen man sich in Italien zuerst losgerissen hatte, beherrschten seine Gedanken, sein Gemüt. Im Umgang mit den Helden der spanischen Romantik war er aufgewachsen; er mochte sich vorkommen wie der Cid, der von seinem König beleidigt und verwiesen, ihm doch unaufhörlich treu bleibt, ohne seine stolze Haltung darum einen Augenblick einzubüßen. Dem italienischen Wesen, dem sein Nationalgefühl aus der klassischen Bildung entsprang, das aber zugleich die politische Moral der Zeiten des Mittelalters aufgegeben hatte, trat hier das Bewußtsein des Rittertums und der feudalen Ehre entgegen; – gewiß, sie erhob sich noch einmal, aber dabei verriet sie zugleich, daß sie von der Welt des Macchiavell berührt worden. Eine so hohe sittliche Bildung hatte Pescara nicht, um dem Antrag, der ihm geschah, mit dem Widerwillen zu begegnen, den derselbe verdiente. Er dachte wohl, indem er ihn vernahm, Morone sei wert, zum Fenster hinausgeworfen zu werden; aber er besann sich sogleich, daß man den Plan vollständig kennen lernen müsse, um ihn zu vereiteln. Indem er nun das Verständnis unterhielt, teilte er doch die Sache gleich am ersten Tage dem kaiserlichen Kommissar und seinen beiden Mitbefehlshabern, Bourbon und Leyva, mit; unverweilt schrieb er nach Innsbruck um Hilfe und sendete einen Kurier mit der Nachricht nach Spanien. Während sich Giberti in seinem Traume von den Gärten der neuen Freiheit wiegte, war er schon verraten.

(XIII, 388 f.)

Meyer verleiht seinem Pescara mildere Züge. Auch hat sich das reale Vorbild wohl stärker in die Verschwörung verstricken lassen als der Held der Novelle.

Girolamo Morone (1470–1529), Kanzler von Mailand 1522, Pescaras Versucher. Lithographie von Alessandro Focosi (1836–1869) nach einem um 1515 entstandenen Gemälde von Andrea Solario (um 1465–1524) in einer Mailänder Privatsammlung. Erschienen als Frontispiz in: Girolamo Morone, «Ricordi inediti», hrsg. von C. Tullio Dandolo, Milano 1855. Zentralbibliothek Zürich

Fernando Francesco d'Avalos, Marchese di Pescara (1490–1525). Feldherr Kaiser Karls V., Sieger in der Schlacht von Pavia 1525.

Vittoria Colonna (1492–1547). Die italienische Renaissancedichterin, die «Perle Italiens» (XIII, 159), war seit 1509 mit Pescara verheiratet.

Avers und Revers einer Bronzemedaille aus dem 1. Viertel des 16. Jahrhunderts. Inv. Nr. MGS-233. Zentralbibliothek Zürich, Depositum im Schweizerischen Landesmuseum, Zürich

Vittoria Colonna

Ursprünglich hatte der Dichter Vittoria Colonna in seiner Novelle eine Hauptrolle zugedacht; erst im Laufe seiner Arbeit ließ er sie in den Hintergrund treten. Die historische Colonna beurteilte die «Versuchung» ihres Gatten mit Bedacht. Sie war – entgegen der Darstellung in Meyers Werk – der Verlockung durch die Krone nie erlegen. Von ihren Bedenken erfahren wir durch Reumont:

Was sie in bezug auf das Anerbieten der neapolitanischen Krone empfunden und geäußert haben soll, wissen wir nur aus Paolo Giovio's Leben Pescaras, denn darauf beruht im wesentlichen auch das, was der sonst wohlunterrichtete florentinische Historiker [Benedetto] Varchi hat. Die Kunde, berichtet er, habe sie in große Aufregung versetzt; sie habe gesagt, die Menschen hätten keinen ärgeren Feind als das Übermaß des Glücks. In der Furcht sodann, der Glanz der Krone könne ihren Gemahl blenden, habe sie ihm geschrieben, er möge des eigenen Hochsinns gedenken, durch den er viele Könige an Glanz und Ruhm überrage. Nicht durch Größe der Reiche und Prunk der Titel, sondern durch edle Gesinnung erlange man wahre Ehre, die unverdunkelt auf die Nachwelt übergehe. Sie sehne sich nicht danach, Gemahlin eines Königs zu werden, wohl aber sei sie stolz, Gemahlin des großen Feldherrn zu sein, der im Kriege durch Tapferkeit, im Frieden durch Hochsinn die größten Könige besiegt habe.

(XIII, 397)

Ungefähr ein Jahrzehnt nach Pescaras Tod wurde die tugendhafte Frau und Dichterin von Michelangelo umworben, soll ihn jedoch nicht erhört haben. Über diese Zeit der Witwenschaft berichtet Herman Grimm in seinem Werk *Leben Michelangelo's* (2. Aufl., Hannover 1864), einer Stoffquelle, die Meyer in der eigenen Bibliothek zur Verfügung stand:

Wir wissen nicht, wie Michelangelo sie [Vittoria Colonna] kennen lernte. Sie war 1536 nicht zum ersten Male in Rom. Sie war dort gewesen als jung verheiratete Frau mit Pescara, ihrer Sonne, wie sie ihn nennt, dem sie schon in der Wiege verlobt war und den sie fern von sich sterben lassen mußte. In der Schlacht von Pavia wurde er schwer verwundet. Auf dem Wege zu ihm vernahm sie seinen Tod und kehrte nach Rom zurück, wo Clemens der Siebente sie mit Gewalt abhalten mußte, ins Kloster zu gehen. Er verbot den Nonnen sie einzukleiden. Aber sie lebte wie eine Nonne. Sie wollte nichts hören von den glänzenden Heiratsanträgen, die nicht auf sich warten ließen. Sie erlebte dann das Unheil in Rom [die Plünderung Roms durch das kaiserliche Heer 1527], das die Ihrigen über die Stadt brachten; ihr ganzes Vermögen bot sie an, um die Verluste wieder gut zu machen. Dann ging sie nach Ischia zurück, wo sie mit Pescara einst glückliche Tage verlebt hatte. Sie war kinderlos. Zwischen Ischia und Neapel teilte sie von da an ihre Zeit bis 1536. Es scheint, daß sie in diesem Jahre doch erst Michelangelos Freundin ward.

(XIII, 398)

Mit der älteren Vittoria Colonna hat sich Meyer dann 1889 eingehender beschäftigt, und zwar im Zusammenhang mit einem Bildkommentar, den er für «Schorers Familienblatt» beisteuerte. Unter dem Titel AN DER LEICHE EINER EDELN FRAU verfaßte er einen kürzeren Begleittext zur Holzstichreproduktion von Francesco Jacovaccis Bild, das Michelangelo 1547 am Sterbebett Vittoria Colonnas zeigt. Hier schreibt Meyer über Pescaras Gattin:

Wie verhielt sich nun Viktoria in dieser schweren Sache [der Verschwörung gegen den Kaiser]? Hat sie die verheißene Krone von Neapel nicht in Versuchung geführt? Man würde sie sich so gern als feurige italienische Patriotin denken. Aber ich meine – und es würden sich wohl in den Quellen Spuren und selbst Beweise dafür finden lassen – die geschichtliche Viktoria hat gegen den Abfall Pescaras gewirkt, denn sie war, wie ihr ganzes Geschlecht, Ghibellinin und ihre früh schon entwickelte Frömmigkeit hätte den Gedanken des Verrates kaum ertragen.

«An der Leiche einer edeln Frau» (XV, 177)

Michelangelo

Meyer bringt schon die «*vor*-michelangeleske, erst dreißigjährige» Colonna seiner Novelle (an Johanna Spyri, 26. November 1886; Spyri, S. 64) mit Buonarroti in Beziehung. Während der bedeutungsvollen abendlichen Unterhaltung von Pescara und Victoria, in der beide um die Offenbarung der Wahrheit ringen, äußert die Gattin ihre Verwunderung, weil der Feldherr die «lieblichen» gegenüber den «gewaltigen» Künstlern bevorzuge und damit «den größten lebenden Patrioten Italiens» – Michelangelo – eigentlich verkenne (XIII, 237). Doch Pescara versteht es, trotz seines andersartigen Kunstgeschmacks auf die schwärmerische Victoria einzugehen, und frischt mit ihr zusammen seine Erinnerungen an das sixtinische Deckengemälde des Meisters auf. Bei diesem Gespräch, das die beiden Gatten über Michelangelos Werk führen (XIII, 238), stützt sich Meyer z. T. wörtlich auf Jules Michelet, der im IX. Band seiner *Histoire de France* (Paris 1879) die Gemälde in der Sistina ausführlich und stellenweise recht frei beschreibt. Natürlich mochten Michelets Erläuterungen auch beim Dichter selbst jene Eindrücke wieder wachrufen, die er während seiner Italienreise 1858 in der Kapelle empfangen hatte:

Ces gigantesques personnages sont si violemment occupés, qu'on n'oserait s'adresser à eux. Car voilà Ézéchiel dans une furieuse dispute. Daniel copie, copie, sans s'arrêter ni respirer. La Lybica va se lever.

Le vieux Zacharie, sans cheveux, une jambe haute et l'autre basse, ne s'aperçoit pas même d'une position si fatigante, dans sa fureur de lire. La Persica, le nez pointu, serrée dans son manteau de vieille qui lui enveloppe la tête, bossue de son long âge et d'avoir lu des siècles, lit, avare, envieuse, pour elle seule, un tout petit livre en illisibles caractères, où elle use ses yeux ardents. Elle lit dans la nuit, sans doute tard, car je vois à côté la belle Erythræa qui pour écrire fait rallumer son feu éteint et remettre l'huile à la lampe. Studieuses et savantes sibylles qui sont bien du XVIe siècle. La plus jeune et la seule antique, la Delphica, qui tonne sur son trépied. Vierge et féconde, débordante de l'Esprit, gonflé de ses pleines mamelles et le souffle aux narines, elle lance un regard âpre, celui de la Vierge de Tauride.

Grand souffle et grand esprit! Quel air libre circule ici, hors de toute limite de nations, de temps, de religions! Tout l'Ancien Testament y est, mais contenu. Et ceci le déborde. Du christianisme nul signe. Le salut viendra-t-il? Rien n'en parle, mais tout parle du jugement. [...]

Justice et jugement, la grande attente d'un terrible avenir, c'est ce qui emplit la chapelle Sixtine. [...] Là une figure pâle qui sur un dévidoir voit filer l'irrésistible fil que rien n'arrêtera. Un autre, en face d'un miroir, voit s'y réfléchir des objets qui sans doute passent derrière lui, si effrayants, que son pied crispé il frappe au mur, recule. Même geste au plafond et souvent répété dans les figures d'en haut [...]. Ils entendent rouler le tonnerre de la prophétie, qui les a pris en plein sommeil. On le voit par leurs camarades réveillés en sursaut, qui se jettent hors des couvertures, les cheveux dressés de terreur, [...]. [...]

Cette misérable cariatide, qu'il a posée sous Jérémie, est sans comparaison son œuvre la plus triste, et elle a été conçue par lui certainement dans son plus sombre désespoir, le jour peut-être où il s'était enfermé pour mourir. Basse, trapue et grosse, elle n'a pas grandi, elle a décru plutôt, sous les fardeaux qui depuis sa naissance ont toujours écrasé sa tête. Et encore si cet être informe et malheureux devait rester stérile, mourir sans laisser trace! Mais, chose lamentable à dire, c'est une femme, une femme féconde; sa courte et forte taille déborde de mamelles pleines. L'esclavage est fécond, très-fécond; le monstre s'accouplera, [...].

Jules Michelet, «Histoire de France», Band IX, Paris 1879 (S. 317 ff.) [vgl. Berichtigungen und Nachträge zu den Bänden 10–13 der hier benutzten Ausgabe von Meyers «Sämtlichen Werken»]

«Die Erythräische Sibylle». Auf dieses Bild Michelangelos wird im «Pescara» mehrfach angespielt. Meyer mag bei der Schilderung von Victoria Colonna an die Gestalt der Sibylle gedacht haben, wenn er Pescaras Gattin «bei der keuschen Ampel in Italiens große Dichter vertieft» sein (XIII, 160) oder sie mit Aretinos Sonett «unter die Ampel» treten läßt, damit sie die Verse besser lesen kann (XIII, 240). Zweifellos aber sprechen Pescara und Victoria von diesem Fresko des Meisters, wie sie sich über sein Schaffen in der Sistina unterhalten und jene Sibylle erwähnen, «die sich Öl in die erlöschende Ampel gießen läßt» (XIII, 238). Deckengemälde von Michelangelo Buonarroti (1475–1564) in der Sixtinischen Kapelle, entstanden 1508. Cappella Sistina, Città del Vaticano, Roma. Reproduktion aus: Frederick Hartt, «Der neue Michelangelo», Luzern 1989, Bd. I, S. 151. Zentralbibliothek Zürich

«Karyatide des Propheten Jeremias». Auch diese Trägerin der Schrifttafel des Propheten Jeremias («Cette misérable cariatide, [...] posée sous Jérémie») wird von Pescara und Victoria in ihrem Gespräch über Michelangelo erwähnt. Der Feldherr erinnert sich an «die Karyatide, von einer ungeheuren Last zusammengedrückt, das kurze, viereckige, jammervolle Geschöpf!»; die Figur sei «das häßlichste Weib ohne Frage», so wie seine Gattin Victoria «das schönste» sei. Die Colonna präzisiert dieses Urteil: sie nennt die Karyatide «eine Vergewaltigte, eine Unterjochte, eine Sklavin» (XIII, 238). Deckengemälde von Michelangelo Buonarroti (1475–1564) in der Sixtinischen Kapelle, entstanden 1512. Cappella Sistina, Città del Vaticano, Roma. Reproduktion aus: Frederick Hartt, «Der neue Michelangelo», Luzern 1989, Bd. III, S. 174. Zentralbibliothek Zürich

Die entsprechende Stelle bei Meyer lautet:

Victoria lächelte. «Ich habe sein [Michelangelos] Angesicht nie gesehen und kenne nur seine Sistine.»

«Die Propheten und Sibyllen? Diese habe ich vor Jahren auch betrachtet und aufmerksam, doch sind sie mir wieder verschwommen, bis auf ein paar Einzelheiten. Zum Beispiel der Mensch mit gesträubtem Haar, der vor einem Spiegel zurückbebt –»

«Worin er die Drohungen der Gegenwart erblickt», ergänzte sie erregt.

«Und dann die Karyatide, von einer ungeheuren Last zusammengedrückt, das kurze, viereckige, jammervolle Geschöpf! Das häßlichste Weib ohne Frage, wie du das schönste bist –»

«Eine Vergewaltigte, eine Unterjochte, eine Sklavin –»

«Nun tauchen mir auch die Propheten wieder auf: der kahle Sacharja, oder wer es sein mag, ein Bein oben, eines unten, der scheltende Hesekiel im Turban, Daniel schreibend, schreibend, schreibend. Auch die Sibyllen: die gekrümmte Alte mit der Habichtsnase, die glimmenden Augen in ein winziges Büchlein vertieft, mit der Nachbarin, die sich Öl in die erlöschende Ampel gießen läßt, und, die schönste von allen, die Jugendliche mit dem delphischen Dreifuß. Alles in rasender Tätigkeit. Was soll dieser Sturm? Was predigen und weissagen diese?»

Da rief Victoria in flammender Begeisterung, als säße sie selbst im Rate der Prophetinnen: «Sie bejammern die Knechtschaft Italiens und verkündigen den kommenden Retter und Heiland!»

«Nein», urteilte Pescara streng, «die Stunde des Heils ist vorüber. Nicht Gnade verkündigen sie, sondern das Gericht.»

»Die Versuchung des Pescara«
(XIII, 238)

Leserurteile und Selbstkommentare

Rodenberg war der erste, der die Novelle zu lesen bekam. Der «feine Kenner und liebe Freund» des Dichters (Meyer an Rodenberg, 16. Juli 1887) reagierte wiederum überwältigt:

Ich möchte, daß diese Zeilen Sie noch in Kilchberg erreichen, bevor Sie von dort aufbrechen [Meyer war im Begriff, nach Beatenberg zu verreisen] u. eile darum, Ihnen zu sagen, daß ich von der «Versuchung des Pescara» ganz erfüllt bin; daß ich meine, Schöneres von Ihnen niemals und so Schönes überhaupt lange nicht gelesen zu haben. Zwar bin ich, in meiner epikuräischen Weise Sie zu lesen u. auch sonst mannigfach unterbrochen, noch nicht über das zweite Kapitel hinaus u. also nicht einmal auf der Höhe der Geschichte: denn ich erwarte nun erst, u. mit brennender Ungeduld, vor Pescara selbst zu stehn. Aber wie mächtig u. mit feiner Kunst ist das Alles vorbereitet u. so weit geführt. Die Fülle der Gestalten, wie lebt sie jede mit ihrer ausdrucksvollen, scharfen oder lieblichen, heldenhaften oder verschlagenen Physiognomie, mit ihrer besondren Haltung u. ihrem Mienenspiel. Man athmet den Geist des Jahrhunderts u. die Luft Italiens; man sieht es an mit den Augen dieser Italiener, in deren Seelen der Verrath u. der Patriotismus nebeneinander wohnen, und wittert, wie das Schlachtroß in der Bibel, den Geruch des Blutes von ferne. Wundervoll ist die doppelte Symbolik der Versuchung, im profanen u. im heiligen Sinne; sichren Schrittes, unaufhaltsam geht die Handlung vorwärts u. die Sprache hat den Glanz u. die Festigkeit des schön behauenen Marmors – des belebten Marmors, dessen ruhender Umriß die leiseste Bewegung des Inneren spiegelt.

Julius Rodenberg an Meyer,
22. Juli 1887 (Rodenberg, S. 249 f.)

Nach Abschluß der Lektüre war der «Rundschau»-Redaktor erst recht des Lobes voll und nannte Meyer einen «Meister der Renaissance»:

Lieber Freund! Noch unter dem frischen, unvergleichlich starken Eindruck der gestern beendeten Lectüre will ich Ihnen heute meinen Glückwunsch zu der «Versuchung des Pescara» darbringen. Was der Anfang versprochen, hat Fortgang und Ende mehr als gehalten: Sie haben ein Meisterwerk geschaffen, welches in Composition u. künstlerischer Durchbildung, in seiner poetischen Kraft u. Fülle, scharfen Characteristik u. dramatisch bewegten Handlung Alles übertrifft, was wir Ihnen bisher verdanken. Gewiß, ich täusche mich nicht, wenn ich dieser Novelle den schönsten aller Erfolge vorhersage: sie wird die Kenner, welche die feinen Intentionen des Künstlers verstehen, durch ihr wundervolles Ebenmaß u. die vollkommene Harmonie zwischen einem bedeutenden Inhalt u.

einer tadellos reinen Form entzücken; sie wird die Menge durch die Macht und Größe des in ihr waltenden Schicksals hinreißen u. sie wird in den Herzen aller jene unauslöschliche Erinnerung zurücklassen, welche das Merkmal des Bleibenden u. wie eine Bürgschaft der Zukunft ist. Streng episch in ihrem Ton, hat diese Novelle doch den Bau, die Gliederung, athmet sie den Geist der Tragödie, man liest nicht mehr, man sieht, man hört, man erlebt das Wirkliche. Niemals vorher ist es Ihnen so gelungen, durch die Mittel der Spannung u. Sympathie zugleich zu wirken. Ihren Helden, Ihren Pescara muß man lieben, er ist einer der edelsten Männergestalten der modernen Dichtung u. welch raphaelitischer Zauber webt um Vittoria's Erscheinung! Aber auch den Bourbon wissen Sie, durch tiefes Eindringen in die Seele des Verräthers, unserer Verzeihung theilhaftig und der Freundschaft Pescaras würdig zu machen. Welche Mannigfaltigkeit u. wohldurchdachte Mischung in den andren Figuren, von dem Kanzler hinunter – oder hinauf – bis zu dem Urner Lanzknecht, u. diesen gegenüber der dunkle Schatten des Leyva, der dunklere des Moncada! Von dem leuchtenden Localcolorit, dem Himmel, der Landschaft, der Architectur, will ich gar Nichts sagen; überraschender aber haben selbst Sie, der Sie doch der Meister der Renaissance sind, das Italien dieses Zeitalters niemals abgebildet, mit allen offenbaren u. geheimen Zügen seines intellectuellen u. politischen Lebens, endigend in jener grausamen Selbstironie, die das eigne Werk wieder zerstört.

Julius Rodenberg an Meyer, 26. Juli 1887 (Rodenberg, S. 252 f.)

Meyers Verleger dagegen äußerte sich skeptisch; er erhob «jammernd die Hände über die ‹Ungemüthlichkeit› der Renaissance-Menschen u. wie er die ‹Militärsachen› nicht leiden könne» (Meyer an Rahn, 9. Dezember 1887; XIII, 375). Warnend schrieb er:

Aber rechnen Sie nicht auf große Teilnahme des Publikums. Dazu ist der behandelte Gegenstand zu herb und leider wieder so kunstvoll zusammen gebaut, – ich fürchte den Vorwurf der Künstlichkeit! daß sich nur wenige finden werden, die sich mit Liebe in Ihr Buch vertiefen. Auf die Frauen ist nicht zu rechnen, denn es fehlt alles wodurch deren Gemütsleben berührt würde.

Hermann Haessel an Meyer, 23. September 1887 (XIII, 374 f.)

Der Dichter rechtfertigte sich:

[...] Ich danke für die Karte [offenbar ein Leserurteil, das Haessel zugegangen war]. Senden Sie mir Ähnliches immer zu, ich orientire mich gerne. Doch, auch ohne dieses Zeugniß ließ sich erwarten, daß Ihr erstes Gefühl, wie Sie es mir geschrieben haben, von Vielen getheilt werde. Es ist sicher: die Renaissance-Menschen sind dem deutschen Gefühle unsympathisch. Dazu kommt aber noch ein Zweites: Pescara hat wenig Handlung, nur eine Situation: Die Täuschung seiner Versucher und das allmälige Hervortreten seiner tödtlichen Verwundg. Er ist vorwiegend lyrisch.

Die großen Momente sind:

1) die männlich-rührende Ergebung des Helden in sein Loos.

2) Die Veredlung seines Characters (karg, falsch, grausam) durch die Nähe des Todes.

3) Die Aufregung und leidenschaftliche Bewegung einer ganzen Welt um einen «schon nicht mehr Versuchbaren».

4) die Fülle von Zeitgestalten. Sehen Sie nur die beiden spanischen Typen (der D. Juan-typus u. der Loyola-typus).

5) Die Symbolik. Das sterbende Italien bewirbt sich unwissentlich um einen sterbenden Helden.

Das Schicksal des Buches wird die Zeit entscheiden.

Meyer an Hermann Haessel, 5. November 1887 (XIII, 376)

Doch Haessels Bedenken sollten sich als unbegründet erweisen. Mit Ausnahme von ein paar Zürcherinnen, die enttäuscht waren, weil es nur «um eine *politische* Versuchung» gehe (Meyer an Hermann Lingg, 2. November 1887; XIII, 375), zeigte sich die Leserschaft weitgehend befriedigt:

Daß der P.[escara] wenigstens in der Schweiz «geht», freut mich für Sie. Ich will Ihnen nur gestehen, daß Ihr nicht sympathischer erster Eindruck mir zu schaffen gemacht hat, um so mehr als auch ich, freilich in anderer Weise, ein Bedenken hatte: das Fehlen der Handlg nämlich. Es ist keine eigentl. Versuchg, kein Seelenkampf, was man erwarten konnte, sondern P. ist zum voraus behütet durch die Nähe seiner Todesstunde, was freilich der Nov. etwas Feierliches gibt.

Meyer an Hermann Haessel, 5. Dezember 1887 (XIII, 378)

Charles III de Montpensier, duc de Bourbon (1490–1527), Connétable, neben Pescara und Antonio de Leyva der dritte italienische Feldherr Karls V. Radierung und Kupferstich von Lucas Vosterman d. Ä. (1595–1675) nach einem Giampietro Silvio (gest. 1552) zugeschriebenen Gemälde (Privatsammlung Bilbao). Zentralbibliothek Zürich

Meyer erhielt «eine Flut von Briefen» (an Rahn, 9. Dezember 1887; XIII, 375) und zahlreiche «Bewunderungszuschriften» (an Eliza Wille, 12. November 1887) – die Publizität wurde ihm fast unangenehm:

[S]eltsam, daß dieser Pescara so stark wirkt, trotz der mangelnden Handlung und seiner einzigen Situation: dem Hervortreten der Wunde. Und seltsam, daß er mit der Krankheit des Kronprinzen zusammentrifft.

Meyer an Eliza Wille,
12. November 1887 (Briefe I, S. 193 f.)

Drei Themen kommen in der Korrespondenz über PESCARA wiederholt zur Sprache: Zunächst der Umstand, daß die Novelle praktisch keine Handlung aufweist, dann die Frage, ob der Held ohne das Wissen um seinen baldigen Tod der Versuchung auch widerstanden hätte. Weiter interessiert der Bezug des Werks zur Gegenwart und – aus unserer Sicht – inwiefern die Erkrankung Friedrichs III. Meyer bei der Niederschrift beeinflußt hat. Noch während der Arbeit hatte der Dichter gestanden:

Es klingt manches darin [in «Pescara»] stark an die Gegenwart an u. ich möchte keinerlei Ärgerniß geben, auch nicht das Kleinste. Mit dem Papst läßt sich jetzt in Berlin wohl nicht mehr spaßen! Ohne Scherz, ich behandle meinen jetzigen heiligen Vater (d.h. den im Pescara, Clemens VII) unwillkürlich etwas gelinder als sonst wohl geschehen wäre, denn ich gehe mit Kaiser u. Reich durch Dick u. Dünn.

Meyer an Julius Rodenberg,
Ostermontag 1887 (Rodenberg, S. 242)

Bei Fritz Koegels Besuch in Kilchberg am 1. Oktober 1890 soll Meyer über seinen PESCARA dann folgendes gesagt haben:

Der Verrat des Pescara ist auch eine so dunkle Sache, über die man nichts weiß, kaum einen Schatten, und wo der Dichter ergänzen und ganz frei schalten darf. Die ganze Sache ist im Beginn schon eine res judicata, man streitet sich um einen toten Helden, der es weiß, daß er tot ist. Aber die andern wissen es nicht, daß Pescara gar nicht mehr versuchbar ist, und ihm die Versuchung also nicht mehr nahe kommen kann. Ich hätte es auch anders machen können, und das hätte auch seine Reize gehabt: Pescaras Wunde war nicht tödlich, die Versuchung trat an ihn heran, er kämpft sie durch, überwindet sie und weist sie ab. Und dann nachher bereut er es, als er den Dank vom Hause Habsburg sieht. Er kann dann in der Schlacht vor Mailand fallen. – Aber mich bestimmte folgendes. Ich schrieb den Pescara, als der Kronprinz* krank war, als die Nachrichten schwankten, und ich sagte mir: er weiß es doch sicher, wie es um ihn steht, daß er verloren ist, vielleicht er allein. Dies Gefühl des allein um sich Wissens mußte ich meinem Pescara leihen. Und es schien mir von einer eigentümlichen Schönheit zu sein, daß das rettungslos verlorene Italien sich einen verlorenen, toten Helden sucht.
*Kaiser Friedrich III.

(Koegel, S. 30)

Doch dieser Bericht Koegels ist äußerst fragwürdig, denn Meyer hat im März 1887 von der Krankheit des Kronprinzen erfahren, als die Novelle bereits konzipiert war. Auch legt die zitierte Bemerkung gegenüber Eliza Wille den Schluß nahe, daß sich die Parallele zur Tagesaktualität rein zufällig ergab.

Ein ausführliches und kritisches Urteil über PESCARA fällte Louise von François. Sie meinte, die Novelle sei nur für einen kleinen gebildeten Leserkreis verständlich, da sie beachtliche «Zeit- und Lokalkenntnisse» voraussetze. Ihr selbst habe der erste Teil des Werks hohen Genuß bereitet: «ein bedeutendes Problem, eigenartige Charactere – Morone ein Cabinetsstück! – mannigfaltige Antithesen, inhaltsgefüllter Vortrag, jedes Wort ein Sinn!». Aber die zweite Hälfte befriedigte sie nicht, eben weil dem todkranken Helden ein eigentlicher Gewissenskonflikt erspart bleibt:

Sie haben vermutlich den historischen Pescara geschildert, der auf der einen Seite vaterländische Regungen nicht kennt, auf der anderen vom katholischen Glauben abgefallen ist, nach außenhin als die Wirklichkeit ermessender Politiker entscheidet, nach innen dem Tode, dem er sich verfallen weiß, mit stoischer Ruhe als einem Befreier entgegenblickt. Denn nach beiden Seiten sieht er für sich nur Gefahr und für die Sache, der er dienen soll, nur Untergang oder Verderbniß bevor. So verschmelzen Treue und Tod sich zu einer Nothwendigkeit. Würde es aber nicht dichterisch noch wirksamer gewesen sein, wenn die Todeserkenntniß und Bereitschaft ihm erst gekommen wäre, nachdem er im Widerstand gegen die Versuchungen «des Besten im Leben: Schönheit und Herzenskraft» Sieger geblieben war. Oder sollten Sie noch einen tieferen Sinn mit Ihrem Gebilde verbunden haben, der meiner Weibischheit entschlüpfet?

Daß dagegen der Obsieg über die zweifache Versuchung zur Rache [1. an Bläsi Zgraggen, 2. an Moncada, dem Mörder seines Vaters], der nach weltlichen Begriffen denkbar berechtigsten, erst erfolgen konnte, nachdem der Tod dem Kämpfer seinen adelnden Stempel aufgedrückt hatte, ist selbstverständlich; ein sieghaftes Merkzeichen menschlich christlicher Identität.

Louise von François an Meyer,
11. November 1887 (von François, S. 217)

Louise von François stieß sich auch an Pescaras Freundschaft mit dem Verräter Bourbon und rügte, daß die Colonna so «nebenfigürlich» behandelt sei. Aus Meyers Antwort geht deutlich hervor, daß er in einer dramatischen Bearbeitung seinen Helden der Versuchung hätte widerstehen lassen müssen (vgl. auch Meyer an Frey, 18. November 1887; XIII, 376):

Ihre Gedankenwege über Pescara sind mir wohl bekannt, denn ich bin sie fast in denselben Stapfen gewandelt. Schließlich aber meinte ich meinen Helden nur auf diese Weise zugleich rein und lebenswahr halten zu können. Seine tödtl. Wunde bewahrt ihn (fataliter) vor Verrat. Hier ist alles Notwendigkeit; kein Dramastoff, da Freiheit und Wahl mangelt, aber warum kein Novellenstoff? Versuchung ist sprachlich richtig, er wurde ja in Versuchung geführt, wenn auch ein Unversuchbarer, was der Versucher nicht ahnte.

Meyer an Louise von François,
30. November 1887 (von François, S. 221)

Daß er sich für die von vornherein aussichtslose Versuchung entschieden hatte, begründete Meyer weiter folgendermaßen:

Ja, dieser Pescara! er steht auf der geheimen Base: daß er, ein Sohn der Renaissance, wie er es denn doch war, ohne Wunde «vielleicht» nicht widerstanden hätte. Daß ich ihm (gegen mein, d. h. gegen das poet. Interesse, wenigstens gegen das dramatische) den eigentlichen Kampf erspart habe, liegt daran, daß mit Verrath vor einem deutschen Publicum trotz Wallenstein – nicht zu spaßen ist. Und dann wollte ich mich an der Seele des Pescara nicht versündigen, denn ich glaube: Das historisch rasche Verwelken Pescaras, d.h. das Bewußtsein der nahen Sterbestunde, hat in dieser geschichtlich verhüllten Sache in der Tat eine große Rolle gespielt. Glauben Sie mir, verehrte Frau, meine Lösung ist die geschichtlich allein wahre und ästhetisch noch die beste. Doch ich sehe Sie lächeln, wie ich in Eifer gerate, und lache mit.

Meyer an Thusnelda von Seyfried,
7. Dezember 1887 (XIII, 378)

Eine geplante Übersetzung des PESCARA ins Italienische machte den Dichter dann doch unsicher, ob er sein Porträt des Feldherrn nicht mit zuviel poetischer Freiheit gezeichnet habe:

Mit einer Schwierigkeit aber wird mein italienischer Pescara sicherlich zu kämpfen haben. Ich habe mir nämlich zwei große Freiheiten genommen. Erstens war wohl P. tiefer in die Verschwörung verwickelt u. zweitens hat V. Colonna notorisch nicht zugeredet, sondern abgewinkt. Das müßte mit der poetischen Souveränität entschuldigt werden.

Meyer an Julius Rodenberg,
15. Juni 1888 (Rodenberg, S. 269f.)

Trotz aller Selbstzweifel galt Meyer aber als *der* Verfasser historischer Prosa schlechthin. Nachdem in der «Bibliothèque universelle» seine profunde Quellenkenntnis und sein Geschick im Verlebendigen geschichtlicher Gestalten gepriesen worden waren, gestand er seinem Freund in der Westschweiz:

[...] je n'écris absolument que pour réaliser quelque idée, sans avoir aucun souci du public et je me sers de la forme de la nouvelle historique purement et simplement pour y loger mes expériences et mes sentiments personels, la préférant au Zeitroman, parce qu'elle me masque mieux et qu'elle distance davantage le lecteur. Ainsi, sous une forme très objective et éminemment artistique, je suis – au dedans tout subjectif et individuel. Dans tous les personnages du Pescara, même dans ce vilain Morone, il y a du C. F. M.

Meyer an Félix Bovet,
14. Januar 1888 (XIII, 379f.)

Daß Meyer eine Vorliebe für historische Stoffe hegte, weil sie sich je nach Bedarf formen ließen und er Persönliches gut damit verquicken und so getarnt darstellen konnte, wird von Betsy bestätigt:

Aus dem allen ist leicht zu erkennen, wie es sich mit der scherzhaften Äußerung verhält, mit der Conrad einen Brief schließt, in dem er seinem Neuenburger Freunde, Felix Bovet, über «Die Versuchung des Pescara», seine jüngste Arbeit, berichtet hat:
Dans tous les personnages du Pescara, même dans ce vilain Morone, il y a du C. F. Meyer.
In der Tat leben alle seine Gestalten, nicht nur die um Pescara gruppierten, vom eigenen Leben des Dichters. Er beschrieb nicht, er moralisierte nicht, – er ließ seine Personen aus seiner eigenen Fülle atmen und handeln. Ehrlich gestanden fragte ich ihn, als er mir die Versuchungsszene aus seinem «Pescara» vorlas: «Wie kommst du dazu, diesem Morone, den du als Gaukler und Phantasten darstellst, deine eigenen Ansichten über die Geschicke Italiens und deinen innersten Gedanken mit dem edeln Wort in den Mund zu legen: ‹Pescara, ich habe stets gefunden, daß der Schlaueste und am meisten Argwöhnische endlich doch an eine Stelle tritt und an einem Abgrunde steht, wo er trauen und glauben muß›...?»
Er lächelte und sagte: «Ich mußte ihn heben, um ihn als glaubhaften Versucher neben meinen Pescara zu stellen. Ohne die veredelnde Glut seiner Liebe zu Italien hätte ihn der Feldherr niemals ernst genommen.»
So wurde bei C. F. Meyers Arbeiten alles und jedes der künstlerischen Absicht untergeordnet. Niemals ließ er sich dazu hinreißen, pikante Porträtzüge oder persönliche Reminiszenzen zwecklos und zufällig zu verwenden.

(Betsy, S. 177f.)

Rechte Seite:
Conrad Ferdinand Meyer im Alter von 66 Jahren.
Photographie von Rudolf Ganz (1848–1928), Zürich,
aufgenommen am 30. November 1891.
Zentralbibliothek Zürich

IX Erkrankung

*Beginnende Verstörung –
Schwanken zwischen Plänen
«Angela Borgia» (1891)
«Gedichte», 4./5. Auflage (1891/92)
Zeitgenossen*

Beginnende Verstörung – Schwanken zwischen Plänen

Im Winter 1887/88 meldet sich das Unheil, das Meyers letzte Lebensjahre überschattet, in einer langwierigen Erkrankung an. Eine für Frühling 1888 geplante Reise nach Italien und Frankreich muß entfallen; ein Urlaub in den Bergen ist ausgeschlossen. Nach zehntägiger erfolgloser Kur in Gottschalkenberg im Mai bleibt nur Schloß Steinegg als Rückzugsort, und auch dort weichen die mannigfachen Übel und Beschwerden nicht. Es ist «eine schwere Prüfung, nur durch die Gewohnheit erleichtert, die auch das Unleidliche ertragen läßt» (an Friedrich von Wyß, 12. August 1888; Briefe I, S. 93). Halsentzündungen, Nasenkatarrh, dazu Herz und Lunge durch die Atemhemmung «in Unordnung gebracht»: so umschreibt der Leidende seinen Zustand und fügt bei (an Louise von François, 31. August 1888; von François, S. 232): «Was davon auf Rechnung meiner Nerven kommt, kann ich freilich nicht beurtheilen.»

Die von einem Frauenfelder Arzt mit «Anämie» als Grundübel diagnostizierte Krankheit des fettleibig Gewordenen dauert bis in den Sommer 1889 hinein. Dann wird ein Aufenthalt in San Bernardino möglich, der weitere Genesung verspricht. Der Dichter gesteht Friedrich von Wyß am 27. Juli 1889 (Briefe I, S. 94): «[...] die Lebenssicherheit [ist] eher im Wachsen». Die im Hotel Brocco anwesenden Gäste zerstreuen den Rekonvaleszenten; ein Besuch Haessels trägt zur Aufmunterung bei. Seinem Vetter von Wyß schreibt Meyer nicht ohne Selbstironie, es sei ein «Seelenwanderungsgedanke», der ihn gestützt habe, alles zu ertragen (Brief vom 7. August 1889; Briefe I, S. 95): «Ich sagte mir, du hast offenbar in einem frühern Dasein irgend etwas Frevles unternommen. Da sprach das Schicksal: dafür soll mir der Kerl auf die Erde und ein Meyer werden. Beides muß nun redlich durchgelitten werden, um wieder in eine bessere Lage zu gelangen.» Bedrängender verraten sein Lebensgefühl die beiden Schlußstrophen von Noch einmal. Sie lösen in Betsy, der Conrad das damals entstandene Gedicht mitteilt, «ein erstes leises Erschrecken» aus (Betsy, S. 199):

> *Ich sehe dich, Jäger, ich seh dich genau,*
> *Den Felsen umschleichest du grau auf dem Grau,*
> *Jetzt richtest empor du das Rohr in das Blau –*
>
> *Zu Tale zu steigen, das wäre mir Schmerz –*
> *Entsende, du Schütze, entsende das Erz!*
> *Jetzt bin ich ein Seliger! Triff mich ins Herz! (I, 140)*

Im Sommer 1890 erfreut den offensichtlich noch einmal Davongekommenen, dem Aufschub gewährt worden ist, ein Aufenthalt auf Rigi-Scheidegg. Nicht mehr das Hochgebirge, sondern sanftere Gefilde sind jetzt angezeigt (an Louise von François, 25. Juli 1890; von François, S. 259): «Eine breite Höhe zum wandern, stäter Wechsel, blaue Seetiefen und der selige Schimmer der Schneeberge.» Diese Zeilen verweisen auf das ärztlich verordnete Wandern und Schwitzen, lassen aber auch die in die Jugendzeit zurückführenden Berg- und Seegedichte anklingen. Was ihm zur weiteren Fristung des Lebens abverlangt wird, verbindet sich mit Frühstem, das in der Rückbesinnung den tatsächlich «zum Meyer Gewordenen» aus der Vergangenheit heraus in später und letzter Verklärung grüßt.

Er weiß nun, «wie prekär unser Dasein ist» (an Wille, 18. September 1889; Briefe I, S. 204), und kennt die vielfältigen «Unterbrechungen und Störungen», welche die Schaffenskraft hemmen, die Lebensfreude trüben können (an Wille, 22. Dezember 1889; Briefe I, S. 204). Der des «Morgen» so wenig Sichere (ebd.) bekundet jetzt auch Mühe, sich für einen zu gestaltenden Stoff definitiv zu entscheiden. Betsy, die ihm immer schon allein durch ihre Gegenwart unbewußt Hilfe geleistet hatte, fehlt dem Geschwächten, dem zuvor schon die Omnipräsenz seiner Gattin nicht mehr behagt hatte (an Louise von François, 31. August 1888; von François, S. 232): «Da ich nicht arbeiten konnte, habe ich, um meine l. Frau von mir abzuziehn, sie ein kl. Asyl für 5–6 arme Reconvalescentinnen mit einer Diakonissin gründen lassen, das ganz gut gedeiht.» (Das in einem 1885 von Meyer erworbenen Nebengebäude eingerichtete nachmalige Conradstift) – Vetter Fritz Meyer scheidet im Herbst 1889 ebenfalls aus, so daß der Dichter fortan keinen Sekretär mehr hat. Woher kommt überhaupt noch Verständnis für den durch Krankheit und innere Vereinsamung Bedrängten, wirklich liebevoll-uneigennützige und nicht selbstisch bedingte Zuwendung?

Der mit dem Borgia-Stoff liebäugelnde Dichter, der «bis zur Ermüdung auf den Füßen u. auch geistig wieder stark thätig» ist (an Wille, 18. September 1889; Briefe I, S. 204), wird vom ENTSCHLUSS DER FRAU LAURA verfolgt, dem Plan zu einer Novelle über das Verhältnis Petrarcas zu Laura (XV, 100ff.). PETRUS VINEA schiebt sich dazwischen (so z.B. an Haessel, 3. Juni 1889; Briefe II, S. 171), und gegenüber Adolf Frey gesteht Meyer am 26. September 1889 (Briefe I, S. 379): «[...] natürlich plagen mich nun die Kaiser wieder.» Damit verweist er auf die Salier Heinrich IV. und Heinrich V., die er dramatisch zu gestalten und mit VINEA in einer Trilogie zusammenzufassen gedachte. Anläßlich seines Besuches in San Bernardino im Sommer 1889 war aber Haessel bereits der DYNAST versprochen worden; doch am 18. Mai 1890 vertröstet Meyer den Verleger auf später (Briefe II, S. 185): «Zuerst kommt die Renaissance-Novelle [ANGELA BORGIA] u. danach wollen wir sehen. Immerhin darf ich jetzt nicht klagen. Auch an dem Toggenburger dürfen Sie nicht verzweifeln.» – In den Kontext der erwähnten Salier-Thematik gehört ferner der seit 1885 erwogene PSEUDISIDOR (XV, 95 ff.), der in frühchristlicher Zeit spielen sollte. Betsy überliefert in ihren Erinnerungen den geplanten Schluß des Werks: Meyer will den als Fälscher wirkenden Mönch in Umnachtung enden lassen, worauf die Schwester von einer weiteren Beschäftigung mit solch düsterer Materie abrät (Betsy, S. 209). – DIE SANFTE KLOSTERAUFHEBUNG (XV, 33 ff.), ein Sujet aus der Reformationszeit, veranlaßt den von Stoff zu Stoff Greifenden und überall nach kurzem und vergeblichem Bemühen Abgleitenden, auf Pläne aus den Jahren 1882/83 zurückzukommen. Seit damals trägt sich Meyer mit dem Thema (an Rodenberg, 8. Mai 1883; Rodenberg, S. 142): «Ein Berner Landvogt hebt ein Kloster auf, aber langsam und unrevolutionär, die Nonnen nach und nach verheirathend. Drei Jahre lang hat er aufgehoben: viere und die Äbtissin sind noch hartnäckig, welche er dann an *Einem* Maitage an Mann bringt.» Im März 1891 gewinnt die Novelle, an der schon 1886/87 wieder gearbeitet worden war, erneut an Aktualität, was Meyers eigenhändige Niederschrift von dreizehn doppelseitig beschriebenen Blättern beweist. Aber selbst für dieses einst auch dramatisiert als «Lustspielchen» (XV, 365) geplante Leichtgewicht gab es kein Durchkommen. – Gleich verhält es sich mit DUNO DUNI, auch DER GEWISSENSFALL oder DIE GEWISSENSEHE genannt (XV, 103 ff.). Die Novelle gehört ebenfalls zu den in merkwürdiger Unrast erwogenen Stoffen, die Meyer um 1890 wieder aufgegriffen oder zu entwerfen angefangen hatte, nachdem er, wie er Hans Blum am 26. April gesteht, unter seinen Dramen «zusammengestürzt» war (XV, 519). Handlungsverlauf und Örtlichkeiten waren weitgehend in der Schweiz angesiedelt, und Meyer hatte Betsy im Juli 1891 auf Steinegg erklärt, es wäre um «eine einfache Geschichte aus unserer Jugendzeit» gegangen (Betsy, S. 209). Den Namen des Helden fand er in seines Vaters Buch über *Die evangelische Gemeinde in Locarno* (Zürich 1836): Taddeo Duno gehörte zu jenen Locarnern, die 1555 um ihres Glaubens willen die Heimatstadt verließen (Unvollendete Prosadichtungen I, S. 237). Wiederum ist die Skizze, die einen Eheschluß aus Gewissensgründen mit Beharrlichkeit umkreist, nicht über Fragmente hinaus gediehen. – Vor Ausbruch der großen Alterskrankheit hat sich der Dichter dann vorübergehend nochmals dem KOMTUR zugewandt, dem Projekt eines großen historischen Romans aus der Reformationszeit, doch ohne Erfolg. So ist die unter Mühen vollendete ANGELA BORGIA zu Meyers Schwanengesang geworden.

Conrad Ferdinand Meyer mit seiner Frau Louise und der siebenjährigen Tochter Camilla. Photographie von C. Lichtenberger, Bern-Interlaken-Meiringen, aufgenommen im Sommer 1887 während eines Ferienaufenthalts in Beatenberg und Mürren.
Zentralbibliothek Zürich

«Eine Burg seh' ich in lichten / Himmel ihre kecken Thürme richten» (VII, 233): Schloß Steinegg ob Nußbaumen im Thurgau.
Meyer verbrachte wiederholt Urlaubstage auf diesem herrschaftlichen Gut, das zum Besitz der Familie Ziegler gehörte. Hier hat er im Sommer 1891 seine Novelle «Angela Borgia» vollendet. Auch während des Dichters langer Krankheit war Steinegg im Sommer und Herbst 1888 ein willkommenes Refugium.
Ansichtskarte von Carl Walder, Frauenfeld, um 1900.
Zentralbibliothek Zürich

Der alternde Dichter

Meyer fürchtete schon früh, nicht mehr alle seiner geplanten Werke ausführen zu können:

Wenn ich sehe, welche Arbeitskraft mir noch zu Diensten steht, wenigstens an schönen trockenen Tagen und bei offenen Fenstern, könnte ich versucht sein, große Pläne zu entwerfen, doch ich fühle zugleich die Ungewißheit menschlichen Glückes. Zwei Jüngere, als ich, nahe Bekannte sind mir in den letzten Wochen weggestorben.

Meyer an Hermann Haessel,
21. Juni [!] 1887 (Briefe II, S. 135)

Nach Meyers Erkrankung Ende der achtziger Jahre erkannte auch Betsy, daß das gestalterische Vermögen ihres Bruders nachließ:

Dann aber, als man 1890 schrieb, fing das Alter an, seine ersten Schatten auf des Dichters Pfade zu werfen. Nicht daß der Flug seiner dichterischen Phantasie erlahmt wäre. Im Gegenteil, seine poetischen Pläne wurden immer kühner, ihre Zahl wuchs von Jahr zu Jahr. Immer höher und immer weiter steckte er sich seine Ziele. Allein, der künstlerisch formende Wille, jene zweite Kraft, die er im Kampfe sich errungen hatte, und die nicht als erste Anlage in seinem Blute lag, fing an, in Momenten der Ermüdung zu versagen. «Ich hemme die beschwingten Rosse nicht,» hatte er früher gesagt; jetzt wurde es ihm schwer, sie zu zügeln.

(Betsy, S. 198 f.)

Der Dichter selber hat die Tatsache, daß ihm jene Parze, die er seit längerem «mit der geschloßnen» Schere «versuchsweise» an seinem «Lebensfaden» kratzen spürte (an Meißner, 29. Januar 1879; Briefe II, S. 275 f.), nochmals Aufschub gewährt hatte, auf ernsthafte und humorvolle Weise bedacht:

Gottlob habe ich im Ganzen nur Gutes zu melden. Der Winter ging katarrhlos vorbei, ja die Kälte war mir wohlthätig und es kann sein, daß ich mein sehr leidlich gewordenes Übel wieder völlig los werde. Ein gewisses Gefühl der Lebensunsicherheit ist mir begreiflicherweise geblieben [...].

Meyer an Louise von François,
20. Mai 1889 (von François, S. 241)

Das Precäre ist [...] die Gesundheit (in unsern Jahren) über die ich freilich jetzt (dreimal unberufen!) nicht klagen kann; doch die alte Zuversicht ist verloren gegangen.

Meyer an Hermann Haessel,
9. September 1890 (Briefe II, S. 191)

«Jetzt bin ich wieder gesund, plauderte Meyer, aber ich habe ein paar schlimme Jahre gehabt, daher die lange Pause in meiner Production. Ich bin so stark geworden; das ist nicht gut. Und fast ohne es zu bemerken, kam es über mich. Ich bekümmerte mich nicht darum. Da kam ich einmal nach Lausanne. Auf der Stadtmauer saß ein Knabe, der machte seine Bemerkungen über die Vorübergehenden, im Selbstgespräch; nicht bösartig, kindlich nur. ‹Eh!!! le gros vieux!› rief er, als ich vorbei ging. Ich drehte mich um, sah rechts und links, wollte das so bezeichnete Individuum auch sehen. Niemand war sichtbar. Mein Gott, da bist du's wahrhaftig selbst – le gros vieux! – dacht' ich, und als ich heimkam sah ich mich ernstlich in dem Spiegel und fand, der Bub hat Recht!»

Meyer zu Anna von Doß bei ihrem
Besuch in Kilchberg am
30. Mai 1890 (von Doß, S. 392)

«Angela Borgia» (1891)

«Der schöpferische Gedanke der Nov[elle] ist das Gegenüber zweier Frauen nach Art der Italiener (z.B. Titian Himmlische u. Irdische Liebe.) Hier: *Zu wenig u. zu viel Gewissen.* Genau also müßte die Nov. heißen: Lucrezia *und* Angela Borgia.» (Meyer an Haessel, Dezember 1891; XIV, 160) An Félix Bovet schreibt der Dichter am 6.September 1891 (XIV, 159): «Cette nouvelle est – à proprement dire – l'histoire de la conscience.» Beide Frauen haben ihre Wurzeln in Meyers Persönlichkeiten-Fundus. Die Charaktere der zwei Hauptgestalten «sind bloß, durch ihren Wesenskontrast, in Gegensatz gestellt, nicht aber in ein Gegenspiel. Es hat jede ihre Handlung für sich. Es ist nicht *eine* Novelle, es sind zwei.» (Frey, S.350) Lucrezia ist in der Nachfolge der Gattenmörderin Stemma zu sehen; zudem ist sie vom Gerücht des Inzests mit Vater und Bruder umschauert. Angela, die aus dem Kloster kommt, erinnert an Engel in Meyers Versepos ENGELBERG: Venus steht gegenüber Minerva, Eros gegen Agape, Verführung gegen Tugend.

Zu Beginn zieht Lucrezia, dem römischen «Treibhause der Sünde», den «schamlosen Sälen des Vaticans» entronnen (XIV, 6), als Gemahlin Alfonsos von Este in Ferrara ein. In ihrem Gefolge reitet Angela, eine Verwandte «aus einer Seitenlinie des berühmten spanischen Geschlechtes» (XIV, 10), die nach dem frühen Verlust ihrer Eltern im Kloster aufgewachsen ist und sich für die lasterhaften Borgias «schwere Bußen und Geißelungen» auferlegte (XIV, 11). Lucrezia hat die gegen die «Nichtswürdigkeit» ihrer Familie schon in jungen Jahren «verzweifelte Gegenwehr» Leistende zu ihrer Begleiterin erkoren.

Die kunstvolle Einleitung der Novelle rückt die beiden Protagonistinnen voll ins Licht: Die Fürstin von Ferrara, «die zart gefärbte, lichte Erscheinung im wehenden Goldhaar» (XIV, 5), nimmt sich auf ihrem «schneeweißen Zelter» wie eine *Venus triumphatrix* aus, die mit ihrem Lächeln «Licht und Glück über den Festzug» verbreitet (XIV, 6; vgl. XIV, 13). Die vier sie begleitenden Professoren rätseln, zuweilen den sinnenden Blick auf sie lenkend, an ihrer Person herum: Ihre Augen sind von farblosem Glanz; unberührbar blickt sie über die Menge hin – dies bemerkt der Professor der Naturgeschichte. Seinem Kollegen der Moralwissenschaften erscheint sie als «dämonisches Zwitterding» (XIV, 5). Wie ist «auf dem unheimlichen, mit Schlangen gefüllten Hintergrunde einer solchen Vergangenheit [wie der ihren] ein so frohes und sorgenloses Geschöpf» möglich? Der Mathematiker hält sie für «ein natürliches Weib», das nur «durch maßlose Verhältnisse» aus der Bahn getrieben wurde. Der Rechtswissenschafter freilich fühlt sich, «die ganze schwebende Gestalt [...] mit der Flamme seines Blickes» verzehrend, zum Entzücken hingerissen. Ihre Schandtaten scheinen ihrer Schönheit keinen Abbruch getan zu haben (XIV, 6): «Mit der von ihrem unglaublichen Vater ererbten Verjüngungsgabe erhob sie sich jeden Morgen als eine Neue vom Lager, wie nach einem Bade völligen Vergessens.» Sie ist ein «Kind der Stunde» und sagt von sich selbst (XIV, 196): «Was für ein leichtsinniges Weib ich bin. Der Schlummer einer Nacht vernichtet mein Gestern u. ich bin eine Neue und die gestern litt oder fürchtete oder fehl ging, war eine andere, die mich nichts angeht.» Ihre verblüffende Regenerationskraft beruht auf ihrem Vermögen, die Vergangenheit abzustoßen. Nur wer keiner Gewissensinstanz hörig ist, kann sich gegenüber der erdrückenden Last von Vergehen so frei und unbetroffen zeigen. Lucrezia lebt «ganz der Lust des Augenblickes» (XIV, 8) und tut es in kindlicher Unberührtheit. Von ihrem Habitus her erinnert sie an eine Heidin.

Nicht so Angela: Sie kann und will niemals vergessen; sie verzehrt sich in Reue und tut Buße selbst für andere. Auch für sie gilt aber, daß ihr «strenger Rechtssinn» das verdammt, «was [ihr] Auge beglückt und das Feuer [ihres] Herzens entzündet» (XIV, 40). Sie ist eine «sichere Reiterin» und versteht – im Gegensatz zu Lucrezia – ihr Pferd auch bei einem Pulverknall zu meistern (XIV, 8). Angela gleicht jenen «geharnischten Jungfrauen, die in der damaligen Dichtung umherschweiften», jenen «untadeligen Prinzessinnen, die sich der Schwächen ihres Geschlechtes schämten und welche zu handeln und sich zu verteidigen wußten, ohne dabei die Grazien zu beleidigen» (XIV, 11). Sie ist redlich und wahrheitsdurstig. «In den feurigen, von flatterndem Kraushaar beschatteten Augen wohnte Wahrheit und auf dem weichen Mund neben einem kindlichen Zuge der Trotz der Liebe, ja eine gefährliche Entschlossenheit.» (XIV, 63) Der Erzähler braucht für sie das Wort «Virago» (XIV, 11 u. 45), was dem griechischen *pallas* nahekommt. – Virago bedeutete damals nicht «Mannweib», sondern eine Frau, welche sich durch Mut, Verstand und Bildung, aber auch dank ihrer Schönheit, ihrer Schamhaftigkeit und ihrem züchtigen Wesen über die große Masse ihres Geschlechts erhob (vgl. Gregorovius, Lucrezia Borgia, S. 28). «Der Titel einer ‹virago› [...] war damals reiner Ruhm», hält Jacob Burckhardt fest (Cultur der Renaissance, S. 394). Angela ist «keusch und tapfer» wie «Diana» (XIV, 45); sie ist aber – wie es ihr Name besagt – auch streng und unnahbar wie ein Engel.

Als beide Frauen später im niedrigen Saal des herzoglichen Stadtschlosses unter dem Deckengemälde stehen, das die verbrecherische Tullia zeigt, klagt Angela zu der blutigen Römerin empordrohend (XIV, 78f.): «‹Du Böse! Warum mußte man dich im Gedächtnis behalten? Warum wissen wir von dir, du Unhold! ... Du bist kein Weib, Mörderin des Gatten und der Schwester ... Mörderin des Vaters ... Verführerin des Schwagers! ... Widernatürliche! Zauberin! Teufelin! ...›» Ihr Abscheu, der so unverhüllt losbricht, könnte gleichzeitig auch Lucrezia treffen, aber diese lächelt, ohne davon berührt zu sein, und streichelt «dem eifrigen Mädchen die heiße Wange»: «‹So ging es nicht zu›, flüsterte sie ihr ins Ohr; ‹die berühmte Römerin verlor sich in einer Dämmerstunde an einen Mann, sein sündiger Geist fuhr in sie, und sie wurde sein willenloses Werkzeug. So war es, glaube mir. Ich weiß es.›»

Die Geschichten der beiden Frauen, äußerlich nur lose verknüpft, sind offensichtlich fast Wort für Wort aufeinander bezogen und belegen so ihren Wesensgegensatz; einmal steht Angela im Mittelpunkt, ihr Verhältnis zu Ippolito und Don Giulio, dann wieder Lucrezia in ihrer Lage gegenüber dem Gatten, Bruder Cesare oder den Verehrern Bembo und Strozzi. Die Novelle, mit innerer Symmetrie aufgebaut, zeigt nicht nur Angela und Lucrezia aus den verschiedensten Blickwinkeln, sondern führt auch den Hof von Ferrara ein, das Haus der Brüder von Este: Herzog Alfonso, der Herrscher und oberster Gebieter in allen Belangen ist, aber selten ins Geschehen eingreift; neben ihm stehen sein politischer Berater Kardinal Ippolito, der aus der Reihe fallende Don Ferrante, als zynischer Anschwärzer und «Menschenfeind» wirkend (XIV, 8), und Don Giulio, der erklärte Frauenheld, von dessen schönen Augen ein bezwingender Zauber ausgeht.

«Verlorene Augen» oder «Geraubte Augen» lauteten ursprüngliche Titel der Angela-Fabel (XIV, 206f.). Der Kardinal, in leidenschaftlicher Liebe zu Angela entbrannt, läßt seinen Halbbruder Giulio in rasender Eifersucht blenden; denn Angela hat Giulios schöne Augen gelobt. Ippolito – er erinnert an Grimani im JENATSCH – ist ein kalter Rechner, Schachspieler und gleichzeitig ein hinterhältiger Intrigant. «Er ist der Diplomat unseres Hauses; die Fäden unserer Politik laufen alle durch seine gelenken Finger, und er kennt unsere schlimmsten Geheimnisse», sagt der zynische Ferrante zu Angela (XIV, 13). «*Seine* Rache ist die grausamste, da er der größere Geist ist [als Herzog Don Alfonso] und als der uns allen Unentbehrliche keinen Prätor zu fürchten hat.» Ippolitos Intelligenz, sein Scharfblick, seine Diplomatie: sie sind zugegen und gleichzeitig in seiner Leidenschaft von Raserei überwuchert, als er merkt, daß Angela ihn niemals lieben wird und daß es Giulios Augen sind, die es ihr angetan haben.

Don Giulio liebt Angela nicht. Er kennt sie kaum; sie ist ihm «so gleichgültig wie Göttin Diana» (XIV, 45). Er hält es lieber mit den Mädchen in Pratello. Auch Angela begegnet Giulio seltsam abweisend. Sie sieht ihn zum erstenmal, wie er aus dem Kerker steigt, wohin ihn seine Unsittlichkeit gebracht hat. Der Anblick seiner schönen blauen Augen entlockt ihr den Ausruf (XIV, 16): «Schade, jammerschade um Euch, Don Giulio! Fürchtet Gottes Gericht!» Nur wer ein Gewissen hat, kann an ein Gericht denken. Daß so schöne Augen einem derart unsittlichen Menschen eigen sein sollen, erfüllt sie mit Jammer und Zorn. Lucrezia führt die «vor Scham und Aufregung in ein krampfhaftes Schluchzen» Ausbrechende hinweg. Aber Don Giulio, bisher gelassen geblieben, verliert ebenfalls die sonst bezeigte Haltung.

Der Kardinal, ein Opfer seiner rasenden Leidenschaft, glaubt, Angela liebe Don Giulio. Angelas Äußerung «Don Giulio hat wundervolle Augen! Die muß ihm der Neid, die müsset Ihr, Kardinal, ihm lassen!» (XIV, 52) reicht schon aus, daß Ippolito wie unter Zwang den ihm ergebenen Bravi den Auftrag gibt, den Nebenbuhler zu blenden. So ist seine Rache in der Tat die grausamste, und sie trifft Angela zugleich mit dem Schönling. Die Szene im «dämmernden Boskette des gefesselten Cupido» (XIV, 49) spielt in dumpfer abendlicher Juli-Schwüle. Die erlauchten Persönlichkeiten der Hofgesellschaft hören, nachdem die bezahlten Bravi ihr scheußliches Werk verrichtet haben, die «Schreckens- und Schmerzenstöne, daß alle Herzen bebten und alle Pulse stockten» (XIV, 53). «So brüllt der Stier des Phalaris!» ruft der entsetzte Ariost, der Dichter des *Rasenden Roland*. Er bringt den Geblendeten ins Boskett. Don Giulio, der vor Schmerz Sinnenlose, taumelt vor den Herzog (XIV, 54): «[...] wo bist du? Hilf mir, räche! strafe!» Er fühlt die Nähe des Kardinals, verwickelt sich in die Falten des Purpurs und begräbt darin das blutige Haupt: «O, o, warum raubst du mir das Licht? Was nimmst du mir das All und Einzige weg, das ich war ... ein in der Sonne Atmender! [...] Töte mich ganz!» Der Kardinal, seinen Purpur an sich ziehend, ruft mit unnatürlich klingender Stimme: «Nicht ich! ... Das Weib verführte mich! ... Sie lobte deine Augen!» Dieses Geständnis dringt vernichtend in Angelas Herz. Sie bezichtigt sich ihrer Bemerkung wegen der Schuld am Geschehen. Der Kardinal aber wird in der Folge von einem bösen Fieber aufs Krankenlager geworfen (XIV, 82): «Verzehrt bis zur Entkörperung, leicht gebückt, mit durchdringenden Augen unter der kahl und hoch gewordenen Stirn, schien er lauter Geist zu sein, grausam und allwissend.» Er lebt nur noch als Schatten seiner selbst.

Und der Geblendete? Don Giulio ist der einzige der Brüder, der sich entwickelt und damit eine Lebensbahn durchläuft. Als Kind war er dem Kardinal Inbegriff der Reinheit und der Hoffnung (XIV, 44): «[Ich freute] mich deines offenen Antlitzes und deines hellen Geistes. Herzgewinnend, schön, aufmerksam und begabt, schienest du mir ein unter günstigen Sternen geborener Este, uns geschenkt zum Gedeihen unseres Hauses und Staates, ein Labsal, eine Stütze für Tausende [...].» Als junger Mann aber, in Pratello, verliert sich Giulio «völlig in Spiel und Lust». Er wird zum rücksichtslosen Genießer, zum Don Juan (XIV, 14): «In den Weingarten des Lebens eingebrochen, reißt er, statt sich ordentlich eine Traube zu pflücken, deren, so viele er mit beiden Händen erreichen kann, vom Geländer, zerquetscht vor Gier die süßen Beeren und besudelt sich mit dem roten Safte Brust und Antlitz.» Der Dichter spielt im Zusammenhang mit Don Giulios losem Lebenswandel auf Adams Sündenfall an (XIV, 51). Giulios Begier schreckt selbst vor Mord nicht zurück, «wenn ein Lästiger [sein] Vergnügen stört» (XIV, 30). Pratello ist denn auch der Ort des ungezügelten Lebensgenusses; es erinnert von ferne an Pratum in der RICHTERIN.

Himmlische und irdische Liebe («Amor sacro e profano»). Das Gemälde von Tiziano Vecellio (um 1488/90–1576), entstanden um 1514/15, versinnbildlicht den Gegensatz zwischen der genußfreudigen, aufs Weltliche ausgerichteten Lucrezia und der asketischen Angela Borgia der Novelle. Meyer hat Tizians Werk gekannt. Galleria Borghese, Rom. Reproduktion mit Erlaubnis des Archivio Fotografico Soprintendenza Beni Artistici e Storici di Roma

Aber seit ihn Angela bei ihrem Einzug in Ferrara getadelt hat, ist Don Giulio «nicht mehr derselbe» (XIV, 30): «Meine Sinne taumeln, und wie ein Rasender suche, wechsle ich Mund und Becher und habe nur einen Wunsch, daß jene, die sich feindselig und kalt von mir abwendet, mir noch einmal ihr hell flammendes Antlitz zukehre und mich noch einmal bedrohe – noch stärker als das erste Mal ...» Ihre Verachtung, das «Schade um Euch!» (XIV, 16), wirkt also nach.

In seinem Traum am Neptunbrunnen erlebt er zunächst ein wildes bacchisches Gedränge, «rasende Körper, rücklings geworfene Häupter, geschwungene Zimbeln, Pauke und Evoeschrei» (XIV, 34); in der Ferne hört er aber auch die Posaunen des Gerichts, findet sich plötzlich «in einer ernsten Versammlung». Und da sind auch schon die Richter: «Carolus Magnus, sein großes Richtschwert auf die Knie gelegt; zu seiner Rechten [...] der Prophet Samuel [...]; zu seiner Linken der Römer Brutus [...].» Kaiser Karl, ohne die Lippen zu bewegen, spricht mit mächtiger Stimme: «Julius Este, das von der Jungfrau dir verkündigte Gericht ist da. Sie ist es selbst.» Wenig später ruht Don Giulio im Traum im Grase, «zu der freundlich über ihn geneigten Angela emporblickend» (ebd.). «‹Du Tor›, sagte sie, wie in einem Gespräche fortfahrend, ‹darf auch ein Mädchen zu einem Jüngling sagen: ich liebe dich? Sie muß ihr Inneres verlarven und verkleidet Wunsch und Geständnis in Zorn und Drohung. [...] Gerade deine viele Sünde, die ich strafen muß, ist es, die mich an dich kettet. Die Schuld liegt in deinen zauberischen Augen, mit denen du frevelst. Reiße sie aus und wirf sie von dir!›» – «[A]ußerstande, die kleinste Bewegung zu machen», muß er es dulden, daß sie ihm in jedes Auge «einen Tropfen roter Flüssigkeit» träufelt, wobei ihn «ein entsetzlicher Schmerz» durchzuckt und ihn «tiefe Finsternis, dunkler als die schwärzeste sternlose Nacht» umfängt (XIV, 35). Der Traum am Neptunbrunnen, den Giulio in den Armen eines der Bravi des Kardinals träumt, nimmt das entsetzliche Geschehen beim Cupido-Boskett vorweg, und in der Blendung holt die Wirklichkeit den Träumer mit unerbittlicher Konsequenz ein.

Wie aber entwickelt der Dichter nach der Blendung Don Giulios die Fabel weiter? Der Geblendete brütet in Pratello in seiner Finsternis, gilt «für in Ungnade gefallen» (XIV, 55), weil der Herzog, wiewohl oberster Richter, davor zurückscheut, den für seinen Staat unentbehrlichen Kardinal vor ein Gericht zu ziehen. Einzig Ariost und Don Ferrante besuchen den unglücklichen Giulio; aber selbst Ariost bringt es nicht fertig, sich vom Kardinal, seinem Beschützer, zu lösen, und verharrt «in der Schwebe zwischen Schlächter und Opfer» (XIV, 56). Er ahnt, daß in Giulio etwas vorgeht, ein «Seelenvorgang», worin Haß und Reue sich mischen, hütet sich indessen, in diesen Prozeß einzugreifen (XIV, 59): «Denn der Quell echter Reue, das wußte er, sprudelt in heiligen Tiefen, und nur in der einsamen Stille seines göttlichen Ursprungs waschen sich schuldige Hände und Seelen rein.»

Eines Tages nähert sich auch Angela dem Blinden. Sie hat verfolgt, wie ihn ein Fährmann über den Fluß brachte, und erwartet ihn auf einer Bank unter den Steineichen (XIV, 64). Er setzt sich neben sie, ohne sie zu bemerken. Seinem Gemurmel entnimmt sie, daß er in Anlehnung an die Dantesche Hölle «nicht zwar den trichterförmigen Höllenabgrund zu bevölkern» sucht (XIV, 65), sondern «einen Krater des Unglücks» gräbt, wo er als Blinder «mit den Elenden, den Leidenden, den Verzweifelnden» sich «in die unterste, dunkelste Kluft» versetzt und mit «grausamem Genusse» sein Unglück ausmalt und es in Terzinen besingt (XIV, 66):

> *Ich hatte Götteraugen, war gewohnt*
> *Zu herrschen – was sie sahen, war mein eigen.*
> *Doch weh, der Mörder hat mich nicht verschont ...*
>
> *Ich bin geblendet! Elend ohne Gleichen!*

Da spürt er Tränen auf seinen Händen und hört eine weibliche Stimme sprechen (ebd.): «Ich bin Angela Borgia, die deine Augen über alles liebte und sie zerstörte, dadurch daß sie einem Bösen ihre Schönheit lobte.» Sie fleht ihn um Verzeihung an: «Wo ist meine Sühne? Wie soll ich büßen?» fragt sie. Giulio erklärt, daß er ihre Schuld nicht verstehe, «aber ich sehe, daß auch du in das Tal des Unglücks verstoßen bist. Zweimal wehe über ihn, der uns beide gemordet hat! [...] Sühnen kannst du nicht! Meine Augen kannst du nicht neu schaffen! Laß mich allein! Gehe und vergiß!» (XIV, 67)

Don Giulio glaubt nun, was er zuerst nicht wahrhaben wollte: nämlich daß der Kardinal «das Lob Angelas an ihm gerächt» hat. In rasendem Zorn gegen den Schuldigen und nicht minder gegen den kaltherzigen Fürsten, der die Missetat ungeahndet ließ, ist er jetzt bereit, sich mit Ferrante gegen den Kardinal und den Herzog zu verschwören. Dieser läßt seine beiden Brüder verhaften, hört von ihrem geplanten Anschlag, ihn auf einem Maskenball zu erdolchen, und verurteilt sie zum Tode. Vor Gericht erklärt Giulio, die «Gleichgültigkeit des regierenden Bruders habe sein Herz gebrochen, und er habe nur noch an Rache gedacht. Jetzt aber sei ihm lieber, daß diese mißlungen» und er nicht zum Brudermörder geworden sei (XIV, 70f.). Don Ferrante aber kommt zu seinem großen Auftritt. Er verhöhnt das Gericht und überschüttet den Herzog und den Kardinal mit Schimpf und Schande. Für sich selbst verlangt er ein kostbares Hofnarrenkleid mit Schellenkappe, denn er wünscht «den Sprung ins Nichts in gebührendem Gewande und mit Schellengeläute zu vollziehen» (XIV, 71). Ferrante (verwandt mit Gocciola im MÖNCH und Morone im PESCARA), der im Eingangsbild Angela auf seine zynische Art in die Verhältnisse Ferraras eingeweiht hat, wird vom Erzähler als ein «wunderlicher Zwitter» (XIV, 60) bezeichnet. Halb ist er ein Opfer seiner Umgebung: Er war «[a]ls Kind schon Zeuge unzähliger Intrigen und Komplotte». Von schwachem Geist, aber unerschöpflicher Erfindungsgabe, lebt er in «krankhafte[r] Angst» und hat einen «verzweiflungsvollen Haß» gegen seine erfolgreichen Brüder entwickelt (XIV, 61). Dank seiner «starke[n] schauspielerische[n] Ader» hat er sich mit ständig wechselnder Maske und den seltsamsten Erfindungen zu schützen versucht, «um keiner Familienintrige zum Opfer zu fallen» (XIV, 60). Seit nun des Herzogs und des Kardinals Ungerechtigkeit offen zutage getreten ist, hat Ferrante den geblendeten Bruder mit den «Ausgeburten seiner Angst und Bosheit» verfolgt und ihn zum Aufruhr angestiftet (XIV, 62).

Der Tag der Hinrichtung ist der kürzeste des Jahres. Den Hof, wo das Blutgerüst erbaut wird, verschleiert ein frühes Schneegestöber. Angela und Lucrezia sehen, wie Don Ferrante und Don Giulio zum Richtplatz geführt werden. Man hört die Totenglocke. Don Alfonso ist eben im Begriff, dem Urteil mit seiner Unterschrift Rechtskraft zu verleihen; aber Angela wirft sich «dem Herzog, seine die Feder führende Hand mit ihren beiden festhaltend, zu Füßen» (XIV, 81): «Nicht Euern Bruder, sondern mich lasset bluten! ... Ich bin die Schuldige!» Völlig unerwartet tritt der kranke Kardinal in die Szene. Er droht Angela (XIV, 82): «Ich könnte dich erwürgen! [...] Du bist mir ein Abscheu!» Doch dann bittet er Alfonso um die Begnadigung der Verurteilten (XIV, 83): «[...] sie dürfen nicht sterben! [...] Schütte kein Blut mehr über mein Haupt [...]! Verbirg sie im Kerker, aber laß sie leben um meinetwillen!» Don Alfonso entspricht der Bitte seines Bruders: «Ich tue es dir um des vielen willen, das du für Ferrara getan hast.» – Die Begnadigten reagieren unterschiedlich auf diesen Ausgang: Don Ferrante nimmt die Gnade nicht an. Er fürchtet sich vor dem Leben, das ihm geschenkt wird, weil er weiterhin «nichts als törichte Larven, Hohlheit, Neid und Nichtigkeit» (XIV, 85) sehen müßte. Er stirbt nach wenigen Augenblicken an einem Gift, das er bei sich trägt. Giulio dagegen dankt dem Herzog für das Leben: «Ich habe den Reichtum meines Daseins wie ein Unsinniger verschwendet. Nun ich blind bin und unter die Ärmsten der Armen gehöre, schätze ich das Almosen und halte es teuer. [...] Ja, redlich leiden und dulden will ich, und darum dank' ich für das neue Leben!» Auf seinem Rückweg in den Kerker reicht ihm der ihn begleitende Franziskaner eine rote Rose. Angela hat sie Don Giulio zugeworfen. Der Blinde winkt zurück und ruft (XIV, 86): «Ich grüße dich, geliebtes Unglück!»

Damit ist die Angela-Giulio-Handlung fürs erste abgeschlossen. Sie ist eingebettet in die Familiengeschichte der vier Brüder aus dem Hause Este. Das Ergebnis ist vernichtend genug: Giulio, der einst nur dem Genusse lebende Schönling, ist geblendet. Der Kardinal, der ihn, wiewohl er sein Bruder ist, hat blenden lassen, liegt nach seiner Raserei auf den Tod erkrankt darnieder und fristet als gebrochener Mann sein Leben. Ferrante, der geborene Zyniker, hat sich vergiftet. Der Herzog, ein zaudernder Richter, regiert Ferrara mit Unterstützung seiner Gattin. Die Greuel, die sich im Hause Este zugetragen haben, stehen jenen der Borgias kaum mehr nach. Einzig Angela, die Warmherzige, verbreitet einiges Licht in dieser schauerlichen Welt, wo Intrige, Verführung, Gewalt, Haß und Rache triumphieren. Auch Don Giulios Beliebtheit bei den Leuten von Pratello läßt erahnen, wie eine Welt des sozialen Mitgefühls zustande kommen könnte.

Abwechselnd mit Angela tritt Lucrezia in den Vordergrund. Sie wird gezeigt, wie sie sich von ihrem Freund, dem Dichter Bembo, verabschiedet. Er ist in Liebe zu ihr entbrannt, spürt aber, daß sie ein neues Leben beginnen will. Sie schenkt dem Venezianer zum Abschied eine Locke, die sie in eine kostbare Ausgabe der Sieben Bußpsalmen legt. Er weiß wie sie selbst, daß sie «mit Vater und Bruder zu einer höllischen Figur verbunden» bleibt (XIV, 7), und er warnt sie vor dem «Schattenkreis, wo Eure Liebe zu Vater und Bruder beginnt» (XIV, 18). Noch sitzt zwar Cesare Borgia in einem spanischen Kerker fest. Aber eines Tages wird er ausbrechen, «wieder aus dem Orcus steigen, um ganz Italien zu verwirren» (XIV, 19). Bembo meint: «‹Diese schwarze Klippe bedroht Euere Barke; möge sie nicht daran scheitern! Das Wiederkommen Cäsars ist Eure Schicksalsstunde. Und Ihr werdet› – er besann sich, ob er ihr die bittere Arznei erspare, fuhr aber mit entschlossener Liebe fort: ‹wehe Euch, Ihr werdet folgen, wenn Euch Don Cäsar ruft. Ihr werdet dem Teufel gehorchen, wie sie erzählen, daß Euer Vater auf dem Sterbebette sagte: Du rufst, ich komme.›» Inzestbann und -fluch werden also stärker sein als alle willentlichen Entschlüsse Lucrezias, künftig ein geordnetes Leben zu führen. Aus der römischen Umklammerung glaubt sie sich befreit zu haben. Der Umklammerung durch den Fluch, der über den Borgia waltet, bleibt sie weiterhin verhaftet.

Ihr Wille zur Ordnung befähigt sie dazu, dem stürmischen Drängen des Richters Strozzi zu widerstehen. Er ist – wie der Kardinal – von inneren Widersprüchen zerrissen, dient er doch als florentinischer Republikaner dem «heilige[n] Recht» (XIV, 28) und gleichzeitig einem Fürsten. Seine betonte Rechtlichkeit wird von seiner Leidenschaft für Lucrezia überrannt: Er sieht mit «trunkenen Augen» nur noch ihre «Lichtgestalt» (XIV, 94 f.). Er, der «das Recht in seiner Strenge» vertritt (XIV, 80), von Giulio als «Anbeter der Gerechtigkeit» spöttisch apostrophiert wird (XIV, 32), weiß, daß er Lucrezia hörig ist, und meint (XIV, 28): «Daß ich die Gesetzlose lieben muß, ist Schicksal.» «Dein strenger Rechtssinn», sagt Bembo zu ihm (XIV, 40 f.), «verdammt das, was dein Auge beglückt und das Feuer deines Herzens entzündet. Das ist dein Widerspruch und dein Irrsal. Der Richter wird entflammt für die von ihm Gerichtete. Besieh dir doch ihr Schicksal! Ein kindliches Weib, in unselige Abhängigkeiten hineingewachsen, schuldig schuldlos, wie die liebliche Frauenschwachheit ist, flieht, von innerer Klarheit erhellt, mit zitternden Füßen aus dem Banne des Bösen und ergreift die ihr gebotene Hand eines seltenen, ja einzigen Mannes, der dein Fürst ist, o Strozzi! und ein weiser Erforscher der Menschennatur. Er erkennt die edle Anlage Lucrezias und zieht sie in göttlicher Weise mit sich empor. Nun werden ihre Schritte täglich sicherer, und immer größeres Wohlgefallen gewinnt sie an der Tugend und an ihren belohnten Kämpfen. Da kommst du, Unseliger, siehst die Emporgehobene in den Armen ihres Schutzengels, verurteilst sie zu den Höllenkreisen und stürzest dich auf sie, um dein Urteil selbst auszuführen. Wehe dir, du bist ihr verfallen!» Bembo, den seine Liebe als Beobachter so scharfsichtig macht, hat mit all seinen Warnungen und Prophezeiungen recht.

Cesare Borgia, der seine Fesseln überraschend gebrochen hat, meldet seine Rückkunft an jenem Tag, wo die Hinrichtung Ferrantes und Giulios stattfinden soll. Schon «das feine Frauenschriftchen Cäsar Borgias» auf dem an Lucrezia gerichteten Briefumschlag bewirkt, daß die Empfängerin zu zittern beginnt (XIV, 84). Mit diesem Faktum ist untrennbar sein Wille verbunden, nach der Krone Italiens zu greifen. Und damit ist es, wie Bembo vorausgesagt hat, um Lucrezia geschehen; «[...] von dem Triumphschrei und Hilferuf Don Cesares erschreckt und überwältigt, in plötzlichem Liebesgehorsam gegen ihren Bruder» (XIV, 89), vergißt sie wie eine magisch Gebannte die Versprechungen gegenüber ihrem Gemahl und schlägt auch alle Warnungen Bembos in den Wind. Cesare hat sie aufgefordert, ihr einen Mann ihrer Wahl zu senden, und sie willfährt ihm sofort, indem sie Strozzi gebietet, er möge unverzüglich zu ihrem Bruder reisen. Alfonso hat die Nachricht ebenfalls erhalten, daß Lucrezias Bruder aus Spanien entflohen sei. Er nennt ihn einen «Zerstörer und Verderber Italiens» (XIV, 88) und erklärt, wer sich mit ihm einlasse, habe dafür mit dem Leben zu büßen. Der Kardinal, der all diese Vorgänge als stiller Beobachter verfolgt hat, läßt dem vor Liebe blinden Strozzi noch eine verkappte Warnung zukommen: «[W]ie stellt Ihr Euch das Gefühl einer Mücke vor, die sich die Flügel an einer brennenden Kerze versengt? Meint Ihr, daß sie Schmerz fühle? Ich meine, kaum, sonst würde sie sich nicht immer von neuem in die glänzende Flamme stürzen! Ich denke, sie stirbt in Rausch und Taumel! ... Nicht?» – Der alte Frevelsinn hat also von Lucrezia Besitz ergriffen. Kaltblütig nützt sie Strozzis Leidenschaft aus und betraut ihn mit einer tödlichen Mission zugunsten ihres Bruders, obwohl sie weiß, welcher Gefahr er sich dabei aussetzt. Das Lächeln, mit dem sie ihn entläßt, ist «bitter wie der Tod» – «die großen lichten Augen starrten versteinernd, wie die der Meduse» (XIV, 95). Als Strozzi zurückkehrt und glaubt, er habe sich endlich ein Anrecht auf ihre Liebe erworben, ist er, weil inzwischen entbehrlich geworden, «ihrem Gemüte gänzlich entfallen» (XIV, 100). Zwar bittet sie ihn, der nach ihres Gatten Willen sein Leben verwirkt hat, sogleich zu fliehen (XIV, 104). Dann überläßt sie ihn den Schergen des Herzogs, die ihn beseitigen.

Lucrezia, schlagartig wieder in den Bann ihres mörderischen Geschlechts geraten, erliegt einem merkwürdigen «Zauber» (XIV, 89), wird von einem «Dämonenruf» (XIV, 87) ereilt, «unfähig, [...] zu widerstehen, unempfindlich in diesem Moment für Furcht und Ehre». So handelt sie erneut als Fremdbestimmte, wird zum Werkzeug ihres Bruders, dessen Ausstrahlung allgewaltig für sie ist. Das Gespenst des Verruchten und die alles lähmende Hörigkeit brechen durch und heben den eigenen Willen wie unter Hypnose auf. So ist es schon in der HOCHZEIT DES MÖNCHS und der RICHTERIN unwillkürlich geschehen, dort, wo Allerheiligstes *und* Frevles, ineinander übergehend, ihre Kräfte spielen lassen und alle festen Fügungen erschüttern. – Lucrezia unterwirft sich bedingungslos dem bannenden Geist ihres Bruders. Ihr Ich ist weit davon entfernt, Herr im eigenen Haus zu sein. Oder wie Meyer es formuliert (XIV, 90): «Im hellen Tageslicht wichen die Gespenster, doch die Herzogin, deren der Bruder sich nach und nach wieder völlig bemächtigte, begann mit allen Kräften ihres Geistes für ihn zu wirken und jede Stunde ihres Lebens in seinem Dienste zu verwenden, indem sie sich einbildete, sie tue aus treuer Schwesterliebe, die das Natürlichste in der Welt sei, Erlaubtes und Unerlaubtes für einen großen und unglücklichen Fürsten, ihren geliebten Bruder.» Damit wird das Inzestmotiv auch in des Dichters letzter Erzählung noch einmal offenkundig.

Aber Cesare findet schon unerwartet den Tod, bevor es zum Mord an Strozzi kommt. Er fällt beim Sturm auf eine Burg (XIV, 97): «Wenn ihre [Lucrezias und Ippolitos] Augen hätten den Raum durchdringen können, so hätten sie [...] gesehen, wie ein Steinregen von den belagerten Zinnen sprang und manchen Klimmenden in den Abgrund warf. Gesehen, wie jetzt ein Block sich von der Burg herabwälzte, in gewaltigen Sätzen von Fels zu Fels sprang, den schrecklichen Sohn des Papstes traf und ihn zerschmettert in die Tiefe stürzte.» Der Fluch, der auf dem Geschlecht der Borgia liegt, hat damit ein weiteres Opfer gefordert. – Lucrezia steht wie versteinert, als sie die Nachricht vom Tode ihres Bruders hört. «Dann brach sie mit einem Schrei zusammen und sank in die Kniee.» (XIV, 99) Der Herzog aber sagt zu ihr: «[B]is dahin besaß dich der Geist deines Hauses, [...]. Das Blut der Borgia begehrte täglich in dir aufzuleben und dich zurückzufordern. Doch, siehe, nun bist du frei geworden. Die Deinigen alle sind verstummt und bewohnen die Unterwelt, woher keine Stimme mehr verwirrend zu den Lebenden dringt.» Lucrezia legt «ein nacktes Geständnis» ab über alles, «was sie von jeher für Cäsar gesündigt und von ihm erlitten».

Gegen Ende der Novelle stellt der Dichter die beiden Frauen fast plakativ gegeneinander. Nach der Ermordung Strozzis findet Angela die Herzogin mit den Medusenaugen schlafend (XIV, 110): «[...] im sanften Licht einer Ampel schon entkleidet auf dem reinlichen Lager in weißem Nachtgewand, fest entschlummert, ruhig atmend wie Ebbe und Flut, mit einem Kinderlächeln

auf dem halbgeöffneten Munde, während Natur leise verjüngend über ihrem Lieblinge waltete.»
– «‹Wie bin ich eine andre!›» seufzt Angela.

Der Schluß der Borgia-Novelle ist, wie Meyer am 7. Oktober 1891 an Frey schreibt, «durchaus versöhnend, aber fast idyllisch» (XIV, 159). Fünf Jahre sind inzwischen vergangen, und die Angela- wie die Lucrezia-Handlung finden völlig unerwarteter- und unwahrscheinlicherweise ein glückliches Ende. Auch das erinnert wieder an die Wendung zu einem möglichen Glück in der RICHTERIN. Die Fürstin, da sie «ihren Ruf vor der Welt gereinigt und wiederhergestellt hatte» (XIV, 120), tritt «auf die Höhe ihres Glücks». Alle Schuld scheint abgewaschen, von ihr gewichen zu sein; «[s]ie war eine Danaide, die unermüdlich Wasser in ein rinnendes Gefäß schöpfte» (XIV, 121). Unbelastet fährt sie, einer Venus gleich, «ihren Triumphwagen» (XIV, 120) und wird von den Ferraresen vergöttert. Der Verrat am Gatten ist vergessen. Alfonso hat ihr verziehen, und sie, die Angela gesteht, sie habe nie einen Mann geliebt (XIV, 128), läßt es gut sein. Ihr narzißtisches Gleichgewicht ist wieder hergestellt. Wie sie Pater Mamette zum Dank die Hand küssen will, küßt sie die eigenen Finger (XIV, 122). Die Kinder, die sie dem Herzog schenkt, sind ein Zeugnis glücklicher Selbsterfüllung.

Aber auch die himmlische Liebe wird belohnt. Don Giulio ist dank der ihn liebenden Frau des Wärters aus dem Gefängnis von Fenestrella befreit worden. Der Herzog hat ihn seither im «vergessenen» Turm beim Clarissenkloster untergebracht, der «für ungefährliche Staatsgefangene benützt» wird, «deren Andenken sich verlor und deren Dasein in dem ‹vergessenen› Turm vergessen werden sollte» (XIV, 112). Dort erhält der Geblendete die Besuche seines alten Lehrers Mirabili und des Paters Mamette. Dort erkennt ihn auch Angela, als sie nach Strozzis Ermordung ins Kloster flieht. Von da an nimmt sie, den Kopf gegen ein «hochgelegenes, schmales, mit schweren Eisenstäben vergittertes Fenster» gepreßt, an der Messe teil, die Pater Mamette für den Gefangenen in der Turmkapelle liest (XIV, 130). Die Gitterstäbe prägen «in tiefen blutroten Striemen das Zeichen des Kreuzes» auf ihre Stirn (vgl. auch das Gedicht DIE GEZEICHNETE STIRNE; I, 292 f.). Eines Tages traut der Pater die beiden heimlich – das Sakrament der Ehe entfaltet noch einmal wie in der HOCHZEIT DES MÖNCHS seine stille Kraft. Der Herzog und die Herzogin billigen schließlich den bisher vor aller Welt verborgenen Ehebund und erlauben dem Paar, nach Pratello zu ziehen. Giulio «sieht» ihre Verbindung im richtigen Lichte (XIV, 134): «[S]ie nahm mir die Augen und gibt mir dafür die ihrigen. Sie gibt gern, und ich nehme gern. Sie ist selig im Geben und ich im Nehmen.» Angela möchte Kinder haben, «wenn sie mir Gott gibt!». «Deine schönen blauen Augen werden wieder erstrahlen, mein Geliebter!»

Es geschieht in diesem zwölften Kapitel viel und wohl zuviel des Guten. Ariost heiratet die Witwe von Strozzi (XIV, 111). Graf Contrario, den Lucrezia lange Zeit mit Angela hat verehelichen wollen, willigt in die Teilung der flavianischen Güter ein (XIV, 134). Es ist, als ob der Erzähler das Bedürfnis hätte, nach so vielen Greueln alles Aufgedeckte wieder zu verhüllen und die aufgestörten Gespenster zu verscheuchen.

Historische Gestalten

Lucrezia Borgia (1480–1519)

Nepotismus, Simonie, schrankenlose Ausschweifung, die sich im Laster auslebt, Grausamkeit, Mord und Totschlag kennzeichnen die Geschichte der Familie Borgia. Lucrezia ist die Tochter des Kardinals Rodrigo Borgia, der von 1492 bis 1503 als Papst Alexander VI. den Stuhl Petri einnimmt und als Renaissance-Mensch ungescheut im Geiste der Zeit seine politische Macht mit List und Gewalt entfaltet.

Lucrezia wächst – aus heutiger Sicht betrachtet – tatsächlich in einem wahren «Treibhause der Sünde» auf (XIV, 6). Ihr schlechter Ruf hat die Jahrhunderte überdauert, obgleich viel Übles, das man ihr nachsagt, nicht bewiesen ist. So wird sie des dreifachen Inzests bezichtigt: mit Cesare und einem andern Bruder, aber auch mit dem Vater selbst. Damaligem Brauch gemäß, verlobt der Vater Kardinal schon die Elfjährige mit einem spanischen Adeligen. Als Lucrezia dreizehn Jahre alt ist, verheiratet er sie 1493 mit Giovanni Sforza von Pesaro. Diese Ehe wird 1497 annulliert. 1498 ehelicht sie, den politischen Beweggründen des Papstes entsprechend, Alfonso d'Aragona, Herzog von Bisceglie, den natürlichen Sohn König Alfonsos II. von Neapel. Ihr Gemahl erliegt 1500 den Folgen eines Attentats, bei dem Cesare, Lucrezias Bruder, die Hand im Spiele hatte. Bereits ein Jahr später vermählt sie der Papst mit Alfonso von Este (1486–1535), dem Sohn des Herzogs Ercole von Ferrara. Am 2. Februar 1502 (Gregorovius, Lucrezia Borgia, S. 244 f.) zieht Lucrezia als Fürstin in Ferrara ein, wo sie den Schwelgereien ihres früheren Lebens entsagt, sich christliche Buße auferlegt und frommen Werken widmet. Ihr neuer Gatte hat drei Brüder: Ferrante, Ippolito und Giulio, der ein illegitimer Sohn Ercoles ist. Ippolito, seit seinem vierzehnten Lebensjahr Kardinal, wirkt als politischer Berater Alfonsos.

Lucrezia, der Ercole Strozzi, Hofpoet und Richter, die Macht ihres Blickes nachrühmt, gilt als Frau von außerordentlicher Anziehungskraft: bald nennt man ihr Auge entflammend, bald versteinernd. «Wer die Sonne lange ansieht, wird blind; wer Medusa betrachtete, wurde Stein; wer aber Lucrezien's Angesicht schaut: ‹Fit primo intuitu cæcus et inde lapis› [d. h. wird zuerst blind und dann zu Stein].» (Burckhardt, Cultur der Renaissance, S. 344, Anm. 1) Am Hof von Ferrara wirken neben bedeutenden Gelehrten auch Künstler, darunter die Dichter Pietro Bembo und Ludovico Ariosto.

Lucrezia stirbt am 24. Juni 1519 nach einer Totgeburt im Kindbett.

Cesare Borgia (1475–1507)

Cesare Borgia gilt als einer der skrupellosesten Gewaltmenschen der italienischen Renaissance. Er schreckt selbst vor Morden in der eigenen Familie nicht zurück. So soll er seinen Bruder Giovanni und seinen Schwager Alfonso von Bisceglie umgebracht haben. Machiavelli hat diesen mit Tücke und Ränkespiel agierenden Politiker und Condottiere in mancher Hinsicht für seinen *Principe* als Vorbild gewählt, weil er dem neuen Herrscherideal der Zeit entsprach. Nietzsche feiert in ihm den von Macht besessenen «Übermenschen».

Cesare wird 1492 von seinem Vater, Papst Alexander VI., zum Erzbischof von Valencia und ein Jahr später zum Kardinal ernannt. Er beerbt seinen Bruder Giovanni. 1498 verzichtet er auf die Kardinalswürde und tritt die Herrschaft über die französische Grafschaft Valence an. Im folgenden Jahr ehelicht er Charlotte d'Albret von Navarra. Mit Unterstützung Frankreichs unterwirft er ab 1499 die Romagna und gewinnt bis 1502 auch Umbrien

Ercole Strozzi (um 1473–1508), «ein Jüngling mit krausem Haar und kühnen Zügen», Dichter, «Professor der Rechte und trotz seiner Jugend [...] der oberste Richter in Ferrara» (XIV, 5). Holzschnitt nach einem Entwurf von Tobias Stimmer (1539–1584), erschienen in: Paolo Giovio, «Elogia virorum literis illustrium», Basel 1577, S. 103. Zentralbibliothek Zürich

Alfonso I. d'Este, Herzog von Ferrara (1486–1535), 1501 mit Lucrezia Borgia vermählt. Der «Erbe von Ferrara» mit der «ruhigen geschlossenen Miene» ist der dritte Gemahl der Papsttochter (XIV, 7). Anonymer Kupferstich in: «Ritratti et elogii di capitani illustri», Roma: Filippo de' Rossi 1646, S. 264. Zentralbibliothek Zürich

Cesare Borgia (1475–1507), Gonfaloniere, «Lucrezias furchtbarer Bruder, ein Jüngling von vornehmer Erscheinung und grün schillerndem Blick» (XIV, 12). Holzschnitt nach einem Entwurf von Tobias Stimmer (1539–1584), erschienen in: Paolo Giovio, «Elogia virorum bellica virtute illustrium», Basel 1575, S. 201. Zentralbibliothek Zürich

*Der berühmte Dichter Ludovico Ariosto (1474–1533), in den Diensten von Kardinal Ippolito stehend, aber auch als juristischer Berater Herzog Alfonsos tätig. Bei Meyer tritt er zudem als enger Freund und Trostbringer des geblendeten Don Giulio auf.
Anonymer Holzschnitt nach einem Entwurf von Tiziano Vecellio (um 1488/90–1576), als Autorporträt erstmals 1532 publiziert. Nachschnitt auf dem Titelblatt einer postumen Ausgabe des «Orlando furioso», erschienen bei Alvise de Torti in Venedig 1535. Biblioteca Comunale Ariostea, Ferrara*

und Siena hinzu. Der Tod seines Vaters Alexander VI. setzt eine scharfe Zäsur im Leben des bisher so Erfolgreichen: Pius III. ist ihm zwar noch freundlich gesinnt, aber Julius II. (1503–1513) faßt den einstigen Günstling des apostolischen Stuhls hart an: Er wird in Haft gesetzt und muß seine Eroberungen zurückgeben. Auf Wunsch des neuen Papstes bringt man ihn als Gefangenen nach Spanien. 1506 gelingt ihm die Flucht. 1507 fällt er im Dienste des Königs von Navarra.

Papst Alexander VI.

Der Spanier Rodrigo de Borgia (geb. zw. 1430 u. 1432, gest. 1503) ist hochbegabt, von «einem starken und glänzenden Naturell» (Burckhardt, Cultur der Renaissance, S. 112), aber herrschsüchtig, habgierig und voller Wollust. Er wird 1456 Kardinal, ein Jahr später päpstlicher Vizekanzler und 1458 Bischof von Valencia. Durch Simonie gewinnt er 1492 das höchste Kirchenamt der Christenheit und handhabt es mit dem ihm eigenen Sinn für Macht und Wohlleben. Gewalt, Ausschweifung und Betrug kennzeichnen seine Herrschaft als Statthalter Petri. Vor allem huldigt er einem skrupellosen Nepotismus. Die Römerin Vanozza Catanei gebiert ihm vier Kinder, darunter Cesare und Lucrezia als die berüchtigsten. Neben der Vanozza unterhält er weitere Liebschaften. Man bezichtigt ihn, mit der eigenen Tochter Inzest verübt zu haben. Seine Kinder und Getreuen versorgt er, die päpstliche Macht mißbrauchend, in fürstlicher Weise mit Ländereien und Ämtern. Im Jubeljahr 1500 treibt er Unsummen von Ablaßgeldern ein. Die politischen Pläne und verbrecherischen Machenschaften Cesares duldet er bis zuletzt. Ein Giftbecher, den er für einen Kardinal bestimmt hatte, soll seinem eigenen Leben ein Ende gesetzt haben.

Ludovico Ariosto (1474–1533)

Ludovico Ariosto erfährt eine vorzügliche Erziehung und wächst in Reggio, Rovigo und vor allem am Hofe von Ferrara zum künftigen Dichter heran. Neben einer zuverlässigen Kenntnis des Rechts verfügt er auch über eine umfassende humanistische Bildung, was schon seine ersten, noch lateinisch abgefaßten Gedichte deutlich verraten. Er gehört dem Kreis um Kardinal Ippolito an, dient daneben Herzog Alfonso als juristischer Berater und Gesandter und bewährt sich gleichzeitig als Verwalter einer von Kriegsfolgen heimgesuchten Provinz. Ebenfalls ein glühender Frauenverehrer, erwirbt er sich erst spät eine gesicherte Lebensgrundlage in der Stadt seines Fürsten und ehelicht heimlich Alessandra Benucci, die Witwe des Humanisten Tito Strozzi, Ercole Strozzis Vater.

Er übersetzt aus Plautus und wartet bald mit eigenen Versuchen in Vers und Prosa auf. Aus seiner Feder stammen die ersten regelkonformen italienischen Komödien, die er als Leiter des vom Herzog erbauten Hoftheaters aufführen läßt. Sein Hauptwerk, das Epos *L'Orlando furioso*, erscheint 1516–1521 in 40 Gesängen und wird 1532 um sechs zusätzliche Gesänge erweitert. Ariost verbindet darin die Rolandsage mit den Fabeln im Umkreis von König Artus. Karls des Großen Paladine besiegen die Heiden; Roland, der Held, in unglückliche Liebe zu Angelica verstrickt, ringt mit Eifersucht und Wahnsinn. In Ariosts Stanzen erscheinen die Menschen der Renaissance wie auch die Ahnen des Hauses Este in ihrem vollen Glanz mit all ihren Leidenschaften. *Der rasende Roland* war eines der großen Vorbilder Meyers; er schätzte den Dichter überaus, dem er in einem Gedicht seines Hutten huldigt.

Quellen

Meyers Hauptquelle war Ferdinand Gregorovius' *Lucrezia Borgia. Nach Urkunden und Correspondenzen ihrer eigenen Zeit*, 3. Aufl., Stuttgart 1875; er hat das Buch selbst besessen. Der Dichter bemerkte in Briefen öfters, er habe «die berüchtigte Lucrezia Borgia [...] den Professoren (Gregorovius etc) aus den Händen genommen» (vgl. XIV, 170). Auch die Bände VII und VIII der *Geschichte der Stadt Rom im Mittelalter* vom gleichen Verfasser hat Meyer herangezogen. Burckhardts *Cultur der Renaissance in Italien* leistete bei der Bewertung der Ereignisse am Hof von Ferrara und in Rom unschätzbare Dienste.

Während die Quellen zur Figur der Lucrezia reichlich flossen, war über Angela nicht viel in Erfahrung zu bringen. Meyer hat seine Figur deshalb zusätzlich auf Lucia Viadagola abgestützt, die bei Friedrich von Raumer, *Geschichte der Hohenstaufen und ihrer Zeit*, als «schönste der Töchter Bolognas» auftritt (XIV, 179). Nur so gelang es ihm, sie zur ebenbürtigen Gegenspielerin Lucrezias zu machen. Zudem ist Angela nicht bloß vom Namen her mit der Figur Engels in ENGELBERG verwandt. Meyer hatte 1886 die 2. Auflage dieser Verserzählung vorbereitet und 1889 die Druckbogen der 3. Auflage bearbeitet.

Allerdings folgte Meyer trotz seines gründlichen Quellenstudiums nicht in jeder Hinsicht der Historie; er gestand sich die poetische Freiheit zu, bestimmte geschichtliche Fakten zu verfremden und umzugestalten. So blieb dem historischen Giulio Este beim Anschlag seines Bruders ein Auge erhalten; auch die Vermählung Angela Borgias mit dem Geschädigten ist Meyers Erfindung. Giulio und Ferrante verbrachten 1506 nach ihrer Begnadigung lange Jahre in Gefangenschaft, wo letzterer 1540 gestorben ist. Don Giulio wurde erst 1559 aus dem Kerker entlassen und hat bis zu seinem Tod 1561 nur zwei Jahre in Freiheit verlebt.

Für die beiden weiblichen Hauptgestalten seiner Novelle konnte der Dichter aus den Quellen unter anderem folgendes schöpfen:

LUCREZIA BORGIA

Der Einzug Lucrezia's in Ferrara am 2. Februar [1502] war der einer Königin. Sie ritt daher in Gold und Sammt, mit Edelsteinen und Perlen bedeckt, welche jedoch ihre eigene Schönheit nicht verdunkelten. Sie kam nicht mit leeren Händen. Außer ihrer Aussteuer von 100 000 Goldducaten brachte sie dem Gemal als Geschenk ihres Vaters die Städte Cento und Castell della Pieve, und noch mehr, die Sicherheit seiner eigenen Staaten. Ferrara feierte Vermälungsfeste märchenhafter Pracht, wobei der ganze Olymp des Heidentums in Bewegung gesetzt ward. Aber die hochzeitliche Stimmung war gezwungen und kalt. Die Tochter Borgia's nahm aus Rom eine peinvolle Vergangenheit mit sich, und sie fand Gerüchte vor, deren bloßes auch unbegründetes Dasein jedes edle Weib in sinnverwirrende Schwermut hätte stürzen müssen. Sie konnte froh sein, Rom mit dem minder lasterhaften Ferrara vertauscht zu haben, und hier überdauerte sie den Sturz der Borgia. Höfische Schmeichler, wie Ariosto, die Strozzi und Bembo, selbst Aldo Manuzio vergötterten sie, indem sie außer ihrer Schönheit auch ihre Tugend und Weisheit zu den Sternen erhoben. Wenige Frauen der Geschichte haben einen so tiefen Reiz auf die Phantasie ihrer Mitwelt und auch der Nachwelt ausgeübt, als dieses junge und schöne Weib, welchem nur die geschichtlichen Verhältnisse fehlten, um zu einer Kleopatra zu werden. Die Gestalt dieser Tochter eines Papsts zwischen dem furchtbaren Vater und dem gräßlichen Bruder, halb ihr tragisches Opfer und zum Mitleid bewegend, halb eine verführerische Sirene, endlich eine büßende Magdalena, bezauberte stets die Einbildungskraft durch die Mysterien, welche sie umgeben, und in deren Dunkel Tugend, Schönheit, Schuld und Unglück, Verbrechen und Leidenschaften mit einander kämpfen, während der Hintergrund für diese aufregende Erscheinung der Vatican von Rom ist. Lucrezia Borgia entsagte als Herzogin von Ferrara den Schwelgereien ihres früheren Lebens; sie ergab sich wie ihre Mutter Vanozza christlicher Buße und Andacht und Werken der Frömmigkeit. So lebte sie ruhige Jahre neben Alfonso, dem sie mehrere Kinder gebar, bis zu ihrem Tode am 24. Juni 1519. Doch hat Niemand während dieser Zeit in ihre Seele geblickt, wo die schrecklichen Schattenbilder ihrer Erinnerung schwerlich je zur Ruhe kamen.

Ferdinand Gregorovius, «Geschichte der Stadt Rom im Mittelalter», Bd. VII, Stuttgart 1870 (S. 463 f.)

Lucrezia Borgia lebte in jener Luft Roms, und sie selbst war nicht besser und nicht schlimmer als die Frauen ihrer Zeit. Sie war lebensfroh und leichtsinnig. Wir wissen nicht einmal, ob sie jemals

Ferrara, der Schauplatz von Meyers Novelle. Hier zieht Lucrezia Borgia am 2. Februar 1502 als Herzogin und Alfonsos Gemahlin mit prächtigem Gefolge ein.
Gesamtansicht mit dem viertürmigen Kastell der Este.
Anonymer Einblattholzschnitt, entstanden 1499.
Biblioteca Estense, Modena

Schaumünze der «Lucretia Borgia» (1480–1519) von Filippino Lippi (um 1457–1504), modelliert in Bologna 1502, gegossen 1505. Der Avers zeigt das Profilporträt Lukrezias, die «zart gefärbte, lichte Erscheinung im wehenden Goldhaar» (XIV, 5); auf dem Revers ist Amor zu erkennen, «der sich mit zerrissenen Flügeln und verschütteten Pfeilen in Fesseln» windet (XIV, 27). Der gebändigte Cupido ist Sinnbild für Lucrezia, deren «Zeit der Leidenschaft» nach ihrer Vermählung mit Alfonso von Este vorbei ist. Meyer bezieht sich auf ebendiese Darstellung – eine genaue Beschreibung der Medaille konnte er in Gregorovius' Werk über die Borgia nachlesen –, wenn er im großen Boskett von Belriguardo, wo seine Heldin im Sommer Hof zu halten pflegt, eine eherne Statuette von Amor mit gebrochenen Flügeln auf einen «verwitterten Marmor» setzt. Von seinem Freund Rahn hat er dann am 30. Dezember 1891 einen Abguß der Schaumünze erhalten. Reproduktion eines Stahlstichs der Medaille, publiziert von Julius Friedländer in: «Berliner Blätter für Münz-, Siegel- und Wappenkunde» 3 (1866). Auch wiedergegeben als Frontispiz in Meyers Stoffquelle: Ferdinand Gregorovius, «Lucrezia Borgia», 3. Aufl., Stuttgart 1875. Zentralbibliothek Zürich

sittliche Kämpfe durchgekämpft, ob sie sich je im bewußten Widerspruch zu den Thatsachen ihres Lebens und ihren Umgebungen befunden hat. Sie hielt einen Hof, den ihr Vater reichlich wird ausgestattet haben, und sie war im täglichen Verkehr mit den Höfen ihrer Brüder. Sie war die Genossin und die Zierde ihrer Feste; sie wurde die Vertraute der Intriguen im Vatican, welche sich auf die Größe der Borgia bezogen, und darin mußte sich bald alles dasjenige concentriren, was ihr lebhaftestes Interesse bildete.

Sie erscheint zwar nirgends, und auch nicht in späterer Zeit als eine Frau von außerordentlichem Genie; sie hatte keine der Eigenschaften, welche sie zu einer Virago machen konnten [...]. Wenn sie nicht die Tochter Alexanders VI. und die Schwester Cesars gewesen wäre, so würde sie kaum in der Geschichte ihrer Zeit bemerkt worden sein, oder nur als ein reizendes vielumworbenes Weib in der Masse der Gesellschaft sich verloren haben. Doch in den Händen ihres Vaters und Bruders wurde sie das Werkzeug und auch das Opfer von politischen Berechnungen, welchen sie kaum einen Widerstand entgegenzusetzen die Kraft besaß.

Gregorovius, «Lucrezia Borgia»
(S. 100 f.)

Die Anmut Lucrezia's muß damals bezaubernd gewesen sein; ihre Medaille lehrt es, und die Augenzeugen sagen es alle. Cagnolo von Parma schrieb von ihr: «Sie ist von mittlerer Größe und von zierlicher Gestalt; ihr Gesicht länglich, die Nase schön profilirt, die Haare goldhell, die Augen von blauer Farbe; der Mund ist etwas groß, die Zähne blendend weiß; ihr Hals schlank und weiß, bedeutend und doch voll Maß. Ihr ganzes Wesen atmet stets lachende Heiterkeit.»

Das Wort, welches Cagnolo für die Farbe des Auges Lucrezia's gebrauchte, ist bianco, und das bedeutet noch heute in der Redeweise des italienischen Volkes «blau». Mehrmals wird in den toskanischen Volksliedern, welche Tigri gesammelt hat, von occhi bianchi geredet, das ist von «blauen Augen». Der Florentiner [Agnolo] Firenzuola fordert in seiner Abhandlung «von der vollkommenen Schönheit einer Frau», daß die Haare blond, die Augen weiß seien mit nicht ganz schwarzer Pupille, obwol Griechen und Italiener das liebten. Die beste Farbe des Auges sei, wie er sagt, tané [lohfarben]. Dem graziösen Wesen Lucrezia's mit dem heitern Angesicht und dem goldhellen Haar mochte ein Auge von unbestimmtem Blau entsprechen. Die Dichter Ferrara's, welche alsbald die blendende Macht des Auges ihrer schönen Herzogin besangen, haben von dessen Farbe nichts gesagt.

Es war nicht Hoheit, noch classische Schönheit, sondern unbeschreibliche Grazie mit einem Zusatz von etwas Geheimnißvollem und Fremdartigen, wodurch diese merkwürdige Frau alle Menschen bezauberte. Anmut und Sanftmut der Erscheinung, Heiterkeit und Liebenswürdigkeit in der Rede sind die Eigenschaften, welche alle Zeitgenossen an Lucrezia gepriesen haben. Wenn man sich dies zartgefärbte, von Geist belebte Antlitz vorstellt, mit großen blauen Augen, und umwallt von dem goldfarbenen Haar, so wird man eine romantische Schönheit vor sich sehen, wie sie vielleicht Shakespeare in Imogen gedacht haben mochte.

Gregorovius, «Lucrezia Borgia»
(S. 252 f.)

Angela Borgia

An ihrem [Lucrezias] Hofe lebte eine junge Dame, deren Reize alle Herzen bezauberten, bis sie zu einer Hoftragödie Veranlassung gab. Es war jene Angela Borgia, welche Lucrezia aus Rom nach Ferrara mit sich gebracht hatte, die frühere Verlobte Francesco's Maria Rovere. Wann dieses Verlöbniß aufgelöst wurde, ist unbekannt; es mochte bald nach dem Tode Alexanders geschehen sein [...]. Zu den Anbetern Angela's gehörten die beiden gleich lasterhaften Brüder des Herzogs Alfonso, der Cardinal Hippolyt und Giulio, ein natürlicher Sohn Ercole's. Angela rühmte eines Tags, da Hippolyt ihr seine Huldigungen darbrachte, die Schönheit der Augen Giulio's, was den eifersüchtigen Wüstling so sehr erbitterte, daß er einen wahrhaft teuflischen Racheplan aussann. Der ehrwürdige Cardinal dang Meuchelmörder und gab ihnen Befehl, seinem Bruder bei der Rückkehr von einer Jagd aufzulauern, und jene Augen auszureißen, welche Donna Angela schön gefunden hatte. Das Attentat wurde ausgeführt im Beisein des Cardinals, doch nicht so vollkommen, als es dieser gewünscht hatte. Man trug den Verwundeten in seinen Palast, wo es den Ärzten glückte, ihm das eine Auge zu erhalten. Dieser Frevel geschah am 3. November 1505. Er brachte den ganzen Hof in Aufregung: der Herzog strafte zwar den Cardinal mit vorübergehender Verbannung, aber der unglückliche Giulio konnte ihm den Vorwurf machen, daß er dieses Verbrechen nur mit Gleichgültigkeit behandelte. Er brütete Rache, und dieser Exceß sollte bald die schrecklichsten Folgen nach sich ziehen.

Ariosto, der Höfling des frevelhaften Cardinals, kam in eine nicht geringe Verlegenheit; er zog sich aus ihr in einer Weise, die nicht ehrenvoll für ihn zu nennen ist, [...]. Die Schmeichelei verführte ihn, eine Ekloge zu dichten, in welcher er die Motive des Attentats verschleierte und den Mörder zu reinigen suchte, indem er den Charakter Giulio's mit schwarzen Farben malte. In derselben Ekloge ergoß er sich zugleich in ein begeistertes Lob Lucrezia's. Er pries nicht nur ihre Schönheit, ihren Geist und ihre frommen Werke, sondern vor allem ihre Keuschheit, um deren willen sie schon gefeiert gewesen sei, ehe sie nach Ferrara kam.

Ein Jahr darauf, am 6. December 1506, vermälte Lucrezia Donna Angela mit dem Grafen Alessandro Pio von Sassuolo, und ein wunderlicher Zufall fügte es später, daß deren Sohn Giberto der Gemal Isabella's wurde, einer natürlichen Tochter des Cardinals Hippolyt.

Gregorovius, «Lucrezia Borgia»
(S. 316 f.)

Entstehungsgeschichte

Auch den Borgia-Stoff hat Meyer schon seit langem in sich getragen. Gemäß Betsys Bericht befaßte er sich bereits während seiner schweren Jugendkrise in der Stadelhofener Zeit mit der Thematik; es soll ein dramatischer Entwurf zu Cesare Borgia vorgelegen haben (vgl. Betsy, S. 93).

Im Frühjahr 1889, als Meyer nach langer Krankheit die Arbeit wieder aufnimmt, will er zunächst den DYNASTEN ausführen. Am 21. Oktober 1889 dann schreibt Betsy an Haessel, ihr Bruder erwäge neben dem DYNASTEN und PETRUS VINEA einen weiteren Stoff:

Ein drittes schönes Bild schwebt jetzt in des Dichters Gedanken noch diesen zweien voran. Eine reizende dramatische Arbeit, die sich aber wohl auf ihrem Entwickelungsgange, wie es auch schon geschah, in eine scharf ausgeprägte, fein ziselirte Novelle verwandeln könnte. – Ein zarter, außerordentlich interessanter Stoff – wieder eine Gewissensfrage – aus der Zeit u. Umgebung von Lucrezia Borgia. – Aus ihrer honetten Zeit, natürlich! – am Hofe von Ferrara.

(XIV, 142)

Schon in den folgenden Herbst- und Wintermonaten dürften die uns überlieferten dramatischen Borgia-Fragmente entstanden sein. Aber es war wie immer: Meyer entschied sich schließlich für eine epische Behandlung, wie es die Schwester prophezeit hatte; bereits im Februar 1890 spricht er von einer Novelle. Am 23. Mai liest er Rodenberg, der ihm einen Besuch abstattet, «das erste Stück» der Borgia-Geschichte vor (Rodenberg an Meyer, 15. Juli 1890; Rodenberg, S. 286). Eine Woche später, am 30. Mai 1890, ist Anna von Doß bei ihm zu Gast. Sie hat ihren Kindern mit gewohnter mitteilsamer Begeisterung über die «Renaissance-Novelle» berichtet, deren Anfang der Dichter vortrug:

Nach Ferrara führt die Geschichte, an's Herzogschloß, während eben ein Hochzeitzug dort ankommt. Unter'm Baldachin schreitet, schön, jung, unberührt, trotz ihrer grauenhaften Vergangenheit, Lucrezia Borgia, die Tochter des Papstes, die Schwester ihres fürchterlichen Bruders, – dem dritten Ehebund mit dem Ferraresen entgegen. «Heil der keuschen Lucrezia!» tönt es von allen Seiten, und die Geschütze donnern, die Raketen steigen, ihr zum Gruß. Wir aber thun, dieweil der Zug am Thore hält einen tiefen Blick in ihre Seele. Die Vergangenheit drückt sie nicht. Sie gehört zu den seltsamen Naturen, die ohne Gewissen geboren scheinen. Sie erhebt sich täglich vom Lager, wie aus einem Bade: was furchtbar in ihrem Leben und Wandel, scheint von selbst von ihr abzufallen; und nun, so gelobt sie sich, wird sie kein neues Verbrechen mehr auf die alten häufen; der Ferrarese soll ihr dazu helfen. Und sie ist so schön! – Und hinter ihr, im Brautgefolge, schreitet ein anderes, kaum minder schönes Geschöpf, Angela Borgia, ihre Base, aber charakterlich ihr absoluter Gegensatz, – das personificirte Gewissen. Als sie die furchtbare Geschichte der ihr verwandten Borgia's gehört, flüchtete sie in's Kloster, fastend, betend, büßend für das verbrecherische Geschlecht. Dort hatte eines Tages Lucrezia das reizende Kind entdeckt und sie aus dem Kloster einfach entführt, sie, die allmächtige Tochter des Papstes: «Komm mit, du gefällst mir; du bleibst bei mir, bis ich dich vermähle», hatte sie gesagt. Wie ungern Angela gefolgt, da stand sie in dem am Thore stockenden Brautzug hinter Lucrezia, und mußte den Einflüsterungen lauschen, die ihr der Bruder des Herzogs von Ferrara über die Geschichte seines Hauses in's Ohr raunte. Angela bebt; ihr entfährt ein leichter Schrei; denn eben erzählt ihr Don Ferrante von einem seiner Brüder, von Don Giulio, und gerade an diesen Giulio hatte sie ein Oheim Cardinal empfohlen und gewiesen, – wie der im Kerker schmachte, um einer Bagatelle willen, weil er das Weib eines Andern begehrt und diesen Andern kalt gemacht, – und wie nun der Kerker des Castell's sich öffnen, und Lucrezia alle Gefangenen befreien würde, – so wolle es die Sitte, wenn der regierende Herzog sich vermählt, – auch den Giulio. Und Angela bebt und wankt und ihr graut vor diesem blutigen Giulio, – aber sie rafft sich wieder empor, sie, die Starke, Reine. – Weiter schreitet der Hochzeitszug, und wie ist das in den Details geschildert, – auf einem Purpurkissen empfängt Lucrezia den großen, rostigen Kerkerschlüssel, sie berührt mit ihm das Schloß und wie von selbst springt es auf und die Nachtgestalten entsteigen der Tiefe. Nachdem sie Alle vorbeigezogen, naht Er, Er allein. Er tritt herzu, er beugt vor Lucrezia das Knie, er blickt empor mit unsagbar schönem Blick und ein Strahl dieser wunderbaren Augen (die geschichtlich sind!) trifft Angela. «Wehe dir, Don Giulio, schade, schade um dich», ruft sie ihm entgegen, und – zürnend wendet sich Lucrezia, und das umstehende Volk wiederholt: Schade, schade um ihn – –

[...] Nun erzählte er [Meyer] noch rasch weiter. «Sie werden diese Angela lieb haben; aber auch die Lucrezia nicht hassen. Jede erfüllt ihr Geschick auf ihre Weise. Aber es giebt noch viele, viele Verwicklungen. Giulio wird vor ein Tribunal gestellt, vieler Missethaten angeklagt und verurtheilt. Angela ist gegenwärtig. Sie wird sogar um gewisse Nebenumstände befragt; sie ist traumverloren; die Seelenkämpfe dieses edlen Weibes mitzukämpfen wird ‹nicht uninteressant› sein. Sie antwort[et] nichts als: ‹Aber er hat schöne Augen!› Ihr Oheim Cardinal, der unterdessen selbst in Liebe zu ihr entbrannt ist, flammt auf in Eifersucht: ‹Stecht ihm die Augen aus, dies sei seine Strafe.› Es geschieht [»] – «Natürlich muß sie ihn nun heirathen, den Blinden», sagt Meyer einfach, «aber sie begreifen, – da liegt viel dazwischen, denn sie ist das Gewissen! – Sie ist auch die Heldin der Geschichte. Doch bleibt auch Lucrezia nicht verschont. Die Wiederbefreiung des geliebten, im spanischen Kerker schmachtenden Cesare, des Bruders, wird zu ihrem Conflict,

der sich aber mit Angelas Geschichte auf's Engste verknüpft.» Kurz – ‹nicht uninteressant›, wie er selber bescheiden meint.

(von Doß, S. 390 f.)

Diese Inhaltsangabe umreißt das Anfangskapitel ziemlich genau so, wie es dann auch in der Endfassung erscheinen wird. Über den Stand der Arbeit gibt ein Brief an Haessel Auskunft:

Eben hat mich die Schwester verlassen, (nach einem längeren Aufenthalt) der ich viel dictirt habe, wohl das erste Drittel der heurigen Novelle: Angela Borgia u. auch ein Kapitel zum Grafen Toggenburg. Die erstere hoffe ich im Herbst zu vollenden, doch weiß ich nicht, denn es ist superfeine Arbeit u. ich werde vielfach abgezogen.

Meyer an Hermann Haessel,
8. Juni 1890 (XIV, 146)

Die Fortsetzung der Novelle – demnach etwa zwei Drittel – war damals erst skizziert. Der Handlungsablauf scheint dem Dichter noch nicht in allen Teilen klar gewesen zu sein. Im Sommer nimmt er das Manuskript auf Rigi-Scheidegg mit, denn er möchte das Werk vor allen andern Plänen fördern. Ende August ist er zurück, doch er arbeitet weiterhin sehr langsam und ohne «die alte *Zuversicht*» (an Haessel, 9. September 1890; XIV, 147). Trotzdem will er die Novelle schon jetzt publik machen, einerseits wohl, um sich den Stoff zu sichern, anderseits offenbar auch, weil er das spürbare Nachlassen der dichterischen Kraft nicht eingestehen mag (vgl. an Haessel, 6. September 1890; XIV, 147). Auf den Januar 1891 bittet er die Schwester zu sich, um ihr «die andere Hälfte der Angela Borgia» zu diktieren (Betsy an Haessel, 8. Januar 1891; XIV, 148 f.). Ihr Aufenthalt in Kilchberg wird dann aber verschoben, weil die Novelle für eine endgültige Niederschrift zu wenig ausgereift ist. Die weitere Komposition der Borgia-Geschichte nimmt den Dichter bis Ende Juni in Anspruch. Das gemächliche Fortschreiten der Arbeit hat ihn diesmal eigenartig berührt; möglicherweise ahnte er, daß es seine letzte Schöpfung werden sollte:

[I]ch vollende jetzt wieder einmal eine Novelle u. es ist mir dabei «curios»* zu Mute. Sie glauben nicht, wie instinctiv ich gemeiniglich verfahre, die Zügel dem Rosse u. dieses den Weg suchen lassend. Mein starkes Stylisiren – wie es G. Keller zwischen Tadel u. Lob nannte u. meine besonders künstlich zubereiteten Wirkungen müssen mir im Blute stecken. Freilich, wer kennt sich selbst!
* ein bischen unheimlich

Meyer an Josef Viktor Widmann,
15. Juni 1891 (XIV, 149)

Betsy wird erst jetzt von Männedorf zum Diktat nach Kilchberg beschieden. Über diese anstrengende Zeit der Vollendung hat die Schwester später berichtet:

Es kamen die heißen Julitage von 1891. Ich erhielt einige Zeilen meines Bruders, die mich dringend einluden, nach Kilchberg zu kommen, um die definitive Niederschrift der «Angela Borgia» zu besorgen. Er habe, sagte er, den Entwurf, da «Vetter Fritz» diesmal nicht zu seiner Verfügung stehe, eigenhändig niedergeschrieben und möchte mir die Reinschrift aus seinem Manuskripte diktieren.

Ich erhielt Ferien und saß ihm ein paar Tage später in seinem hohen, kühlen Zimmer hinter den schweren, dunkeln Fensterdraperien aufmerksam zuhörend gegenüber. Ich war gespannt auf seine «Angela Borgia», denn er hatte mir in früherer Zeit, da er sie noch dramatisch zu gliedern gedachte, viel davon erzählt, und ich hatte unlängst die zwei ersten Kapitel dieser Novelle für ihn niedergeschrieben. Dennoch war es mehr die Person des Vorlesers als der Gang der Erzählung, die an jenem schwülen Sommernachmittage meine bange Teilnahme unwillkürlich immer wieder fesselte. Er sagte mir, er habe sein Äußerstes getan, um die Arbeit zu gutem Ende zu führen, und oft bis in die tiefe Nacht daran geschrieben. Er sei nun recht müde. Das dicke Manuskript mit seinen ungewohnt großen Buchstaben und schiefen Zeilen gab davon Zeugnis. Aber es war nicht nur das. Was war denn anders geworden, seit er mir vor etwas mehr als Jahresfrist in Schaffensfreude den vielverheißenden Anfang der Novelle diktiert hatte? War ich denn selber heute zu matt, von der Gewitterluft zu stark beeinflußt, um die Linien der Komposition zu verfolgen und mich steigend für die durch ihren Originalwert, ihre scharfe Charakteristik mich sonst jederzeit überraschenden Gestalten meines Bruders zu interessieren?

«Du bist nicht dabei – bist du schläfrig?» unterbrach er fast empört meine zweifelnden Gedankengänge.

«Es ist drückend heiß. Bitte, lies weiter. Ich bemühe mich, zu folgen.»

So las er denn immer schneller und ohne eigenen Genuß. «Nun, was sagst du dazu?» schloß er endlich, die Blätter weglegend.

«Der klare Eindruck, den ich sonst von deinen Sachen habe, mangelt mir diesmal. Trotz herrlicher Stellen finde ich mich noch nicht in der Novelle zurecht. Dein eigenes Wesen, wie ich es kenne, ist für mich noch nicht genügend darin ausgeprägt. Vielleicht liegt die Schuld an mir. Sieh, ich bin diesmal zu müde und nicht kompetent. – Laß es darüber Morgen werden. Komm in den Garten zu den andern!»

«Ich habe die Novelle meinem Freunde für die ‹Rundschau› versprochen. Zum zweiten Male. Ich konnte leider voriges Jahr schon nicht Wort halten. Diesmal will und muß ich sie vollenden. Auch um ihrer selbst willen. Der schöne und sehr schwierige

Stoff quält mich schon zu lange. Du mußt mir bei der Niederschrift diesmal helfen.»
[...]
So blieb ich denn und schrieb, so gut ich konnte. Jeden Vormittag bezeichnete sich mein Bruder eine Reihe Blätter in seinem Manuskript, die er umarbeiten wollte. Dann entwarf er mir zuerst in einigen Worten seinen Gedankengang – er nannte das «sein Prögrämmchen» – und begann, mir bald lesend, bald improvisierend zu diktieren. Mit dem Schlage der Mittagsstunde wurde das Tintenfaß zugedeckt. Das war eine Bedingung des Abkommens mit seiner sorgsamen Hausfrau. Die Nachmittagsstunden verbrachte er mit ihr im Freien, während ich die am Morgen mit flüchtiger Schrift bedeckten, stark korrigierten Bogen buchstäblich getreu für den Setzer ins Reine schrieb. Wir freuten uns dieses schönen Arbeitens. Für mich war es eine unerwartete kurze Rückkehr in die alten, vergangenen Tage.

(Betsy, S. 200ff.)

Die Arbeit geht jedoch nur zäh voran, stockt oft, trotz aller Selbstermunterungen und -anspornungen – er schreibe mit «Leidenschaft» (an Frey, 9. Juli 1891; XIV, 153), sei «völlig in Flammen geraten» (an Frey, 12. Juli 1891; XIV, 153), «passioniere» sich derart, daß er «Alles darüber vergesse» (an Rodenberg, 12. Juli 1891; Rodenberg, S. 302). Zwischen Mitte Juni und Mitte Juli wird zudem der ursprünglich auf neun Kapitel angelegte Stoff in nunmehr zwölf Kapitel gegliedert. Betsy hat die neue Kapiteleinteilung notiert:

1) *Einzug*
2.) *Bembo.*
3) *Strozzi u. Don Giulio. Ben Emin*
4) { *Don Giulios Traum u. der Bandit.*
    Strozzis Erzählung. (Bembo)
5) *Der Kardinal bei Don Alfonso. Don Giulio u. Ferrante.*
6) *Blendung.*
7) *Angela in Pratello. Ariost*
8) *Der Kardinal.*
9) *Die römische Kammer.*
10) *Don Cesare u. Lukrezia*
11.) *Des Herzogs Heimkehr Untergang Strozzis.*
12) *Das Kloster u. Schluß.*

(vgl. die textkritische Wiedergabe in XIV, 305)

Mit Ausnahme des Abschnitts «Don Giulios Traum u. der Bandit», der schließlich bereits im 3. Kapitel behandelt wird, stimmt dieser Entwurf mit der Gliederung der Endfassung überein.

Während ANGELA BORGIA ausgefeilt wird, wendet sich Meyer auch an seinen erprobten Gewährsmann, damit das Kolorit der Renaissance-Novelle bis in die feinsten Züge verbürgt sei:

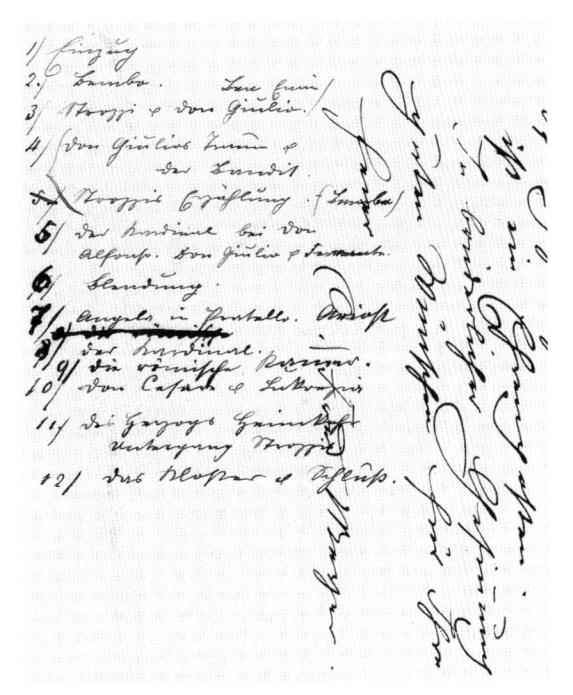

Willst du noch, nach alter Gepflogenheit, etwas in mein gegenwärtiges Buch steuern? ich wünschte zu wissen 1) das Wappen der Este (Ferrara) 2) ein anderes Landhaus des Herzogs als das abgedroschene Belvedere 3) einige italienische Pfaffen (Beichtiger-Kapuziner) Namen u. einige Schulmeisternamen zur Auswahl (15. 16 Jahrh).

Meyer an Johann Rudolf Rahn,
Anfang Juli 1891 (XIV, 415f.)

Die definitive zwölfteilige Kapitelgliederung für «Angela Borgia». Handschrift von Betsy Meyer, aufgezeichnet Juni-Juli 1891 auf einem Blatt, das Meyer später für einen Briefentwurf verwendet hat.
Ms. CFM 312.6.
Zentralbibliothek Zürich

«Pater Mamette».
Der Name des Kapuziners, der Don Giulio und Angela Borgia heimlich traut, wurde von Johann Rudolf Rahn vorgeschlagen; weil Betsy dessen Authentizität bezweifelte, sandte der gewissenhafte Ratgeber am 22. Juli 1891 eine Bestätigung samt Skizze: «Evviva il reverendo Padre Mamette! – un bel nome!» (XIV, 425). Federzeichnung von Johann Rudolf Rahn vom 22. Juli 1891.
Ms. CFM 339.1.
Zentralbibliothek Zürich

Rahn liefert eine ausführliche Beschreibung eines Landhauses samt Skizze sowie eine lange Liste von Namen, unter denen Meyer den Pater «Mamette» gefunden hat; des Freundes Ausführungen zum Wappen der Este hat er nicht verwertet.

Am 24. Juli begibt sich der Dichter mit seiner Familie und der geschätzten Sekretärin Betsy auf Schloß Steinegg. Einen Tag vor der Abreise berichtet er Wille:

Das Schwerste meiner Borgia Novelle ist überwunden u. ich hoffe, dieselbe in den nur zu zahlreichen u. weiten Räumen von Steinegg ohne weitere Hinterniße [!] zu beendigen. ich habe noch fast einen Monat (20 Aug) Zeit. Und doch werde ich bis zum letzten Augenblick damit zu thun haben. Es war eine entsetzlich schwere Arbeit, ohne Vergleich die schwerste, die ich je unternommen habe. ich habe mit Lust u. Furcht daran gearbeitet. Doch wer garantirt mir Wert und Erfolg? Aber ich habe Hoffn[un]g.

Meyer an François Wille,
23. Juli 1891 (XIV, 153 f.)

Am 12. August ist das Werk vollendet; zwei Tage später geht das Manuskript an Rodenberg. Die Novelle erscheint im Oktober- und Novemberheft 1891 der «Rundschau». Bereits Mitte November kommt die Buchausgabe heraus. Die Druckgeschichte entwickelt sich zu einer Leidensgeschichte. Wegen eines bevorstehenden Setzerstreiks will Haessel nicht die korrigierten Rundschaubögen als Vorlage abwarten, sondern beginnt nach einem Manuskript zu drucken, das Meyer nur sicherheitshalber durch einen Steinegger Gärtnerjungen hat anfertigen lassen, ohne es zu überarbeiten. Der Verleger greift, zu Recht und zu Unrecht, wiederholt in den Text ein und bringt stilistische Verbesserungen an. Das Bild, das sich beim Vergleich der verschiedenen Fassungen und Auflagen ergibt, ist verwirrend (vgl. XIV, 314–406). Das Buch verkauft sich anfänglich gut; es bleibt aber im Gesamtabsatz hinter den früheren Werken zurück.

Kommentare und Selbstkommentare

Nach Beendigung des Werks beschleicht Meyer wiederum das gewohnte Unbehagen; das Unternehmen ist ihm nicht ganz geheuer:

Daß ich dir den Inhalt der Nov. nicht schrieb, kommt daher, daß mir diese schwere Sorge macht. Sie ist ein Wagniß, Behandlg und Gegenstand. Letzterer: 2 große Frauen, die eine mit zu viel, die zweite mit zu wenig Gewissen, diese keine Geringere – noch Bessere – als Lucrezia Borgia, die es mich brannte, den Professoren (Gregorovius) aus den Händen zu nehmen u. in alle ihre authentischen Frevel wieder einzusetzen. Nun druckt die Rundschau schon lustig darauf los u. es ist unwiederbringlich.

Meyer an Friedrich von Wyß,
22. August 1891 (XIV, 158)

Da mag das uneingeschränkte Lob Rodenbergs auf den zweifelnden Dichter beruhigend gewirkt haben:

Es ist spät geworden, der Tag hat sich über «Angela Borgia» geneigt; aber ich könnte den Abend nicht ruhig kommen sehen, wenn ich Ihnen nicht zuvor gesagt hätte: dies ist Ihr Meisterwerk! Ein schöneres, vollendeteres, eines, in welchem Alle Töne Poesie angeschlagen u. durch Ihre Kunst zuletzt in eine reine Harmonie versammelt wären – ein edleres Werk haben Sie nie geschaffen. Es wird dunkel über meinem Schreiben; aber mir in der Seele leuchtet die Sonne dieser Borgia!

Julius Rodenberg an Meyer,
29. August 1891 (Rodenberg, S. 307)

Auch das ausführliche Urteil Louise von François' ist voller Anerkennung:

In Ihrer Novelle ist das erforderliche Ingredienz, der Falke [Anspielung auf Heyses Novellen-Theorie], nun ein wunderschönes Augenpaar, dessen Sinnenreiz die Heldin sich nicht als «Liebe» eingesteht und durch einen vorlauten Widerspruch einen unerhörten Greuel provocirt. Wie sich darauf aus einem reumüthigen Mahnen das ideale Grundmotiv eines barmherzigen Liebesopfers entwickelt, das ist sehr schön. Sie sehen, verehrter Freund, daß mein novellistisches Bedenken lediglich bis zur Falkencatastrophe reicht und daß im erzählenden Verlauf Charactere und Geschehnisse mir so logisch einleuchtend geworden sind, wie ich es von dem Geschichts- und Menschenkundigen Dichter erwarten durfte. Zu oberst Lukretia, die Hauptperson, wenn auch nicht die Heldin, der Novelle; gleichsam die Personification jener Zeit und Zone, die schon auf so viele Künstler einen anzüglichen Zauber geübt hat. Der Kernpunkt Ihrer Auffassung dieser Schlangennatur liegt in dem Geständniß: «Ich habe nie einen Mann geliebt» und in dem nachwirkenden Bann des Verwandtenblutes. Ist doch Alexander Borgia das Prototyp verbrecherischer Vaterliebe.

Neben der kalten Verstandeskünstlerin sind nun aber auch alle wirksamen Nebenfiguren schlechthin Musterzeichnungen und der beschränkte, heuchlerisch grausame Gewalthaber [Alfonso], der leidenschaftliche, feinspürende, pfäffische Staatsmann [Ippolito], der Schwelger [Giulio], der gräfliche Pedant [Contrario] und vor allem der feige Menschenfeind [Ferrante] in der zur Schau gestellten Narrenkappe. Einigermaßen hypothetisch könnte der ehemännische Jünglingsrichter [Strozzi] erscheinen, in dem Widerspruch von juristischem Hartsinn und unverhehlter ehebrecherischer Augenlust ein Gegenstück der Heldin in deren unbewußtem Conflicte von Sinnenreiz und Gewissenskraft. [...] Der Historiker wird wohl wissen, daß jener Zeit verbrecherische Leidenschaften als Natürlichkeiten angesehen [...] werden durften. In Summa also: Ihr jüngstes Product hat mir ein starkes Interesse und eine reiche Nachwirkung erregt. Immer aber beharrt als Rest das alte Begehren, daß der berufene Dichter sich von diesen anziehenden fremden und fernen Schauerbildern abwenden und zurückkehren wolle in die geliebte heimathliche Zone, die vielleicht nicht wieder einen gleich dämonisch wirkenden Characterkopf wie den Jenatsch zu bieten hat, aber nicht minder tragisch fesselnde Gestalten und Episoden wohlthätiger wirkender Natur. Ulrich Zwingli harrt noch seines Poeten.

Louise von François an Meyer,
19. November 1891 (von François, S. 268ff.)

Daß Meyer einen mit Grausamkeiten belasteten Stoff so meisterhaft gestalten konnte – Bedenken klingen bereits in von François' Wertung an –, wird durch Wille voller Bewunderung hervorgehoben:

Das Ende der Angela Borgia ist gestern gelesen! Er ist ein großer Künstler! Wie hat der in dem zahmen, züchtigen, scheuen Zürcher Philister verborgene Poet sich in diese gewissenlosen, grausamen lust- und schönheitstrunkenen Heiden und ihre Zeit hineingelebt! Wahrhaftig, er hat sich (gleich mir [...]) auch in die mit Vater und Brüdern sündigende Giftmischerin verliebt. Welch ein Glück für den armen Gregorovius, daß er tot ist und diesen Skandal nicht erlebt!

François Wille an Anna von Doß,
18. November 1891 (XIV, 162)

Der Dichter war sich bewußt, daß der schaurige historische Hintergrund seiner Novelle bedrücken mochte und in seiner Darstellung zum Teil von den Quellenwerken abwich:

Je l'ai arrachée [Lucrezia Borgia] d'entre les mains des professeurs – tels que Grégorovius – qui étaient en train d'en faire presque une honnête femme et je lui ai rendu ses crimes.

Meyer an Félix Bovet,
6. September 1891 (XIV, 159)

Um die düstere Wirkung zu mildern, läßt Meyer die Erzählung fast märchenhaft enden und schafft so eine gewisse Diskrepanz zum übrigen fürchterlichen Geschehen:

Ihrer Befürcht[un]g des zu Düstern der Angela, die ich theilte, habe ich vorgebeugt durch ein Mittel welches aber, wie andere Arzneimittel, das eine Übel entfernt u. ein anderes verursacht. Der Schluß nämlich ist durchaus versöhnend, aber fast idyllisch.

Meyer an Adolf Frey,
7. Oktober 1891 (XIV, 159)

Frey nimmt dieses Argument des Dichters in seiner Rezension der ANGELA BORGIA («Neue Zürcher Zeitung», 19. Dezember 1891) wieder auf:

Wie gemeiniglich im Weltlauf die stille Tugend weniger glänzt als die schöne Sünde, so scheint auch Angela neben der verführerischen Lucrezia in der Novelle zurücktreten zu müssen. Man kann sich's denken, daß Meyer, den die Renaissancemenschen vor allem anziehen, außerordentlich auf die Zeichnung dieser Figur brannte, die dem Historiker genug Rätsel aufgibt, geschweige denn dem Poeten. Er schuf ein bestaunenswertes Meisterstück mit dieser Gestalt, deren vielberufener männerberückender Zauber voll dämonischer Kraft neu auflebt und den Leser zu umgarnen droht. Mag die Mutmaßung falsch oder richtig sein, daß der starke Drang nach Realismus [...] hier sich geltend macht, jedenfalls eignet Lucrezia eine größere Menge sprechende Züge als andern Figuren Meyers, der sich doch stets durch die Fülle charakteristischer Linien auszeichnete. [...]

Eines unterscheidet die der Angela vorangegangenen Novellen von ihr: dort tragische Schlüsse, hier nach Blut und Greuel [...] ein frohes, idyllisch friedliches Ende. Ein anderes teilt Angela mit Pescara: die Läuterung und innerliche Erhebung des Helden. Mag dieses Motiv, das eigentlich ethische des Werks, [...] für jene Zeit und für einen Charakter wie Giulios etwas gewagt erscheinen, [...] – es führt zu den schönsten und ergreifendsten Szenen.

(XIV, 165f.)

Im großen und ganzen fand die Novelle in der Öffentlichkeit gebührende Anerkennung. Gelegentlich wurde der Vorwurf laut, die Erzählung sei uneinheitlich und zerfalle in zwei verschiedene Handlungsstränge. Neben der überbordenden Grausamkeit wurde auch die antikatholische Tendenz gerügt; denn Meyer hatte das anstößige Gebaren des Borgia-Papstes nicht verschwiegen. Er rechtfertigt sich gegenüber seinem Verleger:

Gerade um dem Eindruck des Polem.[ischen] vorzubiegen, erschuf ich den guten Pater Mamette, daß aber die Kirche einen Alex. VI. besitzt, daran bin ich unschuldig.

Meyer an Hermann Haessel,
zwischen 22. u. 25. Dezember 1891 (XIV, 160)

«Gedichte», 4./5. Auflage (1891/92)

Unter Meyers Spätlyrik ist, was Werdegang und Inhalt betrifft, Das Ende des Festes im Hinblick auf des alternden Dichters Autorschaft und Verfassung besonders aussagekräftig. Die Verse, die im Sommer 1891 entstanden und daher erst seit der 5. Auflage in der Gedichtsammlung enthalten sind, beschließen bezeichnenderweise den Zyklus «Reise».

Verbürgte Geschichte, wie sie berühmte Vertreter des Menschengeschlechts gelebt haben, und bildende Kunst verbinden sich wie so oft in des Dichters Vorstellung auch hier und lösen die beiden behutsam und melancholisch verlautenden Strophen aus (I, 191):

Das Ende des Festes

Da mit Sokrates die Freunde tranken
Und die Häupter auf die Polster sanken,
Kam ein Jüngling, kann ich mich entsinnen,
Mit zwei schlanken Flötenbläserinnen.

Aus den Kelchen schütten wir die Neigen,
Die gesprächesmüden Lippen schweigen,
Um die welken Kränze zieht ein Singen ...
Still! Des Todes Schlummerflöten klingen!

In Platons *Gastmahl,* das sich in der Übersetzung von Schleiermacher in Meyers Bibliothek befand, wird erzählt, wie der betrunkene Alkibiades zu bereits vorgerückter Stunde, begleitet von Nachtschwärmern und einer Flötenspielerin, bei Sokrates und dessen Freundeskreis erschienen sei, um dem Dichter Agathon zu huldigen. Anselm Feuerbachs Gemälde «Das Gastmahl des Plato», das Meyer bei seinem Berliner Aufenthalt im Herbst 1880 wahrscheinlich gesehen hat, hält die Begebenheit im Bilde fest.

Auch in Jules Telliers Sonett *Le banquet,* das Meyer aus der in den 1890er Jahren abonnierten Tageszeitung «Le Temps» gekannt haben dürfte (vgl. V, 444f.), kehrt – diesmal als Thema in der Lyrik – die Szene wieder. Das zweite Quartett hält fest, daß bei Platons Gastmahl

[...] Apparaît, entouré comme un roi de sa cour,
De joueuses de flûte en robe diaphane,
Ivre à demi, sous sa couronne qui se fane,
Alcibiade, jeune et beau comme le jour. (III, 377)

Die erste Zeile des nachfolgenden Terzetts lautet (III, 378): «– Ma vie est un banquet fini, qui se prolonge». Damit rückt zum erstenmal der Gedanke vom Ende des Festes in den Gesichtskreis; aber der Tod, dessen Schlummerflöten am Schluß von Meyers Gedicht zwar nur leise, doch vernehmlich klingen, ist weder in den genannten Texten noch in Feuerbachs Bild irgendwo greifbar. In seiner Darstellung fällt jedoch gerade die schwere Ermüdung und Laßheit auf, die sich der Runde um Sokrates bemächtigt hat. Deutlich wird auch, daß das lyrische Ich größte Mühe bekundet, das entglittene Bild des Festes ins Bewußtsein zurückzurufen. «Ma vie est un banquet fini, qui se prolonge» hatte Meyer gelesen und – zutiefst ermüdet, wie er während der Schlußredaktion seiner Angela Borgia war, – den darin enthaltenen Widerspruch wohl begriffen und angenommen.

Das Gastmahl des Plato. Gemälde von Anselm Feuerbach (1829–1880), zweite Fassung, vollendet 1873. Agathon, die stehende Figur im Zentrum des Bildes, heißt den von links eintretenden Alkibiades samt bacchischem Gefolge willkommen. Auch der Komödiendichter Aristophanes, der sich hinter dem bekränzten Agathon breit hingelagert hat, wendet seine Aufmerksamkeit den Neuankömmlingen zu, während Sokrates, die links des Kandelabers sitzende bärtige Gestalt, ganz in Gedanken versunken zu sein scheint. Nationalgalerie Berlin. Photographie Bildarchiv Preußischer Kulturbesitz, Berlin, 1997

Nun sind die schwermutvollen Verse über DAS ENDE DES FESTES vom Dichter ursprünglich als Teilstücke einer Rede des auf den Tod verwundeten römischen Kaisers Julianus Apostata gedacht, der 363 in Mesopotamien nach gewonnener Schlacht an einer heimtückischen Seitenwunde im Beisein seiner Vertrauten starb. Entsprechend lautete die erste Gedichtüberschrift «Der sterbende Julian» (III, 370). «Advenit, o socii, nunc abeundi tempus [...]», überlieferte des Kaisers Biograph Ammianus Marcellinus in seinen *Res gestae* den Auftakt der Sterberede seines Herrn (III, 372). Bei Meyer spricht der Sterbende vom «Reisedrang der letzten Stunde» und erklärt (III, 370): «Es ist Gnade, früh und gern zu sterben», was die dem Dichter zugängliche *Vie de l'empereur Julien* von Jean de la Bletterie (Paris 1746) bestätigt, weil er «au milieu d'une course glorieuse» vom Tod abgerufen werde (III, 373 f.). «Komm, als Jüngling zum Jüngling» lautet eine isolierte Zeile in Meyers Konzept (III, 370). Dieser «Jüngling» ist nicht trunken wie Alkibiades; wohl aber sind es einige Gäste in des Sokrates versammelter Runde. Die Gestalt des Jünglings, die in den Kreis der ermüdeten Teilnehmer des Symposions tritt, steht für den Tod, wie er sich in der historischen Stoffquelle und eben auch in Meyers erstem Entwurf dem Jüngling Julian nähert. (Vgl. ebenso DER MARMORKNABE; I, 31: «Dieser schöne Jüngling ist der Tod.») – Und der auf den Tod wunde Kaiser bezeichnet sein bevorstehendes Ende als Löschung eines schweren Darlehens und ruft die Götter an, sie möchten «die Summe [s]einer Tage» nehmen (III, 370).

Für den Wechsel – oder besser die Überlagerung – von Julian zu Sokrates ist folgender Nachsatz aus der genannten Vita Julians entscheidend, weil er die Situation des Sterbenden in der Geschichte der wahrhaft Großen kritisch positioniert (III, 374): «Sa mort [der Tod Julians] est visiblement une copie de celle de Socrate; mais copie moins aisée & moins naturelle que l'original». In seiner Grabrede auf Julianus zieht Libanius nachgewiesenermaßen die entsprechenden Parallelen (ebd.): «Es glich das Zelt dem Gefängnis, das den Sokrates aufgenommen hatte, die Anwesenden denen, die um jenen waren, die Wunde dem Gift, seine Rede jenen Worten, und der Tatsache, daß Sokrates als einziger nicht weinte, das Verhalten des Julianus.»

DAS ENDE DES FESTES umspielt für den Spätling Meyer, der sich zur Zeit der Entstehung des Textes, psychisch wie physisch erschöpft, dem erahnten Schicksal nahe fühlte, in mit Wehmut – fast wie im Traum – gesprochenen Sätzen das Versiegen alles dessen, was ihn einst erfüllt, ihn zu begeistern vermocht und in ihm stellvertretend das Gefühl, dennoch zu leben, erweckt hatte: Die Kelche des Lebens sind jetzt bis zur Neige geleert, die Lippen schweigen, die Kränze sind verwelkt. Zu schauen bleibt nichts mehr. Einzig ein leises Singen ist noch hörbar. Der Tod füllt mit dem Klingen seiner Schlummerflöten die Stille aus, welche über einem an der Schwelle Stehenden, dem Dasein bereits weitgehend Entglittenen künftig bis zu dessen Ende verweilen wird.

Betsys Reinschrift von «Das Ende des Festes». Als Druckvorlage am 29. März 1892 an Haessel gesandt, mit genauer Anweisung, an welcher Stelle das Gedicht in die Lyriksammlung einzufügen sei.
Ms. CFM 391.161c.
Zentralbibliothek Zürich

Gedichte, 4. Auflage (1891)

Gut zwei Jahre nach Erscheinen der dritten Auflage (Herbst 1887) regt Haessel anfangs 1890 einen Neudruck von Meyers Lyrik an, wobei er diesen – wie 1889 die Novellen – gleichzeitig auch als Taschenausgabe auf den Büchermarkt zu bringen beabsichtigt, und zwar in zwei Bänden. Meyer hat Bedenken, schon der damit verbundenen Aufteilung wegen. Er will der Ausgabe nämlich «in Gruppirung u. Vermehrung alle Sorge angedeihen» lassen (an Haessel, 15. Februar 1890; II, 20), ist aber damals in solchem Maße von Stoffen bedrängt, die er gestalten möchte, daß er sich «zur neuen Auflage alle Zeit lassen» will, «da doch auch einiges Neue hinzukömmt» (an Haessel, 9. September 1890; Briefe II, S. 190). Und wenige Tage später erklärt er:

Mit den Gedichten eilt es noch weniger *[als mit der Ausführung epischer Pläne, besonders der «Angela Borgia»], weil da nur ganz Vollendetes Platz finden soll.*
Meyer an Hermann Haessel,
14. September 1890 (II, 20)

Meyer hat seinen Vetter Fritz, der bisher als Sekretär die einst von Betsy geleisteten Dienste versehen hatte, im Herbst 1889 entlassen. Haessel schlägt dem Dichter vor, Adolf Frey solle für den mit Arbeit Überhäuften die Durchsicht besorgen, und hofft, damit Meyers Leidenschaft zum Ausfeilen und Ändern vorbeugend entgegenzuwirken. Aber schließlich übernimmt Betsy die Revision und fährt dazu für längere Zeit von Männedorf nach Kilchberg. Meyer teilt Haessel am 23. Februar 1891 mit, die Gedichte seien «so zu sagen fertig, mit Betsys Feder» (II, 20). Am 4. März sendet die Schwester 18 neue Nummern nach Leipzig, die in die Sammlung aufgenommen werden sollen. Diese neuen Stücke, die «*weicher* sind» (Meyer an Haessel, 24. Juni 1891; II, 21), entsprechen des Dichters Absicht, sich nach seiner Krankheit von 1888 um «einen möglichst süßen und einfachen Ton» zu bemühen (Frey, S. 342). Allerdings ist vielen seiner Altersgedichte, die oft um ein religiöses Thema kreisen, ein ruhiger, resignativer Grundklang eigen. Zum Zuwachs von 1891, der zuletzt 19 Nummern umfaßt, gehören so bekannte Verse wie Mein Stern, Mein Jahr, Wanderfüsse, Noch einmal, Auf dem Canal grande, Il Pensieroso und Ein Pilgrim.

Dem Manuskript vom 4. März liegen genauste Anweisungen über die Einordnung der neuen Gedichte bei, womit die Drucklegung eigentlich zügig vorgenommen werden könnte. Doch Betsy verfällt beim Lesen der Korrekturbögen jetzt auch der Lust zur Änderung, beruft sich gegenüber dem aufgebracht drängenden Verleger aber darauf, daß der liebe Bruder ihr «solche kleine Vollmachten» gegeben habe (II, 21), und verursacht damit weitere Unklarheiten und Verzögerungen in Leipzig. Dort wird jeder eintreffende Bogen, sobald er korrigiert ist, ausgedruckt, so daß weder Betsy noch Haessel je über einen vollständigen Korrekturabzug der Sammlung verfügen. Meyer, mit Angela Borgia ringend, kann sich nicht jeder redaktionellen Bereinigung selber annehmen, was Betsy, die zunächst noch auf dem alleinigen Recht des Dichters zu Eingriffen in den Text beharrt hat, schließlich dazu verleitet, eigenmächtig Retuschen anzubringen. Meyer ist mit Betsys Änderungen meist stillschweigend einverstanden, weshalb die 4. Auflage, was den Wortlaut der Gedichte betrifft, im Hinblick auf die dichterische Authentizität keineswegs als eindeutig gilt. Auf diese Eingriffe in den Text, die, nachdem einschlägige Unterlagen vernichtet sind, nicht mehr genau zugeordnet werden können, trifft wohl auch jene Rechtfertigung Betsys anläßlich ihrer Revision zur 4. Auflage von Engelberg im Jahre 1894 zu: sie habe – obwohl sich Meyer jede Korrektur verbat – «nicht *geändert*, sondern nur im Sinne des geliebten Dichters das Eine und Andere mehr gerundet oder fertig gemacht» (an Haessel, 13. September 1894; Nils, S. 256). Und am 25. Juli schreibt sie dem Verleger begütigend (Nils, S. 253): «Einverstanden, davon bin ich überzeugt, wäre Conrad mit *allen* diesen kleinen Änderungen.»

Die 5. Auflage (1892)

Schon an Ostern 1892 ist die 4. Auflage vergriffen, und ein weiterer Neudruck drängt sich auf. Betsy wird auch diesmal bevollmächtigt, verbindlich für den Bruder zu handeln, und Meyer, dessen Verstörung rasch fortschreitet, hat sich im voraus mit allen Anordnungen Haessels einverstanden erklärt (II, 25). Der Verleger läßt gleich drei Auflagen zusammen drucken.

Der kunstvolle und raffiniert ausgewogene zyklische Aufbau wird beibehalten, die Sammlung sogar noch um drei Gedichte erweitert – sie zählt jetzt insgesamt 231 Nummern: Was treibst du, Wind?, Die Kapelle der unschuldigen Kindlein und Das Ende des Festes kommen neu dazu. 18 Stücke werden im Wortlaut leicht verändert.

Meyer weilte bereits in Königsfelden, als Haessel das dem Dichter zugedachte Freiexemplar in Pergament und Goldschnitt am 13. August 1892 an Betsy sandte; sie konnte es dem Bruder nicht mehr überreichen (vgl. II, 25).

Zeitgenossen

Menschen, die bei einem Dichter als Wegbegleiter unter diesem Titel erwähnt werden müssen, gehören mit Sicherheit der literarischen Welt von damals an. Ihre Bedeutung für einen Künstler wie Meyer erwächst aus den Berührungsflächen, die ihr eigenes Künstlertum und Werk bei einem derart introvertierten, zeitweilig zum Autismus neigenden Charakter zu entwickeln vermochte. Sie dürfen als zusätzliche Bezugspunkte für die Situierung seiner Persönlichkeit gelten, indem sie deren unterschiedlichsten Anforderungen, Rücksichten und Bedürfnissen entgegenkommen, vielleicht entsprechen oder in irgend einer Weise sogar entgegengesetzt sind.

Zu den Herausragenden, nachfolgend Porträtierten zählen der Zürcher Dichter Gottfried Keller, der dem Kanton als Staatsschreiber dienende «Gegenfüßler»; dann auch Louise von François, die Romanschriftstellerin, von deren Urteil sich Meyer viel erhofft hat. In Carl Spitteler, einem jungen Talent, dessen Genialität bei aller Verschiedenheit im Künstlerischen nicht zu übersehen war, begegnet ihm ein um Anerkennung Ringender, der ihn als Hilfsbedürftiger an seine eigenen Anfänge erinnert. Als Mitglieder des Münchener Kreises, der sog. «Gesellschaft der Krokodile», sind neben Emanuel Geibel und Heinrich Leuthold die beiden mit Meyer befreundeten Zeitgenossen Paul Heyse und Hermann Lingg zu nennen. Und im weiteren müssen Adolf Calmberg und Adolf Frey erwähnt werden: alle dem Bereich des Poetischen verpflichtet und jedem damals literarisch Interessierten mit Namen und Werken bekannt.

Ebenfalls wichtig in seiner Stellung in der zeitgenössischen Literatur ist Felix Dahn (1834–1912), dessen *Gedichte* Meyer 1873 rezensiert; auch historisierende Trauerspiele des der deutschen Vergangenheit Zugewandten würdigt er in gleicher Art. Ein allseits Gefeierter, der im Sommer 1883 sogar in Kilchberg zu Besuch weilt, ist Ernst von Wildenbruch (1845–1909), ein Enkel des begabten und hochmusikalischen Prinzen Louis Ferdinand von Preußen. Wildenbruch gilt als eigentlicher Dramatiker der Wilhelminischen Ära und steht bei Meyer in hoher Gunst. Gleichermaßen erfreut reagiert der Hausherr in Kilchberg auf den Besuch des weitgereisten und weltmännischen Friedrich Martin von Bodenstedt (1819–1892), der als gewiegter Anglist und Shakespeare-Forscher ebenso von sich reden macht wie als Übersetzer aus dem Russischen und den orientalischen Literaturen. Daß dieser Literat neben seiner Tätigkeit als Verleger und Theaterleiter sich noch als Politiker und Diplomat auszeichnet und Zeit zu dichterischen Arbeiten findet, macht den bei Meyer Ende August 1889 geschmeidig und etwas überschwenglich Vorsprechenden auf seine Weise als Vertreter der Epoche eindrücklich. Besonders schätzt er auch den Verkehr mit dem älteren Kollegen Gustav Freytag (1816–1895), dem bekannten Romancier, der das Schaffen des Kilchbergers mit Interesse verfolgt und sein Wohlwollen bei einem Besuch Ende der achtziger Jahre bekundet hat.

Neben diesen Meyers Künstlerschaft in irgend einer Weise persönlich tangierenden Vertretern der literarischen Welt gehören als weitere namhafte Repräsentanten von dichterischer Größe, deren Werke ihm zumeist vertraut waren, in seine Lebenszeit: Theodor Storm (1817–1888), Theodor Fontane (1819–1898), dem Meyer zum Jahreswechsel 1889/90 Grüße gesandt hat (vgl. Zäch/Wellmann, S. 140), Otto Ludwig (1813–1865), Joseph Viktor von Scheffel (1826–1886) – Sohn einer Freundin von Meyers Tante, dem der fast gleichaltrige Conrad schon als Knabe bei Besuchen in Zürich ausgewichen war –, Friedrich Hebbel (1813–1863), der in seinen Augen «zu sinnlich[e]» Franz Grillparzer (1791–1872) (vgl. Briefe II, S. 172), Gerhart Hauptmann (1862–1946), für den er «ein Faible» hatte (Briefe I, S. 417), ferner Friedrich Nietzsche (1844–1900), Emile Zola (1840–1902), die nordischen Dichter Henrik Ibsen (1828–1906) und August Strindberg (1849–1912) sowie jene «drei großen Russen», die er der jungen Nanny von Escher speziell zur Lektüre empfohlen hat, «um auch für die Geschmacksrichtung unserer Zeit nicht verständnißlos zu bleiben» (Nanny von Escher, S. 6), nämlich Lew Tolstoi (1828–1910), Iwan Turgenjew (1818–1883) und Fjodor Dostojewski (1821–1881).

Gottfried Keller (1819–1890)
im Alter von ungefähr 45 Jahren.
Anonyme Photographie um 1865.
Zentralbibliothek Zürich

GOTTFRIED KELLER (1819–1890)

Unter Meyers Zeitgenossen steht Gottfried Keller an erster Stelle. Ungemein viel robuster als der um sechs Jahre jüngere Meyer, aber wie dieser durch den frühen Tod des Vaters von Mutter und Schwester abhängig, hat er, der einer kleinbürgerlichen Handwerkerfamilie entstammt und – was seinen späteren Beruf betrifft – als zunächst ebenfalls quasi Gescheiterter sich auf dem Umweg über die Malerei erst der Dichtung zuwendet, gegenüber dem allzu sensiblen Zürcher Patrizier einiges voraus. Für ihn gilt die Maxime, die dann auch seine «Sieben Aufrechten» befolgen: «Hilf dir selbst, so hilft dir Gott!» Durch äußere Not und Entbehrung abgehärtet, ist er entschieden lebenstüchtiger als der aristokratische Spätling Meyer, der, lange Zeit mit sich selbst und seiner Psychose beschäftigt, dem praktischen Leben ausweicht und seiner inneren Not ausgeliefert bleibt, die er ohne Hilfe von außen nicht zu überwinden vermöchte. Kellers Schwester Regula trennen Welten von der hochbegabten und feinsinnigen Betsy Meyer. Und Mutter Elisabeth Keller ist in ihrem ständigen Sorgen um die Bestreitung des harten Alltags zu sehr auf die karge Wirklichkeit ihres Witwenstandes eingeschränkt, als daß sie sich jemals in die religiösen Verstiegenheiten einer Elisabeth Meyer-Ulrich verirren könnte; dazu fehlen ihr auch die gesellschaftlichen und intellektuellen Voraussetzungen.

Während Keller dank seiner frühen und entschiedenen politischen Parteinahme rasch ins öffentliche Leben Zürichs hineinwächst und ihm schließlich als Staatsschreiber dient, sieht sich der mit seiner Krise ringende Meyer, der dem bürgerlich-republikanischen Wesen eher indifferent gegenübersteht, von der *classe politique* seiner Vaterstadt langezeit mitleidig belächelt. Und dies, obwohl sein Vater dem Stande Zürich als Regierungsrat seine ganze Arbeitskraft geschenkt hatte. Erst nach seiner Heirat mit der reichen Louise Ziegler gewinnt Meyer seine Reputation in Zürich wieder vollends zurück. Aber seine politischen Interessen galten und gelten nie dem von Keller so geliebten «Heimat- und Vaterland». Zunächst durch seine Aufenthalte in der Westschweiz und in Paris eher romanischer Wesensart verpflichtet, empfindet er Sympathien für die italienische Einigung und wird zur Zeit seines HUTTEN zum erklärten Verehrer des neuen Deutschen Kaiserreiches. Schweizerische Alltagspolitik hat ihn nie beschäftigt wie den leicht entflammbaren späteren Zürcher Staatsschreiber, der in seiner Dichtung das Heimatliche und Schweizerische zu rühmen und gegen das Ende seines Lebens kritisch zu prüfen nie müde wurde. Meyer war ein solches Nationalbewußtsein nicht gegeben. Er vermied es, sich als Schweizer zu profilieren.

Das Verhältnis der beiden so ungleichen Söhne Zürichs ist bei aller gegenseitig bezeigten Freundlichkeit von einer unverkennbaren Reserve geprägt. Meyer gesteht, was für seine Haltung gegenüber all seinen zeitgenössischen Freunden und Bekannten gilt, wenn er schreibt:

Ich kann Ihnen nicht sagen, verehrter Herr, wie empfänglich ich für Ihre Freundlichkeiten bin. Ich habe einen Zug mich zu isolieren, welchen ich zwar bekämpfe, aber mit Mühe, weil er in meiner Natur liegt und gerade deßhalb bin ich unendlich dankbar für ein wohlwollendes Entgegenkommen.

Meyer an Gottfried Keller,
12. November 1883 (Briefe I, S. 300)

Aber Keller und Meyer waren von ihrem Wesen her wirklich fundamental verschieden:

Conrad Ferdinand war sich von jeher der Verschiedenheit der beiden Temperamente und Stoffgebiete so tief bewußt, daß er nie beim Lesen der Kellerschen Meisterwerke dachte oder sich sagte: «Hätte doch ich das gemacht!» Noch weniger fiel ihm auch nur von ferne ein, er könne sich dem um etliche Jahre älteren Meister Gottfried persönlich nähern. Vor allem: er hätte damals, als einer, der noch nichts geleistet hat, keinen berechtigten Anknüpfungspunkt gekannt. So stand er denn zu Gottfried Keller völlig neidlos. Er las alles, was von ihm erschien, mit begierigem Interesse. Er schätzte an ihm besonders ein gewisses ingründiges Schwergewicht, in dem Meyer gern eine spezifisch schweizerische Eigenschaft erkannte.

(Betsy, S. 18)

Über die späteren Beziehungen zwischen den beiden Dichtern hält Schwester Betsy mit der ihr eigenen klaren Einsicht fest:

Auf der Sicherheit gegenseitigen Treumeinens aber [...] gründete sich das Verhältnis Conrad Ferdinands zu Gottfried Keller nicht. Der Altersunterschied zwischen beiden war freilich kein bedeutender. Aber Gottfried Keller war schon lange der große Schweizerdichter gewesen, als unverse-

hens Conrad Ferdinand Meyer aus dem Dunkel neben ihn trat. Er hielt vielleicht meines Bruders Dichterlos für leichter und heller als das eigene. Ach, er kannte eben des anderen Natur und Schicksale mit ihren Schattenseiten keineswegs!

Meyers feines Gefühl für die fremde Individualität ließ ihn derartiges ahnen. Er spürte, wie Keller dagegen ankämpfte, aber des inneren Murrens nicht immer Herr wurde. Zartsinnig und billig [...] sagte er sich auch, dieser stille Groll entbehre nicht jeglicher Berechtigung. So übte er gegen Meister Gottfried jene rücksichtsvolle, freundschaftliche Vorsicht, die ihm selbst im Laufe des klippenreichen Lebens zur anderen Natur geworden war.

(Betsy, S. 20f.)

Im Gratulationsbrief zu Kellers 70. Geburtstag kommt Meyer auf Kellers «festen Glauben an die Güte des Daseins» in seinen Schriften zu sprechen und fährt fort:

Ihnen ist wahrhaftig nichts zu wünschen als die Beharrung in Ihrem Wesen! Da Sie die Erde lieben, wird die Erde Sie auch so lange als möglich festhalten.

Was mich betrifft, habe ich lange nicht dieselbe Lebenssicherheit; doch werde ich die mir noch beschiedene Zeit nach Kräften nützen.

Daß ich Sie stets nach meinen Kräften gewürdigt, verehrt und lieb gehabt habe, wissen Sie, wie auch ich gewiß bin daß Sie – trotz meiner Mängel – Ihre gute Meinung und Ihr Wohlwollen mir erhalten werden.

Also, Gottbefohlen, Herr Gottfried!

Meyer an Gottfried Keller, 6. Juli 1889 (Briefe I, S. 307)

Keller, in seiner direkten und ungeschminkten Art die Dinge beim Namen nennend, reagiert recht harsch darauf, als «ewiger siamesischer Zwilling» in der «Schweizerfirma ‹Keller und Meyer›» aufgeführt zu werden (Jakob Baechtold, *Gottfried Kellers Leben*, Bd. 3, Berlin 1897, S. 286). Meyer seinerseits tat alles, um Kellers Empfindlichkeit zu schonen. Aber vermutlich hat gerade seine Höflichkeit gegenüber dem oft etwas Unwirschen und Verschlossenen dazu beigetragen, ihn Keller als für eine echte Freundschaft wenig geeignet erscheinen zu lassen. Jedenfalls macht dieser in einem Gespräch mit Rodenberg Meyer den Vorwurf, er sei eitel, wetterwendisch, und tadelt an ihm «das Literatenhafte» (Rodenberg, Tagebücher, S. 127). Robert d'Harcourt stellt wahrscheinlich zu Recht fest (d'Harcourt, vie, S. 402): «Et la diplomatie était bien la qualité la mieux en mesure de discréditer sûrement un homme aux yeux de Keller!»

Trotz Kellers Verärgerung über den allzu «ehrerbietig» grüßenden Kollegen (vgl. Briefe I, S. 277) beteiligten sie sich 1882 zusammen am «Züricher Dichter-Kränzchen», einer gemeinsamen Publikation von Gedichten Kellers, Ferdinand Zehenders und Meyers, zur Beschaffung von zwölf Betten für ein Kinderspital (II, 169). Sie nahmen sich beide des seit 1877 in geistige Umnachtung sinkenden Zürcher Dichters Heinrich Leuthold an, interessierten sich für Adolf Freys literarische und wissenschaftliche Zukunft und setzten sich für Carl Spittelers frühe Dichtungen ein.

Meyers Werken begegnete Keller in seiner oft kritischen Wertung mit viel Einsicht und Verständnis, wenn er sich auch an gewissen stilistischen Eigenheiten des Verfassers stieß und die in dessen Novellen mitunter ausbrechenden grausamen Gewalt- und Todesszenen als störend und den Gesamteindruck beeinträchtigend empfand.

Meyer charakterisierte sein Verhältnis zu «Meister Gottfried» in einem Brief an Louise von François wie folgt:

Mit Keller stehe ich – ohne Intimität – auf einem loyalen Fuße, mit einer Nuance von Deferenz auf meiner Seite. Was ihm mangelt und ich glaube: er hat selbst das Gefühl davon, das ist wohl die Bildung im höchsten Sinne, aber welcher partielle Tiefsinn, welche Naturgewalt, welche Süßigkeit und auch welche raffinierte Kunst in Einzelheiten!

Meyer an Louise von François, 8. April 1882 (von François, S. 48)

Tatsächlich kennt Meyer die Werke seines Kollegen sehr genau und bemerkt, daß Keller, dessen Patriotismus Louise von François oft als kleinlich und krähwinklig empfand, «mit allen Fasern in der Realität des Schweizerwesens wurzelt u. trotz seiner ‹Romantik› nicht nur im *Salander*, sondern überall [...] die ganze polit. u. Culturgeschichte der Schweiz in den letzten Jahrzehnten enthält» (an Rudolf Greinz, 28. Juni 1889; XV, 635).

In seinen ERINNERUNGEN AN GOTTFRIED KELLER vom August 1890 gesteht Meyer, dessen Heimatbezogenheit noch betonend:

Ich sage, daß ich für Keller Ehrerbietung empfand, [...] eine wahre und tiefe und nicht nur vor seiner unvergleichlichen Begabung, sondern nicht weniger vor seinem Herzen und seinem Charakter, dessen ethisches Gewicht mir schon bei unserm ersten Zusammensein auffiel. Es kam da die Rede auf eine Persönlichkeit, von der er sagte: «es ist ein notorischer Lügner», und er sprach das mit einem solchen Nachdruck, ernst wie ein Gerichtshof, daß man sich unwillkürlich selbst prüfte. Und von einer andern Persönlichkeit sagte er noch bei meinem letzten Besuche: «er hat kein Herz!» in einem so seltsamen Tone, daß man die Entrüstung durchfühlte. Auch derjenige der Wehmut war ihm durchaus nicht fremd und ich höre ihn noch, wie er eines Tages klagte, auf seine Habseligkeiten weisend: «Das wird in gleichgültige Hände kommen.»

Am meisten aber und gewaltig imponierte mir seine Stellung zur Heimat, welche in der That der eines Schutzgeistes glich: er sorgte, lehrte, predigte, warnte, schmollte, strafte väterlich und sah überall zu dem, was er für recht hielt.

(XV, 180)

Louise von François (1817–1893)
im Alter von ungefähr 65 Jahren.
Photographie von Karl Festge,
Erfurt, um 1881.
Zentralbibliothek Zürich

LOUISE VON FRANÇOIS (1817–1893)

Wie nach Meyers Verheiratung die geschwisterliche Arbeitsgemeinschaft sich lockert und schließlich ganz aufgelöst wird, sucht der zeitlebens anlehnungsbedürftige Dichter einen Ersatz für die literarische Ratgeberin Betsy. Er findet ihn wenigstens teilweise in Louise von François, der damals allgemein anerkannten und häufig gelesenen Romanschriftstellerin. Die 64jährige empfängt im April 1881 völlig unvermittelt einen ersten Brief Meyers, den sie nicht einmal dem Namen nach kannte und der sie um ihrer Erzählkunst willen bewunderte. Diese Zeilen bilden den Auftakt zu einer Freundschaft, die über zehn Jahre hinweg intensiv gepflegt wird. Die beiden wechseln insgesamt 143 Briefe. Zweimal, nämlich in den Sommern 1884 und 1889, hat Louise von François den Dichter in Kilchberg besucht.

Louise von François, als Majorstochter 1817 zu Herzberg in Sachsen geboren, entstammte väterlicherseits einem Hugenottengeschlecht, das sich in Brandenburg niedergelassen hatte. Ihr Großvater wurde später geadelt. Schon in ihrer Jugend empfing sie literarische Anregungen durch den Dramatiker Adolf Müllner (1774–1829) und die Frauenschriftstellerin Fanny Tarnow (1779–1862). Ihre Laufbahn als Erzählerin betritt sie aber erst um 1855, und zwar publiziert sie weniger aus innerem Drang als aus äußerer Notwendigkeit. Unglücklicher Umstände wegen um ihr väterliches Erbe gebracht, hatte sie als Zwanzigjährige ihr Verlöbnis mit dem Offizier Graf Alfred von Görtz aufgelöst und führte nach dieser schmerzlichen Zäsur in ihrem Dasein fortan ein Leben der Entsagung und Selbstaufopferung. Sie, die zu Recht von sich sagen konnte, sie sei «allezeit neben absterbendes Leben gestellt» gewesen (von François, S. 14), umsorgte ihren verwitweten Onkel Karl von François und dann ihre nervenkranke Mutter und den erblindenden Stiefvater. Um auch materiell etwas zum Unterhalt der Familie beizutragen, griff sie nach ermunterndem Zuspruch von Freunden zur Feder und überwand damit endlich die selbstgehegten Zweifel an ihrer Begabung. Ihre Erzählungen veröffentlichte sie in Zeitschriften; den größten Erfolg aber erzielte sie mit ihrem historischen Roman *Die letzte Reckenburgerin* (1871). Als weitere umfangreiche Werke folgten 1873 *Frau Erdmuthens Zwillingssöhne* und 1877 die *Stufenjahre eines Glücklichen*.

Louise von François bewohnte bis zu ihrem Tode 1893 eine bescheidene Mansarde in Weißenfels. Als Abwechslung gönnte sie sich Spaziergänge, gelegentlich einen Besuch bei Verwandten oder als besondere Freude eine Reise. Grundgütig, klug und ausgeglichen, lebte sie ihr eng umzirktes Leben und hörte 1879, nach dem *Katzenjunker*, zu schreiben auf, da sie fand, sie hätte sich ausgeschrieben. Seit 1880 war sie auch mit Marie von Ebner-Eschenbach (1830–1916) befreundet.

Als sich Meyer an Louise von François wandte, war sie literarisch also bereits verstummt, er aber befand sich auf dem Höhepunkt seiner glücklichen Schaffensphase. Doch die deutsche Freundin vermochte bei allem Interesse, das sie Meyers dichterischen Arbeiten entgegenbrachte, dem Zürcher die Schwester nicht zu ersetzen. Es blieb ein Bereich, wo jede beratende Ergänzung unmöglich war. Das zeigt sich in der teilweise harten Kritik der Korrespondenzpartnerin. Gleichwohl bezeichnete Meyer ihre Schreiben bald als seine notwendige «Boussole» (von François, S. 120) und ging nach anfänglichem Zögern auf ihre Plauderbriefe ein. Für Louise von François war er der einzige Dichter der Gegenwart, «der über hundert Jahre noch Leser finden» werde (ebd., S. 152 f.).

Den Grundstein zur gegenseitigen Wertschätzung und Freundschaft legt Meyer gleich mit seinem ersten Brief:

Verehrtes Fräulein,
Darf Ihnen der Verfasser des «Heiligen» und Ihr College in der Rundschau – wäre er nur auch Ihr College an Talent! – eine arme Zeile zusenden, welche das einzige Verdienst hat, aus einer Feder zu fließen, die sich nicht leicht zum Recensiren ansetzt. Er hat langeher eine besondere Vorliebe für Ihr Erzählen, da ihm die demselben eigentümliche Mischung von conservativen Überlieferungen und freien Standpunkten durchaus homogen ist.
[...]
Er würde Ihnen gern seinen Georg Jenatsch, *welchen Sie ohne Zweifel noch nicht kennen, durch seinen Verleger als ein Zeichen seiner Hochachtung zusenden lassen, wenn Sie ihn dazu mit einer Zeile ermutigen.*

Meyer an Louise von François,
Ostern 1881 (von François, S. 1)

Die Antwort aus Weißenfels entspricht in ihrer schnörkellosen Ehrlichkeit dem Wesen der Verfasserin:

Seit acht Tagen habe ich unter dem Banne Ihrer Wohlthaten gelebt und in der Stunde, wo ich dem braven Hans und seiner Gasparde [im «Amulett»] zum Abschiede – nicht für lange Zeit – die Hand gedrückt, müssen Sie sich schon den verbetenen Dank einer bescheidenen Zunftgenossin gefallen lassen. Und geduldig auch ein bischen ihren Preis. Die Einsamkeit – im Allgemeinen die Anderen und ihm selber dienlichste Gesellin eines alten Frauenzimmers – das allerdings mutterseelenallein in der Mansarde der kleinen Stadt ihr dünnes Lebensfädchen zu Ende spinnt, – ja die Einsamkeit erhält doch wahrlich in der Lässigkeit eine schmähliche Kehrseite. In meiner neugierigen Jugend hätte ich nicht schamröthlich zu gestehen brauchen: Ich weiß nichts von einem Schweitzer Dichter, der seit Jahren meinen deutschen Landsleuten demonstrirt, was einen historischen Roman Schreiben heißen will. In einem Briefe eines Langevergessenen – Solger – habe ich einstmals über Walter Scott gelesen und mir gemerkt, weil es mir aus der Seele geschrieben war: «Wie wenig fehlt diesem Autor, um ein großer Dichter zu sein, und wie macht doch just dieses Wenige den großen Dichter.»

Louise von François an Meyer,
1. Mai 1881 (von François, S. 2 f.)

Da Louise von François über Meyers Personalien «in Irrthümern» ist, korrigiert der Zürcher diese Annahmen, gesteht, daß er kein Doktor der Medizin sei und seinen Titel von der Universität Zürich *honoris causa* «ohne mein Wissen und Wollen» erhalten habe (von François, S. 11). Er berichtet auch, daß er kein «Nachkomme des vortrefflichen Goethemeyer» (des sog. «Kunscht-Meyer», Johann Heinrich Meyer) sei, und charakterisiert seine Tätigkeit wie folgt:

Ein Berufsschriftsteller bin ich nicht. Dazu fehlen mir der Ehrgeiz (ich weiche der Reputation eher aus als daß ich sie suchte), die Routine und auch die Modelle – denn ich habe einen einsiedlerischen Hang. Am liebsten vertiefe ich mich in vergangene Zeiten, deren Irrthümer (und damit den dem Menschen inhaerirenden allgemeinen Irrthum) ich leise ironisire und die mir erlauben, das Ewig-Menschliche künstlerischer zu behandeln, als die brutale Actualität zeitgenössischer Stoffe mir nicht gestatten würde.

Meyer an Louise von François,
Ende Mai 1881 (von François, S. 12)

Im Dezember 1881 anvertraut Meyer Louise von François dann seine verschiedenen Werkpläne, die ihn unablässig beschäftigen, und dankt ihr «für alle *Freundlichkeit,* guten Räte, alle Weisheit ‹und gescheidten Worte› des endenden Jahres» (von François, S. 35). Auf einer Postkarte, die vom Silvester datiert, steht zu lesen (ebd., S. 36): «Leben Sie lange und bleiben Sie die treue Beraterin. Das walte Gott!» – Louise von François beweist in der Tat eine außerordentliche Einfühlungsgabe, wenn sie Meyer gegenüber Marie von Ebner als «dichtenden Historiker» vorstellt und ihn als einen «Telescopisten» der Vergangenheit bezeichnet, während sie dessen Landsmann Keller einen «Mikroscopisten der Gegenwart» nennt (ebd., S. 37), obgleich sie ihn «häufig künstlich, selten anschaulich» findet. Sie versteht ihn «nicht so durchaus wie es Viele thun» und hält nur «Romeo und Julie auf dem Lande» für «ein naturgewaltiges Meisterstück» (ebd. S. 45).

Daß sich Meyer der gesprächigen Briefpartnerin mehr als sonst üblich aufschloß, beweist auch der Umstand, daß er ihr Photographien von Camilla und Louise überläßt und ihr nach dem Ableben von Oberst Ziegler selbst dessen Bild zuschickt. Seine bedachtsame und für Außenstehende oft mühsam anmutende Art der dichterischen Produktion gesteht ihr der Dichter freimütig ein, wenn er am 4. Mai 1883 erklärt, er wälze seine Pläne «[w]ie ein Bach seine Kiesel, [...] sie vielfach abschleifend, ohne sie je zu verlieren» (von François, S. 93).

Louise von François, die für ihn längst eine «Unentbehrliche» geworden ist (von François, S. 98), steht ihm auch nahe, weil sie den alten Kaiser und Kanzler Bismarck in ihrer klugen Beurteilung der politischen Gegenwart entsprechend würdigt. Bis in den November 1891 geht der Gedankenaustausch zwischen Meyer und der «Reckenburgerin» hin und her; dann bricht der Briefwechsel ab.

*Carl Spitteler (1845–1924)
im Alter von ungefähr 45 Jahren.
Photographie von Rudolf
Ganz (1848–1928), Zürich,
um 1890/92.
Zentralbibliothek Zürich*

CARL SPITTELER (1845–1924)

Meyers Bekanntschaft mit dem jüngeren Dichter reicht in jene Jahre zurück, in denen sich der angehende Epiker Spitteler vergeblich darum bemüht, mit seinen frühen Werken beim Publikum anzukommen. Der von seiner Begabung her vielseitig Talentierte, der sich auch zur Malerei und Musik hingezogen fühlt, entstammt ganz anderen Verhältnissen als der Patrizier Meyer. Halb ländlich, halb bürgerlich, wächst «Carlo dolce» im Haus seines Vaters, der erst als Regierungsstatthalter in Liestal und später als Staatskassier in Bern wirkt, völlig unbeschwert heran. Vitalität, Willenskraft und Klugheit sind sein väterliches Erbteil; seiner noch jugendlichen Mutter verdankt der Phantasievolle die Empfänglichkeit des Herzens, die Freude an der Natur und an der Musik. Bei aller Verträumtheit wirkt er erstaunlich dezidiert. Seine Jugendjahre stehen in schroffem Gegensatz zu dem, was dem «armen Conrad» im gleichen Alter beschieden war.

Nach dem Besuch der Schulen in Bern und des Gymnasiums in Basel bezieht der Sechzehnjährige 1860 wie sein Freund Josef Viktor Widmann das humanistische Pädagogium in der Rheinstadt. 1863 gesteht er dem um drei Jahre älteren Kameraden, er habe sich der Poesie verschworen. Aber der strenge Vater ist mit einem Künstlerdasein seines Sohnes nicht einverstanden. Schließlich unterzieht sich der selbstbewußte Carl dem Studium der Theologie, von 1865 bis 1867 in Zürich und dann während zweier Semester in Heidelberg. Damit faßt er nach einer Krise, in die ihn väterliche Engstirnigkeit und die Verlobung der von ihm hochverehrten Tante Eugenia Brodbeck mit Freund Widmann gestürzt haben, wieder festen Fuß. Er stößt auf Ariost und entdeckt den Bereich der ihm gemäßen Epik, in dem er sich sofort heimisch fühlt. Er entwirft im Kopf eine ganze Reihe epischer Werke, darunter auch seinen *Prometheus*. Die Willensnatur Spitteler ist entschlossen, sich als mythosophischer Dichter in der Literatur einen Platz zu erkämpfen; er will religiöse Mythen, die es ihm angetan haben, aus der Kraft seiner Phantasie heraus gestalten.

1871 schafft er im zweiten Anlauf sein theologisches Examen, hält in Chur eine Probepredigt und sollte, nachdem er das Bündner Staatsexamen nachgeholt hat, als Landgeistlicher in Langwies debütieren. Aber der Graben zwischen seinem persönlichen Christentum und jenem der Kirche bleibt tief, und der Augenmensch, der Frau Welt mit Sehergabe betrachtet und in einem Kolloquium einst erklärt hatte, «jeder solle sein eigener Priester sein» (Wetzel, S. 69), muß Anstoß erregen. In seinem System der 233 Thesen, das er 1862, ein Jüngling noch, als «Philosoph» entworfen hatte, wird Christus schon aus dem kirchlichen Rahmen herausgelöst. Sein damaliges jugendliches Credo lautet selbstbewußt (ebd., S. 35): «An die Möglichkeit einer Gottwerdung glauben, das ist Glaube, der den Menschen alle Seligkeit gewährt.»

Es erstaunt daher nicht, daß seine Tätigkeit als Pfarrer Episode bleibt; Spitteler betätigt sich von 1871 an als Hauslehrer in Rußland und Finnland, ehe er 1879, nach dem Tod seines Vaters (1878), wieder in die Heimat zurückkehrt. Niemand ahnt, daß er in der Fremde trotz aller Zerstreuung über seinem *Prometheus* brütet; aber er setzt seine Vorstellungen nur zum Teil in Sprache um und überläßt sich ganz der schöpferischen Phantasie, die ihn mit immer neuen Bildern bestürmt und auch verwirrt. Nach seiner Heimkehr, in die für ihn aussichtslose Liebe zu seiner Cousine Ellen Brodbeck verstrickt, fällt Spitteler abermals in eine Krise. Die glühend Verehrte hat sich mit dem Germanisten Ferdinand Vetter vermählt. «Carlo dolce», der seiner verlorenen Geliebten später im *Imago*-Roman ein Denkmal setzt, rettet sich aus der seelischen Bedrängnis in sein Werk hinüber und wendet sich mit dem Pathos des Leidenden dem *Prometheus* zu, den er in einem Zuge niederschreibt. Ende 1880 erscheint der erste Band, vordatiert auf 1881, bei Sauerländer in Aarau: *Prometheus und Epimetheus. Ein Gleichniß von Carl Felix Tandem.* Damit ist die Selbstbestätigung endlich geleistet, der willentliche Berufsentscheid vor aller Welt gerechtfertigt. Aber die Öffentlichkeit schweigt, und Spitteler wird stutzig. Im Herbst 1881 liegt dann der zweite Band zu *Prometheus* vor.

Meyer läßt dem jungen Talent soviel Gerechtigkeit widerfahren, als es seinem «auf einer ganz anderen Seite» liegenden Naturell möglich ist (Briefe II, S. 104); denn auch er steht Spittelers «mythologischen Figuren» eigentlich recht ratlos gegenüber. Dessen *Extramundana* (1882), von Haessel verlegt, ist nicht dazu geeignet, die Befangenheit zu zerstreuen. Gleichwohl schreibt Meyer an Spitteler, der ihm sein neustes Werk zugeschickt hat:

Niemand mehr als ich würde sich freuen, wenn es Ihnen gelingt, neue Bahnen zu öffnen. Jeder in seiner Weise würde dabei gewinnen.

*Meyer an Carl Spitteler,
11. Dezember 1882 (Briefe I, S. 422)*

In seinem Weihnachtsbrief an Keller bittet er «Meister Gottfried» um eine Stellungnahme zu Spittelers frühen Werken:

Tandem, welchem ich menschlich, schon wegen seiner großen Begabung, so wohl als möglich will, wird vielleicht im Januar nach Zürich kommen. Ich werde ihm, falls er mich aufsucht, sagen, was ich denke [...]. Suche ich Tandem seine ganze verfluchte neue Mythologie auszureden, so wird er mich sicherlich recusiren als incompetent. Sie schon weit weniger, Sie dürfen ihn doch – oder finden Sie seine Wege löblich? – nicht noch weiter ins Blaue sich verlaufen lassen.

Meyer an Gottfried Keller,
Weihnachten 1882 (Briefe I, S. 295)

Gottfried Keller hielt mit seinem Urteil über den *Prometheus* zurück, obwohl er bei aller Abneigung gegen «solche sibyllinischen Bücher» eingestehen mußte, das Werk sei «von vorne bis hinten voll der auserlesensten Schönheiten» (an Widmann, 27. Januar 1881). Dem Verfasser selbst dankte Keller nach der Übersendung des zweiten Teils für sein «unvergleichliches oder wenigstens schwer zu vergleichendes Gedicht», das «Heerscharen von Schönheiten der Ausführung» enthalte und ein «schwerbefrachtetes Fahrzeug» bleibe, das zum Nachdenken anrege (Brief vom 8. Oktober 1881). Warum bekannte er sich nicht deutlicher zu seinem Landsmann, «dem ‹tragelaphischen› Neu-Mythologen»? Weshalb verfiel er auf den Gedanken, «daß es sich um eine leider krankhafte Erscheinung, wenigstens um eine Art literarischen Größenwahns» handle (an Heyse, 8. Januar 1883)? – Ähnlich hatte früher schon Jacob Burckhardt gegenüber seinem Schüler Spitteler reagiert, wenn er zu ihm meinte (Faesi, S. 56): «Sie können nicht vom Schicksal einen besonderen Sperrsitz für sich verlangen», worauf ihm der allzu Selbstbewußte antwortete: «Nicht nur einen besonderen Sperrsitz verlange ich vom Schicksal, sondern eine Extraloge.»

Spitteler, der «gefesselte» Prometheus, durch die Ablehnung zutiefst getroffen, war im Januar 1883 in Kilchberg zu Besuch und besprach sich mit Meyer über seine Erstlingswerke und literarische Fragen von allgemeinem Interesse. 1889 kam es zu einer weiteren Begegnung und ebenso 1891, im Zusammenhang mit den Beiträgen beider zur Eröffnung des neuen Zürcher Stadttheaters.

Die freundliche Anteilnahme Meyers am Los des Verkannten verdankte dieser mit Rezensionen. In seinem am 25. Dezember 1885 in der «Schweizer Grenzpost» zu Basel erschienenen Aufsatz *Die Eigenart C. F. Meyers* lobt er den Dichter als «Tacitus der Novelle» und stellt fest:

Das Auffallendste an Meyers Kompositionsstil ist die beispiellose Bewußtheit des Schaffens. Da ist kein Motiv, das nicht seinen bestimmten, genauen Zweck hätte, sei es nun ein Zweck der psychologischen Erklärung oder des Wahrscheinlichkeitsbeweises für den Verstand oder des malenden Reizes oder des historischen Kostüms oder was für einer sonst; immer ist ein Zweck nachzuweisen, und jede Einzelheit bedeutet mehr als sie selbst, nämlich zugleich ein Mittel. [...]

In Meyers Kompositionen ist der Inhalt von düsterer Tragik, die Sprache von rauhem Marmor; dazwischen aber leuchten die Personen, die Kostüme, die Szenen und die Landschaften von der ersten bis zur letzten Seite in so wunderbaren duftigen Glanzfarben, daß der Leser und auch die Leserin mitten in dem Sühne- und Rachewerk des Lebens fröhlich wird, als wandelte man durch einen Garten des Frühlings am Morgen.

(Zäch, S. 257 ff.)

Noch entschieden günstiger und die Bedeutung Meyers für die Zukunft besser einschätzend, wertet die Rezension in der «Neuen Zürcher Zeitung» vom 8./9. Juli 1891 die 4. Auflage der GEDICHTE. Spitteler spricht darin von seiner

von Jahr zu Jahr wachsende[n] Bewunderung für diese Gedichte, welche nach meiner Ansicht nicht bloß unter den Werken der Lebenden ihresgleichen nicht haben, sondern auch ein Unikum in der Literaturgeschichte bilden. Es ist nämlich meiner Meinung nach durch Conrad Ferdinand Meyer eine neue Gattung von Lyrik der Lyrik unserer Klassiker an die Seite gestellt worden, eine Lyrik des größten Stempels, andersartig und ebenbürtig.

(Zäch, S. 259)

Den eigentlichen Durchbruch Spittelers hat Meyer nicht mehr verfolgen können. Er war halbwegs zwar Zeuge dessen, was der Unglückliche als die Katastrophe seines Lebens betrachtete, und wußte auch, daß der kosmischen Visionen Verpflichtete um des Broterwerbs willen sich zeitweilig der Fron des Lehramtes beugen mußte. Die Heirat des für gescheitert Geltenden mit einer seiner Schülerinnen, Maria Op den Hooff, vermerkt er in einem Brief an Haessel (Briefe II, S. 104). Spittelers Hinwendung zum Journalismus hat er der beiden Rezensionen wegen sicher mit entsprechendem Dankgefühl registriert: 1885 fand dieser mit Widmanns Hilfe eine Anstellung als Redaktor an der «Schweizer Grenzpost» in Basel. Nach dem Eingehen dieses Blattes geriet der Vielseitige in neue Not, bis ihn Nietzsche dem Herausgeber des «Kunstwarts», Ferdinand Avenarius, empfahl. Von 1890 bis 1892, vor der Übersiedlung nach Luzern, wirkte Spitteler als Feuilletonredaktor an der «Neuen Zürcher Zeitung». Mit dem Tod seiner Schwiegereltern gewann er endlich seine wirtschaftliche Unabhängigkeit; erst jetzt setzte die eigentliche Produktion wieder ein. Wie der *Olympische Frühling* entsteht, ist Meyer längst ein innerlich gebrochener Mann. Er hat das Erscheinen dieser neuen großen Dichtung (1900–1905) nicht mehr erlebt, auch nicht die Anerkennung, die ihrem Verfasser endlich widerfuhr, als er 1919 mit dem Nobelpreis für Literatur ausgezeichnet wurde.

*Paul Heyse (1830–1914)
im Alter von ungefähr 40 Jahren.
Photographie von Loescher
& Petsch, Berlin, um 1870.
Zentralbibliothek Zürich*

*Hermann von Lingg (1820–1905)
im Alter von 56 Jahren.
Photographie von Friedrich
Müller, München, 1876.
Rückseitig von Lingg bezeichnet:
«Zum Andenken an October
1878. Herm. Lingg».
Aus Meyers Nachlaß.
Zentralbibliothek Zürich*

PAUL HEYSE (1830–1914)

Mit Heyse, dem als Epigone der Klassik in allen literarischen Sätteln Gerechten, dem fruchtbarsten und erfolgreichsten Novellisten der damaligen Zeit, der aber auch als Romancier, Lyriker und Dramendichter von sich reden machte und als gewiegter Übersetzer aus dem Italienischen und Spanischen galt, stand Meyer in gelegentlichem Briefwechsel. Die beiden lernten sich im Sommer 1878 im Engadin persönlich kennen. Heyse schätzte in Meyer den Verfasser des AMULETTS und des JENATSCH. Meyer gesteht Friedrich von Wyß, daß ihm Heyse «persönlich, einen bedeutenden Eindruck» machte (Briefe I, S. 81). Der briefliche Kontakt wurde vertieft durch den gegenseitigen Austausch von literarischen Werken. Besonders erfreut zeigte sich Meyer, als Heyse, der allseits als Meister der Novelle Gefeierte, GUSTAV ADOLFS PAGE in den von ihm edierten «Neuen Deutschen Novellenschatz» aufnahm. In seiner Kritik gegenüber dem Kollegen gibt sich Heyse, der gesellschaftlich Gewandte, höflich und wohlwollend, wenn er nach dem damaligen Zeitgeschmack zu Recht erklärt, daß er «fürchte, auch diese goldnen Lebensfrüchte [Meyers GEDICHTE]» würden «zu edel sein für den stumpfen Gaumen unserer Zeit, die nur nach dem schnöden Zuckerwerk des Herrn Rattenfängers [Julius Wolff] u. Consorten begierig ist» (Brief vom 31. Oktober 1882; Zäch/Wellmann, S. 50). Man ließ sich, wenn man nicht schrieb, auch über Hermann Lingg und Gottfried Keller grüßen. Am 9. September 1885 kam es dann zu einer neuen direkten Begegnung im Hause Meyers in Kilchberg, über die Heyse mit unverhohlener Ironie berichtet hat:

Das volle Widerspiel zu ihm [Gottfried Keller] ist der Heilige vom Kilchberg, der rund und rosig wie ein appetitliches Spanferkel mit weißen Börstchen aus seinem eleganten Sammetröckchen herausschaute und sich selbst als einen der wenigen wahrhaft Glücklichen bekennt, an Weib, Kind, Haus, Garten, etlichen Millionen und genügsame[m] Ruhm seine satte Freude hat und um so mehr, da ihm all das Glück erst auf der Gegenseite des Berges beschert worden ist. [...] Ob sich mit ihm leben ließe, weiß ich nicht.
*Paul Heyse an Theodor Storm,
18. September 1885 (Zäch/Wellmann, S. 11 f.)*

Meyer, wie immer distanziert, hat zu diesem Wiedersehen vermerkt:

Gewiß hat mir der Besuch der beiden Heyse Freude gemacht.
Er sieht gut u. die Frau besser als früher aus. Wir haben höchst gemütlich geplaudert. Er ist doch ein liebenswürdiger Mensch.
*Meyer an François Wille,
12. September 1885 (Briefe I, S. 180)*

HERMANN VON LINGG (1820–1905)

Lingg, ursprünglich Militärarzt in der bayrischen Armee, zählt als Verfasser der *Vaterländischen Balladen und Gesänge* (1869) zu den anerkannten Balladendichtern seiner Zeit. In den erzählenden Werken bemüht er sich um historische Stoffe, die er kraftvoll und eindrücklich darstellt. Besonders beliebt ist damals sein Epos *Die Völkerwanderung* (1866–68). Daneben publiziert er auch Dramen und Erzählungen in Prosa. Meyer kannte Lingg seit den frühen siebziger Jahren. Bei seinen Reisen nach München hatte der angehende Zürcher Dichter den erfolgreichen bayrischen Schriftsteller im Frühjahr und Herbst 1871 und ebenso im November 1874 besucht. Im Herbst 1875 traf man sich dann am Zürichsee, und der Briefwechsel zwischen den beiden hielt von 1875 bis 1890 an. Der Austausch der Gedanken erfolgte ungezwungener als etwa jener, den Meyer mit Keller oder Heyse pflegte; neben Literarischem steht auch viel Privates in diesen Briefen.

Zum Dank dafür, daß Lingg 1876 den JENATSCH in der «Gegenwart» bespricht, rezensiert Meyer in der «Neuen Zürcher Zeitung» *Macalda* (1877), das Trauerspiel seines Münchner Freundes, die Lyriksammlung *Schlußsteine* (1878) und die *Byzantinischen Novellen* (1881). Im Oktober 1878 und im Juni 1886 sowie im Mai 1889 besucht Hermann Lingg Meyer in Kilchberg. Nach dem ersten Wiedersehen im Heim des Dichters bedankt er sich für die erwiesene Gastfreundschaft:

Solche Tage, wie die, die ich in Ihrem Hause zugebracht, entschädigen für vieles u auf lange Zeit, denn sie bleiben eine Stätte der Erinnerung zu der man immer wieder gern zurückkehrt. Um den Zürichersee muß doch ein ganz besonders den Poeten günstiger guter Geist wohnen u weben!
*Hermann Lingg an Meyer,
19. Oktober 1878 (Zäch/Wellmann, S. 54)*

Am 26. November 1888 erhält Meyer auf Antrag seines Münchner Freundes den bayrischen Maximiliansorden:

Daß Sie es sind, verehrter lieber Freund, der mich in Vorschlag gebracht hat, verdoppelt für mich den Wert der Auszeichng.
Lassen Sie uns, sans phrase, als treue Freunde, fortleben, was uns zu leben bleibt.
*Meyer an Hermann Lingg,
27. Dezember 1888 (Briefe II, S. 326 f.)*

Heinrich Leuthold (1827–1879)

Leuthold beschäftigt Meyer, aber auch Heyse und Keller seiner schweren geistigen Umnachtung wegen. Der in der Zürcherischen Irrenanstalt Burghölzli seinem Ende entgegendämmernde Lyriker, eine rastlos umgetriebene und zutiefst unglückliche künstlerische Existenz, dessen *Gedichte* ein halbes Jahr vor seinem Tod erscheinen, bedarf dringend der Hilfe. Heyse gelangt deswegen an Meyer:

Nun aber noch Eins, was ich Ihrer menschenfreundlichen und kollegialischen Sorge empfehlen möchte. In einem Irrenhause bei Zürich lebt der unglückliche Heinrich Leuthold, dessen Gedichte eben unter Kellers Mitwirkung herausgekommen sind. Ich bin angegangen worden, mich bei der Schillerstiftung dafür zu verwenden, daß es möglich gemacht werde, ihn aus der untersten Klasse, in der er auf Kosten seiner Heimatsgemeinde nur notdürftig verpflegt wird, in eine höhere einzukaufen. Es gehe rasch mit ihm zu Ende und handle sich vielleicht nur noch um Wochen. Nun würden jedenfalls 6 Wochen vergehen, bis die Eingabe vom Vorort Dresden den 5 anderen Zweigstiftungen, die den Verwaltungsrat bilden, mitgeteilt und ein Beschluß gefaßt werden könnte. Und die Schillerstiftung ist arm, und die Schweiz ist reich. Sollte es nicht angemessen sein, für diesen Schweizer Poeten in der Nähe zu wirken, daß man ihm sein Sterben ein wenig komfortabler machte?

Paul Heyse an Meyer,
1. Januar 1879 (Briefe I, S. 278)

Meyer reagiert unverzüglich, wendet sich an Keller und äußert den Gedanken, «ob nicht durch ein in der Stille umgehendes Circular die nöthige Summe hier zu beschaffen wäre»; er stelle «zu diesem Zwecke herzlich gerne Frcs 250 zu sofortiger Verfügung» (Brief vom 3. Januar 1879; Briefe I, S. 278). – Einen Tag später versichert Keller seinem Briefpartner in Kilchberg, Leuthold befinde sich «in der zweiten Classe der Irrenanstalt» und werde «gut und sorgfältig verpflegt». Er verweist auf die Verbindlichkeiten von dessen Heimatgemeinde Schönenberg und auf die Tatsache, daß das von Meyer angeregte «stille Circular» schon seit eineinhalb Jahren bestehe, als es darum gegangen sei, «L. von München weg und hier unterzubringen»:

Von dem Ertrage sind meines Wissens noch circa 1000 Frcs übrig und bei der Kantonalbank deponirt. Beim Verleger der Gedichte steht jederzeit das Honorar von 800 Frcs zur Verfügung [...]. Was man aber unter obigen Umständen in diesem Augenblicke mit baarem Gelde machen sollte, ist mir nicht recht klar.

Dazu kommt [...], daß Leuthold leider nicht lang mehr leben wird, seine Kräfte nehmen zusehends ab; denn die Kerze ist von allen Enden angezündet.

Gottfried Keller an Meyer,
4. Januar 1879 (Briefe I, S. 279)

Keller warnt auch angesichts der Animosität eines Teils der schweizerischen Presse und Bevölkerung gegen Deutschland vor einem überflüssigen Bittgang nach Dresden. Aus den bis Mitte Januar zwischen Heyse, Meyer und Keller ausgetauschten Briefen wird dann deutlich, daß damaliger anklagender Sensationsjournalismus maßgeblich an der Auslösung der – wie Keller richtig erspürte – gegen die Schweiz gerichteten Pro-Leuthold-Kampagne beteiligt war. Einer Beilage zur «Augsburger Allgemeinen Zeitung» vom 12. Januar 1879 ist u.a. zu entnehmen (Briefe I, S. 282): «Nicht bloß unter den schweizerischen Zeitgenossen reicht keiner an Leuthold heran – und das wäre noch keine phänomenale Höhe, denn wirklicher bedeutender Lyriker zählt die Schweiz weniges.» Baechtold und Keller, die bei der Auslese und Publikation von Leutholds *Gedichten* uneigennützig mitgewirkt hatten, werden sogar verdächtigt, für «einzelne Schwächen» des Buches verantwortlich zu sein.

Keller meint dazu (an Meyer, 15. Januar 1879; Briefe I, S. 282): «Wir haben es herrlich weit gebracht, sogar unser bischen Poesie und Literatur muß zum öffentlichen Verdächtigen und Herabreißen herhalten.» – Und Meyer sekundiert, wenn er solche Äußerungen als «abgeschmackt» qualifiziert und beifügt (an Keller, 19. Januar 1879; Briefe I, S. 283): «Ich dachte übrigens gleich, Irgendeiner würde sich eine derartige Stylübung, eine Hölderlin-Parallele, eine Anklage gegen Vaterland, Freunde, Herausgeber etc. nicht entgehen lassen.»

Emanuel Geibel (1815–1884)

Geibel, der jeweils Freiexemplare von Meyers Werken erhalten und v.a. den HEILIGEN gepriesen hat, gewinnt nach seinem Tod wieder an Aktualität für den Dichter. Der Norddeutsche, der als «Urkrokodil» des Münchener Kreises galt, war 1852 von Maximilian II. von Bayern als Professor der Aesthetik in die Isarstadt berufen worden und avancierte dort zum Haupt der Tafelrunde des Königs. Diesem der klassizistischen Formkunst verpflichteten Dichter wollte seine Vaterstadt Lübeck, wohin er 1868 wieder zurückgekehrt war, nach seinem Ableben ein Denkmal setzen. Meyer wurde «von dort um die Bestellung eines zürcherischen Lokalcomité ersucht» (Briefe I, S. 5) und bat Freunde um tätige Mithilfe bei diesem Unternehmen. Johannes Landis, Aloys von Orelli, Paul Hirzel und François Wille unterstützten die im Spätherbst 1884 gegründete Körperschaft. Am 20. Januar 1885 gesteht Meyer Adolf Frey, daß er sich «mit Folge und Aufdringlichkeit [...] die Geibel-Denkmal-Beiträge, ganz gegen [s]eine Natur, Sümmchen um Sümmchen förmlich ertrotzte» (Briefe I, S. 365).

In diesen Zusammenhang gehört auch der von Fritz Koegel überlieferte Ausschnitt eines Gesprächs mit Meyer über dessen Verhältnis zu Keller (Koegel, S. 32): Meyer, der also gebeten worden war, das zürcherische Komitee für Geibels Denkmal ins Leben zu rufen, hatte den Auftrag nur unter der Be-

Heinrich Leuthold (1827–1879) im Alter von ungefähr 33 Jahren. Photographie von Franz Neumayer, München, um 1860. Zentralbibliothek Zürich

Denkmal für Emanuel Geibel (1815–1884) in Lübeck. Bronzeplastik von Hermann Volz (1847–1941), ausgeführt 1887–1889, aufgestellt durch den Senat der Hansestadt Lübeck 1889 auf dem Koberg, seit 1936 auf dem Geibelplatz beim Heiligen-Geist-Hospital. Holzstich nach dem Modell in der «Illustrirten Zeitung», Bd. 88 Nr. 2291 vom 28. Mai 1887, S. 547. Zentralbibliothek Zürich

Adolf Calmberg (1837–1887) im Alter von ungefähr 35 Jahren. Anonyme Photographie aus den frühen 1870er Jahren. Zentralbibliothek Zürich

Adolf Frey (1855–1920) im Alter von 27 Jahren, während seines Studienaufenthalts in Berlin. Photographie von Franz E. Vogelsang, Berlin, 1882. Zentralbibliothek Zürich

dingung angenommen, daß Keller dabei gleichfalls mittue. Meister Gottfried zeigte sich bei Meyers Besuch gereizt, weil man ihn übergangen und zuerst den Kilchberger Dichter angefragt hatte; er schleuderte Meyer die Worte ins Gesicht: «Ja, aber der Rodenberg zahlt mir doch höhere Honorare als Ihnen.» Meyer wollte der Zorn ebenfalls übermannen, aber er bezwang seine Verärgerung und lenkte Keller ab, indem er ihn höflich bat: «Sie wollten mir ja Geibels Brunhild einmal geben, ich möchte sie mitnehmen.» Über der Suche des Buches verstrich einige Zeit. «Inzwischen war ich ruhig geworden», erzählte Meyer, «konnte weiter sprechen, die Sache arrangierte sich und wir schieden ohne Bruch.»

Adolf Calmberg (1837–1887)

Calmberg war Meyer aus Willes Mariafelder Tafelrunde bekannt. Der gebürtige Hesse wirkte seit 1867 als Lehrer für deutsche Sprache und Literatur am Seminar in Küsnacht und machte durch Gedichte und eine ganze Reihe dramatischer Arbeiten von sich reden. Er verfaßte ein Lehrbuch für Rhetorik, Stilistik und Poetik, *Die Kunst der Rede* (1884). Einige seiner Dramen wurden in Zürich uraufgeführt. Meyer las mit seiner Beihilfe in früheren Jahren mittelhochdeutsche Texte und schätzte den grundgelehrten Germanisten als Gesprächspartner und kritischen Berater. Calmberg schrieb «eine *vortreffliche* Beurteilung» des HUTTEN, was Betsy in der Beilage zu einem Brief ihres Bruders an den Freund mit «herzlichstem Dank» quittiert (Briefe II, S. 220). Meyer selbst stellt Calmberg gegenüber einmal fest:

Wir sind ein seltsames Paar: Sie in der strengen Disziplin des Amtes, während ich zu thun habe, mir meine eigene Zucht zu schaffen [...].
Meyer an Adolf Calmberg, Venedig, 28. Januar 1872 (Briefe II, S. 224)

Meyer nimmt regen Anteil an der Calmberg belastenden Absicht der Zürcher Regierung, das Seminar Küsnacht mit der Hochschule zu verschmelzen, die aber vom Souverän verworfen wird. Nach dem Umzug nach Meilen bittet er seinen «l. Mitstrebenden» um «eine Zusammenkunft und sein [ihm] *geradezu unentbehrliches Urtheil*» über ENGELBERG vor dessen «letzter Überarbeitung» (Brief vom 30. März 1872; Briefe II, S. 227). Auch diesmal kann er sich auf den Freund verlassen, der in der «Neuen Zürcher Zeitung» vom 13. September 1872 wohlwollend auf das Werk hinweist.

Selbst nach seiner Verheiratung bricht Meyers Kontakt zu Calmberg nicht ab. Aus Kilchberg schreibt er am 29. November 1877, er habe «eine wahre Sehnsucht» nach ihm «und – nach Wille, den Sie mir grüßen» (Briefe II, S. 231). Zeilen wie diese beweisen, daß Meyer trotz des häuslichen Glücks offensichtlich mehr denn je auf seine alten Freunde angewiesen ist, von denen er sich gehalten fühlt.

Calmberg rezensiert dann den HEILIGEN in den «Züricher Nachrichten», wofür sich der Dichter im Juni 1880 herzlich bedankt (Briefe II, S. 235). In der «Darmstädter Zeitung» vom 1. Dezember 1882 bespricht er zudem die GEDICHTE, wiederum günstig, aber gegenüber sprachlichen Unkorrektheiten kritisch. Daß Calmberg Meyers RÖMISCHEN BRUNNEN in seine *Kunst der Rede* aufgenommen hat, wertet der Dichter dankbar als «Wahrzeichen langjähriger Freundschaft» (Briefe II, S. 240).

Als Calmbergs Kräfte im Herbst 1886 nachlassen, ermuntert Meyer den Leidenden, auf den nächsten Sommer und eine «durchgreifende» Kur an einem Badeort zu hoffen. Nach dem Tod des Freundes am 26. Mai 1887 schreibt er an dessen Gattin:

[...] mit dem größten Schmerz habe ich den Hinschied meines lieben Adolf Calmberg vernommen. Ich werde es nicht versuchen, Sie zu trösten, sondern ich gesele mich einfach Ihrem tiefen Leide bei.
[...] [Calmberg war] ein liebenswürdiger nachsichtiger Freund von dem angenehmsten Umgange. Es war Verlaß auf ihn in allen Fällen [...].
Meyer an Julie Calmberg, 27. Mai 1887 (Briefe II, S. 244)

Adolf Frey (1855–1920)

Der gebürtige Aarauer, Sohn des volkstümlichen Erzählers und Journalisten Jakob Frey (1824–1875), war zugleich als Lehrer und Dichter, Beamter und Künstler tätig und stand als junger Schweizer Autor und Literarhistoriker sowohl Gottfried Keller als auch C. F. Meyer nahe. Er hatte in Bern, Zürich, Leipzig und Berlin Germanistik und Kunstgeschichte studiert, sich gleichzeitig als Redaktor an Schorers «Deutschem Familienblatt» umgetan und von 1882 bis 1898 als Lehrer an der Kantonsschule Aarau gewirkt. Seit 1882 Privatdozent, übernahm er 1898 die Nachfolge Jakob Baechtolds als ordentlicher Professor für deutsche Sprache und Literatur an der Universität Zürich.

Im Frühling 1877, noch als Student der Germanistik, führte sich Adolf Frey bei Keller und Meyer ein, die den jungen Aargauer von nun an förderten. Keller warnte den angehenden Wissenschafter davor, allzusehr der Muse zu vertrauen und sich etwa der Schriftstellerei zu überantworten, ohne etwas Festes in Händen zu haben. Meyer dagegen fürchtete zunächst, der Künstler in Frey könnte unter der Last seines Amtes und dem Druck der Gelehrsamkeit zum Erliegen kommen. Frey zeichnete sich indessen als Wissenschafter aus und überzeugte durch seine literarhistorischen und später biographischen Publikationen, während seine Wirksamkeit als Dichter niemals auch nur annähernd die Höhe Kellers oder Meyers erreichte.

Meyers Briefe belegen, wie angelegentlich er sich im Herbst und Winter 1877 um den Studenten Frey bemüht. Er spricht von «baldigem Wiedersehen», freut sich auf «ein kräftiges Wort» des jungen Literarhistorikers zum SCHUSS und teilt mit dem Empfänger des Briefes vom 27. Februar 1878 die Genugtuung über dessen bestandenes Doktorexamen (Briefe I, S. 326 ff.). Frey ist damals bereits Preisträger der Universität Bern für seine Arbeit über *Albrecht von Haller und seine Bedeutung für die deutsche Literatur*, die 1879 bei Haessel erscheint; Meyer hatte den Kollegen seinem Verleger empfohlen.

Zu seinem Verhältnis gegenüber dem dichtenden Wissenschafter, der ihm auch seinen jüngeren Bruder Emil (1856–1895) vorgestellt hat, meint Meyer, es sei «hübsch, wenn Jugend und Alter so glimpflich mit einander umgehen» (Briefe I, S. 330). Als Frey erkrankt, ist Meyer äußerst besorgt, denn er möchte den kenntnisreichen und erprobten Literaten nicht mehr entbehren, der im Sommer 1880 den HEILIGEN im «Berner Bund» bespricht. Nachdem er seinen HUTTEN überarbeitet hat, gesteht er Frey am 31. August 1881, es vergehe kein Tag, an dem ihm nicht «mündlich oder schriftlich, gröber oder feiner, insinuirt» werde, er «möchte denselben wohl verdorben haben»; und er bittet den Freund, der als einziger «die Corr. Fahnen gelesen hat», um «ein Urteil», damit ihm «das Geschwätz nicht eine gute Stimmung verderbe» (Briefe I, S. 341). Schon bald darauf kann Meyer an Frey schreiben:

> *Der Hutten-Artikel [im Oktober-Heft der «Deutschen Rundschau»] hat mich gefreut. [...] Ich kann Ihnen nicht sagen, hoffe, Sie werden es auch einmal erleben, wie wohlthuend es für den Älteren ist, von dem Jüngeren in einer Weise gewertet zu werden, wie er es von seinen Altersgenossen unmöglich verlangen kann.*
>
> Meyer an Adolf Frey,
> 27. September 1881 (Briefe I, S. 342)

Im Februar 1883 bespricht Frey in der «Deutschen Rundschau» Meyers GEDICHTE. Der Kommentar aus Kilchberg lautet (Briefe I, S. 350): «An Ihrem Artikel wünschte ich kein Pünktchen anders. *Besseres* wurde nie über mich geschrieben! Die paar Dämpfer kann ich nicht tadeln.»

Und stets neu bewährt sich Frey als kritischer Helfer und helfender Kritiker, brieflich oder im vertrauten Gespräch. Meyer nimmt dafür an den wissenschaftlichen Arbeiten Freys, seinen Bemühungen um Johann Gaudenz von Salis-Seewis und Salomon Geßner, regen Anteil und würdigt die Lyrik des Freundes. Daneben tauschen die beiden ihre Ansichten über das damalige literarische Tagesgeschehen aus. Im Spätherbst 1887 steht PESCARA im Mittelpunkt des Briefwechsels; Frey rezensiert das Werk in der »Neuen Zürcher Zeitung» und im «Kunstwart». Zwei Jahre später widmet Frey dem Kilchberger abermals seine Aufmerksamkeit in der «Deutschen Dichtung» vom 1. Oktober 1889. Er wehrt sich für seinen älteren Freund auch gegen eine Herabwürdigung des HEILIGEN (vgl. Briefe I, S. 380).

Diese Anpassungsfähigkeit Freys hat ihren Grund im Umstand, daß er als vielgeübter Journalist die Werke seiner Zeitgenossen deskriptiv im Hinblick auf die darin gestaltete Welt als sichtbare Wirklichkeit angeht und sich darauf beschränkt, zu beleuchten, wie der Dichter die realistische Vorgabe abbildungsweise bewältigt und seinen Stoff gestaltet. Abgründe, die sich aus der Wahl des Stoffes oder aus dem Werdegang seiner Entwicklung hätten erschließen lassen, liegen seinem positivistischen Interesse fern. Als Biograph Gottfried Kellers *(Erinnerungen an Gottfried Keller*, Leipzig 1892) und seines Kilchberger Freundes *(Conrad Ferdinand Meyer. Sein Leben und seine Werke*, Stuttgart 1900) liefert er der Nachwelt wertvolle Einsichten in Wesen und Schaffen seiner beiden berühmten Zeitgenossen. Von ihm stammt auch die zweibändige Ausgabe der *Briefe Conrad Ferdinand Meyers* (Leipzig 1908) und eine Edition von dessen *Unvollendeten Prosadichtungen* (Leipzig 1916). Lina Frey geb. Beger (1853–1942), seine Gemahlin, verfaßte ebenfalls Artikel über Meyer.

Das ungetrübte Verhältnis des Dichters zu Frey hat Bestand bis ins Jahr 1892. Nach seiner Rückkehr aus Königsfelden bekämpft Meyer, innerlich gebrochen, unter dem Einfluß seiner Gattin den einstigen Freund.

Adolf Frey (1855–1920) und seine Frau Lina geb. Beger (1853–1942) auf dem Menzberg. Anonyme Photographie um 1905 (Ausschnitt). Zentralbibliothek Zürich

Rechte Seite:
Conrad Ferdinand Meyer im Alter von ungefähr
70 Jahren.
Anonyme Photographie, aufgenommen um 1895
im Garten von Meyers Haus in Kilchberg.
Zentralbibliothek Zürich

x Der Rückzug aus dem Leben

In Königsfelden (1892/93)
Entfremdung
Der Tod

In Königsfelden (1892/93)

Krankheitsgeschichten, von Psychoanalytikern entworfen, zeichnen sich mitunter durch eine gewisse Unsicherheit oder vorschnell gefaßte Annahmen aus. Die in jeder Hinsicht zutreffende Beurteilung eines Patienten fällt nicht leicht. Es ist auch bei Meyer schwer, aufgrund der Anamnese und spärlicher Briefe ein genaues Bild von Ursachen, typischen Symptomen und dem Verlauf der Krankheit zu erstellen. Der spätere Direktor der Anstalt Königsfelden, Arthur Kielholz (1879–1962), der die vorliegenden klinischen Akten 1944 bearbeitet hat, weist darauf hin, daß des Dichters Eltern «nach modernen Erbgesetzen keinen Ehekonsens erhalten hätten» (Kielholz, S. 259), zieht aber gleichzeitig nicht in Zweifel, daß Conrad dank ihnen über außergewöhnliche Veranlagungen verfügte. Er bedenkt bei seiner Darstellung unter anderem die Störungen, die in Meyers Kindheit auftraten und zu den merkwürdigen Absonderungswünschen des Jugendlichen führten. Bei der Bewertung der Erbanlagen und des familiären Umfelds kommt Kielholz zum Schluß, daß «bei den meisten genialen oder doch hochtalentierten Menschen [...] der enge Rahmen des psychiatrischen Schemas gesprengt wird und nicht mehr genügen kann» (ebd., S. 275). Er empfiehlt bei der Beurteilung solcher Fälle sich besser an das zu halten, was dem Betroffenen gelungen sei, nämlich an seine Werke und an die Versuche, einen bestimmten Grad von Anpassung an die Gesellschaft zu erreichen. In all dem, was ein späterhin psychisch Erkrankter geschaffen habe, lasse sich vielleicht eine Art der Verarbeitung von Krankheit finden. Aus seinen Schöpfungen aber auf eine solche zurückzuschließen, hält er für außerordentlich schwer und gewagt. Nicht jeder, der einen Inzest gedanklich umkreist oder literarisch darstellt, hat ihn deswegen tatsächlich begangen; er lag in seiner Phantasie, im Bereich des Denkbar-Möglichen. Erbliche Belastungen dagegen sind bekanntlich bei Meyers Großvätern väterlicher- und mütterlicherseits erwiesen. Seine Mutter begeht, einem Wahn folgend, Selbstmord, und auch seine Tochter Camilla wird den Tod im Wasser suchen.

Die Krankheit, die am 7. Juli 1892 zu Meyers Einlieferung in die Heil- und Pflegeanstalt Königsfelden führt, wird meist als Alterspsychose oder Altersmelancholie diagnostiziert. Die sie verursachenden äußeren Umstände haben dabei eine gewisse Ähnlichkeit mit jenen, die beim jungen, an innerem Zwiespalt Leidenden den Aufenthalt in Préfargier notwendig machten. So wie Meyer damals dem unerbittlich-zermürbenden Kampf mit der einsichtslosen Mutter ausweicht, weicht er diesmal dem Kampf mit seiner selbstsüchtigen Frau aus. Louise Meyer hatte sich mit der Schwägerin Betsy in irreparabler Weise zerstritten und wollte ihrem Manne die Schwester endgültig «austreiben». Einer Notiz der Krankengeschichte ist zu entnehmen, daß Meyer bei einem Besuch seiner Frau fast nichts sprach, am folgenden Morgen jedoch behauptete, seine Schwester sei dagewesen (Kielholz, S. 274). Frau und Schwester waren für ihn in eins verschmolzen. Er versuchte sich dem Streit, der um seine Person ja auch in ihm ausgetragen wurde, mit der Erkrankung zu entziehen. Nach einem von seiner Frau erbetenen Kurzurlaub zur Teilnahme an der Geburtstagsfeier ihrer achtzigjährigen Mutter am 27. September 1893 kehrte der halbwegs Beruhigte entgegen der Verabredung mit dem Direktor der Anstalt, Dr. Adolf Weibel (1840–1908), nicht mehr nach Königsfelden zurück. Die Gattin hatte seine Entlassung geschickt durchgesetzt. Jetzt wurde der Heimgeholte, keineswegs gesundet, unter ihrer Pflege wieder in den Konflikt hineingerissen. Auf Louises Geheiß mußte er Betsy Briefe schreiben, die er aus eigenen Stücken niemals abgefaßt hätte. Der unversöhnliche Haß der Frau gegenüber der Schwägerin machte ihn zu ihrem willenlosen Werkzeug. Daneben führte sie ihn den Bekannten als geheilt vor und verbreitete als Beweis für seine angebliche Genesung unter ihnen Verse, die der Müde, in seinem Künstlertum Zerbrochene gelegentlich noch verfertigte. – Was Meyer seinen Pescara sagen ließ, traf nun auf ihn selbst zu: Der «Knoten [s]eines Daseins» war in der Tat «unlösbar» (XIII, 252), und nur der «Schnitter», dem er sich schon als «armer Conrad» oft nahe gefühlt hatte, konnte ihn zerschneiden.

*Conrad Ferdinand Meyer
in Königsfelden.
Links Dr. Leopold Froelich
(1860–1933), seit 1891
Sekundärarzt, 1902–1920
Direktor der Anstalt.
Photographie vermutlich
aus dem Frühjahr 1893.
Zentralbibliothek Zürich*

Meyers Erkrankung

Die Vorgeschichte zum familiären Konflikt und damit zu Meyers Erkrankung beginnt vermutlich schon im Herbst 1879. Der Dichter war damals nach einem Armbruch in Pontresina blockiert, und Betsy reiste anstelle von Louise, die schwanger war, zur Pflege des Bruders ins Engadin und waltete dort mit Freude als Sekretärin und Krankenschwester. Die beiden verweilten in Gedanken immer wieder bei Louise, und Betsy schrieb der Schwägerin am 30. September 1879 (Zäch/Wellmann, S. 101): «Liebes Herz trage Dir Sorge um seinetwillen.» Obgleich Betsy Louise Meyer fast täglich über des Bruders Befinden informierte, beklagte sich die Gattin, sie werde entschieden vernachlässigt und erhalte zu wenig Auskünfte über den Zustand ihres Mannes. Die angesichts ihrer Verfassung begreifliche Besorgtheit verschaffte der Schwangeren Angstzustände und Schlaflosigkeit. Trotz dieser vielleicht in der Gattin ersten Groll und Eifersucht weckenden Episode bemühten sich alle Beteiligten um die Wiederherstellung des einstigen harmonischen Einvernehmens.

Aber in einem Bericht der Anna von Doß über ihren Besuch bei Meyer vom Mai 1890 steht zu lesen, daß Betsy, die einige Tage in Kilchberg verbrachte, «ihre ‹Ferien› drüben, beim Bruder» feiere:

Das selige Geschäft des Schreibens, wenn er diktirt, sie darf es, auf kurze Zeit wieder vollbringen. Aber Alles muß diskret und verschwiegen sein bei ihr; sie darf es nicht zeigen, wie glücklich sie das macht, wie stolz überhaupt sie auf diesen Bruder ist. Denn mit eifersüchtiger Regung frägt dann die Gattin: «Wenn Ihr Euch Alles seid, wofür bin dann ich in deinem Leben?»

(von Doß, S. 392)

Betsy, der Anna von Doß bescheinigt, sie sei «lieb, still, fein, klug» (von Doß, S. 392), war offensichtlich darauf bedacht, nicht den geringsten Anlaß zu entsprechenden Reaktionen ihrer Schwägerin zu geben. Als Meyer sie 1891 bittet, ihm bei der definitiven Niederschrift der Angela Borgia an die Hand zu gehen, fragt sie zurück (Betsy, S. 202): «Was wird Luise dazu sagen, die dich gern von jeder Schriftstellerei befreit sähe?» Meyers Antwort, wie sie Betsy wiedergibt, legt den Schluß nahe, daß auch er den schwesterlichen Einwand weniger auf seine Tätigkeit als auf seine Helferin bezog, wenn er meint (ebd.): «Sie wird sicherlich einwilligen, daß ich dir die Novelle diktiere, wenn ich ihr sage, daß ich nur diesmal und notgedrungen zur alten Gewohnheit zurückkehre. Sie hat mich lieb ...» Im weiteren bekennt er Betsy, daß ihm die Arbeit «zehnmal leichter» falle, wenn er ihr diktieren könne, denn sie verstehe ihn «von alters her».

Daß da im Verborgenen schon hinreichend Zündstoff vorhanden war und vermutlich bei Gelegenheit auch erste Hinweise auf die gefährliche Belastung des ehelichen Verhältnisses sichtbar wurden, beweist die Tatsache, daß Meyers Gemahlin beim offenen Ausbruch des unheilvollen Zerwürfnisses erklärte, ihr Mann habe Betsy «in seiner unendlichen Liebe und Gütigkeit immer noch gedeckt und entschuldigt» (Betsy an Haessel, 11. Oktober 1892; Zäch/Wellmann, S. 102). Meyer mußte also schon zur Zeit seiner angestrengtesten und ihn wie noch nie erschöpfenden Arbeit an ANGELA BORGIA zwischen den beiden Frauen vermitteln: zwischen der Gattin, die ihn eigensüchtig für sich beanspruchte und die er nicht vor den Kopf stoßen wollte und durfte, und der geliebten Schwester, die ihn in allen Belangen verstand, der er so viel verdankte, die auf ihre Weise zu ihm gehörte und für die er gleichwohl nicht zu sehr eintreten durfte, weil das der Frau neuen Anlaß zu Argwohn und Eifersucht geliefert hätte. In ein derart unlösbares Dilemma verstrickt, hätte wohl mancher weniger empfindsame und über mehr Nervensubstanz verfügende Mann mit Reizbarkeit reagiert. Bedenkt man weiter, daß im sonst wohlbestellten Haus in Kilchberg offenbar Dinge geschahen, die den von seinen psychischen Kräften her ohnehin Überforderten zusätzlich belasteten, so wird begreiflich, daß Meyer die Kontrolle über sich verlor. Der Hausarzt Dr. Jakob Honegger hält diese Entwicklung in einem Brief an Betsy fest, womit er gleichzeitig die Internierung ihres Bruders in Königsfelden erklärt:

Im Auftrage von Frau Dr. Meyer theile ich Ihnen mit, daß ich gestern Ihren Herrn Bruder nach Königsfelden gebracht habe. Er kam vorgestern in eine ärgerliche Aufregung, in welcher er mit dem Stock nach der Frau Doktor und nach der Köchin schlug. Er wurde zwar nachher wieder ganz ruhig und bat die Frau Doktor um Verzeihung, doch da sich solche Auftritte, die durch seinen Wahn veranlaßt werden, es werde im Haushalt zu viel verschwendet, sich wiederholen dürften, so schlug ich die Unterbringung in eine Anstalt vor, da damit sowohl dem Herrn als der Frau Doktor weitere derartige Aufregungen erspart bleiben. Ich betrachte bei dem Charakter seiner Wahnideen die Entfernung aus der gewohnten Umgebung deßhalb für wichtig und nützlich, weil sie in dieser gleichsam immer neue Nahrung fanden. Auch glaube ich, hätte bei noch längerer Dauer der Privatpflege der Gesundheitszustand der Frau Doktor erheblich gelitten.

Herr Doktor nahm die Mittheilung von seiner Unterbringung in die Anstalt fast wie als etwas Selbstverständliches entgegen und die Reise gieng ohne das geringste aufregende Moment vor sich.

Dr. Jakob Honegger an Betsy Meyer,
8. Juli 1892 (Ms. CFM 396.10; vgl. Zäch, S. 43)

Seit der nur langsam fortschreitenden Ausarbeitung der BORGIA-Novelle hatte Meyer zudem unter dem Gedanken gelitten, seine poetische Kraft sei am Erlahmen und sein dichterisches Versagen stehe unmittelbar bevor. Die alte Zukunftsangst war wieder da. Betsy spricht in einem Brief an Haessel vom 8. Januar 1895 davon, es sei ihr in den letzten Jahren vor Meyers Erkrankung bänglich aufgefallen, daß des Bruders künstlerischer Wille zuweilen nur mit Anstrengung «die Übergewalt des poetischen Stoffes zu bändigen und zu ordnen» vermocht habe (Zäch/Wellmann, S. 103). Rechnet man dazu noch die Tatsache, daß der Dichter, von weiteren Werkplänen bedrängt und dabei doch um die Abnahme seiner Kräfte wissend, sich in Zeitnot wähnte, daß ferner die zeitlich befristete Korrektur der BORGIA-Druckfahnen zu erledigen war, so versteht man, daß der Alternde nicht mehr in der Lage war, all das, was ihm familiär und beruflich abverlangt wurde, ohne schwere Schädigung seiner seit dem Winter 1887/88 angeschlagenen Gesundheit zu leisten. Die Korrekturarbeiten für die 5. Auflage der GEDICHTE übertrug er der Schwester. Als nach Erscheinen der ANGELA BORGIA dem mit so viel Mühe abgeschlossenen Werk gar einige Mängel vorgeworfen wurden, da war das Maß wohl übervoll, und der Geist Meyers mußte dem gegen ihn Anbrandenden erliegen.

DER SCHREI UM MITTERNACHT

Kaum ein Text ist zur Spiegelung von Meyers verzweifelter Lage vor Ausbruch der Krankheit besser geeignet als der im Frühling oder Sommer 1892 entstandene SCHREI UM MITTERNACHT (XV, 124). Der Dichter nennt das kurze Prosastück «Fragment. Weniger als Entwurf» und erzählt darin folgendes: Bau und Inneres eines in der klaren Winternacht vom Mond beschienenen tiefverschneiten Klosters stehen unter dem Bann des Traumes. Auch die Schwestern verhalten sich als Träumende kongruent zu ihrem Haus und dem darin dank Hypnos Waltenden, bis der doppelte Aufschrei der kranken Eugenia, die an Schlaflosigkeit leidet und Visionen hat, alle aus den Betten reißt. Die in die Zelle ihrer Mitschwester Eilenden finden Eugenia tot vor, «aber mit einem Ausdruck des Friedens auf den eingefallenen Zügen, der die gleichsam abgelegten Lasten eines schweren Daseins anzeigte – wenn es möglich wäre, daß auf einem erlösten Antlitz das Maß des Erlittenen sich verzeichnen ließe. . . . / verzeichnen ließe. / auf einem erlösten Angesicht»

Was sich bei einem Kind als *Pavor nocturnus* in einem nächtlichen Aufschrecken, das von einem Angstschrei begleitet wird, äußern mag, ist hier zur ungeheuerlichen und letalen Angelegenheit geworden: Der erste Schrei verhallt «wie ein gewaltiges Siegsgeschrei» und verheißt «Victoria»; der zweite ist «noch erschütternder», und er ist es – ein Todesschrei –, der die Schwestern zur Nachschau zwingt. Was sie finden, ist der Friede «auf einem erlösten Antlitz», das die Lasten eines schweren

Daseins abgelegt hat. Zeigt sich nicht Untergründiges in diesen Bewußtseinsinhalten, und ist nicht Meyers Krankheit angesichts des ihn von allen Seiten in äußerste Bedrängnis versetzenden Daseins auch so etwas wie ein «Schrei um Mitternacht»?

Denn es stellten sich beim Dichter Verfolgungsängste ein. Der psychisch Angeschlagene brach mitunter in Wut aus und wurde ein Opfer von Halluzinationen. Er verweigerte das Essen, da diesem Gift beigegeben sei, und betrachtete Fleisch und Rotwein als Fleisch und Blut von Frau und Kind. Er wurde unreinlich, sprach von seiner unmittelbar bevorstehenden Hinrichtung und bat, man möge dabei auf seine Stirn zielen, damit die Kugel nicht im Unrat in seiner Brust steckenbleibe. Wie schon vor seinem Aufenthalt in Préfargier bildete er sich ein, er sei mit einem abstoßenden Geruch behaftet, der bei allen Mitmenschen Ekel errege, und klagte, daß er, innerlich völlig zugemauert, seit Jahren an gräßlicher Obstipation leide. Er behauptete, wieder vollständig ein Kind geworden zu sein, erklärte des bestimmtesten, einen Doppelgänger zu haben, der in seinem Namen Greueltaten begehe, und selbst wie er dank langsamer Besserung seines Zustandes in Begleitung eines Pflegers in Königsfelden größere Ausmärsche unternehmen konnte, war er der festen Überzeugung, bald eines unnatürlichen und mit Qualen verbundenen Todes sterben zu müssen (vgl. Kielholz, S. 273 ff.).

DER GEISTESKRANKE POET

Unter den nachgelassenen Gedichten finden sich diese Verse, die Meyer am 9. August 1892 seinem Wärter Richard Ammann (vgl. VII, 726) diktiert hat:

Ich bin der Krankenwärter des geistes-
    kranken Poeten
Er hat verloren seine Schwerter und wird
    zum Spott einem jeden.
Doch unter Allem und Allen erweckt seine
    Seele Wohlgefallen,
Und selbst in den Stücken des zerbrochenen
    Spiegels
Sieht man das Flattern eines Flügels.
Er hat die buntesten Träume hinter seinen
    Gittern
Und die düstersten Räume lassen seine
    Seele nicht zittern.
Zeit und Raum sind ihm verwirrt
Und es wird ihm schrekliche Schuld gegeben,
    doch das ist nicht die Wahrheit und das
    Leben ist mit ihm zum Traume verwirrt.
Alles erscheint ihm doppelt und dreifach und
    verloren ging ihm die Wahrheit, doch
    weiß er daß im Tode die Wahrheit ein
    Reich besitzt, die sie ihm wiederbringt.

(VII, 319)

Meyer, der daran zweifelte, ob er derselbe sei wie jener, der seine Werke geschrieben habe, redet hier von sich in der dritten Person. Das «Ich» ist damit einem depersonalisierten «Er» gewichen, und was von diesem «Er», dem geisteskranken Poeten, gesagt wird, legt der Diktierende dem Schreiber in den Mund, der für ihn von ihm spricht. Das eigentliche Subjekt ist in der Anstalt ja tatsächlich zum Objekt geworden.

Der aus der Bahn geworfene Dichter ist dem Spott eines jeden, also der Mitmenschen, ausgesetzt, hat er doch seine «Schwerter» verloren und damit die Kraft seiner Feder eingebüßt, was offensichtlich die Folge seiner geistigen Erkrankung ist – vgl. HUTTENS HAUSRAT (VIII, 18): «Mit Schwert und Feder half und riet ich mir». Gleichwohl ist der Kranke vom Wohlgefallen der andern nicht ausgeschlossen, und zwar erweckt es, wie er glaubt, seine Seele. «Selbst in den Stücken des zerbrochenen Spiegels», der kein ganzes Abbild der Welt mehr zu geben vermag, regt sich «das Flattern eines Flügels», ist Bewegung erkennbar. Und der Poet hinter den vergitterten Fenstern hat immer noch «die buntesten Träume»; die Phantasie, die sie aus dem Inneren aufsteigen läßt und nach Laune verknüpft, hebt ihn auch über «die düstersten Räume» hinweg. Allein: die Wirklichkeit ist für ihn verloren, denn «Zeit und Raum», unsichtbare und sichtbare Dimension des Wirklichen, das in ihnen geschieht, «sind ihm verwirrt». Wenn er leidet, so deswegen – und hier löst sich die Struktur des Gedichts völlig auf – weil ihm eine «schrekliche Schuld» zugemessen wird, was aber nicht der Wahrheit entspricht, zumal das Leben «mit ihm zum Traume verwirrt» ist. Die Folge davon ist, daß mit der Unzuverlässigkeit des Wahrgenommenen («doppelt und dreifach») auch die Wahrheit verlorenging. Erst mit dem Tod, dem die Wahrheit eignet, da sie, wie er weiß, in ihm ein Reich besitzt, wird sie zurückkehren.

Entfremdung

In den gut fünf Jahren, die Meyer nach seinem Aufenthalt in Königsfelden noch zu leben vergönnt sind, hat er nichts Größeres mehr geschaffen; und die Spätgedichte, die er in seltenen Augenblicken der Eingebung oder auf Louises Geheiß hin niederschreibt, lassen die Formvollendung früherer Verse meist vermissen. Zweifellos hat er gespürt, daß ihm die alte Meisterschaft abhanden gekommen war, und diese Erkenntnis muß für ihn sehr schmerzlich gewesen sein. Die wißbegierige Tochter, die den gebrechlichen Vater jeweils aufzuheitern vermochte, besuchte seit November 1894 die Grebelschule, eine Privatsekundarschule für Mädchen in der Stadt Zürich, und ab Herbst 1895 wie einst ihre Mutter das Mädchenpensionat Montmirail bei Neuenburg, so daß Camilla bald nur noch in den Ferien mit den Eltern zusammensein konnte.

Der alternde Dichter aber blieb am liebsten zu Hause in seinen vier Wänden, wo er nach wie vor gern einen Gast empfing. Schon am 7. Mai 1890 hatte er Hermann Lingg gestanden, ihm sei «eigentlich nur in Kilchberg oder noch höher in den Bergen völlig wohl» (Briefe II, S. 331). Allerdings verspürte er jetzt keinerlei Lust zum Reisen mehr und war von der betriebsamen Gattin oft nur mit List von Kilchberg wegzulocken. Louise glaubte nämlich, häufige Luftveränderungen seien ihrem müden, willenlosen Gatten zuträglich.

So weilte er 1894 in Brigels und für ein paar Tage in Disentis in der Sommerfrische; im Herbst war er in Walchwil am Zugersee. 1896 verbrachte er Ferientage in Baden, am Vierwaldstättersee sowie in Klosters, und ein Jahr später war er nochmals in Engelberg, auf dem Stoos und auf der Rigi anzutreffen. Im Sommer seines Todesjahres begab er sich auf den Brünig und nach Wengen im Lauterbrunnental. Den Feierlichkeiten zu Meyers 70. Geburtstag 1895 wich man an den Genfersee aus, nachdem zuvor eine Reise nach dem deutschen Kurort Badenweiler, wo sich Louises Schwester aufhielt, und ein Abstecher nach Straßburg unternommen worden waren. Zur Abwechslung wurde auch immer wieder Steinegg aufgesucht. Der Dichter sollte durch diese Ortswechsel Zerstreuung finden, und damit dem gänzlich ungesellig Gewordenen der Umgang mit Freunden leichter falle, schlug Louise ihre Zelte kurzerhand in Zürich auf: Anfang 1895 logierten Meyers im Baur au Lac – nicht zuletzt, um in der Nähe von Camilla zu sein, die bei winterlichen Verhältnissen den langen Schulweg von Kilchberg nicht täglich zurücklegen konnte –, und im Frühjahr 1897 wurde im Seefeld eine Wohnung gemietet.

Meyer war nicht mehr er selbst; ein solch unsteter Lebensstil konnte ihm nicht behagen. Louise, deren «militärisch einfache Gewöhnungen» er früher gerühmt hatte (an Lingg, 3. Dezember 1884; Zäch, S. 41), bestimmte sein Dasein und kontrollierte den stark eingeschränkten Verkehr mit der Schwester. Sie intrigierte nach Kräften gegen Betsy sowie gegen Adolf Frey, der als Meyers «Verfolger» verleumdet wurde (VII, 367) und den man nun vom längst erteilten Auftrag, die Biographie des Dichters zu verfassen, entbinden wollte. Die Gattin entwarf sogar die Briefe, die Meyer zu schreiben hatte, so wohl auch jenen vom 5. November 1895 an Julius Rodenberg, der die unglaubliche Äußerung über die allzeit gutmütige Betsy enthält (Rodenberg, S. 319): «Meine Schwester ist kein Glückstern auf meinem Lebenswege. Dies ist eine zu delikate Sache, um sie der Welt zu offenbaren. Ich finde mein einziges Glück in meiner l. Frau, die durch Glück u. Unglück zu mir hält u. nur für mich lebt.» Der Dichter war zum Spielball geworden im traurigen Kampf, den Louise gegen ihre Schwägerin führte. Was der Wehrlose beim Hinschied seines Jugendfreundes Johannes Landis im Sommer 1896 formuliert hat, dürfte seine im Grunde unwandelbare Gesinnung gegenüber Betsy zutreffender charakterisieren (VII, 361):

Doch getrost, es giebt ein Wiedersehen,
Wo kein Sturm und keine Winde wehen,
Dort ist alles Erdeleid geschlichtet,
Aller Jammer, aller Schmerz vernichtet.

Conrad Ferdinand Meyer im Alter von 72 Jahren. Photographie der Gebrüder Wehrli, Kilchberg, datiert 3. Juni 1897. Das Bild zeigt den Dichter am Fenster seines Arbeitszimmers, anderthalb Jahre vor seinem Tod; es diente Lenbach als Vorlage für sein Meyer-Porträt von 1900. Original Privatbesitz, Reproduktion Zentralbibliothek Zürich

Conrad Ferdinand Meyer. Gemälde von Franz Seraph von Lenbach (1836–1904), entstanden 1900 in München, als postumes Denkmal im Auftrag von Louise Meyer-Ziegler. Als Vorlage diente obige Photographie. Der Künstler, der die Gestalt des Dichters gegenüber der photographischen Vorlage verjüngte, soll das Porträt wie folgt kommentiert haben (von Doß, S. 409): «Hier in den Mundwinkeln sitzt der Humor und die Schalkheit, aber die Vornehmheit dieses Kopfes geht doch über alles.»
Depositum der Zentralbibliothek Zürich im Ortsmuseum Kilchberg

Pegasus mit gebundenen Flügeln

Betsy hat ihre Schwägerin, wenn immer sie auf Conrads letzte Lebensjahre zu sprechen kam, nie denunziert, obwohl sie nach all dem Übel, das ihr angelastet worden war, dazu Gründe genug gehabt hätte. Dagegen ist in ihren Äußerungen leise Wehmut spürbar, weil man den Bruder von jeder intensiveren poetischen Tätigkeit abzuhalten versuchte, um so auch das Einigungsband zwischen den Geschwistern zu zerstören. Sie bedauert, daß sich der Dichter nicht mehr mit dem ihr noch geoffenbarten Plan einer Geschichte aus seiner Jugendzeit beschäftigen durfte (Duno Duni), die ihn bestimmt nicht belastet hätte:

Gewiß, er bedurfte nun der Wohltat gänzlicher Ruhe. Seine geistige Tätigkeit jedoch gewaltsam und plötzlich zu hemmen, wie es seine ihn ängstlich liebende Frau zu versuchen gesonnen war, schien mir gefährlich. Eigene friedliche Erinnerungen mit Muße niederzuschreiben, das konnte ihn nicht ermüden wie das Erfinden und Vertiefen schwerer tragischer Konflikte. So hoffte ich, er werde, wenn er Neues beginne, sich aus eigenem Antriebe dieser einfachen Arbeit zuwenden. Sie aber, in zärtlicher Liebe, hätte ihm die Flügel gern so fest gebunden, daß er alles, alles vergessen und nur noch für das Behagen des heutigen Tages Wunsch und Sinn gehabt hätte.

(Betsy, S. 211)

Familie Meyer im Gruppenbild: Louise ungefähr 58jährig, Conrad Ferdinand ungefähr 70jährig, Camilla ungefähr 16jährig. Anonyme Photographie um 1895. Original Privatbesitz, Reproduktion Zentralbibliothek Zürich

Conrad Ferdinand Meyer im Alter von knapp 71 Jahren. Photographie von Jakob Sigrist-Herder, Zürich, aufgenommen im Sommer 1896 in Davos-Platz, als der Dichter, von einer Wanderung ermüdet, für einen Augenblick eingenickt war. Original Privatbesitz, Reproduktion Zentralbibliothek Zürich

Mein geliebter Bruder hat sich von seiner akuten Nervenkrankheit im Jahre 1892 nie bis zu dem Punkte wieder erholt, daß er geistigen Verkehr nach außen gesucht oder auch nur den entschiedenen Wunsch ausgesprochen hätte, alte liebe Beziehungen wieder anzuknüpfen. Er hatte viel gelitten und erschien unendlich gut und sanft, aber müde und gebrochen!

So beschränkte er sich, wenn er redete, auf die kurze, wunderbar ruhig und kühl ausgesprochene Beantwortung der an ihn gerichteten Fragen und auf wenige seltene Gegenfragen. Es war, als ob die Erinnerung ihn schmerzte.

Dazu kam die Ängstlichkeit seiner ihn um und um vor jeder Berührung mit seiner poetischen Vergangenheit behütenden Gattin, die den Grund seiner Erkrankung ausschließlich in der Überanstrengung seines Herzens durch dichterische Arbeit erblickte.

So hatte sogar ich, jedesmal wenn ich den Genesenden zur Zeit, da er wieder in Kilchberg war, zu sehen verlangte, eine lange Wartezeit und mancherlei Widerstand zu erleiden, bis ich das liebe Angesicht endlich wieder sehen durfte.

Mir konnte das freilich genügen, denn wenn er auch wenig sagte, es sprach aus ihm immer dieselbe stille, rührende Liebe.

*Betsy Meyer an Unbekannt,
ohne Datum (in: «Das literarische Echo»,
15. Jg. (1912/13), Sp. 1668)*

Der Biograph Robert d'Harcourt beschreibt Meyers überschattete Altersjahre 1913 wie folgt:

L'image qu'il a laissée aux siens, durant ces cinq années de doux crépuscule intellectuel qui séparèrent sa rentrée au foyer de sa mort, est celle d'un «vieillard aux cheveux blancs, courbé, le regard tourné vers le dedans, avec quelque chose d'affaissé dans la démarche et l'attitude». Il poursuivait un rêve intérieur dont ne le tiraient point les conversations étrangères; celles-ci lui étaient un trouble et une gêne: il gardait la trop claire conscience de la ruine de ses forces pour ne pas souffrir d'une activité déployée autour de lui et dont il lui était interdit de prendre sa part.

Dès lors, seul le cercle intime de la famille a pu le connaître sous sa physionomie véritable et avec cette dernière lueur intérieure qui continuait de vivre sous la caducité de l'enveloppe. Le soir, à Kilchberg, il faisait à sa femme et à sa fille la lecture à haute voix, d'un timbre chantant et pénétrant. Elles se le rappellent encore sous les ombrages de Steinegg, où il passait l'été «assis sur un banc, perdu dans la contemplation de la nature et de son propre monde intérieur».

De temps à autre, la souffrance lui arrachait des plaintes, mais rarement; l'impression dominante était celle d'une incomparable bonté, d'une sérénité sans limite, «d'une paix profonde faite avec le Destin et dont la source dernière était sans doute l'intimité vécue de la foi religieuse». Dans sa résignation suprême, Meyer rejoignait Don Giulio, le héros da sa dernière œuvre.

(d'Harcourt, vie, S. 427f.)

Der Tod

Am Montag, 28. November 1898, einem milden Spätherbsttag, wurde Conrad Ferdinand Meyer von aller Beschwernis, die auf seinen letzten Lebensjahren lag, sanft erlöst. Nachdem er um die Mittagszeit auf der Veranda etwas frische Luft geschöpft hatte, zog er sich zur Lektüre in sein Arbeitszimmer zurück. In einen Aufsatz von Wilhelm Scherer über Goethe als Journalisten vertieft (Rundschau-Heft vom Oktober 1878), erlag er auf dem mit schwarzem Wachstuch überzogenen Sofa einem Herzschlag. Dabei war der Dichter gerade in den letzten Wochen vor seinem Tod wieder solchermaßen aufgelebt, daß man auf eine baldige vollständige Genesung gehofft hatte.

Das Begräbnis fand am 1. Dezember statt. Der Trauerzug, der sich bei aufklarendem Winterwetter vom Heim des Dichters zur Kirche Kilchberg hinauf bewegte, wurde von der akademischen Jugend angeführt. Dem mit Lorbeer bekränzten Leichenwagen und zwei weiteren Wagen mit Kranz- und Blumenspenden folgten die Angehörigen und engsten Freunde des Verstorbenen, sodann Regierungsvertreter von Stadt und Kanton, Behördenmitglieder der Gemeinde sowie Dozenten beider Hochschulen. Mit dem großen übrigen Geleite marschierte eine Schar Sänger des Vereins «Harmonie» und des Männerchors Zürich. An der schlichten Feier, die von der Sängerschaft mitgestaltet wurde, sprachen der Ortspfarrer Hans Jakob Baumann (1838–1929) und Professor Johann Rudolf Rahn, der den Dichter noch am Vorabend seines Todes besucht hatte. Schwester Betsy nahm aus Rücksicht auf ihre überreizte Schwägerin nicht an Conrads Beisetzung teil.

Am Sonntagvormittag des 18. Dezember veranstaltete der Lesezirkel Hottingen in der Tonhalle eine Gedächtnisfeier für C. F. Meyer. Festredner Julius Stiefel (1847–1908), Professor für deutsche Literatur und Ästhetik am Eidgenössischen Polytechnikum, pries den Dichter als «unvergleichlichen Maler vergangener Zeiten», als «klassischen Poetisierer der Geschichte, in kongenialer Nachempfindung heimisch in jedem Jahrhundert, gerecht jedem Volke, erfassend den innersten Kern und Geist, das ewige Gesetz, Ruhm und Gericht der Weltgeschichte in ihren wandelnden Geschlechtern und Geschicken»; für Meyer sei Poesie «formvollendete Ausgestaltung gediegenen Gehaltes» gewesen, «ein Bilden marmorschöner Formen und Gestalten, aus denen der Gehalt als Geist und Seele spricht» (Abdruck der Rede in der Beilage zur «Neuen Zürcher Zeitung» Nr. 352 vom 20. Dezember 1898). Dann rezitierte Emil Milan (1859–1917) Gedichte von Meyer. Der Gedenkakt wurde umrahmt mit Mozarts *Ave verum corpus* und dem Schlußchoral aus der *Johannes-Passion* von Johann Sebastian Bach, dessen Werke der Dichter selbst sehr geschätzt hatte (vgl. Frey, S. 320).

Meyers letzte Ruhestätte, östlich des Chors der Kirche Kilchberg gelegen, kennzeichnet ein Obelisk aus schwarzem Granit. Zwei Grabplatten zu Füßen der Stele erinnern an des Dichters Gattin und an die Tochter, die beide später im gleichen Grab bestattet worden sind. Das einfache Denkmal nennt heute nur den Namen und die Lebensdaten des Meisters; einst trug es noch folgende Inschrift nach Joh. 14, 19: «Ich lebe, und ihr sollt auch leben.»

Louise und Camilla Meyer als Leidtragende. Anonyme Photographie aus dem Winter 1898/99. Original Privatbesitz, Reproduktion Zentralbibliothek Zürich

Betsy Meyer im Alter von 76 Jahren. Photographie von F. Salm in Veltheim, aufgenommen im Juni 1907 im Garten ihres Alterssitzes Chalet Rischmatt. Ms. CFM 371. Zentralbibliothek Zürich

Aus der «Neuen Zürcher Zeitung» Nr. 331 (Morgenblatt) vom Dienstag, 29. November 1898, S. 4. Zentralbibliothek Zürich

«STERBEN IM ABENDROT»

Es gibt Stunden, recht schwere. Schon jetzt macht sich das Heimweh fühlbar [...] nach meinem Mann, dem keiner gleicht. – Ich rede hier nicht von seinen Werken, nicht einmal von seinem Geiste, sondern nur von seiner überaus liebevollen Art u. Weise, von seinem warmen Herzen, von seiner Dankbarkeit, Bescheidenheit, die mich oft rührte, ach, er suchte ja nichts als Liebe, die er gab u. die Seinen beglückte. Sie haben keine Idee von seiner Güte, noch ganz besonders seit der dunklen Wolke, die sich – immer mehr – wieder verscheuchte u. im letzten Halbjahr wurde er wieder ganz der Alte, noch immer steigend, bis zuletzt es gar schön wurde, daß sogar auch meine l. Tochter anfing zu bezweifeln, ob es so in die Länge bleiben dürfte. Die alte Lebhaftigkeit, die Munterkeit – er mochte noch oft so herzlich lachen – alles war wieder da.

Der wißbegierigen Camilla beantwortete er kreuz u. quer alle Fragen aus der Weltgeschichte, sowohl wie der Literatur, namentlich der griechischen. Er blieb keine Antwort schuldig, obschon bei beständigem Fragen er einen Moment einmal ermüdete, gleich aber mit mir einstimmte, wie er nun nachholen könne, um was das Kind zu kurz gekommen während Jahren.

Kurz, es war noch ein Abendrot, wie man es leuchtender nicht hätte träumen können, dann – er wurde von den Engeln zum Himmel getragen! Ein Ende des Friedens u. schmerzlos, in einer Minute war alles fertig. Ich hörte ein Atmen wie von einem Schlafenden, die Türe war offen in sein Zimmer, ich im anstoßenden, ich fliege hin, aber schon war der Kopf zurückgelehnt u. ein tiefer Atemzug – u. alles war fertig. Und das war so feierlich, daß meine Tochter u. ich durch Tränen hindurch nur loben u. preisen können, daß Gott den Teuren zu sich genommen, an den er glaubte.

Louise Meyer-Ziegler an Julius Rodenberg,
14. Dezember 1898 (Rodenberg, S. 320 f.)

GESCHWISTERTREUE BIS IN DEN TOD

Ich bin nicht trostlos. Auch war dieser Tod so schön: ein schmerzloses Weggehen, gerade als ein neuer lichter Tag in die Kammer des Gefangenen hineinzuscheinen begann!

O wie mag ich es ihm gönnen, daß nun die Bande abgestreift sind. Hätten Sie sein marmorbleiches Haupt, wie ich, zwischen den Lorbeerkränzen ruhen sehen, so sanft entschlummert, so mächtig wieder und so friedevoll – ein großes stilles Leuchten – Sie begriffen, daß ich nicht trauere. Sie wissen auch, ich bin und werde immer mehr ein Wesen «ohne Datum». So datiere ich denn wieder voraus und lebe in der Zeit, da, wie mein Bruder als Büblein zitierte, «weder Leid noch Geschrei mehr sein wird» ... Ich bin ein bischen zertrümmert und sehr müde. Ich will mich aber tapfer halten zum guten Schluß. Das gehört auch zur Treue.

Betsy Meyer an Adolf und Lina Frey,
6./7. Dezember 1898 (Nils, S. 269)

Todesanzeige.

Es hat dem Allmächtigen, dem Herrn über Leben und Tod gefallen, unsern teuren Gatten, Vater, Bruder, Schwager und Onkel

Dr. Conrad Ferdinand Meyer

heute, infolge eines Herzschlages, in seinem 74. Lebensjahre, zu sich abzurufen.

Im Namen der Hinterlassenen:
Die tieftrauernde Gattin und Tochter.
Kilchberg, den 28. November 1898.

Die Beerdigung findet Donnerstag, den 1. Dezember, vormittags 10½ Uhr, in Kilchberg statt. (Nur Männergeleite). Condolenzbesuche bittet man zu unterlassen. — Anzeigen werden nicht versandt.

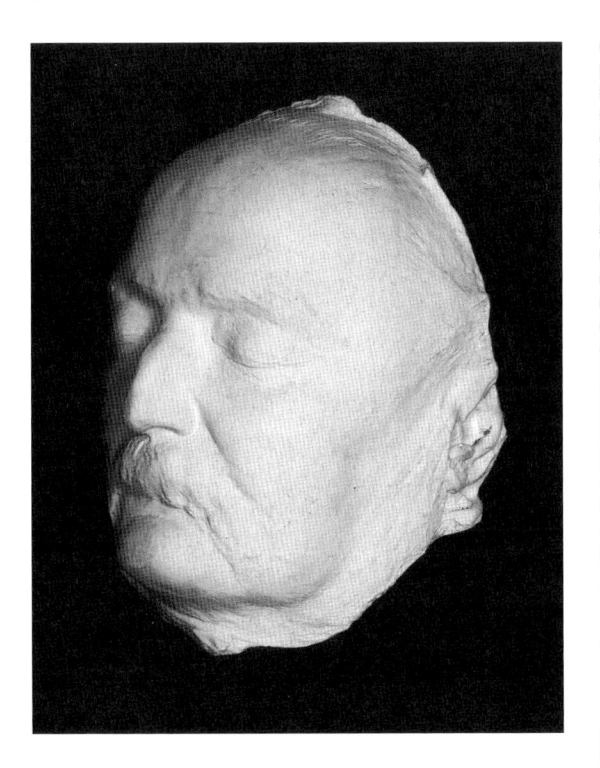

Dem Dichter zum Gedenken

Ein großer Sohn unseres schweizerischen Vaterlandes, ja der größten einer, hat sein reichbewegtes Leben geschlossen. Es geschah ganz ungeahnt. Der Himmel seines Lebensabends und seines Herzens hatte nach zeitweisem, dunkelm Gewölk durch Gottes Fügung sich freundlich aufgeheitert. Schön, mild, von der Sonne göttlicher Liebe durchleuchtet, lieblich war dieser Abend. Frisch, hell, klar des l. Entschlafenen Geist. Da kam der Tod zur mittäglichen Stunde, dieses vielbewegte, gar reiche Leben voll großen Inhaltes zu enden. Es geschah schmerzlos, ohne Kampf, wie es der Entschlafene sich gewünscht. Dr. Conrad Ferdinand Meyer, unser größter zeitgenössischer Schweizerdichter, ist nicht mehr. Wohin immer diese Kunde dringt, im Vaterlande und weit über seine Grenzen hinaus, – überall weckt sie Trauer und Schmerz. Dem großen Dichter schlugen tausend und aber tausend Herzen in stiller, dankbarer Verehrung entgegen, nicht bloß in der Gelehrtenwelt, sondern auch sonst in gebildeten Kreisen, auch in entlegenen, stillen Dörfern zu Berg und Tal, hin und her im Schweizerlande. Doch er ist uns nicht verloren. [...]

Es bleibt uns sein Bild, wie es immer neu und herrlich uns aufleuchtet mit seinen mancherlei großen Geistesgaben, ein Bild, wie es namentlich auf den Jüngling begeisternd einwirkt, hoch begeisternd für alles Ideale, in dessen Dienst der Entschlafene sein Leben gestellt. Sollen wir hier im Hause Gottes noch ein Wort ihm nachrufen, – es sei ein einfaches, aber liebevolles, ein Wort dankbarer Anerkennung seiner geistigen Größe, seines Wirkens zum Segen der Mit- und Nachwelt.

*Pfarrer Hans Jakob Baumann
in seiner Gedächtnisrede,
gehalten am 1. Dezember 1898
in der Kirche Kilchberg*

*C. F. Meyers Totenmaske.
Abgenommen vom Bildhauer Josef Regl (1846–1911),
vermutlich am 29. November 1898, auf Veranlassung
von Louise Meyer-Ziegler. Zentralbibliothek Zürich*

*Das Dichtergrab in Kilchberg.
Ursprünglicher Zustand, bevor es zum Familiengrab
wurde, mit dem von Louis Wethli (1867–1914) im Jahr
1899 geschaffenen Monolith aus schwarzem Granit.
Ansichtskarte um 1900, aus dem Verlag der Gebrüder
Wehrli in Kilchberg. Zentralbibliothek Zürich*

Über dieses Buch

Die Anfänge des vorliegenden Gedenkbandes reichen ins Gottfried Keller-Jubiläumsjahr 1990 zurück. Damals faßte Hans Wysling den Entschluß, auch dem zweiten großen Zürcher Dichter des 19. Jahrhunderts zum 100. Todestag eine Publikation zu widmen. Seit 1993 durfte ich ihn bei seinen vorbereitenden Arbeiten unterstützen. Leider nahm diese gemeinsame Tätigkeit mit dem Hinschied von Professor Hans Wysling im Dezember 1995 ein jähes Ende.

Wenn C.F. Meyers Biograph Adolf Frey zu des Dichters Beschäftigung mit der späten Novelle «Angela Borgia» erklärt, es habe ihn «der häufige Gedanke» gepeinigt und gehemmt, «mit einem angefangenen Werke nicht mehr zu Ende zu kommen, sondern vorher arbeitsunfähig oder abgerufen zu werden», so trifft diese Aussage in überraschender Analogie auch auf den Initiator dieses Buches zu. Wie sich der Dichter die letzte Erzählung geradezu abringen mußte, hat Hans Wysling im Wettlauf mit der Zeit um seinen Meyer-Bildband gekämpft, – ihn aber als Fragment hinterlassen müssen. Und dabei ist ausgerechnet die Interpretation jener düsteren «Borgia»-Geschichte zu seinem letzten Beitrag geworden.

Auf Wunsch der Familie des Verstorbenen sollte die Monographie fertiggestellt und termingerecht veröffentlicht werden. Zu diesem Zweck wurde sämtliches vorhandene Material gesichtet und überarbeitet, Fehlendes ergänzt und die Schlußredaktion der bereits entworfenen Texte besorgt. Zweifellos wird es dem aufmerksamen Leser nicht entgehen, daß verschiedene Verfasser am Werk waren, und er möchte vielleicht wissen, welche Abschnitte noch aus der Feder Hans Wyslings stammen. Da die insgesamt fünfzig Kapitel ganz unterschiedlich weit gediehen waren, fällt es schwer, eine genaue Zuteilung vorzunehmen. Der Abschnitt über Meyers Zürcher Freunde beispielsweise bestand nur aus Skizzen zu den Porträts von Nüscheler und Mathilde Escher; alles übrige mußte hinzugefügt werden. Dennoch sei versucht, einige Anhaltspunkte zur jeweiligen Autorschaft zu geben:

Hans Wysling hat den Aufbau dieses Buches festgelegt, der bis auf geringfügige Änderungen beibehalten wurde. Dann beschäftigte er sich hauptsächlich mit Meyers erzählerischem Werk. Er entwarf die Interpretationen sämtlicher Novellen, des «Jürg Jenatsch», des «Hutten» sowie der Berg- und Seegedichte. Im biographischen Bereich hinterließ er punktuelle Ansätze: so begann er, die Abschnitte I «Kindheit» und III «Der Aufbruch» zu bearbeiten, ferner die Kapitel über Mariafeld, Bismarck, die Reise nach Venedig und jenes über des Dichters Meilener Heim. Auch lagen Notizen zu den beiden Kapiteln «Leiden eines Sohnes» und «In Préfargier und Neuenburg» wie zur Einleitung des Kapitels über Königsfelden vor. Neu dazugekommen sind demnach alle noch nicht genannten Kapitel der Teile II, V, VI, VII, IX und X sowie Abschnitt IV «Diffuse Pläne und Versuche», insbesondere die restlichen Kapitel zur Lyrik und die Interpretation der Versdichtung «Engelberg».

Der Gedenkband richtet sich nicht ausschließlich an Germanisten; er soll jedem literarisch Interessierten den Zugang zu Conrad Ferdinand Meyer erleichtern. Das Buch erhebt keinen Anspruch auf Vollständigkeit; das zitierte Dokumentationsmaterial stellt lediglich eine Auswahl dar. Wer zur Entstehungs- und Rezeptionsgeschichte eines Einzelwerks zusätzliche Informationen wünscht, sei auf die vorzügliche fünfzehnbändige historisch-kritische Meyer-Ausgabe verwiesen, die auch wir benutzt haben. Es ging uns darum, eine möglichst umfassende bebilderte Gesamtschau über Meyers Leben und dichterisches Schaffen zusammenzustellen, die neben dem persönlichen Umfeld des Autors den zeitgeschichtlichen Kontext mit berücksichtigt. Das Buch soll vor allem die Problematik verdeutlichen, welche das Leben dieses spätberufenen Künstlers geprägt hat: eines Sonderlings, der sich von der Gegenwart und dem bürgerlichen Alltag seiner Mitmenschen abwandte, um in seinen Werken historischen Größen vergangener Jahrhunderte zu huldigen, und der trotz seiner Distanziertheit zum anerkannten und verehrten Dichter wurde.

Es bleibt mir zu danken: zunächst der Gattin des Verstorbenen, Frau Claire Wysling, die mir das gesamte Arbeitsmaterial mit allen Notizen bereitwillig überlassen und auch beim Korrekturlesen geholfen hat. Ein aufrichtiger Dank geht an meinen Vater, Dr. Heinz Büttiker, und den Leiter der Graphischen Sammlung der Zentralbibliothek Zürich, Dr. Bruno Weber. Ohne ihre Unterstützung hätte ich die große Aufgabe in so kurzer Zeit nicht bewältigen können. Mein Vater hat nicht nur beim Redigieren der vorgelegenen Typoskripte geholfen, sondern ganze Kapitel oder fehlende Texte beigesteuert: so die Abschnitte zur Lyrik, das Kapitel «Engelberg» und jene über Meyers Freunde, Besucher und Zeitgenossen. Dr. Bruno Weber war bei der Bebilderung ein fachkundiger und zuverlässiger Ratgeber, der sich um die besten Illustrationen zu den Texten bemühte und im Hinblick auf alle editorischen Probleme aufgeschlossen und hilfsbereit mitwirkte.

Der Hauptteil des Bildmaterials ist der Zentralbibliothek Zürich zu verdanken, die Hüterin des Meyer-Nachlasses ist. Aber auch allen andern Bibliotheken, Museen und Archiven im In- und Ausland, die Abbildungen zur Verfügung gestellt oder uns mit Auskünften die Arbeit erleichtert haben, sei hier herzlich gedankt. Von privater Seite haben uns Dr. Conrad Ulrich, Zürich, Dora von Waldkirch-van Vloten, Zürich, Dr. Jürg Wille, Feldmeilen, und Prof. Dr. Hans Zeller, Villars-sur-Glâne, besonders unterstützt. Heinz von Arx zeichnet für die grafische Gestaltung des Buches verantwortlich. Nach dem Hinschied von Hans Wysling nahm sich Dr. Hugo von der Crone der Finanzierung des Projekts an, und Prof. Dr. Egon Wilhelm von der Gottfried Keller-Gesellschaft Zürich hat die Fertigstellung des Werks wohlwollend begleitet. Ihnen allen gebührt mein Dank, der sich ebenso an die folgenden Donatoren richtet, die mit Beiträgen das Erscheinen des Bandes ermöglicht haben:

Ernst Göhner Stiftung, Zug
Gemeinde Kilchberg
Gemeinde Küsnacht/ZH
Gemeinde Meilen
Genossenschaft zum Baugarten, Zürich
Gottfried Keller-Gesellschaft, Zürich
Max Geilinger-Stiftung, Zürich
Präsidialdepartement der Stadt Zürich

Regierungsrat des Kantons Zürich
    (Fonds für gemeinnützige Zwecke)
Schweizerischer Bankverein, Basel
Schweizerischer Nationalfonds, Bern
Stiftung der Schweizerischen Landesausstellung
    1939 Zürich für Kunst und Forschung,
    Rüschlikon
Stiftung für Abendländische Besinnung,
    Zürich
Stiftung für Humanwissenschaftliche Forschung,
    Zürich
UBS Schweizerische Bankgesellschaft, Zürich
Ulrico Hoepli-Stiftung, Zürich
Zürcher Hochschulverein
Zürcher Kantonalbank, Zürich
Zuger Kulturstiftung Landis & Gyr, Zug
Zunft zur Schiffleuten, Zürich

Das Buch ist gleichzeitig Begleitpublikation zur Meyer-Gedenkausstellung im Zürcher Strauhof. Möge es aber nicht nur die Erinnerung an dieses Dichter-Jubiläum wachhalten, sondern auch das literarische Vermächtnis Hans Wyslings in würdiger Form erfüllen.

Elisabeth Lott-Büttiker

Adliswil, im Mai 1998

Literaturverzeichnis

In Klammer jeweils der **Kurztitel,** nach dem das Werk im Text zitiert wird.

Bibliographie

Gerlach, Ulrich Henry: *Conrad Ferdinand Meyer. Bibliographie.* Tübingen 1994.

I. Primärliteratur

1. Meyers Werke

Sämtliche Werke. Historisch-kritische Ausgabe, besorgt von Hans Zeller und Alfred Zäch. 15 Bde. Bern 1958–1996. **(zitiert unter Angabe der römischen Bandnummer, Seitenzahl)**

Conrad Ferdinand Meyers unvollendete Prosadichtungen. Eingeleitet und herausgegeben von Adolf Frey. 2 Bde. Leipzig 1916. **(Unvollendete Prosadichtungen)**

2. Briefe und Briefwechsel

Da noch keine historisch-kritische Briefausgabe vorliegt, wird nach verschiedenen Quellen zitiert, die immer genau verzeichnet sind.

Bebler, Emil: *Conrad Ferdinand Meyer und Gottfried Kinkel. Ihre persönlichen Beziehungen auf Grund ihres Briefwechsels.* Zürich 1949. **(Kinkel)**

Bettelheim, Anton (Hrsg.): *Louise von François und Conrad Ferdinand Meyer. Ein Briefwechsel.* Berlin 1905. – 2. Aufl. Berlin 1920. **(von François)**

von Bissing, Friedrich Wilhelm: *Mathilde Wesendonck. Die Frau und die Dichterin.* Im Anhang: Die Briefe C. F. Meyers an Mathilde Wesendonck. Wien 1942. **(Wesendonck)**

Frey, Adolf (Hrsg.): *Briefe Conrad Ferdinand Meyers. Nebst seinen Rezensionen und Aufsätzen.* 2 Bde. Leipzig 1908. **(Briefe I** bzw. **II)**

d'Harcourt, Robert: *La crise de 1852–1856. Lettres de C. F. Meyer et de son entourage.* Paris 1913. **(d'Harcourt, crise)**

Hirzel, Bruno: *Conrad Ferdinand Meyer und die Zürcher Stadtbibliothek* [enthält Briefe Meyers an H. Escher]. In: Festgabe D. Dr. Hermann Escher zum 70. Geburtstage, 27. August 1927, Zürich 1927, S. 45–60.

Höfer, Conrad (Hrsg.): *Briefe von Conrad Ferdinand Meyer an Hans Hoffmann.* Eisenach 1924.

Hoffmann, Karl Emil: *Conrad Nüscheler v. Neuegg und seine Beziehungen zu Conrad Ferdinand Meyer.* In: Die Schweiz 23 (1919), Heft 4, S. 191–198. **(Hoffmann)**

Langmesser, August (Hrsg.): *Conrad Ferdinand Meyer und Julius Rodenberg. Ein Briefwechsel.* Berlin 1918. **(Rodenberg)**

Reitler, Anton: *Von Conrad Ferdinand Meyer und seinem Verleger* [Hermann Haessel]. In: Jahrbuch der literar. Vereinigung Winterthur 10 (1925), S. 5–20.

Schultheß, Otto (Hrsg.): *Briefe von Conrad Ferdinand Meyer, Betsy Meyer und J. Hardmeyer-Jenny.* Neujahrsblätter der Literar. Gesellschaft Bern, Neue Folge 5, Bern 1927. **(Schultheß)**

Vischer, Robert: *Conrad Ferdinand Meyer und Friedrich Theodor Vischer.* In: Süddeutsche Monatshefte 3 (1906), S. 172–179. **(Vischer)**

Vulliemin, Charles: *Conrad Ferdinand Meyer et Louis Vulliemin* [mit Auszügen aus Briefen Meyers und seiner Mutter aus den Jahren 1857–1878]. In: Bibliothèque universelle et revue suisse 16 (1899), S. 225–246, 532–553. **(Vulliemin)**

Zäch, Alfred: *Conrad Ferdinand Meyers italienische Reisen. Aus unveröffentlichten Briefen des Dichters.* In: Neue Zürcher Zeitung, Nr. 4455 (113), 24. Oktober 1965. **(Zäch, Italienische Reisen)**

Zeller, Hans und Rosmarie Zeller (Hrsg.): *Johanna Spyri – Conrad Ferdinand Meyer. Briefwechsel 1877–1897.* Mit einem Anhang: Briefe der J. Spyri an die Mutter und die Schwester Meyers 1853–1897. Kilchberg 1977. **(Spyri)**

3. Berichte und Erinnerungen von Zeitgenossen

Blum, Hans: *Lebenserinnerungen.* 2 Bde. Berlin 1907/08. (Zu Blums Besuch bei C. F. Meyer siehe Bd. 2, S. 104–118). **(Blum)**

Bluntschli, Johann Caspar: *Denkwürdiges aus meinem Leben.* Auf Veranlassung der Familie durchgesehen und veröffentlicht von Dr. Rudolf Seyerlen. 3 Bde. Nördlingen 1884.

Erinnerungsblätter. Conrad Ferdinand Meyer. Ein Fragment aus dem Nachlaß seiner Schwester Betsy Meyer. Mitgeteilt von Julius Rodenberg. In: Das literarische Echo 15 (1912), Sp. 1–15. **(Frühlingsbriefe)**

von Escher, Nanny: *Erinnerungen an Conrad Ferdinand Meyer.* In: Zürcher Taschenbuch auf das Jahr 1900, Zürich 1900, S. 1–16. **(Nanny von Escher)**

Frau Anna von Doß über C. F. Meyer. Berichte und Briefe. Mit einem Nachwort hrsg. von Hans Zeller. In: Euphorion 57 (1963), S. 370–410. **(von Doß)**

Friedrichs, Hermann: *Conrad Ferdinand Meyer.* In: Deutsche Zeitschrift. Monatshefte für Politik und Volkswirtschaft, Kultur und Kunst, Jg. 3, Berlin 1901, S. 654–660 und S. 687–693. **(Friedrichs)**

Koegel, Fritz: *Bei Conrad Ferdinand Meyer. Ein Gespräch.* In: Die Rheinlande. Monatsschrift für deutsche Kunst und Dichtung 1 (1900), Heft 1, S. 27–33. **(Koegel)**

Langewiesche, Wilhelm: *Ein Besuch bei Conrad Ferdinand Meyer.* In: Die Gegenwart 42 (1892), Nr. 38, S. 180–182. **(Langewiesche)**

Meyer, Betsy: *Conrad Ferdinand Meyer. In der Erinnerung seiner Schwester.* Berlin 1903. **(Betsy)**

4. Meyers Stoffquellen

Burckhardt, Jacob: *Die Cultur der Renaissance in Italien. Ein Versuch.* Basel 1860. **(Burckhardt, Cultur der Renaissance)**

Gregorovius, Ferdinand: *Lucrezia Borgia. Nach Urkunden und Correspondenzen ihrer eigenen Zeit.* 3. Aufl. Stuttgart 1875. **(Gregorovius, Lucrezia Borgia)**

Meyer, Johann Heinrich: *Conrad Schmid, Comthur zu Küßnach (1476–1531).* In: Blätter aus der Geschichte von Küsnach, Zürich 1863, S. 3–21.

Meyer-Ott, Wilhelm: *Johann Rudolf Werdmüller, Feldmarschall-Lieutenant.* Neujahrsblatt hrsg. von der Feuerwerker-Gesellschaft in Zürich auf das Jahr 1874. **(Meyer-Ott)**

Reber, Balthasar: *Georg Jenatsch. Graubündtens Pfarrer und Held während des dreißigjährigen Kriegs.* In: Beiträge zur vaterländischen Geschichte, 7. Band, Basel 1860, S. 177–300. **(Reber)**

Werdmüller, Anton: *Der Glaubenszwang der zürcherischen Kirche im XVII. Jahrhundert. Eine kirchenhistorische Skizze.* Zürich 1845. **(Werdmüller)**

von Wyß, Georg: *Herzog Heinrich von Rohan.* Neujahrsblatt hrsg. von der Stadtbibliothek in Zürich auf das Jahr 1869. **(Wyß)**

5. Weitere Quellen

Aus Betsy Meyers Briefwechsel mit Adolf und Lina Frey. In: Corona 8 (1938), S. 417–461. **(Betsy, Briefe)**

Clément, Charles: *Gleyre. Étude biographique et critique avec le catalogue raisonné de l'œuvre du maître*, Genève/Neuchâtel/Paris 1878. **(Clément)**

von Doß, Anna: *Ein Besuch in Mariafeld 1871. Aufzeichnungen von Anna von Doß.* [Privatdruck] 1976. **(von Doß, Mariafeld)**

Freud, Sigmund: *Aus den Anfängen der Psychoanalyse. Briefe an Wilhelm Fließ. Abhandlungen und Notizen aus den Jahren 1887–1902.* Frankfurt a.M. 1975. **(Freud)**

Largiadèr, Anton: *Der Briefwechsel Ferdinand Meyers mit Joh. Caspar Heß.* In: Zürcher Taschenbuch auf das Jahr 1950, Zürich 1949, S. 84–120. **(Largiadèr)**

Nüscheler, Conrad: *Mein Lebenslauf.* Zürich 1900. **(Nüscheler)**

Rodenberg, Julius: *Aus seinen Tagebüchern.* Berlin 1919. **(Rodenberg, Tagebücher)**

Thierry, Augustin: *Erzählungen aus den merowingischen Zeiten. Aus dem Französischen übersetzt von Conrad Ferdinand Meyer.* Hrsg. von Gerlinde Bretzigheimer und Hans Zeller, Zürich 1972.

Vischer, Friedrich Theodor: *Kritische Gänge.* 2 Bde. Tübingen 1844. **(Krit. Gänge)**

Wille, Eliza: *Erinnerungen an Richard Wagner. Mit 15 Briefen Richard Wagners.* Erstdruck Berlin 1894. Vierte Ausgabe, Zürich 1982. **(Eliza Wille)**

II. Sekundärliteratur

Leben

1. Biographisches und Gesamtdarstellungen

Dahme, Lena Friedrich: *Women in the life and art of Conrad Ferdinand Meyer.* New York 1936.

Fehr, Karl: *Conrad Ferdinand Meyer. Auf- und Niedergang seiner dichterischen Produktivität im Spannungsfeld von Erbanlagen und Umwelt.* Bern 1983. **(Fehr)**

Frey, Adolf: *Conrad Ferdinand Meyer. Sein Leben und seine Werke.* Stuttgart 1900. 4. Aufl. Stuttgart 1925. **(Frey)**

d'Harcourt, Robert: *Conrad Ferdinand Meyer. Sa vie et son œuvre (1825–1898).* Paris 1913. **(d'Harcourt, vie)**

Hellpach, Willy: *Zur pathographischen Diagnose über C. F. Meyer.* In: Zentralblatt für Nervenheilkunde und Psychiatrie 32 (1909), S. 426–428.

Heß, Eduard: *Über Conrad Ferdinand Meyer.* In: Allgemeine Zeitschrift für Psychiatrie und psychisch-gerichtliche Medicin 58 (1901), S. 1164–1181.

Hohenstein, Lily: *Conrad Ferdinand Meyer.* Bonn 1957. **(Hohenstein)**

Jackson, David A.: *Conrad Ferdinand Meyer in Selbstzeugnissen und Bilddokumenten.* Rowohlts Monographien 238. Reinbek 1975. **(Jackson)**

Kielholz, Arthur: *Conrad Ferdinand Meyer und seine Beziehungen zu Königsfelden.* In: Monatsschrift für Psychiatrie und Neurologie 109 (1944), S. 257–289. **(Kielholz)**

Kittler, Friedrich A.: *Der Traum und die Rede. Eine Analyse der Kommunikationssituation Conrad Ferdinand Meyers.* Bern 1977.

Lange, Wilhelm: *Konrad Ferdinand Meyer. Eine pathographische Skizze.* In: Zentralblatt für Nervenheilkunde und Psychiatrie 32 (1909), S. 209–214.

Langmesser, August: *Conrad Ferdinand Meyer. Sein Leben, seine Werke und sein Nachlaß.* 3. Aufl. Berlin 1905. **(Langmesser)**

Niederland, William Guglielmo: *Conrad Ferdinand Meyer. Eine tiefenpsychologische Studie.* In: Carolinum. Historisch-literarische Zeitschrift 34.51 (1968/69), S. 28–35. Wiederabdruck in: Psycho-Pathographien I. Schriftsteller und Psychoanalyse, hrsg. von Alexander Mitscherlich, Frankfurt a.M. 1972, S. 128–141.

Sadger, Isidor: *Konrad Ferdinand Meyer. Eine pathographisch-psychologische Studie.* Wiesbaden 1908.

Zäch, Alfred: *Conrad Ferdinand Meyer. Dichtkunst als Befreiung aus Lebenshemmnissen. Wirkung und Gestalt*; 12. Frauenfeld 1973. **(Zäch)**

Zäch, Alfred und Gerlinde Wellmann: *Conrad Ferdinand Meyers Jahre in Kilchberg.* Kilchberg 1975. **(Zäch/ Wellmann)**

2. Zu Meyers Familie

Bleuler-Waser, Hedwig: *Die Dichterschwestern Regula Keller und Betsy Meyer.* Zürich 1919. **(Bleuler-Waser)**

Bleuler-Waser, Hedwig: *C. F. Meyer und seine Schwester. Zwei Lebenslinien. Zum 11. Oktober 1925.* In: Der Lesezirkel 12 (1925), S. 152–159. **(Lesezirkel)**

Escher, Heinrich: *Zur Erinnerung an den Herrn Regierungsrath Ferdinand Meier [!], Doktor der Philosophie, Mitglied des Kirchenrathes und Präsident des Erziehungsrathes.* [Zürich] 1840.

Hottinger, Johann Jakob: *Ferdinand Meyer.* Neujahrsblatt zum Besten des Waisenhauses auf das Neujahr 1849. **(Hottinger)**

Nils, Maria: *Betsy, die Schwester Conrad Ferdinand Meyers.* Frauenfeld 1943. **(Nils)**

von Orelli, Bertha: *Betsy Meyer, die Schwester Conrad Ferdinand Meyers, 1831–1912.* Zürich [1939]. **(von Orelli)**

Schaetty-Guyer, Hanna: *Camilla Meyer †.* In: Schweizer Monatshefte 16 (1936/37), S. 413–419. **(Schaetty-Guyer)**

3. Zu Freunden und Zeitgenossen

Brandt, Martin Gottlieb Wilhelm: *Mathilde Escher. Ein Lebensbild.* Basel 1892. **(Brandt)**

Bürkli, Adolf: *Biographie des eidgenössischen Obersten Paul Karl Eduard Ziegler.* Neujahrsblatt der Feuerwerker-Gesellschaft in Zürich auf das Jahr 1886.

Faesi, Robert: *Spittelers Weg und Werk.* Frauenfeld und Leipzig 1933. **(Faesi)**

Georg von Wyß. Zwei Nekrologe von Paul Schweizer und Hermann Escher. Zürich 1894. **(Georg von Wyß)**

Helbling, Carl: *Mariafeld. Aus der Geschichte eines Hauses.* Zürich 1951. **(Helbling)**

Isler-Hungerbühler, Ursula: *Johann Rudolf Rahn. Begründer der schweizerischen Kunstgeschichte.* Zürich 1956.

Mathilde Escher. Eine schweizerische Tabea. Stuttgart [um 1875/76].

Rahn, Rudolf: *Bündner Kunst- und Wanderstudien. Aus Johann Rudolf Rahns Skizzenbüchern.* Vorwort von Ursula Isler-Hungerbühler, Einführung von Karl Rahn, Bildlegenden von Lorenz Held. Chur 1986. **(Rahn)**

Sorgenfrey, Theodor (Hrsg.): *Hermann Haessel, ein deutscher Buchhändler. Reisebriefe aus der Mitte des 19. Jahrhunderts nebst einem Lebensabriß.* Leipzig 1904. **(Sorgenfrey)**

Wetzel, Justus Hermann: *Carl Spitteler. Ein Lebens- und Schaffensbericht.* Bern 1973. **(Wetzel)**

Wille, Jürg: *Mariafeld und die Zürcher Dichter Gottfried Keller und Conrad Ferdinand Meyer* (Rede zum Herbstbott 1995). In: Jahresbericht der Gottfried Keller-Gesellschaft, Zürich 1996, S. 3–13.

Winkler, Jürg: *Johanna Spyri. Aus dem Leben der «Heidi»-Autorin.* Rüschlikon 1986.

von Wyß, Leo: *Jugenderinnerungen aus dem Leben des sel. Prof. Dr. Friedrich von Wyß.* In: Zürcher Taschenbuch auf das Jahr 1912, S. 202–261, und 1913, S. 83–161.

Werk

4. Zum Werk allgemein

Brückner, Hans-Dieter: *Heldengestaltung im Prosawerk Conrad Ferdinand Meyers.* Bern 1970.

Brunet, Georges: *Conrad Ferdinand Meyer et la Nouvelle.* Paris 1967.

Hertling, Gunter Helmut: *Conrad Ferdinand Meyers Epik. Traumbeseelung, Traumbesinnung und Traumbesitz.* Bern 1973.

Kalischer, Erwin: *Conrad Ferdinand Meyer in seinem Verhältnis zur italienischen Renaissance.* Palaestra 64. Berlin 1907.

Salloch, Michael: *Der Verlust der existenztragenden Wahrheit als Grundidee der Novellen Conrad Ferdinand Meyers.* Bochum 1980.

Spitzer, Paul Gerd: *Untersuchungen zur Geschichtsdichtung Conrad Ferdinand Meyers. Das Verhältnis von politisch-geschichtlicher Wirklichkeit und individuellen Motiven in den historischen Erzählungen.* Köln 1980.

Sulger-Gebing, Emil: *C. F. Meyers Werke in ihren Beziehungen zur bildenden Kunst.* In: Euphorion 23 (1920/21), S. 422–495.

Zeller, Hans und Rosmarie Zeller: *Conrad Ferdinand Meyer.* In: Handbuch der deutschen Erzählung, hrsg. von Karl Konrad Polheim, Düsseldorf 1981, S. 288–302 u. 592–593.

5. Zu einzelnen Werken

«Angela Borgia»

Burkhard Marianne: *Vergessen und Erinnern in Meyers «Angela Borgia».* In: Neue Zürcher Zeitung, Nr. 484, 18. Oktober 1970, S. 49f.

Hansen, Uffe: *Conrad Ferdinand Meyer: «Angela Borgia». Zwischen Salpêtrière und Berggasse.* Bern 1986.

Weishaar, Friedrich: *C. F. Meyers «Angela Borgia».* Beiträge zur deutschen Literaturwissenschaft; 30. Marburg a.L. 1928.

«Das Amulett»

Eisenbeiß, Ulrich: *Conrad Ferdinand Meyer: «Das Amulett».* In: Jakob Lehmann (Hrsg.), Deutsche Novellen von Goethe bis Walser. Interpretationen für den Deutschunterricht, Bd. 1, Königstein/Ts. 1980, S. 289–305.

Huber, Walter: *Stufen dichterischer Selbstdarstellung in C. F. Meyers «Amulett» und «Jürg Jenatsch».* Bern 1979.

Knapp, Gerhard P.: *C. F. Meyer: «Das Amulett». Historische Novellistik auf der Schwelle zur Moderne.* Modellanalysen Literatur Bd. 13, Paderborn 1985.

Zeller, Hans: *Conrad Ferdinand Meyer: «Das Amulett».* In: Erzählungen und Novellen des 19. Jahrhunderts, Bd. 2, Stuttgart 1990, S. 279–300.

«Das Leiden eines Knaben»

Binder, Gerhart: *Conrad Ferdinand Meyers Novelle: «Das Leiden eines Knaben».* In: Der Deutschunterricht 3.2 (1951), S. 64–72.

Eisenbeiß, Ulrich: *Überlegungen zur perspektivischen Erzählkunst des späteren Conrad Ferdinand Meyer – am Beispiel der historischen Novelle «Das Leiden eines Knaben».* In: Robert Leroy und Eckart Pastor (Hrsg.), Deutsche Dichtung um 1890. Beiträge zu einer Literatur im Umbruch, Bern 1991, S. 273–288.

«Der Heilige»

Cowen, Roy Chadwell, jr.: *C. F. Meyer: «Der Heilige».* In: R. C. Cowen, Der poetische Realismus. Kommentar zu einer Epoche, München 1985, S. 247–262.

Silz, Walter: *Meyer: «Der Heilige».* In: Jost Schillemeit (Hrsg.), Deutsche Erzählungen von Wieland bis Kafka. Interpretationen 4, Frankfurt a.M. 1966, S. 260–283.

«Der Schuß von der Kanzel»

Hauser, Albert: *Halbinsel Au – ein Glücksfall. Menschen, Kultur und Landschaft.* Zürich 1991.

Jennings, Lee Byron: *The ambiguous explosion. C. F. Meyer's «Der Schuß von der Kanzel».* In: German Quarterly 43 (1970), S. 210–222.

Vitt-Maucher, Gisela: *Ein Jenatsch in komischer Maske. Beziehungen zwischen C. F. Meyers «Der Schuß von der Kanzel» und «Jürg Jenatsch».* In Colloquia Germanica 11 (1978), S. 111–122.

«Die Hochzeit des Mönchs»

Feise, Ernst: *«Die Hochzeit des Mönchs» von Conrad Ferdinand Meyer. Eine Formanalyse.* In: Monatshefte für deutschen Unterricht, deutsche Sprache und Literatur 30 (1938), S. 144–152.

Fellmann, Herbert: *Die «fragwürdige» Erzählkunst C. F. Meyers. Untersucht an der Novelle «Die Hochzeit des Mönchs».* In: Jahrbuch der Wittheit zu Bremen 9 (1965), S. 23–45.

«Die Richterin»

Freund, Winfried: *Conrad Ferdinand Meyer: «Die Richterin».* In: W. Freund, Die deutsche Kriminalnovelle von Schiller bis Hauptmann. Einzelanalysen unter sozialgeschichtlichen und didaktischen Aspekten. Paderborn 1975, S. 74–84 u. 115.

Plater, Edward M. V.: *Alcuin's «Harmlose Fabel» in C. F. Meyer's «Die Richterin».* In: German Life and Letters 32 (1978/79), S. 318–326.

Speyer, Constanze Elisabeth: *Zur Entstehungsgeschichte von Conrad Ferdinand Meyers «Richterin».* In: Archiv für das Studium der neueren Sprachen und Literaturen 128 (1912), S. 273–284. **(Speyer)**

«Die Versuchung des Pescara»

Beckers, Gustav: *Morone und Pescara. Proteisches Verwandlungsspiel und existentielle Metamorphose. Ein Beitrag zur Interpretation von C. F. Meyers Novelle «Die Versuchung des Pescara».* In: Euphorion 63 (1969), S. 117–145.

Friebert, Stuart: *Conrad Ferdinand Meyer's «Die Versuchung des Pescara».* In: German Quarterly 35 (1962), S. 475–481.

Plater, Edward M. V.: *The Banquet of Life: Conrad Ferdinand Meyer's «Die Versuchung des Pescara».* In: Seminar: A Journal of Germanic Studies 8 (1972), S. 88–98.

«Engelberg»

Zäch, Alfred: *Conrad Ferdinand Meyers Dichtung «Engelberg» und die Verserzählung des 19. Jahrhunderts.* Neujahrsblatt auf das Jahr 1971 zum Besten des Waisenhauses Zürich, hrsg. von der Gelehrten Gesellschaft; 134. Zürich 1971.

«Gedichte»

Breßler, Hans-Günther: *Gedichte aus C. F. Meyers Spätkrankheit.* In: Monatsschrift für Psychiatrie und Neurologie 125 (1953), S. 320–328.

Henel, Heinrich: *Conrad Ferdinand Meyer: «Lethe».* In: Benno von Wiese (Hrsg.), Die deutsche Lyrik. Form und Geschichte, Bd. 2, Düsseldorf 1957, S. 217–229.

Pestalozzi, Karl: *Tod und Allegorie in C. F. Meyers Gedichten.* In: Euphorion 56 (1962), S. 300–320.

Staiger, Emil: *Conrad Ferdinand Meyer: Drei Gedichte* [«Eingelegte Ruder», «Nachtgeräusche», «Vor der Ernte»]. Jahresgabe für die Mitglieder der Gottfried Keller-Gesellschaft zum Herbstbott 1955, Zürich 1955. **(Staiger, Drei Gedichte)**

Staiger, Emil: *An der Schwelle des Todes* [Interpretation von «Das Ende des Festes»]. In: Marcel Reich-Ranicki (Hrsg.), Frankfurter Anthologie Bd. 2, Frankfurt 1977, S. 73–76.

Zeller, Hans und Rosmarie Zeller: *Zu Conrad Ferdinand Meyers Gedicht «Auf Goldgrund».* In: Günter Häntzschel (Hrsg.), Gedichte und Interpretationen Bd. 4 (Vom Biedermeier zum Bürgerlichen Realismus), Stuttgart 1983, S. 383–398.

«Gustav Adolfs Page»

Eisenbeiß, Ulrich: *Conrad Ferdinand Meyer: «Gustav Adolfs Page».* In: Jakob Lehmann (Hrsg.), Deutsche Novellen von Goethe bis Walser. Interpretationen für den Deutschunterricht, Bd. 1, Königstein/Ts. 1980, S. 307–323.

Emmel, Felix: *Der Eros und der Tod. Zu Conrad Ferdinand Meyers Pagennovelle.* In: Preußische Jahrbücher 179 (1920), S. 404–415.

Ermatinger, Emil: *Eine Quelle zu C. F. Meyers Novelle «Gustav Adolfs Page».* In: Das literarische Echo 19 (1916), Sp. 22–26.

«Huttens letzte Tage»

Gut, Ulrich und Peter Ziegler (Hrsg.): *Ufnau, die Klosterinsel im Zürichsee*. Stäfa 1983.

Jackson, David A.: *Conrad Ferdinand Meyer, «Huttens letzte Tage» and the Liberal Ideal*. In: Oxford German Studies 5 (1970), S. 67–89.

Korrodi, Eduard: *Conrad Ferdinand Meyers Huttendichtung von 1871*. In: Preußische Jahrbücher 147, 1. Heft, Berlin 1912, S. 101–111.

Ulrich von Hutten. Ritter, Humanist, Publizist. 1488–1523. Katalog zur Ausstellung des Landes Hessen anläßlich des 500. Geburtstages. Bearbeitet von Peter Laub und Ludwig Steinfeld, Kassel 1988. **(Laub/Steinfeld)**

«Jürg Jenatsch»

Haffter, Ernst: *Georg Jenatsch. Ein Beitrag zur Geschichte der Bündner Wirren*. Davos 1893.

Herzog, Valentin: *Ironische Erzählformen bei Conrad Ferdinand Meyer, dargestellt am «Jürg Jenatsch»*. Bern 1970.

Jansen, Josef: *Macht und Moral: Meyer*. In: J. Jansen (Hrsg.), Einführung in die deutsche Literatur des 19. Jahrhunderts Bd. 2, Opladen 1984, S. 262–279. **(Jansen)**

Mayer, Hans: *Conrad Ferdinand Meyer: Jürg Jenatsch und Bismarck*. In: H. Mayer, Ansichten von Deutschland. Bürgerliches Heldenleben, Frankfurt a.M. 1988, S. 20–42.

Pfister, Alexander: *Jörg Jenatsch. Sein Leben und seine Zeit*. 4. Aufl. Chur 1984. **(Pfister)**

Pfister, Alexander: *Jörg Jenatsch. Briefe. 1614–1639*. Chur 1983. **(Pfister, Briefe)**

«Plautus im Nonnenkloster»

Dill, Heinz J.: *Parodistische Aspekte in Conrad Ferdinand Meyers Novelle «Plautus im Nonnenkloster»*. In: Monatshefte für deutschen Unterricht, deutsche Sprache und Literatur 79 (1987), S. 62–75.

Frenzel, Elisabeth: *Conrad Ferdinand Meyers Kompositionsverfahren. «Plautus im Nonnenkloster»: Analyse der Motive und Thematik*. In: Theodor Wolpers (Hrsg.), Motive und Themen in Erzählungen des späten 19. Jahrhunderts, Teil 1, Göttingen 1982, S. 22–36.

Rowland, Herbert: *Conscience and the aesthetic in Conrad Ferdinand Meyer's «Plautus im Nonnenkloster»*. In: Michigan Germanic Studies 11.2 (1985), S. 159–181.

Register

Das Register der Personen erfaßt sämtliche Namen, auch solche von biblischen und mythologischen Gestalten sowie poetisch-fiktiven Figuren in Meyers Werken; letztere sind mit * gekennzeichnet und mit einem Hinweis auf das entsprechende Werk versehen. Ebenso werden alle Künstler und Photographen der Porträts Meyers und seiner Familie nachgewiesen. Nicht berücksichtigt sind dagegen die übrigen in den Bildlegenden genannten Künstler, Namen in Quellentexten und Zitatnachweisen sowie Personen, die bloß in der Funktion als Briefschreiber bzw. Briefempfänger auftreten. Werktitel sind kursiv, Haupteinträge halbfett gesetzt.

Das Register der Örtlichkeiten beschränkt sich auf den Nachweis jener Lokalitäten und Landschaften, die im Zusammenhang mit der Biographie Meyers und seiner Familie von Bedeutung sind.

Personen

Abraham (AT) 347
*Abu-Mohammed-al-Tabîb («Die Hochzeit des Mönchs») 364, 369
Achilles, Sohn des Peleus 348
*Achilles, Dux (Fragment zur «Richterin») 382
Adaltrud, Tochter Karls des Großen 384
Adam (AT) 60, 100f., 354, 362, 423
Adelhelm, Abt von Engelberg 208
*Äscher («Der Heilige») 299, 308
Agathon 438f.
Aida 365
Alba, Fernando Alvarez de Toledo, 3. Herzog von 212
Albrecht von Mainz, Erzbischof 162
Albret, Charlotte d' siehe Valentinois, Charlotte d'Albret
Alcuin 374f., 384f., 390
Alexander der Große 229
Alexander I., Zar von Rußland 30
Alexander VI., Papst 429, **430**, 437
Alexander, Blasius 232, 236f., 245
Alfonso II., König von Neapel 429
Alfonso d'Aragona, Herzog von Bisceglie 429
Alfred (Kind) 20
Alkibiades 438f.
*Amalaswinta, Herzogin («Plautus im Nonnenkloster») 321
*Amiel, Père («Das Leiden eines Knaben») 355
Ammann, Richard 457
Ammianus Marcellinus
– *Res gestae* 439
Amor siehe Eros
Andermatt, Joseph Leonz 29, 31ff.
*Angela / Engel («Engelberg») 197ff., 207, 210, 321, 388, 421, 431
Angelica (Gestalt in Ariosts «Rasendem Roland») 430
Anjou, Geoffroi siehe Geoffroi, comte d'Anjou
*Anselino de Spiuga / Hans von Splügen («Plautus im Nonnenkloster») 319ff.
*Antiope («Die Hochzeit des Mönchs») siehe *Canossa, Antiope
Antonius von Padua, Hl. 363
Apollon vom Belvedere 81, 97, **98**
Aretino, Pietro 411
Argenson, Marc René de Voyer de Paulmy, marquis d' 357

*Argenson, Victor d' («Das Leiden eines Knaben») 355, 357, 360
Ariadne 57
Ariosto, Ludovico 114f., 288, 423f., 428, 429, **430**, 435, 446
– *Der rasende Roland (L'Orlando furioso)* 423, 430
Aristophanes 439
Arlecchino (Figur der Commedia dell'arte) 402
*Armbruster («Der Heilige») siehe *Hans der Armbruster
Arthur, Miß 140
Artus, König 430
*Ascanio («Die Hochzeit des Mönchs») 362ff.
Assing, Ludmilla 174
Astié, Jean-Frédéric
– *L'esprit d'Alexandre Vinet* 112
*Astorre, Mönch («Die Hochzeit des Mönchs») siehe *Vicedomini, Astorre
Auerbach, Berthold 257
Avenarius, Ferdinand 447
Azeglio Tapparelli, Massimo d', marchese 108

Bacchus siehe Dionysos
Bach, Johann Sebastian
– *Johannes-Passion* 461
Baechtold, Jakob 309f., 343, 449, 450
Baglione, Astorre (eigtl. Astore Baglioni) 368
Baiter, Johann Georg 48
Bauer, Caroline siehe Plater-Bauer, Gräfin Caroline
Baumann, Hans Jakob 461
Baumberger, Otto 248
Bazaine, François Achille 184
*Beat («Engelberg») 201f., 388
Beaumarchais, Pierre Augustin Caron de 88
Beccaria, Giovanni 15
Becket, Gilbert siehe Gilbert Becket
Becket, Thomas siehe Thomas Becket
*Beheim, Max («Gustav Adolfs Page») 346
Bellini, Giovanni (Giambellino) 207, **208**
Bembo, Pietro 422, 426f., 429, 435
*Benedikt («Engelberg») 201
*Ben Emin («Angela Borgia») 435
Benker, Johann Ulrich 51
Benndorf, Friedrich August Otto 171, 177, 180, 189
Bentzel-Sternau, Karl Christian Ernst Graf zu 131
Benucci, Alessandra 430
Béranger, Pierre Jean de 50
Berlichingen, Götz (Gottfried) von 159, 227
Bernhard, Herzog von Sachsen-Weimar 234, 249, 273
Bertha, Tochter Karls des Großen 384
Bertram (Bertran) de Born 303
*Bettino, Graf («Clara») 114f.
Beyel, Christian Melchior 112
Beyel, Franz 286
Beyel, Werner 317
Billeter, Fanny 174
Bismarck, Clara von 174
Bismarck, Otto von 106, 161, 173, 177f., **182–185**, 233, 290, 445
*Bläuling, Schiffmann («Der Schuß von der Kanzel») 274f.
Blarer, Eglolf 326, 329, **333**
Bleuler-Waser, Hedwig 261
Blümner, Hugo 407

Blum, Hans **289f.**, 349, 419
– *Die Äbtissin von Säckingen* 290
Bluntschli, Johann Caspar 11, 15, 19, 38, 47, 95, 129, 132, 306
– *Denkwürdiges aus meinem Leben* 11
– *Geschichte der Republik Zürich* 330
Boccaccio, Giovanni
– *De casibus virorum illustrium* 384
*Boccard, Wilhelm («Das Amulett») 212ff., 215, 219
Bodenstedt, Friedrich Martin von 441
Bodmer, Johann Jacob 310
Boratynski, Karol Emil 174
Borel, Frédéric (Fritz) 62, 79
Borgia, Angela 115, 136, 214, 421ff., 431, **432**, 433ff., 437
Borgia, Cesare 57, 422, 426f., **429f.**, 433, 435
Borgia, Familie 421, 426f., 429, 433
Borgia, Giovanni 429
Borgia, Lucrezia 136, 214, 421ff., 425ff., **429**, 430, **431f.**, 433, 435ff.
Borgia, Rodrigo siehe Alexander VI., Papst
Borrel, Cécile 62, 68, 74, **77f.**, 79, 81, 115
Borrel, James 62, **65**, 66, 68, 70, 77, 81
Borromeo, Carlo, Erzbischof von Mailand 251
*Bosi, Baldassare («Die Versuchung des Pescara») 402
Boßhardt, Johann Caspar 167
– *Ulrich von Hutten auf der Insel Ufenau* **167**
Botticelli, Sandro (eigtl. Alessandro Filipepi) 214
Boufflers, Antoine Charles Louis de (bei Meyer: Julian Boufflers) 353ff., 358ff.,
Boufflers, Catherine Charlotte de Gramont, maréchale de 353, 355
Boufflers, Louis François, duc et maréchal de 353ff.
Bouillet, Marie-Nicolas
– *Dictionnaire universel d'Histoire et de Géographie* 322
Bourbaki, Charles Denis Sauter 184
Bourbon, Charles, comte de Montpensier, duc de, gen. le Connétable (Karl von Bourbon) 400ff., 404, **413**, 415
Bovet, Félix 64, 70, **72**, 112, 116, 122ff., 415
– *Le comte de Zinzendorf* 64, 112, 116
– *Voyage en Terre-Sainte* 64, 112, 116
Brahm, Otto **289**, 310, 360, 370
– *Conrad Ferdinand Meyer, ein deutscher Dichter der Schweiz* 289
Brahms, Johannes 286
Bramante, Francesco Lazzari, gen. Donato 96
*Brandis, ein junger Bündner («Der Dynast») 329
*Brandis, eine junge Bündnerin («Der Dynast») 329
Brarens, Gundalena 174
Braun, Adolphe 221
Bremi, Kleophea 131
Brentano, Clemens 119
Brigitta, Hl. 230
*Brigittchen von Trogen («Plautus im Nonnenkloster») 135, 319ff., 325
Brockhaus, Verlag 169
Brodbeck, Ellen 446
Brodbeck, Eugenia 446
Brune, Guillaume 29
Brutus, Marcus Iunius 424
Bürger, Gottfried August 127
Bürkli, Barbara 133
Buol, Anna 233, 236

*Burcardo, Hofmeister («Die Hochzeit des Mönchs») 362, 366
Burckhardt, Jacob 189, 232, 422, 447
– *Der Cicerone* 188, 210
– *Die Cultur der Renaissance in Italien* 322, 330, 367f., 383, 402, 409, 431
Burckhardt, Maria Margaretha siehe Steffensen-Burckhardt, Maria Margaretha
*Burkhard, Chorherr («Der Heilige») 303, 309
Burkhard-Ziegler, Henriette 260
Burkhard-Ziegler, Paulus Heinrich 129, 260, 266
Byblis (Gestalt in Ovids «Metamorphosen») 375, 384

Cäcilie, Hl. 197
Cäsar (Gaius Iulius Caesar) 153ff.
Calderon de la Barca, Pedro 57
Calixtus II., Papst siehe Kalixt II.
Calmberg, Adolf 171, 177, 257, 309, 367, 441, **450**
– *Der neue Columbus* 177
– *Der Sohn des Pastors* 177
– *Die Kunst der Rede* 450
Calvin, Jean 75, 213, 218
Camoëns, Luis Vaz de 112, 119f., 205
– *Os Lusiades* 119
Campell, Ulrich
– *Zwei Bücher rätischer Geschichte* 253, 383
Cangrande I. della Scala 361f., **368**, 369
*Canossa, Antiope («Die Hochzeit des Mönchs») 115, 261, 339, 361ff., 370
*Canossa, Graf («Die Hochzeit des Mönchs») 362, 364
*Canossa, Olympia («Die Hochzeit des Mönchs») 362ff.
Canova, Antonio 94
Capitano (Figur der Commedia dell' arte) 402, 404
Carlo Alberto, König von Sardinien 106, 108
Catanei, Vanozza 430
Caunus (Gestalt in Ovids «Metamorphosen») 375, 384
Cavalli, Familie 189
Caveng, Lukas 226, 252
Cavour, Camillo Benso conte di 106, 108f.
Cellini, Benvenuto
– *Vita* 278
Cenci, Beatrice 57
Ceres 362, 384, 391
Cervantes Saavedra, Miguel de 112
Chappuis, Jean Samuel 73, 77, 79
Charon 85, 100, 102, 159, 372
Châteaubriand, François Auguste René, vicomte de 88
*Chatillon, Parlamentsrat («Das Amulett») 213f., 218f.
Chaucer, Geoffrey
– *The Canterbury Tales* 304
Chéruel, Adolphe 358
Chopin, Frédéric 174
Christian IV., König von Dänemark 234
Christian d. J. von Braunschweig-Wolfenbüttel («der tolle Halberstädter») 234
Christine, Prinzessin und später Königin von Schweden 345, 347, 352
Christus siehe Jesus Christus
Cigala, Andreas von 380
*Clara («Clara») 114f., 388
Claude Lorrain (eigtl. Claude Gellée), gen. Le Lorrain 221
Clemens VII., Papst 400ff., 407, 414
Clément, Charles
– *Gleyre. Étude biographique* 359
Cœuvres siehe Estrées, François Annibal duc d'
Coligny de Châtillon d'Andelot, François de (Dandelot) 214, 216f.
Coligny, Gaspard de, ou de Châtillon, maréchal 217

Coligny, Gaspard de, seigneur de Châtillon, Admiral 53, 212ff., 215, **216f.**, 228, 349
Coligny, Odet de, ou de Châtillon, Kardinal 216f.
Colonna, Lavinia 368
Colonna, Vittoria (Victoria) 400ff., 404f., 406f., **409f.**, 411ff., 415
*Contrario, Graf («Angela Borgia») 428, 437
*Corinna, die Slavonierin («Gustav Adolfs Page») 352
Corneille, Pierre 91
Correggio, Antonio (eigtl. Allegri) 88, 91, 189
Cortez, Hernando 405
Costenoble, Hermann, Verlag in Leipzig 117, 122
Cotta, J. G., Verlag 117, 122f., 156
Croce, Flaminio della 276
– *Theatro militare* 276
Cuénod de Bons, Mme 71, 73, 77
Cupido siehe Eros
Cyanee (Gestalt in Ovids «Metamorphosen») 384

Dahn, Felix 180, 233, 257, 309, 387, 389, 441
– *Gedichte* 441
Danaide, Danaiden 428
Daniel (AT) 412
Dante Alighieri 105, 114f., 129, 189, 361f., **363**, 365f., 367ff.
– *Divina Commedia* 367, 369
– *La vita nuova* 371
David, Jacques Louis 91
Decurtins, Modest 226
Demosthenes 98, 162
Deschwanden, Melchior Paul von 12, 15, 18, 51, 54, 139, 149, 204, 206, 210, 321, 356
Diaforus, Thomas (Gestalt in Molières «Malade imaginaire») 353
Diana 264, 422
*Diana («Die Hochzeit des Mönchs») siehe *Pizzaguerra, Diana
Dilthey, Wilhelm 370
Dionysos 225, 354, 359
Divico 127
Domenichino (eigtl. Domenico Zampieri) 94
Don Juan (Tenorio) 404, 413, 423
Dorer, Edmund
– *J. G. Zimmermann als Dichter* 335
Doß, Adam von 166, 176, 189, 291
Doß, Anna von 19, 66, 174, 175f., 179ff., 189, 261, **291**, 377, 385, 433, 455
Dostojewski, Fjodor 441
Dottore (Figur der Commedia dell' arte) 402
Dubois, François
– *Die Bartholomäusnacht* 215
Dürer, Albrecht
– *Ritter, Tod und Teufel* 159, **163**
Duno, Taddeo 419

Ebel, Johann Gottfried 15
Ebers, Georg Moritz **290**
Ebner-Eschenbach, Marie von 444f.
Edlibach, Gerold
– *Gerold Edlibach's Chronik* 330, 334
Eichhorn, Karl Friedrich 15
Eleonore von Aquitanien (Königin Ellenor) 299, 304, 306, 310
Elisabeth von Thüringen, Hl. 46, 51, 143, 230
Ellenrieder, Marie 51, 115
*Engel siehe *Angela
Enzio, Sohn Kaiser Friedrichs II. 398
Epée, Charles Michel de l', abbé 32
Epikur 98
Erasmus, Desiderius (eigtl. Gerhard Gerhards) 159, 162
– *Erasmus gegen Hutten. Offner Brief* 162
Ermatinger, Emil 349
Ernst II., Graf von Mansfeld 234, 237
Eros 85, 339f., 354, 365, 373, 421, 423f., 432
Escher, Alfred 132, 177
Escher, Hans 316
Escher, Heinrich 16

Escher-von Muralt, Johann Caspar 131
Escher, Mathilde 25, 81, 88, 90, 93, 115, 128, **130f.**, 140, 177, 260
Escher, Nanny von 177, **287f.**, 441
– *Die Escher von Wülflingen* 288
– *Kameraden* 288
– *Kleinkindleintag* 288
– *Meine Freunde* 288
Escher, Pauline Louise 88, **90**
Escher Wyß, Firma 26, 36, 131
Este, Alfonso I. d', Herzog von Ferrara 421ff., **429**, 430ff., 435, 437
Este, Ercole d', Herzog von Ferrara 429
Este, Familie d' 435f.
Este, Ferrante d' 422, 424ff., 429, 431, 433, 435, 437
Este, Giulio d' 136, 422ff., 428, 429ff., 433, 435, 437, 460
Este, Ippolito d', Kardinal 422ff., 429f., 433, 435, 437
Esther (AT) 230
Estrées, François Annibal duc d', marquis de Cœuvres 237
Ettmüller, Ludwig 48, 135, 169, 176f., 180
*Eugenia («Der Schrei um Mitternacht») 456
Euripides 98
Eva (AT) 354
Exner, Adolf 180
Ezechiel (Hesekiel) 412
Ezzelino III. da Romano 105, 361f., 364, 367, **368**, 371, 383f., 392

Fagon, Guy Crescent 353ff., 358f.
Fasanella, Pandolfo von 380
*Fauconbridge («Der Heilige») 303
*Fausch, Lorenz 232
Faust 366
*Faustine («Die Richterin») 376
Fehr, Karl 39, 254
Félix, Célestin Joseph, Pater 88
Ferdinand II., römisch-deutscher Kaiser 234, 237
Ferdinand III., römisch-deutscher Kaiser 239
Feuerbach, Anselm
– *Das Gastmahl des Plato* **438f.**
Fick, Heinrich 180
Flaubert, Gustave 233
Fließ, Wilhelm 365, 376, 389
Follen, August Adolf Ludwig 170, 176
– *Bildersaal deutscher Dichtung* 48, 391
Fontane, Theodor 233, 441
*Francesca («Clara») 114f.
Francesca da Rimini 115
Francia, Francesco 189
François, Karl von 444
François, Louise von 257, 342, 352, 360, 369, 386, 414f., 436f., 441, 443, **444f.**
– *Der Katzenjunker* 444
– *Die letzte Reckenburgerin* 444
– *Frau Erdmuthens Zwillingssöhne* 444
– *Stufenjahre eines Glücklichen* 444
Franz I., Kaiser von Oesterreich 30
Franz II., König Beider Sizilien 109
Franz Albert von Sachsen-Lauenburg, Herzog 345, 347f., 349, 351f.
Franz Joseph I., Kaiser von Oesterreich und König von Ungarn 109, 129, 182
Franziskus, Hl. 248
Freiligrath, Ferdinand 50, 166
– «*Der ausgewanderte Dichter*» 172
Freud, Sigmund 348, 352, 365f., 376, 389, 404
– *Massenpsychologie und Ich-Analyse* 404
Frey, Adolf 16, 18, 43, 44, 58, 119, 122, 141, 161, 207, 210, 223, 258, 261, 282, 290, 295, 309, 356, 367, 393, 395, 397, 399, 437, 440, 441, 443, **450f.**, 458
– *Albrecht von Haller und seine Bedeutung für die deutsche Literatur* 451
– *Briefe Conrad Ferdinand Meyers* 451

– *Conrad Ferdinand Meyer. Sein Leben und seine Werke* 451
– *Conrad Ferdinand Meyers Unvollendete Prosadichtungen* 451
– *Erinnerungen an Gottfried Keller* 451
Frey, Emil 451
Frey, Jakob 450
Frey-Beger, Lina 140, 451
– *Conrad Ferdinand Meyer's Gedichte und Novellen* 294
Freytag, Gustav 389, 441
Friderichs, Verlag 12, 80
Friedrich I., Kurfürst von Brandenburg 326
Friedrich I., Barbarossa, Kaiser 367
Friedrich II., Kaiser 57, 362, 367ff., 375, 378ff., 383f., 386, 388, 391ff., 394ff., **397**, 398f.
Friedrich III., deutscher Kaiser und König von Preußen 184, 414
Friedrich V., Kurfürst von der Pfalz, der Winterkönig 234
Friedrich VI., Erbprinz von Hessen-Homburg 30
Friedrich VII. von Toggenburg siehe Toggenburg, Friedrich VII., Graf von
Friedrich Wilhelm III., König von Preußen 30, 267
Friedrich Wilhelm IV., König von Preußen 182
Friedrichs, Hermann **288**, 306
Fries, Anna Susanna 140, 144
Fröbel, Familie 38
Fröbel, Julius 176
Fröhlich, Abraham Emanuel 171
– *Ulrich von Hutten* 167
Froelich, Leopold 455
Fry, Elisabeth 130f.
Fuentes, Alzevedo de 239
Füßli siehe Henri Fuessli

*Gabriel, Hirtenjunge («Die Richterin») 374
Gama, Vasco da 120
Gambetta, Léon Michel 184
Ganymed 42f.
Ganz, Johannes 5, 284, 296
Ganz, Rudolf 279, 416
Garibaldi, Giuseppe 106, 108, **109**, 182
*Gasparde («Das Amulett») 198, 212ff., 216, 218f., 445
Gaudin, Jean 50
Gauß, Carl Friedrich 133
Geibel, Emanuel 441, **449f.**
– *Brunhild* 176, 450
Genelli, Bonaventura 189
Geoffroi, comte d'Anjou, gen. Plantagenet 304
Georg, Hl. 227, 231, 248
Georg Friedrich, Markgraf von Baden 234
*Germano («Die Hochzeit des Mönchs») siehe *Pizzaguerra, Germano
*Gertrude («Plautus im Nonnenkloster») 319ff., 325, 361
Geßner, Salomon 451
Gfrörer, August Friedrich
– *Geschichte Gustav Adolphs, König von Schweden, und seiner Zeit* 350, 359
Gil Blas (Held im gleichnamigen Roman von Alain René Lesage) 402
Gilbert Becket 299
Giotto di Bondone 189, 193
Gisella, Tochter Karls des Großen 384
Giulio Romano 94, **190**
Gleyre, Charles 127, 264, 338, 359
– *Le Soir ou Les Illusions perdues* **335**, 337f., 340
– *Les Romains passant sous le joug* **127**
– *Penthée poursuivi par les Ménades* **359**
*Gocciola, Narr («Die Hochzeit des Mönchs») 363, 425
Godet, Charles Henri 64, **70**, 72, 76f., 79
Goebbels, Joseph 404
Görtz, Alfred von 444

Goethe, Johann Wolfgang von 18, 42f., 47, 84, 100, 113, 116, 117, 127, 181, 197, 278, 288, 344, 365, 461
– «*Auf dem See*» 84
– *Die Leiden des jungen Werthers* 344
– *Egmont* 349
– *Faust* 42, 203, 207, 289
– «*Ganymed*» 43
– «*Gesang der Geister über den Wassern*» 42
– *Götz von Berlichingen* 166, 367
– *Iphigenie auf Tauris* 42
– «*Prometheus*» 100
– «*Römische Elegien*» 102
– *Wilhelm Meister* 233
Götz von Berlichingen siehe Berlichingen, Götz von
Gottschall, Rudolf 158
Grabbe, Christian Dietrich 57
*Grace / Grazia / Gnade («Der Heilige») 298ff., 302f., 306, 307f., 309ff.
*Graciosus («Die Richterin») 375f., 384, 386, 388
Grebel, Conrad 313, 314, 316
Grebel, Jakob 316f.
Gregor IX., Papst 391
Gregorovius, Ferdinand 431, 436f.
– *Geschichte der Stadt Rom im Mittelalter* 383f., 409, 431
– *Lucrezia Borgia [...]* 431f.
Grillparzer, Franz 441
*Grimani, Provveditore («Jürg Jenatsch») 227, 231f., 422
Grimm, Herman 370
– *Leben Michelangelo's* 99, 410
Grimm, Jakob 173
Grün, Anastasius (eigtl. Anton Alexander Graf von Auersperg)
– *Schutt. Dichtungen* 172
Guasto, Alfonso del (bei Meyer: Don Juan del Guasto) 400, 402, 404
Guhl, Marie 195
*Gui Malherbe («Der Heilige») 303
Guibert, comte de 144
Guicciardini, Francesco (Guicciardin) 136, 400, 402, 407
*Guiche, Graf («Das Amulett») 213f.
Guizot, François Pierre Guillaume 57
– *Cours d'histoire moderne* 384
– *Histoire de la révolution d'Angleterre* 112
– *L'amour dans le mariage* 112
*Guntram («Das Leiden eines Knaben») 354f.
Gustav II. Adolf, König von Schweden 53, 228, 234, 345ff., 349, **350f.**, 352
Gut, Johann Heinrich 143
Guyon, Jeanne Marie, geb. Bouvier de la Mothe/Motte 103

Hades 85, 193, 384
Haessel, Hermann 12, 59, 66, 112, 125, 127, 135, 144, 150, 156, 169, 170f., 252, 261, 276, 287, 290, **294f.**, 335, 340, 341ff., 350, 358, 371, 378, 386, 406, 413, 418f., 436, 440, 446, 451
Häußer, Ludwig
– *Geschichte des Zeitalters der Reformation* 215
Hafter, Ernst
– *Georg Jenatsch* 253
Haller, Albrecht von 127, 321
– *Die Alpen* 321
Hamlet 160, 303, 305, 312, 366, 374
*Hans der Armbruster / der Engelländer («Der Heilige») 298ff., 306, 307f., 309, 311f., 316, 361
Harcourt, Robert d' 77, 282, 443, 460
Hartmann, Karl, Major (Frau) 274
*Hassan, Mohr («Der Schuß von der Kanzel») 269, 275
Haupt, Friedrich 48
Hauptmann, Gerhart 353, 441

Hebbel, Friedrich 441
Hegar, Friedrich 180, 286
Hegetschweiler, Johannes 38
Heilige Cäcilia (Leonardos Schule) 93, 94, **95**
Heim, Ignaz 286
Heine, Heinrich 119, 289
– *Deutschland, ein Wintermärchen* 173
Heinrich, Sohn König Heinrichs II. von England 300
Heinrich I., König von England 304
Heinrich II., König von England 298ff., **304f.**, 306, 307f., 309ff.
Heinrich III., König von Frankreich 212
Heinrich IV., Kaiser (Salier) 57, 419
Heinrich IV. von Navarra, König von Frankreich 212, 219, 240
Heinrich V., Kaiser (Salier) 419
Heinrich (VII.), deutscher König, Sohn Kaiser Friedrichs II. 395f., 397f.
Helena, Mutter Konstantins des Großen 214, 230
Hellpach, Willy 65
Hemmerli, Felix 326, 329, **332f.**
Henri Fuessli & Comp. 112
Hephaistos 268
*Hercules, Graf («Clara») 114
Herder, Johann Gottfried 166
Herwegh, Georg 46, 50, 60, 166, 176
– *Gedichte eines Lebendigen* 46, 60, 176
– «*Ufnau und St. Helena*» 60
Hesiod 98
Heß, David 46, 48, 54, 56
– *Die Badenfahrt* 48, 322
– *Salomon Landolt. Ein Charakterbild nach dem Leben ausgemalt* 48
Heß, Eduard 65
Heß, Johann Caspar 38
Heußer-Schweizer, Meta 81, 134
Heyse, Paul 157, 180, 289, 292, 310, 343, 371, 387, 436, 441, **448**, 449
– *Don Juans Ende* 292
*Hilarius, Pater («Engelberg») 197, 200ff.
*Hilde («Der Heilige») 303, 307f.
Hiltrud, Tochter Karls des Großen 384
Himeros siehe Eros
Hirzel, Heinrich
– *Briefe von Goethe an Lavater* 116
Hirzel, Paul 449
Hitler, Adolf 404
Hitzig, Ferdinand 14
Hölderlin, Friedrich
– *Hyperion* 174
Hoffmann von Fallersleben, August Heinrich 166
Holbein, Hans d. J. 159
Holofernes 229ff.
Homer 98
– *Ilias* 348
– *Odyssee* 268f., 276
Honegger, Jakob 456
Horaz (Quintus Horatius Flaccus) 219
Horn, Gustaf Karlsson (af Björneborg), Graf 243
Hottinger, Johann Jakob 75
– *Geschichte der Eidgenossen [...]* 75
– *Lebensabriß des Bürgermeisters Johann Heinrich Waser* 253
– *Zürichs inneres Leben während der Dauer des alten Zürichkriegs* 330
Hotz(e), Johannes 335
Hugo, Victor 50
Hus, Jan (Johannes Huß) 326
Hutten, Hans von 162, 164
Hutten, Ulrich von 12, 39, 60, 119, 159f., **162-164**, 165, 166ff., 171, 172, 178, 182, 227, 268, 314, 327, 349
– *Epistolae obscurorum virorum* 162
Hypnos 337, 456

Ibsen, Henrik 353, 441
Ignatius von Loyola siehe Loyola, Ignatius von
Innozenz III., Papst 381
Innozenz IV., Papst 391f., **395**, 396
Isaak (AT) 347
Isabella (Elisabeth) von England, Gattin Kaiser Friedrichs II. 392
Isolde, Geliebte des Tristan 365
*Isotta, Magd («Die Hochzeit des Mönchs») 363

Jackson, David A. 254
Jacovacci, Francesco
– *Michel Angelo an der Leiche der Viktoria Colonna* 410
Jäger, Marie siehe Pfizer-Jäger, Marie
Jaël (AT) 230
Jakob (AT) 275
Jakob vom Kahn (eigtl. Jacopo dello Sciorina, Jacopo bzw. Jacopino della Barca) 102
Jansen, Josef 254
Jean Paul (eigtl. Johann Paul Friedrich Richter) 50
Jeanne d'Arc 347, 349
Jenatsch, Georg (Jürg Jenatsch) 39, 57, 109, 177, 182,185, 227ff., **235-239**, 241, 243, 244ff., 250ff., 254ff., 268, 276f., 302, 327, 348, 349, 352, 376, 402ff., 437
*Jenatsch, Lucia (Gattin von Jenatsch) siehe Buol, Anna
Jeremias (AT) 411
Jesus Christus 36, 38, 81, 83, 143, 236, 301f., 348, 362, 391, 446
Johannes von Salisbury 304
Johannes von Winterthur 134
Joseph (NT) 202
Judas Ischariot (NT) 228f., 231, 253, 301, 348
*Judex («Die Richterin») 372
Judith (AT) 214, 230
Julia Capuletti, Geliebte des Romeo 129, 370
Julianus Apostata (Julian) 439
Julius II., Papst 430
*Jutta («Engelberg») 198, 204f., 211, 321, 361, 388
Juvalta, Fortunat von 236
Juvalta, Wolfgang Lucius Conradin von 276

Kalixt II., Papst 208
Kalypso 275
Kant, Immanuel 173
Karl, Erzherzog von Oesterreich 29
Karl I. der Große 14, 214, 372, 374ff., 378, 383f., **385**, 386, 388, 390, 392, 424, 430
Karl I. von Anjou 395
Karl III. (nach anderer Zählung IV.), Herzog von Lothringen 240
Karl IV., römisch-deutscher Kaiser 331
Karl V., römisch-deutscher Kaiser 315, 400, 404, 409, 413
Karl IX., König von Frankreich 212, 216f., 219
Kasitsch, Anna Julia **274**
Katharina von Medici 212, 215
Kaulbach, Wilhelm von 94
Keller-Scheuchzer, Elisabeth 442
Keller, Friedrich Ludwig 132
Keller, Gottfried 20, 46, 57, 170, 172, 173, 176f., 233, 254, 257, 277, 286, 287ff., 294, 309f., 318, 325, 342f., 360, 370, 434, 441, **442f.**, 445, 447, 448ff.
– *Das Fähnlein der sieben Aufrechten* 442
– *Der grüne Heinrich* 47, 176, 253
– *Der Landvogt von Greifensee* 277
– *Die Leute von Seldwyla* 176
– *Martin Salander* 443
– «*Nixe im Grundquell*» 85
– *Romeo und Julia auf dem Dorfe* 445
– «*Ufenau*» 160
– *Ursula* 318
– «*Winternacht*» 85
– *Züricher Novellen* 277, 303, 309f.
Keller, Heinrich 32

Keller, Johann Jakob 267
Keller, Regula 442
Kielholz, Arthur 65, 454
Kinkel, Gottfried 137, 157, 172, 176f., 180f., 210, 211, **288**, 349
– *Der Grobschmied von Antwerpen* 288
– *Otto der Schütz* 207, 288
Kirke 275
Klarer, Hans, gen. Schnegg 165
Kleist, Heinrich von
– *Der Prinz von Homburg* 176
Köchly, Hermann 176
Koegel, Fritz **289f.**, 312, 393, 396f., 414, 449
– *Bei Conrad Ferdinand Meyer* 396
Körner, (Karl) Theodor
– *Rosamunde* 306
Konrad, Herzog von Schwaben (Konradin) 57, 397, 398
Korsakow-Rimskoi, Alexander Michailowitsch 29, 31
*Kurd, Sohn («Engelberg») 201f., 205, 208, 388
*Kurt, Jäger («Engelberg») 198f., 205, 388

La Bletterie, Jean Philippe René de
– *Vie de l'empereur Julien* 439
La Chaise, François d'Aix de, Père 356
Lamartine, Alphonse-Marie Louis Prat de 57
Lamennais, Hugues Félicité Robert de 50
Landis, Johannes 449, 458
Landolt, Salomon 31, 48, 277
Lang, Heinrich 177, 180
Lange, Wilhelm 65
Langewiesche, Wilhelm **289f.**
Laokoon 100
Laube, Heinrich 251, 349, 367
– *Der Deutsche Krieg* 253, 349, 359
– *Gustav Adolph* 349
Laube, Iduna 211
Lauenburger siehe Franz Albert von Sachsen-Lauenburg, Herzog
Laura, Geliebte Petrarcas 419
Lavater, Hans Rudolf 317
Lavater, Johann Caspar 32, 46f., 112, 116, 117, 130f.
Lenau, Nikolaus 50, 57
– *Savonarola* 54
Lenbach, Franz Seraph von 459
Leo III., Papst 374, 384
Leonardo da Vinci 88, 91, 93, 94f., 401
– *Mona Lisa* 401
Leopardi, Giacomo 325
Leopold I., deutscher Kaiser 273
Leopold I., König von Belgien 287
L'Espinasse, Julie Jeanne Eléonore de 144
Lessing, Gotthold Ephraim 46
– *Minna von Barnhelm* 176
– *Nathan der Weise* 374
*Leubelfing, Arbogast («Gustav Adolfs Page») 347f., 349
*Leubelfing (Laubfinger), August («Gustav Adolfs Page») 347f., 349, 352
*Leubelfing, Auguste (Gustel) («Gustav Adolfs Page») 345ff., 349ff., 365
*Leubelfing, Hauptmann sel. («Gustav Adolfs Page») 345
Leuthold, Heinrich 441, 443, **449**
– *Gedichte* 449
Leyva, Antonio de 400, 413
Libanius 439
Lichtenberger, C., Photograph 420
*Liesbeth («Engelberg») 202, 208
Lingg, Hermann 257, 311f., 389, 441, **448**
– *Byzantinische Novellen* 448
– *Die Völkerwanderung* 448
– *Macalda* 448
– *Schlußsteine* 448
– *Vaterländische Balladen und Gesänge* 448
Lips, Kaspar 282
Liszt, Franz von 174
Locher, Friedrich 177

Lochmann, Familie 148
Lochmann, Heinrich 52f., 149
Lorrain, Claude siehe Claude Lorrain
Lotsch, Johann Christian 96
Lotze, Maurizio 146, 186
Louis Ferdinand, Prinz von Preußen 441
Louis Napoléon, Prinz Bonaparte siehe Napoleon III.
Louise, Helferin in Mariafeld 179f.
Loyola, Ignatius von (Iñigo López de Loyola) 159, **163**, 164, 401, 404, 413
*Lucas, Knecht («Jürg Jenatsch») 230, 232, 252, 254f.
Lucretia, Gattin des römischen Königs Lucius Tarquinius Collatinus 230
Ludwig I., König von Bayern 95
Ludwig II., König von Bayern 184, 289
Ludwig VII., König von Frankreich 304
Ludwig IX., der Heilige, König von Frankreich 398
Ludwig XI., König von Frankreich 326
Ludwig XIII., König von Frankreich 228, 238
Ludwig XIV., König von Frankreich (Roi Soleil) 88, 91, 243, 284, 353ff., **358**, 375, 388
Ludwig, Otto 441
Luise Auguste Wilhelmine Amalie, Königin von Preußen 267
Luther, Martin 159, 162, 293, 361

Machiavelli, Niccolò 99, 105, 403, 429
– *Il Principe* 429
– *Istorie fiorentine* 105, 367
Mac-Mahon, Patrice Maurice Marie Edme de, duc de Magenta 184
Mänade, Mänaden 320, 354, 359, 363, 366
Magdalena siehe Maria Magdalena
Maintenon, Françoise d'Aubigny, marquise de 355f., **358**
Maistre, Joseph Marie, comte de 50
Mallet, Antonin (Antoine) 18, **23**, 66, 81f., 83, 88, 307
Mallet d'Hauteville, George 23, 50, 83, 96
Mallet d'Hauteville, George, Mme 23, 83, 96
Mallet-de Tournes, Familie 23
*Mamette, Pater («Angela Borgia») 428, 435f., 437
Manfred, König von Sizilien 57, 394, 397
Manzoni, Alessandro
– *I promessi sposi* 322
Marc Aurel (Marcus Aurelius Antoninus) 96, 374, **385**, 395f.
Margareta (Margarita) von Oesterreich, Gattin Heinrichs (VII.) 395f.
Margarete von Valois 212
Maria, Mutter Jesu (NT) 100, 319ff.
Maria Eleonora geb. von Brandenburg, Königin von Schweden 345, 347, **350**
Maria Magdalena 130, 136
Maria von Medici, Königin von Frankreich 240
Marie (Kind) 20
Marquis, Alexandrine 79
Martha (NT) 130
*Marthe, Pförtnerin («Engelberg») 197f.
Marval, Charles François de 62f., 66, 78
Masséna, André 29, 31
Mathilde, Tochter des englischen Königs Heinrich I. 304
Maximilian I., deutscher Kaiser 162, 189
Maximilian I., Herzog von Bayern 234
Maximilian II. Joseph, König von Bayern 89, 449
May-Escher, Anna Barbara von 115
May, Friedrich von 115
Mazzini, Giuseppe 108f.
Medici, Cosimo de', il Vecchio 319, 322, **323**, 325
Medici, Lorenzo de', Herzog von Urbino 101
Medici, Maria von siehe Maria von Medici
Medusa 427, 429

Meißner, Alfred 177, **288f.**, 309
– *Feindliche Pole* 289
– *Schattentanz* 289
Melanchthon, Philipp (eigtl. Schwarzerd, Philipp) 162
Melchèr, A., Photograph 110
Menander 98
Menzel, Wolfgang 126
Mephisto 403
Méray, Antony
– *Les Bains de Bade au XVe siècle [...]* 322
Merck, Johann Heinrich 197
Mérimée, Prosper 88, 160, 233
– *Chronique du règne de Charles IX* 215
– *Colomba* 378
Metternich, Clemens, Fürst von 30, 108
Metzler, J. B., Verlag 12, 121, 125f., 156
Meyer, Betsy (Elisabetha Cleophea), C. F. Meyers Schwester 11, 14, **22**, 23, 27f., 40, 43, 46, 49, 54, 58, 66, 68, 71, 79, 80f., 92, 93, 96, 99, 105, 112, 114f., 121, 124, 128, 130f., 134, **139-145**, 156, 177, 180f., 189f., 194, 196, 206, 220, 221, 223, 226, 250, 252, 254, 260f., 262, 266, 282, 287, 290, 291, 294f., 305, 341f., 350, 365f., 376f., 389f., 393, 399, 418f., 434ff., 440, 442, 444, 454, 455f., 458, 459, 461, 462
– *Altersbrief* 141
– *Conrad Ferdinand Meyer. In der Erinnerung seiner Schwester* 141
– *Frühlingsbriefe* 141
Meyer, Camilla (Louise Elisabetha Camilla), C. F. Meyers Tochter 23, 66, 135, 141, 208, 220, 278, 280, **281-284**, 291f., 420, 445, 454, 458, 460, 461, 462
Meyer-Ott, Caroline 83
Meyer, Conrad, Direktor der Handelsbank 266
Meyer, Eduard 136
Meyer-Ulrich, Elisabeth, C. F. Meyers Mutter 11, 14, 15, **18-20**, 21, 23, 27, 31, 46f., 48f., **51**, 52, 62, 65f., 68, 71f., 74, 77f., 80f., 82, 83, 84f., 106f., 115, 128, 130, 134, 139, 142f., 204, 254, 266, 302, 321, 355f., 366, 376, 442, 454
Meyer, Ferdinand, C. F. Meyers Vater 11, 14, **15-17**, 18, 20f., 27f., 31, 38, 39, 40f., 51, 65f., 75, 132, 208, 220, 221, 250, 266, 284, 314f., 356, 442, 454
– *Der Brand von Bern* 15
– *Die evangelische Gemeinde in Locarno [...]* 11, 15, 17, 315, 419
– *Die Pest in den schweizerischen Gegenden 1563-1565* 15
– *Johann Gottfried Ebel* 15
– *Leben des Giovanni Beccaria* 15
– *Mißlungener Versuch, das Hochstift Chur zu säcularisiren [...]* 15
– *Osterbetrachtung eines Laien* 15
– *Weihnachtsbetrachtung eines Laien* 15, 38
Meyer, Friedrich 27
Meyer, Fritz, C. F. Meyers Sekretär 140, 261, 330, 367, 379, 385, 419, 434, 440
Meyer, Gregorius 231
Meyer, Hans 31
Meyer-Landolt, Hans Heinrich 31
Meyer, Heinrich (1817-1896), C. F. Meyers Vetter Henry 93, 95
Meyer-Heß, Heinrich (1789-1825), C. F. Meyers Onkel 132
Meyer-Escher, Henriette 20f.
Meyer, Johann Heinrich («Kunscht-Meyer») 445
Meyer, Johann Heinrich (1804-1877) 313
Meyer, Johann Jakob, C. F. Meyers Großvater 11, 15, **31**, 32f., 52, 92, 454
Meyer, Konrad, Versicherungsinspektor, Dichter 266
Meyer-Ziegler, Louise, C. F. Meyers Gattin 25, 134, 140f., 144, 179, 185, 194, 220, **260-267**, 275, 278, 281f., 286, 287f., 290, 291f., 294f., 365f., 377, 419, 420, 435, 442, 445, 454, 455f., 458, 459f., 461, 462f.

Meyer, Luise (1819-1872), C. F. Meyers Cousine 132
Meyer, Melchior 31, 52
Meyer, Paulus 20
Meyer, Regula (1758-1846) 31
Meyer-Landolt, Regula (1732-1812) 31
Meyer-Meyer, Susanna, C. F. Meyers Großmutter 15, 31
Meyer-Ott, Wilhelm 28, 31, 52, 80, 92, 138, 356
– *Johann Rudolf Werdmüller* 253, 271
Meyer von Knonau, Caroline 136
Meyer von Knonau, Gerold 136, 286
Michael, Erzengel 227
Michelangelo Buonarroti 60, 96, **99-102**, 188, 192, 205, 207, 410ff.
– *David* 100, 105
– *Der gefesselte Sklave* 99, **101**
– *Il Pensieroso* 99, **101**
– *Medici-Kapelle* 105
– *Moses* 99, **101**
– *Pietà* 99
– *Sistina* 60, 99, **101**, 102, **410ff.**
Michelet, Jules 88, 160, 233
– *Histoire de France (1879)* 306, 410
– *Histoire de France au seizième siècle (1856)* 215
Micheli, Jean-Louis 158
Milan, Emil 461
Miletus (Gestalt in Ovids «Metamorphosen») 384
Minerva 115, 421
*Mirabili, Lehrer («Angela Borgia») 428
*Miramion, Mirabelle («Das Leiden eines Knaben») 354ff.
Mnemosyne 339
Mörike, Eduard 60
– *«Der Zauberleuchtturm»* 196
Möwes, Heinrich 48
Mohammed, Stifter des Islams 362, 391
Mohr, Conradin von 253
Mohr, Theodor von 253
Moleschott, Karl 176
Molière (eigtl. Jean Baptiste Poquelin) 11, 50
– *Le Malade imaginaire* 353
Moltke, Helmuth Graf von 183f., 290
Mommsen, Theodor
– *Römische Geschichte* 112, 154
Moncada, Ugo de 400f., 404f. 413f.
Monnard, Charles 75, 80
Montaigne, Michel Eyquem de 98, 160, 213, 215, **218f.**
– *L'esprit de Montaigne [...]* 219
Montespan, Françoise Athénaïs, marquise de 358
Montesquieu, Charles de Sécondat, baron de la Brède et de 88
Morf, David 194
Morone, Girolamo 393, 400ff., 407, **409**, 414f., 425
Morra, Jakob von 380
Moses (AT) 100, 362, 391
*Mouton, Tiermaler («Das Leiden eines Knaben») 353ff., 359
Mozart, Wolfgang Amadeus
– *Ave verum corpus* 461
Mülen, von der (van der Mülen) 79
Mülinen, Nikolaus Friedrich von 132
Mülinen, Sophie von siehe Wyß-von Mülinen, Johanna Sophie von
Müller, Johannes von 172
– *Der Geschichten schweizerischer Eidgenossenschaft* 75, 253, 330, 332
Müllner, Adolf 444
Münzer, Thomas 162
Muralt, Conrad von 15
Murer, Heinrich
– *Helvetia sancta seu Paradisus Sanctorum Helvetiae Florum* 208

Murillo, Bartolomé Estéban
– *Mariae Empfängnis* 88, **91**
– *Melonen- und Traubenesser in Sevilla* 93, 94, **95**
Muse, Musen 120, 336f.
Musset, Alfred de 11, 50
Mussolini, Benito 404

Napoleon I. Bonaparte 29f. 108, 315
Napoleon III., Kaiser von Frankreich 88, 106, 108f., 160, 183
*Nasi, Lelio («Die Versuchung des Pescara») 400
Nathanael (NT) 131
Nausikaa 275
Naville, Ernest 11, 106, 112
– *Le Christ. Sept discours* 112
– *Le devoir. Deux discours adressés aux dames de Genève et de Lausanne* 112
– *Le Père céleste. Sept discours* 12, 112, 156
Nero 229
Nicola Pesce 382
Niederland, William Guglielmo 65
Nietzsche, Friedrich 233, 289, 402, 429, 441, 447
– *Die fröhliche Wissenschaft* 402
Nightingale, Florence 130
Nils, Maria (eigtl. Nadia Jollos) 105
Norden, H., Photograph 262
Nüscheler, David 129f.
Nüscheler, Elisabeth 260
Nüscheler, Johann Conrad 54, 128, **129f.**, 189, 215, 406
– *Betrachtungen über die Entstehung und rechtliche Entwicklung der menschlichen Gesellschaft* 129

Ochs, Peter 29
Odysseus 112, 159, 268f., 275, 348, 381
Oeri-Lavater, Felix 194, 195
Oeri, Hans Jakob 32
Oken, Lorenz 14
Oncken, Wilhelm 215
Op den Hooff, Maria 447
Orelli, Aloys von 449
Orelli, Johann Caspar von 48
Orestes 316
Osenbrüggen, Eduard
– *Karl der Große in der Schweiz* 384
Ott, Albert 280
Otto III., Kaiser 57
Overbeck, Johann Friedrich 60, 94
Ovidius Naso, Publius 359, 384
– *Metamorphosen* 53

*Paciaudi, Fruchthändler («Die Versuchung des Pescara») 402
Paglaccio (Figur der Commedia dell'arte) 402
*Palma novella («Die Richterin») 372ff., 383f., 386, 390
*Pancrazi, Pater («Jürg Jenatsch») 229, 232
Pantalone (Figur der Commedia dell'arte) 402
Paoli, Betty 257, 311
Paracelsus, Philippus Aureolus Theophrastus (eigtl. Theophrastus Bombastus von Hohenheim) **164**
Pareto, Lorenzo 108
Parze, Parzen 361, 363, 420
Pascal, Blaise 63, **67**, 88, 98, 160
– *Lettres écrites à un provincial* 63, 359
– *Pensées sur la religion* 63
Paulus, Apostel (NT) 98, 229
Penelope 275
Pentheus 354, 359
Percy, Thomas
– *Reliques of Ancient English Poetry* 306
*Peregrin («Die Richterin») 372ff., 376, 384, 387
Persephone 379, 382, 384
Perugino Vannucci, Pietro di Cristoforo 88, 91, 189

Pescara, Alfonso d'Avalos, marchese di 405
Pescara, Fernando Francesco d'Avalos, marchese di 57, 228, 303, 327, 340, 393, 396, 400ff., 407f., **409**, 410ff., 454
Petrarca (Petracco), Francesco 419
Petrus, Jünger Jesu 248
Petrus de Vineis (Pietro della Vigna, Petrus de Vinea) 362, 367, 379ff., 384, 391ff., 395f., **397**, 398f.
*Pfannenstiel, Pfarrvikar («Der Schuß von der Kanzel») 268f., 273ff.
Pfenninger, Johannes 31
Pfister, Alexander 256
– Georg Jenatsch 253
Pfizer, Gustav 12, 46, 51, 74, 121, **124**, 125, 127, 139, 156, 170
Pfizer-Jäger, Marie 121, 124f., 127, 139, 156, 170
Pfyffer, Ludwig 212
Phalaris 423
Philippus (NT) 131
Piccolomini, Max (eigtl. Joseph Silvio Max) 405
Pilatus, Pontius 320
Pippin III., der Jüngere, König der Franken 374
Pius III., Papst 430
Pius IX. (Pio Nono), Papst 108
*Pizzaguerra, Diana («Die Hochzeit des Mönchs») 115, 261, 362ff., 368f.
*Pizzaguerra, Germano («Die Hochzeit des Mönchs») 363ff., 370
*Pizzaguerra, Vater («Die Hochzeit des Mönchs») 364
Planta, Familie 236, 239, 246, 255
Planta, Katharina von (*Lucretia Planta) 233, 253
*Planta, Lucretia («Jürg Jenatsch»; eigtl. Katharina von Planta) 229ff., 233, 239, 250, 252f., 254f., 370
Planta-Wildenberg, Pompejus von **236f.**, 239, 246, 250f., 253, 255
Planta, Rudolf von (Bruder des Pompejus Planta) 236ff.
Planta, Rudolf von (Sohn des Pompejus Planta) 239, 250, 254
*Planta, Rudolf von («Jürg Jenatsch»; Neffe des Pompejus Planta) 230, 254f.
Platen-Hallermünde, August Graf von 50, 94
– Geschichten des Königreichs Neapel 112
Plater-Bauer, Gräfin Caroline 176f., 180f., **287**, 291
Plater, Graf Wladislav 176f., 180, 280, **287**, 291
Platon 438
– Gastmahl 438
Plautus, Titus Maccius 319f., 322, 324, 430
Plutarch 154
Poggio die Guccio Bracciolini, Gian Francesco 319ff., 322, **323**, 324f.
– Historia florentina 323
– Liber facetiarum 323
Polonius (Gestalt in Shakespeares «Hamlet») 352
Pontormo, Jacopo da 323
Portirelli, Luigi
– La divina commedia di Dante Alighieri [...] 367
Pournas, Jehan 215
Poussin, Nicolas 91
Prevost, Johann Baptista jun., gen. «Zambra» 254
Prometheus 42
Proserpina siehe Persephone
Proteus 231, 403
Prutz, Robert 166
Psyche 207, 354
Ptolemäus, Claudius 218
Puttkamer, Johanna von 182

Raabe, Wilhelm 233
*Rachis, Lombarde («Die Richterin») 383
Radetzky, Joseph Graf Ritter von Radetz 108
*Räzüns, Hektor («Der Dynast») 329
Raffael (eigtl. Raffaello Santi) 91, 93, 94, 96f., 190, 192, 207
Rahel (AT) 275
Rahn, Johann Heinrich 136
Rahn, Johann Rudolf 128, **136f.**, 170, 277, 286, 308, 368, 406ff., 432, 435f., 461
– Geschichte der bildenden Künste in der Schweiz 137
– Über den Ursprung und die Entwicklung des christlichen Zentral- und Kuppelbaues 136
Rambert, Eugène 325
Ranke, Leopold 11, 15, 17, 132
– Deutsche Geschichte im Zeitalter der Reformation 409
Raumer, Friedrich von
– Geschichte der Hohenstaufen und ihrer Zeit 383, 395, 431
– Geschichte Europas seit dem Ende des 15. Jahrhunderts 409
Ravaillac, François 240
Reber, Balthasar 254f.
– Felix Hemmerlin von Zürich 330, 332
– Georg Jenatsch 239, 253
Recha (Gestalt in Lessings «Nathan der Weise») 374
Reding, Ital d. Ä. 326, 329, **333**, 334
Regl, Josef 463
Reinhard, Anna von 273
Reinhard, Hans von 30
Reithard, Johann Jacob 112, 333
Reni, Guido 94
Reuchlin, Johannes 162
– Epistolae clarorum virorum 162
Reumont, Alfred von 410
– Vittoria Colonna 409
Ricasoli, Bettino 92, 105, **106f.**, 140, 182, 233
Richard I. Löwenherz, König von England 300ff., 306, 310
Richard, T., Photograph 44
Richelieu, Armand Jean du Plessis, duc de, Kardinal 228, 234, 237f., 240f.
Rieter, Firma 36
Ritter, Karl 132
Robert, Aurèle 368
Robert, Léopold 91
Rochat, Alfred 112
Rodenberg, Julius (eigtl. Julius Levy) 98, 141, 277, 287, 289, **293f.**, 295, 324, 351, 367, 369, 386, 406, 412, 433, 436, 443, 450
Rodt, Constance von 79, 144
Rohan, Henri, duc de (Heinrich von Rohan) 212, 227ff., 232f., 238f., **240-242**, 245ff., 250f., 253, 268, 273, 348, 349
Rohan, Marguerite Chabot, duchesse de (Rohans Tochter) 249
Rohan, Marguerite de Béthune-Sully, duchesse de (Rohans Gattin) 227, 246, 249
Roland (Gestalt der Sage) 430
*Rollo, Herr («Der Heilige») 303, 312
Romeo Montague, Geliebter der Julia 129
Rossini, Gioacchino
– Wilhelm Tell 94
Rothaid, Tochter Karls des Großen 384
Rothilde, Tochter Karls des Großen 384
Rotrud, Tochter Karls des Großen 384
Rousseau, Jean-Jacques 77, 129
Rubens, Peter Paul 94, 181
Rudolf I. von Habsburg, deutscher König 201, 204, 388
Rübezahl 268, 277
Ruge, Arnold 176
Ruinelli, Jakob (Oberst Ruinell) 227, 238

*S., Fürst von («Clara») 114
Sadger, Isidor 65
Saint-Simon, Louis de Rouvroy, duc de 353, 358, 360
– Mémoires 358f.
Sainte-Beuve, Charles Augustin 88, 144, 233, 358
Salis, Familie 221, 236, 254
Salis-Marschlins, Ulysses von
– Denkwürdigkeiten 253
Salis-Seewis, Johann Gaudenz von 451
Salis-Soglio, Baptista von 236
Salisbury, Johannes siehe Johannes von Salisbury
Salm, F., Photograph 462
Salomo (AT) 299
Samuel (AT) 424
Sand, George (eigtl. Aurore Dupin, baronne Dudevant) 50
Sanmicheli, Michele 189
Sauerländer, Verlag 446
Saulus siehe Paulus
Savigny, Friedrich Karl von 15, 132
Scarron, Paul 358
Schabelitz, Jakob Lukas 138
Schack, Adolf Friedrich Graf von 189
*Schadau, Hans («Das Amulett») 198, 212ff., 215ff., 445
Schaetty-Guyer, Hanna 282
Schauenburg, Alexis Balthasar Henri Antoine de 29
Scheffel, Joseph Viktor von 233, 272, 309, 441
– Ekkehard 252
Schemboche, Photograph 143
Scherer, Wilhelm 461
Scherr, Ignaz Thomas 16
Scherr, Johannes 125, 170
Schiller, Friedrich von 348, 365, 405
– «Das Distichon» 103
– Die Räuber 166
– Kabale und Liebe 232, 401
– Wallenstein 400
Schirrmacher, Friedrich Wilhelm
– Kaiser Friderich der Zweite 383
Schleiermacher, Friedrich Ernst Daniel 370, 438
Schlosser, Friedrich Christoph
– Weltgeschichte für das deutsche Volk 409
Schmezer, Christoph 272
Schmid, Conrad 313, 314ff., 327
Schmid, Hans Caspar 27
Schmidt, Julian 134, 310, 370
Schnegg siehe Klarer, Hans
Schönlein, Johann Lucas 14
Schopenhauer, Arthur 176, 180, 232, 291
Schorer, J. H. 358, 394, 410, 450
Schulthes-Meyer, Elisabeth Mathilde 92
Schultheß-Rechberg, Gustav von 95
Schwab, Gustav 124
Schweizer, Hans Jakob 51
Schwind, Moritz von 189
– Ritter auf nächtlicher Wasserfahrt 85
Scott, Sir Walter 176, 445
– Ivanhoe 306
Secrétan, Charles 63, **69**, 70, 72, 112
Seldenbüren, Konrad von 208
Semper, Gottfried 176f.
Serbelloni, Giovanni 229, 231, 253
Servetus, Michael (eigtl. Miguel Serveto) 218
Sforza, Francesco Maria 400f., 403, **407**
Sforza, Geschlecht der 401, 406f.
Sforza, Ludovico, gen. il Moro 402
Sforza von Pesaro, Giovanni 429
Shakespeare, William 57, 96, 181, 293, 364f., 396, 441
– Die lustigen Weiber von Windsor 176
– Hamlet 305, 306, 311, 370
– Richard III. 352
Sickingen, Franz von 159, 162f., 166
Sieveking, Amalie 130

Sigismund, deutscher Kaiser 326, 328, **330f.**, 332
Sigrist-Herder, Jakob 460
Simmler, Dorothea 243
Simmler, Josias 243
Sinner-von Effinger, Pauline von 141
Sirenen 275
Sloman, Eliza siehe Wille-Sloman, Eliza
Sloman, Robert Miles 174
Snell, Ludwig 35
Sokrates 438f.
Solger, Karl Wilhelm Friedrich 445
Sophokles 98
– *Antigone* 176
Souvestre, Emile 73, 77, 79
Spener, Philipp Jakob 58
Spiegler, Franz Joseph
– *Himmelfahrt Mariae* 204
Spielhagen, Friedrich 310
Spitteler, Carl (Pseudonym Carl Felix Tandem) 286, 343, 441, 443, **446f.**
– *Der Olympische Frühling* 447
– *Die Eigenart C. F. Meyers* 447
– *Extramundana* 343, 446
– *Imago* 446
– *Prometheus und Epimetheus* 446f.
Sprecher von Berneck, Fortunatus 231, 245f., **248f.**
– *Geschichte der bündnerischen Kriege und Unruhen* 253
Spyri, Bernhard (1855-1884) 134
Spyri-Heußer, Bernhard (1821-1884) 134, 177, 266f.
Spyri-Heußer, Johanna 81, 115, 128, **134–136**, 266, 281, 360
– *Heidi's Lehr- und Wanderjahre* 134
Staiger, Emil 84
Stauffer-Bern, Karl 285
Steffensen, Karl Christian Friedrich 56
Steffensen-Burckhardt, Maria Margaretha 54, **56**, 92, 93, 96, 206, 210
Steiner, Hans Jakob 243
*Stemma, Herzogin von Enna (Fragment zur «Richterin») 381f., 383f., 386, 392
*Stemma, Judicatrix auf Malmort («Die Richterin») 115, 205, 372ff., 383f., 386ff., 392, 421
Stendhal (eigtl. Henri Beyle) 233
Sterbender Gallier 97, **98**
Stiefel, Julius 171, 310, 461
Stifter, Adalbert 211, 233
Stockar-Escher, Clementine 142
Storm, Theodor 343, 441
*Strabo («Das verlorene Schwert») 155
Strauß, David Friedrich 11, 36, 37f., 166
– *Das Leben Jesu* 36, 37
– *Ulrich von Hutten* 166
Streckfuß, Karl
– *Die Göttliche Komödie des Dante Alighieri [...]* 367
Strindberg, August 441
Strozzi, Ercole 422, 426ff., **429**, 430, 435, 437
Strozzi, Tito 430
Stückelberg, Ernst 137
Stüßi, Rudolf 326f., 329, **332**, 334
Suessa, Theodor von 395f.
Sully, Maximilien de Béthune, duc de 240
Sulzer, Eduard 133
Sulzer, Firma 36
Susanna (AT) 96
Suworow, Alexander Wassiljewitsch 29

Tabea / Tabita (NT) 130
Tacitus 447
Tarnow, Fanny 444
Tarquinius Superbus (Lucius T. S.), König von Rom 57
Tell, Wilhelm 231, 326
Tellier, Jules
– *Le banquet* 438

Tellier, Michel Le, Père 355ff.
Tempelherr (Gestalt in Lessings «Nathan der Weise») 374
Teuffenbach, Albin Freiherr von 129
Thanatos 85, 339, 365, 373
Thédrade, Tochter Karls des Großen 384
Thierry, Augustin 12, 74, 298, 306
– *Histoire de la conquête de l'Angleterre par les Normands* 12, 305f.
– *Récits des temps Mérovingiens* 12, 73, 80, 112
Thomas, Hl. siehe Thomas Becket
Thomas Becket (Thomas von Canterbury) 12, 298ff., **304f.**, 306, 307f., **309**, 310ff., 327, 349, 391
Thorvaldsen, Bertel 94
Tilly, Johann Tserclaes, Graf von 234, 237
Tizian (eigtl. Tiziano Vecellio) 94, 192f., 227, 232, 246
– *Altar der Familie Pesaro (Pala Pesaro)* 232, **246ff.**
– *Himmelfahrt Mariae (L'Assunta)* 188, 191, 193, 204, **208ff.**
– *Himmlische und irdische Liebe (Amor sacro e profano)* 421, **423**
– *Marter des heiligen Laurentius* 191, 193
Toggenburg, Diethelm, Graf von 315
Toggenburg, Friedrich VII., Graf von 322, 326f., 328ff., **331**, 333f., 349
Tolstoi, Lew 441
Tott, Achatius (Ake Tott) 345
Trauttenberg, Leopold Freiherr 30
Travers von Ortenstein, Rudolf 233
Treichler, Johann Jakob 54
Tristan 365
*Trustan Grimm («Der Heilige») 303
Tscharner, Johann 276
Tschudi, Friedrich von
– *Das Thierleben der Alpenwelt* 112
*Tucher, Götz («Gustav Adolfs Page») 346
Tullia, Tochter des Servius Tullius 57, 422
Turgenjew, Iwan 441

Ulrich-Zeller, Anna Cleophea, C. F. Meyers Großmutter 14, 15, 18f., 23, 27f., 32
Ulrich-Gysi, Carl Heinrich 116, 122
Ulrich, Elisabeth (Elisabetha Franziska Charlotte) siehe Meyer-Ulrich, Elisabeth
Ulrich, Heinrich 18, 32
Ulrich, Herzog von Württemberg 162, 164
Ulrich, Johann Conrad, C. F. Meyers Großvater 11, 14, 15, 18, 20f., 23, 27, **32**, 33, 46, 72, 130, 454
– *Ein Wort über Freyheit und Gleichheit an meine Mitbürger zu Stadt und Land* 32
– *Einige aktenmäßige Beyträge [...]* 32
– *Über den Begriff Vaterland* 32
Ulrich, Johann Jacob
– *Die Schweiz in Bildern* 112, 116, 127, 164, 208, 333
Ulrich, Küngolt 177, 180
Usteri, Johann Martin 309

Valentinois, Charlotte d'Albret, duchesse de 429
Varnhagen von Ense, Karl August 174
Vasari, Giorgio 94
Vauvenargues, Luc Clapiers, marquis de 88
Venus 115, 232, 421, 428
Vercingetorix 154
Vergilius Maro, Publius 309
Vernet, Horace 91
Veronese, Paolo 94
– *Martyrium des heiligen Georg* 189
Vetter, Ferdinand 446
Veturia, Mutter des Cn. Marcius Coriolanus 230
Viadagola, Lucia 431
Viallet, Louis 258
*Vicedomini, Astorre («Die Hochzeit des Mönchs») 115, 254, 361ff., 370

*Vicedomini, Umberto («Die Hochzeit des Mönchs») 362
*Vicedomini, Vater («Die Hochzeit des Mönchs») 361f.
Victoria 348
Vinet, Alexandre Rodolphe 79
– *Études sur Blaise Pascal* 63, 66f.
Virginia, Tochter des römischen Plebejers Virginius 230
Vischer, Friedrich Theodor 54f., **58–60**, 166, **289**
– *Auch Einer* 177
– *Kritische Gänge* 54f., **58–60**, 289
– *Neue Beiträge zur Kritik des Gedichts* 289
Vischer, Wilhelm 134
Visconti, Geschlecht der 401, 406f.
Vittoria Colonna siehe Colonna, Vittoria
Vittorio Emanuele II., König von Italien 106, 108f.
Vloten, Wilhelm Albert Samuel van 283f.
– *Don Juan empor!* 283
– *Rebe, ich grüße dich* 283
– *Vom Gartengenuß* 283
– *Vom Geschmack* 283
Vögeli, Albert 14, 28
Vögeli, Familie 28
Vögeli, Johann Conrad
– *Geschichte der Schweizerischen Eidsgenossenschaft* 330
Vögelin, Salomon 306
– *Das alte Zürich historisch-topographisch dargestellt* 333
Voigt, Georg
– *Die Wiederbelebung des classischen Alterthums [...]* 322
*Volkamer, Utz («Gustav Adolfs Page») 346
Voltaire (eigtl. François Marie Arouet) 88
Vulcanus 227
Vulliemin, Louis 11, 23, 47, 49ff., 64, 71f., 73f., **75f.**, 79f., 126, 158, 160, 171, 188, 193, 211, 216, 250, 257, 264, 305
– *Chillon. Étude historique* 75
– *Geschichte der Schweizerischen Eidgenossenschaft* 75
– *Histoire de la Confédération suisse, [...] traduite [...] par MM. Charles Monnard et L. V.* 75
– *Histoire de la Confédération suisse, 2 Bde. (1875/76)* 317, 330
– *Johann von Müller's [...] Geschichten Schweizerischer Eidgenossenschaft, fortgesetzt von L. V.* 75, 253
– *Souvenirs racontés à ses petits enfants* 384

Wagner, Richard 175ff.
Walder, Heinrich 317
Wallenstein (Waldstein), Albrecht Wenzel Eusebius von 228, 231, 234, 238, 253, 326, 345, 348, 349f., **351**, 415
Waser, Caspar 243
Waser, Johann Heinrich 227, 229, 231, 233, 239, **243**, 244ff., 250, 252f.
Waser, Josias 243
Watteau, Jean-Antoine 91
Weber, Johann Jacob, Verlag 117, 122f.
Wegmann, Mathilde 284
Wehrli, Gebrüder 459
Weibel, Adolf 454
Werdmüller-Oeri, Anna 194, 195
Werdmüller, Beat 266
Werdmüller, [Georg] O[tto] 274, 277
Werdmüller, Heinrich 273
Werdmüller, Johann Georg 272
Werdmüller, Johann Rudolf (bei Meyer auch Wertmüller) 231, 238, 243, 246, 251, 253, 268ff., 271, **272-275**, 276f., 302, 402
Werdmüller, Otto Anton
– *Der Glaubenszwang der zürcherischen Kirche [...]* 271
*Werner («Engelberg») 201f., 205, 210

*Wertmüller, Rahel («Der Schuß von der Kanzel») 268f., 275f.
*Wertmüller, Wilpert, Pfarrer von Mythikon («Der Schuß von der Kanzel») 268f., 273, 276
Wesendonck, Mathilde, geb. Agnes Luckemeyer 168, 170, 177, 180, 219
– *Gudrun* 176
Wesendonck, Otto 177, 180
Wethli, Louis 463
Weydmann, Clelia (Klementine) 112, **114**, 144
Weydmann, Johann Philipp 114
Widmann, Josef Viktor 272, 309, 446f.
Wienbarg, Ludolf 174
Wiezel, Georg 236
Wildenbruch, Ernst von 441
Wilhelm I., deutscher Kaiser und König von Preußen 160, 176, 182, 184
Wilhelm II., deutscher Kaiser und König von Preußen 184, 185
Wilhelm von Hochberg, Markgraf 332
Wille, Arnold 174
Wille-Sloman, Eliza 85, 168, **173-181**, 207, 288, 291f., 414
– *Der Sang des fremden Sängers* 174
– *Dichtungen* 174
– *Erinnerungen an Richard Wagner* 174, 176
– *Felicitas* 174
– *Johannes Olaf* 174
– *Stillleben in bewegter Zeit* 174
Wille, François 85, 134, 158, 161, 168ff., 171f., **173-181**, 182, 193, 207, 211, 219, 252, 257, 288, 291f., 309, 312, 437, 449f.
Wille, Ulrich 174, 180
Wirz, Hans Conrad 21
Wislicenus, Paul 211
Witte, Karl
– *Dante Alighieri's Göttliche Komödie [...]* 367
Wolff, Julius 448
*Wulf, Comes («Die Richterin») 372ff., 384
*Wulfrin («Die Richterin») 372ff., 383f., 386, 388, 390
*Wulfrin, Seneschall Friedrichs II. (Fragment zur «Richterin») 382
Wurstemberger, Sophie 131
Wyß, David von 15, 132, 133
Wyß, Friedrich von 33, 66, 96, 128, **132f.**, 134, 211, 221, 325, 334, 370, 387
Wyß, Georg von 80, 125, 128, 132, **133f.**, 170, 240f., 286, 306, 334
– *Herzog Heinrich von Rohan* 240, 253
– *Johannis Vitodurani chronicon* (Hrsg.) 134
– *Urkundenbuch der Stadt und Landschaft Zürich* (Hrsg.) 134
Wyß-von Mülinen, Johanna Sophie von 132, 133
Wyß, Paul Friedrich von 161

Zacharias/Sacharja (AT) 412
Zäch, Alfred 208
Zehender, Ferdinand 443
Zeller, Frau 27
Zeller, Hans 41, 103, 144
Zeller, Johann Conrad 46, 51f., 139
Zeller, Samuel 141
Zeller, Sophie 140
Zeno von Kition / Zeno der Jüngere 98
*Zgraggen, Bläsi («Die Versuchung des Pescara») 406, **407f.**, 414
Ziegler, Familie 260, 420
Ziegler, Hans 215, 260
Ziegler, Jakob Christoph 263
Ziegler, Johanna Louise siehe Meyer-Ziegler, Louise
Ziegler, Karl 284
Ziegler, Maria 136
Ziegler, Paul Karl Eduard 11, 38, 215, 260, **262**, 275, 284, 445
Zimmermann, Johann Georg
– *Über die Einsamkeit* 335

Zinzendorf, Nikolaus Ludwig Graf von 64, 116
Zipser, Paul 281
Zola, Emile 441
Zuppinger, Sieber & Co. 136
Zwingli, Ulrich (Huldrych) 131, 159, 162, 171, 313, 314ff., **317**, 318, 437

Örtlichkeiten

Ajaccio 264f.
Albis 40
Altdorf 39
Andermatt 226
Ardenno 250
Arles 264
Au, Halbinsel 260, **269**, 274
Avignon 264f.
Baden 20, 458
Badenweiler 458
Badus, Piz 226
Basel 90, 359
Bastia 264f.
Beatenberg 412, 420
Beaucaire 264
Beckenried 54
Bellagio 224
Bellinzona 250
Bergell 39, 220, 221f., 250
Berlin 15, 93, 438
Bern 71
Berner Oberland 40f.
Bernina(paß) 224f.
Blumenstein, Bad 16
Boll, Bad 139
Bologna 193
Bondo 221
Bormio 224
Bregenz 289
Brennerpaß 189
Brescia 190
Brigels 220, 458
Brolio 105, 106, **107**
Brünig 458
Camp, Val da 225
Campagna 106
Cannes 264
Castasegna 222
Castelmur 222
Cavlocciosee (Lägh da Cavloc) 250
Champfèr 220
Champfèrersee (Lej da Champfèr) 223
Chiavenna 39, 221
Chur 39, 250
Civitavecchia 96
Colico 224
Coltura-Stampa 222
Comersee (Lago di Como) 224, 250
Corna di Capra 224
Corte 264
Corvatsch, Piz 221
Cour bei Lausanne 73
Davos(-Wolfgang) 40, 169, 206f., 220, 226, 251, 460
Dießenhofen 51
Disentis 226, 458
Domleschg 220, 251, 253
Eglisau 31
Engadin 39, 220, 221ff., 250f., 253, 448, 455
Engelberg 43, 92, 206, 220, 458
Engstlenalp 43, 206
Engstlensee 43
Fex, Val 250
Fiesole 106
Flims 226, 341
Florenz 31, 105, **106**, 107, 140, 323
Gardasee 189f.
Genf 11, 23, 31, 32, 50, 71, 96, 139, 193, 282
Genfersee 458
Genua 31, 105

Göttingen 15
Gotthardpaß 105, 226
Gottschalkenberg 418
Graubünden 12, 39, **220-226**, 250, 378
Grüningen 31
Gruyères 78
Heidelberg 139
Heinzenberg 251
Hinterrhein 220
Hütten 49
Illenau 139
Innsbruck 189
Jochpaß 43
Julierpaß 250
Kilchberg 11, 140f., 144, 196, 260, **278-286**, 287ff., 291, 293f., 305, 434, 440, 441, 444, 447f., 455, 458, 460, 461, 463
– C. F. Meyer-Haus 261, **275**, **280f.**, 322, 341, 367
Klausenpaß 39
Klosters 220, 458
Königsfelden 9, 65f., 137, 141, 267, 278, 282, 286, 314, 393, 440, 451, **454-457**, 458
Korsika 260, 264f., 266, 282
Küsnacht 11, 85, 138, 140, 193, 194, 252
– Seehof 129, **148f.**, 181, 195, 260
– Wangensbach 140, 194, 260, 264f., **266**, 317
Laguné, Val 225
Langensee (Lago Maggiore) 105
Languard, Piz 221
La Rösa 224f.
Lausanne 11f., 18, 23, 28, 47, 49, **50**, 63f., 69f., 71f., **73-79**, 88, 112f., 114, **116**, 117, 122, 129, 193, 264, 359, 420
Lenzerheide 250
Le Prese 224, 250
Lindau 31, 94
Livigno, Val di 224
Livorno 105
Locarno 283
Lugano 220, 224, 250
Luzern 20
Lyon 264f.
Männedorf 115, 131, 141, 143, 194, 434, 440
– Felsenhof 141, **145**
Mailand 224
Maloja 221, 250
Mantua 190
Mariafeld 66, 85, 148, 168, **173-181**, 194, 287, 289, 291
Marin-Epagnier 63
Marseille 96, 264f.
Meilen 11, 85, 140, 195, 289, 305, 341
– Seehof 12, 105, **194-196**, 252, 264, 291
Memmingen 31
Mesolcina, Valle 220
Monaco 264
Monte Disgrazia 250
Morbegno 224
Morges 77
Morteratsch 157, 222
München **93-95**, 129, 189, 291, 448
Mürren 420
Nancy 90
Neuenburg 63f., 69, **70-72**, 77, 112, 458
Nidelbad (Rüschlikon) 260, 263
Nîmes 264
Nizza 264
Oberalp 220, **226**, 262f., 390
Orange 264
Ot, Piz 221
Ouchy 50, 77, 115
Padua 193
Paris 11, 32, 64, 70f., 77, **88-91**, 92, 103, 112, 139, 216, 337, 442
Parpan 220, 283
Pfäfers 39
Pisa 105
Piuro (Plurs) 221
Pontresina 157, 224, 455

Préfargier 9, 55, 61, **62f.**, **65-69**, 70, 74, 77, 81f., 83, 454, 457
Promontogno 221f.
Puschlav (Valle Poschiavo) 224f.
Ragaz 39
Rapperswil 39
Rietberg (bei Meyer Riedberg), Schloß 230, **246**, 251
Rigi / Rigi-Scheidegg 39, 41, 260, 418, 434, 458
Rofla 39
Rom 11, **96-104**, 105, 106, 119, 140, 367
 – Borghese, Villa 103
Ste.-Marguerite, Ile de 264
Samedan 221
San Bernardino, Dorf 220, 251, 334, 418f.
San Bernardino, Paß 250
Sandalp 39, 41
Sargans 39
Sedrun 226, 252
Siena 105, 106f.
Silvaplana 110, 220, 221, 250f.
Soglio 221f., 250
Solothurn 68, 80
Sondrio 224
Splügen 39, 220, 250
Splügenpaß 39
Stachelberg, Bad 39, 41, 220
Steinegg, Schloß 281, 418, **420**, 436, 458, 460
Stilfserjoch 224
Stoos 458
Straßburg 90, 458
Stuttgart 121, 139
Surlej, Piz 221
Tamina-Schlucht 39
Tarascon 264
Teo, Piz dal 224
Terranuova 105
Thusis 39, 250f.
Tinzenhorn 40
Tirano 224
Titlis 43, 206
Tomasee (Lai da Tuma) 185, 226, **390**
Torcello 193
Toscana 105, 106f.
Trübsee 43
Tschamutt 226, 252, 390
Tübingen 31
Turin 105, 193
Ufenau 12, **164f.**
Valdarno 105, 106f.
Valence 265
Veltheim
 – Chalet Rischmatt 141, **145**, 462
Veltlin 220, 224f., 250, 253
Venedig 93, **188**, **191-193**, 206, 224, 251, 253, 291, 367
Verona 189, 191, 206
Viamala 39, 250
Vierwaldstättersee 458
Vorderrheintal 226
Walchwil 458
Walenstadt 39
Weesen 39
Wengen 458
Wildegg
 – Waldhaus 141
Wildenstein, Schloß 141
Wilhelmsdorf 81
Winnenthal 139
Winterthur 74
Wolfgang siehe Davos(-Wolfgang)
Zürich 11, 14, **24-26**, 27, 29f., 31ff., 35f., 37f., 47, 74, 80-82, 88, 105, 112, 289, 458
 – Haus zum Felsenhof 25, **131**
 – Haus zum grünen Seidenhof 14, 22f., 24, **27**, 52, 272
 – Haus zum langen Stadelhof 25, 28, 31, 51, **52f.**, 81, 92, 106, 148
 – Haus zum Mühlebach **138**

 – Haus zum oberen Stampfenbach 15, 20, 24, **27**
 – Haus zum Pelikan 25, 260, **263**
 – Haus zum Reuter 14, 15, 24, **27**
 – Haus zum St. Urban 25, 31, 52, **92**, 138, 139
 – Schabelitzhaus 136, **138**
 – Schmidtenhaus 24, 27, **28**, 51f.

Werke von Conrad Ferdinand Meyer

Aufsätze, Verschiedenes

An der Leiche einer edeln Frau 410
Autobiographische Aufzeichnung von 1876 18, 50, 56, 73
Autobiographische Aufzeichnung von 1880 29, 33
Autobiographische Aufzeichnung von 1885 11f., 29, 35, **177**
Erinnerungen an Gottfried Keller 443
Gottfried Kinkel in der Schweiz 288
Graf Ladislas Plater (Nekrolog) 287
Kleinstadt und Dorf um die Mitte des vorigen Jahrhunderts 335
Ludwig Vulliemin 75
Mathilde Escher. Ein Portrait 130f.
Mein Erstling: «Huttens letzte Tage» 107, 158, 163f., 166, 179
Rede bei den Böcken am 27. März 1884 278

Entwürfe, Fragmente

Der Dynast (Der letzte Toggenburger) 318, 322, **326-334**, 367, 406, 419, 433f.
Der Entschluß der Frau Laura 419
Der Komtur (Aurea) 305, **313-318**, 326, 334, 367, 419
Der Schrei um Mitternacht 456f.
Die sanfte Klosteraufhebung (Die Klostersperre) 318, 322, 361, 367, 419
Duno Duni (Der Gewissensfall/ Die Gewissensehe) 419, 459
Petrus Vinea 132, 290, 334, 369, 388, **391-399**, 419, 433
Pseudisidor 419
Tullia und Tarquin 113

Novellen, Romane

Angela Borgia 136, 140, 261, 278, 293, 318, 334, 393, 419, 420, **421-437**, 438, 440, 455f.
Clara. Novelle 80, 113, **114f.**, 322, 388
Das Amulett 12, 54, 194, 198, **212-219**, 251, 277, 293, 361, 445, 448
Das Leiden eines Knaben 12, 275, 293, 334, 347, **353-360**, 367, 371, 379, 388
Der Heilige 12, 134, 140, 178, 194, 286, 289, 293, **298-312**, 316, 318, 352, 360, 361f., 367, 385, 391, 406, 444, 449ff.
Der Schuß von der Kanzel 12, 41, 193, 217, 231, **268-277**, 278, 293, 305, 347, 451
Die Hochzeit des Mönchs 12, 105, 115, 132, 189, 193, 293, 339, **361-371**, 372, 379, 383ff., 388, 391f., 405, 427, 427ff.
Die Richterin 132, 135, 205, 214, 261, 293, 312, 321, 334, 365, 367, 369, **372-390**, 391f., 396, 405, 406, 423, 427f.
Die Versuchung des Pescara 57, 97, 132, 136, 278, 290, 293, 318, 334, 392f., **400-415**, 425, 437, 451
Gustav Adolfs Page 12, 293, **345-352**, 365, 367, 372, 448
Jürg Jenatsch 12, 75, 134, 156, 178, 188, 193, 194, 212, 220, **227-257**, 263, 268, 270, 271f., 277, 289, 293, 298, 302, 305, 309ff., 311f., 317f., 325, 326, 328, 341, 349, 352, 360, 365, 370, 378, 384, 406, 422, 444, 448
Plautus im Nonnenkloster 12, 132, 134, 293, **319-325**, 360, 361, 367

Übersetzungen

Christus. Sieben Reden 112
Der himmlische Vater. Sieben Reden 12, 112, 156, 294
Die Pflicht. Zwei Reden an die Frauen 112
Erzählungen aus den merovingischen Zeiten 12, 73, 80, 112
Jeanne de Naples 112
La Suisse pittoresque par J. Ulrich 112, 116, 164f.
Lady Russell. Eine geschichtliche Studie von Guizot 112

Lyrik, Versdichtungen

Sammlungen und Zyklen

Balladen von Conrad Ferdinand Meyer 125, 127, 156
Bilder und Balladen von Ulrich Meister 103, **117-121**, **122-124**, 151f., 302, 338, 342
Brautgedichte 260
Engelberg 12, 136, 178, 188, 193, 194, **197-211**, 216, 260, 321, 322, 341, 361, 388f., 421, 431, 440, 450
Gedichte 39-43, 83-85, 292
Gedichte, 1. Aufl. (1882) 12, 152, 158, 278, 287, 302, **335-344**, 352, 367, 448, 450, 451
Gedichte, 2. Aufl. (1883) 258, **335-340**, 344
Gedichte, 3. Aufl. (1887) 258, **335-340**, 342, **344**, 440
Gedichte, 4. Aufl. (1891) 5, 344, **438-440**, 447
Gedichte, 5. Aufl. (1892) 5, 294, 344, **438-440**, 456
Huttens letzte Tage 12, 41, 97, 102, 120f., 124, 134, 148, 149, **159-172**, 177ff., 185, 188, 207, 211, 216, 219, 220, 251, 314, 317f., 325, 341, 352, 361, 371, 405, 430, 442, 450, 451
Romanzen und Bilder von C. Ferdinand Meyer 12, 41, 57, 100, 124, 148, **150-158**, 168f., 171, 178f., 223, 251, 294
Vignetten und Genrebilder 125
Zwanzig Balladen von einem Schweizer 12, 92, **121**, **124-127**, 140, 156f., 171, 179

Einzelne Gedichte

Abendrot im Walde 150
Abschied von Korsika **265**
Aesthetik 119
Alte Schrift 383
An Zürich 26
Auf dem Canal grande **193**, 440
Auf dem See 1.-4. 150, 157
Auf der Wanderung 40
Auf Goldgrund 124, **151f.**
Auf Ponte Sisto 98, **102**
Begegnung 44
Cäsar Borjas Ohnmacht 57, 399
Caesars Schwert (Nach heißem Kampf ist eine Stadt) 124, **153f.**
Cäsars Schwert (Die Gallier stritten manchen Tag) **152-155**
Camoëns 119, 124
Carmen eines uralten Zieglers zur Hochzeit des Herrn Carl Ziegler und des Fräuleins Mathilde Wegmann 284
Cervantes 117
Conquistadores 124
Consultation («Huttens letzte Tage») 170
Daheim **286**
Das Bild 124
Das Dorf 124
Das Ende des Festes 225, **438f.**, 440
Das Gemälde 124
Das Grenzschloß 222
Das Heimchen 124
Das Hütlein («Huttens letzte Tage») 124
Das Joch am Leman 127
Das kaiserliche Schreiben 394
Das Reiterlein 216
Das verlorene Schwert 124, **155**

Das Weib des Admirals 216
Das weiße Spitzchen **40**
Der Botenlauf 124
Der Brunnen 104
Der Comtur («Huttens letzte Tage») 172, 318
Der deutsche Schmied 160, **169**
Der Dichter 117, 122
Der Erndtewagen (Sieh das dunkle, rege Bild) 124, **151**
Der Erntewagen (Nun des Tages Gluten starben) **151f.**, 156
Der Gang 124
Der geisteskranke Poet **457**
Der Gesang der Parze 124
Der Gesang des Meeres 150
Der Kamerad 346
Der Leman 50
Der letzte Brief («Huttens letzte Tage») 172
Der Lieblingsbaum 150
Der Marmorknabe 340, **439**
Der Mars von Florenz 367
Der Mönch 124
Der Mönch von Bonifazio 124
Der Pensieroso 99
Der Pfad 150
Der Rappe des Komturs **313**
Der Reisebecher **40**, 85
Der Rheinborn 226
Der römische Brunnen **103f.**, 119, 124, 150, 450
Der Schmied («Huttens letzte Tage») 160, 169
Der Schneeberg 40
Der schöne Brunnen 103, 150
Der Schwimmer 119ff., 124, 205
Der sterbende Julian **439**
Der trunkene Gott 225
Der Uli («Huttens letzte Tage») 172
Der Zimmergesell 118
Die alte Brücke 150
Die Bahre 124
Die Dioscuren 124
Die drei gemalten Ritter **394**
Die Fei 85
Die Felswand 150
Die Füße im Feuer 216
Die gegeißelte Psyche 150
Die Geräusche der Nacht (Im Garten sitz' bedeckt ich hier) **336**
Die Geräusche der Nacht (In Nacht u: der Kastanie Laub) **336**

Die gezeichnete Stirne 394, 428
Die Kapelle der unschuldigen Kindlein 440
Die Karyatide 216
Die Locarner 17
Die Schlacht der Bäume **222**
Die Schneespitze 40
Die tote Liebe 124
Die toten Freunde 85
Die Traube («Huttens letzte Tage») 167
Die Veltlinertraube **225**
Ein Pilgrim 124, 278, 440
Einer Todten (Laß gedenken heut im Liede) 150
Einer Toten (Wie fühl ich heute deine Macht) 144
Eingelegte Ruder **84**, 150
Engelberg 206
Erasmus («Huttens letzte Tage») 170
Fest-Gedicht zur Eröffnung der Schweizerischen Landes-Ausstellung 286
Festkantate für die Einweihungsfeier des Zwingli-Denkmals 286
Festlied zur Sempacher-Feier 286
Fingerhütchen 121
Firnelicht **41**, 157
Frühlingslüfte 2. 150
Germanias Sieg 160
Göttermahl **43**
Himmelsnähe **42**, 43, 150
Hohe Station 226
Homo sum («Huttens letzte Tage») **163**
Hugenottenlied 216
Hussens Kerker 124
Huttens Hausrat («Huttens letzte Tage») 457
Il Pensieroso 440
Im Engadin 41, 150, 157
Im Spätboot **85**, 102
Im Walde 1. 223
Im Walde 1.–4. 150
In der Sistina **100**
Ja 124
Jedes Ding hat seine Zeit 124
Julius II. 399
Jungfrau 150
Kaiser Friedrich der Zweite **394**
Kaiser Karls (V) Käppchen 124
Kaiser Sigmunds Ende 331
Kampf und Sieg 201
Königin Louise 267
Kommet wieder! 150
Konradins Knappe 394
La Röse **224f.**
Lethe 118, 124, 337f., **339f.**

Liebesflämmchen 342
Lutherlied 293f.
Macchiavelli 117f.
Mein Jahr 440
Mein Stern 440
Michel Angelo 100
Michelangelo und seine Statuen **100ff.**
Mit einem Jugendbildnis 12
Nachtgeräusche 335, **336f.**, 341
Neues Geläut in der alten Kirche 281
Nicola Pesce 394
Noch einmal 418, 440
Ohne Datum (Du scherzest, daß) **144**
Phantasie 122
Piazza Navona 119
Pilgrim 118, 124
Plato 117
Poesie 117, 122, 302
Prolog zur Weihe des neuen Stadttheaters in Zürich 286
Purismus 119
Reife («Huttens letzte Tage») 167
Requiem **281**
Sängergruß 286
Santa Lucia bei Verona 190
Scheiden im Licht («Huttens letzte Tage») 168
Schiller 117
Schloß Gottlieben 124
Schnitterlied 342
Schwarzschattende Kastanie 194, **195f.**
Schwüle **84f.**, 150
Siegesfeier am Leman 126f.
Sonntags 150, 223
Spielzeug 124
Springquell **103**, 104, 119, 124
Stapfen 150
Sterben im Frühlicht 159, 167, **168**
Traumbild 118, 124, 338
Trost (Jedes Ding hat seine Zeit) 124
Venedig 188
Verschiedenheit 117, 122
Wanderfüße 440
Was treibst du, Wind? 440
Weihgeschenk 144, 150
Wunsch (Weingeländ, so weit der blaue) 225
Zur Fahnenübergabe [dem Zürcher Sängerverein «Harmonie» gewidmet] 286
Zur Heim-Feier 286
Zur Jubelfeier Hegar's 286
Zur Weihe des neuen Schulhauses in Kilchberg 286
Zwei Segel 260

voraus! Schieb doch
noch Euch wenn ihr a[b?]en
Abend kan ich auch mir
denket auch der halb[?]
und halslich doroch vor
un Ingels du worden
es Ihm dieses möglich.
Dages, mir meine und
die agend koiko [?]
[?] Koinet [?]
n. [?] doch doch d[?]
jeder Ingelo vorm